本书为教育部人文社科重点研究基地
安徽师范大学中国诗学研究中心资助项目

刘学锴 著

刘学锴讲李商隐 上

中州古籍出版社
·郑州·

图书在版编目（CIP）数据

刘学锴讲李商隐 / 刘学锴著. —郑州：中州古籍出版社，2022.6（2023.3重印）

ISBN 978-7-5738-0249-1

Ⅰ.①刘… Ⅱ.①刘… Ⅲ.①李商隐（812-约858）-人物研究 Ⅳ.①K825.6

中国版本图书馆CIP数据核字（2022）第108548号

LIU XUEKAI JIANG LI SHANGYIN
刘学锴讲李商隐

出 版 人	许绍山
封面题签	程毅中
策划编辑	卢欣欣
责任编辑	石　丹
责任校对	岳秀霞
美术编辑	曾晶晶

出 版 社	中州古籍出版社（地址：郑州市郑东新区祥盛街27号6层 邮编：450016　电话：0371-65788693）
发行单位	河南省新华书店发行集团有限公司
承印单位	郑州印之星印务有限公司
开　　本	710 mm×1000 mm　1/16
印　　张	62.75
字　　数	885千字
版　　次	2022年6月第1版
印　　次	2023年3月第2次印刷
定　　价	260.00元（全二册）

本书如有印装质量问题，请联系出版社调换。

刘学锴(1933—),浙江松阳人。1952—1963年,就读并执教于北京大学中文系。现为安徽师范大学文学院教授,中国诗学研究中心顾问。曾任中国唐代文学学会常务理事、中国李商隐研究会会长。2016年获安徽师范大学终身成就奖。

主要论著有中华书局出版的《李商隐诗歌集解》(2004年增订本)、《李商隐文编年校注》、《李商隐资料汇编》、《温庭筠全集校注》,中州古籍出版社出版的《刘学锴讲唐诗》、《李商隐诗选》、《温庭筠诗词选》、《李杜诗选》、《唐诗选注评鉴》。此外,还有《李商隐诗歌接受史》、《温庭筠传论》等。论著获得过多项国家级图书奖项。

2005年10月与夫人摄于北京蟒山

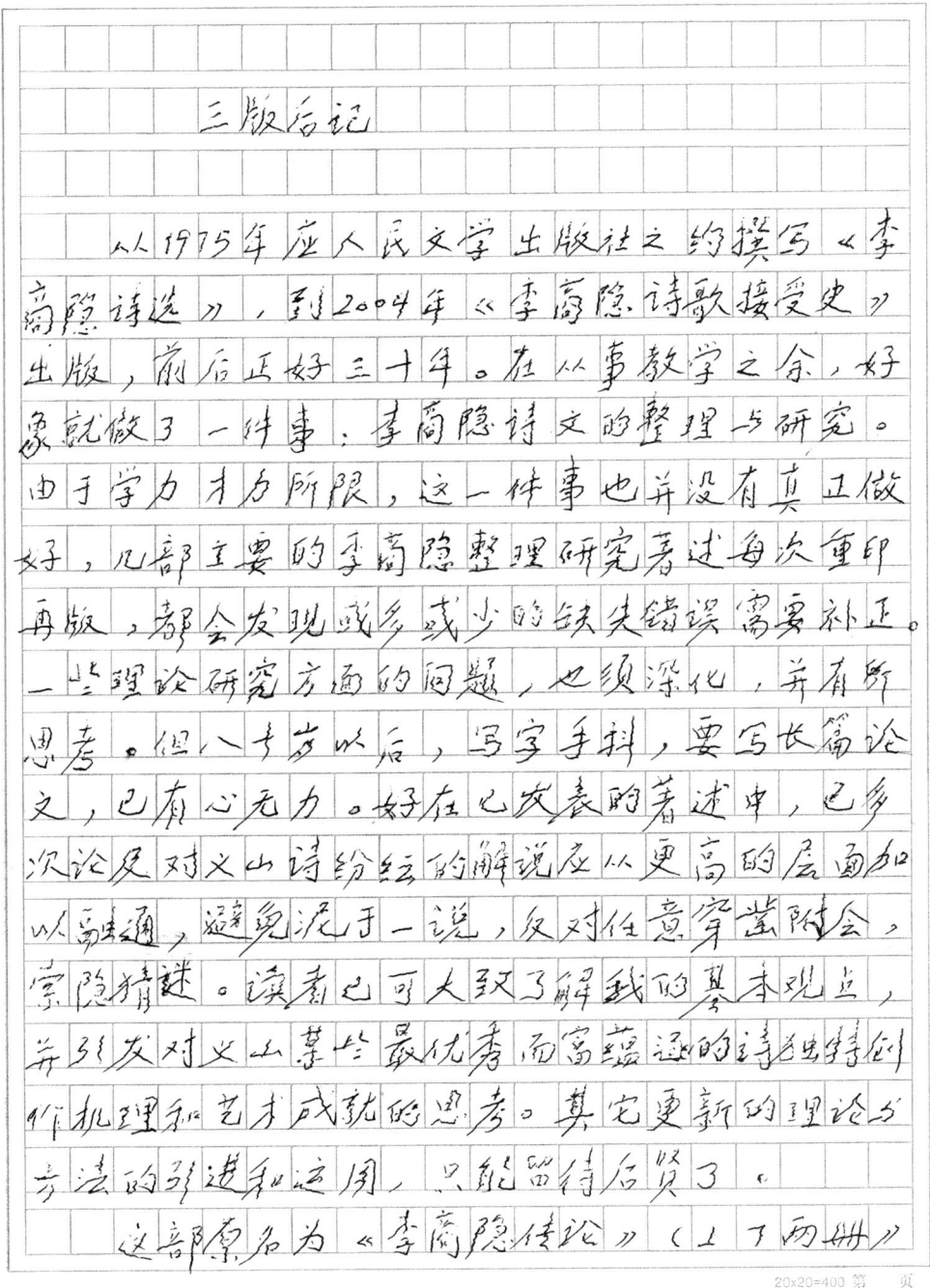

三版后记

从1975年应人民文学出版社之约撰写《李商隐诗选》，到2004年《李商隐诗歌接受史》出版，前后正好三十年。在从事教学之余，好象就做了一件事：李商隐诗文的整理与研究。由于学力才力所限，这一件事也并没有真正做好，几部主要的李商隐整理研究著述每次重印再版，都会发现或多或少的缺失错误需要补正。一些理论研究方面的问题，也须深化，并有所思考。但八十岁以后，写字手抖，要写长篇论文，已有心无力。好在已发表的著述中，已多次论及对义山诗纷纭的解说应从更高的层面加以融通，避免泥于一说，反对任意穿凿附会，索隐猜谜。读者已可大致了解我的基本观点，并引发对义山某些最优秀而富蕴藉的诗笺注特创作机理和艺术成就的思考。其它更新的理论与方法的引进和运用，只能留待后贤了。

这部原名为《李商隐传论》（上下两册）

刘学锴先生手稿一

的书稿，2002年、2013年曾分别在安徽大学出版社、黄山书社出过初版和增订版。两社的领导和编校人员都为此付出了大量精力，这是我永远铭感的。

清代著名诗评家吴乔说："唐人能自辟宇宙者，唯李、杜、昌黎、义山。"（《西昆发微序》）从艺术本征和义山诗的独创性及多方面艺术成就出发，李商隐完全可以跻身于中国文学史上第一流大作家的行列。他不仅是大诗人，而且是骈文大家。袁行霈教授主编的中国文学史为他单独设立专章加以论述，不但证明了吴乔论断的深刻正确，也反映了改革开放以来政治、学术环境对古典文学研究的积极推动作用。如果对他既古典又具现代性的诗风进行全方位的开拓性研究，那么他在世界文学史上的地位也将逐步彰显。这也正是我们这一代人所缺，而寄厚望于后贤的。

李商隐祖籍河南沁阳（今沁阳市及博爱县），自祖父起一直寄居荥阳。这次将此书转至中州古籍出版社出版，正象征着商隐的诗魂和精神结晶回归故山。当然，商隐毛但出生于中州大地，其人其诗其文，也属于中华大地，属于全世界。

为了让更多的读者了解义山其人其诗，应出版社的建议，书名也改为《刘学锴讲李商隐》这样一个比较通俗且适当亲切的名字。在我实不无溢美之嫌，却也反映了三十年志致义山的缘分和经历。

我是笨人用笨工夫，这部书就是三十年笨工夫的一个总结性"笨果"。主要基础不外三方面。一、中华书局出版的《李商隐诗歌集解》、《李商隐文编年校注》、《李商隐研究资料汇编》。二、上世纪七十年代以来陆续发表在《文学评论》、《文学遗产》、《文史》、《中华文史论丛》、《中国古籍研究》、《唐代文学研究》、《安徽师大学报》等学术刊物上的二十几篇考证及专题研究文章。对这部书也事先有一个总体设计，力求较全面地反映其生平经历和主要艺术成就。三、应中央人民广播电台、北京出版社、上海辞书出版社及其它有扬之轮撰写的李商隐诗之鉴赏文章八九十篇。尽管是"笨果",但不是"空果"。

这次再版,除了改正误字、根据新发现的材料撰文对作佐证补正以外,主要是增补了六篇专论、研究文章,主要对结合题证明本研究对一个课题的认识不大可能都一次性完成,而是需要重新思考、不断修订补充。即使主要结论正确,次要问题亦须再思考、再修订,尽可能减少错误。

趁此机会,对中州古籍出版社热心出版此书的领导和所有参与此书编校人员表示衷心的感谢,尤其要感谢副主编卢欣欣女士,她的敬业精神令我十分感佩。这次研究总目录时,由于她的提议,作了认真的调整,特别是去释原来的"辑编"二字,自然突出了最后两章的总论性质。

希望此书的新老读者热心地批评指正。

刘学锴 二〇二二年5月

目 录

第一章 李商隐出生的时代和家世 ………………………………… 1
第一节 李商隐出生的元和时代 / 1
第二节 带有悲剧色彩的家世 / 7

第二章 籍贯与出生年 ……………………………………………… 16
第一节 李商隐的籍贯 / 16
第二节 李商隐的生年 / 19
第三节 生年的其他佐证 / 24

第三章 幼年与少年 ………………………………………………… 28
第一节 获嘉三年与随父两浙 / 28
第二节 父丧回郑与占数东甸 / 32
第三节 佣书贩舂与从叔求学 / 37
第四节 学仙玉阳 / 41

第四章 踏入社会：从郓幕到兖幕 ………………………………… 46
第一节 入幕前的诗文创作 / 46
第二节 初谒令狐 / 48
第三节 入天平幕 / 55
第四节 居太原幕 / 64
第五节 在华州幕 / 67

第六节　兖幕一月 / 73

第五章　"天荒地变"与感时伤春 …………………………… 77

第一节　往返京郑 / 77

第二节　大和政局与甘露之变 / 82

第三节　感时伤乱和诗歌创作的第一个高潮 / 88

第四节　和令狐绹等人的交往及有关诗文创作 / 95

第五节　没有结果的爱情 / 102

第六章　登进士第与入泾幕成婚 ………………………… 106

第一节　登进士第 / 106

第二节　赴兴元幕 / 115

第三节　应宏博试与入泾原幕 / 119

第四节　娶王氏女 / 125

第五节　泾幕诗文和泾幕同僚 / 129

第七章　两入秘省 ……………………………………………… 134

第一节　释褐入仕 / 134

第二节　出尉弘农 / 137

第三节　文宗去世与移贯长安 / 144

第四节　赴陈许幕 / 154

第五节　暂寓华幕 / 162

第六节　重入秘省 / 166

第八章　居母丧和永乐闲居 ……………………………… 169

第一节　母丧和迁葬 / 169

第二节　在伐叛战争中 / 173

第三节　移家永乐 / 181

第九章　从郑洛到长安 …… 198

第一节　应邀至郑 / 198

第二节　由郑至洛 / 201

第三节　服阕复官 / 204

第四节　武宗去世前后的诗歌创作 / 206

第十章　桂幕往返（上）…… 212

第一节　朝局变化中的选择 / 212

第二节　赴桂途中 / 216

第三节　赴江陵前的桂幕生涯 / 230

第四节　奉使江陵 / 245

第十一章　桂幕往返（下）…… 253

第一节　黄陵晤别刘蕡 / 253

第二节　偶客昭州 / 261

第三节　府主贬循 / 266

第四节　罢幕北归 / 273

第五节　夔峡往返 / 280

第六节　江陵续发 / 285

第十二章　京兆作掾与卢幕从军 …… 293

第一节　京兆作掾 / 293

第二节　对李德裕的态度和与令狐绹的关系 / 301

第三节　哭吊刘蕡 / 310

第四节　应辟徐幕 / 315

第五节　徐幕生活 / 320

第六节　汴幕奉使 / 324

第十三章　王氏去世与任国子博士 …… 330
第一节　王氏去世 / 330
第二节　任国子博士 / 335
第三节　应东川辟 / 339

第十四章　梓幕五年（上） …… 350
第一节　赴梓途中 / 350
第二节　成都推狱 / 355
第三节　幕府生活和伤春意绪 / 366

第十五章　梓幕五年（下） …… 372
第一节　思乡念亲 / 372
第二节　梓幕期间归京 / 379
第三节　克意事佛 / 387
第四节　梓幕罢归 / 393

第十六章　生命的最后阶段 …… 397
第一节　归京闲居 / 397
第二节　任盐铁推官 / 402
第三节　病废卒于郑州 / 407

附考一　李商隐开成末南游江乡说再辨正 …… 413

附考二　《李商隐开成末南游江乡说再辨正》补证 …… 427

附考三　李商隐开成五年九月至会昌元年正月行踪考述
　　　　——对李商隐开成末南游江乡说的续辨正 …… 433

附考四　李商隐《哭刘蕡》"湓浦书来"补笺 …… 447

附考五　李商隐梓幕期间归京考 …… 452

附考六 李商隐诗文集中一种典型的脱误现象
　　　　——从《为尚书渤海公举人自代状》题与文的脱节谈起 ……… 464

附考七 李商隐杂考二题 ……………………………………………… 477

附考八 李商隐生年补说
　　　　——从"仲弟"的含义说起 …………………………………… 489

附考九 "凡为进士者五年"新解 ……………………………………… 494

附考十 说注释之难
　　　　——以义山"汉廷急诏谁先入"为例 ………………………… 495

第一章　李商隐出生的时代和家世

李商隐出生于号称"元和中兴"的时代，这对他中兴情结的形成，对国运的关注，以及始终不忘政治现实的精神具有持久的影响。而其李唐皇室远房宗支的家世和近代以来沦为"内无强近，外乏因依"的衰门，又使他悬头苦学，力求改变家族和自身的地位。本章从纵横两方面对此作了论述。

第一节　李商隐出生的元和时代

李商隐出生在唐宪宗元和中期。这是唐王朝在遭受长达八年的安史之乱的大动乱、大破坏，又经历长达数十年的藩镇割据叛乱和吐蕃、回鹘的不时侵掠之后，终于出现某种转机的元和中兴时代。李商隐对这个时代的赞美和追怀，集中体现在他的著名七古长篇《韩碑》中：

> 元和天子神武姿，彼何人哉轩与羲。
> 誓将上雪列圣耻，坐法宫中朝四夷。
> 淮西有贼五十载，封狼生䝙䝙生罴。
> 不据山河据平地，长戈利矛日可麾。
> 帝得圣相相曰度，贼斫不死神扶持。
> 腰悬相印作都统，阴风惨澹天王旗。

> 愬武古通作牙爪，仪曹外郎载笔随。
> 行军司马智且勇，十四万众犹虎貔。
> 入蔡缚贼献太庙，功无与让恩不訾。

篇末又深情赞叹：

> 呜呼圣皇及圣相，相与烜赫流淳熙。

诗中描叙和赞颂的是元和十二年讨伐淮西藩镇吴元济的战争，这是元和年间一系列平叛战争中关键性的战事。实际上，从宪宗即位改元之日起，唐朝廷就一直在进行讨伐各地叛镇的战争，消灭一个又一个疮痍：

> 元和元年正月，西川节度副使刘辟叛乱，诏命高崇文进讨。九月，讨平刘辟之乱。
> 元和元年三月，讨平夏绥节度留后杨惠琳之乱。
> 元和二年十月，浙西节度使李锜叛。十一月，讨平之。
> 元和四年至五年，讨伐成德镇王承宗，后罢兵。
> 元和五年二月，计擒阴与王承宗通谋的昭义节度使卢从史。
> 元和七年十月，魏博都知兵马使田兴奉贡归命朝廷，诏以田兴为魏博节度使，赐名弘正。
> 元和八年十二月，振武军乱，诏夏州节度使张煦讨之，九年正月讨平。[1]

元和九年十月开始的讨伐淮西藩镇吴元济的战争，既是此前一系列平叛讨

---

[1] 以上据《旧唐书·宪宗本纪》及《资治通鉴》卷二三七至二三九。

藩战争的继续，又是唐代历时最长、影响最大、具有决定意义的一场战争。由于两税法实行以来，扩大了纳税面，增加了中央政府的财政收入，特别是江淮和东南经济繁荣地区的财赋成功地转运到北方，增强了唐王朝平定藩镇叛乱的物质力量。而魏博镇的归附中央，更奠定了削平诸藩镇的军事基础。《通鉴·元和七年十月》载李绛之言云："魏博五十余年不沾皇化，一旦举六州之地来归，刳河朔之腹心，倾叛乱之巢穴。"《旧唐书·田弘正传》云："自弘正归国，幽、恒、郓、蔡有齿寒之惧……元和十年，朝廷用兵讨吴元济，弘正遣子布率兵三千进讨，屡建有功。李师道以弘正效忠，又袭其后，不敢显助元济，故绝其犄角之援，王师得致讨焉。"可见魏博效顺对奠定胜局的重要性。再加上君相同心，将帅用命，并且取消了宦官为监军使的弊端，在宰相裴度亲临前线督师的情况下，终于在元和十二年十月，名将李愬雪夜奇袭蔡州，生擒吴元济，取得了这场历时三整年的平叛战争的胜利。

在淮西之战胜利的震慑下，山东、河北的藩镇纷纷割地效顺。元和十三年正月，淄青镇李师道遣使奉表，请遣长子入侍，并献海、沂、密三州；二月，横海镇程权自以世袭沧、景，与河朔三镇无异，内不自安，上表请举族入朝，许之；四月，幽州镇刘总上表请归顺，成德镇王承宗请于田弘正，愿遣二子入侍，献德、棣二州。七月，下制历数李师道罪状，令宣武、魏博、义武、武宁、横海兵共讨之；九月，因吴元济既平，宣武节度使韩弘惧，自将兵击李师道，围曹州。元和十四年二月，淄青镇李师道为其部下刘悟所杀，淄青平。至此，绵延六十余年的藩镇割据叛乱局面暂告结束，唐王朝在安史之乱以后终于实现了全国的统一。可以说，平定强藩叛镇，实现全国统一，是整个元和朝贯串始终的头等政治大事。

元和时期，不仅是军事上取得平叛战争的一系列胜利、政治上实现全国统一的中兴时期，而且是一个人才荟萃的时期。在某种意义上，也可以说正是由于人才荟萃而又使他们的才能在一定程度上得到发挥，才出现了元和中兴的局面。元和时期担任宰相而有政绩的，先后有杜黄裳、李吉甫、武元衡、裴垍、李绛、裴度等人。他们之间在人事关系或某些政见上不见得完全相合,但在主张摧抑藩镇割据、坚持平叛统一这个基本方针上却是完全一致的。元和元年,宪宗想对自立为西川节度留后的刘辟用兵,而又不敢轻试,公卿议者也认为蜀地险固难取,杜黄裳独曰:"辟狂戆书生,取之如拾芥耳。臣知神策军使高崇文勇略可用,愿陛下专以军事委之,勿置监军,辟必可擒。"(《通鉴·宪宗元和元年》)当时翰林学士李吉甫也劝宪宗讨蜀,宪宗于是决意讨刘辟,并起用高崇文,后崇文果破蜀擒辟,建立奇功。李吉甫在元和朝执政时间最长,旧史对吉甫的为人虽有贬辞,但他在平叛统一事业上所起的作用绝不能抹杀。元和元年,他为征讨刘辟密献计策,"请广征江淮之师,由三峡路入,以分蜀寇之力,事皆允从"(《旧唐书·李吉甫传》);又阻止已萌异志的李锜领盐铁使,云:"李锜不臣有萌,若益以盐铁之饶,采石之险,是趣其反也。"宪宗醒悟,乃以李巽为盐铁使(见《新唐书·李吉甫传》)。元和二年,他与武元衡同时拜相,坚决主张讨伐浙西叛镇李锜,谓"锜庸才,而所蓄乃亡命群盗,非有斗志,讨之必克"(同上)。又建议徙易方镇。德宗以来,姑息藩镇,有终身不易地者。吉甫为相年余,凡易三十六镇。元和六年再度入相,减官省俸,"并省内外官计八百八员,诸司流外一千七百六十九人"(《通鉴·元和六年》),占当时官吏总数约四分之一。并于元和八年进《元和郡县图志》,意在加强中央对全国各地的控制。讨伐淮西镇吴元济的战争,吉甫力主之,并积极进行各方面的准备。《旧唐书·李吉甫传》云:"吉甫以为淮西内地,不同河朔,且四境无党援,国家常宿数十万以为守御,宜因时而取之。颇叶上旨,始为经度淮西之谋。"吉甫暴卒后,武元衡主持讨伐淮西之事。元衡被刺,又代之以裴度。讨平淮西,裴度的决策统帅之功固然最大,但全国统一局面的出现,却是自杜黄裳以来,历任坚决主张削平藩镇割据的宰相始终奉行一贯的方针政策的结果。这种政策的连续性和一贯性,是实现全国统一最重要的政治保证。当时不仅有以上述贤相为代表的出色政治家,而且出现了一批理财家,先后有李巽、程异、李廊、卢坦、王播、柳公绰等人,尤以李巽、程异最为杰出。李巽在刘晏转运工作获得很大成功的基础上，将转运之利提高了三倍(详见《唐会要》卷八七《转运盐铁总叙》)。《旧唐书·程异传》载："充盐铁转运副使。时淮西用兵，国用不足。异使江表以调征赋，且讽有土者以饶羡入贡。至则不剥下，不浚财，经费以赢，人颇便之。由是专领盐铁转运使兼御史大夫。"成为刘晏以后唐代最杰出的理财家。军事方面，则出现了高崇文、李光颜、李愬等杰出将帅。这一系列政治、经济、军事方面人才的荟萃聚合，且发挥各自所长，是元和中兴、国家统一局面得以实现的人才保证。

与此密切相关，这一时期还在一定程度上恢复了唐初以唐太宗为代表的皇帝纳谏的传统。这对统治集团内部有限度的民主空气和政治上较为稳定的局面的形成，特别是对决策的正确制定有积极作用。《旧唐书·宪宗本纪》载史臣蒋系曰："宪宗嗣位之初，读列圣实录，见贞观、开元故事，竦慕不能释卷，顾谓丞相曰：'太宗之创业如此，玄宗之致理如此，既览国史，乃知万倍不如先圣。当先圣之代，犹须宰执臣僚同心辅助，岂朕今日独能为理哉！'自是延英议政，昼漏率下五六刻方退。"《通鉴》曾多次记载宪宗向臣下垂询政事并虚心纳谏之事。如永贞元年十二月，以初即位，力未能讨叛，以刘辟为西川节度副使、知节度使事，右谏议大夫韦丹上疏云："今释辟不诛，则朝廷可以指臂而使者，唯两京耳，此外谁不为叛！"宪宗善其言，以韦丹为东川节度使。元和元年正月，宪宗与杜黄裳论及藩镇，黄裳曰："德宗自经忧患，务为姑息，不生除节帅。有物故者，先遣中使察军情所与则授之。中使或私受大将赂，归而誉之，即降旄钺，未尝有出朝廷之意者。陛下必欲振举纲纪，宜稍以法度裁制藩镇，则天下可得而理也。"宪宗深以为然，于是始用兵讨蜀。此后所奉行的对藩镇的强硬方针，实自黄裳启之。元和二年，"盩厔尉、集贤校理白居易作乐府诗百余篇，规讽时事，流闻禁中，上见而悦之，召入翰林为学士"。三年九月，淮南节度使王锷入朝，厚进奉，赂宦官，求为宰相，白居易谏，事遂寝。四年，山南东道节度使裴均恃有中人之助，于德音后进银器千五百余两，翰林学士李绛、白居易谏："均欲以此尝陛下，愿却之。"从之。五年,宪宗嘉乌重胤之功,欲授昭义节度使,李绛谏止之。宪宗左右受河中节度使王锷厚赂,多称誉之,宪宗命锷兼平章事,李藩、权德舆谏止之。白居易尝论事,面言"陛下错",宪宗密召承旨学士李绛,谓"白居易小臣不逊,须令出院"。李绛谏曰:"陛下容纳直言,故群臣敢竭诚无隐。居易言虽少思,志在纳忠,陛下今日罪之,臣恐天下各思箝口,非所以广聪明、昭圣德也。"宪宗悦,待居易如初。这些记载,反映其时统治者为了振兴唐王朝,在一定程度上纳谏的情况。元和政治(特别是后期)自然也有不少弊端,如信任宦官吐突承璀,朝官中党争初露端倪,宪宗晚年崇佛媚道,骄侈日长,对以后的宦官专权、朝官朋党纷争局面的形成有直接影响,统一的局面也缺乏稳固的基础。但从总体看,元和时期仍是安史之乱以来政治上比较好的时期。

元和十五年正月宪宗逝世之时,李商隐年方九岁,对元和年间的政治、军事情况自然不可能有太多实际感受与认识。但在他日后成长的过程中,对元和中兴时期的种种情况,他自会通过各种渠道获得越来越多的感受与认识。贞观、开元之治,离他已经相当遥远,可望而不可即;而元和中兴的局面,却是伴随着他的降生一起出现的。这对李商隐的潜在影响是不能低估的。它仿佛树立了一个从艰难竭蹶中重新振起的政治"样板"。让他觉得,只要有宪宗、裴度这样的"圣皇及圣相",在宪宗之后又一次衰落的唐王朝是可以重新中兴的。这赋予"我系本王孙"的商隐一种"欲回天地"的"匡国"宏愿,一种"以忧济为任"[①]的政治责任感。正是这种振兴唐室的政治责任感和振兴家族的责任感,使他渴望参与政治、干预政治,促使他思考晚唐政治的许多弊端和矛盾,而且借诗歌来发表见解,抒写怀抱。他的诗中经常表现出对唐室再度中兴的向往,对中兴人才被摧抑的悲愤。会昌五年春,他守母丧闲居永乐(今山西芮城),时值武宗专任

---

① 刘禹锡《董氏武陵集纪》:"兵兴已还,右武尚功,公卿大夫以忧济为任。"这种以忧济为任的元和士风也深刻影响了李商隐。

李德裕,击败回鹘、平定泽潞之后,他写诗慨叹自己"身闲不睹中兴盛"(《正月十五夜闻京有灯恨不得观》)。刘蕡去世,他在《哭刘司户蕡》中说:"路有论冤谪,言皆在中兴。"这种中兴情结的形成,与元和时代对他的影响有直接的关联。而中兴梦想的破灭,则又深刻影响到李商隐一系列政治诗、咏史诗乃至咏物诗、无题诗的基调。正像不了解"开元全盛日"对杜甫的深刻影响就不可能真正了解杜甫的思想感情和他的诗风,不了解元和中兴对李商隐的深刻影响也就不可能真正理解李商隐和他的诗歌创作。

第二节　带有悲剧色彩的家世

阴阴仙李枝

李商隐在《戏题枢言草阁三十二韵》中说:"君家在河北,我家在山西。百岁本无业,阴阴仙李枝。"这里说的"山西",指陇山之西,李唐皇室源出陇西李氏。《史记·李将军列传》说:"李将军广者,陇西成纪人也,其先曰李信,秦时为将,逐得燕太子丹者也。故槐里,徙成纪。"《晋书·凉武昭王李玄盛传》:"武昭王讳暠,字玄盛,小字长生,陇西成纪人,姓李氏,汉前将军广之十六世孙也。"《旧唐书·高祖本纪》:"姓李氏,讳渊,其先陇西狄道人,凉武昭王暠七代孙也。"商隐远祖与李唐皇室同宗(详后),故说"我家在山西"。唐朝皇帝奉老子李耳为祖,《神仙传》上说老子生而能言,商隐既与皇室同宗,自然也攀上老子,说自己是"仙李"之支裔了。他在《哭遂州萧侍郎二十四韵》中也称:"公先真帝子[①],我系本王孙。"看来他对自己与唐皇室同宗别派的出身还颇有几分自豪。不仅他自己这样标榜,就连与他同时的诗人崔珏在哭吊他的诗中也称"成纪星郎字义山"(《哭李商隐》)。

[①] 萧侍郎名浣,是南朝萧梁皇室后裔。

在商隐的文章中，对自己的先世有更明确的记述。《请卢尚书撰李氏仲姊河东裴氏夫人志文状》一开头就说："昔我先君姑臧公以让弟受封，故子孙代继德礼，蝉联之盛，著于史谍（牒）。"《请卢尚书撰故处士姑臧李某志文状》亦明标其处士叔为"姑臧李某"。按《新唐书·宰相世系表》："（李氏）姑臧大房出自兴圣皇帝第八子翻……（翻）三子：宝、怀远、抗……（宝）七子：承、茂、辅、佐、公业、冲、仁宗。承号姑臧房。"兴圣皇帝，即凉武昭王李暠。李暠有十子，次子李歆，即李唐皇室所从出；八子翻，即商隐远祖。《仲姊志文状》中提到的"我先君姑臧公以让弟受封"之事，据《北史·序传》载，凉武昭王子翻，祈连酒泉晋昌郡太守；翻子宝，遇家难，为沮渠蒙逊因于姑臧，魏太武帝时，授沙州牧、敦煌公；宝长子承，魏太武帝赐爵姑臧侯，后遭父丧，居丧以孝闻。承应传先封，以自有爵，乃以本封让弟茂，时论多之。商隐即出自李承一支。商隐与李唐皇室的这种同宗别派关系，实际上是非常疏远的，和李贺之系出唐高祖李渊之从父大郑王李亮相比，关系还要疏远得多。又据李翱《故歙州长史陇西李府君墓志铭》："府君讳则，字某，凉武昭王十三世孙……次女婿桂州观察使杜式方。"（《全唐文》卷六三九）杜式方是会昌时宰相杜悰之父，商隐称杜悰为"外兄"（见《五言述德抒情诗一首四十韵献上杜七兄仆射相公》），李则当是商隐祖父李俌的兄弟辈。算起来，商隐当是凉武昭王李暠的十五代孙。

李承以下的商隐各代远祖，据《新唐书·宰相世系表》所载，为：李承子韶，定州刺史，袭姑臧文恭侯；韶次子瑾，后魏通直散骑侍郎，文恭侯；瑾三子疑之，光州中从事；疑之次子君范；君范子孝深；孝深子阙载，孙询轨；询轨次子涉，美原令，涉即商隐之高祖。李涉以下，《新唐书·宰相世系表》阙载，而《旧唐书·文苑传·李商隐》载之甚详，曰："李商隐，字义山，怀州河内人。曾祖叔恒，年十九登进士第，位终安阳令；祖俌，位终邢州录事参军。父嗣。"按商隐《请卢尚书撰曾祖妣志文状》云："夫人姓卢氏……父讳某，兵部侍郎、东都留守；夫人，兵部第三女，年十七，归于安阳君，讳某，字叔洪，姑臧李成宪、荥阳郑钦说等十人，皆僚婿也。安阳君年十九,一举中进士第,与彭城刘长卿、中山刘眘虚、清河张楚金齐名。始命于安阳,年二十九弃代,祔葬于怀州雍店之东原、先大夫故美原令之左次。美原讳某,字既济,其墓长乐贾至为之铭。一子邢州录事参军,讳某,字叔卿。"又《请卢尚书撰故处士姑臧李某志文状》云:"曾祖讳某,皇美原令;祖讳某,皇安阳县尉;父讳某,皇郊社令;处士讳某,字某,郊社令第二子也。"将上述记载对照、综合,可知商隐高祖名涉,字既济,美原令。曾祖名讳,任官有小异。《旧唐书》本传谓商隐曾祖叔恒,位终安阳令;二志文状则谓"字叔洪……始命于安阳",任"安阳县尉"。钱振常谓"既字叔洪,似无讳叔恒之理。唐人名与字同者甚多,'洪''恒'音近,或文避穆宗(即李恒)讳耶"(见《樊南文集补编·曾祖妣志文状》注),所言近是。① 其任官,叔恒年十九登第,"始命于安阳",可能即任安阳县尉。如至二十九岁去世时仍任安阳县尉,似不合情理,故本传"位终安阳令"之记载似可从。叔恒之子,亦即商隐祖父,名俌,字叔卿,邢州录事参军。据《曾祖妣志文状》,李俌系"以经业得禄",当是以明经登第而得官。《仲姊志文状》谓"王考纠曹君,以隐德不耀,俯仰于州县"。纠曹,指录事参军。《通典》:"录事参军,本为公府官,非州郡职也。掌总录众曹文簿,举弹善恶。后代刺史有军而开府者,并置之。"因职司纠弹,故称"纠曹"②。商隐父李嗣,本传阙载其任官,据《仲姊志文状》称:"烈考殿中君,以知命不挠,从容于宾介。"又云:"时先君子罢宰获嘉,将从他辟。"知李嗣曾任获嘉令,后被辟为幕僚。据商隐《祭裴氏姊文》:"时先君子以交辟员来,南辕已辖……浙水东西,半纪漂泊。"冯浩《玉谿生年谱》乃谓李嗣为镇浙东、西者所辟,张采田《玉谿生年谱会笺》更具体指出李嗣先为浙东观察使孟简、继为浙西观察使李翛所辟,但也有可能一直在浙东观察使幕待了六年左右(继孟简任浙东观察使者为薛戎),关于这方面

---

① 张采田《玉谿生年谱会笺》谓"叔恒盖以字行之者也",亦可参。
② 唐刘宽夫《汴州纠曹厅壁记》:"郡府之有录事参军,犹……南台之有大夫、中丞也。纠正邪慝,提条举目,俾六联承式,属邑知方。"

的具体情况,将在第三章第一节详述。谓李嗣为"殿中君",当指其在幕时所带殿中侍御史的宪衔。

以上所考述,为商隐之远祖李㦤至其父李嗣的大致情况。可以看出,所谓"我系本王孙"、"阴阴仙李枝",实际上只是与李唐皇室非常疏远的同宗别派关系。这种宗亲关系,自然不可能给他带来任何政治、经济上的实际利益。从影响比较直接的高、曾、祖、父四代近世宗亲来看,他们虽然都有官职,但大都为州郡僚佐、县令县尉一类州县官吏。到李嗣去世以后,更是"宗绪衰微,簪缨殆歇……泽底名家,翻同单系;山东旧族,不及寒门"(《祭处士房叔父文》)。这样一种现实地位相当寒微而又"系本王孙"的家世,一方面使他具有对唐王朝命运的深切关注和政治责任感,怀抱"欲回天地"、复兴李唐王朝的宏愿;另一方面,又使他具有强烈的家族责任感,时刻想着振兴家道,冀立门构,"以显之义,虽不敢望;无忝之训,庶几或存"(《祭徐氏姊文》)。当然,这种"宗绪衰微,簪缨殆歇"的地位处境也使他具有一种浓厚的家族没落感,赋予他伤感的气质。这一切,对他的生活与创作都产生了深刻而持久的影响。

三代寡孤的家世

商隐《请卢尚书撰曾祖妣志文状》中提到他的曾祖父李叔恒弱冠登进士第,与刘长卿、刘眘虚、张楚金齐名,可以推想他在诗歌创作方面有相当成就,可惜他的作品竟没有一首流传下来,但商隐应当是读过并熟悉曾祖的诗作的。从志文状中叙及曾祖诗名时的语气上看,他虽不像杜甫提到其祖父杜审言时声称"诗是吾家事"那样自负,但可以揣知这位曾祖的才气名声对他的激励与影响。可惜曾祖叔恒竟未届而立之年就溘然长逝,"(安阳君)年二十九弃代……始夫人既孀,教邢州君①以经业得禄,寓居于荥阳。不幸邢州君亦以疾早世。夫人忍

---

① 指商隐祖父李俌。

昼夜之哭,抚视孤孙,家惟屡空,不克以邢州归祔。"曾祖的英年早逝,对曾祖母和整个家庭是极沉重的打击。但卢氏夫人却坚强地担负起教育儿子李俌的责任,使李俌以明经及第,并做了邢州录事参军的官职。但不幸再次降临到这位孀母头上,李俌又因病早早去世。她又含悲忍痛,担负起抚育孤孙李嗣的重担。"后十年,夫人始以寿殁,诸孤且幼",等到李嗣长大做了县令和方镇幕僚、得殿中侍御史衔后,又撇下商隐兄弟和妻子,死于江南作幕之地。商隐母亲只得千里迢迢,带着商隐兄弟,将李嗣的灵柩运回荥阳。从曾祖、祖父到父亲,一连三代,都是以疾早逝,由曾祖母一人担当起教养两代儿孙的重任,商隐母亲也同样是孤儿寡母,苦熬度日。郑州荥阳距原籍怀州,不过二百里,却因"家惟屡空",竟无力将李俌和曾祖母的灵柩运回原籍安葬,只好葬在寓居的荥阳坛山。这种接连三代寡孤的家世,由于很早就失去家庭中的主要支柱,孤儿寡母肩上所承受的负担、压力,包括经济上的、心理上的,都远比一般家庭更为沉重而持久。长期积淀起来的沉重压抑感、孤独无依感、对前途命运的渺茫无着落感,乃至自卑屈辱感等,都比一般人更为强烈。而这一切,又往往转化为对知遇之恩、亲情、友谊、爱情等人生中温暖情谊的格外珍重与热切向往。"古人常叹知己少,况我沦贱艰虞多"(《安平公诗》),正道出"沦贱艰虞"的家世身世与重视知己情谊之间的密切关联。同时,这种"沦贱艰虞"的境遇又往往反激起自尊、自负、自强等诸种反向情感。他那种多情、缠绵、内向、敏感、伤感的个性气质与这种三代寡孤的悲剧性家世也都有深刻的联系。

裴、徐二姊的悲剧遭遇

直系亲属三代寡孤的境遇已如上述,旁系亲属中两位姊姊的命运也很不幸。

商隐共有三位姊姊。大姊可能未婚早逝,故死后葬在荥阳坛山李家祖坟,《祭小侄女寄寄文》所称"伯姑",指的就是这位早逝的大姊。另两位即嫁给裴允元的裴氏姊和嫁给徐某的徐氏姊。这两位姊姊，在商隐的文章中都称为"仲姊"①，从文中叙述她们逝世的时间看，裴氏姊当年长于徐氏姊。

《请卢尚书撰李氏仲姊河东裴氏夫人志文状》云："仲姊生禀至性，幼挺柔范，潜心经史，尽妙织纴。钟、曹礼法，刘、谢文采。顾此兼美，自乎生知。"是一位知书达理、温柔贤慧的女子。《祭裴氏姊文》中也提到裴氏姊身后遗留下来的"组绣余工，翰墨遗迹"，可见她确有妇功、有文采。但她的遭遇却非常悲惨。《仲姊志文状》说："年十有八，归于河东裴允元，故侍中耀卿之孙也。既归逢病，未克入庙，实历周岁，奄归下泉。"裴耀卿开元二十一年拜黄门侍郎，同中书门下平章事，二十二年迁侍中。裴氏本为河东望族，允元祖父又官至宰相，应该说这门亲事对于比较寒微的李家来说，是一种可以因依的力量。但实际的结果却只给这位仲姊带来了不幸。《仲姊志文状》因为是写给卢尚书撰墓志用的行状，对仲姊之死不能不含糊其词，用"既归逢病，未克入庙，实历周岁，奄归下泉"等语掩盖过去。但在《祭裴氏姊文》中对仲姊的死因却有比较明确的叙述："爱女二九，思托贤豪。谁为行媒，来荐之子？虽琴瑟而著咏，终天壤以兴悲。谓之何哉？继以沉恚，祷祠无冀，奄忽凋违。"根据祭文中的用典，可以揣知仲姊的真实死因。"琴瑟而著咏"用《诗·周南·关雎》"窈窕淑女，琴瑟友之"，指已偕琴瑟之好，正式结为夫妇；"天壤以兴悲"用《世说新语·贤媛》所载才女谢道韫嫁王凝之事：

> 王凝之谢夫人（即道韫）既往王氏，大薄凝之。既往谢家，意大不说。太傅（即谢安）慰释之曰："王郎（即凝之），逸少（即羲之）之子，人身亦不恶，汝何以恨乃尔！"答曰："一门叔父，则有阿大、中郎②；群从兄弟，则有

---

① 《祭徐姊夫文》："始者仲姊有行，获托贵族。"此"仲姊"指徐氏姊。《请卢尚书撰李氏仲姊河东裴氏夫人志文状》题内之"仲姊"指裴氏姊。
② 指道韫的叔伯父辈谢尚、谢据，详参张忱石《谢道韫与阿大中郎》，见台湾东海大学《中国文化月刊》。

封、胡、遏、末①,不意天壤之中乃有王郎!"

谢道韫认为丈夫王凝之和娘家的叔伯或兄弟辈根本不能相提并论,因而"大薄凝之",发出"不意天壤之中乃有王郎"的悲恨。王、谢高门世族之间结为婚姻,政治联姻的性质相当突出,对当事人的才能人品及双方的感情往往很少考虑。谢道韫虽是一位有才能、有个性的女子,但婚前同样没有亲自选择婚姻对象的权利,等到嫁过去以后,方发现对方的才能品性与自己所希望的相去悬殊,但木已成舟,只能维持这不美满的婚姻。商隐用谢道韫"天壤兴悲"的典故,显然是暗示仲姊对裴允元的才情人品深为不满,与谢一样产生了"不意天壤之中乃有裴郎"的悲怨。《仲姊志文状》中突出仲姊"生禀至性,幼挺柔范,潜心经史,尽妙织纴。钟、曹礼法,刘、谢文采。顾此兼美,自乎生知"的淑女才媛品性,正是为了强调其所适非人的悲剧。但裴氏姊却因为"天壤兴悲"、不满裴允元而遭到遣回娘家的悲剧。行状和祭文都分别提到仲姊"既归逢病,未克入庙","得不以既筓阙庙见之仪,故卜吉举归宗之礼",并明白提到仲姊死在父亲李嗣任获嘉令的家中,说明仲姊是刚嫁过去不久就被夫家遣回娘家。仲姊刚嫁到裴家,就流露出对丈夫的不满,兴"天壤之悲",这在裴家这种高门显宦看来,是大不敬的表现,但又不符合"七出"之条,于是便不许其"庙见"而将其遣回娘家。这实际上是一种离异,只不过没有正式的离异手续。婚姻的悲剧加上被遣回娘家的遭遇使她羞愤交并,终于在不到二十岁的韶华之年就郁郁成疾去世。裴氏姊的悲剧在某种意义上不妨说是一出寒门在婚姻上依托高门、所适非人酿成的悲剧。

商隐的另一位徐氏姊在婚姻上虽未遭遇裴氏姊那样的悲剧,但生前既含辛茹苦,身后又十分凄凉。《祭徐氏姊文》说:"始某兄弟②,初遭家难③,内无强近,

---

① 指道韫兄弟辈中的谢韶、谢朗、谢玄、谢渊。
② 指自己和仲弟羲叟。
③ 指父亲李嗣在浙西幕府病故。

外乏因依。祗奉慈颜（即徐氏姊），被蒙训勉。及除常制，方志入曹。"祭文写于会昌三年，而言"追诀慈念，一十八年"，徐氏姊当卒于宝历二年。商隐父卒于长庆元年，在长庆元年到宝历二年这六年时间内，正是商隐一家最艰难的时期，也是商隐兄弟年方就傅①，需要接受教育的关键时刻，徐氏姊担负起了抚养教导商隐兄弟的任务。但不幸的是，徐氏姊同样在韶年出嫁后不久即去世。祭文中又说："然有以没齿怀恨，粉身难忘者，以灵之懿茂，而不登遐寿，不生贤人，使别女②致哀，犹子为后。哀哀天地，云胡不仁！默默神祇，其何可诉！"天道不仁，善人不佑，对徐氏姊生前辛苦、身后凄凉的悲剧命运，商隐感到难以诉说的怨愤。

裴氏姊去世时，商隐"初解扶床"，尚在乳抱。对她的婚姻悲剧，当是长大后听母亲所述。《祭裴氏姊文》中提到自己长大后打算将裴氏姊的灵柩从寓殡之地获嘉迁回荥阳坛山时说："顷者以先妣年高，兼之多恙，每欲谘画，即动悲感③。"可见商隐母亲对这位女儿的婚姻悲剧是终身抱痛的。因此裴氏姊的悲剧遭遇给他留下了极深刻痛切的感受，使他对女子不能自主婚姻造成的悲剧有一种切肤之痛。《别令狐拾遗书》中有这样一段充满愤激情绪的文字：

后日生女子，贮之幽房密寝，四邻不得识，兄弟以时见。欲其好，不顾性命。即一日可嫁去，是宜择何如男子者属之耶？今山东大姓家，非能违摘天性而不如此。至其羔鹜在门，有不问贤不肖健病，而但论财货、恣求取为事。当其为女子时，谁不恨？及为母妇，则亦然。

这里指斥的，是山东大姓家的父母"但论财货、恣求取"，而"不问贤不肖健病"的包办买卖婚姻，婚姻的缔结完全出于经济利益的考虑。实际上，倚托甚至攀

---

① 《礼记·内则》："十年，出就外傅。"年方就傅，指正值就傅之年，即十岁。
② 徐氏姊无亲生子女。此女非其所出，故曰"别女"。
③ 原作"作咸"，当为"悲感"之缺讹。

附高门,不问子婿贤否也是一种变相的包办买卖婚姻,婚姻的缔结完全出于政治和家族利益的考虑,同样会造成当事人特别是女子的婚姻悲剧。李商隐对于女子不能自主婚姻和前途命运的深切同情,与他对裴氏姊婚姻悲剧的痛切感受不能说没有关系。《无题》(八岁偷照镜)中所抒写的少女伤春的苦闷和不能掌握自己命运的心理,也融合了他来自家庭生活的切身体验。而裴氏姊、徐氏姊的悲剧命运给三代寡孤的家庭又增添了一层浓厚的悲剧氛围,从而使商隐的感伤情绪和气质在早岁就已形成。

第二章　籍贯与出生年

李商隐的祖籍、现籍与出生年月,史籍、商隐本人及研究者有不同记载与考证。本章对几种主要的不同考证意见进行考辨比较,得出较合理的推断,并对商隐元和七年生说提供了他自己诗文中记述的内证,对"仲弟"的解释尤为关键。

第一节　李商隐的籍贯

商隐的籍贯,两《唐书》本传都说是"怀州河内"。唐代怀州辖河内、武德、武陟、获嘉、修武五县,河内为怀州州治所在附郭县。河内县辖境包括今河南省沁阳市及博爱县境。商隐的高祖美原令李涉、曾祖安阳令李叔恒的坟茔都在怀州雍店之东原(会昌四年八月刘稹之乱平定后,商隐当将其曾祖母卢氏的坟由荥阳坛山迁到这里)。因此,怀州河内是商隐的祖籍或原籍。他自己在《剑州重阳亭铭并序》末署"太学博士河内李商隐撰"①,即自称为河内人。商隐的出生地虽在怀州获嘉县,但那是因为当时他父亲李嗣正在获嘉县做县令,携眷同往,故商隐出生于此。实际上,从他祖父李俌起,就已徙居郑州。《请卢尚书撰曾祖

---

① 内,《全唐文》作"南"。但商隐非河南府人,而且习惯上如籍贯为河南府某属县,当同时标明属县之名。此"南"字当为"内"字之讹。

妣志文状》云：

> 安阳君（即商隐曾祖李叔恒）……年二十九弃代，祔葬于怀州雍店之东原、先大夫故美原令之左次……始夫人既孀，教邢州君（即商隐祖父李俌）以经业得禄，寓居于荥阳。不幸邢州君亦以疾早世。夫人忍昼夜之哭，抚视孤孙，家惟屡空，不克以邢州归祔，故卜葬于荥阳坛山之原上。俾自我为祖，百世不迁。

李俌葬荥阳坛山，当是其时李家已经迁居郑州（荥阳为郑州属县）。继李俌之后，商隐父亲李嗣、处士叔李某的坟墓也都在坛山。《祭裴氏姊文》云：

> 某年方就傅，家难旋臻①。躬奉板舆②，以引丹旐。四海无可归之地，九族无可倚之亲。既祔故丘，便同遗骸。

这里所说的"故丘"，即指其祖父李俌在荥阳坛山的坟茔。李嗣祔葬故丘之后，大和三年，会昌三年、四年，大中五年，又先后将处士叔、母亲、裴氏姊、小侄女寄寄、妻子王氏的坟葬在荥阳坛山③。从商隐文章中可以看出，他从穆宗长庆元年奉父丧归郑州，到敬宗宝历二年，一直居住在郑州（详第三章），此后虽学仙玉阳、屡居幕府、应举求官，但郑州始终有他的家居。因此，郑州是他的第二故乡和现籍。怀州河内，虽是祖籍，但到商隐时，除了高、曾祖的坟墓外，旧居早已不存。《上河阳李大夫状一》说：

---

① 指父亲病故于浙西幕府。
② 指母亲。
③ 大中五年商隐妻王氏卒后，当亦按礼将王氏葬于坛山，但商隐现存诗文中对王氏葬事未曾涉及。

> 伏以仍世羁宦,厥家屡迁。占数为民,莫寻乔木;画宫受吊,曾乏弊庐。

可见其时河内已无祖居。而郑州,一直到他病废之时,仍有居处,而且最终即卒于郑州。《上郑州李舍人状一》说:

> 某庆耀之辰,早蒙抽擢;孤残之后,仍被庇庥……恩同上客,礼异编氓。桑梓有光,里闾加敬。

从"编氓"、"桑梓"、"里闾"这些词语中,可以明显看出,商隐在郑州不但有居处和邻里街坊,而且是把郑州看做自己的家乡,把自己视为郑州的正式居民的。《哭遂州萧侍郎二十四韵》也说:"早岁思东阁,为邦属故园。"自注:"余初谒于郑舍。"大和七年三月,萧浣由给事中出为郑州刺史,商隐初谒萧浣,即在萧任郑州刺史期间。这里更把郑州直接称为"故园"。揆之情理,从祖父李俌起,三代居于郑州,且有"故丘"在荥阳坛山,自己又一直在郑州有居处,当然可以称为"故园"了。不过,对近在二百里左右的祖籍怀州,商隐仍有一份固结不解的故乡情结。这不仅表现在上引《剑州重阳亭铭并序》篇末"河内李商隐"的署名上,而且表现在其一系列诗文中称怀州附近的山为"故山"、"家山"上。其《奠相国令狐公文》云:"故山巍巍,玉谿在中。"《偶成转韵七十二句赠四同舍》云:"旧山万仞青霞外,望见扶桑出东海。"这里的"故山"、"旧山",即指怀州附近的王屋山分支玉阳山,商隐早年曾在此学道。《大卤平后移家到永乐县居书怀十韵寄刘韦二前辈二公尝于此县寄居》甚至把连接王屋山的中条山也称为"家山",而有"驱马绕河干,家山照露寒"之句。这一切,说明商隐对怀州祖籍,心中殊为恋恋。

第二节 李商隐的生年

商隐生年,旧有三种主要考证结论①:一为冯浩的元和八年生说,见其所著《玉谿生年谱》;一为钱振伦的元和六年生说,见其所辑注《樊南文集补编》卷末所附《玉谿生年谱订误》;一为张采田的元和七年生说,见其所著《玉谿生年谱会笺》卷一。三说中,冯、钱二说各有其主要依据,张说则调和折中冯、钱二说。

冯浩的主要依据是商隐的《上崔华州书》。此书上于开成二年正月十一日至二十四日之间。信中提到"今崔宣州",指开成二年正月十日新被任命为宣歙观察使的崔郸(事见《旧唐书·文宗纪》)。是年正月二十五日进士试放榜,商隐登第(详第六章第一节),而此信为向华州防御使崔龟从行卷之作,时尚未登第可知,当上于二十五日放榜之前。而篇首称"愚生二十五年矣",自开成二年逆数二十五年,商隐当生于元和八年。岑仲勉《玉谿生年谱会笺平质》即力主应从冯说。

钱振伦的主要依据是冯氏未曾见到的,由他从《全唐文》中辑出,收入《樊南文集补编》的《请卢尚书撰李氏仲姊河东裴氏夫人志文状》中的一段文字:

> 至会昌三年,商隐受选天官,正书秘阁,将谋龟兆,用释永恨。会允元同谒,又出宰获嘉,距仲姊之殂,已三十一年矣。神符凤志,卜有远期,而罪衅贯盈,再丁艰故,且兼疾瘵,遂改日时。明年冬,以潞寇凭陵,扰我河内,

---

① 朱鹤龄、徐树谷、程梦星诸家对商隐的生年均有考证,因其据商隐本传之误载推断商隐生年,故结论离其实际生年甚远。如朱氏《李义山诗谱》据本传"令狐楚镇河阳,以所业文干之,年才及弱冠"之误载,认为商隐生于贞元十一二年间即是。徐氏说稍异,认为商隐生于贞元十九年,亦误。程梦星谓生于贞元十五年,亦非。

惧罹焚发,载胯肝心。遂泣血告灵,摄缞襄事,卜以明年正月日归我祖考之次,荥阳之坛山。

钱氏认为这段文字一开头的"至会昌三年"当作"至会昌二年"。根据是:"刘稹作乱,在会昌三年四月,是年冬,命将进讨,四年八月平,见《旧唐书·武宗纪》。此文下云'明年冬,以潞寇凭陵,扰我河内',自当指会昌三年而言。此处'三'字,疑当作'二'。又前《曾祖妣状》云:'会昌二年,由进士判入等,授秘书省正字。'与此状为同时所作,亦不应互异其词也。"校正极有据,当据改。由此推出:"自会昌二年壬戌,上溯至元和七年壬辰,凡三十一年。"也就是说,裴氏姊当卒于元和七年。再据《祭裴氏姊文》"灵沉绵之际,殂背之时,某初解扶床,犹能记面"之语,谓冯浩《年谱》商隐生于元和八年之说"殊不可通"①,"似宜酌移为元和六年,于理方顺"。

张采田不同意钱氏将《仲姊志文状》"至会昌三年"校改为"至会昌二年",云:"不知古人文简,往往有倒插追叙之法。此文'会昌三年'至'距仲姊之殂,已三十一年矣'为一段;'罪衅贯盈'至'卜以明年正月'为一段。'三十一年'句直承'会昌三年',中间'商隐受选天官,正书秘阁'等语,乃追叙之词。'罪衅贯盈',谓丁母艰。义山丁母艰在会昌二年,所谓'明年冬'者,承上文,仍指三年而言。至'卜以明年正月'云云,始实指会昌四年也。三十一年,若由会昌三年数之,则仲姊之殁,实为元和八年……则义山之生,必在元和七年壬辰无疑矣。"但张氏对这段文字的解说实在过于支离割裂,自相矛盾,岑仲勉《玉谿生年谱会笺平质》已加辩驳,但岑氏仍主张裴氏姊卒于元和八年,谓"原文之意,三十一年系从最初卜改葬期时上数之,此改葬之期当在会昌三年……状文'会昌三②年'至

---

① 当因误解"仲弟圣仆"所致,参附考八。
② 岑氏同意钱说,谓当改为"二"。

'已三十一年'一段,系指会昌二年而暗递到三年。惟'明年冬'字仍指二年之明年",其解说之支离牵强与张氏类似。董乃斌《李商隐生年为元和六年说》对岑说也作了有力的辨正。(见《文学遗产增刊》第十四辑)

在冯、钱二说各有有力证据,又没有别的证据或理由可以证明其所据文字有误的情况下,无论是从冯说或从钱说都必然会遇到与另一说所持证据相矛盾的问题。因而简单地是冯而非钱或是钱而非冯,都不可取。在这种情况下,唯一的出路,是在承认《上崔华州书》"愚生二十五年矣"与《仲姊志文状》"至会昌二年……距仲姊之殂,已三十一年矣"这两处文字都正确的前提下,参酌其他有关证据,对商隐生年作出比较合理的推断,并对某些文字作出比较合理的解释。

比较合理的推断是:商隐生于元和七年初,而裴氏姊殁于元和七年末。

裴氏姊卒于元和七年末,则与《仲姊志文状》"至会昌二年……距仲姊之殂,已三十一年"的叙述正合。"商隐受选天官,正书秘阁,将谋龟兆,用释永恨。会允元同谒①,又出宰获嘉②"等事都发生在会昌二年。而商隐生于元和七年初的推断,则与《祭裴氏姊文》"灵沉绵之际,殂背之时,某初解扶床,犹能记面"亦可相合。小孩学会独自走路一般在出生后一周岁到一岁半之间,一周岁时"能独自站立,牵着一只手可走"③,也就是"初解扶床"。从年初至年末,已近一周岁,正是"初解扶床"之时。至于"犹能记面",是指婴儿时对大人的识面分辨能力,即其时已分得清对方是母亲或姊姊,而绝不可能是许多年后仍能记忆起姊姊的面容,因为长大后对幼时所历情景的记忆,一般要到六七岁后,此不详辨。

但这样推断,仍会出现与《上崔华州书》中"愚生二十五年矣"的叙述相矛盾的问题。因为如商隐生于元和七年初,至开成二年正月已是二十六岁。不

---

① 指裴允元与商隐一起参加吏部的选官考试。
② 指裴允元被选为获嘉令。
③ 据《乳幼儿和学龄前儿童智力和动作行为发育表》。

过,这一矛盾似可得到较为合理的解释。第一,《上崔华州书》上于开成二年正月十一日至二十四日之间,其时商隐虽已跨入二十六岁,但乍入新年不过旬余,在潜意识中或习惯上仍会感到自己还在二十五岁。古人虽无实足年龄的算法,但在计算时间时却有"周岁"之称,这里"生二十五年矣"也可能是指生满二十五年的意思。第二,《上崔华州书》为一高自标置的书信,行文较为洒脱自由,如一开头就谨言"生二十六年",不免过于郑重拘泥,与全篇文风不协,故径称"生二十五年"。盖除十年、二十年等常用的成数外,五年、十五年、二十五年等亦为较为活泛带有一定伸缩性的数字。用"生二十五年矣"来约言乍入新年不过旬余之"年二十六",似无不可。反之,如从钱氏元和六年生之说,时商隐已二十七岁,再说"愚生二十五年矣",相差两岁,其矛盾殆无弥合的可能。

紧接着产生的另一个问题是对下面两段文字的解释。《祭裴氏姊文》云:

良时不来,百里为政①。爱女二九,思托贤豪。谁为行媒,来荐之子?虽琴瑟而著咏,终天壤以兴悲。谓之何哉?继以沉恙,祷祠无冀,奄忽凋违。时先君子以交辟员来,南辕已辖,接旧阴于桃李,寄暂殡之松楸。此际兄弟,尚皆乳抱,空惊啼于不见,未识会于沉冤。

《请卢尚书撰李氏仲姊河东裴氏夫人志文状》云:

既归逢病,未克入庙,实历周岁,奄归下泉。时先君子罢宰获嘉,将从他辟,遂寓殡于获嘉之东。

这两段文字中的"时先君子以交辟员来,南辕已辖"与"时先君子罢宰获嘉,将从

---

① 指商隐父李嗣任获嘉令。

他辟"分别紧接在"奄忽凋违"与"奄归下泉"之后,很容易造成一种错觉:裴氏姊的去世与李嗣罢宰获嘉赴浙东辟是同时或时间上紧相衔接的事。但实际情况根本不是这样。因为李嗣赴浙东辟的时间,据张采田《会笺》考证,在元和九年。是年九月戊戌,以给事中孟简为越州刺史、浙东观察使。李嗣当为孟简所辟。孟简九月任命,则李嗣之赴浙东幕必在是年冬。前已据《仲姊志文状》"至会昌二年……距仲姊之殂,已三十一年矣"之文考知裴氏姊卒于元和七年末,则姊卒与父罢宰赴浙辟之间相隔了整整两年。实际上,无论是张氏《会笺》将姊卒定在元和八年、父罢宰赴辟定在九年,或是冯浩《年谱》将姊卒定在元和九年、父罢宰赴辟定在十年,中间也都隔了一年,并没有将两件事放在同时。道理很简单,因为如果仲姊死时正当其父罢宰赴辟之时,则元和九年下距会昌二年仅二十九年,绝不符合"至会昌二年……距姊之殂,已三十一年矣"之文(即使如张氏所主张的"至会昌三年"不误,也不得不把姊卒的时间提到父罢宰赴辟的前一年,即元和八年,以就"三十一年"之数)。实则姊之"凋违"、"归下泉"与父之罢宰赴辟是不同时间发生的两件事,中间隔了两整年。按照常规,李嗣当是担任获嘉令已满任期时才会从浙东之辟,一般不可能在任期未满时弃官赴辟,这从"罢宰"二字亦可看出。县令任期一般为三年。据上引《祭裴氏姊文》的这段文字,可以推知李嗣当是元和六年莅获嘉令之任,裴氏姊即于当年行媒出嫁,并随即被裴家遣回娘家,"实历周岁,奄归下泉",于元和七年末去世。因为当时李嗣正在获嘉为令,故遂即暂时寓殡于获嘉县的东郊。本待任满时迁回荥阳坛山正式安葬,但到元和九年三年任期已满罢任时,正值孟简辟署其为浙东幕府从事,行期迫促,"南辕已辖",来不及将裴氏姊迁祔故丘,故不得已仍寓殡于获嘉。《祭裴氏姊文》中"接旧阴于桃李,寄暂殡之松楸"二句,冯浩引《韩诗外传》"春树桃李,夏得阴其下,秋食其实"以注"旧阴之桃李",实为误注。此句盖用潘岳事。《白氏六帖·县令》:"潘岳为河阳令,树桃李花,人号河阳一县花。"此典正切李嗣为县令。"接旧阴于桃李",是说李嗣担任获嘉令已有数年,所树桃李已成旧阴。两句连文,意即在做了几年县令的获嘉,将裴氏姊的坟墓(松楸借代坟墓)仍然寄寓在那里。总之,上引两段文字的"奄忽凋违"、"奄归下泉"前后,分叙二事,两件事在时间上并不紧相连接。

接下来还有一个问题需要作出正确解释,即《祭裴氏姊文》中所说的"此际兄弟,尚皆乳抱,空惊啼于不见,未识会于沉冤"。如果"此际"是紧承上文指"先君子以交辟员来,南辕已辖"之时,则商隐其时已三岁,其下又有一个尚在乳抱的弟弟(当是羲叟),是完全合乎情理的。但这种理解似与"空惊啼于不见"不大切合。因为裴氏姊元和七年末(李嗣罢宰赴浙辟的两年前)即已去世,要说"惊啼于不见",当时即已"不见",并非迟至元和九年冬父赴浙辟方"惊啼于不见"。如果"此际"是上承"奄忽凋违"即裴氏姊刚殁之时,那就意味着,元和七年末裴氏姊卒时,商隐下面又有一位刚出生的弟弟羲叟。假定商隐生于正月初,羲叟生于十二月末,其间相隔不过十一个月多一点。同母所生的兄弟,一个生于年初,一个生于年末,这种概率虽不多,但也不是没有可能。

其实,称羲叟为"仲弟"①,并不意味着商隐之下,羲叟之上还有一位同母弟,唐人以同一曾祖所出之男性按年龄大小排序。李家自曾祖叔恒起,祖俌、父嗣均孤寡单传,至商隐一代,方有商隐、羲叟二曾孙,故商隐为长兄,羲叟为仲弟。"仲弟"系唐人习称之行第。此亦可证谓商隐行十六之误。详参本册附考八。

第三节 生年的其他佐证

为了进一步检验元和七年生说的相对合理性,不妨将商隐诗文中所提供的其他有关年龄的记述作一些比较分析和印证。

---

① 商隐《樊南甲集序》:"仲弟圣仆(原注:羲叟),特善古文。"

其一，《上令狐相公状一》云："某才乏出群，类非拔俗。攻文当就傅之岁，识谢奇童；献赋近加冠之年，号非才子。徒以四丈东平，方将尊隗，是许依刘。"商隐初谒令狐楚，两《唐书》本传皆云在楚镇河阳时，显误。据此状，实在令狐楚镇天平（治郓州，隋东平郡，故云"四丈东平"）之前。考大和三年三月，令狐楚检校兵部尚书、东都留守、东畿汝都防御使（见《旧唐书·文宗纪》）。郑州属东畿汝都防御使管辖，时居郑州的李商隐初谒令狐"以所业文干之"。以元和七年生顺数之，至大和三年商隐十八岁，正所谓"献赋近加冠之年"。

其二，《骄儿诗》云："爷昔好读书，恳苦自著述。憔悴欲四十，无肉畏蚤虱。"此诗作于大中三年春，时商隐在长安，与妻王氏及儿女团聚。以元和七年生，下推至大中三年，商隐三十八岁，正合"欲四十"之数。

其三，《梓州道兴观碑铭并序》云："予也五郡知名，三河负气……属以鱼车受宠，璧马从知……谢文学之官之日，歧路东西；陆平原壮室之年，交亲零落。""鱼车"二句，指应柳仲郢之辟聘，为东川节度使幕府从事。"谢文学之官之日"，用《南齐书·谢朓传》的典故。朓历随王萧子隆文学侍从。子隆好辞赋，朓以文才，尤被赏爱。世祖敕朓还朝，迁新安王中军记室，朓笺辞子隆曰："皋壤摇落，对之惆怅；歧路东西，或以鸣邑。"借指自己被辟为东川记室后，赴梓州就幕职。"陆平原壮室之年，交亲零落"，用陆机《叹逝赋序》"余年方四十，而懿亲戚属，亡多存寡；昵交密友，亦不半在"之意，"壮室"显系"强仕"之误记①。《礼记·曲礼上》："三十曰壮，有室；四十曰强，而仕。"商隐赴东川辟，在大中五年。"陆平原"句与"谢文学"句对文，所指为同一年之情事。大中五年春夏之交，商隐妻王氏去世，在此之前，亲交如王茂元、郑亚、卢弘止亦相继谢世，故有"交亲零落"之叹。同年初秋所作《崇让宅东亭醉后沔然有作》亦有"摇落真何遽，交

---

① 商隐将"强仕"误记为"壮室"，非止此一例。其《为濮阳公与刘稹书》在讲到刘从谏之卒时说："才加壮室之年，奄有坏梁之叹。"按《新唐书·藩镇·刘从谏传》谓从谏"卒，年四十一"。四十一正是"才加强仕之年"，而非"才加壮室之年"，可证商隐误记"强仕"为"壮室"是一贯的。

亲或未亡"之概。"交亲或未亡"即"交亲零落"的另一种表述,同用陆机《叹逝赋序》"余年方四十,而懿亲戚属,亡多存寡;昵交密友,亦不半在"数句意。因而《梓州道兴观碑铭并序》"谢文学之官之日,歧路东西;陆平原壮室(按:当作'强仕')之年,交亲零落"数句,意谓自己在强仕之年(四十岁),交亲零落亡故甚多,又远赴东蜀之辟,颇有歧路东西的感慨。值得注意的是,"陆平原强仕之年,交亲零落",所指岁数确定(即陆赋序所谓"余年方四十"),与上文所引"近加冠之年"、"欲四十"之较活泛者不同,定指四十岁。从大中五年逆溯四十年,正是元和七年。故《梓州道兴观碑铭并序》这几句殆为商隐生于元和七年的又一确证。岑仲勉《玉谿生年谱会笺平质》谓:"张意盖以(此数句)影响其元和七年之说,顾编年文又编大中七年(四十二岁)下。按商隐在梓,后先五岁。大中五年赴梓幕有《散关遇雪》诗,则抵梓在秋末冬初,岁底复上西川。若拟为五年作,其可能性殊甚少也。"这是岑氏误将"谢文学之官之日,歧路东西;陆平原强仕之年,交亲零落"数句所指为大中五年之情事,与这篇碑铭的系年(写作时间)混同起来了。其实张氏并没有说这篇碑铭是大中五年所作,而是与《四证堂碑铭》、《新井碣铭》同系于大中七年。作《道兴观碑铭》之年与文中所述"谢文学之官之日"、"陆平原强仕之年",所指之年自是二事。

附带要说明一个问题。商隐在《祭徐氏姊文》中曾说:"今者苴麻假息,粪土偷存,不即殒伤,盖亦有以。伏以奉承大族,载属衰门。三弟未婚,一妹处室。息胤犹阙,家徒索然。"《祭裴氏姊文》亦云:"荣养之志才通,启动之期有渐。而天神降罚,艰棘再丁。弱弟幼妹,未笄未冠。胤绪犹阙,家徒屡空。"两处都讲到会昌二年冬母亲亡故后,还有三位弟弟未成婚,一位妹妹未出嫁。前文作于会昌三年,后文作于会昌四年。古代男子二十而冠,女子十五而笄。据此推算,三个弟弟中年龄最大的一个,此时最多十九岁,则当生于宝历元年或二年,其妹按年十四计,当生于大和四年或五年。而商隐父卒于长庆元年,其时商隐"年方就傅",即十岁。很显然,这"三弟一妹"绝非商隐的亲弟妹,而是他的堂弟妹,其中可能包括处士叔的二男珵、顼及其侄思晦。

上面所举出的三个佐证，《上令狐相公状一》、《骄儿诗》对元和六年生说、元和七年生说都适用。因为按六年生说，大和三年商隐十九岁，亦可称"近加冠之年"；大中三年商隐三十九岁，亦可称"憔悴欲四十"。但这两证对元和八年生说却不适用，因为按八年生之说，大和三年商隐年方十七，说"近加冠之年"就比较勉强；大中三年商隐年三十七，说"欲四十"，也不大合适。而《梓州道兴观碑铭并序》因"陆平原强仕之年"确指四十岁，无论六年生说、八年生说都不符合，只能用来证明元和七年生说。因而综合以上三证，仍以元和七年生说较无窒碍。

第三章 幼年与少年

这一章叙述李商隐自元和七年出生到十八岁初谒令狐楚,正式踏入社会之前这一时期的生活。时间跨度很大,但能确切考述的具体生活情事却比较少,只能根据现有材料勾画出一个大体的轮廓。其中对"占数东甸"的考辨涉及其祖籍、现籍和是否定居洛阳等重要问题,对学仙玉阳的时间也作了新的考证。

第一节 获嘉三年与随父两浙

元和七年初,李商隐在获嘉县廨出生,当时他父亲李嗣正在获嘉县当县令。在他之前,已有三位姊姊,他出生时裴氏仲姊已经十九岁。结婚以后二十来年未曾得子的李嗣对这个迟迟到来的宁馨儿自然分外珍爱,而且对这个孩子寄予厚望,给他取名商隐,字义山。商隐之名,当是取义于秦末汉初隐于商山的四位高士,即后世所谓"商山四皓"。古人名与字义每相关,商隐的一位堂兄字让山,李嗣于是给商隐取字为"义山",也是取义于四皓之高义如山之意。商山四皓后来因张良之荐,出来辅佐汉高祖的太子,安定储位。李嗣给这个孩子取名商隐,自然不是希望孩子隐居不仕,而是企盼他如四皓之待时而出,成为帝王之佐。对父亲在取名字上所寄托的这种厚望,商隐似有深刻领会。他后来写过两首《四皓庙》诗,一首借慨李德裕能任用石雄,破回鹘、平泽潞,却不能如张良之荐四皓、安储位;另一首则借四皓之建立羽翼殊勋而见弃于时,以托讽时君之斥弃功臣。两诗都赞扬了四皓的"羽翼殊勋",可见商隐对他们的钦仰。他在《骄儿诗》中甚至希望自己的儿子衮师将来能为"帝王师",将父亲曾寄予的厚望转寄予下一代。①

裴氏仲姊在商隐出生的前一年出嫁给裴允元,但未曾庙见便被遣回娘家居住。徐氏姊当时尚未出嫁,陪侍父母。元和七年末,商隐的弟弟羲叟刚降生不久,而裴氏姊却在卧病一年之后奄然去世。这位知书达礼、富于才情的爱女在花季之年的谢世,给商隐父母带来的悲痛是可想而知的。特别因为她是由于所适非人、不满丈夫的才学品行而被遣回娘家的,实际上等于被休弃,这对于像李家这样的"泽底名家"②,更是一种极大的难堪与羞辱,而且使商隐父母感到择婿非人的悔疚。以至裴氏姊死后二三十年,一提起为她迁葬的事,商隐母亲都抑制不住悲从中来,可见裴氏姊的婚姻悲剧和她的死给商隐父母造成的精神创伤之大。但这一切,对于其时"初解扶床"的商隐来说,都不可能留下丝毫印象,最多只是"空惊啼于不见",发现突然不见了这位姊姊而已。至于裴氏姊所遭的不幸,他是长大以后才从家人那里得知的。

元和九年秋,李嗣的获嘉县令三年任期已满,正等着调任。就在这年九月戊戌,给事中孟简外任浙东观察使。幕府初开,需要辟署幕僚,李嗣就是在这时接到孟简辟请自己为浙东幕府从事的聘书的。唐代特别是在安史之乱以后的浙东观察使幕,是文人荟萃之地。除西川、淮南两个大镇雄藩以外,浙东、浙西、宣歙、荆南、江西等土地肥沃、物产丰饶的江南一带方镇对文人有很大的吸引力。李嗣赴浙东辟,或与浙东优越的条件有关。孟简,《旧唐书》卷一六五、《新唐书》卷一七〇有传。他在担任浙东观察使之前,曾作过仓部员外郎、吏部员外

---

① 衮是帝王穿着的衮龙服,衮师亦即帝王之师。《骄儿诗》云:"便为帝王师,不假更纤悉。"因此衮师之名同样寄托着商隐对儿子的期望。
② 商隐《祭处士房叔父文》:"将使泽底名家,翻同单系;山东旧族,不及寒门。"李肇《唐国史补》:四姓,荥阳郑、冈头卢、泽底李、土门崔,皆为鼎甲。

郎、司封郎中、谏议大夫、常州刺史等内外官职。在任常州刺史期间，开古孟渎，灌溉沃壤四千余顷，又疏浚无锡孟渎，以劳赐金紫。孟简精佛典，工诗文。据戴伟华《唐方镇文职僚佐考》，元和九年至十二年孟简任浙东观察使期间，幕僚有王敬仲、李蟾、陈构、张良祐、孟存、郑迪、刘茂孙、谢楚行等人。李嗣在浙东幕府究竟担任什么职务，现不可考。据《仲姊志文状》"烈考殿中君，以知命不挠，从容于宾介"之语，此时李嗣已带殿中侍御史（从七品下）的宪衔，如果这里的"知命"指"五十而知天命"，则其时李嗣的年龄约五十岁，这与裴氏仲姊两年前去世时年十九的情况也大体相合[①]。

孟简元和九年九月接到外调浙东观察使的任命，约十月动身赴任，李嗣当亦率妻儿同行。浙东观察使府在越州（治今浙江绍兴市），距京师长安二千七百二十里，到越州当已在同年仲冬。浙东是著名的山水佳胜之区，人文荟萃之地，商隐日后在《为荥阳公与浙东杨大夫启》中形容越中胜迹，有"冰消雪薄，江丽山春，访古迹于暨罗，探异书于禹穴"之语。府主孟简又工诗文，可以想见，其时幕主幕僚之间，在公事余暇少不了流连风景、诗文唱酬的活动。现存孟简文四篇，其中《建南镇碣记》一文即作于元和十年任浙东观察使期间。《嘉泰会稽志》卷十六禹庙题名存孟简、张良祐等十一人，可见其时这类游赏唱酬活动当经常举行，可惜文献阙载，无从考知李嗣在浙东幕期间参加过一些什么活动。

孟简在浙东观察使任首尾四年（实际在任时间不过两年多一点），元和十二年正月追赴阙，入为户部侍郎，接任浙东观察使的是薛戎。《会稽掇英总录·唐太守题名》："薛戎，元和十二年正月自常州刺史授。"与孟简去职同时。《祭裴氏姊文》说："浙水东西，半纪漂泊。"冯浩《玉谿生年谱》谓"义山父为镇浙东、西者所辟"，张采田《玉谿生年谱会笺》则具体指明李嗣元和九年为孟简所辟，元和

[①] 裴氏仲姊之上还有一位伯姊，即徐氏姊。最早一位伯姊幼夭，葬于荥阳坛山故丘，见《祭小侄女寄寄文》。

十二年又为浙西观察使李翛所辟。但对"浙水东西"也可以有另外一种理解,即泛称浙东观察使所辖地区,即越、睦、衢、婺、台、明、处、温八州,其中婺、睦、衢三州均地跨浙水东西。如果这样理解,则李嗣是先在孟简、后在薛戎任上担任了两任浙东观察使府的幕僚。这种在一地连任幕僚的情况并不少见。薛戎长庆元年九月因病去官,十月卒。李嗣如连任浙东幕僚,其卒当在此前。不过,"浙水东西,半纪漂泊",其中"漂泊"一词,例有行踪不定、居无定所,或职业、生活不固定,东奔西走之义,故仍以作先在浙东、继又在浙西作幕的解释比较符合"漂泊"一词的原意。按《旧唐书·宪宗纪》,元和十一年十月庚午,以京兆尹李翛为润州刺史、浙西观察使,其到任当已在年底。而元和十二年正月孟简罢浙东观察使、李嗣罢浙东幕,继为刚到任的浙西观察使李翛辟为幕僚,在时间上正相承接。李翛,《旧唐书》卷一六二、《新唐书》卷二〇六有传。这是一个"专聚敛以固恩宠"的邪佞之臣,当时淮西用兵,"帝以浙西富饶,欲掊捃遗利,以翛为观察使"(见《新唐书》本传)。李翛任浙西观察使期间,幕僚除李嗣外,其他均缺考。浙西方镇辖润、常、苏、湖、杭等州,均为江南殷实富庶之乡,苏、杭二州,尤为风景佳胜之地。元和十四年三月,李翛卒于任,继任者为窦易直,元和十四年五月任命。李嗣当在窦易直幕又担任了两年幕僚。根据《祭裴氏姊文》"浙水东西,半纪漂泊。某年方就傅,家难旋臻"之文,李嗣当于穆宗长庆元年商隐十岁时卒于浙西幕。

  从元和九年冬到长庆元年,商隐跟随父母在风景秀丽、物产丰饶的浙东、浙西地区整整生活了六年,到父亲去世时,他已是"年方就傅"的少年。他的启蒙教育就是在这段时间开始的。《上崔华州书》说:"五年读经书,七年弄笔砚。"从他日后所作的诗文,特别是骈文、律诗所用的经书、史书中大量典故词语看,他在接受启蒙教育期间当已读了不少这方面的典籍,为他日后进一步研习传统文化打下了良好基础。在五六岁开始记事以后,他所面对并浸淫其中的自然、人文环境,又是草长莺飞、有着秀丽山川和丰富人文景观的江南,这对商隐的影响是潜在而深刻的。一个在人生起始阶段生活于这种环境中的文人,他的个性气质和审美情趣势必受到潜移默化的影响,积淀了许多柔美、绮丽的成分。商隐日后个性、诗风的形成与发展,这"浙水东西,半纪漂泊"的生活的滋养熏陶是起了相当重要的作用的。《出关宿盘豆馆对丛芦有感》说:"芦叶梢梢夏景深,邮亭暂欲洒尘襟。昔年曾是江南客,今日初为关外心。"这里说的"曾是江南客",很可能就是指童幼时期"浙水东西,半纪漂泊"的客居生活。商隐后来写的不少描绘江南风物的诗篇和文章,都可以看出这段客居江南的生活给他留下的美好记忆,如《汴上送李郢之苏州》、《和人题真娘墓》、《河清与赵氏昆季宴集得拟杜工部》①、《访隐者不遇成二绝》和《为荥阳公与浙东杨大夫启》等都是典型的例证。如果他没有幼年这段六七年的江南客居经历,是写不出诸如"沧江白石樵渔路,日暮归来雨满衣"、"虹收青嶂雨,鸟没夕阳天"、"冰消雪薄,江丽山春"这种充满江南情调的句子的。

第二节　父丧回郑与占数东甸

商隐《祭裴氏姊文》说:"浙水东西,半纪漂泊。某年方就傅,家难旋臻。躬奉板舆,以引丹旐。四海无可归之地,九族无可倚之亲。既祔故丘,便同逋骇。生人穷困,闻见所无。"张采田《会笺》据此谓义山丧父在穆宗长庆元年,其时正十岁,即所谓就傅之年。

父亲李嗣在浙西观察使幕去世,是商隐在人生道路上经历的第一次沉重打击。唐代方镇幕僚,待遇比较丰厚。大中五年李商隐被柳仲郢辟聘为东川节度书记时,"赐钱三十五万以备行李"(《上河东公谢辟启》),而据《新唐书·食货

---

① 此诗虽写河南府河清县景物,但开篇即云"胜概殊江右,佳名逼渭川",可见其构思时即以江右景物作参照。

志》,唐时节度使的俸钱三十万、观察使十万。现在李嗣一死,一个家庭顿时失去了生活来源。年方十岁的商隐,和母亲、徐氏姊、羲叟一起护送父亲的灵柩,千里迢迢,挣扎着回到郑州,一路上的艰难困苦情况可想而知。等到勉力将父亲安葬在荥阳坛山祖茔后,家境的贫困几乎到了极点。"四海无可归之地,九族无可倚之亲",李家从李俌起才迁寓郑州,在当地没有其他亲族,势孤力单,无依无靠。从商隐《戏题枢言草阁三十二韵》"百岁本无业,阴阴仙李枝"之句,以及《上尚书范阳公启一》"无文通半顷之田"的话来看,李家在郑州未必有多少田产。因此商隐自述当时的情况是"既祔故丘,便同逋骇",长途运送父亲灵柩,再加上丧葬的费用,把家庭的积蓄几乎花光,因此这时商隐一家生计维艰,简直跟逃亡流浪之家的情况类似,可以说,已经跌入社会下层穷困者的行列。也只有在这种境况下,诗人才有可能真正看到并体验到下层百姓的穷困。"生人穷困,闻见所无",说明在此之前,商隐并没有真正看到生人的穷困情况。正是自身的沦贱艰困使他睁开了眼睛,得以直面苦难的现实。这种生活体验,对他以后(特别是前期)的思想与创作有深刻影响。像他后来在《行次西郊作一百韵》中所描绘的农村在天灾人祸袭击下荒凉残破的景象和流露出来的对穷民生活境遇的深切同情,跟他这一段"既祔故丘,便同逋骇。生人穷困,闻见所无"的生活经历与体验,应该说有着深刻的联系。如果没有这一段穷困生活的体验,就不会有诗中所表现的那种强烈的痛切感。

《祭裴氏姊文》在叙述安葬父亲后接着写道:"及衣裳外除,旨甘是急,乃占数东甸,佣书贩舂。"父丧除后,首先面临的问题便是一家老小的生计如何维持。其时商隐不过十二三岁,但在家中他是长子。因此,支撑门户的重担就这样过早地但又是责无旁贷地落到了商隐肩上。

这里首先涉及"占数东甸"所指的问题。占数,指占户籍之数。《汉书·叙传》:"昌陵后罢,大臣名家皆占数于长安。"颜师古注:"占,度也。自隐度家之口数而著名籍也。"即申报户口,落籍定居。东甸,冯浩《年谱》谓指永乐,云:

"蒲州在西京东北三百里外，贞观中升为四辅，故曰东甸。"又云："怀州近在东都之东，似亦可谓郑州无可归，始著籍为怀州人也。"冯浩未见《樊南文集补编》，误以为"义山必旧居郑州，迁居怀州"，故有此说。钱振伦《玉谿生年谱订误》已正之，谓东甸指洛阳，张采田《会笺》及今人多从钱说。

实际上，"东甸"既非永乐，亦非洛阳、怀州，而是指作为东都畿甸之地的郑州。《新唐书·方镇表》："至德元载，置东畿观察使，领怀、郑、汝、陕四州。寻以郑州隶淮西。""建中二年，置河阳三城节度使，以东都畿观察使兼之，领怀、郑、汝、陕四州……四年，罢观察，置东畿汝州节度。""贞元元年，废东都畿汝州节度，置都防御使，以东都留守兼之。"此后东都畿防御使，虽时罢领汝州，旋又复领，而郑州则从来未提及罢领之事。因此郑州之属东畿，其来已久。《祭裴氏姊文》叙述父丧后奉母归郑州，将父亲安葬在坛山故丘，"及衣裳外除，旨甘是急，乃占数东甸，佣书贩舂"，其间并未阑入曾移居他地的情事，则所谓"东甸"，实即上文所云"既祔故丘"之地。此时商隐一家，都居住在久属东都畿甸的郑州。东甸、东畿、东都畿，异称而同指。郑州距东都二百八十里，固东都之近甸①。商隐一家虽自祖父李俌起即寄籍郑州，但李俌、李嗣都在外为官，"仍世羁宦，厥家屡迁。占数为民，莫寻乔木"（《上河阳李大夫状一》），并无固定的住所。商隐奉母归郑之初，"九族无可倚之亲"，"便同逋骇"，又无产业，迹近流亡之游民，故虽居郑而仍同寄籍，心理上并不以己为郑州之民。及父丧既除，为维持生计，始于郑州正式占籍，落户为民，此即所谓"占数东甸"。

"东甸"之为郑州，尚更有证。商隐《请卢尚书撰故处士姑臧李某志文状》云："年十八，能通五经，始就乡里赋。会郊社②违忒，出太学，还荥山，就养二十余岁，乃丁家祸，庐于圹侧……遂誓终身不从禄仕……长庆中，来由淮海，途出

---

① 凤翔距西京三百一十五里，商隐诗称"西郊"；华州距西京一百八十里，商隐文称"近甸"。
② 指处士之父，义山叔祖父，曾为郊社令。

徐州……复归荥上,讲道如初。享年四十有三,以大和三年三月二十六日弃代,以其年十月卜葬于荥阳坛山原。"又云:"商隐与仲弟羲叟、再从弟宣岳等,亲授经典,教为文章。生徒之中,叼称达者,引进之德,胡宁忘诸?"据此,处士叔李某自出太学后二十余年,除长庆中曾短期至淮海外,一直居住在郑州。商隐兄弟等受业于处士叔自当在居住郑州时。《祭徐氏姊文》云:"始某兄弟,初遭家难,内无强近,外乏因依……及除常制,方志人曹,以顽陋之姿,辱师友之义。"明言从师而学在父丧既除之后。按商隐除父丧在长庆三年,正当处士叔自淮海复归荥上讲道之时。这时"占数东甸",从处士叔受业,最为近便。如果家在怀州、永乐或洛阳,必须携弟赴郑州从处士叔求学,这种可能性几乎不存在。

这里还须进一步辨正一个问题,即钱振伦在《玉谿生年谱订误》中提出的商隐于父丧除后"定居东都"的论断,兹引其说于下:

> 窃谓义山之移家,当以父丧除服为始,桂管就辟为终。《祭姊文》云"占数东甸,佣书贩舂",《偶成转韵》诗云"明年赴辟下昭桂,东郊恸哭辞兄弟",东甸、东郊,皆洛下也。《补编·上李舍人状》云"方还洛下",又云"自还京洛",《上韦舍人状》云"淹滞洛下",是义山之定居东都确无疑义。惟其定居以后,迁济上,迁关中,迁永乐,转徙不常,猝难考其踪迹。今于此处(即父丧除服)定为迁洛,则此后较有端绪可寻矣。

钱氏所举《祭裴氏姊文》之"占数东甸",指占户籍之数于东都之畿甸郑州,已如上述;所举《偶成转韵》诗之"东郊",系长安之东郊,岑仲勉《玉谿生年谱会笺平质》(戊)错会"东郊非洛阳"条已正之。今就"定居东都"之说加以辨正。钱氏所举"方还洛下"、"自还京洛"之"还",非还乡之"还",而是自别处返抵洛阳之"还"。会昌五年春,商隐赴郑州刺史李褒之招,自永乐经洛阳至郑州,同年夏自郑返抵洛,因病淹留,故曰"方还洛下"、"自还京洛"、"淹滞洛下",而以"淹滞"

第三章 幼年与少年

言居洛，言外更有羁留他乡之慨。实际上，商隐自开成三年与王茂元女结婚后，多次往返经过或居留洛阳，都是住在崇让坊王茂元家。大中五年秋，商隐居洛期间，写了《崇让宅东亭醉后沔然有作》、《七月二十九日崇让宅宴作》、《昨夜》、《夜冷》、《西亭》、《临发崇让宅紫薇》等诗，说明他就住在岳父王茂元崇让坊旧宅，而没有一首诗透露他在洛阳另有自己的住所。此时茂元已经去世八九年，王氏亦已去世，如商隐在洛阳有居处，不会老住在岳家。因此，会昌五年商隐自郑还洛，当是居住在他岳父王茂元的崇让坊旧宅。

商隐登第前所作的《柳枝五首序》云："柳枝，洛中里娘也……余从昆让山，比柳枝居为近。他日春曾阴，让山下马柳枝南柳下，咏余《燕台诗》，柳枝惊问：'谁人有此？谁人为是？'让山谓曰：'此吾里中少年叔耳。'"根据这段文字，只能得出商隐堂兄让山的家在洛阳，与柳枝家为近邻的结论，而不能证明商隐也居住洛阳。如果商隐亦居洛，无论与让山是否同里，让山的回答应是"此洛中某里少年叔"（不同里）或"此同里少年叔"，而不应是"此吾里中少年叔"。实际上，当时商隐可能客居让山家，故让山答曰"此吾里中少年叔"。

商隐一生中，除移家济源、永乐、关中（长安樊南）外，真正的定居之地仍是郑州。自从长庆元年奉父丧回郑州，直至大和三年初谒令狐楚于洛阳，这八九年中除最后几年曾在玉阳山学道外（详本章第四节），其他时间均居于郑州。大和七年三月，给事中萧浣出为郑州刺史，商隐受到其延纳，《上郑州萧给事状》云："给事又曲赐褒称，便垂延纳。朱门才入，欢席几陪。"《哭遂州萧侍郎二十四韵》更谓："早岁思东阁，为邦属故园。"自注："余初谒于郑舍。"说明商隐是在郑州故园受到地方长官萧浣接待的。大和九年冬甘露之变后，商隐有《为郑州天水公言甘露事表》，郑州天水公，指代理郑州刺史权璩，说明其时商隐仍居郑州。会昌五年春，应郑州刺史李褒之邀回郑州，其《上郑州李舍人状一》有"累受珍精之赐。恩同上客，礼异编氓。桑梓有光，里闾加敬"等语，明言郑州是他的桑梓之地，他自己是郑州的"编氓"，即有正式户口的郑州居民，在郑州有居处和邻里街坊。如果长庆三年父丧除后他就定居洛阳,而且申报了户口,占籍为民,怎么可能说自己是郑州的"编氓"呢?直到大中十二年商隐病废,仍然回到郑州,而且死于郑州。这一切,都准确无误地说明,郑州始终是李商隐的常住之地,是他的"故园"、"桑梓",钱氏所谓父丧除后定居洛阳的说法是不能成立的。

第三节　佣书贩舂与从叔求学

父丧三年期满后,还是少年的李商隐开始担负起维持家庭生计的重担——"佣书贩舂"。佣书,指给官府抄写文书,换取报酬。《后汉书·班超传》:"家贫,常为官佣书以供养。"这是穷苦读书人维持生计的一种传统手段。贩舂,指买进谷物舂米出售。司空图《白菊杂书》诗之三:"狂才不足自英雄,仆妾驱令学贩舂。"这两种维持生计的手段所能获取的报酬或差价,都是很微薄的,可以想见当时他一家生计之艰难。

作为"泽底名家",无论眼前的处境和生计何等艰难,通过求学以图仕进始终是商隐必须遵守的素业和人生道路。也可以说,正是由于家境贫寒,生计维艰,才更进一步激起商隐求学仕进的强烈愿望,以达到渐立门构的目的。

商隐"五年读经书,七年弄笔砚",在随父寓居两浙期间开始接受启蒙教育,和李白的"五岁诵六甲,十岁观百家"相比,商隐一开始所受的教育比较正规、传统,不像李白那样杂学旁收,广涉百家。父丧期满后,商隐一方面要"佣书贩舂",维持生计;另一方面,又要悬头苦学,以求仕进。这时,从淮海回到荥阳的处士叔便成为他和弟弟羲叟、再从弟宣岳的老师。

商隐《请卢尚书撰故处士姑臧李某志文状》对这位堂叔的生平与个性作了相当具体的叙述。他的父亲曾作过从七品下的郊社令①,处士叔是其第二个儿

---

① 唐太常寺下设两京郊社署,令掌五郊、社稷、明堂之位。

子。十八岁通五经,开始参加乡邑推举的考试(即乡贡),当是明经科的考试。正好这时他父亲患病,于是他"出太学,还荥山",奉养父亲二十余年。父亲死后,"庐于圹侧",除服后,"遂誓终身不从禄仕"。当时一些亲戚如重表兄崔戎等劝他参加考试举选,都被他坚决拒绝。在家治学,"益通五经,咸著别疏,遗略章句,总会指归"。这种治经的路数与唐初孔颖达撰《五经正义》采录诸家旧说编缀成书不同,比较接近中唐以来啖助、赵匡、陆淳等人的《春秋》学独立发抒见解的做法,为宋学开风气之先。可惜这些五经的别疏没有流传下来,而且处士叔也似乎无意将它们公诸世间,"既成莫出,粗以训诸子弟,不令传于族姻,故时人莫得而知也"。著书之暇,"联为赋论歌诗,合数百首,莫不鼓吹经实,根本化源,味醇道正,词古义奥。自弱冠至于梦奠,未尝一为今体诗"。看来,从叔所写的诗文均为阐扬儒家之道的古文和古体诗。他还通石鼓篆与钟、蔡八分书,"正楷散隶,咸造其妙",但却不愿自己的书法流传于世,连跟人书信往来,都不亲自下笔,而是口占令人书写。一次为其父追冥福,他手写佛经一通刻石,后来因摹写的人太多,便把它运到香谷佛寺,藏在古篆众经之中。这种潜光掩耀、晦迹隐德的行为个性,表现得非常突出。行状中还记述了一件很能见其操守个性的事:

  长庆中,来由淮海,途出徐州。时有人谓徐帅王侍中曰:"李某,真处士也。"遂以宾礼延于逆旅,愿枉上介,与为是邦。处士谓徐帅曰:"从公非难,但事人匪易。"长揖不拜,拂衣而归,其词盖讥其崔相国事也。

徐帅王侍中,指王智兴,长庆二年至大和六年一直任武宁军节度使。据《旧唐书·王智兴传》:智兴少为徐州衙卒,历滕、丰、沛、狄四镇将,自是二十余年为徐将。长庆初,河朔复乱,征兵进讨,召智兴以徐军三千渡河,徐之劲卒皆在部下。

节度使崔群虑其旋军难制,追赴阙,授以他官。会赦王廷①凑,诸道班师,智兴先期入境,群颇忧疑,令以十骑入城。智兴闻之心动,率归师斩关而入,杀军中异己者十余人,然后诣衙谢群曰:"此军情也。"朝廷以罢兵,力不能加讨,遂授智兴徐州刺史、充武宁军节度使。大和中,进位侍中。这是一起典型的骄兵悍将跋扈、驱逐节度使的事件。《旧唐书·穆宗纪》:长庆二年三月,"己未,以武宁军节度副使王智兴检校工部尚书,兼徐州刺史、充武宁军节度使"。处士李某由淮海归途经徐州之时为"长庆中",正好是王智兴驱逐崔群后不久。尽管王智兴为了巩固自己的地位,买取重士的美名,请李某担任高级幕僚,但李某却讥嘲他"事人"不忠,犯上作乱。可见处士叔不仅有节概,而且有胆量。《太平广记》卷二百引康骈《剧谈录》:"唐侍中王智兴初为徐州节度使,武略英特,有命世之誉。幕府既开,所辟皆是名士。一旦从事于使院会饮,与宾朋赋诗……王曰:'某韬钤发迹,未尝留心章句,今日陪奉英髦,不免亦陈愚恳。'于是引纸援毫,顷刻而就,云:'三十年来老健儿,刚被郎官遣作诗。江南花柳从君咏,塞北烟尘我自知。'四座览之,惊叹无已。时文人张祜亦预此筵。"可见王智兴不仅罗致名士,而且附庸风雅。处士叔拒不就聘,确实显示出与一般名士不同的节概。

这位长辈兼老师的堂叔对商隐的影响是多方面的。一是给了商隐兄弟以儒家经典的传统教育,并向兄弟二人传授自己对儒家经典的独特理解。这对商隐后来在《上崔华州书》中所宣称的"夫所谓道,岂古所谓周公、孔子者独能邪?盖愚与周、孔俱身之耳"的独立思考精神不无启发。二是其耿直狷介的节概个性对商隐的影响。商隐在任弘农尉时因活狱而触忤观察使孙简,愤而辞职,发出"却羡卞和双刖足,一生无复没阶趋"的激愤之音,以及宣称"千百年下,生人之权,不在富贵,而在直笔者"(《别令狐拾遗书》),笃信"是非系于褒贬,不系于赏罚;礼乐系于有道,不系于有司"(《与陶进士书》),都显然可见处士叔耿直狷

---

① 新、旧《唐书》作"廷",《通鉴》作"庭"。

介性格的影响。三是在诗文创作方面专工古体对商隐的影响。商隐一开始写文章,即从古文入手,在从叔的指教下,他"十六能著《才论》、《圣论》,以古文出诸公间"(《樊南甲集序》),其弟羲叟也"特善古文"。尽管商隐日后在诗文创作方面均以近体为主,但小时候在古体诗文方面受到的训练对他的诗文创作在具有厚重的内蕴与坚挺的风骨方面仍有不可忽视的潜在影响。当然,处士叔"韬光不耀"的思想行为,由于商隐的实际处境迫使他必须悬头苦学,振兴门构,以求改变"宗绪衰微,簪缨殆歇"(《祭处士房叔父文》)的局面,对商隐的实际影响不大。但在"韬光不耀"的思想行为背后隐藏的蔑弃庸俗、孤介自守的思想,在商隐身上仍然可见其影响,所谓"不忮不求,道诚有在;自媒自炫,病或未能"(《重祭外舅司徒公文》),"未尝辄慕权豪,切求绍介,用胁肩谄笑,以竞媚取容"(《上李尚书状》),正是这种孤介自守思想的表现。至于从叔的孝道对商隐的影响,不仅直接体现在对父母的孝敬上,而且已扩展为对家人骨肉的深挚感情,上升为一种家族责任感。

商隐在从处士叔求学期间,除了阅读儒家的典籍以外,还相当广泛地涉猎了史部、子部和集部的重要著作。从他日后诗文创作中用典的情况看,他对《左传》[①]、《史记》、《汉书》、《三国志》、《晋书》等都相当熟悉,《左传》和《史》、《汉》的典用得尤多,可以看出商隐对这些书是下过很大功夫的。他对《老子》、《庄子》、《列子》、《文子》等道家典籍,也非常熟悉,这当与唐朝崇道、置生徒、准明经例开科考试有关。他在《上崔华州书》中说:"百经万书,异品殊流,又岂能意分出其下哉!"可见他对诸子百家的著作都广有涉猎。从日后对文学创作的深刻影响看,这段时间他除了阅读《诗》、《骚》和汉魏六朝等前代文学作品及唐代士人普遍精熟的《文选》外,对杜诗、韩文和李贺的歌诗尤其喜爱和熟悉。他在

---

① 《开成石经》收十二种儒家经典,其中有《春秋左氏传》,这里将它与《史》、《汉》等并列,仅从其本身性质着眼。

《樊南甲集序》中自称"韩文、杜诗、彭阳章檄,樊南穷冻人或知之"。他对彭阳(即令狐楚)章檄的学习是在大和三年受知于令狐楚之后,但杜诗、韩文、李贺歌诗,当是这一时期商隐学习模仿的主要对象。韩文是学习古文的当代范本,从商隐早期的古文《上崔华州书》中也隐然可见韩文的影子。在学韩文的同时自然兼读韩诗,韩诗的影响在商隐早期诗歌创作如《安平公诗》、《李肱所遗画松诗书两纸得四十韵》中均有所体现。而杜诗忧国伤时的精神和沉郁顿挫的诗风,对他尤具巨大的吸引力,商隐十八岁时写的《隋师东》便鲜明地体现出杜诗对其诗歌创作的影响。登第之前写的《燕台诗四首》更显示出李贺惊采绝艳、瑰迈奇崛的诗歌对少年李商隐曾经产生过多么巨大的心灵震撼。如果不是在少年时期浸淫于昌谷诗的艺术境界之中,并对其感伤的内蕴和遣词造境的手段深有所悟,很难设想商隐在早期就能创作出如此成功的长吉体诗。

第四节 学仙玉阳

商隐《李肱所遗画松诗书两纸得四十韵》云:"忆昔谢驷骑,学仙玉阳东。千株尽若此,路入琼瑶宫。口咏《玄云歌》,手把金芙蓉。浓霭深霓袖,色映琅玕中。悲哉堕世网,去之若遗弓。形魄天坛上,海日高瞳瞳。终期紫鸾归,持寄扶桑翁。"《偶成转韵七十二句赠四同舍》云:"旧山万仞青霞外,望见扶桑出东海。爱君忧国去未能,白道青松了然在。"二诗都提到早年在玉阳山学道的事。冯谱于敬宗宝历元年下云:"父丧除后,似怀州无可居,始居蒲之永乐……时虽居家于此,又近游以资养母。而凡所云'学仙玉阳东'、'形魄天坛上'、'旧山万仞青霞外,望见扶桑出东海',仍属怀州之境,怀、郑固宜频往来也……怀州近在东都之东北,'占数东甸',似亦可谓郑州无可归,始著籍为怀州人也。是与玉阳、王屋之迹更合。"按:冯氏商隐自郑迁怀之说,以及以怀州为东甸之说,皆误,已见本章第二节。但此处表明冯氏以为商隐学道于玉阳山在宝历元年父丧既除之后。钱振伦则云："义山既除父丧,即定居洛下,而踪迹时来往于玉阳、王屋之间,故《画松》诗有'学仙玉阳东'、'形魄天坛上'之语。《补编·上令狐相公第六状》为义山登第东归后作,中云'济上汉中,风烟特异;恩门故国,道里斯同。北堂之恋方深,东阁之知未谢',似其时有奉母居济源之事。济水出王屋,境相接也。"虽未明言学仙玉阳的具体年份,但应在父丧既除之后。而张氏《会笺》则于大和九年下云:"义山应举,往来京、郑,《赠赵协律晳》、《安平公诗》所叙是也。《邵氏闻见后录》载义山《为郑州天水公言甘露事表》,是本年年终,尚在故乡。学仙玉阳,当亦在此数年。集中有《道士参寥》、《寄永道士》、《玄微先生》、《赠白道者》诸诗,皆当时往返道侣也。"开成元年下又云:"义山奉母济源,必在此数年中……玉阳、王屋与济上邻,凡学仙诸诗,皆可寻其脉络矣……济源移家,疑在兖海府罢之后,但不能定指何年耳。"亦将移家济源与学仙玉阳联系。按商隐兖海幕罢在大和八年六月,则张氏认为商隐学仙玉阳当在大和八年夏至开成元年此数年间,然此说实不能成立。

按《李肱所遗画松诗书两纸得四十韵》云:"忆昔谢驷骑,学仙玉阳东……悲哉堕世网,去之若遗弓。"诗作于开成元年秋①,而提及学仙之事,曰"忆昔……学仙……",则学仙玉阳必不在近数年内(即张氏所谓大和八年六月至开成元年)可知。再核之《东还》诗:"自有仙才自不知,十年长梦采华芝。秋风动地黄云暮,归去嵩阳寻旧师。"采华芝,喻求仙学道生活②。诗作于大和九年秋③,而曰"十年长梦采华芝",则此时离开求仙学道生活及所谓"旧师"已有将近十年时间。如大和八年六月以后始学仙玉阳,则作诗时正在学仙,又何必发"十年长

---

① 诗中叙及大和九年十一月甘露之变中王涯被杀,书画散落事;李肱开成二年登第为状元,此在肱登第前作。
② 汉张衡《思玄赋》:"留瀛洲而采芝兮,聊且以乎长生。"唐陈子昂《感遇诗》之十:"已矣行采芝,万世同一时。"采芝均指学道求仙。
③ 张氏《会笺》编开成元年,然商隐是年无应举之迹。大和九年则应举,为知举崔郸所不取。此落第后东还诗。

梦采华芝"之慨？此诗所谓"十年"，自当指告别玉阳，踏入社会生活，即《画松》诗所谓"堕世网"之十年。约言之，当为大和初至大和九年。

《送从翁从东川弘农尚书幕》云："早忝诸孙末，俱从小隐招。心悬紫云阁，梦断赤城标。素女悲清瑟，秦娥弄碧箫。山连悬圃近，水接绛河遥。岂意闻周铎，翻然慕舜《韶》。皆辞乔木去，远逐断蓬飘。"诗作于开成元年十二月癸丑杨汝士由兵部侍郎出为检校礼部尚书、充剑南东川节度使之后。诗中叙隐居学仙事于离家求仕之前。如果大和八年六月以后方学仙玉阳，则其时早已离家求仕，屡佐戎幕，与诗意显然不合。"周铎"用《周礼·天官·小宰》"徇以木铎"，郑玄注："古者将有新令，必奋木铎以警众。"《韶》，舜乐。《论语·八佾》："子谓《韶》，尽美矣，又尽善也。"周铎、舜《韶》，均喻指文宗初政维新。史称文宗"深知两朝之弊，及即位，励精求治，去奢从俭。诏宫女非有职掌者皆出之，出三千余人。五坊鹰犬，准元和故事，量留校猎外，悉放之。有司供宫禁年支物，并准贞元故事；省教坊、翰林、总监冗食千二百余员，停诸司新加衣粮。御马坊场及近岁别贮钱谷、所占陂田，悉归之有司。先宣索组绣雕镂之物，悉罢之。敬宗之世，每月视朝不过一二，上始复旧制，每奇日未尝不视朝。对宰相群臣延访政事，久之方罢。待制官旧虽设之，未尝召对，至是屡蒙延问。其辍朝、放朝皆用偶日。中外翕然相贺，以为太平可冀"（《通鉴》卷二四三）。相对于穆宗、敬宗之荒淫奢侈，文宗初即位时这一系列廉政勤政措施，在当时文士眼里，正是所谓周铎、舜《韶》，圣政维新。

因此，学仙玉阳的时间，应在商隐父丧既除到文宗初即位这段时间之内。由于父丧除后商隐有一段一边"佣书贩舂"，一边从处士叔求学的生活（约当穆宗长庆三、四年），因此学仙玉阳的时间当在敬宗宝历年间到大和初年。如以大和初为学仙下限，则从元年到作《东还》诗的大和九年，首尾已达九年，正合"十年长梦采华芝"之语；即使将学仙的下限推至大和三年初谒令狐之前（即将初谒令狐、踏入社会作为"堕世网"的开始），则到大和九年，首尾亦达七年，与"十年长梦采华芝"之语也大体吻合。这七年中,商隐先后历天平幕、太原幕、华州幕、兖海幕,大和五、六、七、九四年,四次赴京应举,八年春又曾习业华州城外之南山,其间实无隐居学仙的时间。

至于移居济源,据开成二年登进士第后所作的《上令狐相公状六》"虽济上汉中,风烟特异;而恩门故国,道里斯同。北堂之恋方深,东阁之知未谢"等语,以及《祭小侄女寄寄文》提到寄寄四岁而夭,"寄瘗尔骨,五年于兹"等情事,可以肯定最迟在开成二年春商隐登第之前,商隐母亲已与羲叟在济源居住。但究竟何时始居济源,则无从考证。大和九年冬暮,商隐有《为郑州天水公(即权璩)言甘露事表》,可证其时商隐尚居郑州故园。其母及羲叟迁居济源或在其后。因此,似无必要将其母与羲叟居济源之事与商隐学仙玉阳的事拉扯在一起。按寄寄夭于开成五年,时年四岁,则当生于开成二年。由此可推知羲叟最迟在开成元年已与卢氏女(卢钧之女)结婚。开成元年,其母或随新婚的羲叟夫妇居于济源;开成二年商隐登第后遂东归济源省母。

商隐学仙的地点在济源西北的玉阳山。据《元和郡县图志》,王屋山在济源县北五十里,周回一百三十里,高三十里。盘亘唐怀州、绛州、泽州之境。《旧唐书·司马承祯传》:"(开元)十五年,令承祯于王屋山自选形胜,置坛室以居焉……以承祯王屋所居为阳台观,上自题额,遣使送之……俄又令玉真公主及光禄卿韦绦至其所居,修金箓斋,复加以锡赉。"《明一统志》:"天坛山,在怀庆府济源县西一百二十里王屋山北,山峰突兀,其东曰日精,西曰月华,绝顶有石坛,名清虚小有洞天,旦夕有五色彩,夜有仙灯,即司马承祯得道之所。"道书十大洞天,王屋山洞(即小有清虚之天)为第一(《云笈七签》卷二七)。《河南通志》:"玉阳山有二,在济源县西三十里。唐睿宗第九女昌隆公主修道于此,改封玉真公主,唐玄宗署其门曰灵都观。"可见无论是王屋山还是它的分支玉阳山,都是道教圣地和唐代著名的求仙学道之所。商隐诗中,除了明确提到"学仙玉阳东",说明他学仙的道观在东玉阳山上以外,还提到"天坛"(《李肱所遗画松诗书两纸得四十韵》）、"阳台"（《寄永道士》）、"北青萝"（《北青萝》），均在王屋山中，说明这些地方是他在玉阳山学道时曾经到过的地方。在东、西玉阳山之间，有溪水蜿蜒流经，即玉溪。商隐《奠相国令狐公文》云："故山巍巍，玉溪在中。送公而归，一世蒿蓬。"即指东、西玉阳山之间的玉溪。商隐号玉溪生，自称"玉溪李商隐"，即缘于这一段在东玉阳山和玉溪畔的学道生活，可见他对这段生活留下了深刻的印象和记忆。

  商隐诗集中提到的道流，有永道士（《寄永道士》）、彭道士参寥（《同学彭道士参寥》）、宋华阳姊妹（《月夜重寄宋华阳姊妹》）、刘先生（《赠华阳宋真人兼寄清都刘先生》）、白道人（《赠白道者》）、玄微先生（《玄微先生》），其中如永道士、彭道士参寥肯定是玉阳道侣，其他道流是否为玉阳道侣，尚难定论。他的诗集中还有不少可以肯定是写女冠生活和情感的诗作，如《碧城三首》《河内诗·楼上》《当句有对》《银河吹笙》《中元作》等，其中究竟有哪些是学仙玉阳时结识的道侣，也难以考知。但有一点可以肯定，这一段学仙玉阳的生活对他日后诗歌创作的题材、色彩、情调、意境、遣词用语都产生了深刻影响。关于这方面的内容，将在下册有关章节中加以论述。

第四章 踏入社会:从郓幕到兖幕

李商隐一生,与幕府生活结下了不解之缘。从大和三年初谒令狐楚于东都洛阳,正式踏入社会开始,历佐郓州、太原、华州、兖海、泾原、陈许、华州、桂管、京兆、徐州、汴州、梓州诸幕,一直到他的晚年。三十年中,十二次佐幕,总计时间长达二十年。在唐代著名诗人中,他是居幕时间最长、诗文创作与幕府生活最密切的大家。这一章主要叙述他大和年间初历郓州、太原、华州、兖海诸幕的情况。

第一节 入幕前的诗文创作

商隐《樊南甲集序》说:"樊南生十六能著《才论》、《圣论》,以古文出诸公间。后联为郓相国①、华太守②所怜,居门下时,敕定奏记,始通今体。"明言入幕前所工者为古文。商隐父丧除后从处士叔求学,而处士叔是一位"联为赋论歌诗,合数百首,莫不鼓吹经实,根本化源,味醇道正,词古义奥。自弱冠至于梦奠,未尝一为今体诗"的复古气味很浓的文人,因此商隐开始学文,所写的自然首先是古文。《樊南甲集序》中颇为自许地提到的《才论》、《圣论》,今已不存,

---

① 指任天平军节度使的旧相令狐楚。
② 指华州刺史崔戎。

但显然是用古文写的议论文章。这时他十六岁,正当文宗大和元年。从"以古文出诸公间"的自负口吻看,当时他的古文已经相当著名,甚至超越了文坛上一些年长的作者。现存商隐文中,有《断非圣人事》、《让非贤人事》二文,虽难具体考知其作年,但从内容及文风看,当属少年之作,从中可以约略窥见少年李商隐不为传统成见所囿、敢于标新立异的思想性格。

　　商隐受知令狐之前存留下来可以确切编年的诗很少。《无题》(八岁偷照镜)写少女不能掌握自己命运的伤春心理,暗透才士对前途的忧虑,结有"十五泣春风,背面秋千下"之句,虽未必就是十五岁时的作品,但大体上可推知为未正式踏入社会的少作。《富平少侯》和两首《陈后宫》,冯浩引徐逢源(湛园)、程梦星说并加以生发,以为均为刺少年童昏之唐敬宗。前诗讽其奢华淫乐,虽有"七国三边"的内忧外患而不知忧,篇末以"新得佳人字莫愁"而早朝晏起暗讽其无愁而终将有愁,与敬宗少年袭位、不恤国事、惟以宴游为务颇相合,明讽"少侯",实讽少帝;《陈后宫》五律二首,虽讽陈后主而不切陈事,诗中所写龙舟宴幸、起殿建楼等情事,与敬宗"游幸无常,好治宫室"之事相类,谓刺敬宗,情事亦相合。惟宝历二年,商隐方十五岁,或疑此数首不类少作,但"樊南生十六能著《才论》、《圣论》,以古文出诸公间",则商隐之早慧能文,固已为时所称,写出《富平少侯》、《陈后宫》二首这类作品,当属可能。且细味三作,语虽尖新而时露稚拙,如"不收金弹抛林外,却惜银床在井头"、"侵夜鸾开镜,迎冬雉献裘"。或以为诗虽刺敬宗,作年则在以后,但终与"新得佳人字莫愁"、"天子正无愁"的口吻不合。又《无愁果有愁曲北齐歌》七古,题似咏时人号称"无愁天子"之北齐后主高纬荒淫亡国事,但细按内容,则与北齐史事毫不相关,显为借题托讽。试将诗中"东有青龙西白虎,中含福星包世度。玉壶渭水笑清潭,凿天不到牵牛处。麒麟踏云天马狞,牛山撼碎珊瑚声"等描写和敬宗发神策军二万人入禁穿池修殿,观竞渡于新池,以及后为禁军将领所杀之事,并参照《富平少侯》、《陈后宫》屡以无愁天子托讽敬宗的写法,这首诗似亦暗讽敬宗耽于游乐以致被弑身亡之事。

如果以上四首诗大体上可推断为十五六岁所作,则商隐少作已显露出以下特征:关心国事、托古讽今、色彩秾艳、学长吉体、以《无题》寓慨。如果再加上下面所举的《初食笋呈座中》,则又增添托物寓慨这一特征。商隐日后诗歌创作的重要题材领域及一系列重要特征,在其少作中几乎都已初显端倪。《初食笋呈座中》:

嫩箨香苞初出林,於陵论价重如金。
皇都陆海应无数,忍剪凌云一寸心!

徐逢源、冯浩、张采田都认为这首诗作于兖海幕时,根据是诗中提到的"於陵"系淄州之地,与兖州邻近。但笋之出林在春天,而商隐大和八年五月方随崔戎抵达兖州,六月崔戎卒于任,在兖州仅一个月。且五月抵兖,已非"嫩箨香苞初出林"之时。这首诗当是少年时期客游洛下在某显贵宴席上有感而赋。诗借初出林的嫩笋自喻,既表露了少年诗人的"凌云"之志,又寓含了遭受剪伐的隐忧。这似乎是给自己的将来设下了一个不祥的预言——"虚负凌云万丈才,一生襟抱未曾开"(崔珏《哭李商隐》),尽管在诗人刚踏入社会时,还有幸得到了令狐楚这样的政坛、文坛前辈的器重与提携。

第二节 初谒令狐

《旧唐书·文苑传·李商隐》:"商隐幼能为文,令狐楚镇河阳,以所业文干之,年才及弱冠。楚以其少俊,深礼之,令与诸子游。楚镇天平、汴州,从为巡官。"《新唐书·文艺传·李商隐》亦谓:"令狐楚帅河阳,奇其文,使与诸子游。楚徙天平、宣武,皆表署巡官。"二传都将商隐初谒令狐的时间说成是楚"镇河阳"时，显误。冯浩《玉谿生年谱》已加以辨正，于大和三年谱书："三月，令狐楚检校兵部尚书、东都留守、东畿汝都防御使。五月，宣慰行营、谏议大夫柏耆斩（李）同捷，沧景平。十一月，令狐楚进检校右仆射、天平军节度、郓曹濮观察等使。""商隐从楚在天平幕。按：受知之深，当在此际。"张采田《会笺》从之，谓："考《补编·上令狐状》云：'徒以四丈东平，方将尊隗，是许依刘。'又登第东归《与令狐状》云：'自依门馆，行将十年。'状为开成二年上，溯至大和三年楚镇天平时，正九年。则义山入幕，实始于郓。冯氏说确不可易。是时义山年十八九岁，《传》所谓'年才及弱冠'也。若楚镇河阳，义山方侍父于浙，不特事实不合，而年亦不相及矣。"又云："《旧·传》云：'令狐楚镇河阳，以所业文干之。'余疑河阳必河南之讹。其下云：'年才及弱冠，楚以其少俊，深礼之，令与诸子游。'指受知之事（此谓楚留守东都时事。《补编·上令狐相公状》云：'伏承博士七郎，自到彼州，顿瘥旧疾……某顷在东都，久陪文会，尝叹美疢，滞此全材。'述从游事，与《传》相应。博士七郎，即楚子国子博士绪也）。又云：'楚镇天平、汴州（汴州二字，缀天平下，疑衍文），从为巡官，岁给资装，令随计上都。'指入幕之事。观《补编·上令狐状》云'某才乏出群，类非拔俗。攻文当就傅之岁，识谢奇童；献赋近加冠之年，号非才子。徒以四丈东平，方将尊隗，是许依刘'数语，当时情事，约略可见。《樊南文叙》所谓'以古文出诸公间'者，此也。自河南讹为河阳，《新·传》全袭《旧·传》之文，且以'奇其文，使与诸子游'直属帅河阳时。又谓'楚徙天平、宣武，皆表署巡官'，注家因之，未能细绎史文，受知与入幕，遂并为一谭矣。此实承讹踵谬所由来也。"按冯氏考商隐初入令狐楚幕在楚镇天平时，张氏复据《补编》上令狐楚诸状辨受知与入幕为二事，受知当在楚为东都留守时，均极是，足以扫两《唐书》本传以来千年之沿误。

从商隐《上令狐相公状一》"献赋近加冠之年"可知，商隐初谒令狐楚，"以所业文干之"，是在"近加冠之年"，即十八九岁。以令狐楚仕历、商隐年龄及其后入令狐楚天平幕（即郓州幕）考之，当在大和三年三月辛巳令狐楚由户部尚书出为东都留守、东畿汝都防御使之后。郑州属东畿汝都防御使管内,因此商隐得以献赋于地方最高长官令狐楚,并受到楚的赏识。张采田谓商隐本传之"河阳"为"河南"之讹,恐非。唐之河南府辖河南等二十县,河南尹为河南府之最高长官,而东都留守则为东都之最高长官,二者不可混同,"河阳"或"洛阳"之讹。又两《唐书》均谓"楚镇天平、汴州,从为巡官","楚徙天平、宣武(即汴州),皆表署巡官",按楚镇汴州在长庆四年九月至大和二年十月,此时商隐尚未结识令狐楚,自不可能有表署巡官之事,张氏因疑"汴州"二字衍。实则此殆修史者因商隐诗《献寄旧府开封公》中有"幕府三年远,《春秋》一字褒……酬恩抚身世,未觉胜鸿毛"等语,遂误以"开封公"为宣武节度使令狐楚,谓商隐曾居汴州幕(实际上此"开封公"指郑亚,见此诗冯注)。单纯以衍文视之,不究致误之由,不足以释后世读者之疑。

  这里不妨追述一下与李商隐有密切关系的令狐楚任东都留守之前的宦历。令狐楚(766—837),字壳士,自号白云孺子,行四(商隐文中称其为四丈)。生五岁,能为辞章。贞元七年登进士第。第二年,桂管观察使王拱爱其才,用先奏后辟的手段辟他为幕僚。刚满一年,就以父亲在并州做官不能奉养为由辞归。以后,李说、严绶、郑儋相继镇河东,敬重他的品行,都辟他为幕僚,从掌书记到判官,前后在河东幕十余年。唐德宗喜爱文章,每当太原的表奏到,都能分辨出令狐楚所写的文章。宪宗朝,为右拾遗、太常博士、礼部及刑部员外郎。元和九年十月,转职方员外郎、知制诰、充翰林学士,十二月转本司郎中知制诰。十二年八月因"李逢吉不欲讨蔡,翰林学士令狐楚与逢吉善,(裴度)恐其合中外之势以沮军事,乃请改制书数字,且言其草制失辞,壬戌,罢楚为中书舍人"(《通鉴》卷二四〇)。次年出为华州刺史,转河阳节度使。十四年七月,因皇甫镈之引,由河阳入相。十五年,宪宗卒,为山陵使,因坐亲吏贪赃事发,贬宣歙观察使,再贬衡州刺史,转鄂州。长庆元年十二月,迁太子宾客、分司东都。二年,擢陕虢观察使,因谏官论执不置,至陕一日,复罢还东都。长庆四年,拜河南尹,迁宣武节度使。楚至汴,"解去酷烈,以仁惠镌谕,人人悦喜,遂为善俗"(《新唐书·令狐楚传》)。大和二年十月,入为户部尚书。三年三月,为东都留守、东畿汝都防御使。

从以上的宦历中可以看出,令狐楚虽然也参与了朝臣间的党争,但主要是在宪、穆、敬宗时期,与李逢吉友善,而与裴度不协(中晚唐朝臣党争,前期主要是裴度与李逢吉之间的斗争;后期主要是李德裕与李宗闵、牛僧孺之间的斗争)。从敬宗宝历年间起,楚历任方镇(仅短期入朝为户部尚书),已经不再参与朝廷中党争,与李宗闵、牛僧孺之间也没有多少交往。前期虽党附李逢吉而反对对叛镇用兵,但在地方官任上也还有些惠政,与李逢吉、李宗闵之流显有不同(参傅璇琮《李德裕年谱》)。其仕历的主要特点是连续做了十三年幕僚,并以善写章奏而为皇帝赏识,入朝后又当过知制诰、翰林学士的差使,直至为相,可以说是以文章起家的典型。

李商隐受知于令狐楚,是因为向楚"献赋",即呈献自己的文章,得到楚的赏识。所献之文,从《樊南甲集序》"樊南生十六能著《才论》、《圣论》,以古文出诸公间"之语推测,可能就包含有《才论》、《圣论》,以及前面提到的《断非圣人事》、《让非贤人事》一类带有少年意气的独抒己见的翻案文章。大约正是这种有思想、有才气的文章引起了令狐楚的注意与赏爱,使他有心栽培这位年将弱冠的年轻文士,并"使与诸子游"。这在当时,是很不寻常的厚遇。一个家境贫寒的文士,得到做过宰相的显宦如此赏爱,竟让自己的儿子与之同学共游,在一般人看来,简直不可思议。后来商隐在《上令狐相公状七》中追述当日在东都时与"博士七郎"(即楚长子令狐绪)同游情景说:"某顷在东都,久陪文会,尝叹美疹(绪少患风痹之疾),滞此全材。"可见,在东都常有陪奉文会之事。"诸子"当然还包括令狐绪之弟令狐绹、令狐纶。

这里所说的文会,当指令狐楚、白居易等人在东都的宴集聚会。大和三年三月末,继令狐楚调任东都留守后,白居易也由刑部侍郎改授太子宾客分司东都,四月到任。居易将到洛阳时,先有诗寄令狐楚(时楚已莅东都留守任)。从四月到本年十一月楚离东都留守任,白与令狐之间均有宴集聚会的可能。《白香山集》本年有《酬令狐相公春日寻花见寄六韵》、《送东都留守令狐尚书赴任》(以上二诗在长安作)、《将至东都先寄令狐留守》(自京赴洛前作)、《令狐尚书许过弊居先赠长句》(在东都作)等诗,可见二人交往相当密切。商隐《与白秀才(景受)书》云:"伏思大和之初,便获通刺,升堂辱顾,前席交谈。陈、蔡及门,功称文学;江、黄预会,寻列《春秋》。"这里说的"大和之初",当即指大和三年①。状中不仅叙及自己初次谒见大诗人白居易,获得与其交谈的机会,受到白的礼遇与称赏,而且以列于白的及门弟子为荣②。江、黄是春秋时的两个小国。《春秋·僖公二年》:"秋,九月,齐侯、宋公、江人、黄人盟于贯。"这里以江、黄小国得预大国之会比喻自己当年在东都时有幸参与白居易等著名文士显宦的盛会。看来,令狐楚不但"奇其文,使与诸子游",而且还把商隐引荐给诗坛耆宿白居易。在"嫩箨香苞初出林"的商隐眼中,白居易无疑是一棵参天大树,一座令人景仰的高山。商隐前期诗《行次西郊作一百韵》,后期诗《戏题枢言草阁三十二韵》等重要作品,也显然可见白诗的影响。

但饶有意味的是,白居易晚年却对李商隐的诗文推崇备至。《蔡宽夫诗话》云:"白居易晚年极喜李义山诗文,尝谓我死得为尔子足矣。义山生子,遂以'白老'字之。既长,略无文性。温庭筠尝戏之曰:'以尔为乐天后身,不亦忝乎?'然义山有'衮师我骄儿,美秀乃无匹',其誉之亦不减退之。"(《苕溪渔隐丛话》前集卷十六引)后人多以为此事出于附会,不足凭信。但从白居易死后,大中三年仲冬,其从弟白敏中(时任首相)托人请李商隐撰写白居易墓志铭一事看③,白居易晚年极喜李商隐诗文恐是事实。唐代风气,请人为自己的先人作墓志铭每

---

① 大和元年、二年,白居易在长安任秘书监、刑部侍郎,商隐与居易之间没有见面交谈的机会。
② 《论语·先进》:"子曰:'从我于陈、蔡者,皆不及门也。'"及门,指受业弟子。
③ 见商隐《与白秀才状》、《与白秀才第二状》及《刑部尚书致仕赠尚书右仆射太原白公墓碑铭并序》。

择有高位且文名素著者,特别是像白居易这样既有高位又负盛名,连唐宣宗都亲自写诗吊挽的文人墓志,更理当择有高位者。大中三年,商隐虽诗名、文名早著,但官位卑微(仅为盩厔尉),且生平不以善撰墓志著称(仅在开成三年因令狐楚遗命,曾撰楚之墓志,今佚)。商隐过去与白敏中又无交往,特别是大中元年应李德裕主要助手之一桂管观察使郑亚的辟聘赴桂管幕,为李德裕的文集作序,替郑亚撰写书启申冤辩诬,在政治上已处于与当权的牛党新贵白敏中、令狐绹对立的地位。可以设想,如果不是白居易临终前明确表示过死后请李商隐作墓志铭的意向,当时位居首相的白敏中是无论如何不会请李商隐这样一个地位低微、政治上与自己对立而又不以善写碑志文著称的人来秉笔的。如果这个推断与事实相去不远,那么白居易晚年极喜义山诗一事殆可定论。其实,白居易喜爱义山诗文和他晚年盛赞刘禹锡的诗一样,都不仅仅是一个大诗人对艺术精品的由衷赞赏,而且是对自己诗歌缺点的真诚反省。正是在这一点上,显示了白居易"广大教化主"式的大家风范。商隐诗文的主导风格与白居易之浅俗平易迥不相侔,白居易能在商隐诗歌创作的起始阶段便予以垂顾指点,晚年更对商隐诗文推崇备至,说明他在艺术鉴赏方面博大的胸襟气度。

大和三年三月二十六日,商隐的从叔处士李某因病去世,享年四十三岁,十月卜葬于荥阳坛山故丘。对于这位在自己童蒙时"最承教诱"的亲人的逝世,商隐深感悲痛。他初谒令狐,当在从叔去世之前;十月从叔下葬时,应回到郑州参加葬礼。从叔之死,结束了商隐的少年求学阶段,从此他正式踏入社会,开始自己独立的人生旅程。

这一年中可以确切系年的诗是学杜的七律《隋师东[①]》:

[①] 隋师东,各旧本作"随师东",唯冯注本改"随"作"隋"。隋,本作"随",二字通用。张采田《会笺》释"随师东"为"随令狐楚赴天平时书事之作",非,详《李商隐诗歌集解》本篇笺语。

> 东征日调万黄金,几竭中原买斗心。
> 军令未闻诛马谡,捷书惟是报孙歆。
> 但须鸑鷟巢阿阁,岂假鸱鸮在泮林。
> 可惜前朝玄菟郡,积骸成莽阵云深!

这是一首题面假托隋师东征高丽,实则揭示讽慨唐廷讨伐横海叛镇的战争中窳败现象及其原因的诗。题似咏古,而诗中丝毫不涉隋事,是托古讽今的典型作品。据两《唐书·文宗纪》及《通鉴》,唐敬宗宝历二年,横海镇(治沧州)节度使李全略死,其子李同捷擅称留后,朝廷经年不问。直至文宗大和元年八月,方命诸道进讨。由于军政腐败,讨叛战争迟迟无功,"时河南北诸军讨同捷,久未成功。每有小胜,则虚张首虏以邀厚赏。朝廷竭力奉之,江淮为之耗弊",直到大和三年四月,方才平定。"沧州承丧乱之余,骸骨蔽地,城空野旷,户口存者什无三四。"平叛战争的胜利,按说是值得庆贺的喜事,但这场战争中暴露出来的问题却引起青年诗人深沉的思考与感慨。诗的主旨,既非反对唐师东征讨叛,也不仅仅是讥刺讨叛诸将冒功邀赏、跋扈难制,而是透过讨叛战争过程中所发生的种种窳败现象(如将帅虚报战功、朝廷厚赂诸将、威令不行、赏罚不明),追根寻源,指出问题的关键在于朝廷中缺乏贤明的宰辅。五、六两句,借"鸑鷟"喻贤相,"鸱鸮"喻叛镇,谓只要有贤相在朝,就不会允许藩镇割据州郡,这正是全篇主旨所在。联系元和年间,裴度坚决主张讨伐藩镇,终于实现全国统一,而后裴度罢相,河朔复叛等情况,可见这并非泛泛的"读书人持论"[1],而是很有针对性的观点。

当时商隐还是一个年近弱冠刚踏入社会的年轻人,写出这样的诗,不但表

---

[1] 语见沈德潜《说诗晬语》卷下。按《通鉴》卷二四二载:"崔植、杜元颖为相,皆庸才,无远略。史宪诚既逼杀田布,朝廷不能讨,遂并朱克融、王庭凑以节授之。由是再失河朔,迄于唐亡,不能复取。"

现出他对时事的关注,而且显示出他的识见。诗学杜甫《诸将五首》,寓讽时事,表现出对杜诗"诗史"精神的自觉继承和鲜明的政论色彩。艺术上虽工稳整炼而顿挫变化不足,颔、腹二联还不免有些拙嫩,但首联重笔突起,尾联感慨作收,亦见功力。这样一件当时政治、军事上的大事,现存唐诗中除商隐此诗外,竟寂无反响,既见晚唐诗坛在反映时代政治问题方面的冷落①,也更显示出此诗的可贵。应该说李商隐在正式踏入社会之初,就显示出他对国家大事的关注和对窳败政治批评的勇气,也显示出其诗歌创作的最初趋向与追求。从此诗反观《富平少侯》、《陈后宫》等诗,更可证明前几年他完全有可能写出上述作品。

第三节 入天平幕

出于对商隐文才的赏爱,令狐楚决意对他进一步精心栽培。大和三年十一月②,令狐楚由东都留守调任天平军节度、郓曹濮观察等使,与原任天平军节度使崔弘礼对调,令狐楚遂辟李商隐入幕为巡官,从此开始了商隐一生中长达二十年的幕府生涯。献赋、受知、入幕,都在大和三年这一年中发生。在商隐的人生历程上,这是一个转折点。

天平军节度使治郓州,辖郓、曹、濮三州。"郓与淮海近(一作竟),出入天下珍宝,日日不绝"(李商隐《齐鲁二生·程骧》),可见在唐代,郓州是交通便利、物产丰饶之地。郓州在军事上也有重要地位,刘禹锡《天平军节度使厅壁记》云:"按部三郡,统兵三万……故命功臣或辨吏以帅焉。大和三年冬,天平监军使以故侯病闻,上方注意治本,乃以牙璋玉节鼎右仆射官称,赐东都留守令狐公曰:'予择文武惟汝兼,前年镇汴州有显庸,往年弼宪宗有素贵。徒得君重,刚吾

---

① 同年十二月发生的南诏入侵西川,俘掠女子工伎数万而去之事,亦仅雍陶、徐凝有诗纪之。
② 此据《旧唐书·令狐楚传》。《旧唐书·文宗纪》作"十二月己丑",按:是年十二月丁未朔,十二月无"己丑"日,当从《旧唐书》本传作"十一月己丑(即十二日)"。

四支。'公西拜稽首,登车有耀。不逾旬抵治所,夹清河而城之。"朝廷任命令狐楚为天平军节度使在十一月十二日,诏书到洛,当已在二十日左右,"不逾旬抵治所",则抵达郓州约在十一月末或十二月初。郓州离洛阳九百七十多里,旬日可达。从刘禹锡的《厅壁记》可见郓州军事地位的重要,也可见文宗对令狐楚的倚重。商隐当随楚同往郓州。

唐代节度使、观察使辟署幕僚,为了保证幕僚的素质,一般多辟有出身的文人。朝廷也同样重视这一点。《唐会要》卷七九《会昌五年六月敕》:"诸道所奏幕府及州县官,近日多乡贡进士奏请。此事已曾厘革,不合因循。且无出身,何名入仕?自今以后,不得更许如此,仍永为定例。"可见,无出身者入幕,是不符合朝廷规定的。商隐以未登第的白衣文士身份入幕,是令狐楚对他的破格厚遇。由于这在当时是一种例外,商隐对令狐楚的这种提携之恩特别感激。他在《奠相国令狐公文》中说:"天平之年,大刀长戟,将军樽旁,一人衣白。"既深怀知遇之感,也蕴含着自赏自负。也正由于无出身,所以他担任的是巡官这种较低的幕职。张采田《会笺》云:"马氏《通考》:'唐辟署之法,有既为王官而被辟者,有登第未释褐入仕而被辟者,有强起隐逸特招智略之士者,此多起自白衣,惟其才能,不问所从来。'然则额奏之外,当有随宜辟置,未遽状荐,而可白衣从事者。故义山年少未第而为之也。《旧·传》云'从为巡官',《新·传》改为'表署','表'字似误。"辨析细致,商隐即属于"随宜辟置"者。《新唐书·百官志》:"节度使、副大使知节度事:行军司马、副使、判官、支使、掌书记、推官、巡官、衙推各一人。"以上次序,基本上按幕职高低顺序排列,可见巡官在幕府中为下僚,其职掌于史未载。从商隐代幕主所撰署巡官的牒文如《为大夫博陵公兖海署卢缱巡官牒》、《为荥阳公桂州署防御等官牒·崔兵曹》看来,似无明确的专门职事。令狐楚署商隐为郓幕巡官,更主要的是将他带在身边精心培养。

令狐楚对商隐的培养,首先是传授给他做骈文四六的诀窍。唐代幕府表状启牒等公私应用之文,例用骈体。能做一手好骈文,是胜任幕府掌书记之职的基本条件,不但能得到幕主的赏识,有时还能因此受到君主的关注。令狐楚是唐代写骈体章奏的高手,在桂林、太原担任幕职十三四年,写了大量表状启牒之文。《新唐书·艺文志》:"令狐楚《漆奁集》一百三十卷、《梁苑文类》三卷、《表奏集》十卷。"其中《表奏集》十卷所收即有大量幕府所作之文,《全唐文》卷五三九至五四三收其文五卷,其中既有任幕府记室时所作,也有为知制诰、翰林学士时所撰,全部为骈体。上节所引令狐楚在太原幕所作表奏受到德宗赏爱的记载,充分说明掌握熟练的骈文章奏写作技巧对幕府文士升进的重要性。掌握这种技巧,还为他日后跻身中禁词臣(知制诰、中书舍人、翰林学士)的行列准备了条件。令狐楚从自己切身经历的荣进之路出发,传授商隐骈文章奏的技巧,不单纯是文章之学的传授,同时还是政治上的一种提携。商隐《樊南甲集序》说:"樊南生十六能著《才论》、《圣论》,以古文出诸公间。后联为郓相国、华太守所怜,居门下时,敕定奏记,始通今体。"这里只讲到他从工古文到"通今体"的转变是在居令狐楚、崔戎幕时"敕定奏记"的结果,但未明确说令狐楚以骈文章奏之学传授之事,而在郓幕期间所作的《谢书》一诗却将此事说得非常清楚:

微意何曾有一毫,空携笔砚奉《龙韬》。
自蒙半夜传衣后,不羡王祥得佩刀。

从"空携笔砚奉《龙韬》"之句看,商隐当时虽署为巡官,但令狐楚为了锻炼他作骈文章奏的能力,可能让他担任一部分幕府中的文字工作。但商隐过去只工古文而不谙骈体,故有"微意"二句,谓楚之恩遇,自己实无丝毫报答,徒然空携笔砚侍奉左右而已。"半夜传衣"用五祖弘忍传衣于慧能事,喻令狐楚以章奏之学秘相传授。楚为当时骈文章奏名家,故以五祖喻之,而以慧能自喻,谓自己尽得楚之秘传,即《樊南甲集序》"彭阳章檄,樊南穷冻人或知之"之意。晋吕虔有佩刀,工相之,以为必三公方可佩此刀。虔语别驾王祥:"卿有公辅之量,故以相与。"祥始辞之,虔强与,乃受。王祥临终时将刀授其弟览,后览果累世贵显。这首《谢书》当是令狐楚授章奏之学后,义山自觉技艺精进、日后青云有望时,以诗代书,致谢令狐楚之作。感恩之情、自得之意,溢于言表。从"不羡王祥得佩刀"句看,商隐颇以为自己日后可以借此致身通显。尽管商隐后来并未能像他的恩师那样,以通今体表奏而逐步跻身高位,但他确因精通此道而屡佐戎幕,长期从事幕府文字之役。这对他以后的生活道路、创作道路乃至诗与骈文写作的相互影响与渗透都有深远的影响。商隐在郓幕时所作的骈体文章没有流传下来,可能是由于尚处于试作阶段,日后自编《樊南甲集》时没有收入,也可能是后来散佚了。

令狐楚对商隐的栽培,还表现在郓幕期间曾两次资助商隐入京参加进士考试上。如果说传授骈文章奏之学是为商隐日后登进创造条件,那么助其应进士试则是直接获取功名之举。《旧唐书》商隐本传说:"楚镇天平……从为巡官,岁给资装,令随计上都。"《新唐书》本传亦云:"楚徙天平……表署巡官,岁具资装使随计。"随计,语本《史记·儒林列传》,本指应征召的人偕同计吏同行,后来遂以"随计"指乡贡进士赴京就试。《新唐书·选举志》:"唐制,取士之科,多因隋旧,然大要有三:由学馆者曰生徒,由州县者曰乡贡,皆升于有司而进退之……每岁仲冬,州、县、馆、监举其成者送之尚书省,而举选不由馆学者,谓之乡贡,皆怀牒自诉于州县。"商隐的"随计",即由地方经考试推选到中央参加礼部进士试的乡贡进士。

商隐何时开始应进士试,本传没有明确记载,只说在天平幕时。但大和三年十一月,他刚被令狐楚署为天平节度巡官,抵郓时已十一月末或十二月初,已过每年地方府试和向尚书省举送的时间,再赴长安参加大和四年春的进士试的可能性不大。其《上崔华州书》云:"凡为进士者五年:始为故贾相国所憎;明年,病不试;又明年,复为今崔宣州所不取。居五年间,未曾衣袖文章,谒人求知。"书上于开成二年正月。冯浩笺云,故贾相国指𫠋,大和时凡典礼闱三岁。今崔宣州,指崔郸,大和八年,权知礼部,开成二年正月,以吏部侍郎为宣歙观察使。题内崔华州,则指开成元年十二月由中书舍人调任华州防御使之崔龟从。并于"始为故贾相国所憎"句下加按语云:"悚三典礼闱,一为大和七年……其余当在五、六年间。义山当于六年应试,为贾所斥,八年又为郸所斥。下云'居五年间',统计大和五、六年以下也。"岑仲勉则谓:"《华州书》'凡为进士者五年',其'为进士'与白(居易)书之'为进士'同,犹云初被乡贡,于今已五年也。此一句是分揭,下三句是分疏。兹将此五年中商隐赴举之经过,表列如次:大和七年乡贡,知举贾悚,不取;大和八年病,不试,知举李汉;大和九年乡贡,知举崔郸,不取;开成元年无明文,当是府试已不取,知举高锴;开成二年乡贡,知举高锴,登第。七年之乡贡,府试虽在六年,然礼部试仍在七年正月,余类推。冯谱不察,竟于六年下书'是年应举,为贾悚所斥',于八年下书'是年应举,为崔郸所不取',实七、九两年春间事……张谱尤而甚之,八年下竟书'义山应举,为崔郸所不取,随崔戎自华至兖掌章奏',殊未知商隐随戎至兖,系八年春夏间,及六月戎卒,随赴府试(八九月),获得乡贡,九年春始为礼试崔郸所黜。张谱直倒乱事序之后先矣……《华州书》之'居五年间,未曾衣袖文章,谒人求知'即蒙上'凡为进士者五年'言,张竟不能理会,乃云:'据此,则义山应举始于大和二年。大和二年至六年正得五年。下云居五年间,则统计大和六年开成元年也。'则不知未登乡贡,弗得称进士,且'始为'之'始'字无着。果大和六年之前均不售,奚得曰'始为'?"综上所引,商隐始试进士之年凡三说:张氏谓始于大和二年,冯氏谓始于大和六年,岑氏则谓始于大和七年。按:岑氏驳正冯、张之说甚是,但其释"始为进士者五年"为大和七年至开成二年,谓商隐之开始参加进士试在大和七年,则明显与本传及商隐文章中关于参加进士试的自述不合。况且既然"大和八年,病不试"、"开成元年无明文,当是府试已不取",则此两年未尝为乡贡进士(至少开成元年非乡贡进士),何得统计在"凡为进士者五年"及"居五年间"之内?

实际上,商隐之始为乡贡进士参加礼部试,既非冯谱所说在大和六年,亦非张笺所说在大和二年,或如岑氏所说在大和七年,而是在大和五年居郓幕期间。商隐《与陶进士书》云:"故自大和七年后,虽尚应举,除吉凶书及人凭倩作笺启铭表之外,不复作文,文尚不复作,况复能学人行卷耶?"据"自大和七年后,虽尚应举"之语,可以推断大和七年之前,商隐即已应举。那么,其应举从哪一年开始呢?商隐《上令狐相公状一》云:"徒以四丈东平,方将尊隗,是许依刘……自叨从岁贡,求试春官,前达开怀,后来慕义,不有所自,安得及兹!然犹摧颓不迁,拔剌未化。仰尘裁鉴,有负吹嘘。"此状上于大和六年二月令狐楚自天平节度使调任河东节度使,"轩车才临,日月未几"之时,而其中叙及自己"自叨从岁贡,求试春官……然犹摧颓不迁,拔剌未化",说明在大和六年二三月时,"求试春官"已不止一次。合之两《唐书》本传"从为巡官,岁给资装,令随计上都"、"表署巡官,岁具资装使随计"的记载,以及上文推断大和四年不可能参加礼部进士试,可以推定商隐之开始"叨从岁贡,求试春官"当在大和五年春。《上崔华州书》所说"凡为进士者五年:始为故贾相国所憎;明年,病不试;又明年,复为今崔宣州所不取。居五年间,未曾衣袖文章,谒人求知",其中的"五年"即指从大和五年到开成二年这段时间,曾先后有五年作为乡贡进士参加进士试。具体地说,是大和五年,初应进士试,不取,知举贾𬙂;大和六年,二应礼部试,不取,知举贾𬙂;大和七年,三应礼部试,不取,知举贾𬙂。商隐连续三年应举,均为贾𬙂所斥,故云"始为故贾相国所憎","憎"字正对三年被斥不取而言,"始"字应从大和五年算起而包括五、六、七三年。作于大和七年的《上郑州萧给事状》说:"倏忽三载,邅回一名。"正指大和五、六、七年三年应进士试均落第。大和五、六、七年三应进士试,加上大和九年为崔郸所斥的第四次应试,开成二年知举为高锴尚未发榜的第五次应试,一共是五次应进士试,故云"凡为进士者五年",这五年乃是以乡贡进士身份参加礼部试的五年,"病不试"的大和八年和无明文"当是府试已不取"的开成元年自然不应包括在内。"居五年间"的"五年"同此。过去的注家和研究者对"凡为进士者五年"都解释错了①。据此,商隐在天平幕期间,令狐楚曾经于大和五、六两年两次资助他去长安参加进士试。六年二月,楚调任河东节度使,时商隐正在长安,故未即随楚至太原幕。这种"顾遇",确实情意深厚,视同家人。

在郓幕期间,除了巡官的事务和在令狐楚的指点下写作骈文表状启牒,参加府试和赴京应举外,参加使府的宴集和游赏也是商隐生活内容的一个方面。《上令狐相公状一》述及郓幕生活时说:"每水槛花朝,菊亭雪夜,篇什率征于继和,杯觞曲赐其尽欢。委曲款言,绸缪顾遇。"令狐楚喜爱白菊。冯浩笺商隐《九日》诗"曾共山翁把酒时,霜天白菊绕阶墀"云:"刘宾客《和令狐相公玩白菊》诗:'家家菊尽黄,梁国独如霜。'又有《酬庭前白菊花谢书怀见寄》诗。令狐最爱白菊。"刘禹锡诗集中还有《和郓州令狐相公春晚对花》五律。可见郓州幕中,每逢春秋佳日,花朝雪夜,在水槛菊亭之中,常有幕主僚属的宴集,令狐发唱,幕僚继和。商隐以其诗才,自必常有这类继和的篇什,可惜现存商隐诗中,竟无一首郓幕期间"水槛花朝,菊亭雪夜"的宾主唱酬之作。但从上引商隐这段文字中还可想见当时宾主之间诗酒唱酬、兴会淋漓的情景。天平幕中宴集诗,现存唯一的一首是《天平公座中呈令狐令[相]公时蔡京在坐京曾为僧徒故有第五句》:

罢执霓旌上醮坛,慢妆娇树水晶盘。
更深欲诉蛾眉敛,衣薄临醒玉艳寒。
白足禅僧思败道,青袍御史拟休官。
虽然同是将军客,不敢公然子细看。

---

① 对"凡为进士者五年","居五年间",撰者已据《雁塔题名帖》有新解,详附考九。

第四章 踏入社会:从郓幕到兖幕

题内"令狐令公",当从顾学颉说作"令狐相公"(详见其《李商隐〈天平公座中呈令狐令公〉诗题"令公"二字旧说辨误》一文)。《云溪友议》卷中:"邕(当作郓)州蔡大夫京者,故令狐相公楚镇滑台之日,因道场见僧中令京挈于瓶钵。彭阳公曰:'此童眉目疏秀,进退不慑,惜其单幼,可以劝学乎?'师从之,乃得陪相国子弟(青州尚书绪、丞相绹、纶也)。后以进士举上第,乃彭阳令狐公之举也。寻又学究登科,而作尉畿服。"又据朱阅《归解书彭阳碑阴》:"公尹洛,礼陈商;为郓,荐蔡京;莅京,辟李商隐。"按:令狐楚宦历无镇滑台(任义成节度使)之事,此当为"镇天平"之误。蔡京即郓州人,楚于道场中发现蔡京,令其陪令狐绪、绹、纶兄弟读书事即在镇天平期间。这首诗中的"白足禅僧"即借指蔡京。其时蔡京的情况与商隐类似,即一边作幕僚,一边"陪相国子弟"读书同游。"青袍御史"为幕僚中带御史衔者。诗写使府宴会上一位美貌的歌舞女子,其人曾为女道士,而其时之身份似为令狐楚之姬妾或家伎。诗写其人清艳绝俗,而又情含幽怨。座间宾客,有"思败道"者,有"拟休官"者,有"不敢公然子细看"者,用侧面烘托手法写出美的征服力。诗写得艳而不亵,谑而不堕恶趣,颔联鲜丽而有神味,"衣薄"句用笔颇似《圣女祠》之"无质易迷三里雾,不寒长著五铢衣"。由此诗可见商隐与令狐楚关系之亲密,远超一般幕主与僚属,也可见唐代士人礼法观念较为淡薄,作风较为浪漫,且出言往往少所顾忌。末联"同是将军客",盖以自指,"不敢公然子细看"反用刘桢平视甄后故事,貌似谦恭,而语含风趣,且暗示其人的姬妾身份。据萧邺《岭南节度使韦公(正贯)神道碑》:"旋为天平节度判官,得改员外郎,所奉之主即故相国令狐公也。"知其时天平幕中的僚属除蔡京、李商隐外,还有节度判官韦正贯。后来会昌六年韦正贯任京兆尹时,商隐还为正贯写过《举人自代状》,详本册第九章第三节。

除了幕中宴集酬唱外,还外出游赏,如《春游》诗:

桥峻班骓疾,川长白鸟高。

烟轻唯润柳,风滥欲吹桃。

徙倚三层阁,摩娑七宝刀。

庾郎年最少,青草妒春袍。

"庾郎"用晋庾翼典,《晋书》本传言其"风仪秀伟,少有经纶大略……苏峻作逆,翼时年二十二,兄亮使白衣领数百人备石头(城)……事平,始辟太尉陶侃府,转参军,累迁从事中郎"。此处用"庾郎",既切"年少",又点辟为幕僚。此诗冯谱编大中元年赴桂幕途中,其时商隐年已三十六,与"年少"显然不合。张采田《会笺》改编大和八年赴崔戎充海幕时。考赴兖在是年四月二日①,已非春季"烟轻唯润柳,风滥欲吹桃"之候,且赴幕亦不得谓之"春游"。此诗当是大和四年春在天平幕时与同幕出游赏春所作,其时商隐年方十九,尚未冠,故云"年最少"。"青袍"不过泛言其官位低微,不必拘泥于八九品服青之制。诗写得风光明媚、意兴豪纵,末句着一"妒"字,少年得意之态如见,从一个侧面反映了商隐在天平幕期间轻快愉悦的心境。

令狐楚在郓州期间的政绩,史籍所载较略。《旧唐书》本传云:"属岁旱俭,人至相食,楚均富赡贫,而无流亡者。"在旱荒之年,能"均富赡贫",做到"无流亡者",可见其施政比较仁惠,与他一贯"长于抚理"的特点一致。《新唐书》本传则记载了他廉洁自律的事迹:"始,治郓帅每至,以州钱二百万入私藏,楚独辞不取。又毁李师古园槛僭制者。"刘禹锡《天平军节度使厅壁记》则记述稍详:"惟郓州……风俗信厚。天宝末,大憝起于幽都,虏将因兵锋取其地,右勇左德,积六十年。公之来思,如古医之治剧病,宣泄颐养,气还神复。大凡抗诏条国式于身以先之,示菲约以裕人,信赏罚以格物。物力日完,人风自移。涉月报政,

---

① 《为安平公谢除兖海观察使表》:"即以今月二日,雪泣西拜,星驰东下。"奉诏在三月末,"今月"指四月。

逾年鼎治……劳者以安,去者以归……凡革前非罢供第无名钱岁巨万,菽粟如之,锦缯且千两。去苛法急征毁家偿租之令,故流庸自占四万室。"这些记载,反映出令狐楚在天平节度使任上在减轻百姓负担方面确实做了一些有益的事。作为地方长官的令狐楚,自有他的优长和成绩。

总的来说,商隐在郓州幕的两年多时间内,由于受到幕主令狐楚的厚遇和栽培,情绪是比较愉快的。即使遇到大和五年春初应进士试不取这种挫折,由于年纪正轻,所处环境又比较好,并未引起情绪上大的波动。一种年少气盛的特点贯注在他这一时期的生活与创作中。

第四节 居太原幕

大和六年二月甲子(初一),令狐楚调任太原尹、北都留守、河东节度使。这年正月,李商隐正在长安第二次参加礼部进士试,并等待二月放榜。① 因此,令狐楚自天平节度使调任河东节度使的消息,他是在长安等候放榜期间得知的。也正因为这样,二月令狐楚赴河东任时,商隐并未随他至太原幕。但令狐楚由郓州经洛阳赴河东任时,当时赴苏州刺史任途经洛阳的刘禹锡和正在河南尹任上的白居易,都有诗送行,白有《送令狐楚赴太原》,刘有《和白侍郎送令狐相公镇太原》诗。令狐楚到太原任后不久,商隐有《上令狐相公状一》寄上。这是现存商隐文中第一篇可以确切编年的文章,一开头说:

> 太原风景恬和,水土深厚……自顷久罹怨兀,颇至荒残。轩车才临,日月未几。旱云藏燎于天末,甘泽流膏于地中。堡障复完,污莱尽辟。

---

① 许浑于是年登进士第,有《及第后春情诗》云:"世间得意是春风,散诞经过触处通。细摇柳脸牵长带,慢撼桃株舞碎红……犹笑西都名下客,今年二(按:据蜀刻本)月始相逢。"是考试在正月,放榜在二月。

这里所赞颂的令狐初临太原的政绩,可与《旧唐书·令狐楚传》所述加以对照:

> 楚久在并州,练其风俗。因人所利而利之。虽属岁旱,人无转徙。楚始自书生,随计成名,皆在太原,实如故里。及是秉旄作镇,邑老欢迎。楚绥抚有方,军民胥悦。

接着,商隐又用充满感情的笔触追忆在洛阳及居郓幕期间受到令狐楚的知遇和照顾:

> 某才乏出群,类非拔俗。攻文当就傅之岁,识谢奇童;献赋近加冠之年,号非才子。徒以四丈东平,方将尊隗,是许依刘。每水槛花朝,菊亭雪夜,篇什率征于继和,杯觞曲赐其尽欢。委曲款言,绸缪顾遇。

并提到在令狐的帮助下,"叨从岁贡,求试春官",虽两次失利,"有负吹嘘",仍望继续得到令狐的关顾。相信自己终当"脱遗鳞鬣","冲唳霄汉",高跃龙门,直上青云。从这里可以看出,商隐这时虽已两次科场失利,却仍高度自信。

商隐曾居令狐楚太原幕,冯浩《玉谿生年谱》和张采田《玉谿生年谱会笺》都肯定有其事。冯谱云:"按朱阅《归解书彭阳碑阴》云:'公尹洛,礼陈商;为郓,荐蔡京;莅京,辟李商隐。'尹洛者,河南尹也;叙莅京于为郓后,必太原之为北京也……义山受其(令狐楚)知遇,必当至其幕中。天平、北京,事本相接,被辟者当亦同也。虽集无确据,理必然矣。"释"京"为"北京"(即北都太原),于唐代文献未有举证,似嫌勉强;但如果将"莅京"解释为大和七年莅京任吏部尚书,则吏部又不可能有辟李商隐为掾属之事。张采田《会笺》云:"考集有《喜闻太原同院崔侍御台拜兼寄在台三二同年》诗,太原同院,必楚幕也。"以此来证明商隐曾居令狐楚太原幕。按此诗编年,冯谱编会昌四年,谓太原同院指太原李石幕;张笺编开成四年。岑仲勉《平质》谓冯谱编年远较张笺为稳。实则此诗作于闲居永乐期间(会昌五年春)甚明,题内"太原同院"当从冯说指李石幕。故张谓"太原同院必指楚太原同幕",难以成立。但张氏引《上令狐相公状一》末段"倘蒙识以如愚,知其不佞,俾之乐道,使得讳穷,则必当刷理羽毛,远谢鸡鹜之列;脱遗鳞鬣,高辞鳢鲔之群。逶迤波涛,冲唳霄汉,伏惟始终怜察"等语,谓"多希望入幕之意",则是("使得讳穷"者,望仍入幕而得济穷乏也)。此外,尚有一证,即大和七年商隐所撰拟之《为彭阳公上凤翔李司徒状》。凤翔李司徒,指大和七年五月丁酉被任命为凤翔节度使的李听。令狐楚以大和七年六月乙酉由河东节度使入为吏部尚书,而状有"某谬蒙朝委,实异时才,先忧素餐,有负疲俗……某方祗远役,未获拜尘,瞻恋之诚,翰墨无喻。到任续更有状"。李听大和七年五月至九年九月任凤翔节度使,而令狐楚大和七年六月至九年九月,先后任吏部尚书、太常卿,十月守尚书左仆射,进封彭阳郡开国公,直至开成元年四月方出镇兴元。因此,在李听镇凤翔的两年多时间内,令狐楚始则仍在太原,继则在朝任吏部尚书、太常卿。状所云"某方祗远役"及"到任",绝非由朝官外任,而只能是指大和七年六月由河东节度使内征为吏部尚书,"远役"指自太原赴京,"到任"指到吏部尚书任。张采田谓此状作于"楚已除职未离镇时",甚是。六月乙酉为六月二十九日,状当上于七月初。据此状,商隐当时必在令狐楚太原幕,否则不可能有此代作。大约在商隐作《上令狐相公状一》后不久,即赴太原幕,惟所任幕职不详。据《旧唐书·文宗纪》:大和七年十二月,"以河东节度副使李石为给事中",知李石曾在令狐楚太原幕任节度副使,与商隐有同幕之谊。会昌四年正月河东将杨弁作乱时,商隐有在李石太原幕迹象,可能与二人曾同在令狐楚太原幕有关。又,《酉阳杂俎》续集卷七载"唐大和七年冬,给事中李石为太原行军司马",与《旧唐书·文宗纪》所载有矛盾,当以《旧唐书·文宗纪》为是,《旧唐书·李石传》亦谓"令狐楚请为太原节度副使,七年拜给事中"。

令狐楚镇太原期间,与刘禹锡之间唱酬颇多。刘集有《令狐相公自天平移镇太原以诗申贺》、《重酬前寄》、《酬令狐相公秋怀见寄》、《酬令狐相公六言见寄》、《令狐相公自太原累示新诗因以酬寄》、《酬太原令狐相公见寄》、《酬令狐相公岁暮远怀见寄》等,可惜令狐楚寄刘禹锡的诗今均不存。商隐在太原幕期间,当亦有奉和令狐之作,今亦未见。但从刘诗"万里胡天无警急,一笼烽火报平安。灯前妓乐留宾宴,雪后山河出猎看"等诗句,依稀可以想见当日太原幕府安闲宴乐气氛。商隐在《上令狐相公状二》中对令狐楚"赐借太原日所著歌诗"表示感谢,并盛赞其诗"峻标格而山联太华,鼓洪涛而河到三门。望绝攀跻,理无揭厉。足使清风知愧,《白雪》怀羞"。令狐楚的诗风,当对商隐产生过一定影响。

大和七年春,商隐第三次在京参加进士试,又一次落第。连续三次应试,均为贾𫗦所斥,他对贾𫗦不无怨望,因此在《上崔华州书》中述及此事时,用了"始为故贾相国所憎"的字眼。应试落第之后,商隐当回到太原幕。

第五节 在华州幕

大和七年六月末,令狐楚自太原尹、北都留守、河东节度使入为检校右仆射兼吏部尚书,约七月到京,李商隐是否跟随令狐楚返京,现已难以详考。如果前节所引朱阅《归解书彭阳碑阴》"莅京,辟李商隐"的"京"指京都长安,则商隐似随楚同回长安。但吏部尚书似无荐辟属下掾吏之可能,不像户部、度支、盐铁皆有僚属(见商隐《为贺拔员外上李相公启》冯浩笺),如莅京有所辟,当是别的部门的僚属。值得注意的是,这年十月,李商隐写过一篇《太仓箴》。这是现存商隐文中唯一的一篇箴。《金石录》:"唐《太仓箴》,大和七年十月,李商隐撰,行书,无姓名。"据《新唐书·百官志》,司农寺下属机构有太仓署,有令、丞。又有监事八人,掌廪藏之事。又有府十人,史二十人,典事二十四人,掌固八人。令狐楚会不会荐李商隐为太仓署的属吏呢?似并非无此可能。否则,商隐平白无故地写一篇《太仓箴》,反而不好理解。文中极力强调太仓之险:

> 险哉太仓,险若太行。彼悬车束马,为陟高冈;此祸胎怨府,起自斗量。无小无大,不可不防。

之所以"险若太行",是因为"泉谷之地……贪夫徇财",因此他谆谆告诫掌太仓者"无为人惑"、"各敬尔职,一乃心力"、"借借贷贷,此门先塞",并举汉太仓令淳于意无辜被捕一事以为告诫:"敢告君子,身可杀,道不可渝。"冯浩说:"戒贪也。"诚然。但结尾"身可杀,道不可渝"的告诫实已超出《太仓箴》的范围而上升到普遍的准则。从文章看,作者对太仓的情况相当熟悉,如说"仓中役夫,千径万途。桀黠为炭,睚眦为炉。应事成象,无有定模。缘私指使,慎勿以呼。宾朋姻娅,或来宴话。食中酒醴,慎勿以贳",如果不是亲身作吏,有切身体验,不容易讲得如此真切。当然,这仅仅是根据"莅京,辟李商隐"及《太仓箴》所作出的一种假设,并无实证,提出来供进一步考证作参考。

大和七年三月丁巳,给事中萧浣出为郑州刺史。《通鉴·文宗大和七年》:"(二月)丙戌,以兵部尚书李德裕同平章事。德裕入谢,上与之论朋党事,对曰:'方今朝士三分之一为朋党。'时给事中杨虞卿与从兄中书舍人汝士、弟户部郎中汉公、中书舍人张元夫、给事中萧浣等交结,依附权要,上干执政,下挠有司,为士人求官及科第,无不如意。上闻而恶之,故与德裕首及之,德裕因得以排其所不悦者。"萧浣及杨虞卿兄弟等在政治上属于以李宗闵、牛僧孺为首的牛党,这次因李德裕入相,又逢文宗对牛党成员相互交结之事"闻而恶之",故杨虞卿、萧浣于本年三月先后出为常州刺史、郑州刺史。李商隐即在萧浣任郑州刺史期间(大和七年三月至八年十二月左右)与萧结识,并受到萧的善待。《上郑州萧给事状》云:"兖海大夫①,时因中外,尝赐知怜;给事又曲赐褒称,便垂延纳。朱门才入,欢席几陪。辱倒屣于蔡伯喈,合先王粲;枉开樽于孔文举,宜在祢衡。"《哭遂州萧侍郎二十四韵》亦云:"早岁思东阁,为邦属故园。登舟惭郭泰,解榻愧陈蕃。分以忘年契,情犹锡类敦。公先真帝子,我系本王孙。啸傲张高盖,从容接短辕。秋吟小山桂,春醉后堂萱。"叙初谒萧浣及受其厚遇情况甚详。如果商隐是在大和七年初谒萧浣,则时间当在七月至十二月之间,即商隐离太原幕后、入崔戎华州幕前的一段时间内。

最迟在大和七年十二月,商隐又来到华州,在华州刺史崔戎门下作掾属。商隐《上崔大夫状》云:"今早七弟远冲风雪,特迂车马,伏蒙荣示,兼重有恤赍,谨依命捧受讫。某才不足观,行无可取。徒以四丈,顷因中外,最赐知怜,极力提携,悉心指教……岂谓今又获依门墙,备预宾客,礼优前席,贶重承筐。"崔戎是商隐的重表叔。商隐《赠赵协律晳》"更共刘卢族望通"句下自注:"愚与赵均出今吏部相公(指令狐楚)门下,又同为故尚书安平公(指崔戎)所知,复皆是安平公表侄。"《请卢尚书撰故处士姑臧李某志文状》亦云:"时重表兄博陵崔公戎。"此即《上崔大夫状》所谓"中外"。由于有中表之亲,崔戎对商隐格外"知怜",对他极力提携,悉心指教,其中也包括对骈文章奏技巧的指点。崔戎是大和七年闰七月由给事中出任华州刺史的,而商隐在八年正月,即已在华州为崔戎草拟表状,故《上崔大夫状》所称"今早七弟远冲风雪……重有恤赍"之事,定在八年正月代拟表状之前。《上崔大夫状》是一封谢崔戎聘其为幕僚的书信。状中"重有恤赍",指丰厚的聘钱;"备预宾客",指为其幕下从事。唐代华州为右辅之地,地临河、潼,位置十分重要,华州刺史例兼潼关防御、镇国军使,与商隐同为华州府中从事的还有杜胜(元和宰相杜黄裳之子)、李潘(李汉之弟)。张采田《会笺》引《上郑州萧给事状》"兖海大夫,时因中外,尝赐知怜;给事又曲

---

① 指崔戎,与李商隐有中表之亲。

赐褒称,使垂延纳。朱门才入,欢席几陪"之文,谓"义山受崔戎深知,萧浣荐达之力居多",殊不知崔戎本为商隐重表叔,何用萧浣荐达。"使垂延纳"之"使"系讹字,《全唐文》正作"便",张氏盖据误文而有此误解。

《樊南甲集序》云:"后联为郓相国、华太守所怜,居门下时,敕定奏记,始通今体。"商隐在华州崔戎幕,当是代其草拟表奏,但因无出身,未必有正式职务,如参军等。现存商隐文中,为崔戎在华州刺史任上所拟的表状有《代安平公华州贺圣躬痊复表》、《为安平公贺皇躬痊复上门下状》、《为大夫安平公华州进贺皇躬痊复物状》,共三篇,都作于大和八年正月十四五日。据《通鉴》,大和七年十二月"庚子,文宗始得风疾(指中风),不能言。于是王守澄荐昭义行军司马郑注善医。上征注至京师,饮其药,颇有验"。大和八年正月,"上疾小瘳。丁巳,御太和殿,见近臣,然神情耗减,不能复故"。《旧唐书·文宗纪》:"(正月)甲子,御紫宸殿见群臣。"甲子为正月十二日,故以上三篇表状当上于十四五日。这是商隐现存可以确切编年的时间最早的上皇帝、朝廷的表状。从写作技巧看,已经比较纯熟,如《代安平公华州贺圣躬痊复表》中的一段:

臣闻:天,普覆也,应运而健若龙行;日,至明焉,有时而气如虹贯。伏惟皇帝陛下,道超普覆,迹迈至明。思宗社之灵,惟德是辅;念蒸黎之广,以位为忧。求衣未明,观书乙夜。寿域既勤于跻俗,大庭微阙于怡神。是以自北陆送寒,暂停禹会;及东郊迎气,爰复尧咨。四海方来,百辟咸在,六幽雷动,万寿山呼。

这里用了一系列典故,将文宗因忧念百姓、勤于政事而得病辍朝,旋又康复视朝之事说得既雅切得体,又委婉动听。商隐称自己居崔戎门下时"始通今体",是符合实际的。

商隐居华州崔戎门下时,虽担任草拟表奏的工作,但似乎并非正式的有品秩、有职位的晨入昏归的掾属。大约在草拟上述表状后不久，崔戎送他到南山的僧寺中温习举业。作于大和九年的《安平公诗》说：

> 丈人博陵王名家，怜我总角称才华。
> 华州留语晓至暮，高声喝吏放两衙。
> 明朝骑马出城外，送我习业南山阿。

这里的"南山"，即终南山，是统指东西绵延数百里位于关中平原南部的秦岭，诗中实指华州南面的一段终南山。张采田谓"习业南山"为"习业京师"，非。因为诗中接着又描述大和八年三月，崔戎领着府中从事到商隐习业的南山去看望他的情景①：

> 三月石堤冻消释，东风开花满阳坡。
> 时禽得伴戏新木，其声尖咽如鸣梭。
> 公时载酒领从事，踊跃鞍马来相过。
> 仰看楼殿撮清汉，坐视世界如恒沙。
> 面热脚掉互登陟，青云表柱白云崖。
> 一百八句在贝叶，三十三天长雨花。

很明显，这是华州附近的终南山。如果是习业京师南面的终南山，崔戎绝不可能领着从事到二百多里外的长安城南的终南山去看望。从这里可以看出，商隐在华州期间，既"备预宾客"，代草表状，又居南山习业，准备明春的进士试（大和

---

① 华岳庙题名云："华州刺史兼御史中丞崔戎大和七年八月廿六日东巡河潼，因过谒灵岳。至八年春，以皇躬痊和，奉诏昭赛。三月十五日复斋宿庙下，明日礼成西还。前同州澄城县尉王师度、进士李商隐同行。"可与以上记述参照。进士，指乡贡进士。

八年,商隐因病未参加考试,见《上崔华州书》)。

《安平公诗》中还提到崔戎的两个儿子:"仲子延岳年十六,面如白玉欹乌纱。其弟炳章犹两卯,瑶林琼树含奇花。"延岳有可能是崔雍,炳章则是崔衮,他二人都比商隐年少。商隐在华州时与他们同游,结下友谊。以后,商隐在《宿骆氏亭寄怀崔雍崔衮》中曾深情地怀念过他们:

  竹坞无尘水槛清,相思迢递隔重城。
  秋阴不散霜飞晚,留得枯荷听雨声。

诗题中的骆氏亭是处士骆峻在灞陵东坡下的园亭,峻卒于会昌元年。此诗当为会昌元年以前,二崔未第时所作。

其时华州府中掾属,有杜胜、李潘、卢泾①。《安平公诗》说:

  府中从事杜与李,麟角虎翅相过摩。
  清词孤韵有歌响,击触钟磬鸣环珂。

称赞杜、李的诗清新优美,不同凡响。商隐在华州,当与二人有酬唱,惜亦不传。后来,杜、李、卢三人又随崔戎至兖州,和李商隐同为兖海观察使府幕僚。

就在这次崔戎率从事到南山看望商隐后不久,大和八年三月丙子(二十五日),朝廷调任崔戎为兖海观察使,崔戎复请商隐担任兖海幕的表奏之事。于是商隐又开始了另一段短期的兖幕生活。

---

① 见《为安平公兖州奏杜胜等四人充判官状》,状中言杜胜、李潘"臣前任已奏为判官";言卢泾"前者为臣属僚,常在州推狱"。

第六节　兖幕一月

商隐《安平公诗》说:"公时受诏镇东鲁,遣我草奏随车牙。顾我下笔即千字,疑我读书倾五车。"这次崔戎携商隐赴兖海,仍让他担任在华州从事过的草拟表奏的工作,当是因为商隐在华所草表奏颇得崔戎称赏的缘故。从商隐的这几句诗中也可看出他对自己这方面才能及学养的自负。骈体章奏的要素之一是大量用典,"读书倾五车"便自然成为写好骈体章奏的重要保证。其实,崔戎自己在淮南李鄘、卫次公幕,太原裴度幕担任过多年幕僚。大和年间任给事中时,驳奏为时所称。商隐居门下时,在骈文章奏的写作方面,也得到过崔戎的悉心指教。崔戎为官,颇有善政。《新唐书·崔戎传》:"出为华州刺史。吏以故事,置钱万缗为刺史私用,戎不取。及去,召吏曰:'籍所置钱享军,吾重矫激以夸后人也。'徙兖海沂密观察使,民拥留于道不得行,乃休传舍,民至抱持取其靴。时诏使尚在,民诣泣使,请白天子丐戎还。使许诺。戎患责其下,众曰:'留公而天子怒,不过斩吾二三老人,则公不去矣。'戎夜单骑亡去,民追不及乃止。"《安平公诗》中叙及崔戎"受诏镇东鲁"时,有"长者子来辄献盖,辟支佛去空留靴"之句,就是隐喻华州百姓对崔戎的尊仰和挽留不果的情景。

据商隐《为安平公谢除兖海观察使表》,崔戎及商隐、杜胜、李潘、卢泾一行,在三月末接到诏书后数日,四月二日即启程东下。华州距兖州一千六百余里[①],他们路上走得比较慢,直到五月五日端午那天,才抵达兖州。《为安平公兖州谢上表》云:"臣自承明诏,移镇东藩,望阙而雪涕以辞,戒途而星奔不息。即以今月五日到任上讫。"《安平公诗》说"五月至止",可证"今月五日"是五月五日。

兖海观察使,辖兖、海、沂、密四州。原置节度使,大和八年改置观察使。在

---

① 据《旧唐书·地理志》,京师至兖州一千八百四十三里,京师至华州一百八十里。

唐代,兖海虽不是大藩,但"曲阜遗封,导河旧壤,列九州之数,带五岳之雄,古为诗书俎豆之乡,今兼鱼盐兵革之地"(《为安平公谢除兖海观察使表》),地位也相当重要。崔戎幕中,除商隐专司章奏外,据《为安平公兖州奏杜胜等四人充判官状》《为大夫博陵公兖海署卢郗巡官牒》,尚有杜胜(团练判官)、赵晳(观察判官)、李潘(观察支使)、卢泾(都团练巡官)、卢郗(巡官)。其中,杜胜、李潘、卢泾三人均为华州旧掾(加上商隐,共四位华州旧掾),赵晳、商隐又都是崔戎的表侄。崔戎到任后,"锄灭奸吏十余辈,民大喜"(《新唐书》本传)。正当他进一步开展治理工作时,却突然于六月十日暴染霍乱,病势来得非常迅猛,大约在六月十一日辰时后不久就猝然去世。临终前商隐撰《代安平公遗表》,中云:

况臣素无微恙,未及大年。方思高挂馈鱼,不然官烛,成陛下比屋可封之化,分陛下一夫不获之忧。志愿未伸,大期俄迫。忽自今月十日夜,暴染霍乱,并两胁气注①。当时检验方书,煎和药物,百计疗理,一无瘥除。至十一日辰时,转加困剧,渐不支持。想彼孤魂,已游岱岳;念兹二竖,徒访秦医。对印执符,碎心殒首。人之到此,命也如何!恋深而乏力以言,泣尽而无血可继……臣精神危促,言词爽错,行当穷尘埋骨,枯木容身,蝼蚁卜邻,乌鸢食祭。黄河两曲,长安几千。生入旧关,望绝班超之请;力封遗奏,痛深来歙之辞。

这首遗表,写得情意恳恻,文辞雅切,充分展示出商隐善于写情抒哀的特长。崔戎上任月余即猝然去世,不仅是他自己的憾事,也是商隐的莫大遗憾。对于这样一位亲戚兼知己的长者之死,商隐深感悲痛,他在《安平公诗》中说:

---

① 指疫气之流转贯注,即传染。

> 呜呼大贤苦不寿①,时世方士无灵砂。
> 五月至止六月病,遽颓泰山惊逝波。
> 明年②徒步吊京国,宅破子毁哀如何。
> 西风冲户卷素帐,隙光斜照旧燕窠。
> 古人常叹知己少,况我沦贱艰虞多。
> 如公之德世一二,岂得无泪如黄河。
> 沥胆咒愿天有眼,君子之泽方滂沱。

抒写人生感慨,是李商隐诗的重要内容与基本特征。而"沦贱艰虞多"的身世境遇,正是形成这种特征的主要原因。商隐重情的性格、气质,也与"沦贱艰虞多"密切相关。对于一切善待过自己、有知遇之恩的人,商隐总是怀着一种深深的感激眷恋之情。从《安平公诗》和《代安平公遗表》中,可以强烈感受到作者感情的全力投注。商隐作品中的悲音和感伤情调,从此以后就显著加浓了。

在兖州不到四十天的时间里,商隐写了一系列表状牒文,连同他在崔戎奉诏后及赴兖途中代拟的表状,计有《为安平公谢除兖海观察使表》、《为安平公兖州奏杜胜等四人充判官状》、《为安平公赴兖海在道进贺端午马状》、《为安平公兖州谢上表》、《为安平公兖州祭城隍神文》、《为大夫博陵公兖海署卢郜巡官牒》、《为安平公谢端午赐物状》、《代安平公遗表》,共八篇。很可能还有遗佚③,从中可以看出唐代方镇幕府中掌表奏的幕僚工作之繁冗。像这次赴兖途中,因为端午节要给皇帝送马,故在路上就要拟表,并提前送出,以便在节前送到;五月五日到任后,朝廷的端午节礼物不久也送到,又要草表奏上。经过华、兖两府

---

① 崔戎卒时年五十五。
② 指大和九年。
③ 按惯例,方镇上任后还须致状、启给朝廷大臣及与自己有交往的重要内外官吏,商隐在桂幕就代拟过一大批这类书启。

的实际锻炼，商隐担任幕府的文字工作，已经掌握了它的基本要领。像这八篇文章中，《为安平公谢除兖海观察使表》和《为安平公兖州谢上表》都是向皇帝表达谢恩的表章，性质相同，极易重复，但商隐写来却各有侧重，前表多结合崔戎自身际遇，后表则侧重到任后打算。《代安平公遗表》尤其写得情文并茂。看来，商隐在《樊南甲集序》中自述"后联为郓相国、华太守所怜，居门下时，敕定奏记，始通今体"是符合实际的。就商隐来说，通过锻炼，他不仅掌握了章奏的技巧和谋生的技能，而且为日后的进一步发展准备了条件。正盼着能像他的恩师令狐楚一样，由幕僚而中禁词臣而官居宰相，殊不料等待他的却是长期沉沦不遇的命运。这一点，当时的商隐还没有多少思想准备。

第五章 "天荒地变"与感时伤春

这一章叙述大和七年离兖幕后至开成二年登进士第前的生活经历(包括爱情经历)及诗文创作,重点是围绕甘露之变这一重大历史事变论述其诗歌创作的第一个高潮。

第一节 往返京郑

崔戎之死,使商隐骤然失去了一位可以倚靠的亲戚与恩知。兖幕既罢,宾客星散,商隐和兖府同僚赵晳分别回到郑州和洛阳①。萧浣当时仍任郑州刺史,对罢幕归郑的商隐依然恩礼有加。《上郑州萧给事状》是大和八年冬商隐离开郑州到京城去以前上萧浣的一封充满感激之情的信:

> 某簪组末流,丘樊贱品。倏忽三载,遘回一名。岂于此生,望有知己!兖海大夫,时因中外,尝赐知怜;给事又曲赐褒称,便垂延纳。朱门才入,欢席几陪。辱倒屣于蔡伯喈,合先王粲;枉开樽于孔文举,宜在祢衡。岂伊庸虚,便此叨幸?今者方牵行役,遽又违离。蹑履食鱼,兼预原、尝之客;御车

---

① 《为安平公兖州奏杜胜等四人充判官状》说赵晳是"洛下名生",虽可能用贾谊典,但也说明赵晳是洛阳人。参下文引商隐《赠赵协律晳》诗。

登楥,俱参陈、李之门。生死之寄皆深,去住之诚并切。伏惟特赐亮察。

"倏忽三载,遵回一名",指大和五、六、七三年参加进士试,均遭黜落。这进一步证实了上一章关于商隐参加进士试始于大和五年以及连续三年应试均为贾餗所黜的论断。状中将自己比做受到厚待的王粲、祢衡、徐稚,将萧浣比做重视贤才的蔡邕、孔融、陈蕃,对萧浣的知遇深表感激。"生死之寄皆深",分指自己对萧浣、崔戎的感情寄托。萧浣在政治上党附李宗闵、杨虞卿,并无可道,但商隐出于"沦贱艰虞"者对恩知的感激,对萧浣怀有很深的感情,以至以后萧浣遭贬客死时,一再写诗伤惋哀悼。状末所称"今者方牵行役",当指赴京准备参加大和九年春的礼部进士试。根据唐代考试制度,各地州郡所贡举子,在秋冬之交(最迟在十月)陆续集中于京城长安。商隐这次可能是以郑州乡贡进士的身份赴京参加进士试。

商隐从郑州出发,约在大和八年十月,途经洛阳。适逢兖海同幕赵晳应宣歙观察使王质之辟,东赴宣州。商隐作《赠赵协律晳》送别:

俱识孙公与谢公,二年歌哭处皆同。
已叨邹马声华末,更共刘卢族望通。
南省恩深宾馆在,东山事往妓楼空。
不堪岁暮相逢地,我欲西征君又东。

据《旧唐书·文宗纪》,大和八年九月"辛酉,以权知河南尹王质为宣歙观察使"。《旧唐书·王质传》:"在宣城,辟崔珦、刘蕡、裴夷直、赵晳为从事,皆一代名流。"《新唐书·王质传》及《册府元龟》卷七二九《幕府部·辟署四》略同。王质由权知河南尹调任宣歙观察使,是因为前任宣歙观察使陆亘于九月乙亥卒于任,故其辟署赵晳并携赵赴宣州任的时间不会太晚,约当十月,诗曰"岁暮",盖泛言冬令而已。诗的第四句"更共刘卢族望通"下有商隐自注:"愚与赵俱出今吏部相公(指令狐楚,时任吏部尚书)门下,又同为故尚书安平公(指崔戎,时已卒,赠尚书,故云)所知,复皆是安平公表侄。"可见,商隐与赵晢不仅曾同在兖幕,且有戚谊。令狐楚与崔戎,是商隐早岁受知最深者。但令狐内征,太原幕散;崔戎镇兖,月余而殁。昔日同出门下,同处幕府,同受知遇而又有戚谊者,今为生计功名所驱,劳燕西东。赠行之际,悲凉之慨油然而生,此正所谓"不堪岁暮相逢地,我欲西征君又东"也。西征,指自己西赴长安;东,指赵晢东赴宣城。从诗中可以看出,崔戎之死对商隐的心理影响相当沉重而且深刻。诗写得笔致流走且一往情深。

这一年,卢弘止由兵部郎中出宰昭应县①。商隐后来在《偶成转韵七十二句赠四同舍》中说:"忆昔公为会昌宰(即昭应县令),我时入谒虚怀待。众中赏我赋《高唐》,回看屈宋由年辈。"可证本年或稍后商隐曾经拜谒昭应令卢弘止,并受到卢的虚怀延接与赞誉。从"众中赏我赋《高唐》"之句看,商隐这时可能已经写出了一些以爱情为题材的诗乃至《无题》诗②。

商隐到长安后,即准备参加明年正月的进士试。大约在本年十二月左右,萧浣由郑州刺史入为刑部侍郎③,商隐可能去拜望过他。令狐楚仍在吏部尚书任上,其家当然更是商隐常往的地方。

大和九年正月,商隐第四次参加礼部进士试。这一年主持考试的是工部侍郎、权知礼部的崔郸。考试的结果,商隐又一次落第。在长安时,商隐曾访崔戎在京的旧宅,写下《安平公诗》、《过故崔兖海宅与崔明秀才话旧因寄旧僚杜李赵三掾》。前诗详叙受崔戎知遇始末,是研究商隐早期生活与思想性格的重要资

---

① 据张采田《会笺》卷一大和八年谱。
② 此前已作《无题》(八岁偷照镜)篇。
③ 冯浩《玉谿生年谱》据《旧唐书·文宗纪》大和八年十二月己丑"常州刺史杨虞卿为工部侍郎"推断:"萧浣入为刑部侍郎……当与虞卿同被命。"

料。诗中叙述自己与崔戎的关系,完全略去戚谊而只叙崔的知遇。开篇就标明"丈人博陵王名家,怜我总角称才华",突出崔戎以高门贵胄而赏识寒素。接着又历叙殷勤留语、习业南山、载酒往访、随戎至兖等情节,以突出崔戎之赏爱非常、厚遇恩深。诗人心目中的崔戎,主要不是照拂寒微戚属的显贵,而是怜才赏才的知己。"古人常叹知己少,况我沦贱艰虞多"二句,正是一篇眼目。《过故崔兖海宅》云:

> 绛帐恩如昨,乌衣事莫寻。
> 诸生空会葬,旧掾已华簪。
> 共入留宾驿,俱分市骏金。
> 莫凭无鬼论,终负托孤心。

此诗在"话旧"中似深有慨于人情之浇薄。首句点出"恩"字,笼罩全篇。三、四句"诸生"、"旧掾"分提,"空"、"已"对照,意味颇深,大有"亲戚或余悲,他人亦已歌"之慨。五、六句以自己与三掾合提,以"共入"、"俱分"示彼此均深受旧府恩知,逼出末联。品味诗意,似是旧掾(未必是杜、赵、李三掾)中有薄于情义者,故借"话旧"以抒慨。"莫凭"二句,直是对负恩忘旧者的诛心之笔。刘克庄《后村诗话》卷一说:"古人感知己之遇……李义山过旧府,有寄诸掾诗,云:'莫凭无鬼论,终负托孤心。'犹有门生故吏之情,可以矫薄俗。"即使作深情追怀、相互告诫语读,也显得感情恳挚深厚。故纪昀说:"立意既正,风骨亦遒。"(《玉谿生诗说》)从以上二诗可见商隐是很重故旧恩知的人。

大和九年春夏间,商隐仍滞留长安。这年秋天,他自京返郑,有《东还》诗:

> 自有仙才自不知,十年长梦采华芝。
> 秋风动地黄云暮,归去嵩阳寻旧师。

冯浩笺引田兰芳曰："此不得志于科举之作。"甚是。但冯浩、张采田却都把"十年长梦采华芝"解释成商隐应举，至是将十年，这是不符合实际的。以求仙采芝喻科场求仕，商隐诗中虽有其例，但前已考明，商隐初次应进士试，在大和五年。自大和五年至作这首诗的大和九年（不可能更晚，因为开成元年未应举，二年已登第），首尾只有五年，无论如何不能说成"十年"。实际上这里的"采华芝"紧承首句"仙才"，实指学道求仙之事，"十年长梦采华芝"，是指自己离开学道求仙生活、踏入社会以来的近十年中，常怀想隐居学仙的生活。商隐大和三年初谒令狐楚于东都，旋入天平幕，实为求仕活动的开始。自大和三年至九年，首尾七年，其间四历戎幕（先后从令狐楚天平幕、太原幕，从崔戎华州幕、兖海幕），四次应举，汲汲功名，而迄无所成，往日所历求仙学道生活，惟于梦中追寻。今日思之，适自误己之"仙才"耳。故三、四句说，值此秋风动地黄云漫天之秋，不如归旧山而访旧师。商隐学仙之地在玉阳山，此言"归去嵩阳"，当是泛指。从诗中可以看出商隐对自己这些年来求仕活动的深深失望情绪，一股萧瑟暗淡的秋意弥漫于字里行间。

商隐秋天回到郑州，这时朝廷政局在李训、郑注的把持下，已经发生了剧烈的震荡和变化。李、郑恶李宗闵党，大和九年六月，贬李宗闵为明州刺史。七月，贬京兆尹杨虞卿为虔州司马、刑部侍郎萧澣为遂州刺史，再贬李宗闵为虔州长史。八月，再贬李宗闵为潮州司户、杨虞卿为虔州司户、萧澣为遂州司马。在此之前，九年四月，李德裕已贬为太子宾客分司，再贬袁州长史。"时注与李训所恶朝士，皆指目为二李（指德裕、宗闵）之党，贬逐无虚日，班列殆空"（《通鉴·大和九年八月》），整个政局笼罩着浓重的阴霾气氛。一天，商隐登上萧澣任郑州刺史期间所建造的夕阳楼，遥望在夕阳余晖映照下孑然南征的孤雁，触

第五章 "天荒地变"与感时伤春

绪兴感,写下情致凄惋的七绝《夕阳楼》①:

> 花明柳暗绕天愁,上尽重城更上楼。
>
> 欲问孤鸿向何处,不知身世自悠悠。

冯浩将此诗编在大和九年,张采田改系开成元年。按萧浣之远贬,乃因李、郑之恶李宗闵党。如诗作于开成元年,其时李、郑已在甘露之变中被宦官所杀,萧、杨之平反指日可待,当不至有诗中所渲染的浓重凄黯气氛。且诗中"孤鸿"系象喻萧浣,"孤鸿向何处",正指萧浣远贬遂州之时②,而非已贬居遂州有相当时日的景象。鸿雁南飞正是深秋季节,不必泥于"花明柳暗"而认为作于春暮。诗虽伤萧浣的远贬,慨自己的孤孑,但其中自有时代的投影,折射出当时政局的昏暗和它所给予诗人的心理重压。三、四两句,在"欲问"、"不知"的转换间,写出方且同情孤鸿之远去,忽悟自己的身世境遇也正如孤鸿之悠悠然无着落,运思婉曲,言情凄惋。诗人的绕天愁绪和身世悠悠之慨,与整个时代氛围息息相关。就在写这首诗后不久,京城长安发生了一场大变故、大动乱,商隐的思想感情与诗歌创作也进入了一个新的阶段。

第二节 大和政局与甘露之变

发生在大和九年十一月的甘露之变,是唐后期以来统治阶级内部各种矛盾发展演变的结果,也是唐王朝衰亡趋势的明显标志。

唐宪宗元和十四年,在平定淄青叛镇李师道之后,虽然实现了安史之乱以

---

① 《夕阳楼》题下自注:"在荥阳。是所知今遂宁萧侍郎牧荥阳日作者。"遂宁,即遂州,知诗作于萧浣被贬遂州之后。

② 遂州在今四川遂宁市,在郑州西南方向,与孤鸿南征的方向正合。

来六十余年未曾有过的全国统一局面，但由于这个局面建立在并不稳固的经济、政治基础之上，因此很难持久。经济上两税法的实行与漕运的成功，虽然支撑了元和年间多次平定方镇割据叛乱的战争，但是，平定吴元济、李师道的战争旷日持久，财政消耗巨大，两税法施行过程产生的弊端也越来越严重。为了支持战争，宪宗还任用了一些专事搜刮聚敛的官吏如皇甫镈、李翛来理财或担任方镇，加重了百姓的负担。宪宗宠信宦官，自元和九年召回吐突承璀以来，特别是到元和末年，宦官势力日益膨胀。朝臣中，朋党之争已露端倪。他统治的最后几年，日益骄奢，下诏求方士，合长生药，迎佛指骨。最后宪宗被宦官中以梁守谦、王守澄为首的一派杀死，开了唐后期宦官废立甚至杀害皇帝的先例。宪宗死后，穆宗即位。长庆元年，因科场所取不公，引发官僚集团的内部斗争，"自是德裕、宗闵各分朋党，更相倾轧，垂四十年"（《通鉴》卷二四一）①。河朔三镇复叛，朝廷虽遣诸将进讨，因财竭力尽，竟无成功，"由是再失河朔，迄于唐亡，不能复取"（同上卷二四二）。敬宗少年登位，奢淫更甚，耽于游宴，大兴土木，赏赐宦官不可悉纪。"时李逢吉用事，所亲厚者张又新、李仲言、李续之、李虞、刘栖楚、姜洽及拾遗张权舆、程昔范，又有从而附丽之者。时人恶逢吉者，目之为八关十六子。"（同上卷二四三）宝历二年十二月，敬宗夜猎还宫，为宦官所杀。宦官王守澄迎江王李涵（后改名昂）入宫，即皇帝位，是为文宗。

　　文宗初立，颇有志于挽回穆、敬二朝江河日下的局势。史称"上自为诸王，深知两朝之弊。及即位，励精求治，去奢从俭……中外翕然相贺，以为太平可冀"（同上卷二四三）。的确，文宗的求治之意、勤政之行和俭约之德，在唐代后期君主中是比较突出的，但实际施政的结果却与他的主观愿望相反。这从文宗主观方面找原因，主要是他虽有求治之心，却无致治之术之才，既暗于知人，又

---

① 傅璇琮《李德裕年谱》认为此次科场案李德裕实未卷入，对这次知贡举攻击最力者为元稹、李绅，但引起官僚集团内部斗争是事实，对后来的牛李党争也有影响。

缺乏决断。从当时情况看,河朔三镇重新恢复割据已成定局,其他地区方镇(除大和初年沧景地区的横海镇外)暂时没有明显的割据叛乱行动,朝廷与强藩的矛盾处于维持既成局面的态势下。回鹘、吐蕃已趋衰弱,边境上没有大的侵扰。因而当时最突出的矛盾有两个:一是宦官专权,宦官与朝官(即所谓北司与南司)的矛盾斗争趋于表面化;二是朝官中的牛李党争进一步尖锐化。文宗在这两个问题的处理上,都充分暴露出他的暗于知人和缺乏决断。

唐代中晚期的朝臣党争,大体上可以分为两个阶段。第一个阶段,在宪宗、穆宗、敬宗三朝。主要是裴度与李逢吉之间的斗争,斗争围绕对割据叛乱的方镇(特别是元和年间对淮西方镇)用兵的问题展开。第二个阶段,是在文宗、武宗、宣宗三朝,主要是李德裕与李宗闵、牛僧孺之间的斗争①。在对待方镇割据叛乱、外族侵扰、宦官专权、佛教僧侣势力、裁汰冗吏、用人路线等一系列问题上,两党都有分歧与矛盾。在文宗大和的九年间,除初期曾任裴度、韦处厚为相,革除了前朝一些弊政,大和七年二月到八年十月,李德裕担任过一年零八个月宰相以外,基本上都是牛党当权;大和三年八月到七年六月,李宗闵为相;四年正月到六年十二月,牛僧孺为相;八年十月到九年六月,李宗闵又为相。此外,就是王播、王涯、贾𫗧、李固言一类以承迎为事、贪鄙无能之辈为相。故大和年间从总体上看还是牛党和其他贪鄙无能者掌握中枢大权。范文澜说:"李宗闵党依附宦官,两个朋党相争,其中也包含有一部分朝官反对宦官的意义。唐文宗不知保持用来比较有利的李德裕朋党,却想为了去掉朋党,因而加强李宗闵朋党,使自己完全陷入(宦官)王守澄党的包围中。"(《中国通史简编》)这个分析是比较客观的。总之,在大和年间命相的问题上,充分暴露出文宗暗于知人的弱点。而他不能决断的缺点,又使他即使在任用裴度、韦处厚、李德裕时,

---

① 宣宗大中年间,主要是牛党新贵白敏中、令狐绹与李德裕之间的矛盾斗争,详后有关章节。关于牛李党争的性质以及李商隐与牛李党争的关系,将在下册另辟专章论述,此处不赘。

也难以充分发挥其作用。《旧唐书·韦处厚传》:"文宗勤于听政,而浮于决断。宰相奏事得请,往往中变。"《通鉴·大和元年》亦云:"上虽虚怀听纳而不能坚决,与宰相议事已定,寻复中变。"《旧唐书·李德裕传》载:"大和三年八月,召为兵部侍郎。裴度荐以为相。而吏部侍郎李宗闵有中人之助,是月拜平章事。惧德裕大用,九月,检校礼(吏)部尚书,出为郑滑节度使。德裕为逢吉所摈,在浙西八年,虽远阙庭,每上书言事。文宗素知忠荩,采朝论征之。到未旬时,又为宗闵所逐。"大和七年二月,李德裕任宰相,但不到两年又被郑注、李训与王守澄合谋排挤出朝廷。胡寅《读史管见》:"文宗虽天资清俭,奉身寡过,而暗于识别,所任宰相,多小人而少君子。"连对李德裕颇有微词的司马光也说:"文宗苟患群臣之朋党,何不察其所毁誉为实为诬,所进退者为贤为不肖,其心为公为私,其人为君子为小人。"(《通鉴·大和八年》)李德裕的屡被排斥,正说明文宗之暗昧,其浮于决断实与暗昧密切相关。

在谋诛宦官的问题上,更充分暴露了文宗暗于知人和缺乏决断、用人而疑的弱点。大和二年,士人刘蕡在应贤良方正、能直言极谏科考试的对策中切论宦官专横,将危社稷,指出当时的情况是"以亵近五六人,总天下之大政,外专陛下之命,内窃陛下之权,威慑朝廷,势倾海内。群臣莫敢指其状,天子不得制其心,祸稔萧墙,奸生帷幄","今四海困穷,处处流散。饥者不得食,寒者不得衣……加以国权兵柄,专在左右……官乱人贫,盗贼并起,土崩之势,危在旦夕",要求"揭国柄以归其相,持兵柄以归其将",剥夺宦官专政、统军的权力①,代表正直的士人和一部分正直的朝官向宦官发起了攻击。刘蕡虽因此而被黜落,但"物论喧然不平之。守道正人,传读其文,至有相对垂泣者;谏官御史,扼腕愤发"(《旧唐书·刘蕡传》)。大和四年,"上患宦者强盛,宪宗、敬宗弑逆之党犹有在左右者。中尉王守澄尤专横,招权纳贿,上不能制。尝密与翰林学士

---

① 刘蕡对策,见《文苑英华》卷四九三、《全唐文》卷七四六,又见《唐文粹》卷三〇。

宋申锡言之，申锡请渐除其逼①。上以申锡沉厚忠谨，可倚以事，擢为尚书右丞。七月，癸未，以申锡同平章事"。大和五年，"上与申锡谋诛宦官，申锡引吏部侍郎王璠为京兆尹，以密旨谕之。璠泄其谋，郑注、王守澄知之，阴为之备。上弟漳王凑贤，有人望，注令神策军都虞候豆卢著诬告申锡谋立漳王。（二月）戊戌，守澄奏之，上以为信然，甚怒……（三月）癸卯，贬漳王凑为巢县公，宋申锡为开州司马……申锡竟死于贬所"（《通鉴》卷二四四）。这次谋诛宦官行动的失败，宋申锡谋事不密，误信王璠这样的小人固然是原因之一，但主要还是由于文宗用人而疑，既想用宋申锡诛灭宦官，又对他不放心，特别是触动他疑忌漳王这根敏感的神经所致。郑注、王守澄正是抓住他的这一致命弱点，使文宗这次行动非但不成，反替宦官除去了忠于文宗的宋申锡。

这次谋诛宦官失败后，文宗又在准备另一次更大规模的企图彻底清除宦官势力的行动。大和七年十二月，文宗患风疾，不能说话，宦官头子王守澄推荐郑注为文宗治病，病情有所好转，从此逐渐得到文宗的宠任，郑注进一步与王守澄勾结。郑注又把李训推荐给王守澄，守澄又推荐给文宗，以讲《易》得宠于文宗。大和九年，郑注、王璠、李汉诬告李德裕因杜仲阳而结交漳王凑，图谋不轨（李宗闵在背后指使），四月，李德裕贬为袁州长史。六月，郑注又利用杨虞卿案②，将李宗闵及其党羽杨虞卿、萧浣、李汉分别贬出。二李之党都被贬出后，文宗乃与李训、郑注合谋，企图用计诛灭宦官。《通鉴》载：

初，宋申锡获罪，宦官益横。上外虽包容，内不能堪。李训、郑注既得幸，揣知上意，训因进讲，数以微言动上。上见其才辩，意训可以谋大事。且以训、注皆因王守澄以进，冀宦官不之疑，遂密以诚告之。训、注遂以诛

---

① 《通鉴》胡注：欲以渐去其威权逼上者。
② 事详《新唐书·杨虞卿传》及《通鉴·大和九年》。

宦官为己任……为上画太平之策，以为当先除宦官，次复河湟，次清河北。开陈方略，如指诸掌，上以为信然，宠任日隆……时注与李训所恶朝士，皆指目为二李之党，贬逐无虚日，班列殆空。

在李训、郑注谋划下，先后杀宦官陈弘志、王守澄。大和九年十一月壬戌冬至，李训令人在早朝时诈称左金吾卫大厅石榴树上夜降甘露，想诱使宦官头子仇士良率众宦官去验看，预埋伏兵加以诛灭。仇士良等至，发觉有伏兵，逃回殿上，劫持文宗入宫。派禁军大肆搜捕杀戮朝官，除预谋的李训、郑注、王璠、罗立言、韩约、郭行余等先后被杀外，连未曾预谋的宰相贾𫗧、王涯、舒元舆等也被族灭，造成"流血千门，僵尸万计"[①]的大惨剧，史称"甘露之变"。

这次行动的失败，文宗的暗于知人是重要原因。李训是一个"多大言，自标置"、"意果而谋浅"（《新唐书·李训传》）的政治投机家，缺乏政治方略和实际才能；郑注更是品性阴狡、反复无常的奸邪小人和政治阴谋家。文宗依靠这样的人来举大事，而把真正有才干、有政治经验、比较正直的朝臣如李德裕贬逐出朝，其失败的结局是必然的。何况宦官势力是植根于中晚唐腐败政治土壤中的毒瘤，不从根本上革新政治，幻想靠一两次突袭式行动就根除宦官之祸，是根本不可能的，这实际上是把唐王朝的命运作为他们搞政治投机、政治冒险的赌注。范文澜说，唐文宗"只求杀死宦官，至于如何杀和杀了以后如何似乎都是不值得考虑的事。他看宦官仅仅是若干个阉人，不看见宦官代表着一种社会势力，甚至不看见宦官与神策军的关系，以为用阴谋一杀即可成事。这种愚蠢的想法和行动，决不会让他获得什么好处。果然，他行事失败，成为宦官的俘虏"（《中国通史简编》）。甘露之变的直接后果，就是宦官势力愈益暴横，不仅在事变发生

---

① 昭义节度使刘从谏上表中语，见《通鉴·开成元年》。

的"数日之间,杀生除拜,皆决于两中尉①,上不豫知","天下事皆决于北司,宰相行文书而已。宦官气益盛,迫胁天子,下视宰相,陵暴朝士如草芥"(《通鉴》卷二四五),而且连文宗自己也差一点被废(见《通鉴考异》引皮光业《皮氏见闻录》),在一段时间内完全成了傀儡皇帝,自叹连周赧王、汉献帝都不如。

第三节 感时伤乱和诗歌创作的第一个高潮

甘露之变发生时,李商隐不在长安。宋邵博《邵氏闻见后录》云:"李义山《樊南四六集》载《为郑州天水公言甘露事表》云:'宰臣王涯等,或久服显荣,或超蒙委任,徒思改作,未可与权。敷奏之时,已彰虚伪;伏藏之际,又涉震惊'云云。当北司愤怒不平,至诬杀宰相,势犹未已,文宗但为涯等流涕,而不敢辩。义山之表,谓'徒思改作,未可与权',独明其无反状,亦难矣。"郑州天水公,冯浩、张采田等均缺考。按《旧唐书·文宗纪》:大和九年八月"甲午,贬中书舍人权璩为郑州刺史"。《新唐书·权德舆传附子璩传》:"宰相李宗闵乃父(指德舆)门生,故荐为中书舍人。时李训挟宠,以《周易》博士在翰林。璩与舍人高元裕,给事中郑肃、韩佽等连章劾训倾覆阴巧,且乱国,不宜出入禁中,不听。及宗闵贬,璩屡表辨解,贬阆州刺史。文宗怜其母病,徙郑州。"《新唐书·宰相世系表五下》:"权氏出自子姓。商武丁之裔孙封于权,其地南郡当阳县权城是也。楚武王灭权,迁于那处,其孙因以为氏。秦灭楚,迁大姓于陇西,因居天水。"故知商隐《为郑州天水公言甘露事表》系为郑州刺史权璩代拟的表章。此表已佚,但从残存的这几行佚文中可以看出,他认为被仇士良诬为"谋反"的王涯等人(当包括李训等)不但不是"罪不容诛"的"叛臣",而且是"思改作"之臣,只是谋诛宦官的手段太拙劣,既骗不了宦官,又惊吓了皇帝而已,因此邵博称赞商隐

---

① 神策左右两军头目,均由宦官担任。

"独明其无反状,亦难矣"。其实,当时朝臣、方镇外臣和一般文士都明白这次行动是文宗授意并同意李训、郑注的具体策划的,内心并不认为李、郑乃至王涯等人是反叛,但要公开说出,并形之于表奏,却需要很大的勇气。

从这篇表可以推知,大和九年十一月冬至日发生甘露之变时及稍后一段时间内,商隐居于郑州家中,否则不可能有此代作。这场震惊朝野的大变乱给商隐的思想感情以巨大震撼。事变发生后,他接连写下了直接反映这一"天荒地变"式变故的政治诗《有感二首》、《重有感》、《曲江》、《故番禺侯以赃罪致不辜事觉母者他日过其门》等。实际上,这场政治大地震在他心灵中产生的强大冲击波直到他两年以后所作的长篇政治诗《行次西郊作一百韵》中仍然有强烈的反应。在这一系列反映甘露之变的政治诗中,《有感二首》是对事变的沉痛反思。题下自注:"乙卯年(即大和九年)有感,丙辰年(即开成元年)诗成。"可见从"有感"到"诗成"经历了相当长的酝酿过程,诗云:

> 九服归元化,三灵叶睿图。
> 如何本初辈,自取屈氂诛?
> 有甚当车泣,因劳下殿趋。
> 何成奏云物?直是灭萑苻。
> 证逮符书密,辞连性命俱。
> 竟缘尊汉相,不早辨胡雏。
> 鬼箓分朝部,军烽照上都。
> 敢云堪恸哭,未必怨洪炉。
>
> 丹陛犹敷奏,彤庭欻战争。
> 临危对卢植,始悔用庞萌。
> 御仗收前队,兵徒剧背城。

> 苍黄五色棒，掩过一阳生。
> 古有清君侧，今非乏老成。
> 素心虽未易，此举太无名。
> 谁瞑衔冤目，宁吞欲绝声？
> 近闻开寿宴，不废用《咸英》。

诗中所感，主要针对两个方面而发：一是责李训的志大谋浅，贻误国事；二是咎文宗暗于知人，使李训、郑注这样的妄人、奸人用事，以致造成流血大惨剧，使唐室复兴的希望成为泡影。而责李训、恶郑注实际上也就是责文宗，只不过两首诗各有侧重而已。首章以斥李训为主，责其不能凭借良好的条件以成大事。目标甚高，手段拙劣，效果极坏，结局极惨。不但自取其祸，而且贻害国家。次章以讽文宗之暗弱为主，叹其临危始悔误用李、郑，责其举大事而不知任用老成，听信李训作"无名"之举。事前既暗于知人，事后更只能忍悲吞声，可悲亦复可愤。商隐认为，诛灭宦官是"清君侧"恶人的正义之举，但文宗将国家命运托付给李训、郑注这种妄人、奸人，却十分错误。这是对甘露之变这一付出了惨重流血代价的政治事变进行深刻反思后得出的结论。就追究主谋者文宗的政治责任这方面看，商隐的见解是正确的，代表了当时一批有政治头脑和责任感的士大夫的观点。在"临危对卢植"句下，作者自注"是晚独召故相彭阳公入"①，透露出在商隐心目中，令狐楚就是东汉末与宦官作斗争的卢植式人物，他说的"老成"，当包括令狐楚在内。两首诗中所表现的观点很可能与令狐楚的看法有关。

在《有感二首》之后，商隐又写了《重有感》：

---

① 《旧唐书·令狐楚传》："训乱之夜，文宗召左仆射郑覃与楚宿于禁中，商量制敕，上皆欲用为宰相。楚以王涯、贾𫗧冤死，叙其罪状浮泛，故仇士良等不悦，故辅弼之命移于李石。"自注称"故相"，当是楚卒后所追加。

> 玉帐牙旗得上游,安危须共主君忧。
> 窦融表已来关右,陶侃军宜次石头。
> 岂有蛟龙愁失水,更无鹰隼与①高秋。
> 昼号夜哭兼幽显,早晚星关雪涕收。

甘露之变发生后,昭义②节度使刘从谏因与宦官有矛盾,曾于开成元年二月、三月两次上表,力陈王涯等"荷国荣宠,咸欲保身全族,安肯构逆","训等实欲讨除内臣两中尉,自为救死之谋,遂致相杀,诬以反逆,诚恐非辜",抨击宦官仇士良等"擅领甲兵,恣行剽劫,延及士庶,横被杀伤,流血千门,僵尸万计",并表示"如奸臣难制,誓以死清君侧"(见《通鉴》),暴扬仇士良等罪恶。仇士良等惕惧而有所收敛。商隐此诗,即因从谏上表事有感而发。诗中对刘从谏上表抨击宦官予以肯定,同时又责以主危臣忧的大义,望其兴兵勤王,解除文宗"蛟龙愁失水"之困,对宦官恶势力作鹰隼之搏击。尽管刘从谏"誓以死清君侧"的声言只是一种威吓,在当时情势下,强藩兴兵勤王,其弊可能更大于利,但商隐对国家安危的强烈忧愤和对方镇坐视危局的批评却充分显示出其正义感和政治责任感。

《故番禺侯以赃罪致不辜事觉母者他日过其门》则揭露宦官在事变中趁机劫夺财物、草菅人命、践踏法纪:

> 饮鸩非君命,兹身亦厚亡。
> 江陵从种橘,交广合投香。
> 不见千金子,空余数仞墙。
> 杀人须显戮,谁举汉三章?

---

① "与(與)"通"举(舉)",高飞。
② 治所在潞州,辖潞、泽、邢、洺、磁五州。

第五章 "天荒地变"与感时伤春

"故番禺侯"指胡证,大和二年卒于岭南节度使任。胡证善蓄积,聚敛岭表奇货,京城推为富家。李训事败,禁军利其财,称胡证子胡溵藏匿贾𬴊,遂破其家,掠其家财,并斩胡溵。事见两《唐书·胡证传》及《通鉴》。商隐对胡证贪财厚殖,致遭身后之祸,是有所批评指斥的。但对宦官趁乱打劫,诬以不实之罪,则表示强烈义愤。"杀人须显戮,谁举汉三章",实际上也是对宦官趁乱剽夺民财、滥杀无辜的尖锐揭露。《通鉴·大和九年》在叙禁军杀胡溵之下又载:"又入左常侍罗让、詹事浑鐬、翰林学士黎埴等家,掠其赀财,扫地无遗。鐬,瑊之子也。坊市恶少年因之报私仇,杀人,剽掠百货,互相攻劫,尘埃蔽天。"可以看出当时这种趁乱打劫杀人之事的普遍和局面的混乱程度。

《曲江》则是由甘露之变引起的对唐王朝命运更深沉的思考与感慨:

> 望断平时翠辇过,空闻子夜鬼悲歌。
> 金舆不返倾城色,玉殿犹分下苑波。
> 死忆华亭闻唳鹤,老忧王室泣铜驼。
> 天荒地变心虽折,若比伤春意未多。

诗以事变前君主后妃游赏曲江的盛况反托乱后曲江的荒凉萧森。"子夜鬼悲歌"并非泛泛形容,而是隐寓甘露之变中朝臣惨遭杀戮的情事,即《有感二首》"鬼箓分朝部"、"谁瞑衔冤目"及《重有感》"昼号夜哭兼幽显"之谓。三、四句"不返"、"犹分"对照,其中蕴含升平不复的深沉感慨,"伤春"之意已寓其中。五句借陆机为宦者所谗害喻指事变中宦官诬杀朝臣,上承"鬼悲歌",下启"天荒地变";六句借索靖荆棘铜驼之悲抒写自己忧虑国家前途命运的沉重感情,上承"望断",下启"伤春"。末联总收,作推进一层之语,谓此"天荒地变"的巨大惨剧本已令人心摧,但事变所显示的国运衰颓、王室铜驼的趋势则更令人忧伤。

所谓"伤春",在这首诗中就是寓指对唐王朝衰颓前景、趋势的深沉忧伤①。这说明,透过不久前发生的这场大变故、大惨剧,诗人已经敏锐地感受到了王室铜驼的难以挽回的趋势。甘露之变像是一个显著的标志,显示出了唐王朝的没落衰亡。

这四首诗,有对事变中具体情事的叙写,更有对事变前因后果的议论,有沉痛愤激的反思,也有忧伤深重的前瞻,对这场"天荒地变"式的大惨剧及唐王朝的衰颓趋势作了集中而深刻的反映。这在当时诗坛上,可以说是独一无二的。前辈大诗人如此时尚健在的白居易、刘禹锡,早就退出了政坛的纷争,变得明哲保身。白居易听到甘露之变中王涯等人被祸的消息,写下了《九年十一月二十一日感事而作》一诗:

> 祸福茫茫不可期,大都早退似先知。
> 当君白首同归日,是我青山独往时。
> 顾索素琴应不暇,忆牵黄犬定难追。
> 麒麟作脯龙为醢,何似泥中曳尾龟?

又作《咏史》云:

> 秦磨利刀斩李斯,齐烧沸鼎烹郦其。
> 可怜黄绮入商洛,闲卧白云歌紫芝。
> 彼为俎醢机上尽,此作鸾凤天上飞。
> 去者逍遥来者死,乃知祸福非天为。

---

① 杜甫广德二年春在蜀中阆州,忧国伤乱,有《伤春五首》,商隐"伤春"之语,可能取义于杜诗之"伤春"。

题下自注:"九年十一月作。"白氏二诗所表现的避祸全身思想与商隐这一系列诗中所表现的直面现实的精神和强烈的正义感、忧患感形成鲜明对照。刘禹锡时任同州刺史,也在大和九年十二月二日、十六日为郑注、李训之被斩连上两通贺表,称"重臣协力,禁旅齐心,指顾之间,猖狂自溃","李训、郑注等,敢有逆心,兼连凶党……重臣毕力,禁旅竭忠,氛祲廓清,华夷咸说",这和李商隐《有感二首》"古有清君侧"的表白也是截然不同的态度①。在当时诗坛上,除李商隐外,只有许浑就甘露之变写过一首抒写愤郁之情的《甘露寺感事贻同志》:

云蔽长安路更赊,独随渔艇老天涯。
青山尽日寻黄绢,沧海终年梦绛纱。
雪愤有期心犹壮,报恩无处发先华。
东堂旧侣勤书剑,同出膺门是一家。

许浑大和六年登进士第,主考官为贾𫗧。𫗧于甘露之变中被宦官所杀,故许浑作诗悼念抒愤。诗中"绛纱"、"膺门"均指贾𫗧为己之座主、恩门。由于"雪愤"、"报恩"都只局限于座主门生的恩谊而不涉及国家的命运前途,诗的思想境界和意义不免显得局狭,远不能与商隐上述诗作相比。《旧唐书·裴度传》载:"(大和九年)十一月,诛李训、王涯、贾𫗧、舒元舆等四宰相……自是中官用事,衣冠道丧,度……不复以出处为意。东都立第于集贤里,筑山穿池……又于午桥创别墅……视事之暇,与诗人白居易、刘禹锡酣宴终日,高歌放言,以诗酒琴书自乐。当时名士,皆从之游。"这反映出当时老一辈的政治家、文学家和众多士人"国事不可为"的共同心态。胡可先在《中唐政治与文学》一书中将甘露之

---

① 刘禹锡这两通贺表,作为密迩长安的同州刺史,自有其不得已之情;但同属州郡长官,商隐为权璩代拟的《言甘露事表》,态度却明显不同。

变作为中晚唐政治与文学的交会点,指出"甘露之变后的晚唐文人,对于变幻莫测的政治风云深感忧虑,中唐时期那种积极用世、改革社会的革新精神,被全身远祸、冷眼旁观的漠然心态所代替"。就总体趋势而言,这一论断是正确的。对照之下,愈显出李商隐甘露之变后这一系列反映事变的诗歌创作之难能可贵。尤为可贵的是,诗人并没有随着甘露之变的过去和朝局的渐趋稳定而冲淡对国事的关注和对唐王朝前途命运的思考,而是在这一时期创作所积蓄的巨大势能的基础上继续前进,陆续创作出一批感怀时事、忧虑国家前途命运的作品,使由此开始的第一个诗歌创作高潮一直持续到开成二年末,创作出了全方位地反映唐代二百年来盛衰治乱的一代史诗《行次西郊作一百韵》。对此,将在下册第五章加以论述。

这个高潮期的诗歌创作,从创作精神、内容到形式、风格,都明显追摹杜诗。从具体作品所达到的艺术水准看,这些学杜之作不但深得杜诗之精神风貌,而且在历代学杜之作中也堪称第一流的作品。其中像《曲江》这种诗作,在学杜的基础上已显示出诗人的艺术个性和"伤春"意绪。但从整体上看,此时商隐的诗歌创作,还没有完全树立起独特的个性风格。关于这一点,将在下册第四章集中讨论。

第四节　和令狐绹等人的交往及有关诗文创作

早在大和三年商隐初谒令狐楚于洛阳,楚"奇其文,使与诸子游"开始,李商隐就和令狐楚之子令狐绪、令狐绹等一起读书同游,结下了相当亲密的友谊。令狐绪少患风痹之疾,行动不便,商隐与令狐绹之间的交往自然更密切一些。令狐绹大和四年登进士第,释褐弘文馆校书郎,开成元年,任左拾遗。这年春初,令狐绹招商隐到他家,一起宴送一位亲戚裴某,商隐作了一首《令狐八拾遗见招送裴十四归华州》:

二十中郎未足稀，骊驹先自有光辉。
　　兰亭宴罢方回去，雪夜诗成道蕴归。
　　汉苑风烟催客梦，云台洞穴接郊扉。
　　嗟余久抱临邛渴，便欲因君问钓矶。

裴十四当是令狐楚的女婿、令狐绹的妹夫，视"兰亭"二句可知。裴少年才俊，仕宦得意，又为楚之贵婿；商隐则累举未第，失偶未娶，因此在宴饯之际，未免触景生情，艳羡之意，溢于言表。尾联"临邛渴"当兼仕宦、婚姻二端而言。就仕宦一端而言，"临邛渴"即"相如渴"，喻渴求仕进；"问钓矶"，用太公钓渭川典，暗喻登龙成名的门路。李白《梁甫吟》"广张三千六百钓，风期暗与文王亲"，白居易《代书诗一百韵寄微之》"繁张获鸟网，坚守钓鱼砥"自注："谓自冬至夏，频改试期，竟与微之坚待制试也。"均可证"钓"字之意。就婚姻一端而言，"临邛渴"用相如以琴心挑文君之典，喻求偶之渴；"问钓矶"则求偶之道也。商隐诗"相如未是真消渴，犹放沱江过锦城"、"莫将越客千丝网，网得西施别赠人"，均可类证，"网"犹"钓"也。商隐《祭小侄女寄寄文》说："况吾别娶以来，胤绪未立。"别娶即另娶，指娶王茂元之女，可证王氏为继室。其初娶之时间无考。按商隐弟羲叟与其年相仿，而羲叟之女寄寄开成二年已降生①，则羲叟结婚最晚不会超过开成元年。按兄弟成婚一般兄先弟后的常例，商隐之初娶自当在开成元年以前。从本篇"嗟余久抱临邛渴"之语看，似丧偶已不止一年。尾联盖谓自己久抱求仕与求偶之渴，而欲向裴十四问仕宦、婚姻得意之方。商隐为绹之昵友，裴又为绹之姻亲，故出言真率而带戏谑，但在谑语中却透露出诗人此时在仕宦、婚姻两方

---

① 《祭小侄女寄寄文》作于会昌四年正月，文云："尔生四年，方复本族。既复数月，奄然归无……时吾赴调京下，移家关中⋯寄瘗尔骨，五年于兹。"寄寄当夭于开成五年，上溯四年，当生于开成二年。

面的焦渴情绪。大约同时所作的《和友人戏赠二首》及《题二首后重有戏赠任秀才》,所咏题材内容均为任秀才的婚外恋情。前题中的"友人"指令狐绹。盖任某"置姬别室"(徐德泓语,见《李义山诗疏》卷下),绹先有戏赠之作,而商隐和之,后又重有戏赠任秀才之作。前二首犹谑而不虐,戏而不失雅趣,如二首之尾联:

殷勤莫使清香透,牢合金鱼锁桂丛。

猿啼鹤怨终年事,未抵熏炉一夕间。

钱锺书曰:"张茂先《情诗》即曰:'居欢惜夜促,在戚怨宵长。'李义山《和友人戏赠》本此而更进一解曰:'猿啼鹤怨终年事,未抵熏炉一夕间。'"一夕欢会,足抵终年的相思怨望,戏语中自含深切的情感体验。但《重有戏赠任秀才》的尾联却近乎恶谑:

遥知小阁还斜照,羡杀乌龙卧锦茵。

不过,从这几首诗中可以看出,这时商隐与令狐绹之间,是可以无话不谈的昵交。这种关系,也以向对方倾泄内心感愤的方式充分体现在本年所作的《别令狐拾遗书》中。这封信一开头就提到他们之间的关系:"自昔非有故旧援拔,卒然于稠人中相望,见其表,得所以类君子者,一日相从,百年见肺肝。"可见二人是可以终身信任的肝胆相照之交。信中尽情倾泄自己对"近世交道几丧欲尽"的感愤,认为这种交道甚至还不如士大夫标榜所不齿的"市道":"今日赤肝脑相怜,明日众相唾辱,皆自其时之与势耳。时之不在,势之移去,虽百仁义我,百忠信我,我尚不顾矣;岂不顾已,而又唾之。"文中举包办买卖婚姻为例,说明即使是父母子女这样的亲情，尚且"论财货、恣求取为事"，而不顾子女的幸福，他愤慨地说："彼父子男女，天性岂有大于此者耶？今尚如此，况他舍外人，燕生越养，而相望相救，抵死不相贩卖哉！绅而绎之，真令人不爱此世而欲狂走远飏耳。"人与人之间这种完全以一己私利为转移，互相倾轧争夺，甚至出卖对方的关系，是衰世末世社会矛盾尖锐化和道德观念沦丧的必然结果。从父亲去世到累试不第这十多年时间里，商隐一方面受到令狐楚、崔戎等人的恩顾厚待，另一方面，也深切体验了人情冷暖、世态炎凉和士人中间种种谗言中伤、嫉妒贬损一类的事。《奠相国令狐公文》中说："人誉公怜，人潛公骂。"《漫成三首》之二说："沈约怜何逊，延年毁谢庄。清新俱有得，名誉底相伤？"这说明他在受到恩遇的同时也受到了周围一些人的恶意诋毁和潛害。除了亲身体验到的这种人与人之间关系以外，还有这些年来他所看到听到的政坛上一些奸佞之徒翻云覆雨的手段。如前面提到的文宗与宰相宋申锡谋诛宦官，申锡引王璠为京兆尹，王璠泄其谋，反使申锡受诬害，就是士大夫为私利而出卖恩知的典型事例。以致甘露之变时王璠被捕之际还受到王涯的讥嘲："五弟昔为京兆尹，不漏言于王守澄，岂有今日邪！"（事见《通鉴·大和九年》）如果不是在实际生活中对士大夫的"交道"有深切体验，积郁了一肚子怨愤牢骚，是不会说出"真令人不爱此世而欲狂走远飏"这样沉痛愤激的话来的。商隐写这封信时，自然是将令狐绹视为可以交心的真朋友，认为他们之间是"一日相从，百年见肺肝"的知己，他们的友谊可以经受末俗的考验。这封信一开头说："尔来足下仕益达，仆困不动，固不能有常合而有常离。"本指自己与令狐绹之间因地位贵贱不同而会少离多，但却在引申比喻的意义上无意间预示了他们的"不能有常合而有常离"，这是商隐始料未及的。

　　从上面所引述的与令狐绹酬赠的诗文以及上节所论述的《有感二首》、《重有感》、《故番禺侯以赃罪致不辜事觉母者他日过其门》、《曲江》诸诗来看，开成元年春天，商隐已从郑州回到长安，《曲江》尤为明证。

这里还要提到商隐与令狐绪的交往。绪字子初①。《旧唐书·令狐楚传》云："(子)绪以荫授官,历随、寿、汝三州刺史。"绪在令狐楚任东都留守时,即已患风痹之疾。开成元年四月,令狐楚由左仆射出为兴元尹、山南西道节度使时,绪随楚到兴元,"自到彼州,顿瘥旧疾",可证开成元年四月之前绪当在长安。商隐《子初全溪作》很可能是开成元年春与令狐绪同游全溪所作:

全溪不可到,况复尽余醅。
汉苑生春水,昆池换劫灰。
战蒲知雁唼,皱月觉鱼来。
清兴恭闻命,言诗未敢回。

从"汉苑"、"昆池"看,全溪应是长安南郊地名,令狐绪在那里筑有别墅。此诗"昆池换劫灰"句,似暗寓头一年冬天发生的大劫难甘露之变。"战蒲"一联,清贺裳《载酒园诗话》举以为"义山之诗,妙于纤细"之例。但就诗而论,写得拙鄙呆滞,实非佳作。商隐另有《子初郊墅》七律,倒写得自然流易,闲静萧散,富有意趣:

看山对酒君思我,听鼓离城我访君。
腊雪已添墙下水,斋钟不散槛前云。
阴移竹柏浓还淡,歌杂渔樵断更闻。
亦拟村南买烟舍,子孙相约事耕耘。

---

① 据王达津《李商隐诗杂考·〈子初全溪作〉、〈子初郊墅〉》:"令狐绹字子直。绹训绳,直如绳,所以字子直。《说文》:'绪,端绪也。'引申就是'初'的意思……可以推知令狐绪字子初。"

此郊墅当即令狐绪在全溪的别业。据郁贤皓《唐刺史考全编》,绪任随州刺史在大中元年,任寿州刺史在大中十年,任汝州刺史在大中十一年。又据商隐《为令狐博士绪补阙绚谢宣祭表》,知开成二年令狐楚卒时绪任国子博士。而商隐现存诗文中,令狐楚卒后,似无与绪继续交往的迹象。因此这首《子初郊墅》和《子初全溪作》一样,都可能作于开成元年春令狐绪任国子博士期间。末联"子孙相约"云云,不过泛言其地风物之佳胜、两人交往之亲密,如白居易《欲与元八卜邻先有是赠》"子孙长作隔墙人"之谓,不必泥商隐其时是否已有子女。

开成元年夏天,宗室李肱赠给商隐一幅古松图,商隐得画后,写了一首《李肱所遗画松诗书两纸得四十韵》。李肱开成二年与商隐同登进士第,是当年的状头,开成元年和商隐同在京城长安准备明年春的进士试,有交往。这首诗的前半部分就李肱所遗画松落笔,从开图披览古松入手,逐层刻画形容古松的树干、枝叶,继又状画松之辉容,并与兰竹桂桑等对衬,以见其端正坚挺的品性:

孤根邈无倚,直立撑鸿濛。
端如君子身,挺若壮士胸。
樛枝势夭矫,忽欲蟠拏空。
又如惊螭走,默与奔云逢。
孙枝擢细叶,旖旎狐裘茸。
邹颠蓐发软,丽姬眉黛浓。
视久眩目睛,倏忽变辉容。
竦削正稠直,婀娜旋粤夆。
又如洞房冷,翠被张穹窿。
亦若暨罗女,平旦妆颜容。
细疑袭气母,猛若争神功。
燕雀固寂寂,雾露常冲冲。

诗中层层描摹刻画,反复设喻形容,颇似韩诗之铺张奇横。虽时有寄兴,而语未浑融,生硬庞杂处时或有之。后幅借画寄意,"我闻照妖镜,及与神剑锋。寓身会有地,不为凡物蒙"四句,为全篇点睛,由画的命运引出神物会当托身有所之意。末又宕开,由画松而真松,忆及往昔学仙玉阳生活而生功成身退、摆脱世网之想。纪昀谓"入后更层层唱叹,兴寄横生,伸缩起伏之妙,直与老杜'国初以来画鞍马'一章①意境相似也"(《玉谿生诗说》),然散漫芜杂处亦时有之。此诗兼学韩、杜,但融而未化,可见其早期长篇五古面貌之一种。

开成元年十二月,杨汝士出为剑南东川节度使,商隐的一位年龄与他相差不大的从翁(叔祖)李某应辟入东川幕,商隐有长篇排律《送从翁从东川弘农尚书幕》。商隐与从翁始则偕隐山林、求仙学道,继则又皆辞故里,蓬转求仕,经历、志趣均有相同点,故虽有辈分之殊,实同朋友之谊。诗中写学道求仙生活,写求仕过程中对颓波薄俗的感受,以及对东川幕府生活的想象与勉力为国效劳的深情属望,都贯注着诗人对生活的热情。此诗学杜甫长篇排律,深得其神情气骨。纪昀评曰:"沉雄飞动,气骨不凡,此亦得杜之藩篱者。中晚清浅纤秾之作,举不足以当之。"又曰:"末一段以勉为送,立意正大,词气自然深厚雄健,居然老杜合作。"(《玉谿生诗说》)录后幅两段以见一斑:

瘴雨泷间急,离魂峡外销。
非关无烛夜,其奈落花朝。
几处闻鸣珮,何筵不翠翘。
蛮僮骑象舞,江市卖鲛绡。

---

① 指《韦讽录事宅观曹将军画马图歌》。

> 南诏知非敌,西山亦屡骄。
> 勿贪佳丽地,不为圣明朝。
> 少减东城饮,时看北斗杓。
> 莫因乖别久,遂逐岁寒凋。

《李肱所遗画松诗书两纸得四十韵》和这首诗都提到玉阳学仙之事,二诗互证,可考其学仙玉阳在辞家求仕之前,已详第三章第四节所考。从这两首诗看,商隐学杜,排律的成绩显然优于五古,这正显示出商隐的艺术趋向和才性。

第五节 没有结果的爱情

大约就在商隐初娶丧偶以后,开成二年登进士第之前,青年诗人经历了两次刻骨铭心却又没有结果的爱情。他把这两段感情经历熔铸成哀感顽艳的《燕台诗四首》和朴拙生涩的《柳枝五首并序》。关于这两组诗,在下册第十章中将具体加以论述,这里仅从商隐生平经历的角度对爱情本事作一些考述。

《燕台诗四首》的本事和具体的写作时间,难以确考。有的学者认为这四首诗只是写一种长怀憾恨的心灵境界,不必指实。但这组诗有好几处提到与这场悲剧性的爱情有关的地点与情事,如"双珰丁丁联尺素,内记湘川相识处"、"当时欢向掌中销,桃叶桃根双姊妹"、"蜀魂寂寞有伴未,几夜瘴花开木棉"等。一定要说这些诗句都不反映具体的生活情事,是和读者的实际感受不相符的。作为对诗歌的艺术欣赏,自不妨更多地着眼它所表现的情感和心灵境界,但不必认为这组诗不包含具体的情事,纯粹是写主观的幻想。不能确考、详考,自不必硬求其确、其详,但根据诗中已经写到的情事片断作一些大致的推断,还是必要和可能的。约而言之,有以下数端:

其一,男女双方曾在湘川一带相识,其后男方曾以尺素双珰寄赠女方。

其二,写诗时女方现居之地,可能在岭南,视诗中"几夜瘴花开木棉"、"楚管蛮弦愁一概"等句可知。至于《燕台诗四首·夏》诗中提到的"石城景物类黄泉",无论是指《石城乐》中的石城,或是指金陵,当是男方在《夏》诗中所在之地。

其三,此女子有姊妹二人(所谓"桃叶桃根双姊妹"),男方所恋者为其中一人。

其四,此女子的身份可能是歌舞伎人。这从"玉树未怜亡国人"、"歌唇一世衔雨看"、"空城罢舞腰支在"等句可以推知。

商隐《河阳诗》、《春雨》、《夜思》诸诗所写情事,与《燕台诗四首》颇可相互参证。《河阳诗》有"南浦老鱼腥古涎,真珠密字芙蓉篇。湘中寄到梦不到,衰容自去抛凉天"等句,《春雨》有"远路应悲春晼晚,残宵犹得梦依稀。玉珰缄札何由达,万里云罗一雁飞"等句,《夜思》有"寄恨一尺素,含情双玉珰"等句,与《燕台诗四首·秋》之"双珰丁丁联尺素,内记湘川相识处"当为同一情事。而《河阳诗》有"巴陵夜市红守宫,后房点臂斑斑红"之语,似其人为使府后房,而《燕台诗四首》之"燕台"又似取义于使府,则这组诗的题目可能暗示所写的内容是对现为使府后房的一位往日恋人的怀想,这与前面所说的其人身份为歌舞伎人亦相一致。至于四首诗分别以春、夏、秋、冬标题,可能与以下几个方面相关:

其一,取四季相思之意。

其二,与四首诗表现的情调有关。徐德泓在其与陆鸣皋合解的《李义山诗疏》中曾以《柳枝五首序》中的"幽忆怨断"四字分释春夏秋冬,谓"春之困近乎幽,夏之泄近乎忆,秋之悲邻于怨,冬之闭邻于断",冯浩进一步指出《春》、《秋》、《冬》三首各有"幽"字、"怨"字、"断"字在句中,《夏》虽无"忆"字,而忆之情态自呈。虽或稍拘,但可以参考。

其三,与四首诗所表现的具体情事可能有关。从四首诗所写的情况看,双方相遇相识可能在春天,《春》诗"暖蔼辉迟桃树西,高鬟立共桃鬟齐"可证。其后女方远去,不复见面。夏天男方曾去"石城"寻访其人未见,她已到了"几夜瘴花开木棉"的南方。春天男方曾寄尺素书与双耳珰给对方,书中言及当初湘川相识之事,此处想象其人含泪摩挲观看。冬季时其人仍在南方而似已新寡,故有"雌凤孤飞女龙寡"、"空城罢舞腰支在"、"蜡烛啼红怨天曙"等句。

《燕台诗四首》的写作年代,当在商隐登进士第之前。《柳枝五首序》中提到商隐的堂兄李让山在柳枝面前吟诵商隐的《燕台诗》,说明《燕台诗》当作于《柳枝五首》之前。又据《柳枝五首序》说到柳枝年十七,而让山称商隐为"吾里中少年叔",说明其时商隐年龄尚轻,一般说不会超过二十五岁。而诗中所抒写的对爱情的深切体验和深微复杂的意绪,又非年龄过小者所具有。因此认为这组诗是诗人二十余岁未登第时的作品,应该大体不差。至于诗中所写的悲剧性爱情发生的时间,则应比诗的创作时间稍早。

如果说《燕台诗四首》所反映的悲剧性爱情只能从诗中偶露的一鳞半爪去追寻推测,那么《柳枝五首》所反映的没有结果的恋情则相当清楚,因为作者给我们留下了一篇生动具体、富于小说意味的诗序:

> 柳枝,洛中里娘也。父饶好贾,风波死湖上。其母不念他儿子,独念柳枝。生十七年,涂妆绾髻,未尝竟,已复起去,吹叶嚼蕊,调丝擫管,作天海风涛之曲,幽忆怨断之音。居其旁,与其家接故往来者,闻十年尚相与,疑其醉眠梦物断不娉。余从昆让山,比柳枝居为近。他日春曾阴,让山下马柳枝南柳下,咏余《燕台诗》,柳枝惊问:"谁人有此?谁人为是?"让山谓曰:"此吾里中少年叔耳。"柳枝手断长带,结让山为赠叔乞诗。明日,余比马出其巷,柳枝丫鬟毕妆,抱立扇下,风障一袖,指曰:"若叔是?后三日,邻当去溅裙水上,以博山香待,与郎俱过。"余诺之。会所友有偕当诣京师者,戏盗余卧装以先,不果留。雪中让山至,且曰:"为东诸侯取去矣。"明年,让山复东,相背于戏上,因寓诗以墨其故处云。

柳枝是行商的女儿,活泼天真,纯情任性,对音乐和诗歌有特殊的爱好和超常的敏悟,能够吹奏出"天海风涛之曲",歌唱出"幽忆怨断之音"。当商隐的堂兄让山在她门前吟诵商隐的《燕台诗》时,她竟凭着超常的艺术直觉,强烈地感受到诗中所传出的"幽忆怨断"的心声而激动得不能自已,急切地问让山:"谁人有此(谁有这样哀惋凄伤的悲剧性爱情体验)?谁人为是(谁写了这哀感顽艳的诗篇)?"也许正是由于对艺术的共同爱好,成为沟通这对青年男女心灵的桥梁。在惊采绝艳的《燕台诗》感染下,柳枝大胆主动地托让山传递了少女纯真爱慕之情的信息,与商隐见面,并当面约商隐三天后在她洗裙的水边相会,"以博山香待"①。不巧,商隐的一位约好同去长安的朋友开玩笑偷偷地拿着商隐的行李先走了,致使商隐没有能留下来和柳枝如约相会。不久,柳枝就被东边的一位节度使强娶去了,造成了商隐终生的憾事。这个看来偶然的因素在当时强藩横行跋扈的社会里,包含着悲剧的必然性。如果说这篇序是对这场还处在萌芽状态就被摧折的爱情的生动记述,那么《柳枝五首》就是对这一爱情悲剧所造成的心灵伤痛的生动抒写。

商隐在初娶丧偶后不久,又连续遭遇这两次悲剧性爱情事件,这对他感情上的打击、心灵上的伤残是非常强烈而且深刻的,对他感伤气质的进一步深化无疑具有深刻影响。在考察诗人思想感情和文学创作的变化发展历程时,应该充分注意到这两次感情经历的影响。

---

① 博山香和香炉是青年男女炽热爱情的象征。南朝乐府《杨叛儿》:"欢作沉水香,侬作博山炉。"李白《杨叛儿》:"博山炉中沉香火,双烟一气凌紫霞。"

第六章 登进士第与入泾幕成婚

本章主要考述开成二年商隐登进士第后至开成三年春入王茂元泾原幕前后的经历与创作,对其应宏博试、入泾原幕、娶王氏女的时间先后作了新的考述。娶王氏女对其一生的悲剧性际遇都有深刻影响。

第一节 登进士第

开成二年正月,李商隐第五次参加在长安举行的礼部进士考试。主考官是礼部侍郎高锴,考试的题目是《琴瑟合奏赋》、《霓裳羽衣曲诗》。《唐阙史》载:

> 开成初,文宗皇帝耽玩经典,好古博雅。尝欲黜郑卫之乐,复正始之音。有太常寺乐官尉迟璋者,善习古乐,为法曲,箫磬琴瑟,戛击铿拊,咸得其妙,遂成《霓裳羽衣曲》以献。诏中书门下及诸司三品以上具常服者班坐以听,合奏,相顾曰:"不知天上也?瀛洲也?"因以曲名宣赐贡院,充试进士赋题。

高锴在考试后给文宗的上奏中也说:"今年诗赋题目,出自宸衷,体格雅丽,意思遐远。诸生捧读相贺,自古未有。倍用研精覃思,磨砺缉谐。"(见《唐诗纪事》卷五十二)皇帝亲自为进士试出题,这在封建时代的科举考试中,确实罕见,足见爱好文学的文宗对这次考试的重视。这件事留给当年应试举子的印象自然特别深刻,以至事隔多年之后,商隐在《留赠畏之①》中还深情地追忆起此事:"空记大罗天上事,众仙同日咏《霓裳》。"

考试前不久,商隐给当时任华州刺史的崔龟从写了一封信,并献上自己的诗文卷,信中写道:

> 中丞阁下:愚生二十五年矣。五年读经书,七年弄笔砚。始闻长老言,学道必求古,为文必有师法,常恓恓不快。退自思曰:夫所谓道,岂古所谓周公、孔子者独能邪?盖愚与周、孔俱身之耳。以是有行道不系今古,直挥笔为文,不爱攘取经史,讳忌时世。百经万书,异品殊流,又岂能意分出其下哉!

> 凡为进士者五年:始为故贾相国所憎;明年,病不试;又明年,复为今崔宣州所不取。居五年间,未曾衣袖文章,谒人求知。必待其恐不得识其面,恐不得读其书,然后乃出。呜呼!愚之道可谓强矣,可谓穷矣。宁济其魂魄,安养其气志,成其强,拂其穷,惟阁下可望。辄尽以旧所为发露左右。恐其意犹未宣泄,故复有是说。某再拜。

这是一封为行卷而上的书信,题为《上崔华州书》。唐代习尚,应举士子在考试前(商隐这次是在考试后发榜前)将自己的诗文写成卷轴,投献给有声望的显贵评阅,以期得到延誉,增加登第的机会,谓之"行卷"。崔龟从在任华州刺史之前,曾任司勋郎中知制诰、中书舍人,是职掌撰拟诏诰的禁密近侍官员,故商隐向他行卷。唐代有才能的知识分子往往比较狂傲,即使像这种有求于对方的书信也往往高自标置,自抬身价。商隐这封信也是如此。书中特别强调自己"道

---

① 畏之为韩瞻字,开成二年与商隐同登进士第。

之强",即自己思想上、写作上的独立见解、不随流俗。认为"道"并非周公、孔子所独能,人人都亲自实践并体现着"道"。因此他不盲目求古,主张行道不系今古,直挥笔为文,而不讳忌时世。甚至口出狂言,"必待其恐不得识其面,恐不得读其书,然后乃出",不是求人知,而是人求知。关于这篇文章所表现的思想和写作上的特点,下册有关章节将作具体论述。这里只指出一点,即青年时代的李商隐,是很有独立思想和个性的士人。这种独立思想与个性,和他的感伤气质、细腻情感都是他的特点,两方面是矛盾地统一在一起的。

不过在实际上,当时社会中要想"成其强,拂其穷",不依靠显贵者的揄扬帮助是很难达到目的的。商隐在第五次参加进士试后终于登第,崔龟从是否起了作用,虽不得而知,但令狐楚、令狐绹父子的推荐确实起了关键作用。商隐《与陶进士书》说:

> 时独令狐补阙①最相厚,岁岁为写出旧文纳贡院②。既得引试,会故人夏口③主举人。时素重令狐贤明,一日见之于朝,揖曰:"八郎之友谁最善?"绹直进曰"李商隐"者三道而退,亦不为荐托之辞,故夏口与及第。

令狐绹的"三道而退"之所以起作用,当然主要是因为令狐楚这位政坛耆宿、文坛前辈与李商隐存在着将近十年(从大和三年到开成二年)的亲密关系的缘故。这层关系,高锴作为礼部侍郎主持进士试,又是令狐故人,自然是熟知的,故与商隐及第,自不足怪。

这年进士试放榜是在正月二十四日。放榜之后,商隐立即给在兴元(今陕西汉中市)任山南西道节度使的令狐楚写了一封信(《上令狐相公状五》),信

---

① 开成二年令狐绹为左补阙。
② 此为纳省卷,与行卷有别,详傅璇琮《唐代科举与文学》第十章第二节。
③ 指高锴,开成五年任鄂岳观察使。

中说：

> 今月二十四日，礼部放榜，某徼幸成名，不任感庆。某材非秀异，文谢清华，幸忝科名，皆由奖饰。昔马融立学，不闻荐彼门人；孔光当权，讵肯言其弟子？岂若四丈屈于公道，申以私恩，培树孤株，骞腾短羽。自卵而翼，皆出于生成；碎首糜躯，莫知其报效。瞻望旌棨，无任戴恩陨涕之至。

这封信可以证明，令狐绹在高锴面前三道李商隐，实际上也是遵循其父令狐楚的旨意。令狐楚对商隐的关怀，确实如同家人子弟。此前商隐在写给令狐楚的另一封信(《上令狐相公状三》)中还提到：

> 前月末，八郎书中附到同州刘中丞书一封。仰戴吹嘘，内惟庸薄。书生十上，曾未闻于明习；刘公一纸，遽有望于招延。

开成元年，由于令狐楚的荐托，时任同州刺史的刘禹锡曾写信给令狐绹，表示欲招聘商隐为同州从事，故商隐上书令狐楚表示感激。可能是忙于准备考试，也可能是写此信时禹锡已调太子宾客分司东都，所以没有成为禹锡的府僚。《上令狐相公状四》中又对令狐楚赠绢之事表示感激："束帛是将，千里而远。缊袍十载，方见于改为；大雪丈余，免虞于偃卧。"连衣料都千里迢迢从兴元捎给商隐，足见令狐楚对商隐的关怀无微不至。

这一年进士登第者共四十人。由于文宗事先就"令将进士所试诗赋进来"，故礼部侍郎高锴"先进五人诗"，并奏曰：

> 其今年试诗赋，比于去年，又胜数等。臣日夜考较，敢不推公。进士李肱《霓裳羽衣曲》一首，最为迥出，更无其比。词韵既好，去就又全。臣前后

吟咏近三五十遍,虽使何逊复生,亦不能过。兼是宗枝,臣与状头第一人,以奖其能。次张棠诗一首,亦绝好,亚次李肱,臣与第二人。其次沈黄中《琴瑟合奏赋》,又似《文选》中《雪》、《月》赋体格,臣与第三人。其次王收赋,自立意绪,言语不凡,臣与第四人。其次柳棠诗赋,兴思敏速,日中便成,臣与第五人。凡此五卷诗赋,擢其中科,实所不愧。其余三十五人,或奖旧文,别录人材,非止一途,四面搜择,臣并与及第。(见《唐诗纪事》卷五十二"李肱")

李肱之《省试霓裳羽衣曲》,今存(见《云溪友议》、《文苑英华》),录之于下:

开元太平时,万国贺丰岁。
梨园献旧曲,玉座流新制。
凤管势参差,霞衣竞摇曳。
宴罢水殿空,辇余春草细。
蓬壶事已久,仙乐功无替。
讵肯听遗音,圣明知善继。

诗实平庸,不称高锴之激赏。由此可见唐代以诗赋取士,此类作品实少有佳作,亦可见主考者眼光之庸下。商隐进士试诗赋,今均不存,观其集中《赋得月照冰池八韵》、《赋得桃李无言》等试帖体诗之平庸,可以推知亦未必是佳作。因为这类作品为试题及程式所限,很难见才情个性,如钱起《省试湘灵鼓瑟》者绝少。

和商隐同登开成二年进士第的,除高锴上奏所举前五名外,还有后来娶王茂元女、与商隐为连襟的韩瞻,以及独孤云、韦潘、郑宪、李定言、曹确、杨戴、牛蕘(牛僧孺子)、郭植、杨鸿、郑茂谌、吴当诸人(据徐松《登科记考》卷二十一)。商隐日后与韩瞻的交往最密,文有《为韩同年瞻上河阳李大夫启》,诗有《寄恼韩同年时韩住萧洞二首》、《韩同年新居饯韩西迎家室戏赠》、《王十二兄与畏之员外相访见招小饮时余以悼亡日近不去因寄》、《迎寄韩鲁[普]州瞻同年》、《赴职梓潼留别畏之员外同年》、《留赠畏之》、《韩冬郎即席为诗相送一座尽惊他日余方追吟连宵侍坐徘徊久之句有老成之风因成二绝寄酬兼呈畏之员外》,是商隐现存诗文中与亲友酬赠诗文最多者之一①。商隐与李肱、独孤云、李定言、韦潘、杨戴、曹确、郑茂谌等人亦有交往酬寄之诗作,如《李肱所遗画松诗书两纸得四十韵》、《妓席暗记送同年独孤云之武昌》、《寄在朝郑曹独孤李四同年》、《与同年李定言曲水闲话戏作》、《奉和太原公送前杨秀才戴兼招杨正字戎》、《和韦潘前辈七月十二日夜泊池州城下先寄上李使君》、《大卤平后移家到永乐县居书怀十韵寄刘韦二前辈二公尝于此县寄居》、《灵仙阁晚眺寄郓州韦评事》、《十字水期韦潘侍御同年不至时韦寓居水次故郭邠宁宅》等。以上这些同年中,郑宪官至尚书右丞、江西观察使;曹确官至中书舍人、河南尹;独孤云官至吏部侍郎;李定言官员外郎,迁右史;韩瞻亦官员外郎,历诸州刺史;李肱官岳、齐二州刺史。他们日后的仕途都比李商隐要顺利得多。

礼部进士试及第后,还须通过吏部的资格试,称为"关试"。《唐摭言》卷三《关试》云:"吏部员外,其日于南省(即尚书省)试判两节。诸生谢恩,其日称门生,谓之一日门生。自此方属吏部矣。"明胡震亨《唐音癸签》卷十八《进士科故实》对此有更具体的解释:

关试,吏部试也。进士放榜敕下后,礼部始关②吏部。吏部试判两节,授春关,谓之关试。始属吏部守选。

---

① 仅次于与令狐绹交往酬寄之诗文数量。
② 关即关白,指官府公文往来。

开成二年吏部的关试,是在二月七日举行的(见下文引《上令狐相公状六》)。通过关试后,就取得了释褐入仕的资格。但商隐过关试后并未在当年铨叙官职,故在第二年即开成三年又参加博学宏辞科考试。这是后话。

进士登第以后,照例有一系列活动,如拜谒座主及宰相、曲江宴、杏园探花宴、雁塔题名等。这些活动,商隐自然都是参加了的,有的还见于诗,如《及第东归次灞上却寄同年》诗中提到"下苑经过劳想像",这"下苑"即曲江。因为在曲江举行过热闹的新进士宴集,故说"下苑经过劳想像"。这一切活动结束后,新进士又例须归家省亲。商隐于是年三月二十七日动身东去济源,省谒住在济源的母亲。行前有《上令狐相公状六》说:

前月①七日,过关试讫。伏以经年滞留,自春宴集。虽怀归苦无其长道,而适远方俟于聚粮。即以今月二十七日东下。伏思自依门馆,行将十年②。久负梯媒,方沾一第。仍世之徽音免坠,平生之志业无亏。信其自强,亦未臻此。愿言丹慊,实誓朝暾。虽济上汉中,风烟特异;而恩门故国,道里斯同。北堂之恋方深,东閤之知未谢。凤宵感激,去住彷徨。彼谢椽辞归,系情于皋壤;杨朱下泣,结念于路歧。以方兹辰,未偕卑素。况自今岁,累蒙荣示,轸其飘泊,务以慰安。促曳裾之期,问改辕之日。五交辟而未盛,十从事而非贤。仰望辉光,不胜负荷。至中秋方遂专往,起居未间。瞻望旌旄,如阔天地,伏惟俯赐照察。

这封信提供了商隐自去年以来活动的一系列讯息。整个开成元年,他都滞留在京城长安。二年春天(特别是正月二十四日放榜)以来,又在一连串宴集中度

---

① 指二月。
② 大和三年至开成二年,首尾九年。

过。登第之后,他既要东归济源省母,又想到汉中当面感谢令狐楚近十年的恩顾,内心矛盾,不免有徘徊歧路之感。特别是今年以来,令狐楚曾多次来信,要他到山南西道节度使幕供职,催促动身的日期。因为要东归省母,故告以须至中秋以后方能赴幕。唐人登第后至幕府供职是为了谋求出身。令狐楚"促曳裾之期,问改辕之日",乃是得知商隐登第后招其入幕,这再次表明令狐楚对商隐的关顾。

信中称济源为"故国",可能是因为济源曾为怀州属县①,而怀州为商隐原籍之故。商隐开成五年自济源移家关中,而开成二年商隐登第时其弟羲叟正奉母居于济源,故商隐东归济源省母。商隐家居郑州,大和七年、八年、九年三年中,均有居郑之证,九年甘露之变后的一段时间内仍居郑州(分别见本册第四、五章),但开成元年初春已在长安。由于商隐之弟羲叟此时已居济源,且已结婚,而商隐开成元年一整年均不在郑州,母亲无人照顾,故其母于开成元年往济源依其弟羲叟。这就是商隐登第后东归济源省母的原因。

商隐东归时,同年登第的进士在东门设宴饯别,商隐有《及第东归次灞上却寄同年》诗:

> 芳桂当年各一枝,行期未分压春期。
> 江鱼朔雁长相忆,秦树嵩云自不知。
> 下苑经过劳想像,东门送饯又差池。
> 灞陵柳色无离恨,莫枉长条赠所思。

诗以自己与同年双绾。谓彼此正当少壮之年而各攀桂枝登第。己东归而同年留长安,虽音书可通,而秦洛相隔,终难详知消息而长相忆念。曲江盛宴已成追

---

① 据《旧唐书·地理志》:怀州,旧领县九。其中有济源。显庆二年,改属洛州。

忆，惟供异时之想象回味；今日东门宴别，又正如劳燕之分飞。然既已同登科第，则虽两地差池亦自无离恨，对此灞桥柳色，益觉春光满目，又何必枉折长条以赠所思之行人？由于心情轻松欢快，诗也写得轻快灵动、风神潇洒，极富风调与情韵之美。

商隐归济源省母，究竟何时回长安，难以详考。但最迟在同年夏秋间，当已返京。《寿安公主出降》诗系为绛王李悟女寿安公主出降成德节度使王元逵而作，其事在是年六月丁酉（初五）。《新唐书·藩镇镇冀·王元逵传》："诏尚绛王悟女寿安公主。元逵遣人纳聘阙下，进千盘食、良马、主妆泽奁具、奴婢，议者嘉其恭。"此诗当是商隐在长安目睹王元逵派人纳聘迎娶公主时所作。

这年秋天，商隐在长安还作了《代李玄为崔京兆祭萧侍郎文》、《哭遂州萧侍郎二十四韵》、《哭虔州杨侍郎虞卿》等诗文。崔京兆，即崔琪，据《旧唐书》本传，琪于开成二年六月为京兆尹。萧浣大和九年秋因坐李宗闵、杨虞卿党被叠贬为遂州刺史、司马，开成元年卒于贬所。商隐居郑州期间，曾受其时担任郑州刺史的萧浣的知遇，因此这一诗一文，无论是自吊或代作，都写得哀愤交并，情文并茂，充分显示出他"善为诔奠之辞"（《旧唐书》本传）的特长。

呜呼！令惟逐客，谁复上书？狱以党人，但求俱死。衔冤遽往，吞恨孤居。目断而不见长安，形留而远托异国。屈平忠而获罪，贾谊寿之不长。才易炎凉，遂分今昔。粤自东蜀，言旋上京。郭泰墓边，空多会葬；邓攸身后，不见遗孤。信阴骘之莫知，亦生人之极痛！

遗音和蜀魄，易箦对巴猿。
有女悲初寡，无儿泣过门。
朝争屈原草，庙馁若敖魂。
迥阁伤神峻，长江极望翻。

> 青云宁寄意？白骨始沾恩。

至于杨虞卿，商隐与他本无深交，殆因萧、杨二人关系密切，同时被贬，又同时归葬，故连类而及。萧、杨虽为李宗闵党，但商隐哭吊萧、杨，自因感激恩知而作，并不表明其时商隐在政治与人事关系上倾向于李宗闵、牛僧孺党。祭吊萧、杨的诗文中都对李训、郑注的专擅威权、排斥异己、诬陷贬逐朝臣加以猛烈抨击，斥之为"城狐"、"倏忽"（雄虺，喻训、注之奸毒）。《有感二首》专斥其仓皇举事，贻祸国家。这三篇诗文则专斥其擅作威福，排斥异己，时事不同，而斥训、注则同。在指斥训、注的同时，对文宗的误任奸邪也有所讽，诗中"虎威狐更假"、"旋骇党人冤"、"白骨始沾恩"、"阴骘今如此，天灾未可无"等句，讥评之意，痛愤之情，固极明显，"白骨"句尤为沉痛愤激。萧、杨作为政坛人物，党附李宗闵，本身并没有多少值得肯定的政绩，诗人同情他们被诬贬死，自可理解，将他们与屈、贾相比，则拟非其伦。总之，这几篇诗文感激个人知遇的成分比较浓重（代李玄为崔珙所拟祭文实际上渗透了商隐自己对萧浣的感情），但确实展现了商隐善作哀祭诗文的才能。

第二节 赴兴元幕

商隐在给令狐楚的信里曾表示开成二年中秋赴兴元幕，但实际上中秋并未成行。而这年入冬以后，年过七十的令狐楚已经染病。大约在十月，正当选人期集，商隐在长安候选时，令狐楚急召商隐驰赴兴元。《奠相国令狐公文》说："愚调京下，公病梁山（指兴元，又称南梁）。绝崖飞梁，山行一千。"大约在十月下旬，商隐赶抵兴元，随即作了《代彭阳公兴元请寻医表》，表中称："疾痛所迫，必告于君亲。是以今月某日窃献表章，上干旒扆，备陈旧恙，当此颓龄，乞解藩维（此当指入冬初得病时所上表章）……且汉上雄藩，褒中重镇，统临至广，控压非轻。以臣昔年,尚忧不理;在臣今日,其何敢安?亦既揣量,岂容缄默?固合即时离镇,随表归朝……拜魏阙而获伸积恋,访秦医而冀愈沉疴……臣已决取今月某日,离本道东上。"但等不到启程回长安就医,令狐楚的病势转重,已经不能禁受山行跋涉之苦了。到十一月八日,病已危殆,于是"召男国子博士绪、左补阙绹、左武卫兵曹参军纶等,示以殁期,遗之理命"(《代彭阳公遗表》),并命李商隐为之草遗表。《旧唐书·令狐楚传》云:

> 未终前……一日,召从事李商隐曰:"吾气魄已殚,情思俱尽。然所怀未已,强欲自写闻天。恐辞语乖舛,子当助我成之。"

商隐所撰《代彭阳公遗表》,是精心结撰之作。表中除历叙楚在宪、穆、敬、文四朝的进退升沉,感激历朝皇帝特别是文宗的恩遇外,还专门用一段文字郑重提出对大和九年夏秋以来(包括甘露之变中)遭贬谴诛戮的大臣加以昭雪的建议。据《旧唐书》本传,这段话是令狐楚临终前"秉笔自书"的:

> 臣永惟际会,受国深恩。以祖以父,皆蒙褒赠;有弟有子,并列班行。全腰领以从先人,委体魄而事先帝。此不自达,诚为愚甚。但以永去泉扃,长辞云陛,更陈尸谏,犹进瞽言。虽号叫而不能,岂诚明之敢忘!今陛下春秋鼎盛,寰海镜清,是修教化之初,当复理平之始。然自前年①夏秋以来,贬谴者至多,诛戮者不少。望普加鸿造,稍霁皇威,殁者昭洗以云雷,存者沾濡以雨露。使五谷嘉熟,兆人安康。纳臣将尽之苦言,慰臣永蛰之幽魄。

用商隐文集中所收《代彭阳公遗表》中这一段与《旧唐书·令狐楚传》所载《遗

---

① 指大和九年。

表》对照，仅有个别文字小异，可能是商隐作过一点文字上的修饰，也可能是史臣载录《遗表》时有小的改动。令狐楚临终前把这件事作为"尸谏"郑重提出，可见他对甘露之变前后朝臣大遭贬逐诛戮一事的痛心，其中还蕴含了他对自己在当时格于形势未能直谏的歉疚。实际上这也是为巩固文宗的统治地位，取得更多朝臣的支持着想。《旧唐书·令狐楚传》又载：

> 书讫，谓其子绪、绹曰："吾生无益于人，勿请谥号，葬日勿请鼓吹，唯以布车一乘，余勿加饰。铭志但志宗门，秉笔者无择高位。"

"铭志……秉笔者无择高位"的遗嘱是被认真执行了的。其墓志铭即由商隐这位当时尚未释褐的前进士撰写（商隐有《撰彭阳公志文毕有感》诗，见本章第四节），可惜全文已佚，仅晏殊所编《类要》卷十六中引录了几句：

> 司神声而为帝言，其深如混茫，其高大如无涯。[①]

令狐楚于十一月十二日去世[②]，商隐在兴元帮助令狐绪、绹兄弟料理丧事，继续在那里待了一段时间。当时在兴元幕的幕僚还有赵枢（行军司马）[③]、杜胜（节度判官）、刘蕡、赵皙。商隐与刘蕡结识，当在其时。《旧唐书·刘蕡传》："令狐楚在兴元……辟为从事，待如师友。"其后二人结成深厚的友谊。刘蕡后来被诬

[①] 其前有"令狐楚为中书舍人兼翰林学士，墓诰（当作'志'）曰"。
[②] 《旧唐书·文宗纪》书楚卒于十一月丁丑（十七）日，系据报到之日，实际上楚卒于十一月十二日，当以刘禹锡《唐故相国赠司空令狐公集纪》"开成二年十一月十二日，薨于汉中官舍"之记载为准。参岑仲勉《玉谿生年谱会笺平质》。
[③] 赵枢，《文苑英华》、《全唐文》载《代彭阳公遗表》均作"赵祝"，误。陶敏《全唐诗人名考证》据刘禹锡《送赵中丞自司金郎转官参山南令狐仆射幕》自注及《郎官石柱题名》、《广卓异记》改，兹从之。其弟赵皙亦参令狐幕。

第六章　登进士第与入泾幕成婚

贬柳州、澧州,商隐有一系列赠、哭刘蕡之作,成为其政治抒情诗的杰构。赵杞任行军司马,是高级幕僚,商隐本年春有《南山赵行军新诗盛称游宴之洽因寄一绝》,即寄山南令狐幕之赵杞,诗曰:"莲幕遥临黑水津,橐鞬无事但寻春。梁王司马非孙武,且免宫中斩美人。"看来此前他们即已结识。其弟赵皙大和八年曾与商隐同居崔戎兖海幕,后又与刘蕡同在王质宣歙幕,此时亦在兴元幕。杜胜则崔戎华州、兖海幕均与商隐同幕。可以说令狐楚山南幕中大部分是商隐的熟人。只是由于正值令狐楚病重,旋又亡故,彼此间未必有更多深谈的机会,不久便星离雨散,各奔东西。

十二月,商隐伴随令狐兄弟护送令狐楚的灵柩自兴元经大散关、陈仓一路返回长安。行经汉水与嘉陵江之间的分水岭——嶓冢山时,面对愁云惨雾、断肠流水,商隐想起近十年来自己长期追随、深受恩顾的令狐楚骤然去世,感到自己从此失去了最重要的依托,也许在人生道路上正经历一个分水岭,不禁悲从中来,写下一首《自南山北归经分水岭》:

水急愁无地,山深故有云。
那通极目望,又作断肠分。
郑驿来虽及,燕台哭不闻。
犹余遗意在,许刻镇南勋。

诗感情沉挚,笔致苍老,颇得杜意。前二联即景生情,一气流走,不假雕饰而自工。首句尤突兀而生动,令人宛见诗人经分水岭时中心惶惶、不知所适之状。"断肠分",兼寓与令狐永诀。末句指令狐楚遗命嘱其撰写墓志。

不久,越过凤县、陈仓之间的大散岭,北渡渭河,来到凤翔府所辖的京西地区。只见草木焦枯,田地里长满了荆棘杂树,一片荒芜。农具丢弃在路边,饿死的牛靠着土墩。经过的村落,人户萧疏,十不存一,不是死绝就是外出逃亡了。

幸存的百姓都背面啼哭,破衣烂衫,不能蔽体。看到这近在京城郊畿地区竟有如此荒凉残破的景象,商隐受到极大的震动。他把眼前的景象和唐王朝二百余年来由盛而衰的发展过程、各种社会问题与矛盾,特别是近年来政治上的变乱联系起来思考,深感唐王朝危机的严重。怀着深重的忧患感、危机感,商隐写下了《行次西郊作一百韵》这首长达千字的一代史诗。这是商隐诗集中篇幅最长、内容涵量最大的政治诗,也是整个唐代政治诗中罕见的史诗性杰构。它意味着,从甘露之变发生前后开始的诗人对政治问题的关注与思考,已经由局部发展到全局,由一时一事扩展到唐朝整个盛衰史和各种错综复杂的社会矛盾,由注目当前到前瞻后顾,总结历史经验,展示历史趋势,从而达到他政治诗创作的最高峰,也达到他第一次创作高潮的顶点。越过这个高峰后,李商隐尽管仍有优秀的政治诗陆续问世,但像这一时期那样相当集中地反映政治问题与局势的情况却不再出现。从此以后,他的诗歌创作,由于个人遭遇的困厄坎坷和时代的愈趋衰败没落,便逐渐由关注政治转为对个人身世命运的感慨,对心灵世界的抒写和深刻表现。从这一点看,《行次西郊作一百韵》也像是一座创作的分水岭,标志着他的诗歌创作在达到政治诗的高峰后的重大转变。

第三节　应宏博试与入泾原幕

从兴元回到长安,已是开成二年十二月下旬。由于"愚调京下,公病梁山",应令狐楚急召驰赴兴元,耽误了两个多月调选的时间,开成三年春,商隐又参加了吏部博学宏辞科的考试,以期通过后获得官职。

《通典》卷十五《选举三》云:"选人有格限(指规定的资格)未至而能试文三篇,谓之宏词;试判三条,谓之拔萃,亦曰超绝。词美者得不拘限而授职。"《新唐书·选举志》谓:"选未满而试文三篇,谓之宏辞;试判三条,谓之拔萃,中者即授官。"《通鉴·高宗总章二年》所载唐之选法一节略同。王鸣盛《十七史商榷》

云:"此盖指登第未得就选,故曰'选未满',中宏辞、拔萃即授官。"(卷八一《登第未即释褐》)宏辞试由吏部官员主持,主考官由吏部尚书、吏部侍郎担任,具体的考试阅卷官间或可由他部的官员充任,考试时间大致在冬、春二季(参考傅璇琮《唐代科举与文学》第十七章《吏部铨试与科举》),李商隐这次参加宏博试当在开成三年春。关于这次考试的情况,他在开成五年作的《与陶进士书》中有一段相当具体的记述:

> 前年①乃为吏部上之中书,归自惊笑,又复懊恨周、李二学士以大法加我。夫所谓博学宏辞者,岂容易哉!天地之灾变尽解矣,人事之兴废尽究矣,皇王之文尽识矣,圣贤之文尽知矣。而又下及虫豸草木鬼神精魅,一物已上,莫不开会。此其可以当博学宏辞者邪?恐犹未也。设他日或朝廷、或持权衡大臣宰相,问一事、诘一物,小若毛甲,而时脱有尽不能知者,则号博学宏辞者当其罪矣。私自恐惧,忧若囚械。后幸有中书长者曰:"此人不堪。"抹去之。乃大快乐曰:"此后不能知东西左右,亦不畏矣。"

张采田《会笺》谓:"盖唐代选人应科目试者,皆先试于吏部。取中后,铨曹铨拟,上之中书,以待复审。玩书语,当是宏词之试,已取中于吏部,至铨拟注官之后,始被中书驳下也。"所言甚是。《通鉴·高宗总章二年》:"始集而试,观其书判;已试而铨,察其身言;已铨而注,询其便利;已注而唱,集众告之。然后类以为甲,先简仆射,乃上门下,给事中读,侍郎省,侍中审之,不当者驳下。既审,然后上闻。主者受旨奉行,各给以符,谓之告身。"这里所叙虽为一般考选官吏之法,但也可说明宏辞中选注拟官职后,复审时仍有落选驳下的可能。《与陶进士书》

---

① 指开成三年。

中提到周、李二学士,分指周墀、李回。商隐诗文中称李回为座主①。李回开成元年以库部郎中知制诰,进中书舍人,开成三年当为宏辞考官,故商隐称其为座主。周墀开成二年冬以考功员外郎兼起居舍人加知制诰,充翰林学士。商隐《华州周大夫宴席》题下自注:"西铨。"按《旧唐书·职官志》:"吏部三铨:尚书为尚书铨,侍郎二人,分中铨、东铨。"《唐会要》:"乾元二年,改中铨为西铨。"此当是开成三年周墀充翰林学士期间权判西铨。所谓"周、李二学士以大法加我",乃指宏词考试,为主考官李回所取,又为权判西铨之周墀注拟官职。大法,即"忧若囚械"之谓。但注拟后上报中书审批,却被某中书长者以"此人不堪"为由驳下。这位"中书长者",冯浩以为必令狐(绹)辈相厚之人,张采田也同意此说。这是因为冯、张都认为商隐入王茂元泾原幕、娶王氏女在先,试宏辞在后,故因入茂元幕娶其女遭到令狐绹及与令狐相厚的牛党中人的嫉恨,将其黜落。而实际上,是商隐试宏辞在先(开成三年初春或仲春),入王茂元幕在后(暮春),娶王氏女则更在其后。因此,冯、张的说法既无任何实据,亦与实际情况不符。"中书长者"究竟是谁,亦难考实。上引《与陶进士书》中有关宏辞考试的这段文字抓住"博学"一词对博学宏辞的不容易大加渲染,自是发泄牢骚之词,但唐代宏辞科考试既试诗赋,又试论议,论议中的确也涉及商隐所说的有关知识内容。

商隐从大和五年起应进士试,至开成二年方登第。登第后虽过吏部关试,但未即授官。这次参加博学宏辞试,录取后已注拟官职,却意外地被中书驳下。久盼入仕,好不容易才接近实现,却突遇意想不到的挫折,给他造成的冲击特别大,以致他感到前景黯淡,希望渺茫,对自己将来的命运深感悲观。这在他入泾原幕之初写的《回中牡丹为雨所败二首》中表现得非常突出,甚至在事隔两年多

---

① 《寄成都高苗二从事》题下自注:"时二公从事商隐座主府。"《上座主李相公状》、《为湖南座主陇西公贺马相公登庸启》,"座主"均指李回。

后所写的《与陶进士书》中,提及此事时,仍愤愤不平,牢骚满腹。

由于宏博试最后被黜落,商隐于开成三年暮春,应泾原节度使王茂元之邀,来到离长安五百里的泾州,在泾原幕府为从事,担任文字之役。关于入泾原幕的时间,冯浩、张采田都认为是初婚王氏之时,并举《漫成三首》为证。冯谱云:

> 《漫成三首》皆以何逊自比,其云"沈约怜何逊",谓爱之者也;"延年毁谢庄",谓谗之者也。又云"雾夕咏芙蕖,何郎得意初",谓己之新婚也;"此时谁最赏?沈范两尚书",谓周、李二学士以鸿(当作宏)博举之也。然则应鸿博,正当初婚之际。故《安定城楼》诗"贾生年少虚垂涕,王粲春来更远游",乃不中选回至泾原之作。互为参考,了无疑义矣。

冯氏又举《无题》(照梁初有情)为证,谓"此寄内诗,盖初婚后应鸿博不中选,闺中人为之不平,有书寄慰也"。张氏《会笺》从之,于开成三年谱书:"义山赴泾原之辟,娶王氏。试宏词不中选,仍居泾原幕。"按:冯、张谓商隐入泾原幕、娶王氏在试宏博之前,实全据《漫成三首》,而此三首与入泾幕、娶王氏根本无关。其第三首云:

> 雾夕咏芙蕖,何郎得意初。
> 此时谁最赏?沈范两尚书。

《何逊集》有《看伏郎新婚诗》:"雾夕莲出水,霞朝日照梁。何如花烛夜,轻扇掩红妆?"冯氏因诗题中有"新婚",诗中有"花烛夜",而附会商隐此时新婚。实际上"雾夕芙蕖"之咏,不过泛称诗章情采之鲜丽,非必指咏新婚,更非必指自己新婚(何逊《看伏郎新婚诗》是咏伏郎新婚而非咏自己新婚),将何逊咏别人新婚说成商隐咏自己新婚,未免生拉硬扯。其实,"雾夕咏芙蕖,何郎得意初",只是说何逊自赏其雾夕芙蕖之咏,非谓新婚得意。三、四句由自赏进而谓他人之赏爱己诗。"沈范两尚书",冯浩谓指周、李二学士。但开成三年商隐试宏博时,周墀、李回均未官居尚书,何得如此称谓?① 况且这三首诗均就诗歌创作的赏誉诋毁而抒感,第三首突然插入婚姻及举选之事,亦属不伦。实则,此诗"何郎"之"得意"与"沈范两尚书"之"最赏",均上承"雾夕咏芙蕖"之"咏"(指诗歌创作)而言。如冯氏所解,"何郎"之"得意",缘于新婚生活之美满,而"沈范"之"赏"则又转指其人其才,一篇之中,岂能支离割裂如此?然则此"沈范两尚书"必别有所指,以商隐早岁受知见赏之事考之,必指令狐楚与崔戎。商隐先受知于令狐楚,至有"人誉公怜,人谮公骂"(《奠相国令狐公文》)之殊遇。继又受知于崔戎,至有"怜我总角称才华,华州留语晓至暮,高声喝吏放两衙"之厚爱及"顾我下笔即千字,疑我读书倾五车"之称誉(《安平公诗》)。令狐楚大和七年为吏部尚书,崔戎卒赠礼部尚书(商隐《安平公诗》题下自注称戎为"故赠尚书"),与"两尚书"之语正合。故《漫成三首》乃是追感令狐楚、崔戎昔日对自己的怜爱称赏与忌才者对自己的诋毁(均就诗歌创作而言),与开成三年成婚、试宏博事无涉。从"两尚书"的称谓看,这三首诗当作于大和九年六月令狐楚由吏部尚书改太常卿之前、大和八年六月崔戎卒后这一段时间内。但作为事后追忆当年情事来理解,亦可。

　　商隐开成二年冬应令狐楚之急召驰赴兴元,至十二月护楚丧回长安,在此期间其身份仍是令狐楚的幕僚。连张氏自己也说:"本年得第,方资绚力,旋又有兴元之辟。令狐父子,交契正酣,断无遽依附分门别户之理。"但是,张氏仍于《会笺》开成三年谱书:"正月戊申②,以诸道盐铁转运使、守户部尚书杨嗣复本官同中书门下平章事,户部侍郎判户部事李珏同中书门下平章事,依前判户部

---

① 李回后来官居宰相,但始终未作过尚书;周墀大中二年为相后,曾加刑部尚书,彼时上距开成三年已十余年,且既已为相,亦不得再称"尚书"。
② 当作戊辰,即正月初九。是年正月无戊申。

事。"并于是年编年文中列《为濮阳公上杨相公状》、《为濮阳(原误为河东,据张采田说改)公上李相公状二》、《为濮阳(原误为河东)公贺杨相公送土物状》、《为濮阳(原误为河东)公贺李相公送土物状》等四状,笺云:"《贺杨相公状》云:'相公光由版籍,显拜枢衡',此指嗣复以户部尚书登庸也。《上李相公第二状》云:'相公假道版图,正位机密',此指李珏以户部侍郎判户部事大拜也。"既然杨、李开成三年正月初九拜相,商隐又为王茂元撰拟贺杨、李"登庸"、"大拜"之状,则张氏显然认为开成三年正月上旬商隐已在王茂元泾原幕,故张氏《会笺》开成三年谱云:"义山赴泾原之辟,娶王氏。试宏词不中选,仍居泾原幕。"然而,上述四状并非贺杨、李正月初九拜相,而是贺杨、李开成三年九月由准相而真相之"真拜"。《新唐书·宰相表》:开成三年"九月己巳,(陈夷行)为门下侍郎,珏、嗣复为中书侍郎"。唐制,以他官同中书门下平章事者,犹是准相;进为门下侍郎、中书侍郎方是真相。此数状所谓"由大司徒之率属,掌中秘书之枢务","假道版图,正位机密","光由版籍,显拜枢衡","脱屣华省,振衣中枢",都不是指杨、李正月初九以他官同中书门下平章事,而是指九月由准相进中书侍郎为真相。因此,据上述四状来证明商隐开成三年正月已在泾原幕是站不住脚的。

商隐入泾原幕的时间,当在开成三年暮春。商隐应宏博试与不中选的时间既在开成三年初春或仲春①,则其应聘初入王茂元泾原幕当在试宏博落选后。《安定城楼》诗并非如冯、张所说系宏博不中选"回至泾原"之作,而是宏博不中选"初至泾原"之作。由"绿杨枝外尽汀洲"之句来看,诗写暮春之景,因泾原属于边地,气候较冷,杨柳绿时,已值暮春。三、四句"贾生年少虚垂涕,王粲春来更远游"分寓宏博不中选与游幕二事,而曰"春来更远游",明为初抵泾原幕情景。且句用王粲登楼典,则其时诗人去国怀乡、流落依人之感可知。如此前业已入幕成婚,则此时方新婚燕尔,主宾翁婿相得,恐不至于有远幕依人、孤子无

---

① 在此之前,商隐犹护令狐楚丧由梁还京;在此之后,已在泾幕。故宏博试及落选只能在此期间。

侣之感。又《回中牡丹为雨所败二首》借牡丹遭雨摧折、先期零落寓自己宏博不中选之事，与《安定城楼》同作于暮春①，亦初至泾幕时作。

商隐入泾原幕，所担任的职务是什么呢？冯谱引《重祭外舅司徒公文》"往在泾川，始受殊遇……每有论次，必蒙褒称"之文云："时固为记室之任，然非奏充。"张氏从之。按现存商隐泾幕期间（从开成三年暮春至开成四年春释褐为秘书省校书郎之前）为王茂元所撰拟之表状启牒共二十九篇。从这些文章的性质和内容看，可以断定他在泾幕期间实际担任的是掌书记所做的工作。但商隐《为濮阳公陈许奏韩琮等四人充判官状·裴蘧》云："臣昔忝凿门，辟为记室。"冯浩谓："此亦在泾原时。"则裴蘧乃是王茂元任泾原节度使期间正式辟奏的记室。这里有几种可能：一是裴蘧与商隐同时为记室，裴为正式奏充，商隐则是聘为记室而非正式奏充。但这很难解释何以表状启牒均让商隐撰拟。二是开成四年春商隐拔萃登科、释褐为秘书省校书郎时，因记室之职缺人，故茂元奏充裴蘧为记室。三是在开成三年暮春商隐到泾幕之前，裴蘧曾经是茂元的记室。这后两种可能都有其合理性。②

第四节 娶王氏女

商隐娶王氏女，是在开成三年暮春入王茂元幕后。《重祭外舅司徒公文》云：

> 往在泾川，始受殊遇。绸缪之迹，岂无他人？樽空花朝，灯尽夜室。忘

---

① 诗有"浪笑榴花不及春，先期零落更愁人"及"并觉今朝粉态新"之句，正暮春牡丹初放时遭雨零落情景。
② 王茂元大和九年十月至开成五年文宗卒这段时间一直担任泾原节度使，故裴蘧在商隐寓居泾幕之前、之后均有可能"辟为记室"。

名器于贵贱,去形迹于尊卑。语皇王致理之文,考圣哲行藏之旨。每有论次,必蒙褒称。

《祭外舅赠司徒公文》云:

京西①昔日,辇下当时。中堂评赋,后榭言诗。

说明入幕之后,在经常的接触谈论、评赋言诗的过程中,茂元发现商隐的才能,因而"爱其才,以子妻之"(《旧唐书》本传)。但是种种迹象表明,在此之前,商隐似已属意于王茂元这位最小的女儿,而在诗中屡屡有所表露。韩瞻与商隐开成二年同登进士第,而韩瞻先娶王茂元第六女②,商隐《韩同年新居饯韩西迎家室戏赠》③云:

籍籍征西万户侯,新缘贵婿起朱楼。
一名我漫居先甲,千骑君翻在上头。
云路招邀回彩凤,天河迢递笑牵牛。
南朝禁脔无人近,瘦尽琼枝咏《四愁》。

三、四句谓进士登第,我之名次在君之上,而为显宦贵婿,君反居我之前。尾联自我调侃,说自己尚无人择为贵婿,故不免因相思之苦而瘦损身体。《唐摭言》:

---

① 指泾原。
② 商隐《祭张书记文》:"维会昌元年,岁次辛酉,四月辛丑朔,二十日庚申,陇西公、荥阳郑某、陇西李某、安定张某、昌黎韩某、樊南李某,谨以清酌之奠,致祭于故朔方书记张五审礼之灵。"张审礼所娶为茂元长女,依次而下,"昌黎韩某"即韩瞻所娶为六女,商隐所娶为季女即七女。
③ 此诗约作于开成二年六七月,详《李商隐诗歌集解》关于此诗的笺语。

"进士宴曲江日,公卿家倾城纵观,中东床之选者十八九。"宋范正敏《遁斋闲览·谐噱》云:"今人于榜下择婿,号脔婿。"是宋沿唐习,尚有榜下择婿之俗。冯浩谓:"玩次联当同有议婚之举,而韩先成也。"单从此诗,只能看出商隐对韩瞻新婚王氏的艳羡,还不能断定此时商隐已属意于茂元季女。但另几首诗却较明显地透露出商隐对王氏女的企盼。《寄恼韩同年时韩住萧洞二首》云:

帘外辛夷定已开,开时莫放艳阳回。
年华若到经风雨,便是胡僧话劫灰。

龙山晴雪凤楼霞,洞里迷人有几家?
我为伤春心自醉,不劳君劝石榴花。

韩瞻成婚,约在开成二年春暮。萧洞,用萧史弄玉典,喻指岳家,"洞"取神仙洞府之意。韩瞻当在岳家成婚,故题称"时韩住萧洞"。"寄恼"之"恼"即忧愁苦闷之意,亦即诗中所谓"伤春"。义山登第前,久已丧偶①。他与韩瞻同登第而韩先娶,自己则如"南朝禁脔"无人问津,故值此韩同年新婚燕尔、寓居"萧洞"之时,殷殷求偶之意、"伤春"之情遂不可抑。首章以辛夷已开,莫放艳阳,戏韩成婚在前,极燕尔之乐,且劝韩珍重青春芳华,以免有年华风雨之慨。戏谑之中即含己伤春之情。次章乃因韩之住萧洞而极言洞中之迷人。"迷人有几家"者,暗用刘晨、阮肇洞中遇二仙女事,暗示此萧洞中尚有另一仙女,言外有与韩同入萧洞之企盼。石榴开花不及春,故三、四句言我为"伤春"已如痴如醉,更不劳君劝饮石榴酒而益增伤春之情。细味二诗,确有属意于"萧洞"中另一女子的意向。回过头来,再看前面提到的《韩同年新居饯韩西迎家室戏赠》三、四句,就会

---

① 《令狐八拾遗见招送裴十四归华州》诗作于开成元年,已有"嗟余久抱临邛渴"之语。

感到冯浩所谓二人"当同有议婚之举,而韩先成"的解释并非纯粹的猜测,而尾联"南朝禁脔无人近"的自我调侃也确似意中已有所属。不妨再举《病中早访招国李十将军遇挈家游曲江二首》之二①:

家近红蕖曲水滨,全家罗袜起秋尘。
莫将越客千丝网,网得西施别赠人。

招国李十将军,张采田以为即李执方(王茂元妻兄弟),岑仲勉已指出执方行二十五,非行十,故张说不能成立。但这位住在招国坊的李十将军与商隐的婚姻有关,则是事实。商隐另有《过招国李家南园二首》,其一云:"潘岳无妻客为愁,新人来坐旧妆楼。春风犹自疑联句,雪絮相和飞不休。"诗虽作于晚年东川幕罢归京时,但首二句所写则为昔日情事。"潘岳"句谓己丧偶而客为之愁,盖指为其撮合觅偶;"新人"句谓王氏女成为己之继室,冯浩谓"先是义山成婚,必借居南园",似过泥。三、四句则写此番过招国李家南园而触动对往昔情事的追念,谓值此雪花纷飞之际,忽忆往年夫妇联句赋诗,王氏如才女谢道韫之以柳絮拟雪,其情景犹历历在目。然则"招国李十将军"、"招国李家"与商隐婚于王氏有关,当是事实。颇疑此李十将军即商隐《送千牛李将军赴阙五十韵》中之"千牛李将军"。此人亦茂元婿(详此诗张氏笺),其"挈家游曲江"的内眷中,既有其妻王氏,亦有其妻妹茂元季女,故商隐于三、四句戏言"莫将越客千丝网,网得西施别赠人",希其为自己作合,勿将此"西施"别赠于人。

商隐与王氏结婚的具体时间,现已无从详考。但在开成三年暮春入泾原幕之后,则可肯定。

关于王茂元是否李党,以及商隐入茂元幕娶王氏女是否使商隐陷入牛李党

---

① 原误题为《寄成都高苗二从事》之又一首,据冯浩说改正。

争旋涡等问题,将在下册第三章中论及。

第五节 泾幕诗文和泾幕同僚

商隐在泾原幕的时间,首尾大约一年,起自开成三年春暮,讫于开成四年春①。这段时间创作的诗,除上面提到的《安定城楼》、《回中牡丹为雨所败二首》是传世佳作外,现存的泾原诗数量既少,佳作也不多。像《奉和太原公送前杨秀才戴兼招杨正字戎》、《赠送前刘五经映三十四韵》,艺术均平平无足取。似乎在经历了一个政治诗创作的高潮之后,由于离开政治中心长安,身寓边幕,又值新婚,商隐的生活与创作正处于一个调整期。比起前一阶段,泾幕诗中有关个人怀抱、遭际及恩旧、家室的篇章显著增多,而且往往写得比较出色。其中《安定城楼》以登楼望远发端,以抒写宏大高远的抱负志趣为中心,将忧念国事、感慨身世、蔑弃庸俗等内容融为一体,展示出阔远的胸襟和峻拔坚挺的精神风貌,"永忆江湖归白发,欲回天地入扁舟"一联,被王安石誉为"虽老杜无以过"(见《苕溪渔隐丛话》前集卷二二引《蔡宽夫诗话》)。而大体同时所作的《回中牡丹为雨所败二首》则展现了商隐遭受挫折后感情伤感低沉的一面。二诗合参,可以更全面地了解诗人当时的思想感情及性格的不同侧面。如果说,《安定城楼》显示了他在学杜方面已达到既神似又能变化的境地,那么《回中牡丹为雨所败二首》便完全建立了他个人独创的风格。此外,如《东南》之思念新婚的妻子王氏:

东南一望日中乌,欲逐羲和去得无?

---

① 开成四年春,商隐有《为濮阳公与丁学士状》,可证其时尚在泾幕。但不久即试拔萃科,授秘书省校书郎。

> 且向秦楼棠树下,每朝先觅照罗敷。

其时诗人与妻子王氏分居两地,望见东南隅初出的朝阳,遂生"逐羲和"而照见"秦氏楼"的奇想。此念既切,不觉身已化为阳光照见秦氏楼中的罗敷(指妻子王氏)了。想象新奇,意境优美。《撰彭阳公志文毕有感》则感慨深沉,骨格苍老:

> 延陵留表墓,岘首送沉碑。
> 敢伐不加点,犹当无愧辞。
> 百生终莫报,九死谅难追。
> 待得生金后,川原亦几移。

何焯云:"落句意微旨远,非细读无由知也。"(《义门读书记》)

泾幕期间所撰文章多为代王茂元所拟表状启牒等公私应用之文。但其中有两篇文章却写得非常出色:一篇是《奠相国令狐公文》,系商隐哀祭文中很有特色的作品;一篇是《为张周封上杨相公启》,虽是代人陈情之作,却写得颇富华采和诗情。关于它们,将在下册第十八章中论及。

泾幕所拟表状中,有三篇与开成三年皇太子永被废及暴卒的事有关,这就是《为濮阳公论皇太子表》、《为濮阳公奉慰皇太子薨表》、《为濮阳公皇太子薨慰宰相表》。第一篇上于开成三年九月上旬末,系得知文宗打算废黜太子、朝臣延英集议时所上;第二、三篇则上于十月庚子太子暴卒以后。太子永被废及暴死事,是当时一大政治事件。《旧唐书·文宗纪》对此记述得很简略:开成三年,九月"壬戌,上以皇太子慢游败度,欲废之,中丞狄兼谟垂涕切谏。是夜,移太子于少阳院"。十月"庚子,皇太子薨于少阳院"。《旧唐书·文宗二子传》则记载得比较具体:

庄恪太子永，文宗长子也，母曰王德妃。大和四年正月封鲁王。六年，上以王年幼，思得贤傅辅导之……因以户部侍郎庾敬休守本官兼鲁王傅，太常卿郑肃守本官兼鲁王府长史，户部郎中李践方守本官兼王府司马。其年十月降诏册为皇太子。上自即位，承敬宗盘游荒怠之后，恭谨惕慎，以安天下。以晋王谨愿，且欲建为储贰。未几，晋王薨，上哀悼甚，不复言东宫事久之。今有是命，中外钦悦。后以王起、陈夷行为侍读。开成三年，上以皇太子宴游败度，不可教导，将议废黜，特开延英召宰相及两省、御史台五品已上、南班四品已上官对。宰臣及众官以为储后年少，可俟改过，国本至重，愿宽宥。御史中丞狄兼谟上前雪涕以谏，词理恳切。翌日，翰林学士洎神策军六军军使十六人又进表陈论，上意稍解。其日一更，太子归少阳院……其年薨……初，上以太子稍长，不循法度，昵近小人，欲加废黜，迫于公卿之请，乃止。太子终不悛改，至是暴薨。时传云：太子，德妃之出也，晚年宠衰。贤妃杨氏恩渥方深，惧太子他日不利于己，故日加诬谮，太子终不能自辨明也。太子既薨，上意追悔。四年，因会宁殿宴，小儿缘橦，有一夫在下，忧其堕地，有若狂者。上问之，乃其父也。上因感泣，谓左右曰："朕富有天下，不能全一子！"遂召乐官刘楚材、宫人张十十等责之曰："陷吾太子者，皆尔曹也。今已有太子①，更欲踵前耶！"立命杀之。

可以看出，文宗对李永的期望很高，对他的培养教育工作也非常重视，深恐其重蹈敬宗盘游荒怠的覆辙。但太子永却与他的愿望相反，慢游败度，加上专宠的杨贤妃为了立安王溶为太子，又添油加醋，日加诬谮，遂有九月废黜之议与十月暴卒之事。文宗将太子永慢游败度的罪责归于太子左右的宫人、侍者和乐官，

---

① 开成四年十月，文宗立敬宗第六子陈王成美为太子。

先后杀了两批人,其实,真正的罪魁祸首是在背后指使教唆的宦官头子。据《通鉴》载,仇士良在退休时曾授其党以"固权宠之术",曰:"天子不可令闲,常宜以奢靡娱其耳目,使日新月盛,无暇更及他事,然后吾辈可以得志。慎勿使之读书,亲近儒生,彼见前代兴亡,心知忧惧,则吾辈疏斥矣。"可见,太子永的慢游败度是宦官头子指使宫人左右诱使其游乐的结果。文宗心中其实也清楚太子荒游的真正原因,但又不敢拿宦官头子问罪,只能借杀太子左右及宫人来泄愤,显得既无奈又可悲。由于甘露之变后文宗的地位本就极为脆弱危殆,心情、身体又不好,随时都有发生突发事件的可能。在这种情况下,朝臣自然担心废黜太子会造成政局的动荡,宦官也认为有太子永这样一个慢游败度的储君对他们在文宗身后继续擅权更为有利,因此就出现了朝臣、宦官都反对废黜太子永的一致局面。在废黜之意既出自文宗,而朝臣、宦官又都反对废黜的情况下,《论皇太子表》便很难措辞,表中的这一段话显然很费了一番斟酌:

既立之以贤,则辅之有道……务近正人,用光继体……犹在去彼嫌猜,辨其疑似,不由微细,轻致动摇……皇太子自正位春坊,传辉望苑,陛下旁延隽义,以赞温文,并学探泉源,气压浮竞……今纵粗乖睿旨,微嫌圣心,当以犹属妙龄,未加元服,或携徒御,时致逸游……陛下浚发慈仁,殷勤指教,稍逾规戒,即震威灵……傥犯在斯须,便遗天性;过当造次,遽抵国章,则以古以今,孰为令子?在朝在野,谁曰全臣?

其实中心的意思非常清楚:担心废黜太子会引起政局的动荡。但话说得相当委婉,既充分肯定文宗为辅导太子而"旁延隽义"的良苦用心,又注意减轻太子逸游的程度,认为只是年轻偶犯,不能因此遗父子天性,将其严加治罪。对文宗的做法实际上有批评,但话说得很有分寸。王茂元在文宗大和六年曾"叨相青宫"①,为东宫官属(张采田《会笺》认为是太子宾客),是文宗"旁延隽乂"中的一员,与太子李永有过一段关系,因此对文宗欲废太子一事持批评态度,乃是情之必然。太子永十月暴卒,应是杨贤妃日加诬谮的结果。太子死后所上二表,《慰宰相表》只是例行公事,《奉慰皇太子薨表》则多少揣度到了文宗在处理太子永问题上的矛盾心理。

最后交代一下商隐在泾幕时的同僚。据商隐现存诗文中提到的,有行军司马崔珰、馆驿巡官张鹓,以及韩琮。上文提到的掌书记裴邆,则可能在商隐居泾幕之前或之后。又有营田副使某某,系在商隐已居泾幕时茂元所辟。裴邆、韩琮二人,开成五年冬茂元出镇陈许时又辟为幕僚。《旧唐书·柳仲郢子璧传》:"文格高雅,尝为《马嵬》诗,诗人韩琮、李商隐嘉之。"商隐《为举人(柳璧)献韩郎中琮启》:"一日三秋,空咏《马嵬》之清什。"冯浩云:"义山有《马嵬》诗二首,或琮亦赋之,意是诸人唱和之作也。"韩琮《马嵬》诗今佚。商隐、韩琮如有《马嵬》唱和之作,似应在开成三年二人同在泾幕时。马嵬为长安、泾原往来必经之地,很可能是经行马嵬时触景兴感所作。开成三年商隐有《和韩录事送宫人入道》诗,说明二人在泾幕确有唱和。此外据《奉和太原公送前杨秀才戴兼招杨正字戎》,知杨敬之二子戴、戎曾先后居泾幕。

---

① 见《为濮阳公陈情表》。《祭外舅赠司徒公文》亦云"既相温文"。

第七章 两入秘省

从开成四年春到会昌二年冬这将近四年的时间里，商隐先是参加吏部的书判拔萃科考试，中选后释褐为秘书省校书郎，旋又调补弘农尉。然后是辞尉任自济源移家长安，赴王茂元陈许幕，后暂寓周墀华州幕。再以书判拔萃重入秘省为正字，直至母亲去世，守丧家居。下面分别考述。其中，对商隐移家长安、应茂元招赴陈许幕，及入幕后代拟的表状启牒一一按时考证，是对冯、张力主的开成五年九月至会昌元年正月商隐有江乡之游成说的重要驳正。

第一节 释褐入仕

商隐离开泾原幕的时间，当在开成四年闰正月以后。据《重修承旨学士壁记》，丁居晦开成四年闰正月自御史中丞改中书舍人。商隐有《为濮阳公与丁学士状》云："自学士罢领南台①，复还内署②，朝委攸重，时论愈归……某才谢适时，仕无明略，久乘亭障，长奉鼓鼙。猿臂渐衰，燕颔相误。弊庐仍在，白首未归。"王茂元从大和九年十月起任泾原节度使，至此已首尾五年。久居边地，年过六十，颇思入朝为官，故有此状。此可证开成四年闰正月丁居晦复为中书舍

---

① 指罢御史中丞。
② 此指改中书舍人。开成三年八月丁居晦曾迁中书舍人，故云"复还"。

人后商隐仍在泾幕。又据《旧唐书·文宗纪》，开成四年闰正月，郑肃由吏部侍郎调任河中节度使，商隐有《上河中郑尚书状》云："盖以德水名都，条山巨镇……是以暂劳大斾，惠此一方……某早获趋承，常深奖眷。末由祗谒，无任驰诚。"按：郑肃元和三年登进士第，大和六年已为给事中，年辈远早于商隐，"某早获趋承"云云，与商隐身份经历不合，颇疑题上有脱字，乃代人所拟。按商隐《祭外舅赠司徒公文》叙茂元仕历，有云："容山至止，郎宁去思①……既相温文②，旋迁徼卫③……番禺是宅，涨海攸潴④。"《为濮阳公陈情表》亦云："岂意复逾五岭，更授再麾⑤。中间叨相青宫⑥，忝司缇骑⑦。才通闱籍，又处藩条。越井朝台，备经艰险⑧。"二文都明载王茂元罢容管任（约当大和五年）后，曾入朝先后担任太子辅导官和右金吾卫将军。考大和六年，郑肃以太常卿兼鲁王府长史，同年十月，鲁王永册为太子。颇疑王茂元亦于大和六年为太子辅导官（冯浩谓是太子宾客、詹事、少詹事），故与郑肃结识，所谓"早获趋承，常深奖眷"者殆指同为东宫官之事。如果这样，此状应题为《为濮阳公上河中郑尚书状》，同样可以证明开成四年闰正月郑肃出镇河中时，商隐仍在泾原幕。

约在开成四年仲春，商隐离泾原幕赴长安参加吏部书判拔萃科考试。《旧唐书》商隐本传只说"释褐秘书省校书郎"，未言试拔萃及时间。冯浩说："释褐为官，必由吏部试判⑨。义山以判入等，乃释褐授官，定制必然，故传文从略。"

---

① 指大和二年四月，王茂元自邕管经略使调任容管经略使。
② 指曾为太子李永辅导之官。
③ 指迁右金吾卫将军。
④ 指大和七年正月，由右金吾卫将军出为岭南节度使。
⑤ 指任邕管、容管经略使。
⑥ 指任太子辅导官。
⑦ 指任右金吾卫将军。
⑧ 指任岭南节度使。
⑨ 《通典》："凡选始于孟冬，终于季春。其择人以四事：身、言、书、判。始集而试观其书判，已试而铨察其身言……"自后六品以下，每集选必试判。

(《玉谿生年谱》，下同）书判拔萃初设时为制科，后来和博学宏辞一样同为吏部铨试选人的科目。商隐《与陶进士书》（作于开成五年）中所云"去年入南场作判"，即指开成四年试拔萃科。又《献舍人彭城公启》云："三选于天官，方阶九品。"三选于天官，指开成二年参加吏部关试，开成三年参加博学宏辞科考试，开成四年参加书判拔萃科考试。方阶九品，指任正九品上阶的秘书省校书郎。校书郎官品虽低，却是清职。冯浩说："职官以清要为美。校书郎为文士起家之良选，诸校书皆美职，而秘省为最。如翰林无定员，诸曹尚书下至校书郎，皆得与选矣。"商隐自大和五年起应进士试，至开成二年方登第；登第后又三次参加吏部试，方得释褐入仕。虽经历了不少坎坷，但能获得秘书省校书郎这样的清职，他的心情还是十分兴奋。《玉山》诗就是借玉山为秘书省的象喻，抒发了他乍获此美职时平步青云的企盼：

玉山高与阆风齐，玉水清流不贮泥。
何处更求回日驭，此中兼有上天梯。
珠容百斛龙休睡，桐拂千寻凤要栖。
闻道神仙有才子，赤箫吹罢好相携。

胡震亨说："似为津要之力能荐士者咏，非情词也。"（见《唐音戊签·李商隐诗集卷八》胡氏对此诗的笺语）这种笺解为不少注家所赞同，有的还具体指实津要为令狐绹（吴乔《西昆发微》）。实际上，玉山乃是秘省清资的现成象喻。《穆天子传》卷二："天子北征，东还，乃循黑水。癸巳，至于群玉之山，四彻中绳，先王之所谓策府。"郭璞注："言往古帝王以为藏书册之府。"后遂用以指帝王珍藏图籍之所。《山海经·西山经》："又西三百五十里曰玉山，是西王母所居也。"郭璞注："此山多玉石，因以名云。《穆天子传》谓之群玉之山，见其阿平无险，四彻中绳，先王谓之策府。"商隐《为荥阳公桂州谢上表》："再擢词科，一登策府。"冯浩注："（策府）谓秘书省。"刘禹锡《酬令狐相公见寄》："群玉山头住四年。"瞿蜕园笺："群玉指中秘（中书省、秘书省合称）也。凡唐人言涉神仙，多暗指仕宦。如李商隐诗中之'闻道神仙有才子，赤箫吹罢好相携'……几不胜屈指。"故以玉山、策府指秘书省，商隐诗文中均有其例。此诗首联谓"玉山"地位清高，"玉水清流"云云正是秘省清资的形象比喻。三、四句谓玉山高可"回日"、"上天"，即视秘省为日后登进的天梯。五、六句祈望君主清明并抒发自己凤栖高桐的宏愿。尾联承六，谓听说有神仙才子者亦有栖桐之宏愿，盼于赤箫吹罢之际携手同登天上。神仙、才子，或指秘省同僚；相携，即携手同登。这首诗正是开成四年释褐为秘书省校书郎时，自感致身通显有望的寓言。全篇踌躇满志，兴会淋漓，也显然是少壮时的得意语，与日后望荐求引诗之词意卑屈者迥异。

可惜的是，在秘书省校书郎任上不到三四个月①，商隐却突然被调为弘农尉，他在人生道路上又遇到一次新的挫折。

第二节　出尉弘农

弘农属河南道虢州，是州治所在，离长安四百三十里，离东都洛阳五百五十三里，居于京洛大道之中，是个紧县②。但从秘书省校书郎调补弘农尉，不但官品一下降了两级（弘农尉为从九品上阶），而且从清职降为俗吏。唐人普遍对县尉比较卑视。高适《封丘作》："拜迎长官心欲碎，鞭挞黎庶令人悲。"杜甫《官定后戏赠》："不作河西尉，凄凉为折腰。老夫怕趋走，率府且逍遥。"李商隐自己的诗《任弘农尉献州刺史乞假归京》："却羡卞和双刖足，一生无复没阶趋。"这些

---

① 商隐试拔萃约在开成四年仲春，设季春释褐为秘书省校书郎，到本年夏秋间调补弘农尉，前后不过三个月左右。《旧唐书》本传："释褐秘书省校书郎，调补弘农尉。"参下节。
② 《通典·职官》："大唐县有赤、畿、望、紧、上、中、下七等之差。"自注："京都所治为赤县，京之旁邑为畿县，其余则以户口多少、资地美恶为差。"因此在县的各等中居于中等偏上。

诗句都说明这一点。特别是当他已获得秘书省校书郎的美职后突然降品任俗吏,对他心理上造成的冲击就特别重。这次调任弘农尉的原因和具体情况,现已难以详考。商隐自己在《与陶进士书》中说:"寻复启与曹主,求尉于虢,实以太夫人年高,乐近地有山水者,而又其家穷,弟妹细累,喜得贱薪菜处相养活耳。"仿佛只是为了照顾年迈的母亲和幼小的弟妹,减轻生活负担,因而他主动提出到虢州任县尉之职。这显然是一种饰词。商隐集中,一首以《蝶》为题的寓言性质的诗对真实原因稍有透露:

初来小苑中,稍与琐闱通。
远恐芳尘断,轻忧艳雪融。
只知防浩露,不觉逆尖风。
回首双飞燕,乘时入绮栊。

冯浩说:"自慨之作。起二句喻初为秘省,得与诸曹相近。下言不意被斥,让他人乘时升进也。似出尉时所赋。"(《玉谿生诗笺注》)得其旨。"小苑"、"琐闱"指宫禁,谓初入秘省,得近宫廷。次联形容"初来小苑"忐忑不安心情,谓既恐远隔芳尘,不得长留宫廷,又忧粉消雪融(指蝶粉),失轻艳之姿容。腹联谓自己只提防浓露的侵袭,却未料遇上"尖风"的冲击,喻变生意外,横遭摧抑。尾联言他人得乘时而入宫掖。琐闱、绮栊,一也。"回首"二字,正点出尉弘农时。尽管隐约其辞,但"初来小苑"即遇上"尖风"这样的恶势力的侵袭还是表现得比较明显的。另一首《别薛岩宾》也与出尉弘农有关:

曙爽行将拂,晨清坐欲凌。
别离真不那,风物正相仍。
漫水任谁照?衰花浅自矜。

> 还将两袖泪,同向一窗灯。
>
> 桂树乖真隐,芸香是小惩。
>
> 清规无以况,且用玉壶冰。

朱鹤龄说:"(桂树)二语义山自谓也。义山释褐秘书省校书郎,旋调补弘农尉,故有'芸香'之句。"(《李义山诗集笺注》卷上)程梦星则谓:"诗中'桂树'、'芸香'二语,朱长孺以为义山自谓,愚意兼谓岩矣。玩上文'还将两袖泪,同向一窗灯',词本双行,焉有单接身事之理?且而结专美薛,何以鹘突收转耶?愚意岩宾大都亦如义山之自秘书出者,故同病相怜,乃有中四语。而结则侧卸薛君,以期其致用耳。"(《重订李义山诗集笺注》卷上)所解较朱氏更为合理。冯浩说:"唐人每以降谪为小惩。《北梦琐言》孟弘微躁妄一条云:'贬其官,示小惩也。'"(《玉谿生诗笺注》)此诗当是与薛自秘省同出贬时所作。"桂树"二句是说登第入仕,已违真隐;秘省谪外,又遭小惩,仕隐两失。

商隐赴弘农任,约在夏末,《出关宿盘豆馆对丛芦有感》作于赴任途中即将到达弘农时:

> 芦叶梢梢夏景深,邮亭暂欲洒尘襟。
>
> 昔年曾是江南客,今日初为关外心。
>
> 思子台边风自急,玉娘湖上月应沉。
>
> 清声不逐行人去,一世荒城伴夜砧。

盘豆馆在潼关外四十里,题内之"关"指潼关。"关外心"用杨仆耻居关外而移关事。《汉书·武帝纪》:"元鼎三年冬,徙函谷关于新安,以故关为弘农县。"应劭曰:"时楼船将军杨仆数有大功,耻为关外民,上书乞徙东关,以家财给其用度。武帝意亦好广阔,于是徙关于新安,去弘农三百里。"函谷故关战国时秦置,在今河南灵宝县境,唐时为虢州弘农县境。杨仆所移之新关在今河南新安县境。商隐调补弘农尉,由清职出降为俗吏,而弘农正好是函关旧地,因而有感于杨仆移关之事而生"耻居关外"之心。曰"今日初为",正可见这首诗是由秘省清资降为弘农尉,头一次产生类似杨仆的"耻居关外"之心。考商隐一生,由京职外调,途经函潼而又时值夏末者,只有开成四年调尉弘农这一次。其他如赴兖州、赴徐州,均分别在四月、十二月,与这首诗"芦叶梢梢夏景深"之时不合。腹联"思子台"、"玉娘湖"借盘豆馆近处景物点缀,略寓母子悬念、夫妻相思之情,也可见这首诗当作于开成三年与王氏结婚之后、会昌二年其母去世以前。这首诗景物清迥而感情绵长,写芦叶虽只一句,但一连串的思绪和感情活动,都由芦叶梢梢之声触发。尾联渲染芦叶清音伴荒城夜砧而一世长在,更将环境给予人的凄清感受定格在诗人与读者心中,非常富于情致与韵味,是典型的深情绵邈的义山体。诗中"昔年曾是江南客",可能指幼年随父流寓"浙水东西,半纪漂泊"的生活经历。江南正是芦苇遍地的水乡,故由眼前的丛芦而忆及江南半纪漂泊期间之所见。

商隐在弘农尉任上,一次外出回虢州途中,怀念虢州的僚佐源从事,作了一首《次陕州先寄源从事》:

离思羁愁日欲晡,东周西雍此分途。
回銮佛寺高多少,望尽黄河一曲无?

一、二句谓"次陕州",点明日将暮而生离思羁愁。三、四句谓登上高高的回銮佛寺①而西望虢州,却望不尽黄河一曲,更何况是河"源"呢(以河源之源关合源从事)。平常的内容以摇曳生姿之笔出之,便颇有情致。

---

① 唐代宗因吐蕃犯京畿而驾幸陕州,还京后在陕州建佛寺以报佛佑之功。

虢州湖城县有覆釜山,又名荆山。《元和郡县图志》:"虢州湖城县,荆山在县南,即黄帝铸鼎之处。"此荆山与楚卞和得玉的荆山同名而异地。诗人作《荆山》诗云:

压河连华势孱颜,鸟没云归一望间。
杨仆移关三百里,可能全是为荆山?

荆山压河连华,山势雄峻,景色壮丽,但杨仆移关三百里,难道全是为了欣赏这雄峻的荆山吗?冯浩说:"借慨己之由京调外也。不直言耻居关外,而故迁其词,使人寻味。"(《玉谿生诗笺注》)荆山山势的雄峻挺拔与地理上的屈居关外(唐代以潼关以西的地区为关中),正好触发了诗人的身世遭逢之慨,因此又一次借杨仆耻居关外之事发之。《与陶进士书》说:"寻复启与曹主,求尉于虢,实以太夫人年高,乐近地有山水者。"杨仆移关,是因为耻居关外,而非为爱荆山之雄峻;商隐之尉弘农,又岂是"乐近地有山水"?盖为人所排摈,不得已而屈居尉职。文以反话饰语出之,诗以反诘语透正意,两相参较,其意明显。

大约就在商隐到弘农尉任不久,因为减免对受冤囚徒的刑罚,触怒了陕虢观察使孙简,将罢职,商隐愤而以"乞假归京"的名义提出辞职。《与陶进士书》:"始至官,以活狱不合人意,辄退去,将遂脱衣置笏,永夷农牧。会今太守怜之,催去复任。"《新唐书》本传:"调弘农尉,以活狱忤观察使孙简,将罢去。会姚合代简,谕使还官。"《唐才子传·姚合传》亦云:"开成间,李商隐尉弘农,以活囚忤观察使孙简,将罢去。会合来代,一见大喜,以风雅之契,即谕使还官。"商隐有《任弘农尉献州刺史乞假归京》诗云:

黄昏封印点刑徒,愧负荆山入座隅。
却羡卞和双刖足,一生无复没阶趋。

本传说"将罢去",诗则云"乞假归京"(实即辞职之婉辞),似不一致。实际情况可能是孙简打算免去商隐的县尉之职,商隐则干脆自动辞职。商隐愤而去职,"耻居关外",不甘于"封印点刑徒"的俗吏之职和"没阶趋"的卑屈处境固然是重要原因,但直接激成此举的则是因活狱而触忤孙简一事。从《行次西郊作一百韵》"尔来又三岁,甘泽不及春。盗贼亭午起,问谁多穷民。节使杀亭吏,捕之恐无因"等诗句看,商隐对因饥寒交迫为盗的"穷民"是抱有同情的,这次活狱当是出于对系囚穷民的同情。但从孙简看来,职主捕盗贼的县尉竟然减免对系囚的刑罚,显然是背叛职守的行为,自然要怒而肆威,将商隐罢职了。因此,商隐"乞假归京",用告长假的方式自动去职,就既含有对酷虐政治的不满,对滥施淫威的上司的抗议,也含有忠而见罪的怨愤(活狱的根本目的仍在于维护封建统治的安定),在愤语中包含多方面的意蕴。而绾结这多方面意蕴的诗歌意象则是"荆山"。它在诗中既是峻拔高标的象征,又是忠而获罪遭遇的象征(利用两荆山同名,将卞和献玉反遭刖足的意蕴渗透到荆山的意象中)。于是可以注意到,在任弘农尉期间,商隐诗歌的中心意象是代表本地风光的"荆山",他一而再地创造性地运用这个诗歌意象来表现自己的性格、遭遇与心态。这是既具义山个性又具特定地域色彩的诗歌意象。

《自况(一作贶)》和《假日》二诗,可能作于商隐告假辞尉后。前诗云:

陶令弃官后,仰眠书屋中。
谁将五斗米,拟换北窗风?

后诗云:

素琴弦断酒瓶空,倚坐欹眠日已中。

谁向刘灵天幕内,更当陶令北窗风?

前诗用陶潜不为五斗米折腰而弃官事自况,与辞尉弘农最为贴切;后诗兼用陶令闲居与刘伶醉酒、幕地席天事,似写弃官后生活,于闲适放逸中流露傲岸不羁之慨。二诗中出现的是傲吏兼狂士的形象。从上述诗作中可以明显看出,商隐性格中固有的刚峻、倔强、傲岸的一面在特定环境中得到明显的表现,而"荆山"、"陶令"等意象则成为上述性格的表现载体。

据《旧唐书·文宗纪》,开成四年八月庚戌朔,"以给事中姚合为陕虢观察使"。姚合是开元时名相姚崇的曾侄孙,晚唐重要诗人。他对商隐的诗名当早有所闻,故八月到陕虢观察使任后,便劝谕商隐还官,仍居弘农尉任。这场因活狱引起的风波得以平息。大约在开成四年的深秋,商隐的连襟朔方节度书记张审礼路经弘农,住在弘农县的馆舍。两人此时都和家室相离,思念妻子,同病相怜,商隐有《戏赠张书记》云:

> 别馆君孤枕,空庭我闭关。
> 池光不受月,野气欲沉山。
> 星汉秋方会,关河梦几还。
> 危弦伤远道,明镜惜红颜。
> 古木含风久,平芜尽日闲。
> 心知两愁绝,不断若寻环。

开篇"君"、"我"并举,"孤枕"、"空庭"对举,已经显示出彼此都是离家室独居。"池光"二句,为王安石所赏,认为"虽老杜无以过"。月照池水,波光闪烁,形成反射,像是不受月光的照射,故说"池光不受月";田野的苍茫暮色,笼罩远山,故云"野气欲沉山"。二句写出自暮入夜景色与纷然黯然心境,而又不着痕迹,故宋宗元说:"写景,即亦寓兴。"(《网师园唐诗笺》)"星汉"四句,谓彼此远离妻室,如牛女之七夕方能相会,故相思之情只能托之梦寐;而王氏姊妹,恐亦因"伤远道"、"惜红颜"而寄情于清瑟危弦和窗前明镜。"古木"二句,写秋日摇落之景、寂寥之况。尾联君、我与双方妻室同收,谓彼此离愁不断如寻环也。全篇纯用白描,词语清丽而情韵绵长。中有戏语,而妙不伤雅。商隐短篇五言排律,每有此种白描胜境,认为商隐只工獭祭,实片面之见。

商隐在开成四年八月姚合接任陕虢观察使,"谕使还官"后,又继续在弘农尉任上供职了一年左右。据岑仲勉考证,《樊南文集补编》中的《为弘农公上虢州后上中书状》、《为弘农公虢州上后上三相公状》,题内"弘农公"殆为注《荀子》之杨倞,并谓:"倞自主中出刺虢州,约当开成四五年。据《新·表》,(开成)四年七月甲辰至五年八月庚午期内,宰相三人。即商隐守弘农尉时代作。弘农,虢州郭下,宜乎有此代劳矣。"(《玉谿生年谱会笺平质》)所考近是。据前状"遘骄阳积潦之患,困苗螟叶蟹之灾",后状"平原境内,尽死飞蝗"等语,证以《新唐书·五行志》"(开成)五年夏……虢、陈、许、汝等州螟蝗害稼"的记载,此二状当作于开成五年夏秋间,可证其时商隐尚在弘农尉任。其离任的时间当在九月。《与陶进士书》作于开成五年九月三日,书末犹署"弘农尉李某"。此后不久,商隐就离开弘农尉任,去济源移家,准备在长安参加调选官职了。但在开成五年正月到八月这段时间里,他为调回长安担任京职的王茂元代拟过三封给李德裕的书信,又有《酬别令狐补阙》诗,证明这段时间他常在长安。

第三节　文宗去世与移贯长安

开成五年正月,唐文宗病重去世,唐武宗即位,政局又一次发生重大变化。

《旧唐书·文宗纪》:"(开成)五年春正月戊寅,上不康,不受朝贺。己卯(即初二),诏立亲弟颍王瀍为皇太弟,权勾当军国事,太子成美复为陈王。辛巳

(即初四),上崩于大明宫之太和殿。"《武宗纪》:"初,文宗追悔庄恪太子殂不由道,乃以敬宗子陈王成美为太子。开成四年冬十月宣制,未遑册礼。五年正月二日,文宗暴卒①。宰相李珏、知枢密刘弘逸奉密旨,以皇太子(即成美)监国。两军中尉仇士良、鱼弘志矫诏迎颖王于十六宅……是夜士良统兵于十六宅迎太弟赴少阳院,百官谒见于东宫思贤殿……四日,文宗崩,宣遗诏:皇太弟宜于枢前即皇帝位……十四日,受册于正殿……陈王成美、安王溶殂于邸。初,杨贤妃有宠于文宗,而庄恪太子母王妃失宠怨望,为杨妃所谮。王妃死,太子废。及开成末年,帝多疾无嗣,贤妃请以安王溶嗣,帝谋于宰臣李珏,珏非之,乃立陈王。至是,仇士良立武宗,欲归功于己,乃发安王旧事,故二王及贤妃皆死。"《通鉴》所载略同。很明显,这是宦官中以仇士良、鱼弘志为首的一派和以刘弘逸为首的另一派为了拥立一个功由己出的皇帝,跟朝臣中的不同人物勾结起来展开的一场斗争。斗争的结果,是仇士良这一派获胜,杨贤妃与安王溶,刘弘逸、薛季棱和陈王成美先后被杀。杨嗣复与李珏是同属牛党的两个宰相,开成三四年间,在与陈夷行、郑覃的斗争中步调一致,相互勾结;但在立储君的问题上,杨嗣复党附杨贤妃,主张立安王溶,李珏则党附刘弘逸,反对立安王溶,主张立陈王成美。可见他们之间的分合,纯为私利,并没有政治上的原则。杨、李也先后罢相、被贬。

商隐在文宗去世后,约当开成五年八月文宗葬章陵前后,写过一首名为《咏史》,实为悼念文宗、感慨国运的七律:

<blockquote>
历览前贤国与家,成由勤俭破由奢。
何须琥珀方为枕,岂得珍珠始是车。
运去不逢青海马,力穷难拔蜀山蛇。
几人曾预《南薰曲》,终古苍梧哭翠华。
</blockquote>

---

① 《文宗纪》谓辛巳崩,当是对外宣布之日,实际上死于二日。

史称文宗"自为诸王,深知两朝之弊。及即位,励精求治,去奢从俭"(《通鉴》卷二四三),力图挽回唐王朝江河日下的颓势。但在位十四年,除初政稍有起色外,不仅没有任何值得称道的建树,而且使危机日益深化。两次谋诛宦官的失败,更充分说明其政治上所作的努力,无不事与愿违。图治无成,文宗终于在"受制于家奴",连周赧王、汉献帝也不如的哀叹声中死去。本篇在哀惋文宗图治无成的同时,深慨于唐王朝的运去难挽。俭成奢败,本是历代兴衰的常规,但文宗却是虽勤俭也无所成。这种反常的现象引起诗人的深沉思考。他将这归结为"运去"、"力穷",这说明他已感到唐王朝的衰颓崩溃之势已成,即使皇帝勤俭图治,也难以挽救积重难返的危机。这是他对晚唐政治现实和历史发展趋势感受深刻之处。但他不可能从根本上认识到究竟是什么导致"运去"、"力穷",这正是本篇和商隐其他许多感伤时世、感慨国运的诗笼罩着一层悲凉之雾和迷惘情绪的主要原因。文宗在世时,诗人对他的暗弱,颇多讥评;而在他死后,则又加以哀惋。讥评与哀惋,都出于关注国家命运的感情。另有《垂柳》五律,亦为哀惋追念文宗而作,尾联云:"肠断灵和殿,先皇玉座空。"说明商隐内心深处,对文宗还是相当怀念的。程梦星说:"义山于君臣遇合绝少,唯文宗开成二年登第,故不能已于成名之感,偶对垂柳发之。"(《重订李义山诗集笺注》卷上)这也可能是原因之一。但更深层的原因,当是文宗勤俭图治无成的悲剧结局与商隐对唐王朝衰颓国运难以挽回的悲剧情绪正好合拍。

大约在文宗去世后不久,王茂元从泾原调回长安担任京职。在此之前,开成四年冬,商隐就为茂元草拟过给皇帝的陈情表(《为濮阳公陈情表》),希望能回到长安供职。表中历叙入仕以来的经历,最后说:"盖以久处炎荒,备薰瘴毒,内摇心力,外耗筋骸。虽马援据鞍,尚能矍铄;而班超揽镜,不觉萧衰。恐无以早就大功,久当重任。自思已熟,求退为宜。"文宗卒,武宗立,终于将在泾原任节度使首尾长达六年的王茂元召回长安。《为濮阳公陈许谢上表》叙及茂元自泾原内召及在朝任职事云:"旋属皇帝陛下,荆枝协庆,棣萼传辉,臣得先巾墨车,入拜丹陛。兰台假号,棘署参荣。奉汉后之园陵,获申送往;掌周王之廪庾,方切事居。"《祭外舅赠司徒公文》亦云:"排阊无及,持符载泣,荷紫泥之降数,驰墨车而来急。省揆名在,农官望集。鄦卿曹之四至,小承明之三入。鄗毕之地,轩辕之台,葛绷将掩,柏陵始开。会稽之象犹未去,鼎湖之龙不归来。代邸迎驸,将极事居之礼;乔山护驾,犹深送往之哀。"冯浩据前文,谓"茂元入朝,当为御史中丞、太常少卿、将作监,转司农卿,迁陈许节度,史多略之"。实际上,茂元入朝,仅任司农卿、将作监,加检校右仆射,此外均为冯浩误解文义所致(详下节)。茂元开成五年在京期间,商隐的连襟张审礼罢蒲津之任后,与其妻来京与茂元夫妇相聚,"朝堂夜阁,曲榻温炉,稚子雏孙,满吾怀抱"(《为外姑陇西郡君祭张氏女文》)。商隐其时虽尚在弘农尉任,但为了自济源移家长安的事,当亦不止一次来过长安。大约在开成五年的春夏间,商隐曾代王茂元草拟过给当时任淮南节度使的李德裕的信(《为濮阳公上淮南李相公状一》)。七八月间,因征李德裕入京,又先后草拟过《为濮阳公上淮南李相公状二》、《为濮阳公上淮南李相公状三》。此外,还有《为濮阳公与蕲州李郎中(播)状》、《为侍郎汝南公华州谢加阶状》等。这些文章的代作,说明商隐从开成五年的春夏间至七八月,曾往返于长安、华州、弘农间。

　　上述文章中,代王茂元上李德裕的三状(特别是第三状)值得注意。在这样短的时间内连上三状,不仅表现出王茂元加强与李德裕之间联系的努力,而且反映出随着武宗继立、德裕入相,政局发生变化的明显征兆。第一状上于茂元到京后、德裕尚未内征时,其中虽也有诸如"常依德宇,果蒙陶冶"、"顾遇特深,音徽远降"一类的话,但仍属一般的应酬客套。第二状上于开成五年七月召德裕于淮南之后,八月中旬文宗葬章陵之前,状中对德裕的称颂赞美之词便显然加重了分量,如说"圣上肇自汉藩,显当殷鼎,必先求旧,以谨维新","相公受寄累朝,允怀明德……固合长在庙廷,永光帝载,使庶政绝贪婪之患,大朝无党比之忧。况今者时逼藏弓,礼当辅主。元侯功大,独申攀送之哀;伯父位尊,使率骏奔之列",不但以入相属望德裕,而且认为德裕是能使"庶政绝贪婪之患,大朝无党比之忧"的清廉、无党的人物,包含着很高的政治评价。第三状上于德裕即将抵达京城长安时,不但直接点明此次内召是要用为辅相,"今维新之历,始叶卜于姬公;作辅之臣,又征言于单于。以今况古,千载一时",而且从德裕之父李吉甫元和六年任宰相叙起,赞美其父子两代的政绩:

> 某窃思章武皇帝之朝,元和六年之事:镇南建议,初召羊公;征北求人,先咨谢傅。故得齐刬封豕,蔡别长鲸。伏惟相公,清白传资,馨香袭庆,始自辛卯,至于庚申,虽号历四朝,而岁才三纪。淮王堂构,既高大壮之规;汉相家声,复有急征之诏。桂苑之旧宾未老,金縢之遗字犹新。燮理虽系于阴阳,怵惕固深于霜露。且广陵奥壤,江都巨邦,爰在顷时,亦经芜政。风移厌劾,俗变侵凌,家多纷若之巫,户绝娈兮之女。相公必置于理,大为其防。邺中骧河伯之祠,蜀郡破水灵之庙。然后教之厚俗,喻以有行,用榛栗枣修,远父母兄弟。隐形吐火,知非鬼不祭之文;抱布贸丝,识为嫁日归之旨。化高方岳,威动列城,陈于太史之诗,列在诸侯之史。今者重持政柄,复注皇情,便当佐禹陈谟,辅尧考绩。

这就完全不同于一般应酬书信的泛泛赞美祝颂,而是具体而切实地讲述了李吉甫在元和平藩统一事业中的方略与功绩,特别是李德裕在淮南节度使任上破除迷信、改变陋俗的政绩,连同第二状"大朝无党比之忧"的赞词,实际上将李吉甫、李德裕父子四朝三纪的重要政绩作了叙赞。《旧唐书·李商隐传》说:"茂元虽读书为儒,然本将家子,李德裕素厚遇之。"《新唐书·李商隐传》则说"茂元善李德裕",但都没有说茂元就是李德裕党。从这三篇状看,茂元对李吉甫、李德裕父子的政绩是相当推崇的,在武宗即位、李德裕得到重用时,茂元未始没有希求得到李德裕关顾的想法。同时，这三篇状也在一定程度上反映了李商隐本人对李吉甫、李德裕的看法，特别是"大朝无党比之忧"的赞词，更等于认为李德裕是无党的，反对结党营私的。这和《通鉴·文宗大和八年》的一段记载对照，很耐人寻味：

>时德裕、宗闵各有朋党，互相挤援，上患之，每叹曰："去河北贼易，去朝廷朋党难！"

撇开史籍"德裕、宗闵各有朋党"的记述不论，至少在文宗眼里，德裕、宗闵都是朝廷朋党的首领，而商隐所撰状中"大朝无党比之忧"的赞词正好与文宗唱反调。这种赞誉，比起商隐代拟的给李宗闵、牛僧孺的状只泛泛称美而不叙其实际政绩，可以看出商隐对李德裕和对李宗闵、牛僧孺的政绩，心里是有不同看法和评价的。

开成五年秋，商隐有《酬别令狐补阙》诗。这首诗反映出其时商隐对令狐绹虽有所希求，但两人关系中已出现了一些隔阂。诗云：

>惜别夏仍半，回途秋已期。
>那修直谏草，更赋赠行诗。
>锦段知无报，青萍肯见疑？
>人生有通塞，公等系安危。
>警露鹤辞侣，吸风蝉抱枝。
>弹冠如不问，又到扫门时。

商隐仲夏与令狐绹告别，回途已届秋天，不料自己又事行役，致使令狐绹在修谏草的同时，又赋赠行之诗。首四句点明酬别之由。"锦段"二句，分用张衡《四愁诗》"美人赠我锦绣段,何以报之青玉案"及邹阳《狱中上书自明》:"明月之珠,夜光之璧,以暗投人于道,众莫不按剑相眄者,何则？无因而至前也。"意谓令狐绹对自己的深情厚谊,自知无所报答,但实心念旧恩,故人于我,难道会有按剑(青萍为剑名)相眄之疑吗？"人生"二句赞美令狐等身系国之安危,慨叹人生各有通塞,起下"抱枝"、"扫门"意。九、十句以"辞侣"点别,以"抱枝"喻依附旧枝。末联则表明希求汲引之意。全篇志卑词苦,于令狐之见疑,心存惕惧,而婉言剖白;于令狐之弹冠不问,则情颇急切,直言不讳。纪昀讥末二句无品格,甚是。从这首诗看,商隐与令狐绹之间此时感情上已有隔阂,其具体原因,当与商隐入泾原幕,娶茂元女以来,与令狐之间踪迹较疏有关。诗言"锦段知无报",言外隐然见令狐之以恩门自居,以报恩相期乃至相责;言"青萍肯见疑",则言外亦见令狐对义山已有所疑忌。当然,这时令狐绹对商隐虽有所疑忌不满,但并不像后来大中元年因商隐跟随郑亚而对其表示震怒,因而对商隐的希求汲引仍有所回应,这从此后商隐作的《献舍人彭城公启》、《献舍人河东公启》中分别提到"即日补阙令狐子直顾及,伏话恩怜,猥加庸陋"与"前月十日,辄以旧文一轴上献,即日补阙令狐子直至,伏知猥赐披阅。今日重于令狐君处伏奉二十三日荣示,特迂尊严,曲加褒饰"等情况,可以明显看出。

本年九月三日,商隐写了《与陶进士书》。这是一篇研究商隐思想和参加科举考试以来经历的有重要价值的文章。一开头就标举刘知几的儿子刘迅《六说》里的"是非系于褒贬,不系于赏罚;礼乐系于有道,不系于有司"作为自己的信条,认为是非并不取决于有权势者的赏罚,而是取决于有道者的褒贬,明显地将"有道"置于权势地位之上。然后他回顾了从参加科举考试以来自己所见所闻所历的种种情况。先讲到为应试向贵显者行卷,结果遇到的却是"置之而不暇读者,又有默而视之不暇朗读者,又有始朗读而中有失字坏句不见本义者",尖锐地嘲讽了显贵者的不学无术和对人才的冷漠。接着提到开成二年应进士试,由于令狐绹在主考官高锴面前三道"李商隐"而得登第的情事:

时独令狐补阙最相厚,岁岁为写出旧文纳贡院。既得引试,会故人夏口主举人。时素重令狐贤明,一日见之于朝,揖曰:"八郎之友谁最善?"绹直进曰"李商隐"者三道而退,亦不为荐托之辞,故夏口与及第。然此时实于文章懈退,不复细意经营述作,乃命合为夏口门人之一数耳。

从叙述的事实看,令狐绹的帮忙的确起了重要作用;但从叙述的口吻看,却并没有多少感激之意,而是表现出对登第一事的若不经意与冷淡。特别是将此前的多次应试落第与"此时实于文章懈退,不复细意经营述作"及高锴因令狐绹三道李商隐而与及第联系起来品味,就会明显感到士子们苦苦追求的登第成名,根本不取决于真才实学和对文章的"细意经营",而是取决于有权势名位和有效人际关系者的几句话。这样的登第,不正是一种对自己才能的嘲讽吗?冯浩说:"味此数句,其感令狐浅矣,时必已渐乖也。"(《樊南文集详注》卷八)其实,这里流露的主要不是感令狐之情的深浅问题,而是看穿了事情真相之后一种莫名的悲哀,一种自我解嘲。下面又讲到开成三年应吏部试,已"为吏部上之中书",仅仅因为某中书长者的一句话"此人不堪"就被抹去了名字,士子的命运就被操纵在这种专断蛮横的显贵手里。然后又叙开成四年作尉弘农期间,因活狱不合长官之意"辄退去"之事。总之,自己应举以来所遭受的一切恰恰与自己的信条相反,士子的命运完全取决于显贵者的片言只语、好恶褒贬。结尾一段,意味深长地总结了他对华山的"三得":"始得其卑者朝高者,复得其揭然无附著,而又得其近而能远。"冯浩说:"似全以华山喻己之于令狐。始居其门,今不复附著,迹虽远而心犹近,以为回护之词。"(《樊南文集详注》)按此"三得"正反映了商隐与包括令狐在内的贵显势力关系的三个阶段:始则依附,继则特立不阿,再则貌似近而心则远(与冯说"迹虽远而心犹近"正相反)。此后一段时间内,他与令狐之间确实保持了这样一种"近而能远"的关系。回顾开成元年所作的《别令狐拾遗书》中对士大夫交道的抨击和对自己与令狐间"一日相从,百年见肺肝"关系的自信,再看现时他与令狐间隔阂的产生,商隐对士大夫交道乃至整个世情的认识比先前又深了一层。

就在写《与陶进士书》后不久,商隐辞去弘农尉职,到济源去将家搬到长安。《上河阳李大夫状一》说:"伏以仍世羁宦,厥家屡迁。占数为民,莫寻乔木;画宫受吊,曾乏弊庐。近以亲族相依,友朋见处,卜邻上国,移贯长安。"《上李尚书状》云:"昨者伏蒙恩造,重有沾赐,兼假长行人乘等,以今月十日到上都讫。"李大夫、李尚书均指河阳节度使李执方,系商隐妻舅、茂元内兄弟,商隐自济源移家长安曾得到执方资助。又《祭小侄女寄寄文》也提到"赴调京下,移家关中"之事。移家的具体年月,冯谱谓在开成四年释褐后,云:"《与陶进士书》曰:'南场作判,比于江淮选人,正得不忧长名放耳。'虽自负文才必得,亦谓忌者不能抑也。又曰:'寻复启与曹主,求尉于虢,实以太夫人年高,乐近地有山水者'云云,乃矫语耳……又按:义山于开成二年已云'愚调京下',然即有兴元之急行,而释褐实在四年,时当移家关中。《祭侄女文》:'赴调京下,移家关中,寄瘗尔骨,五年于兹。'溯之当在是年。则云'乐近地有山水者',必非始愿所及矣。"冯氏未见商隐上李大夫、李尚书诸状,又误算"寄瘗尔骨,五年于兹"至开成四年,故其移家关中在开成四年释褐后之考证实误。钱振伦《玉谿生年谱订误》已正其误,云:"小侄女寄寄葬于会昌四年,而《祭侄女文》云'赴调京下,移家关中,寄瘗尔骨,五年于兹',又《补编·上河阳李大夫第一状》云'卜邻上国,移贯长安',而先叙何弘敬拒命事,此事在开成五年,则移家之在五年,已无疑义。冯氏必欲移之四年者,意以移家谒选,然后得尉,而姚合之观察陕虢,事在开成四年,则不得不提前以就其说也。不知唐时先为内外官从调试判者甚多,其以尉而试判者,亦时有之。义山以才人为末吏,本非心之所乐为。《补编·上李尚书状》云:'虞寄为官,何尝满秩',必其还官之后,旋即辞尉任以求超擢,故会昌二年又以书判拔萃。彼此参证,其作尉在先,移家在后,尚何疑哉!"按钱氏之辨正除"必其还官之后,旋即辞尉任以求超擢"一语不确以外,其开成五年移家之结论确凿无误。会昌四年上溯五年,寄寄之夭及寄瘗济源当在五年而绝非四年,移家亦自必在五年。但钱氏未考移家的具体月份。张采田据《酬别令狐补阙》"惜别夏仍半,回途秋已期"之句,谓移家在开成五年初夏,亦误。按《上河阳李大夫状一》在述及"近以亲族相依,友朋见处,卜邻上国,移贯长安"时接着写道:

  始议聚粮,俄沾厚赐。衣裾轻楚,匹帛珍华。负荷不胜,推让何及……退惟寒薄,安所克堪?白露初凝,朱门渐远。西园公子,恨轩盖之难攀;东道主人,仰馆谷而犹在。

很显然,这篇状是商隐将去济源移家时李执方赐以衣帛等物,商隐表示感谢而作。其时季候正当"白露初凝"之时,与张氏移家在初夏之说显然不合。吴登《月令七十二候集解》云:"寒露,九月节,露气寒冷,将凝结也。"时当在开成五年九月。而《与陶进士书》作于开成五年九月三日,书末犹署"九月三日弘农尉李某顿首",说明九月三日商隐犹在弘农尉任上。辞尉、移家、从调应在其后。前已述及,商隐此次移家,得到河阳节度使李执方的资助,《上河阳李大夫状一》作于离河阳去济源移家时,据状末"白露初凝"语,时当在九月上中旬间(九月尚有霜降节气,在下旬)。自济源启程赴长安前,又得到李执方"赐借骡马及野戎馆熟食草料等"资助,商隐有《上河阳李大夫状二》表示感谢。济源至长安约一千里,抵达长安的时间当已十月。《上李尚书状》为抵长安后所上,状首即云"昨者伏蒙恩造,重有沾赐,兼假长行人乘等,以今月十日到上都讫"。可证商隐移家抵达长安的具体时间是开成五年十月十日。唐代内外官从常调,不限已仕未仕,选人期集,始于孟冬,终于季春。十月十日抵京,正赶上从调之时,故《上李尚书状》接云:"既获安居,便从常调。"

  移家长安的具体地点,据商隐《樊南甲集序》自号"樊南生",冯浩于《樊南文集详注》卷首考云：

> 《史记·樊哙传》："赐食邑杜之樊乡。"《索隐》曰："杜陵有樊乡。"《三秦记》曰："长安正南，山名秦岭，谷名子午，一名樊川，一名御宿。"樊乡即樊川也。《元和郡县志》曰："樊川一名后宽川，在万年县南三十五里。"盖其地当京城之南。唐人居城南者甚多，而"樊南"之字，如张礼《游城南记》云："西倚高崖，东眺樊南之景。"地志诸书亦屡见也。义山未第之前，往来京师，文名已著。及开成中，移家关中，必居樊南之地，故以自称。文所云"十年京师寒且饿……樊南穷冻人或知之"，而诗有云"白阁自云深"，又"回望秦川树如荠"，实指京郊所居景物言之无疑也……《说文》："樊，京兆杜陵乡。"徐锴《系传》曰："即樊川，汉曰御宿，在长安南，终南山北，连芙蓉园、曲江也。"

冯氏考证"樊南"甚确。商隐《思归》云："旧居连上苑，时节正迁莺。"诗作于大中二年春在桂林时，所谓"旧居"，即指移贯长安时之居处。上苑，即汉上林苑。苑南至御宿，亦即樊川①，故云"旧居连上苑"。其所居之地当距杜牧的樊川别业不远。直到会昌四年春太原杨弁之乱平后，商隐一家方从樊南迁居蒲州之永乐县。

第四节　赴陈许幕

就在商隐刚将家搬到长安城南的樊南时，王茂元被任命为陈许节度使，召

---

① 《三辅黄图·苑囿》："汉上林苑，即秦之旧苑也。《汉书》云：'武帝建元三年，开上林苑。东南至蓝田宜春、鼎湖、御宿、昆吾，旁南山而西，至长杨、五柞，北绕黄山，濒渭水而东，周袤三百里。'离宫七十所，皆容千乘万骑。"

商隐入幕,商隐于是又有赴陈许幕之行。

王茂元出镇陈许的时间,《旧唐书》本传接叙于甘露之变后,谓"茂元积贮家财巨万计。李训之败,中官利其财,掎摭其事,言茂元因王涯、郑注见用。茂元惧,罄家财以赂两军,以是授忠武军节度、陈许观察使",漏书任泾原节度使及自泾原入朝为官二事,显误。《新唐书》本传改正为"家积财,交煽权贵。郑注用事,迁泾原节度使。注败,悉出家赀饷两军,得不诛,封濮阳郡侯。召为将作监,领陈许节度使"。但未载出镇陈许的具体时间。冯浩《玉谿生年谱》系于会昌元年夏,张采田《玉谿生年谱会笺》系于会昌元年秋冬之际,均非。吴廷燮《唐方镇年表》系于开成五年九月,云:"李绅是年九月自宣武移淮南,(王)彦威代绅,茂元又代彦威。"岑仲勉《玉谿生年谱会笺平质》(乙)承讹"王茂元为陈许"条从吴考。

按《旧唐书·武宗纪》:开成五年九月,"以淮南节度使、检校尚书左仆射李德裕为吏部尚书、同中书门下平章事,寻兼门下侍郎;以宣武军节度使、检校吏部尚书、汴州刺史李绅代德裕镇淮南"。史虽未载王彦威由陈许徙宣武、王茂元由将作监出镇陈许的具体时间,但李绅、王彦威、王茂元分别徙镇或出镇淮南、宣武、陈许,乃是因李德裕由淮南入相所引起的一连串先后承接的任命。时间上因相互交接容有稍早或稍迟之别,但绝不可能如冯、张所考,将茂元出镇陈许的时间延至一年以后的会昌元年夏乃至秋冬间。实际上,冯、张之所以将茂元出镇陈许的时间定为会昌元年夏或秋冬之际,主要是因为他们认为开成五年九月至会昌元年正月这几个月中商隐有所谓"江乡之游",而商隐在茂元出镇陈许时又在幕中代拟了一系列表状启牒,为避开与"江乡之游"在时间上的矛盾,只能将茂元出镇的时间安排在会昌元年。但实际上,开成五年九月至会昌元年正月这段时间,商隐根本就没有过所谓的"江乡之游"。① 同时,还因为冯浩误解商隐文,谓王茂元"于武宗即位之初入朝,历御史中丞、太常卿、将作监,迁司农卿,而乃出镇(指陈许),当在会昌元年"(《玉谿生年谱》)②。以如此频繁的迁转,自当有一年以上的时间方有可能。但细按冯氏恃以为据的商隐诸文及冯氏未见到的商隐有关茂元生平诸文,除司农卿明确见于诸表状及祭文,将作监见于《新唐书》本传及诸文,可以确认以外,冯氏所云"历御史中丞、太常卿"纯属子虚乌有。《为濮阳公陈许谢上表》云:"旋属皇帝陛下,荆枝协庆,棣萼传辉,臣得先巾墨车,入拜丹陛。兰台假号,棘署参荣。奉汉后之园陵,获申送往;掌周王之廪庾,方切事居。不谓遽董戎旃,还持武节。"从武宗即位、茂元入朝叙到在朝所历官职,直至出镇陈许。其中"奉汉后之园陵,获申送往",指为将作监,修建文宗园陵;"掌周王之廪庾,方切事居"指为司农卿。冯氏谓"兰台"二句指茂元任御史中丞、太常卿,全属误解。兰台,即兰省,指尚书省(用尚书郎握兰含香故实),商隐《为濮阳公上杨相公状一》"柳营莫从于多让,兰台超假于前行"之"兰台"指尚书省可证③。兰台假号,是指茂元自泾原入朝后,加检校右仆射,亦即《为濮阳公上淮南李相公状一》自称"荣兼右揆"之谓,因系检校官,故曰"假号"。棘署,泛指九卿官署,古代九卿统称棘卿。"棘署参荣"即下四句所云,指担任九卿中之司农卿、将作监,与太常卿无涉。冯氏据《为濮阳公祭太常崔丞文》"棘署选丞,仍见谯玄之人",谓棘署指太常署,二句谓"茂元亦入朝为太常,故仍选为(太常)丞"。不知此处系叙崔珰入朝任官,与王茂元之任官无涉,二句

---

① 关于这个问题,将在本册第十一章详辨。下文叙述开成五年秋冬商隐行踪时也从另一角度加以辨正。
② 冯浩在《樊南文集详注》卷一《为濮阳公陈许谢上表》之笺语中亦谓:"按茂元入朝,当为御史中丞、太常少卿、将作监,转司农卿,迁陈许节度。"与《年谱》同,而"太常卿"改为"太常少卿"。
③ "兰台超假于前行",谓王茂元在泾原时由检校工部尚书越级加授检校兵部尚书。唐制,六部尚书中,吏、兵为前行,户、刑为中行,礼、工为后行。以此次序迁转。由检校工部尚书授检校兵部尚书,是越级加授检校官,故云"超假于前行"。旧注非。

盖谓：属于棘署（九卿衙门）之一的太常署选丞，又见崔珰被选为太常丞。总之，茂元自开成五年春文宗卒后入朝，至出镇陈许前，在朝所任之实职仅司农卿、将作监二职，外加检校右仆射的虚衔而已。

茂元出镇陈许的具体时间究竟是开成五年的哪个月，可从商隐《为濮阳公陈许举人自代状》及其他有关材料中推定。此状举以自代的官员为崔蠡。状云："今沔水无兵，武昌非险，用为廉问，尚郁庙谋。臣所部乃秦、韩战伐之乡，周、郑交圻之邑，军逾千乘，地控三州，若以代臣，必为名将。"可证作此状时崔蠡被任命为鄂岳观察使。冯浩笺引《旧唐书·崔宁传》："宁弟孙蠡，元和五年擢第。大和初为侍御史，三迁户部郎中，出为汝州刺史。开成初，以司勋郎中征。寻以本官知制诰，明年正拜舍人。三年权知礼部贡举。四年拜礼部侍郎，转户部。寻为华州刺史、镇国军等使，再历方镇。"并加按语云："《新书·传》更略。此时（指会昌元年）岂已从华州观察鄂岳耶？"史未载崔蠡观察鄂岳及具体时间，但《千唐志斋·唐故朝议郎使持节光州诸军事守光州刺史赐绯鱼袋李公（潘）墓志铭并序》云："出为江陵少尹，转光州刺史……今江夏崔公蠡、春官侍柳公璟、中书舍人裴公休、天官郎崔公球、柱史刘公濛，并交道之深契也……（公）以开成五年八月三日染疾于位，殁于弋阳之官舍……以其年十二月廿四日葬于洛阳县平阴乡从心里之原。"据此，墓铭当作于开成五年八月三日至十二月廿四日之间，而崔蠡最迟在开成五年十二月廿四日之前已在鄂岳观察使任上。又据《全唐诗》卷五四四刘得仁《送鄂州崔大夫赴镇》："廉问初难人，朝廷辍重臣。入山初有雪，登路正无尘。去国鸣驺缓，经云住旆频。千峰与万木，吟坐叶纷纷。"入山，指入商山，为自长安赴鄂州所经。入山初雪，木叶纷落，是深秋初冬间景象（商山一带，九月即有下雪者，商隐诗《九月於东逢雪》可证），崔蠡抵达鄂州，当已十月。崔蠡之前任为高锴，卒于任，其卒时史未载。然商隐《与陶进士书》作于开成五年九月三日，书中犹称高锴为夏口（公），可证其时锴尚未卒。参证《为濮阳公陈许举人自代状》及刘得仁《送鄂州崔大夫赴镇》诗，高锴当卒于开成五年九月中旬左右，崔蠡即高锴卒后朝廷新任命的鄂岳观察使。又《李公（潘）墓志铭并序》中提到"春官侍郎柳公璟"，据丁居晦《重修承旨学士壁记》："柳璟，开成……五年十月，改礼部侍郎，出院。"亦可证墓铭作于开成五年十月柳任礼部侍郎后。又《为濮阳公陈许举人自代状》在叙述崔蠡观察鄂岳前历官时，只说"既还纶阁，复掌礼闱……及司版籍，以副地官"，与《崔蠡传》"寻以本官知制诰，明年正拜舍人。三年，权知礼部贡举。四年，拜礼部侍郎，转户部"合，无任华州刺史之迹。刘得仁送崔赴镇诗也无自华州刺史迁鄂岳的迹象（诗云"朝廷辍重臣"，应是自朝官出镇），《崔蠡传》任华州刺史之记载不确。开成五年七月以后任华州刺史者为周墀。

《为濮阳公陈许举人自代状》说："（崔蠡）居然国器，实映朝伦。今沔水无兵，武昌非险，用为廉问，尚郁庙谋……若以代臣，必为名将。"细玩这段话的口吻，崔蠡和王茂元当是一前一后大体同时被任命为鄂岳观察使、陈许节度使的，故有"今……用为廉问，尚郁庙谋"的表述。如按冯、张所考，茂元会昌元年方出镇陈许，则其举崔蠡以自代时，蠡在鄂岳任上历时已达半载乃至一年，与上引状文的叙述口吻显然不合。徐树谷《李义山文集笺注》说："时崔蠡方除鄂岳观察，而王茂元为陈许节度，以鄂岳非当时重地，而己所部陈许乃中原要害，恐不胜任，故举崔以自代。"徐氏的理解是正确的。

既然王茂元出镇陈许是开成五年九月李德裕自淮南入相引起的一连串先后承接的方镇任命，王茂元举以自代的崔蠡又是开成五年秋冬间与自己先后大体同时被任命的鄂岳观察使，则王茂元出镇陈许的时间当在开成五年秋冬间，而不会迟至会昌元年夏或秋冬间也就可以肯定。

冯谱未提及商隐赴陈许幕之事，但又列《为濮阳公陈许谢上表》、《为濮阳公陈许举人自代状》、《为濮阳公陈许奏韩琮等四人充判官状》于会昌元年，殊不可解。张氏《会笺》于会昌二年谱书："义山居陈许幕，辟掌书记。"然又云："赴陈许幕或当在会昌元年。"然无论元年赴幕、二年居幕，均误。会昌二年商隐又以书判拔萃重入秘省为正字,后又丁母忧,其间不可能有时间居陈许幕。现存商隐诗文,亦无会昌二年居陈许幕之证。商隐之赴陈许幕,实在开成五年十月,乃应茂元之召赴幕。

商隐《祭外舅赠司徒公文》云:"京西昔日,辇下当时,中堂评赋,后榭言诗……公在东藩,愚当再调,赍帛资费,衔书见召。水槛几醉,风亭一笑。"京西指泾原,辇下谓京师,前四句指茂元镇泾原及内召还朝期间翁婿评赋言诗情事。东藩指陈许。据"公在东藩"六句,知茂元镇陈许时,曾"赍帛资费,衔书见召",延商隐赴幕,商隐遂应召入幕。当然,"公在东藩,愚当再调",可以理解为王茂元镇陈许期间,正值商隐为调选官职奔忙之时;所谓"赍帛资费,衔书见召",也可以理解为茂元镇陈许的中途召商隐入幕。但只要把商隐在陈许幕期间撰拟的表状启牒一一开列出来,就可以明白,这一系列表状绝非茂元镇陈许的中途所作,而是茂元刚被任命为陈许节度使时及抵达陈许任后一个短时期内由商隐所拟。这些表状启牒按时间先后排列计有:《为濮阳公陈许奏韩琮等四人充判官状》、《为濮阳公许州请判官上中书状》、《为濮阳公上宾客李相公状一》(以上三状为接到任命后,赴陈许前所上)、《为濮阳公陈许谢上表》、《为濮阳公陈许举人自代状》、《为濮阳公上宾客李相公状二》、《为濮阳公陈许补王琛衙前兵马使牒》、《为濮阳公补卢处恭牒》、《为濮阳公补仇坦牒》、《为濮阳公补顾思言牒》、《为司徒濮阳公祭忠武都押衙张士隐文》、《为濮阳公上四相贺正启》(以上九篇均到陈许后作)。另有《淮阳路》诗,当是赴陈许途中已近许州时作。

前已考明,商隐移家抵达长安的时间为开成五年十月十日。其应茂元之召赴陈许当在此后。《为濮阳公陈许谢上表》云:"臣伏奉去月八日制书,授臣前件官。臣即以某月日到任上讫。"此"去月八日"当为十月八日。因为如果九月八日奉制,最迟九月下旬茂元当已启程赴任①,而此时商隐正自济源移家长安,不可能与茂元同赴陈许,也就不可能有上列诗文的撰写。十月八日奉制书,十月十日商隐抵达长安,茂元随即"赍帛资费,衔书见召"。商隐本拟"既获安居,便从常调"(《上李尚书状》),因茂元之召,遂随茂元同赴陈许。启程时约在开成五年十月中下旬,抵达许州当已十一月(故《谢上表》云"奉去月八日制书")。其《淮阳路》诗系赴幕途中将抵许州时作,诗有"断雁高仍急,寒溪晓更清"之句,写景切冬令。又《为濮阳公上宾客李相公状二》为初抵陈许时上太子宾客分司李宗闵之作,状云:"此方地控淮徐,气连荆楚,不惟土薄,兼亦冬温。洛阳居万国之中,得四方之正,或闻今岁亦不甚寒。"亦明言时已冬令,而今岁不甚寒。故商隐随茂元赴陈许,当于开成五年十月中下旬启程,抵达许州已是十一月。

  商隐此次赴陈许幕,虽系应茂元之召,并在入幕之初撰拟了一系列表状启牒,在一段时间内担负了幕府的文字工作,但实际上并未正式辟奏为掌书记,陈许节度掌书记另有其人。《为濮阳公陈许奏韩琮等四人充判官状》中有段瓌,状云:"右件官言思无邪,学就有道。屡为从事,常佐正人。加以富有文辞,精于草隶……臣所部稍远京都,每繁章奏,敢兹上请,乞以自随。伏请依资赐授宪官,充臣节度掌书记。"可见段瓌才是正式辟奏的掌书记。按理,上述表状应由段瓌撰拟。之所以"赍帛资费,衔书见召",请商隐赴陈许幕,并由商隐撰上述表状,比较近理的解释是:段瓌虽应辟为节度书记,但临时因事不能在幕府初开时即到任,故茂元急召商隐入幕以担当幕府初开时的文字工作。等到段瓌事毕抵陈许幕,商隐便离开陈许。否则,既已正式辟奏段瓌为节度书记,却又让商隐越俎代庖,便无法解释。从另一角度说,茂元既明知商隐移家长安,便从常调,却又要召其入幕,也不好理解。正因为是临时暂代其事,并非正式辟奏的幕僚,故段

---

① 《唐会要》卷六八阙名《刺史限发赴任奏》(大和五年五月御史台):"去京一千里内者限十日,二千里内者限十五日,三千里内者限二十日,三千里外者限二十五日。"许州距京师一千二百里,按规定十五日内当启程赴任。

璟到任后，商隐便可离幕。商隐《重祭外舅司徒公文》云："及移秩农卿，分忧旧许，羁牵少暇，陪奉多违。"茂元开成五年十一月至会昌三年四月末一直在陈许任，而商隐在陈许幕的时间不过月余（详下文），故云"陪奉多违"。

商隐何时离陈许幕？现可考知开成五年冬商隐在陈许幕为王茂元草拟的最后一封书启是《为濮阳公上四相贺正启》。张采田云："案：四相无可征实，此启亦不审在泾原作，抑陈许也。"（《玉谿生年谱会笺》）启云："某方临征镇，伏贺无由。"商隐开成三年方入茂元泾原幕，其时茂元在泾原已四年，不得云"方临征镇"，故此启当为茂元镇陈许时商隐代拟。贺正启当于翌年元旦前送达长安，计许州至长安之程途及所费时日，此启当作于十二月上旬。再参以会昌元年正月上旬商隐已在华州为周墀草贺表之事（见下文），商隐约在十二月中下旬离开陈许幕。

商隐在陈许幕期间代茂元所拟诸文中，两篇上李宗闵的状值得注意。这是商隐文中仅有的两篇代人上宗闵的书信。宗闵大和九年贬潮州司户，开成元年移杭州司马，三年为杭州刺史，四年冬改太子宾客分司东都。商隐代茂元作此二状时，宗闵仍在东都为太子宾客，六年来一直处于被贬谪和闲散的境遇。茂元由长安赴陈许前，曾接宗闵书信。茂元家在东都，由长安赴许州，路过东都，在回家的同时顺道拜访一下李宗闵，本是应有的礼节。但由于当时李德裕刚任宰相，德裕与宗闵矛盾很深，为了避免引起不必要的麻烦，茂元决定不经洛阳而径往许州。《为濮阳公上宾客李相公状一》一方面变慰为赞，说李宗闵能够宠辱不惊，安于退守："践履道枢，优游天爵，功无与让，故勇于退；能不自伐，故葆其光。"一方面则向他解释不能经过洛阳来拜访他的原因："某早蒙恩顾，累忝藩方。本冀征辕，得由东洛。伏以延英奉辞之日，宰臣俟对之时，止得便奏发期，不敢更求枉路。限于流例，莫获起居。"抵达陈许后，又有《为濮阳公上宾客李相公状二》，中云："从古以来，大贤所处，未有不功高而去，德盛而谦，以烟水为归途，指神仙而投分……然而内难外忧，不常而起；深谋密画，须有所归。则吕望老于渭滨,始持兵柄;周公退于洛邑,复秉国钧。"既慰其目前的投闲置散,又谓其异日仍有大用之时。这两封信,反映出在当时牛李党争激烈、两党迭为进退消长的政治局势下①,内外官吏们一方面要尽量避免得罪当权的一派,另一方面又不能过于冷落甚至得罪暂时失势的一派,周旋其间,煞费苦心。但从这两篇状中仍可看出,茂元(包括执笔者李商隐)对李宗闵的"功无与让"、"功高"只是虚泛不实、言不由衷的赞辞,因为宗闵实无功绩可记。从书信中也可看出,商隐作为骈体章表书启的行家里手,驾驭这种措辞很不容易的应酬文章已经相当得心应手了。

第五节　暂寓华幕

离陈许幕后,商隐当抵华州,暂寓周墀幕。周墀开成三年权判吏部西铨,在商隐博学宏辞考试合格后曾初选其为官,后被某中书长者驳下,因此商隐一直对周墀心存感激。据《重修承旨学士壁记》,周墀开成五年"三月十三日改工部侍郎知制诰。六月十日守本官出院"。又据《旧唐书·武宗纪》,开成五年"秋七月制:检校礼部尚书、华州刺史陈夷行复为中书侍郎同平章事",《旧唐书·陈夷行传》亦云"七月,自华召入,复为中书侍郎平章事"。周墀之任华州刺史、镇国军潼关防御使当在开成五年七月陈夷行自华召入之后。大约在周墀刚任华州刺史时,商隐有《上华州周侍郎状》,状首有"某文非胜质,黠不半痴。辛勤一名,契阔九品。献书指佞,远愧南昌;悬棒申威,近惭北部"等语,可证其时商隐尚在弘农尉任上。状末云:"犹希薄伎,获荫清光……骥疲吴坂,已逢伯乐而鸣;蝶过漆园,愿入庄周之梦。"明显表露希冀汲引、入幕之意。稍后朝廷加周墀散官官阶为朝散大夫,商隐有《为侍郎汝南公华州谢加阶状》。商隐随茂元赴陈许

---

① 文宗朝尽管牛党得势时居多,但总的局势仍是互有进退或两党并用。

幕途经华州时(约在十月下旬),又有《献华州周大夫十三丈启》,末云:"某方从羁宦,遽远深恩。昔日及门,预三千之弟子;今晨即路,隔百二之关河。"这些启状,将周墀视为恩门、伯乐,表现出强烈的依托愿望。因此,离开陈许幕后来到华州暂寓周墀幕是合乎情理的事。

会昌元年正月九日,改元,大赦,商隐有《为汝南公①华州贺南郊赦表》及《为京兆公②陕州贺南郊赦表》。从这两通贺表看,开成五年十二月下旬,商隐当已抵达华州,并暂居周墀幕,故正月十日左右(陕州贺表可能稍迟数日)方能有此代作。按照冯浩、张采田的考证,会昌元年正月,商隐与刘蕡正在洞庭湖畔的湘阴黄陵于春雪中晤别。冯谓:"《贺郊赦表》在正二月,岂归期若是速耶?潭州距京师约二千五百里。"张则云:"潭州距京约二千五百里,而为华、陕贺表,至迟亦当在正月之杪。然则春雪黄陵,与司户送别之时,其在正初欤?"二者都明显不能自圆其说。这类贺表,必须及时,地方长官例须于奉制书后立即撰写并送呈朝廷。华州正月十日制书可达,陕州则稍后几天,故华、陕两地上呈的贺赦表不应超过十一日至十五日,绝不会迟至"正月之杪"乃至二月,否则就完全失去及时庆贺的意义。潭州距京师二千五百里,即使日行百里,也要二十五天才到长安。正如岑仲勉所驳:"贺表岂能阁笔以俟李返乎?"仅此二表的写作时间一端,就可以反证冯、张关于商隐开成五年九月至会昌元年正月有江乡之游的说法根本不能成立。

会昌元年居周墀幕时,商隐又有《华州周大夫宴席》诗,题下自注:"西铨。"诗云:

郡斋何用酒如泉,饮德先时已醉眠。

---

① 即周墀。
② 指韦温,时任陕虢观察使。

若共门人推礼分，戴崇争得及彭宣？

《汉书·张禹传》：禹弟子成就尤著者淮阳彭宣、沛郡戴崇。宣为人恭俭有法度，而崇恺悌多智。禹心亲爱崇，敬宣而疏之。崇每候禹，禹将崇入后堂饮食，妇女相对，优人管弦，铿锵极乐，昏夜乃罢。而宣之来也，禹见之于便坐，讲论经义，日宴赐食，不过一肉卮酒相对，未尝得至后堂。及两人皆闻知，各自得也。诗以彭宣自喻，谓己饮周墀之德，受其礼遇，已深感荣幸，何用"酒如泉"，似张禹待戴崇之亲密乎？曰"饮德"，曰"推礼分"，在感激周墀礼待的同时微寓于己感情稍疏之意。曰"何用"，曰"若共"，曰"争得"，于自得中对另一面实有所不足。周墀政治上偏于牛党①，当时李德裕主政，牛党失势，故实际上周墀也不大可能给商隐多少帮助。

会昌元年十一月十六七日和十二月末，会昌二年正月二日，商隐又先后为周墀写了三篇贺表，即《为汝南公以妖星见贺德音表》、《为汝南公贺彗星不见复正殿表》、《为汝南公贺元日御正殿受朝贺表》。另外，还有一篇题与文不相符的《为汝南公贺元日朝会上中书状》②。这一系列表状，均为会昌元年十一月中旬至十二月末彗星自出现至消失过程中或稍后所上。它们的写作时间与地点（华州）进一步否定了张笺关于商隐"赴陈许幕或当在会昌元年"的说法。因为按张说，会昌元年十一月、十二月乃至二年正月，商隐应在陈许幕。如果这样，商隐何能为离许州千里之遥的华州周墀撰拟表状？换言之，周墀又何能撇下府中从事而请千里之外的陈许幕僚商隐撰此表状？同时这些表状的写作也表明，在会

---

① 参见《樊川文集》卷七《唐故东川节度使检校右仆射赠司徒周公（墀）墓志铭》。
② 按文题，当与《为汝南公贺元日御正殿受朝贺表》同作于会昌二年正月二日，表上皇帝，状上中书。但文章的内容与题不符，乃是贺武宗于会昌二年四月加尊号时所上。当是《贺元日朝会上中书状》与《贺上尊号上中书状》二文原本相连，传抄翻刻时偶脱前状之文，遂将前状之题与后状之文合而为一。此类讹例，商隐诗文集中多有之，详参本册附考六《李商隐诗文集中一种典型的脱误现象——从〈为尚书渤海公举人自代状〉题与文的脱节谈起》。

昌元年初到二年初这段时期内,商隐在华州周墀幕的次数和时间不少,两人之间的联系是相当密切的。

本年商隐有《献舍人彭城公启》与《上刘舍人状》。① 状有"因缘一命,羁继三年"语,按商隐开成四年释褐为秘书省校书郎,始为一命之官;至会昌元年,正三年。状又云"伏以士之营道抱器,处世立名,诚宜俟彼时来,亦在申于知者……倚望光辉,实在造次",有明显的希求汲引之意。启有"俸微五斗,病满十旬"之语,当亦开成五年九月辞尉满百日后所上。启又云"是敢窃假菲词,仰于哲匠,果蒙咳唾,以及泥涂……傥或不吝铸人,必令附骥",亦感激奖誉、企望荐引之意。这说明本年离华州幕后商隐仍在通过关系(彭城公系通过令狐绹介绍)干求显宦以求选调。

会昌元年,商隐还写了两篇祭文。一篇是写于四月二十日的《祭张书记文》。这篇祭文是包括商隐在内的六位张审礼的连襟合祭审礼之文。文中刻画了一位"瞭眸巨鼻,方口疏髭……论极悬河,文酬散绮"而遭遇不偶的落拓文士形象,发出"神道甚微,文理难究,桂蠹兰败,龟年鹤寿"的慨叹,寄寓了商隐自己的愤郁不平。另一篇是《代李兵曹祭兄濠州刺史文》。冯浩认为此濠州刺史是大中五年十二月贬为睦州刺史的宗正卿李文举,并臆改文内"竟陵山水,钟陵控轭"之"竟陵"为"严陵",以牵合其李文举贬为睦州刺史之说。实则此文题内之"濠州刺史"系开成二年五月以后贬复州(即竟陵),约开成四年左右迁濠州刺史的原宗正卿李从易,详见《〈樊南文集〉、〈樊南文集补编〉旧笺补正》一文(载《中国古籍研究》第 1 卷,1996 年)。此外还有一篇《为盐州刺史举李孚判官状》。以上三文,当均作于长安。联系这一年所作的其他文章,可以推断,会昌元年这一年,商隐大部分时间在长安,时或往来于长安、华州之间。这是

---

① 舍人彭城公、刘舍人,钱振伦据冯浩笺《为崔从事寄尚书彭城公启》,以为是会昌末正拜中书舍人的刘瑑,但可疑,俟再考。

因为,从开成五年十月起,他已经把家安到了长安城南的樊南,有了一个活动据点。

第六节　重入秘省

会昌二年春,在经过一年多的努力与等待之后,商隐终于再一次以试书判拔萃合格而被任命为秘书省正字。关于这件事,商隐在自己的文章中有明确记述。《请卢尚书撰曾祖妣志文状》云:"曾孙商隐,以会昌二年由进士第判入等,授秘书省正字。"《请卢尚书撰李氏仲姊河东裴氏夫人志文状》亦云:"至会昌二①年,商隐受选天官,正书秘阁。"《旧唐书》本传亦云:"会昌二年又以书判拔萃。"按吏部铨试,选人期集,始于孟冬、终于季春的常例,商隐授秘书省正字约在会昌二年春。秘书省正字为正九品下阶,和开成四年初释褐时授秘书省校书郎(正九品上阶)相比,虽然时间过去了整整三年,官阶却从上阶降到了下阶。但这似乎并没有影响商隐的情绪,他对这次重入秘省还是很高兴并引以为荣的,这从他后来居母丧期间所作的一系列有关亲人的祭文或行状中提到此事时的口吻可以明显看出来。如《祭徐氏姊文》云:"三干有司,两被公选,再命芸阁,叨迹时贤。"《祭裴氏姊文》云:"既登太常之第,复忝天官之选。免迹县正,刊书秘丘。荣养之志才通,启动之期有渐。"因为,毕竟经过努力,商隐又由弘农尉这样的俗吏回到了秘省清资,似乎又重新打通了仕进的道路。

可惜的是,这次重入秘省,时间仍然很短(半年左右),而且和上次一样,没有留下多少有关秘省生活的记载。《无题二首》其一(昨夜星辰)提到"走马兰台",诗当为商隐任职秘省期间所作。但究竟是开成四年初入秘省为校书郎时,还是会昌二年重入秘省为正字时,抑或会昌六年母丧服阕重官秘阁时,却难以

---

① 原误作"三",据前状及钱振伦说改正。

断定。他在《樊南甲集序》中说:"后又两为秘省房中官,恣展古集,往往咽噱于任、范、徐、庾之间。"可见任职秘省期间,他阅读了不少前人的文集,特别是六朝作家的骈体文。这对他的骈文和近体诗创作有很重要的作用,《樊南甲集序》所称"有请作文,或时得好对切事,声势物景,哀上浮壮,能感动人",即是其中重要的方面。

从开成四年春到会昌二年冬,在将近四年的时间里,李商隐一直为求仕而奔忙、努力,可以说是他一生中求仕活动最频繁、从政热情最高的时期。这一切活动的结果就是秘书省校书郎—弘农尉—秘书省正字,从正九品上阶变成了正九品下阶。这仿佛是命运对他的一种嘲弄,转了一个圈又回到了原先的起点。但在商隐诗文中,除了对出尉弘农一事意殊愤愤以外,于重官秘省不仅没有表现出对命运不公的不平,相反,有时还有点沾沾自喜。晚唐时期的文人,早已失去了盛唐诗人那种"天生我材必有用"式的高度自信。特别是像李商隐这样一个"内无强近,外乏因依"的寒微士人,作为"五服之内,一身有官"(《祭处士房叔父文》)的家庭中的长子,他还肩负着全家的生活重担和一切应负的家庭义务。做官,不仅是为了实现"欲回天地"的政治抱负,而且是为了光显门楣、奉养母亲、抚育弟妹乃至下一章要着重讲到的大规模迁葬亲人坟墓这种家庭义务。因此,当我们回过头去检阅这四年中商隐的诗文创作时,便会发现这实际上是他在创作上一个比较平衍的时期,特别是相对于甘露之变前后的高潮期来说,尤为明显。除了《出关宿盘豆馆对丛芦有感》、《任弘农尉献州刺史乞假归京》、《戏赠张书记》、《咏史》(历览前贤)、《淮阳路》、《灞岸》以及《与陶进士书》、《上李尚书状》等少量诗文写得比较成功以外,其他作品大都比较平常,而且总的数量不多。

但从政坛情况看,这四年是经历了相当大的变化的。先是开成五年正月文宗病逝,武宗在仇士良、鱼弘志一派宦官的拥立下即位,原皇太子成美、安王溶、杨贤妃赐死。紧接着,牛党宰相杨嗣复、李珏分别在五月、八月罢相,并于八月

第七章 两入秘省

分别出为湖南观察使、桂管观察使。九月,李德裕自淮南入京、拜相。会昌元年三月,杨、李再贬为潮州刺史、昭州刺史,裴夷直自杭州刺史贬为驩州司户,刘蕡也在此时或稍后被贬为柳州司户①。这一切政局上的变动,包括牛、李两党的进退迁贬,应该说其震幅还是不小的。而且从李德裕任宰相后,朝廷政治在向好的方向发展。武宗专任李德裕,德裕又富才干,朝廷上少有是非蜂起、互相攻讦、议而不决、决而不行的情况。但除了文宗之死引起商隐对唐王朝没落趋势的深长感慨及《淮阳路》、《灞岸》少数诗作外,多数诗文均不涉及时事政治,好像因为忙于求仕,"事故纷纶,光阴迁贸"(《祭小侄女寄寄文》),其他一切都暂时退居次要地位了。连刘蕡之贬也未在这一时期的诗歌中留下痕迹,这和后来大中二年、三年创作的一系列赠、哭刘蕡的诗恰恰形成鲜明的对照。

---

① 刘蕡是杨嗣复的门生,宝历二年登进士第,其年礼部侍郎杨嗣复知贡举;裴夷直为杨嗣复所擢;裴与刘蕡大和八年至开成二年同在宣歙观察使王质幕,二人与杨均有特殊的人事关系,故刘蕡很可能被宦官诬以党附杨嗣复、裴夷直的罪名远贬柳州,详本册第十一章。

第八章　居母丧和永乐闲居

就在商隐重入秘省后不久,他又遭受了生活中另一重大变故——母亲的去世。从会昌二年冬母亲去世,到会昌四年暮春移家蒲州永乐县,再到会昌五年春应郑州刺史李褒之招由永乐赴郑州,在两年多的时间里,商隐主要居于长安樊南和蒲州永乐两地。但为操办母亲的丧葬和其他亲人的迁葬,他常往返于京、郑,还到过洛阳、怀州等地。在永乐闲居期间,还到过稷山、霍山、太原。在他的生活与创作历程中,这是一个比较特殊的时期,诗歌创作清浅,文章创作则佳篇迭出,大放异彩。

第一节　母丧和迁葬

商隐《请卢尚书撰曾祖妣志文状》云:"曾孙商隐,以会昌二年由进士第判入等,授秘书省正字。所以称家①,克谋启合②。罪戾增积,降罚于天,卜吉之初,再丁凶衅③。永惟残喘,寄在朝夕。惧泉阡乖隔,松槚摧残,衔哀抆血,尽力襄事,克以来年④正月日,启夫人之樣,归合于怀之东原。"行状作于会昌三年冬,其

---

① 谓根据家中财力举办丧葬之事。
② 指将其曾祖母由荥阳迁至怀州与曾祖父合葬。
③ 指又遇母亲去世。
④ 即会昌四年。

中叙母丧在会昌二年重入秘省为正字之后,知母丧在二年。其具体月日,因祭文、墓志铭均佚,现已无从详考。但商隐《祭徐氏姊文》作于会昌三年八月稍前,而文称"祥忌云近"①,则母丧约在会昌二年冬。又《上郑州李舍人状四》作于会昌五年秋,而文称"某十月初始议西上",张氏《会笺》据此谓"(状)乃会昌五年服阕将入京作,则母卒当在是年(指会昌二年)冬暮矣",所推定的时间大体接近实际。惟"冬暮"一般指十二月,似稍迟,当在十月左右。

商隐母亲当是在长安樊南去世的。开成五年十月移家樊南后,母亲当和商隐、王氏住在一起。商隐家从其祖父李俌开始,祖母、父亲李嗣、处士叔的坟都在荥阳坛山。因此在停灵之后正式安葬时,他必须千里迢迢,将母亲的灵柩运回荥阳,与父亲李嗣同葬于坛山。这个时间当在会昌三年的上半年。张氏《会笺》说:"仲姊之葬,必与葬母同时。"这是错误的。裴氏仲姊之由获嘉迁葬荥阳坛山,在会昌四年正月(详下),商隐母亲的葬期,绝不可能拖得这样久。张氏引以为证的《祭裴氏姊文》"南望显考(指父李嗣之墓),东望严君(指母坟)",正说明在仲姊迁葬时,其母早已安葬,而非同时安葬。但母亲安葬于荥阳坛山,却触动了他多少年来一直萦怀却未能实现的一个大心愿:将亲人的坟墓作一次大规模的迁葬,使得这些死去的亲人各归其所,用商隐自己的话来说,就是"五服之内,更无流寓之魂;一门之中,悉共归全之地"(《祭裴氏姊文》)。

这次大规模的迁葬活动,内容包括:其一,将曾祖母卢氏的坟墓由荥阳坛山迁往怀州雍店之东原,与原来安葬在那里的曾祖父叔恒合葬。《请卢尚书撰曾祖妣志文状》云:"夫人……年十七,归于安阳君,讳某,字叔洪……始命于安阳,年二十九弃代,祔葬于怀州雍店之东原,先大夫故美原令(商隐高祖李涉)之左次……始夫人既孀,教邢州君(商隐祖父李俌)以经业得禄,寓居于荥阳。不幸邢州君亦以疾早世。夫人忍昼夜之哭,抚视孤孙(商隐父李嗣)。家惟屡空,不

---

① 指母丧之周年已近。

克以邢州归祔,故卜葬于荥阳坛山之原上……后十年,夫人始以寿殁,诸孤且幼,亦未克以夫人之柩合于安阳君。怀、郑相望,二百里而远,仍世多故,茔兆尚离,日月遄移,将逾百岁。"从所引的这段文字中可以看出,这位卢氏太夫人曾以超常的毅力在极端困难的情况下抚育了李家子、孙两代,因此商隐对她的感情特别深,对拖了将近百年之久的这项迁葬活动也特别重视。其二,将处士叔李某原葬在坛山、因风水为患而圮坏的旧坟另择新穴重新安葬(处士叔大和三年十月葬于坛山)。商隐少年时曾蒙处士叔"亲授经典,教为文章"(《请卢尚书撰故处士姑臧李某志文状》),对他而言,处士叔既是长辈,又是恩师,因此营办迁穴之事是应尽的义务。其三,将裴氏仲姊的坟墓由原先寓殡的获嘉迁回荥阳坛山。《请卢尚书撰李氏仲姊河东裴氏夫人志文状》云:"年十有八,归于河东裴允元,故侍中耀卿之孙也。既归逢病,未克入庙,实历周岁,奄归下泉。时先君子罢宰获嘉,将从他辟,遂寓殡于获嘉之东。厥弟不天,旋失所怙,返葬之礼,阙然不修。"裴氏姊的婚姻悲剧和长期寓殡获嘉不仅使商隐深感悲痛,而且成为他母亲生前的一块心病。其四,将徐氏姊权厝的灵柩迁往景亳夫家,和会昌三年去世的徐姊夫合葬。其五,将开成五年在济源夭折,暂瘗于济源的小侄女寄寄的坟迁回荥阳坛山。《祭小侄女寄寄文》说:"尔生四年,方复本族,既复数月,奄然归无……时吾赴调京下,移家关中。事故纷纶,光阴迁贸。寄瘗尔骨,五年于兹……今吾仲姊,反葬有期。遂迁尔灵,来复先域。"这五起迁葬活动,上自曾祖母,下至幼夭的小侄女,涉及四代人。地域涉及荥阳、怀州、景亳、济源、获嘉。可想而知,所要付出的精力和财力都是相当大的。特别是裴氏仲姊寓殡获嘉东郊,因为事隔三十多年,原来的葬地已很难寻找,《祭裴氏姊文》描绘当时的情况道:

  遂以前月初吉,摄缭告灵,号步东郊,访诸耆旧。孤魂何托?旅榇奚依?垂兴欲堕之悲,几有将平之恨。断手解体,何痛如之!洒血荒墟,飞走同感。

千载之下，读此文字，还可想见当年商隐在荒郊中苦苦寻觅裴氏姊墓时的深哀剧痛。

从会昌三年的七八月，到四年正月，商隐先后迁葬了徐氏姊、处士叔、裴氏姊、小侄女寄寄的坟。曾祖母的迁葬，原来也定在会昌四年正月，但因为讨刘稹的战争仍在继续进行，特别是正月又发生了太原杨弁的叛乱，杨弁与刘稹联络，约为兄弟，使怀州一带的形势再度紧张起来，只好改期举行。《祭裴氏姊文》说："唯安阳祖妣未祔，仍世遗忧。昨本卜孟春，便谋启合，会雍店东下，逼近行营。烽火朝然，鼓鼙夜动。虽徒步举梓，古有其人，用之于今，或为简率。潞寇朝殚，则此礼夕行。"这里提到的"会雍店东下，逼近行营"，指会昌三年九月乙酉，刘稹牙将刘公直潜师过万善（河阳节度使王茂元军于此）南五里，焚雍店。当时这一带是战场，加上杨弁之乱，无法将曾祖母迁葬于雍店之东原，只能改期举行。会昌四年八月，刘稹乱平，迁葬的事应当是实现了的，可惜没有留下商隐迁葬曾祖母时写的祭文。

迁葬亲属的坟墓，在封建时代是件大事。特别是商隐身为长孙，担负着支撑门庭的重任，这件大事更责无旁贷地落到他的肩上。因此在办完这一连串迁葬之事后，他欣慰地说："首夏已来，亦有通吉。傥天鉴孤藐，神听至诚，获以全兹，免负遗托，即五服之内，更无流寓之魂；一门之中，悉共归全之地。今交亲馈遗，朝暮饘糊，收合盈余，节省费耗，所望克终远事，岂敢温饱微生？"（《祭裴氏姊文》）这次大规模的迁葬活动，虽然也得到亲友的资助，一些具体葬事，亦由弟弟羲叟操办，但付出精力、财力最大的，当然是商隐。这充分体现了他的家庭责任感。

这次迁葬活动，还产生了一批情文并茂的哀祭文和行状。这些文章不仅为了解商隐的家世、亲属、生平提供了最信实的第一手资料，而且充分表现了商隐对家人骨肉的深挚感情，展示了他性格、气质中极重要的一面。为徐氏姊、徐姊夫、处士叔、小侄女寄寄、裴氏姊写的祭文，篇篇可读，特别是《祭裴氏姊文》和《祭小侄女寄寄文》更是祭文中的精品。这些文章，将在下册专章论述其骈文时具体评介。

第二节 在伐叛战争中

会昌三年，唐廷接连进行了两次伐叛战争。一次是这年正月进行的破袭回鹘侵扰的战争，另一次是这年四月开始部署、八月正式进行、直到会昌四年八月方才结束的讨伐泽潞叛镇刘稹的战争。这两次战争都取得了胜利。在唐后期，这是振奋国威、提高朝廷威望的重大政治军事行动。商隐对这两次伐叛战争都深切地加以关注，并写了一系列有关这两次战争的诗文，表现出对国家命运的关心和对百姓疾苦的同情。①

回鹘自从太和公主出降后，国家更换了三个君主。开成五年，其酋帅与黠戛斯（回鹘原属部）合兵，攻杀可汗，诸部溃散。会昌元年，其中乌介特勒一部劫公主南来，请借振武军（唐胜州，有东受降城，在今内蒙古自治区鄂尔多斯托克托旗）一带以居。武宗听从宰相李德裕的建议，遣使送米二万石，但不允许借振武。另有嗢没斯一支，于开成五年先至塞上，率二千六百人来降，特命李德裕搜集秦汉以来外国归化建功立业者三十人，作《异域归忠传》赐之。乌介本军于会昌二年八月过杷头烽南，突入大同川，驱掠河东杂虏牛马数万，转斗至云州城门，刺史张献节闭门自守，吐谷浑、党项都挈家入山避之。朝廷诏发陈、许、徐、汝、襄阳等兵屯太原及振武、天德，准备第二年春天驱逐回鹘。商隐为此写了《灞岸》一诗：

---

① 本节提到的有关回鹘侵扰内地、唐廷采取措施，以及商隐有关此事的诗作，有些作于会昌二年冬商隐丧母之前，但破袭回鹘的战争则发生在会昌三年正月。为叙述的集中、方便，在这一节中作一总述。

山东今岁点行频,几处冤魂哭虏尘。

灞水桥边倚华表,平时二月有东巡。

诗人在灞水岸边,举目远眺,想象关东一带诸镇军队纷纷奉朝廷之命调集征发,北方边境一带百姓遭回鹘侵扰、流离失所的情景,对照往昔承平年代,帝王车驾东巡的繁盛景象,不禁感慨系之。无限今昔盛衰之感,均于言外见之。这种感慨战乱破坏百姓和平团聚生活的内容,甚至渗透到传统的闺怨题材中。如《即日》:

小苑试春衣,高楼倚暮晖。

夭桃唯是笑,舞蝶不空飞。

赤岭久无耗,鸿门犹合围。

几家缘锦字,含泪坐鸳机。

据《汉书·地理志》,武帝元朔四年,置西河郡,鸿门为其属县,地与雁门、马邑相接。唐代这一带是河东道的沿边地区。会昌二年春,回鹘乌介可汗曾侵天德、振武军与云朔地区。"赤岭"二句是说,远戍边地防御吐蕃的征人久无音讯(赤岭在石堡城西二十里,为唐、蕃分界。此系泛指接近吐蕃的边地,非实指),鸿门一带仍被回鹘所围困。此诗借闺怨反映时事,是对齐梁体的一种改造。

会昌二年九月,为抗击回鹘侵扰,唐廷命银州刺史何清朝、前蔚州刺史契苾通率蕃、浑兵六千骑趋天德军(今内蒙古自治区乌梁素海西南),与刘沔、张仲武合力驱逐回鹘,商隐有《赠别前蔚州契苾使君》诗:

何年部落到阴陵?奕世勤王国史称。

夜卷牙旗千帐雪,朝飞羽骑一河冰。

> 蕃儿襁负来青冢，狄女壶浆出白登。
>
> 日晚鹕鹈泉畔猎，路人遥识郅都鹰。

契苾通的五世祖契苾何力本为北方铁勒族部族酋长，贞观六年率众归唐，曾参加唐廷征战，以功封凉国公。其子契苾明任鸡田道大总管，部落东移至阴山一带。诗着意写契苾氏"奕世勤王"的功绩，意在激励契苾通为国再立新功。末句"郅都鹰"双关，既以"鹰"关合上句"猎"字，又暗喻契苾通正如汉代号称苍鹰的郅都，为外族入侵者所畏惮。"猎"是军事行动的异称，"郅都鹰"亦即苍鹰郅都式的人物契苾通。从诗中可见商隐对抗击回鹘之事的关注与拥护，也反映出他对民族间友好关系的重视。诗色彩鲜丽而声华高壮，骨力亦遒。可惜的是，会昌三年正月石雄奇袭，大破回鹘这场战事，商隐没有诗流传下来（可能是当时他母亲亡故未久，忙于料理丧葬，心情悲痛的缘故）。但从他后来写的《漫成五章》之四赞颂李德裕在抗击回鹘的战争中"临戎用草莱"（起用出身寒微的将领石雄）来看，他对石雄在这场战争中建立的功勋是持赞颂态度的。

和商隐写《赠别前蔚州契苾使君》大体同时，会昌二年八月，杜牧也作了著名的《早雁》诗，诗中对因遭回鹘侵扰而流离失所的北边民众表现了深切的同情，展现出一幅哀鸿惊飞四散的流亡图。"小李杜"反映回鹘侵扰之事的上述诗作，都贯注着他们对国事、对百姓疾苦的关切。而同时代的诗人对此事却很少反映[1]，则说明了其时诗坛的寂寞。

一波刚平，一波又起。会昌三年四月初七，泽潞节度使（辖潞、泽、邢、洺、磁五州，使府在潞州，治今山西长治市）刘从谏死，其侄刘稹自称留后，秘不发丧，想造成既成事实后迫使朝廷承认。四月二十三日，唐朝廷为从谏辍朝，赠太傅，

---

[1] 会昌三年二月，太和公主还京，许浑、李敬方、李频、刘得仁均有诗歌咏，但均非直接反映回鹘侵扰及反击回鹘的战争。

诏刘稹护丧归东都；又召见稹父刘从素（时为右骁卫将军，在朝），令以书谕稹。稹拒朝旨。实际上，刘从谏早在文宗朝就已经有与朝廷对立之意，积聚军力货财，不听朝命。此次趁从谏之卒，刘稹部下谋士便竭力劝其自立为留后，认为"不出百日，旌节自至"（《通鉴·会昌三年》）。泽潞镇地处"上游"，唐朝廷如果按照以前对待强藩擅立留后的惯例，予以承认，不但河北三镇因此更得屏障，全成化外，而且其他节镇也会纷起效尤。因而这一次在宰相李德裕的坚决主张和唐武宗的全力支持下，唐廷决定采取强硬态度。四月二十九日，任命王茂元为河阳节度使，王宰为忠武节度使，代茂元。五月初二，李德裕上《论昭义三军请刘稹勾当军务状》，奏请朝廷集议对刘稹的处置。当时宰相及朝臣多主张妥协，认为"昆戎未殄，塞上用兵，不宜中原生事。潞府请以亲王遥领，令稹权知兵马事，以俟边上罢兵"，独李德裕坚主讨伐，武宗支持德裕，曰："吾与德裕同之，保无后悔。"（《旧唐书·武宗纪》）

就在朝廷即将下制讨伐刘稹的前几天，李商隐为王茂元起草了敦促刘稹束身归朝的书信——《为濮阳公与刘稹书》。这篇文章，《文苑英华》、《全唐文》均题作《为濮阳公檄刘稹文》。但全文主要内容并非历数刘稹叛逆之罪，加以严厉声讨，而是针对刘稹抗拒朝旨不护丧归东都的行为以及种种心理，分析利害，晓以大义，敦促其及早归朝，意在劝诫。冯浩云："《玉海》引《册府元龟》：武宗遣诸镇告谕以利病祸福之宜，茂元与稹书云云。盖上受庙谟，故可贻书诫谕。"也就是说，在下制讨伐前，朝廷命进讨诸镇晓以利害，劝其归朝，不但有最后一次争取刘稹本人之意，也是对泽潞将士的一种晓谕。文中凡称从谏处，皆称"太傅"，可证此文当作于四月二十三日为从谏辍朝、赠太傅之后，五月十三日下制削夺从谏及稹官爵、命诸道进讨之前。信中严责其"秘丧"、"拒诏"为"失忠于国，失孝于家"，对刘稹想仿效"赵氏传子，魏氏袭侯"的企图，自恃谋士众多、富有钱财和"恃太行九折之险，部内数州之饶"以对抗朝廷的心理，以及担心束身归朝会有后患的心理，一一条分缕析，加以晓谕或辩驳，最后对其拒绝劝告、"尚淹归款"提出严重警告。词严义正,气势雄迈,是商隐骈文乃至晚唐骈文中思想性和艺术性结合得相当完美的杰构。

会昌三年五月十三日,朝廷正式下制讨伐刘稹①,时以成德节度使王元逵为泽潞北面招讨使、魏博节度使何弘敬为东面招讨使,与河中节度使陈夷行、太原节度使刘沔、河阳节度使王茂元合力攻讨。七月,李德裕又奏请户部侍郎兼御史中丞李回宣慰幽州、成德、魏博三镇,命幽州节度使张仲武讨灭回鹘残部,命成德、魏博二镇速进军取邢、洺、磁三州。当时,成德镇王元逵军前锋入邢州境已逾月,而魏博镇何弘敬犹未出师。被任命为晋绛行营节度使的原武宁节度使李彦佐自发徐州,行动迟缓,又请休兵于绛州。李德裕鉴于李彦佐逗留观望,请诏书切责,并请以石雄为晋绛行营节度副使,令雄至军中后,即代李彦佐任。商隐集中《赋得鸡》诗,很可能就是针对讨叛藩镇观望逗留、不肯为朝廷效力的现象而作的:

稻粱犹足活诸雏,妒敌专场好自娱。
可要五更惊稳梦,不辞风雪为阳乌?

诗中把这些藩镇比做"妒敌专场"、专为子孙打算的鸡,讽刺它们不愿惊扰自己的稳梦,冒着风雪为人司晨报晓。神话传说日中有三足乌,此以"阳乌"喻君主。对藩镇的自私、贪婪、好斗,与朝廷离心离德的面目有所揭示。而对那些不辞辛劳、禀承王命去赞画讨叛战事的官员,则加以热情赞颂,如《行次昭应县道上送户部李郎中充昭义攻讨》:

将军大旆扫狂童,诏选名贤赞武功。

---

① 此据《通鉴》。《旧唐书·武宗纪》载下诏讨刘稹在会昌三年九月,非。

暂逐虎牙临故绛,远含鸡舌过新丰。

鱼游沸鼎知无日,鸟覆危巢岂待风?

早勒勋庸燕石上,仁光纶绂汉廷中。

户部郎中李某①带攻讨(下疑有阙字)衔去赞画晋绛行营的军务,路过昭应(今西安市临潼区),商隐作诗壮行。诗中对战争前途充满乐观信心,说刘稹如鱼游沸鼎、鸟居危巢,覆灭之期指日可待。这与当时朝廷中一些大臣鼓吹的"从谏养精兵十万,粮支十年,如何可取"(《通鉴·会昌三年》)之类的悲观畏敌论调正好成为鲜明对照。虽是应酬之作,但气象宏整,有盛唐风采。

然而战争的进程并不顺利。会昌三年八月中旬,刘稹将薛茂卿破科斗寨,擒河阳大将马继等,焚掠小寨十七,距怀州才十余里。茂卿因无刘稹之命,故不敢入。自科斗寨之败,刘稹势愈炽,王茂元又有病,人情危怯,欲自万善(在怀州北)退保怀州。茂元军万善,刘稹遣牙将张巨、刘公直等会薛茂卿共攻之,期以九月一日围万善。乙丑,公直等潜师先过万善南五里,焚雍店。茂元围急,欲率众弃城走。九月中旬,茂元卒于军中。茂元临终前,商隐有《代仆射濮阳公遗表》;茂元卒后,朝廷派吕述、任畴至河阳宣吊并赗赠,商隐有《为王侍御瓘(茂元子)谢宣吊并赗赠表》,说明茂元卒前、卒后的一段时间内,商隐均身居河阳行营;但茂元临终时,商隐却不在身边。《重祭外舅赠司徒公文》说:"属纩之夕,不得闻启手之言;祖庭之时,不得在执绋之列。"可证。

王茂元卒后,朝廷依李德裕奏,新置孟州,怀州别置刺史(河阳节度先前领怀州刺史,常以判官摄事)。《唐大诏令集》卷九九有《置孟州敕》,末署"会昌三年十月",怀州别置刺史当与此同时。朝廷新任命的怀州刺史李璟在会昌三年

---

① 冯浩认为户部郎郎中即昭义镇降将李丕,岑仲勉《平质》疑之,谓所送"明是文人",而李丕为武将。见《平质》丙九"户部李郎中"条。按岑氏疑之是,李郎中非李丕,详见《李商隐诗歌集解》第二册本篇注①编著者按语。

十一月上旬到任后,商隐有《为怀州李中丞谢上表》、《为怀州刺史上后上门下状》、《为怀州刺史举人自代状》、《为李怀州祭太行山神文》、《为怀州李使君祭城隍神文》等表状祝文多篇,当是其时商隐为迁葬曾祖母事适在怀州,故有此等代作。其中《为李怀州祭太行山神文》虽是短章,却写得气势凌厉,风格雄迈:

> 谨按《礼经》云:诸侯得祭名山大川之在其地者。今刺史乃古之诸侯,太行实介我藩部。险虽天设,灵则神依。岂可步武之间,便容孳竖;磅礴之内,久贮妖氛?今忠武全师①,河桥锐卒②,指贼庭而将扫,望寇垒以争先。神其辅以阴兵,资之勇气,使旌旗电耀,桴鼓雷奔,一麾开天井之关,再举复金桥③之地。然后气通作限,云出降祥,长崇望日之标,永作倚天之柱。酒肴在列,蔬果惟时。敢洁虑以献诚,冀通幽而写抱。

字里行间,洋溢着对叛乱势力的憎恨和对战争胜利的热切希望。祭山神文以平叛为主题,使例行公事的应用文变为伐叛的檄文,可谓化腐朽为神奇,是祭祀之文中别具一格的杰作。同时作的《为怀州李使君祭城隍神文》中也有类似的内容:

> 况彼潞人,实逆天理,因承平之地,以作巢窠;驱康乐之民,以为蟊贼。一至于此,其能久乎?惟神广扇威灵,划开声势,俾犯境者,望飞乌而自遁;此滔天者,听唳鹤以虚声。

土偶山神,都在商隐笔下被动员起来同仇敌忾,共赴国难。

---

① 指原忠武节度使王宰所率紧急驰援河阳前线之军。
② 指原河阳节度使所统之军。
③ 原误作"微",据钱振伦说改。

第八章 居母丧和永乐闲居

商隐对这场战争的关注，一直贯穿到它的结束。会昌四年秋，讨叛战争行将取得胜利。一次，他登上霍山①驿楼，四面眺望，想到壶关一带仍被刘稹盘踞，写下《登霍山驿楼》诗：

> 庙列前峰迥，楼开四望穷。
> 岭鼷岚色外，陂雁夕阳中。
> 弱柳千条露，衰荷一向风。
> 壶关有狂孽，速继老生功。

这年七月，邢、洺、磁三州降，刘稹所据者仅潞、泽二州。诗的颔、腹二联，均四望所见所想，写景中微寓比兴，见民物凋耗、极目衰飒之状，故尾联切盼霍山神佑助唐廷军队，再继当年助高祖李渊灭隋将宋老生之功。这年八月，刘稹之叛终于彻底平定。

讨伐刘稹的战争，在许多方面与唐宪宗元和九年至十二年进行的平定淮西叛镇吴元济的战争非常相似。一是叛乱方镇都处于心腹之地，地位重要，又都长期蓄积力量，有相当强的实力。二是在讨叛问题上，朝廷中持反对意见的人不少，而宪宗专任裴度，武宗专任李德裕，态度果决，措置有方，终于取得这两场战争的胜利，这对提高朝廷威望、稳定政局有相当大的作用。三是过程曲折。淮西之战首尾历时四载，泽潞之战也用了一年多时间，其间不仅有河阳前线之败，而且有太原杨弁作乱、勾结刘稹的事件。如果说，淮西之战是宪宗削藩斗争的高潮，是奠定"元和中兴"局面的关键，那么泽潞之战可以说是文、武、宣三朝最重要的军事行动和重大的政治事件之一。李商隐对这场战争，不仅一直持坚决拥护的态度，而且写了一系列有关诗文，成为他政治诗创作的重要组成部分，

---

① 霍山又名太岳山、霍太山，在今山西省中南部，主峰在今霍县东南。

也成为他文章中的一个亮点。反观这两年的文坛,除杜牧有《东兵长句十韵》歌咏讨刘稹之战,并上书宰相论泽潞用兵方略外,其他诗人竟对这样的大事一无反应,让我们又一次看到当时诗坛的寂寞冷落,也愈显出"小李杜"这类作品的可贵。这些作品,分散地看,未必能引起人们的注意,把它们集中起来,就可以看出诗人对国家政治军事大事这种自始至终的热切关注。这种关注,除了出于爱国忧时之情外,他迁葬曾祖母的计划受到战乱的影响而不得不推迟,以及桑梓之地遭受战火、岳父死于军中等也是不可忽视的因素,国与家的密不可分在这件事上有充分的体现。

第三节 移家永乐

会昌四年正月,商隐在办完了处士叔、裴氏姊、小侄女寄寄的迁葬后(具体事务由其弟羲叟操办,商隐未亲自去荥阳坛山),从洛阳方面传来消息说,岳父王茂元的灵柩将由权厝之地万善运回洛阳安葬。作为子婿,商隐本来理应亲自到万善去执绋引灵,护丧回洛。但这时商隐身体不适,无法胜任京洛怀州之间的长途奔波劳顿,只能写好祭文派遣家僮前往万善祭奠茂元的亡灵[①]。这就是文集中篇幅最长的祭文——《祭外舅赠司徒公文》。这篇祭文,从茂元的远祖、家世郑重叙起,然后叙述茂元之父王栖曜的事迹,再历叙王茂元的仕宦始末,提供了茂元一生最详尽的仕历材料,并对其人品气质作了总结性的赞颂。祭文是精心结撰之作,但其中不免有溢美之辞或回护之笔。如赞颂茂元在任岭南节度使期间的清廉:"疮痏金宝,粪土犀渠,跨马将军有双标之柱,酌泉太守无去骨之鱼。已乏断牙之笔,兼无汗简之书。江革船轻,空险西陵之渡;邢公宅湫,曾无

[①] 祭文一开头就说:"维某年月日,子婿李商隐谨遣家僮赍疏薄之奠,昭祭于故河阳节度使赠司徒之灵。"篇末又叙及自己因病未能亲往吊祭:"汉陵摇落,秦苑冰霜。将观祖载,遂迫瘥瘍。谢长度之虚羸,升车未可;沈休文之瘦瘠,执绋犹妨。"

正寝可居。"这和《旧唐书》本传"南中多异货,茂元积聚家财巨万计"的记载,未免有相当大的距离。把河阳前线的败绩,也说成"示赢策密,诱敌谋深",更是有意回护之辞。结尾处讲到自己婚于王氏及在幕情事:

> 某早辱徽音,凤当采异。晋霸可托,齐大宁畏?持匡衡乙科之选,杂梁竦徒劳之地。虽饷田以甚恭,念贩舂而增愧。京西昔日,辇下当时,中堂评赋,后榭言诗。品流曲借,富贵虚期。诚非国宝之倾险,终无卫玠之风姿。公在东藩,愚当再调,贲帛资费,衔书见召。水槛几醉,风亭一笑。日换中臮,月移朒朓,改颍水之辞违,成洛阳之赴吊。

这里说自己既无卫玠之风姿,出身又属寒素之家,登科既非高第,富贵终成虚期,总之是有负茂元的厚爱。不必怀疑这些话的诚恳,但其中也多少透露出,商隐似乎时时有一种心理压力,感到自己有负于岳家的期望。类似的话,在其他诗文中也常出现,如《重祭外舅司徒公文》:

> 愚方遁迹丘园,游心坟素,前耕后饷,并食易衣。不忮不求,道诚有在;自媒自炫,病或未能。虽吕范以久贫,幸冶长之无罪。

《七夕偶题》:

> 明朝晒犊鼻,方信阮郎贫。

以及大中三年写的《漫成五章》其三:

> 生儿古有孙征虏,嫁女今无王右军。

借问琴书终一世,何如旗盖仰三分?

如果把这些自愧自矜的话和《奠相国令狐公文》相对照,便不难感到商隐与茂元虽有翁婿之亲,但其亲密程度和感情的深度似乎不如与令狐楚的关系。

写这篇祭文时,商隐的家仍在"汉陵摇落,秦苑冰霜"的长安樊南。与这篇祭文同时作的,还有《为王从事妻万俟氏祭先舅司徒文》和《为王秀才妻苏氏祭先舅司徒文》。后文云:"奉违慈颜,将涉半载。"说明祭文作于茂元卒后将近半年时,即会昌四年二月。三篇祭文所述情况及时令,均可证明是同时之作,即商隐在写祭王茂元文的同时,又替王氏家族中的亲属代撰了两篇祭文。张采田《会笺》将《祭外舅赠司徒公文》系于会昌四年八月,将《为王从事妻万俟氏祭先舅司徒文》、《为王秀才妻苏氏祭先舅司徒文》系于会昌五年,均误,详见拙文《〈樊南文集〉、〈樊南文集补编〉旧笺补正》。但茂元灵柩此次实际上并未运回洛阳,而是直至会昌四年八月刘稹之乱平后方运回洛阳,《上许昌李尚书状二》"王十二郎、王十三郎扶引灵筵,兼侍从郡君,今年(指会昌四年)八月至东洛讫"可证。具体原因不详,可能是定下运送灵柩回洛之期后适逢讨刘稹的战事又趋紧张(如四年正月太原杨弁作乱,与刘稹勾结),故临时改变计划。

就在会昌四年三月暮春,商隐将家从樊南搬到了蒲州永乐。搬家的原因,可能是由于长安米珠薪桂,生活费用太高,居大不易。商隐《樊南甲集序》说"十年京师寒且饿",并自称"樊南穷冻人",可以想见他在长安樊南居住期间生计的艰难。加上会昌三年以来,为母亲的丧葬及其他亲属的迁葬,已花费了他这些年来仅有的一些积蓄。居丧期间,确实没有必要再在京郊樊南住下去。因此在营葬之事基本上结束后,他就把家搬到了永乐。《大卤平后移家到永乐县居书怀十韵寄刘韦二前辈二公尝于此县寄居》云:

驱马绕河干,家山照露寒。

第八章　居母丧和永乐闲居

> 依然五柳在，况值百花残。
>
> 昔去惊投笔，今来分挂冠。
>
> 不忧悬磬乏，乍喜覆盂安。
>
> 甑破宁回顾，舟沉岂暇看？
>
> 脱身离虎口，移疾就猪肝。
>
> 鬓入新年白，颜无旧日丹。
>
> 自悲秋获少，谁惧夏畦难？
>
> 逸志忘鸿鹄，清香披蕙兰。
>
> 还持一杯酒，坐想二公欢。

大卤平后，指太原杨弁之乱平后。据《通鉴》，会昌四年正月初一，河东横水栅都将杨弁作乱，赶走了河东节度使李石，并派人与叛镇刘稹联络，约为兄弟，石会关守将杨珍闻太原乱，复以关降于刘稹。在李德裕的坚决主张与得力措置下，正月末，太原监军吕义忠率军讨平杨弁。二月初八，"太原献杨弁及其党五十四人，皆斩于狗脊岭（在长安东市）"。诗题中标明"大卤平后"，说明诗中内容与这次变乱有关。这首诗的写作时间，在会昌四年"百花残"之时（即暮春）固极明显，但其中有几个问题，因涉及商隐生平、行踪及对诗意的理解，须加以讨论：

一是商隐在此次移家永乐之前是否曾居此地。冯浩据"依然五柳"及"昔去"、"今来"等语，推断"其前必已居之"。张氏《会笺》则云："诗云'依然五柳在'者，以陶令闲居自比。'昔去惊投笔'，谓从前历佐方镇；'今来分挂冠'，谓此后自甘沉废……冯氏泥'昔去'、'今来'语，谓丧父时已卜居永乐，前已驳之矣。"①叶葱奇《李商隐诗集疏注》则云："'依然'句指刘、韦故居而言，谓见其故居依然，因此怅然怀念，所以下句说'况值'花残之时。冯氏误认是商隐自谓，把

---

① 冯谱认为商隐父丧除后"乃占数东甸"之东甸即指永乐，张氏谓指洛阳，故云。

下面的'昔去'也弄错,致说商隐'前必已居'永乐,这是一大错误。'昔去'是说昔日惊叹刘、韦奋身而去,今日我来,则'分'当退隐而已。下二句即承此而言。"按叶氏此说实本纪昀"'依然'句藏得刘、韦二人故居在,故末句不妨直出二公"之解(纪说见《李义山诗集辑评》)。初看似纪、叶二氏之说亦颇有理,甚至可以根据"依然五柳在"之句推想商隐此次移家永乐即居于刘、韦之旧居。但联系上下文和全诗就不难发现这种说法不合文理。"依然五柳在"紧承上句"家山",自指商隐家山之旧居,而非指刘、韦家山之旧居,因为刘、韦二人只是"于此县寄居",固非其"家山"甚明。既称永乐为"家山",则"依然五柳在"自指自家故居五柳依然。此与陶潜《归去来兮辞》"三径就荒,松菊犹存"之情感、口吻相类。陶潜《五柳先生传》"宅边有五柳树,因以为号焉",其宅即自家之旧宅,非刘、韦之寄居可用。商隐永乐闲居期间所作另一诗《喜闻太原同院崔侍御台拜兼寄在台三二同年之什》亦云"寂寥我对先生柳",谓自己闲居永乐,生活寂寥,如陶潜之闲对宅边五柳。故下文之"昔去"、"今来"自然均指自己之"去"、"来",而不可能是"昔去"指刘、韦,"今来"指自己。至于商隐此前究竟何时曾居永乐,何时离永乐,则因缺乏材料,难以考索。

二为"甑破"、"舟沉"所指。冯、张均以为"甑破"指李石太原被逐,"舟沉"指茂元卒于河阳。按"甑破"用孟敏客太原,荷甑堕地,不顾而去之典,谓指太原军乱,已仓皇脱身,固极恰切;然谓"舟沉"句指茂元卒于河阳则非。诗题"大卤平后移家到永乐县居",大卤平后既指杨弁乱平后,则"甑破"、"舟沉"均当指杨弁之乱而不得旁涉他事,何能上句方叙太原军乱,下句突然阑入半年多以前茂元卒于河阳之事。下云"脱身离虎口",虎口显指杨弁作乱时之太原危城。然则"甑破"、"舟沉"二句意一贯,盖谓己匆遽脱身于乱城,不暇回顾。据此可知杨弁作乱时商隐正客游太原,遇乱仓皇出奔,故有此数语。至于商隐是否曾寓太原李石幕,则缺乏有力证据,尚难考定。

三为本篇结构层次。"驱马"六句,叙"移家到永乐县居",于"昔去"、"今来"的对照中寓不遇之感。"不忧"六句,紧扣题内"大卤平后",追叙当日乱中情事,于交代移家之背景中寓时世衰乱之慨。"鬓入"六句正面"书怀",乱后重返旧居,投笔之宏愿成虚,鸿鹄之逸志未遂,虽得覆盂之安,而未免壮志消磨之苦闷。寄刘、韦二公及二公曾寄居永乐,只于篇末一点。这首排律写得妍丽而有风致,虽多用典却清新可诵,诚如田兰芳所评:"有怀皆苦,无句不妍。"(冯浩笺引)

从会昌四年暮春移家永乐,到会昌五年春应郑州刺史李褎之招赴郑州,在这将近一年之中,商隐绝大部分时间都住在永乐,偶尔也到过霍山、稷山、介休一带,有的可能是永乐、太原往来所经。永乐南滨黄河,北靠中条山,属蒲州管辖。商隐既居永乐,免不了要跟当地的长官有些交往酬酢。当时担任河中节度留后、驻节蒲州的任畹①,在黄河边新建了一座河亭,商隐有《奉同诸公题河中任中丞新创河亭四韵之作》:

万里谁能访十洲?新亭云构压中流。
河鲛纵玩难为室,海蜃遥惊耻化楼。
左右名山穷远目,东西大道锁轻舟。
独留巧思传千古,长与蒲津作胜游。

诗中极赞河亭之壮丽工巧,应酬气味颇浓。惟腹联写景比较切题,取境也显得阔大。

《所居永乐县久旱县宰祈祷得雨因赋诗》云:

---

① 据《旧唐书·武宗纪》,会昌四年二月丁巳(初四),河中节度使崔元式调任河东节度使。又据《全唐文》卷七二八载封敖《授崔元式太原节度使石雄河中节度使制》,崔元式、石雄当同日除授,时石雄正与刘稹作战,河中节度使实为兼职,任畹当在其时任节度留后。

甘膏滴滴是精诚,昼夜如丝一夕盈。

只怪闾阎喧鼓吹,邑人同报束长生。

将县令比做晋朝为邑人请雨受到百姓歌颂的束皙。商隐另有《赛城隍神文》,也是祈雨有应报神而作,文有"导楚子之余波,霈晋国之膏雨"之语,当作于永乐,疑为代永乐县令所作。有时,商隐又参与县里的宴会,如《县中恼饮席》:

晚醉题诗赠物华,罢饮还醉忘归家。

若无江氏五色笔,争奈河阳一县花。

恼,戏也。物华,指花,喻饮席上的歌伎。晚醉题诗赠伎,流连忘返。三、四句自诩才高,方得遍咏"河阳一县花"。

一位姓马的水部郎中自永乐(或蒲州)回京,途经同州冯翊县的兴德驿,有诗寄赠商隐,商隐作《寄和水部马郎中题兴德驿》以酬之:

仙郎倦去心,郑驿暂登临。

水色潇湘阔,沙程朔漠深。

鹢舟时往复,鸥鸟恣浮沉。

更想逢归马,悠悠岳树阴。

题下原注:"时昭义已平。"全篇均为想象之词。"登临"起颔、腹二联,"水色"、"沙程"望中所见,见兴德驿北通朔漠,南接渭洛,乱平始得南北交通顺畅;鹢舟往复,鸥鸟浮沉,则望中悠闲容与之和平景象。尾联又由"驿"进而想象前路所见偃武休兵、归马华山之承平景象。与此前不久写的《登霍山驿楼》衰荷弱柳、民物凋衰之景,"壶关有狂孽,速继老生功"之激切感情正成为鲜明对照。

永乐县有灵仙阁、道靖（一作净）院、姚孝子庄，商隐的足迹自然到过这些当地的名胜。《题道靖院院在中条山故王颜中丞所置虢州刺史舍官居此今写真存焉》：

> 紫府丹成化鹤群，青松手植变龙文。
> 壶中别有仙家日，岭上犹多隐士云。
> 独坐遗芳成故事，寒帷旧貌似元君。
> 自怜筑室灵山下，徒望朝岚与夕曛。

全诗不过就长题敷衍成篇，冯班谓"汲汲叙题中之意"（何焯引，见《李义山诗集辑评》），诚是。纪昀云"层层安放清楚，然求一分好处亦不可得"（《玉谿生诗说》），说得虽有些苛刻，却正中其意尽题内、毫无诗味的病痛。

《灵仙阁晚眺寄郓州韦评事》：

> 愚公方住谷，仁者本依山。
> 共誓林泉志，胡为尊俎间？
> 华莲开菡萏，荆玉刻孱颜。
> 爽气临周道，岚光出汉关。
> 满壶从蚁泛，高阁已苔斑。
> 想就安车召，宁期负矢还。
> 潘游全璧散，郭去半舟闲。
> 定笑幽人迹，鸿轩不可攀。

此"郓州韦评事"，即《大卤平后移家到永乐县居书怀十韵寄刘韦二前辈二公尝于此县寄居》诗题内之韦公，亦即韦潘，时已为天平军节度使狄兼谟（或刘约）之幕僚,评事是其在幕所带宪衔(大理评事)。诗有追怀同游、慨已赋闲之意。另一刘某,居永乐时曾有诗寄商隐,商隐有《和刘评事永乐闲居见寄》;商隐移家永乐后,刘评事自京寄饧粥,商隐有《评事翁寄赐饧粥走笔为答》:

> 粥香饧白杏花天,省对流莺坐绮筵。
> 今日寄来春已老,凤楼迢递忆秋千。

诗颇寓昔荣今悴之慨,"春已老"既点时令,亦含美人迟暮之感。

据宋邵博《邵氏闻见后录》,唐永乐县有姚孝子庄。孝子名栖筠,贞元中,当戍边,栖筠之父语其兄曰:"兄嗣未立,弟已有子,请代兄行。"遂战没。时栖筠方三岁。其后,母再嫁,鞠于伯母;伯母死,栖筠葬之。又招魂葬其父。庐于墓侧,终身哀慕不衰。县令刻石表之。河中(原误作东)尹浑瑊上其事,诏加优赐,旌表其间,名其乡为孝悌,社曰节义,里曰钦爱。商隐有《过姚孝子庐偶书》云:

> 拱木临周道,荒庐积古苔。
> 鱼因感姜出,鹤为吊陶来。
> 两鬓蓬常乱,双眸血不开。
> 圣朝敦尔类,非独路人哀。

"两鬓"一联,是过其庐而想象当年姚孝子哀毁泣血的情景。冯浩说:"义山丧母未久,故触绪成篇。"尾联即微露触绪伤情之意。"路人"虽似泛言,意实自指,兼点题内"过"字。

除了永乐境内一些名胜外,商隐还到过永乐附近的稷山、霍山、介休一带。《戏题赠稷山驿吏王全》云:

> 绛台驿吏老风尘,耽酒成仙几十春。
> 过客不劳询甲子,唯书亥字与时人。

以游戏率笔,写一位"老风尘"的驿吏,其中似微寓阅人多矣的人生感慨。这类诗中,《寒食行次冷泉驿》写得清丽可诵:

> 归途仍近节,旅宿倍思家。
> 独夜三更月,空庭一树花。
> 介山当驿秀,汾水绕关斜。
> 自怯春寒苦,那堪禁火赊。

冷泉驿在汾州介休县境。视首联"归途"、"旅宿"语,诗可能是居永乐时至太原返途经冷泉驿住宿时作。颔、腹二联,写景如画,境地悄然,是白描胜境。寒食节通常在阴历三月或二月下旬,会昌四年春暮,商隐甫至永乐,似不可能寒食时有太原、永乐往返之行,会昌六年仲春商隐已在长安,故此诗或作于五年,赴郑州刺史李褒之招当在稍后。

商隐所居,当在永乐县城郊交接处。从《所居永乐县久旱县宰祈祷得雨因赋诗》"只怪间阎喧鼓吹"之句可以推知所居离街巷不会太远。但小县本就清简,商隐所居之地又较偏僻,故永乐诗中每提及"丘园"、"郊园"、"小园"、"小桃园"。商隐在住宅周围种了许多花草树木,借以玩赏。因此,永乐期间的诗中第一次出现了意态闲逸、吟咏闲居生活的篇章。《所居》云:

> 窗下寻书细,溪边坐石平。
> 水风醒酒病,霜日曝衣轻。
> 鸡黍随人设,蒲鱼得地生。

> 前贤无不谓,容易即遗名。

舍旁有小溪,溪中有蒲鱼,虽在城郊,却有山野之趣。水风醒酒,霜日曝衣,画出悠闲自适意态。另有《春宵自遣》、《秋日晚思》、《幽居冬暮》三首五律,从题目到内容都像是一组写闲居生活的组诗,从中可以约略窥见其感情、心境变化的过程。《春宵自遣》说:

> 地胜遗尘事,身闲念岁华。
> 晚晴风过竹,深夜月当花。
> 石乱知泉咽,苔荒任径斜。
> 陶然恃琴酒,忘却在山家。

于自遣中颇有悠然自得之趣。"尘事"因"地胜"而暂遗,因"琴酒"而暂忘。但这总属不安于"身闲"者的自遣之词,并非真能超然物外者。冯浩说:"念岁华,是不能忘也。陶然、忘却,聊自遣耳。"可谓善探心曲。《秋日晚思》云:

> 桐槿日零落,雨余方寂寥。
> 枕寒庄蝶去,窗冷胤萤销。
> 取适琴将酒,忘名牧与樵。
> 平生有游旧,一一在烟霄。

取适、忘名,旷达其表;零落、寂寥,凄悲其内。正因为闲居凄寂,故不得不以琴酒自遣,以忘名自解。尾联于感慨身世寂寥中微露不平之意,所谓"同学少年多不贱,五陵衣马自轻肥"是也。到了《幽居冬暮》,已经完全没有取适、忘名一类的话头,而是慨叹急景颓年,匡国之情难以实现:

> 羽翼摧残日，郊园寂寞时。
> 晓鸡惊树雪，寒鹜守冰池。
> 急景倏云暮，颓年浸已衰。
> 如何匡国分，不与夙心期？

此诗作于永乐闲居后期。与前两首联系起来，可以看出，商隐闲居之初，心境还比较安恬，故《春宵自遣》有"陶然恃琴酒，忘却在山家"之语。至《秋日晚思》，已生身世寂寥、游旧烟霄之慨。迨《幽居冬暮》，则叹急景颓年、夙心不遂，情激切而悲凉矣。感情变化脉络显然。张采田《会笺》系《幽居冬暮》于大中十二年病废还郑州时，恐非。商隐诗集三卷本中卷之后半，永乐闲居诗比较集中，《秋日晚思》、《春宵自遣》、《七夕偶题》（亦永乐闲居诗）、《灵仙阁晚眺寄郓州韦评事》、《幽居冬暮》、《过姚孝子庐偶书》六首相连，亦一旁证。① 这种慨叹自己闲居寂寥、羡慕游旧身居烟霄的感情，在这一时期的诗中经常出现，如《喜闻太原同院崔侍御台拜兼寄在台三二同年之什》：

> 鹏鱼何事遇屯同，云水升沉一会中。
> 刘放未归鸡树老，邹阳新去兔园空。
> 寂寥我对先生柳，赫奕君乘御史骢。
> 若向南台见莺友，为传垂翅度春风。

诗作于会昌五年春。太原同院，或指会昌四年正月曾与崔同在太原李石幕。崔

---

① 在这六首之后，直至卷中之末，还有九首诗，其中除《南潭上亭宴集以疾后至因而抒情》一首为大中五年至九年间在东川幕所作外，其他八首也都是永乐闲居期间的诗作。

侍御本幕官带宪衔,现正式台拜,商隐在永乐闻讯后寄诗以赠。首联鹏鱼合起,君我并举,而一升一沉,命运不同,"遇屯同"当指四年正月在太原同遇杨弁之乱。颔、腹二联,则我沉滞而君升腾,两两分承。末联因崔之升而兼寄在台同年,以慨已之沉滞。从"赫奕"、"寂寥"的对照中,传出强烈的身世寂寞之慨。

会昌四年冬天,永乐大雪。商隐写了《四年冬以退居蒲之永乐渴然有农夫望岁之志遂作忆雪又作残雪诗各一百言以寄情于游旧》。忆雪,即思雪、盼雪,非追忆之意。两首均极力形容刻画"忆(盼)"、"残",似试帖诗。惟结处因"寄情于游旧"而微寓感慨。前首尾联云:"玉京应已足,白屋但颙然。"谓京华想必雪足而此地尚未下雪,白屋贫家惟颙然仰望而已,言外有上天恩泽不均之意。后首尾联云:"莫能知帝力,空此荷平均。"则谓上天恩泽所及者,惟此雪为平均,言外其他都不平均。辞与上首相反而意实相通。又有《喜雪》诗,"亦似试帖之作,有妥帖而无排奡"(程梦星《重订李义山诗集笺注》评语),句句用典,重叠堆垛,殊乏情韵,惟"寂寞门扉掩,依稀履迹斜"二句略透闲居寂寞、生计窘困之况,用事不着迹,稍有韵味。末二联云:"粉署闻全隔,霜台路渐赊。此时倾贺酒,相望在京华。"朝廷远隔,遥想京华游旧,此时互倾贺酒,己则惟怅然远望而已。诗中也流露出对得意游旧的欣羡。据"联辞虽许谢,和曲本惭《巴》"之句,诗似是与闺人赏雪赋诗、有怀京华而作。王氏当亦能诗,《过招国李家南园二首》其一"春风犹自疑联句,雪絮相和飞不休"之句可以参证。

会昌五年正月十五元宵,诗人听说京师有热闹的灯戏,自己却不能前去一睹刘稹之乱刚平后承平灯节的盛况,感而赋《正月十五夜闻京有灯恨不得观》:

> 月色灯光满帝都,香车宝辇隘通衢。
> 身闲不睹中兴盛,羞逐乡人赛紫姑。

五年正月,因泽潞平而上尊号,赦天下,商隐应河南尹卢贞之请,为其代撰《贺上尊号表》，其年长安元宵灯彩之盛自不待言。想象中京城灯月交辉、车马填街的热闹繁盛景象更触动诗人自己的"身闲"之慨。从诗中可以深切地感受到诗人希望为国家中兴事业效力的迫切心情和对无所事事的闲居生活的厌倦。

这年春天，他在永乐县所居宅旁园中种植的花草树木都已繁茂生长，而自己因为守丧未满仍在闲居，于是写了一首《永乐县所居一草一木无非自栽今春悉已芳茂因书即事一章》：

> 手种悲陈事，心期玩物华。
> 柳飞彭泽雪，桃散武陵霞。
> 枳嫩栖鸾叶，桐香待凤花。
> 绶藤萦弱蔓，袍草展新芽。
> 学植功虽倍，成蹊迹尚赊。
> 芳年谁共玩？终老召平瓜。

姚培谦说："此因手植而发身世之感也。首尾呼应。"(《李义山诗集笺注》)首联一篇主意，"悲陈事"，寓蹉跎不遇之感；"玩物华"，寓芳茂见赏之望。"柳飞"二句，谓退居隐逸。"枳嫩"二句，以栖鸾、待凤寓托身有所之想。"绶藤"二句，喻己官卑职微，"袍草"句即《春日寄怀》诗"青袍似草年年定"之意。"学植"二句双关，借喻自己虽学有素养，但成名尚早。结则不遇知音见赏，恐将终老丘园。玩"手种悲陈事"句，商隐经营永乐所居，似不自会昌四年暮春移家永乐之时始，而永乐之有商隐旧居似可进一步得到证明。

整个永乐闲居期间，"身闲"之慨可以说是他诗歌创作的主旋律。而且越到后来，这种感慨越是强烈。刚开始时因环境改变而产生的新鲜感和悠闲平和的心境，随着闲居时久而渐次消失，到后来完全被不甘寂寞、渴望匡国从政的激切心情所代替。这表明，李商隐和王维、孟浩然、韦应物等诗人不同，他本质上是热切于入世、渴望仕进功名的人，恬淡退隐不是他的本色。因此，即使处于王、孟那样的环境，他也写不出王、孟那样的诗。张采田说："余尝谓义山诗境，长于哀戚，短于闲适。此亦性情境遇使然，非尽关才藻也。"(《李义山诗辨正·喜雪》评)此说切中肯綮。永乐有山有水，但商隐闲居永乐期间，却没有一首真正意义上的山水诗。不是他缺乏写山水诗的才能，而是他缺乏沉潜于山水林泉之境的那份闲情逸致。身虽闲而心不闲。"如何匡国分，不与夙心期"，"平生有游旧，一一在烟霄"，"若向南台见莺友，为传垂翅度春风"，"世间荣落重逡巡，我独丘园坐四春"，在这种心态下，又怎能惬意地欣赏山水胜景呢？用他自己的诗句来形况，那就是"纵使有花兼有月，可堪无酒又无人"，总之是提不起兴致来。

永乐诗的另一特点是清浅。这一点与其他时期的诗作有明显不同。商隐此前的诗，学长吉体的如《燕台诗四首》之秾艳，学杜甫者如《有感二首》、《曲江》之沉郁苍凉，自出机杼者如《回中牡丹为雨所败二首》之悲凉婉转、哀感缠绵，都有一个总的特点，就是情浓而词丽。而永乐诗则大率清浅。即使有些诗(如《喜雪》及《忆雪》、《残雪》)用了很多典故，但给人总的感觉仍是清浅，因为这些堆砌的典故所表达的思想感情内容非常浅。这特点的形成，与永乐诗所写的对象多为闲居生活乃至官场及友朋间的应酬有关，更跟这个时期其生活感受比较平淡、轻浅有关。即使抒情，也多为浅层次的一般感受，而不是强烈的感情震荡或深刻的心灵感受。如果这些诗不是出现在李商隐的集子里，完全可以误认为是另一位缺乏才情的诗人写的。即使那些与时事特别是与伐叛战争有关的诗，情绪虽或昂扬，或激切，但艺术上同样呈现出清浅的风貌。

总的来说，守丧和永乐闲居时期是李商隐诗歌创作历程中一个低谷期。但这一时期他的文章创作却是一个高潮期、丰收期。特别是《祭徐氏姊文》、《祭徐姊夫文》、《祭处士房叔父文》、《祭裴氏姊文》、《祭小侄女寄寄文》、《祭外舅赠司徒公文》、《重祭外舅司徒公文》、《为王从事妻万俟氏祭先舅司徒文》、《为王秀才妻苏氏祭先舅司徒文》以及《为冯从事妻李氏祭从父文》等一系列哀祭文章的集中出现,将商隐"尤善为诔奠之辞"的才情发挥到了极致。为处士叔、曾祖母、裴氏姊写的行状,也具有与哀祭文相近的特点。关于商隐在哀祭文方面的成就,下册论述其骈文时将专节评介。书启文方面,除上节已经提到的《为濮阳公与刘稹书》是一篇思想艺术价值都很高的杰作以外,《为李贻孙上李相公启》也是一篇值得充分注意的佳作,因为它标志着李商隐的政治倾向,因此有必要在这里提出来谈一谈。李贻孙大和二年曾任福建团练副使,入为金部员外郎、司勋员外郎。这封由商隐代拟的上宰相李德裕的信,是希望李德裕能给他一个州郡刺史的职务(启内有"殷钧体羸,尚能为郡"之语,启上后不久,果然被任命为夔州刺史)。这本是一封极普通的代人拟的求职书信,但商隐却因此类书信例须称扬对方的功德,把它作为全文的主要内容来着力铺叙。信中全面赞颂了李德裕自相武宗以来攘外安内,为唐王朝建立的三大庙战之功:击回鹘、平杨弁、讨泽潞。据文内"景风至而庆赏先行,仲吕协而贤良必遂"之语,此启当作于会昌四年四五月间。① 其中叙击回鹘之役有云:

其余麋惊鸟散,风去雨还。亘绝幕以销魂,委穷沙而丧胆。胡琴公主,已出于襜褕;毳幕天骄,行遗其种落。向若非薛公料敌,先陈三策;充国为学,尽通四夷,则何以雪高庙称臣之羞,全肃祖复京之好?此庙战之功一也。

叙讨泽潞云:

而潞寇不惩两竖之凶,徒恃三军之力,干我王略,据其父封。袁熙因累叶之资,卫朔拒大君之诏。人将自弃,鬼得而诛。蛙觉井宽,蚁言树大。招

---

① 《礼记·月令》:"孟夏之月,律中中吕。"

延轻险,曾微吴国之钱;藏匿罪亡,又乏江陵之粟。所谋者河朔遗事,所恃者岩险偷生。今则赵、魏俱攻,燕、齐并入。奉规于帷幄,遵命于指踪。亚夫拒吴,惊东南而备西北;韩信击魏,舣临晋而渡夏阳。百道无飞走之虞,一缕见倾危之势。计其反接,当不逾时。是则陈曲逆之六奇,翻成屑屑;葛武侯之八阵,更觉区区。此庙战之功三也。

后一段写得尤为笔酣墨饱,兴会淋漓,文思泉涌。众多典故,随手拈来,如同己出。而又气势恢弘,顺流直下,有长江大河一泻千里之势。这篇文章,冯浩认为是商隐"以全力赴之者",它标志着商隐对李德裕四年多来相业的全面认识和充分肯定,也标志着商隐骈文书启所达到的高艺术水准。"尽人臣之极分,焕今古之高名",这个总结性的赞语显示了商隐对李德裕的热情推崇。

最后需要说明的是,永乐闲居的这一年中,商隐为参加王茂元的葬礼,曾在会昌四年八月刘稹乱平后到过洛阳,并写了《重祭外舅司徒公文》。这以后,商隐当因迁葬曾祖母回过郑州,到过怀州,可惜这次迁葬活动没有留下诗文作品。办完曾祖母迁葬之事后,仍回到永乐。

第九章　从郑洛到长安

从会昌五年春到大中元年春这两整年时间里,商隐先是应从叔郑州李褒之招,由永乐前往郑州居留了一段时间;这年夏天,商隐在洛阳闲居,身体多病;十月下旬母丧服满,曾去过长安,后又回到洛阳。会昌六年春,又返回长安,并重官秘省正字,直到大中元年三月赴桂管郑亚幕为止。从个人生活经历来说,这是丧服将满谋求复职及重官秘省的时期;在诗歌创作方面,由于武宗在位后期迷信神仙方术,商隐创作了一系列咏史讽时的政治诗,成为这一时期诗歌创作一个突出的亮点。个别篇章未必作于同时,因主题类似一并论述。

第一节　应邀至郑

会昌五年春天,郑州刺史李褒招邀商隐到郑州去,商隐应邀前往。关于此事,商隐在《上李舍人状一》①中曾经提及:"自春又为郑州李舍人邀留,比月方还洛下。"郑州李舍人,即郑州刺史李褒。商隐抵郑的时间,当已春暮。因为这年春天的寒食节,商隐还在汾州介休的冷泉驿,另外,《永乐县所居一草一木无非自栽今春悉已芳茂因书即事一章》及《春日寄怀》"我独丘园坐四春"、"纵使

---

① 此题内之"李舍人"非郑州刺史李褒,而系文中称"二十三叔"之李某,详张采田《会笺》卷三会昌五年编年文及岑仲勉《平质》(己)。

有花兼有月"之句,也可证实会昌五年仲春花草芳茂时商隐仍居永乐。因此,商隐抵达郑州的时间,当在五年春的寒食节后一二十天。

郑州是商隐从祖父起三代家居之地,李褒当是商隐的远房堂叔,商隐在信中称其为"十二叔"。李褒是京兆人,开成元年任起居舍人,因痼疾而请求罢官。开成五年,自考功员外郎、集贤院直学士充翰林学士,旋转库部郎中、知制诰。会昌元年五月拜中书舍人,同年十二月为翰林学士承旨。二年罢学士职,出为绛州刺史。会昌四年已在郑州刺史任。这次他邀商隐回郑州,从商隐代拟的一系列文章看,似有请商隐担任一些文字工作的意图。其实,早在会昌四年八月中旬,商隐为迁葬曾祖母回郑州时,就曾为李褒代拟过上宰相李德裕的书启,稍后又代拟过上宰相李绅的信,内容都是讲述自己身患痼疾,难以胜任郑州这种剧郡繁重的公务,希望朝廷能在南方偏远一点的州郡给他安排一个刺史之职。会昌五年暮春商隐来到郑州后,又先后为李褒代拟过上宰相崔铉、李回的信,内容与前两封信相同。看来,李褒有病虽是实情,但主要原因恐怕是从中书舍人、翰林学士承旨这样的要职出刺外郡,内心有所不满。李褒好道,商隐在郑州时,有《郑州献从叔舍人褒》诗云:

蓬岛烟霞阆苑钟,三官笺奏附金龙。
茅君奕世仙曹贵,许掾全家道气浓。
绛简尚参黄纸案,丹炉犹用紫泥封。
不知他日华阳洞,许上经楼第几重?

陆昆曾说:"褒以舍人而通道术……五、六是夹写法,绛简而参以黄纸,丹炉而封以紫泥,方是舍人之学仙,移赠他人不得……自首至尾,真乃字字切合。"(《李义山诗解》)诗是纯粹的应酬之作,旧时注家或解为"寓刺仙家"、"望恩求荐"、"祝官京朝",均不免求之过深。李褒不但自己好仙学道,而且"全家道气浓",对此大概颇为自诩;对自己曾为翰林学士承旨、中书舍人的荣耀仕历又颇为留恋,故商隐以舍人学仙来赞美他。李褒虽然先后上书四相,要求调官江南僻郡,后来甚至准备隐居江南,但实际上此后仍一直做官。约在会昌末,任虢州刺史;大中三年,以礼部侍郎知贡举,旋除礼部尚书,授浙东观察使;大中六年八月追赴阙,又曾出任黔南观察使。晚年方居宜兴川石山修道,卒。这大概正像商隐在给他的信中所建议的那样,"况古之贞栖,固有肥遁,衣食不求于外,药物自有其资,乃可谢绝尘间,栖迟事表。傥犹未也,或挠修存。若更驻岁华,稍优俸入,向平无家事之累,葛洪有丹火之须,然后拂衣求心,抗疏乞罢"(《上李舍人状六》),是攒够了俸禄、无后顾之忧的情况下才决心退隐修道的。

商隐在郑州期间,受到李褒的款待和照顾,其《上郑州李舍人状一》说:

> 伏奉荣示,伏蒙赐及麦粥饼啖饧酒等,谨依捧领讫。某庆耀之辰,早蒙抽擢;孤残之后,仍被庇庥。获于荨蕕之时,累受珍精之赐。恩同上客,礼异编氓。桑梓有光,里闾加敬。负米之养,虽无及于终身;求粟于人,幸不惭于往圣。下情无任感恩陨涕之至。

《上郑州李舍人状三》亦云:

> 昨者累旬陪侍座下,赉赐稠叠,宴乐频仍。虽曾参不列于四科,昔尝为恨;而徐稚再升于上榻,今实为荣。

据这两篇状,商隐这次回郑州,仍住在自己过去的家中,故有"桑梓有光,里闾加敬"之语。商隐也自认为是郑州的居民,只不过由于受到李褒的礼遇照顾,故说"礼异编氓"。如果"某庆耀之辰,早蒙抽擢;孤残之后,仍被庇庥"不是应酬的门面话,商隐似乎在此之前就受到过李褒的关顾(《上李舍人状七》也提到李褒对商隐之弟羲叟的照顾:"舍弟介特好退,龙钟寡徒,获依强宗,顿见荣路")。在郑州居留期间,除了给李褒代拟私人书启、陪侍左右、参加宴饮外,还为李褒撰写过《为舍人绛郡公郑州祷雨文》①。后来,商隐离郑居洛期间,还曾应李褒之请为他撰写过《紫极宫铭》,并因此得到李褒的厚赠。在会昌四年至六年这三年中,商隐为李褒代拟的书启文章,上李褒的书信和诗,一共有十四篇之多。可见这几年中他与李褒之间的过往相当密切。

第二节 由郑至洛

大约在会昌五年季夏,商隐由郑州来到洛阳。《上李舍人状一》云:"自春又为郑州李舍人(指李褒)邀留,比月方还洛下。"《上郑州李舍人状四》云:"某良缘夙薄,俗累多萦。夏秋以来,疾苦相继。"又《上李舍人状二》云:"某自还京洛,常抱忧煎。骨肉之间,病恙相继。"三状相互参证,可以推知商隐于会昌五年夏秋间居洛。到洛的时间,据《为绛郡公上李相公(回)启》,当在是年五月十九日李回拜相之后,亦即季夏之时。到洛后,他和家人都相继生病。据《上韦舍人状》(作于会昌六年春)"某淹滞洛下,贫病相仍"之语,当时生活上也比较拮据。在洛阳期间,他当住在岳父王茂元在崇让坊的居宅。会昌四年,商隐襟兄张审礼之妻王氏卒于许昌;会昌五年,灵柩运回长安与审礼合葬,路经洛阳,商隐代其岳母李氏作祭文——《为外姑陇西郡君祭张氏女文》。这篇祭文和商隐为亲戚写的其他祭文一样哀恻动人,特别是最后一段:

呜呼!曩昔容华,生平淑婉,漠然不见,永矣何归?将籍挂诸天,遥归真路?将福兴静域,须赴上生?将为眚累所招,遂沦幽界?将是疗治不至,

---

① 据《新唐书·五行志》,会昌五年春旱。此次旱灾涉及地域很广。

枉丧韶年？千惑萦怀，万疑叠虑，触途气结，举目心摧。天实为之，将复何诉？

祭文还提供了茂元生平和家室子女的一些具体情况，有一定资料价值。

这年五月十九日，商隐应博学宏辞试时的考官之一李回由户部侍郎同中书门下平章事，登居相位。① 商隐见到制书后，有《上座主李相公状》。状中对李回在平定泽潞叛镇的过程中"单车就路，明宣朝旨，密授兵机"、"遽使戎臣释位，谋士资忠，凶渠计尽而就诛，逆党死前而知悔"的功绩加以热情赞颂，实际上也反映了他对李德裕及其重要助手李回的政绩在看法上的进一步深化。在这篇状的最后，他希望李回能加以汲引，帮助自己入京复官：

某尝因薄伎，猥奉深知。麟角何成，牛心早啖。及兹沉滞，获荫燮调。瞻绛帐以增怀，望台星而兴叹。昔吴公荐贾，非宜铨管之司；孔子铸颜，未是陶钧之力。比谊恩重，方渊感深。嗟睹奥以未期，但濡毫而抒恳。崔氏之乃心紫阙，陈生之思入京城。千古搋怀，一时均虑。临风托使，指景依人。柱础成润于兴云，辙鲋何阶于泛海。

《汉书·陈万年传》：万年子咸，为南阳太守。时王音辅政，信用陈汤。咸数赂遗汤，予书曰："即蒙子公力，得入帝城，死不恨。"此处用陈咸典，正表现自己思入帝城为官愿望之强烈，故盼李回予以援手。

会昌五年秋，商隐洛阳闲居病中接到时任右司郎中的故友令狐绹的来信，想起自己与令狐父子的关系和当前的寂寥处境，感而赋《寄令狐郎中》诗：

---

① 《旧唐书·武宗纪》载会昌五年三月李回由兵部侍郎同中书门下平章事，误。此从《新唐书·武宗纪》。商隐《上座主李相公状》亦云："伏见恩制，相公以五月十九日登庸。"

> 嵩云秦树久离居，双鲤迢迢一纸书。
>
> 休问梁园旧宾客，茂陵秋雨病相如。

诗有"嵩云"及"病相如"语，当作于病滞洛下时。商隐屡从令狐楚幕，故以"梁园旧宾客"司马相如自况。诗有感念旧恩故交之意，而无卑屈趋奉之态；有感慨身世落寞之情，而无乞援望荐之念。纪昀说："一唱三叹，格韵俱高。"（《玉谿生诗说》）这是商隐寄赠令狐绹的诗中最富情韵的一首。但大体上作于同时而稍后的另一首托闺怨以抒怀的《独居有怀》却透露了商隐与令狐绹之间的隔阂：

> 麝重愁风逼，罗疏畏月侵。
>
> 怨魂迷恐断，娇喘细疑沉。
>
> 数急芙蓉带，频抽翡翠簪。
>
> 柔情终不远，遥妒已先深。
>
> 浦冷鸳鸯去，园空蛱蝶寻。
>
> 蜡花长递泪，筝柱镇移心。
>
> 觅使嵩云暮，回头灞岸阴。
>
> 只闻凉叶院，露井近寒砧。

"嵩云"、"灞岸"，即前诗之"嵩云"、"秦树"，时商隐在洛阳，令狐绹在长安。诗中商隐以独居女子深情怀念对方自喻，将此诗寄赠令狐（"觅使嵩云暮"即觅使寄诗），实际上是对令狐绹表白自己的感情。"柔情"二句为全篇点睛，意谓自己柔情脉脉，终未与对方疏远，而对方却并不理解自己的痴情而遥妒已自先深。也就是说自己虽始终系心令狐，感念旧谊，而令狐则早已心存芥蒂而妒忌自己。二诗合观，可见会昌年间双方关系虽不像大中初年那样产生大的裂痕，但往日业已产生的隔阂疑忌却未能消弭。"遥妒已先深"的"先深"二字，正说明隔阂疑忌的产生已非一日（参本册第七章第三节对《酬别令狐补阙》诗的分析）。会昌年间，李德裕受武宗专任，牛党在政治上失势，杨嗣复、李珏、牛僧孺、李宗闵等牛党重要人物及首领先后远贬。因此当时令狐绹虽对商隐有所疑忌不满，但并不会成为商隐仕途上的障碍。商隐《独居有怀》托闺情以寄意，主要是向令狐绹表白心迹，未必有希求令狐绹援引的意图。

第三节　服阕复官

会昌五年九月，商隐在《上郑州李舍人状四》中说："某十月初始议西上。"当指十月服丧期满之时，准备西赴长安谋求复职。《上李舍人状四》又说："时向严冽……某已决取此月二十一日赴京。""此月"指十月。从这两篇状看，商隐在会昌五年十月服丧期满后当去过长安。但到长安后不久，似又仍返回洛阳。《上韦舍人状》作于会昌六年三月宣宗即位之后①，状云："某淹滞洛下，贫病相仍。去冬专使家僮起居，今春亦凭令狐郎中附状。"去冬指会昌五年冬，今春指会昌六年春。这说明，商隐在会昌五年冬到会昌六年春的一段时间内仍在洛阳。否则如身在长安，当不必"专使家僮起居"，"凭令狐郎中附状"。但据《上李舍人状五》"去岁陪游，颇淹樽俎②；今兹违奉，实间山川③。曲水冰开，章台柳动，子牟岂忘于魏阙，严助盖厌于承明④"等语，会昌六年仲春"冰开"、"柳动"之时，商隐确已在长安。将上述各状联系起来考察，商隐当于会昌五年十月下旬赴长安，但不久即返洛阳。季冬曾专使家僮问候韦舍人起居，会昌六年初春又

---

① 张氏《会笺》卷四编此状于大中二年商隐罢桂幕北归后，岑仲勉《平质》（丙）久确"大中二年由桂归洛阳"条驳正之，谓："状有云：'今者运属长君，理当哲辅。'此种口气，应属会昌六年三月宣宗即位后不久之时。"兹依岑说。

② 指会昌五年春夏间在李褎处陪侍宴饮。

③ 指己在京，李褎在郑，相隔山川。如其时商隐仍居洛，则郑、洛相距甚近，不得云"实间山川"。

④ 谓己不忘魏阙，而褎则不愿入京为官。

曾托令狐绹捎信给韦舍人。而六年仲春,商隐已在长安。

商隐复官秘阁的时间,大致可以考知。《上李舍人状七》作于会昌六年冬,状云:"伏以今年洌寒①,不并常岁……某羁官书阁,业贫京都。"说明最迟在会昌六年冬,商隐已复官秘阁。但实际复官的时间可能在会昌六年暮春。《偶成转韵七十二句赠四同舍》云:"公(指卢弘止)事武皇为铁冠,历厅请我相所难。我时憔悴在书阁,卧枕芸香春夜阑。明年赴辟下昭桂②,东郊恸哭辞兄弟。"商隐武宗会昌二年、六年两为秘书省正字,此处"憔悴在书阁"、"卧枕芸香"与"明年赴辟下昭桂"紧相连接,则所指当为会昌六年复官秘阁正字时情事,曰"春夜阑",则会昌六年春(当在暮春)已复官秘阁。"憔悴在书阁"之语,亦与《上李舍人状七》所谓"羁官书阁,业贫京都"相合,而不像会昌二年再入秘省时较为兴奋的心情。

会昌六年仲春回长安后,商隐还分别给时仍在河南尹任上的卢贞和从忠武节度使内征的李执方上过状。这两篇状都作于三月二十六日宣宗即位之后,其时商隐当已复官秘省正字。这年四月,过去曾在天平节度使府与商隐同幕的韦正贯由寿州团练使权知京兆尹,后又正式任命为京兆尹,商隐曾为韦代拟过举人自代状③。

---

① 原作"冬年例寒",据钱校改。
② 指大中元年应郑亚辟赴桂管幕。
③ 此状《文苑英华》与《全唐文》误题为《为尚书渤海公举人自代状》,渤海公为高元裕,约开成五年任京兆尹。但状内举以自代的周墀、崔龟从二人的历官已叙至会昌五年后,题与状文内容明显不合。当是商隐原有《为尚书渤海公举人自代状》、《为京兆公(韦正贯)举人自代状》,二状相连,抄刻时前状脱去正文,后状脱去题目,遂将前题与后文误合为一。详拙著《李商隐文编年校注》该文编著者按,即注[一]。又详本册附考六《李商隐诗文集中一种典型的脱误现象——从〈为尚书渤海公举人自代状〉题与文的脱节谈起》。

第四节 武宗去世前后的诗歌创作

会昌六年三月,武宗去世,宣宗即位。在唐后期的皇帝中,武宗是比较英武有决断的。在位六年中,他专任唐后期最杰出的政治家李德裕,击退回鹘的侵扰,平定泽潞的叛乱,打击佛教僧侣势力,裁汰冗吏,并着手恢复被吐蕃长期占领的河陇地区,在许多方面都有显著政绩。连一向专横跋扈的宦官势力,这段时间也有所收敛。会昌三年,崔铉拜相,武宗事前不同枢密使杨钦义商量就加以任命,被老宦官看做"堕败旧风"(事见《通鉴·会昌三年五月》)。作战时,监军不得干预军政。这些都表明宦官势力有所退缩。但自泽潞平定后,武宗崇信道教的积习变本加厉。《旧唐书·武宗纪》:会昌五年正月,"己酉朔,敕造望仙台于南郊坛。时道士赵归真特承恩礼,谏官上疏,论之延英……归真自以涉物论,遂荐罗浮道士邓元起有长年之术,帝遣中使迎之"。《杜阳杂编》卷下:"上好神仙术,遂起望仙台以崇朝礼。复修降真台,春百宝屑以涂其地。瑶楹金栱,银槛玉砌,晶莹炫耀,看之不足。内设玳瑁帐火齐床,焚龙火香,荐无忧酒,此皆他国所献也。"商隐《汉宫词》即借汉武帝求仙之事以托讽武宗这种迷信神仙、妄图长生的愚妄行为:

青雀西飞竟未回,君王长在集灵台。
侍臣最有相如渴,不赐金茎露一杯。

《三辅黄图》载,建章宫有神明台,武帝造,祭仙人处。上有承露盘,有铜仙人舒掌捧铜盘玉杯,以承云表之露,和玉屑服之。"金茎露"指此。"集灵台"即"望仙台"之异称。罗大经《鹤林玉露》卷二说此诗云:"言青雀杳然不回,神仙无可致之理必矣,而君王犹未悟,犹徘徊台上,庶几见之。且胡不以一物验其真妄乎？金盘盛露，和以玉屑，服之可以长生，此方士之说也。今侍臣相如，正苦消渴，何不以一杯赐之？若服之而愈，则方士之说犹可信也，不然则其妄明矣。二十八字之间，委蛇曲折，含不尽之意。"其实这首诗除了讽求仙之妄的主题之外，还有一个连带的副主题——讽帝王的迷神仙而弃贤才。三、四句中的"渴"、"露"，双关仕进之"渴"与皇帝的雨露之恩。全诗系讽刺皇帝迷醉于建台求仙，妄图长生，而不关心臣下的仕进之"渴"，不对贤才施雨露之恩。求仙的痴迷与弃贤的冷漠相映照，深化了讽刺帝王求仙的主题。

迷神仙、图长生与惑女色往往相联系。史载武宗宠王才人。《新唐书·后妃传》载："武帝贤妃王氏……有宠。状纤頎，颇类帝。每畋苑中，才人必从，袍而骑，校服光侈，略同至尊，相与驰出入，观者莫知孰为帝也。帝欲立为后，宰相李德裕曰：'才人无子，且家不素显，恐诒天下议。'乃止。"商隐《北齐二首》借北齐后主高纬宠冯淑妃小莲、迷于畋猎之事以托讽：

  一笑相倾国便亡，何劳荆棘始堪伤。
  小莲玉体横陈夜，已报周师入晋阳。

  巧笑知堪敌万机，倾城最在著戎衣。
  晋阳已陷休回顾，更请君王猎一围。

武宗虽然不是高纬一类荒淫佚乐的"无愁天子"，但诗人从关心国家命运出发，自不妨借高纬事预作警诫。"著戎衣"、"猎一围"，与武宗、王才人好畋猎之事确有相似之处。

由于妄求长生，服食金丹，药躁中毒，喜怒无常，武宗竟在三十三岁的盛年即猝然去世。商隐对武宗在位期间的政绩，特别是他的武功，每加充分肯定并赞颂，但对他的迷信神仙方术、宠王才人、喜畋猎等行为则每加嘲讽。《汉宫》将

讽求仙与讽女宠联系在一起,借汉武帝、李夫人之事以托讽:

> 通灵夜醮达清晨,承露盘晞甲帐春。
> 王母西归方朔去,更须重见李夫人。

通灵夜醮,通宵达旦,而承露盘干,甲帐虚设。西王母不来,东方朔又去,求仙之道已绝,只能到地下和旧宠李夫人重见了。屈复评:"言武帝不能成仙,只能见鬼耳。深妙。"(《玉谿生诗意》)

除此之外,《华岳下题西王母庙》、《华山题王母庙》、《瑶池》、《海上》、《过景陵》等讽刺帝王求仙的诗也大都作于这一时期。它们与上述诗篇一起,构成了一个主题非常集中的政治讽刺诗系列。

> 神仙有分岂关情?八马虚追落日行。
> 莫恨名姬中夜没,君王犹自不长生。
> 　　　　　　　　　　——《华岳下题西王母庙》

> 莲花峰下锁雕梁,此去瑶池地共长。
> 好为麻姑到东海,劝栽黄竹莫栽桑。
> 　　　　　　　　　　——《华山题王母庙》

> 瑶池阿母绮窗开,《黄竹》歌声动地哀。
> 八骏日行三万里,穆王何事不重来?
> 　　　　　　　　　　——《瑶池》

> 石桥东望海连天,徐福空来不得仙。

直遣麻姑与搔背,岂能留命待桑田?

　　　　　　　　　　　　　　——《海上》

　　武皇精魄久仙升,帐殿凄凉烟雾凝。
　　俱是苍生留不得,鼎湖何异魏西陵?

　　　　　　　　　　　　　　——《过景陵》

　　从这一系列专讽帝王求仙的诗中可以看出,商隐自己虽然早岁就志在玄门,学道玉阳,但对帝王求仙却持坚决反对态度。在他看来,帝王学道求仙并不像常人那样,仅仅是一种宗教信仰、精神寄托。常人即使服食求仙、为药所误也仅仅关涉个人的生死,而帝王求仙乃是政治腐败的一种征兆和标志。它往往与荒废政事、不顾苍生、不恤贤才、沉迷女色等腐败现象相连共生。《通鉴·会昌四年》载:"上好神仙,道士赵归真得幸,谏官屡以为言。(四月)丙子,李德裕亦谏曰:'归真,敬宗朝罪人,不宜亲近。'上曰:'朕宫中无事时与之谈道涤烦耳。至于政事,朕必问卿等与次对官,虽百归真不能惑也。'"武宗的这种辩解,实质就是求仙学道无关政事的论调。将这种论调与商隐上述诗作对照,不难发现这些诗具有某种针对性。

　　这些诗多采取咏史体式和七绝体裁,借古讽今,有很强的现实感。诗中直接讽慨的历史人物,多为周穆、秦皇、汉武一类好神仙的帝王,甚至还有本朝的唐武宗。除周穆王外,其他几位都是具有雄才大略的君主。以这些皇帝迷信神仙的情事作鉴戒,其现实针对性是很强的。实际上,对唐武宗,商隐既颂扬其武功,又讽其好神仙、畋猎、女色,而且越是认为武宗英武有为,越是对他的迷信神仙等行为感到惋惜,从而深加讽慨。这种双重态度和矛盾复杂的情绪,在《茂陵》和《昭肃皇帝挽歌辞三首》中表现得相当明显。《茂陵》云:

> 汉家天马出蒲梢,苜蓿榴花遍近郊。
> 内苑只知含凤觜,属车无复插鸡翘。
> 玉桃偷得怜方朔,金屋修成贮阿娇。
> 谁料苏卿老归国,茂陵松柏雨萧萧。

《昭肃皇帝挽歌辞三首》云:

> 九县怀雄武,三灵仰睿文。
> 周王传叔父,汉后重神君。
> 玉律朝惊露,金茎夜切云。
> 笳箫凄欲断,无复咏横汾。
>
> 玉塞惊宵柝,金桥罢举烽。
> 始巢阿阁凤,旋驾鼎湖龙。
> 门咽通神鼓,楼凝警夜钟。
> 小臣观吉从,犹误欲东封。
>
> 莫验昭华琯,虚传甲帐神。
> 海迷求药使,雪隔献桃人。
> 桂寝青云断,松扉白露新。
> 万方同象鸟,举动满秋尘。

由于二诗体制不同,《昭肃皇帝挽歌辞三首》侧重于慨,但慨中寓讽,在赞颂其雄武,击回鹘、平泽潞,初现承平气象的同时,对其迷信神仙反复寓讽(第一首"汉后"句、"金茎"句,第二首"旋驾"句,第三首"虚传"句及颔联)。这在皇帝的挽歌辞中是少见的。《茂陵》侧重借汉武以讽其喜畋猎、好神仙、宠女色,但对其武功仍加以赞扬,一结以苏武归国致慨,尤深寓故君之痛。

一位诗人,在一段较短的时间内,如此集中地围绕一个当朝皇帝的行事功过写这么多的诗,而且都达到相当高的艺术水准,这在诗歌史上似不多见。这充分说明商隐对武宗关注之深切,比起对文宗来,实有过之而无不及。在商隐心目中,文宗是一位虽有图治之意却无图治之才、暗弱无能的皇帝,而武宗则是一位既有图治之意又有图治之才而且取得了显著成效,却存在不少缺点的皇帝。因此,商隐对武宗的期望既切,对其缺点的关注便尤切,对他的英年早逝也就特别惋惜。"玉塞惊宵柝,金桥罢举烽。始巢阿阁凤,旋驾鼎湖龙",任用李德裕这样的贤相,攘外安内,使国家刚出现了一点太平景象,皇帝却因好道而驾龙仙去了。"小臣观吉从,犹误欲东封",透露出诗人是把国家中兴的希望寄托在取得了一些政绩的武宗身上的。正因为望之切,所以忧之深,责之严。从写于武宗生前的《北齐二首》"一笑相倾国便亡,何劳荆棘始堪伤"的诗句中可以明显体味出防微杜渐、预作警诫的意味。正因为这样,即使在《昭肃皇帝挽歌辞三首》这种按礼制及惯例只作颂美追思之辞的诗中,商隐也同样在颂美其武功、哀挽其早逝的同时,讽慨其迷信神仙方术,直似一篇盖棺论定的史赞。讽之正缘于深惜之。

随着武宗去世,宣宗即位,朝局又发生了很大的变化,商隐的生活境遇和诗文创作也进入了一个新的高峰期。

第十章　桂幕往返（上）

唐宣宗大中元年三月，李商隐应新任桂管观察使郑亚的辟聘，与郑亚同赴数千里之外的桂林，开始了又一次幕府生涯。这次在桂幕的时间虽短——加上赴幕及罢幕归京的时间也不过一年半，但却成为他生活与创作历程中一个重要的转折点。五言律诗的成熟与丰收是这一时期的突出亮点。

第一节　朝局变化中的选择

会昌六年三月二十三日，唐武宗因服食金丹药躁去世，宦官拥立宪宗子光王怡为帝，更名忱，于二十六日即位，是为宣宗。宣宗是敬、文、武三宗的叔父辈。《通鉴·会昌六年三月》载："初，宪宗纳李锜妾郑氏，生光王怡。怡幼时，宫中皆以为不慧。大和以后，益自韬匿，群居游处，未尝发言。文宗幸十六宅宴集，好诱其言以为戏笑。上（指武宗）性豪迈，尤所不礼。及上疾笃，旬日不能言。诸宦官密于禁中定策。辛酉，下诏称：'皇子冲幼，须选贤德，光王怡可立为皇太叔，更名忱，应军国政事令权勾当。'……甲子，上崩，以李德裕摄冢宰。丁卯，宣宗即位。"宣宗的即位，既是靠宦官的拥戴，自然在选相等重大问题上要听从宦官的意愿。宦官早就厌恶李德裕当政时期对宦官势力的抑制和削弱，加以宣宗想自己揽权，不希望有李德裕这样功威卓著的宰相用事，"素恶李德裕之专"（见《通鉴·会昌六年》），因此在刚即位听政才六七天的会昌六年四月壬申

(初二),就将李德裕罢出为荆南节度使。"德裕秉权日久,位重有功,众不谓其遽罢,闻之莫不惊骇。甲戌(初四),贬工部尚书、判盐铁转运使薛元赏为忠州刺史,弟京兆少尹、权知府事元龟为崖州司户,皆德裕之党也。"(同上)这是宣宗即位后对李德裕政治集团实施的第一次重大打击。

宣宗与宦官在打击李德裕政治集团的同时,决定起用牛党新进,以取得官僚集团另一派的支持。会昌六年五月,翰林学士、兵部侍郎白敏中被任命为宰相。紧接着,这年八月,"以循州司马牛僧孺为衡州长史,封州流人李宗闵为郴州司马,恩州司马崔珙为安州长史,潮州司马杨嗣复为江州刺史,昭州刺史李珏为郴州刺史①。僧孺等五相皆武宗所贬逐,至是,同日北迁。宗闵未离封州而卒"(同上),摆开了要重新起用牛党耆宿的架势。"九月,以荆南节度使李德裕为东都留守,解平章事。以中书侍郎、同平章事郑肃同平章事,充荆南节度使。"(同上)郑肃是郑亚的同宗,政治上也是靠近李德裕的。大中元年二月,李德裕又被从东都留守这个多少还有些权力的职位上调开,只给他一个太子少保分司东都的虚衔。关于这次调动,《通鉴》明确指出是白敏中的阴谋排挤:"初,李德裕执政,引白敏中为翰林学士。及武宗崩,德裕失势,敏中乘上下之怒,竭力排之,使其党李咸讼德裕罪,德裕由是自东都留守以太子少保分司。"与此同时,又将李德裕当政期间得力助手之一郑亚由给事中这个重要职位调开,出为桂管观察使。这是宣宗、牛党、宦官对李德裕政治集团实施打击的第二步。这时的李德裕,已经完全失去了权力,成为一名闲官,一名随时可以进一步被贬逐的待罪官员。原来与李德裕关系密切的仅李回一人还暂时留在宰相的位置上,境况也岌岌可危。而李商隐正是在李德裕政治集团连遭打击的形势下,应郑亚的辟聘,远赴桂管观察使幕,任观察支使,"当表记"。很显然,这不是一次偶然的行动,而是经过思考作出的选择。

---

① 李珏移刺郴州实在会昌五年,见《金石补正》卷七四《华景洞李珏等题名》。

郑亚,字子佐,爽迈有文。元和十五年登进士第,又登贤良方正能直言极谏科及书判拔萃科。李德裕为翰林学士,高其才。大和二年贤良方正能直言极谏科登第后,李德裕曾辟署其为浙西幕府从事。会昌初入朝为监察御史,累迁刑部郎中。李回任御史中丞,荐奏为刑部郎中知杂事。迁谏议大夫、给事中。受到李德裕的重用,曾奉命重修《宪宗实录》,于会昌三年以兵部郎中、史馆修撰的身份奏进重修《宪宗实录》四十卷。同年七月,李回奉命宣谕河朔三镇,亚以副使身份从行。十一月,党项入寇,李德裕又奏请李回为安抚党项副使①,郑亚为元帅判官。他与李回,在李德裕会昌当政期间,是其得力的左右手。这次由给事中这样的要职②,调任为西南边远地区的方镇,很明显是一种实际上的贬斥。在这次受辟赴桂管幕之前,商隐与郑亚之间并非素交③,这次应辟时,商隐用寓言的方式写了《海客》一诗,表明自己的意向心迹:

海客乘槎上紫氛,星娥罢织一相闻。
只应不惮牵牛妒,聊用支机石赠君。

《荆楚岁时记》:"汉武帝令张骞使大夏寻河源,乘槎经月而至一处,见城郭如州府,室内有一女织,又见一丈夫牵牛饮河,骞问曰:'此是何处?'答曰:'可问严君

---

① 兖王岐为灵夏等六道元帅兼安抚党项大使,系挂名。
② 《旧唐书·职官志》:门下省,给事中四员,"掌陪侍左右,分判省事。凡百司奏抄,侍中审定,则先读而署之,以驳正违失。凡制敕宣行,大事则称扬德泽,褒美功业,覆奏而请施行,小事则署而颁之。凡国之大狱,三司详决,若刑名不当,轻重或失,则援法例退而裁之。凡发驿遣使,则审其事宜,与黄门侍郎给之;其缓者给传,即不应给罢之。凡文武六品已下授职官,所司奏拟,则校其仕历浅深,功状殿最,访其德行,量其才艺,若官非其人,理失其事,则白侍中而退置焉。若弘文馆图书之缮写雠校,亦课而察之。凡天下冤滞未申,及官吏刻害者,必听其讼,与御史、中书舍人同计其事宜而申理之"。虽品秩并不高(正五品上阶),但却事多而权重。
③ 商隐《陆发荆南始至商洛》(作于桂幕罢归途次)云:"昔去真无素,今还岂自知?"《自桂林奉使江陵途中感怀寄献尚书》:"水势初知海,天文始识参。"均可证。

平.'织女取搘机石与骞俱还。后至蜀问君平,君平曰:'某年某月,客星犯牛、女.'"诗以"海客乘槎"喻郑亚奉命出使桂海,以"星娥罢织"喻自己罢秘书省正字之职而就郑亚之辟。三、四句谓自己不畏惧牛党中旧好之妒,愿以自己的文采为郑亚效力,以酬答郑亚的知遇。"牵牛"可包括令狐绹,但未必专指一人。商隐最初受知于令狐楚、崔戎、萧浣等牛党中人,及其婚于王氏,即遭"牛李党人①蚩摘","以为诡薄无行"(《新唐书》本传)。从牛党的立场看,商隐自为不忠于"牵牛"的"星娥(织女)"了。商隐这首诗,虽用了隐晦的寓言方式,但就其内容来说,倒像是一则政治上的宣言。在牛党势力复炽、李德裕政治集团遭到有计划的打击时,商隐罢秘省正字而入李德裕主要助手之一郑亚的幕府,其行动的政治含义和所表示的政治倾向是相当清楚的。这既不能用"为贫而仕"来解释,也不是单纯酬答恩知,而是在较长时期的观察与思考的基础上作出的一种政治抉择。这一抉择显然触怒了当权的牛党,此后商隐仕途上的坎坷也显然与这一抉择有密切关系。

果然,几个月后令狐绹便首先对商隐从亚桂管这一行动作出了强烈反应。《新唐书》本传说:"亚亦德裕所善,令狐绹以为忘家恩,放利偷合,谢不通。"大中元年三月,令狐绹自右司郎中出为湖州刺史②,到任后有信寄商隐,信中对商隐从亚桂管之事严词责备。原信已佚,但从商隐的《酬令狐郎中见寄》中仍然可以看得相当清楚,诗中说:

> 土宜悲坎井,天怒识雷霆。
>
> 象卉分疆近,蛟涎浸岸腥。
>
> 补羸贪紫桂,负气托青萍。

---

① 指牛僧孺、李宗闵党。

② 此据《吴兴志》。《旧唐书·令狐绹传》谓绹"会昌五年出为湖州刺史",张氏《会笺》从之,误。

> 万里悬离抱，危于讼阁铃。

"土宜"二句，表面上是写南疆的土宜气候，实际上是以"天怒"隐喻令狐绹因自己追随郑亚而发雷霆之怒，言外大有怵惕惶恐、震慑不知所措之状。商隐从亚，正值李德裕政治集团失势、牛党势力复炽之时。在令狐绹看来，这正是商隐依附牛党的时机，殊不料商隐竟去追随并无旧交的李德裕集团骨干郑亚，则其死心塌地依附已处危境的李德裕集团，且无视牛党的不满也就很清楚了。故绹之寄书必责其从亚为"忘家恩，放利偷合"（当然不可能直接指责其不依附当权的牛党），颇为震怒。商隐酬诗，乃极力剖白自己之从亚，是因为"补羸贪紫桂"，亦即为贫而仕。用心虽然良苦，但势必得不到令狐绹的谅解。从这首诗可以看出，他并不能真正做到"不惮牵牛妒"。将此诗与《海客》并读，不仅可以看出商隐当时处境之艰困，而且可以透视其内心及言行的矛盾。这也正是商隐悲剧性格的一个重要方面。

第二节 赴桂途中

大中元年正月，商隐弟羲叟登进士第①，商隐有《喜舍弟羲叟及第上礼部魏公》诗呈献主考官礼部侍郎魏扶：

> 国以斯文重，公仍内署来。

---

① 此据《册府元龟》卷六四一、《唐会要》卷七六："大中元年正月，礼部侍郎魏扶放及第二十二人。续奏：堪放及第三人：封彦卿、崔琢、崔延休等，皆以文艺为众所知，其父皆在重任，不敢选，取其所试诗赋封进，奏进止。令翰林学士、户部侍郎知制诰韦琮等考，尽合程度。其月二十五日，奉进止，并附所司放及第。"《旧唐书·宣宗纪》记此事于大中元年三月丁酉，非。详《樊南文集》、《樊南文集补编》旧笺补正》，载《中国古籍研究》第1卷，1996年。

风标森太华,星象逼中台。

朝满迁莺侣,门多吐凤才。

宁同鲁司寇,唯铸一颜回!

末联颂扬魏扶主持文柄,为朝廷选拔众多人才,与孔子仅能从事教育,铸就颜回一人相比,远胜之矣。唐人用典比较自由,为突出魏扶,不惜用孔子作陪衬,但也可看出孔子的地位在唐代不像后世那么崇高。文集又有《献侍郎钜鹿公启》,为商隐献魏扶之书启,云:"今月某日舍弟新及第进士羲叟处,伏见侍郎所制《春闱于榜后寄呈在朝同年兼简新及第诸先辈五言四韵》诗一首……辄罄鄙词,上攀清唱……其诗五言四首(当作韵)谨封如右。"可见《喜舍弟羲叟及第上礼部魏公》诗乃是酬和魏扶之作。《献侍郎钜鹿公启》谈到自己对诗歌创作特别是本朝诗歌创作倾向的看法,是反映其文艺思想的一篇重要文章,将在下册有关章节加以评述。

商隐这次应郑亚之辟聘所担任的幕职,《旧唐书》本传说是"观察判官,检校水部员外郎",《新唐书》本传亦云"为判官",均误。商隐《樊南甲集序》云:"大中元年,被奏入岭当表记。"《为荥阳公上荆南郑相公状二》则云:"李支使商隐,虽非上介,曾受殊恩。"序与状作于同时(序作于十月十二日,状作于九月末十月初),而一云"当表记",一云"支使"。张氏《会笺》遂据《樊南甲集序》于大中元年谱书"义山随郑亚赴桂管幕,辟奏掌书记"。究竟是观察支使,还是掌书记,抑或观察支使兼掌书记?按《通鉴·僖宗乾符元年》"初,路岩佐崔铉于淮南,为支使"胡三省注:"唐制:节度使幕属有掌书记,观察使有支使,以掌表笺书翰,亦书记之任也。"胡氏之意,盖谓观察支使即司书记之任。如果按照这种说法,商隐担任的幕职是观察支使,而其所担负的具体工作则是"当表记",即掌表笺书翰。但据《新唐书·百官志》:"观察使:副使、支使、判官、掌书记、推官、巡官、衙推、随军、要籍、进奏官各一人。"则观察使的僚属既有支使,又有掌书记,并非只有支使而无掌书记之职。戴伟华先生在《唐方镇文职幕僚考》及《方镇使府掌书记与李商隐在桂管幕之幕职》中曾详考唐代有关文献记载,得出如下结论:"节度使属下有掌书记,如果节度使兼观察使,则有观察支使;如仅是观察使,则只有支使而无掌书记……李商隐在桂管只能任支使,而不可能任掌书记或支使兼掌书记……'当表记'意即掌管书表文字工作。"所辨甚是,兹依其说。《新唐书·百官志》谓观察使之僚属有掌书记,盖误。总之,商隐在桂管幕所担任的实际工作主要是撰拟表状启牒等公私文翰,则是确定无疑的。至于观察支使是否还担任别的任务(如商隐之奉使江陵,就非掌书记的工作范围),则由于文献阙载,尚难断定。但《为荥阳公上荆南郑相公状》称自己为"支使",可能表明此行与支使的职务有关。

郑亚此次奏署的其他幕僚,根据商隐的《为荥阳公谢除卢副使等官状》、《为荥阳公桂州署防御等官牒》,有卢戡(副使)、段公路(防御巡官)、罗瞻(衙推)、崔某(兵曹参军兼观察巡官)、陶褾(要籍)、吕佋(摄判官)、刘福(摄观察衙推)、王政(要籍)、任缮(职务不详)等人。其中副使卢戡与郑亚同年登进士第,段公路为段文昌之孙、段成式之子,吕佋为同年兼故友吕述之弟。

郑亚、商隐一行,是大中元年三月七日从长安启程的。启程之前,商隐随郑亚入朝辞谢,见彤庭早朝景象,有《谢往桂林至彤庭窃咏》诗:

> 辰象森罗正,钩陈翊卫宽。
> 鱼龙排百戏,剑珮俨千官。
> 城禁将开晚,宫深欲曙难。
> 月轮移枌栒①,仙路下阑干。
> 共贺高禖应,将陈寿酒欢。

---

① 《三辅黄图》:"枌栒,木名。宫中美木茂盛也。"又《关中记》:建章中有枌栒殿。

> 金星压芒角，银汉转波澜。
> 王母来空阔，羲和上屈盘。
> 凤凰传诏旨，獬豸冠朝端。
> 造化中台座，威风大将坛。
> 甘泉犹望幸，早晚冠呼韩。

视诗中"鱼龙排百戏"及"共贺高禖应，将陈寿酒欢"等句，宫中当有庆典，而非常朝。据《新唐书·后妃传》："宪宗孝明皇后郑氏……元和初，李锜反，有相者言后当生天子。锜闻，纳为侍人。锜诛，没入掖庭，侍懿安后。宪宗幸之，生宣宗。宣宗为光王，后为王太妃，及即位，尊为皇太后。太后不肯别处，故帝奉养大明宫，朝夕躬省候焉。"合之诗中"高禖应"、"寿酒欢"之语，似是宫中举行郑太后寿诞庆典，故有"鱼龙排百戏"之举；"高禖应"，谓其生宣宗果为天子。如是宣宗生皇子，虽可云"高禖应"，但不必有"寿酒欢"之事。

作为司表状启牒撰拟之事的幕僚，在出发前商隐为郑亚代拟了一系列上内外重要官吏的状启，其中有李德裕、李执方、卢钧、韦琮、崔铉、崔郸、郑肃、李让夷、李景让、李实、崔璪、韦廑等。多数是应酬性的礼节性的文字，但有的也透露了朝局变化的消息。如《为荥阳公上李太尉（德裕）状》有云："伏惟慎保起居，俯镇风俗，俟金縢之有见，俾玉铉之重光。某窃忆春初，曾蒙简赐，故欲琴樽嵩岭，鱼钓平泉。岂贪行意之言，便阻具瞻之恳，伏惟少以家国为念也。"反映出其时李德裕因看到朝局变化，自己一再受到打击，已萌隐退平泉（李德裕在东都的庄园）之意。郑亚则在信中安慰他，说德裕虽像当年的周公一样，受到君主的怀疑，但终能释除误解，重执政柄。这虽是对退闲贬抑的大臣常用的慰藉祝愿之语，但从当时情况看，李德裕政治集团虽处境相当不利，但并未面临全军覆没的局势。李德裕的另一重要助手李回仍在朝中任宰相。郑亚虽离机要之任，仍属方面大臣，崔嘏所撰《授郑亚桂府观察使制》对郑亚的才能政绩多有赞辞，说明朝廷多数官吏并不大清楚宣宗、白敏中等调郑亚观察桂管的真实意图。李德裕本人,在文宗朝也曾被贬为袁州长史,并曾被安排为太子宾客分司这样的闲职,但潮落潮起,武宗朝终于得到重用。以他的才干、功绩和资历、声望,按常理这次被罢相后也并非没有复出的可能。但李德裕、郑亚、李回,包括李商隐,大概都没有想到,宣宗、白敏中等人的执政方针,就是"务反会昌之政"(《通鉴·宣宗大中元年》)。会昌朝重用李德裕、李回、郑亚等有才干的人物,宣宗、白敏中等就要处心积虑、不遗余力地打击他们,而且是有计划、有步骤地进行,必欲置之死地而后快。同时重用牛党新贵如令狐绹等,"凡德裕所薄者,皆不次用之"。他们根本不会让李德裕安安稳稳地退居平泉山庄,而是计划着制造一网打尽的阴谋,将李德裕政治集团彻底清除消灭。

三月初七,郑亚一行正式启程赴桂林。尽管宣宗、白敏中等将郑亚从政治中枢调离,但郑亚启程时表面上还是相当风光的。宣宗等不但在长安东边的长乐驿设馔宴饯郑亚及将士一行,而且用御厩里的飞龙马将郑亚送到京兆府界,商隐还专门为此写了《为中丞荥阳公赴桂州长乐驿谢敕设馔状》和《为中丞荥阳公谢借飞龙马送至府界状》。后状颇有佳句:"梁悬蜀镫,几覆吴鞍,每多曳练之疑,不假著鞭之力。倏逾秦甸,将复周闲。照地回光,瞻天送影。长亭欲别,未期东道而来;双阙傥嘶,愿附北风之思。"

离开长安时,新登进士第尚未释褐的弟弟羲叟前来送行,一直送到蓝田县南的韩公堆方才拨转马头告别,商隐《偶成转韵七十二句赠四同舍》记述当时情景道:

明年赴辟下昭桂,东郊恸哭辞兄弟。

韩公堆上跋马时,回望秦川树如荠。

商隐这次远赴桂林,是抛下了体弱多病的妻子王氏和头一年刚出生的儿子衮师

只身前往的,又跟相依为命的兄弟羲叟分别,加上所追随的幕主郑亚政治前途未卜,心情是比较抑郁酸楚的。《离席》诗云:

> 出宿金尊掩,从公玉帐新。
> 依依向余照,远远隔芳尘。
> 细草翻惊雁,残花伴醉人。
> 杨朱不用劝,只是更沾巾。

尾联将自己比做"见歧路而泣"的杨朱,表现出一种茫然不知所之的彷徨感。宣宗即位以来一年中种种"务反会昌之政"的措施,特别是排斥打击李德裕政治集团的行动,使商隐在作出追随郑亚南下桂管选择的同时,自然产生一种歧路彷徨的矛盾心理。

路经长安东面的五松驿,商隐由秦始皇封五大夫松的故实展开联想,写下借史寓慨的《五松驿》诗:

> 独下长亭念《过秦》,五松不见见舆薪。
> 只应既斩斯高后,寻被樵人用斧斤。

驿名五松,却不见松树,大概都被樵夫当做薪材砍伐光了。由此联想到秦朝的灭亡,想到贾谊总结秦朝兴亡历史经验的《过秦论》。究竟是什么原因导致了秦的速亡呢?细味诗的三、四两句,似是有感于统治集团内部的党同伐异,互相倾轧,火并之后,统治力量大为削弱,亡国灭族之祸也随之而至。秦之末世,用事大臣如李斯、赵高者相互倾轧,先后被诛,秦亦随之而亡。唐之季世,朋党纷争,南北司势若水火,政局动荡,长此以往,则距"寻被樵人用斧斤"之日恐亦不远了。诗托咏秦之亡以寄忧唐之衰,深寓警戒之意。曰"念《过秦》",其意固在当朝。"寻被"二字，颇见寓意。第五章引白居易甘露事变时所作《咏史》，颇可与此相参。

再往前行，就进入了商山。商山四皓是著名的帝王之师，商隐之名就取义于隐于商山的四皓，寄托着李嗣对儿子作帝王师的期望。这次路经商山，拜谒当地的四皓庙，有《四皓庙》诗云：

羽翼殊勋弃若遗，皇天有运我无时。
庙前便接山门路，不长青松长紫芝。

诗借四皓建立羽翼殊勋而见弃于时，托讽时君斥弃功臣。首句一篇主意，下三句均发挥"弃若遗"之意。"皇天有运"，指太子终于践阼为惠帝；"我无时"，托为四皓口吻，谓有功而见弃。四皓见弃即因史籍未载此事而推度之，不必另有所本。三、四二句，正借庙之荒寂冷落不长青松惟长紫芝暗示君主之冷遇，不以之为栋梁而使之同于隐沦。细推诗意，联系时事，诗或为李德裕而发，慨其虽建立"羽翼殊勋"（辅佐武宗成就功业）而为时君所弃。"弃若遗"，慨其投闲置散（大中元年二月，李德裕已由东都留守改为太子少保分司）。商隐另有一首《四皓庙》，也是借咏史寄慨李德裕之作：

本为留侯慕赤松，汉廷方识紫芝翁。
萧何只解追韩信，岂得虚当第一功？

诗谓张良荐四皓而安储位，在汉初开国功臣中功劳最大；萧何只解追韩信，岂能虚当首功呢？这当然不是真正的史论，而是在故作翻案语中寄托现实政治感慨。徐逢源云："此诗为李卫公发。卫公举石雄，破乌介，平泽潞，君臣相得，始终不替，而卒不能早定国储，使武宗一子不得立，有愧紫芝翁多矣，故假萧相以讥之。"(冯浩笺引)冯、张从之。张谓"非讥卫公,盖惜其能为萧何而不能为留侯也",亦有见。两首《四皓庙》,角度不同,而均借史寓慨,又均借慨李德裕,足见商隐在武宗去世、宣宗即位、政局变化的时期对政治问题的关注与思考。

行至商州境内,这里有贞元七年商州刺史李西华新开的自蓝田至内乡的新道七百余里,"回山取途,人不病涉,谓之偏路,行旅便之"(《新唐书·地理志》),商隐有《商於新开路》诗云:

六百商於路,崎岖古共闻。
蜂房春欲暮,虎阱日初瞳。
路向泉间辨,人从树杪分。
更谁开捷径,速拟上青云。

三月初七从长安出发,行至商州一带正是"春欲暮"的季节。末联点"新开路",略寓感慨。似借慨值此党局反复之际,仕途险峻,仍有热衷干禄者企图借捷径而速登青云。既然当权者对"德裕所薄者,皆不次用之",则自有政治投机者会借此捷径而速登高位。

商州刺史吕述,元和十五年与郑亚同登进士第,在政治上也同属李德裕政治集团。会昌三年九月王茂元卒于讨伐刘稹的河阳军中时,吕述曾奉朝命前往吊唁,商隐在《为王侍御瓘(茂元子)谢宣吊并赗赠表》中曾提及此事,两人当时当见过面。会昌四年吕述任河南少尹,"与德裕书,言(刘)稹破报至,(牛)僧孺出声叹恨"(《通鉴·会昌四年》),其政治倾向相当鲜明。吕述任商州刺史当在会昌六年。《宝刻类编》卷十引《集古录目》:"《唐商於驿路记》,唐翰林学士承旨韦琮撰,太子宾客柳公权书,秘书省校书郎李商隐篆额,商州刺史吕公移建州之新驿,碑以大中元年正月立。"可证大中元年正月吕述已在商州刺史任。郑亚这次路过商州时,吕述将其弟吕伯托付给郑亚,请郑亚为吕伯在桂管幕中安排一个职位。大约在郑亚离开商州后不久,吕述即卒于任上。郑亚到桂林后,给吕佋安排了摄判官的临时幕职,并让商隐代拟了《祭吕商州文》。

大约在闰三月初,郑亚一行到达襄阳。当时担任襄州刺史、山南东道节度使的是卢简辞。商隐的曾祖母卢氏,与卢简辞是同宗。其弟卢弘止,早在大和八年担任昭应县令时商隐就拜访过他,会昌年间又常有交往。会昌三年,商隐撰曾祖母、处士叔、裴氏姊的行状,曾请卢简辞(一说是卢钧,一说是卢弘止)撰写墓志。这次途经襄阳,受到简辞的款待。在离开襄阳时,商隐有《上汉南卢尚书状》,中云:

> 今幸假途奥壤,赴召遐蕃……岂期此际,获奉余恩。而又询刘、范之世亲,问栾、郤之官族,优其通旧,降以清谈……傥得返身湖岭,归道门墙,粗依鸣盗之余,以奉陶熔之赐,则尚可濡毫抒艺,杀竹贡能,记录谷蠡之谟,注解傅岩之命,庶于此日,不后他人。

明确表示桂幕罢归后,自己愿在卢简辞幕下做文字工作。刚随郑亚南赴桂幕,就想着下一轮的幕僚工作,一方面说明这时商隐处境的艰困,确实像他在状中所说"九考匪迁,三冬益苦","空灭许都之刺,竟乖梁苑之游",同时也说明这时的李商隐已把托身幕府作记室,视为一种经常性的职业和谋生手段。这是经历了许多生活上、仕途上的坎坷困顿之后所产生的心理状态。他似乎不得不对自己的期望降格,把维持生计放在重要的位置了。

离开襄阳后不久,一行人到达荆南节度使府所在地江陵。唐代这里是南北水陆交通要道。唐于其地设江陵府,荆南亦为军事重镇。当时任荆南节度使的是会昌六年九月由宰相出镇的郑肃。郑肃与郑亚是同宗,"谱叙叔侄"①,又都属于李德裕政治集团。这次郑亚赴桂,途经江陵,自然受到郑肃的款待。加上其时正遇长江涨水,"南郡旬时,方集水潦"(《为荥阳公上门下李相公状一》),在江陵又多盘桓了十来天。出发时,郑肃赠"银器、绫纱、茶药"给郑亚,商隐撰拟《为荥阳公谢荆南郑相公状》表示谢忱:

> 方幸经途,得遂拜觐,禀同姓异殊之礼,展小国事大之仪。宴好频仍,言教恳至。长途方即,厚赐有加。

在江陵期间,青年诗人崔珏赴西川,商隐赋《送崔珏往西川》以赠行:

> 年少因何有旅愁?欲为东下更西游。
> 一条雪浪吼巫峡,千里火云烧益州。
> 卜肆至今多寂寞,酒垆从古擅风流。
> 浣花笺纸桃花色,好好题诗咏玉钩。

崔珏"家寄荆州"(见《北梦琐言》卷三),大中八年登进士第。作此诗时,珏方年少,尚未登第。崔之赴西川,似行非所愿,故有"旅愁"。以下六句,均就其所经所至之地景物之奇丽、人情风俗之淳美,慰其不必有旅愁。诗写得明快爽利,颔联"吼"、"烧"二字甚至有些粗豪,与商隐一贯的诗风有别。崔珏与商隐交谊颇厚,商隐死后崔珏有诗哭吊。

从江陵续发,开始走水路,商隐有《荆门西下》诗抒写行旅情景:

---

① 商隐《自桂林奉使江陵途中感怀寄献尚书》"明公念竹林"句下自注:"公与江陵相国(指郑肃)谱叙叔侄。"《为荥阳公上荆南郑相公状》称郑肃为"十叔相公"。

> 一夕南风一叶危,荆门回望夏云时。
>
> 人生岂得轻离别,天意何尝忌崄巇?
>
> 骨肉书题安绝徼,蕙兰蹊径失佳期。
>
> 洞庭湖阔蛟龙恶,却羡杨朱泣路歧。

题内"荆门"即荆州(江陵)之别称;"西下",即自西向东顺流而下之意。诗乃自荆州顺江东下,途中遇风波险恶,有感而作。首联谓一夕南风,浪恶舟危,回望荆州,已入夏云笼罩之中。这是回顾来路,经历险境之后惊魂甫定之情。颔联即因之而抒感,二句先果后因,倒置而增顿挫之致,谓天意既故设崄巇以增远行者的艰危,则人生岂能轻易言别不以为意呢?言外有世路艰险、始料未及之慨。腹联承"轻离别",谓家人寄书,虽劝慰我安居绝域边徼,但蕙兰香径,春光易逝,抛妻别子,作此远游,实痛失一家团聚之佳期。尾联又由"回望"转进一层,谓瞻望前路,浪险蛟恶①,更增怵惕,反不如泣路歧之杨朱犹可避此艰危。路歧在陆地,虽有可南可北之彷徨,却无风波之险,故云。诗即景寓慨,融旅途风波之险与世路崄巇之慨为一体。从中不难感受到宣宗即位以来朝局的变化、政坛的风波在诗人心灵中的投影,颇具象征意味。首、尾二联分写已历、将历的险境,中间二联是感情相对平静的感喟与思忆。这种结构方式也给人以险象环生、心潮起伏之感。② 诗人顺流东下,到达岳州,登上著名的岳阳楼,有《岳阳楼》诗云:

> 欲为平生一散愁,洞庭湖上岳阳楼。
>
> 可怜万里堪乘兴,枉是蛟龙解覆舟。

---

① 《为荥阳公上门下李相公状一》于"南郡旬时,方集水潦"下接云"重湖吞吐,实亚沧溟",即此诗所谓"洞庭湖阔蛟龙恶"。

② 这首诗从题意到诗意,都被冯浩、张采田等人解释得很纷纭杂乱,岑仲勉始指出题意为"舟发荆州(自西)向东而下",此据岑说而详释之。

这首诗却像是一反前诗之意。《为荥阳公上门下李相公状一》的一段叙述可以帮助我们理解这种变化："南郡旬时,方集水潦;重湖吞吐,实亚沧溟。未济之间,临深是惧;及扬帆鼓枻,则浪静风和,不吟行路之难,乃仗济川之便。"如果说"洞庭湖阔蛟龙恶,却羡杨朱泣路歧"反映的是"未济之间,临深是惧"的心态,则这首诗所抒写的正是"及扬帆鼓枻,则浪静风和"的喜悦兴奋心情。气候的变化使行旅的艰危变得顺利,故有"万里堪乘兴"的快语。

行经洞庭湖附近的湖泽地区,见到三四月间开白花的白茅茫茫一片、随风起伏的荒凉景象,商隐联想起这一带原是楚国旧地和楚灵王的传说,有感而赋《梦泽》诗:

> 梦泽悲风动白茅,楚王葬尽满城娇。
> 未知歌舞能多少,虚减宫厨为细腰!

诗就弥漫于楚宫的竞趋细腰之风抒慨,视角独特,寓慨深广,是商隐七绝中的精品。

大中元年闰三月二十八日,历经五十余日的旅途风尘劳顿,郑亚与商隐一行人抵达湖南观察使府所在地潭州(今湖南长沙市)。到潭州时,正值连日下雨,洞庭、湘江大水满涨,"昭潭积雨,南楚增波"(《为荥阳公上衡州牛相公状》),从长沙溯湘江而上的一段路,因涨水受阻,因此一行人就在潭州逗留了下来。

当时担任湖南观察使的是裴休。裴休与郑亚,大和二年应贤良方正、能直言极谏科试同时登第,裴在三等,郑在四等(刘蕡即在同年应该科试被黜不取),两人早就结识。郑亚在潭州逗留期间,受到裴休的热情款待。商隐大中二年正月所撰《为荥阳公上宣州裴尚书启》中"留欢湘浦,暂复清狂;思如昨辰,又已改岁"，所指的就是元年路经潭州逗留期间欢聚宴饮的情事。在潭州既有较长的逗留时间，故到达以后，商隐即代郑亚撰拟了四篇上在位宰相（白敏中、崔元式、韦琮、李回）的状，及时报告已达潭州的消息。在上崔元式的状中，还特意赞颂崔元式在会昌二至三年担任湖南观察使期间的"仁政"："况兹乐土，尝扇仁风。式访颠毛，兼询憩树，吏皆攀辕之士，民皆遮道之人，绵以岁时，深在肌骨。"（《为荥阳公上弘文崔相公状一》）可见即使这类纯粹的应酬书信，写起来也并不那么容易，还得对所应酬对象的经历有比较具体的了解。

商隐和郑亚一行究竟什么时候离开潭州，又在什么时候抵达桂林？冯谱据《偶成转韵七十二句赠四同舍》"湘妃庙下已春尽，虞帝城前初日曛"之句，谓抵桂在四月，张氏《会笺》则谓"抵桂当在五月初"，均误。商隐《为中丞荥阳公赴桂州至湖南敕书慰谕表》，系为文宗生母积庆太后卒后朝廷有敕书慰谕而上①，表云：

> 今月八日，宣告使某官某至湖南观察府，赉赐臣敕书一通，并慰喻臣所部将吏僧道耆老等……虽闻讣以衔哀，亦戴恩而窃忭……臣伏闻积庆太后，爰初遘疾，皇帝陛下即不视朝，虑切宸襟，时连燀②暑……乃运属归真，书留具位，陛下又能咨宰辅酌中之请，禀圣贤推远之怀，始率义以致忧，终据经而顺变……伏以时逢积水，行滞长沙，拥皂盖而久留，载青旌而莫济。

按《旧唐书·宣宗纪》：大中元年，"四月，积庆太后萧氏崩，谥曰贞献，文宗母也"。《新唐书·宣宗纪》则载其年"四月己酉，皇太后崩"。《通鉴》阙载月份，亦载其卒日为己酉。己酉为四月十二，因此表中"今月八日"的"今月"绝不可能是四月，而是五月。京师至潭州二千四百四十五里（据《旧唐书·地理

---

① 首先据此表考证商隐、郑亚抵达桂林的时间当在大中元年六月九日的是梁超然的《李商隐考略二题》，文载《唐代文学研究》第五辑，《苏州铁道师院学报》1993年第2期。
② 原作辉，据钱校改。

志》），郑亚、商隐一行三月初七从长安出发，到达长沙已是闰三月二十八日，在路上走了五十天，这当然是由于沿途有不少耽搁。朝廷派使臣至各地宣告皇太后讣音及敕书慰谕自然要求及时快速，但即使按平均日行百里计，亦须二十五日。四月十三日出发，到达潭州正好是五月八日。郑亚等闰三月二十八日抵达潭州，因遇发大水而"行滞长沙"，至五月八日已有四十天，故云"拥皂盖而久留"，如果是四月八日，则距到长沙之日不过十天，属于正常停留，不存在"久留"的问题。既然五月八日犹在潭州，则《为荥阳公桂州谢上表》所云"即以今月九日到任上讫"①之"今月"必为六月。也就是说，商隐、郑亚一行从出发到抵达桂林，整整用了四个月时间。抵桂林的时间为六月九日，还可以从《为中丞荥阳公桂州赛城隍神文》中得到进一步证明，文云：

> 维大中元年，岁次丁卯，六月甲午朔，十四日丁未，都防御观察处置等使、桂州刺史兼御史中丞郑某，谨遣登仕郎、守功曹参军陆秩以庶羞之奠，祭于城隍之神……某初蒙朝奖，来佩藩符。既御寇于西原，亦观风于南国。始维画鹢，将下伏熊，属楚雨蔽空，湘云塞望，晦我中军之鼓，湿予下濑之师，遂以诚祈，果蒙神应。

祭城隍神例于地方官初到任时举行②。如郑亚五月九日即已抵达桂林，祭城隍神必不会拖到一个多月之后的六月十四日；惟其六月九日抵桂，故十四日即祭城隍神。细审此文，当是郑亚一行行将抵桂林时适遇大雨，故祈雨停，既而雨果速止，遂在祭神时有"果蒙神应"之语。从文中"速如激矢，势等却河"的形容语，可揣知从祈神到雨止时间甚短。

---

① 到任后上宰相及其他内外大臣的状均同此。
② 商隐文集中，《为安平公兖州祭城隍神文》、《为怀州李使君祭城隍神文》分别作于崔戎初抵兖海观察使任、李璟初抵怀州刺史任时。

潭州至桂林一千三百余里。从抵达桂林之日（六月九日）逆推，郑亚一行从潭州续发的时间约在五月中旬（五月八日犹在潭州）。出发前，商隐作《为荥阳公上衡州牛相公状》，状末云："某实乏勋庸，谬当廉察，将因行役，获拜尊严。俯执轻桡，恨无飞翼。会昭潭积雨，南楚增波，尚滞旬时，若隔霄汉。"时牛僧孺任衡州长史，郑亚路过衡州时曾去拜望，时约在五月下旬。这年六月，牛僧孺已移任汝州长史。

六月九日，在经历了四个月的水陆行程、长途跋涉之后，商隐终于随郑亚抵达桂林，开始了为期不到一年的桂管幕府生活。《偶成转韵七十二句赠四同舍》记此次赴桂行程时说："湘妃庙下已春尽，虞帝城前初日曛。"过湘阴黄陵庙（即湘妃庙）时，已在闰三月下旬，故说"已春尽"；到达桂林（即所谓虞帝城，桂林有虞山舜庙）时，已六月上旬，正是气候宜人的桂林开始感到夏日的熏热之时。"可怜万里堪乘兴"，如果撇开家人骨肉分离和朝局变化等令人忧伤的因素，那么这次长途行旅也许称得上是一次"堪乘兴"之游。

第三节　赴江陵前的桂幕生涯

桂管是唐代岭南地区五管（广州、邕管、容管、桂管、安南）之一，领桂、梧、贺、连、柳、富、昭、蒙、严、环、融、古、思唐、龚十四州，治所在桂州。① 这是一个"俗杂华夷，地兼县道②"（《为荥阳公桂州谢上表》）的地区，僻处遐荒。但观察使幕府的文字工作却相当繁忙。从六月九日抵达桂林，到九月末或十月初奉郑亚之命出使江陵，这不到四个月的时间内，李商隐是在繁忙的案牍公务中度过的。

---

① 此据《新唐书·方镇表六》。
② 有蛮夷曰道。

现存商隐诗文中,桂幕时期(包括从大中元年二月受辟入幕到大中二年罢幕归途)的作品数量最多。据笔者粗略的统计(据《李商隐诗歌集解》、《李商隐文编年校注》),这一时期的编年诗共七十六首(从《海客》到《肠》),约占其编年诗总数三百八十一首的五分之一;编年文一百一十二篇(从《为荥阳公上李太尉状》到《谢邓州周舍人启》),约占其编年文总数三百三十五篇的三分之一。这组数字和比例,充分说明桂幕时期是李商隐诗文创作的丰收期和又一个高潮期。从诗文创作的质量来说,也是他创作历程中的黄金时期。而在六月九日到九月末,所作的表状启牒就有六十七篇,其中还包括了像《太尉卫公会昌一品集序》这样的皇皇大文(诗的数量相对较少,约二十首,这是因为幕府文字工作太繁忙的缘故)。

由于商隐这四个月中写的文章存留较多①,我们不妨以此为例,看一看唐代幕府中担任文字工作的幕僚的繁忙程度。这六十七篇文章,几乎都是为幕主郑亚代拟的公私文翰,没有一篇是商隐的私人信件或文章。大体上有以下几类。一类是例行的给皇帝、朝廷上的表状,如刚到任时呈皇帝的谢上表,呈中书门下的状,举人自代状,呈四位宰相的状,呈皇帝的谢借飞龙马、谢敕设馔、谢端午赐物状、谢除副使等官状,向皇帝进贺端午银、冬银、正银的状。还包括朝廷临时有喜庆、丧吊、战伐之事给皇帝、朝廷上的表状,如《为荥阳公贺幽州破奚寇表》、《为荥阳公贺幽州破奚寇上中书状》、《为荥阳公贺老人星见表》、《为中丞荥阳公赴桂州至湖南敕书慰谕表》、《为荥阳公至湖南贺听政表》、《为荥阳公奉慰积庆太后上谥表》等。其繁文缛节与名目之多令人眼花缭乱。第二类是给有关内外官吏的启状,其中有的是报告启程、到任或途中到达某地的消息,有的是祝捷(如贺幽州张仲武破奚),有的是慰唁(如宰相白敏中丧子,呈状慰唁),有的是通常的问候,也有的是对方先有书信礼品送来,致书启表示谢忱,也有的是致关

---

① 南宋周必大《平园续稿》卷十五《文苑英华序》:"是时印本绝少……修书官于宗元、居易、权德舆、顾云、罗隐辈,或全卷收入。"商隐在桂幕时期存留下来的文章较多,亦可能与此有关。当然还有一个重要的来源,是《永乐大典》所收商隐文中这一时期的文章较多。

系较为亲密的官吏的启状（如上李德裕、李回的状）。情况不一，涉及的官吏人数众多。第三类是为幕主代拟的祭神文、黄箓斋文、祭奠亲朋故旧的祭文，如《为荥阳公祭长安杨郎中文》、《为荥阳公祭吕商州文》。第四类是代幕主拟的任命管内官吏（包括幕府僚佐和州县官吏）的牒文及到任后训励州郡官吏的状、牒，如《为荥阳公桂州署防御等官牒》、《为荥阳公举王克明等充县令主簿状》、《为荥阳公与裴卢孔杨韦诸郡守状》、《为荥阳公桂管补逐要等官牒》。第五类是代幕主拟的为某一重要问题向朝廷请示的奏状，如《为荥阳公论安南行营将士月粮状》、《为荥阳公奏请不叙录将士状》、《为荥阳公请不叙将士上中书状》。第六类是为幕主代拟的重要书信和文章，如《为荥阳公上李太尉状》、《太尉卫公会昌一品集序》。以上这六类文章中，真正属于方镇军政要务或有思想、艺术价值的其实只有最后两类和第三类中的祭文，其他各类中的绝大部分文章都是循例应景式的应酬之文，但它们却占了书记事务的绝大部分，可以说是将一个人的时间与才能大部分浪费在无意义、无价值的事上了。下面举出两篇比较有价值的文章略作介绍。

《为荥阳公论安南行营将士月粮状》反映了桂管在供应差赴安南行营的本道将士月粮方面存在的严重困难，有助于了解当时边徼方镇各方面的困窘处境，颇有史料价值：

> 臣到任已来，为日虽浅，悬军在远，经费为虞。窃检寻见在行营将士等，从去年六月已后，至今年六月已前，从发赴安南用夫船程粮及船米赏设，并每月酱菜等，一年约用钱六千二百六十余贯，米面等七千四百三十余石。大数虽破上供，余用悉资当府。不惟褊匮，且以迢遥。有搬滩过海之劳，多巨浪飓风之患。

其中还揭露出边帅邀功生事的情况：

伏以裴元裕①既开边隙，又乏武经。抽三道之见兵②，备一方之致寇，曾无戎捷，徒曜军容……伏乞特诏元裕，使广布仁声，远扬朝旨，无邀功以生事，勿耗国以进兵。庶令此境之人③，无拥思乡之念。

《为荥阳公奏请不叙录将士状》请求朝廷准予暂缓循例叙录将士的勋阶，反映了桂管因灾荒造成的财政困难：

使当道将士及管内昭、贺等州军士共二千一百二十六人，准去年五月五日制叙勋阶使司去，今年四月二十五日具将士姓名及甲授年月日申省讫……伏以当管近无丰年，亦经小水。海上有分屯之卒，邕南有未返之师。歉冗食于居人，困裹粮于戎士……伏见比者诸道有物力未足者，圣恩弘贷，许且权未叙录，窃缘往例，冒此上陈。

这两篇状，文辞比较朴素，骈散并用。可以看出，为了表达上的清晰，商隐已经对骈文章奏之体作了随宜的改变。

商隐在桂幕所撰的文章中，最重要的自然是《太尉卫公会昌一品集序》。大中元年二月，李德裕由东都留守改太子少保分司，已是仅有虚衔的闲官。八月丙申（初三），就在郑亚抵达桂林后不到两个月，李德裕的另一重要助手李回也罢相，出为剑南西川节度使。这预示着，宣宗、白敏中等要对李德裕政治集团采取进一

---

① 当时任安南经略使。
② 指桂管、容管、广州之兵。
③ 指桂管派往安南的五百将士。

步的打击①。这对历事五朝、富于政治经验的李德裕来说,已经大体可以预料到即将发生的前景。为了用最富雄辩的历史事实和记述这些事实的文献来说明他在会昌一朝为相六年的业绩,并使其传之后世,大约在八月李回罢相后不久,他将自己在会昌朝撰写的有关朝廷军政大事的典诰制命,汇成一集,寄给远在桂林的郑亚,请他编集作序。郑亚改本《太尉卫公会昌一品制集序》云:"岁在丁卯②,亚自左掖出为桂林。九月,公书至自洛,以典诰制命示于幽鄙,且使为序,以集成书。"又云:"其功伐也既如彼,其制作也又如此。故合武宗一朝册命典诰奏议碑赞军机羽檄,凡两帙二十卷③,辄署曰《会昌一品制集》。纪年,追圣德也;书位,旌官业也……惟公蕴开物致君之才,居元弼上公之位,建靖难平戎之业,垂经天纬地之文。"看来,郑亚对李德裕编《会昌一品集》这一行动的用意是完全理解的。在当时的政治形势下,它的政治含义非常明显,就是要为宣宗、白敏中君臣竭力反对的会昌之政留下一份雄辩的历史证明。

郑亚把撰序的重任交给了李商隐,显然认为商隐不仅能领会李德裕此举的用意,而且认为他对李德裕的政绩与人品有正确的认识与评价,其政治倾向完全值得自己信任。如果不是这样,凭郑亚的文才,完全可以由自己来写,不必假手商隐。而李商隐也果然不负郑亚的信任,全力以赴,撰成了这篇可称皇皇大文的书序。他在为郑亚拟的《为荥阳公上李太尉状》中也说:"伏承以所撰武宗一朝册书诰命并奏议等一十五轴,编次已成,爰命庸虚,俾之序引……伏惟武宗皇帝,英断无疑,睿姿不测……太尉妙简宸襟,式光洪祚,有大手笔,居第一功……言不失诬,事皆传信。固合藏于中禁,付在有司,居《微诰》、《说命》之

---

① 这年的十二月,李德裕果然由太子少保分司被贬为潮州司马。《旧唐书·宣宗纪》书此事于七月,误。《唐大诏令集》卷五八"宰相·贬降下"有《李德裕潮州司马制》,末署"大中元年十二月",与《新唐书·宣宗纪》记此事于十二月戊午合。
② 大中元年丁卯。
③ 今见本为二十卷。《会昌一品集》卷六《与桂州郑中丞书》自称"勒成十五卷",下引商隐代郑亚拟《为荥阳公上李太尉状》亦作"十五轴"。

间,为帝《典》、皇《坟》之式。"说明他对李德裕编集的意图也深有体会。因此他所撰的这篇序和通常的序往往就文论文不同,是以会昌年间的军政大事和李德裕运筹帷幄的功绩作为主体,以事与功来印证李德裕的文章,以突出李德裕的文章是一朝军政大事的记录,是其功业的反映。序从武宗即位,下诏征德裕入相郑重叙起,并引述武宗之言曰:"我将俾尔以大手笔,居第一功。"然后结合德裕的"大手笔",叙赞其所处理的军政大事和所建立的功绩,特别是反击回鹘、平定泽潞的功绩。而在叙赞上述功绩时又注意突出李德裕的建言献策对武宗决断的重要作用,如叙泽潞之役有云:

> 既垂文诰,尚有群疑。公乃挺身而进曰:"重耳在丧,不闻利父;卫朔受贬,只以拒君。今天井雄藩,金桥故地,跨摇河北,胁倚山东,岂可使明皇旧宫,坐为污俗;文宗外相,行有匪人?"忠谋既陈,上意旋定。

叙太原杨弁之乱云:

> 俄又埃昏晋水,雾塞唐郊……稽于时议,惮在宿兵。公又扬笏而言曰:"彼地则义师,帅惟宗室。乃玄王勤商之邑,后稷造周之邦,瓜瓞具存,堂构斯在。苟亏策画,不袭仇雠,则是奖夙沙缚主之风,长冒顿射亲之俗……"蹑足以谋,屈指而定。

这样用笔,突出了作为首相的李德裕运筹帷幄、决胜千里的作用和力排众议、坚持伐叛的决心。序中称李德裕为"万古之良相,一代之高士",对他的功业人品作了崇高的评价。这实际上也反映了商隐本人对德裕的评价与态度。郑亚改本格于当时的政治局势,删去了一些太显眼的话,也删去了一些不够简练的文辞。从总体看,原稿与改本实各有所长,未可轩轾。这篇序不妨可以看做一篇李德裕叙赞,说明商隐在政治上与李德裕集团的一致性。因为这是在整个政治局势对李德裕集团十分不利的情况下写的,与开成五年李德裕自淮南入相时商隐撰《为濮阳公上淮南李相公状三》、会昌四年讨刘稹的战争行将胜利结束时商隐撰《为李贻孙上李相公启》的形势完全不同。如果把这篇序和基本上作于同时的两篇代郑亚拟的上牛僧孺的状对照一下,就可以明显看出,对牛僧孺的赞颂,多为一些虚泛的赞辞,如"相公早辅大朝,显有休绩。伊尹同德,皋陶矢谟,并著在典经,垂于名命","况今庆属休期,运推《常武》,必资国老,以立台庭"(《为荥阳公上衡州牛相公状》),"相公允膺四辅,光赞六朝。静则龙蛰存神,在一水而无闷;动则凤翔览德,自千仞以来仪"(《为荥阳公贺牛相公状》),没有任何实际的事迹和言行来印证充实。而这篇序却是叙赞结合,所赞所颂均有具体的言行业绩为证。巧妇难为无米之炊,被赞颂的对象如果缺乏可赞颂的业绩,即使文笔再超妙,也不可能无中生有。虚美与实赞的分别,不在作者的写法,而在对象本身是否有善可陈、有功可赞。从对李德裕、牛僧孺的不同赞法上,不仅可以看出两人政绩的悬殊,也反映出李商隐对他们的不同评价与态度。如果考虑到当时牛党势炽、李德裕集团势危的政治形势,那么李商隐在赞颂牛、李时所表现出来的这种明显反差,就更能说明问题了。

比起这几个月所写的文章多为使府公文或应酬文字来,商隐这段时间所创作的诗歌则明显具有自我抒情的色彩,而且颇多佳篇,其中尤以五律最为出色,标志着其诗歌创作进入了一个新的阶段。

初到桂林,对西南边徼的异乡风物有一种新鲜感,《桂林》诗云:

> 城窄山将压,江宽地共浮。
> 东南通绝域,西北有高楼。
> 神护青枫岸,龙移白石湫。

> 殊乡竟何祷,箫鼓不曾休。

范晞文《对床夜语》称此诗首联"不用事而工妙"。纪昀评:"字字精炼,气脉完足,直逼老杜。"(《玉谿生诗说》)又说:"落句愁在言外。"(《李义山诗辑评》引)此诗描绘桂林形胜、风俗,其中既有作客殊乡的愁绪,但又处处流露出对山川地理民情风物的新鲜感。由于郑亚对他的知遇和器重,初到时商隐对自己的境遇还比较满意,有一种托身有所的喜悦感,这在《晚晴》诗中流露得相当明显:

> 深居俯夹城,春去夏犹清。
> 天意怜幽草,人间重晚晴。
> 并添高阁迥,微注小窗明。
> 越鸟巢干后,归飞体更轻。

抵达桂林前夕,正值连天阴雨,到时放晴。故季候虽已夏令,气候仍然清和。诗描绘久雨晚晴的明净清新境界和生意盎然的景象。"天意"一联,微寓身世之感和珍重人生的态度,妙在触景兴感,情与境偕,脱口道出,浑融无迹。晚晴之景与对景物的诗意感受及哲理性的人生感悟融合无间。尾联于越鸟归巢的轻盈中寓含托身有所的轻松喜悦感,也情景相浃。

《高松》也是在桂林时的托物寓怀之作,和《晚晴》一样,表现了一种乐观自信的人生态度:

> 高松出众木,伴我向天涯。
> 客散初晴后,僧来不语时。
> 有风传雅韵,无雪试幽姿。

> 上药终相待,他年访伏龟①。

从高松凌越众木的身姿和幽雅清高的风神中隐然可见诗人卓然特立、鄙弃凡近的风度气韵。五、六二句紧扣"天涯",于咏叹自赏中微露僻处荒远,无由因雪一显岁寒不凋的幽姿之意。末联隐然以异日终当生成"上药",为世所用自期,表现出对实现自身价值的自信。这种自信自负中微寓自伤自慨的情绪还表现在另一首托物寓慨的诗《深树见一颗樱桃尚在》中:

> 高桃留晚实,寻得小庭南。
> 矮堕绿云髻,欹危红玉簪。
> 惜堪充凤食,痛已被莺含。
> 越鸟夸香荔,齐名亦未甘。

樱桃为荐寝庙、供内庭之物。唐李绰《秦中岁时记》:"四月一日,内园荐樱桃寝庙,荐讫,班赐各有差。"故因仅留的一颗"晚实"而生沦弃不遇于时的感慨。尾联谓不甘于和生长南方的"香荔"齐名,俨然有自负才华、傲视同僚之意。越是自负自信,就越感到才能难以施展的苦闷,《城上》是登城有感而赋:

> 有客虚投笔,无憀独上城。
> 沙禽失侣远,江树著阴轻。
> 边遽稽天讨,军须竭地征。
> 贾生游刃极,作赋又论兵。

---

① 《淮南子·说山训》:"千年之松,下有茯苓,上有菟丝;上有丛蓍,下有伏龟。"伏龟传为松树之精所化,采食之可得长生。

会昌末年以来,党项屡次寇掠西北边地,朝廷命将进讨而迟延无功。大中元年三月,吐蕃又诱党项及回鹘余众侵掠河西。五、六二句"稽天讨"、"竭地征"当指讨党项迟延无功耗费民财民力。冯浩谓指商隐《为荥阳公奏请不叙录将士状》中所称"海上有分屯之卒,邕南有未返之师"及《为荥阳公桂州谢上表》所谓"控西原而扼寇",当非,因为这两篇表状中所讲的戍防之事规模甚小,非所谓"稽天讨"、"竭地征"之战事。尾联以贾生兼有文才武略、于国事游刃有余自况,而报国无门的苦闷自见于言外。全篇主意已在"有客虚投笔"一句中点出,"虚"字尤为着意。投笔从戎、立功异域的雄心与终日事笔砚的现实之间正形成强烈反差。

远幕边徼,而又"虚投笔",才能抱负无法施展,思家念远之情便时时流露于笔端,成为商隐桂幕期间诗歌创作的重要主题。

如《端居》:

> 远书归梦两悠悠,只有空床敌素秋。
> 阶下青苔与红树,雨中寥落月中愁。

远书不至,归梦难成,越发感到客居秋夜的寂寥冷落。次句用一"敌"字传达出空床独寝的诗人不堪抵挡清冷凄寒氛围压迫的心理感受。三、四句移情入景,仿佛屋外的青苔红树,在寂寥的秋夜,也染上了寥落的情味和无言的愁绪。

《夜意》:

> 帘垂幕半卷,枕冷被仍香。
> 如何为相忆,魂梦过潇湘?

因为思念妻子,夜来忽梦对方远涉潇湘前来相会。梦醒之际,帘垂幕卷,枕虽冷而衾被犹似残留余香,仿佛妻子真的来过这里。把虚幻的梦境描绘得仿佛真有其事。冯浩说:"忆内之作,殊有古风。"(《玉谿生诗笺注》)

《寓目》也是忆内之作:

园桂悬心碧,池莲饫眼红。
此生真远客,几别即衰翁。
小幌风烟入,高窗雾雨通。
新知他日好,锦瑟傍朱栊。

首、腹二联,均即目所见;颔、尾二联,则触景生情。桂碧莲红,正反衬出客居异地的索寞,也暗透出繁华之易逝,逗起人生易老、几别即成衰翁的感慨。小幌风烟,高窗雾雨,今日幕府异域风物,更令人思念家室。"新知他日好",即"他日新知好",当指昔年与王氏初结婚时两情欢洽情景。必王氏喜弹瑟,故有"锦瑟傍朱栊"之语。末句一点即止,含蓄耐味。纪昀说:"格意俱高,不以字句香倩掩之。"(《李义山诗集辑评》引)

《念远》则是境界阔远的忆内佳作:

日月淹秦甸,江湖动越吟。
苍梧应露下,白阁自云深。
皎皎非鸾扇,翘翘失凤簪。
床空鄂君被,杵冷女须砧。
北思惊沙雁,南情属海禽。
关山已摇落,天地共登临。

此诗南北夹写,又有"秦甸"、"越吟"、"苍梧"、"白阁"、"鄂君"、"女须"、"北思"、"南情"等语,一南一北,一男一女,遥隔关山而均思念远人,其意固极明显。"床空"句即《端居》"只有空床敌素秋"、《夜意》"枕冷被仍香"之意,谓己孤居于桂管;"杵冷"句谓妻子独处孤寂,砧杵声歇。尾联说自己与对方值此摇落之秋共登临而念远,兼绾南北双方作结。冯浩说:"结处明点南北,而言两地含愁,互相远忆,忽觉雄壮排宕,健笔固不可测。"(《玉谿生诗笺注》)纪昀评:"结二句自阔远。"(《玉谿生诗说》)

怀念家室每与怀念家乡相连。目击异乡景物,自然会触动思乡情结。如《访秋》:

> 酒薄吹还醒,楼危望已穷。
> 江皋当落日,帆席见归风。
> 烟带龙潭白,霞分鸟道红。
> 殷勤报秋意,只是有丹枫。

岭南地暖,因此内地习见的秋天萧瑟景象殊不易睹。题曰"访秋",正暗示时令虽已至清秋,而景物未呈秋色,故特意寻访。危楼远望,落日归帆,烟白霞红,触处均为秋晴朗爽景象,却很难见萧条的秋色。所以显示异乡秋意者,惟有殷勤报秋之丹枫而已。写岭南秋景,于韶丽中透出异域之感、思乡之情。"帆席见归风"之"归"字尤见诗人心逐帆去之归思。

幕府书记工作非常繁忙,郑亚对商隐也相当器重。但这种以文墨事人的工作却只能消耗自己的年华与才情,而以此进身的希望却越来越渺茫。《席上作》对自己的幕府书记生涯颇有感慨:

> 淡云微雨拂高唐,玉殿秋来夜正长。
> 料得也应怜宋玉,一生唯事楚襄王。

题下原注:"予为桂州从事,故府郑公出家妓,令赋高唐诗。"前两句席上即景,暗以神女喻家妓,以楚襄王喻郑亚。三、四句以宋玉自比,谓此多情之神女,料想也会同情我这一辈子侍奉襄王的文学侍从吧?家妓与幕僚,虽然身份不同,但"唯事"府主则同。"料得"二句,在雅谑中寓含着同是天涯沦落、托身依人的身世之慨。

商隐在桂幕期间,效长吉体的《海上谣》值得注意:

> 桂水寒于江,玉兔秋冷咽。
> 海底觅仙人,香桃如瘦骨。
> 紫鸾不肯舞,满翅蓬山雪。
> 借得龙堂宽,晓出揲云发。
> 刘郎旧香炷,立见茂陵树。
> 云孙帖帖卧秋烟,上元细字如蚕眠。

诗写得相当隐晦。冯浩谓"叹李卫公贬而郑亚渐危疑",张采田则谓"在桂管自伤一生遇合得失而作",解极牵强,不可从。实则此诗专讽帝王求仙,别无其他寓托,与七绝《海上》制题寓意均相似,只不过一则借秦皇求仙海上、一则借汉武求仙海上以托讽时君而已。起二句状海上凛寒。"桂水"点明作诗时地,桂州近海,有桂海之称。三、四句写入海求仙,不见仙人,但见香桃如同瘦骨,暗示神仙与仙药总属虚幻渺茫。五、六句谓蓬山仙境极为寒冷,紫鸾亦满翅堆雪而不肯起舞。七、八句因"海底"而转出"龙堂"(借喻宫廷),谓求仙的帝王虽借得宽广的龙堂以居,但对生死寿夭也无能为力,晓起而擿数云发,惟恐白发相催,此即汉武帝"少壮几时兮奈老何"之慨。九、十句乃接言武帝当年等待西王母的旧香虽然仍在,而茂陵上的松柏却早已森森。最后两句进而谓不但武帝,就连武帝的远代子孙也早已长眠地下,帖卧于寒烟荒草之中,惟留毫无效用的上元夫人的秘笈于人间,细字如同蚕眠,无法辨认。前六句极言海上之寒冷与仙人之不可觅,与《昭肃皇帝挽歌辞》"海迷求药使,雪隔献桃人"意相类。后段六句则极言求仙帝王之死亡相继,总见求仙之虚妄。这首诗似非专讽某一帝。武宗固因迷信神术方药而丧生,"务反会昌之政"的唐宣宗却独独不反武宗求仙。即位不到几个月,他便受三洞法箓于衡山道士刘玄静(事见《通鉴·会昌六年十月》)。诗人或有感于皇帝这种前仆后继地迷信神仙的现象而发此"云孙帖帖卧秋烟"的感慨。

这几个月的幕府生活,除繁忙的文字工作以外,还有比较闲散的日子。这在《自桂林奉使江陵途中感怀寄献尚书》诗中有一段较为集中的描述:

> 既载从戎笔,仍披选胜襟。
> 泷通伏波柱,帘对有虞琴。
> 宅与严城接,门藏别岫深。
> 阁凉松冉冉,堂静桂森森。
> 社内容周续,乡中保展禽。
> 白衣居士访,乌帽逸人寻。
> 佞佛将成缚,耽书或类淫。
> 长怀五羖赎,终著《九州箴》。

诗人的居处与高城相接,如《晚晴》所说"深居俯夹城"。开帘可见对面的虞山,门外有孤峰相对(疑即今之独秀峰)。居处有堂有阁,有松有桂,环境幽静清雅。闲时有白衣居士、乌帽逸人前来寻访。平居无事时,或浸淫于佛经,或沉潜于书籍。幕府文字工作的余暇,时或披襟览胜。这些叙写,展现了其幕府生活的另一面。诗文中提到自己"佞佛",此为首见。

从前面引述的诗来看,商隐到桂林后的三四个月中,心境大体上是比较平静的。虽也忆内思乡,慨叹才不为世用,但情感并不酸楚低沉,有时甚至显得乐观自信。这和当时李德裕、郑亚的处境还未到后来受到屡贬、严谴时那样艰危有关,也和初到岭南,新奇美好的景物所给予他的新鲜愉悦感受有关。商隐诗很少写景,但这段时间的诗中却有不少写景的佳句,而且大都色调明丽,反映出其时较为平静和悦的心境。另一特点是这段时间五律写得比较多,而且颇多佳篇。这些五律,既写得很老练,又比较随意自在,看不出明显的炉锤痕迹,格调也比较轻快自如,达到一种不费力而自工的纯熟境界。景丽情浓,却无涂泽之弊。这表明,桂幕时期是他五律的成熟期。

但朝局的变化已渐次显露出李德裕政治集团将进一步受打击的态势,李回八月初三罢相出为剑南西川节度使便是明显的表征。至此,李德裕本人及其主要助手李回、郑亚均已被排斥出朝廷。但西川毕竟是大镇雄藩,向为宰相回翔之地,地位相当重要。因此,商隐代拟的《为荥阳公上西川李相公(回)状》中虽有"成则不居,亢而知退"之类的话,但并没有透露出大祸即将临头的危机感。看来,李德裕、李回、郑亚等人虽已预感到前景很不妙,但对宣宗、白敏中等即将采取的残酷打击手段还是缺乏足够的思想准备。在得知李回罢相出镇西川之后,商隐还写了一首《寄成都高苗二从事》,透露出托身李回幕府的意向:

红莲幕下紫梨新,命断湘南病渴人。
今日问君能寄否?二江风水接天津。

题下自注:"时二公从事商隐座主府。"高指高瀚。《唐故朝议郎河南府寿安县令赐绯鱼袋渤海高府君墓志铭并序》云:"故相国江州李公(指李回,回后来曾任江州刺史)在相位,一见深国士之遇……相国节制庸蜀,时已失势,开府之日,士或不愿召,府君感知委质,慷慨请行,奏授殿中侍御史,掌节度书记……相国廉问湘中,复以本官奏充观察支使。"可见李回出镇西川时,不少士人已看出当时的政治局势,不愿追随他去西川作幕僚。但从商隐这首诗中,似乎还感觉不到这种氛围。首句"紫梨新"既点秋令,兼喻高、苗之新入回幕,视"红莲幕下"可知。次句谓自己远处湘南(此指桂林),"病渴"(隐喻求仕之渴)殊甚,言外自含希冀分津沾润之意。三、四句乃就"病渴"而盼高、苗二公惠以紫梨之余润,使自己亦得同处"红莲幕下"。天津,即天汉、天潢,指皇室宗支李回。二公与李回朝夕相接,当可沾溉于己。味诗意,似商隐有望于高、苗之荐引。但李回本为商隐宏博试时之座主,如欲入幕,自可直接上启。或因此时商隐正在郑亚幕,不便直接向李回表示希求入幕之意,故写诗请高、苗间接转达意向。

第四节　奉使江陵

就在商隐受郑亚之托,代拟《太尉卫公会昌一品集序》,编定《会昌一品集》后不久,他又奉郑亚之命,赴江陵荆南节度使府与郑肃联络。《樊南甲集序》云:"大中元年……冬如南郡。"《樊南乙集序》亦云:"余为桂林从事日,尝使南郡。"南郡即荆南节度使府所在地江陵。这次去江陵,包括途中往返的时间在内,前后达四个月,看来有相当重要的使命。不然,以支使事务之繁,不会在江陵逗留这么长时间。郑肃与郑亚都是荥阳人,又是同宗叔侄,在李德裕执政的会昌时期,都得到重用;李德裕罢相后,又先后出为方镇。两人的关系既相当密切,处境亦很相似。在李回罢相出镇西川,整个形势对李德裕政治集团更加不利的情况下,郑亚派李商隐出使江陵,作长时间的逗留,必非寻常问候通好,而是跟李德裕政治集团的前途命运有关。因为事先已预料到往返及在江陵逗留的时间较长,临行前商隐甚至把冬至及正旦前需要撰拟的例行公事的文章《为荥阳公谢赐冬衣状》、《为荥阳公进贺冬银乳白身状》、《为荥阳公进贺正银状》写好备用。同时又代郑亚写了一封给郑肃的状(即《为荥阳公上荆南郑相公状二》),状中说:

况十叔相公师律克贞,功成允懋。运筹调鼎,已著于他年;反风起禾,更在于今日……李支使商隐,虽非上介,曾受殊恩,常愿拜叔子于荆州,更咨鲁史;谒季良于南郡,重议《齐论》。抒其投迹之心,遂委行人之任。其他诚款,附以谘申。

"反风起禾",用《尚书·金縢》。周公被管叔等散布的流言所构陷(谓周公将不利于成王),遂居东二年。"秋,大雷电以风,禾尽偃,大木斯拔,邦人大恐。王与大夫尽弁,以启金縢之书,乃得周公所自以为功代武王之说",后遂迎还周公,"天乃雨,反风,禾则尽起"。意谓郑肃虽暂时被疏罢相,但总会像当年周公那样,忠心大白于天下,重新得到重用。实际上透露了郑肃罢相是受了李德裕的牵连,有人流言中伤。下面说到商隐身份虽非高级幕僚,却曾受自己的殊恩,又对郑肃十分仰慕,是自己可靠的亲信。因此在状中不便说的"其他诚款",均由商隐面陈。从信中可以看出商隐这次使命的重要,也反映出郑亚与商隐关系的亲密。

商隐从桂林启程的时间,约在九月末或十月初①。初程有《江村题壁》诗:

> 沙岸竹森森,维艄听越禽。
> 数家同老寿,一径自阴深。
> 喜客尝留橘,应官说采金。
> 倾壶真得地,爱日静霜砧。

诗云"尝留橘"、"爱日静霜砧",时令已届秋末冬初。视"维艄"语,当是途次暂停征桡情景。诗写江村幽静景色与淳厚风俗,纪昀说:"三、四如画,通首俱老。"

---

① 根据《樊南甲集序》,十月十二日商隐已在衡湘一带,可以大体推知其出发时间。

(《玉谿生诗说》)

商隐这次赴江陵,全走水路,溯漓水(桂江),越灵渠,入湘江,再顺江而下。他在舟中整理自己历年所作骈文表状启牒等,编为《樊南甲集》二十卷,并作序以纪其事,序云:

> 樊南生十六能著《才论》、《圣论》,以古文出诸公间。后联为郓相国、华太守所怜,居门下时,敕定奏记,始通今体。后又两为秘省房中官,恣展古集,往往咽噱于任、范、徐、庾之间。有请作文,或时得好对切事,声势物景,哀上浮壮,能感动人。十年京师寒且饿,人或目曰:韩文、杜诗、彭阳章檄,樊南穷冻人或知之。仲弟圣仆特善古文,居会昌中进士为第一二,常表以今体规我,而未焉能休。
>
> 大中元年,被奏入岭,当表记,所为亦多。冬如南郡,舟中忽复括其所藏,火燹墨污,半有坠落。因削笔衡山,洗砚湘江,以类相等色,得四百三十三件,作二十卷,唤曰《樊南四六》。四六之名,六博、格五、四数、六甲之取也,未足矜。十月十二日夜月明序。

这是李商隐关于自己文章写作的一篇重要文字。序中叙述了他由善古文到擅骈文的过程和自己近十年来的困顿生活,以及编次《樊南四六》①的情况。值得注意的是,商隐在居令狐楚门下,"敕定奏记,始通今体"时,对自己从令狐那里得到的骈文章奏真传是踌躇满志、充满感激之情的,《谢书》有"自蒙半夜传衣后,不羡王祥得佩刀"之语。在那时的商隐看来,掌握了骈文章奏的写作诀窍,就等于有了一个进身的重要凭借,就有可能像令狐楚那样以章奏为皇帝所注意、所赏识,逐渐升进,官至卿相。但这十多年来,自己读的书越多,对骈文名家

---

① 后因大中七年十一月再编《樊南四六乙》,而将大中元年编的《樊南四六》改名为《樊南四六甲》。

的技艺领悟得越深,骈文作得越精彩动人,仕途上、生活上却只落得个"十年京师寒且饿"的境地,"彭阳章檄"的诀窍尽管掌握得十分纯熟,青出于蓝,却只能是个"樊南穷冻人"。这真是命运对自己的初衷开的绝大玩笑。"十年京师寒且饿,人或目曰:韩文、杜诗、彭阳章檄,樊南穷冻人或知之",在幽默自嘲中既有自负,更饱含痛苦的人生体验。序中对自己善作骈文的态度是矛盾的。一方面对自己的骈文技巧及感染力颇为自负,所谓"时得好对切事,声势物景,哀上浮壮,能感动人";另一方面,又说"四六之名,六博、格五、四数、六甲之取也,未足矜"。这是因为虽擅骈文却寒饿穷冻的境遇使他深深感到痛愤,平步青云的凭借成了单纯的谋生工具,骈文技巧无所施于制敕纶诰而成了一种文字游戏。从自诩"不羡王祥得佩刀"到"未足矜",这一百八十度的大转变,反映了商隐十多年来的困顿坎坷经历,以及骈文对自己的仕途究竟能起什么作用的痛苦认识过程。值得注意的是,这篇为自己的骈文集作的序却不是用骈文写的,而是地道的古文,这也许不是偶然的。

在赴江陵途中,郑亚曾经有一封信给他,商隐随即写了一首长篇排律寄献给郑亚。这就是《自桂林奉使江陵途中感怀寄献尚书》。诗从"奉使"叙起,然后追叙随郑亚赴桂的经过和亚对自己的厚遇,表示要酬知遇之恩。接着描叙自己前一段的桂幕生活(前节已引)。以下便转入"途中"所见所感:

> 良讯封鸳绮,余光借玳簪。
> 张衡愁浩浩,沈约瘦愔愔。
> 芦白疑粘鬓,枫丹欲照心。
> 归期无雁报,旅抱有猿侵。
> 短日安能驻?低云只有阴。
> 乱鸦冲晒网,寒女簇遥砧。
> 东道违宁久?西园望不禁。

江生魂黯黯，泉客泪涔涔。

最后又自抒心迹：

假寐凭书箧，哀吟叩剑镡。
未尝贪偃息，那复议登临！
彼美回清镜，其谁受曲针？
人皆向燕路，无乃费黄金！

诗的主旨，是感念郑亚知遇之恩、自陈酬恩知己之意。其中如一段"投刺虽伤晚，酬恩岂在今"，二段"长怀五羖赎，终著《九州箴》"，三段"芦白疑粘鬓，枫丹欲照心"，四段"彼美回清镜，其谁受曲针"，均反复致意。屈复说"段段皆感怀"（《玉谿生诗意》），诚是。幕僚寄诗，感激府主知遇，本属常情，但这首诗反复陈情，确实和当时党局变化的背景有关。商隐本年春入郑亚幕时，李德裕虽已为太子少保分司之闲官，但位望犹崇，以文宗朝两党迭为进退的形势观之，李德裕等并非无再起的可能。但其后形势又进一步发展，八月初李回罢相后，李德裕政治集团中已无人再居相位。商隐奉使江陵，正是在李回罢相、李德裕集团在朝廷中已全面失势的情势时。值此形势仓皇之际，商隐在诗中反复自陈，确有在艰危中表白心迹之意，"枫丹欲照心"一语尤为明显。末联讽趋时附势者，正表明自己绝不抱衾别向。诗中讲到自己的"愁"与"瘦"，亦非泛言多病善感，而是表明自己有类似张衡那样的忧国之愁。《文选》说，张衡目睹东汉朝政日坏，天下凋敝，自己虽有济世之志，却忧惧群小用谗，郁郁而作《四愁诗》以抒写情怀。"张衡愁浩浩"，正表明自己怀有浩大宽广的忧国之情，其"愁"的政治内涵不难默会。题称郑亚为"尚书"，可能是九月新给郑亚加的检校官衔（《为荥阳公祭桂州城隍神祝文》作于八月二十七日，犹称郑亚为"御史中丞"）。

商隐路过洞庭,见到麇集奔趋的鱼群,有感而赋《洞庭鱼》诗:

洞庭鱼可拾,不假更垂罾。
闹若雨前蚁,多于秋后蝇。
岂思鳞作簪,仍计腹为灯?
浩荡天池路,翱翔欲化鹏。

官僚集团间的斗争,经常是一派得势,便有一群群趋炎附势之徒蚁聚蝇集,争腥逐臭,攀附夤缘,得意忘形,妄想化鹏。诗正为这类人写照。曰"可拾",曰"闹",所指的正是闹哄哄的趋附群小。此即《奉使江陵》诗"人皆向燕路,无乃费黄金"之意。诗虽比附刻露,但却表现出对趋附之徒的厌恶,腹联甚至嘲讽此辈有朝一日"鳞作簪"、"腹为灯"的可悲下场。

商隐到达江陵的时间,大约在十月下旬。在江陵的两个月中,究竟有些什么活动,由于缺乏材料,难以妄测;在此期间,是否去过其他地方,也无从考证。但江陵离长安仅一千七百三十里,又是水陆交通要道,京城的政治讯息传到这里时间远较桂林为短。商隐在江陵逗留的任务之一,可能就是及时了解朝局变化的消息,特别是与李德裕、李回、郑亚等人政治命运有关的讯息。

在江陵逗留期间,商隐有《宋玉》诗:

何事荆台百万家,唯教宋玉擅才华?
《楚辞》已不饶唐勒,《风赋》何曾让景差!
落日渚宫供观阁,开年云梦送烟花。
可怜庾信寻荒径,犹得三朝托后车。

杜甫《咏怀古迹》之二:"摇落深知宋玉悲,风流儒雅亦吾师。怅望千秋一洒泪,萧条异代不同时。"商隐此诗似反其意。前幅极赞宋玉之才华。腹联谓其故宅风景优美，渚宫观阁、云梦烟花，都足以助其才思文藻。七、八句谓宋玉因擅才华而得为文学侍从之臣，托于楚王之后车，其遇合固不必说，即使后世寻荒径而居其故宅的庾信，也沾其余溉而历仕三朝。言外见自己虽才比宋玉，而三朝沦落，寄迹幕府，遇合迥异。杜甫有"萧条异代不同时"之悲，是才同而遇亦同悲，商隐则慨叹才同而遇异，求为宋玉式的文学侍从之臣亦不可得。

就在商隐逗留江陵的后期，大中元年十二月戊午（二十五日），终于发生了一件震动朝野的大事：李德裕自太子少保分司贬为潮州司马。关于德裕贬潮的时间，《旧唐书·宣宗纪》载于大中元年七月，《新唐书·宣宗纪》及《通鉴》均载于是年十二月戊午。按《唐大诏令集》卷五八《李德裕潮州司马制》，末署"大中元年十二月"，可证《新唐书》、《通鉴》的记载是正确的。关于德裕贬潮的原因，《通鉴》云："（九月）乙酉，前永宁尉吴汝纳，讼其弟湘罪不至死，'李绅与李德裕相表里，欺罔武宗，枉杀臣弟，乞召江州司户崔元藻等对辨'。丁亥，敕御史台鞫实以闻。冬，十二月庚戌，御史台奏：据崔元藻所列吴湘冤状，如吴汝纳之言。戊午，贬太子少保分司李德裕为潮州司马。"《旧唐书·宣宗纪》大中元年九月亦载吴汝纳讼冤事。傅璇琮《李德裕年谱》据《李德裕潮州司马制》中"无一语道及吴湘之狱者，所举罪状多为虚辞"，推断"十二月之贬，吴湘之狱尚未结案，白敏中等已迫不及待而贬德裕"，所言甚是。兹录《李德裕潮州司马制》中有关德裕"罪状"一节于下：

（李德裕）不能尽心奉国，竭节匡君，事必徇情，政多任己，爱憎颇乖于公道，升黜或在于私门。遂使冤塞之徒，日闻腾口；猜嫌之下，得以恣心。岂可尚居保傅之荣，犹列清崇之地。宜加窜谪，以戒僻违。

这样的"罪状"，自然不能成为窜谪有功旧相的理由。吴汝纳诉吴湘之冤一案，从九月到十二月,之所以长时间不能结案,正是由于所诉不实①,"李绅与李德裕相表里,欺罔武宗,枉杀吴湘"的罪名不能成立。在白敏中等人看来,要使德裕造成吴湘冤案这一罪名成立,唯一的办法是先将其远贬,才能使诬陷者放胆去制造罪名。十二月之贬正是在这种情况下发生的。这种先贬逐再定罪的手段,一方面反映了白敏中等人为打倒李德裕已不顾起码的法制,另一方面也说明当时朝廷上已是白敏中等牛党新贵独揽大权的局面,即使像这样毫无理由地贬逐前朝功臣,也没有重要的官员出来反对。

  长安到江陵一千七百三十里,李德裕贬潮这样重要的消息,十多天便可传到江陵。商隐当是在江陵听到消息后立即动身返回桂林。《樊南乙集序》说:"余为桂林从事日,尝使南郡……明年正月,自南郡归。"从江陵启程的时间约在大中二年正月上旬。临启程前,见到朝廷除书,周墀"荣兼史职",商隐作状以贺,即《于江陵府见除书状》,状有云:"伏承荣兼史职……十三丈学士(指周墀)学洞九流,文穷三变,果解(疑为阶)殊选,允用当仁……方之遐峤,临上孤舟,仰望玉音,俯佩金诺。"岑仲勉《玉谿生年谱会笺平质》谓:"此题不合,应云贺某某状;其'于江陵府见除书',系状内之词,接下'伏承荣兼史职'而言。后人既佚其题,遂截状首七字以代耳。"所考极是。状称"十三丈学士",可证其时周墀尚未拜相②,是以他官"荣兼史职",而非以宰相监修国史。

---

① 关于吴湘一案,将在下一章第三节中加以辨析,此处不赘。
② 张采田《会笺》误据《新唐书·宰相表》,谓墀大中二年正月拜相。按周墀拜相实在大中二年五月,详下章。

第十一章　桂幕往返(下)

这一章主要考述商隐奉使江陵归桂林幕途中的经历与创作。其中,对商隐与刘蕡于大中二年正月上旬在湘阴黄陵的晤别,以及对《赠刘司户蕡》七律的详细考释,是对冯、张江乡之游旧说的论据的彻底驳正,也是商隐生平考证的重点。

第一节　黄陵晤别刘蕡

商隐在大中二年正月上旬离江陵东下,入洞庭,在湘江口附近的湘阴黄陵,遇见了从柳州司户参军累迁为澧州司户参军的友人刘蕡。商隐悲欢交集,写下著名的《赠刘司户蕡》:

> 江风扬浪动云根,重碇危樯白日昏。
> 已断燕鸿初起势,更惊骚客后归魂。
> 汉廷急诏谁先入?楚路高歌自欲翻。
> 万里相逢欢复泣,凤巢西隔九重门。

商隐与刘蕡,开成二年冬曾同在山南西道节度使令狐楚幕,两人从那时起即已结识。商隐对这位正直敢言的反宦官擅权的士人,是极为敬佩,奉为师友的。

这次相会赠诗的时间,冯浩、张采田都定为会昌元年春。此说实本徐逢源的《潭州》诗笺:"疑嗣复镇潭(开成五年八月,杨嗣复贬湖南观察使),义山曾至其幕。"(此据冯浩笺引)冯浩《玉谿生年谱》乃进而张大其说加以论证,创为开成五年九月至会昌元年春商隐南游江乡说,并谓会昌元年春初在黄陵与刘蕡相遇,赠以诗。张采田《会笺》更加增衍,遂使此说几成定论。虽经岑仲勉在《唐史余沈·李商隐南游江乡辨正》及《玉谿生年谱会笺平质·开成末江乡之游》中提出有力的质疑和辨正,但相信冯、张之说的学者仍然不少。笔者曾先后写过三篇考辨文章专门辨正冯、张江乡之游考证之误。① 在本册第七章《赴陈许幕》一节中已将开成五年九月至会昌元年正月商隐的行踪及所作诗文作了详尽考述,证实在那几个月里商隐绝不可能有所谓江乡之游。这里主要围绕《赠刘司户蕡》的写作时间,对冯、张恃为江乡之游主要依据的罗衮《请褒赠刘蕡疏》中一段关键性文字作出正确的解释,以驳正冯、张对《新唐书·刘蕡传》所撮述的罗疏的误据;并据《赠刘司户蕡》诗本身提供的内证,及刘蕡次子刘理的墓志等有关材料,证实两人相遇的时间当在大中二年正月,而绝不可能如冯、张所说的在会昌元年春初。

冯浩《玉谿生年谱》云:"蕡卒年无明文。《新书·传》载:昭宗诛韩全晦等,左拾遗罗衮讼蕡云:'身死异土,六十余年。'帝赠蕡左谏议大夫。是年天复三年癸亥,上距会昌四年甲子,得六十年。蕡当于开成、会昌间卒于江乡,故(《哭刘司户蕡》)诗云'复作楚冤魂',(《哭刘蕡》诗)又云'湓浦书来秋雨翻'也。义山于此年(指开成五年)至潭州。会昌元年春,与蕡黄陵晤别,而蕡于二年秋卒矣。凡此皆南游之实据也。"

---

① 《李商隐开成末南游江乡说再辨正》,载《文学遗产》1980年第3期;《〈李商隐开成末南游江乡说再辨正〉补证》,载《文史》第40辑;《李商隐开成五年九月至会昌元年正月行踪考述——对李商隐开成末南游江乡说的续辨正》,载《文学遗产》2002年第2期。此次增订,对三文中个别推断及笺释作了修正。读者可将上册附考一、二、三与增订本对照。

但是,《新唐书·刘蕡传》所载罗衮疏语并非原文,而是撮述,而这一撮述在关键处恰恰是不符罗疏原意的。不妨将《新唐书·刘蕡传》载罗衮上疏的一段文字与罗疏原文加以对照。《新唐书·刘蕡传》云:

> 及昭宗诛韩全晦等,左拾遗罗衮上言:"蕡当大和时,宦官始炽,因直言策请夺爵土,复扫除之役。遂罹谴逐,身死异土,六十余年,正人义夫切齿饮泣……"帝感悟,赠蕡左谏议大夫,访子孙授以官云。

而《全唐文》卷八二八所载罗衮《请褒赠刘蕡疏》则云:

> 窃见故秘书郎责授柳州司户臣刘蕡,当大和年对直言策,是时宦官方炽,朝政已侵,人谁敢言!蕡独能指抑堕雨回天之势,欲使当门;夺官卿爵土之权,将令拥篲。遂遭退黜,实负冤欺。其后竟陷侵诬,终罹谴逐,沉沦绝世,六十余年。正士为之吞声,义夫为之饮泣……

罗疏原文"遂遭退黜"指大和二年刘蕡因对策指斥宦官被黜不取事,"其后竟陷侵诬,终罹谴逐",则指"宦人深嫉蕡,诬以罪,贬柳州司户参军"(《新唐书》本传),事在会昌元年(详后)。二事分叙,时间先后,条理明晰。而《新唐书》本传在撮述时竟将二事用"遂罹谴逐"一语概括,仿佛刘蕡对策后即遭谴逐,这显然与事实大有出入(刘蕡对策被黜落后,曾先后在宣歙王质幕、兴元令狐楚幕、襄阳牛僧孺幕为幕僚)。尤为错误的是,本传将罗疏原文"沉沦绝世,六十余年"改为"身死异土,六十余年"。按"沉沦绝世"与"身死异土"绝不是一个意思。《新唐书·刘蕡传》的撰者显然是误解了"沉沦绝世"的意思,认为这四个字就是指弃世。实际上,"沉沦"意为埋没、沉埋。刘向《九叹·愍命》:"或沉沦其无所达兮,或清激其无所通。"《后汉书·孟尝传》:"而沉沦草莽,好爵莫及,廊庙之宝,

第十一章 桂幕往返(下)

弃于沟渠。"杜甫《赠鲜于京兆二十韵》:"奋飞超等级,容易失沉沦。"李商隐《献舍人彭城公启》:"沉沦者延颈,逃散者动心。"司马光《华星篇》:"丰城古剑沉沦久,匣中夜半双龙吼。"上举自汉至宋诸例,"沉沦"均为沉埋、埋没之义。以之指人,则为埋没不遇之贤士,如李白《赠从弟南平太守之遥》:"彤庭左右呼万岁,拜贺明主收沉沦。"上举商隐文"沉沦者"即此义。因此,罗疏原文"沉沦绝世,六十余年"的意思是:刘蕡自从遭到宦官的"侵诬"而被谴逐,沉埋于司户参军这样的下僚直到最后辞世(绝世),迄今已有六十余年。也就是说,"六十余年"应该从被谴逐而"沉沦"之日算起,而不是从最后的"绝世"之日算起。从天复三年逆数"六十余年",刘蕡被贬柳州应在会昌初。

那么,刘蕡贬柳州具体究竟在什么时间呢?裴夷直的一首《献刘蕡书情》(一作《献岁书情》)①提供了考证的线索:

> 白发添双鬓,空宫又一年。
> 音书鸿不到,梦寐兔空悬。
> 地远星辰侧,天高雨露偏。
> 圣期知有感,云海漫相连。

这是裴夷直在贬驩州(治今越南南部荣市)司户参军期间写给在柳州贬所任司户参军的友人刘蕡的诗。《旧唐书·王质传》:"(大和)八年,为宣州刺史,兼御史中丞、宣歙团练观察使……在宣城,辟崔珦、刘蕡、裴夷直、赵晳为从事,皆一代名流。"可见裴与刘早在大和八年至开成元年王质镇宣歙期间即已结识。两人又都和杨嗣复有人事上的关系。刘蕡宝历二年登进士第,其年礼部侍郎杨嗣复知贡举。《玉泉子》云:"刘蕡,杨嗣复之门生也。(大和二年)对策以直言忤

---

① 裴诗见《全唐诗》卷五一三。

时,中官尤所嫉忌。中尉仇士良谓嗣复曰:'奈何以国家科第放此风汉耶?'嗣复惧而答曰:'嗣复昔与刘蕡及第时,犹未风耳。'"而《新唐书·李景让传》谓:"所善苏涤、裴夷直皆李宗闵、杨嗣复所擢。"刘为杨之门生,裴为杨所提拔。开成五年正月,文宗病危,仇士良、鱼弘志矫诏立颍王瀍为太弟。辛巳,文宗逝世。"敕大行以十四日殡,成服。谏议大夫裴夷直上言以期日太远,不听。时仇士良等追怨文宗,凡乐工及内侍得幸于文宗者,诛贬相继。夷直复上言……不听。"(《通鉴·开成五年正月》)这年五月,杨嗣复由宰相罢为吏部尚书。八月,牛党另一宰相李珏罢为太常卿。同月,杨、李又分别贬为湖南观察使、桂管观察使。十一月,裴夷直因未在武宗即位的册牒上署名(据《新唐书·裴夷直传》及《通鉴》),出为杭州刺史。会昌元年三月,又贬裴为驩州司户参军。《通鉴》详载诸人被贬始末云:"初,知枢密刘弘逸、薛季棱有宠于文宗,仇士良恶之。上(指武宗)之立,非二人及宰相意,故嗣复出为湖南观察使、李珏出为桂管观察使。士良屡谮弘逸等于上,劝上除之。(会昌元年三月)乙未,赐弘逸、季棱死。① 遣中使就潭、桂诛嗣复及珏……德裕与崔珙、崔郸、陈夷行三上奏……遂追还二使,更贬嗣复为潮州刺史、李珏为昭州刺史、裴夷直为驩州司户。"

以上记载清楚地说明,裴夷直由于曾受到杨嗣复的提拔,又在文宗刚去世时两次上奏触怒宦官仇士良,加以未在武宗即位的册牒上署名,故始则出为杭州刺史(实为外斥),继则又被作为刘弘逸、薛季棱及杨嗣复、李珏等拥立太子成美或安王溶的一党被贬到岭南最偏远的驩州。值得注意的是,刘蕡被贬的地区、官职与裴夷直非常近似,也是远贬岭南(柳州),官职同为司户参军。刘、裴二人过去有同幕之谊,又分别与杨嗣复有门生座主之谊或提拔之恩,值此旧君去世、新君即位之际,以仇士良为代表的一派掌权的宦官要想给他们素来嫉恨的刘蕡加一个罪名,最合适也最让新君武宗恼火的自然是党附杨嗣复、裴夷直,

---

① 《旧唐书·武宗纪》书二人伏诛事于开成五年八月葬文宗时。

第十一章　桂幕往返(下)

对新君不满。因此，结合杨、李、裴的贬潮、贬昭、贬驩以及裴、刘与杨的人事关系来考察，刘蕡被贬为柳州司户参军，当是宦官诬以党附杨、裴之罪的结果，贬柳的具体时间当在会昌元年三月或稍后。上引裴夷直《献刘蕡书情》诗也清楚说明二人是同贬。柳州、驩州均在岭南，二地相距近七千里（据《旧唐书·地理志》），故说"音书鸿不到"、"云海漫相连"。驩州距长安一万二千四百五十二里，故云"地远星辰侧"。会昌元年三月裴自杭贬驩，抵达贬所当已在秋天。据"空宫又一年"句，诗当为会昌三年初作（至会昌二年初为"已一年"，三年初为"又一年"），可证其时刘、裴仍分别在柳、驩贬所。驩、柳两地相距如此遥远，音书难通，如果裴、刘不是同时同罪被贬（都被视为反对新君的杨党），很可能裴夷直连刘蕡贬柳的消息都不知道。反言之，裴在贬所有诗献蕡，正可证二人是同时同罪被贬。

那么，刘蕡究竟何时回到湖湘一带，并与李商隐晤别的呢？《赠刘司户蕡》一诗提供了有力的内证："已断燕鸿初起势，更惊骚客后归魂。"出句以燕鸿振翅初起即遭狂风摧折翅膀喻刘蕡对策遭宦官嫉恨被黜不取，继又被远贬；对句"后归"即迟归之意。目击风浪蔽天、日昏舟危的景象，想到宦官势力仍盛，刘蕡这位迟归的骚客不禁为之魂惊。这正说明诗是写于刘蕡自柳州贬所放还北归时，而不是作于贬柳途中。这"后归"究竟在什么时候呢？前已据裴诗考知，会昌三年初，刘蕡、裴夷直均仍分别在柳州、驩州贬所。蕡与夷直的量移内迁当在其后。一般地说，被视为一党的一批官吏如果同时因同一罪名或相近的罪名牵连被贬，其量移内迁当亦大体同时。何良俊《四友斋丛说·史四》："尝观唐时诏令，凡即位改元之诏，其先朝贬窜诸臣即与量移。量移后方才牵复（指复官，官复原职）。"这是符合实际的。杨嗣复的量移在宣宗即位后的会昌六年八月。《通鉴·会昌六年》：八月，"以循州司马牛僧孺为衡州长史，封州流人李宗闵为郴州司马，恩州司马崔珙为安州长史，潮州刺史杨嗣复为江州刺史，昭州刺史李珏为郴州刺史①。僧孺等五相皆武宗所贬逐,至是,同日北迁。宗闵未离封州而卒"。与刘蕡同时被贬的裴夷直之量移当大体与此同时。而刘蕡,据其次子刘理的墓志,也是自柳州量移、累迁澧州。《唐故梁国刘府君墓铭有序》云:

> 府君讳理……烈考讳蕡,皇秘书郎,贬官累迁澧州员外司户……先人禀气劲挺,临文益振,奋笔殿廷,众锋咸挫。虽以直窒仕,而以名垂芳。

可见刘蕡并非卒于柳州司户任上,而是"贬官累迁澧州员外司户",即在会昌元年贬为柳州司户参军后,先量移某地,再迁澧州员外司户。其初次量移之地不可考,量移之时当与裴夷直之初次量移同时。从《赠刘司户蕡》"万里相逢欢复泣"之句看,这是刘蕡被贬后两人首次相逢。从商隐现存桂幕诗文中,看不出任何其时刘蕡尚在柳州的讯息,可见在商隐到达桂林时,刘蕡已离开柳州贬所。否则,柳州属桂管管辖(商隐有代郑亚撰的任命柳州录事参军韦重的牒文),如刘蕡尚在柳州,商隐当会往访。而大中元年闰三月末至五月中旬,商隐随郑亚在潭州滞留近五十天,潭州、澧州相距不远,如此时刘蕡已在澧州员外司户任上,商隐也完全有可能去造访,而现存商隐诗中也绝无这方面的行踪痕迹。以上情况表明,大中元年闰三月末至此次两人湘阴黄陵晤别前,刘蕡既不在柳州,亦尚未"迁澧州员外司户",而是在两地之外的另一个地方,很可能就是其初次量移之地。再从这次两人相遇的时间(春雪)、地点(洞庭湖口附近的湘阴黄陵)结合商隐本人的行踪来考察,从会昌三年(刘蕡尚在柳州贬所)到大中二年这段时间内,商隐路经湘阴黄陵,且在"春雪满黄陵"(《哭刘司户蕡》)之时者,只有大中二年正月自江陵返回桂林这一次。因此,可以断定,刘蕡与商隐此次在湘阴黄陵晤别,商隐作《赠刘司户蕡》的时间是在大中二年正月。澧州在洞庭

---

① 李珏会昌五年已在郴州,详《唐刺史考全编》。

湖西北,离澧水入湖处很近,商隐在洞庭湖南岸的湘阴黄陵遇见刘蕡,意味着其时刘蕡正好是去赴澧州员外司户之任,两人一南行返桂,一北行至澧,故相遇后即匆匆作别。大中二年正月,杨嗣复尚在江州刺史任上,但二月即被征为吏部尚书,李珏亦同时被征为户部尚书,诗中"汉廷急诏谁先入",用贾谊贬长沙,后又将其召回,任梁怀王太傅之典,意谓牛党诸旧相之中,谁最先被朝廷急诏征回重居要职呢?(按:此处实指杨嗣复,参附考二第431—432页)故下句说刘蕡于楚路自翻高歌以抒发其欢欣企望之情。而裴夷直则大中三年秋正在江州司马任上。如果以上的推断成立,则大中三年秋刘蕡的讣音从溆浦传至商隐处,便是完全合理的了。刘蕡曾在山南西道令狐楚幕与商隐同幕,在宣歙王质幕与裴夷直同幕,商隐与蕡"平生风义兼师友",刘蕡与裴夷直又同罪远贬,先后同时量移内迁,故大中三年秋刘蕡去世,裴以刘之死讯相告商隐,是情理中事。①

既已考明开成五年九月至会昌元年正月这段时间内商隐正忙于自济源移家长安,应王茂元之召赴陈许幕任幕府初开时的文字工作,暂寓华州周墀幕,根

---

① 《新唐书·裴夷直传》:"累进中书舍人。武宗立,夷直视册牒,不肯署。乃出为杭州刺史,斥驩州司户参军。宣宗初内徙,复拜江、华等州刺史。"此记载既简略且有误。据《庐山记》,"大中三年兴复东林寺,江州刺史崔黯为捐私钱以倡施者"。目前又无任何文献依据可以证明大中三年秋前崔已离江州刺史任。故《新唐书·裴夷直传》谓其宣宗时任江州刺史有误。千唐志新藏的裴夷直及其妻李弘的两方墓志提供了裴夷直自斥外、远贬、量移至牵复、刺华的翔实记载,裴墓志云:"文宗皇帝重文学鲠端之士,公特受宸眷,累迁谏议大夫,旋兼知制诰,遽拜中书舍人。补衮之职,倚山甫。公感激弥切,屡启忠荩,为邪臣所恶。无何,文宗升遐,奸人得志,遂以矫妄陷公。开成五年,出为杭州刺史。寻窜逐南裔,无所不及。十年之间,恬然处顺……暨大中皇帝即位,荡雪冤抑,征于崇山,且以潮、循、韶、江四授郡佐。换硖州刺史,转历阳、姑苏……大中十一年,征拜华州刺史,兼御史中丞。"其妻李弘墓志亦云:"裴公当文宗朝,宠遇特异,旦夕将大用。时相每欲敷奏政事,必倚以为援。持权者由是多忌之。及武宗即位……裴公自中书舍人牧余杭。未几,中以非罪流播九真……十年海壖,方遂归北。"两志都将裴自出为刺州、寻贬驩州、量移过程四为郡佐的时间计为"十年"。自开成五年外斥、会昌元年八月贬驩、六年冬量移四为郡佐的时间总计"十年",正好是大中三年量移归北为江州郡佐。郡佐即郡司马,系安排量移官的闲职,时间一般较短,故三年中换了四个地方。既是司马,就与大中三年崔黯任江州刺史没有任何矛盾。刘蕡累贬之澧州当澧水入洞庭处,离长江很近,距江州亦不远,故蕡之死讯先传至江州,裴夷直又速将此噩耗告知远在长安之商隐。当然,也不排斥刘蕡曾赴江州作客,并卒于江州。至于裴换任硖州、和州、苏州刺史,已属牵复,三任时间共七年,其中任苏刺最短(仅一年)。见本册附考四《李商隐〈哭刘蕡〉"溆浦书来"补笺》。

本不存在应杨嗣复之招,作江乡之游之事;又考明商隐与刘蕡黄陵晤别,作《赠刘司户蕡》的时间不在会昌元年,而是在大中二年正月,那么,冯浩、张采田关于江乡之游的考证及此期间的诗文系年便根本不能成立。由于事关李商隐生平的最大疑案和四五十篇商隐诗文的系年与诠释,不得不费辞在叙述商隐行踪时作了上述考辨。

"万里相逢欢复泣,凤巢西隔九重门",刘蕡从会昌元年贬柳州司户,至此已首尾八年,这位"骚客"的确是"后归"了。两人在万里之外的楚地相遇,既欢而悲。翘首西望,君门远隔,凤巢迢递,不禁黯然。

黄陵别后,商隐沿湘江而上,赶回桂林复命。和去年与郑亚一起赴桂时一路上走走停停,在潭州又耽搁了很长时间不同,这次是急匆匆地赶路。大约在正月末最迟在二月初,商隐就回到了桂林。据《新唐书·宰相表》:大中二年"正月丙寅,(白)敏中兼刑部尚书,(崔)元式兼户部尚书,(韦)琮兼礼部尚书"。丙寅是正月初五,除书传至桂林,当在正月末或二月初。商隐有《为荥阳公贺白相公加刑部尚书启》、《为荥阳公贺韦相公加礼部尚书启》、《为荥阳公贺崔相公转户部尚书启》,可证最迟在二月初商隐已经返抵桂林。

第二节 偶客昭州

从江陵回桂林后,商隐曾经短时间到过桂管观察使所领的昭州(治今广西平乐)。在昭州期间,有感于当地的人情风俗,有《异俗二首》①:

> 鬼疟朝朝避,春寒夜夜添。
> 未惊雷破柱,不报水齐檐。

---

① 题下自注:时从事岭南。

虎箭侵肤毒,鱼钩刺骨铦。
鸟言成谍诉,多是恨彤襜。

户尽悬秦网,家多事越巫。
未曾容獭祭,只是纵猪都。
点对连鳌饵,搜求缚虎符。
贾生兼事鬼,不信有洪炉。

冯浩笺引徐逢源曰:"此诗载《平乐县志》,原注下又有'偶客昭州'四字。"冯浩又云:"《渊鉴类函》州郡部广西引义山诗三条,'城窄山将压'(即《桂林》五律)四句,'桂水春犹早'(即下引《昭州》五律)四句,又有集中所无者四句云:'假守昭平郡,当门桂水清。海遥稀蚌迹,峡近足滩声。'不知从何采取,似据《永乐大典》,且内府多古籍也。杜氏《通典》云:'顷年常见州县官有摄官,皆是牧守所自置署。政多苟且,不议久长,始到官已营生计,迎新送故,劳弊极矣。'唐时州县缺官,幕府得自置署。史传中以幕职摄郡县者颇有之,如《旧书·薛戎传》:'福建观察使柳冕表为从事,累月,转殿中侍御史。会泉州缺刺史,冕署戎权领州事。'可类证也。义山盖摄守昭郡,因非朝命,故云'偶客'耳。得此一解,三篇(指《异俗二首》与《昭州》)情味乃出。"张笺从之,且于大中二年谱书:"义山正月自南郡归,摄守昭平郡事。"然《渊鉴类函》所引"假守昭平郡"四句实非商隐诗,而是宋人陶弼诗,共五首,每首均以"假守昭平郡"开头,见《舆地纪胜·昭州》①,故不能根据《渊鉴类函》所引商隐诗来断定商隐曾摄守昭州。且唐代只有昭州平乐郡之称,无称"昭平郡"者。《异俗二首》均写岭南华夷杂居地区的物候风俗。首章言其地气候反常,疟疾流行,雷雨频繁。民多以射虎捕鱼为生。

---

① 此承陶敏先生见告。

方言鴃舌,殊不可通。末联微有寓意,谓吏其地者多贪残之辈,故民恨其长官。次章言其地民多事网罟,巫风甚炽。故未容獭祭,即入津梁;检点鳌饵,以钓巨鳌;豪猪为害,纵之不射;猛虎出没,搜求缚虎之符。三、五句承一,四、六句承二。末则谓巫风所染,连文士亦信鬼神而不信自然造化之道。盖深慨南中荒远迷信,王化之所不及。又有《昭州(一作郡)》诗:

> 桂水春犹早,昭川日正西。
> 虎当官道斗,猿上驿楼啼。
> 绳烂金沙井,松干乳洞梯。
> 乡音吁可骇,仍有醉如泥。

这首诗颇似画中的素描,在不经意中勾画出僻远州县带有蛮荒朴野色彩的图景。感情虽有些惊异,却未必憎厌,多少有些好奇。末联写当地土著居民语言殊异可骇,且更有烂醉如泥者。冯浩谓"乡音殊足骇人,我惟以醉自遣",以下句属诗人自己,殊误,视"仍有"可见。据"春犹早"之语,时当早春二月之候。

  商隐在昭州待的时间很短,回到桂林后写的诗,怀乡思归、想念家室几乎成了唯一的内容。《凤》是寄内之作:

> 万里峰峦归路迷,未判容彩借山鸡。
> 新春定有将雏乐,阿阁华池两处栖。

诗中的"凤",兼绾分栖两地的雌雄双方。身居岭外,遥望京华,峰峦万里,归路亦迷。自己文采华然,岂甘与山鸡等价,"越鸟夸香荔,齐名亦未甘",与此意近。冯浩说:"自负才华,兼寓幕僚之慨。"甚是。三句遥想妻子新春抱雏之乐。末句乃益叹两地分居，不得享家室天伦之乐。曰"新春"，诗当作于大中二年春。《题鹅》也是慨叹夫妻分离之作：

> 眠沙卧水自成群，曲岸残阳极浦云。
> 那解将心怜孔翠，羁雌长共故雄分。

审诗题，似是题画诗。画中群鹅眠沙卧水，悠然游息于曲岸极浦的残阳之下，对此遂生联想与感慨：文采灿烂的孔雀，雌雄长离，反不如群鹅之悠闲自在，雌雄相守，无忧无虑。群鹅哪里懂得并同情孔雀的雌雄分栖之苦呢？故雄，犹旧侣，指丈夫，非谓已故之丈夫。

《即日》、《北楼》、《思归》都是大中二年春桂幕思归之作：

> 桂林闻旧说，曾不异炎方。
> 山响匡床语，花飘度腊香。
> 几时逢雁足？著处断猿肠。
> 独抚青青桂，临城忆雪霜。
> ——《即日》

> 春物岂相干，人生只强欢。
> 花犹曾敛夕，酒竟不知寒。
> 异域东风湿，中华上象宽。
> 此楼堪北望，轻命倚危栏。
> ——《北楼》

> 固有楼堪倚，能无酒可倾？
> 岭云春沮洳，江月夜晴明。
> 鱼乱书何托？猿哀梦易惊。

>　　旧居连上苑,时节正迁莺。
>
>　　　　　　　——《思归》

三首诗都将岭南异域风物与思乡念归之情对照起来写。景物固然美好,但由于思乡,却有一种"虽信美而非吾土兮,曾何足以少留"之感,甚至感到美好的岭南春天景物原与自己不相干。孤立起来看,像"山响匡床语,花飘度腊香"与"岭云春沮洳,江月夜晴明"都是充满美感的景色,但紧接其后的"几时逢雁足?著处断猿肠"和"鱼乱书何托?猿哀梦易惊"却突出抒写了悲苦凄伤的感情。情与景的不谐调、相矛盾成了这组诗的显著特点。岭南地暖,槿花春天仍然朝开暮萎,这本是南中特有的佳景,但"花犹曾敛夕,酒竟不知寒"一联却表现出对这种物候的不习惯和陌生感。桂林山水之胜,甲于天下,商隐《为荥阳公黄箓斋文》也说过"此府水环湘桂,山类蓬瀛"一类的话,但在商隐的桂林诗中却不大找得到纯粹以欣赏态度描绘桂林风物的句子,甚至没有韩愈的"江作青罗带,山如碧玉簪"这种虽出之想象却十分传神的描绘。这是因为强烈的思乡怀归之情使他用一种特殊的心态去感受外物之故。"异域东风湿,中华上象宽",岭南的春风也带着湿意,这种感受自然非常真切,但透露的却是一个久居中原,此刻身居岭南而又思念家乡的人对这里的潮湿阴雨气候很不习惯的感受,特别是当他把眼前的一切与记忆中的"中华上象宽"的高远爽朗之境相对照时,就更加强了对岭南的这种特殊感受。这几首诗艺术上都是成功之作,《北楼》诗尤佳,但正如纪昀所评:"前四句一气涌出,气脉流走,五、六句格力亦大,但七、八句嫌于太竭情耳。"(《玉谿生诗说》)北楼北望,甚至到了"轻命倚危栏"的程度,在思乡念归的强烈感情中蕴含着一种深深的酸楚。对比一下刚来桂林时所写的诗中时时流露出来的新鲜感乃至欣喜愉悦感,感情的变化是显而易见的。这种变化的后面自有政局变化的大背景在起作用。

　　大中二年二月上中旬,商隐还代郑亚撰拟过给浙东观察使杨汉公、宣歙观察使裴休的信。裴休与郑亚大和二年同登贤良方正、能直言极谏科。大中元年在湖南观察使任，郑亚赴桂林路经潭州时，曾受到裴休的款待，大约在元年十二月或二年正月调任宣歙观察使。杨汉公是郑亚的前任。这两封书启都写得很随意，但又非常富于诗情，像六朝人的书信小品。关于这两篇文章，将在下册第十八章中加以评述。

第三节　府主贬循

　　大中二年二月中旬，朝廷贬谪郑亚为循州刺史的制书到达桂林。这是继大中元年十二月戊午（二十五日）贬李德裕为潮州司马后，紧接着对李德裕的两个主要助手李回和郑亚进行贬斥的重大举动，是宣宗、白敏中对李德裕政治集团实施的第三次打击。《通鉴·大中二年》载：正月，"西川节度使李回、桂管观察使郑亚坐前不能直吴湘冤，乙酉，回左迁湖南观察使，亚贬循州刺史。李绅追夺三任告身（胡注：李绅已薨，故追夺）。中书舍人崔嘏坐草李德裕制不尽言其罪①。己丑，贬端州刺史"。在此之前，正月丙寅（初五），右补阙丁柔立因李德裕贬潮州，上疏讼其冤，坐阿附贬南阳尉（同上）。而《旧唐书·宣宗纪》载此次与李回、郑亚同贬的，还有"前淮南观察判官魏铏贬吉州司户，陆浑县令元寿贬韶州司户，殿中侍御史蔡京贬澧州司马"，可见这是一次牵连面相当广的大狱，不但对李德裕政治集团实行一网打尽的手段，而且还严厉打击敢于仗义执言的谏官和对此事有保留看法的草制官员。这一回，宣宗、白敏中等人终于给李德裕政治集团定下了一个罪名，这就是所谓制造吴湘冤案。这是当权的统治集团苦心设计的大阴谋，因此有必要征引史料，稍作辨析。

　　《旧唐书·李绅传》："初，会昌五年，扬州江都县尉吴湘坐赃下狱，准法当

---

① 指《李德裕潮州司马制》，已见上章所引。

死,具事上闻。谏官疑其冤,遣御史崔元藻覆推,与扬州所奏多同,湘竟伏法。"绅传后附吴汝纳事,对吴湘一案记载较详,云:

> 会汝纳弟湘为江都尉,为部人所讼赃罪,兼娶百姓颜悦女为妻,有逾格律。李绅①令观察判官魏铏鞫之,赃状明白,伏法。湘妻颜、颜继母焦,皆笞而释之,仍令江都令张弘思以船监送湘妻颜及儿女送澧州。及扬州上具狱,物议以德裕素憎吴氏,疑李绅织成其罪,谏官论之。乃差御史崔元藻为刺史,覆吴湘狱。据款伏妄破程粮钱,计赃准法;其恃官娶百姓颜悦女为妻,则称悦是前青州衙推,悦先娶王氏是衣冠女,非继室焦所生,与扬州案小有不同。德裕以元藻无定夺,奏贬崖州司户。

《新唐书·李绅传》与此略同。《通鉴·会昌五年》载此事云:

> 淮南节度使李绅按江都令吴湘盗用程粮钱②,强娶所部百姓颜悦女。估其资装为赃,罪当死。湘,武陵之兄子也。李德裕素恶武陵,议者多言其冤,谏官请覆按。诏遣监察御史崔元藻、李稠覆之。还言:"湘盗程粮钱有实。颜悦本衢州人,尝为青州牙推,妻亦士族,与前狱异。"德裕以为无与夺,二月,贬元藻端州司户、稠汀州司户,不复更推,亦不复付法司详断,即如绅奏,处湘死。谏议大夫柳仲郢、敬晦皆上疏争之,不纳。

所载与《旧唐书·李绅传》互有详略,但基本情节一致。岑仲勉说:"湘受赃有据,见《旧·本纪》大中二年覆审之状,状称:'节度使李绅追湘下狱,计赃处死,

---

① 时任淮南节度使。
② 胡注:《新书·百官志》:主客郎中,主蕃客;西北蕃使还者,给度碛程粮。至于官吏以公事有远行,则须计程以给粮。而粮重不可远致,则以钱准估,故有程粮钱。

具狱奏闻。朝廷疑其冤,差御史崔元藻往扬州按问。据湘虽有取受,罪不至死。'可见湘受赃是实,出入只数量问题。考《唐律疏议》一一:'诸监临主司受财而枉法者……十五匹绞。'今大中覆判竟未举出湘受财多少以证其罪不至死,显系有意出脱,构成德裕之罪名。然主判者李绅,最多不过错在失人,更非德裕直接负责者也。"(《隋唐史》)所论甚是。盖吴湘一案,是否该判死刑,关键在贪赃数量是否构成死罪。魏铏奉李绅命审此案,"赃状明白","估其资装为赃,罪当死";崔元藻、李稠奉朝命覆按,"据款伏妄破程粮钱,计赃准法",可见无论是初审、覆按,在构成死罪的贪污程粮钱数目上都不存在任何问题。覆按时发现强娶所部百姓女一事与初审判定的事实有出入,这正可说明覆按时并不存在畏惧德裕权势、掩盖事实真相的现象,而是据实上报。既然经过覆按"据款伏妄破程粮钱,计赃准法",则判处吴湘死刑并不存在量刑不当的问题,更不存在德裕挟私报复、李绅曲成吴湘之罪的问题,不能因李德裕恶吴武陵而推论其兼恶武陵之兄子,作捕风捉影之推测。傅璇琮《李德裕年谱》大中二年谱对此事论析甚详,可参阅。实际上,当时朝廷上大臣虽对李德裕、李回、郑亚之贬噤口不敢言,但还是有正直的官吏公开替李德裕鸣冤,上面提到的右补阙丁柔立便是典型的一例。《通鉴·大中二年》载:"初,李德裕执政,有荐丁柔立清正可任谏官者,德裕不能用。上即位,柔立为右补阙。德裕贬潮州,柔立上疏讼其冤。(正月)丙寅,坐阿附贬南阳尉。"一个曾经在宦途上受到李德裕抑制的人公开为德裕讼冤,正可见其纯出于公心。《新唐书·李德裕传》亦载其事,并附魏铏事云:"吴汝纳之狱,朝廷公卿无为辨者,唯淮南府佐魏铏就逮,吏使诬引德裕,虽痛楚掠,终不从,竟贬死岭外。"可见德裕与此案确无关连,亦可见白敏中等为了锻成德裕之罪,竟逼使李绅的下属诬引,手段之卑劣无以复加。至于吴武陵与李德裕的关系问题,傅谱亦有详辨,因此事不涉及吴湘该不该定死罪的关键问题,从略。

李回、郑亚被贬是在正月乙酉,即二十四日。这种严谴高级官员的制书,朝廷必须用最快的速度驰驿转递,因此,制书到达桂林的时间约在二月中旬。接到贬制后,郑亚立即让李商隐撰拟了上刑部侍郎马植、大理卿卢言的书启,公开申辩自己无罪。《新唐书·百官志》:刑部尚书一人,侍郎一人,"凡鞫大狱,以尚书、侍郎与御史中丞、大理卿为三司使"。其时白敏中兼刑部尚书,马植作为副手,在锻成李德裕之罪的过程中立下了"大功",后于同年五月拜相。商隐《为荥阳公上马侍郎启》云:

> 故府李相公(指李绅)案吏之初,具狱来上。某久为宾佐,方副台纲。若其间必有阿私,则先事固当请托。实无一事,难诳九泉。崔监察是湖南李相公门生,是某所拜杂端日御史。远差推事,既无所嘱求;近欲叫冤,岂遽能止遏?不知何怨,乃尔相穷!容易操心,加诬唱首。门生之分,尚或若斯;常僚之情,固无足算!九重邈邈,五岭幽遐。若从彼书辞,信其文致,即处以严谴,未曰当辜。

《为荥阳公与三司使大理卢卿启》亦云:

> 故府李相公知旧之分,与道为徒。戎幕宾筵,虽则深蒙奖拔;事踪笔迹,实非曲有指挥。逝者难诬,言之罔愧。且崔监察元藻是湖南李相公首科门生,是某所荐御史。将赴淮海,私间尚不嘱求;及还京师,公共岂能遏塞?昨蒙辨引,稍近加诬。座主既不免于款中,杂端固无逃于笔下。乘时幸远,背惠加诬。既置对之莫由,岂自明之有望?

其时朝廷严谴的贬制已下,而且令其立即启行南去。明知申辩无用,但还是要在这两封书启中向主办此案的马植、卢言公开表白自己是蒙冤受诬的,跟李绅之间并无任何嘱托阿附之事,而且把矛头集中指向制造这场冤案的直接责任人、翻云覆雨的小人崔元藻,对他的背惠加诬于座主、上司,用毫不掩饰的愤慨、鄙夷口吻加以揭露。这实际上是指责马植、卢言等人秉承白敏中意旨,让崔元藻出面诬引成罪。其态度之激烈根本不像一个获罪的臣僚。这种不计后果、只求一吐为快的极端态度充分表露了郑亚对当权者的愤慨。这种强硬态度,直接导致他最后贬死于循州,而不将他量移,当然,对李德裕更是如此。

  问题在于,商隐是在当局利用所谓吴湘冤案一网打尽李德裕政治集团,而且连贬同情他们的崔嘏、丁柔立的情况下,仍然用他的一支笔为郑亚申冤辩诬,为他一吐胸中的愤慨。当然,书记的职责就是为幕主草拟表状启牒,但这时的郑亚,已是一个蒙罪严谴的谪吏逐臣,他和李德裕、李回的政治前途很可能是一同贬死于岭南蛮荒之地,这一点当时已相当清楚。在这种情况下,见风使舵的幕僚很可能拒绝撰写这种直接冒犯当权者的书启,或者远祸避害,离幕而去。即使情不可却,也会用比较委婉的方式来进行申辩。商隐却完全站在郑亚(实际上是整个李德裕政治集团)的立场,用如此激烈愤慨的言辞进行申辩,发泄不满,可见他当时确实完全站到了被冤诬陷害的李德裕政治集团一边。这些信件,不仅马植、卢言看到,而且连白敏中也会看到,它所引起的后果是可想而知的。令狐绹早就对他追随郑亚于桂管震雷霆之怒,现在他又进一步替获罪的郑亚撰写鸣冤叫屈的书启,即将内召旋居要职的令狐绹对他会采取什么态度,也就可想而知。可以说,商隐在当时形势下代拟这种书启,是在激烈政治斗争中的鲜明表态,而且是不大考虑后果的表态。

  由于是严谴,郑亚在接到贬制后没有几天便立即启程。商隐《为荥阳公与前浙东杨大夫启》云:"今月二十日,专使林押衙至,缄词重叠,赠贶丰厚……某顷副宪纲,昧于官守,早乖审克,久乃发扬……尚蒙恩宥,获颁诏条(指贬循州刺史)……以今月二十三日南去。"细审启文,结合《樊南乙集序》"明年正月自南郡归。二月府贬"之文,可以推知贬制当于二月中旬到达桂林。浙东林押衙二十日至桂林时,亚已接到贬制,故启于"今月二十日,专使林押衙至"之后,即接叙已获罪被贬及南去循州之日期。此启当作于二月二十一或二十二日,离郑亚南去不过一二日。商隐《樊南乙集序》"二月府贬"之文,正指二月中旬郑亚接到贬制及随后立即南去之事。或谓郑亚当是三月二十三日南去,如果这样,贬制应在三月中旬方到桂林。正月二十四日下制,三月中旬始达桂林,以严谴之制须急速送达的规定,五十日始达未免过慢,而且与"二月府贬"之文不符。

就在郑亚即将离桂林南去循州之时,二月二十二日,商隐写了一首托物自寓的五言排律《木兰》:

> 二月二十二,木兰开坼初。
> 初当新病酒,复自久离居。
> 愁绝更倾国,惊新闻远书。
> 紫丝何日障?油壁几时车?
> 弄粉知伤重,调红或有余。
> 波痕空映袜,烟态不胜裾。
> 桂岭含芳远,莲塘属意疏。
> 瑶姬与神女,长短定何如?

张采田《辨正》因大中二年令狐绹由湖州内召事而附会,谓"此首句'二月二十二,木兰开坼初',盖暗记子直至都之日,令狐家木兰最盛,故借以寓意,言从此位致通显矣";《会笺》又改从大中三年二月二十一日令狐绹拜中书舍人而附会,谓"首云'二月二十二,木兰开坼初',谓初闻子直拜中书舍人也"。实则木兰乃自喻,"桂岭含芳远"一句已明白点出。首四句谓木兰初开之日,正自己病酒之际,与家室久离之时。"愁绝"句谓木兰初开脉脉含愁之态,更显其倾国之姿。"惊新"句谓惊对新艳,忽值远书午至,承上"久离居"。以上人、花分叙,以下人花合一。"紫丝"二句,谓不知何时方能有"紫丝障"、"油壁车"围护之殊遇,暗透入朝为官的企盼。"弄粉"四句,状木兰腻粉红艳之容色与内含伤痛之意态,轻盈绰约之风姿与无人欣赏之遭遇（借"空"字点出）。"桂岭"二句，点醒全篇托寓主意，谓己如木兰含芳于桂岭僻远之地，而彼家居帝京莲塘者（喻指令狐绹）则毫不属意于我而疏之。"波痕"句已将木兰比做宓妃，末二句进而谓如此美艳的木兰，实可与瑶姬论短长，相媲美，于自负自赏中透出自伤之意。郑亚南贬，自己将来的命运不知如何，而令狐绹对自己的疏远态度却已在料想之中，故借含芳桂岭的木兰自喻。

罢幕之际，商隐又借咏《灯》以抒怀：

> 皎洁终无倦，煎熬亦自求。
> 花时随酒远，雨后背窗休。
> 冷暗黄茅驿，暄明紫桂楼。
> 锦囊名画掩，玉局罢棋收。
> 何处无佳梦，谁人不隐忧？
> 影随帘押转，光信簟文流。
> 客自胜潘岳，侬今定莫愁。
> 固应留半焰，回照下帷羞。

程梦星说："此非咏灯，乃幕中写怀耳。中有黄茅驿、紫桂楼，或从事桂管之时也。"（《重订李义山诗集笺注》）冯浩亦认为"此桂管初罢作"。这首诗不仅用"黄茅驿"、"紫桂楼"的字面点明桂管，而且起首二句便显露出刻意托寓的痕迹：以"灯"之"皎洁"喻自己的品质，以"煎熬"喻自己的遭遇与内心痛苦。"花时"四句，从时间、地点两方面写灯的"无倦"与"煎熬"，概括在桂幕一年的情况。"锦囊"二句，以灯照名画之掩（卷）、棋局之收隐喻桂幕之罢。"何处"二句，以灯之或照佳梦正浓者，或照耿耿不寐有隐忧者，以喻罢幕时幕僚情况各不相同，意致颇似《梓州罢吟寄同舍》之"楚雨含情皆有托，漳滨多病竟无憀"。

"影随"四句承"佳梦"言,谓彼等送旧迎新,欣有所托,故"定莫愁";"固应"二句,承"隐忧"言,残灯半焰,空照下帏独处之人,情何以堪!"下帏"即"罢幕"之寓言。全篇也不妨看做一篇"桂州罢吟寄同舍"。借艳寓慨,借物咏怀,此诗兼而有之。

第四节　罢幕北归

《旧唐书·李商隐传》说:"亚坐德裕党,亦贬循州刺史。商隐随亚在岭表累载,三年入朝。"《新唐书·李商隐传》更谓:"亚谪循州,商隐从之,凡三年乃归。"将《旧唐书·李商隐传》中可以作两种不同解释的"岭表"和"三年"明确说成商隐跟随郑亚去了循州,在循州待了三年才回来。《唐才子传》亦沿之。这是误读商隐《献寄旧府开封公(郑亚)》一诗的结果,诗云:"幕府三年远,《春秋》一字褒。书论秦《逐客》,赋续古《离骚》。地里南溟阔,天文北极高。酬恩抚身世,未觉胜鸿毛。"诗作于大中四年,"幕府三年远",是说大中二年春离开郑亚桂管幕,至大中四年已有三年之久,根本不是说跟随郑亚至循州三年。冯浩已指出商隐本传之误,但对致误原因则未加考察,因此在这里提出,以释学者之疑。

商隐何时由桂林动身北返,诗、文中未有确证。从他本年五月已在潭州停留并作有诗文来推测,启程北返的时间约在三四月间。幕主南贬,幕僚星散。商隐原就思归心切,在这种情况下,更无心在桂林住下去。启程之前,令狐绹自考功郎中知制诰充翰林学士的消息从长安传来,商隐有《寄令狐学士》诗:

> 秘殿崔嵬拂彩霓,曹司今在殿东西。
> 赓歌太液翻黄鹄,从猎陈仓获碧鸡。
> 晓饮岂知金掌迥,夜吟应讶玉绳低。
> 钧天虽许人间听,阊阖门多梦自迷。

据《翰苑群书·重修承旨学士壁记》："绹大中二年二月十日自考功郎中知制诰充。"①消息传到桂林,约在三月。诗的前三联极写令狐的清贵得宠,颇露欣羡称美之意,尾联也显含希图汲引之情,但出语比较委婉,不像后来写的《令狐舍人说昨夜西掖玩月因戏赠》"几时《绵竹颂》,拟荐《子虚》名"那样露骨。陆昆曾说:"篇中极力写出得意失意两种人来,仍无一毫乞怜之态,可谓善于立言。"(《李义山诗解》)此论恐不免皮相。落句明言宫阙天上,门多自迷,则祈援望引之情已寓其中。与后来写的《钧天》诗对照,一则羡绹之清贵得宠,希其援引;一则言绹之庸才贵仕,慨己之才而不遇,感情显然不同。可以看出,令狐绹召为翰林学士之初,商隐对他尚心存希冀。尽管大中元年六七月间的《酬令狐郎中见寄》诗已有"天怒识雷霆"之句,知道令狐绹对自己入郑亚幕非常恼怒,但在郑亚贬循,自己又一次失去依托之后,仍然希求得到这位旧日的朋友、现时的新贵的援手。从这一点看,商隐确实缺乏知人之明。

当时商隐的处境非常困窘。新知郑亚远贬,旧好令狐绹对他的态度是既怒且疏,确实有点像当年恸哭穷途的阮籍。《乱石》一诗正是他此时处境、心情的写照:

虎踞龙蹲纵复横,星光渐减雨痕生。
不须并碍东西路,哭杀厨头阮步兵。

---

① 《吴兴志》:"令狐绹,大中元年三月二十一日自左司郎中授(湖州刺史),二年四月二日除翰林学士,十日拜相。""十日拜相"显误。此恐是"二年二月十日除翰林学士,四年拜相"之误。此诗亦无在途中之痕迹,当是得知绹为翰林学士,在桂林有诗寄之。绹大中元年十一月犹在湖州,见唐天宁寺《陀罗尼经》石幢令狐绹名款。其内召当在此后,二年二月十日之前。据《东观奏记》,盖以考功郎中知制诰内召,到阙,召充翰林学士。

这是夜行途中,见乱石纵横,阻塞道路,有感而作。"乱石"正是抑塞文士仕途的黑暗政治势力与环境的象喻。商隐桂管归途有《献襄阳卢尚书启》云:"岂谓穷途,再逢哲匠?"说明他在罢桂管幕之后确实强烈地感受到东西路塞,不能不作穷途之恸。

大约在大中二年的五月,商隐抵达潭州。座主李回正月二十四日与郑亚同时被贬,此时已由西川成都抵湖南观察使任。因为是"责授"湖南观察使,本身的处境已相当艰危,但处于穷途的商隐仍不能不对李回抱一线希望。早在大中元年秋作的《寄成都高苗二从事》中,商隐就曲折透露过入李回幕的想法,这次桂管罢幕路经潭州,又产生入李回幕的希望,因此在潭州使府逗留时间较久。五月端午节,因当地纪念屈原的风俗有感,写了《楚宫》①诗:

> 湘波如泪色漻漻,楚厉迷魂逐恨遥。
> 枫树夜猿愁自断,女萝山鬼语相邀。
> 空归腐败犹难复,更困腥臊岂易招?
> 但使故乡三户在,彩丝谁惜惧长蛟!

诗由眼前清漻的湘水起兴,引出吊古情怀。前三联谓今历屈子沉湘故地,惟目睹江上青枫,耳闻山间猿啼,恍见披女萝之山鬼殷勤相邀,而屈原的迷魂已杳然不可招寻。尾联复借彩丝惧蛟的民俗,表现后世对屈原忠魂的崇敬追思,哀愤中复含赞颂屈原精神不朽的意蕴。忠直有才能的人士遭冤贬,是商隐所处时代的普遍现象,像刘蕡、李德裕、李回、郑亚等人都是典型的例证。商隐在吊屈的同时可能渗透对这种政治现象的感受。"枫树"一联,化用屈赋吊屈,自然贴切,表现出屈子沉江故地凄迷幽冥的环境气氛,颇具"幽忆怨断"的悲剧美。传李德

---

① 何焯谓题当作《楚厉》。

裕有《汨罗》诗云：

> 远谪南荒一病身，停舟暂吊汨罗人。
> 都缘靳尚图专国，岂是怀王厌直臣。
> 万里碧潭秋景静，四时愁色野花新。
> 不劳渔父重相问，自有招魂拭泪巾。

诗写秋景，而李德裕《舌箴》自序云："戊辰（大中二年）岁仲春月戊申夜，余宿于洞庭西。"与德裕贬潮州过洞庭时值仲春不合，故傅璇琮《李德裕年谱》疑此诗为后人所作。但也说明，忠直遭贬的人士经过屈子沉湘故地，会自然触发异代同悲之慨。从贾谊的《吊屈原赋》以来，这类作品代代有之。

在潭州逗留期间，商隐又写了怀古伤今的《潭州》诗：

> 潭州官舍暮楼空，今古无端入望中。
> 湘泪浅深滋竹色，楚歌重叠怨兰丛。
> 陶公战舰空滩雨，贾傅承尘破庙风。
> 目断故园人不至，松醪一醉与谁同？

这首诗写在潭州官舍，薄暮登楼，目接湘竹丛兰，耳闻楚歌重叠，俯仰今古，触绪生慨。陆昆曾说"言之所及在古，心之所伤在今，故曰'今古无端'"（《李义山诗解》），颇能道出此诗构思特点。由于"吊古显然，伤今则并无明文"（冯注初刊本王鸣盛手批），因此注家说法不一。何焯、陆昆曾、程梦星、张采田均以为作于大中初年，诗系伤悼武宗之死与"会昌将相名臣之流落"。联系商隐对大中政治的不满及对李德裕等会昌有功将相的同情（参后《旧将军》、《李卫公》、《漫成五章》之四之五等），以及作诗的时地，这种理解比较合理。商隐追念会昌君相

(三、五、六句),怨恨当时的执政者(四句),曲折地表达了自己的政治倾向。额、腹两联句句用典,既切潭州之地,又融合情景,兼绾古今;既寓含政治感情,又蕴蓄不露。尾联收转自身,谓遥望故园,而路途阻修;期待友人,而友人不至。乡思羁愁及伤时感世之情竟无可排遣,无人共与一醉。这里的"人",很有可能是指近在澧州作司户参军的刘蕡。商隐本年正月在湘阴黄陵与刘蕡晤别,此次路经潭州在李回幕逗留期间,想必曾捎信给刘蕡望其来潭州相聚,而蕡竟不至,故有"目断故园人不至"之语,非谓故园之人不至。

商隐在潭州期间,曾经和一位桂管同幕的崔某一起到澧州药山去拜访一位融禅师,寻访未遇,有《同崔八诣药山访融禅师》:

共受征南不次恩,报恩惟是有忘言。
岩花涧草西林路,未见高僧且见猿。

诗中"征南"指郑亚①,诗当作于桂管归途。崔八,或谓即《为荥阳公桂州署防御等官牒·崔兵曹摄观察巡官兼知某县事牒》中之崔兵曹。澧州有药山,惟俨禅师为初祖,大和元年卒,融禅师或其法嗣。诗谓与崔同受郑亚不次之恩,感念深恩,惟求"忘言"之佛法护佑而已。而今拜访融禅师未遇,惟见岩花涧草,哀猿长鸣,情何以堪。在澧州时,当亦去拜访过刘蕡,但现存诗中对此没有任何反映,从大中三年四首哭蕡诗看,似未在澧州遇见刘蕡,可能此时刘蕡不在澧州,这类量移官行动是相对自由的。

商隐在潭州究竟逗留多久,《为湖南座主陇西公贺马相公登庸启》提供了考证的依据。《新唐书·宣宗纪》:大中二年"五月己未朔,日有食之。崔元式罢,

---

① 商隐诗中习用征东、征西、征南等将军名号指称不同地区之方镇,如《韩同年新居饯韩西迎家室戏赠》之以"籍籍征西万户侯"称泾原节度使王茂元,《偶成转韵七十二句赠四同舍》之以"征东"称武宁节度使卢弘止,《江上忆严五广休》之以"征南"称桂管观察使郑亚,此首同例。

兵部侍郎、判度支周墀，刑部侍郎、诸道盐铁转运使马植同中书门下平章事"。《新唐书·宰相表》作"□□己卯，刑部侍郎、诸道盐铁转运使马植同中书门下平章事。元式罢为刑部尚书。兵部侍郎、判度支周墀同中书门下平章事"。"己卯"上当夺"五月"二字。① 己卯为五月二十一日，长安至潭州二千四百四十五里，除书至潭，约需半月，故此贺启当作于六月上旬。湖南座主陇西公，即李回，时责授湖南观察使，故贺启云"某……今当谴责"。这封书启通篇都是空洞的赞颂之辞，足见是纯粹的应酬，也可见马植实在无政绩可述。周墀既与马植同时拜相，按说商隐应同时代李回撰贺周墀登庸的启，但《文苑英华》、《全唐文》均未见，可能是遗佚了。倒是商隐自己的《贺相国汝南公启》今尚存，启末云：

> 某早奉辉光，常蒙咳唾。牛心致誉，麈尾交谈。而契阔十年，流离万里。《扶风歌》则刘琨抱膝，《白头吟》则鲍昭抚臆。重至门闱，空余皮骨。方从初服，无补大钧。穿履敝衣，正同东郭；槁项黄馘，乃类曹商。未知伏谒之期，徒切太平之贺。

这段话把他当时的困窘处境描述得非常凄楚动人，大有杜甫"三年奔走空皮骨，信有人间行路难"之慨。周墀在商隐试博学宏辞时判西铨，初选已经录取；商隐在其任华州刺史时曾暂居其幕下，屡次为其代草表奏，又曾多次上周墀启状，联系一直相当密切。商隐这封书启，除申贺外，自然也含有希其汲引之意。但周墀属于牛党，在当时李德裕政治集团所有主要成员均遭远谪的情况下，对商隐这样一个追随李党主要成员郑亚到桂管幕，与亚的关系又如此密切的士人，是

---

① 《旧唐书·宣宗纪》既于会昌六年书"六月，以户部侍郎、充诸道盐铁转运使马植本官同平章事"，又于大中二年书"三月己酉，兵部侍郎、判度支周墀本官同平章事，以礼部尚书、盐铁转运使马植本官同平章事"，均误，据商隐《为荥阳公上马侍郎启》及《为湖南座主陇西公贺马相公登庸启》，马植、周墀之任宰相当在大中二年五月己卯。参岑仲勉《玉谿生年谱会笺平质》"周墀入相月"。

否能不考虑牛党新贵白敏中、令狐绹对商隐的态度,而加以汲引,恐怕很难。且周墀大中三年三月,即罢相出为东川节度使,在相位的时间不过九个多月,也未必有多少汲引商隐的机会。

大约在六月下旬,商隐到达江陵。在一年多的时间里,已是三至江陵。但这次是在心情凄黯、抑塞穷途的情况下重至旧地。《楚吟》可能是初到江陵时所作:

山上离宫宫上楼,楼前宫畔暮江流。
楚天长短黄昏雨,宋玉无愁亦自愁。

视"楚天长短黄昏雨"之语,其时尚是长江中下游多雨季节,未到秋高气爽之候。诗触景兴感,黯然神伤,纯从虚处传神。身世沉沦,仕途坎坷,东西路塞,茫茫无之。值此楚天暮雨,江流渺渺,不禁触绪纷来,悲愁无限,故说"宋玉无愁亦自愁"。薄暮的朦胧迷茫,江流的浩浩渺渺,以及黄昏的丝丝细雨,到处都是愁绪的触媒。诗中叠字重言的成功运用,造成一种回环流动的美。诚如冯浩所评:"吐词含珠,妙臻神境,令人知其意而不敢指其事以实之。"(《玉谿生诗笺注》)

《听鼓》大约也是在江陵所作:

城头叠鼓声,城下暮江清。
欲问《渔阳掺》,时无祢正平。

祢衡在汉兴平年间曾避难于荆州,后来曹操又因衡之狂而将他遣送到荆州刘表处,诗有"暮江"字,或在荆州所作。商隐性格中本就有刚直不阿、强项不屈的一面,但由于仕途偃蹇,命运多舛,又往往不得不屈节事人,甚至陈情告哀,希求显贵援引。长期郁积的苦闷与孤愤,无从发泄。忽闻城头击鼓之声,遂由此联想到祢衡击鼓以辱曹操之事，激发愤世嫉俗、蔑视权贵的感情。"欲问"二句，正是这种感情的流露。"欲问"与"时无"，一纵一收，一转一跌，使诗在一气呵成中显出曲折顿挫，增加了沉郁的情味。从这首诗可以看出，商隐尽管在罢桂幕后一再向方镇、宰相乃至令狐绹写信寄诗，希求得到他们的帮助，但内心深处对此极感苦闷痛苦，对当权者有一肚子不平与牢骚。此诗虽如石火电光，一闪即逝，却显示了他深潜内心的真实感情。

商隐这次路过江陵时，郑肃仍在荆南节度使任上，当趋前拜谒。但从现存商隐诗文中看不出此行他与郑肃的交往情况。郑肃约大中三年卒于荆南节度使任。从肃卒后"赠司空，谥曰文简"（《新唐书》本传）看来，他除罢相外，似未受到党争更大的牵累。

第五节　夔峡往返

离江陵后，商隐似未立即顺陆路北返长安，而是可能溯江而上，到过夔州，并有短暂的逗留。前据《为湖南座主陇西公贺马相公登庸启》及《楚吟》诗，知六月上旬商隐尚在潭州，抵江陵约在六月下旬。而《楚泽》诗为陆发荆南首途之作，其时已是"霜野物声干"的仲秋景象，其间约有一个半月以上的间隔。这段时间的行踪，张采田《会笺》谓商隐"有巴蜀之游"[①]，并谓此行的目的是赴成都去拜谒当时任西川节度使的杜悰，未至成都而中途折回[②]，说极牵强附会，岑仲勉《平质》乙"大中二年往来巴蜀"条已详加驳正，并指出张氏所系于巴蜀之游

---

① 最先提出巴蜀之游的是冯浩《玉谿生年谱》，谓大中二年郑亚贬后，"义山即由水程历长沙、荆门……当至故乡与东都……旋又出而行役，有徘徊江汉、往来巴蜀之程……三年春还京"，此说漏洞比张说更多，其所系巴蜀之游诸诗除《摇落》、《过楚宫》外，亦多为大中五至九年商隐在东川幕期间及赴幕、罢幕途次所作。
② 详见《会笺》卷三大中二年谱及考证。

诸诗,或为大中元年随郑亚赴桂途次所作,或为大中五至九年商隐居柳仲郢东川幕期间所作,所辨颇为精当。但完全否定商隐离荆州后有溯江舟行之役,不但在时间上有从《楚吟》到《楚泽》的一个半月以上的间隔难以解释(商隐不大可能在郑肃幕逗留这样长的时间),而且难以解释《摇落》、《过楚宫》、《江上》、《风》诸诗的创作时间。陈寅恪在《李德裕贬死年月及归葬传说辨证》一文曾提出大中六年商隐奉柳仲郢之命至江陵致祭李德裕归榇的假设,并谓"其所指为大中二年往返巴蜀所作之诗,大抵大中六年夏奉柳仲郢命迎送杜悰并承命至江陵路祭李德裕归柩之所作"。后来亦有学者撰文论证陈氏此项假设①。但陈氏此说的前提(承命之江陵路祭李德裕归榇)即是一项无法证实的假设。商隐奉柳仲郢命迎送杜悰赴淮南节度使任在大中六年五月上中旬间,而德裕归榇路经江陵当是中秋②。其间相隔时间四五个月(是年闰七月),试问为此区区路祭之事,岂能让一身二任③、担任繁剧职事的幕僚长期脱离重要工作岗位,此不可设想之事(加上返回梓州的行程所需时间前后达六个月之久)。因此,陈说虽然提供了考证夔峡行旅诗的另一种思路,但按商隐担任繁剧幕职的实际情况,这种假设很难成立。

那么,大中二年自江陵溯江而上的夔峡行旅,包括在夔州羁留的时间、自夔州沿江而下之江陵的时间,在时令上与《楚泽》诗是否能够相接呢?回答是肯定的。江陵至奉节水程约七百里(夔州至京师二千四百四十三里,江陵至京师一千七百三十里),上水舟行较慢,以日行四十至五十里计,约需半月至二十天。如商隐七月初动身,则七月下旬前可以抵达夔州。他在夔州有所羁留,见《摇

---

① 见周建国《李商隐桂管罢归及三峡行役诗探微——兼论证陈寅恪先生的一项假设》,载《古籍研究》1995年第3期。
② 据《唐茅山燕洞宫大洞炼师彭城刘氏墓志铭并序》附德裕第四子烨记:"壬申岁春三月,扶护帷裳,陪先公旌旆发崖州……其年十月,方达洛阳。"江陵距洛阳一千三百一十五里,以平均日行三四十里计,约月余方达洛阳,故抵江陵当在中秋。
③ 商隐本职为节度判官。大中六年,掌书记张黯至京师,商隐又暂摄其事,见《樊南乙集序》。

落》诗：

> 摇落伤年日，羁留念远心。
> 水亭吟断续，月幌梦飞沉。
> 古木含风久，疏萤怯露深。
> 人闲始遥夜，地迥更清砧。
> 结爱曾伤晚，端忧复至今。
> 未谙沧海路，何处玉山岑？
> 滩激黄牛暮，云屯白帝阴。
> 遥知沾洒意，不减欲分襟。

"结爱"句用王筠《和吴主簿六首·春日二首（之一）》"同衾远游说，结爱久生（一作相）离"及秦嘉《赠妇诗》"欢会常苦晚"。冯浩说："此寄内诗也。'结爱伤晚'者，久为属意而成婚迟也；'端忧至今'者，数年闲居愁苦，赴桂又不久，行者居者皆含愁也。"综观全诗，当为羁留夔峡时悲秋怀远之作。所怀念的对象，视"结爱"句用典及"念远"语，当为其妻王氏（大中元年秋商隐有《念远》诗，系忆内之作，尾联亦云"关山正摇落，天地共登临"，兼悲秋怀远之意）。又《戏赠张书记》以"古木含风久"兴起张书记与妻室两地相思之情，本篇全用此成句，也可作为此诗系怀内诗之旁证。通释之，则"摇落"二句一篇之纲，以下即念远之情与摇落之景夹写。"水亭"二句，承"念远"，遥想对方因怀念远人而水亭吟诗、月幌寻梦情景。王氏居洛阳崇让宅，有东亭、西亭，当即所谓"水亭"，王氏能诗，故云"吟断续"。"古木"四句，写夔峡秋夜摇落清寥之景（从"疏萤怯露"可以推知，时虽已入秋，但尚未至寒秋季节），而己之羁留念远之情亦寓其中。"结爱"四句，谓己与王氏已伤结爱之晚（王氏系商隐继室，故云），复因羁宦寄幕常有远别而端忧至今。帝京宫阙，如海上蓬莱、昆仑玉山，欲寻无路，欲上无梯，

"摇落"、"羁留"之情一齐写出。"滩激"二句,夔峡即景,点明羁留之境在白帝城一带。末联结"念远",谓遥想对方此时因伤离怀远而洒泪沾襟,其哀伤当不减于去年将别之时。

据"结爱曾伤晚,端忧复至今"二语,此诗当非义山与王氏结褵后不久伤离念远之作。而王氏未亡故前,义山与王氏分离且南游至夔峡一带,时令又在秋令者,惟大中二年桂幕罢归经江陵之役方有可能。若大中六年所谓路祭李德裕往返夔峡之时,王氏去世已一年多,商隐何能再写这种"语极浓至"(纪昀评,见《李义山诗集辑评》)的"念远"忆内诗? 实际上,只要根据诗的用典、用语、内容,确认这是一首忆内诗,就从根本上否定了作于大中六年的可能性。

商隐此次至夔州,冯浩曾推测是往访会昌五年已任夔州刺史的李贻孙。商隐会昌四年夏,曾为李贻孙代拟上宰相李德裕的书启,是一篇"全力以赴之作"(冯浩评),启上后不久贻孙即任夔州刺史。大中二年秋李贻孙是否尚在夔州刺史任虽无其他书证,但并不排除这种可能性。

如商隐七月下旬前抵夔,在夔州稍有羁留,十来天后即已八月,与诗中所写"疏萤怯露"、"始遥夜"之景象正合。作《摇落》诗后不久,商隐即乘舟东下,路经巫山,有《过楚宫》诗云:

巫峡迢迢旧楚宫,至今云雨暗丹枫。
微生尽恋人间乐,只有襄王忆梦中。

诗中的襄王,非荒淫君主的代称,而是一位执着地追寻美好旧梦的理想主义者。久已泯灭的楚宫旧址[①]、云雨笼罩丹枫的迷茫景象,为这种执着而又渺茫的对旧

[①] 杜甫夔州诗《咏怀古迹五首》之二:"最是楚宫俱泯灭,舟人指点到今疑。"

第十一章　桂幕往返(下)

梦的追寻提供了典型的氛围。另一首《楚宫》①也可能作于同时：

>十二峰前落照微，高唐宫暗坐迷归。
>朝云暮雨长相接，犹自君王恨见稀。

此诗当与《深宫》诗"清露偏知桂叶浓"、"景阳宫里及时钟"、"岂知为雨为云处，只有高唐十二峰"等句合参，谓得宠者既已朝朝暮暮与君王相接，而君王犹自恨相见之稀。可能是有感于令狐绹内召后旋充翰林学士，受到宣宗厚遇之事。同一巫山神女的传说，在两首不同的诗中表现的是完全不同的思想感情和主题，从中可以看出商隐诗构思的不落套和对典故的活用。

商隐沿江顺流而下，出峡时有《风》诗：

>回拂来鸿急，斜催别燕高。
>已寒休惨淡，更远尚呼号。
>楚色分西塞，夷音接下牢。
>归舟天外有，一为戒波涛。

《礼记·月令》："仲秋之月，盲风至，鸿雁来，玄鸟归。""来鸿"、"别燕"，正点仲秋时节。前两联写风势、风寒。腹联江上即景，荆门为巴楚分界，以下即属楚境，故云"楚色分西塞"；下牢以上夷夏杂居，故云"夷音接下牢"，见舟行于下牢、荆门之间。尾联"归舟"即指自己所乘之舟，希望江风稍减威虐，庶几得免风涛之苦。如解为水程上巴峡，与"归舟"语明显抵牾。归舟，归家之舟。如大中

---

① 原题二首，另一首七律"月姊曾逢下彩蟾"，当从《才调集》题作《水天闲话旧事》。当是《楚宫》与《水天闲话旧事》相连，后脱去《水天闲话旧事》之题，遂误连前首合题《楚宫二首》。

六年路祭后回梓州,必不用"归舟"。

再往下,已是"山随平野尽,江入大荒流"之境,商隐有《江上》诗:

> 万里风来地,清江北望楼。
>
> 云通梁苑路,月带楚城秋。
>
> 刺字从漫灭,归途尚阻修。
>
> 前程更烟水,吾道岂淹留。

万里风来,舟已出峡;"清江北望楼",谓舟行望见北岸之楼阁。"云通"句承"北望",谓路通梁苑;"月带"句承首句,谓地在荆楚。腹联暗透此行曾有投刺拜谒之想而未有遇合①,故仍向此阻修之归途(指归京之途尚遥远)。尾联紧承"归途",收到眼前江上之景,谓前路尚烟水漫漫,征途中岂能再淹留。曰"岂淹留",则先时之淹留已包括在内。义山自桂林北返,途经潭州、江陵、夔州,均有长短不等的逗留,故本篇有"刺字从漫灭"、"吾道岂淹留"之慨,这时他已迫不及待想及早归京了。

第六节　江陵续发

商隐从江陵续发,改走陆路。《楚泽》诗是陆发首途之作:

> 夕阳归路后,霜野物声干。
>
> 集鸟翻渔艇,残虹拂马鞍。

---

① 李贻孙会昌五年出任夔州刺史,至大中元年已三年。贻孙大中初曾任忠州刺史,三至五年任福建观察使,详郁贤皓《唐刺史考全编》。义山大中二年秋至夔,贻孙或已离任。

刘桢元抱病，虞寄数辞官。

白袷经年卷，西来及早寒。

题称"楚泽"，而诗有"霜野"、"渔艇"、"马鞍"等语，当是秋天陆行而傍湖泽。或谓此诗系从岳州西行至澧、朗、楚泽一带（自潭州至江陵途次）时所作①。但一则那一带均为水网地区，行役必乘船而不乘马，且绝不可能有"霜野物声干"这种广野萧瑟之象。二则在时间上不合。《为湖南座主陇西公贺马相公登庸启》作于六月上旬，其时商隐在李回幕逗留至少已一个月（端午在潭有《楚宫》诗），不可能再在潭州滞留下去。而六月自潭州续发，无论取道洞庭、荆江还是如周说取道澧州，都不可能有仲秋时节"霜野物声干"的景象。而实际上商隐自潭州至江陵，根本不是走澧州、公安一路，而是走洞庭、荆江一路，《偶成转韵七十二句赠四同舍》叙自桂管北归情况云："顷之失职辞南风，破帆坏桨荆江中。斩蛟破璧不无意，平生自许非匆匆。"其为取道荆江甚明。而这一段水程，绝不可能有"残虹拂马鞍"的陆行景象，时令亦非"霜野物声干"之时。而江陵向北更远之地，又不再是"楚泽"地带。尤可注意者，尾联云"白袷经年卷，西来及早寒"，岭南地暖，故白夹衣经年收卷不用，而今西来却正赶上了早寒气候。"西来"可以有两种解释，一种是向西而去（长安），一种是自西而来。两种解释都表明"西来"是行程中的一个新起点，即陆发荆南。两种解释中，"自西而来"似更合此次夔峡行旅。"西来"犹《荆门西下》之"西下"、"南下大散岭"之"南下"（自南而来下大散岭），商隐诗中自有此种句法。这更可证明《楚泽》是自夔峡西来江陵后的首途之作。曰"早寒"者，正点明季节虽未到"寒"时，而今年恰逢"早寒"，当为仲秋季节（商隐离夔州东下时约当八月上旬，下水行舟较快，十余日可达，

---

① 见周建国《李商隐桂管罢归及三峡行役诗探微——兼论证陈寅恪先生的一项假设》，载《古籍研究》1995年第3期。

故回到江陵的时间约在八月中旬)。

商隐由江陵陆行向北,不久便到了襄阳。大中元年闰三月,郑亚、商隐一行赴桂途中经襄阳时,曾受到山南东道节度使卢简辞的接待。商隐在《上汉南卢尚书状》中还曾表示从桂管归来后愿入卢幕效力。时隔年余,重经襄阳,已处于穷途的商隐又有《献襄阳卢尚书启》,陈述哀情,希望得到简辞的援手:

> 某爱自弱龄,叨从名辈。遭回二纪,庆吊一空。词苑招魂,文场出涕。重膺叠翢,零落无遗。高干修条,凋摧略尽。乘风匪顺,无水忧沉。岂谓穷途,再逢哲匠!升堂辱顾,披卷交谈。不独垂之空言,属又存之真迹①。爰增懦气,载动初心。庶或武陵之溪,微接桃源之境;平昌之井,暗通荆水之津。

但卢简辞除了对商隐"揄扬"一番外,并无任何实际的帮助,因此商隐不得不失望地离襄阳继续北上。在襄阳时,有感于朝廷连年征讨党项之事,商隐曾作《汉南书事》:

> 西师万众几时回,哀痛天书近已裁。
> 文吏何曾重刀笔,将军犹自舞轮台。
> 几时拓土成王道?从古穷兵是祸胎。
> 陛下好生千万寿,玉楼长御白云杯。

据《通鉴》载,会昌五年,"党项侵盗不已,攻陷邠、宁、盐州界城堡";六年二月,"以夏州节度使米暨为东北道招讨党项使";大中元年五月,"吐蕃论恐热乘武宗

---

① 指给商隐写亲笔信。上文云"昨晚又远遣军吏,重降手笔"。

之丧,诱党项及回鹘余众寇河西,诏河东节度使王宰将代北诸军击之"。商隐大中元年在桂林作《城上》诗,有"边遽稽天讨,军须竭地征"之句,所指即讨党项事,可见其时讨党项的战事时间拖得很长,百姓供应军需的赋税负担很重,故诗有"穷兵是祸胎"之戒。味诗意,似当时宣宗曾有罢征之诏(即所谓"哀痛天书"),而边将邀功自利,实未认真执行,故有"西师万众几时回"、"将军犹自舞轮台"之慨。而边将之所以犹自玩兵,不仅由于朝无良相能制驭他们,实际上也因君王拓土之意未已,"哀痛天书"恐亦具文而已。故此诗虽貌似归美宣宗好生之德,实借徒有哀痛天书而征讨不已,暗讽其有穷兵拓土之意。纪昀评曰"婉而章"(《玉谿生诗说》),颇得诗人用心。《通鉴·大中四年》:八月,"党项为边患,发诸道兵讨之,连年无功,戍馈不已。右补阙孔温裕上疏切谏,上怒,贬柳州司马"。可见宣宗对党项战事的真实态度。从这首诗看,商隐尽管处于穷途困境,但关注国事、关怀民生的思想感情仍然相当强烈。

行至邓州,受到刺史周某的款待,商隐有《谢邓州周舍人启》①,对其"赐及腰褥靴裁具酒筒盏杓匙箸等"表示感激。而念及自己处境,又发出"文革锦茵,终成虚饰;杯杓匕箸,谁与为欢"的慨叹。

商隐离邓州北上,离家渐近,作《归墅》诗:

> 行李逾南极,旬时到旧乡。
> 楚芝应遍紫,邓橘未全黄。
> 渠浊村舂急,旗高社酒香。
> 故山归梦喜,先入读书堂。

---

① 此启张氏《会笺》编会昌元年江乡之游北归时,此从岑仲勉《平质》(己)缺证"邓州周舍人"条,岑氏谓周舍人是周敬复。

邓州离长安九百五十里,十余日可达,故云"旬时到旧乡"。"楚芝应遍紫",是想象中前路商山一带景色;"邓橘未全黄"系眼前所见景象,正是深秋季候。旧乡、故山,均就此行目的地长安泛言之(樊南有居处),不必泥解故乡。这首诗格调轻快,通篇贯串"喜"意。"渠浊"二句写村社风光如画,透露出亲切感和欢悦气氛。

商隐从邓州折向西北行,不日来到武关以西的商洛,有《陆发荆南始至商洛》诗:

昔去真无素,今还岂自知!
青辞木奴橘,紫见地仙芝。
四海秋风阔,千岩暮景迟。
向来忧际会,犹有五湖期。

首联说昔年从亚桂管,非因素交,实感知遇;今日罢幕北归,岂当初所逆料。言外有世事难料、遭遇不偶之慨。次联点行程,谓离荆南时橘尚青,至商洛时芝已紫,正是自仲秋至深秋的物候变化。其中或亦微寓谋身不善之慨。腹联于写景中渗透时世衰颓、身世落拓之情,境界阔大而情调萧瑟。尾联"五湖期"即功成身退、"欲回天地入扁舟"之意愿。尽管他向来忧际会之难而长处穷困之境,但仍怀济世功成而身退之愿。貌似自慨,却正透出执着的用世之情,"犹"字着意。

这年早寒,还在九月,商於以东一带竟下起了雪。《九月於东逢雪》云:

举家忻共报,秋雪堕前峰。
岭外他年忆,於东此日逢。
粒轻还自乱,花薄未成重。
岂是惊离鬓,应来洗病容!

首联写途中所见,谓道旁居民举家欢欣相告,秋雪已经下落到了前面的山峰。远幕通年无雪的岭南,思乡情切,遂连故乡的雪也每所忆念。在桂林所作《高松》云:"有风传雅韵,无雪试幽姿。"《即日》云:"独抚青青桂,临城忆雪霜。"均所谓"岭外他年忆"。而今忽于於东近乡之地逢雪,恍若忽见久别的故人,亲切之感油然而生。故目睹粒轻花薄的秋雪,并不因此而惊讶自己离鬓之斑白,而是感到它是来一洗自己的病容。商隐身体素弱,这时似已有慢性疾患,故《楚泽》诗说"刘桢元抱病",这里又说"洗病容"。

雪过天晴,商隐到达商州,有《商於》诗:

商於朝雨霁,归路有秋光。
背坞猿收果,投岩麝退香。
建瓴真得势,横戟岂能当?
割地张仪诈,谋身绮季长。
清渠州外月,黄叶庙前霜。
今日看云意,依依入帝乡。

诗首尾写景,点时地行程,中二联结合商於本地风光"怀古",而微有寓慨。"建瓴"二句或寓当朝者之得势,"割地"二句似渗透人情反复及不善谋身之慨。过商州,入蓝田关,就进入帝京长安了。浮云西驰,自己这位如同浮云一片的游子也终于归来了。越近长安,秋意越浓,"黄叶庙前霜",时令已是深秋季节了。江陵到长安一千七百三十里,正常情况下一月可达。如果从江陵续发的时间是八月中旬,那么抵达长安的时间当在九月中旬。

但是,在京城长安等待着他的命运究竟是什么呢?商隐依郑亚于桂管,已遭令狐绹之怒,虽屡有诗致意(《寄令狐郎中》、《寄令狐学士》),但令狐绹能否

谅解,他却毫无把握。山行途中,夜宿荒驿,日有所思,夜有所梦。《梦令狐学士》云:

山驿荒凉白竹扉,残灯向晓梦清晖。
右银台路雪三尺,凤诏裁成当直归。

据"山驿荒凉"与"雪三尺",当是途中已逢雪,故有此梦境。张采田谓可与《九月於东逢雪》相证,甚是。"梦清晖",梦令狐之清晖。三、四句是梦境,同时也是梦醒时对令狐的遥想。梦醒向晓,正是宫中翰林学士下直之时。"山驿荒凉"与"右银台路"、"残灯向晓"与"凤诏裁成"的对照中含有对令狐绹荣显地位的欣羡,也含有身世凄凉落寞之悲。另一首带有比兴寓言色彩的咏物诗《肠》则透露出行近长安时内心的焦虑不安:

有怀非惜恨,不奈寸肠何!
即席回弥久,前时断固多。
热应翻急烧,冷欲彻空波。
隔树潸潸雨,通池点点荷。
倦程山向背,望国阙嵯峨。
故念飞书及,新欢借梦过。
染筠休伴泪,绕雪莫追歌。
拟问阳台事,年深楚语讹。

据"望国阙嵯峨"句,这时商隐已经行近长安,能遥望到京城的宫阙了。诗借咏肠以抒怀,写得虽比较隐晦,但大体的意思可以理解。首二句说既有情意便不能无恨,只担心寸肠难以禁受。"即席"二句,谓当前筵席上,思前想后,回肠已

第十一章 桂幕往返(下) 291

经百结,更何况先前早已肠断心摧呢。明忧愁已非一日。"热应"二句,谓肠热心焦时如沸汤翻滚,心冷肠寒时又如寒波之彻底冰凉。回、断、热、冷,都是形容自己与令狐绹交恶后产生的种种感情状态,承上"不奈寸肠何"。"隔树"二句转写途中所见景物,用来烘托清冷的意绪。"倦程"二句点明自衡湘至京师行程。京师既近,如何处理与令狐绹的关系便尤为急迫,这正是"肠回"的现实背景。"故念"句谓令狐绹有飞书到来。"新欢"句谓新知郑亚惟借助于梦方能过访,时亚已远贬,故云,此即前时肠断的原因。"染筠"二句,谓虽心伤新知之遭遇而休下泪,盖同情新知则愈遭忌恨;心虽欲追和故交令狐的高唱而莫徒劳,盖故交恐难谅解。此二句极写"新知遭薄俗,旧好隔良缘"之况。末二句即《九日》诗"不学汉臣栽苜蓿,空教楚客咏江蓠"之意,谓自己虽欲修好,如神女之自荐于阳台,但年深日久,"楚语"已讹,情愫之难通可知。这首诗写出愁肠百结、焦虑不安的心情,可作为商隐入京前夕考虑与令狐关系的心理独白来读。实际上,商隐对令狐绹的真实看法与他对令狐绹的表面态度之间存在明显的矛盾,这在《钧天》诗中看得相当清楚。关于这,将在下册第三章中论述。

第十二章　京兆作掾与卢幕从军

这一章主要考述商隐大中三年京兆作掾至大中五年春在卢弘止徐州、汴州幕的生活与创作。其中,对卢弘止自徐迁汴,商隐亦随之自徐至汴,并与原在汴幕的李郢的交往、分别,及自己汴幕奉使入京等经历作了一系列新考证。大中三年秋哭吊刘蕡系列诗的考释亦为本章重点。

第一节　京兆作掾

商隐回到长安,大约在大中二年九月中旬。《樊南乙集序》云:

> 余为桂林从事日,尝使南郡,舟中序所为四六,作二十编。明年①正月,自南郡归。二月府贬。选为盩厔尉,与班县令、武公(功)刘官人同见尹,尹即留假参军事,专章奏。

这是商隐自述为盩厔尉及作掾京兆府的原始材料。"选为盩厔尉"之事,是在他回到长安,参加当年十月开始的选调后被任命的。这在他的《戏题枢言草阁三十二韵》中也有反映:"君从渭南至,我自仙游来。"盩厔是京兆府属县,县有仙游

---

① 指大中二年。

乡、仙游泽，因此这里的"仙游"指的就是盩厔县，即今陕西周至县。接受任命后不久，商隐与京兆府属县的同僚盩厔令班某、武功刘某一起去谒见京兆尹（他们三人大约都是新任命的属县官吏），京兆尹就把商隐留下来，在京兆府暂代某曹参军①，并专掌表奏之事，实际上主要是做京兆府的书记工作。这位京兆尹的姓名，两《唐书·李商隐传》都说是卢弘正（止），显误。卢弘止大中元年至三年五月在义成节度使任上，五月以后接任武宁军节度使，直至大中四年。岑仲勉疑是韦博，亦非。据郁贤皓《唐刺史考全编》，大中三年至四年，京兆尹为郑涓，此京尹当即郑涓。② 从郑涓一见商隐就将他留下来，让他专掌章奏这件事看来，当时商隐善写骈文章奏的名气已经很大。其作掾专章奏的具体时间当在大中二年冬到三年十月应卢弘止之辟为武宁军节度判官这段时间内。《樊南乙集序》叙述其时写作章奏等文章的情况说：

> 属天子事边，康季荣首得七关。数月，李玭得秦州。月余，朱叔明又得长乐州。而益丞相亦寻取维州。联为章贺。时同僚有京兆韦观文、河南房鲁、乐安孙朴、京兆韦峤、天水赵璘、长乐冯颛、彭城刘允章。是数辈者，皆能文字。每著一篇，则取本去。是岁，葬牛太尉，天下设祭者百数。他日尹言："吾太尉之薨，有杜司勋之志，及子之奠文，二事为不朽。"

这里讲到的"天子事边"，即大中三年收复被吐蕃长期占领的三州七关之事。《通鉴·大中三年》："二月，吐蕃秦、原、安乐三州及石门等七关来降，以太仆卿

---

① 冯浩据商隐《偶成转韵七十二句赠四同舍》"天官补吏府中趋"及"手封狴牢屯制囚"之句，谓"法曹掌鞫狱、丽法、督盗贼，时所署当为法曹参军"。
② 郁贤皓《唐刺史考全编》引《全唐文》卷七八八蒋伸《授郑涓徐州节度使制》："平卢军节度使……郑涓……洎尹正神州，益彰才用……爰授征钺，出临全齐。"又引《全唐诗》卷五二一杜牧《道一大尹存之庭美二学士简于圣明自致霄汉呈上三君子》，证大中三至四年郑涓在京兆尹任，并谓其卸京兆尹不得早于大中四年二月。

陆耽为宣谕使,诏泾原、灵武、凤翔、邠宁、振武皆出兵应接……六月……泾原节度使康季荣取原州及石门、驿藏、木峡、制胜、六磐、石峡六关。秋七月丁巳,灵武节度使朱叔明取长乐州;甲子,邠宁节度使张君绪取萧关;甲戌,凤翔节度使李玭取秦州……八月,河陇老幼千余人诣阙。己丑,上御延喜门接见之,欢呼舞跃,解胡服,袭冠带,观者皆呼万岁……十月……西川节度使杜悰奏取维州。"这虽然是由于吐蕃内乱衰弱和边地军民主动内附唐王朝的结果,但毕竟反映了其时唐廷叨会昌武功和政治的余威,对边地军民尚有一定的吸附力,在当时是一件朝野上下普遍感到欢欣鼓舞的大事,杜牧、薛逢、刘驾等诗人都有诗歌咏这一盛事。杜牧《今皇帝陛下一诏征兵不日功集河湟诸郡次第归降获睹圣功辄献歌咏》云:

> 捷书皆应睿谋期,十万曾无一镞遗。
> 汉武惭夸朔方地,宣王休道太原师。
> 威加塞外寒来早,恩入河源冻合迟。
> 听取满城歌舞曲,凉州声韵喜参差。

李商隐则以自己的笔写了一系列贺表,来歌颂国家恢复故土的盛事。他在《偶成转韵七十二句赠四同舍》中也提到修表申贺的事:"平明赤帖使修表,上贺嫖姚收贼州。"但很可惜,李商隐在京兆府掌章奏期间写的表状竟一篇也没有流传下来。连《樊南乙集序》中借京兆尹郑涓的赞誉高自标置的《奠太尉牛相公文》(题拟)也未能流传下来,倒是杜牧那篇《唐故太子少师奇章郡开国公赠太尉牛公墓志铭》现在还完整地保留在《樊川文集》中。只是杜牧的这篇墓志铭,对李德裕颇有诋毁之词,傅璇琮《李德裕年谱》对此多有辨正。

在担任京兆掾曹期间,商隐的生活是相当困窘的。他在《上尚书范阳公启》中自叙当时情况说:

去年远从桂海,来返玉京。无文通半顷之田,乏元亮数间之屋。陬佣蜗舍,危托燕巢。春畹将游,则蕙兰绝径;秋庭欲扫,则霜露沾衣。勉调天官,获升甸壤①。归惟却扫,出则卑趋。

《偶成转韵七十二句赠四同舍》也说:

归来寂寞灵台下,著破蓝衫出无马。
天官补吏府中趋,玉骨瘦来无一把。

《后汉书·第五伦传》注引《三辅决录》:"第五颉,伦之少子,洛阳无故人,乡里无田宅,客止灵台中,或十日不炊。""寂寞灵台下"用其事。商隐自不至于十日不炊,但视"玉骨瘦来无一把"之语,生活困窘固是事实,连精神上也要忍受卑趋的屈辱与痛苦。开成五年冬,商隐移家关中,在长安城南樊南安家。这里说"陬佣蜗舍",当非樊南旧居,而是另外租赁的简陋狭小居处。据"危托燕巢"句,他在京兆府幕的处境似亦比较艰危,这大概是他后来抛妻别子应卢弘止之辟入徐幕的原因之一。

所幸的是,桂海归来,得与久别的妻子儿女团聚,重叙家室天伦之乐,总算在困厄境遇中稍得安慰,透出一点生活的亮色。大中三年新春,刚过农历新年,才四岁的骄儿衮师正在庭院里和阿姊及亲戚的孩子们欢快地游戏,闹得就像开了锅一样。商隐用一双饱经忧患而又充满爱怜的眼睛追踪着衮师的一举一动,想起这些年来自己经历的困顿坎坷,不禁深深为骄儿将来的命运担忧,《骄儿诗》中发出了这样的感慨:

---

① 冯注:谓为京县尉,京兆奏署掾曹。

> 爷昔好读书,恳苦自著述。
> 憔悴欲四十,无肉畏蚤虱。
> 儿慎勿学爷,读书求甲乙。
> 穰苴《司马法》,张良黄石术。
> 便为帝王师,不假更纤悉。
> 况今西与北,羌戎正狂悖。
> 诛赦两未成,将养如痼疾。
> 儿当速成大,探雏入虎窟。
> 当为万户侯,勿守一经帙。

一个"五年读经书,七年弄笔砚",几十年来一直在走读书—科举—入仕道路的人,在饱尝了人生种种忧患痛苦之后,竟然在行近不惑之年对这条从未怀疑过的道路产生了怀疑,发出了"儿慎勿学爷,读书求甲乙"这样沉痛愤激的声音,可见当时的社会给商隐这种"内无强近,外乏因依"的读书人安排的是怎样一条充满荆棘和艰虞的道路。从这首诗中可以看出,经历了大中元年、二年的桂幕生涯和这几年来政局的种种变化,商隐对现实与人生的感受比以前深刻了。

商隐的弟弟羲叟,大中元年春登进士第后,到大中三年三月,才释褐授秘书省校书郎、知宗正表疏。这年五月,又改授河南府参军。校书郎正九品上,河南府参军正八品下。释褐不久能迁正八品下的官职,比起商隐由校书郎降为弘农尉,仕途还算比较顺利,这大概跟羲叟娶卢钧的女儿有关①。为了感谢羲叟的座主现任宰相魏扶和宗正卿李某,商隐还分别为羲叟代撰了《谢座主魏相公启》和

---

① 商隐《寄太原卢司空三十韵》"羲之当妙选"句下自注:"小弟羲叟早蒙眷以嘉姻。"卢钧元和四年登第,历仕六朝,屡为节镇,会昌四年至大中四年任宣武节度使,是元老级重臣。

《谢宗卿启》。羲叟入仕固然使商隐深感欣慰,但妻子王氏的身体却使他忧虑。王氏体弱多病,早在会昌四年秋天,商隐在《重祭外舅司徒公文》中就已经说:"昔公爱女,今愚病妻。"这次家人团聚,夫人在平居言谈之间,也往往流露悲辛之意,使商隐对此有一种不祥的预感①。大中五年暮春,王氏奄然亡故,这时已埋下先兆了。

除了与家人团聚以外,京兆作掾期间他与晚唐诗坛上另一位大诗人杜牧之间有了较密切的交往。杜牧年长商隐近十岁(大中三年杜牧四十七岁,李商隐三十八岁),成名比商隐早,宝历二年就写出了《阿房宫赋》这样的传世之作。"小李杜"二人,在大中三年之前是否见过面或有过交往,在两人现存诗文中看不出来,但彼此对对方的诗名、文名应当是比较熟悉的。大中二年冬,杜牧由睦州刺史内征任司勋员外郎、史馆修撰,商隐亦于稍早一些时候(九月中旬)由桂林返抵长安。从大中二年冬到三年闰十一月商隐赴徐州幕这一年多时间里,他们都在长安为官。杜牧在会昌年间已历黄、池、睦三州刺史,这时又是从六品上的司勋员外郎兼史馆修撰,而商隐从开成四年入仕时正九品上阶的秘书省校书郎,经过十一个年头之后,到大中三年,反而降为正九品下阶的盩厔尉(法曹参军是暂代,非正式官职),两人仕途的困厄顺利显然有相当大的差别。但杜牧出身高门显宦,自视又甚高,素以经世纬国之才自许,注意研究"治乱兴亡之迹,财赋兵甲之事,地形之险易远近,古人之长短得失"(杜牧《上李中丞书》)等政治、经济、军事方略,曾作《守论》、《战论》、《原十六卫》等重要论文。会昌年间朝廷讨泽潞叛镇,杜牧曾上书李德裕陈用兵方略(见《通鉴·会昌三年四月》),德裕颇采其言。大中三年春,又将其所注《孙武十三篇》呈献给宰相周墀,并在《上周相公书》中突出强调宰相应懂得军事:"伏以大儒在位,而未有不知兵者,未有不能制兵而能止暴乱者,未有暴乱不止而能活生人、定国家者。"但也正因为他自

---

① 大中五年夏所赋悼亡诗《房中曲》云:"忆得前年春,未语含悲辛。归来已不见,锦瑟长于人。"

负经纬才略,因而总感到自己屈居下位,志业未申,诗中每多怀才不遇的感慨。商隐有《赠司勋杜十三员外》云:

> 杜牧司勋字牧之,清秋一首《杜秋》诗。
> 前身应是梁江总,名总还曾字总持。
> 心铁已从干镆利,鬓丝休叹雪霜垂。
> 汉江远吊西江水,羊祜韦丹尽有碑。

诗末自注:"时杜奉诏撰韦碑。"《通鉴·大中三年》:"春,正月,上与宰相论元和循吏孰为第一,周墀曰:'臣尝守土江西,闻观察使韦丹功德被于八州,没四十年,老稚歌思,如丹尚存。'乙亥,诏史馆修撰杜牧撰《丹遗爱碑》以纪之。"汉江,指曾任襄阳太守的杜预(预曾称百姓为羊祜所建之碑为堕泪碑),以借指杜牧。西江,指江西观察使韦丹。尾联是说杜牧奉诏撰韦丹碑,此碑必能如当年的羊祜碑一样,流传不朽。这首诗不但盛赞杜牧诗文久负时誉,必能流传后世,而且非常推重其"心铁"之利,赞扬其筹划切中时需,已为治国所用,劝勉其不要叹惜鬓丝雪垂,名位未达。诗屡以姓名作比拟,又故用叠字,既富诙谐幽默情趣,又语重心长,情真意切,表现出不以个人穷达为悲喜的胸襟。杜牧素以经世之才自负,商隐又不单纯以诗人视之,可谓杜牧的真知己。评家每赞此诗诗格之奇,却很少注意到在幽默风趣的格调中寓含的深情厚谊。另一首《杜司勋》七绝则酷似评杜牧的论诗绝句:

> 高楼风雨感斯文,短翼差池不及群。
> 刻意伤春复伤别,人间惟有杜司勋。

这是高楼风雨如晦之时适读杜牧诗文,深有会心,别有寄慨之作。杜牧诗多忧国伤时之慨、蹉跎失意之感,商隐用"刻意伤春复伤别"概括了杜牧诗歌的重要内容和基本主题,揭示了它的时代特征——带有那个衰颓时代特有的感伤情调。并用"刻意"、"人间惟有"重笔勾勒,突出其创作态度之严肃、运思之深刻,暗示这种"伤春复伤别"并非通常的男女相思离别,而是"忧愁风雨"、"可惜流年",伤心人别有怀抱。并对杜牧在当时诗坛的崇高地位,作了热情的赞誉。实际上,"刻意伤春复伤别",不仅是赞杜,也是自道。何焯说:"高楼风雨,短翼差池,玉谿方自伤春伤别,乃弥有感于司勋之文也。"(《义门读书记》)商隐在评赞杜牧的同时,也抒发了自己对时代与身世的深沉感慨。"惟有"二字,寓慨特深,知音之稀少,诗坛之寂寞,均可于言外领之。正是这种内在的抒情因素,使这首诗又超越于一般的论诗绝句,而具有知音之歌的诗的品格。"小李杜"的交往和李商隐对杜牧的评赞,可以说是大中时代寂寞诗坛的一件盛事。可惜在杜牧的诗集里,却找不到酬赠、评赞李商隐的诗篇。这情形,颇有些类似盛唐诗坛上李白、杜甫之间的交往,但李白集中毕竟还有两首《鲁郡东石门送杜二甫》、《沙丘城下寄杜甫》,而小杜集中却根本找不到与商隐交往酬赠的痕迹,未免令人遗憾。从个性与诗风看,小杜近李白,而小李则近杜甫。这种诗歌发展史上的传承现象,也值得加以研究。

  除了与杜牧的交往以外,任京兆府掾曹期间,商隐还和府中同僚有交往唱和。《樊南乙集序》中提到的同僚有韦观文、房鲁、孙朴、韦峤、赵璜、冯颛、刘允章等人,他们都能文,对商隐所作的骈文章奏非常欣赏,"每著一篇,则取本去"。一次,府中同僚孙朴及韦蟾各写了一首《孔雀咏》,因为这只孔雀来自岭南的桂林,商隐不免联想起自己"远从桂海,来返玉京"的经历,写了一首略有寓慨的和诗《和孙朴韦蟾孔雀咏》。诗一开头就说:"此去三梁(在桂林)远,今来万里携。西施因网得,秦客被花迷。"显然含有以孔雀自喻之意。诗中有些句子,如"旧思牵云叶,新愁待雪泥"、"妒好休夸舞,经寒且少啼"等句,也较明显含有自寓的意味。但就全篇看,还是以吟咏孔雀本身的毛羽形状姿态为主,并非字比句附地用孔雀的每一细部来象喻自己。明白这一点，就可避免穿凿为解，也不至于认为它堆砌凑泊。

第二节 对李德裕的态度和与令狐绹的关系

就在商隐京兆作掾前不久，大中二年九月甲子，原已在大中元年十二月贬为潮州司马的李德裕，刚到贬所才四五个月，又被贬为崖州司户参军①，李回亦由湖南观察使再贬为贺州刺史。《李德裕崖州司户制》中说：

> 李德裕早藉门地，叨践清华，累膺将相之荣，惟以奸倾为业。当会昌之际，极公台之荣。骋谀佞而得君情，遂恣横而持国政。专权生事，妒贤害忠，动多诡异之谋，潜怀僭越之志。秉直者必弃，向善者尽排。证贞良造朋党之名，肆谗构生加诸之衅。计有逾于指鹿，罪实见于欺天。顷者方居钧衡，曾无嫌避，委国史于爱婿之手，宠秘文于弱子之身。洎参命书，亦引亲昵。恭惟《元和实录》，乃不刊之书，擅敢改张，罔有畏忌。夺他人之懿绩，为私门之令猷。又附会李绅之曲情，断成吴湘之冤狱。凡彼簪缨之士，遏其进取之途。骄倨自夸，狡猾无对。擢尔之发，数罪无穷。再窥罔上之由，益验无君之意……纵逢恩赦，不在量移之限。

简直把李德裕描绘成十恶不赦的奸邪。其中提到的几件具体"罪状"，关于吴湘一案，前已有辨；修改《元和实录》之事，傅璇琮《李德裕年谱》亦有详辨。其余则全是空洞无物的詈骂和无中生有的构陷。这说明，宣宗、白敏中、令狐绹等为

---

① 此据《唐大诏令集》卷五十八《李德裕崖州司户制》、《李回贺州刺史制》。制末署大中二年九月，《通鉴》书九月甲子。而《旧唐书·李德裕传》误载十二月。

了彻底消灭李德裕政治集团,其手段已达到无以复加的狠毒卑劣程度。据《南部新书》丁载:"大中中,李太尉三贬至朱崖,时在两制者皆为拟制,用者乃令狐绹之词。"当时令狐绹为翰林学士,李德裕的贬制出自他之手,是完全可能的。

就在李德裕政治集团已陷入灭顶之灾的情况下,李商隐却接连写了《旧将军》、《李卫公》、《漫成五章》(之四之五)等诗,对李德裕的政绩加以肯定和赞颂,对他的投闲置散和贬谪遐荒寄予深切同情。《旧将军》:

云台高议正纷纷,谁定当时荡寇勋?
日暮灞陵原上猎,李将军是旧将军。

诗表面上似咏西汉李广投闲置散之事,却又掺入东汉"云台高议"的典实,显然另有托寓。据《新唐书·宣宗纪》:大中二年七月,朝廷续绘功臣三十七人(均为唐初至贞元间文臣武将)像于凌烟阁。而与此同时,会昌年间在抗击回鹘、平定泽潞的战争中建立功勋的将相不但没有得到褒奖,反而被斥弃不用,甚至被贬斥到荒远之地,如李德裕此时已被贬为潮州司马,李回、郑亚也分别被贬于湖南、循州。商隐有感于会昌功臣的被斥弃,遂借李广事以深致不平。①

大中三年春,李德裕已贬为崖州司户参军,并已到崖。商隐有《李卫公》诗伤之:

绛纱弟子音尘绝,鸾镜佳人旧会稀。
今日致身歌舞地,木棉花暖鹧鸪飞。

---

① 注家多以为此诗系针对唐代政治现实有感而发,但所指不一。程梦星《重订李义山诗集笺注》始谓此诗为李德裕之罢相而发,冯浩复据大中二年七月图功臣像事以证之。此据程、冯之说。

绛纱弟子,指德裕门下士;鸾镜佳人,指德裕政治上的同道如李回、郑亚等人。诗的一、二两句慨叹德裕贬斥遐荒,昔日的门下士星离雨散,音尘断绝;政治上的同道又各处遐荒贬地,无缘相会。德裕在崖州时有《与姚谏议勖书》①,中云:"天地穷人,物情所弃,无复音书。平生旧知,无复吊问……大海之中,无人拯恤,资储荡尽,家事一空。百口嗷然,往往绝食。"可见德裕南迁,系携家人同往(其子李烨于大中二年十一月贬蒙州立山尉),故第二句的"鸾镜佳人"非指其妻妾,而是借喻政治上的同道。三、四句伤其致身于岭外(广州有歌舞冈,昔南越王赵佗曾在此歌舞,因而得名。此以"歌舞地"泛指岭南),即目所见,惟木棉花红、鹧鸪南飞而已。二者均为具有南中典型特征的景物,但自迁谪者看来,则异域景物,徒增悲感而已。李德裕《谪岭南道中作》亦云:"不堪肠断思乡处,红槿花中越鸟啼。"二句以丽语反衬贬所的荒凉,处境的孤寂、北归的无望,均可于言外见之。这首诗既尊称德裕为"李卫公",又流露了对其不幸遭遇的深切同情,在其时当权者将李德裕说成是"无君"的大奸邪的政治气候下,显得非常难能可贵。同年八月稍后写的《漫成五章》其四、其五更进一步赞颂德裕的政治业绩,为其辩诬。其四云:

代北偏师衔使节,关东裨将建行台。
不妨常日饶轻薄,且喜临戎用草莱。

这首诗赞美李德裕任人唯贤,能拔名将石雄于草莱。石雄出身寒微,为振武节度使刘沔裨将。曾在抗击回鹘的战争中率兵奇袭回鹘牙帐,斩首万级,生擒五千,迎还太和公主;在平定泽潞叛镇的战争中任晋绛行营招讨使、河中节度使,

---

① 原作《与姚谏议邰书》,"邰"字误,当作"勖"。姚勖系诗人姚合之弟,开元名相姚崇之裔孙,见《新唐书·姚崇传》。德裕系勖之从表兄。参岑仲勉《唐史余沈·再论文饶集之姚谏议》。

率先攻入潞州。在两次战争中都建有奇功。商隐对李德裕"临戎用草莱"的赞美,正好与令狐绹所撰《李德裕崖州司户制》中"妒贤害忠"、"秉直者必弃,向善者尽排"的诬蔑形成鲜明对照,可以说是公然与令狐绹唱反调。《唐摭言》载:"(李德裕)颇为寒畯开路,及谪官南去,或有诗曰:'八百孤寒齐下泪,一时南望李崖州。'"正可与此诗相印证。

其五云:

郭令素心非黩武,韩公本意在和戎。
两都耆旧偏垂泪,临老中原见朔风。

这一首借赞美郭子仪、张仁愿这两位在抗击外族侵犯方面建立功勋的名将"素心非黩武","本意在和戎",为李德裕对回鹘、吐蕃的正确政策辩诬①,并借三州七关收复事,表明德裕的正确政策对河陇回归唐朝的积极作用,揭露宣宗君臣既叨会昌武功的余威,又贬斥李德裕的不公正做法。其时宣宗君臣,对李德裕处理吐蕃、回鹘的政策颇多攻讦毁谤,如大中元年正月大赦制文即称:"国家与吐蕃甥舅之好,自今后边上不得受纳降人。"这是针对大和五年李德裕任西川节度使期间接受吐蕃维州守将悉怛谋之降一事而发的。实际上宣宗君臣并未遵守"不得受纳降人"的规定,大中三年即接受三州七关的归降,可见制文所言纯粹出于攻击李德裕的政治需要。对会昌年间反击回鹘的防卫战争,宣宗君臣亦诬为"会昌中奸臣当轴,遽加殄灭"(见《通鉴·大中十年》三月辛亥诏)。李商隐在诗中对李德裕的赞颂,实际上也是在大是大非的政治问题上表明自己的态度。在李德裕政治集团全军覆没时这样表态,表现了商隐的胆识与正义感。当然,这类同情乃至赞颂李德裕的诗除《李卫公》一首直书其姓氏爵位外,其他各

---

① 详《李商隐诗歌集解》第二册对此诗的笺、注。

首都写得比较隐晦,这自然是由于当时的政治环境的影响。

还有一首《丹丘》也是怀念李德裕的:

> 青女丁宁结夜霜,羲和辛苦送朝阳。
> 丹丘万里无消息,几对梧桐忆凤凰。

冯浩说:"上二句,夜复夜日复日也;下二句,远无消息,徒劳忆念。"整首诗用一句话来概括,就是日夜思念远在丹丘的凤凰。丹山凤,出《山海经》,在诗文中常用作贤相、贤才的代称①。这里的"丹丘"即丹山,实借指远在万里的"朱崖"(海南岛)的李德裕,唐人笔记中每称李德裕为"太尉朱崖公"、"朱崖李相"、"朱崖李太尉"。诗作于大中三年秋,当时李德裕已至崖州贬所,与外界联系基本上断绝,故诗云"丹丘万里无消息"。商隐与德裕间并无私交,诗中抒写的这种深切思念之情,完全出于对国运的关注和对这位"万古之良相"业绩的追慕。

商隐对李德裕的态度是同情、赞颂和思念,而对炙手可热的新贵令狐绹,尽管表面上与之时有应酬,甚至有所干求,但内心却是另一种看法和态度。《钧天》云:

> 上帝钧天会众灵,昔人因梦到青冥。
> 伶伦吹裂孤生竹,却为知音不得听。

《史记·赵世家》载,赵简子病中梦至天帝所居,与百神游于钧天(天的中央),听奏广乐(天上的音乐)。伶伦,黄帝时乐官。传说他曾从大夏之西、昆仑之阴

---

① 《诗·大雅·卷阿》:"凤凰鸣矣,于彼高冈;梧桐生矣,于彼朝阳。"郑笺:"凤凰鸣于山脊之上者,居高视下,观可集止,喻贤者待礼乃行,翔而后集。"

取孤生之竹制管,吹奏出黄钟宫的乐调。诗以不知音的赵简子因梦登天,平步青云,得听钧天广乐,知音的伶伦却正因为其精通音律反而不得听此钧天广乐作鲜明对照,寓言式地揭示了庸才贵仕、贤才不遇,遇者不贤、贤者不遇的不合理现实。联系《寄令狐学士》"钧天虽许人间听,阊阖门多梦自迷"的诗句,《钧天》诗中的"因梦到青冥"者,当指庸才而登贵仕的令狐绹。裴庭裕《东观奏记》载:"上(指宣宗)延英听政,问宰臣白敏中曰:'宪宗迁坐景陵,龙辕行次,忽值风雨,六宫、百官尽皆避去,唯有一山陵使,胡而长,攀灵驾不动。其人姓氏为谁,为我言之。'敏中奏:'景陵山陵使令狐楚。'上曰:'有儿否?'敏中曰:'绪小患风痹,不任大用;次子绹见任湖州刺史,有台辅之器。'上曰:'追来。'翌日,授考功郎中、知制诰。到阙,诏充翰林学士。间岁,遂立为相。"因为皇帝心血来潮、爱屋及乌和宰相白敏中的一言推荐,令狐绹遂被不次擢拔,身居要职,正是"因梦到青冥"的典型。诗中将自己(伶伦)的遭遇与其对照,正揭示出贤愚倒置的政治现实。

大中三年九月,令狐绹又以御史中丞充翰林学士承旨,显示出不日即将拜相的趋势。重阳节这一天,商隐有感于令狐两代与自己的关系,赋《九日》诗:

曾共山翁把酒时,霜天白菊绕阶墀。
十年泉下无消息,九日尊前有所思。
不学汉臣栽苜蓿,空教楚客咏江蓠。
郎君官贵施行马,东阁无因再得窥。

诗由重阳把酒赏菊展开联想,深情追怀令狐楚对自己的赏爱与栽培,怨望令狐绹对自己的冷遇与排斥。今昔相形,感念怨望交并。"十年"一联,将缅怀追思之情、长期牢落之感、今昔迥异之慨,与"九日尊前"的现境融为一体,语浅情深,富于涵蕴。"有所思"三字,束上起下,感念怨望,统包于沉思默想之中。这虽是从个人恩怨的角度来对比楚、绹父子,但可以看出,商隐内心对令狐绹的人品是不满的。另一首明显带有自况意味的《野菊》在抒写身世沉沦之悲的同时对身居高位的令狐绹不加汲引也颇有怨望之词:"紫云新苑移花处,不取霜栽近御筵。"上句指绹移官内职,任中书舍人、充翰林学士承旨,下句谓其对己不加汲引,霜栽即指野菊。

由于长期困顿落拓,生活困窘穷乏,商隐开始回顾反思自己踏入社会以来的经历,特别是与令狐父子的关系。过去,他一直对令狐楚的奖掖恩遇极为感激,至有"百生终莫报"的深挚语。如今,他虽仍感激令狐楚的恩遇,但对这段关系究竟给自己带来了什么却开始反思,《白云夫旧居》说:

> 平生误识白云夫,再到仙檐忆酒垆。
> 墙外万株人绝迹,夕阳唯照欲栖乌。

徐逢源说:"《新唐书·艺文志》:'令狐楚《表奏》十卷。'注曰:'自称《白云孺子表奏集》。'此白云夫当是楚。夫,尊称也。"(冯浩笺引)按:令狐楚曾为河东节度使郑儋从事,儋自号"白云翁"(见《韩昌黎集·郑儋神道碑文》)。令狐楚自号"白云孺子",盖以媚儋。因此徐氏谓"白云夫"指令狐楚是可信的。仙檐,犹旧居门前,"仙"亦暗寓"仙逝"之意。"忆酒垆"即《九日》诗"曾共山翁把酒时"、"九日尊前有所思",《野菊》诗"清樽相伴忆他年"之谓,"忆"字点醒存殁隔世之意。三、四句形容旧居深静荒寂景象(楚原居开化坊,令狐绹迁居晋昌坊,商隐诗中多次提到绹之晋昌里新居),"欲栖乌"用曹操《短歌行》"月明星稀,乌鹊南飞。绕树三匝,何枝可依",盖隐寓自己昔日曾依托于令狐楚幕下,今则如乌鹊失栖,无所依托(亦即《赴职梓潼留别畏之员外同年》"乌鹊失栖长不定"之意)。"误识"二字,全篇主意所在,徐氏以为"深感之之词",似未切当。义山早岁受知于令狐楚,后反因此而被视为恩门之私属乃至牛党之私属,婚王氏,从郑亚,均遭嫉忌摈斥。重访令狐楚旧居,既生感旧之情("忆酒垆"),亦增身世之慨。因此,"误识"二字中确实含有始料未及、悔不当初之意。如果把这首诗和《漫成五章》这组感慨生平遇合得失的重要篇章联系起来考察,这层意思便更加显豁。后二章涉及对李德裕的评价,前已述及。前三章则涉及与令狐父子、王茂元的关系:

> 沈宋裁辞矜变律,王杨落笔得良朋。
> 当时自谓宗师妙,今日唯观对属能。
>
> 李杜操持事略齐,三才万象共端倪。
> 集仙殿与金銮殿,可是苍蝇惑曙鸡?
>
> 生儿古有孙征虏,嫁女今无王右军。
> 借问琴书终一世,何如旗盖仰三分?

《漫成五章》表面上论文评诗咏史,实际上却是借此寄寓身世遇合之慨和他对自己与令狐父子、王茂元关系的思考,对李德裕进行评价。首章借评论王、杨、沈、宋的诗文寄托身世沉沦之慨。王、杨、沈、宋均借以自况,"得良朋"即《樊南甲集序》所谓"得好对切事",以喻指骈文技巧之纯熟。义山早岁从令狐楚学骈文章奏,通今体,当时自以为借此可致身通显,以至《谢书》有"自蒙半夜传衣后,不羡王祥得佩刀"之语。不料与令狐楚的关系,不但没有能使自己青云直上,反而成为日后令狐绹指责其"忘家恩,放利偷合"的口实。而早年视为青云阶梯的骈文章奏技巧,也只成为餬口之资,借之在幕府操笔事人而已。三、四二句以昔日之踌躇满志与今日之潦倒无成作对照,"唯观对属能"五字中包含无限隐痛,言外即除"对属能"外,一无所能、一无所成也。

次章托寓明显,以李、杜之才高遭毁不为世用,寄托自己受排摈谗毁的感慨。"苍蝇惑曙鸡",既言贤愚淆乱不辨,也含有小人毁贤忌才之意。"苍蝇"、"曙鸡",即《钧天》诗中的"因梦到青冥"者和"知音不得听"者。

三章一、二句互文对起,谓我为人子,既无孙仲谋之才略;为人婿,亦无王右军之才艺。但次句实隐以右军自比而特谦言之。两句的实际意思是说,自己固非英雄如孙仲谋之伦,但略长于艺文之事如王右军而已。而今之世,但重武事而薄文才,文人如己者,不免仕途蹭蹬,沉沦不遇。三、四句乃谓:试问"琴书终一世"者岂必让于"旗盖仰三分"者乎?此盖感慨自己空有文才不为世用而发为愤惋之言。"嫁女"句自指己为王茂元婿。茂元将爱女嫁给商隐,固然是由于爱其才,但更对他的将来寄予厚望。商隐在《重祭外舅司徒公文》中说自己"不忮不求,道诚有在;自媒自炫,病或未能。虽吕范以久贫,幸冶长之无罪",意可与此互参。整首诗的意思,无非是说自己虽未能符合岳家的期望,建功立业,但在文艺方面也自有成就。

将五章联系起来,不难看出这组诗在"漫成"中自有思路与线索。一、二章慨己之沉沦遭摈,涉及与令狐父子的关系;三章承次章才而见忌之意,深慨世之重武轻文,且由令狐绹之见忌联及婚于王氏之事;四、五二章则又由王茂元而联及与之有较密切关系之李德裕,因己之才而见斥联及德裕用人不废寒微,惟才是举,而所感已越出个人身世遭遇范围,涉及政治上的是非,涉及对李德裕这样一位在政坛上有重要地位和卓越建树的人物的政治评价。综观组诗,不难发现商隐在回顾反思个人经历遭际的基础上,其思想认识发展的线索。往日与令狐父子的关系,不料竟成为日后沉沦斥弃的根由;而昔日并无交往、与令狐绹等对立的李德裕,倒是政治上有建树的人物。冯浩说这组诗是义山"一生吃紧之篇章",张采田进而称其为"千载读史者之公论",都颇有见地。这组诗全仿杜甫七绝连章议论之体,但由于其中渗透了商隐强烈的感情,蕴含了深切的人生体验,又注意用虚字的开合照应造成抒情唱叹的效果,因此读来并不感到枯燥乏味,而是感到在抒情性的议论中含有诗的韵味。

第三节 哭吊刘蕡

商隐和刘蕡大中二年正月在湘阴黄陵晤别后,双方便没有再见过面。大中二年五六月间,商隐自桂林北返经潭州逗留李回幕期间,曾经和同寓桂幕的崔某到澧州去寻访融禅师,但现存商隐诗文中均无在澧州与刘蕡会面的迹象,估计其时刘蕡已经离开了澧州。

大中三年秋天,商隐仍在京兆府暂代法曹参军,专掌表奏之事。突然从溢浦(江州)传来了刘蕡的死讯。听到这个意外的消息,商隐伤悼怨愤之情交并,一连写了四首哭吊刘蕡的诗。先看七律《哭刘蕡》:

> 上帝深宫闭九阍,巫咸不下问衔冤。
> 黄陵别后春涛隔,溢浦书来秋雨翻。
> 只有安仁能作诔,何曾宋玉解招魂?
> 平生风义兼师友,不敢同君哭寝门。

"黄陵",旧本均误作"广陵",据《哭刘司户蕡》"去年相送地,春雪满黄陵"改。第四句说"溢浦书来",固然是说刘蕡的死讯从江州传来,但揆之情理,证之他诗,说明刘蕡有可能就死在江州。从情理上说,死讯传出之地与死者逝世之地不在同一个地方的情况当然是有的,但如果不在一地,在写诗的时候作者往往会在诗中或另加自注以说明。这一联将"黄陵别后"与"溢浦书来"对举,分言生离与死别,又未对"溢浦书来"作任何特别说明,则溢浦之同为讣音发出之地与刘蕡逝世之地便有此可能。再证之以《哭刘司户二首》"溢浦应分派,荆江有会源"一联,也是以长江之"分"与"会"隐喻两人先是相会于荆江洞庭,后刘蕡卒于溆浦，二人遂作死生之分。刘蕡虽然内迁澧州员外司户，但因为是"员外"安置，不一定担任具体职事，再加上当时牛党旧宿都已牵复，整个政治环境对刘蕡这样受杨嗣复、裴夷直牵连而远贬的人士相对较为宽松，行动上较少限制，因此有可能去江州拜访裴夷直，最后就死在江州，故死讯才会从江州发出。当然，澧州、江州均近长江，一水可通，即使刘蕡死于澧州，消息也会很快传至江州。而由在江州任司马的裴夷直分告蕡之亲故。这两种可能对刘蕡之悲剧结局都没有什么影响。

这首挽诗对刘蕡衔冤被贬、身死异乡深表悲恸，对黑暗政治现实表示了强烈的抗议。首联直斥"上帝"，笔势凌厉，感情愤郁，如疾风骤雨笼罩全篇。颔联宕开，从去年黄陵别后彼此远隔写到当前的死别，融写景、叙事、抒情为一体。"春涛隔"，不仅形象地显示出别后江湖阻隔的情景，并且赋予阻隔中的思念以浩渺无际的具象；"秋雨翻"，既点明时令，且使诗人乍闻噩耗时激愤悲恸与凄凉哀伤交织的情怀化为具体可感的画面形象。这是化景物为情思的典型诗例。腹联转为直接抒情，声情拗峭而沉郁。尾联"师友"承六句"宋玉"，突出对刘蕡高风亮节的由衷钦仰，显示出与刘蕡深厚情谊的政治基础，使这首哭吊友人的诗具有鲜明的政治内涵。连对商隐诗每多批评的纪昀也盛赞此诗"悲壮淋漓，一气鼓荡"（《玉谿生诗说》）。

另三首都是五律。《哭刘司户蕡》云：

> 路有论冤谪，言皆在中兴。
> 空闻迁贾谊，不待相孙弘。
> 江阔惟回首，天高但抚膺。
> 去年相送地，春雪满黄陵。

《哭刘司户二首》云：

> 离居星岁易,失望死生分。
> 酒瓮凝余桂,书签冷旧芸。
> 江风吹雁急,山木带蝉曛。
> 一叫千回首,天高不为闻。

> 有美扶皇运,无谁荐直言。
> 已为秦逐客,复作楚冤魂。
> 溢浦应分派,荆江有会源。
> 并将添恨泪,一洒问乾坤!

以上四首哭蕡诗,冯浩谓:"义山重叠致哀,细味之实一时所作,或有代人之作而并存者。如《后汉书》窦融待从事班彪以师友之道,陶谦接郑玄以师友之礼,若七律结联(平生风义兼师友)用此类意,似非义山分谊矣。是岂愚之多惑乎?"疑四首中有代人之作,当非。细按四诗,均与刘蕡、商隐黄陵晤别事有关,这是它们非代人之作的明证。七律"黄陵别后春涛隔",五律《哭刘司户蕡》"去年相送地,春雪满黄陵"固明言黄陵相别,即《哭刘司户二首》亦有"离居星岁易,失望死生分"、"溢浦应分派,荆江有会源"等语。"离居星岁易"即"别后春涛隔"、"去年相送地,春雪满黄陵","溢浦"一联隐指二人去年在荆江洞庭一带相会,如今溢浦书来,遂成永诀。这些诗句,都是代人之作中绝不可能出现的。至于"师友"语,不过言刘蕡之高风亮节堪为己之师友,并非用窦融、陶谦事。

在同一时间一而再、再而三地连写三题四首哭吊刘蕡的诗,充分说明刘蕡的被黜、遭贬直至身死异乡这件事对商隐所造成的强烈震撼和巨大的心灵伤痛,其积郁之深之强烈,已经到了喷薄而出、欲罢不能的程度。从刘蕡与商隐的交往看,他们除了开成二年冬在山南西道节度使令狐楚幕有过短暂的见面机会外，从现存诗文中，看不出在大中二年正月黄陵晤别前还有过别的交往。因此，商隐哭吊刘蕡，重叠致哀，主要不是由于两人私交之密，而是更多出于政治义愤和精神上的契合。单纯从人事关系看，刘蕡与牛党中的重要首领人物如牛僧孺、令狐楚、杨嗣复都有幕主与宾客或座主与门生之谊，而李商隐在大中年间无论在政治倾向或人事关系上都更接近李德裕政治集团。但商隐与刘蕡之间，根本不存在任何党派上的分歧与矛盾，而只有在"扶皇运"、反宦官这一重大政治问题上的一致。这并不是像冯浩说的"小臣文士无与于党局"（《玉谿生年谱》），而是由于他们对唐王朝命运的强烈政治责任感和正义感超越了党派集团的私利和狭隘眼光。

这组诗毫无疑问是有强烈的政治针对性的。一则云"上帝深宫闭九阍，巫咸不下问衔冤"，再则曰"江阔惟回首，天高但抚膺"、"一叫千回首，天高不为闻"、"并将添恨泪，一洒问乾坤"，矛头直指"上帝"、高天、乾坤，其所寓指非常明显。但它们并不是具体针对某一个皇帝、哪一个人或哪一帮人，而是泛指整个上层统治集团。刘蕡的被黜落、被冤贬直至客死异乡，宦官集团当然是直接的祸首，但如果不是皇帝的软弱、昏暗，也不可能持续这样长时间的政治迫害（从大和二年到大中三年，前后达廿一年）。刘蕡被黜于文宗大和二年的贤良方正、能直言极谏科的考试，被冤贬于武宗会昌元年，文宗、武宗都不能辞其咎。宣宗既立，刘蕡随牛党旧相的量移而累迁澧州员外司户，但等到大中二年牛党旧相杨嗣复、李珏重新起用复官后，刘蕡却仍然滞留贬所，以致客死异乡，"空闻迁贾谊，不待相孙弘"，宣宗又何能辞其咎？这时直接迫害刘蕡的宦官头子仇士良早已死去，按说可以对刘蕡的冤贬予以昭雪，但却没有这样做，而是让他伴着司户的贬职死于异乡。这长达二十余年的对正直敢言士人刘蕡的迫害，不能不使人感到，尽管皇帝换了一个又一个，政局也不断变化，但反对宦官、正直敢言的人还是沉冤莫雪。因此，这就不是哪一个皇帝、哪一帮势力的问题，而是整个上层统治集团和整个昏暗的政治环境造成了刘蕡二十余年沉冤莫诉的悲剧。

诗人也许没有明晰的理性认识,但从诗中这种既十分强烈而又欲诉无门、并无定指的怨愤来看,诗人是深刻感受到了这一点的。这正是这组诗对现实的感受趋于深刻化、整体化的一种表现。

与此相关,这组诗的整体风格也表现出既有喷涌而出、一气鼓荡的倾泄,又有曲折顿宕、沉郁蕴蓄的抒情,显得既痛快又沉着。由于感情强烈愤激,不吐不快,因而往往有"上帝深宫闭九阍,巫咸不下问衔冤"、"江阔惟回首,天高但抚膺"、"一叫千回首,天高不为闻"、"并将添恨泪,一洒问乾坤"这种呼天抢地、痛快淋漓的宣泄。但由于感情深沉,积郁深广,诗中又往往有涵蕴不尽的境界。像五律《哭刘司户蕡》的腹联,感愤激烈,直诉高天,情感达到高潮,尾联却逆笔收转去年黄陵雪中送别的情景,将当时黯淡阴寒的环境氛围、依依惜别的情怀和今日对故友黯然神伤的追思悼念融为一体,感情由激烈转向深沉,风格亦由倾泄转为渟蓄,更增不尽之致。纪昀说:"后四逆挽作收,绝好结法。"又说:"哭蕡诗四首俱佳。"(《玉谿生诗说》)对商隐诗最挑剔的纪昀也认为四首俱佳,足见深刻强烈的感情与纯熟的技巧保证了它们在艺术上的高水准。系列政治抒情诗能写得如此情文并茂的实不多见。管世铭说:"不知其人观其友。观义山《哭刘蕡》诗,知非仅工词赋者。"(《读雪山房唐诗序例》)王鸣盛说:"沉郁之句,谁能锤炼到此,唯少陵有之。"(冯注初刊本王氏手批)姚鼐说:"此等诗殆得少陵之神,不仅形貌。"(《今体诗钞》)都说出了这组诗的诗品以及它们所反映的诗人人品。

刘蕡大和二年对策被黜,在当时震动朝野上下,"物论嚣然称屈",被取中除官的李郃甚至说"刘蕡下第,我辈登科,能无厚颜",上疏云"蕡所对策,汉、魏以来无与为比。今有司以蕡指切左右,不敢以闻。恐忠良道穷,纲纪遂绝。况臣所对不及远甚,乞回臣所授以旌蕡直"(《通鉴·大和二年》),反映出其时士人中颇有具正义感者。但这次刘蕡客死异乡,除了商隐的系列哭吊诗外,在当时的政坛与诗坛上竟寂无反响,大中士风的颓衰与诗坛的冷落于此可见一斑。反过来也越显出商隐哭蕡诗的可贵。

第四节　应辟徐幕

商隐《樊南乙集序》云:"(大中三年)十月①,尚书范阳公以徐戎凶悍,节度阙判官,奏入幕。"尚书范阳公,指当时任武宁军节度使(使府在徐州)的卢弘止。入徐幕事,在商隐诗中也有记述。《偶成转韵七十二句赠四同舍》云:"武威将军(借指卢弘止)使中侠,少年箭道惊杨叶。战功高后数文章,怜我秋斋梦蝴蝶。诘旦天门传奏章,高车大马来煌煌。""此时闻有燕昭台(指卢幕),挺身东望心眼开。且吟王粲《从军乐》,不赋渊明《归去来》。"又《戏题枢言草阁三十二韵》亦云:"尚书文与武,战罢幕府开。君从渭南至,我自仙游来。"这些都指应武宁节度使卢弘止之奏辟,入徐州幕之事。

据两《唐书》卢弘止传及其他有关材料,弘止②字子彊,蒲州人,诗人卢纶之子,兄简能、简辞,弟简求,均有时名。元和末登进士第,曾为昭义节度掌书记。大和中为监察御史、侍御史。大和八年由兵部郎中出宰昭应县,商隐即于此时与弘止结识。《偶成转韵七十二句赠四同舍》云:"忆昔公为会昌宰(即昭应县令),我时入谒虚怀待。众中赏我赋《高唐》,回看屈宋由年辈。"可见商隐的文才早就得到弘止的推赏。会昌三年六月,自吏部郎中拜楚州刺史,复入为给事中。会昌四年八月,邢、洺、磁三州平,李德裕以弘止为三州留后,以防王元逵、何弘敬请占三州之地。旋又奉命宣慰河北,归拜工部侍郎。大中初,转户部侍郎,充盐铁转运使,复出为义成节度使。大中三年五月,改武宁节度使。《通鉴·大中三年》:"五月,徐州军乱,逐节度使李廓。廓,程子也。在镇不治。右

---

① 冯浩《玉谿生年谱》误考商隐入徐州幕在大中四年十月,张采田《会笺》详辨之,正为大中三年十月。此从张笺。卢弘止迁镇徐州在大中三年五月。

② 《旧唐书》误作弘正,此从《新唐书》,下同。

补阙郑鲁上言其状,且曰:'臣恐新麦未登,徐师必乱,速命良帅,救此一方。'上未之省,徐州军乱……以义成节度使卢弘止为武宁节度使。武宁士卒素骄,有银刀都尤甚,屡逐主帅。弘止至镇,都虞候胡庆方复谋作乱。弘止诛之,抚循其余,训以忠义,军府由是获安。"可见,卢弘止是一位办事干练、治军严明的能吏,曾为李德裕所倚重。商隐与卢家原有戚谊①,过去早已结识。大中元年、二年桂幕往返途经襄阳时,又曾明确表示过入卢简辞幕的意向。这次卢弘止招延商隐入徐幕,除原有交谊及戚谊外,这也可能是一个因素(卢简辞大中二年秋冬间贬衢州刺史,卒)。

卢弘止这次辟署商隐的幕职是节度判官,《旧唐书·李商隐传》谓"弘止镇徐州,又从为掌书记",《新唐书》本传同,均误。同时,他又为商隐奏请了一个"侍御"(当是指监察御史)的宪衔。商隐自从大和三年入令狐楚幕以来,这是头一次得此宪衔。《新唐书》本传说:"王茂元镇河阳,爱其才,表掌书记,以子妻之,得侍御史。"时、地、官名均误。薛逢《重送徐州李从事商隐》有"莲府望高秦御史"之句,李郢《重送李商隐侍御奉使入关》称商隐为"侍御"。按:唐代通称殿中侍御史、监察御史为"侍御",而据薛逢诗"秦御史"之语,此侍御定指监察御史。冯谱、张笺均谓"得侍御史",均误(秦代设监察御史,职责是监视郡守),唐代称"侍御史"为"端公",从无称"侍御"者。据《新唐书·百官志》,监察御史正八品下,官品虽不高,但毕竟是朝廷授予的宪衔,因此商隐还是很高兴的。特别是与卢弘止素有交往,这次又辟署为幕府中职位较高的节度判官②。上面提到的这些因素,使商隐对这次应辟入幕怀着一种比较兴奋喜悦的心情,这在他后期戎幕生涯中是仅见的。在接到卢弘止辟署其为节度判官的来信及聘礼后,他一连上了三封给卢弘止的书启,对卢的知遇表示由衷的感激,"感义增气,怀

---

① 商隐《上汉南卢尚书状》:"而又询刘、范之世亲。"卢尚书为弘止之兄简辞。
② 《通典·职官》云:"判官二人,分判仓兵骑胄四曹事。"地位仅次于行军司马、副使,尽总府事。

仁识归",甚至说自己"未离紫陌之尘(指京城),已梦清淮之月(指徐州)"。

但商隐受辟后并未立即启程,而是迟至这一年的闰十一月中下旬才动身赴徐。这年十一月,白居易的嗣子景受①请商隐为居易撰写墓碑铭,商隐有《与白秀才状》《与白秀才第二状》专言此事。实际上,让商隐撰墓志铭是白居易的堂弟宰相白敏中的旨意。《与白秀才状》"杜秀才翱至,奉传旨意,以远追先德,思耀来昆,欲俾虚芜,用备刊勒"等语可证。可见,令狐绹、白敏中等虽恼恨商隐追随郑亚,但仍要用他来为自己写文章,在他们眼里,商隐不过是一个可以随便驱使的文人。而商隐在当时那种困窘情况下,对这类差使自然也乐于奉命,尤其是为白居易这样的大诗人写墓碑铭,更是一种荣耀,正如他自己在给白景受的状中所说的,"表严平于蜀郡,谁不愿为"。《墓碑铭序》云:"子景受,大中三年自颍阳尉典治集贤御书,侍太夫人弘农郡君杨氏来京师,胖胖兢兢,奉公之遗,畏不克既,乃件右功世,以命其客取文刻碑。"据序末"今右仆射平章事敏中,果相天子,复宪宗所欲得开七关,城守四州,以集巨伐。仲冬南至,备宰相仪物,擎跪斋栗,给事寡嫂"之语,此墓碑铭当作于大中三年冬至(即"南至")之后,这一年闰十一月初四为冬至。

商隐自长安启程赴徐州的时间,据上引《墓碑铭序》之文及《偶成转韵七十二句赠四同舍》"腊月大雪过大梁"之句,当在大中三年闰十一月中下旬。行前,诗人薛逢设宴饯别,有《重送徐州李从事商隐》云:

晓乘征骑带犀渠,醉别都门惨袂初。
莲府望高秦御史,柳营官重汉尚书。
斩蛇泽畔人烟绕,戏马台前树影疏。

---

① 居易无子,后以其兄之次子景受为嗣,见顾学颉编撰注释的《白居易家谱》,中国旅游出版社1983年版。

> 尺组挂身何用处,古来名利尽丘墟。

薛逢字陶臣,蒲州人,会昌元年崔岘榜第三人进士,释褐秘书省校书郎。崔铉会昌六年罢相镇河中,辟为幕府从事。大中三年,铉拜相,擢逢万年尉。会昌六年薛逢辟为河中幕府从事前,当任秘书省校书郎,而会昌二年、六年商隐任秘书省正字,故二人很可能是秘阁同僚。而大中三年,商隐为盩厔尉,暂代京兆掾曹专章奏,与薛逢又同为京兆府掾属。因此,商隐赴徐幕,薛逢宴饯赠诗送行。据题首"重送"字,此前应有另一次送行的宴会与赠行诗,惜诗已佚。诗中"莲府望高秦御史"之句,可证其时商隐所授宪衔为监察御史。诗末忽发尺组无用、名利丘墟的感慨,与两人当时的处境及心情似不甚相符,盖因腹联想象徐州古迹,因汉高、宋武之事均成陈迹而触发泛泛的人生感慨,不必过拘。

商隐离长安前,已经下起了纷纷扬扬的大雪。洁白轻盈的雪花引起诗人美好的联想。他借咏雪抒发了对妻子王氏的深情赞美和依依惜别的感情,有《对雪二首》:

> 寒气先侵玉女扉,清光旋透省郎闱。
> 梅华大庾岭头发,柳絮章台街里飞。
> 欲舞定随曹植马,有情应湿谢庄衣。
> 龙山万里无多远,留待行人二月归。
>
> 旋扑珠帘过粉墙,轻于柳絮重于霜。
> 已随江令夸琼树,又入卢家妒玉堂。
> 侵夜可能争桂魄?忍寒应欲试梅妆。
> 关河冻合东西路,肠断斑骓送陆郎。

题下自注："时欲之东。"指东赴徐幕。这两首诗并非单纯咏雪,而是在咏雪的过程中自然而然地融入对妻子王氏的深情赞美、体贴。冯浩谓"用意婉转,是别闺人之作",诚是。二诗中的"行人"、"陆郎"显指"时欲之东"的诗人自己,而"送陆郎"之去、"待行人"之归的雪花则是多情的妻子的化身。但商隐咏物,物与人之间往往若即若离,既非单纯刻画描绘所咏之物,亦非通体以物喻人,句句比附。一开头多用赋法形容刻画,然后才在赋咏中将人与物自然绾合。如首章前两联即用赋法,写雪之将降、初下与大作,并未关合闺人。腹联方由雪之飞舞、湿衣,联想到闺人的情态,谓其如雪之飞舞,随马而飘荡回旋;如雪之多情,沾湿行人的衣裳。尾联即从"有情"二字生发,说雪既如此多情相送,何不待我明年二月之归而迎我呢?与《离亭赋得折杨柳二首》(其二)"为报行人休尽折,半留相送半迎归"同一机杼。次章前幅形容雪的轻盈洁白,如琼似玉,在形容中即有象喻、有联想。尾联点醒"之东",谓闺人将因"陆郎"骑马远去而肠断。这两首诗,初看似用典过多,流于堆垛,但从以雪之洁白、轻盈、多情象喻闺人的角度去体味,便觉生动有情韵。商隐不少咏物诗都有与此类似的特点。

时值寒冬,路出函谷关以后,连旬风尘弥漫,苦于行旅,有《东下三旬苦于风土马上戏作》云:

路绕函关东复东,身骑征马逐惊蓬。
天池辽阔谁相待,日日虚乘九万风。

后两句在自嘲中寓含不遇的苦涩。抟风鹏举九万里的理想抱负只化作了在风尘弥漫中奔波劳顿的行旅,末句似直遂而实幽默。

由于急着赶路,想在年底前到达徐州,因此他路过汴州,遇见在宣武节度使幕府作幕僚的朋友(其中有李郢,详下节)时,连叙谈的时间也没有,只能在大雪纷飞中于马上匆匆作别,《偶成转韵七十二句赠四同舍》说:

>路逢邹枚不暇揖,腊月大雪过大梁。

张采田《会笺》说:"义山到徐,实四年春间。《偶成转韵》诗有'我来'字,必初至徐时作。下云'腊月大雪过大梁',义山腊月始过大梁,则抵幕必在四年正月矣,故诗又云'蒲青柳碧春一色'也。"汴州至徐州约六百里,腊月过大梁,谓三年岁暮或四年正月抵达徐州均可,但引"蒲青柳碧春一色"为证则非。"蒲青柳碧春一色"之时,至少也是仲春季候,商隐不可能迟至大中四年二月方抵徐州。《偶成转韵》诗开头"沛国东风吹大泽,蒲青柳碧春一色。我来不见隆准人,沥酒空余庙中客"云云,系在徐幕时春日出游所见情景,"我来"非指刚抵徐幕,而是指出游谒汉高庙。

第五节　徐幕生活

徐州历来为军事重镇,这次商隐又是在"徐戎凶悍,节度阙判官"的情况下应辟入徐幕的,因此初到徐府,公务比较繁忙。《樊南乙集序》叙徐幕情况说:"故事,军中移檄牒刺,皆不关决记室,判官专掌之。其关记室者,记室假,故余亦参杂应用。"可见,商隐除了判官职责范围内的事务以外,还要撰写有关军中的"移檄牒刺"等公文。戴伟华《唐代使府与文学研究》认为这是徐府的特例,而非诸使府的通例,可参。实际上,商隐在徐幕期间,还曾代卢弘止撰写过本该由掌书记撰拟的书启,如《为尚书范阳公贺吏部李相公(珏)启》、《为度支卢侍郎贺毕学士启》(后题"度支卢侍郎"可能有误),这当是如《乙集序》所说的"其关记室者,记室假(谓请假),故余亦参杂应用(指作骈体应用之文)"。

在徐幕期间,商隐的心情比较愉快。这一方面是由于历事戎幕多年,终于获得较高的幕职和监察御史的宪衔,但更主要的是幕主卢弘止的知遇,使他深感欣慰。长诗《偶成转韵七十二句赠四同舍》、《戏题枢言草阁三十二韵》中都有描叙徐幕生活的精彩段落,颇能见出其时商隐的境遇心情。前诗有云:

> 征东同舍鸳与鸾,酒酣劝我悬征鞍。
> 蓝山宝肆不可入,玉中仍是青琅玕。
> 武威将军使中侠,少年箭道惊杨叶。
> 战功高后数文章,怜我秋斋梦蝴蝶。
> 诘旦天门传奏章,高车大马来煌煌。
> ……
> 此时闻有燕昭台,挺身东望心眼开。
> 且吟王粲《从军乐》,不赋渊明《归去来》。
> 彭门十万皆雄勇,首戴公恩若山重。
> 廷评日下握龙蛇,书记眠时吞彩凤。
> 之子夫君郑与裴,何甥谢舅当世才。
> 青袍白简风流极,碧沼红莲倾倒开。
> 我生粗疏不足数,《梁父》哀吟《鸲鹆舞》。
> 横行阔视倚公怜,狂来笔力如牛弩。

后诗有云:

> 尚书文与武,战罢幕府开。
> 君从渭南至,我自仙游来。
> 平昔苦南北,动成云雨乖。

> 逮今两携手,对若床下鞋。
> 夜归碣石馆,朝上黄金台。
> 我有苦寒调,君抱《阳春》才。
> 年颜各少壮,发绿齿尚齐。
> 我虽不能饮,君时醉如泥。
> 政静筹画简,退食多相携。
> 扫掠走马路,整顿射雉翳。
> 春风二三月,柳密莺正啼。
> 清河在门外,上与浮云齐。
> 欹冠调玉琴,弹作《松风》哀。
> 又弹《明君怨》,一去怨不回。

值得充分注意的是,在商隐历佐幕府的诗中,这时第一次出现了幕府文士的群体形象,出现了豪纵不羁、神情洒落的诗人自我形象,并生动地描叙了幕府的休闲生活,渲染了宽松无拘的环境气氛。从诗中可以得知,卢幕同僚中有郑某、裴某、李某(字枢言),还有为甥舅关系者(何甥谢舅系用典,未必姓何、谢)。他们或才高当世,或容仪俊美,虽青袍白简,官品不高,但却风流潇洒,如碧池中的朵朵红莲(用莲幕典),烂漫盛开。商隐与幕主、同僚之间的关系也相当融洽。由于心情比较愉快,人也似乎变得年轻了。商隐大中二年自桂返京途中还说"刘桢元抱病",三年春作的《骄儿诗》中也说自己是"憔悴欲四十,无肉畏蚤虱"的"衰朽质"。而这时却说自己和李枢言"年颜各少壮,发绿齿尚齐",简直让人怀疑这是完全不同的两个人。人的生理年龄和心理年龄本不一定同步,但由于环境与心情的变化使憔悴抱病的人一下子变为年颜少壮,却属罕见。由于府主的知遇怜爱和同僚间的融洽相处,营造了一个较为宽松自由的小环境,再加上自身地位有所改善,商隐天性中本就具有的豪纵不羁、狂放潇洒的一面便突出地显现出来。他不但高吟《梁父》，豪情满怀，而且在众多宾客面前跳起了《鸲鹆舞》①。这跟商隐多数诗中所显示的多愁善感的诗人自我形象判若两人。公事余暇或假日，还相与出游，走马射雉，欹冠弹琴，一副潇洒自得的神采。这种精神风貌，在商隐其他时期的作品中，还从未出现过，以后也再未出现过。从这里可以看出，人所处的具体环境（即所谓"小环境"）对一个人在一段时间内性格、心态和精神风貌的重大影响。其实，在整个卢幕期间，李商隐所处的大时代环境包括政治环境并没有什么明显改善，就政治环境而言，毋宁说还变得对他更加不利。大中三年九月，令狐绹充翰林学士承旨，不久又权知兵部侍郎知制诰。大中四年十一月，终于升居相位。而李德裕则于大中三年十二月卒于崖州贬所。至此，前后延续四十年的朝廷党争，终以牛党的全面胜利和李德裕政治集团的全军覆没结束。这对李商隐这样一个早岁追随令狐楚多年，大中初年却转而追随李德裕的主要助手郑亚的人来说，他所处的大的政治环境显然不利。约在大中三年春写的《流莺》诗中，他曾以流莺自喻，慨叹自己"巧啭"的"本意"不被理解，在偌大的京城竟找不到一个栖身之所。正因为这样，对于徐州卢弘止幕这样一个相对来说较为宽松和谐的小环境，他就已深感欣慰，生活有了一点亮色，心理也变得年轻了。在李商隐的悲剧生涯中，这是一个特殊的阶段。它不仅让我们看到了诗人性格中一直处于压抑状态的豪放洒脱的一面，而且反过来更加深了我们对这种性格长期被压抑的痛苦的理解。

---

① 《旧唐书》卷二九载坐部伎中之《鸟歌万岁乐》："舞三人，绯大袖，并画鸲鹆，冠作鸟像。"杜审言《赠崔融二十韵》："兴酣《鸲鹆舞》。"白居易《和梦游春诗一百韵》："酕醄歌《鸲鹆》，颠狂舞《鸲鹆》。"均可见舞时之兴酣、舞姿之狂放。此参王昆吾《隋唐五代燕乐杂言歌辞研究》。

第六节　汴幕奉使

《旧唐书·卢弘止传》:"(大中)三年……检校户部尚书,出为徐州刺史、武宁军节度使、徐泗濠观察等使。徐方自智兴之后,军士骄怠,有银刀都尤劳姑息,前后屡逐主帅,弘止在镇期年,皆去其首恶,喻之忠义,迄于受代,军旅无哗。镇徐四年,迁检校兵部尚书、汴州刺史、宣武军节度、宋亳颍观察等使,卒于镇。"《新唐书·卢弘止传》亦云:"出为武宁节度使。徐自王智兴后,吏卒骄沓,银刀军尤不法。弘止戮其尤无状者,终弘止治,不敢哗。优诏褒劳。弘止羸病,丐身还东都,不许。徙宣武,卒于镇,赠尚书右仆射。"两书均载弘止镇徐后尚有镇汴之事,且卒于宣武任。冯谱谓"弘止拜宣武之命,而仍卒于徐。《传》不书月,当在春时"。① 张氏《会笺》虽纠正冯谱卢弘止"镇徐四年"及卒于六年春之误,但仍同意冯说,谓"证以《乙集序》,当是拜宣武之命未行,而仍卒于徐也"。但证以同时方镇迁代的情况,卢弘止在镇徐之后不但有宣武之除,而且当已到宣武任。按《全唐文》卷七八八蒋伸《授郑涓徐州节度使制》云:"平卢军节度使、检校左散骑常侍郑涓……今以彭门重镇……求我良翰,惟尔佥谐。"知郑涓在任徐州节度使之前,为平卢节度使,而杜牧《上宰相求湖州第三启》:"某去岁闰十一月十四日……乞守钱塘……出于私曲,语今青州郑常侍云:更与一官,必任东去。"缪钺《杜牧年谱》谓此启为大中四年作,而启云"今青州郑常侍",知大中四年郑涓在平卢节度使任。其迁徐州节度使的时间,则可据继任平卢节度使的孙范在平卢任的时间考知。蒋伸又有《授孙范青州节度使(即平卢节度使)制》。而《宝刻类编》卷七引《京兆金石录》:"《唐平卢节度孙公妻荥阳郡君郑氏墓

---

① 冯谱据《旧唐书·卢弘止传》"镇徐四年"之误文("镇徐"二字当衍,或当为"镇徐期年"之误,参《旧书·传》),谓卢卒于大中六年,并谓弘止虽拜宣武之命,而仍卒于徐。张氏《会笺》已辨正之,谓卢当卒于大中五年。

志》，唐任缙撰，大中四年。"知大中四年孙范已在平卢节度使任。据此可以推知，大中四年，郑涓已在徐州节度使任；而卢弘止亦当于同年迁宣武节度使并到任。据《偶成转韵七十二句赠四同舍》"蒲青柳碧春一色"及《戏题枢言草阁三十二韵》"春风二三月，柳密莺正啼"、"杨花飞相随"等句，知大中四年三月，商隐尚在徐州卢幕。弘止之迁宣武，当在此之后。又据《旧唐书·卢弘止传》"弘止在镇期年"之语，卢当于大中四年五六月间迁镇宣武。商隐《樊南乙集序》于"尚书范阳公以徐戎凶悍，节度阙判官，奏入幕"之后接叙"明年，府薨，选为博士"，未言随卢弘止赴汴幕之事，但既言"府薨"，则其离幕当在卢卒于宣武任之后，其具体时间约在大中五年暮春，详后章第一节。

卢弘止之迁镇宣武及商隐之随卢至汴幕，还可据李郢的两首佚诗和商隐的三首与李郢有关的诗考出。童养年据《秘殿珠林·石渠宝笈续编》，在其所辑的《全唐诗续补遗》卷八中，收入李郢《送李商隐侍御奉使入关》及《板桥重送》二首七律[1]，前诗云：

> 梁园相遇管弦中，君踏仙梯我转蓬。
> 白雪咏歌人似玉，青云头角马生风。
> 相逢几日虚怀待，宾幕连期醉蝶同。
> 如有扁舟棹歌思，题诗时寄五湖东。

后诗云：

> 梁苑城西蘸水头，玉鞭公子醉风流。
> 几多红粉低鬟恨，一部清商驻拍留。

---

[1] 另尚有七律《赠李商隐赠佳人》一首，当亦同时之作，因与所考问题关系不大，不具引。

王事有程须仃仃,客身如梦正悠悠。

洛阳津畔逢神女,莫坠金楼醉石榴。

为了相互参证,说明问题,将商隐诗集中有关李郢的三首诗也一并引录如下。
《汴上送李郢之苏州》云:

人高诗苦滞夷门,万里梁王有旧园。

烟幌自应怜《白纻》,月楼谁伴咏黄昏?

露桃涂颊依苔井,风柳夸腰住水村。

苏小小坟今在否?紫兰香径与招魂。

《魏侯第东北楼堂郢叔言别聊用书所见成篇》云:

暗楼连夜阁,不拟为黄昏。

未必断别泪,何曾妨梦魂。

疑穿花逶迤,渐近火温䴷。

海底翻无水,仙家却有村。

锁香金屈戌,䞩酒玉昆仑。

羽白风交扇,冰清月印盆。

旧欢尘自积,新岁电犹奔。

霞绮空留段,云峰不带根。

念君千里舸,江草漏灯痕。

《板桥晓别》①云：

> 回望高城落晓河，长亭窗户压微波。
> 水仙欲上鲤鱼去，一夜芙蓉红泪多。

将商隐和李郢的这五首诗联系起来考察，可以看出它们是同时同地之作。两人在汴州相遇，又在汴州分别，商隐是奉使入关，李郢则南下苏州。李郢先有《送李商隐侍御奉使入关》，商隐则有《汴上送李郢之苏州》，二首当同时之作。商隐诗题明点李郢此行系之苏州，李郢诗则云"题诗时寄五湖东"，完全吻合。李郢又有《板桥重送》，商隐则有《板桥晓别》，二首亦一时之作，李郢诗明点"梁苑城西"送别之地，商隐此去是因"王事"即奉使入关，商隐诗则云"水仙欲上鲤鱼去"，暗示李郢系顺汴水乘舟南去。相遇与分别的季节，据"露桃涂颊"及"一夜芙蓉红泪多"之句，当是桃已红熟、荷花开放的季节，约在六月间。其时卢弘止已迁镇宣武，商隐当亦已由徐幕至汴幕。郢诗"相逢几日虚怀待，宾幕连期醉蝶同"，"宾幕连期"，正指商隐由徐幕至汴幕，幕期相连。故知此次商隐奉使入关乃是汴幕奉使。又据商隐诗"人高诗苦滞夷门，万里梁王有旧园"之句，知二人汴州相遇时郢留滞汴州已有相当时日，"梁王有旧园"即梁苑故地，亦即汴州，"万里"指离家万里（郢家于苏州）。相遇后数日，郢启程之苏州，商隐则奉使入关。郢之苏州，当是回到苏州的家。郢有《五湖冬日》诗云："楚人家住五湖东，斜掩柴门水石中。"与郢送商隐诗"题诗时寄五湖东"正合。

综上所考，可以得出以下结论：其一，商隐这次与李郢"梁园相遇"，是在商隐刚随幕主卢弘止由徐幕迁汴幕，即将奉使入关之时，也是李郢在汴州留滞已

---

① 此诗题面未涉及李郢，但据李郢《板桥重送》诗及商隐《汴上送李郢之苏州》诗，可推断此诗系板桥别郢诗。

有相当时日，即将返回苏州家居之时，具体时间约在大中四年六月。其二，两人相遇后，盘桓数日，在板桥分别，商隐经洛阳西去，奉使入关；李郢则沿汴水南下，返回苏州。

梁园相遇期间，商隐还有一首《魏侯第东北楼堂郢叔言别聊用书所见成篇》，题内"郢叔"即指李郢。诗写得很隐晦，似乎牵涉到李郢在汴的一段情缘，现试作解释。魏侯第，当指汴州节度使府第。郢叔言别，联系诗中所写内容，当指李郢于节度使府东北楼堂与一位女性宴别，而诗人亦参与，故"书所见成篇"。起联点魏侯第东北楼堂，即言别之地。次联点别，谓此地一别，虽未必能断别泪（暗示后会难期），却不妨在梦中相会，系劝慰之辞。"疑穿"四句，书所见东北楼堂之曲径通幽，如穿透迤之花径，似近温馨之薰香，若入蓬莱之仙境。"锁香"四句，似写室内宴别情景，谓室内香浓，杯中酒满，羽扇交挥，圆杯莹洁，双方频频劝酒。"旧欢"四句，正面叙别情，谓旧欢将如尘积而渐成陈迹，未来之岁月则犹似电奔，曾几何时，此段情缘遂如残留之霞锦、无根之云峰。末联想象李郢南行途中孤舟夜宿情景，有类"今宵酒醒何处？杨柳岸、晓风残月"之境。李郢南行，这位与之宴别的女子又殷殷送至汴州城西的板桥店，并在汴水边的长亭住宿。次日清晨，李郢乘舟而去，相别时这位女子犹泪光盈盈，故《板桥晓别》诗有"水仙欲上鲤鱼去，一夜芙蓉红泪多"的生动象征性描写。

商隐由徐幕至汴幕、与李郢在汴州相遇言别及奉使入关这段经历，过去从未有人注意过。因李郢佚诗的发现方得渐次考明。因对卢弘止由武宁节度使移宣武节度使之事未曾考明，过去曾将汴幕奉使误为徐幕奉使。现既已考明大中四年五六月间卢弘止确已移镇宣武，故商隐之奉使入京自为汴幕奉使。①

---

① 汴幕奉使入关，何时返汴，以及返汴后在幕情况，由于商隐诗文中均未提及，无从考知。

从二李互送的这五首诗看,商隐当时的意兴还是比较欢愉昂扬的,李郢诗中对商隐的"白雪咏歌人似玉,青云头角马生风"的形容,虽或有些夸张,但不会离商隐的实际精神风貌太远。可惜这种处境与心境却保持不了多久。大中五年春,幕主卢弘止在汴州病逝①,商隐罢幕。这时,一场重大的家庭变故正在迫近——他远在长安的妻子王氏,已经病入膏肓。等到他罢幕归京,已经再也见不到她了。

---

① 卢弘止卒于宣武节度使任上,两《唐书》均同,但未载具体年月。根据《樊南乙集序》"明年府薨,选为博士……七月,尚书河东公守蜀东川,奏为记室"之文,"明年"当指大中五年。又据《房中曲》"蔷薇泣幽素,翠带花钱小……归来已不见,锦瑟长于人"之语,商隐自汴州归长安在春夏间,故卢弘止当卒于大中五年春。

第十三章　王氏去世与任国子博士

本章主要考述商隐大中五年春至深秋赴梓幕时的生活与创作。虽只半年多时间，却是一个重要节点。围绕妻子王氏的去世，这半年多所创作的诗歌几乎都渗透了悼伤这一贯串性因素，商隐诗的感伤情调达到一个高峰。其中包含了一系列新的考证与笺释。

第一节　王氏去世

商隐的妻子王氏，是王茂元最小的女儿。商隐诗文中虽没有对她作过具体的叙写，但从一些作品中偶然涉及王氏的片断，却依稀可见其贤淑的品性和美好的容颜。商隐在令狐楚去世后几个月，即入王茂元幕，继又得到茂元的赏识，成为他的爱婿。但商隐却因此受到两方面的压力：一方面，是来自以恩门自居的令狐绹的压力，认为商隐"忘家恩，放利偷合"；另一方面是来自茂元家族的压力。茂元及其家族，对商隐的将来显然抱有相当高的期望，这从商隐一系列诗文中如下的表白可以明显看出：

> 生儿古有孙征虏，嫁女今无王右军。
> 借问琴书终一世，何如旗盖仰三分？
> ——《漫成五章》（其三）

愚方遁迹丘园，游心坟素，前耕后饷，并食易衣。不忮不求，道诚有在；自媒自炫，病或未能。虽吕范以久贫，幸冶长之无罪。（《重祭外舅司徒公文》）

某早辱徽音，凤当采异。晋霸可托，齐大宁畏。持匡衡乙科之选，杂梁竦徒劳之地。虽饷田以甚恭，念贩舂而增愧……品流曲借，富贵虚期。诚非国宝之倾险，终无卫玠之风姿。（《祭外舅赠司徒公文》）

"品流曲借，富贵虚期"，不妨借作王氏家族对商隐的高期许与商隐实际穷困处境间巨大反差的概括。商隐对此既深感愧疚，又郁愤不平。以上这两方面的压力，不但长期压在商隐头上，而且同时压在王氏头上。从"前耕后饷，并食易衣"、"虽饷田以甚恭，念贩舂而增愧"、"荆钗布裙，高义每符于梁、孟"这些有关他们夫妻间关系的描叙看，王氏是以其贤淑的品性与商隐共同承受了这两方面的压力，并心甘情愿地跟商隐过着清贫淡泊的生活。从开成三年成婚到大中五年王氏去世，他们夫妇一直是相濡以沫的。从"联辞虽许谢，和曲本惭《巴》"（《喜雪》）、"水亭吟断续，月幌梦飞沉"（《摇落》）、"春风犹自疑联句，雪絮相和飞不休"（《过招国李家南园二首》其一）等诗句看，王氏能诗，他们夫妇间也常有联句唱和之事。至于王氏的美貌，商隐在不少诗中都曾或显或隐地提及，如"莫将越客千丝网，网得西施别赠人"（《病中早访招国李十将军遇挈家游曲江二首》之二）、"枕是龙宫石，割得秋波色。玉簟失柔肤，但见蒙罗碧"（《房中曲》）、"独自有波光，彩囊盛不得"（《李夫人三首》之二），从通体之美到秋波、柔肤，都深情地加以赞美。应该说，商隐与妻子王氏之间的感情是非常深挚的，这从王氏生前商隐写的忆内诗中已经可以强烈地感受到，而王氏去世后写的一系列悼亡诗更将这种深挚感情表现得淋漓尽致。

但这样一位贤淑聪慧、美丽深情的女子,身体却柔弱多病。商隐会昌四年写的《重祭外舅司徒公文》中已说:"昔公爱女,今愚病妻。"假定结婚时王氏年十八九,这时也才二十五六岁,但却已是病弱之身。她开成三年与商隐结婚后多年未有子女,可能也与病弱的身体有关。会昌六年儿子衮师出世后不久,商隐于第二年春天即远赴桂林,大中二年深秋商隐北归长安后,一家人方得团聚,这期间抚养子女、操持家事,其辛劳可想而知。大中三年春,王氏的身体较前似乎更为衰弱,商隐在《房中曲》中这样写道:"忆得前年(指大中三年)春,未语含悲辛。"好像当时王氏对自己的身体已有一种不祥的预感,不幸这种预感竟在两年后的大中五年春就变成残酷的现实。

商隐《樊南乙集序》云:"三年已来,丧失家道,平居忽忽不乐,始克意事佛,方愿打钟扫地,为清凉山行者。"序作于大中七年十一月,而称"三年已来,丧失家道",则王氏卒于大中五年。但究竟卒于大中五年的哪个月,商隐诗文中并无明确记载,因而有各种不同的说法。冯浩《玉谿生年谱》谓"其亡在秋深,《属疾》一章可证,又别有'柿叶翻时独悼亡'之句。"但冯氏谓商隐自徐州卢幕返京在大中六年,故云:"《房中曲》所谓'归来已不见'也。"张采田《会笺》纠正冯谱商隐大中六年罢卢幕归京之误,但同样认为王氏去世时间在大中五年秋天,谓:"集有《悼伤后赴东蜀辟至散关遇雪》诗,则妻殁未久,即赴辟可知。悼亡时,义山在京。初承蜀辟,有《王十二兄与畏之员外相访见招小饮时余以悼亡日近不去因寄》及《赴职梓潼留别畏之员外同年》二篇,足为的证(《房中曲》:'忆得前年春,未语含悲辛。归来已不见,锦瑟长于人。'前年春,指大中三年,义山时留假参军,正在京。'归来'句则谓今不幸徐州罢归,方期重乐室家之好,而其人已不见矣,非妻殁在义山未归前也)。"所不同的是,张氏谓"妻王氏卒,会河南尹柳仲郢镇东川,辟为节度书记"。似谓王氏卒于大中五年夏秋间(柳仲郢七月被任命为东川节度使),而冯浩则认为作于深秋。但无论是卒于夏秋间或卒于深秋,都是错误的。王氏去世的时间,实际上是在大中五年暮春。《房中曲》一诗为王

氏卒后不久所作,也是考证王氏卒于商隐罢卢幕归抵长安之前或之后以及具体月份最直接的证据。诗云:

> 蔷薇泣幽素,翠带花钱小。
> 娇郎痴若云,抱日西帘晓。
> 枕是龙宫石,割得秋波色。
> 玉簟失柔肤,但见蒙罗碧。
> 忆得前年春,未语含悲辛。
> 归来已不见,锦瑟长于人。
> 今日涧底松,明日山头櫱。
> 愁到天地翻,相看不相识。

冯谱谓商隐罢卢幕归京在大中六年虽误,但他据"归来已不见,锦瑟长于人"之句,谓王氏之卒在罢幕归京之前则确。张采田释"归来"句云:"今则归来人已不能常见矣,非妻死时义山尚未归也。"(《李义山诗辨正》)又谓:"'归来'句则谓今不幸徐州罢归,方期重乐室家之好,而其人已不见矣,非妻殁在义山未归前也。"(《玉谿生年谱会笺》)《辨正》解"已不见"为"已不能常见",其对原意的歪曲显而易见。《会笺》欲弥其缝,不知"徐州罢归……而其人已不见"与"非妻殁在义山未归前也"转相矛盾。实际上,"归来已不见,锦瑟长于人"二句已将卢幕归来、王氏已逝、物在人亡、空留锦瑟的意思讲得十分清楚明白,根本没有必要费辞去作种种或失之牵强或自相矛盾的解释。王氏去世的时间,诗的开头两句"蔷薇泣幽素,翠带花钱小"已提供了物候方面的直接证据。蔷薇于春夏间开花。储光羲《蔷薇歌》:"春日迟迟将欲半,庭影离离正堪玩。枝上娇莺不畏人,叶底飞蛾自相乱……秦家儿女爱芳菲,画眉相伴采蔵蕤……连袂踏歌从此去,风吹香气逐人归。"白居易《蔷薇正开春酒初熟因招刘十九崔二十四同饮》:"瓮头竹叶经春熟,阶底蔷薇入夏开。"吴融《蔷薇》:"万卉春风度,繁花夏景长。"均可证蔷薇开于晚春或初夏。其花期通常不超过一个月。诗云"翠带花钱小",既是形容蔷薇初开时叶如翠带,花如小钱,而"泣幽素"亦表明蔷薇花上有晶莹的露水,其时当值晚春或春夏间,而非盛夏郁热炎蒸之候。即或偶有开花较晚的蔷薇,如贾岛《题兴化园林亭》所说"蔷薇花落秋风起",但那已是"荆棘满庭"的凋衰景象,而绝非"泣幽素"、"翠带花钱小"的初开景象。故据此二句可以断定,王氏之卒当在蔷薇初开,"翠带花钱小"之前,亦即大中五年暮春,甚至可能再早些。关于这一点,还可以从《相思》(一作《相思树上》)一诗得到证明:

> 相思树上合欢枝,紫凤青鸾并羽仪。
> 肠断秦台吹管客,日西春尽到来迟。

此诗诸家向无确解。冯浩谓"以艳情寓慨",张采田谓"此重官秘阁时作,自叹遇合之不偶……义山服阕入京,未几,武宗晏驾,卫公外斥,文人数奇,所慨深矣",均不可信。这实际上是一首悼亡诗。"秦台吹管客"用萧史吹箫作凤鸣,秦穆公以女弄玉妻之的典故。此以萧史自指,暗示其为茂元爱婿。萧史、弄玉结为夫妇,此言"肠断秦台吹管客",其肠断当因悼亡而起。前两句以相思树上紫凤青鸾之合欢喻夫妇之相爱,盖谓己与王氏本如双栖于相思树上合欢枝头之紫凤青鸾,羽仪相映,伉俪情深。三、四句则由忆昔日之欢爱而伤今日之永隔,谓我于日暮春尽归来之时,王氏已殁,昔日之秦台客宁不为"到来迟"而肠断乎!"到来迟"即《房中曲》"归来已不见"之谓。颇疑此次义山罢汴幕归京途中已得知王氏病重消息,兼程赶回,但仍未能和王氏见上最后一面,故有"到来迟"、"已不见"之叹。此诗当是到京后所作。

冯氏谓王氏"亡在秋深",系据《属疾》诗"许靖犹羁宦,安仁复悼亡。兹辰聊属疾,何日免殊方。秋蝶无端丽,寒花只暂香。多情真命薄,容易即回肠",及

《赴职梓潼留别畏之员外同年》"柿叶翻时独悼亡"推断。但"安仁复悼亡"不过泛说自己如潘岳为悼念亡妻之情所缠绕,"复"字对上句"犹"字而言,谓羁宦异乡之情本已难遣,复为悼念亡妻之情所缠,更觉不堪,故"兹辰"姑且托疾告假,并非说"兹辰"正好遇上妻子去世的忌日。"柿叶翻时独悼亡"是说自己在这柿叶翻飞的深秋季节独独怀着悼念亡妻的深情苦意,并非说"柿叶翻时"正值妻子去世之时。冯氏引《南史·刘歊传》:"歊未死之春,有人为其庭中栽柿,歊谓兄子弇曰:'吾不及见此实,尔其勿言。'及秋而亡。"其意盖在证成其"亡在秋深"之说。但此处是否用刘歊典,颇可疑,盖如用此典,当曰"柿实成时"而不当曰"柿叶翻时"。关中平原多柿树,深秋柿叶翻时一片凋衰景象,触动悼亡情绪,故曰"柿叶翻时独悼亡"。"柿叶翻时"是作诗时眼前景,非妻逝世之日。冯氏将"悼亡"都理解为王氏去世之日,实际上这两首诗中的"悼亡"都是指悼念亡妻之情。尤可作为有力反证者,蔷薇花绝不会到秋深仍然开放,秋深妻亡说与《房中曲》"蔷薇泣幽素,翠带花钱小"是直接冲突的,不足信。

第二节 任国子博士

王氏在盛年奄然去世,丢下一双幼小的儿女,对商隐打击之大,是可以想见的。卢幕罢归长安后,由于生活所迫,商隐不得不去干求已经做了宰相的旧交令狐绹。两《唐书》本传均谓"府罢入朝,复以文章干绹,乃补太学博士","久之还朝,复干绹,乃补太学博士"。《樊南文集》中有《上时相启》、《上兵部相公启》,就是卢幕归来时上令狐绹的书启。前启上于暮春,启云:

> 商隐启:暮春之初,甘泽承降。既闻沾足,又欲开晴。实关燮和,克致丰阜。繁阴初合,则傅说为霖;媚景将开,则赵衰呈日。获依恩养,定见升平。绝路左之喘牛,用惊丙吉;无厩中之恶马,以役任安。偃仰兴居,惟有

歌咏。瞻仰闱闼,不胜肺肝。谨启。

冯浩笺曰:"玩'获依恩养'句,或令狐子直乎?"从商隐与文、武、宣三朝历任宰相的关系看,称得上是"获依恩养"的,只有令狐绹,冯笺可从。启从暮春的一场时雨联及宰相的"燮和",把令狐绹比做古代的贤相傅说、赵衰、丙吉,比做沾洒苍生的甘霖,给人带来温暖的冬日,颂扬备至,而且说自己"获依恩养,定见升平"。这实际上是一封陈情告哀、希求汲引的书启。所谓"以文章干绹",或当包括这封启在内。启末有"瞻仰闱闼"语,有可能是卢幕罢归途中所上,与启首"暮春之初"正合。

商隐另有《上兵部相公启》,亦上于大中五年四月乙卯令狐绹由兵部侍郎同平章事,改中书侍郎,兼礼部尚书之前。这是应令狐绹的指命,书写元和年间令狐楚的《寄张相公》诗准备刻石,写就后上绹的启,其中写道:

> 况惟菲陋,早预生徒。仰夫子(指令狐楚)之文章,曾无具体;辱郎君(指令狐绹)之谦下,尚遣濡翰……恩长感集,格钝惭深。

在这样一封事务性的信中也不忘称扬令狐二世之恩德,这自然也是干求的一种方式。实际上,在经历了追随郑亚入桂管幕之事以后,令狐绹固然对商隐深憾之,商隐对令狐绹的认识也比以前更深。但为生活所迫,商隐仍不得不违心地在启中对令狐绹加以称颂,以期得到其汲引。这实在是商隐的悲哀。这种违心的言行,加深了商隐的内心痛苦。

可能是由于商隐的一再干求,身居相位的令狐绹终于荐引商隐作了太学博士。这个职位,从官品看,是正六品上,品级并不算低,但却是一个典型的冷官。韩愈当年就曾为自己担任国子学博士这样的闲冷官职而在《进学解》中大发怀才不遇的牢骚:"公不见信于人,私不见助于友。跋前踬后,动辄得咎……三为博士,冗不见治……冬暖而儿号寒,年丰而妻啼饥。头童齿豁,竟死何裨!"熟读韩文的商隐自然也非常了解韩愈的这种处境与牢骚。早年商隐在《上崔华州书》中曾明确表示对"学道必求古,为文必有师法"的不满,声称自己是"行道不系今古,直挥笔为文,不爱攘取经史,讳忌时世",如今却要他"在国子监太学,始主事讲经,申诵古道,教太学生为文章"(《樊南乙集序》)。自己现在所做的,恰恰是当年自己所反对的,这真是命运对他的绝大讽刺。只有把《上崔华州书》中的自我表白和《樊南乙集序》"主事讲经,申诵古道"的叙述对照比较,才能深刻体味到商隐任国子博士期间内心的悲凉与无奈。在此期间,他写过一首《咏怀寄秘阁旧僚二十六韵》,集中抒发了他当时的心境和对自身悲剧命运的哀挽:

> 年鬓日堪悲,衡茅益自嗤。
> 攻文枯若木,处世钝如锤。
> 敢忘垂堂诫,宁将暗室欺?
> 悬头曾苦学,折臂反成医。
> 仆御嫌夫懦,孩童笑叔痴。
> 小男方嗜栗,幼女漫忧葵。
> 遇炙谁先啖?逢斋即更吹。
> 官衔同画饼,面貌乏凝脂。
> 典籍将蠡测,文章若管窥。
> 图形翻类狗,入梦肯非羆。
> 自哂成书簏,终当咒酒卮。
> 懒沾襟上血,羞镊镜中丝。
> 橐籥言方喻,樗蒲齿讵知?
> 事神徒惕虑,佞佛愧虚辞。

> 曲艺垂麟角，浮名状虎皮。
> 乘轩宁见宠？巢幕更逢危。
> 礼俗拘嵇喜，侯王忻戴逵。
> 途穷方结舌，静胜但搘颐。
> 粝食空弹剑，亨衢讵置锥！
> 柏台成口号，芸阁暂肩随。
> 悔逐迁莺伴，谁观择虱时？
> 瓮间眠太率，床下隐何卑！
> 奋迹登弘阁，摧心对董帷。
> 校雠如有暇，松竹一相思。

诗当作于大中五年夏。这首诗不仅集中抒写了商隐在任太学博士期间的生活与心境，反映出一年来心境的巨大变化，而且有对生平际遇的回顾与思考，是了解商隐思想感情的重要诗篇，故全加引录。起四句谓自己年鬓已衰而穷困依旧，惟专攻文，而钝于处世，为一篇之纲。"敢忘"四句，分承"攻文"、"处世"，谓谨守垂堂之诫，不作暗室欺心之事，悬头苦学，历经挫折而终有所成。"仆御"四句，谓因拙于谋生处世，故仆御以己为懦，孩童笑己之痴，儿女则常苦饥寒。"遇炙"二句，谓世无知己荐引赏誉，如周颛之割炙以啖；而惩羹吹齑，以己为党局中人而心存戒惕者则不乏其人。"官衔"十句，极言己官冷体衰，空有学问文章，而遇合无时，惟欲醉酒以自遣。"官衔同画饼"，当指六品之太学博士冷官，徒有虚衔，如画饼不能充饥。"橐籥"二句，谓历经挫折，方悟委心任运之理。"事神"二句，谓事神佞佛，均无补于实际。"曲艺"四句，谓己虽诗文艺精，声名传世，但既不见宠于君主，又逢危于幕府，不过得无用之浮名而已。"礼俗"四句，或如冯注所云，以嵇喜为功曹，喻己为幕僚，尚为礼俗所拘；以王珣上书请征戴逵为国子祭酒，喻令狐绹荐己为太学博士。然所谓"忻戴逵"，实不过以我为"堪发冑子之蒙",亦即《乙集序》所谓"申诵古道,教太学生为文章"而已。无论为幕职、为博士,实皆穷途无路,惟可结舌支颐,静寂自处。"粝食"二句,谓穷困不达,中朝无立锥之地。"柏台"二句,谓自己所得侍御宪衔已成有名无实之口号,今惟肩随秘阁旧僚诸君而已。"悔逐"四句,似与往年秘阁之情事有关,今颇难索解。末四句谓旧僚已奋迹而登弘阁,遇合有时,己则摧心而独对讲席,仍为博士冷官,望旧僚校书公事余暇,或一思念及己。

诗中"年鬓日堪悲"、"面貌乏凝脂"、"懒沾襟上血,羞镊镜中丝"、"途穷方结舌"等句,与前一年在徐幕所作《偶成转韵七十二句赠四同舍》、《戏题枢言草阁三十二韵》二诗中"且吟王粲《从军乐》,不赋渊明《归去来》"、"横行阔视倚公怜,狂来笔力如牛弩"及"年颜各少壮,发绿齿尚齐"、"走马射雄雉"、"欹冠弹玉琴"的形象相比,与李郢送商隐诗中所描绘的"白雪咏歌人似玉,青云头角马生风"的形象相比,几判若两人。如果不是生活中遭遇重大变故,必不至此。"小男方嗜栗,幼女漫忧葵"之句,意味也颇类《王十二兄与畏之员外相访见招小饮时余以悼亡日近不去因寄》中的"嵇氏幼男犹可怜,左家娇女岂能忘"一联,悼伤悯子之意,不难于言外领之。

经历了这场丧妻之痛的沉重打击,商隐从身体到精神似乎一下子变得衰老了。此后的六七年时间里,像《偶成转韵七十二句赠四同舍》、《戏题枢言草阁三十二韵》中出现过的那种豪纵不羁的气概和情怀,在他诗文中就再也没有出现过。它像一座分水岭,划分了商隐生活与创作的不同阶段。

第三节 应东川辟

商隐《唐梓州慧义精舍南禅院四证堂碑铭并序》云:"(大中)五年夏,以梁山蚁聚,充国鸥张①,命马援以南征,委钟繇以西事。"《樊南乙集序》云:"(大中五年)七月,尚书河东公守蜀东川,奏为记室。"尚书河东公,指柳仲郢(河东为柳氏郡望),大中四年至五年七月在河南尹任。据《唐故东川节度使检校右仆射兼御史大夫赠司徒周公(墀)墓志铭》:"大中五年岁在辛未二月十七日薨于位。"周墀卒于东川节度使任上后,朝廷似未立即任命新的东川节度使,迨是年夏蓬、果百姓聚众起义后,方于七月任命柳仲郢为东川节度使。

据《新唐书·柳仲郢传》,仲郢曾为牛僧孺辟置武昌节度使幕府,有其父公绰风矩,得到僧孺赞赏。会昌初,累转吏部郎中。"时诏减官冗长者,仲郢条简浃日,损千二百五十员,议者厌伏",迁左谏议大夫。武宗延方士筑望仙台,仲郢屡次进谏。御史崔元藻以覆按吴湘狱得罪,仲郢切谏,宰相李德裕不以为嫌,奏拜京兆尹。"置权量于东西市,使贸易用之,禁私制者。北司吏入粟违约,仲郢杀而尸之,自是人无敢犯,政号严明……中书舍人纥干臮诉甥刘诩殴其母,诩为禁军校,仲郢不待奏,即捕取之,死杖下。宦官以为言,改右散骑常侍,知吏部铨。德裕颇抑进士科,仲郢无所徇……宣宗初,德裕罢政事,坐所厚善,出为郑州刺史。周墀镇滑,而郑为属郡,高其绩,及入相,荐授河南尹,召拜户部侍郎,墀罢,它宰相恶仲郢,左迁秘书监。数月,复出河南尹,以宽惠为政。或言不类京兆时,答曰:'辇毂之下,先弹压;郡邑之治,本惠养,乌可类乎?'擢为剑南东川节度使。大吏边章简挟势肆贪,前帅不能制,仲郢因事杀之,官下肃然。""仲郢方严,尚气义,事亲甚谨。李德裕贬死,家无禄,不自振;及领盐铁,遂取其兄子从质为推官,知苏州院。宰相令狐绹持不可,乃移书开谕绹,绹感悟,从之……父子更九镇,五为京兆,再为河南,皆不奏瑞,不度浮屠,急于摘贪吏,济单弱。每旱潦,必贷匮蠲负,里无逋家。"大中六年,李德裕的灵柩自崖州运回洛阳,柳

---

① 《通鉴·大中五年》:十月,"蓬、果群盗依阻鸡山,寇掠三川(指东、西川及山南西道),以果州刺史王贽弘充三川行营都知兵马使以讨之"。命王贽弘进讨事虽在十月,但蓬、果百姓依阻鸡山聚众起义(即所谓"梁山蚁聚,充国鸥张")则在五年夏。任命柳仲郢为东川节度则在七月。

仲郢还命李商隐撰祭文,遣人至江陵路祭。(事详陈寅恪《李德裕贬死年月及归葬传说辨证》)以上记载,可以看出柳仲郢是一位办事干练、执法严明、不畏权幸、政绩斐然的能吏,又是富于同情心和正义感的贤吏。他和牛、李两党的领袖都有交往,并受到他们的器重与厚遇,但又不阿附于某一党。《旧唐书·柳仲郢传》载:"德裕奏为京兆尹,谢日言曰:'下官不期太尉恩奖及此,仰报厚德,敢不如奇章(指牛僧孺)门馆!'"实则德裕当政时,他既在裁汰冗吏、治理京兆方面做出了实绩,但对德裕的过失也能当面直谏,并不因德裕的"恩奖"而阿附。而当大中朝李德裕被贬死崖州后,又表现出对德裕的同情并对其亲属予以照拂。总之,在晚唐政坛上,柳仲郢是一位有端方品质和才能业绩的人物。

李商隐在这次被奏辟为东川节度使幕僚之前,是否已与柳仲郢结识,从现存商隐诗文中,还找不到这方面的证据。但商隐的文名诗名及其坎坷遭遇,仲郢当早有所闻。会昌六年四月,李德裕罢相后,柳仲郢出为郑州刺史,接替李褒,其时商隐弟羲叟当仍居郑州。大中元年羲叟参加进士试,当由郑州府试报送。仲郢任郑州刺史时得到义成节度使周墀的赞赏,墀大中二年五月入相后,荐仲郢为京兆尹,而商隐与周墀之间,自开成三年以来一直有较密切的联系。因此商隐有可能在入东川幕之前就已结识柳仲郢。大中五年暮春商隐妻王氏逝世后,当将其灵柩运回郑州坛山祖茔安葬,往返经过洛阳时,可能拜谒过时任河南尹的柳仲郢。仲郢被命东川后,赏商隐之才,怜商隐之困,而有东川节度书记之辟署,应该是符合情理的。

在接到仲郢辟其为书记的书启后,商隐有《上河东公谢辟启》云:

> 某少而屡薾,长则艰屯。有志为文,无资就学。虽杂赋八首,或庶于马迁;而读书五车,远惭于惠子。契阔湖岭①,凄凉路歧。罕遇心知,多逢皮

---

① 指从事桂管。

相。昔鲁人以仲尼为佞,淮阴以韩信为怯,圣哲且犹如此,寻常安能免乎!是以艮背却行,求心自处。罗含兰菊,仲蔚蓬蒿,见芳草则怨王孙之不归,抚高松则叹大夫之虚位……若某者又安可炫露短材,叨尘记室?盐车款段,徒逢伯乐而鸣;土鼓迂疏,恐致文侯之卧。承命知忝,抚怀自惊。终无喻蜀之能,但誓依刘之愿。

在自诉平生艰虞困顿、遭受误解的同时,表露出对柳仲郢知遇的感激。但如与上卢弘止的谢辟启相对照,便可见出商隐与卢、柳的关系有深浅之分。在《上河东公谢聘钱启》中提到仲郢"赐钱三十五万以备行李",这是一个不小的数目。据《新唐书·食货志》:"唐世百官俸钱,会昌后不复增减……节度使,三十万……观察使,十万。"三十五万聘钱相当于节度使的俸禄。因为商隐赴东川幕,要把一双幼小的儿女留在长安,托人照顾,这三十五万聘钱中当包含有安家费,故商隐谢启说:"不执鞭而获富,敢将润屋,且以腾装。"

柳仲郢任命为东川节度使时,前任周墀已去世四个多月,又是因蓬、果百姓依阻鸡山聚义而被派往东川的,因此接到任命后不久,当即启程赴任。据《唐会要》卷六十九会昌四年中书门下阙名《刺史限日到任奏》:"比缘向外除授刺史,多经半年已上方至本任……自今已后……一千里内,限十日进发;二千里已上,限十五日;三千里已上,限二十日。仍并勒取便进发,不得托以事故,别取他路经过。"梓州距京师二千九百里,按规定应在十五日内进发。即使再拖些时日,七月任命,八月当已启程赴任。而商隐却直至深秋仍滞留京师,《王十二兄与畏之员外相访见招小饮时余以悼亡日近不去因寄》"秋霖腹疾俱难遣,万里西风夜正长",及《赴职梓潼留别畏之员外同年》"柿叶翻时独悼亡"之句均可证。启程后至散关已遇雪。其《樊南乙集序》云:"(大中五年)七月,尚书河东公守蜀东川,奏为记室。十月得见,吴郡张黯见代,改判上军。"这里说的"十月得见",显然不会是指十月方在河南府见到柳仲郢,因为一则如上文所述,柳仲郢绝不可能迟至十月尚滞留洛阳未启程,二则整个七月乃至八月商隐都在洛阳,有《崇让宅东亭醉后沔然有作》、《七月二十八日夜与王郑二秀才听雨后梦作》、《七月二十九日崇让宅宴作》、《昨夜》、《夜冷》、《西亭》、《临发崇让宅紫薇》诸诗可证。在此期间,商隐还曾为仲郢之子柳璧代拟过上韩琮的启。因此,这里的"十月得见",当是指商隐十月到达梓州后得见幕主柳仲郢。据商隐大中五年秋在洛阳、长安所作诸诗,可以大体推断商隐约于九月上旬自长安启程,长安至梓州二千九百里,约五十日可达,到达梓州的时间约为十月下旬,故云"十月得见"。而商隐之所以不能随同仲郢一起赴梓,而须延至九月上旬方启程,当因处理王氏殡葬事宜及在长安安顿幼子弱女之故。幕僚应聘后因家事或其他原因须延期赴幕的情况常有,商隐《为山南薛从事(杰逊)谢辟启》云:"伏以家室忧繁初解,山川跋涉未任,须至季秋,方离上国。"就属于这类情况。

大中五年七、八两个月,商隐大部分时间都在洛阳崇让坊王茂元宅。开成三年与王氏结婚以后,崇让宅是他往返京、洛、郑州常住的地方,曾经度过许多幸福甜美的时光。如今重居故地,而王氏已亡,不免触绪生悲增慨。在这期间,他以崇让宅为中心,写过一系列优秀诗篇,大都与王氏的去世有关,有的直抒悼伤之情,有的从此引发出身世之慨。《辛未七夕》作于大中五年七月七日乞巧日:

> 恐是仙家好别离,故教迢递作佳期。
> 由来碧落银河畔,可要金风玉露时?
> 清漏渐移相望久,微云未接过来迟。
> 岂能无意酬乌鹊,唯与蜘蛛乞巧丝?

通篇对牛女一年一度相会、相会时又迟延不至、既相会却无意酬谢填河成桥的乌鹊表示不可理解,认为这"恐是仙家好别离"的缘故。表面上看,像是故意作翻案文章——翻牛女珍重一年一度佳期的旧案。实际上,诗人的这种看法和感慨自有其生活依据和心理基础。商隐平生驱驰南北东西,屡次远幕依人,与妻子王氏离多会少,因此特别珍视难得的团聚。如今,王氏已逝,夫妇永别,即使想像牛女那样一年一度相会也不可得。他另有一首《七夕》诗说:"争将世上无期别,换得年年一度来。"无期别,即死别,指自己与妻子的永别。哪怕是只有一年一度相会,也远胜这相见无期的死别。正因为与妻子永别而转羡一年一度的相会,故对"仙家好别离"感到不可理解。脱离了王氏逝世、夫妇永别这个生活背景,脱离了因夫妇永别转羡一年一度相会的特定心理,这首诗就很难得到正确的理解。

新秋时节,商隐居崇让坊王茂元旧宅。因为伤感苦闷,饮酒自遣。酒醉未销,面对东亭新秋景色,回顾平生遭际,写下深有感慨的《崇让宅东亭醉后沔然有作》:

> 曲岸风雷罢,东亭霁日凉。
> 新秋仍酒困,幽兴暂江乡。
> 摇落真何遽,交亲或未亡。
> 一帆彭蠡月,数雁塞门霜。
> 俗态虽多累,仙标发近狂。
> 声名佳句在,身世玉琴张。
> 万古山空碧,无人鬓免黄。
> 骅骝忧老大,鶗鴃妒芬芳。
> 密竹沉虚籁,孤莲泊晚香。
> 如何此幽胜,淹卧剧清漳?

诗中"交亲或未亡"句,系用陆机《叹逝赋序》中语:"余年方四十,而懿亲戚属,亡多存寡；昵交密友，亦不半在。"大中五年商隐正好四十岁。这时，不但过去对他有知遇之恩或亲戚之谊的令狐楚、崔戎、王茂元、郑亚、卢弘止等均已先后谢世，连十四年来相濡以沫的妻子王氏也于本年暮春奄然去世。亲故中惟有韩瞻健在，故说"交亲或未亡"。其《梓州道兴观碑铭并序》也说："予也五郡知名，三河负气……谢文学之官之日，歧路东西；陆平原强仕之年，交亲零落。""交亲或未亡"，亦即"交亲零落"的另一种表述，其中即包括了最亲密的"交亲"妻子王氏的去世。这首诗语丽情悲，充满了悲怆的身世之慨。"声名佳句在，身世玉琴张"二句，可以说是对自己身世的概括。冯浩把这首诗作为开成五年秋南游江乡的证据之一，将"交亲或未亡"句从误文定为"交亲或未忘"，从而掩盖了其用陆机《叹逝赋序》中语及是年商隐年四十的重要事实。又将"幽兴暂江乡"句曲解为"暂诣江乡"，其实这句不过是说对此东亭曲岸、雨霁新凉之景，幽兴忽似置身江乡（详附考一《李商隐开成末南游江乡说再辨正》）。

七月二十八、二十九两日，商隐又连续作了感慨人生变幻和漂落身世的诗。《七月二十八日夜与王郑二秀才听雨后梦作》云：

> 初梦龙宫宝焰燃，瑞霞明丽满晴天。
> 旋成醉倚蓬莱树，有个仙人拍我肩。
> 少顷远闻吹细管，闻声不见隔飞烟。
> 逡巡又过潇湘雨，雨打湘灵五十弦。
> 瞥见冯夷殊怅望，鲛绡休卖海为田。
> 亦逢毛女无髽极，龙伯擘将华岳莲。
> 恍惚无倪明又暗，低迷不已断还连。
> 觉来正是平阶雨，独背寒灯枕手眠。

这首诗描绘恍惚低迷、断续无端的梦境，其中所展现的三个片断或境界（得意惬心的境界、可闻不可见的境界、失意无憀的境界），实际上是诗人所历的变幻不定的各种人生境界在潜意识中的变形反映。结联梦醒后夜雨平阶、寒灯荧荧的描写更加强了人生幻灭的凄寂悲凉。

《七月二十九日崇让宅宴作》则用轻快流利的笔调抒写沉痛悲怆的身世之感，寄寓悼亡之痛：

> 露如微霰下前池，风过回塘万竹悲。
> 浮世本来多聚散，红蕖何事亦离披？
> 悠扬归梦惟灯见，濩落生涯独酒知。
> 岂到白头长只尔？嵩阳松雪有心期。

风露凄凄、竹韵萧萧、红蕖离披的景物描写和浮世聚散不常的慨叹中本就含有亲故零落、夫妻永诀的哀感。腹联承上"聚散"、"离披"，谓前此之归梦，爱妻或能见之，今则所见者惟照壁之孤灯；濩落之生涯，昔则彼我同悲，今则所知者惟酒矣。"惟灯见"、"独酒知"，正见爱妻已不见不知，浮沉于人世者，如今惟己一人。末联心境似拓开一步，实则悲慨更深。

《昨夜》、《西亭》、《夜冷》等诗，也都作于大中五年秋，每一首都寓含明显的悼伤之情。《夜冷》：

> 树绕池宽月影多，村砧坞笛隔风萝。
> 西亭翠被余香薄，一夜将愁向败荷。

崇让宅有东亭、西亭，亭前均有池。此"西亭"与下首"西池"均在崇让宅中。曰"翠被余香薄"，既见诗人对王氏的追思怀恋，亦说明王氏去世已有相当时日。《昨夜》：

不辞鶗鴂妒年芳，但惜流尘暗烛房。

昨夜西池凉露满，桂花吹断月中香。

年芳之衰、鶗鴂之鸣，虽也使人悲慨，却是不可避免的，所深惜者流尘满室、伊人永逝耳（"流尘暗烛房"化用潘岳《悼亡诗》"床空委清尘"句）。昨夜西池凉露盈满，桂香飘尽，一切美好的事物都在消逝。《西亭》云：

此夜西亭月正圆，疏帘相伴宿风烟。

梧桐莫更翻清露，孤鹤从来不得眠。

月圆人缺，独宿西亭，疏帘相伴，梧桐滴露，诗人则永夜不寐。这首诗当是大中五年中秋所作。曰"孤鹤从来不得眠"，不但明白揭出悼伤之人，且表明王氏逝世已有相当长的一段时日。

商隐从洛阳出发，大约在中秋后，行前有《临发崇让宅紫薇》诗云：

一树浓姿独看来，秋庭暮雨类轻埃。

不先摇落应为有，已欲别离休更开。

桃绶含情依露井，柳绵相忆隔章台。

天涯地角同荣谢，岂要移根上苑栽？

首联谓紫薇于秋庭暮雨中盛开，"独看"，见花之寂寞无赏。颔联谓紫薇逢此清秋，未先摇落，应是为我而开；而我即将离此远赴天涯，则花开谁赏，故说"休更开"。前两联虽未明显以紫薇自况，而彼此寂寞无赏、惺惺相惜之情已寓其中，花之与己，实二而一。颈联谓露井之桃、章台之柳，均逢时得地者，今后当异地相隔，不复得见。尾联以紫薇自喻，谓帝京上苑之桃柳与天涯地角之紫薇同一荣谢，又何必移根上苑哉！聊自解嘲中正含有愤郁不平。"移根上苑"，喻任朝廷显职；"天涯地角"，正点自己将远赴西南的梓州。

大约八月下旬，商隐抵达长安。以下诸诗均赴职梓州之前在长安所作。《王十二兄与畏之员外相访见招小饮时余以悼亡日近不去因寄》：

> 谢傅门庭旧末行，今朝歌管属檀郎。
> 更无人处帘垂地，欲拂尘时簟竟床。
> 嵇氏幼男犹可悯，左家娇女岂能忘？
> 秋霖腹疾俱难遣，万里西风夜正长。

颔联所写，当是商隐在长安的旧居室空人杳的景象。如今妻子长逝，只留下一对幼男弱女，自己即将远赴东川，只能将儿女寄养在长安亲友家，思之惨然，故说"犹可悯"、"岂能忘"。

这时，旧日幕主郑亚的灵柩由循州运回长安，商隐闻讯，前往"故驿"（当指蓝田驿）迎吊，有《故驿迎吊故桂府常侍有感》：

> 饥乌翻树晚鸡啼，泣过秋原没马泥。
> 二纪征南恩与旧，此时丹旐玉山西。

"二纪征南恩与旧"，指李德裕与郑亚间的旧谊。郑亚曾在李德裕任浙西观察使时为幕府从事，时在长庆二年至大和三年期间。至大中三年德裕去世，正符"二纪"之数。这首诗不仅将郑亚的命运与李德裕的命运联系在一起，而且将自己的命运与郑亚联系在一起。郑亚因与德裕有"恩与"之谊而贬死荒远，自己又因与郑亚的关系，而如"饥乌"翻树，无可栖托。党局辗转相牵，致使寒士抑塞穷途,沉沦困顿,这正是诗人迎吊旧日幕主时触发的政治与人生感慨。

在赴东川之前,商隐曾到令狐绹所居的晋昌坊府第告别,诗集有《宿晋昌亭闻惊禽》、《晋昌晚归马上赠》二诗,均此时所作。前诗写闻惊禽而起羁绪,末句以"远隔天涯共此心"作结,后诗尾联云"征南予更远,吟断望乡台",都明白提到自己有"远隔天涯"的"征南"之行。但二诗都未提到令狐绹,行前是否见到令狐绹,也未明说。

商隐动身赴梓州,约在九月上旬。同年和连襟韩瞻殷勤相送,一直送到长安西面的咸阳。《赴职梓潼留别畏之员外同年》:

佳兆联翩遇凤凰,雕文羽帐紫金床。
桂花香处同高第,柿叶翻时独悼亡。
乌鹊失栖常不定,鸳鸯何事自相将?
京华庸蜀三千里,送到咸阳见夕阳。

商隐与韩瞻开成二年同登进士第,又先后娶王茂元女,但处境遭遇却颇不相同。诗将自己与韩瞻对照写来,对自己"乌鹊失栖常不定"的漂泊生涯和"独悼亡"的孤孑处境深有悲慨。交亲零落,只身赴蜀,惟有韩瞻深情相送。尾联"言有尽而意无穷"(朱彝尊评,见《李义山诗集辑评》)。

从此,商隐又踏上了人生旅程中新的征途,也是他一生当中羁泊异乡、寄迹幕府时间最长的一段生活经历——梓幕五年。

第十四章　梓幕五年（上）

从大中五年深秋到九年冬暮罢幕归京，商隐经历了一生中历时最长的梓幕生涯。由于大中七年冬至八年春有过一次回京之行，其归京时间、由京返梓时间及有关诗文从未有人作过详细考证，影响到一系列诗文误系误解，特分上、下两章考述。详参本册附考五及附考七第一题。

第一节　赴梓途中

商隐这次远赴东川，是在妻子王氏去世不到半年的情况下，抛儿别女，只身一人前往戎幕的。和殷勤相送到咸阳的韩瞻告别后，便踏上了西南之行的漫漫长途。这一年天冷得早，九月就下起了雪。在西向凤翔、陈仓的路上，商隐吟成一首《西南行却寄相送者》，寄给韩瞻：

> 百里阴云覆雪泥，行人只在雪云西。
> 明朝惊破还乡梦，定是陈仓碧野鸡。

前两句为已历之境，境界广远而低迷，暗透情绪的黯淡。后两句为未历之境，一方面借"还乡梦"点明全篇主旨，另一方面又借"碧鸡惊梦"的想象给羁旅愁绪涂上一层轻淡的新鲜感，使全篇的情调不显得过于沉重与感伤。题为"西南行却寄相送者",读来却又像是送者所写的《友人西南行遥有此寄》,行者所描绘或悬想的景物情事,不妨同时看成送者对行者的遥想,笔意殊妙。

商隐行至陈仓西南的散关,又遇上了大雪。远行的辛苦、处境的孤单、气候的寒冷,使诗人更加怀念不久前还是完整、温暖的家,写下五绝《悼伤后赴东蜀辟至散关遇雪》:

> 剑外从军远,无家与寄衣。
> 散关三尺雪,回梦旧鸳机。

由"从军远"、"三尺雪"自然想起"寄衣",但转念一想,已是"无家"可给自己寄衣了。尽管如此,在旅途雪夜,他在梦中仍然回到了充满家庭温馨气息的"旧鸳机"旁。现实生活中的寒冷、孤单与梦中的温馨形成鲜明对照,使前者更显突出。诗写得情致曲折而又一气浑成。这种诗实非有意施巧,而是情之所至,自然流出。

过散关,沿嘉陵江南行,通过险峻的栈道,来到利州(治今四川广元市)。贞观元年至五年,武则天的父亲武士彟曾在这里担任过利州都督,当地流传着武后母亲在利州江潭与龙交合而孕武后的传说。胡震亨《唐音戊签》引《九域志》云:"武士彟为利州都督,生后曌于其地。"《唐音癸签》引《蜀志》云:"则天父士彟泊舟江潭,后母感龙交娠后。"这个传说实际上是把中国历史上这位有作为的女皇帝的出生加以神化,把她描绘成真龙天子。商隐这次路经利州,泊舟江潭,有感于这一传说,写下《利州江潭作》:

> 神剑飞来不易销,碧潭珍重驻兰桡。
> 自携明月移灯疾,欲就行云散锦遥。
> 河伯轩窗通贝阙,水宫帷箔卷冰绡。
> 他时燕脯无人寄,雨满空城蕙叶凋。

题下自注:"感孕金轮所。"诗即敷演这一传说。诗中将龙人交合的场景写得新奇浪漫,富于美感。起句说"神剑飞来不易销",见武后之君临天下,实承天命;尾联描绘雨满空城、蕙叶凋衰的景象,也透露出诗人对一代女主的追怀。从中可以看出,唐人对武后的看法相当通达。何焯说:"武后见骆宾王檄文,犹以为斯人沦落,宰相之过。义山为令狐绹所摈,白首使府,天子曾不知其姓名,有不与后同时之恨。"(《义门读书记》)这种情感,作为一种潜在的创作动因,也许不能完全排斥。

从利州再乘舟西南行,不日到达益昌县桔柏津附近的望喜驿。从这里开始,嘉陵江折向东南流,而商隐则舍舟登陆,继续朝西南方向的剑门前行。在和嘉陵江水告别时,写下《望喜驿别嘉陵江水二绝》:

嘉陵江水此东流,望喜楼中忆阆州。
若到阆州还赴海,阆州应更有高楼。

千里嘉陵江水色,含烟带月碧于蓝。
今朝相送东流后,犹自驱车更向南。

登驿楼而远望,但见嘉陵江蜿蜒而去,流向天外,乃想象其流经阆州又远赴沧海的情景。忆,遥想之意,非回忆之"忆"。"阆州应更有高楼"者,乃因望喜驿登高望远的环境推进一层,仿佛魂随江水而去,至阆州而复登高楼遥望其东流入海,极状对嘉陵江的依依惜别之情。次章前两句赞美嘉陵江之源远流长,水色清碧,而己之披星戴月、顺江南下几近千里之意亦隐含其中。三、四句则谓与江水分别之后,己尚须驱车更向南行。诗中嘉陵江水的形象,俨然像一位在旅途中相依相伴多日而今分携的友人。温庭筠《过分水岭》诗云:"溪水无情似有情,入山三日得同行。岭头便是分头处,惜别潺湲一夜声。"可与此二首互参。

别嘉陵江水之后,就进入了剑南道所属的剑州地面。剑门天险给商隐留下了深刻印象。再往前行,就到了梓潼县,县有张恶子庙。《太平广记》引《北梦琐言》云:"梓潼县张蛋子神,乃五丁拔蛇之所也。或云巂州张生所养之蛇,因而立祠,时人谓为张蛋子,其神甚灵。"《方舆胜览》:"张恶子庙,即梓潼庙,在梓潼县北八里七曲山。"《太平寰宇记》:"剑州梓潼县济顺王,本张恶子,晋人,战死而庙存。"可能是先有晋人张恶子庙,后因地近五丁拔蛇之所,故讹变为张垩子(垩音恶,系毒蛇)。诗人有《张恶子庙》云:

下马捧椒浆,迎神白玉堂。
如何铁如意,独自与姚苌?

姚苌是后秦开国君主,以东晋孝武帝太元十一年即帝位于长安。释道源注引《梓潼化书·第七十五化》云:"建兴末作儒士,称谢艾,为张轨主簿。张重华嗣位,石季龙使将麻秋侵寇,命艾以千人击之。秋单骑宵遁,继而往关中与姚苌为友。然厌处凡世,思归蜀峰,约苌曰:'苟富贵,无相忘!'后苌以龙骧将军使蜀,至凤山访予,予礼待之,假以铁如意,祝之曰:'麾之可致兵。'苌疑予,予为之一麾,戈盾戎马万余列之平坡……"这首诗因张恶子庙祭祀之事而有感,慨叹神既是忠直之士,如何将铁如意给了僭位割据称王的姚苌呢?借以讽朝廷将军事指挥权交给了有割据野心的藩镇。商隐另有《井络》一诗,其中提到金牛道和剑门,也有可能作于同时①:

---

① 此诗也有可能作于抵达梓州之后,同年十二月差赴成都推狱时。因反对藩镇割据的主旨与《张恶子庙》相近,故一并叙述。

> 井络天彭一掌中,漫夸天设剑为峰。
> 阵图东聚夔江石,边析西悬雪岭松。
> 堪笑故君成杜宇,可能先主是真龙?
> 将来为报奸雄辈,莫向金牛访旧踪。

前幅极写蜀地山川险阻,而以"一掌"、"漫夸"微露天险不足恃的意旨。五、六句层递,主意在对句,以先主刘备之才略尚不能成为混一区宇的真龙,则其他等而下之的奸雄辈的命运可想而知。尾联顺势对妄图恃险割据者提出警告。李白《蜀道难》、杜甫《剑门》都对恃险割据蜀地的危险表示过忧虑和愤慨,商隐此诗,用意与李、杜一脉相承。

商隐由梓潼县抵梓州,系先西南行至绵州巴西郡,然后沿涪江而下直达梓州。在由梓潼至绵州的旅途上,商隐写了《梓潼望长卿山至巴西复怀谯秀》:

> 梓潼不见马相如,更欲南行问酒垆。
> 行到巴西觅谯秀,巴西唯是有寒芜。

题内的长卿山,在梓潼县治西南,旧名神山。唐玄宗奔蜀,见山有司马相如读书之窟,因改名长卿山。谯秀系巴西西充国人,谯周之孙。西充唐时属果州。但此诗之"巴西",实指唐时绵州巴西郡之巴西县。巴西县在梓潼县之西南,而成都又在巴西县之西南。诗言行至梓潼县望长卿山而不见司马相如其人,故更欲南行至成都,访其酒垆遗迹。乃行至巴西而寻觅谯秀之遗迹,亦惟见一片寒芜而已,言外见"南行问酒垆"亦大可不必。此盖行役道中怀古而兴世无知音之慨。商隐《上河东公谢辟启》云:"射江奥壤,潼水名都,俗擅繁华,地多材隽,指巴西则民皆谯秀,访临邛则客有相如。"诗意则正好与此相反,谓今并无其人矣。据"寒芜"句,诗当为大中五年冬赴梓州道中作。以绵州巴西为谯秀籍贯之巴西，犹以虢州之荆山为卞和献玉之荆山，固不必拘泥。

以上这一系列赴梓道中诗，为我们清晰地画出了诗人由长安至梓州的经行路线：过陈仓，越散关，沿嘉陵江而下，至利州，于望喜驿别嘉陵江水后复驱车西南行，越剑阁，至梓潼县，再西南行至巴西县，乃顺涪江而下抵达梓州。而出现在这些诗中的诗人则是孑然独行的天涯羁旅者。

据《樊南乙集序》"十月得见"之语，商隐抵达梓州的时间约在大中五年的十月下旬。

第二节　成都推狱

商隐到达东川幕府后，原先辟署的幕职——节度书记改为判官。《樊南乙集序》说："十月得见，吴郡张黯见代，改判上军。"冯浩云："在徐已为判官，以故求改也。"在《上河东公谢辟启》"若某者又安可炫露短材，叨尘记室……承命知忝，抚怀自惊，终无喻蜀之能"句下冯氏亦云："兼寓不屑为书记之意。"冯氏此说恐不足信。柳仲郢辟署商隐为节度书记，是因为久闻其文名而用其所长，商隐即或感到判官在幕职中地位较高于书记，恐怕也不至于在谢辟启中表露对辟署书记一事的不满。实际上，商隐不但在大中五年七月即已接受了仲郢的东川节度书记之聘，而且在未赴东川时即已为仲郢之子柳璧代拟过谢韩琮的书启。如果他真的不愿屈就节度书记之职，也应在一开始就向仲郢表示，不会等到"十月得见"时再求改为判官。实际情况可能是：商隐受聘后，因忙于处理家事（包括妻子王氏的葬事、儿女的寄养等），赴东川的时间比仲郢及其他幕府从事晚了一个多月。而仲郢初到东川，公私文翰急需有人撰拟，在商隐未到的情况下，决定让吴郡张黯暂代书记之职。等到十月下旬商隐抵达梓州时，张黯已代理节度书记月余，于是干脆让商隐"改判上军"，即改任节度判官。所谓"十月得见，吴郡张黯见代"，即谓十月下旬到梓州谒见仲郢时，张黯正代理节度书记之职。这一

第十四章　梓幕五年（上）　　355

因迟到而改任的事实,先前的研究者大都忽略了。《樊南乙集序》接云:"时公始陈兵新作教场,判官务检举条理,不暇笔砚。"可见他刚到东川后的一段时间,判官的公务还是比较繁忙的。

商隐此次在妻子逝世后,抛下幼小的儿女,只身来到东川,孤寂伤感自不待言。柳仲郢同情他的境遇,让幕僚张觌转达他的意思,并亲笔写了一封信给商隐,准备在使府的乐籍中选一位色艺双全的伎人张懿仙做他的侍妾。商隐得知这一消息后,写了一封情辞恳切的《上河东公启》加以婉辞,其中写道:

某悼伤以来,光阴未几。梧桐半死,方有述哀;灵光独存,且兼多病。眷言息胤,不暇提携。或小于叔夜之男,或幼于伯喈之女。检庾信荀娘之启,常有酸辛;咏陶潜通子之诗,每嗟漂泊。

从中可以看出他对妻子王氏的深挚感情和对幼小儿女的深情眷念,这也正是他婉辞仲郢赠伎的主要原因。大约同时作的悼亡诗《李夫人三首》除了深情怀念亡妻以外,也有"惭愧白茅人,月没教星替"的诗句,冯浩谓"暗以白茅人比仲郢","月没教星替"即指赐张懿仙事。

商隐到达梓州后不久,同年韩瞻由员外郎调任普州刺史,商隐有《迎寄韩普州瞻同年》诗:

积雨晚骚骚,相思正郁陶。
不知人万里,时有燕双高。
寇盗缠三辅,莓苔滑百牢。
圣朝推卫索,归日动仙曹。

题内"普州",原作"鲁州",据叶葱奇、陶敏说改。① "寇盗"句下自注:"时兴元贼起,三川兵出。"所谓"贼起"、"兵出",指大中五年十月,"蓬、果群盗依阻鸡山,寇掠三川,以果州刺史王赞弘充三川行营都知兵马使以讨之"之事(《通鉴》)。此诗首联谓对雨相思。颔联谓韩瞻有刺普之行。腹联纪时事,想象其来路所经,关合"迎寄"。尾联预祝其异日还朝,名动仙曹。这场在商隐诗文中三次提到蓬、果百姓聚众反抗的斗争,在大中六年二月被王赞弘及宦官似先义逸残酷地扑灭。《通鉴》中对此事有一段相当具体的记载:

> 是时,山南西道节度使封敖奏巴南妖贼②言辞悖慢,上怒甚。崔铉曰:"此皆陛下赤子,迫于饥寒,盗弄陛下兵于溪谷间,不足辱大军,但遣一使者可平矣。"乃遣京兆少尹刘潼诣果州招谕之。潼上言请不发兵攻讨,且曰:"今以日月之明烛愚迷之众,使之稽颡归命,其势甚易,所虑者,武臣耻不战之功,议者责欲速之效耳。"潼至山中,盗弯弓待之。潼屏左右直前曰:"我面受诏赦汝罪,使汝复为平人。闻汝木弓射二百步,今我去汝十步,汝真欲反者,可射我!"贼皆投弓列拜,请降。潼归馆,而王赞弘与中使似先义逸引兵已至山下,竟击灭之。

崔铉(时任宰相)、刘潼是朝臣中比较明白事理,对百姓因"迫于饥寒"而聚众反抗有一定同情心的人士,采取的措施也比较得当。相比之下,王赞弘、似先义逸在对方已愿归降的情况下竟背信弃义地加以击灭,其手段之残酷卑劣可谓无以

---

① 诗题原作《迎寄韩鲁州瞻同年》。高宗调露元年置六胡州,其一为鲁州,开元二十六年并入宥州,属关内道,与梓州了不相及,显误。冯浩认为"鲁"似当作"果"。果州属山南西道,韩瞻如赴果州刺史任,顺嘉陵江水直下即可抵达,不经梓州,商隐无由迎寄,且鲁、果二字形、音均异,无由致误。叶葱奇、陶敏均以为"鲁"当作"普",是。普州在梓州之南,故可迎寄,且鲁、普形近,易淆误。今从之。
② 即所谓"蓬、果群盗"。

复加。商隐在《为兴元裴从事贺封尚书(敖)加官启》中说:"蓬、果凶徒,遂为逋寇,三里雾未能成市,五斗米乃欲诱人。联接坤维,依凭艮险,蹶跳锋刃,冒触罾罝……一举而张角师歼,再战而孙恩党尽。"虽说是依人所请歌颂幕主功绩不得不作此类语,但也表露了他对"寇盗"的态度。尽管在百姓沦为刑徒时他出于同情曾有"活狱"之举,《行次西郊作一百韵》中甚至还写到"盗贼亭午起,问谁多穷民"的情况,说明他对穷民迫于饥寒为"盗"并非不知情,但当他们真正聚众反抗时,其维护封建统治的立场还是十分鲜明而坚定的。

从《迎寄韩普州瞻同年》的自注及"时有燕双高"的景物描写看,这首诗当作于大中六年春天。韩瞻到达普州后,商隐又有诗寄酬随侍父亲在普州的韩偓,这就是《韩冬郎即席为诗相送一座尽惊他日余方追吟连宵侍坐徘徊久之句有老成之风因成二绝寄酬兼呈畏之员外》:

十岁裁诗走马成,冷灰残烛动离情。
桐花万里丹山路,雏凤清于老凤声。

剑栈风樯各苦辛,别时冰雪到时春。
为凭何逊休联句,瘦尽东阳姓沈人。①

首章追述大中五年深秋赴梓州时韩冬郎(韩偓小字)即席赋诗相送情事,对韩偓敏捷的诗才表示了高度的赞赏。"桐花"二句,从"凤雏"翻出,想象新奇,"寄酬"、"兼呈"双绾,笔意超妙。次章"剑栈风樯"指韩瞻由长安赴普州的水陆行程。韩瞻当于大中五年岁末离开长安,第二年春天抵达普州,故说"别时冰雪到

---

① 自注:"沈东阳约尝谓何逊曰:'吾每读卿诗,一日三复,终未能到。'余虽无东阳之才,而有东阳之瘦矣。"

时春"。三、四句由"冰雪"与"春"联想到何逊、范云"雪如花"与"花似雪"的联句,以及沈约对何逊的激赏,收归对冬郎诗才的称赞。诗写得亲切风趣,风调甚佳。标举"老成"与"清"来称赏韩偓诗风,也透露了商隐自己对诗歌的美学追求的一个方面。对这两首诗的系年,歧见杂出,笔者已另撰专文(见附考七《李商隐杂考二题》第一节)详加考证,此不赘述。

大中五年十二月十八日,商隐以侍御身份奉命前往西川节度使府去推狱。关于此行的原因,他在《为河东公上西川相国京兆公书》中有明确叙述:

> 姚熊顷时斗殴,偶在坤维,阿安未容决平,遽诣风宪。当道频奉台牒,令差从事往推。去就之间,殊为未适。顾惟敝府,托近贵藩,虽蒙与国之恩,犹在附庸之列。仰遵教指,尚惧尤违;敢遣宾僚,往专刑狱?自奉台牒,夙夜兢惶。今谨差节度判官李商隐侍御往,以今月十八日离此。

事情本身很简单:一个居住在东川节度使辖境内的人姚熊,在西川境内斗殴。西川的当事人阿安不等州府判决,直接向御史台控告。御史台下牒命东川节度使派幕僚前往西川会审。李商隐奉柳仲郢之命以"侍御"身份前往推狱。当时西川节度使是杜悰。商隐与杜悰之间有远房的亲戚关系(杜悰之父式方为商隐从祖父李则的次女婿,故二人有疏远的中表之亲,商隐称悰为"杜七兄")。这次奉命到成都推狱,正好提供了一个谒见杜悰的机会。

梓州离成都不过数百里,商隐十二月十八日启程,抵达成都大约在二十二三日①。推狱的公事可能非常简单,处理完狱事后,商隐趁此机会拜谒了久已向往的武侯祠,其《武侯庙古柏》即作于此时:

---

① 商隐《献相国京兆公启二》:"去前月二十四日,误干英眄,辄露微才,八十首之寓怀,幽情罕备;三十篇之拟古,商较全疏。"所指系大中五年十二月二十四日向杜悰献诗事,可证此前已抵成都。

> 蜀相阶前柏,龙蛇捧閟宫。
>
> 阴成外江畔,老向惠陵东。
>
> 大树思冯异,《甘棠》忆召公。
>
> 叶凋湘燕雨,枝拆海鹏风。
>
> 玉垒经纶远,金刀历数终。
>
> 谁将《出师表》,一为问昭融?

《成都记》说,武侯庙前有双大柏,古峭可爱,人言诸葛亮手植。段文昌《古柏文》:"武侯祠前,柏寿千龄,盘根拥门,势如龙形。"诗因柏及人,缅怀诸葛亮治蜀的功绩和统一中国的远大规划,颂扬其忠于先主、功高不伐的品德,并为其遭逢末世、志业不成深致痛惜。诗中着重抒发的"生于末世运偏消"的感慨,可能融会了诗人来自现实政治的感受。晚唐国运衰颓,危机深重,统治集团中即使偶有富于才略的人物,也往往因为客观环境的制约而难以有大的作为。"叶凋"二句,用典显然有所寓指。张采田笺此诗云:"因武侯而借慨赞皇(李德裕)也。'大树'二句,一篇主意。赞皇始终武宗一朝,后遭贬黜,故曰'阴成外江畔,老向惠陵东'也。'叶凋'句指李回湖南,'枝拆'句指郑亚桂海。二人皆义山故主,又皆受卫公恩遇,同时远窜,故特言之。'玉垒'句暗指卫公维州之事。'金刀'句言其相业烟消,亦以见天之不祚武宗也,结则搔首彼苍之意。此为义山是冬(指大中五年冬)赴西川推狱时所赋。"张氏此说,确有见地,非寻常穿凿附会之说可比。"叶凋"、"枝拆",忽入"湘"、"海",确实是有意透露别有寓托的痕迹。湘燕雨、海鹏风,如单纯用典,实无所取义,而以之寄慨李回、郑亚之责贬湘中、海上,则豁然可通。"玉垒"句与诸葛亮治蜀事迹并无直接关联,但联系大和五年吐蕃维州守将悉怛谋以城降,其时任西川节度使的李德裕"既得之,即发兵以守,且陈出师之利。(牛)僧孺居中(时为宰相)沮其功,命返悉怛谋于虏"(《新唐书·李德裕传》)之事,及会昌年间李德裕追论维州之事①,可以看出"玉垒经纶远"确有所指。德裕状中称收复维州"可减八处镇兵,坐收千里旧地……有莫大之利,为恢复之机",可见他对维州归降一事的措置确有远略。玉垒山在维州境,故云"玉垒经纶远"。② 以上各句,与德裕治蜀,李回、郑亚远贬事如此吻合,绝非偶然。在晚唐政治家中,李德裕的政治、军事才能确实可比诸葛亮。宋叶梦得《避暑录话》卷二:"李德裕是唐中世第一等人物,其才远过裴晋公。错综万务,应变开阖,可与姚崇并立。"清人毛凤枝《关中金石文字存逸考·剑南西川节度使题名》下亦云:"余少读《通鉴》,每见赞皇之料事明决,号令整齐,其才不在诸葛下。而宣宗即位,自坏长城,赞皇功业不就,唐祚因以日微。"而商隐作为德裕的同时代人,已先见及此。实际上,《武侯庙古柏》并非孤立的存在,同作于梓幕期间的另两首诗同样隐寓着对李德裕的追思缅怀与对其悲剧命运的深沉感慨。《筹笔驿》(作于梓幕罢归长安途中)云:

猿鸟犹疑畏简书,风云长为护储胥。
徒令上将挥神笔,终见降王走传车。
管乐有才终不忝,关张无命欲何如?
他年锦里经祠庙,《梁甫》吟成恨有余。

此诗因地及人,在追思赞叹诸葛亮才比管、乐,用兵如神的同时,对其遭逢末世庸主,失去关、张大将,终致志业无成深寓悲慨。论者多以此诗与杜甫《蜀相》并提。就艺术成就言,二诗确可比肩。但此诗内容,实更近于杜甫《咏怀古迹》其五。"伯仲之间见伊吕,指挥若定失萧曹",即此诗之"管乐有才终不忝"、"上将

---

① 详《通鉴·会昌二年》及《会昌一品集》卷十二《论大和五年八月将故维州城归降准诏却执送本蕃就戮人吐蕃城副使悉怛谋状》。
② 李德裕治蜀功绩,具详两《唐书》本传。

挥神笔"之意；而"运移汉祚终难复"一语，更可移作《筹笔驿》之主题。惟杜作于"运移汉祚"的前提背景下仍突出诸葛亮"志决身歼军务劳"的主观精神品质，而李作则深慨身处末世的志士才人对衰颓的国运无力回天。这种侧重点的转移变化，正透露出时代的消息。晚唐李德裕的才能与遭遇，就与诸葛亮有相似之处。诗人在慨叹诸葛亮空有才略而无力挽回国运的同时，很可能就融入了对现实政治的类似感慨。

另一首《无题》也寓含着对李德裕的追缅之情①：

> 万里风波一叶舟，忆归初罢更夷犹。
> 碧江地没元相引，黄鹤沙边亦少留。
> 益德冤魂终报主，阿童高义镇横秋。
> 人生岂得长无谓，怀古思乡共白头！

此诗主旨，尾联已明白揭出。其中腹联追思赞颂两位与蜀中有关的历史人物：张飞与王濬。"益德冤魂终报主"，事虽不详所出，但其意在赞颂其死后犹报主之忠，则固较然。"阿童高义"则颂王濬生而惠及百姓之高义，旧注引王濬全活巴人之德政，甚确。陈寅恪谓"益德"句喻指李德裕死后因"西边兵食制置事"而有功于朝廷②，似可信。实则"阿童"句亦寓指德裕任西川节度使时之德政。《新唐书·李德裕传》："徙剑南西川……蜀人多鬻女为人妾。德裕为著科约，凡十三以上，执三年劳，下者，五岁，及期则归之父母。毁属下浮屠私庐数千，以地予农。"其事与王濬颇相类。(《晋书·王濬传》："濬除巴郡太守，郡边吴境，兵士苦役，生男皆不养。濬严其科条，宽其徭课，其产育者皆与休复，所全活者数

---

① 纪昀认为此诗系佚去本题而编录者署曰《无题》。
② 详见其《李德裕贬死年月及归葬传说辨证》一文，原载《历史语言研究所集刊》第五本第二分，收入《金明馆丛稿二编》。

千人。")前举《武侯庙古柏》已借"玉垒经纶远"赞扬李德裕镇西川期间接纳吐蕃维州守将悉怛谋之降的远略,这首《无题》又以"阿童高义"寓指德裕治蜀之善政,正可互参。如果将这三首作于蜀中的诗和商隐此前一系列或赞颂或同情李德裕的诗文联系起来考察,可以肯定地说,从会昌四年撰《为李贻孙上李相公启》开始,到梓幕罢归,李商隐对李德裕的才略功绩一直是持肯定赞扬态度的,并对其志业未成深表痛惜。

但是,当我们把上述诗文中所表现出来的对李德裕的真实态度与赴西川推狱期间商隐献给杜悰的两诗两启加以对照时,却发现其间存在极大的反差。杜悰曾于会昌四年七月至会昌五年五月间任宰相,属于牛党,在相位及此后历任雄藩大镇期间均无善政。但商隐投献杜悰的诗和启中却对杜悰大加赞颂。尽管这是投献权贵的诗文常见的通病,但有些赞颂如与杜悰的实际行事相对照,实在过于离谱,如《五言述德抒情诗一首四十韵献上杜七兄仆射相公》云:

南诏应闻命,西山莫敢惊。
寄辞收的博,端坐扫欃枪。
雅宴初无倦,长歌底有情!

《今月二日不自量度辄以诗一首四十韵干渎尊严伏蒙仁恩俯赐披览奖逾其实情溢于辞顾惟疏芜曷用酬戴辄复五言四十韵诗一章献上亦诗人咏叹不足之义也》云:

开吴相上下,全蜀占西东。
锐卒鱼悬饵,豪胥鸟在笼。
疲民呼杜母,邻国仰羊公。

据《新唐书·杜惊传》载:"徙西川,复镇淮南。时方旱,道路流亡藉藉,民至漉漕渠遗米自给,呼为'圣米',取陂泽荄蒲实皆尽,惊更表以为祥。狱囚积数百千人,而荒湎宴适不能事。"这虽是淮南节度使任上的事,但其"荒湎宴适"、不理政事的作风是一贯的。商隐在献诗中却把这种作风当做"雅宴"来歌颂,甚至吹捧说"疲民呼杜母",这就与事实完全相反了。但献诗中最伤忠厚的是涉及李德裕的两段文字。前诗云:

率身期济世,叩额虑兴兵。
感念嵴尸露,咨嗟赵卒坑。
倘令安隐忍,何以赞贞明?
恶草虽当路,寒松实挺生。
人言真可畏,公意本无争。

后诗云:

慷慨资元老,周旋值狡童。
仲尼羞问阵,魏绛喜和戎。
款款将除蠹,孜孜欲达聪。
所求因渭浊,安肯与雷同?

这两段同咏一事,即会昌五年杜惊罢相的原因,其中涉及杜惊与李德裕的分歧。《通鉴·会昌四年》载:"潞人闻三州降,大惧。郭谊、王协谋杀刘稹以自赎……斩之,因收稹宗族……乃函稹首,遣使奉表及书,降于王宰……乙未,宰以状闻……上曰:'郭谊宜如何处之?'德裕曰:'刘稹呆孺子耳,阻兵拒命,皆谊为之谋主；及势孤力屈，又卖稹以求赏。此而不诛，何以惩恶！宜及诸军在境，并谊等诛之。'乃诏石雄将七千人入潞州，以应谣言。杜悰以馈运不给，谓谊等可赦。上熟视不应。"既斩郭谊，乃悉诛昭义将士之同恶者，死者甚众。卢钧疑其枉滥，奏请宽之，亦不听。应该说，李德裕提出郭谊是谋主，不可赦，体现首恶必诛的原则，是正确的，但其后杀戮过多，亦属失当。而商隐在诗里却就此事的措置把李德裕说成是"当路"的"恶草"，把以馈运不继为由主张赦免郭谊的杜悰吹捧为"挺生"的"寒松"，从根本上否定李德裕的人品政绩，这就颠倒了是非。这样阿谀杜悰，肆意诋毁他内心里认为应该充分肯定和赞扬的李德裕，实在让人吃惊。冯浩说他"丑诋名臣"，"以投赠之故，冀耸尊听，不惜违心而弄舌"，这个批评是正确的。这种违心的攻讦确实反映了商隐人品方面的缺陷。从国家的利益出发，他内心确实对李德裕的功绩持肯定、赞赏的态度，但为了求得杜悰的汲引，却不惜"违心而弄舌"，将李德裕诬为"恶草当路"，这种人格上的分裂正反映了他的悲剧性格，让人感到其可悲亦复可悯。

尽管商隐在连续献给杜悰的四首精心结撰的诗文中一再颂扬杜悰，诉说自己的困窘处境，甚至说到"弱植叨华族，衰门倚外兄。欲陈劳者曲，未语泪先横"的地步，但杜悰除了对他的献诗表示赞赏以外，并未对他有任何实际的帮助。眼看"本府已有追符，即日径须上路"，商隐只好离开成都返回梓州。行前在为他饯行的宴席上，他仿杜工部体作了《杜工部蜀中离席》这首著名七律：

> 人生何处不离群？世路干戈惜暂分。
> 雪岭未归天外使，松州犹驻殿前军。
> 座中醉客延醒客，江上晴云杂雨云。
> 美酒成都堪送老，当垆仍是卓文君。

对这首诗所写内容的理解，涉及诗题和诗的性质。题首"杜工部"一作"辟工部"。程梦星引《旧唐书·李商隐传》"柳仲郢镇东蜀,辟为判官,检校工部郎中"(《新唐书·李商隐传》作"检校工部员外郎"),谓与题"辟工部"正合。但检校工部郎中之京衔,商隐梓幕诗文中均未见,颇疑两《唐书》编撰者误据此诗题首"辟工部"之文而有"检校工部郎中"或"检校工部员外郎"之记载。其实,"辟工部蜀中离席"的诗题本不可通,诗中亦丝毫未涉及辟工部之事。而"杜工部蜀中离席"则明谓拟杜工部体而以"蜀中离席"为题,与商隐诗集中《韩翃舍人即事》之为拟韩翃诗风格而以"即事"为题的情况相同。这种制题方式均仿效江淹的《杂体诗三十首》,与《李都尉陵从军》、《班婕妤咏扇》、《魏文帝曹丕游宴》、《陈思王曹植赠友》等题完全一致。在江淹这三十首诗中,不但每首标明仿某人之作,诗的内容也是设身处地悬拟所仿诗人的情事,而不是写江淹自己的当前情事。因此,《杜工部蜀中离席》实际上是仿效杜工部体并悬拟其在蜀中离席上所见所感的诗,写的并不是商隐自己在蜀中离席上的情事,只有明确了这一点,对诗的颔、腹两联才不致产生误解。① 从拟杜工部体这一点来看,这首诗不仅声律格调酷似杜甫,而且深得杜诗伤时忧国之神髓。"雪岭"一联,取境阔远,将杜甫当日蜀中干戈不断、战乱未已的局势描绘得既形象又概括,言外自有无限伤时忧国之情,思深意远。王安石激赏此联,将其与"永忆江湖归白发,欲回天地入扁舟"诸联并提,誉为"虽老杜无以过",是很有眼光的。

第三节　幕府生活和伤春意绪

《樊南乙集序》说:"(大中五年)七月,尚书河东公守蜀东川,奏为记室。十月得见,吴郡张黯见代,改判上军。时公始陈兵新作教场,阅数军实,判官务检

---

① 程梦星认为颔联是写时事,引刘潼招谕蓬、果聚义百姓及王贽弘扑灭之事以解之,与"雪岭"、"松州"显然不符。冯浩则以为别有寓意。笔者所撰《李商隐诗歌集解》初版引大中六年四月党项复扰边之事以解颔、腹二联,亦属误解。2004年增订重排本已改正,可参。

举条理,不暇笔砚。明年,记室请如京师,复摄其事。"

商隐以节度判官而兼摄记室,大约从大中六年三月就正式开始了。文集中有一系列代柳仲郢撰拟的上杜悰的书启,如《为河东公谢相国京兆公启》、《为河东公谢相国京兆公第二启》、《为河东公谢相国京兆公第三启》、《为河东公复相国京兆公启》、《为河东公复相国京兆公第二启》,是为仲郢子柳珪先被杜悰辟署为成都府参军及西川节度安抚巡官,后杜悰移镇淮南,又被辟为淮南节度使府从事而作的谢启及复信。与此同时,又有为柳珪代拟的谢辟、谢衣绢、谢马启三首。以上诸启,写作的时间从大中六年三月初到五月初。杜悰离西川赴淮南节度使任时,商隐又奉柳仲郢之命,专程赴渝州及界首,"备具饩牵,指挥馆递"(《为河东公复相国京兆公启》),迎送杜悰。这年冬天,又有为柳仲郢代拟的上继任西川节度使白敏中、宰相、尚书侍郎给事、翰林学士、方镇武臣的贺冬启,可证大中六年这一年内,商隐始终代摄掌书记之职。直到大中七年十一月撰《樊南乙集序》时,仍兼此职。因此,在大中六年、七年两年中,一身而二任的商隐,幕府公务是相当繁忙的。大中六年三月,他抽空外出赏春,写了一首《三月十日流杯亭》:

身属中军少得归,木兰花尽失春期。
偷随柳絮到城外,行过水西闻子规。

商隐军务倥偬,无暇赏春,及至木兰花尽、柳絮纷飞,春期已失之时,方得偷空潜行城外,而春物已不复见,惟闻子规啼血之声。寄迹幕府,杂务缠身,岁月虚捐之慨,言外见之。这首诗中的"水西",即梓州城外的西溪,是风景佳胜之处。梓幕期间,商隐曾多次出游西溪,集中有西溪诗三首,《夜出西溪》云:

东府忧春尽,西溪许日曛。

月澄新涨水，星见欲销云。
柳好休伤别，松高莫出群。
军书虽倚马，犹未当能文。

幕府事繁而无暇出游，因忧春尽故作夜出西溪之游。三、四句西溪即景，写景秀丽，白描胜境。五、六句借柳、松寓感。幕主柳仲郢善待自己，故云"柳好休伤别"（柳寓仲郢之姓，又关合折柳送别）；高松自喻，同僚或有忌才者，故云"松高莫出群"。七、八句承"松高"，既自负才高，亦自伤才而不遇。据"军书倚马"句，当是大中六年复摄记室后所作。又有《西溪》五排云：

怅望西溪水，潺湲奈尔何！
不惊春物少，只觉夕阳多。
色染妖韶柳，光含窈窕萝。
人间从到海，天上莫为河。
凤女弹瑶瑟，龙孙撼玉珂。
京华他夜梦，好好寄云波。

怅望西溪流水，潺湲而去，中心惘然。"奈尔何"即《谒山》诗"从来系日乏长绳，水去云回恨不胜"之慨。次联点明此意，谓见此西溪夕照景色，不禁触动流年之叹、迟暮之慨。"不惊"、"只觉"，似旷达实惆怅。"色染"、"光含"，状西溪水色之清碧，以衬"春物"之韶丽，而"夕阳无限好，只是近黄昏"之慨亦自寓其中。"人间"二句，承上启下，谓溪水东流，既无奈尔何，则亦惟有任其到海而已，但希其莫成为天上之银河以阻隔牛女之会。诗至此已由感迟暮而转出伤别离之意。末四句，凤女、龙孙指其在京寄养之子女。牛女之会，此生已休，惟望异日思念京华儿女之梦，能借此云波以寄也。语悲情深，令人凄然。这首诗曾得到幕主

柳仲郢的称赏与酬和,《谢河东公和诗启》云:

> 某前因假日,出次西溪。既惜斜阳,聊裁短什。盖以徘徊胜境,顾慕佳辰,为芳草以怨王孙,借美人以喻君子……不知谁何,仰达尊重,果烦属和,弥复兢惶。

启中所谓"既惜斜阳,聊裁短什",指的就是这首因流连西溪夕照景色而作的短篇五言排律《西溪》。从"为芳草以怨王孙,借美人以喻君子"的话看,商隐认为自己这首诗是有所寓托的。只不过这种寓托,并非刻意设喻,而是触物兴怀,在写景抒情中自然流露迟暮之感和伤别之情。可惜柳仲郢的和诗已佚,否则将能看到仲郢对商隐诗的感受与理解。据此还可推知当时东川幕府中常有游赏宴会及诗歌唱酬之事。商隐诗集中有《病中闻河东公乐营置酒口占寄上》、《南潭上宴集以疾后至因而抒情》、《夜饮》等诗,反映的都是东川幕中的游宴生活。商隐因为身体欠佳,心情不好,往往勉强应召前往或托病不赴。上面提到的这几首诗中,《夜饮》写得最为沉郁苍凉:

> 卜夜容衰鬓,开筵属异方。
> 烛分歌扇泪,雨送酒船香。
> 江海三年客,乾坤百战场。
> 谁能辞酩酊,淹卧剧清漳?

首联点明"夜饮"。衰鬓殊方,已透出沉沦漂泊的萧索悲凉意绪,"容"、"属"二字,尤为惨然。颔联正面写宴席上听歌饮酒情景,歌扇酒香的绮丽热闹境界与衰鬓异方的悲凉处境适成鲜明对照,语丽而情悲,"泪"字隐透意绪。腹联是夜饮中对时世身世的联想,意境阔大,感情沉郁,深得杜律神味。"乾坤"句泛指人世间种种矛盾争斗,非指狭义之战争,否则真如何焯所评是"不病而呻"了(何评见《义门读书记》)。尾联以"谁能辞酩酊"反结,将借酒浇愁、强颜为欢的情绪更深一层地表现出来。这种因参与宴饮游赏而触动身世之感的情况常见于这一时期的诗中,《江亭散席循柳路吟归官舍》云:

> 春咏敢轻裁,衔辞入半杯。
> 已遭江映柳,更被雪藏梅。
> 寡和真徒尔,殷忧动即来。
> 从诗得何报?唯感二毛催。

此因江亭散席循柳路吟归而生身世之慨。起二句谓席间不敢轻裁春咏,往往刚饮半杯即衔辞沉吟良久。三、四句循柳路所见,春江映柳,白雪藏梅,早春景物如此,尤难属辞。五、六句谓平生为诗和之者寡,示知音者稀;作诗多抒身世之感,故殷忧动辄即来。结谓从事诗歌创作究竟得到什么报答呢?惟使人更加多愁善感、加速衰老的到来而已。《即日》一诗写游赏触发的伤春意绪最为出色:

> 一岁林花即日休,江间亭下怅淹留。
> 重吟细把真无奈,已落犹开未放愁。
> 山色正来衔小苑,春阴只欲傍高楼。
> 金鞍忽散银壶漏,更醉谁家白玉钩?

先是因为林花谢了春红而伤感于一年之花事已休,继又因春阴只傍高楼而更伤感于一日之好景难驻,再加以客散独归,银壶滴漏,不知醉卧谁家,遂觉极难为怀。诗将春残日暮人散引起的伤春意绪表现得很深入,特别是"重吟"一联,纯用虚字控驭,将美好事物凋残引起的惋惜、惆怅与无奈情绪写得非常曲折动人。

而《天涯》一诗,不妨看成对"伤春"意绪的浓缩与升华:

> 春日在天涯,天涯日又斜。
> 莺啼如有泪,为湿最高花。

天涯羁旅,又值春残日暮,乃觉莺啼花阑,无往而非伤心之境。三、四句用意深至曲折。最高花通常最早开、最秀美而且最引人注目,但如今它却作为残春的标志与象征,寂寞地挂在枝头。则伤春之泪,自应洒向象征残春的最高花。那啼泪的流莺,正不妨视为诗人"伤春"诗魂的象征。伤时之感,迟暮之悲,沉沦之痛,均可于虚处领之。

第十五章 梓幕五年（下）

此章主要考述商隐大中七年冬至八年春因思乡念亲而回长安，并在长安期间及返梓途中所作诗文的考证、笺释，纠正了一系列诗文的误系与误解。

第一节 思乡念亲

梓幕期间，商隐诗中一个最突出的主题，就是思念家乡和亲友。这是因为经历了大中五年的丧妻之痛后，商隐的整个精神世界受到了最沉重的打击，心灵似乎一下子变得苍老而脆弱了。远幕天涯，远离子女，那种漂泊无依的孤寂感就比以往任何时候都来得强烈。这时他心目中的家乡，已经不是通常意义上的狭义的故里，不是单纯指祖籍怀州和三世寓居的郑州，而是与剑外天涯相对的整个中原，甚至可以说，是一个虚化了的精神家园，一个能安顿这孤寂、漂泊的灵魂的地方。正是在这种极其强烈的情感的支配下，他创作了一大批思念家乡、亲友的优秀诗篇，成为梓幕期间写得最出色的一类诗。

《二月二日》作于大中七年的蜀中踏青节：

> 二月二日江上行，东风日暖闻吹笙。
> 花须柳眼各无赖，紫蝶黄蜂俱有情。
> 万里忆归元亮井，三年从事亚夫营。

> 新滩莫悟游人意,更作风檐夜雨声。

《全蜀艺文志》说:"成都以二月二日为踏青节。"梓州当亦同此风俗。踏青江行,本为游赏遣兴,但花柳蜂蝶,满眼春光,反而处处触动欲归不得的羁愁,甚至连欢畅的新滩流水之声,在怀着深重羁愁的人耳中,也化作一片风檐夜雨的凄其之声。诗中的"元亮井",只是一个虚泛的故乡家园的符号,不能实指,也不必实指。这首诗在以乐境写哀思方面达到很高成就,下册专论商隐七律时将作具体评述。《初起》:

> 想像咸池日欲光,五更钟后更回肠。
> 三年苦雾巴江水,不为离人照屋梁。

蜀中多雾,这首诗是早晨初起又对浓雾弥漫有感而作。妙在赋实中微寓比兴象征,既见诗人对这连日不开的苦雾的厌恶与无奈,对雾开日出复见青天的热切期盼,也透露出意绪的苦闷黯淡、心情的压抑窒息。点出"离人",正见诗人乡思羁愁的浓重。《写意》:

> 燕雁迢迢隔上林,高秋望断正长吟。
> 人间路有潼江险,天外山惟玉垒深。
> 日向花间留返照,云从城上结层阴。
> 三年已制思乡泪,更入新年恐不禁。

借客观景物抒怀,情由景生,情寓景中,故题为"写意"。起、结均直写思乡之情,但全篇所写之意远不止此。举凡迟暮羁滞之悲、世路崎岖之慨、时世阴霾之感,都寓含于颔、腹两联的情景描写中,思乡只是上述感情的触发点和归结点。

上述诸诗，包括上一章已经引述的《夜饮》诗，都同样出现了"三年"这个词语："三年苦雾巴江水"、"三年从事亚夫营"、"三年已制思乡泪"、"江海三年客"。对于一个失去相濡以沫的妻子，与幼小的儿女远隔数千里，精神上十分孤寂的羁客来说，这"三年"的日子实在是太长了。从这一连串频繁出现的"三年"中，不难想见他似乎时时刻刻都在经受着内心的煎熬，有一种度日如年之感。值得注意的是，这一时期所作的许多咏物诗中，也常常寓含着浓郁的思乡情绪，较之以前的咏物诗往往寓托身世之感有较明显的变化。如《柳》：

柳映江潭底有情，望中频遣客心惊。

巴雷隐隐千山外，更作章台走马声。

屈复说："客心思乡，望江潭柳色已自心惊，况巴雷隐隐更作章台走马之声乎？"（《玉谿生诗意》）《巴江柳》：

巴江可惜柳，柳色绿侵江。

好向金銮殿，移阴入绮窗。

羁留异乡之感与希入京华之想融合无间。《忆梅》：

定定住天涯，依依向物华。

寒梅最堪恨，长作去年花。

则又将羁泊天涯之感与非时早秀、不与年芳之慨融为一体。咏物诗中乡思羁愁的浓重，更加说明这一时期商隐的故乡情结之深。

与思乡之情相联系的是对亲人朋友的深切怀念。首先是对亡妻的怀念和

对子女的牵挂。大中六年适逢闰七月,他写了两首七夕诗,《壬申七夕》云:

> 已驾七香车,心心待晓霞。
> 风轻唯响珮,日薄不嫣花。
> 桂嫩传香远,榆高送影斜。
> 成都过卜肆,曾妒识灵槎。

首联写织女香车已驾,期盼佳期。次联写赴会时环境气氛,风轻珮响,日淡花香,入暮时情景衬出如此良夜即将来临。腹联借月桂传香、星榆送影暗写牛女会合与时间推移。尾联谓织女不欲人间知其会合之隐,忌有如成都卜肆识灵槎之人。商隐时已丧偶年余,故每因感慨自己与妻子的永别,转羡他人有期之别。此诗写牛女佳期及织女珍重佳期的心理,正是这种欣羡有期之别的心情的自然流露。如果说这一首还写得比较隐晦,那么《壬申闰秋题赠乌鹊》便写得比较明白:

> 绕树无依月正高,邺城新泪溅云袍。
> 几年始得逢秋闰,两度填河莫告劳。

曹操《短歌行》有"月明星稀,乌鹊南飞。绕树三匝,何枝可依"之句,"绕树无依"正切题内"乌鹊",暗喻自己羁泊无依。次句以"邺城"点自己之寄幕,以"新泪"指悼亡之痛。三、四句谓牛女年年只能一度相会,今幸得逢此秋闰,得以再度渡河相会,故乌鹊虽两度填河,亦莫辞劳苦。这是一个伤痛与妻子永别的不幸者希望屡次得逢闰秋七月,以实现一年两度相会,而殷勤酬谢两度填河之乌鹊者的内心独白。设想新奇,而感情沉痛。《七夕》也是丧妻后所作,意尤显豁:

> 鸾扇斜分凤幄开,星桥横过鹊飞回。
>
> 争将世上无期别,换得年年一度来。

"无期别",即永别、死别的同义语。一、二句写七夕牛女渡鹊桥相会。从常情看,牛女仅一年一度相会,可谓别多会少;但从与妻子永别的悼伤者看来,这"年年一度"却远胜"无期别"。慨叹与妻子相见无期,欲求如牛女之一年一会亦不可得。商隐大中五年、六年写的这一系列七夕诗,尽管内容、写法各不相同,但都贯串着一个共同的内容,这就是珍重现实的人生幸福、夫妻相聚。

《李夫人三首》是作于梓幕期间的悼亡诗:

> 一带不结心,两股方安髻。
> 惭愧白茅人,月没教星替。
>
> 剩结茱萸枝,多擎秋莲的。
> 独自有波光,彩囊盛不得。
>
> 蛮丝系条脱,妍眼和香屑。
> 寿宫不惜铸南人,柔肠早被秋眸割。
> 清澄有余幽素香,鰋鱼渴凤真珠房。
> 不知瘦骨类冰井,更许夜帘通晓霜。
> 土花漠碧云茫茫,黄河欲尽天苍苍。

首章起二句比兴,言男女结合,须有同心相爱作基础,单丝不能成线。惭愧,犹多谢。白茅人,喻指柳仲郢。三、四句谓多谢仲郢以歌伎(张懿仙)相赠,想让星(张懿仙)来代替月亮(指王氏)。这是婉辞仲郢以歌伎相赠。次章谓王氏逝世后,自己所余者惟有辛苦。三、四句谓王氏犹如波光荧荧之露珠,虽有彩囊也难盛而贮之,盖叹其奄然亡故如露珠之消。三章首二句写王氏神像之形。"寿宫"句即点明此系神像。四句谓其秋眸宛若平生,令我肠断。"清澄"二句,谓独处幽室,似闻余香,如鳏鱼渴凤,长思旧侣。"不知"二句,谓己形容消瘦,夜夜思念,以至晓霜透帘而不觉,即《长恨歌》"鸳鸯瓦冷霜华重"之意。末二句即此恨绵绵之谓。"土花漠碧"、"黄河欲尽",当是遥想王氏坟墓之情景(王氏墓当在坛山旧茔)。

除了怀念王氏以外,商隐最牵挂的是王氏遗留下来的一对幼小的儿女。大中七年十一月,杨筹(字本胜)来到柳仲郢幕作幕僚。① 商隐听他谈起在长安亲友家中寄养的儿子衮师的情况,写下一首情调凄惋的《杨本胜说于长安见小男阿衮》:

闻君来日下,见我最娇儿。
渐大啼应数,长贫学恐迟。
寄人龙种瘦,失母凤雏痴。
语罢休边角,青灯两鬓丝。

颔、腹两联,是听杨本胜说起阿衮的情况再加上自己的想象。同一衮师,已由几年前的美秀聪慧、活泼顽皮变为瘦骨伶仃、痴呆寡语,反映出失母又复远离父亲的境遇对幼小心灵的沉重打击。诗全用白描,语浅情深,尾联在"语罢休边角"的旷寂悲凉气氛中,闪现诗人在凄冷的青灯映照下两鬓如丝的身影,情致黯然欲绝。

思乡念亲的感情在孤寂的环境中越积越深,一旦被外界景物所触发,就会

---

① 《樊南乙集序》:"(大中七年)十月,弘农杨本胜始来军中。"杨筹系杨汉公之子。

溢满心胸。《夜雨寄北》就是这方面的绝唱：

> 君问归期未有期，巴山夜雨涨秋池。
> 何当共剪西窗烛，却话巴山夜雨时？

首句包含着一问一答，在"君问归期"与"未有期"之间有一个明显的顿宕和转折，仿佛深夜灯前，向远方的朋友遥吐归期无日的心曲，在黯然神伤中透出友谊的深挚与亲切，为三、四句伏根。次句推开，写想象中室外淅沥不绝的夜雨渐次涨满秋池的情景。巴山、夜、雨、秋、池这一系列包含着迢递、凄清、寂寥、萧瑟、绵长意味的物象，用一"涨"字绾结，构成极富包蕴的抒情氛围。客居异乡的孤寂凄清，对友人的深长思念，以及蕴积心底的种种愁思，似乎都随着单调凄清的雨声而暗暗涨满秋池。三、四句紧扣"巴山夜雨"，从深长的羁愁中生出异想，转出新境。遥想他日重逢，今宵巴山夜雨的情景都将成为异时西窗剪烛夜谈的资料。在重逢的欢愉中回首凄清的往事，不但使异时的重逢显得更为珍贵而富于诗意，而且这种富于诗意的遥想，也多少给眼前这凄清的雨夜带来一丝温暖，给寂寞的心灵带来一点慰藉。"西窗剪烛"这个典型的细节更加强了重逢时亲切温煦的气氛和今宵遥想时的悠然神往之情。诗人不仅把夜雨中寂寥凄清的氛围诗化了，而且把想象中的重逢也诗化了。诗曲折含蓄，而又一气呵成，回环往复中有层递新变，极富情韵风调意境之美。古往今来的诗歌中，将思乡怀友的羁愁写得这样动人的，似不多见。

  这首诗不少注家都认为是寄内诗。冯浩谓《万首绝句》题作《夜雨寄内》。按文学古籍刊行社影印明嘉靖本《唐人万首绝句》作《夜雨寄北》，冯氏所谓《万首绝句》当为明万历三十五年赵宧光、黄习远删正订补之《宋洪魏公进万首唐人绝句》四十卷本。现存商隐诗集诸旧本中，亦仅有明姜道生刊《唐三家集》本题为《夜雨寄内》（赵本《万首绝句》或即据姜本改），其他各本均作《夜雨寄北》。

诗中出现的"巴山",正是商隐梓幕诗文的常用语。《为崔从事福寄尚书彭城公启》云:"潼水千波,巴山万嶂。接漏天之雾雨,隔蟠冢之烟霜。""巴山"与"潼水"对举,可证"巴山"即泛指东川一带的山。又《唐梓州慧义精舍南禅院四证堂碑铭并序》:"掩霭巴山,繁华蜀国。"此"蜀国"指东川节度使府所在地梓州,即《上河东公谢辟启》"射江奥壤,潼水名都,俗擅繁华,地多材隽"之繁华潼水名都,则"巴山"亦同指东川之山。故可断定《夜雨寄北》即作于梓幕期间,其时商隐妻王氏早已去世,何来"寄内"? 此诗所寄对象,当是身居北方(大约是长安)与商隐相当熟悉的一位朋友,很可能是韩瞻这样的亲友。古代以西阶为宾阶。客房多在西,故"西窗"、"西轩"多指客房、客轩。温庭筠《舞衣曲》有"回嚬笑语西窗客"之句,可参。

第二节 梓幕期间归京

由上节所引述的商隐一系列思念家乡、挂念儿女的诗可以看出,到大中七年冬天,这种情绪已经强烈到无法自制的程度。用他自己的话来说,便是"三年已制思乡泪,更入新年恐不禁"。这就自然联系到一个问题,在"不拣花朝与雪朝,五年从事霍嫖姚"的梓幕生涯中,思乡情切的商隐究竟有没有回过长安? 此前冯浩的《玉谿生年谱》、钱振伦的《玉谿生年谱订误》、张采田的《玉谿生年谱会笺》、岑仲勉的《玉谿生年谱会笺平质》及当代的研究者都从未提出过商隐居梓幕期间曾回长安的问题。但细审商隐诗文及有关材料,却发现在大中七年十一月十二日之后,大中八年九月一日之前这段时间里,商隐确有过一次梓州、长安往返之行。最能显示梓幕期间有归京之行的是他的《留赠畏之》七律,诗云:

清时无事奏明光,不遣当关报早霜。
中禁词臣寻引领,左川归客自回肠。

郎君下笔惊鹦鹉，侍女吹笙弄凤凰。

空记大罗天上事，众仙同日咏《霓裳》。

题下原注："时将赴职梓潼，遇韩朝回三首。"①据"时将赴职梓潼"，此诗似为大中五年深秋赴梓幕前留赠韩瞻之作，但诗中却出现了"左川（即东川）归客"的字样，这就和题下注发生了直接的矛盾。因为按照通常的理解，"左川归客"只能是指从东川归来的羁客。如果是大中五年秋将赴东川时作此诗，如何会在尚未成行的情况下忽又自称"左川归客"？如果是大中十年东川幕罢后归京时所作，如何又在题下注中称"时将赴职梓潼"？这种显然的矛盾只有在一种情况下才能得到合理的解释，这就是梓幕期间商隐曾经回过一次长安，这首《留赠畏之》是商隐从长安返回梓州之前留赠韩瞻的。诗中"郎君下笔惊鹦鹉"，系指大中五年深秋商隐赴东川幕前夕，韩瞻设宴饯别，其子韩偓（小字冬郎）即席为诗相送之事。商隐日后有诗追忆此事，题为《韩冬郎即席为诗相送一座尽惊他日余方追吟连宵侍坐徘徊久之句有老成之风因成二绝寄酬兼呈畏之员外》，其首章有"十岁裁诗走马成"之句，即《留赠畏之》"郎君下笔惊鹦鹉"之意。可见"郎君"句乃是追忆大中五年冬郎即席为诗相送之事，《留赠畏之》诗当作于韩氏父子宴饯商隐初赴梓州幕之后。又上章引述《迎寄韩鲁［普］州瞻同年》有"圣朝推卫索，归日动仙曹"之句，祝其功成归朝，名动仙曹，而《留赠畏之》诗有"中禁词臣寻引领"之句，即"归日动仙曹"之意。此亦可证《留赠畏之》诗当作于《迎寄韩鲁［普］州瞻同年》之后，其时韩瞻已由普州刺史归朝②。

另一首《行至金牛驿寄兴元渤海尚书》则显示大中八年九月之前的某个春

---

① 原注之末"三首"二字系后人臆增之衍文，详拙文《李商隐诗文集中一种典型的脱误现象——从〈为尚书渤海公举人自代状〉题与文的脱节谈起》。刊《中华文史论丛》2001年3期。收入本书上册附考六。
② 据郁贤皓《唐刺史考全编》，韩瞻大中五年出任普州刺史。大中十一年由虞部郎中出为凤州刺史，大中十二年四月七日由凤州刺史调任睦州刺史。故大中八年至十一年这段时间韩瞻当在朝。

天,商隐曾有一次"走马金牛路"之行:

> 楼上春云水底天,五云章色破巴笺。
> 诸生个个王恭柳,从事人人庾杲莲。
> 六曲屏风江雨急,九枝灯檠夜珠圆。
> 深惭走马金牛路,骤和陈王白玉篇。

题内"兴元渤海尚书",冯浩据《旧唐书·封敖传》"(大中)四年,出为兴元尹、御史大夫、山南西道节度使,历左散骑常侍。十一年,拜太常卿"及《新唐书·封敖传》"加检校吏部尚书,还为太常卿"之文,定为封敖,将此诗系于大中十一年商隐东川幕罢随柳仲郢自梓州还长安途次。张采田《会笺》改系十年春,同样认为作于东川幕罢归京途次。但封敖任山南西道节度使的时间下限,却并非如冯谱或张笺所考迟至大中十一年或十年。因为李商隐的《剑州重阳亭铭并序》提供了大中八年九月一日山南西道节度使已是蒋系的证据。序云:"侯蒋氏,名侑。"铭云:"伯氏南梁,重弓二矛。古有鲁卫,唯我之曹。"末署"大中八年九月一日,太学博士河南(内)李商隐撰"。据《旧唐书·蒋乂传》:子系、伸、偕、仙、佶。又《蒋係传》:"转吏部侍郎,改左丞,出为兴元节度使,入为刑部尚书。"《宣宗纪》:大中十一年十月,"以山南西道节度使、中散大夫、检校吏部尚书、兴元尹、上柱国、赐紫金鱼袋蒋系权知刑部尚书"。《旧唐书》有关蒋系的上述记载与《剑州重阳亭铭并序》相互参证,可以确知,最迟在大中八年九月一日,山南西道节度使已是蒋系而不再是封敖(南梁,唐人习惯上指山南西道节度使府所在地兴元府。重弓二矛,为节镇之仪。蒋系为蒋侑之堂兄,故称"伯氏南梁,重弓二矛"),蒋系至大中十一年十月方离山南西道节度使任。因此,《行至金牛驿寄兴元渤海尚书》这首诗绝不可能是大中十年(冯谱为十一年)春梓幕罢归途次所作。而大中五年商隐赴东川幕,时值深秋,抵梓在十月下旬,与此诗"楼上春云"语不合。这就说明，大中八年九月之前的某个春天，商隐有过一次"走马金牛路"之行。而大中六年春，商隐在梓幕为节度判官兼摄掌书记，有《三月十日流杯亭》、《西溪》（怅望西溪水）及代柳仲郢、柳珪所撰诸启为证。大中七年二月，商隐有《二月二日》诗，亦可证是年春在梓幕（梓州至兴元一千六百余里，往返三千余里，需时五十天）。大中八年春则未见有其他编年诗文。因此，大中八年春作《行至金牛驿寄兴元渤海尚书》的可能性较大。金牛路为蜀道之南栈，即自今陕西勉县而西，南至今四川之剑门关口的一段栈道。从诗意看，诗人因"走马金牛路"而行色匆匆，未能参与山南幕中封敖与幕僚的诗酒之会，故寄此诗以"骤和陈王白玉篇"。当然，单凭此诗，还不能证明大中八年春有自京返梓之行，因为这首诗也有可能是自兴元返梓州途中所作。

真正可以作为商隐在梓幕期间曾有返京之行证据的，是他所写的两篇向未编年的文章《为同州张评事（潜）谢辟启》、《为同州张评事（潜）谢聘钱启》。前启云：

> 潜启：伏奉荣示，伏蒙猥赐奏署，今月某日敕旨授官……大夫荣自山阳，来临沙苑……岂谓搜扬，乃加屏眄。府称莲沼，惭无倚马之能；地号云门，窃有化龙之势。便居帷幄，遽别蓬蒿……

这是商隐为一个名叫张潜的士人代撰的谢辟启。《唐阙史》："会昌二年，礼部侍郎柳璟再司文柄，都尉（指郑颢。后尚主为驸马都尉，故称）以状头及第，第二人姓张名潜。"此张潜当即商隐为其代撰谢启之同州张评事潜。启中提到奏署张潜为同州从事的这位新任同州刺史，乃是"荣自山阳（指楚州山阳郡），来临沙苑（指任同州刺史）"。冯浩、张采田对此人均缺考，故将此二启均列于不编年文。据《隋唐五代墓志汇编·洛阳卷》第十四册《唐故范阳卢氏荥阳郑夫人墓志》（大中十二年五月十二日）："父曰祗德……自河南（少尹）为汾州刺史……由汾州入为右庶子。未数月,出为楚州团练使……时以关辅亢渗,民穷为盗,不可止,朝廷借公治冯翊……自冯翊廉问洪州……夫人即公长女也。"郑祗德系宣宗女婿郑颢之父。楚州即山阳郡,冯翊即同州,亦即谢辟启所谓沙苑。《东观奏记》卷上:"大中五年,(白)敏中免相,为邠宁都统。行有日,奏上曰:顷者陛下爱女下嫁贵臣郎婿郑颢,赴昏楚州。"可证颢父祗德大中五年已在楚州任。又据《唐人墓志汇编·唐故承奉郎大理司直沈(中黄)府君墓志铭》:"散骑郑公祗德出刺山阳,持檄就门,辟为从事,奏授廷评。才及期岁,丁先夫人忧。既除丧,复补大理司直……未暇考绩,旋婴痼疾,荏苒三年,奄然一旦,终于长安延康里,享年六十有七,时大中十二年岁次戊寅二月九日也。"郁贤皓《唐刺史考全编》据以上材料考郑祗德刺山阳在大中五年至七年,而谓其刺同州约大中六年至八年。按《通鉴·大中九年》:十二月,"江西观察使郑祗德以其子颢尚主通显,固求散地,甲午,以祗德为宾客、分司"。此当是朝廷任命郑祗德为江西观察使后不久祗德固求散地,故郑祗德刺同州的时间应为大中七年至九年,方与其前后历官的时间相承接。大中七年十一月,江西观察使仍为周敬复,商隐《唐梓州慧义精舍南禅院四证堂碑铭并序》(作于大中七年十一月)有"江西廉使大夫汝南公"之语可证。即令此后不久周敬复即离任,由郑祗德接任,郑之任江西观察使亦在大中八至九年,则其刺同当在大中七至八年。祗德之由楚州迁同州,据上引《唐故范阳卢氏荥阳郑夫人墓志》,乃因其时"关辅亢渗,民穷为盗,不可止",故"朝廷借公治冯翊",其具体时间正可以从《通鉴》的有关记载中得到佐证。《通鉴·大中七年》:"冬,十二月,左补阙赵璘请罢来年元会,止御宣政。上以问宰相,对曰:'元会大礼,不可罢,况天下无事。'上曰:'近华州有贼光火劫下邽,关中少雪,皆朕之忧,何谓无事!虽宣政亦不可御也。'"宣宗所称"华州有贼光火劫下邽,关中少雪"正是《郑夫人墓志》所谓"关辅亢渗,民穷为盗,不可止"。因此,郑祗德之由楚州迁同州,当在大中七年冬季。据上引《唐阙史》,张潜与祗德子郑颢为同年进士,居第一、二名,故祗德奏署张潜为同州从事,是很自然的。

潜之被奏署为同州从事,当在祗德自楚州入谢之时,约在大中八年初春。而同州、长安距梓州约三千里,张潜绝不可能驰书数千里,请远在梓州的商隐代撰此区区谢启。换言之,只有在下列两种情况下,商隐方有可能为张潜代撰谢启。一是张潜时在梓州,或即梓府幕僚,但这在谢辟启、谢聘钱启中都无任何迹象,梓府幕僚中亦无张潜其人(时梓幕僚属中张姓者有大理评事张巍、掌书记李黯,无张潜),故这种可能性可以排除。另一种可能性是张潜被奏署为同州从事时商隐正在长安。在排除了前一种可能性后,唯一能成立的只有后一种可能性。如前所考,郑祗德被任命为同州刺史在大中七年冬,其由楚州赴长安入谢并奏署张潜为同州从事当在大中八年初春,二谢启即作于此时。

为避免孤证之嫌,不妨再举出一证,这就是商隐的《为山南薛从事(杰逊)谢辟启》:

> 杰逊启:今月某日,伏蒙辟奏节度掌书记敕下……某受天和气,而鲜雄才,幸承旧族之华,遂窃名场之价。顷者湮沦孤贱,绵隔音尘;其后从事梓潼,经涂天汉。初筵末席,披雾睹天。自尔以来,怀恩莫极……方思捧持杖屦,厕列生徒;岂望便上仙舟,遽尘莲府?尚书士林圭臬,翰苑龟龙,方殿大藩,将求记室……岂伊疏芜,堪此选擢……伏以家室忧繁初解,山川跋涉未任。须至季秋,方离上国。抚躬泣下,尚遥郭隗之门;闭目梦游,已入孔融之座。下情无任攀恋铭镂之至!

这是为新被山南西道节度使辟奏为节度掌书记的薛杰逊写的一封谢辟启。冯浩据启内称幕主为"尚书士林圭臬,翰苑龟龙",定此山南西道节度使为封敖,云:"启言赴梓中途,得叨宴饮,其后不久被辟,虽未能细定何年,当在大中三四年间也。"张采田《会笺》谓封敖出镇山南,实在大中四年,非三年,故编此启于大中四年。

冯、张考此山南西道节度使为封敖，可信，但编此启于大中四年则非。因为根据启中所叙，薛杰逊先是在赴梓州幕途经兴元时，受到封敖款待，"自尔以来，怀恩莫极"，而后方受到封敖奏辟。也就是说，薛杰逊自"从事梓潼，经途天汉"，到此次被奏辟为山南西道节度书记，其间有相当长的时间距离，封敖并非大中四年刚被任命为山南西道节度使时即奏辟杰逊为书记，故编大中四年显然过早。此其一。

其二，启称封敖为"尚书"，而《旧唐书·封敖传》："（大中）四年，出为兴元尹、御史大夫、山南西道节度使。"可证其初出镇时所带宪衔为御史大夫。其加检校吏部尚书衔在大中六年二月以后。《新唐书·封敖传》："大中中，历平卢、兴元节度使。初，郑涯开新路，水坏其栈。敖更治斜谷道，行者告便。蓬、果贼依鸡山，寇三川，敖遣副使王赘（《通鉴》作王赘弘）捕平之，加检校吏部尚书。"商隐有《为兴元裴从事贺封尚书加官启》即为贺封敖加检校吏部尚书而作，而《通鉴》载王赘弘平鸡山事于大中六年二月，可证薛杰逊被奏辟为山南西道节度书记，最早当在大中六年二月鸡山事平及封敖加检校吏部尚书后。而这时商隐早已在梓幕。

其三，启又云："伏以家室忧繁初解，山川跋涉未任。须至季秋，方离上国。"说明作此启时，薛杰逊既不在梓州，也不在兴元，而是在长安。这就和《为同州张评事（潜）谢辟启》一样，存在一个商隐代作此启时身在何地的问题。如此时商隐身在梓州，薛杰逊必不可能从长安驰书三千里请远在梓州的商隐代作此启；只有商隐此时正好在长安，为薛代作此启，方合乎情理。这就再次证明，大中六年二月鸡山事平，封敖加检校吏部尚书后的某个时间，商隐曾回过长安（下限在大中八年封敖离山南西道节度使任之前）。从启中提及薛杰逊曾"从事梓潼"的情况看，薛很可能就是商隐的梓幕初期同僚，二人早已结识，后薛因"家室忧繁"之事离幕归京。再后薛又被封敖辟为节度书记，其时商隐适归长安，故有此代作。

剩下的问题就是考证商隐何时回过长安。排一下商隐入梓幕后的工作经历和诗文写作的时间表，便可推断出其大致的时间上下限。大中五年十月下旬，商隐抵达梓州。同年十二月十八，奉命差赴西川推狱，大中六年初返梓。整个大中六年，商隐以节度判官兼摄节度书记，一身二任，工作十分繁忙，根本不可能有回长安的时间。而据上节所引商隐大中七年所作《二月二日》、《初起》、《夜饮》、《写意》、《杨本胜说于长安见小男阿衮》诸诗及作于大中七年十一月十日之《樊南乙集序》，又可证直至大中七年十一月十日，商隐仍在思乡念子的煎熬中留滞梓府。而商隐《剑州重阳亭铭并序》末署"大中八年九月一日"，又证实商隐此时已在剑州或梓州。而在大中七年十一月十日到大中八年九月一日这段时间内，则没有可以准确系年的梓幕诗文。这就是说，商隐梓州、长安往返的行役当在这段时间内。据《通鉴·大中十二年》胡三省注唐代水陆行程制度①，以平均日行六十里计，自梓州至长安二千九百里，单程约需两个月，往返则需四个月。从大中七年商隐一系列思乡念子的诗篇看，结合上面对商隐代拟的两篇谢辟启的作时作地考证，其自梓返京的启程时间当在十一月十日编定《樊南乙集》后不久，到达长安的时间约在大中八年正月，与上面所考郑祗德由楚州归京奏辟张潜的时间正好相合。

由于这次回京，带有明显的照顾性质（当是幕主柳仲郢见其思归念子的诗后特意给商隐一次回京的机会），商隐在京居留的时间不可能太长，大约仲春最迟三月初即动身返梓。《行至金牛驿寄兴元渤海尚书》诗有"楼上春云水底天"之句，写景切春暮，当即自京返梓途中所作。因急于赶回梓州担任幕职，商隐返梓时可能取骆谷路由长安至兴元，再由兴元西行经金牛道入蜀，故先已在兴元见过封敖并拜读其诗，未及赓和，即已续发，遂于金牛路上"骤和陈王白玉篇"以

---

① 《通鉴》胡注："唐制，凡陆行之程，马日七十里，步及驴日五十里，车三十里。水行之程，舟之重者溯河三十里，江四十里，余水四十五里。空舟溯河四十五里，江五十里，余水六十里。沿流之舟，则轻重同制，河日一百五十里，江一百里，余水七十里。"梓州、长安往返，既有陆程，又有水程。

呈寄。

综上考述,商隐由于思乡怀归情切,曾于大中七年仲冬由梓启程返京,探望寄养在长安的儿女,约八年初春抵京。在京期间,曾分别为新奏署为同州从事的张潜及山南西道节度使书记的薛杰逊代拟谢辟启。约在大中八年仲春或暮春之初启程返梓。行前往访韩瞻,遇韩朝回,作《留赠畏之》七律。暮春末过金牛路,有《行至金牛驿寄兴元渤海尚书》,约是年夏返抵梓州。九月一日作《剑州重阳亭铭并序》。

由于这次回京,商隐释放了郁结已久的思念家乡和子女的情怀,回梓以后,大中八年、九年所作的诗中,没有再出现像先前那样频繁而强烈的思乡情绪,甚至连罢幕后作的《梓州罢吟寄同舍》和返京途中所作的《筹笔驿》、《重过圣女祠》中也未出现思乡的诗句①(《因书》也只说"生归话辛苦"而未言思家),这正从反面证明商隐在"三年已制思乡泪"之后确实回过一次长安。

第三节 克意事佛

梓幕期间,商隐思想和生活上的另一显著变化是克意事佛。商隐与佛教的因缘,并不自梓幕始。《上河东公启》云:"兼之早岁,志在玄门;及到此都,更敦夙契。"这里所说的"玄门",即指佛教②,说明他在早岁即对佛教有皈依之志。在桂幕所作《奉使江陵途中感怀寄献尚书》诗中,他甚至说自己"佞佛将成缚"。但他真正浸淫于佛教,将它作为解脱精神痛苦的主要手段和途径,却是在梓幕

---

① 商隐在桂林期间,思乡和思念妻室的诗和在梓幕前三年的情况类似,自桂返京途中诗(特别是自江陵至长安途中)思乡之情亦时有流露,与梓幕罢归途中诗不同,对照自明。
② "玄门"通常指道教(因《老子》有"玄之又玄,众妙之门",故称),但亦可指佛教。慧远《三报论》:"推此以观,则知有方外之宾,服膺妙法,洗心玄门。"唐刘孝孙《游灵山寺》:"永怀筌了义,寂念启玄门。"均以"玄门"指称佛教。

期间。《樊南乙集序》说:"三年已来,丧失家道①,平居忽忽不乐,始克意事佛。方愿打钟扫地,为清凉山行者。"明确道出克意事佛的原因是"丧失家道,平居忽忽不乐"。《上河东公第二启》说:"爰托亨途,夙闻妙喻。虽从幕府,常在道场。犹恨出俗情微,破邪功少。二百日断酒,有谢萧纲;十一年长斋,多惭王奂。仰恋东阁,未归西林。"大中七年,他曾在梓州长平山慧义精舍经藏院,自出财俸,特辟石壁五间,金字勒《妙法莲花经》七卷,并请精于佛典的幕主柳仲郢作记。《上河东公第二启》又说:

> 近者财俸有余,津梁是念。适依胜绝,微复经营。伏以《妙法莲花经》者,诸经中王,最尊最胜。始自童幼,常所护持。或公干漳滨,有时疾疢;或谢安海上,此日风波。恍惚之间,感验非少。今年于此州长平山慧义精舍经藏院,特创石壁五间,金字勒上件经七卷。既成胜果,思托妙音。伏惟尚书,有夫子之文章,备如来之行愿。不逢惠远,已飞庐岳之书;未见简栖,便制头陀之颂。是故右绕三匝,仰希一言,庶使鹅殿增辉,龙宫发色。

仲郢应其请求作记以后,商隐作《上河东公第三启》表示感谢:

> 昨者爰托翠珉,将翻贝夹,方资护念,粗冀标题……岂谓尚书,载持梦笔,仰拂文星,入不二法门,住第一义谛……铺舒于无上,藻辉于至真,而又以七喻之微,较五常之要,吻然合契,永矣同途。既令弟子言《诗》,又与声闻授记……便当刻之鸟篆,置彼龙宫。

可见商隐对自己辟石壁刻《妙法莲花经》这件事,抱着一种十分郑重而虔诚的态

---

① 指妻子去世,儿女又远隔两地。

度。在梓幕期间,他与僧人的交往以及涉及佛教的诗文比以前明显增多。《酬崔八早梅有赠兼示之作》尾联云:"维摩一室虽多病,要与天花作道场。"自注云:"时余在惠祥上人讲下,故崔落句云'梵王宫里罗含宅,赖许时时听法来'。"说明他曾在惠祥上人讲下听讲佛经。又有《题白石莲花寄楚公》云:

> 白石莲花谁所共,六时长捧佛前灯。
> 空庭苔藓饶霜露,时梦西山老病僧。
> 大海龙宫无限地,诸天雁塔几多层。
> 谩夸鹙子真罗汉,不会牛车是上乘。

冯浩云:"在东川作也……义山斯时因病耽禅,可于言外参悟。"屈复曰:"石莲捧佛灯,喻不染心也。霜露之感时梦老僧。龙宫地广,雁塔天高,楚公到此矣。古所称真罗汉者,皆不及楚公臻上乘也。"《题僧壁》也可能作于梓幕期间:

> 舍生求道有前踪,乞脑剜身结愿重。
> 大去便应欺粟颗,小来兼可隐针锋。
> 蚌胎未满思新桂,琥珀初成忆旧松。
> 若信贝多真实语,三生同听一楼钟。

钱锺书云:"'大去便应欺粟颗,小来兼可隐针锋'……窃疑原作'小去'、'大来'……商隐赞释氏之神通能大能小……谓苟小则能微逾粟粒……虽大而能稳据针锋。"(《管锥编》)可备一解。《明禅师院酬从兄见寄》云:

> 贞吝嫌兹世,会心驰本原。
> 人非四禅缚,地绝一尘喧。

> 霜露欹高木,星河堕故园。
>
> 斯游傥为胜,九折幸回轩。

据"星河堕故园"句及末句"九折幸回轩"用汉王尊迁益州刺史,行部至邛崃九折阪,叹曰"奉先人遗体,奈何数乘此险",后以病去之典,此诗当作于东川。诗禅味颇浓,既"嫌兹世"而驰心本原,则尾联所谓"回轩",当亦喻指归心净地,不再在宦途险境奔竞驰逐。明禅师也是商隐在东川时交往的僧人之一。

宋赞宁《高僧传·悟达国师知玄传》有以下一段记载:

> 有李商隐者,一代文宗,时无伦辈,常(尝)从事河东柳公梓潼幕,久慕玄之道学,后以弟子礼事玄。

张采田《会笺》云:"考义山与知玄东川相遇,当在大中八年。《玄传》云:'武宗御宇,玄即归巴岷旧山,例施巾栉,方扁舟入湖湘间。时杨给事汉公廉问桂岭,延止开元佛寺。'此在义山未游桂管前。《传》又云:'属宣宗龙飞,玄复挂坏衣归上国宝应寺。帝以旧藩邸造法乾寺,诏玄居寺之玉虚亭。大中三年,因奏天下废寺基,各敕重建。八年,上章乞归故山,大行利济,受益者多。'玄,眉州洪雅人,既归旧庐,则义山以弟子礼事玄,必在其时。"此考可信。商隐诗集中有《别智玄法师》云:

> 云鬓无端怨别离,十年移易住山期。
>
> 东西南北皆垂泪,却是杨朱真本师。

冯浩据"云鬓"字认为此"智玄法师"是女冠,张笺从之。但这首诗全篇均为商隐自陈口吻,"云鬓"非指智玄法师,而是指自己的妻室。一、二句是说自己十多年来到处漂泊,屡次更改归隐山林的日期,以致与妻室长离,令云鬟闺人无端怨别,"住山期"即所谓"嵩阳松雪有心期"。三、四句说自己尽管东西南北到处漂泊,但却遭遇不偶,穷途垂泪,有甚于见歧路而泣的杨朱,实可谓杨朱的真本师了。末句貌似自我调侃,实含无限悲慨。此盖因别智玄法师而发身世飘零、遭逢不偶之慨。此"智玄"或即"知玄",法师既可称道士,亦可称精通并能讲解佛法的高僧。诗的潜台词即是"一生几许伤心事,不向空门何处销"。

大中七年,柳仲郢作四证堂于梓州慧义精舍之南禅院,图益州静众无相大师、保唐无住大师与洪州道一大师、西堂智藏大师四真形于屋壁。商隐奉仲郢之命作《唐梓州慧义精舍南禅院四证堂碑铭并序》。这篇碑铭长达二千四百余字,是商隐精心结撰的长文。商隐在慧义精舍经藏院自出财俸辟石壁,刻《妙法莲花经》七卷,请仲郢作记之事,当与仲郢作四证堂,由商隐作碑铭同时。从这里可以看出,仲郢与商隐在克意事佛方面有共同的志趣。而商隐之佞佛,除了自身的原因外,也未始不受到仲郢的影响。

梓幕期间,商隐除耽佛法外,对早已浸染多年的道教仍继续信奉,并与道流有交往。《梓州道兴观碑铭并序》、《道士胡君新井碣铭并序》也都作于大中六年、七年。这两篇碑铭和《四证堂碑铭》一样,都是商隐全力以赴撰写的长文,说明他对佛道的信奉及对这类事情的重视程度。《云笈七签》:"胡尊师名宗……居梓州紫极宫。尝沿江入峡,道中遇神人授真仙之道。辨博赅赡,文而多能,斋醮之事,未尝不冥心涤虑以祈感通。梓之连帅皆贤相重德,幕下尽皆时英硕才,如周相国(墀)、李义山辈,毕加敬致礼,其志亦泊如也。洎解化东蜀,显迹涪陵,方知其蛇蝉之蜕,得道延永耳。"这段记载也许是在《道士胡君新井碣铭》的基础上敷衍增益而成,但《井碣铭》所记胡宗一道士的"禀质之秀"、"造微之术"、"寄情之远"、"绝累之至"诸端,确实说明商隐梓幕期间与道流有较深的交往。

但商隐本质上是一个极重情、极执着的性情中人。虽因妻子去世、自己多病及命运坎坷、理想幻灭而逃禅慕道,但这只是一种无可奈何的逃避与自遣,实际上他根本不可能忘情于现实、政治、人生。只要看他在同一时期所作的那么多感慨身世,思念家乡、亲友、儿女的诗,就可以明白,他是不可能抛弃一切,"打钟扫地,为清凉山行者"的。他的重情与执着,使他始终无法超脱人生、超脱爱憎。

梓幕期间,商隐与同时代另一大诗人温庭筠之间互有诗寄酬。商隐《有怀在蒙飞卿》云:

> 薄宦频移疾,当年久索居。
> 哀同庾开府,瘦极沈尚书。
> 城绿新阴远,江清返照虚。
> 所思惟翰墨,从古待双鱼。

前四句叙己之羁宦索居,哀愁多病。五、六句描绘城绿江清,新荫晚晴之景。春回大地的景色,益发衬托出羁宦索居者的哀愁,而怀念故人之意即寓其中。沉沦漂泊,更需友情的温暖,故尾联盼友人寄书,一点即止。又有《闻著明凶问哭寄飞卿》:

> 昔叹谗销骨,今伤泪满膺。
> 空余双玉剑,无复一壶冰。
> 江势翻银汉,天文露玉绳,
> 何因携庾信,同去哭徐陵?

著明为卢献卿,会昌进士,有《愍征赋》。司空图注之,其《后述》云:"卢君以逸摈,致愤于累千百言。"《本事诗》则谓献卿为大中进士,"作《愍征赋》数千言,时人以为《哀江南(赋)》之亚"。温庭筠《病中书怀呈友人》诗云:"积毁方销骨,微瑕惧掩瑜。"故此诗首句乃用温诗语,指温庭筠昔日被诬事。"今伤"句方指卢因谗毁而死。次联叹其物在人亡,"一壶冰"象喻卢之高洁品格。腹联眼前即景,借江阔浪高之景象抒写内心悲愤不平,"天文"句即"天文北极高"、"天高但抚膺"之意,兼点闻凶问在秋令。尾联"庾信"指己,"徐陵"指卢。温庭筠有《秋日旅舍寄义山李侍御》:

一水悠悠隔渭城,渭城风物近柴荆。
寒蛩乍响催机杼,旅雁初来忆弟兄。
自为林泉催晓梦,不关砧杵报秋声。
子虚何处堪消渴,试向文园问长卿。

这是身在渭城的温庭筠寄给居东川幕的商隐的一首七律。尾联用司马相如曾作《子虚赋》、有消渴疾、曾为文园令等事(文园,汉文帝陵园)。诗清丽芊绵,显示了温、李之间兄弟般的情谊。

第四节 梓幕罢归

大中九年十一月,柳仲郢因为在东川节度使任上五年,"美绩流闻,征为吏部侍郎"[①]。在首尾长达五年的梓幕生活结束时,商隐写了《梓州罢吟寄同舍》,对这五年生活作了回顾:

不拣花朝与雪朝,五年从事霍嫖姚。
君缘接座交珠履,我为分行近翠翘。

[①] 《旧唐书·柳仲郢传》,详参张采田《会笺》卷四大中九年谱及笺证。

楚雨含情皆有托,漳滨多病竟无憀。

长吟远下燕台去,唯有衣香染未销。

从朱鹤龄开始,不少学者都把这首诗的第五句看做对《无题》借艳寓慨自下笺解①。细按全诗,此解殆为断章取义,与上下文均不融贯。此诗首联已与同舍合起,谓不论春夏秋冬,五年间与同舍均为梓府从事。三、四句互文,兼及君我,谓我等因任幕职,既得接交上客,亦常接近歌伎。五句承上,"皆有托",合五年双方共同境遇而言,谓皆得托身于府主;六句"多病"、"无憀",转入自己。此六句颇可与《席上作》互参。七、八句承六句,就己作结。若谓五句指自己作诗多借男女之情寓托,于全篇结构及上下文义均未能合。这首诗因寄赠同舍,故处处不离幕府生活与同舍和自己的关系,不可能在中间突然插入自己作《无题》诗借艳寓慨的问题。姚培谦解前四句说:"言五年从事以来,无日不接席分行于珠履翠翘间也。首联,是倒装法;次联,是互文法。"可从。诗中抒写了与幕主、同舍间的情谊,也感慨自己愁病无憀、无所作为的境遇。纪昀评曰:"起手斗入有力,结语感叹不尽。"(《玉谿生诗说》)

　　因为要等待朝廷新任命的东川节度使韦有翼的到来,以便办理移交,仲郢和商隐都没有马上离开梓州。韦有翼到任后,商隐还替韦代拟过一篇状,即《为京兆公乞留泸州刺史冼宗礼状》,中云:"臣得当管泸州百姓李继等,及泸州所管五县百姓张思忠等,并羁縻州土刺史韦文赏等状称……"显系韦有翼已到东川

---

① 朱鹤龄《笺注李义山诗集序》:"古人之不得志于君臣朋友者,往往寄遥情于婉娈,结深怨于蹇修,以序其忠愤无聊、缠绵宕往之致。唐自大和以后,阉人暴横,党祸蔓延,义山厄塞当途,沉沦记室,其身危,则显言不可而曲言之;其思苦,则庄语不可而谩语之。计莫若瑶台琼宇、歌筵舞榭之间,言之者可无罪,而闻之者足以动,其《梓州吟》云'楚雨含情俱有托',早已自下笺解矣。"

任视事的口吻①。如果这样,商隐和柳仲郢自梓州启程的时间当在大中九年末甚至十年初。

离梓州后不久,抵达利州,商隐有《因书》诗:

> 绝徼南通栈,孤城北枕江。
> 猿声连月槛,鸟影落天窗。
> 海石分棋子,郫筒当酒缸。
> 生归话辛苦,别夜对凝釭。

"因书",朱彝尊谓是"即事",甚是。利州北枕嘉陵江,南通剑阁栈道,故首联云然。海石之围棋子与郫竹之酒筒,均蜀地名产;猿声、鸟影,则山城景物。尾联与"何当共剪西窗烛,却话巴山夜雨时"二句相近,但一则归期已卜,一则归期无日。然可见二诗均为梓幕期间(包括赴幕与罢归)所作,构思上有连续性。

利州之北,有筹笔驿,相传诸葛亮出师伐魏,曾经驻军于此,筹划军事。今四川广元北有朝天岭,岭上有朝天驿,相传即古筹笔驿遗址。商隐北归途中经此,作了著名的《筹笔驿》诗,尾联云:"他年锦里经祠庙,《梁甫》吟成恨有余。"指大中五年冬差赴成都推狱期间拜谒武侯祠,作《武侯庙古柏》诗之事。关于这首诗的主旨和所寓的感慨,已在上一章中论及。

行至大散关与陈仓之间的圣女祠②,正值细雨迷蒙的春天。此前,商隐曾多次经过这里,写有《圣女祠》五排(杳霭逢仙迹)、《圣女祠》七律(松篁台殿)各一

---

① 《樊南文集补编》有《陈宁摄公井令牒》、《周宇为大足令牒》,原以为大中五年代柳仲郢作。但大中五年商隐未摄节度书记,故这两篇牒也有可能是代韦有翼作,其中陈宁在柳仲郢任东川节度使时已为公井令。

② 旧注引《水经注·漾水》,武都(郡名,治所在今陕西宝鸡市)秦冈山"悬崖之侧,列壁之上,有神像若图,指状妇人之容,其形上赤下白,世名之曰圣女神"。圣女祠当即为祭祀此圣女神所建的祠庙。从《圣女祠》五排及《圣女祠》七律看,此祠当建于山边路旁。

首。这次重过,又有《重过圣女祠》:

> 白石岩扉碧藓滋,上清沦谪得归迟。
> 一春梦雨常飘瓦,尽日灵风不满旗。
> 萼绿华来无定所,杜兰香去未移时。
> 玉郎会此通仙籍,忆向天阶问紫芝。

诗在抒写圣女"沦谪得归迟"的境遇时,融合了诗人自己的沦谪之慨。首联谓圣女自上清仙境沦谪下界,至今犹迟迟未归天上,意与"沦谪千年别帝宸,至今犹谢蕊珠人"(《赠华阳宋真人兼寄清都刘先生》)相仿。次联描绘渲染圣女祠环境氛围,表现沦谪归迟的圣女寂寥落寞、无所依托的境遇。腹联以女仙萼绿华、杜兰香的"来无定所"、"去未移时"反衬圣女的沦谪归迟。此盖作者面对细雨灵风包围中的圣女祠时产生的联翩浮想,不知不觉中自己仿佛已化身为圣女,故尾联即自然地以圣女口吻抒慨,谓处此沦谪归迟的寂寥无依之境,惟望能有执掌仙官簿箓的领仙玉郎与自己相会,以便实现重回天界、在天阶问取紫芝的愿望。忆,思也,想望之意。其时幕主柳仲郢内征为吏部侍郎,职掌官吏铨选。"玉郎"或即寓指仲郢,望其能帮助自己重登朝籍。从"一春梦雨"的措辞看,商隐回到长安,已是大中十年的暮春。等待着这位"沦谪得归迟"的诗人的命运,又是什么呢?

第十六章 生命的最后阶段

本章考述商隐大中十年春自梓州返京至大中十二年冬病废卒于郑州这两年的生活与创作,其中游江东及所作咏史诗多首尚无确证定论,俟再考。

从大中十年春到大中十二年末这三年,是商隐一生中的最后阶段。这三年中商隐的宦历、行踪可确考的只有任盐铁推官和病废还郑州二事。张采田《会笺》认为商隐任盐铁推官期间,曾有江东之游,虽无确凿的证据,但否定此说的同样缺乏实证。① 这里姑参张说,并据有关诗文及文献资料,对这几年商隐的生活作大致的勾画。

第一节 归京闲居

商隐回到长安的具体时间,张采田《会笺》定于大中十年春初。系年诗中有《赠庾十二朱版》,诗云:

固漆投胶不可开,赠君珍重抵琼瑰。

君王晓坐金銮殿,只待相如草诏来。

---

① 张说见其所著《玉谿生年谱会笺》卷四大中十年、十一年谱及诗歌系年。周建国有《〈冯谱〉〈张笺〉李商隐晚年事迹补正》,刊《唐代文学研究》第一辑,山西人民出版社出版。

庚十二,指庾道蔚。原注:"时庾在翰林,朱书版也。"张采田《会笺》云:"考《翰苑群书·重修承旨学士壁记》:'(庾)道蔚大中六年七月十五日自起居舍人充①。七年九月十九日加司封员外郎,九年八月十三日加驾部郎中知制诰,并依前充。十年正月十四日守本官出院,寻除连州刺史。'与《纪》不合。《樊川集》有《庾道蔚守起居舍人充翰林学士》等制,杜牧于大中五年冬自湖州刺史召拜考功郎中知制诰,此制即其时所作,则道蔚充学士,自当以《壁记》为定。道蔚十年正月十四始出院,此诗必义山初从东川归时作也。"张氏盖据此谓商隐归抵长安,在大中十年正月十四日庾道蔚出院之前,故谓"抵京在春初"。但只要排一下柳仲郢内征、韦有翼接任、商隐随仲郢还朝的时间,就可以推断大中十年正月十四日之前,商隐肯定不可能归抵长安,这首《赠庾十二朱版》也绝不可能是大中十年正月十四日庾道蔚出院之前所作。上章已经考述,柳仲郢内征为吏部侍郎的时间在大中九年十一月,他接到内征的制书后,并未立即返京,而是等到新任东川节度使韦有翼到任后方离任回京,有商隐《为京兆公乞留泸州刺史洗宗礼状》为证。则仲郢与商隐自梓州启程还京,当迟至九年底甚至十年初,以东川、长安间需时约五十天计算,其到京的时间当在大中十年二月底或三月份。从《重过圣女祠》"一春梦雨常飘瓦"之句看,当在暮春三月抵京。这首《赠庾十二朱版》不是作于商隐大中十年暮春梓幕罢归抵达长安后(其时庾早已出院),而是作于大中八年正月商隐梓幕期间归京时。这也进一步证实了大中八年商隐有过一次梓幕归京之行,否则这首诗就无法正确系年。

仲郢还朝后,尚未入谢,朝廷已改官为兵部侍郎,充诸道盐铁转运使。② 商隐原来希望仲郢担任吏部侍郎能有助于他重登朝籍,不料因仲郢改官而希望落空。在任盐铁推官之前,商隐在长安有一段闲居的时日。

---

① 《旧唐书·宣宗纪》:大中三年九月,起居郎庾道蔚充翰林学士。
② 《旧唐书·柳仲郢传》:"在镇五年,美绩流闻,征为吏部侍郎,入朝未谢,改兵部侍郎,充诸道盐铁转运使。"《新唐书·柳仲郢传》:"居五年,召为吏部侍郎,俄改兵部,领盐铁转运使。"

商隐在长安闲居期间,居住在永崇里(在昭国里之北)。《高僧传·悟达国师知玄传》云:"有李商隐者,一代文宗,时无伦辈,常(尝)从事河东柳公梓潼幕,久慕玄之道学,后以弟子礼事玄。时居永崇里,玄居兴善寺。义山苦眼疾,虑婴昏瞽,遥望禅宫,冥祷乞愿。玄明旦寄《天眼偈》三章,读终疾愈。"读《天眼偈》而疾愈,可能是巧合,或佛教徒故神其事。但商隐晚年确患眼疾,其《房君珊瑚散》云:"不见常娥影,清秋守月轮。月中闲杵臼,桂子捣成尘。"房君系方技道流,诗盖赞美房君所制之眼药。一、二句谓因眼疾而不见月中嫦娥之身影。三、四句谓房君之珊瑚散系用月中桂子捣碾而成,美其无异仙药。可能是商隐既曾冥祷乞愿于知玄,求治眼疾,又曾服用房君之珊瑚散,而眼疾适愈,故生出读《天眼偈》而疾愈的传说。

《鄠杜马上念汉书》大约也是长安闲居时所作:

> 世上苍龙种,人间武帝孙。
> 小来惟射猎,兴罢得乾坤。
> 渭水天开苑,咸阳地献原。
> 英灵殊未已,丁傅渐华轩。

《汉书·宣帝纪》谓帝在民间时"尤乐杜鄠之间",鄠即鄠县(今户县),杜为杜陵,杜陵为汉宣帝陵墓。这是一首貌似怀古而实寓现实感慨的诗。前六句赞颂汉宣帝。首联谓其系高祖嫡系,武帝曾孙。三、四句谓其英武豁达,于无意中获主乾坤。五、六句赞其力致中兴。结联叹其没世未几而外戚势力膨胀。这首诗当非泛泛咏古,而是有所托寓,因为从史实上看,汉宣帝在位期间并没有种下宠信外戚的根子。诗人歌颂汉宣帝,意在借以追怀武宗。武宗爱好畋猎,以颖王入膺大统,在政治、军事上皆有所建树,商隐曾在诗中颂其"中兴盛"(《正月十五日闻京有灯恨不得观》),与汉宣帝有相似处。而宣宗即位后,对外戚郑光恩

第十六章 生命的最后阶段

宠有加（见《通鉴》大中六年三月、十年三月的有关记载）。末联慨叹宣帝"英灵"未已，而外戚渐次贵显，显然有所托讽。

大中十年春天刚回京后，商隐可能到过太原、交城一带，集中有《过故府中武威公交城旧庄感事》诗：

> 信陵亭馆接郊畿，幽象遥通晋水祠。
> 日落高门喧燕雀，风飘大树感熊罴。
> 新蒲似笔思投日，芳草如茵忆吐时。
> 山下只今黄绢字，泪痕犹堕六州儿。

诗题中的"武威公"，注家或说指王茂元，或说指刘从谏、李光颜，或疑指卢弘止，实则此"武威公"定指卢弘止。诗中明确提供有关"武威公"的情况有以下几方面：其一，此人系商隐已故的幕主，商隐曾受其恩遇。其二，此人非寻常文职节度使，而是有武略军功，且深得部属将士爱戴者。其三，此人有旧庄在交城，当家居或祖居太原附近。考商隐所历事的已故幕主中，郑亚家居仕历均与太原、交城无涉，且无武略；崔戎虽曾佐幕太原，但亦无武略军功。以上二人均可排除。令狐楚仕历虽与太原有密切关系，但他以幕僚章奏出身，不习武事，显亦非所谓"武威公"者。王茂元之误，冯浩《玉谿生诗笺注》已辨正之，云："王栖曜濮阳人，父子宦迹皆未一至河东，何得交城有庄，且有碑纪功哉？义山为茂元婿，何仅曰'故府'。茂元谥曰威，何加'武'字哉？"上述三方面均相合者，惟有卢弘止一人。商隐与弘止不但有戚谊，且大和八年弘止为昭应令时二人就已结识。大中三年辟商隐入幕，署侍御衔，对商隐深有恩遇。商隐《偶成转韵七十二句赠四同舍》后段所写"横行阔视倚公怜"之情事，亦即此诗"芳草如茵忆吐时"所追怀之恩谊。弘止才兼文武，《戏题枢言草阁三十二韵》云："尚书文与武，战罢幕府开。"《偶成转韵七十二句赠四同舍》亦云："武威将军使中侠，少年箭道惊杨叶。战功高后数文章,怜我秋斋梦蝴蝶。"武威将军,即此诗题所谓"武威公"。会昌四年,弘止奉诏宣慰邢、洺、磁三州及成德、魏博两镇,镇徐州时惩治银刀都之首恶等,均为其武略军功之卓著者,且深得部属爱戴,《偶成转韵》已云"彭门十万皆雄勇,首戴公恩若山重",于其身后,自可谓"泪痕犹堕六州儿"矣。据《新唐书·文艺传》:"卢纶(弘止父),河中蒲人。"河中府治在今山西永济,地与太原接近,交城或有其旧庄。又《新唐书·卢简辞传》,李程镇太原,曾表卢简辞为节度判官,故卢氏可能于太原附近置别业。题称"故府中武威公","中"字何焯《义门读书记》认为是衍文,甚是,此当为不明"故府"之义者所妄增。这首诗抒发了对恩知幕主卢弘止的深情怀念与感戴。商隐对他所事的幕主,如令狐楚、崔戎、王茂元、郑亚均有诗文吊唁祭奠,独缺卢弘止,得此一篇,始成一完整的吊祭故府诗文系列,商隐为人之重情谊、感旧恩于此可见。

张采田《会笺》在大中十年编年诗中,还列有《与同年李定言曲水闲话戏作》、《暮秋独游曲江》、《题郑大有隐居》等诗。按许浑《丁卯集》有《李定言自殿院衔命归阙拜员外郎迁右史因寄》诗,商隐大中十一年四月之前有《寄在朝郑曹独孤李四同年》,李即李定言,则大中十年,李定言当在朝为官。《与同年李定言曲水闲话戏作》诗云:

> 海燕参差沟水流,同君身世属离忧。
> 相携花下非秦赘,对泣春天类楚囚。
> 碧草暗侵穿苑路,珠帘不卷枕江楼。
> 莫惊五胜埋香骨,地下伤春亦白头。

首联以"海燕参差沟水流"兴起"同君身世属离忧",末联云"伤春",已明言自己与李定言同有"伤春"之痛。而此"伤春"与《曲江》诗之伤时感乱之"伤春"显然不同,当属男女之情而无关乎政治。惟姚培谦、张采田以为同悼亡,则系误解

"非秦赘"一语所致。非秦赘,非谓己赋悼亡,乃谓彼此虽曾入其门而非赘婿,暗示系狭邪艳情。"相携"句追溯从前,"花下"喻指狭邪之家,"对泣"句方写目前追思不胜凄凉。"碧草"二句即写人亡楼空、草侵荒苑之慨。末联谓所怀者已埋骨曲水之湄,旧地重游,固不免触目惊心,然埋骨地下者,恐亦因伤春而白头也。昔日同游花下,今日同吊香骨,不胜地老天荒之慨,题曰"戏作",以其事属艳情也。《暮秋独游曲江》所写的情事,可能与此有关:

荷叶生时春恨起,荷叶枯时秋恨成。
深知身在情常在,怅望江头江水声。

"春恨",指相思之恨;"秋恨",指伤逝之恨。此当是诗人于曲江"荷叶生时"遇意中人而种下相思之恨,于曲江"荷叶枯时"而伊人云逝,铸成伤逝之恨。重游旧地,怅望江头江水,遂觉此恨绵绵,永无绝期。

第二节　任盐铁推官

大中十年暮春,朝廷任命柳仲郢为兵部侍郎、充诸道盐铁转运使,接替原以兵部侍郎充盐铁转运使的韦有翼[①]。仲郢是一个很念旧情、富于同情心的官吏。他任盐铁转运使期间,曾"取德裕兄子从质为推官,知苏州院事,令以禄利赡南宅。令狐绹为宰相,颇不悦,仲郢与绹书自明……绹深感叹,寻与从质正员官"

[①] 《旧唐书·裴休传》:"大中初,累官户部侍郎,充诸道盐铁转运使,转兵部侍郎,兼御史大夫,领使如故。六年八月,以本官同平章事,判使如故……十年罢相,检校户部尚书,汴州刺史、充宣武军节度使。"《新唐书·宰相表》:大中八年"十一月乙酉,休罢使"。接替裴休任盐铁转运使者为韦有翼。《文苑英华》卷九六二有《授韦有翼剑南东川节度使制》,称有翼为"朝散大夫、守尚书兵部侍郎、兼御史大夫、充诸道盐铁转运使",《唐语林》卷一亦云"东川韦有翼尚书,自判盐铁,镇梓潼,有重名",他书多漏书韦有翼继裴休任盐铁转运使事。

(《旧唐书·柳仲郢传》),以报答李德裕会昌年间为相时对他的"恩奖"。对于做了他五年幕僚的李商隐,仲郢也很同情其困顿的境遇,因此在他充盐铁使后,又奏任商隐为盐铁推官。

商隐任盐铁推官之事,见于裴庭裕《东观奏记》卷下:

> 敕:"乡贡进士温庭筠,早随计吏,夙著雄名。徒负不羁之才,罕有适时之用。放骚人于湘浦,移贾谊于长沙。尚有前席之期,未爽秋毫之思。可隋州隋县尉。"舍人裴坦之词也。庭筠,字飞卿,彦博之裔孙也。词赋诗篇,冠绝一时,与李商隐齐名,时号温李。连举进士,竟不中第,至是谪为九品吏。前一年①,商隐以盐铁推官死。商隐字义山,文学宏博,笺表尤著于人间。自开成二年升进士第,至上十二年竟不升于王廷。

这是当时人对李商隐在大中十二年去世及曾为盐铁推官的明确记载,当属可信。据《新唐书·食货志》,刘晏上盐法,有涟水、湖州、越州、杭州四场,嘉兴、海陵等十监,岁得钱百余万缗,以当百余州之赋。自淮北置巡院十三,曰扬州、陈许、汴州、庐寿、白沙、淮西、甬桥、浙西、宋州、泗州、岭南、兖郓、郑滑。商隐为盐铁推官,《东观奏记》未言知何院。张采田《会笺》云:"考集中江东咏古诸作,前此江乡、巴蜀游踪,断不暇有此,其为充推官时所赋无疑。然则宦辙所经,多在吴、越、扬、润间欤?《过招国李家南园》诗:'长亭岁尽雪如波,此去秦关路几多。'盖在京将至江东时也。"张氏所谓江东咏古诸作,盖指《隋宫》二首、《齐宫词》、《南朝》二首、《咏史》(北湖南埭)等。或以为这类咏史诗并非纪游诗,不能据此认为商隐曾实至扬州、金陵等地。但是,像《咏史》"北湖南埭水漫漫"之

---

① 据下文"商隐……自开成二年升进士第,至上十二年(指大中十二年)竟不升于王廷",此处"前一年"显有误。当为"后二年"。温庭筠大中十年贬隋县尉,"前一年"为大中九年,显非。拙撰《温庭筠系年》对此有详考。

句,《南朝》"休夸此地分天下"之句,乃至《隋宫》"于今腐草无萤火,终古垂杨有暮鸦"之句,或直接描绘眼前景物,或明点"此地",都不像是想象中的虚景,而似实地游历所见。因此,江东咏古诸作虽非纪行诗,却反映出作者曾有扬州、金陵之行。扬州是东南盐铁、漕运中心,"转运盐铁使及度支之货财聚焉"(《新唐书·食货志》)。洪迈《容斋随笔》云:"唐世盐铁转运使在扬州,尽斡利权,判官多至数十,商贾如织。"柳仲郢任盐铁转运使,驻节扬州,李商隐作为仲郢的梓幕旧僚,很有可能就在扬州巡院担任推官,故集中江都、金陵咏史之作特多。或谓商隐之任盐铁推官,只是仲郢为了照顾商隐而辟署的挂名支俸之职,并非实际担任推官实务,且谓晚年商隐衰病,不堪担任推官繁剧之务。但挂名支俸之说并无任何实证。至于身体衰病,自梓幕以来就已如此,尽管"漳滨多病",仍不妨其"五年从事"。居长安永崇里时,也只是患眼疾,经治疗已愈。且扬州盐铁使府判官多至数十,巡院推官数量当亦不少,柳仲郢以盐铁使的身份照顾一下商隐,给他安排轻一点的工作,完全办得到,没有证据证明商隐未真正莅任。

更主要的是,商隐诗集中除上列江东咏古诸作外,还有直接以"江东"为题的诗:

惊鱼拔剌燕翩翩,独自江东上钓船。
今日春光太漂荡,谢家轻絮沈郎钱。

这显然是亲至江东的纪行写景诗,时间是春暮柳絮轻扬、榆钱夹路之时。商隐开成四年出为弘农尉途中所作《宿盘豆馆对丛芦有感》诗虽有"昔年曾是江南客"之语,但那是指童幼时随父"浙水东西,半纪漂泊"的生活。开成四年以后,其经历、游踪班班可考,绝无曾游江东之迹。张氏《会笺》谓《江东》为"充推官游江东之作",将其系于大中十一年,似可从。视"春光太漂荡"语,亦似作于晚年穷途落魄、意兴颓唐之时,冯浩谓"极写客游之无聊赖",甚是。

在赴盐铁推官任前,大中十年岁末,商隐离长安赴东都,行前经过昭国坊李十将军旧宅,作《过招国李家南园二首》:

> 潘岳无妻客为愁,新人来坐旧妆楼。
> 春风犹自疑联句,雪絮相和飞不休。

> 长亭岁尽雪如波,此去秦关路几多。
> 惟有梦中相近分,卧来无睡欲如何!

首章前两句回忆昔日与王氏曾在此南园居住,"潘岳无妻"指自己原配已殁,"客为愁"谓客为己操心作合。"新人"指昔之"新人"即王氏。"来坐旧妆楼"指为继室。后两句谓今日过此,"新人"已殁,惟见雪花如柳絮漫天飞舞,犹疑似当日居此夫妇联句唱和情景。次章则谓岁尽雪飞,己又将出秦关而事行役。如今惟有梦中方能一见王氏,然鳏鳏不寐,并梦中相见亦不可能。杨柳《李商隐评传》谓昭国坊为王茂元婿千牛李十将军住宅所在,义山妻王氏婚前曾客串居姊家,婚后似亦曾居此,可参。

大中十一年正月,商隐在东都崇让坊王茂元旧宅居住,目睹旧宅荒凉冷寂的景象,想起昔日与王氏曾在这里度过的幸福时光,感慨很深,写下《正月崇让宅》:

> 密锁重关掩绿苔,廊深阁迥此徘徊。
> 先知风起月含晕,尚自露寒花未开。
> 蝙拂帘旌终展转,鼠翻窗网小惊猜。
> 背灯独共余香语,不觉犹歌《起夜来》。

前三联写崇让宅的荒凉冷寂和诗人凄寂恍惚、夜不能寐的情景,在伤悼亡妻的同时隐约透露出与崇让宅的繁华荒废密切相关的更大范围的人事变化和亲故零落之痛,悼亡、感旧兼而有之。尾联不仅由思入幻,写出恍惚迷幻的精神状态,而且抒写了对亡妻生死不渝的真挚痴顽之情,将极端凄凉冷寂的境界与绮罗香泽的寻觅融合在一起,尤为出色。

商隐抵达扬州盐铁转运使府,当已在大中十一年仲春。暮春时节,有江东之游,前引《江东》诗可证。从现存诗作看,其江东游踪实不出扬州、金陵二地。至于《龙丘道中》,当非义山诗,《武夷山》泛咏古事以讥神仙之事虚妄不足征,张氏《会笺》虽编大中十一年游江东时,但已疑之,此诗均应排除在江东之游以外。

这年春天,商隐还写过一首《寄在朝郑曹独孤李四同年》:

> 昔岁陪游旧迹多,风光今日两蹉跎。
> 不因醉本《兰亭》在,兼忘当年旧永和。

陶敏《全唐诗人名考证》:"郑,郑宪。《唐阙史》卷下:'故尚书右丞讳宪……'《旧书·宣宗纪》:'大中十一年四月,以中书舍人郑宪为洪州刺史、御史中丞、江南西道都团练观察处置等使。'……曹,曹确……《学士壁记》:'大中五年八月十一日自起居郎充……九年闰四月六日,拜中书舍人,依前充……十一年八月二十一日,授河南尹,出院。'独孤,独孤云,李商隐有《妓席暗记送同年独孤云之武昌》诗。《新表》五下独孤氏:'云,字公远,吏部侍郎。'……李,李定言,李商隐有《与同年李定言曲水闲话戏作》诗。许浑有《李定言自殿院衔命归阙拜员外郎迁右史因寄》诗。"据郑宪、曹确二人有确凿纪年的宦历,此诗必作于大中十一年四月郑宪出为江西观察使之前。又据题内"在朝"及"寄"字,此诗当非大中十年商隐东川归后闲居长安时作。复参"兰亭"、"永和"用王羲之《兰亭集序》

"永和九年,岁在癸丑,暮春之初,会于会稽山阴之兰亭",可推断此诗当为大中十一年暮春时作。这时商隐正游江东,穷途漂泊,忆及昔日与郑、曹、独孤、李四同年春日同游情事,对照自己与四同年穷达悬绝的不同处境,不禁有"风光今日两蹉跎"之慨。"醉本《兰亭》",当指昔日同游时所作诗文。后两句意谓,如果不因昔日诗文记叙了当年同游的旧迹,今天恐怕再也记不起这段往事了。自慨中寓有"交亲得路昧平生"(商隐《赠田叟》)之意,但极委婉而无痕,淡淡说去,意蕴自厚。

《赠郑谠处士》、《风雨》二诗,也有可能是商隐晚年游江东时所作,前诗云:

浪迹江湖白发新,浮云一片是吾身。
寒归山观随棋局,暖入汀洲逐钓轮。
越桂留烹张翰鲙,蜀姜供煮陆机莼。
相逢一笑怜疏放,他日扁舟有故人。

屈复云:"前六句皆写处士之疏放,八言相逢之后,他日定当扁舟来访也。"冯浩曰:"用张(翰)、陆(机)事,其游江东时欤?"均是。诗人是在郑谠"浪迹江湖"之地逢郑而赠之以诗,"张翰鲙"、"陆机莼",均为江东名产。诗中流露出的疏放情调,也与诗人晚年的心境较合。《风雨》诗有"羁泊欲穷年"之句,似用庾信《哀江南赋》"下亭飘泊,高桥羁旅"或卢思道《为高仆射与司马消难书》"羁泊水乡,无乃勤悴",暗透诗为羁泊江南、兀兀穷年时所作,其中"黄叶仍风雨,青楼自管弦。新知遭薄俗,旧好隔良缘"的穷困孤孑处境,亦与晚年情况相合。

第三节 病废卒于郑州

《旧唐书·李商隐传》云:"大中末……商隐废罢还郑州,未几病卒。"《新唐书·李商隐传》亦云:"(东川)府罢,客荥阳,卒。"二书均阙载其任盐铁推官一节。今据《东观奏记》"商隐……以盐铁推官死",则废罢云云,自指任盐铁推官之后。但其废罢还郑州的具体时间则失载。据《旧唐书·宣宗纪》,大中十二年二月,"以兵部侍郎柳仲郢为刑部尚书,以朝议大夫、守尚书户部侍郎判户部事、上柱国、赐紫金鱼袋夏侯孜为兵部侍郎,充诸道盐铁转运使"。商隐既因柳仲郢所奏任盐铁推官,则其罢职按常理当在仲郢罢使任刑部尚书时。而本传又言其"废罢还郑州,未几病卒",则商隐"废罢"和"病卒"的时间很可能就在同一年,即十二年二月"废罢"还郑州,同年年底病卒(详后)。

归郑州之前,商隐当先回长安,再由长安经东都洛阳归郑州。返途经东都时,写了一首《天问》式的《井泥四十韵》诗:

皇都依仁里,西北有高斋。
昨日主人氏,治井堂西陲。
工人三五辈,辇出土与泥。
到水不数尺,积共庭树齐。
他日井甃毕,用土益作堤。
曲随林掩映,缭以池周回。
下去冥寞穴,上承雨露滋。
寄辞别地脉,因言谢泉扉,
升腾不自意,畴昔忽已乖。
伊余掉行鞅,行行来自西。
一日下马到,此时芳草萋。
四面多好树,旦暮云霞姿。
晚落花满地,幽鸟鸣何枝?
萝幄既已荐,山尊亦可开。

待得孤月上，如与佳人来。
因之感物理，恻怆平生怀。
茫茫此群品，不定轮与蹄。
喜得舜可禅，不以瞽瞍疑。
禹竟代舜立，其父吁咈哉。
嬴氏并六合，所来因不韦。
汉祖把左契，自言一布衣。
当途佩国玺，本乃黄门携。
长戟乱中原，何妨起戎氏。
不独帝王尔，臣下亦如斯。
伊尹佐兴王，不藉汉父资。
磻溪老钓叟，坐为周之师。
屠狗与贩缯，突起定倾危。
长沙启封土，岂是出程姬。
帝问主人翁，有自卖珠儿。
武昌昔男子，老苦为人妻。
蜀王有遗魄，今在林中啼。
淮南鸡舐药，翻向云中飞。
大钧运群有，难以一理推。
顾于冥冥内，为问秉者谁？
我恐更万世，此事愈云为。
猛虎与双翅，更以角副之。
凤凰不五色，联翼上鸡栖。
我欲秉钧者，竭来与我偕。
浮云不相顾，寥泬难为梯？

> 悒怏夜参半,但歌井中泥。

张采田云:"此篇感念一生得丧而作。赞皇辈无端遭废,令狐辈无端秉钧,武宗无端而殂落,宣宗无端而得位,皆天时人事,难以理推者。意有所触,不觉累累满纸,怨愤深矣。观'行行来自西'语,盖推官罢后自京还洛时也。即以诗格论,意境颇唐,亦近晚年。冯氏谓卫公当国时为牛党致慨,真臆说矣。"张氏的笺解虽仍有执实之弊,但较之冯说,显然合理得多,特别是用人事上种种"无端"的变化来解说诗的意蕴及其生活基础,确实抓住了此诗的核心。诗分五节。第一节写深埋地底的泥土因治井而得以升腾地面。第二节写井泥筑为池堤后,池上林间所呈现的种种幽美景色,是对"升腾不自意,畴昔忽已乖"的渲染与发挥。"因之"二句,由井泥地位的变化引出对"物理"的议论,为一、二两大段转关。第三节以"茫茫此群品,不定轮与蹄"二语总起,列举历代有作为的帝王大多起于微贱,说明贱者可以变贵,与上段井泥地位的变化密切呼应。然后以"不独帝王尔,臣下亦如斯"二语转入第四节。伊尹、吕望、樊哙、灌婴等均为出身微贱而佐兴王成大业者;长沙定王、董偃虽无功业可言,但亦本属微贱而升居显贵者。男变为女、君化为禽、鸡犬升天,虽与上述变化不同,但又同为人事自然变化之不能以一理推者。三、四两节所列举的变化,既有诗人所企望、所肯定的变化,也有诗人所惶惑乃至否定的变化。二者杂陈,诗人遂愈感自然社会的变化难以把握。故第五节开头即揭出"大钧运群有,难以一理推"二语作为一篇之枢要与主旨。诗人既深有感于人事变化之无端乃至多端而难以理推,遂欲求秉钧者而问之。然天高难梯,物理难明,惟有在漫漫长夜中空歌井泥而已。

这首诗是诗人对古往今来许许多多错综复杂、"难以一理推"的社会人事变化感到迷茫、惶惑的表现。"茫茫此群品,不定轮与蹄",宇宙间的万事万物都在不停地运动变化。但无论是圣君贤臣起于微贱这种应该受到欢迎的变化,还是如长沙定王、董偃这种本属庸常、忽跻显贵的变化,乃至蜀王化鹃、男变为女这种变化,都是不可捉摸,"难以一理推"的,"升腾"者既"不自意",沉沦者亦不自知,种种变化都充满了偶然性和不可知性。他对于将来的变化,更充满了深重的忧虑,担心会出现"凤凰不五色,联翼上鸡栖"、"猛虎与双翅,更以角副之"这种贤者沉沦、恶者愈恶的局面。这种情绪,深刻地反映了诗人对于社会历史人事和自身命运感到不可理解、无法掌握,反映了对将来的悲观失望。商隐诗中,很少这种对社会历史人事带哲理性的思考与感慨。本篇的出现,正表现出在人生的最后阶段,诗人对社会历史与人生的种种变化作一总结性思考的心理需求。同时代的大诗人杜牧早在大和七年作的《杜秋娘诗》中就因杜秋娘的命运而联及整个士林的命运,慨叹"自古皆一贯,变化安能推","己身不自晓,此外何思维"。李商隐对《杜秋娘诗》非常赞赏,《赠司勋杜十三员外》特标举之,有"清秋一首《杜秋》诗"之句。商隐此诗,思想上显然受到《杜秋娘诗》的影响,而溯源求本,二诗又都受到屈原《天问》的深刻影响,何焯说《井泥》"后半与牧之《杜秋》诗极相似"(《义门读书记》),又说《井泥》是"《天问》之遗"(《李义山诗集辑评》引),都很正确。小杜、小李二作的先后出现,又说明这是衰颓时世中士人对社会历史和人事变化感到茫然不解的普遍情绪。张采田将《井泥》和《锦瑟》并列为商隐逝世前总结一生之作,从考据学的观点看,未必有多少实据,但从对作家的总体把握看,这个推断却合乎商隐思想发展的逻辑,是很有说服力的。《锦瑟》首句即标出"无端",结句又归于"惘然",这也正是贯穿《井泥》的思想感情主线。

商隐废罢回郑州后,究竟于何时去世?《东观奏记》谓其"至上(指宣宗)十二年,竟不升于王廷",亦可证其卒于大中十二年。至于具体时间,崔珏的《哭李商隐二首》提供了考证的线索:

成纪星郎字义山,适归黄壤抱长叹。
词林枝叶三春尽,学海波澜一夜干。

风雨已吹灯烛灭,姓名长在齿牙寒。
只应物外攀琪树,便著霓裳上绛坛。

虚负凌云万丈才,一生襟抱未曾开。
鸟啼花落人何在,竹死桐枯凤不来。
良马足因无主踠,旧交心为绝弦哀。
九泉莫叹三光隔,又送文星入夜台。

二诗写景均切暮春时令(三春、鸟啼花落)。或因此而疑商隐卒于大中十三年春。但此二诗未必是商隐刚去世时所作。从"适归黄壤"语看,其时商隐已经殡葬。而下葬距卒时一般总在几个月左右(唐代墓志所载某一墓主卒时与葬时的距离有不少在半年以上)。因此"鸟啼花落"的三春季节听到商隐"适归黄壤"的消息而写诗哭吊,正说明商隐之卒时当在此前数月,即大中十二年冬。

崔珏的哭诗,特别是"虚负凌云万丈才,一生襟抱未曾开",可以说是对李商隐这位绝代才人一生悲剧遭遇的准确概括。

以下录拙撰有关李商隐生平考证、作品笺释的长短论文八篇,与本书对照,可见主要结论相同,个别考述或有改动。从中可见一种结论的确立需要在反复思考和新材料的发现基础上加以修正补充。所录文中极个别文字作了修改,以免误导读者。

附考一

李商隐开成末南游江乡说再辨正

清代注家冯浩和近人张采田都力主李商隐在文宗开成五年秋到翌年(即武宗会昌元年)春,有过一段历时数月的"江乡之游"。① 岑仲勉先生曾对此提出疑问,加以辨正(见《唐史余沈·李商隐南游江乡辨正》及《玉谿生年谱会笺平质》),但冯、张之说仍被多数研究者视为定论。初步统计,被冯、张系于江乡之游的诗就有三十多首,加上其他被认为内容涉及此游的诗,为数更多,足见这是李商隐生平游踪考证和诗歌系年上一个关键性的问题。细审有关材料,发现冯浩用来坐实江乡之游的一系列"证据",实际上没有一条能够成立。本文拟就冯浩所提出的一些主要根据加以驳正,以澄清李商隐生平游踪考证中的这一重大

---

① 见冯浩《玉谿生年谱》、张采田《玉谿生年谱会笺》。"江乡"系摘商隐诗语,冯、张均用以特指今湖南北部洞庭湘江一带地区。

疑案,作为岑文之后的"再辨正"。

李商隐诗中提到"江乡",并被冯浩引为南游江乡重要证据的,是《崇让宅东亭醉后沔然有作》:

曲岸风雷罢,东亭霁日凉。
新秋仍酒困,幽兴暂江乡。
摇落真何遽,交亲或未亡。
一帆彭蠡月,数雁塞门霜。
俗态虽多累,仙标发近狂。
声名佳句在,身世玉琴张。
万古山空碧,无人鬓免黄。
骅骝忧老大,鹓鸿妒芬芳。
密竹沉虚籁,孤莲泊晚香。
如何此幽胜,淹卧剧清漳?

冯浩说:"集中江乡之游,一为开成五年辞尉任南游,一为大中二年归自桂管,途经江汉……此章当属开成五年。四句'幽兴暂江乡',言将暂诣江乡。……'摇落'句谓罢官,慨入官未久,已遭失意。'交亲'句谓所亲或未忘我(按:冯注本作"或未忘"),将往依之。'一帆'二句,预拟江乡之程。"

冯浩对有关诗句的解释和作年的考证都是错误的。此诗作年,有一个重要而明显的内证,即"交亲或未亡"一句。而冯浩恰恰根据错误的异文把它掩盖了。"亡"字冯氏校定为"忘",但现存绝大多数李商隐诗集较早的本子(如蒋本、姜本、悟抄、毛本、影宋抄、戊签、席本)都作"亡",仅钱本及朱注本作"忘"。作"亡"是正确的。因为"交亲或未亡"系暗用陆机《叹逝赋序》:"余年方四十,而懿亲戚属,亡多存寡;昵交密友,亦不半在。""交亲",即陆序所谓"懿亲戚属"、"昵交密友",而"或未亡",则正是"亡多存寡"、"亦不半在"的另一种表达方式。恰巧李商隐在大中七年居梓幕时作的《梓州道兴观碑铭》中也用了同一典故:"谢文学之官之日,歧路东西;陆平原强仕(原作"壮室",从张采田说改)之年,交亲零落。"强仕之年,即四十岁。① 这两句正是追叙大中五年他四十岁时承柳仲郢之辟入梓幕前后的情况。这一年,他的妻子王氏病故;先前对他颇加厚遇的崔戎、令狐楚、郑亚、卢弘止等也都已相继去世。过去关系比较密切的亲友中,仅连襟韩瞻健在。此外,就是那位早就视商隐为"放利偷合"的小人而屡加排抑的现任宰相令狐绹了。这正是"交亲零落"、"交亲或未亡"所包含的具体内容。由此可以断定,这首诗最早也当作于大中五年其妻王氏亡故以后。诗中一再说"身世玉琴张"、"骅骝忧老大"、"无人鬓免黄",也显然是接近迟暮之年的人感慨身世的口吻,而非不到三十岁的壮年人口气(开成五年商隐二十九岁)。末句"淹卧剧清漳",用刘桢诗"余婴沉痼疾,窜身清漳滨",与他在梓幕期间所作的《夜饮》("谁能辞酩酊,淹卧剧清漳")、《病中闻河东公乐营置酒口占寄上》("可怜漳浦卧,愁绪乱如麻")、《梓州罢吟寄同舍》("漳滨多病竟无憀")等诗语意多雷同,也可作为此诗作于商隐衰病之年的旁证。

　　再看冯浩对一些关键性诗句的解释。首先,把"幽兴暂江乡"解为"暂诣江乡",无论从诗句本身或从全篇文义上看,都是缺乏根据的。诗慨叹摇落之急遽、交亲之零落、遭遇之不偶、身体之衰病,根本没有任何地方暗示将要出游。此句"暂"字与上句"仍"字对文,"仍"有重复、频繁义,"暂"有暂时、忽然义,两句盖谓新秋而重之以酒困,适对东亭曲岸、雨霁日出之清凉境界,忽似置身江乡。这是因眼前幽胜所引发的对往日所历江乡胜景的一种联想。其次,把"一帆"二句说成是"预拟江乡之程",也显然不妥。因为"江乡之程"即使可以预拟扬帆彭蠡,却绝不可能扯到雁飞塞门。其实,这两句紧承上文身世沉沦、交亲零落,

---

① 《礼记·曲礼上》:"四十曰强,而仕。"旧因称四十为强仕之年。

进而概述自己平生驱驰南北、羁泊飘零的经历,是对已往生活的回顾,而非前瞻。

冯浩还举出《送千牛李将军赴阙五十韵》一诗中的"异县期回雁"之句,作为商隐开成五年南游江乡的证据。这同样是不足为据的。此诗末段说:

> 披豁惭深眷,睽离动素诚。
> 蕙留春畹晚,松待岁峥嵘。
> 异县期回雁,登时已饭鲭。
> 去程风刺刺,别夜漏丁丁。
> 庾信生多感,杨朱死有情。
> 弦危中妇瑟,甲冷想夫筝。
> 会与秦楼凤,俱听汉苑莺。
> 洛川迷曲沼,烟月两心倾。

冯笺:"异县二句,谓我将往异乡回雁峰前,今日过别,遽邀饯饮也。"按:"回雁"与"饭鲭"(用五侯鲭典)相对,都是动宾结构而非名词,因此,"回雁"并非回雁峰的省语。"雁"指雁书,"期"是盼望的意思,而不是"指……以为期"的"期"。句意谓因分别而相隔异县,故望对方回寄雁书,与上"睽离"语正合。况且这首诗并非如冯氏所臆断系作于开成五年,而是作于商隐悼亡之后。姚培谦、程梦星都指出"弦危"四句系自伤失偶,这是很正确的。庾信、杨朱自喻,"生多感",谓多时世身世之感;"死有情",指悼亡丧妻之痛,谓王氏虽死而己则不能忘情。① 因此,根本不能用这首诗来证明开成末的江乡之游。

被冯氏编入"江乡之游"期间的绝大部分诗篇,连上面所引的那种不足为据

---

① 此解释实误。此诗作于开成五年商隐在弘农时,其妻王氏不在身边,故诗中想象王氏怀念自己之情景。"死有情"即上句"生多感"之意,谓己之多愁善感、滞于哀伤而不能自拔之性格,"弦危"四句亦非自伤失偶,详《李商隐诗歌集解》集注及辨正。然此诗仍不能作为开成末江乡之游的证据。

的"根据"也没有,其中有的已为张氏《会笺》所驳正(如《过伊仆射旧宅》、《寄成都高苗二从事》、《潭州》、《岳阳楼》、《楚宫(当作庑)》等),有的则根本无法证明与南游江乡有关(如《酬别令狐补阙》),或不易考定作诗年代(如《杏花》),这里不再论列辨析。张氏在冯编诸诗外,又将《燕台四首》、《代越公房妓嘲徐公主》、《代贵公主》、《代应二首》、《鸳鸯》、《河阳诗》等艳诗系于"江乡之游"期间,其穿凿附会、主观臆想,更甚于冯氏,没有必要进行辨正。

其实,冯、张之所以力主开成末江乡之游,其主要根据并不是上述诸诗,而是李商隐赠、哭刘蕡的五首诗和《新唐书·刘蕡传》上的一段记载。冯浩《玉谿生年谱》开成五年下云:

> 时适杨嗣复罢相,观察湖南,因又有潭州《赠刘司户蕡》之迹①。司户历为宣歙王质、兴元令狐楚、襄阳牛僧孺从事,皆见传文。僧孺开成四年八月出镇,会昌二年(按:当作"元年")罢,蕡在幕正当其时。蕡卒年无明文。《新书·传》载昭宗诛韩全晦等,左拾遗罗衮讼蕡云:"身死异土,六十余年。"帝赠蕡左谏议大夫。是年天复三年癸亥,上距会昌四年甲子,得六十年。蕡当于开成、会昌间卒于江乡,故诗云"复作楚冤魂",又云"溢浦书来秋雨翻"也。义山于此年至潭州。会昌元年春,与蕡黄陵晤别,而蕡于二年秋卒矣。凡此皆南游之实据也。

岑仲勉说:"罗衮之言,实为冯氏涉想之最先出发点,因而将赠蕡、潭州、哭蕡诸诗,皆集合于此两三年中。"这对冯氏南游江乡说的形成,是一语破的之论。的确,如果不细审冯氏所提出的"实据",不细疏商隐赠、哭刘蕡诸诗,即便推翻冯

---

① 杨嗣复为刘蕡座主,开成五年八(一作九)月罢相,出为湖南观察使,冯、张都断定商隐南游必至潭州嗣复幕,张氏甚至断定南游江潭系赴嗣复之招,这完全出于想当然,在商隐诗文中找不出任何根据。

氏对《崇让宅东亭醉后沔然有作》等诗所作的解释,也仍会对南游江乡说坚信不疑。许多李商隐研究者之所以信奉冯说,根本原因正在此。

问题恰恰首先出在冯氏引用的《新唐书·刘蕡传》所载罗衮疏语的可靠性上。《新书·传》原文是:

> 及昭宗诛韩全晦等,左拾遗罗衮上言:蕡当大和时,宦官始炽,因直言策请夺爵土,复扫除之役,遂罹谴逐,身死异土,六十余年。

而《全唐文》卷八二八所收罗衮《请褒赠刘蕡疏》的原文却是:

> 窃见故秘书郎责授柳州司户臣刘蕡,当大和年对直言策,是时宦官方炽,朝政已侵,人谁敢言!蕡独能指抑堕雨回天之势,欲使当门;夺官卿爵土之权,将令拥篲。遂遭退黜,实负冤欺。其后竟陷侵诬,终罹谴逐,沉沦绝世,六十余年。

将二者略加对照,就可明显看出:《新书·传》所载"罗衮上言"并非直接引录罗疏原文,而是对罗疏的撮述,而这种撮述又是不准确的。如罗疏原文中的"遂遭退黜,实负冤欺",系指大和二年刘蕡对策指斥宦官而被黜不第一事;"其后竟陷侵诬,终罹谴逐",则指贬柳州司户参军。二事分叙,条理明晰。而《新书·传》竟将二事用"遂罹谴逐"一语概括,仿佛刘蕡对策后即被贬逐往柳州,这显然与事实有出入。更重要的区别还在于:罗疏中"沉沦绝世,六十余年"一语,在《新书·传》中变成了"身死异土,六十余年"。按:"沉沦"犹沉没、沦落,通指政治上的失意沦没,刘向《楚辞·九叹·愍命》:"或沉沦其无所达兮,或清激其无所通。"杜甫《赠鲜于京兆二十韵》:"奋飞超等级,容易失沉沦。"商隐《献舍人彭城公启》:"沉沦者延颈,逃散者动心。"沉沦均作沦落不遇解。这里紧承上文"终罹谴逐",当是指其远贬柳州,沦落异乡。"绝世"方指辞世。因此,罗疏原文的意思是:刘蕡从谴逐到柳州以至于身死,到如今已六十余年。"六十余年"应从谴逐之时算起,而不是从"绝世"之日算起,这样理解,才符合一般语言习惯。《新书·传》删去"沉沦",径曰"身死异土,六十余年",则"六十余年"当然只能从"身死"之时算起了。冯浩之所以坚信刘蕡死于会昌初年,正是由于此。

可能有人认为,刘蕡贬柳和身死异乡这二者之间或许并不存在太大的时间间隔,因而罗疏中也就统而言之曰"沉沦绝世",而不去区分被贬之时与身死之日了。孤立地看,这样的推测不能说没有道理,而且《新唐书·刘蕡传》的作者之所以把"沉沦绝世"改成"身死异土",恐怕正是出于这种理解(这从《新书·传》"宦人深疾蕡,诬以罪,贬柳州司户参军,卒"的行文中也可看出)。但如果对李商隐赠、哭刘蕡诸诗细加疏解,并联系当时政治斗争形势的变化对刘蕡被贬一事进行考察,就不难得出与上述理解相反的结论。为了便于说明问题,将商隐赠、哭刘蕡诸诗全部引录如下:

> 江风扬浪动云根,重碇危樯白日昏。
> 已断燕鸿初起势,更惊骚客后归魂。
> 汉廷急诏谁先入?楚路高歌自欲翻。
> 万里相逢欢复泣,凤巢西隔九重门。
> ——《赠刘司户蕡》

> 上帝深宫闭九阍,巫咸不下问衔冤。
> 黄陵别后春涛隔,湓浦书来秋雨翻。
> 只有安仁能作诔,何曾宋玉解招魂?
> 平生风义兼师友,不敢同君哭寝门。
> ——《哭刘蕡》

> 离居星岁易,失望死生分。

酒瓮凝馀桂，书签冷旧芸。
江风吹雁急，山木带蝉曛。
一叫千回首，天高不为闻！

有美扶皇运，无谁荐直言。
已为秦逐客，复作楚冤魂。
湓浦应分派，荆江有会源。
并将添恨泪，一洒问乾坤！
　　　　　　——《哭刘司户二首》

路有论冤谪，言皆在中兴。
空闻迁贾谊，不待相孙弘。
江阔惟回首，天高但抚膺。
去年相送地，春雪满黄陵。
　　　　　　——《哭刘司户蕡》

历来的李商隐研究者，包括否定有江乡之游的岑仲勉在内，都认为《赠刘司户蕡》一诗是李商隐和正在贬谪中的刘蕡相遇时写的。但这完全是误解。事实上，赠诗并不是作于刘蕡贬柳期间，而是作于他自柳州贬所放还途中。颔联出句指大和二年对策忤宦官而遭黜事，对句因有"骚客"字，注家都认为指刘蕡远贬。但这种理解却把"后归魂"特别是其中的"归"字忽略了。归，显然是指自贬所放归，不可能有别的解释。这里不说"不归"、"未归"，而说"后归"，正意味着在写这首诗时刘蕡的放归已成事实，只不过是后归、迟归而已。正因为刘蕡已放归，所以腹联出句才会用贾谊被汉廷急诏自长沙召回的典故，来表达对刘蕡重入朝廷的某种希望；如果是在刘蕡万里投荒、正遭贬逐的情况下说这种话，真是如同呓语了。同时，尾联"万里相逢欢复泣"的复杂心情，也只有联系长期远贬，幸而放还的事实才好理解。否则,失意者和遭贬者相逢,还有什么"欢"之可言呢?

刘蕡曾自贬所放还,还可从《哭刘司户蕡》诗中找到有力的证据。此诗颔联说:"空闻迁贾谊,不待相孙弘。"按:"迁"有贬谪、迁调(一般指升迁)二义,这句中的"迁"显系后一义。因为如指贬谪,则根本不是什么"空闻",而是百分之百的事实;只有指升迁,那才是徒有传闻而终于不曾实现的事。所谓"迁贾谊",实即赠诗中的"汉廷急诏"。两相对照,可以推断刘蕡自柳放还时,并未授予新职(赠诗仍称司户可证),但却有将升迁刘蕡官职的传闻或猜想,故赠诗有"汉廷急诏谁先入"之句,疑问中寓有希望;而刘蕡却于翌年客死于楚,希望落空,故哭诗有"空闻迁贾谊"的感慨。下句"不待相孙弘"即进一步补足"空"字。公孙弘因使匈奴还报不合武帝旨意,被免归,后复征贤良文学,对策第一,累官至丞相。这是说刘蕡未能等到被朝廷重新征召、委以重任便去世了。注家们在赞赏这一句用事"警切"的同时,对用事的具体背景是很忽略的。试想如果没有自柳放还的事实,却平白无故地说什么"不待相孙弘",岂不是太不切实际了吗?惟其已放还,甚至有升迁的传闻,这"不待相孙弘"方显出用事的精切不移,也才能与上句密切合榫。冯浩明知"迁"是升迁之义,却为成见所蔽,故意绕开问题,说"迁谊不必拘看",其实,这个"迁"字是必须认真看待的。推而言之,《哭刘司户二首》(其二)首联,也并非泛说刘蕡才可匡世而无人推荐,而是具体针对刘蕡放还后未能征回朝廷、加以重用的情况而发的,也可以说是作者对"空闻迁贾谊"的原因的一种看法。①

弄清了赠蕡诗作于刘蕡自柳放还途中,我们就可进而考证刘蕡究竟何时贬柳,何时自柳放还并与李商隐相遇。刘蕡贬柳的具体时间,史无明文。《新唐书·刘蕡传》云:"蕡对后七年,有甘露之难。令狐楚、牛僧孺节度山南东、西道,

---

① 如"无谁荐直言"句系泛说,则显与事实有矛盾。大和二年刘蕡因对策忤宦官遭黜,"物论嚣然称屈,谏官、御史欲论奏",刚中第除官的李郃上疏,以为"蕡所对策,汉、魏以来无与为比。……臣所对不及蕡远甚,乞回臣所授以旌蕡直"。(《通鉴·文宗大和二年》)这正是"有人荐直言"。

皆表蕡幕府,授秘书郎,以师礼礼之。而宦人深嫉蕡,诬以罪,贬柳州司户参军,卒。"按牛僧孺出任山南东道节度使(治襄阳),在开成四年八月;罢任的时间,据《新唐书·牛僧孺传》及杜牧《牛公墓志铭》,为会昌元年七月。从上引《新唐书·刘蕡传》叙事的次第看,刘蕡被贬柳州,应是罢襄阳幕之后的事;如系在襄阳幕时被贬,行文上当有所交代。从情理上说,牛僧孺是位望素崇的旧臣,武宗继立后,牛党虽失势,但牛僧孺的政治地位仍然相当高,恐怕还不至于在他镇襄阳时即将其"以师礼礼之"的幕僚贬逐到柳州去。而一旦僧孺罢镇,刘蕡离幕,宦官就很容易对失去庇护的刘蕡下毒手了。证以罗衮疏中"沉沦绝世,六十余年"之语,刘蕡贬柳约在会昌元年罢襄阳幕后不久,是大体上可以成立的(自天复三年逆数至会昌元年,为六十三年,与"六十余年"正合)。

刘蕡贬居柳州的时间究竟有多长?何时放还?要弄清这个问题,必须将刘蕡的贬逐与放还和政治局势的变化联系起来考察。

《新书·传》所说的"深嫉蕡,诬以罪"的"宦人",当指以仇士良为首的宦官集团①。但仇士良自甘露事变前后直到会昌三年致仕,一直掌握着很大权力,为什么等到会昌元年(最早也在开成末)才将一向深嫉的刘蕡贬逐到柳州呢?很显然,这和当时政局的变化密切相关,也和刘蕡与上层官僚士大夫中某一集团的人事关系分不开。刘蕡是正直敢言的士人,对策指斥宦官,本非代表一党一派的私利,但他和牛党的主要首领人物牛僧孺、令狐楚、杨嗣复都有较密切的关系,并受到他们的器重与庇护。令狐楚、牛僧孺辟蕡为幕僚,事以师礼,实际上是给他提供政治庇护所,使他得以暂时免受宦官的政治迫害。等到文宗去世,武宗即位,李党上台执政,牛党失势,政局发生明显变化。开成五年秋,杨嗣复罢相叠贬,翌年,牛僧孺又罢襄阳镇,刘蕡在政治上完全失去庇护。而仇士良则因

---

① 唐无名氏《玉泉子》载:"刘蕡,杨嗣复门生也,对策以直言忤时,中官尤所嫉忌。中尉仇士良谓嗣复曰:'奈何以国家科第放此风汉耶?'嗣复惧而答曰:'嗣复昔与刘蕡及第时,犹未风耳。'"

拥立武宗有功,一时气焰更盛。在这种情况下,刘蕡被贬逐,就是不可避免的了。

明白了刘蕡被贬与政局变化之间的关系,对他何时放还也就可以作出较为合理的推断。仇士良虽于会昌三年致仕,翌年六月,又削其官,籍没家赀,但宦官势力仍盛;并且刘蕡得罪的也绝不仅仅是仇士良个人,而是整个宦官集团。加以当时与刘蕡关系密切的牛党势力正处于最低点(会昌四年十月,牛党两个主要首领牛僧孺、李宗闵分别贬汀、漳二州刺史;十二月,牛再贬循州长史,李长流封州),因此终武宗在位之时,牛党失势之日,为宦官所嫉恨的刘蕡都很少可能被放还。直到武宗去世,宣宗继立,牛党白敏中当政,政局发生变化。会昌六年八月,武宗在位时被贬逐的五个牛党宰相牛僧孺、李宗闵、崔珙、杨嗣复、李珏,同日北迁。翌年(大中元年)六月,牛僧孺移汝州长史,迁太子少保少师。在这种政治形势下,与牛党旧时首领关系密切的刘蕡自贬所放还的可能性就大得多了。但他原非显贵,所以放还的时间可能稍晚。如果我们把放还的时间和李商隐大中初年的行踪联系起来,就可以对两人相遇的时间得出比较明确的结论。

李商隐赠、哭刘蕡诸诗中涉及两人晤别地点时所用的一系列词语,如"楚路"、"黄陵"、"江风"、"荆江"等,都毫无疑问是指荆楚江湘地区;而分别的季节则正值初春("去年相送地,春雪满黄陵")。从刘蕡贬柳到大中初这段时间内,李商隐只在大中元年、二年曾往返途经江湘(前后共四次)。元年赴桂,二年罢幕北归,途经江湘都在夏季,显与"春雪满黄陵"不合。元年十月奉使江陵,途经湖湘约当十一月,与"春雪"也不符。只有大中二年初春自江陵返桂林,经黄陵时正当"春雪"飘扬之日,时商隐南返,而刘蕡则自柳放归,故二人相遇后旋即在黄陵分别。如果刘蕡会昌元年贬柳,那么到放归途中二人相遇时首尾已达八年。赠蕡诗说"更惊骚客后归魂",这位骚客的确是"后归"了。①

---

① 可能会有这种假设:刘蕡开成末被贬,当年放回,第二年(会昌元年)与商隐相逢于江乡。但这种假设是违反最起码的常识的,因为"深嫉蕡"的宦官绝不可能刚贬逐刘蕡,又将他放回。

两人晤别后的翌年(大中三年)秋天,刘蕡即死于异乡。李商隐时在长安。从他写的四首哭诗看,刘蕡最后就死在荆楚之地,很可能就死在浔阳(今九江市。又称湓城)。"复作楚冤魂",虽系用典,也兼示蕡卒于楚地。"黄陵别后春涛隔"、"江风吹雁急"、"江阔惟回首"等语,则透露出刘蕡的卒地与商隐所在的长安遥隔大江,而且就在长江之滨。再证以"湓浦书来秋雨翻"之句,则刘蕡的卒地有相当大的可能就在浔阳。又"湓浦应分派,荆江有会源"一联,意颇隐晦,旧注多不得其解,颇疑"荆江"之"会"与"湓浦"之"分"并非泛语,可能隐喻两人曾在荆江一带相遇,而后卒于湓浦,遂成永诀。刘蕡卒于楚地这个事实,可以反过来证明他并不是在贬柳途中遇到李商隐的。因为如果是在贬柳途中相遇,那就意味着:刘蕡头一年被贬,第二年春天仍在途中,直到第三年秋天尚未到达贬所,而是死在楚地,甚至是死在贬柳途中根本不经过的九江。而这从事理上说,是根本不可能的。

归结起来,关于刘蕡的被贬、放还、身死可以得出如下结论:会昌元年七月,刘蕡罢襄阳幕,"宦人深嫉蕡,诬以罪,贬柳州司户参军"。大中元年自柳州贬所放还。二年春初,放归之时与自江陵返桂林的李商隐在荆湘一带相遇,商隐作诗相赠,二人旋即在黄陵分别。大中三年秋,刘蕡客死于楚地(有可能在浔阳)。至于刘蕡为什么未归朝而客死于楚,可能仍为宦官所抑。盖宣宗即位后,牛党虽然复起,但宣宗亦系宦官所拥立,其时朝政仍基本上操纵在宦官手中。为宦官所深嫉的刘蕡,因其与牛党旧日首领的关系得蒙放还,已属"恩典",再加升迁,便绝少可能。即使牛党中有人想召蕡入朝,但其时当权的以恃宠固位为目的的牛党新贵(如白敏中、令狐绹)恐怕也不愿为此触怒宦官。追赠一事,既须至宦官尽诛之日方能实现,则生前虽放还而未任用自不足怪。正由于宦官专权的总形势并未改变,所以刘蕡终于在"巫咸不下问衔冤"的情况下客死于楚。商隐赠蕡诗一开头就极力渲染"北司专恣,威柄凌夷"的政治局势,正十分真实地反映了当时的现实。

李商隐与刘蕡相遇的时间既不在会昌元年,而在大中二年,则冯、张的李商隐开成末南游江乡说便失去最有力的实据而告全线崩溃。为了彻底否定此说,最后还须澄清一个问题,即李商隐《献相国京兆公启》中所提到的"南游郢泽"一事。启文云:

> 某爱自弱龄,侧闻古义。留连薄宦,感念离群。东至泰山,空吟《梁父》;南游郢泽,徒和《阳春》。

冯氏谓"南游郢泽"似指开成、会昌间江乡之游。但原文"东至泰山"、"南游郢泽"都直承"某爱自弱龄,侧闻古义"而来,说明"东至"、"南游"的时间当距"弱龄"不远。"东至泰山",冯谓指大和八年商隐居兖海崔戎幕,时商隐二十三岁,与"弱龄"语合;而"南游郢泽"如指开成五年游江乡,则其时商隐已二十九岁,恐不能再说"弱龄"了。这里所说的"南游郢泽"应是指作为"弱龄"时期的一次南游。为了证明这一点,举出《出关宿盘豆馆对丛芦有感》一诗略加讨论:

> 芦叶梢梢夏景深,邮亭暂欲洒尘襟。
> 昔年曾是江南客,此日初为关外心。
> 思子台边风自急,玉娘湖上月应沉。
> 清声不逐行人去,一世荒城伴夜砧。

冯浩说:"三句'江南客'者,指江乡之游也。……四句似丧母后将谋出居永乐,故以从关中徙关外对景写情也。"因此他将此诗系于会昌二年商隐丧母后。但他的解释和系年都显然是错误的。四句"关外心"系用杨仆移关事。《汉书·武帝纪》:"元鼎三年,徙函谷关于新安,以故关为弘农县。"应劭曰:"时楼船将军杨仆数有大功,耻为关外民,上书乞徙东关,以家财给其用度。武帝意亦好广阔,于是徙关于新安,去弘农三百里。"开成四年,商隐由秘书省校书郎调任弘农尉,曾作《荆山》诗:"压河连华势屃颇,鸟没云归一望间。杨仆移关三百里,可能全是为荆山?"冯浩说:"借慨己之由京调外也。不直言耻居关外,而故迂其词,使人寻味。"所笺极是。但他为"江乡之游"的成见所蔽,竟没有注意到《出关宿盘豆馆》诗中的"关外心"同样是耻居关外之意。"此日初为关外心"者,即今日由秘省清职出为弘农俗吏,有感于杨仆移关之事,不觉油然而生耻居关外之心。说"初为",正证明诗作于开成四年调尉时。李商隐一生中,由京职外调,途经函潼,而又时值夏令者,也只有开成四年调尉弘农这一次。又腹联"思子台"冯解亦误。"思子台"正暗示其时商隐母尚健在;如母已亡故而用"思子台"字面以寄情,岂非适得其反?实际上这一联当是以"思子台"、"玉娘湖"分别寄寓母子悬念之情、夫妻相思之意。从这里也可看出,诗当作于开成三年婚于王氏后、会昌二年母丧前。而在此期间,有所谓"关外心"者,当然更只能是开成四年调尉时。既然如此,把"昔年曾是江南客"说成是开成末江乡之游,就根本不能成立。很明显,"昔年"当是开成四年之前的某一年。张氏《李义山诗辨正》认为指商隐少年随父两浙,恐非。所谓"江南客",明指客游江南,与少年随父寓居显然有别。本篇所谓"昔年曾是江南客",很可能就是《献相国京兆公启》中所说的"南游郢泽"。但南游的具体时间、情况,由于缺乏材料,已不易考定。

  以上主要依据李商隐诗作本身,结合有关材料,对冯浩提出的"开成末江乡之游"说进行了辨正,得出了否定的结论。疏漏乃至错误之处在所难免,希望得到专家的指正。

一九八〇年一月初稿,五月修改
原载《文学遗产》1980年第3期

附考二

《李商隐开成末南游江乡说再辨正》补证

近承陶敏先生相告,得见刘蕡次子刘珵的墓志拓本(《北京图书馆藏中国历代石刻拓本汇编》第三十二册),证实了刘蕡确实曾从柳州贬所放归。在进一步参证史事及商隐有关诗文的基础上,对《再辨正》作如下补证。

刘蕡自柳州司户内迁澧州司户及其时间

据刘珵墓志,刘蕡曾"贬官累迁澧州员外司户"。兹将志文中有关部分节录如下:

唐故梁国刘府君墓铭

有序

姨兄乡贡进士杨诣纂并书

府君讳珵,字美玉,梁郡人⋯⋯曾祖晁,皇江陵府司录参军;祖俛,皇滑州胙城县丞;烈考讳蕡,皇秘书郎,贬官累迁澧州员外司户。秘书娶博陵郡崔氏夫人,即吾姨也。早有三子,君居次焉。先人禀气劲挺,临文益振(平声),奋笔殿廷,众锋咸挫。虽以直窒仕,而以名垂芳。果有令袭,式昭德门也⋯⋯(君)以大中十年八月十三日启手足于阳翟县之居第,以其年十月十二日归葬洛阳县平洛乡王寇村。祔先茔,礼也。享年廿有四。

联系新、旧《唐书·刘蕡传》关于刘蕡遭宦官诬陷,"贬柳州司户参军"的记载,墓志所谓"贬官累迁澧州员外司户",明显是指刘蕡先有柳州之贬,然后内迁为澧州司户。这一确凿的材料,完全证实了我在《再辨正》中作出的刘蕡曾自柳州贬所放还(准确地说,应是量移内迁)的推断,而且进一步证明了刘蕡与商隐黄陵晤别的时间和商隐《赠刘司户蕡》的写作时间绝不可能在会昌元年正月。

关键就在于两人的晤别是在刘蕡这位"骚客后归"之时,亦即刘蕡长期遭贬后从柳州贬所放归(内迁)之后发生的。刘蕡贬柳的时间,《再辨正》推断其当在会昌元年七月牛僧孺罢山南东道节度使以后(蕡曾在幕,受到位望素崇的牛僧孺"以师礼礼之"的厚遇,故贬柳事不大可能发生在任幕职期间)。即使将贬柳的时间推到开成五年八月杨嗣复出为湖南观察使时(杨为蕡之座主),甚至推到开成五年正月文宗去世之后(这也是最上限,因为只有政局变化,宦官仇士良拥立武宗之后才能借更大的权势对刘蕡实行诬陷、报复),也绝不可能在不到一年甚至几个月之后就将刘蕡从柳州内迁的。因为"深嫉蕡"的"宦人"既然"诬以罪",将他远贬至柳州,实欲置之死地,根本不会在整个政局没有大的变化的情况下,于短期内突然改变态度,将其量移内迁的。

那么,刘蕡由柳州内迁澧州司户,究竟在什么时候呢?我认为当在会昌六年八月以后到大中元年五月这段时间内。这是因为,刘蕡被贬柳州,虽然根子在大和二年对策抨击宦官,但他被贬与内迁的具体时间,则与党局的变化,以及跟他关系密切的牛党领袖牛僧孺、杨嗣复的贬黜或起用这一现实政治背景密切相关。武宗在位的六年中,牛党领袖与显要杨嗣复、李珏、牛僧孺、李宗闵先后远贬岭外,直到会昌六年八月,随着武宗去世、宣宗即位,李党失势,牛党新贵白敏中任宰相,牛、杨、李宗闵方与崔珙同日北迁。刘蕡由柳州司户量移内迁,当在此之后。其时间下限,当不晚于李商隐于大中元年六月随郑亚到达桂林以后。因为假如大中元年六月以后刘蕡仍在柳州,则桂林、柳州邻近,商隐在桂幕期间当与之有交往,但现存商隐桂幕诗文包括《赠刘司户蕡》诗在内,都看不出有这种痕迹。味赠蕡诗"万里相逢欢复泣"之句,在此次黄陵相逢之前,他们两人并没有相遇与交往于南方桂、柳一带之迹。

如果进一步将刘蕡"贬官累迁澧州员外司户"与《赠刘司户蕡》联系起来考察,不难看出诗中所谓"骚客后归",指的就是刘蕡在长期贬居柳州之后内迁澧州司户这件事,题内"司户",也有可能即指澧州司户。从地理位置上看,澧州在今湖南澧县东,距澧水入洞庭湖处很近。奉使江陵归途中的李商隐在距澧州不远的湘阴黄陵遇见刘蕡,是完全合乎地望的,那么,分手之后,刘蕡究竟何往?诗中"汉廷急诏谁先入"一联,实际上已经透露了特定的时代政治消息,并与刘蕡的行踪紧密相关。这正是下面要补证的。

刘蕡与商隐黄陵别后所往之地与逝世之地

刘蕡与商隐黄陵别后,第二年秋天即客死于楚地。澧州古属楚域,刘蕡是否即卒于澧州呢?从商隐《哭刘蕡》诗"黄陵别后春涛隔,湓浦书来秋雨翻"一联看,其卒地或当在江州浔阳(今九江市)。道理很明显:在实际生活中容或有朋友的讣音传出之地与其逝世之地并不一致的情形,但在写诗时如遇到这种情况,诗人总会在诗题、诗句或自注中加以说明交代。而哭诗此联将"黄陵别后"与"湓浦书来"对举,又未对"湓浦书来"作任何说明,则湓浦(浔阳)之同为刘蕡逝世之地与讣音发出之地便有可能。再参照《哭刘司户二首》中的"湓浦应分派,荆江有会源","离居星岁易,失望死生分"等句,蕡之卒于湓浦似更加明显。"湓浦"一联,系以长江之"分"与"会"隐喻他们两人相会于荆江洞庭,而后蕡客死于湓浦,双方遂作死生之分。

随之而来的问题是刘蕡何以卒于浔阳。答案是刘蕡与商隐大中二年正月初黄陵别后,去的地方就有可能是浔阳;而去浔阳的目的,则可能是为了拜谒甚至依托当时正在江州刺史任上的往日座主杨嗣复。这里涉及杨嗣复内迁江州及在任时间,须要作一些考证和说明。

杨嗣复是宝历二年刘蕡登进士第时的座主,开成五年八月,与牛党另一宰相李珏因附杨贤妃及陈王成美事分别外贬湖南观察使、桂管观察使。会昌元年,杨再贬潮州司马。一直到武宗去世之后,才同其他旧相同日北迁。《通鉴·会昌六年》:"八月……以循州司马牛僧孺为衡州长史,封州流人李宗闵为郴州司马,恩州司马崔珙为安州长史,潮州刺史(按:当作潮州司马)杨嗣复为江州刺史,昭州刺史(按:当作昭州司马)李珏为郴州刺史。僧孺等五相皆武宗所贬逐,至是,同日北迁。宗闵未离封州而卒。"(按:李珏在会昌五年五月即已刺郴,见郁贤皓《唐刺史考全编》,《通鉴》纪李珏内迁年月有误)《新唐书·杨嗣复传》也说:"宣宗立,起为江州刺史。以吏部尚书召,道岳州卒,年六十六。"可见嗣复自潮州北迁时任命的官职确实是江州刺史。但究竟在江州任职几年,又在何时"以吏部尚书召,道岳州卒",《新书·传》却无记载。而《旧唐书·杨嗣复传》则云:"宣宗即位,征拜吏部尚书,大中二年,自潮阳还,至岳州病,一日而卒,时年六十六。"这段记载虽然漏书《通鉴》、《新唐书》一致记载的自潮州内迁江州刺史一事,但却明确记载了其征拜吏部尚书及入京的时间是大中二年的事。与《通鉴》、《新唐书》对照,《旧唐书》"自潮阳还"显然有误。因为宣宗初立,会昌六年八月诸旧相内迁,率不过州郡司马、长史、刺史等职,嗣复自不可能由潮州司马骤迁吏部尚书这样显要的官职。李珏与杨嗣复因附杨贤妃事及陈王成美而叠贬昭州,其重新起用时间比杨早一年,但仍是先内迁郴州刺史,再迁舒州刺史,然后才征召入朝。杨嗣复之内迁、征召入朝亦当先迁江州刺史、再征拜吏尚方合常例。因此"自潮阳还"很可能是"自浔阳还"之误。嗣复征拜吏尚与入朝道经岳州病卒的时间在大中二年,这一点还可从李珏内召的时间上找到旁证。《旧唐书·李珏传》:"大中二年,崔铉、白敏中逐李德裕,征入朝,为户部尚书。"按大中二年二月,李德裕政治集团的两个主要成员李回、郑亚分别由剑南西川节度使左迁湖南观察使、由桂管观察使贬循州长史。与此同时,李珏与杨嗣复两位牛党旧相分别内召为户尚与吏尚,正是宣宗与牛党新贵在进一步贬逐李德裕政治集团的同时起用牛党耆宿,以加强党派势力,巩固其统治地位所采取的一项政治措施。可见,杨嗣复与李珏的内召,最早当在大中二年二月以后。反过来说,可以证明在大中二年二月以前,杨嗣复还在江州刺史任上。

《再辨正》与上文已推断,商隐与刘蕡黄陵晤别的时间在大中二年正月初,《赠刘司户蕡》即作于其时。商隐哭蕡诸诗又透露出刘蕡的卒地是浔阳,而大中二年二月之前,杨嗣复仍在江州刺史任上。由此便不难推出刘蕡此次与商隐别后,是要前往江州拜谒或依托其旧日座主杨嗣复。大中二年正月这个时间,正是杨嗣复行将征召入朝重用的关键时刻。《赠刘司户蕡》的第五句"汉廷急诏谁先入"便透露了这一政治信息。这句诗绝非泛泛而言,而是包含着非常具体的现实政治内涵,并透露出刘蕡这位"后归"的"骚客"内心的企盼。因为自从会昌六年八月,牛僧孺等牛党旧相同日北迁以来,随着当权者对李德裕政治集团的一再贬斥打击,客观上已经形成一种重新起用牛党旧相的政治趋势。所谓"汉廷急诏谁先入",说得清楚一点,就是在武宗所贬逐的四位旧相(牛僧孺、杨嗣复、李珏、崔珙。时李宗闵已卒)当中,究竟是谁最先被朝廷召回,委以重任呢?上述四人中,与刘蕡有幕主、僚属之谊或座主、门生之谊者,是牛、杨二人。按资历位望,牛僧孺似最有可能"先入"。李商隐在大中元年五月赴桂林途中为郑亚代拟的《上衡州牛相公状》说:"况今庆属休期,运推《常武》,必资国老,以立台庭。伏料即时,入膺荣召。"同年六月在桂林所拟的《为荥阳公贺牛相公状》说得更明显:"今者复自衡阳,去临汝水(按:其时牛僧孺由衡州长史移汝州长史)。以旧丞相,兼老成人。窃计中途,即有新命。俯移高尚,还处爕和。欲将不为苍生,其能仰孤清庙!"这很能代表当时士大夫的看法。刘蕡与牛僧孺有幕主、僚属之谊,又素为牛所敬重,很可能也曾有过与此类似的想法。但朝廷随后却只给了牛僧孺一个"太子少保少师"的荣誉职位,官复李德裕当政时曾给牛的闲职,便不再委以重任。其间原因,不得而详,可能是牛党新贵对这位位望素崇的旧相有所顾忌。在这种情况下,刘蕡将"急诏""先入"的希望寄托在旧日座主杨嗣复身上,认为他是能够进一步改善自己政治处境的人物,前往江州拜谒甚至依托,便是十分自然的了。从大中二年正月这个特定的时间及诗句的口吻来分析,刘蕡当时甚至可能听到了杨嗣复即将内召的传闻。因此商隐赠诗的第六句才紧接着说"楚路高歌自欲翻",用"高歌"而不用"悲歌",正透露出其时刘蕡对政治形势与前途存有企盼。殊未料杨嗣复在赴召入京途经岳州时猝然得病去世,才处浔阳的刘蕡遂失去依托与希望。他的死大概与此不无关系。①

总之,刘珵墓志有关刘蕡"贬官累迁澧州员外司户"的记载,完全证实了《再辨正》中刘蕡自柳州贬所放还这一论断的正确性。而联系有关史料及商隐赠、哭刘蕡诸诗和大中元年所撰文章加以参证,则进一步确定了《赠刘司户蕡》诗的现实创作背景,特别是"汉廷急诏谁先入"这一诗句的确切政治涵义,从而再次证实了商隐与刘蕡黄陵晤别及商隐赠诗的时间只能是在大中二年正月初,并证实了《再辨正》中提出的刘蕡与商隐别后于翌年秋客死于浔阳的推测,且对刘蕡客死于浔阳的原因作出了合理的解释(往谒昔日座主江州刺史杨嗣复)。从而否定了冯浩、张采田关于商隐开成末会昌初南游江乡的考证结论。如按冯、张的考证,系《赠刘司户蕡》于会昌元年正月,不但第四句"骚客后归"之语全无着落,而且第五句"汉廷急诏谁先入"也成了无的放矢。因为当时李德裕早已入相,牛僧孺、李宗闵、崔珙尚未外贬,杨嗣复、李珏则正面临叠贬的险境,无论李党或牛党的首领,都不存在急诏征入的问题。反之,如系此诗于大中二年初,则完全符合当时进一步起用牛党旧相的政治形势。从这一点上也可以看出冯、张系年考证的不合理。李商隐行年考证中的这一大疑案,似乎到了可以作出结论的时候了。

原载中华书局《文史》第四十辑

---

① 此说本书中已不再用。

附考三

李商隐开成五年九月至会昌元年正月行踪考述
——对李商隐开成末南游江乡说的续辨正

李商隐在开成五年九月到会昌元年正月这四五个月时间中,究竟存不存在冯浩、张采田所考证的"江乡之游",我已先后写过两篇考辨文章(《李商隐开成末南游江乡说再辨正》,载《文学遗产》1980年3期;《〈李商隐开成末南游江乡说再辨正〉补证》,载《文史》40辑),主要是从李商隐与刘蕡湘阴黄陵晤别的时间不在冯、张所说的会昌元年春,而是在大中二年春加以辨正。但对冯、张之说的辨正还有另一重要的方面,即考证李商隐在开成五年九月至会昌元年正月这段时间的具体行踪,以证明商隐在此期间绝无可能作江乡之游。岑仲勉在《玉溪生年谱会笺平质》及《唐史余沈·李商隐南游江乡辨正》中虽曾指出冯、张之说中商隐会昌元年正月与刘蕡春雪黄陵晤别与代华州、陕虢草拟贺表在时间上的矛盾,但由于未结合商隐诗文详考这四五个月间商隐的具体行踪,故仍留下疑问。近年来,笔者在撰著《李商隐文编年校注》的过程中,结合每篇文章的系年考证与注释,接触、发现了一些有关材料。通过对商隐在开成五年九月至会昌元年正月这段时间所撰文章的系年考证及与此相关的商隐行踪考证,证实了这四五个月中,商隐先是于九月中下旬东去济源移家,十月十日移家长安甫毕,又应王茂元之召赴陈许幕,为其撰拟表状启牒多篇;约在十二月中下旬,又离陈许幕至华州,暂寓周墀幕,并于会昌元年正月上中旬为华、陕草贺表。从而证明在此期间商隐绝无可能分身作所谓"江乡之游"。

移家长安

商隐《祭小侄女寄寄文》云:"尔生四年,方复本族,既复数月,奄然归无……时吾赴调京下,移家关中。事故纷纶,光阴迁贸。寄瘗尔骨,五年于兹。"祭文作于会昌四年正月二十五日,逆溯五年,寄寄当夭于开成五年,商隐之从济源移家长安及在京选调亦在同一年。移家的具体时间,冯谱误系开成四年,张笺则谓在开成五年夏,并举商隐《酬别令狐补阙》为证。按诗谓"惜别夏仍半,回途秋已期。那修直谏草,更赋赠行诗",不过谓仲夏告别,回途已届秋天,又匆匆离去而令狐有诗赠行,其间并无夏初移家之迹象。考商隐有关移家之文,自济源移家长安实在开成五年九月中下旬。其《与陶进士书》作于开成五年(书中提及"前年乃为吏部上之中书"即开成三年参加宏博试之事),末云:"明日东去,既不得面,寓书惘惘。九月三日弘农尉李某顿首。"可证作书时犹在弘农尉任。辞尉、移家及赴调应在九月三日之后。商隐移家长安,曾得到河阳节度使李执方之资助(商隐系执方姨侄女婿),其《上河阳李大夫状一》云:"伏以仍世羁宦,厥家屡迁。占数为民,莫寻乔木;画宫受吊,曾乏弊庐。近以亲族相依,友朋见处,卜邻上国,移贯长安。始议聚粮,俄沾厚赐。衣裾轻楚,匹帛珍华……白露初凝,朱门渐远。西园公子,恨轩盖之难攀;东道主人,仰馆谷而犹在。"状上于离河阳去济源移家时。"白露初凝",指节届寒露。吴澄《月令七十二候集解》:"寒露,九月节,露气寒冷,将凝结也。"时当在开成五年九月上中旬之间。商隐自济源移家前又得到执方再次资助,有《上河阳李大夫状二》致谢,状云:"伏奉诲示,并赐借骡马及野戎馆熟食草料等……恤以长途,假之骏足。"自济源启程赴长安当已在九月下旬。到达长安后有《上李尚书状》致谢执方:"昨者伏蒙恩造,重有沾赐,兼假长行人乘等,以今月十日到上都讫。"济源至长安约千里,此"今月"当是十月。状又云:"既获安居,便从常调。"唐时内外官从调,不限已仕未仕,选人期集,始于孟冬,终于季春。十月十日抵京,正赶上常调之时。故张氏开成五年夏移家之说,验以商隐有关移家诸状,乃无一相合。

王茂元出镇陈许

商隐移家长安,本为选调。上节引《祭小侄女寄寄文》"时吾赴调京下,移家关中"及《上李尚书状》"既获安居,便从常调"均可证。然其时适遇王茂元由朝官出为陈许节度使,召商隐入幕,于是商隐遂有赴陈许之行。

王茂元出镇陈许的时间,冯谱系于会昌元年夏,张笺系于会昌元年秋冬之际,均非。吴廷燮《唐方镇年表考证》系于开成五年,云:"李绅是年九月自宣武移淮南,彦威代绅,茂元又代彦威。"岑仲勉《玉溪生年谱会笺平质》乙承讹"王茂元为陈许"条从之。按《旧唐书·武宗纪》:开成五年九月,"以淮南节度使、检校尚书左仆射李德裕为吏部尚书,同中书门下平章事,寻兼门下侍郎;以宣武军节度使、检校吏部尚书、汴州刺史李绅代德裕镇淮南"。史未载王彦威由陈许徙镇宣武、王茂元由朝官出为陈许节度使之具体年月,但李绅、王彦威、王茂元之分别徙镇或出镇淮南、宣武、陈许,乃是因李德裕由淮南入相所引起的一连串先后承接之任命,时间上因相互交接容或有稍早稍迟,但绝不可能如冯、张所考,将茂元出镇陈许的时间延至第二年的夏天或秋冬之际,实际上,冯、张之所以将茂元出镇陈许的时间定为会昌元年夏或秋冬间,主要是由于他们极力主张开成五年九月至会昌元年正月商隐有江乡之游,故不能不将茂元出镇陈许的时间推至会昌元年,以便将商隐为茂元代拟的陈许诸表状统系于会昌元年。同时,也由于冯氏误解商隐文,谓茂元"于武宗即位之初入朝,历御史中丞、太常卿、将作监,迁司农卿,而乃出镇(陈许),当在会昌元年"(见冯谱会昌元年)。以如此频繁之迁转,自非有一年以上的时间方有可能。但细按冯氏恃以为据的商隐文,除司农卿明确见于诸表状、祭文,将作监见于《新书》本传及诸文,可以确认以外,冯氏所云"历御史中丞、太常卿"实属子虚乌有。商隐《为濮阳公陈许谢上表》云:"旋属皇帝陛下,荆枝协庆,棣萼传辉,臣得先巾墨车,入拜丹陛。兰台假号,棘署参荣。奉汉后之园陵,获申送往;掌周王之廪庾,方切事居。不谓遽董戎旃,还持武节。"从武宗即位、茂元由泾原入朝叙到在朝所历官职直至出镇陈许。其中"奉汉后之园陵,获申送往",指为将作监;"掌周王之廪庾,方切事居",指任司农卿。冯氏谓"兰台"二句指茂元任御史中丞、太常卿,此全属误解。"兰台"即兰省,指尚书省(用尚书郎握兰含香故实),商隐《为濮阳公上杨相公状一》"柳营莫从于多让,兰台超假于前行"之"兰台"即指尚书省(兰台超假于前行,谓茂元在泾原时由检校工部尚书越级加授检校兵部尚书,旧注非)。"兰台假号",指茂元由泾原入朝,加检校尚书右仆射,亦即《为濮阳公上淮南李相公状一》"荣兼右揆"之谓,因系检校官,故云"假号"。"棘署"泛称九卿官署,古代九卿统称棘卿。《唐语林·补遗四》:"凡言九寺,皆曰棘卿。""棘署参荣",即下四句所云,指任九卿中之将作监、司农卿。冯氏既误以为"兰台"指御史台,谓茂元任御史中丞;又误解"棘署"为太常寺,谓茂元为太常卿。并据《为濮阳公祭太常崔丞文》"棘署选丞,仍见谯玄之人",谓"茂元亦入朝为太常,故仍选(崔为太常)丞"。实则此二句乃谓属于棘署(九卿衙门)之太常署选丞,又将崔选为太常丞,与茂元之任官无涉。总之,茂元开成五年正月文宗卒后入朝,至出镇陈许前,在朝所任实职仅司农卿、将作监而已。

茂元出镇陈许的具体时间,可以从商隐《为濮阳公陈许举人自代状》及有关材料中得到推定。此状所举以自代之官吏为崔蠡,状云:"今洞水无兵,武昌非险,用为廉问,尚郁庙谋。臣所部乃秦、韩战伐之乡,周、郑交圻之地。军逾千乘,地控三州,若以代臣,必为名将。"可证其时崔蠡任鄂岳观察使。冯浩笺引《旧唐书·崔宁传》:"宁弟孙蠡,元和五年擢第。大和初为侍御史,三迁户部郎中,出为汝州刺史。开成初,以司勋郎中征。寻以本官知制诰,明年正拜舍人。三年权知礼部贡举。四年拜礼部侍郎,转户部。寻为华州刺史、镇国军等使,再历方镇。"并加按语云:"《新书·传》更略。此时(指会昌元年)岂已从华州观察鄂岳耶?"史未载崔蠡观察鄂岳的时间,但《千唐志·唐故朝议郎使持节光州诸军事守光州刺史赐绯鱼袋李公(潘)墓志铭并序》云:"出为江陵少尹,转光州刺史……今江夏崔公龠、春官侍郎柳公璟、中书舍人裴公休、天官侍郎崔公球、柱史刘公濛,并交道之深契也……(公)以开成五年八月三日染疾于位,殁于弋阳之官舍……以其年十二月廿四日葬于洛阳县平阴乡从心里之原。"据此,墓铭当撰于开成五年八月三日至十二月廿四日之间,而崔龠最迟在开成五年十二月已在鄂岳观察使任。《全唐诗》卷五四四有刘得仁《送鄂州崔大夫赴镇》云:"廉问初难人,朝廷辍重臣。入山初有雪,登路正无尘。去国鸣驺缓,经云住旆频。千峰与万木,吟坐叶纷纷。"入山,指入商山。入山初雪,木叶纷落,是深秋初冬间景象(商山一带,九月即有下雪者,商隐《九月於东逢雪》诗可证),崔龠抵达鄂州任,当已十月。崔龠之前任为高锴,卒于任,其卒时史未载。然商隐《与陶进士书》作于开成五年九月初三,书中犹称高锴为"夏口公",可证其时锴尚在鄂岳任。参证刘得仁《送鄂州崔大夫赴镇》诗,可推知锴约卒于九月中下旬,崔龠即锴卒后朝廷新任命之鄂岳观察使。又,《为濮阳公陈许举人自代状》在叙述崔龠观察鄂岳前历官时,只说"既还纶阁,复掌礼闱……及司版籍,以副地官",与《传》"寻以本官知制诰,明年正拜舍人。三年,权知礼部贡举。四年,拜礼部侍郎,转户部"合,无任华州刺史之迹。刘得仁送崔赴镇诗也无自华刺迁鄂岳的迹象,《传》任华刺之记载不确。开成五年七月以后任华刺者为周墀。

《为濮阳公陈许举人自代状》云:"(崔龠)居然国器,实映朝伦。今沔水无兵,武昌非险,用为廉问,尚郁庙谋……若以代臣,必为名将。"细玩这段话的口吻,崔龠和王茂元当是先后同时被分别任命为鄂岳观察使、陈许节度使的,故有"今……用为廉问,尚郁庙谋"的表述。如按冯、张二氏所考,茂元会昌元年方出镇陈许,则其举崔龠以自代时,龠在鄂岳任上历时已达半载乃至一年,与上引状文的叙述口吻显然不合。徐树谷笺云:"时崔龠方除鄂岳观察,而王茂元为陈许节度,以鄂岳非当时重地,而己所部陈许乃中原要害,恐不胜任,故举崔以自代。"徐氏的理解是符合实际的。

既然王茂元出镇陈许是开成五年九月李德裕自淮南入相引起的一连串先后承接的方镇任命,王茂元举以自代的崔蠡又是开成五年秋冬间与自己先后同时被任命的鄂岳观察使,则王茂元出镇陈许的时间当在开成五年秋冬间而不会迟至会昌元年夏或秋冬间也就可以肯定。

商隐应茂元之召赴陈许幕

冯谱未提及商隐赴陈许幕之事,但列商隐《为濮阳公陈许谢上表》、《为濮阳公举人自代状》、《为濮阳公陈许奏韩琮等四人充判官状》于会昌元年,殊不可解。张氏《会笺》则于会昌二年谱书:"义山居陈许幕,辟掌书记。"然又云:"赴陈许幕或当在会昌元年。"然无论元年赴幕、二年居幕,均误。会昌二年商隐已以书判拔萃重入秘书省为正字,后又丁母忧,其间不可能有时间居陈许幕。现存商隐诗文,亦无会昌二年居陈许幕之证。商隐之赴陈许幕,实在开成五年十月,乃应茂元之召赴幕。

商隐《祭外舅赠司徒公文》云:"京西昔日,辇下当时,中堂评赋,后榭言诗……公在东藩,愚当再调,赍帛资费,衔书见召。水槛几醉,风亭一笑。"京西指泾原,辇下谓京师,前四句指茂元任泾原及内召还朝期间翁婿评赋言诗情事。东藩指陈许。据"公在东藩"六句,知茂元镇陈许时,曾"赍帛资费,衔书见召",延商隐赴幕,商隐遂应召入幕。当然,"公在东藩,愚当再调",可以理解为王茂元镇陈许期间,正值商隐为调选官职奔忙之时;所谓"赍帛资费,衔书见召",也可以理解为茂元镇陈许的中途召商隐入幕。但只要把商隐在陈许幕期间撰拟的表状启牒一一开列出来,就可以明白这一系列表状绝非茂元镇陈许的中途所上,而是刚被任命为陈许节度使时及抵达陈许任后一个短时期内由商隐代拟。这些表状启牒按时间先后排列计有:《为濮阳公陈许奏韩琮等四人充判官状》、《为濮阳公许州请判官上中书状》、《为濮阳公上宾客李相公状一》(以上三状为接到任命后、赴陈许前所上)、《为濮阳公陈许谢上表》、《为濮阳公陈许举人自代状》、《为濮阳公上宾客李相公状二》、《为濮阳公陈许补王琛衔前兵马使牒》、《为濮阳公补卢处恭牒》、《为濮阳公补仇坦牒》、《为濮阳公补顾思言牒》、《为司徒濮阳公祭忠武都押衙张士隐文》、《为濮阳公上四相贺正启》(以上九篇均到陈许后作)。另有《淮阳路》诗,当是赴陈许途中已近许州时作。

前已考明,商隐移家抵达长安的时间为开成五年十月十日,其应茂元之召赴陈许当在此后。即令安顿好家室后即随茂元前往陈许,自长安启程时亦当在十月中旬乃至下旬,抵达陈许当已十一月初。其《淮阳路》诗云:"荒村倚废营,投宿旅魂惊。断雁高仍急,寒溪晓更清。昔年尝聚盗(指淮西镇长期割据叛乱),此日颇分兵(指淮西平后,撤销彰义军建置,划归忠武军即陈许,冯浩笺谓指会昌二年讨回鹘、三年讨刘稹调遣汴蔡陈许之兵,非)。猜贰谁先致,三朝事始平。"写景切冬令。又《为濮阳公上宾客李相公状二》为初抵陈许时上太子宾客分司李宗闵之作,状云:"此方地控淮徐,气连荆楚,不惟地薄,兼亦冬温。洛阳居万国之中,得四方之正,或闻今岁亦不甚寒。"亦明言时值冬令,而今岁不甚寒。故商隐随茂元赴陈许幕,当于开成五年十月中下旬启程,抵达陈许已是十一月。

商隐此次赴陈许幕,虽系应茂元之召,并在入幕之初撰拟了一系列表状启牒,在一段时间内担负了幕府的文字工作,但实际上并未正式辟奏为掌书记,陈许节度书记另有其人。《为濮阳公陈许奏韩琮等四人充判官状》中有段瓌状云:"右件官言思无邪,学就有道。屡为从事,常佐正人。加以富有文辞,精于草隶……臣所部稍远京都,每繁章奏,敢兹上请,乞以自随。伏请依资赐授宪官,充臣节度掌书记。"可见,段瓌才是正式辟奏的掌书记。按理,上述表状应由段瓌撰拟。之所以"赍帛资费,衔书见召",请商隐赴陈许幕,并由商隐撰上述表状,比较近理的解释是:段瓌虽应聘为节度书记,但临时因事不能在幕府初开时即到任,故茂元急召商隐入幕以担当幕府初开时的文字工作。等到段瓌事毕抵陈许幕,商隐即离陈许。否则,既已正式辟奏段瓌为节度书记,却又让商隐越俎代庖，便无法解释。从另一角度说，茂元既明知商隐移家长安，便从常调，却又要召其入幕，也不好理解。正因为是临时暂代其事，并非正式辟奏的幕僚，故段瓖到任后，商隐便可离幕。商隐《重祭外舅司徒公文》云："及移秩农卿，分忧旧许，羁牵少暇，陪奉多违。"茂元开成五年十一月至会昌三年四月末一直在陈许任，而商隐在陈许幕的时间不过月余（详下文），故云"陪奉多违"。

商隐何时离陈许幕？现可考知开成五年冬商隐在陈许幕为王茂元草拟的最后一封书启是《为濮阳公上四相贺正启》。张采田云："案四相无可征实，此启亦不审在泾原作，抑陈许也。"启云："某方临征镇，伏贺无由。"商隐开成三年方入王茂元泾原幕，其时茂元已在泾原四年，不得云"方临征镇"，故此启当为茂元镇陈许时商隐代拟。贺正启当于翌年元旦前送达长安，计许州至长安之程途及所费时日，此启当作于十二月上旬。再参以会昌元年正月上旬商隐已在华州为周墀草贺表之事（见下文），商隐约在十二月中下旬间离开陈许幕。

离陈许幕后，商隐当抵华州，暂寓华州刺史周墀幕。会昌元年正月九日，改元，大赦，商隐有《为汝南公华州贺南郊赦表》、《为京兆公陕州贺南郊赦表》。汝南公即华州刺史周墀，京兆公为陕虢观察使韦温。这两通贺表的写作时间当在会昌元年正月十日左右。据此，商隐当在这以前即已抵华州，方能有此代作。按照冯浩、张采田的考证，会昌元年正月初，商隐与刘蕡在洞庭湖畔的湘阴黄陵晤别，正月十日左右却又到华州为周墀、韦温代撰贺表，二千五百里的远距离竟似数日可达，"岂归期若是速耶？"连他们自己也不敢相信，无怪岑仲勉谓为不可通了。

顺便应当提及，冯谱、张笺于会昌元年编年文中均列有《为汝南公以妖星见贺德音表》、《为汝南公贺彗星不见复正殿表》。张笺会昌二年正月初又有《为汝南公贺元日御正殿受朝贺表》（此表收入《樊南文集补编》，冯浩未见）。前二表分别上于会昌元年十一月十六七日、十二月末，后表上于会昌二年正月二日，这三首表的写作时间与地点（华州）进一步否定了张笺关于商隐"赴陈许幕或当在会昌元年"的说法。因为按张说,会昌元年十一月、十二月乃至二年正月,商隐应在陈许幕。如果这样,商隐何能为离许州千里之遥的华州周墀撰拟表章,换言之,周墀又何能撇下华州府中从事而让远在千里之外的商隐撰此表章?

综上考述,开成五年九月至会昌元年正月,商隐先是于九月中下旬东去济源移家,得李执方资助。十月十日抵达长安,旋因王茂元之"衔书见召",于十月中下旬与茂元同赴陈许,暂时代理幕府初开时的表奏工作。约十一月初抵许州,十二月中旬离幕,年底前抵华州,暂寓周墀幕,并于会昌元年正月十日左右为陕、华两地拟贺表。因此,这四个月中,商隐绝不可能分身作"江乡之游",自然也不可能在会昌元年正月初与刘蕡在湘阴黄陵晤别。

附考:从裴夷直的被贬及内徙考证刘蕡贬柳及"后归"的时间

本文一开头提到,刘蕡与李商隐湘阴黄陵晤别的时间不在冯、张所考的会昌元年正月,而是在大中二年正月。这是否定商隐开成五年南游江乡说的重要依据。这一节就裴夷直在开成末会昌初的刺杭贬骧、大中初的内徙,裴与刘的关系,以及裴在骧州贬所寄赠刘蕡的诗,对刘蕡的贬柳时间、原因及"后归"的时间作进一步考证,作为对开成末商隐南游江乡说的续辨正。

《旧唐书·文苑传》未载刘蕡贬柳事,《新唐书·刘蕡传》仅言"宦人深嫉蕡,诬以罪,贬柳州司户参军,卒",未言何时因何"罪"贬柳。而裴夷直与刘蕡的关系及裴自开成末至大中初的宦历,特别是裴的赠刘诗则提供了刘蕡贬柳时间、原因及"后归"时间的旁证。

裴夷直,元和十年进士。大和八年,王质任宣歙池观察使,"辟崔琯、刘蕡、裴夷直、赵晳为从事,皆一代名流"(《旧唐书·王质传》),可证刘、裴早已结识。刘蕡宝历二年登进士第,其年礼部侍郎杨嗣复知贡举,《玉泉子》云:"刘蕡,杨嗣复之门生也,对策以直言忤时,中官尤所嫉忌。中尉仇士良谓嗣复曰:'奈何以国家科第放此风汉耶?'嗣复惧而答曰:'嗣复昔与刘蕡及第时,犹未风耳。'"刘蕡作为正直的士人,并无党附杨嗣复之迹,杨嗣复在刘蕡对策忤宦官后,也惧而不承认与刘蕡有任何特殊关系,但在宦官头子仇士良眼里,刘蕡是杨嗣复一手提拔的。而《新唐书·李景让传》:"所善苏涤、裴夷直皆为李宗闵、杨嗣复所擢。"可见,裴夷直与开成三年正月起就担任宰相之职的杨嗣复确有人事上的特殊关系。开成五年正月,文宗病危,"命知枢密刘弘逸、薛季棱引杨嗣复、李珏至禁中,欲奉太子(陈王成美)监国。中尉仇士良、鱼弘志以太子之立,功不在己,乃言太子幼,且有疾,更议所立。李珏曰:'太子位已定,岂得中变!'士良、弘志遂矫诏立瀍为太弟……辛巳,上崩于太和殿。……癸未,仇士良说太弟赐杨贤妃、安王溶、陈王成美死。敕大行以十四日殡,成服。谏议大夫裴夷直上言期日太远,不听。时仇士良等追怨文宗,凡乐工及内侍得幸于文宗者,诛贬相继。夷直复上言……不听。辛卯,文宗始大敛,武宗即位"(《通鉴·开成五年》)。其年五月,杨嗣复罢为吏部尚书。八月李珏罢为太常卿。同月,杨、李又分别被贬为湖南观察使、桂管观察使。十一月,裴夷直因未在武宗即位的册牒上署名(据《新唐书·裴夷直传》及《通鉴》),出为杭州刺史。会昌元年三月,又贬为驩州(治今越南荣市)司户参军。《通鉴》详载其事云:"初,知枢密刘弘逸、薛季棱有宠于文宗,仇士良恶之。上之立,非二人及宰相意,故嗣复出为湖南观察使、李珏出为桂管观察使。士良屡潜弘逸等于上,劝上除之。(三月)乙未,赐弘逸、季棱死(《旧书·纪》载弘逸、季棱伏诛事于开成五年八月),遣中使就潭、桂诛嗣复及珏……(李)德裕与崔珙、崔郸、陈夷行三上奏……遂追还二使,更贬嗣复为潮州刺史、李珏为昭州刺史、裴夷直为驩州司户。"以上记载清楚地说明:裴夷直既曾受到杨嗣复的擢拔,又在文宗卒时两次上奏,触怒宦官仇士良,加以未在武宗即位的册牒上署名,故始则出为杭州刺史,继又被作为刘弘逸、薛季棱及杨嗣复、李珏等拥立太子成美或安王溶的党羽被远贬到驩州(据《旧书·杨嗣复传》,武宗曾谓"嗣复欲立安王,全是希杨妃意旨",此不赘述)。值得注意的是,刘蕡被贬的地区、官职与裴夷直非常近似,也是遥远的岭外柳州,同样是严贬官常授的职位司户参军。刘、裴二人过去即有同幕之谊,又分别与杨嗣复有座主门生之谊或恩知擢拔之谊,对刘蕡"深嫉"的宦官要想"诬以罪",最"合适"的时机莫过于旧君新君易位之际,最"合适"也最让新君恼火的"罪名",莫过于党附杨嗣复、裴夷直,对新君不满。因此,结合杨、李、裴的贬潮、贬昭、贬驩,以及裴、刘与杨的人事关系来考察,刘蕡的被贬为柳州司户,当是宦人诬以党附杨、裴之罪的结果,时间当在会昌元年三月或稍后(裴被贬时刘蕡正在山南东道节度使牛僧孺幕。故刘也有可能于会昌元年七月僧孺罢镇后贬柳)。裴、刘之同贬可以从裴夷直在驩州贬所寄赠刘蕡的一首五律得到有力的证明。裴有《献岁书情》(一作《献刘蕡书情》)云:

  白发添双鬓,空宫(一作过)又一年。
  音书鸿不到,梦寐兔空悬。
  地远星辰侧,天高雨露偏。
  圣期(一作朝)知有感,云海漫相连。

柳州、驩州均在岭南,两地相距近七千里,故云"音书鸿不到"、"云海漫相连"。驩州距长安一万二千四百五十二里,故云"地远星辰侧"。会昌元年三月下制贬裴夷直为驩州司户,裴接到贬制自杭赴驩,到达贬所当已在是年秋甚至更晚。据"空宫又一年"之句,诗应为会昌三年初作(元年秋抵驩州,至二年初为一年,至三年初为又一年),可证其时刘蕡仍在柳州贬所。驩、柳二地相距如此遥远,如果裴、刘二人不是同时先后因同"罪"远贬,很可能裴连刘被贬柳州的消息都不知道。

《新唐书·裴夷直传》载:"斥驩州司户参军。宣宗初内徙,复拜江①、华等州刺史。终散骑常侍。"按照惯例,获罪贬谪官吏应先量移而后牵复。何良俊《四友斋丛说·史四》:"尝观唐时诏令,凡即位改元之诏,其先朝贬窜诸臣即与量移,量移后方才牵复,牵复后方始收叙。"宣宗即位后,会昌年间被贬诸相(牛僧孺、李宗闵、崔珙、杨嗣复等)同日北迁为州司马、长史或刺史即为量移。刘蕡自柳州司户迁澧州司户(蕡迁澧州司户,见其子刘珵墓志)亦属于量移性质。因此裴夷直在"复拜江、华等州刺史"之前,应有一次量移的经历。《全唐诗》卷五一三裴夷直诗有一首《将发循州社日于所居馆宴送》:"浪花如雪叠江风,社过高秋万恨中。明日便随江燕去,依依俱是故巢空。"诗一作赵嘏诗,但嘏生平足迹是否去过循州,难以考确,《古今岁时杂咏》卷二八收此诗,亦署裴夷直,题作《循州社日留题馆壁》。曰"故巢",似在此有过较长时间居留。故循州有可能是裴自驩量移之地。此固不须深究。裴内徙江州刺史的时间,《唐刺史考全编》置于大中三年江州刺史崔黯之后,不书年月。但《传》既云"宣宗初内徙",似不得迟至大中三年以后。按《通鉴》,会昌六年八月,"潮州刺史杨嗣复为江州刺史"。至大中二年二月,"以吏部尚书召,道岳州卒"(参两《唐书·杨嗣复传》,详《〈李商隐开成末南游江乡说再辨正〉补证》)。裴夷直之内徙江州刺史,很可能就在杨嗣复大中二年二月"以吏部尚书召"之后,崔黯任江州刺史之前。杨以吏部尚书内召与裴以江州刺史内徙,同属"牵复"性质,裴既因与杨的关系被远贬,牵复亦应同时,由他来接任杨嗣复的江州刺史之职,从朝廷的措置看是顺理成章的,如果这个推断能够成立,则刘蕡自柳州司户量移澧州司户的时间也可得到进一步确定。裴与刘既因同"罪"同时远贬,其量移的时间亦应大体相同。假设裴之量移在会昌六年八月杨嗣复量移江州刺史之后,则蕡之由柳移澧当距此不远,而绝不可能发生在武宗仍在位的时期内。前已据裴赠刘诗证明,会昌三年初刘

---

① 裴量移内迁未曾为江州刺史,而是江州司马,详附考四。

蕡可能仍在柳州贬所或累迁量移之另一地,并不像冯、张所考在会昌二年即已去世。蕡子刘珵墓志明说蕡"贬官累迁澧州员外司户",商隐《赠刘司户蕡》诗又明言刘蕡"骚客后归",且无材料证实刘蕡在会昌三年初至六年八月这段时间内已经去世,则蕡之由柳移澧的时间即可定在会昌六年八月之后,最晚不会超过大中元年六月商隐抵达桂林前。这样,商隐与刘蕡春雪黄陵晤别的时间及《赠刘司户蕡》诗的作时便只能在大中二年正月初商隐自江陵返桂林的途中。而裴夷直大中二年二月后任江州刺史的推断还可说明翌年刘蕡的讣音何以从湓浦(江州)传来的原因。杨嗣复离江州刺史任及道卒后,刘蕡前往江州依托昔日同"罪"被贬的裴夷直,直至客死湓浦,是符合他们之间的交情的。即使退一步说,刘蕡仍留澧州为司户,并死于澧州,讣音由故交所在的江州发出,也符合情理。刘蕡与商隐在开成二年山南西道令狐楚幕即已结识,裴与刘又为故交难友,故在大中三年刘蕡卒时,裴以蕡之死讯相告商隐是情理中事。至于刘蕡不卒于会昌二年,而是宣宗即位后方"骚客后归",已在前两篇文章作过详细考证,此处不再赘述。但有一个问题,这里还想强调一下。这就是被冯、张视为"义山南游江乡之确证"的罗衮《请褒赠刘蕡疏》中"遂遭退黜,实负冤欺。其后竟陷侵诬,终罹谴逐,沉沦绝世,六十余年"一段文字,特别是对"沉沦绝世"一语的理解问题。"沉沦"的原义即埋没。刘向《九叹·愍命》:"或沉沦其无所达兮,或清激其无所通。"《后汉书·孟尝传》:"而沉沦草莽,好爵莫及,廊庙之器,弃于沟渠。"杜甫《赠鲜于京兆二十韵》:"奋飞超等级,容易失沉沦。"司马光《华星篇》:"丰城古剑沉沦久,匣中夜半双龙吼。"以上诸例,"沉沦"均为沉埋、埋没之义,且均指人才的沉埋沦落。以之指人,则指埋没不遇之才士,如李白《赠从弟南平太守之遥》:"彤庭左右呼万岁,拜贺明主收沉沦。"商隐《献舍人彭城公启》:"沉沦者延颈,逃散者动心。"罗疏"沉沦"一语,紧承上文"终罹谴逐"而来,意指因贬谪遐远而沉埋沦没,不显于世。"绝世"方指辞世。"沉沦绝世,六十余年",谓刘蕡自被贬逐柳州,沉埋沦没,直至身死异乡,至今(指天复三年上疏时)已有六十余年。

刘蕡会昌元年与裴夷直同贬,至罗衮上疏时为六十三年,正合"六十余年"之数。罗疏标出"沉沦",正是为了突出今天的"褒赠"、"褒荣"。《新书·刘蕡传》将罗疏撮述为"身死异土,六十余年",不仅改变了罗疏的原意,连昔悴今荣这层含义也冲淡了。而《新书·传》"贬柳州司户参军,卒"的不准确记载(漏书迁澧州司户)与"身死异土,六十余年"的错误改动又误导了冯、张以来的许多学者。

原载《文学遗产》2002 年第 2 期

附考四

李商隐《哭刘蕡》"溢浦书来"补笺

关于李商隐开成末至会昌初曾有长达数月的江乡之游这一考证,自冯浩、张采田发明以来,岑仲勉先生首先提出有力质疑。在岑说启发下,我自1980年至2002年,曾写过三篇考证文章,对冯、张之说从不同角度加以驳正。首先通过对义山《赠刘司户蕡》诗的细读和关键词语"后归"所提供的内证,以及冯、张持为南游江乡确证的罗衮《请褒赠刘蕡疏》中"身死异土,六十余年"的误引误解,还原罗疏原文并作出正确解释,指出原文"沉沦绝世,六十余年"是从被贬之日算起至罗疏上奏之时已六十余年。又通过对武、宣两朝有关的政局变化的分析和义山大中初年行踪的考述和哭蕡诸诗提及黄陵春雪晤别的回忆,推断二人此次相遇当在大中二年春初,而据哭蕡五律"去年相送地,春雪满黄陵"及七律"黄陵别后春涛隔,溢浦书来秋雨翻"二联,断定蕡当卒于大中三年秋,从而证明刘蕡并未死于柳州贬所,而是已放还北归至湘阴黄陵一带。后又得见刘蕡次子刘理墓志,其中明确提到其父刘蕡"贬官累迁至澧州员外司户",从而证实了刘蕡确已从柳州贬所"后归"的考证结论。以文本内证、罗疏原文正确解读、出土文物所载刘蕡内迁事实否定了冯、张谓刘蕡在贬柳途中与正作江乡之游的义山晤别的考证结论。继又考证排比义山自开成五年九月至会昌元年正月的所有行踪及开成五年十月随王茂元出镇陈许行前、途中、到后所拟全部表状启牒等公私文翰,逐一注释系时,从而完全证实了在这四五个月期间,义山绝无可能分身作江乡之游,从而以釜底抽薪的方式彻底否定了冯、张的江乡之游说,并提出了新的考证结论。三篇文章都对义山、刘蕡黄陵晤别后蕡的去向作过或然的推测。初曾疑其可能赴江州谒见投靠时任江州刺史的昔日座主杨嗣复,后又疑其投靠的人是据史载大中年间曾任江州刺史的同贬岭南者裴夷直,但都缺乏确证。但有一点可以肯定,这位从溢浦(即江州)将刘蕡死讯告知时在长安的义山者,应是与刘蕡、义山都熟识的友人。虽然这只是主要考证结论之余的一个小尾巴,但其悬而未决不仅使人感到有缺憾,也影响对《哭刘蕡》这首杰作的阐释。这篇短文,就是试图清除这一缺憾的。

先说杨嗣复。杨于会昌六年八月量移江州刺史,至大中二年春初刘、李黄陵晤别时,仍在江州任上。但二月即奉诏入京任吏部尚书,路经岳州时染疾一日而卒。刘即使曾至江州谒杨,于杨离任赴京道卒后,也不太可能继续待在江州直至三年秋逝世。故此推想虽有人事关系上的合理成分,却与大的背景不合,故基本上可以排除。

再说裴夷直。这是一位与刘、李两位都熟识的人物。与刘更是同患难的至交。大和八年裴、刘同在宣州王质幕,皆一代名流。开成二年冬,义山赴兴元令狐楚幕,即与时在兴元幕的刘蕡结识,令狐楚待蕡如师友。开成五年文宗逝世,武宗即位。宰相杨嗣复因曾阿附杨贤妃欲立安王溶为皇嗣,被宦官仇士良(立武宗为帝之主谋)及武宗所嫉恨,八月先贬为湖南观察使,翌年(会昌元年)三月,又叠贬为潮州司马。裴夷直因不肯在武宗即位的册牒上署名,仕途上又曾得到杨的提拔,被视为杨党,于开成五年十一月,由中书舍人出为杭州刺史,寻又远贬为驩州(治今越南荣市)司户参军。刘蕡为杨之门生。大和二年应举对策痛斥宦官专权,早为宦官深嫉,于是远贬杨、裴的同时,也被诬以罪(当是党附杨嗣复,不支持新君之罪),远贬为柳州司户参军。裴在驩州贬所,有《献刘蕡书情》诗寄刘,更可证二人系同罪同时被远贬。总之,以裴、刘、李这样的关系,如大中三年秋裴在江州刺史任上,则将刘之死讯驰书告知远在长安的义山,自是情理中事。《新唐书·裴夷直传》载:"累进中书舍人。武宗立,夷直视册牒,不肯署,乃出为杭州刺史,斥驩州司户参军。宣宗初内徙,复拜江、华等州刺史。"这似乎是裴曾任江州刺史的权威依据。但据《庐山记》,"大中三年兴复东林寺,江州刺史崔黯为捐私钱以倡施者"。目前又无任何文献依据可以证明大中三年秋前崔已离江州刺史任。故《新唐书·裴夷直传》谓宣宗立,裴复拜江州刺史的记载有误。但千唐志斋新藏的两方墓志却为"溢浦书来秋雨翻"提供了裴夷直宦历及时间的确切新证。兹将有关文字迻录如下:

唐故朝散大夫左散骑常侍赠工部尚书裴公(夷直)墓铭并序

　　文宗皇帝重文学端鲠之士,公特受宸眷,迁谏议大夫,旋兼知制诰,遽拜中书舍人。补衮之职,倚用山甫。公感激弥切,屡启忠荩,为邪臣所恶。无何,文宗升遐,奸人得志,遂以矫妄陷公。开成五年,出为杭州刺史。寻窜逐南裔,无所不及。十年之间,恬然处顺……暨大中皇帝即位,荡雪冤抑,征于崇山,且以潮、循、韶、江四授郡佐。换硖州刺史,转历阳、姑苏……大中十一年,征拜华州刺史,兼御史中丞,赐紫金鱼袋。

其妻李弘墓志文亦云:

　　裴公当文宗朝,宠遇特异,旦夕将大用。时相(按:其中应有杨嗣复)每欲敷奏政事,必倚以为援。持权者由是多忌之。及武宗即位……裴公自中书舍人牧余杭。未几,中以非罪流播九真……十年海壖,方遂归北。

两墓志都同样提到自武宗于开成五年正月即位后裴夷直出为杭州刺史直至贬驩,量移潮、循、韶、江,"四授郡佐",方遂归北的时间为"十年",自开成五年出为杭刺至大中三年量移江州郡佐,正好十年。墓志明明说的是"郡佐",即州郡司马,《新唐书·裴夷直传》却变成了"江州刺史",显然是错误的。潮、循、韶、江司马,都是自骥州贬所离开后所授的量移官。这种量移官,一般都是新朝成立后对前朝贬臣一种临时性政治安排,不占编制,也无政事需处理,在郡的时间就是等待下一次量移或牵复,因而时间一般较短。裴之自骥量移潮州司马,应在会昌六年八月牛党诸旧相量移内地稍后,约该年冬或大中元年初,而最迟在大中三年秋已量移江州司马。不到三年时间已"四授郡佐"(自循州司马量移韶州司马时曾作《将发循州社日于所居馆宴送》,系秋社时作),平均每州不过半年。至换硖州刺史,已属牵复,为一州之临民长官,有权有事有责,一般任期较长(多为三年或二年),故自硖州刺史改和州、苏州刺史用了七年左右时间,其中,任苏州刺史的时间很短,大中十年六月以兵部郎中任,下年即刺华州。这也证明大中三年裴已量移江州司马的推断是正确的。既是司马,就和大中三年崔黯任江州刺史没有任何矛盾,反过来说明了《新唐书·裴夷直传》谓宣宗立,复拜江州刺史纪事的错误。

由裴量移过程的"四授郡佐"的经历和刘珵墓志谓刘蕡"贬官累迁澧州员外司户"的记载,刘蕡自柳州至澧州之间,应有另一次量移,否则"累迁"就不好理解。但书阙无征,目前只能作这样的合理推断。这也意味着大中二年春初商隐与刘蕡在湘水入口处黄陵晤别,商隐是由北而南返桂林向幕主郑亚复命,而刘蕡则是由另一量移之地顺湘水北上,越洞庭至澧州这一新的量移地报到。量移官虽无政务及权力,但报到手续必须履行,便于地方官长监护,不可能先至其他地方拜访座主或滞留其地(我先前曾疑其至江州谒杨嗣复)。实际上,刘蕡是否于大中二年春至江州谒杨,或大中三年至江州访裴并卒于江州,与商隐诗"湓浦书来"并无必然联系。澧州在洞庭西北澧水将入湖处,离长江很近,顺流而至江州,路程也不长,故能较早得知刘蕡卒于澧州贬所的消息,遂将噩耗驰书告知远在长安的李商隐。此时正值秋雨翻飞之日,故有"湓浦书来秋雨翻"的著名诗句,仿佛那翻飞的秋雨都化作了两位才人的凄其悲愤情思和泪雨。

纪昀是对李商隐持严苛态度的评家,每多讥评乃至否定,即使像《无题》、《马嵬》七律、《隋宫》七律等杰作亦在所难免。但对赠、哭刘蕡五首诗,却持完全肯定态度,艺术上更给予高度评价,谓"哭蕡诗四首俱佳",《赠刘司户蕡》"起二句赋而比也,不待次联承明,已觉冤气抑塞,此神到之笔。七句合到本位,只'凤巢西隔九重门'一句竟住,不消更说,绝好收法"。对这首《哭刘蕡》七律,更以"悲壮淋漓"作概括精当之极赞。管世铭亦云:"不知其人视其友,观义山《哭刘蕡》诗,知非仅工词赋者。"(《读雪山房唐诗序例》)这对那种"类以才人浪子目义山"(朱鹤龄《笺注李义山诗集序》)的传统看法是有力的纠正。

"溢浦书来秋雨翻"所涉及的仅仅是个刘蕡死讯何时从江州传至远在长安的义山处的小问题,却因《新唐书·裴夷直传》的误载而长期悬而未决。此次因夷直及其妻两方墓志的翔实记载而知其量移过程"四授郡佐"之事而纠史之误,又因裴斥外远贬长达"十年"方牵复任硖州刺史而补史之缺,亦因此消解笔者过去文章中对"黄陵别后"刘蕡去向的疑团,对"溢浦书来"的原因有了比较明确的答案。包括墓志在内的出土文物对史实考证及文学作品笺释的作用,这是又一显例。同时也说明一个问题的解决不大可能一次性完成,往往需要新材料和时间。

2004年再版的《李商隐诗歌集解》吸收了我在近二十年的时间中研治整理义山诗文的考证研究新成果,全书面貌较之1988年初版,已大不相同。前年中华书局让我对2004年以来累积的新注释、新材料再作一次总增订补正,即将出第三版。效前贤冯浩三改义山诗笺注的经验,作书不惮改之努力,草此短文,也算对《李商隐诗歌集解》三版出书的一点纪念,表达对出版社的一份敬意。

原载《安徽师大学报》2021年第四期

附考五

李商隐梓幕期间归京考

"不拣花朝与雪朝,五年从事霍嫖姚。"(《梓州罢吟寄同舍》)从大中五年冬到九年冬,李商隐在东川(治梓州)节度使柳仲郢幕府首尾生活了五个年头。这是李商隐一生中寄幕时间最长的一次。在这长达五年的时间里,商隐有没有回过长安? 此前冯浩的《玉溪生年谱》、钱振伦的《玉溪生年谱订误》、张采田的《玉溪生年谱会笺》、岑仲勉的《玉溪生年谱会笺平质》都从未提出商隐梓幕期间曾回长安的问题。① 但细审商隐诗文及有关材料,却发现在这五年中,商隐曾回过长安,而且在诗文中留下了回京的印迹。最初引起我对这一行踪的思考的,是他的《留赠畏之》七律:

> 清时无事奏明光,不遣当关报早霜。
> 中禁词臣寻引领,左川归客自回肠。
> 郎君下笔惊鹦鹉,侍女吹笙弄凤凰。
> 空记大罗天上事,众仙同日咏《霓裳》。

---

① 曾国藩《十八家诗钞》选义山《留赠畏之》七律,篇末笺语中曾提出梓幕期间"曾回京一次"的判断,但未展开论证,无翔实考证。

题下原注云:"时将赴职梓潼,遇韩朝回三首(按:"三首"二字系后人误增之衍文)。"据"赴职梓潼"字,诗似当为大中五年赴梓幕前夕所作。但诗中却出现了"左川(即东川)归客"的字样,这就和题下注"时将赴职梓潼"发生了直接的矛盾。因为按通常的理解,"左川归客"只能是指从东川归来的客。如果是大中五年将赴东川时作此诗,如何能在尚未成行的情况下忽又自称"左川归客"?如果是大中十年东川幕罢归京之后作此诗,如何又在题下注中称"时将赴职梓潼"?这种显然的矛盾只有在一种情况下才能得到合理的解释,这就是梓幕期间商隐曾回过长安,这首《留赠畏之》是商隐自长安返回梓州前赠给韩瞻的。但由于当时并未在商隐其他诗文中发现梓幕期间曾回长安的证据,因此只好将"左川归客"解为"左川思归客",并引王维《寒食汜上作》"广武城边逢暮春,汶阳归客泪沾巾"之"归客"为证。但尚未赴梓即自称"左川思归客",这解释仍显得相当勉强。

再次引发对这一问题的思考,是缘于被冯浩、张采田系于梓州府罢归途(冯谱系大中十一年春,张笺系大中十年春)的《行至金牛驿寄兴元渤海尚书》:

楼上春云水底天,五云章色破巴笺。
诸生个个王恭柳,从事人人庾杲莲。
六曲屏风江雨急,九枝灯檠夜珠圆。
深惭走马金牛路,骤和陈王白玉篇。

题内"兴元渤海尚书",冯浩据《旧唐书·封敖传》"(大中)四年,出为兴元尹、御史大夫、山南西道节度使,历左散骑常侍。十一年,拜太常卿"及《新书·传》"加检校吏部尚书,还为太常卿"之文,定为封敖,将此诗系于大中十一年商隐随柳仲郢自东川还朝途次。张采田改系大中十年春,同样认为"兴元渤海尚书"是封敖。但封敖任山南西道节度使的时间下限,是否如冯谱所考迟至大中十一年或如张笺所考迟至大中十年,却是绝大的疑问。因为李商隐有一篇《剑州重阳亭铭并序》提供了大中八年九月山南西道节度使已是蒋係的证据。序云:"侯蒋氏,名侑。"铭云:"伯氏南梁,重弓二矛。① 古有鲁卫,唯我之曹。"末署"大中八年九月一日,太学博士河南(内)李商隐撰"。据《旧唐书·蒋乂传》:子係、伸、偕、仙、佶。又《蒋係传》:"转吏部侍郎,改左丞,出为兴元节度使,入为刑部尚书。"《宣宗纪》:大中十一年十月,"以山南西道节度使、中散大夫、检校礼部尚书、兴元尹、上柱国、赐紫金鱼袋蒋係权知刑部尚书"。以上记载与《剑州重阳亭铭并序》相互参证,可以确知,最迟在大中八年九月,山南西道节度使已是蒋係,至大中十一年十月方离任。因此,《行至金牛驿寄兴元渤海尚书》这首诗绝不可能是大中十年(冯谱为十一年)春梓幕罢归途次所作,而只能是大中八年九月之前,封敖仍在山南西道节度使任上时所作。而大中五年商隐赴东川幕,时值深秋,有《悼伤后赴东蜀辟至散关遇雪》诗可证,与此诗"楼上春云"语不合。这就说明,大中五年秋至大中八年九月之间的某个春天,商隐曾有一次"走马金牛路"之行。金牛路为蜀道之南栈,自今陕西勉县而西,南至今四川剑门关口的一段栈道。从诗意看,诗人因"走马金牛路"而行色匆匆,未能在山南幕参与封敖及幕僚的诗酒之会,故寄此诗以"骤和陈王白玉篇"。

真正可以作为商隐梓幕期间曾有返京之行证据的,是他所写的一篇向未编年的文章《为同州张评事(潜)谢辟启》(同时作的还有一篇《为同州张评事谢聘钱启》,不录):

> 潜启:伏奉荣示,伏蒙猥赐奏署,今月某日敕旨授官。承命恐惶,不知所措。某文乖绮绣,学乏缣缃。负米东郊,止勤色养;献书北阙,未奉明恩。

---

① 南梁,唐人习惯上指山南西道节度使府所在兴元府。重弓二矛,为节镇之仪。蒋係为剑州刺史蒋侑之堂兄,时任山南西道节度使,故云"伯氏南梁,重弓二矛"。

抚京洛之尘,素衣穿穴;访江湖之路,白发徘徊。大夫荣自山阳(楚州),来临沙苑(同州),固以室盈东箭,门咽南金,岂谓搜扬,乃加屡眄。府称莲沼,惭无倚马之能;地号云门,窃有化龙之势。便居帷幄,遽别蓬蒿。袁生有望于樵苏,楚子永辞于蓝缕。刻诸肌骨,知所依归。伏惟特赐鉴察,谨启。

这是商隐为一个名叫张潜的士人代撰的谢辟启。启中提到奏署张潜为同州从事(从"惭无倚马之能"之语,可以推知当是担任文字工作)的这位新任同州刺史,乃是"荣自山阳,来临沙苑"。冯浩、张采田对此同州刺史缺考,故将此启及谢聘钱启均列于不编年文。据《隋唐五代墓志汇编·洛阳卷》第十四册《唐故范阳卢氏荥阳郑夫人墓志》(大中十二年五月十二日):"父曰祗德……自河南(少尹)为汾州刺史……由汾州入为右庶子。未数月,出为楚州团练使……时以关辅亢沴,民穷为盗,不可止,朝廷借公治冯翊……自冯翊廉问洪州……夫人即公长女也。"郑祗德系宣宗女婿郑颢(尚万寿公主)之父,楚州即山阳,冯翊即同州。《东观奏记》卷上:"大中五年,(白)敏中免相,为邠宁都统。行有日,奏上曰:顷者陛下爱女下嫁贵臣郎婿郑颢,赴昏楚州。"可证颢父郑祗德大中五年已在楚州任。又据《唐人墓志汇编·唐故承奉郎大理司直沈(中黄)府君墓志铭》(大中十二年四月十五日):"散骑郑公祗德出刺山阳,持檄就门,辟为从事,奏授廷评。才及期岁,丁先夫人忧。既除丧,复补大理司直……未暇考绩,旋婴痼疾,荏苒三年,奄然一旦,终于长安延康里,享年六十有七,时大中十二年岁次戊寅二月九日也。"郁贤皓《唐刺史考全编》据上述材料考郑祗德刺楚州在大中五年至七年,而谓其刺同州约大中六年至八年。按《通鉴·大中九年》:十二月,"江西观察使郑祗德以其子颢尚主通显,固求散地,甲午,以祗德为宾客、分司"。可证郑祗德刺同州的时间当在大中七至九年,方与其前后历官之年相承接。祗德之由楚州迁同州,据上引《唐故范阳卢氏荥阳郑夫人墓志》,乃因其时"关辅亢沴,民穷为盗,不可止",故"朝廷借公治冯翊"。其具体时间正可从《通鉴》的有关记载中得到佐证。《通鉴·大中七年》:"冬,十二月,左补阙赵璘请罢来年元会,止御宣政。上以问宰相,对曰:'元会大礼,不可罢,况天下无事。'上曰:'近华州奏有贼光火劫下邽,关中少雪,皆朕之忧,何谓无事!虽宣政亦不可御也。'""有贼光火劫下邽,关中少雪",正是《郑夫人墓志》所谓"关辅亢沴,民穷为盗,不可止"。因此,郑祗德之由楚州迁同州,当在大中七年冬。《唐阙史》:"会昌二年,礼部侍郎柳璟再司文柄,都尉(指郑颢,后尚主为驸马都尉,故称)以状头及第,第二人姓张名潜。"此张潜当即商隐为其代撰谢启之张评事潜。潜与祗德子颢为同年进士,故祗德奏署张潜为同州从事。祗德接到同州刺史的任命后,当自楚州赴京入谢,时约在大中八年春,其奏署张潜为同州从事即在其时。同州、长安距梓州三千里,张潜绝不可能驰书数千里,请远在梓州的商隐代撰此区区二谢启。换言之,只有在下列两种情况下,商隐方有可能为张潜代撰谢启。一是张潜时在梓州,或即梓府幕僚,但这在谢辟启和谢聘钱启中都无任何迹象,梓府幕僚中亦无张潜其人(时梓府幕僚中张姓者有大理评事张觌、掌书记张黯,无张潜),故这种可能性可以排除。另一种可能是郑祗德奏署张潜为同州从事,敕旨下时,商隐正好在长安,故张潜得以就便请商隐代撰谢启。在排除了上一种可能以后,唯一能成立的只有后一种可能性。即郑祗德奏署张潜为同州从事时,商隐已从梓州回到了长安。如前所考,郑祗德被任命为同州刺史在大中七年冬,其由楚州回到长安并奏署张潜为同州从事的时间约当大中八年春,商隐代撰之二谢启即作于此时。

为避免孤证之嫌,不妨再举出一证,这就是商隐的《为山南薛从事(杰逊)谢辟启》:

> 杰逊启:今月某日,伏蒙辟奏节度掌书记敕下。徒有长裾,曾无彩笔。初疑误听,久乃知归。感激惭惶,不知所喻。某受天和气,而鲜雄才,幸承旧族之华,遂窃名场之价。顷者湮沦孤贱,绵隔音尘;其后从事梓潼,经涂

天汉。初筵末席,披雾睹天。自尔以来,怀恩莫极。郑玄之腰腹,若挂丹青;崔琰之须眉,常存梦寐。方思捧持杖屦,厕列生徒;岂望便上仙舟,遽尘莲府?尚书士林圭臬,翰苑龟龙,方殿大藩,将求记室。是才子悬心之地,词人效命之秋。岂伊疏芜,堪此选擢。思曾、颜之供养,念陈、阮之才华,自公及私,终荣且忝。伏以家室忧繁初解,山川跋涉未任。须至季秋,方离上国。抚躬泣下,尚遥郭隗之门;闭目梦游,已入孔融之座。下情无任攀恋铭镂之至!

这是为新被山南西道节度使辟奏为节度掌书记的薛杰逊代撰的谢辟启。冯浩据启内称幕主为"尚书士林圭臬,翰苑龟龙",定此山南西道节度使为封敖,云:"启言赴梓中途,得叨宴饮,其后不久被辟。虽未能细定何年,当在大中三、四年间也。"张采田《会笺》谓封敖出镇山南,实在大中四年,故编此启于大中四年。按:谓此山南西道节度使为封敖,可信,但编大中四年则非。因为根据启中所叙,薛杰逊先是在赴梓州为东川幕府从事的途中经过兴元,受到其时已在山南节度使任的封敖的款待,"自尔以来,怀恩莫极",而后才受到封敖的奏辟。也就是说,薛杰逊自"从事梓潼,经涂天汉",结识封敖,到此番被辟为山南节度书记,其间有相当长的时间距离,封敖并非大中四年刚被任命为山南西道节度使时辟奏杰逊为书记,因此编大中四年显然过早。此其一。其二,启称封敖为"尚书"。据《旧唐书·封敖传》:"(大中)四年,出为兴元尹、御史大夫、山南西道节度使。"可证其初出镇时所带宪衔为御史大夫。《新唐书·封敖传》:"大中中,历平卢、兴元节度使……蓬、果贼依阻鸡山,寇三川,敖遣副使王贽(《通鉴》作王贽弘)捕平之,加检校吏部尚书。"《通鉴·大中六年》:"春,二月,王贽弘讨鸡山贼,平之。是时,山南西道节度使封敖奏巴南妖贼言辞悖慢,上怒甚。崔铉曰:'此皆陛下赤子,迫于饥寒,盗弄陛下兵于溪谷间,不足辱大军,但遣一使者可平矣。'乃遣京兆少尹刘潼诣果州招谕之……而王贽弘与中使似先义逸引兵已至山下,竟击灭之。"可见,封敖加检校吏部尚书是在大中六年二月鸡山事平后。商隐有《为兴元裴从事贺封尚书加官启》云:"伏承天恩,荣加宠秩。伏惟感慰。伏以蓬、果凶徒,遂为逋寇……尚书四丈机在掌中,兵存堂上……一举而张角师歼,再战而孙恩党尽。"即叙因平鸡山而加检校吏部尚书事。可证薛杰逊被奏辟入山南幕,最早当在大中六年二月封敖加官之后,这时商隐早已在梓幕。其三,启又云:"伏以家室忧繁初解,山川跋涉未任。须至季秋,方离上国。"说明作此启时,薛杰逊既不在梓州,也不在兴元,而是身在长安。这就和《为同州张评事(潜)谢辟启》一样,有一个商隐作启时身在何地的问题。如此时商隐身在梓州,薛杰逊必不可能驰书三千里请远在梓州的商隐代作此启;只有商隐身在长安,为薛代作此启,方合乎情理。从启中提到薛曾"从事梓潼"的经历看,薛很可能曾是商隐的梓幕同僚,因此二人早已结识。后薛因"家室忧繁"之事离梓幕回长安,而后又受封敖奏辟为山南西道节度书记,其时商隐正好由梓州回长安,故有此代作。总之,这篇启再次证明大中六年二月封敖加检校吏部尚书后至大中八年九月之前封敖罢山南西道节度使这段时期,商隐曾回过长安,并为薛杰逊撰此启。

还可以再提供一个证据,这就是商隐的一首诗《赠庾十二朱版》:

固漆投胶不可开,赠君珍重抵琼瑰。

君王晓坐金銮殿,只待相如草诏来。

庾十二,指庾道蔚。原注:"时朱在翰林,朱书版也。"张采田《会笺》云:"考《翰苑群书·重修承旨学士壁记》:'(庾)道蔚大中六年七月十五日自起居舍人充。七年九月十九日加司封员外郎,九年八月十三日加驾部郎中知制诰,并依前充。十年正月十四日守本官出院,寻除连州刺史。'与《纪》不合(按《旧唐书·宣宗纪》,大中三年九月,起居郎庾道蔚充翰林学士)。《樊川集》有《庾道蔚守起居舍人充翰林学士》等制,杜牧于大中五年冬自湖州刺史召拜考功郎中知制诰,此制即其时所作。则道蔚充学士,自当以《壁记》为定。道蔚十年正月十四始出院,此诗必义山初从东川归时作也。"张氏考庾道蔚充翰林学士的时间,当以《壁记》为定,甚是。但将《赠庾十二朱版》诗系于大中十年正月十四日道蔚出院稍前,且谓商隐正月十四日前已自东川归抵长安,则误。据张氏《会笺》考证,柳仲郢内征为吏部侍郎的时间在大中九年十一月。但仲郢接到内征的制书后,并未立即启程返京,而是等待新任东川节度使韦有翼到任后方离任回京。商隐有《为京兆公乞留泸州刺史洗宗礼状》,乃是韦有翼到任后商隐为其代撰。则仲郢与商隐自梓州启程还京,当迟至大中九年末甚至十年初。以梓州至长安二千九百里需时约五十天计算,其到京的时间当在大中十年二月末或三月初。据自梓回京途次所作《重过圣女祠》"一春梦雨常飘瓦"之句,其到京的时间当在暮春三月,其时庾道蔚早已出翰林院。这就证明,《赠庾十二朱版》不可能是大中十年正月十四日稍前所作,而是作于大中六年七月十五日以后到大中十年正月以前的某一年内。这又再次证明,在此期间商隐曾回过长安,否则不可能有《赠庾十二朱版》这首诗。

剩下的问题就是考证商隐究竟在什么时候回过长安。不妨大致排一下商隐入梓幕后的工作经历和诗文写作时间表:

大中五年十月,商隐抵梓州,改任节度判官。当年十二月十八日,奉命差赴西川推狱。

大中六年年初返梓。其时东川节度书记"吴郡张黯……请如京师",商隐乃以节度判官"复摄其事",一身二任,工作十分繁忙。现存梓幕文章中,大中六年代摄节度书记期间所作的占有很大比重。这一年的五月,还曾奉柳仲郢之命,至渝州界首迎送赴淮南节度使任的原西川节度使杜悰。

大中七年,仍在梓幕写了不少文章。梓幕期间三篇精心结撰的长文《梓州道兴观碑铭并序》、《唐梓州慧义精舍南禅院四证堂碑铭并序》、《道士胡君新井碣铭并序》,至少有两篇作于本年。此时商隐离开长安已有三年,一双幼小的儿女远离自己,寄养在长安,思归念子的情结变得十分深重,诗中一再出现强烈的怀归情绪:

> 万里忆归元亮井,三年从事亚夫营。——《二月二日》
> 三年苦雾巴江水,不为离人照屋梁。——《初起》
> 江海三年客,乾坤百战场。——《夜饮》
> 三年已制思乡泪,更入新年恐不禁。——《写意》

这一系列诗篇,一方面说明直到大中七年深秋,商隐仍然没有回过长安,另一方面也说明他的思归情绪已经强烈到难以禁受的程度。正好这年十月,"弘农杨本胜(杨筹,字本胜,杨汉公子)始来军中",带来了商隐的儿子衮师在长安的情况,商隐有《杨本胜说于长安见小男阿衮》诗:

> 闻君来日下,见我最娇儿。
> 渐大啼应数,长贫学恐迟。
> 寄人龙种瘦,失母凤雏痴。
> 语罢休边角,青灯两鬓丝。

诗语浅情深,结联于深夜的寂静中现出诗人青灯映照鬓丝的身影,尤为惨然。杨筹带来的娇儿"寄人龙种瘦,失母凤雏痴"的消息无疑给商隐本已难制的思乡之情再增添了无法承受的重量,商隐当时恨不得立即插翅飞回长安的心情完全可以想见。

幕主柳仲郢对商隐的处境、心情一直相当同情体贴。早在商隐刚到梓州不久,就打算将使府乐营中一位美貌歌伎张懿仙赐给商隐,以安慰商隐客中的寂寞,后因商隐婉辞而作罢。但商隐在婉辞此事的《上河东公启》中所抒写的"某悼伤已来,光阴未几。梧桐半死,方有述哀;灵光独存,且兼多病。眷言息胤,不暇提携。或小于叔夜之男,或幼于伯喈之女。检庾信荀娘之启,常有酸辛;咏陶潜通子之诗,每嗟漂泊"这种极为深挚的怀念亡妻、眷念儿女的感情,肯定给仲郢留下了深刻印象。大中六年暮春,商隐因游梓州西溪触景兴感,写下"不惊春物少,只觉夕阳多……凤女弹瑶瑟,龙孙撼玉珂。京华他夜梦,好好寄云波"(《西溪》)的诗篇,柳仲郢看到后,还写了和诗(事见商隐《谢河东公和诗启》)。在梓幕期间,仲郢与商隐常有诗文唱酬。可见仲郢不但同情商隐的境遇心情,而且关注其诗文的写作,商隐在大中七年写的一系列怀归念子的诗篇,柳仲郢不会不看到,从而增添对商隐的同情。在这种情况下,即使商隐自己因幕府工作繁忙不便提出回京探望儿女的要求,仲郢也势必主动提出让商隐回京(当然可以顺便给一个差事,以便用奉使的名义回京)。

　　商隐现存梓幕期间大中七、八两年的编年文可以为我们提供一个梓州、长安往返的时间上下限。《樊南乙集序》云:"三年已来,丧失家道,平居忽忽不乐……十月,弘农杨本胜始来军中……因恳索其素所有(笺刺)……以时以类,亦为二十编,名之曰《四六乙》……是夕大中七年十一月十日夜,火尽灯暗,前无鬼鸟。"可证直到大中七年十一月十日编定《樊南乙集》时,商隐尚羁居梓幕。而《剑州重阳亭铭》末署"大中八年九月一日太学博士河内李商隐撰",可证大中八年九月一日商隐已在剑州。也就是说,商隐梓州、长安往返的时间当在大中七年十一月十日至八年九月一日这近十个月的时期内。据《旧唐书·地理志》,长安至梓州二千九百里(商隐《赴职梓潼留别畏之员外同年》亦云"京华庸蜀三千里")。又据《通鉴·大中十二年》胡三省注:"唐制,凡陆行之程,马日七十里,步及驴日五十里,车三十里。水行之程,舟之重者溯河三十里,江四十里,余水四十五里。空舟溯河四十里,江五十里,余水六十里。沿流之舟,则轻重同制,河日一百五十里,江一百里,余水七十里。"梓州、长安往返,既有陆程,又有水程,以平均日行六十里计,单程约需五十天到两个月,往返则约需四个月。从大中七年商隐一系列思乡念子的诗篇看,其自梓返京的启程时间很可能就在十一月十日编定《樊南乙集》后不久。其到达长安的时间约在大中八年正月。联系上文所考郑祗德由楚州迁同州的时间及祗德到京后奏署张潜的时间,二者正好相合。因此,可以大体断定《为同州张评事(潜)谢辟启》、《谢聘钱启》当作于大中八年正月商隐抵达长安后不久,而《为山南薛从事(杰逊)谢辟启》及《赠庾十二朱版》亦当为同时先后之作。《为山南薛从事(杰逊)谢辟启》提到"须至季秋,方离上国",也说明作启在季秋之前的某个时节。考虑到商隐此次回京探望儿女,带有明显的照顾性质,他在京居留的时间不可能太长,大约仲春最多暮春之初即动身返梓。《行至金牛驿寄兴元渤海尚书》诗有"楼上春云水底天"之句,写景切春暮,殆即自京返梓途中所作。因为急于赶回梓州担任幕职,商隐返梓时可能取骆谷路由长安至兴元,再由兴元西行经金牛道入蜀,故先已在兴元见过封敖并拜读其诗,未及赓和,即已续发,遂于金牛道上"骤和陈王白玉篇",寄呈此诗。

回过头来再看《留赠畏之》,并联系其他诗作,就更能证实此诗是大中八年由京返梓前留赠韩瞻之作,而非大中五年深秋赴职梓潼前所作。因为大中五年赴梓前夕,其连襟韩瞻设宴相送,瞻子韩偓即席赋诗,商隐日后追忆此事,有《韩冬郎即席为诗相送一座尽惊他日余方追吟连宵侍坐徘徊久之句有老成之风因成二绝寄酬兼呈畏之员外》。而《留赠畏之》诗中的"郎君下笔惊鹦鹉"即指"韩冬郎即席为诗相送,一座尽惊"的情事。如果韩瞻设宴饯别是在商隐赴梓前夕(商隐走的那天,韩瞻一直送商隐到咸阳,商隐《赴职梓潼留别畏之员外同年》云:"京华庸蜀三千里,送到咸阳见夕阳"),那么写在饯行、送行之前的《留赠畏之》就不可能出现饯行时的情事,这正反过来证明《留赠畏之》是"韩冬郎即席为诗相送"和韩瞻送行以后写的诗,"郎君下笔惊鹦鹉"是商隐这位"左川归客"对当年情事的追忆与感慨。又大中五年冬,韩瞻出为普州刺史(普原作鲁,从叶葱奇说改），商隐有《迎寄韩鲁[普]州瞻同年》云："积雨晚骚骚，相思正郁陶。不知人万里，时有燕双高。寇盗缠三辅（自注：时兴元贼起，三川兵出。），莓苔滑百牢。圣朝推卫索，归日动仙曹。"尾联预祝其平乱功成后归朝，名动仙曹。而《留赠畏之》诗有"中禁词臣寻引领"之句，又正是"圣朝"二句之意。这也证明《留赠畏之》当作于韩瞻自普州刺史回朝之后。韩瞻大中五年出刺，此时当已还朝（韩瞻还朝后曾任虞部郎中，后又出为凤州刺史）。

综上考述，商隐由于思乡念子情切，曾于大中七年仲冬由梓启程返京，约八年初春抵京。在京期间，曾分别为新奏署为同州从事的张潜及山南西道节度书记薛杰逊代撰谢辟启、谢聘钱启共三首，又有《赠庾十二朱版》诗。约在大中八年仲春末或暮春初启程返梓，行前往访韩瞻，遇韩朝回，作《留赠畏之》。暮春末过金牛道。约是年夏抵梓。九月一日作《剑州重阳亭铭》。考出的这次归京之行，涉及对三篇文章和三首诗的正确系年，对旧说作了纠正。

由于这次回京，释放了郁结已久的思念家乡和子女的情怀，回梓以后，大中八、九两年所作的诗中，没有再出现先前那种强烈而频繁的思乡情绪，甚至连罢幕时作的《梓州罢吟寄同舍》和归京途次作的《筹笔驿》、《重过圣女祠》中也没有出现思乡的诗句（《因书》诗也只说"生归话辛苦"而未言思家），这正从反面证明商隐在"三年已制思乡泪"之后的确回过一次长安。

原载中华书局《文史》2002年第1辑

附考六

李商隐诗文集中一种典型的脱误现象
——从《为尚书渤海公举人自代状》题与文的脱节谈起

《文苑英华》卷六三九"荐举下"载李商隐《为濮阳公陈许举人自代状》、《为怀州刺史举人自代状》、《为尚书渤海公举人自代状》、《为荥阳公奏王克明等充县令主簿状》、《为荥阳公举人自代状》、《为盐州刺史奏举李孚判官状》、《为濮阳公陈许奏韩琮等四人充判官状》、《为安平公兖州奏杜胜等四人充判官状》,共八篇。上列诸状又均载于清编《全唐文》,其均为商隐所作当属无疑。其中《为尚书渤海公举人自代状》,徐树谷笺云:"渤海为高氏之郡望,'渤海公'不知何人,据状云'风采章台,羽仪华闱'、'内史故事'、'尹正旧仪',则其人盖尚书尹京兆者,或云计其时当是高元裕。"(《李义山文集笺注》卷三)冯浩《樊南文集详注》、张采田《玉谿生年谱会笺》进一步证实题内"渤海公"为高元裕。但细审状文,发现状题与状文之间存在明显脱节与矛盾。为了便于说明问题,将状文《为尚书渤海公举人自代状》全部迻录于下:

右臣伏准某年月日敕,内外文武官上后举一人自代者。伏以京邑为四方之极,咸秦乃天下之枢,必命英髦,以居尹正。臣谬蒙抽擢,素乏材能,将何以风采章台,羽仪华闱,况又方营鄘毕,肇建园陵,苟推择之不先,则颠覆而斯在。前件官庄栗以裕,简严而宽。玉无寒温,松有霜雪。顷居内署,实事文皇。引裾而外朝莫知,视草而中言罔漏。洎分符近甸,廉印雄藩,不徇物以沽名,善推诚而立断。浑若全器,宜乎在庭。傥召以急宣,被之眷渥,必能明张条目,峻立堤防,肃千里之封畿,总五都之货殖。轩台禹穴,无亏充奉之仪;汉苑秦陵,尽绝椎埋之党。特乞俯回宸断,用授当仁。免今日之叨恩,冀他时之上赏。干冒陈荐,兢越殊深。(某官周墀)

伏以内史故事,例带银青,尹正旧仪,平揖令仆。必资耄硕,方备次迁。臣特以鲰儒,猥丁昌运,位崇八座,官绍三王。况驾有上仙,车当晏出,务烦厩置,役重津途。傥让爵之不思,则败官而斯疚。前件官荆岑挺价,赤堇扬锋,禀松筠四序之荣,包金石一定之调。由中及外,自诚而明。昨者故鄯利迁,朝台受律。隐之清节,无愧于投香;江革归资,唯闻于单舸。必能集同轨之会,奉因山之仪,使桴鼓稀鸣,建瓴流化。伏乞特回凤诏,以命龟从,成圣朝《棫朴》之诗,减微臣维鹈之刺。干黩宸旒,伏用兢惶。(某官崔龟从)

冯浩笺云:"按《旧书·高元裕传》:开成四年,改御史中丞。会昌中为京兆尹。《新书》于'御史中丞'下书'累擢尚书左丞,领吏部选,出为宣歙观察',不言尹京兆。二书所叙,互有详略。证之此文,及《英华》所载除吏尚制文,则由尹京进检校尚书而观察宣州也。徐曰:'文宗于开成五年正月崩,八月葬,状云肇建园陵,则尹京当在是年春也。'按《英华》又有崔嘏所撰《授高元裕等加阶制》,盖因肆赦霈泽,即上篇华州加阶之时(按:指冯注本此状前一篇《为侍郎汝南公华州谢加阶状》),而以尹京者冠之耳,文中所叙必文宗崩后未久也。《旧·传》概云'会昌中'稍疏矣。"张采田《会笺》则云:"(状)云'臣谬蒙抽擢,素乏材能……况又方营鄗毕,肇建园陵,苟推择之不先,则颠覆而斯在',是元裕尹京,必在文宗将葬,七八月间。"冯浩引徐树谷说认为高元裕任京兆尹在开成五年春文宗崩后未久,张采田则谓在文宗将葬之七八月间,时间虽略有先后,但都认为状文是为任京兆尹的高元裕举人自代而作。但实际上状题与状文的具体内容明显矛盾。首先须考定高元裕任京兆尹的具体时间。萧邺《大唐故吏部尚书赠尚书右仆射渤海高公神道碑》(有残缺)云:"公讳元裕……(郑)注败,复入为谏议大夫,兼充侍讲学士,寻兼太子宾客……未几,擢拜御史中丞……进尚书右丞,改京兆尹。未几,授左散骑常侍。迁兵部侍郎,转尚书左丞,知吏部尚书铨事。会恭僖皇太后陵寝有日,充礼仪使,公为左右辖也……寻改宣歙池□□□□使……人拜吏部尚书……迁检校吏部尚书、山南西道节度观察等使……大中四年夏六月廿日,次于邓,无疾暴薨于南阳县之官舍,享年七十六。"(《全唐文》卷七六四)碑文未言元裕任京兆尹的具体时间,但据《旧唐书·文宗纪》:开成四年九月,"丙午,以前江西观察使敬昕为京兆尹"。《通鉴·开成五年》:八月,"壬戌,葬元圣昭献孝皇帝于章陵,庙号文宗。庚午,门下侍郎、同平章事李珏坐为山陵使龙輴(载柩车)陷,罢为太常卿。贬京兆尹敬昕为郴州司马"。而《金石萃编》卷八十《华岳题名》:"正议大夫守京兆尹崔郸、华州华阴令崔宏,会昌二年六月十六日郸自汝海将赴阙庭,时与宏同谒庙而过。"可证高元裕之任京兆尹,当在敬昕、崔郸之间,即开成五年八月至会昌二年六月这段时间内,乃接替被贬的敬昕继任京尹者〔据《旧唐书·高元裕传》,"(开成)四年改御史中丞"。《神道碑》云其后"进尚书右丞,改京兆尹",时间正合〕。但敬昕之贬,既明因文宗葬章陵时柩车塌陷之事而致,则元裕接任京尹之时,文宗业已安葬,章陵业已建成启用,绝非状文所云"方营鄘毕(周文王、武王葬毕,在鄘东南,指帝王陵墓),肇建园陵"、"务烦厎置,役重津途",乃始动工营建尚未完成之役。故状文所云"肇建园陵"之事必非指"肇建"文宗章陵,而当另有所指,状题与状文的脱节已经明显暴露。

但更为可疑的是,状中叙及举以自代的周墀、崔龟从二人的历官,与高元裕任京兆尹的时间存在着不可调和的矛盾。状中言及周墀历官时云:"顷居内署,实事文皇。引裾而外朝莫知,视草而中言罔漏。洎分符近甸,廉印雄藩。"周墀于文宗开成二年冬加知制诰、充翰林学士。三年迁职方郎中,知制诰。四年拜中书舍人。武宗即位,改工部侍郎,出为华州刺史。会昌四年,迁江西观察使,兼御史大夫。会昌六年十一月，迁礼部尚书、郑滑节度使。大中元年六月，入拜兵部侍郎判度支（据杜牧《唐故东川节度使检校右仆射兼御史大夫赠司徒周公墓志铭》及两《唐书》、《通鉴》）。状文"顷居内署"，指周墀在文宗开成二年至五年历任内职；"分符近甸"，指文宗开成五年至武宗会昌四年任华州刺史；"廉印雄藩"则指武宗会昌四年至六年任江西观察使（周墀一生中"廉印雄藩"即任观察使只此一次），是为撰状文时周墀现任之官职。据《旧唐书·武宗纪》，会昌六年十一月，"以江西观察使周墀为义成军节度使、郑滑观察等使"。故此状文撰拟的时间下限当在会昌六年十一月，上限则在会昌四年周墀由华州迁江西后，然则状文所谓"方营鄜毕，肇建园陵"，显然不是指开成五年正月文宗卒后修建章陵。又状中叙及崔龟从历官时云："昨者故鄜利迁，朝台受律。隐之清节，无愧于投香；江革归资，唯闻于单舸。"故鄜，指汉丹阳郡，首县为宛陵，唐为宣歙观察使府治所在。《旧唐书·文宗纪》：开成四年三月癸酉，"以户部侍郎崔龟从为宣歙观察使，代崔郸"。故鄜利迁，即指龟从自户侍迁宣歙观察使事，据封敖《前宣歙观察使崔龟从岭南节度使制》："江左奥区，宣为右地，一去临莅，五更炎凉。"杜牧《唐故宣州观察使韦公（温）墓志铭并序》："回鹘窥边，刘稹继以上党叛，东征天下兵，西出禁兵，陕当其冲（韦温曾为陕虢防御使），公抚民供事就，不两告苦。入为吏部侍郎……复以御史大夫出为宣歙等州观察使……凡周一岁……自至大治"，"会昌五年五月头始生疮……以其月十四日，年五十八，薨于位"。可考知韦温任宣歙观察使在会昌四年五月至五年五月间，而崔龟从作为韦温的前任，其观察宣歙的时间当在开成四年三月至会昌四年三四月间，与"五更炎凉"者合。"朝台"即朝汉台。《水经注·浪水》：尉佗旧治处，负山带海。佗因冈作台，北面朝汉，朔望升拜，名曰朝台。"朝台受律"，指崔龟从自宣歙观察使迁岭南节度使。《文苑英华》卷四四五封敖《授崔龟从岭南节度使制》："前宣州观察使崔龟从……可检校礼部尚书、兼御史大夫、充岭南节度等使。"崔之赴岭南节度使任，当在会昌四年春夏间，即韦温接任宣歙观察使时。状文"隐之清节,无愧于投香;江革归资,唯闻于单舸",分别用吴隐之、江革典。《晋书·良吏传》载,吴隐之隆安中为广州刺史,从番禺罢郡归,其妻刘氏赍沉香一斤,隐之见之,遂投之于湖亭之水。《南史·江革传》,革除武陵王长史、会稽郡丞,称职,乃除都官尚书,"将还,赠遗一无所受……唯乘台所给一舸。舸艚偏欹,不得安卧……革既无物,乃于西陵岸取石十余片以实之,其清贫如此"。这两个典故,既切崔龟从受朝命出镇岭南期间为官清廉,又切其自岭南罢任归朝。因此这篇状文当作于崔龟从自岭南罢任归后。

崔龟从何时罢岭南节度使任?吴廷燮《唐方镇年表》据商隐此状"唯闻于单舸"下有"必能集同轨之会,奉因山之仪"之文,谓"奉因山之仪指会昌五年正月葬恭僖皇后于光陵柏城之外";复据明《万历广东志》"卢贞,唐岭南节度使,会昌五年任"之文,及《新唐书·孝友传·王博武》"会昌中,侍母至广州。及沙涌口,暴风,母溺死,博武自投于水。岭南节度使卢贞俾吏沉罟,获二尸焉,乃葬之,表其墓曰孝子墓"之记载,又《湖南通志》载《浯溪题名》,会昌五年杨汉公后有卢,将崔龟从罢岭南节度使、卢贞接任的时间定在会昌五年。但吴氏举出的这四条证据都不足为据。明《万历广东志》是后出的方志,其记载是否有可靠依据,很值得怀疑。《新唐书·孝友传·王博武》的记载只能证明"会昌中"卢贞曾为岭南节度使,但"会昌中"不过泛言会昌年间,也可能是会昌六年;至于《浯溪题名》,也只能证明会昌五年以后,卢贞曾于浯溪题名,而不能证明其题名即在会昌五年。吴氏谓商隐此状"奉因山之仪"指葬恭僖皇太后于光陵,更是绝大的误会,下文将详辨。这里可以举出一个有力的反证,证明直至会昌六年三月宣宗即位后,卢贞仍然在河南尹任上,并未接到迁镇岭南的任命。商隐《上河南卢给事状》云:"给事显自琐闱,出临鼎邑,登兹周甸,训此殷顽。锋芒不钝,而縈肯自分;桴鼓稀鸣,而囊橐辄露。方今维新庶政,允伫嘉谋。载考前人,聿求往躅,袁司徒入膺论道,杜镇南出授专征,并资尹正之能,适致超升之拜。"据商隐《为河南卢尹贺上尊号表》,知会昌五年正月武宗加尊号时,卢贞正在河南尹任上;而《上河南卢给事状》所谓"方今维新庶政",定指会昌六年三月丁卯宣宗即位后之事①。因此可证卢贞自河南尹出镇岭南,当在宣宗即位以后;据此亦可推知崔龟从之罢镇岭南还朝亦当与之同时。

萧邺《渤海高公神道碑》载:"改京兆尹。未几,授左散骑常侍。迁兵部侍郎,转尚书左丞,知吏部尚书铨事。会恭僖皇太后陵寝有日,充礼仪使,公为左右辖也。"吴氏《唐方镇年表》因谓"奉因山之仪"指会昌五年正月葬穆宗恭僖皇后于光陵柏城之外一事。然高元裕开成五年八月任命为京兆尹,而恭僖皇太后卒于会昌五年正月庚申(据《通鉴》),前后相距六个年头,其时元裕早已不在京兆尹任,何能在六年前任京兆尹时"肇建"六年后之"园陵"?且恭僖系葬光陵东园,并非新营建园陵,亦不得云"肇建园陵"。尤为重要者,状文所谓"鄗毕"、"园陵"、"轩台禹穴"、"驾有上仙,车当晏出"、"集同轨之会,奉因山之仪",用语引典无一不切已故的皇帝身份,而绝非指皇后、太后。除"鄗毕"前已注明用周文王、武王葬于毕,在鄗东南以指皇帝陵墓外,"轩台"即轩辕台,"禹穴"为禹葬地,亦均指帝王葬地。"驾有上仙"用黄帝驾龙上仙事,见《汉书·郊祀志》;"车当晏出",用《史记·范雎传》"宫车一日晏驾"之典,均喻指皇帝去世。"集同轨之会"用《左传·隐公元年》"天子七月而葬,同轨(华夏诸侯)毕至";"奉因山之仪"用《汉书·文帝纪》"治霸陵,皆瓦器,不得以金银铜锡为饰,因其山,不起坟",均指帝王之葬礼。总之,状中所用之典,均切皇帝去世、营建园陵及殡葬之仪,而绝非指皇后、太后。

前已考明,状中举以自代的周墀、崔龟从,其现历官分别为"廉印雄藩"及"朝台受律"、"江革归资",即周墀仍在江西观察使任上,而崔龟从已罢岭南节度使任归朝,可证作此状时必在会昌六年三月宣宗即位后。而此时所谓"方营

---

① 同作于会昌六年三月宣宗即位后的《上忠武李尚书状》云"先皇(指武宗)以倦厌勤代,圣上(指宣宗)以睿哲受图……便当讲维新之政",可作为旁证,用"维新之政"指新君即位,商隐文中多有其例。

鄗毕,肇建园陵",自必指武宗逝世,营建端陵之事。武宗卒于会昌六年三月,八月壬申葬端陵,这又可进一步证明此状文当作于会昌六年三月至八月这段时间内。

会昌六年三月至八月,任京兆尹举周墀、崔龟从以自代的既然绝不可能是高元裕(高于会昌五年五月十四日韦温卒于宣歙观察使任后,已继任宣歙观察使,此时正在宣歙任上),那么此人又是谁呢?检《新唐书·薛元赏传》:"德裕用元赏弟元龟为京兆少尹,知府事。宣宗立,罢德裕,而元龟坐贬崖州司户参军。"《通鉴·会昌六年》则载明,四月"甲戌,贬工部尚书,判盐铁转运使薛元赏为忠州刺史,弟京兆少尹、权知府事元龟为崖州司户,皆德裕之党也",元龟在宣宗即位前即以少尹知府事,故状文举以自代的京兆尹不可能是薛元龟。宣宗即位后新任京兆尹的乃是韦正贯。《新唐书·韦正贯传》:"久之,进寿州团练使。宣宗立,以治当最,拜京兆尹、同州刺史。俄擢岭南节度使。"《全唐文》卷七六四萧邺有《岭南节度使韦公(正贯)神道碑》云:"今上(指宣宗)即位,以理行征拜京兆尹……居二年乞退,除同州刺史、长春宫使。"又《全唐文》卷七二六崔嘏有《授韦正贯京兆尹制》,云:"敕权知京兆尹韦正贯……近者拔于郡府,以尹京师。有抑强扶弱之心,得通变适时之用……是用嘉乃成效,宠之正名。"可证韦正贯先是以治行征入权知京兆尹,而后再正式任命为京兆尹的。其权知京尹当在会昌六年四月薛元龟贬崖时,正式任命则在其后不久。据商隐大中元年三月初所撰《为荥阳公与京兆李尹状》,李拭于大中元年三月初已"荣膺新命",则韦正贯之任京尹,当在会昌六年四月至大中元年二月之间。这段时间内,商隐正"羁官书阁,业贫京都"(《上李舍人状七》),母丧期满复官秘省正字,故正可为新任京尹的韦正贯撰拟举人自代状。据萧邺《岭南节度使韦公神道碑》,正贯曾"为天平军节度判官,得改员外郎,所奉之主即故相国令狐公(楚)也"。其时当在文宗大和三年十一月至六年二月,商隐亦适在天平幕为巡官,故二人早已结识。这次正贯被任命为京兆尹,作为先前的同幕僚友,商隐为韦代拟此状,是完全符合时间、地点和人际关系的。

从这篇举人自代状的状文看,状的原题可拟为《为京兆公举人自代状》(韦氏世居京兆)。为什么会讹为《为尚书渤海公举人自代状》呢?比较近理的解释是,商隐自编的《樊南甲集》中,既有为京尹高元裕代撰的举人自代状,又有为京尹韦正贯代撰的举人自代状。由于编集时"以类相等色"(《樊南甲集序》),二状因体裁相同,性质相似,遂紧相连接。《文苑英华》在编书时,"于宗元、居易、权德舆、李商隐、顾云、罗隐辈,或全卷取入"(周必大《文苑英华序》)。抄胥在誊抄时,因前后紧相连接的二首同为京尹举人自代状,遂脱抄《为尚书渤海公举人自代状》之正文与《为京兆公举人自代状》之文题,将前题与后文合而为一,成为这样一篇前题不对后文的拼接品。冯浩等注家由于未具体考证周墀、崔龟从任江西观察使、岭南节度使的时间与高元裕任京兆尹的时间存在着不可调和的矛盾,致使这篇拼接品的秘密一直掩盖下来,至今已历时一千余年了。

这种前题与后文拼接的情况,现存商隐文中并非仅有此一例。《全唐文》卷七七二有商隐《为汝南公贺元日朝会上中书状》。按文章的题目,应当是代华州刺史周墀所拟贺武宗元旦朝会上中书的状,但文章的实际内容却是贺会昌二年武宗上尊号。状首云:"今月日,皇帝御宣政殿受册,尊号为仁圣文武至神大孝皇帝。礼毕,御丹凤楼,大赦天下者。"事在会昌二年四月二十三日,非元日。钱振伦笺云:"惟元日朝会,为岁举之常仪,而请上尊号,为一朝之盛典,本属两事。且武宗受册在四月,而文中亦不引元正,故实尤属可疑。岂《元日朝会状》另有一文,而后文乃贺上尊号状,传钞脱误,遂合为一与?"钱氏的这一判断,是完全正确的。这种误"合为一"的情况也只有在二文相连,尤其是二文文题或内容性质相近时最易发生。现存《为汝南公贺元日朝会上中书状》无疑是《为汝南公贺元日朝会上中书状》的题目和《为汝南公贺上尊号上中书状》状文的合二为一。

如果我们将商隐文在传抄过程中出现的这种前题与后文相拼接的现象作为一种典型事例,进一步据以考察商隐诗集中的脱误,就会发现这种现象在商隐诗集中也多有存在,从而有助于我们解开不少题与诗相脱节的疑团。这里,典型的例证莫过于《留赠畏之》三首和《蝶三首》。先看《留赠畏之》三首。此诗题下原注云:时将赴职梓潼遇韩朝回三首。三首诗是这样的:

清时无事奏明光,不遣当关报早霜。
中禁词臣寻引领,左川归客自回肠。
郎君下笔惊鹦鹉,侍女吹笙弄凤凰。
空记大罗天上事,众仙同日咏《霓裳》。

待得郎来月已低,寒暄不道醉如泥。
五更又欲向何处,骑马出门乌夜啼。

户外重阴暗不开,含羞迎夜复临台。
潇湘浪上有烟景,安得好风吹汝来?

第一首中提到开成二年与韩瞻同应进士试、同赋《霓裳羽衣曲》诗及韩瞻子韩偓赋诗相送、才思敏捷之事,其为赴东川前留赠韩瞻之作无疑(此诗当是大中八年商隐回长安探亲返回东川前作,已另撰文考证),但二、三两首,内容与"留赠畏之"题意绝不相干(二章谓待郎归时夜已深,甫及五更郎又骑马出门而去;第三首谓户外重阴,迎夜登台,盼意中人之来)。后二首明为情诗,因与首章相连,传抄时遂脱后二首之题而误与首章相连,后人遂于首章题注之末加"三首"二字以实之。但"时将赴职梓潼,遇韩朝回三首",实属不文,"三首"二字人为增添的痕迹非常明显。《蝶三首》的情况与之类似。诗云:

初来小苑中,稍与琐闱通。

远恐芳尘断,轻忧艳雪融。
　　　只知防浩露,不觉逆尖风。
　　　回首双飞燕,乘时入帘栊。

　　　长眉画了绣帘开,碧玉行收白玉台。
　　　为问翠钗钗上凤,不知香颈为谁回?

　　　寿阳公主嫁时妆,八字宫眉捧额黄。
　　　见我佯羞频照影,不知身属冶游郎。

第一首的托寓虽诸家说法间有差异,但诗面的确是咏蝶。而后两首则根本没有蝶的影子,显为艳情冶游之作脱去原题后与《蝶》相连,编集者遂冠以"蝶三首",《唐音戊签》后二首作《无题二首》,虽未必符此二首原题,但胡氏已看出此二首与前一首《蝶》内容绝不相干,并非同题组诗。

　　其实,现存商隐无题诗中确有与本来另有题目的诗相连而误合者,这就是《无题二首》:

　　　八岁偷照镜,长眉已能画。
　　　十岁去踏青,芙蓉作裙衩。
　　　十二学弹筝,银甲不曾卸。
　　　十四藏六亲,悬知犹未嫁。
　　　十五泣春风,背面秋千下。

　　　幽人不倦赏,秋暑贵招邀。
　　　竹碧转怅望,池清尤寂寥。

> 露花终浥湿,风蝶强娇娆。
>
> 此地如携手,兼君不自聊。

前首写少女伤春,托寓才士渴求仕进,忧虑前途的心情,寓意明显。后首则写秋暑情怀怅惘寂寥,无心招友同游。两首诗的性质、内容毫无关联。清代学者何焯、纪昀、冯浩都认为后一首必另有题目而失之,遂与前一首《无题》相连,纪昀的表述最为具体准确:"有与无题诗相连,失去本题,误合为一首,如'幽人不倦赏'是也。"(《李义山诗集辑评》引)

商隐的无题诗究竟有多少首,诸家说法不一。根据上面的考辨,将原题《留赠畏之》三首的后二首、《蝶三首》的后二首、《无题二首》的"幽人不倦赏"一首去掉,再将《无题》(万里风波一叶舟)也根据纪昀的意见(纪云:"此是佚去原题而编录者署以《无题》。")排除在外,将这六首都标为"失题",那么,剩下的真正的《无题》诗其实只有十四首。而删除了上述误入的失题诗后,《无题》诗的面貌便变得比较清晰。那就是它们都是写爱情的,而且绝大部分是写爱情间阻引起的幽怨、苦闷、追求与幻灭。至少表层内容是这样。通过对商隐诗文集中"前题后文(诗)相连误合为一"这一典型现象的全面梳理与考辨,有助于我们对商隐无题诗情况的正确了解,校勘考证之学为批评提供正确的文本依据,这是一个典型的例证。

如果说前面提到的五首失题诗由于与前题相连误合为一,今天已难以复原其原题,未免令人遗憾,那么商隐诗集中另一些诗,虽也因与前题相连而误合为一,却因其以"一作"的形式保留了原题,为我们提供了判断的依据,从而让我们更看清了这种"前题后文(诗)相连误合为一"的具体情况,典型的例证是《咏史二首》和《楚宫二首》。《咏史二首》:

> 历览前贤国与家,成由勤俭败由奢。

> 何须琥珀方为枕,岂得珍珠始是车。
> 运去不逢青海马,力穷难拔蜀山蛇。
> 几人曾预南薰曲,终古苍梧哭翠华。
>
> 十二楼前再拜辞,灵风正满碧桃枝。
> 壶中若是有天地,又向壶中伤别离。

前首借"咏史"为题寓伤今之慨,伤悼文宗图治无成,难挽颓运。后首则明显是留赠道流之作,与"咏史"无涉。后首题一作"赠白道者",一作"送白道者"。此"白道者"当即商隐《归来》诗中所云"难寻白道士"之白道士,乃旧隐玉阳山时所结识之道侣,"十二楼"即道观之别称。"十二楼前"一首即拜辞白道者而去时留赠伤别之作。原题"赠白道者"在传写过程中脱去,遂与前首相连,误合为《咏史二首》,致误的原因、过程显然。故后首应据一作将题复原为《赠白道者》。再看《楚宫二首》:

> 十二峰前落照微,高唐宫暗坐迷归。
> 朝云暮雨长相接,犹自君王恨见稀。
>
> 月姊曾逢下彩蟾,倾城消息隔重帘。
> 已闻佩响知腰细,更辨弦声觉指纤。
> 暮雨自归山悄悄,秋河不动夜厌厌。
> 王昌且在墙东住,未必金堂得免嫌。

第一首借咏楚宫美人之得宠寓现实感慨,与《深宫》诗之"清露偏知桂叶浓"、"岂知为雨为云处,只有高唐十二峰"寓感略同,有荣枯遇异之慨。第二首却是纯粹的艳情诗，所怀想的女子似为贵家姬妾或歌伎。《才调集》选此首，题为《水天闲话旧事》，必有所据。详此题及诗，似是抒情主人公对贵家姬妾或伎人有所属望，却重帘相隔，徒能得其倾城之姿于想象，虽未能免嫌而终不能相亲。这段充满怅惘的旧事在一个雨天与友人闲话时忆及，遂笔之于诗。制题虽稍晦，但肯定是原题。《唐音戊签》从《才调集》，是。这也是因失去原题《水天闲话旧事》后，与上首相连误合为《楚宫二首》者。

  商隐诗集中这种二诗相连，后题失去，遂与前题合为一题的情况，在现存的几种源于宋本的旧本中均相同，说明早在北宋编辑刊刻商隐诗集时就已经存在这种脱误。也正因为这样，后人对此虽有种种怀疑，却不大敢断定，从而使这种脱误现象长期存在，得不到纠正。当我们详细地考辨了《为尚书渤海公举人自代状》的典型脱误例证，并与商隐诗文集中与此类似的脱误联系起来考察时，就可以发现这原是作品传抄过程中很容易发生的一种常见的脱误，从而在校理过程中增强判断的正确性。对其他诗文集类似现象的发现与校理，也是一种参考。

原载上海古籍出版社《中华文史论丛》2001年第3期

附考七

李商隐杂考二题

寄酬韩偓二绝作年考

李商隐大中五年深秋赴东川节度使幕(使府在梓州)前夕,同年兼连襟韩瞻设宴饯行。瞻子韩偓(小字冬郎)年方十岁,即席赋诗相送。韩偓敏捷的诗才给商隐和座客留下了深刻的印象。后来,商隐写了《韩冬郎即席为诗相送一座尽惊他日余方追吟连宵侍坐徘徊久之句有老成之风因成二绝寄酬兼呈畏之员外》,诗云:

十岁裁诗走马成,冷灰残烛动离情。
桐花万里丹山路,雏凤清于老凤声。

剑栈风樯各苦辛,别时冰雪到时春。
为凭何逊休联句,瘦尽东阳姓沈人。

第二首诗末自注:"沈东阳约尝谓何逊曰:'吾每读卿诗,一日三复,终未能到。'余虽无东阳之才,而有东阳之瘦矣。"

这两首七绝写得亲切风趣,风调甚佳。用"老成"与"清"来称赞韩偓的诗风,不仅表现了对诗坛后辈的激赏,也透露了诗人自己对诗歌的美学追求,有助于对商隐诗风诗境的把握。

但这两首诗究竟作于何时,却歧见杂出,迄无定论。冯浩《玉谿生年谱》系于大中七年,抵梓幕后不久(按:冯谱将商隐赴东川幕的时间定于大中六年,实误,应从张采田《玉谿生年谱会笺》改订为大中五年)。但具体解释诗句时却颇为犹疑:"若云在梓幕作,则剑栈自谓,风樯似谓韩(瞻)有水程之役,颇通;但散关遇雪、抵梓赴蜀,皆在岁前。且失偶未久,于寄韩情绪何不更含感悼? 故两难细合也。无可定编,聊附于此。"

张采田《玉谿生年谱会笺》改系大中十年商隐罢东川幕随幕主柳仲郢还朝后,云:"义山大中五年秋末赴梓,《散关遇雪》诗可证,有《留别畏之》作,故云'别时冰雪'。九年冬随仲郢还朝,十年春至京,有'楼上春云'诗(按:指《行至金牛驿寄兴元渤海尚书》)可证,故曰'到时春'。畏之自义山赴梓后,亦出刺果州(按:应为普州,详下文),有《迎寄》诗可证。其还朝当在大中十年,所谓'剑栈风樯各苦辛'也。剑栈自谓,风樯指畏之。冬郎十岁裁诗相送,则追述大中五年赴梓时事,故《留赠畏之》诗有'郎君下笔惊鹦鹉'之句。至大中十年,冬郎当十五岁矣。近人震钧编韩(偓)谱,又列此诗于大中七年,似仍沿冯缪也。"

陈寅恪批吴汝纶评注本《韩翰林集》卷首则谓"此诗应作于大中五年"(见蒋天枢撰《陈寅恪先生编年事辑》民国三十年条)。叶葱奇《李商隐诗集疏注》亦谓二诗作于大中五年,解云:"首句'各'字是就'剑栈风樯'说,浅言之就是登山涉水总十分辛苦。冯浩以为'风樯似谓韩有水程之役',大误。由长安到梓潼,经过汉水,经过嘉陵江,当然也须坐船。冯又疑'抵梓赴蜀,皆在岁前,且失偶未久,于寄韩情绪何不更含感悼?'其实这是将起程前所作。因为冬郎在饯筵上'即席为诗',他隔了几天作此寄酬,所以序里说'他日追吟',并不是抵蜀后才酬。古人同在一地赠答也多用寄……诗人当时虽然'失偶未久',但在酬答一个少年晚辈的诗里,如何会沉痛地诉说? 并且就第一首次句的'冷灰残烛'、第二首的下二句来看,虽未明及悼亡,凄怆的意味却已非常浓厚……细味'瘦尽'二字,显系作于悼伤后赴辟东川时。张采田……把'别时冰雪到时春'分成前后五年的事,未免太说不过去,并且看序文和诗中的意趣,分明距韩(偓)作诗相送的时间很近。"

霍松林、邓小军《韩偓年谱》(刊于《陕西师大学报》1988年3、4期,1989年1期)则谓二诗作于大中六年春,云:"今案'剑栈风樯各苦辛,别时风(当作冰)雪到时春',句意本甚顺畅,谓:去冬分别于长安,各取道于水陆,今春俱至蜀中矣。故此诗应为大中六年春追忆去冬韩偓裁诗相送之作。商隐时在梓州,诗成寄酬果(应作普)州。"

以上详征五家之说,归纳起来,实际上是三种说法。第一种,认为二诗作于大中五年赴东川幕前夕(叶葱奇、陈寅恪说)。第二种,认为二诗作于大中六年春(霍松林、邓小军说。冯浩虽系大中七年,但那是因为他将商隐赴东川幕定在大中六年,故与霍、邓说实相近)。第三种,认为二诗作于大中十年春自梓归长安后(张采田说)。

笔者原来赞同张说,在《李商隐诗歌集解》初版、《李商隐诗选》中将二诗系于大中十年春。但近年因撰著《李商隐文编年校注》及《李商隐梓幕期间归京考》,对商隐梓幕期间的行踪及有关诗文的系年重新进行了考证,对韩瞻的仕历也在近人考证的基础上有了更具体的了解。重新审查诸家之说,认为这两首诗是商隐大中六年在梓幕时寄酬韩偓并兼呈时任普州刺史的韩瞻之作。结论与霍、邓之说虽同,但具体依据、论证及对有关诗句的解释均不相同。

先论证大中十年说之不能成立。张氏《会笺》在系年考证中举以为证的四首诗,有两首的系年明显错误,《留赠畏之》七律非大中五年赴梓前作,而是大中八年春商隐梓幕期间因事回京,事毕返梓前所作;《行至金牛驿寄兴元渤海尚书》非大中十年春随柳仲郢还朝途次所作,而是大中八年暮春自京返梓途次所作(详见笔者《李商隐梓幕期间归京考》,刊《文史》2002年第1辑)。撇开对这两首诗的误系不论,张氏所考的商隐大中五年秋赴梓,十年春随柳还朝的结论还是正确的(只是还京的日期不像张氏所考在春初,而是在暮春)。这样看来,张氏解"别时冰雪到时春"为五年秋在长安与韩瞻分别,十年春两人同时回京,似乎也可说得通。但将此说与韩瞻的宦历对照,却可断定其绝不可通。考韩瞻大中五年深秋商隐赴东川幕时正任尚书省某部员外郎,有《王十二兄与畏之员外相访见招小饮时余以悼亡日近不去因寄》、《赴职梓潼留别畏之员外同年》可证。其后不久,韩瞻由员外郎出刺普州,商隐时在梓州,有《迎寄韩普州瞻同年》(普原作鲁,显误,冯浩以为当作果;叶葱奇、陶敏以为当作普,是,兹从叶、陶说)。出任普州刺史后数年,韩瞻当入朝任虞部郎中。《东观奏记》卷下:"(夏侯)孜为右丞,以职方郎中裴诫、虞部郎中韩瞻俱声绩不立,诙谐取容,诫改太子中允,瞻改凤州刺史。"《旧唐书·夏侯孜传》谓孜"(大中)十一年兼御史中丞,迁尚书右丞",然《通鉴·大中十一年》明确记载:"春,正月,丙午,以御史中丞兼尚书右丞夏侯孜为户部侍郎、判户部事。"可证孜为尚书右丞在大中十一年正月之前。而韩瞻"声绩不立"当是已任虞部郎中有相当时日对其考绩所作出的结论。因而可大体推断其任虞中约在大中七八年至十年这段时间内。又据大中八年春商隐自京返梓前所作《留赠畏之》诗,知韩瞻其时已还朝。此诗首联云:"清时无事奏明光,不遣当关报早霜。"其中两用郎中典。按《汉官仪》:"尚书郎直宿建礼门,奏事明光殿。"《文选·沈约〈和谢宣城〉》"晨趋朝建礼"李善注引《汉书典职》:"尚书郎昼夜更直于建礼门内。"联系此诗题下自注:"时将赴职梓潼,遇韩朝回。"此时韩瞻所任官职当是尚书省郎中,诗当是韩瞻夜直宫中、清晨朝回时商隐留赠之作。下句"当关"亦用郎中典。《东观汉记·汝郁传》:"郁再征,载病诣公车……台遣两当关扶郁入,拜郎中。"两用郎中典,更加证明此时韩瞻必已升任郎中,很可能就是虞部郎中。将以上考述的韩瞻大中五年至十年的宦历与商隐寄酬韩偓的诗题对照,显然可见寄酬诗绝非大中十年所作。因为大中八年韩瞻已任郎中,商隐绝不可能在两年后的十年春仍称瞻为"畏之员外"。

而大中五年赴东川前作此二诗之说，则会遇到一个无法解释的问题，这就是对"剑栈风樯各苦辛，别时冰雪到时春"二句，特别是对后一句的解释。孤立地说，"别时"与"到时"不外乎以下三种可能的解读：一、别时与到时均指商隐；二、别时与到时均指韩瞻；三、别时与到时均兼指双方。而大中五年秋韩瞻正在朝任员外郎，自无"到时"可言，故依五年说，二、三两种可能可以排除，只剩下第一种，即"别时"与"到时"的主体都是商隐。五年秋商隐赴梓途中有《悼伤后赴东蜀辟至散关遇雪》诗，说"别时冰雪"似无问题（详究起来也存在一些问题，详后），但"到时春"却显然与实际情况不符，故不能成立。考商隐抵达梓州的时间在大中五年十月。《樊南乙集序》云："（大中五年）七月，尚书河东公（柳仲郢）守蜀东川，奏为记室。十月得见，吴郡张黯见代，改判上军。"柳仲郢七月被任命为东川节度使，按规定三千里内限二十日、三千里外限二十五日赴任，故最迟八月初即应启程，而商隐却因料理妻子王氏丧葬（王氏卒于是年春夏之交，商隐赴梓前当将其灵柩运回荥阳坛山旧茔安葬）及安顿幼小的儿女（寄养在长安）等事，直至中秋时仍在洛阳（有《西亭》诗可证），在长安所作《王十二兄与畏之员外相访见招小饮》诗尾联所写已是"秋霖"霪霪，"万里西风"的秋深景象。其自长安启程赴梓的时间当在九月初，故"十月得见"，明显是指十月（当是十月末）抵达梓州谒见幕主柳仲郢，其时书记之职已由张黯代理，故仲郢让商隐"改判上军"，担任节度判官。其后不久，十二月十八日，差赴成都推狱，有《为河东公上西川相国京兆公书》可证。在成都时，曾献诗文于西川节度使杜悰，有《献相国京兆公》二启及献杜悰五言长律二首。《武侯庙古柏》、《杜工部蜀中离席》亦作于五年末六年正月初西川推狱期间。这一切清楚不过地证明商隐抵达梓州的时间绝不是第二年春天，而是当年的十月。即使是出发前约略估计行程、预想抵达梓州的时间，也绝不可能和实际到达的时间相差两个月以上。叶葱奇先生对冯浩提出的问题（抵梓赴蜀，皆在岁前）和诗句中的"到时春"存在的明显矛盾没有任何正面解释,正说明依大中五年赴梓前作此二诗之说,这一显然的矛盾是无法弥合和解释的。

最后,来论证大中六年春作此二诗的理由,并对关键性的诗句"别时冰雪到时春"作出自己的解释。此说首先遇到的问题是何以题称"畏之员外"。因为其时韩瞻已就任普州刺史,诗是商隐由梓州寄酬并兼呈韩瞻的,何以题不称"韩普州"而仍称"畏之员外"?这一点可用唐人轻外郡重京职的风气来解释。在唐人诗文中,对方已出任外郡官职但仍以京职称之的情况十分普遍,即以商隐诗文而论,这方面的例证就有:《哭遂州萧侍郎二十四韵》、《哭虔州杨侍郎虞卿》、《郑州献从叔舍人褎》、《酬令狐郎中见寄》、《上郑州萧给事状》、《代李玄为崔京兆祭萧侍郎文》、《为濮阳公与蕲州李郎中状》、《上华州周侍郎状》、《上郑州李舍人状》四篇、《上李舍人状》六篇、《上河南卢给事状》、《为荥阳公祭长安杨郎中文》、《谢邓州周舍人启》、《为度支卢侍郎贺毕学士启》(以上列举各篇题内所称京职均为曾任的实职,而非检校官,也不包括对曾任宰相现任外官的相公一类尊称)。因此,韩瞻其时虽已任普州刺史,商隐在诗题中仍称其原任的京职"员外",是完全符合唐人习惯的。其次,是对"剑栈风樯各苦辛,别时冰雪到时春"二句的解释。这两句诗的解释是相互关联的。如果上句是兼指商隐赴梓州和韩瞻赴普州各自的水陆行程,那么下句的"别时"和"到时"也理所当然地应兼指双方,即双方在冰雪中分别,又都在春天到达任所。但正如上文已详加考述的,商隐抵达梓州的时间是大中五年十月而绝非所谓"到时春"。由此可以推论出所谓"别时"并非指商隐与韩瞻在长安分别的时间。既然"别时"与"到时"都不指商隐或不包括商隐,那么剩下的唯一可能就是:"别时"与"到时"都只指韩瞻。实际情况正是如此。所谓"别时冰雪",是说韩瞻离别长安启程赴普州的时间正值冰雪严寒的冬天;"到时春",是说韩瞻抵达普州的时间已是春天。"别"和"到"的对象都是时、地,而不是人,也不像一般所理解的那样,"别"指人,"到"指地。由于商隐有一首《悼伤后赴东蜀辟至散关遇雪》,其中明确写到

"散关三尺雪",因此很容易将它与"别时冰雪"联系起来,认为"别时冰雪"是指商隐与韩瞻分别时正值冰雪之候。但细加推究,这并不符合实际。商隐从长安出发时,韩瞻殷勤相送,一直送到离长安九十里的咸阳。商隐有《赴职梓潼留别畏之员外》诗,尾联云:

京华庸蜀三千里,送到咸阳见夕阳。

诗是韩瞻将商隐送到咸阳后商隐留别之作,"见夕阳"是目击实景而非悬拟。说明两人分别时并非"冰雪"天气。离别韩瞻后,商隐独自西行,快到陈仓时,有《西南行却寄相送者》:

百里阴云覆雪泥,行人只在雪云西。
明朝惊破还乡梦,定是陈仓碧野鸡。

诗是离陈仓只有一天路程时写的。诗中虽提到了"雪泥",说明已下过雪,但从整个描写看,是已下小雪,正酝酿一场大雪的景象,果然,到大散关就遇上了大雪。陈仓往东百里许为虢县境(即今之宝鸡),距长安已有三百里。这就说明商隐与韩瞻分别时并非"冰雪"天,只是在西行途中近陈仓时才下起了雪,至散关方是"三尺雪"。故"别时冰雪"只能是指韩瞻离别长安时正值冰天雪地的严冬。韩瞻从长安出发和抵达普州的时间虽无具体的文献记载,但从商隐的《迎寄韩普州瞻同年》一诗仍可大体推知:

积雨晚骚骚,相思正郁陶。
不知人万里,时有燕双高。
寇盗缠三辅,莓苔滑百牢。

圣朝推卫索,归日动仙曹。

"寇盗"句下自注:"时兴元贼起,三川兵出。"据《通鉴》,大中五年十月,"蓬、果群盗依阻鸡山,寇掠三川(按:指东、西川及山南西道),以果州刺史王贽弘充三川行营都知兵马使以讨之"。六年二月,"王贽弘讨鸡山贼,平之"。味诗中自注"时……三川兵出",诗当作于平鸡山之前。而诗中所写"积雨晚骚骚"、"时有燕双高"等景象,已显为春天物候。因此,韩瞻抵达普州的时间在大中六年春天是没有问题的。普州距长安三千余里,按通常行程,需时两个月。因此可以推知韩瞻当在大中五年冬暮自长安启程,故云"别时冰雪";行至梓州附近,已是"燕双高"之候,故抵普时当在二三月间,即所谓"到时春"。而明确了"别时冰雪到时春"分指韩瞻之别长安、到普州,则"剑栈风樯各苦辛"之所指也迎刃而解。韩瞻赴普州,既要经剑阁栈道(自利州至绵州一段路程),又要走嘉陵江、涪江水路,故说"剑栈风樯各苦辛"。"各"字是兼指水陆行程而言,而非指韩瞻赴普、义山赴梓的各自行程而言。

　　韩瞻此次出刺普州,其子韩偓当同往随侍,故商隐作此二诗"寄酬"在普州随侍其父的韩偓,并"兼呈"韩瞻。

"玉谿"考

　　商隐自号玉谿生,又自号樊南生。樊南生因开成五年秋冬间自济源移家长安樊南而自号。玉谿生之自号,王士禛《居易录》曾云:"同年子蒲州吴雯字天章……家蒲州中条山南永乐镇,临大河,对岸即华岳三峰也……有玉谿,即李商隐所居。"其《莲洋诗钞原序》亦云:"中条之南,有地曰永乐,唐诗人玉谿生故居在焉。《水经》云:'河水又东,永乐涧水注之。'注谓渠猪之水,即其地也。《经》又云:'河水又东北,玉涧水注之。'注谓水南出玉谿。义山自号盖取诸此。"其《吴征君天章墓志铭》又云:"中条山南之永乐,永乐唐县也。李石兄弟三相皆居之。诗人李商隐亦居之,号玉谿生。玉谿者,永乐水名也。"(以上三则均引自人民文学出版社出版之《带经堂诗话》)以为玉谿系永乐水名,义山曾居永乐,故以玉谿生自号。但义山移家永乐在会昌四年,而义山早在开成三年作的《奠相国令狐公文》中即已自称"玉谿李商隐",故其说实难成立。

冯浩《玉谿生诗集笺注》卷一考"玉谿"云:"义山,怀州河内人。当少年未第时,习业于玉阳、王屋之山,详《画松》诗、《偶成转韵》诗。其《奠令狐公文》云'故山峨峨,玉谿在中',必指玉阳、王屋山中无疑也。若《水经注》云:'河水自潼关东北流,玉涧水注之,水南出玉谿,北流径皇天原西,又北径閺乡城南,又北注于河。'此与义山所云,固相隔也。又云:'河水又东,永乐涧水注之。水北出薄山南,流径河北县故城西,又南入于河。'此亦称永乐溪水,而初无玉谿之名。乃会昌间义山曾寄居永乐,而后人遂以此为玉谿,亦非也。偶检《三水小牍》云:'高平县西南四十里,登山越玉谿。'此与玉阳、王屋地虽近接,界亦稍逾矣。细揣博求,意犹未惬。近读元耶律文正《王屋道中》诗云:'行吟想像覃怀景,多少梅花圻玉谿。'玩其词义,实有玉谿属怀州近王屋山者,大可为余说之一证。虽未能指明细处,必即义山之玉谿矣。"

冯氏不同意王士禛之说,认为《水经注》所云南出于玉谿之玉涧水,地与"故山"相隔。而"故山峨峨,玉谿在中"之"玉谿"必指玉阳、王屋山中无疑,并引耶律楚材诗句为证。由于有《奠相国令狐公文》的文字作为主要依据,其推论还是可靠的。但他只指出了玉谿在玉阳、王屋山中这样一个较大的范围,并未明确其具体所在,而他所引元初耶律楚材诗这一外证,年代距唐又比较远,不能据此证明唐代王屋山中就有溪名为"玉谿"者。

解决这一问题的关键有二:一是"故山峨峨,玉谿在中"二句中的"故山"的具体含义;二是唐代在玉阳、王屋山中究竟有没有一条名叫玉谿的小溪。

故山或旧山,通常指代故乡。如司空图《漫书》之一:"逢人渐觉乡音异,却恨莺声似故山。"高适《封丘作》:"梦想旧山安在哉?为衔君命且迟回。"(旧山另有旧茔之义,亦多与故乡相关。)商隐祖籍怀州河内,但其诗文中的"故山"或"旧山"却非泛指故乡,而是指故乡的某座或某一片山。这从"故山峨峨"、"旧山万仞青霞外"(《偶成转韵七十二句赠四同舍》)的形容中可以明显看出。商隐青少年时代曾在王屋山的分支玉阳山学道。《李肱所遗画松诗书两纸得四十韵》云:"忆昔谢驺骑,学仙玉阳东。千株尽若此,路入琼瑶宫……形魄天坛上,海日高瞳瞳。"玉阳东,即东玉阳山。将这几句与《偶成转韵》诗的这段文字对照:

旧山万仞青霞外,望见扶桑出东海。
爱君忧国去未能,白道青松了然在。

再联系"故山峨峨,玉谿在中"之文,可以断定他所说的"故山"或"旧山"就是靠近故乡怀州,早年曾在那里学道的王屋山及其分支玉阳山。

那么,玉谿究竟在玉阳、王屋山中的何处呢?与商隐同时代的温庭筠有一首《东峰歌》(见《温飞卿诗集笺注》卷二)为我们提供了最直接的证据:

锦砾潺湲玉谿水,晓来微雨藤花紫。
冉冉山鸡红尾长,一声樵斧惊飞起。
松刺梳空石差齿,烟香风软人参蕊。
阳崖一梦伴云根,仙菌灵芝梦魂里。

此诗又见于贾岛诗集,题作《莲峰歌》。佟培基《全唐诗重出误收考》云:"《英华》三四二作岛,《乐府》一〇〇作温,则此诗之错简甚早。清人顾嗣立笺注飞卿诗时,依宋刻《金筌集》分为诗集七卷,别集一卷,此篇载卷二,乃宋椠原貌。而朱之蕃校本贾岛《长江集》中无此诗,《季稿》补入贾集卷后。李嘉言《长江集新校》作为附集,云:'按本诗似李贺体,温庭筠即学李贺为诗者,疑作温者是。'所论甚是。"除从版本及诗风方面辨明此系温诗外,还可从诗题的正误加以辨正。贾集题作《莲峰歌》,当指华山莲花峰,然诗中无一语涉及华山故实及莲峰形貌,其非咏华山莲花峰显然。而作《东峰歌》则是。盖此"东峰"即唐代道教圣地玉阳山之东峰,亦即义山诗"学仙玉阳东"之地。张籍《送吴炼师归王屋》云:"玉阳峰下学长生,玉洞仙中已有名……却到瑶坛上头宿,应闻空里步虚声。"玉阳山为王屋山之分支,在今河南济源西,有东西两峰对峙,名东玉阳、西玉阳。朱鹤龄《李义山诗集笺注》卷下《李肱所遗画松诗》"学仙玉阳东"句下注引《河南通志》:"东玉阳山在怀庆府济源县西三十里,唐睿宗女玉真公主修道于此。有西玉阳山,亦其栖息之所。"《旧唐书·司马承祯传》:"(开元)十五年,令承祯于王屋山自选形胜,置坛室以居焉……以承祯王屋所居为阳台观,上自题额,遣使送之……俄又令玉真公主及光禄卿韦縚至其所居,修金箓斋,复加以锡赉。"可见无论是王屋山还是它的分支玉阳山,从开元时期起就是著名的求仙学道之地,故张籍诗有"玉阳峰下学长生"之说。诗中提到"仙菌灵芝"等景物,也说明"东峰"是求仙学道之所,且与商隐诗《东还》"自有仙才自不知,十年长梦采华芝"之语相合。而诗中提到的"阳崖",当即王屋山之绝顶天坛,其南麓有阳台观,即司马承祯所居者。白居易有《早冬游王屋自灵都观抵阳台上方望天坛偶吟成章寄温谷周尊师中书李相公》诗,有句云:"朝为灵都游,暮有阳台期……天坛在天半,欲上心迟迟。"灵都观即玉真公主修道之所。商隐《寄永道士》有"共上云山独下迟,阳台白道细如丝"之句。以上材料相互参证,可证阳台即温诗中的"阳崖",亦即天坛。总之,《东峰歌》的"东峰",即指东玉阳山无疑。

既然如此,则首句"锦砾潺湲玉谿水"之"玉谿"就必然是专称。联系《奠相国令狐公文》"故山峨峨,玉谿在中"之文,温诗中的"玉谿"显即义山文中的"玉谿"。笔者1998年曾至其地考察,见东西玉阳山高耸对峙,东峰尤其峻拔,两峰之间有溪水蜿蜒南流,当地人士云此即玉谿。当时对此犹未敢全信,今得温庭筠《东峰歌》这一同时代人的书证,方确信。将东西玉阳山之间的溪流命名为玉谿,谓"故山峨峨,玉谿在中",那是再恰当不过的了。

  由此得出的结论是《奠相国令狐公文》中所说的"故山峨峨,玉谿在中"和"弟子玉谿李商隐",其"玉谿"即东西玉阳山之间的"玉谿"(亦即温庭筠《东峰歌》中所说的"玉谿水")。而商隐即因其在玉阳山学道的经历而有此自号。

附考八

李商隐生年补说

——从"仲弟"的含义说起

商隐生年几种主要考证结论中,冯浩说最早,所据为上于开成二年(837)正月十一至二十四日之间的《上崔华州书》开头的"愚生二十五年矣"之句,并据此定为元和八年(813)生。钱振伦《玉溪生年谱订误》据《全唐文》所收商隐佚文《仲姊志文状》(作于会昌二年商隐"受选天官,正书秘阁"时。冯浩未见此文)之"至会昌二年……距仲姊之殂……已三十一年矣",得出仲姊之殂在元和七年之正确推论。复据《祭裴氏姊文》述姊"沉绵之际,殂背之时,某初解扶床,犹能记面",谓"冯谱谓义山生于元和八年,殊不可通,似宜酌移为元和六年,于理方顺。(钱氏盖因"仲弟"一词而误解为商隐之下更有一弟,故认为此弟生于元和七年,则商隐之生年必须提前至六年,"于理方顺")唯本集《上崔华州书》首云'愚生二十五年矣',中云'为今崔宣州所不取',冯氏据《旧书·纪》开成二年崔郸为宣歙观察,则状当上于此年,逆数至元和元年则为二十七岁,是愚说亦属未安……今故不敢径纠冯氏之误,惟剖析其歧异之端,以俟论定焉"。其实,钱氏六年生之说不但与《上崔华州书》之"愚生二十五年矣"绝难弥合,且因未细考仲姊殂于元和七年之具体月份而忽略了商隐生年之另一种可能。总体来看,支撑钱说之证据仅有"献赋(指大和三年初谒令狐楚于东都,以文干之)近加冠之年(二十岁)","憔悴欲四十"(作于大中三年之《骄儿诗》中语)等游移两可之词,无法作为确证,故不能据此定论,实属必然。

笔者之所以主张七年生说，主要缘于从商隐诗文中发现了两个含义明确、同用一典的确证，即作于大中七年（853）的《梓州道兴观碑铭并序》中追述自己大中五年赴梓幕时正当"陆平原强仕之年"（四十岁），作于大中五年新秋的《崇让宅东亭醉后沔然有作》中"摇落真何遽，交亲或未亡"之句。诗与文同用陆机《叹逝赋序》"余年方四十，而懿亲戚属，亡多存寡；昵交密友，亦不半在"，二证均明确证实大中五年商隐"年方（正）四十"，逆推四十年，正为元和七年。是为作者自述，含义明确之两大确证。其他证据，可在此前提下作出合理说明补充。我从纠正冯注《祭裴氏姊文》"接旧阴于桃李，寄暂殡之松楸"之误入手，指出上句系用潘岳为河阳令，树桃李花，人号河阳一县花之典，两句意谓李嗣（商隐之父）担任获嘉令已有数年，所树桃李已成荫，值此赴浙东幕之际，因来不及将寓殡获嘉之裴氏姊灵柩迁回荥阳旧茔，故只能将其仍寓殡于获嘉（有葬地）。县令一般任期三年，李嗣当是元和六年任获嘉令，至元和九年已满三周年任期，故于元和九年九月应浙东观察使孟简辟赴幕。裴氏姊即于元和六年嫁裴允元，因不满允元而未入庙即被夫家遣回娘家，实同离异。自六年末起即郁郁卧病，"实历周岁，奄归下泉"。综合商隐生年之有关证据，商隐当生于元和七年之初（《上崔华州书》系上崔龟从行卷之作，而崔开成元年十二月已在华州任，故上崔书之作很可能早于二年正月十一日，不会等到放榜前，正式上书在开成二年崔郸赴宣州任之后），其弟羲叟约生于同年十二月初，兄弟间降生相差十一个月。这种情况，今犹时有，古更常见，因普遍寿短而生密也。裴氏姊则于七年末去世，正符合"此际兄弟，尚皆乳抱"，"某初解扶床，犹能记面"之记述。七年说与《上崔华州书》"愚生二十五年矣"之间的矛盾不但可用周岁说加以解释（试比较"愚生二十五年矣"与"愚年已二十五岁矣"，便可见一为记所历之实际时日，一为述古人习称之虚岁年龄）。如再考虑到此书可能作于元年十二月崔已在华州任时，则"年已二十五岁"之记述便更顺理成章了。

　　以上不嫌烦絮对拙论中有关义山生年的考证作了极简要的梳理和补充，目的在于突出"仲弟圣仆"（即羲叟）这一极易引起误解，从而成为七年说窒碍的称谓在唐代的确切含义，以期扫清七年说的最后窒碍。因为按后世至今的语言习惯，"仲弟"一词极易理解为"第二个弟弟"（包括笔者在内的不少学人均有过这种理解），这就意味着，在商隐之下，羲叟之上还有一位大弟。如三人均为同母同一年所生，则绝无可能。如为异母兄弟，则自有可能，却找不到任何书证。相反，却有一系列证据充分显示出两人间极亲密深挚的同母兄弟情谊。如义山开成二年登第后即往济源省母（时其母住济源羲叟家）；大中元年羲叟登第后，义山特意作诗称颂其座主魏扶。义山赴桂幕时，羲叟送至长安远郊，兄弟恸哭而别；三年羲叟释褐时，义山又代作《谢宗卿启》。特别是为羲叟早夭之女寄寄迁葬坛山旧茔而作的《祭小侄女寄寄文》，更是出于至情至性，"明知过礼之文，何忍深情所属"的千古白描骈文，其血浓于水的感情甚至可比自己亲生的子女。古人于宗族内部，亦亲疏有别，故称羲叟为"舍弟"，而于其堂兄弟则称"从弟""从昆""再从弟"。故羲叟之为同母弟，殆无可疑；又因同母同年，感情更深一层。既然如此，"仲弟"之非第二个弟弟之意，便极明显。

其实，问题本极简单。唐人习俗，同一曾祖所出之曾孙辈，以年龄排序，如王大昌龄、杜二拾遗、元九、白二十二等均属唐人行第之称，商隐曾祖叔洪（原或作恒），其子俌，其孙嗣，三代孤寡单传。至曾孙一辈，方有商隐及羲叟二人，故商隐于曾孙辈中年居长，羲叟居于次，因而称"仲弟圣仆"。笔者同曾祖之堂兄于曾孙辈中年最长，其妻呼我为"二叔"，初不解所谓（因我在祖父为主之家中为长孙），后方知堂嫂称我"二叔"，犹存唐人行第古俗。以今之语言习惯律古，则易生"仲弟"为"第二个弟弟"之误解，以唐俗解唐文，则了无窒碍。即此一端，即可纠旧载李商隐、温庭筠、段成式三人皆行十六，所为骈文号"三十六体"之误。因从现存文献中找不到任何证据证明三人行皆十六，相反，商隐行大，当称"李大"，时贤著文，谓两《唐书》之"三十六"当为"三才子"之误，近是。因与本文主旨无关，不赘。

无独有偶,在商隐文中又出现了两位"伯姊"(其中一姊即早夭而归葬坛山故茔,寄寄称其为伯姑者,另一姊为年长商隐十余岁,后嫁景亳徐家者),一位仲姊(即裴氏姊)。此处之"伯""仲"却与上文男性曾孙辈之行第名同而实异。盖行第称谓,只适用于男性诸曾孙而与女性无涉。女性之伯仲,只适合于以父亲为主之小家庭。按实际出生年代计,早夭之姊最长,徐氏姊次之,裴氏姊最小。但当会昌三年大规模迁葬时,早夭之大姊去世已久,义山曾"被蒙训勉"之徐氏姊遂自然升格为长姊,至于裴氏姊,亦因此而称"仲姊"。此为小家庭内部之排序,与"仲弟圣仆"之称,绝不可混同。此类文同而实异之称呼,虽同为古俗,但一为男性行第之古俗,一为小家庭内部之称谓,宜细加辨读,以免错会。至民国以后,则男女一律按年龄排序,以示男女平等,其中正透露时代变化之消息。

解开"仲弟"在当时的实际含义,又提供了大中五年义山"年方四十"两个新发现的诗文内证,并对《上崔华州书》与《仲姊志文状》之间的矛盾作出合理解释后,元和七年生说或可扫清窒碍,成为可信度较高的考证结论了。

研究著名作家,编撰年谱是重要的基础工程。而作家生年则是年谱的起点,往往牵一发而动全身。冯氏之前,朱鹤龄、徐树谷、程梦星诸家对义山生年亦作过考证,但多据史传之错误记载而得出远离实际的结论。至冯氏方据义山文提供的内证,得出元和八年生这一最接近实际的结论。钱、张复据冯氏未见之义山佚文,分别提出六年说、七年说。但近日仍有撇开此三种最接近实际之说,从史传误载中找证据,重复早已被否定的错误,甚至对一些作品任意索隐比附,进行生年、生平的考证。这是一种研究史上的倒退。至于元和六、七、八年生三种主要说法,表面上看只各差一年,似乎关系不大,义山作品中也确有一些涵意深广多重的名作(如《嫦娥》、《乐游原》五绝)很难也不必进行系年考证,只宜从一个较长时段的经历、遭遇、心态的大背景去理解。但对某些关键年份而言,确切的生年考证却是理解、阐释、鉴赏这一年作品的关键因素。如大中五年春暮,义山妻王氏亡故。整个这一年,悼伤就成了其诗歌创作的主旋律和渗透因素。从归京道上闻王氏亡故而作的《相思》,到"归来已不见"的《房中曲》,再到居崇让宅所作的悼亡诗系列,以及《辛未七夕》诸诗,最后赴东川幕途中所作的"无家与寄衣",悼伤之情,一意贯串。有些诗,如不联系大中五年春暮王氏亡故这个大背景,简直不知所云,如《相思》《崇让宅东亭醉后沔然有作》《辛未七夕》等即为最明显的例证。而这一切,又都建立在大中五年义山"年方四十"这一考证结论上,亦即生年为元和七年这一年谱起点上。著名作家生卒年的考证,过去的学人非常重视,如对屈原生年、陶渊明生年及享年、曹雪芹的卒年与享年(实际上包括了生年),不少著名学者都参与了严肃认真的讨论。笔者上大二时,适逢世界文化名人屈原纪念活动,授课学者浦江清先生在首期《历史研究》上发表屈原生年考证长文,其中关键处运用了高深的古天文学知识,浦先生在课堂上也充满自信地宣称此文"国内只有一个半人能懂"。在古天文学知识越来越多地为学人所掌握的今天,浦说也为越多的学人所赞同而成为显说。这说明著名作家生年考证并非可有可无、无足轻重的烦琐考证,有时还须高深学问作支撑。近年来各种外来理论、方法、思潮的广泛传播,大大拓展了我们的视野,丰富了研究方法,提高了理论思维水平,但不能因此漠视了建立在科学实证基础上的考证,以及考证与批评结合的研究理论与方法。这也是撰此补白式小文的真正目的。

附考九

"凡为进士者五年"新解

据宋拓《雁塔题名帖》,大和九年四月一日,商隐曾与令狐绹、蔡京、令狐纬(后改名缄)同登大雁塔并刻石题名,称李商隐为"前进士"(是年正月,商隐曾参加进士试,落第,知举崔郸)。此"前进士"非指已登进士第尚未过吏部关试者甚明,实为唐人习称"乡贡进士"之省。按商隐自大和五年以乡贡进士身份参礼部试起,五、六、七年三为贾𬋖所憎而落第。八年未参试。九年参试又落第。五至九年四次参试落第。因此,商隐《上崔华州书》(开成二年正月上)中自称"凡为进士者五年",并非应指进士试的总次数(总次数是四次),而是指自大和五年以乡贡进士身份参进士试的年数。因为从大和五年至九年正好是五年,而参试只有四次。结论是:"凡为进士者五年"指的是以乡贡进士身份参试所历的年数,而非大和五年至九年参试的次数。开成二年登第那次不在内。

附考十

说注释之难
——以义山"汉廷急诏谁先入"为例

义山《赠刘司户蕡》云：

> 江风扬浪动云根，重碇危樯白日昏。
> 已断燕鸿初起势，更惊骚客后归魂。
> 汉廷急诏谁先入？楚路高歌自欲翻。
> 万里相逢欢复泣，凤巢西隔九重门。

为了彻底驳正冯浩、张采田力主的开成五年九月至会昌元年正月，义山曾辞弘农尉任，有江乡之游说，我曾先后写过三篇考辨文章，从各个不同角度加以阐明。但对"汉廷"句，1988年版的《李商隐诗歌集解》仅引冯注指出系用贾谊谪长沙三年后为汉文帝征回之典，撰者按语云："'谁先入'与四句'后归'相应。谓朝廷急诏征回者虽不乏其人，蕡独后归。"给读者的印象是以贾谊指刘蕡。至刘蕡次子刘理的墓志发现后，我在《文史》上发表的《〈李商隐开成末南游江乡说再辨正〉补证》一文中，方指出大中二年正月刘蕡与义山在湘阴黄陵相逢，义山赠以诗，"正是杨嗣复行将征召入朝重用的关键时刻"，并联系武宗朝被贬牛党旧相牛僧孺、李珏等相继入朝为太子少保、少师、户部尚书之事，指出当时已形成一种重新起用牛党旧相的政治趋势，"汉廷急诏谁先入"，就是在武宗所贬逐的旧相中,究竟是谁先被朝廷召回,委以重任呢?因杨嗣复与刘蕡有座主门生之谊,故推论这句诗透露出刘蕡内心的企盼,认为杨是能进一步改善自己政治处境的人物。并推测刘蕡与义山黄陵晤别后可能前往江州拜谒杨嗣复,而大中二年二月,杨确实奉诏回朝任吏部尚书,不料道经岳阳时遇疾,一日而卒,刘蕡失去依托,遂于翌年客死于楚。故《集解》增订重排本此句的按语也作了修改:"句谓朝廷急诏重征会昌年间被贬牛党旧相,但不知谁能先入朝辅政。"诗后总按亦相应作了改动。

但刘蕡与杨嗣复的关系却远比门生座主之谊复杂。我在第三篇考辨文章《李商隐开成五年九月至会昌元年正月行踪考述》的"附考"中对"宦人深嫉蕡,诬以罪,贬柳州司户参军"的记载,通过对大量有关资料的爬梳整合和分析,发现宦人"诬以罪"之罪名是裴夷直和刘蕡都是以杨嗣复为首的反对新君武宗继立的小集团(杨、裴各有具体原因,刘蕡则完全是因与杨、裴有座主门生或同幕之谊而被牵连远贬)。杨被贬为潮州司马,裴被贬为驩州司户,刘则被贬为柳州司户,裴在驩州时有诗《献岁书情》(一作《献刘蕡书情》),可证二人系同时被贬。

至此,这句诗的确切含义似乎已经清楚了,但因义山有《哭刘司户蕡》一诗,又使笔者不敢坚其信。诗云:

> 路有论冤谪,言皆在中兴。
> 空闻迁贾谊,不待相孙弘。
> 江阔惟回首,天高但抚膺。
> 去年相送地,春雪满黄陵。

诗作于大中三年秋,与其他三首哭蕡诗均为同时而作。颔联"迁"字指"升迁"。由于此诗通篇均哭蕡之卒,颔联又明标出系用贾谊之典,遂将此联解为

"蕡放还之际,虽有将其召回朝廷升迁官职之传闻,然终未实现(故曰'空闻'),如今蕡已抱恨沉冤而殁,不待如公孙弘之再征而至相位矣(故曰'不待')"。既如此,《赠刘司户蕡》之"汉廷急诏谁先入"同用贾谊谪贬长沙后复征还之典,又何能如前所述指蕡盼望杨嗣复最先入朝担任要职呢?

问题正出在过去未曾考虑到贾谊被贬前的身份地位与刘蕡被贬前的身份地位是否相称这一点上。《史记·屈原贾生列传》:"(贾谊)年十八,以能诵诗属书闻于郡中……文帝召以为博士。是时贾生年二十余,最为少。每诏令议下,诸老先生不能言,贾生尽为之对……孝文帝说之,超迁,一岁中至太中大夫……诸律令所更定,及列侯悉就国,其说皆自贾生发之。于是天子议以为贾生任公卿之位。"后因周勃、灌婴等元老忌害,乃贬为长沙王太傅。可见贾谊在被贬前已是文帝的高级顾问,行将提拔为公卿。这与刘蕡在被贬前从未在朝廷任要职,仅在牛僧孺幕中获得过一个以示尊重的虚职秘书郎,身份地位相去悬殊。刘蕡从柳州司户累迁澧州司户后,即便有所升迁,也绝不可能骤入朝廷担任重臣。急诏征入朝廷任要职,义山文中,如《为濮阳公上淮南李相公状三》:"汉相家声,复有急征之诏",即兼指李德裕父吉甫曾为相,如今又急诏征德裕入朝为相。因此《赠刘司户蕡》中"汉廷急诏谁先入"之句,用在原就担任过相位的杨嗣复身上,希望其外臣急诏征回朝廷任要职,便十分合榫,而如果用在刘蕡身上,便与其贬前身份地位及典故不合。

那么,连带而及的《哭刘司户蕡》中"空闻迁贾谊,不待相孙弘"句又作何解?笔者认为应与《赠刘司户蕡》"汉廷"句统一。据《史记·平津侯列传》,公孙弘在武帝建元元年已征为贤良博士,因使匈奴,还报,不合上意,乃病免归。后又入朝为博士、御史大夫。官至丞相,封平津侯。其身份地位及重入朝廷为相与杨嗣复相类,初为博士亦与贾谊相似。故此二句意谓:空自听说有杨嗣复升迁入朝的传闻,但杨却等不到如公孙弘之重新入朝为相就亡故了(大中二年二月,朝廷征杨为吏部尚书,杨途经岳阳,因急病一日而卒)。连带亦可解释另一首《哭刘司户》起联"有美扶皇运,无谁荐直言"之"无谁"。此处的"无谁"看似泛指,实亦包含杨嗣复既死,无人再荐刘蕡升迁的意思。实际上当时宦官势力仍炽,宣宗以叔父继任,便是宦官所操纵的结果。因而即使有人推荐,深嫉蕡之宦官也必然会反对。刘蕡终于客死于楚,乃是必然。

至此,"汉廷"句的确切含义(包括潜在的意涵)总算说清楚了,连带着其他几首有关诗句也取得了统一的解释,因而不禁感到注释之难。在网络便捷的当代,查一个字、词的含义或典故出处(只要不是特别生僻的),可以说易如反掌。注释之被视为饾饤之事,似乎更有理由。但对义山赠、哭刘蕡诸诗中所用贾谊被贬、后复召回这样一个常典、熟典的含义解释,前后竟然用了几十年。如果没有对大量文献的梳理整合和分析,证实杨嗣复、裴夷直、刘蕡之先后或同时被贬,乃是被视为一个反对武宗的集团之故,则"汉廷"句及相关诗句就很难得到准确的阐释。至少在目前,网络查询对此恐怕是无能为力的。

附带提及,这类注释之难,往往与地下文献的发现与否密切相关。刘蕡自柳州贬所放还,我虽在第一篇考证文章中已通过对义山赠蕡诗、褒赠刘蕡疏的解释,结合义山的行踪,推断二人黄陵晤别的时间在大中二年正月初,但毕竟只是根据现存文献所作的推论。及至蕡之次子刘琨墓志的发现,方据志文中蕡"累迁澧州员外司户"之记载,考定蕡是在量移澧州途中晤别南归桂州的义山,从而有第二篇《补证》的文章,使推论成为定论。而大中二年正月,正是杨嗣复尚在江州,行将被召回朝廷,牛党其他被贬旧相亦相继内召的时刻。蕡与嗣复有门生座主之谊,故赠蕡诗方有"汉廷急诏谁先入"之企盼。直至裴夷直及其妻李弘两方墓志的发现,结合《庐山记》的记载,方最后得出结论:杨嗣复、裴夷直、刘蕡三人,乃是被作为反新君武宗的小集团而分别远贬潮州司马、骥州司户、柳州司户的。其中蕡的被贬完全是宦官深嫉之所牵连而制造的一个冤案。(详参《刘学锴讲李商隐》上册第十一章)

本书为教育部人文社科重点研究基地
安徽师范大学中国诗学研究中心资助项目

刘学锴 著

刘学锴讲李商隐 下

中州古籍出版社
·郑州·

目　录

第一章　晚唐前期的政坛与诗坛 …………………………………… 1
第一节　文、武、宣三朝政坛／1
第二节　晚唐前期诗坛的三大诗人群体／7
第三节　李商隐在晚唐前期诗坛上的地位／13

第二章　李商隐的思想与悲剧性格 …………………………………… 17
第一节　李商隐的思想／17
第二节　李商隐的悲剧性格与悲剧心态／30

第三章　李商隐与牛李党争 …………………………………… 41
第一节　有关这一问题的各种不同观点概述／41
第二节　牛李党争的性质问题／47
第三节　李商隐在牛李党争中的倾向性／53
第四节　党争中暴露出的人格缺陷／68

第四章　李商隐创作的分期 …………………………………… 74
第一节　于学习模仿中初露风格个性的时期／76
第二节　由关注现实政治向抒写个人情感的转变／82

第三节　感伤诗风的成熟期 / 86

第五章　李商隐的政治诗……………………………………93

第一节　广泛性 / 95

第二节　深刻性 / 96

第三节　整体性 / 101

第四节　独特性 / 103

第六章　李商隐的咏史诗……………………………………107

第一节　李商隐以前咏史诗的发展 / 108

第二节　讽时性 / 110

第三节　典型性 / 113

第四节　抒情性 / 117

第七章　李商隐的咏物诗……………………………………122

第一节　李商隐以前咏物诗的发展 / 122

第二节　从类型化向个性化的转变 / 124

第三节　托物寓怀诗的特征 / 130

第八章　李商隐的无题诗……………………………………136

第一节　无题诗界说 / 136

第二节　无题诗寄托问题辨析 / 139

第三节　无题诗的特征 / 148

第四节　《锦瑟》：佳人锦瑟忆华年 / 156

第九章 《锦瑟》阐释史 …………………………………… 163

第一节 宋、元、明三代对《锦瑟》的阐释／163

第二节 清人对《锦瑟》的阐释／167

第三节 二十世纪学者对《锦瑟》的阐释／177

第十章 李商隐的爱情诗 …………………………………… 183

第一节 一般爱情诗／185

第二节 忆内诗和悼亡诗／198

第十一章 李商隐的女冠诗 ………………………………… 208

第一节 湘瑟秦箫自有情／208

第二节 境类心通／215

第十二章 李商隐诗歌中的人生感慨 ……………………… 223

第一节 李商隐以前诗歌中的人生感慨／223

第二节 李商隐诗中的命运感慨与世情感慨／227

第三节 李商隐诗中的情绪型感慨／231

第十三章 李商隐的七言律诗 ……………………………… 238

第一节 对七律内容的开拓／239

第二节 对七律艺术的创新／243

第三节 七律的两种类型：典丽精工与清空流美／249

第十四章 李商隐的七言绝句 ……………………………… 256

第一节 运重入轻／257

第二节　化重为轻 / 260

　　第三节　推进一层 / 265

第十五章　李商隐的其他各体诗歌 ······ 269

　　第一节　五言古诗 / 269

　　第二节　七言古诗 / 272

　　第三节　五言律诗 / 279

　　第四节　五言绝句 / 282

　　第五节　五言排律 / 285

第十六章　李商隐的白描诗境 ······ 289

　　第一节　历代对李商隐诗的主导看法 / 289

　　第二节　义山诗自有白描佳境 / 293

　　第三节　白描诗境在义山创作中的意义 / 305

第十七章　李商隐的骈文 ······ 309

　　第一节　李商隐骈文概述 / 309

　　第二节　表、状、启、牒 / 312

　　第三节　祝文与祭文 / 323

　　第四节　箴、铭、书、序及黄箓斋文 / 333

第十八章　樊南文的诗情诗境 ······ 338

　　第一节　诗语 / 339

　　第二节　诗情 / 342

第三节 诗境／346

第四节 诗心／349

第十九章 李商隐的赋和古文 ……………………………… 352

第一节 赋／352

第二节 古文／356

第二十章 李商隐与宋玉 …………………………………… 369

第一节 李商隐与宋玉身世境遇、思想性格的相似点／370

第二节 贫士失职而志不平的思想主题和悲秋伤春的意蕴／372

第三节 微辞托讽／374

第四节 抒写艳情绮思／376

第五节 李商隐与宋玉的异同／377

第六节 中国文学史上的感伤主义传统／379

第二十一章 李商隐诗与唐宋婉约词 ……………………… 383

第一节 中晚唐绮艳诗风与诗的词化／384

第二节 李商隐诗的词化特征／388

第三节 李商隐诗对唐宋婉约词的影响／392

第二十二章 历代李商隐研究述略 ………………………… 401

第一节 从唐末至明末的李商隐研究概述／402

第二节 清代的李商隐研究／404

第二十三章　二十世纪中国大陆李商隐研究述略 ……… 430

第一节　传统笺注考证成果的总结 / 430

第二节　在新思潮和新文化运动影响下李商隐研究的新变化 / 435

第三节　总结与创新：新中国成立后的李商隐研究 / 439

第二十四章　李商隐诗集版本系统考略 ……… 449

第一节　《李商隐诗集》三卷本系统 / 451

第二节　《李义山集》三卷本系统 / 453

第三节　季沧苇抄本、朱鹤龄注本及《全唐诗》的三卷本系统 / 454

第四节　明代分体刊本系统 / 456

第二十五章　纷歧与融通：读懂商隐诗的锁钥 ……… 459

第一节　创作起始阶段的触绪多端、百感交集 / 459

第二节　创作过程中于特定题材的歌咏中融入多方面生活感受 / 462

第三节　创作完成后接受主体对同一作品的多方面感受与认识 / 466

第二十六章　古典文学研究中的李商隐现象 ……… 470

第一节　钟摆现象 / 470

第二节　纷歧现象 / 474

第三节　索隐现象 / 476

主要参考文献及引用书目 ……… 482

三版后记 ……… 490

第一章 晚唐前期的政坛与诗坛

按照通行的唐诗分期,一般将唐文宗大和元年到唐哀帝天祐三年这八十年间的诗歌划为晚唐时期①。但如细加分析,则这八十年间,无论是社会政治还是诗歌发展状况,都还可以分为前后两个有明显区别的阶段。前一阶段从文宗大和初到宣宗大中末,共三十三年;后一阶段从懿宗咸通元年至唐亡,共四十七年。李商隐的政治与文学创作活动,正好在晚唐前期这三十多年。关于文、武、宣三朝一些重大的政治事件,在上册各章中结合商隐生平与各个时期的创作已分别作了具体叙述,这一章结合对晚唐前期诗坛的鸟瞰,对这一阶段的社会政治状况作一总的叙述。

第一节 文、武、宣三朝政坛

李商隐的幼年时期是在"元和中兴"的局面下度过的,这对商隐的政治追求和文学创作都产生了深刻的影响。但由于这个"中兴"局面并没有稳固的经济、政治基础,唐王朝的各种矛盾不但没有消除,有的矛盾(像官僚集团内部的矛盾)还有了新的发展。唐宪宗本人在取得政治、军事方面一些胜利和成绩后就

---

① 晚唐时期的时间上限,文学史家还有一些小的差异,如有的主张起自宝历初。此不烦述。傅璇琮主编的《唐五代文学编年史》,晚唐部分即起自文宗大和元年。

崇佛媚道,吃长生药,更加宠信宦官,使宦官势力进一步扩张,最后被宦官所杀,开了唐后期宦官擅自废立、杀害皇帝的先例。范文澜将宪宗死的那一年(元和十五年)作为唐后期开始的标志,从历史角度看,是很有道理的。唐宪宗死后的第二年(穆宗长庆元年),因科场请托案引发的元稹、李绅与李宗闵间的斗争,就与日后的牛李党争有人事上的联系。① 穆宗、敬宗二朝,裴度与李逢吉之党斗争相当激烈。藩镇割据方面,长庆二年,河朔三镇又重新恢复割据局面,短暂的全国统一随之结束。从此,唐王朝转入以南北司之争、朝官中朋党之争为统治阶级内部主要矛盾的后期。

穆、敬二宗荒淫。在他们统治的六年中,唐王朝一度出现的"中兴"局面转瞬即逝。穆宗好击鞠,狎俳优,喜游畋,赏赐嬖幸无度,财政困难重重,河北之师不得不罢。敬宗亦好击球,惑佛老,好土木,兴作相继,群臣争以进奉希宠。杜牧的《阿房宫赋》就是针对唐敬宗"大起宫室,广声色"(杜牧《上知己文章启》)而发的。后来敬宗即因"游戏无度,狎昵群小",被宦官杀死,年方十八岁。

继穆、敬二宗之后的文、武、宣三朝皇帝,尽管其业绩不同,且各有缺失,但平心而论,都还不是荒淫昏聩之君,而是力图挽回颓势。但他们的一切努力,最终还是未能挽回唐王朝的衰颓趋势。唐文宗是一位勤俭节约、很想有所作为的皇帝,即位后针对穆、敬两朝的弊政所采取的一些措施,使"中外翕然相贺,以为太平可冀"(《通鉴》卷二四三)。鉴于宦官势力的猖獗,他将剪除宦官势力作为主要斗争目标,先后有过两次这方面的行动。第一次在大和五年,他与宰相宋申锡密谋诛灭宦官,结果因申锡将此事密谕京兆尹王璠,璠泄其谋,郑注、王守澄得知后,反而利用文宗的多疑,诬告申锡谋立漳王,使申锡贬死开州。第二次

---

① 过去有的史籍将此事作为晚唐牛李党争的开始,但李德裕实与这场科场案无关,详见《李德裕年谱》对此事的辨正。但当时在翰林院中,德裕与元稹、李绅关系较密,时称"三俊",傅璇琮也认为"李宗闵等党徒因怨恨元稹,也一并嫉恨李德裕,这是可能的"。而且,以后李绅成为李德裕政治集团的主要成员之一,故此事与后来的牛李党争仍有一定联系。

在大和九年,他与李训、郑注谋诛宦官,结果酿成了"横尸流血,狼藉涂地"的甘露之变。文宗最后在"受制于家奴",连周赧王、汉献帝都不如的哀叹声中郁郁死去。这两次行动的失败,表面上看,都是因为谋事不密或所托非人造成的,但实际上,剪除根深蒂固的宦官势力,绝不是靠某一两个亲信、搞一两次突然袭击式的行动就能成功的。因为宦官势力植根于中唐以来腐朽的政治土壤,又长期掌握着禁军大权,绝非靠偶发的一两次行动所能剪除。更何况文宗依靠的是郑注、李训这样的政治野心家、投机家,文宗的暗于知人和寡断多疑正是造成其勤俭而不能图治,反而使局势变得更糟的主观原因。

继文宗而立的武宗,在唐后期是比较英武有为的皇帝,不像文宗那样软弱多疑,暗于知人。他专任唐后期杰出的政治家李德裕为相,在位六年期间,击退回鹘的侵扰,平定泽潞镇刘稹的反叛,打击佛教僧侣势力,抑制宦官势力,裁减冗吏,并着手准备恢复被吐蕃长期占领的河湟地区,应该说在政治和军事方面都是有成绩的。但武宗在取得一些胜利和成绩后也重蹈宪宗晚年的覆辙,崇道教,好神仙,喜畋猎,最后终因服食金丹而丧命。由于在位时间短,还没有来得及实现恢复河湟的事业。而武宗在位、李德裕执政期间所取得的一些成就很快便被即位的宣宗否定掉了。

宣宗在位期间(特别是大中前期)的政纲,就是"务反会昌之政"。他是敬、文、武三位皇帝的叔叔,为了表明他是直承宪宗大统的,故在用人施政上处处与会昌之政唱反调。会昌年间打击佛教僧侣势力,大中之政却重新修复废寺、兴建新寺,以致"僧尼之弊皆复其旧"。会昌年间毁佛像铸钱,以改变钱轻物重的局面,宣宗即位"尽黜会昌之政,新钱以字可辨,复铸为像",重新恢复钱轻物重的积弊。会昌年间击退回鹘侵扰,是正当的防卫战争,大中年间却加以否定,说"会昌中奸臣当轴,遽加殄灭"。会昌时裁减冗吏,大中时却增复会昌时所减州县官。特别是在用人方面,宣宗即位以后即重用牛党新进,不遗余力地打击陷害会昌年间政治、军事上有建树的李德裕政治集团。李德裕从首相的位置屡遭贬降，直到最后死于崖州；李德裕的两个主要助手李回、郑亚也由宰相、给事中外贬，最后分别死于江州、循州贬所。这种不问是非曲直，一概反对前朝之政的做法，原因除了上面已提到的宣宗为了巩固自己的统治地位，标榜自己直承宪宗大统以外，还因为武宗在位、李德裕执政期间，在一定程度上限制了宦官的权力（如取消宦官监军之权，让最有势力的宦官头子仇士良退休，任命崔铉为相时不与宦官头子商议等），宦官对抑制自己势力的李德裕不满，更担心皇帝、宰相的有为与明断，因此想立一个他们能随意支配的皇帝。正好宣宗年轻时韬晦装痴，又受到过文宗、武宗的轻侮，对文宗、武宗素来不满，于是宦官就利用宣宗的"痴"和对文宗、武宗的不满立他为帝，以巩固自己的势力地位。而宣宗为了巩固自己的统治，不但要顺从宦官的意志，反对会昌之政，而且要依靠和李德裕对立的牛党后进白敏中、令狐绹等人来主持朝政。因此，大中时期"务反会昌之政"，正是宣宗、宦官、牛党三股反对武宗、李德裕的势力为各自的利益纠合在一起，互相利用出现的必然结果。恰恰唐宣宗又是一个"以察察为明"的皇帝，宰相白敏中、令狐绹等，又是政治才能平庸、对上庸懦、对政敌阴狠之辈，因此尽管大中前期的政局因叨会昌的余威，还相对平静（其间，大中三年原为吐蕃所占的三州七关及维州内附，大中五年张义潮率瓜、伊十一州归唐，还呈现出一片升平气象），但到了后期，就露出了一些分崩离析的迹象。标志之一是各地方镇的部将驱逐、杀害主帅的事件不断发生，且作乱地区已转移到一向相对平静的南方。如大中九年七月，浙东军乱，逐观察使李讷；大中十一年五月，容州军乱，逐经略使王球；大中十二年四到七月，岭南、湖南、江西、宣州不断发生军乱。这说明唐王朝中央政权对南方广大地区的控制力已经大大削弱。标志之二是各地小规模的农民起义越来越频繁。如大中五年蓬、果二州百姓据鸡山聚众反抗，六年湖南邓裴聚众起义。到了大中十三年，即商隐死后一年，终于爆发了浙东裘甫起义，揭开了唐末农民大起义的序幕，唐王朝从此进入灭亡前的风雨飘摇阶段。《新唐书·逆臣传赞》："唐亡诸盗皆生于大中之朝，太宗之遗德余泽去民也久矣。而贤臣(指李德裕)斥死,庸懦(指白敏中、令狐绹辈)在位,厚赋深刑,天下愁苦。"这说明大中朝的政治已经发展到走向乱亡的临界点。

从上面这个粗线条的叙述中可以看出,文、武、宣三朝这三十多年,是唐王朝在各种矛盾(特别是统治阶级内部矛盾,如宦官与朝官、皇权的矛盾,藩镇与中央的矛盾,朝官内部的党争)的发展深化中,进一步削弱了统治力量,逐步走向矛盾大爆发的时期。这一时期,统治集团已经失去了政治革新的勇气与力量,尽管力图挽回颓势,在某一短时期内也曾出现过一些振兴气象,但终于无法挽回颓势。人们常用李商隐《乐游原》五绝中的诗句"夕阳无限好,只是近黄昏"来形容他所处的时代,或者借用许浑《咸阳西门城楼晚眺》中的诗句"山雨欲来风满楼"来形况当时的时代氛围,应该说都是十分形象而贴切的。如果说前者显示了唐王朝无可挽回的没落趋势,那么后者则预示了一场大风暴的即将来临。

上面所描述的是李商隐生活的时代总的发展趋势。但在这个总趋势中还是有曲折起伏,历史并不是也不可能是直线式的上升或下降。其间不仅有武宗会昌年间因击退回鹘、平定泽潞而导致的朝廷声威暂时复振,而且有大中三年三州七关收复后呈现的一片表面升平气象。一千一百多年以后的今天,在唐王朝最后覆灭的历史结局早已成为常识的时候,再回过头去看那一段历史,当然可以清楚看出当时的唐王朝已经形成必然覆灭的趋势,但当时生活在那个现实中的人们,却未必对这种发展趋势有深切的感受与清醒的认识,特别是那些对唐王朝怀着深厚眷恋感情、不愿看到它覆亡的人们更往往因感情的因素而影响理智的判断。严格地说,李商隐所处的时代,尽管唐王朝衰亡之势已经形成,但大规模的农民起义尚未酝酿成熟(王仙芝、黄巢起义在商隐死后十六年,即公元874年方才爆发);统治阶级内部各种政治势力、集团派别间的矛盾斗争尽管空前尖锐复杂,但还没有达到彻底分裂的程度;上层统治集团尽管日趋腐朽,但还有一定的统治力量。直到李商隐去世前几年,全国还大体上保持着暴风雨到来之前的暂时的表面平静。要在这样一种虽趋衰颓却还保持表面相对平静的时

第一章　晚唐前期的政坛与诗坛

代,对时代趋势具有清醒的认识,是相当不容易的。这需要具有一种政治上的超前敏感,这种敏感往往为关注政治而又天才善感的诗人所具有。在对时代没落趋势的敏感方面,杜牧、李商隐在当时诗人中都是很突出的,而商隐的政治敏感有时甚至超过了注意研究"治乱兴亡之迹,财赋兵甲之事"(杜牧《上李中丞书》)的杜牧。大中三年十二月四州七关收复后,杜牧写了一首《奉和白相公圣德和平致兹休运岁终功就合咏盛明呈上三相公长句四韵》,诗云:"行看腊破好年光,万寿南山对未央。黠戛可汗修职贡,文思天子复河湟。应须日御西巡狩,不假星弧北射狼。吉甫裁诗歌盛业,一篇《江汉》美宣王。"诗中俨然以周宣王中兴比拟宣宗收复四州七关的"盛业",反映出杜牧对当时局势未免过于乐观的感受。而李商隐则是较早地就敏锐地感受到唐王朝衰颓趋势和荆棘铜驼命运的诗人,他的《曲江》、《咏史》(历览前贤)和《行次西郊作一百韵》等诗便是有力的证明。对唐王朝的全面危机和荆棘铜驼命运,他比同时代的任何诗人都有更深切的感受与认识。

如果我们进一步从宏观上来考察历史,那么从安史之乱以来的整个唐代中后期(包括李商隐生活的近半个世纪),正处在中国封建社会由前期向后期逐步过渡的时期。均田制的破坏、庄园经济的发展、租庸调法的废弛与两税法的实行,标志着封建土地所有制形式的变化。这个转折过渡时期带来政治、思想、文化的社会氛围和社会心理的一系列变化。因此,唐代中后期种种社会矛盾,不仅是这个特定时代的产物,而且是封建社会从前期向后期转变的一种标志。正如我们考察《红楼梦》的时代背景,不应只着眼于清王朝的康、雍、乾这样一个特定阶段,而应从宏观着眼,把这个特定的历史阶段放到整个封建社会行将衰朽没落的总行程、大背景下来加以考察。尽管生活在李商隐或曹雪芹时代的人们,包括李商隐、曹雪芹自己,都不可能从理性上认识到这种变化的实质,但天才而敏感的诗人、作家却可以敏锐地感受到这种时代氛围和气息,并在自己的作品中得到反映。总之,如果我们从唐代中后期这样一个具体的历史阶段和中国封建社会的历史行程的结合上来考察这个时代,就会发现李商隐不仅处在唐王朝的衰颓期,而且处在封建社会越过繁荣昌盛的顶峰逐步向后期转变的关节点。这样,我们对李商隐其世、其人、其心、其诗都会有更深一层的理解,对李商隐诗中笼罩着的那一层浓重的悲凉之雾,那种浓重的感伤情调,也会有更深一层的认识。管世铭说:"李义山《乐游原》诗,消息甚大,为绝句中所未有。"(《读雪山房唐诗序例》)的确,"夕阳无限好,只是近黄昏"一类诗中透露的时代消息,是很大、很深远的。

第二节 晚唐前期诗坛的三大诗人群体

文、武、宣三朝三十三年的诗坛上,活跃着三大诗人群体。他们分别是:以白居易、刘禹锡为中心的前辈诗人和老一辈达官显宦组成的诗人群体;以姚合、贾岛为中心的寒士诗人群体;以李商隐、杜牧为代表的晚唐前期主流诗人群体。通过对这三个诗人群体情况的分析,可以更清楚地看出李商隐在整个晚唐前期诗坛上的地位和他在创作上所做出的突出贡献。

先看第一个诗人群体。这一群体中的两位核心人物白居易和刘禹锡,是中唐后期诗坛上的主帅和巨擘。两人同生于大历七年,又都活到高龄。精湛纯熟的诗艺和晚年优裕悠闲的生活,使他们把友朋宾主之间的诗酒唱和作为生活中的一项主要内容。白居易从大和三年以太子宾客分司东都开始,就一直居住在洛阳,前后达十八年之久。刘禹锡大和元年授主客郎中分司东都,后虽历任朝官和苏、汝、同州刺史,但与白居易一直诗歌唱酬。刘禹锡至开成元年秋,改任太子宾客分司东都,以后也基本上居住洛阳。两人早年都是热心政治的人物,刘禹锡更是永贞革新的重要成员。但到文宗朝,他们都已失去了往日的从政热情和战斗精神,诗歌对于他们已不再是"歌生民病"、讽切时政的手段,而是吟咏情性、知足保和的工具,白居易在这方面表现得尤为突出而典型。大和八年,他在《序洛诗》中自叙大和三年以来的生活与创作内容时写道：

> 《序洛诗》，乐天自叙在洛之乐也。予历览古今歌诗……多因谏冤谴逐、征戍行旅、冻馁病老、存殁别离……故愤忧怨伤之作，通计今古，计八九焉……今寿过耳顺，幸无病苦，官至三品，免罹饥寒，此一乐也。大和二年，诏授刑部侍郎，明年病免归洛，旋授太子宾客分司东都。居二年，就领河南尹事。又三年，病免归履道里第。再授宾客分司。自三年春至八年夏，在洛凡五周岁，作诗四百三十二首，除丧朋、哭子十数篇外，其他皆寄怀于酒，或取意于琴，闲适有余，酣乐不暇，苦词无一字，忧叹无一声，岂牵强所能致耶？盖亦发中而形外耳。斯乐也，实本之于省分知足，济之以家给身闲，文之以觞咏弦歌，饰之以山水风月，此而不适，何往而适哉！兹又以重吾乐也。予尝云：治世之音安以乐，闲居之诗泰以适。苟非理世，安得闲居？故集洛诗别为序引，不独记东都履道里有闲居泰适之叟，亦欲知皇唐大和岁有理世安乐之音。

这篇《序洛诗》不仅相当集中地表现了白居易晚年的生活、思想和诗歌创作倾向，而且在一定程度上反映了他所代表的这一诗人群体共同的思想创作倾向。白居易并非不知道他所处的时代并不是什么"理世"，而是衰世。但由于自己直言被贬的坎坷经历，特别是自元和末年以来，国事朝政日非，南北司之间、官僚集团之间的争斗日剧，使他深感仕途的险恶，因而早年即已存在的知足保和、独善其身思想这时终于占了主导地位，成为他晚年立身处世的根本原则。在开始过这种诗酒宴乐的闲适生活时，他未尝没有心理矛盾，也有借此远离纷争不已的政局、洁身自好、不与污浊政治现实同流合污的意愿。但这种闲适安乐的生活过久了，自然形成了一种惯性，真的以闲适为乐了。《序洛诗》与《新乐府序》《与元九书》所阐述的诗歌主张，判若出于两人。从《新乐府·采诗官》"欲开壅蔽达人情,先向诗歌求讽刺",到《序洛诗》让采诗者"知皇唐大和岁有理世安乐之音",清楚地显示了从元和到大和白氏诗风的转变。白居易前后期的转变,其个人经历、思想的变化固然是重要原因,但从根本上看,是由于时代的变化、中兴理想的破灭造成的。刘禹锡晚年与白居易并称"刘白",白居易自己也说"四海齐名白与刘"。他晚年的诗虽不像白居易那样一味鼓吹知足保和,吟咏闲适安乐,而是时露人生感慨,时寓人生哲理,有时还微寓讽慨与不平。但从整体上看,他晚年的诗离政治现实比起过去显然是远多了。

在白、刘二人中,刘禹锡的联系面更广,除白居易外,与令狐楚、裴度、李德裕、元稹、李逢吉、牛僧孺、卢贞、姚合等都有交往,涉及不同政治派别的重要成员,而白居易集中,却未见有与李德裕的交往唱酬。在这一诗人群体中,白、刘二人是核心,关系特别密切者,是令狐楚,此外则为裴度。白与元稹是多年知交,但元稹大和五年即已去世,在大和元年至五年这段时间里,更多的精力用于政坛上的活动与斗争。总的来说,这一诗人群体的共同创作倾向是对政治采取逃避或保持距离的态度,他们的诗主要内容是宴饯唱酬,可以说是诗歌史上一批在衰颓时世中显达之士的闲适宴乐诗。这样一种创作倾向,不仅与传统的儒家诗教、美刺比兴传统明显不合,也和"发愤抒情"的诗歌主张不合,更和自中唐以来的"苦吟"诗风不同。他们的诗歌创作,除了自得其乐、相互酬赠以作闲适生活的点缀外,在诗坛上不可能有多少实际的正面影响。他们的创作活动虽然一直延续到会昌年间,但创作的生命力到这时已是强弩之末了。白居易诗歌创作中最有成就与影响的讽喻诗、《长恨歌》、《琵琶行》和"元和体"诗[①],都已在大和之前结束,成为遥远的过去。刘禹锡诗歌创作中最有特色的怀古诗和民歌诗风的《竹枝词》等也已成为"前朝曲"。他们是上一时期诗坛的巨擘,此时却已

[①] "元和体"有多重含义。元、白之元和体诗,陈寅恪据元稹自述,认为"可分为二类。其一为次韵相酬之长篇排律","其二为杯酒光景间之小碎篇章,此类实亦包括微之所谓艳体诗中之短篇在内",见其所著《元白诗笺证稿》。

成为诗坛的"遗老"。他们的诗这时已很少涉及政治。大和二年刘蕡对策被黜及会昌初被冤贬,宋申锡谋诛宦官失败被贬死,甘露之变,开成三年太子李永被废及暴死,会昌年间击回鹘、平泽潞等一系列震动朝野上下的重大政治军事事件,在刘、白等人的诗中竟寂无反响或无积极反响。甘露之变发生后,白居易写了《九年十一月二十一日感事而作》,其内容不是痛愤宦官肆行杀戮,而是庆幸自己有先见之明,宣扬全身远祸的人生哲学:"大都早退似先知"、"麒麟作脯龙为醢,何似泥中曳尾龟"。又有《咏史》云:"彼为葅醢机上尽,此作鸾凤天外飞。去者逍遥来者死,乃知祸福非天为。"这与李商隐乃至许浑等新生代诗人对此事的关注和痛愤形成鲜明对照。他们的诗心已经退出了现实政治这个古代诗人最关切的领域。

　　再看第二个诗人群体。这一群体可称之为寒士诗人群体,其核心人物是姚合和贾岛,此外,还有刘得仁、马戴、无可、雍陶、殷尧藩、顾非熊、方干、周贺、李频、喻凫等人。他们之中,除姚合仕途比较稳顺,后期担任过给事中、陕虢观察使、秘书监等较高官职外,绝大部分都是长期落拓的寒士,即或登第,也多半只做过州县的小官。其政治、社会地位与上一诗人群体恰成鲜明对照。他们的诗,多写自身寒苦生活、困顿遭遇或个人身边生活琐事,境界狭小。诗的体裁多为五律,边幅亦狭。作诗则推敲锤炼,苦心经营,以争一联一句之工,是一群典型的苦吟诗人。在这群诗人中,姚合由于官位较高,自然成为群体间联系的中心,较之贾岛长期屈居遂州长江县主簿、普州司法参军这样低微的位置和僻处边远地区,更为其他诗人所经常交往酬唱。但从诗境和情调上看,贾岛更有代表性,对后世的影响也更大。这一诗人群体从人数上看,显然超过了前一诗人群体,也远远超过了以"小李杜"、温庭筠为代表的晚唐前期主流诗派,可以说是代表晚唐士人普遍心态和作诗风尚的一个群体。但由于他们过分注重自身的遭遇得失,以及身边琐屑的生活情事,对国家、政治、百姓和广阔的社会生活态度比较冷漠,因此他们所抒写的感情、所创造的诗境实际上很难引起更广大人群广泛的心灵共鸣。像刘得仁,身为公主之子,出入举场二十年无所成,所赋诗多写自身困顿经历,其《省试日上崔侍郎四首》(作于大和九年,礼部侍郎崔郸知贡举)云:

衣上年年旧血痕,只将怀抱诉乾坤。
如今主圣臣贤日,岂信人间一物冤。

如病如痴二十秋,求名难得又难休。
回看骨肉须堪耻,一着麻衣便白头。

戚里称儒愧子才,礼闱公道几时开。
他人何时虚相指,明主无私不是媒。

方寸终朝似火然,为求白日上青天。
自嗟辜负平生眼,不识春光二十年。

读这样的诗,让人自然联想起《儒林外史》中所塑造的范进一流人物,既让人悲悯,又让人感到其精神世界的卑琐。由于他们关注的只是自身卑琐的名利和琐屑的生活情事,因此他们那些"宵吟每达晨"、"二句三年得",苦思冥想、刻意锻炼出来的诗就很难唤起人们的心灵感应,因为它们缺乏诗歌最本质的东西——对生活中美好事物的诗意感受与热情。薛能说刘得仁的诗"百首如一首,卷初如卷终"(《北梦琐言》卷六),其实扩大了看,这也是寒士诗人创作的通病。关心的事物太窄,诗料本就有限,又没有多少生活热情与诗意感受,刻意锻炼的结果就只能是内容、意象、意境的雷同。苏轼"高天厚地一诗囚"的讥评,用在这群诗人身上,是非常恰切的。这一群体的代表人物贾岛,艺术上有一定创造性,对晚唐五代乃至两宋诗坛的影响不亚于大诗人。但从整个诗歌发展上看,这毕竟是不能登大雅之堂的东西,是诗歌发展洪流中一个小的分汊。从细处当然还可分出姚、贾间的不少差别,也可分出其成就有高下,但从总的倾向看,这个诗人群体的创作境界较狭,成就不高。

第三个诗人群体是以李商隐、杜牧为代表的晚唐前期诗歌主流派。这一群体中的重要诗人,还有温庭筠、许浑。此外,杜牧与张祜、赵嘏、李郢等人有较多交往,诗风也有相近之处,也可将这三人归入这一诗人群体之中。与前两个诗人群体有明显的核心人物和较密切的交往有所不同,这一群体的各个诗人间的交往并不很密切。这一群诗人与另一些诗人之间可能有交往,如李商隐与杜牧、温庭筠、李郢,杜牧与许浑、张祜、赵嘏、李郢。但作为一个群体,它却没有明显的核心和主要联系人,可以说是一个非常松散的诗人群体。之所以把他们作为一个诗人群体,是因为他们的诗风有着广泛意义上的共性,而且代表了整个晚唐时期诗歌艺术的最高成就,形成了唐诗发展过程中的第三个高潮①。他们诗歌创作的共性,其一是其诗歌风格都具有"丽"的特点,无论是李商隐的"精密华丽"(叶梦得《石林诗话》)、杜牧的豪宕清丽,还是温庭筠的秾丽侧艳、许浑的清丽工稳,都不离乎"丽"。像李商隐、温庭筠还在一定程度上具有唯美的倾向。其二是他们中多数人对时事政治比较关注。像杜牧之留意"治乱兴亡之迹,财赋兵甲之事",李商隐之对文、武、宣三朝政局乃至有唐开国二百年来政治、社会情况的关注自不必说,即使是温庭筠、许浑,也有不少在咏史、怀古之中融入现实政治感慨的诗作,温庭筠对庄恪太子之死、许浑对甘露之变中宦官杀戮宰相贾𫗧都表示过痛愤。张祜有《丁巳年仲冬月江上作》,悲慨前年发生的甘露之变,有句云:"南来驱马渡江渍,消息前年此日闻。惟是贾生先恸哭,不堪天意重

---

① 第一个高潮是包括李白、杜甫在内的盛唐诗歌,第二个高潮是贞元、元和之际以元稹、白居易、韩愈、孟郊、李贺、刘禹锡、柳宗元为代表的中唐后期诗歌,第三个高潮即晚唐前期以小李杜为代表的诗歌。

阴云。"可与李商隐《有感二首》之一"敢云堪恸哭,未必怨洪炉"后先媲美。这一点,既与第一个诗人群体有意远离政治旋涡、全身避祸的态度迥然有别,也与第二个诗人群体的诗人们主要关注自身困顿境遇、琐屑名利和身边琐事,对现实政治比较冷漠有别。其三,这一群体的诗人,其诗歌创作不同程度地具有向内心世界开拓和抒写人生感慨的倾向,李商隐的诗在表现幽隐深微的内心世界方面尤为突出。温庭筠的一部分乐府诗和近体律绝也有这个特点。杜牧和许浑的咏史、怀古之作,则颇多人生感慨和历史感慨。

第三节　李商隐在晚唐前期诗坛上的地位

　　大和三年,李商隐初谒令狐楚于东都洛阳,并与其时由刑部侍郎改授太子宾客分司东都的白居易结识。商隐《与白秀才状》云:"伏思大和之初,便获通刺,升堂辱顾,前席交谈。陈、蔡及门,功称文学;江、黄预会,寻列《春秋》。虽迹有合离,时多迁易,而永怀高唱,尝托余晖。"从此,商隐正式步入社会,开始了他的坎坷仕进之路。商隐现存诗歌中,最早可以明确编年的,就是大和三年作的《隋师东》①,一首明显学习杜甫《诸将五首》,假咏史之名,托讽大和初年讨伐藩镇李同捷的战争中军政窳败现象并揭示其原因的七律。这个相当高的起点,似乎预示着这位刚步入诗坛不久的年轻诗人远大的将来。也许是巧合,正是从大和三年起,白居易步入了他在东都长达十八年的后期仕宦休闲生活和创作生活。这似乎标志着上一个诗歌时期的行将结束和一个新的诗歌时期的开端。

　　在晚唐前期主流派诗人群体中,杜牧、许浑、温庭筠都比李商隐年长。大和

---

① 在此之前,像《富平少侯》、《陈后宫》二首托讽敬宗奢淫不恤国事,《无愁果有愁曲北齐歌》托讽敬宗被杀,《无题》(八岁偷照镜)借少女伤春托寓才士忧虑前途,虽大体可定为少作,但确切年月不可考。

三年,杜牧二十七岁,许浑约三十五岁①,温庭筠约二十九岁②。但他们的主要创作活动,仍在文、武、宣三朝。杜牧卒于大中六年十二月,许浑约卒于大中八年冬,张祜也约于同年卒于丹阳③,李商隐则卒于大中十二年,只有温庭筠,咸通七年方卒,在大中之后还持续了一段时间的创作活动。因此,可以说李商隐的创作活动正好贯串了文、武、宣三朝。

在文、武、宣三朝的晚唐前期诗坛上,李白、杜甫的诗歌已经确立了他们在唐代诗坛上最崇高的地位。韩、柳在文坛上的地位,也大体奠定。李商隐在《漫成五章》之二中说:"李杜操持事略齐,三才万象共端倪。"《樊南甲集序》中又将"杜诗"与"韩文"并提。杜牧《冬至日寄小侄阿宜》诗亦云:"李杜泛浩浩,韩柳摩苍苍。"这里韩柳并提,乃指其古文而言。④ 而中唐两大主要诗派的主将元、白、韩、孟在诗坛的地位则还没有被人们所公认。不仅如此,对元、白一派,杜牧还颇有微词。在《唐故平卢军节度巡官陇西李府君(戡)墓志铭》中谓李戡"尝痛自元和已来有元、白诗者,纤艳不逞,非庄士雅人,多为其破坏。流于民间,疏于屏壁,子女父母,交口教授,淫言媟语,冬寒夏热,入人肌骨,不可除去"。实际上杜牧自己也是同意这种看法的。李商隐在《献侍郎钜鹿公启》中说:"我朝以来,此道尤盛,皆陷于偏巧,罕或兼材。枕石漱流,则尚于枯槁寂寞之句;攀鳞附翼,则先于骄奢艳佚之篇。推李、杜则怨刺居多,效沈、宋则绮靡为甚。"谢思炜认为李商隐的这段话也是针对元、白而发的,他在《白居易与李商隐》一文中对此作了详细的论述(见《文学遗产》1996 年第 3 期),指出"李商隐批评的两个重点(怨刺居多与绮靡为甚),即分别对应于元、白的乐府讽谕与风情感伤两类创

---

① 据《唐才子传校笺》,许浑当生于贞元十一年,公元 795 年,罗时进考证其生年为 788 年。
② 据陈尚君《温庭筠早年事迹考辨》,庭筠生于贞元十七年,公元 801 年。
③ 顾陶《唐诗类选后序》作于大中十年丙子,已记许浑、张祜等人"身殁才二三年"。
④ 杜牧《读韩杜集》云:"杜诗韩集愁来读,似倩麻姑痒处抓。"此处"韩集"实指韩文,因调平仄而改为集。

作"。谢文还认为，《献侍郎钜鹿公启》所谓"枕石漱流"、"枯槁寂寞"，是指"与韩愈有密切关系的孟郊、贾岛一流诗风"，"他所要超越的对象，并非孟郊、贾岛等二流诗人，而正是声名远被、教化广大的白居易其人"。如果谢文的这些论述大体符合实际，那就说明，在晚唐主流派的两大巨擘看来，先前的唐诗除了李、杜的地位不可动摇，其成就难以超越以外，对于作为诗人的元、白、韩、柳，他们似乎都没有拜倒倾服之意，而是有所批评，甚至是相当尖锐的批评。[①] 杜牧说他自己"苦心为诗，本求高绝，不务奇丽，不涉习俗，不今不古，处于中间"（《献诗启》），李商隐说自己"行道不系今古，直挥笔为文，不爱攘取经史，讳忌时世。百经万书，异品殊流，又岂能意分出其下哉"（《上崔华州书》），都表现出他们力求创新的精神。

在晚唐前期诗坛的三大诗人群体中，前辈著名诗人与显宦组成的群体这时无论在诗歌的思想内容或艺术表现上都已消失了昔日锐意创新的精神和关注国运民瘼的爱国精神、人道精神。随着人生态度的转变，诗歌艺术趋于平淡甚至流于滑易，这一点在白居易身上表现得尤为突出。以姚合、贾岛为核心的诗人群体，只是在一联一句中下苦吟功夫，力求从身边琐事和日常生活的冷僻处发现一点诗美，小结裹处虽有所收获，大的方面却没有多少创造。因此，创辟诗歌新局面、新境界的任务便历史地落在"小李杜"、温、许这群诗人身上。

在这一诗人群体中，温庭筠的主要成就在新起的文学样式——曲子词的创制上。约在大中六年，他已经写成了代令狐绹作的《菩萨蛮》词[②]，实际上已达到了他个人文学创作的高峰。他也有一部分格韵清拔的咏史怀古诗，其中颇寓

[①] 商隐对韩愈的诗颇多模仿学习，《韩碑》、《李肱所遗画松诗书两纸得四十韵》等尤为明显。但这和效沈亚之、韩翃风格而作的《拟沈下贤》、《韩翃舍人即事》等并无本质区别。

[②] 孙光宪《北梦琐言》卷四："宣宗爱唱《菩萨蛮》词，令狐相国假其（指温庭筠）新撰密进之，戒令勿他泄，而遽言于人，由是疏之。温亦有言云'中书堂里坐将军'，讥相国无学也。"令狐绹大中四年十月至十三年十二月为相。《唐五代文学编年史》系温庭筠作《菩萨蛮》于大中六年。

时世、身世之感,如《经五丈原》、《苏武庙》、《过陈琳墓》等,以及抒写旅思、闺情的律绝佳篇,如《商山早行》、《瑶瑟怨》等,但其主要成就和艺术创新精神显然表现在曲子词的创作上。许浑擅长五七言律和怀古题材,对仗工稳整密,但作品意象的重复、意境的雷同,是其诗歌创作的突出弊病。在晚唐前期主流派的四家中,许浑是创新精神较弱的诗人。

杜牧的艺术才能与李商隐不相上下,李商隐对他也极为推崇,《杜司勋》诗至有"刻意伤春复伤别,人间惟有杜司勋"的赞誉。小杜诗豪宕健丽,且能于俊爽峭健中时带风华流美之致,有独特的艺术风格。就其诗歌本身的艺术水准而言,完全可以归入唐代第一流诗家的行列。但是从推动诗歌发展的角度看,杜牧诗无论思想内容或艺术表现,都未能提供较多新的东西。刘熙载《艺概·诗概》说:"杜樊川雄姿英发,李樊南深情绵邈。其后李成宗派而杜不成,殆以杜之较无窠臼与?"这里的"窠臼",如果理解为一种成功的艺术范式,那么李商隐确实因为创造了一系列成功的艺术范式而超过了杜牧。

李商隐在晚唐前期诗坛上之所以居于最突出的地位,原因在于:第一,他全面地继承了宋玉、庾信、杜甫、李贺等人的传统,而集感伤主义传统之大成,成为晚唐诗歌"伤春"、"伤别"特征最突出的代表,建立了感伤诗的最高范式。第二,在李白、杜甫所创辟的理想、现实境界之外,创辟了表现心灵境界的成功范式,《无题》、《锦瑟》诸诗就是这方面的突出代表。第三,进一步发展了李贺以来的象征诗风,创辟了象征诗风和朦胧诗境的范式。这一切,不但使他在晚唐诗坛上独执牛耳,而且使他居于中国诗歌史上最具创新精神的大家的行列。

第二章 李商隐的思想与悲剧性格

第一节 李商隐的思想

和中唐时期的刘禹锡、柳宗元、韩愈甚至和同时代的杜牧等人不同,李商隐更接近于纯粹的诗人。他的思想中很少思辨色彩,很少对自然、社会现象与问题进行哲理性的思考,而是往往沉潜于感情世界、心灵世界。尽管儒、道、释三家对他都有相当深的影响,但他缺乏系统的哲学、政治、文学思想,更不是像刘、柳那样的思想家兼文学家。但这并不是说他没有哲学、政治、文学思想,只是由于各方面的影响比较繁杂,他自己又很少对此作比较集中的论述,因而其思想面貌并不很清晰。下面,分几个主要方面作一些论析。

先谈他的哲学思想。李商隐并没有集中论述过任何一个哲学问题,但他的《重祭外舅司徒公文》一开头有一段关于人的生死问题的议论倒颇有哲理意味:

> 呜呼哀哉!人之生也,变而往耶?人之逝也,变而来耶?冥寞之间,杳忽之内,虚变而有气,气变而有形,形变而有生。今将还生于形,归形于气,漠然其不识,浩然其无端,则虽有忧喜悲欢而亦勿能措于其间矣。苟或以变而之有,变而之无,若朝昏之相交,若春夏之相易,则四时见代,尚动于

情,岂百生莫追,遂可无恨！倘或去此,亦孰贵于最灵哉!

这段话本于《庄子·至乐》:"察其始而本无生,非徒无生也,而本无形;非徒无形也,而本无气。杂乎芒芴之间,变而有气,气变而有形,形变而有生,今又变而之死,是相与为春秋冬夏四时行也。"撇开庄子整个哲学体系究属唯心或唯物不论,至少这段关于生死变化的议论是带有朴素唯物论色彩的。即认为生本乎形,形本乎气,气则恍惚浑沌,不可捉摸。从生到死,从死到生,乃是一个如四时相代一样自然变化的过程。值得注意的是,庄子从这里引出的结论是对死的达观:"人且偃然寝于巨室,而我噭噭然随而哭之,自以为不通于命,故止也。"而商隐得出的结论是:"四时见代,尚动于情,岂百生莫追,遂可无恨！倘或去此,亦孰贵于最灵哉！"尽管生死是一个自然的过程,但作为万物之灵的人,对生死是不能忘情的。这里正显示出商隐与庄子的同途殊归。

商隐诗中最具哲理色彩的是《井泥四十韵》。这首诗的思想内容,在上册第十六章中已有具体评述。这里只从它所体现的商隐哲学思想稍作说明。全诗的中心思想,可用"茫茫此群品,不定轮与蹄"、"大钧运群有,难以一理推"四句诗概括。即一方面认为宇宙间的万事万物都处于不停的运动变化之中,一方面又认为这种变化是难以用一理推断的,是不可捉摸的。前者具有朴素辩证法色彩,后者却陷入了认识论上的不可知论与偶然论。商隐诗中每用"无端"一词来表达他对各种自然、社会现象存在原因的茫然不可知和惘然之情,与《井泥》中表达的思想是一致的。既看到了自然和社会人事上种种复杂纷纭的变化,而又对种种变化感到迷惘、无法解释。这就是商隐对自然、社会总的感受。他的诗中充溢着的变幻无常感、迷惘感,正是这种感受的自然流露。

再看他的政治思想。商隐文中,很少正面论及其政治思想,但从文中提及官吏职责和施政措施时所说的一些话,可以看出基本上不出儒家仁政爱民思想的范围。如"拊循宜属于柔良"(《为安平公谢除兖海观察使表》)、"方思高挂馈鱼,不然官烛,成陛下比屋可封之化,分陛下一夫不获之忧"(《代安平公遗表》)、"减租退责,将以矜火耕水耨之人"(《为汝南公华州贺赦表》)、"已责既恤于三农"(《为京兆公陕州贺南郊赦表》)、"罢去修营,惜汉氏十家之产"(《为汝南公以妖星见贺德音表》)、"资简惠而安疲瘵"(《为荥阳公桂州举人自代状》),等等,不具引。商隐诗中,较为集中地体现其政治思想的作品是开成二年十二月作的《行次西郊作一百韵》。诗中突出强调国家治乱"系人不系天"这一根本观点,而"系人不系天"的具体内涵则是君明臣贤、官清吏善。诗中回顾贞观年间京城西郊一带"伊昔称乐土,所赖牧伯仁。官清若冰玉,吏善如六亲"。而"降及开元中,奸邪挠经纶",李林甫专权,遂使安禄山势大跋扈,酿成安史之乱。通过治乱的对比,认为"例以贤牧伯,征入司陶钧",是唐前期社会安定繁荣的根源;"奸邪挠经纶",则是国家由盛转衰的关键。而任用贤臣或奸邪为相,则是君主明暗的标志。这表明他所说的治乱"系人不系天"的观点,实际上就是儒家仁政思想中主明臣贤、官清吏善这一套传统思想。诗中谈及各种灾祸战乱的后果时又都落到百姓遭受的困苦上来。如开头写旱灾袭击下农村荒凉残破的景象:"依依过村落,十室无一存。存者皆面啼,无衣可迎宾。"叙安史乱前,奸邪专权,统治集团竞为豪奢,"因失生惠养,渐见征求频",加重了对人民的诛求;叙安史之乱,造成"城空鸟雀死,人去豺狼喧"的景象;而沉重的军费负担又使"万国困杼轴"、"国蹙赋更重,人稀役弥繁"。甘露之变,更造成京西一带"乡里骇供亿,老少相扳牵。儿孙生未孩,弃之无惨颜。不复议所适,但欲死山间"的惨象。天灾人祸,迫使"穷民"起为"盗贼"。这些描叙说明其仁政思想的核心是民本思想。在特殊情况下,他也强调过法治。甘露事变时,禁军因已故岭南节度使胡证之子胡溵家富有而利其财,"称证子溵匿宰相贾𬣞,乃破其家,一日之内,家财并尽。执溵入左军,仇士良命斩之以徇"(《旧唐书·胡证传》),商隐为此作《故番禺侯以赃罪致不幸事觉母者他日过其门》诗,强调"杀人须显戮,谁举汉三章",反对宦官为私利捏造罪名,无视法纪。但儒家的仁政民本思想无疑是他政治思想的主导方面。这一点，从他任弘农尉期间因"活狱"而触忤陕虢观察使孙简，愤而"乞假归京"一事也可看出。所谓"活狱"，当即减免对囚犯的刑罚，这是商隐在县尉的职权范围内施行"仁政"的具体表现。商隐一生中，除此次作直接临民的官吏外，再也没有这方面的经历（大中二年冬选为盩厔尉，但旋即为京兆尹调去典章奏之事）。从这唯一的临民经历看，他不但信奉儒家仁政思想，而且是身体力行的。和同时代的杜牧相比，杜牧更多政论家气质，他论列大事，指陈利病，作《罪言》《战论》《守论》等，提出过许多切中时弊的政治见解，而李商隐诗文中，却很少有提出自己系统政治见解和主张的作品。他虽关注国家的盛衰安危，但从本质看，只是一个纯粹的诗人。

再看商隐的文艺思想。其《献侍郎钜鹿公启》云：

> 况属词之工，言志为最。自鲁、毛兆轨，苏、李扬声，代有遗音，世无绝响。虽古今异制，而律吕同归。我朝以来，此道尤盛，皆陷于偏巧，罕或兼材。枕石漱流，则尚于枯槁寂寞之句；攀鳞附翼，则先于骄奢艳佚之篇。推李、杜则怨刺居多，效沈、宋则绮靡为甚。

这段话比较集中地体现了商隐文艺思想中受儒家传统诗论影响的一面。他认为"属词之工，言志为最"，这是儒家诗论的一个根本点，即《书·舜典》所谓"诗言志"，《诗大序》所谓"诗者志之所之也，在心为志，发言为诗"。在"言志"的前提下，他指出本朝诗歌创作中存在两种倾向：一种是"怨刺居多"，一种是"绮靡为甚"；一种是"枯槁寂寞"，一种是"骄奢艳佚"（以上两方面交叉而不重合）。也就是说，在他看来，言志的诗歌应该兼有"怨刺"和"绮靡"的长处，既有怨刺的内容，又有美好动人的审美特征，他不满宫廷诗的过分华艳和隐逸诗的过分枯寂。在同一篇中，他还谦称"某比兴非工"，在《谢河东公和诗启》中则提到自己的诗作"为芳草以怨王孙，借美人以喻君子"的比兴寄托特点。结合他的诗歌创作实践来看,他对诗歌的比兴寄托是非常重视的。这些基本上是儒家诗论的传统主张。①

但商隐文艺思想中并非只有继承儒家传统诗论的一面,而是在不少地方对它都有所超越与突破。他在《上崔华州书》中说:"以是有行道不系今古,直挥笔为文,不爱攘取经史,讳忌时世。"这里提出的"直挥笔为文"以及不"讳忌时世"的主张,亦即《别令狐拾遗书》中所说的"直笔"。这与儒家传统诗论所主张的"主文而谲谏"(《诗大序》)、"温柔敦厚"(《礼记·经解》)是有明显区别的,强调的是诗文直接揭露现实的战斗精神。另一方面,相对于儒家诗论核心的"言志"说,商隐又提出了"咏叹以通性灵"说。《献相国京兆公启》云:"人禀五行之秀,备七情之动,必有咏叹,以通性灵。"这里所说的"性灵",本于《晋书·乐志上》:"夫性灵之表,不知所以发于诗歌;感动之端,不知所以关于手足。"在此之前,钟嵘《诗品》在评阮籍诗时已说"《咏怀》之作,可以陶性灵,发幽思"。所谓"性灵",指包括精神、思想、情感在内的内心世界。但商隐既将"性灵"与"七情之动"、"安乐哀思"相联系,其歌咏个人情感、性情的性质便相当明显。而言志与抒情,是有区别的。"所谓'志',一般是指符合理性规范的思想志向,这是从政教伦理角度来要求思想的'同一',重在表现人的社会共性;而所谓'情',则多表现为抒发个性的要求,这是从表现人的特殊性着眼。"(复旦大学《中国文学批评通史·先秦两汉文学批评史》)从商隐诗的创作实践看,他的诗确实绝大部分是"咏叹以通性灵",即以抒写个人内心世界为主要内容的。而前面提到的直笔为文、不讳忌时世的主张,在他的诗歌创作中却未能得到充分的实践。他的诗中,像《行次西郊作一百韵》这种直接反映唐朝二百余年兴衰治乱,直笔抒写自己忧愤国事感情的诗为数不多。即使反映甘露之变的《有感二首》、《重有

---

① 上引这段话可能有某种具体针对性,参见本册第一章第三节引谢思炜《白居易与李商隐》一文中的有关论述。

感》、《曲江》、《故番禺侯以赃罪致不辜事觉母者他日过其门》诸诗,由于当时政局的动乱昏暗和宦官势力的嚣张,也不能不隐约其辞,用了许多典故来曲折表达对现实政治的感愤,甚至连制题也相当隐晦,正如沈德潜所说,"遭时之变,不得不隐"(《说诗晬语》)。

　　商隐在《元结文集后序》中说:"次山之作,其绵远长大,以自然为祖,元气为根,变化移易之。"这里提出的"以自然为祖,元气为根"的观点,和儒家的传统文艺观也是不同的。元结自己在《二风诗论》中明确表示,他写《二风诗》是"欲极帝王理乱之道,系古人规讽之流",在《箧中集序》中更明确提出用《诗经》的风雅为标准来衡量诗歌,其诗论的复古崇儒倾向非常明显。商隐却认为元结的文章以自然为祖,以元气为根,这与其说是对元结文章的准确评论,不如说是借评元结来宣扬自己的主张。"以自然为祖,元气为根"的主张多少反映了道家的文艺思想,与老、庄崇尚自然之道、崇尚朴质自然的思想有一致之处。商隐自己的诗文创作未必实践了这种主张,但"以自然为祖,元气为根"的提法与儒家主张文艺应宗经征圣却拉开了距离。

　　儒家诗论明确要求诗歌必须"发乎情,止乎礼义"(《诗大序》),但商隐在《祭小侄女寄寄文》中却说:"明知过礼之文,何忍深情所属!"按照礼制规定,"不满八岁以下,皆为无服之殇"(《仪礼·丧服》),小侄女寄寄夭折时年方四岁,撰文刻石、书写铭旌是违反礼制规定的,但由于深情必有所托,还是要刻石撰文。这说明,商隐认为,由于感情深挚强烈,不得不冲破"礼"的约束规定。商隐诗文的主情乃至惟情的倾向非常明显。许多作品所抒写的情都不大符合"乐而不淫,哀而不伤"的儒家美学规范,一任感情的流溢冲决,溺而不反。像"春蚕到死丝方尽,蜡炬成灰泪始干"、"春心莫共花争发,一寸相思一寸灰"、"深知身在情长在"、"人世死前惟有别"、"远别长于死"一类竭情的诗句,从儒家诗教的观点看,都是违背"哀而不伤"原则的"过礼"之文。可见,他对自己的诗文不大遵守封建礼教约束的情感内容是意识到了的,只是为情所驱,不得不尔。

以上分几方面对李商隐的哲学、政治、文艺思想作了简略的论述。总的来看，和封建社会绝大部分知识分子一样，儒家思想仍然是其思想的主导方面。他从小受的是儒家的传统教育，"五年读经书，七年弄笔砚"。父亲逝世后，他归居郑州，担负起对他进行思想文化教育任务的是他的处士叔。这位堂叔年十八即通五经，是一位具有明显复古倾向的醇儒。商隐在《上崔华州书》中所说的"始闻长老言，学道必求古，为文必有师法"，这"长老"当中很可能就包括这位"鼓吹经实，根本化源，味醇道正，词古义奥"（《请卢尚书撰故处士姑臧李某志文状》）的堂叔。因此商隐在人生的起始阶段，受到儒家思想的深刻影响是必然的，特别是在基本的政治思想和人生观方面更是如此。他在《赠送前刘五经映三十四韵》这首长诗一开头就开宗明义，郑重其事地表明他对儒学的基本态度："建国宜师古，兴邦属上庠。从来以儒戏，安得振朝纲？"把儒学的作用提到建国兴邦、振兴朝纲的高度。尽管此诗的真正主旨是借阐述儒学兴废关乎国运兴衰以反跌刘映和自己之不见重于时，但以崇儒为建国兴邦之根本确是商隐的思想。总之，从以儒学为治国兴邦、立身处世的根本这一点上看，商隐和封建社会的绝大多数知识分子并没有多少不同。但可贵的是商隐虽崇儒却不惟儒，更不惟孔，而是强调人人都应对儒道有自己独立的发明与体现，其《上崔华州书》云：

  愚生二十五年矣。五年读经书，七年弄笔砚。始闻长老言，学道必求古，为文必有师法，常悒悒不快。退自思曰：夫所谓道，岂古所谓周公、孔子者独能邪？盖愚与周、孔俱身之耳。以是有行道不系今古，直挥笔为文，不爱攘取经史，讳忌时世。百经万书，异品殊流，又岂能意分出其下哉！

其《元结文集后序》则云：

  而论者徒曰：次山不师孔氏，为非。呜呼！孔氏于道德仁义外有何物！

> 百千万年,圣贤相随于途中耳……孔氏固圣矣,次山安在其必师之邪!

他认为:所谓"道"(从上下文看,这个"道"当指儒道)并不是古代的圣贤周公、孔子所独能的,而是人人都在实践、体现、发明着的。因此学道不一定要向古圣先贤去求取,写文章更无须师法古人,攘取经史,而应根据自身体验与发现,直接挥笔为文,发挥思想的独创性。古往今来,百经万书,对儒道都各有自己的体现与发明,又岂能认定自己的思想与文章就出于古人之下呢?正因为这样,他对有些论者责备元结"不师孔氏,为非"非常不满。在他看来,被尊为圣人的孔子,除了宣扬仁义道德之外又有什么东西呢?千百年来所谓的圣贤,不过是一个接着一个跟在孔子后面跑罢了,根本没有自己的思想与发明。孔子固然是圣人,元结又何必非要师法他呢!这两段话的核心思想是强调对待儒学应有正确态度,不能盲目地追随古圣先贤,重复他们的言论,而应有自己的发明创造。

从表面看,《上崔华州书》与《元结文集后序》强调学道为文不必求古师孔,而《赠送前刘五经映三十四韵》则极言建国兴邦必须重儒师古,二者似乎矛盾,实则它们之间并无冲突。前者意在强调不能泥古,不能迷信孔氏,"相随于途中",而应与时俱进,有新的创造体现,并无否定儒学、否定孔子之意。谓不师孔氏不为非,并非以孔氏为非,而是反对步趋相随的师古,即泥古。而诗中所谓"师古",是指师法古代的重儒术。作者之意,盖谓儒学为建国兴邦之根本,而儒道非周、孔所独能。故重儒一事必须师古,而行道则须与时推移,不能泥古,因为后代的人对儒道都各有自己新的发明与体现。这种思想,实际上是唐代中叶以来儒学内部产生的一种新思潮的表现。啖助、陆淳、赵匡等人弃传求经的学风,重在独立发抒见解,与商隐的上述思想是相合的。不过,啖、陆、赵等虽舍传求经,对孔子和经书本身还是非常尊崇的,起码是标榜自己要直揭孔子笔削《春秋》的本意。而商隐则走得更远,并不以孔子之是非为是非,把重儒与尊孔分开,公开表明了不惟孔的思想倾向。这种强调道非周公、孔子所独能,对儒道要有自己的发明与体现,不盲目追随古圣先贤的思想,在当时是相当进步的。

李商隐与道家思想、道教的关系,是一个值得深入研究的课题。除了前面已经提到的《庄子》关于生死的哲学思想对商隐的影响外,《庄子·齐物论》中宣扬的"物化"思想对商隐的人生如梦的思想也有明显影响。但正如参透生死是自然的变化过程却仍然不能不动情一样,他虽参透人生如梦却仍然执着于人生,甚至坚持幻灭中的追求。"浮生尽恋人间乐,只有襄王忆梦中"(《过楚宫》),这是和庄子不同的。在人生观方面,老子的"功成名遂身退,天之道也"的思想,也是商隐人生观的基本准则和追求目标。"永忆江湖归白发,欲回天地入扁舟"(《安定城楼》),就是对这种人生观的诗意表述。但"归白发"、"入扁舟"的前提必须是"回天地",即"功成"方能"身退"。功如不成,身必不退。可见他虽受道家思想影响,但在出处问题上仍以儒家的"达则兼善天下"、实现积极用世之志为根本前提。大中二年商隐桂幕罢归,处境极为艰困,但在《陆发荆南始至商洛》诗中仍说:

四海秋风阔,千岩暮景迟。

向来忧际会,犹有五湖期。

这里的"五湖期"即是功成归五湖的同义语。商隐一生,托身幕府,屈居下僚,连基本的参政条件都没有,但这种功成方能身退的思想始终未变。

道教对商隐生活、思想与创作的影响很大。《李肱所遗画松诗书两纸得四十韵》说:"忆昔谢驷骑,学仙玉阳东。"约在宝历末或大和初,商隐即在王屋山分支的东玉阳山学道。其《送从翁从东川弘农尚书幕》述及学仙玉阳的情况说:"早岁诸孙末,俱从小隐招。心悬紫云阁,梦断赤城标。素女悲清瑟,秦娥弄碧箫。山连玄圃近,水接绛河遥。""山连"二句,谓学仙之所高与天接,山既近连玄圃,水亦遥接银河。此山即所谓"旧山万仞"、"故山巍巍"之玉阳山。学仙玉阳的时间究竟有多长,无从详考,但从诗中描述的情况及学道期间结识道侣之多来看,为期必不甚短。唐时士子居道观学道与温习举业自可并行不悖,商隐玉阳学道期间,除习举业外,还读了很多道教的重要典籍,同时与女冠亦有接触交往,《送从翁从东川弘农尚书幕》所谓"素女悲清瑟,秦娥弄碧箫",素女、秦娥即指道观中的女冠。至于商隐是否与她们中的某一位有过恋情,则难以确考,大和元年、二年,商隐已十六七岁,产生恋情的可能是存在的。但不管如何,这一段学道的生活经历对他以后诗歌创作的内容与艺术风貌是产生了深刻影响的。玉阳学道期间,他对女冠因慕道学仙而寂处道观、不耐孤孑的生活与感情当有相当体察,对女冠与男道士之间的爱情亦当有所闻见。这一切,成为他以后许多女冠诗的生活基础和素材来源。

值得注意的是,商隐虽然求仙学道,并像道教徒那样"会静"①,对道教典籍《真诰》、《登真隐诀》、《黄庭经》、《洞仙传》、《三洞珠囊》等非常熟悉,但他的思想实质却是反道教的。这主要体现在两个方面。一是反对皇帝求仙、迷信方术。他把帝王迷信神仙当做政治腐败的重要一端加以揭露讽刺。他的《汉宫词》、《汉宫》、《昭肃皇帝挽歌辞三首》、《茂陵》、《华岳下题西王母庙》、《华山题王母庙》、《过景陵》、《瑶池》、《海上》、《海上谣》、《贾生》诸诗,对帝王求仙的嘲讽极为尖锐辛辣,实际上是把迷信神仙、妄图长生的皇帝都视为傻子,把为皇帝所尊崇的道士视为骗子。这无疑是对道教的极大不信与不敬。二是揭露道教的宗教清规对正常人性、爱情的压抑,造成女冠爱情上的强烈苦闷。商隐所有写女冠的诗,对她们孤孑无侣的寂寞苦闷,都流露出深切的同情。这就从两个主要方面对道教作了尖锐抨击,既揭露其误君误国,又揭露其违反人性。因此,不能因为商隐有较长时间的求仙学道生活和类似道教徒的行为而认为他在思

---

① 正月七日、七月七日、十月五日为三会日,三官考核功过,宜受符箓,斋戒上章,并须入静朝礼。商隐有《戊辰会静中出贻同志三十韵》。

想感情上与道教教义合拍,而应看到在思想本质上他是反道教迷信、反道教清规的。

商隐的学道生活还给他的诗歌在语言、意象、意境、情调氛围、所用典故等方面以巨大影响。商隐诗集中,与学道生活直接、间接有关的诗达五十首左右,占其现存诗总数的十二分之一。据黄世中先生统计,《玉谿生诗集》中约摄入仙道事象九百个左右,"几乎用尽道藏故事,摄取全部神天仙道形象"(《唐诗与道教》)。在他诗中,诸如霓旌、醮坛、玉艳、采华芝、仙才、嵩阳旧师、阊阖、桂宫、星妃、太君、云輧、女龙、月娥、瑞凤、灵气、清都、仙人、琼瑶宫、玄云歌、金芙蓉、天坛、玉阳、紫鸾、扶桑翁、紫云阁、赤城标、素女、秦娥、清瑟、碧箫、悬圃、绛河、松乔、云台洞穴、仙人掌、三霄露、玉女窗、萧洞、羲和、三素云、青女、华胥梦、玉山、阆风、玉水、日驭、天梯、赤箫、萼绿华、秦楼客①等词语意象,占了其诗歌意象相当大的部分。这一系列充满仙风道韵的意象摄入诗中,构成了神奇瑰丽、极具缥缈朦胧之致的意境,像"一春梦雨常飘瓦,尽日灵风不满旗"、"无质易迷三里雾,不寒长著五铢衣"等名联,都是典型的例证。商隐诗朦胧意境的形成,道教意象的密集是一个重要原因。其诗中的神奇想象、瑰丽色彩、浪漫气息,也无不与道教的影响息息相关,像《无题》:

紫府仙人号宝灯,云浆未饮结成冰。
如何雪月交光夜,更在瑶台十二层?

诗中"紫府仙人"、"宝灯"、"云浆"、"瑶台十二层",都是与道教有关的人物、事象,诗人将它们组合在一起,着意表现一种恍惚迷离、变幻不定、可望难即的意境,极具缥缈迷茫之致。其中"云浆未饮结成冰"的奇想、瑶台十二层邈不可攀

---

① 以上仅据《李商隐诗歌集解》第一册摘出,涉及诗仅八十一首。

的幻境,都与道教的思维对他的影响密切相关。董乃斌说:"道教之于李商隐,严格说来,不过是为其思想增添了一种色彩,而并未成为其世界观的一个组成部分,更未改变其世界观的根本性质。李商隐毕竟不是李白、施肩吾那样的诗人道教徒或道教徒诗人。"(《李商隐的心灵世界》)这个论断是符合实际的。

李商隐与佛教的关系也是一个有待深入研究的问题。商隐现存文章中,与佛教有关的共三篇,即《唐梓州慧义精舍南禅院四证堂碑铭并序》及《上河东公启》两篇,均作于大中七年在梓幕期间。与佛教有关的诗作较多,计有《奉寄安国大师兼简子蒙》、《五月十五夜忆往岁秋与澈师同宿》、《同崔八诣药山访融禅师》、《酬崔八早梅有赠兼示之作》、《题白石莲花寄楚公》、《题僧壁》、《明禅师院酬从兄见寄》、《北青萝》、《忆匡一师》、《华师》、《别智玄法师》、《送臻师二首》,计十三首。他在《上河东公启》中自称:"兼之早岁,志在玄门(此指佛教)。"《上河东公第二启》中又说:"伏以《妙法莲花经》者,诸经中王,最尊最胜,始自童幼,常所护持。"可见他早岁即已诵习佛经。《五月十五夜忆往岁秋与澈师同宿》云:"万里飘流远,三年问讯迟。"说明他与知玄法师的弟子僧彻(澈)在长安时早有交往,《奉寄安国大师兼简子蒙》之安国大师即僧彻(澈),宋《高僧传》卷六有《唐京兆大安国寺僧彻传》。大中元年到桂林后,商隐自称"佞佛将成缚",说明此时信佛程度已有发展。但真正在思想上受佛教较大影响的,是他在东川幕期间,上册第十五章第三节已对此作了较为具体的叙述,不赘。

由于"丧失家道,平居忽忽不乐",梓幕期间的李商隐为了解脱内心的苦闷,佞佛程度确实比以前任何时候都更深,其态度之虔诚从自出财俸,创石壁五间,金字勒《妙法莲花经》七卷的举动可以明显看出。他所刻的《妙法莲花经》,又称《法华经》,是天台宗的主要经典。称释迦成佛以来,寿命无限,现各种化身,"以种种方便,说微妙法"。重点弘扬"三乘"(指声闻、缘觉、菩萨)归一(指佛乘),调和大小乘各种说法,强调一切众生,都能成佛。商隐在蜀及长安所师事的知玄,即属于天台宗。天台宗在它发展的过程中,吸收了道教的神仙方术,这可能是原先就求仙学道的商隐对它感兴趣的原因之一。天台宗的湛然大师提出"无情有性"的宗教世界观，宣扬草木砖石均有佛性（见其所著《金刚錍》）。这和商隐早年在《上崔华州书》中所说的"夫所谓道，岂古所谓周公、孔子者独能耶？盖愚与周、孔俱身之耳"在精神上一脉相通。钱锺书指出商隐此论与竺道生"一阐提人皆得成佛"、孟子"人皆可以为尧舜"、荀子"途之人可以为禹"之论共贯（《管锥编》）。看来，商隐思想上受到佛教天台宗思想的影响，可能在早年就有所表现。

商隐在东川幕期间，对佛教信仰弥笃、浸染日深，这主要是借以消解苦闷和忧愁，但商隐的本性是极端重情甚至惟情的。尽管他在《北青萝》诗中曾说："世界微尘里，吾宁爱与憎？"并声言要正式出家做清凉山行者。但他对这个微尘似的世界却十分执着，实际上他根本做不到泯灭爱憎。由于痴情，为情所困，他内心充满伤感苦闷，所以渴求从佛教教义中求得解脱；也正因为过于痴情，他终于无法解脱。我们试看他在东川幕期间写的一系列诗篇，像《武侯庙古柏》、《筹笔驿》之缅怀诸葛亮的品德功业，深慨志士才人遭逢末世，无力挽回颓运；《井络》之斥责奸雄恃险割据；《无题》（万里风波）之怀古思贤；《七夕》、《李夫人三首》之悼念亡妻；《二月二日》、《初起》、《写意》、《夜雨寄北》之思念故乡；《杨本胜说于长安见小男阿衮》之思念儿女；《柳》（曾逐东风）、《忆梅》之慨叹昔荣今悴、开不逢时；《天涯》、《即日》（一岁林花）之抒写"伤春"意绪；《闻著明凶问哭寄飞卿》之痛愤友人遭谗而死……无论于国于身、于家于友，可以说没有一样是能够抛得开，放得下，能够忘却爱憎的。毋宁说，他的"克意事佛"，正说明在东川期间他的痛苦悲恨之深。从根本上说，李商隐的感情世界中并没有给佛教的空无寂灭思想留下真正的地盘，他到头来是一个虽想皈依佛教却始终为情所缚的世俗之人。

第二节 李商隐的悲剧性格与悲剧心态

李商隐的性格与心态都具有明显的悲剧性质。这种悲剧性格与心态的突出表现,自然是贯串渗透在他的诗文创作中那种浓重的难以排遣的感伤情绪,那种对时代、对人生、对个人身世命运的悲慨。但要真正了解他性格的悲剧性,却不能不先对他性格中历来为人们所忽视的另一面有真正的了解。这就是他的性格中刚直不阿、有正义感、愤世嫉俗、狂傲不羁的一面,尖刻而富于幽默风趣的一面。由于他的大部分代表性诗文不是表现上述性格侧面的,而那些哀感顽艳、缠绵悱恻的诗篇又给历代读者留下极深的印象,因此人们对其性格的另一面往往容易忽略。而实际上,上述性格特点不仅有助于我们了解其性格的多侧面与丰富性,而且对我们深刻理解其性格的悲剧性有重要意义。因为像刚直不阿、有正义感、愤世嫉俗、狂傲不羁等性格特点,在某种意义上可以说是其性格的本色与底色。

商隐性格中刚直不阿、有正义感的一面突出地表现在下列诗文和言行中。开成四年,他从秘书省校书郎调补弘农尉,从清职降为俗吏,在弘农尉任上,因为"活狱"而触忤陕虢观察使孙简,他愤而罢职离去,作《任弘农尉献州刺史乞假归京》诗云:

> 黄昏封印点刑徒,愧负荆山入座隅。
> 却羡卞和双刖足,一生无复没阶趋。

联系《行次西郊作一百韵》中诗人对"穷民"被迫为"盗"的态度(诗有云"盗贼亭午起,问谁多穷民。节使杀亭吏,捕之恐无因"),可以推知"活狱"之举当是因同情穷民处境遭遇而减轻对他们的刑罚。职主捕"盗贼"的县尉而有"活狱"之举,自然触怒了孙简一流苛虐的上司。在这种情况下,商隐愤而罢去,本身就是对酷虐政治的一种抗议。诗中写他对"封印点刑徒"的职司的愧负心情和对"没阶趋"的卑屈处境的强烈不满,表现了他对县尉这种既要镇压百姓、又要趋奉上司的风尘小吏的厌恶。感愤之强烈,甚至说出"却羡卞和双刖足"这样充满愤激的话。这件事充分表现了他的正义感、同情心和强项不屈的性格。这种性格,也体现在《听鼓》诗中:

城头叠鼓声,城下暮江清。

欲问《渔阳掺》,时无祢正平。

祢衡是著名的狂士。曹操想见他,衡称狂病不赴。曹操怀恨,故意召衡为鼓手,想借此折辱他。祢衡在操前裸身击鼓,鼓《渔阳掺》,反使曹操受到羞辱。诗人性格中刚直不屈、狂傲不羁的一面借城头鼓声触动世无祢衡之慨得到充分表露。

  商隐政治上的正义感主要体现在他的一系列政治诗中。主要有三组。第一组是甘露之变以后写的《有感二首》、《重有感》、《曲江》、《故番禺侯以赃罪致不辜事觉母者他日过其门》和稍后的《行次西郊作一百韵》。这些诗是在宦官气焰极为嚣张,绝大多数诗人对此噤口不言的情势下写的,不仅表现了对国家前途命运的深沉忧患感,而且对宦官挟制皇帝、把持权柄、肆行杀戮的罪行表现了强烈义愤。第二组是有关刘蕡冤贬的诗,即赠、哭刘蕡的五首诗。这组诗的矛头不但指向迫害刘蕡的宦官黑暗势力,而且指向了高天"上帝"(实即文、武、宣三朝皇帝),其感情的激愤、沉痛,充分表现了商隐的正义感和刚直性格。当时诗人中,也没有第二人对刘蕡的冤贬公开表示过同情和义愤。第三组是有关李德裕政治集团被冤贬的系列诗篇及为郑亚代撰的辩诬书启。这是在李德裕政治集团面临全军覆没、牛党独揽朝政的形势下写的,因此其政治上的正义感便表现得尤为突出。像《漫成五章》之四、之五,或赞颂李德裕任人唯贤,拔寒素于草莱,或为其对回鹘、吐蕃的正确政策举措辩诬,就是在李德裕已贬居崖州、生还无望的情况下写的,这在当时需要有强烈的正义感和很高的胆识。纵观同时的诗人,也再无别人对李德裕等人的遭遇表示过同情。

正由于有强烈的正义感和刚直不阿的性格,商隐对现实社会中许多丑恶腐朽的现象往往表现出极大的愤慨,形成一种愤世嫉俗的情绪。这在《别令狐拾遗书》和《与陶进士书》中表现得尤为强烈。《别令狐拾遗书》针对当时社会上以利相交,"今日赤肝脑相怜,明日众相唾辱"的丑恶现象作了尖锐的抨击,最后甚至说到"真令人不爱此世而欲狂走远飚",表现出对唯利是图的世风愤惋决绝、痛心疾首的感情。《与陶进士书》中对当时的贵官显宦漠视压抑贤才的行径表示了极大的愤慨,"出其书,乃复有置之而不暇读者,又有默而视之不暇朗读者,又有始朗读而中有失字坏句不见本义者",说自己未中博学宏辞科是"生获忠肃之谥",希望人们认为"此物不识字,此物不知书"。这种喷薄而出的一肚子愤世嫉俗之情固然与他的切身遭遇有关,但也和他素有的刚直嫉恶性格分不开。他的短赋《虱赋》、《蝎赋》、《虎赋》、《恶马赋》[①],也同样充满了愤世嫉俗之情。

商隐幼而聪慧,才名早著。青少年时代,尽管家境艰困,他却相当自负。从《上崔华州书》中可以看出这种高度的自信与自负。"夫所谓道,岂古所谓周公、孔子者独能邪?盖愚与周、孔俱身之耳",一种无视偶像权威,与古圣先贤平起平坐的创造精神与狂傲精神融为一体。书中又说自己"居五年间,未曾衣袖文章,谒人求知。必待其恐不得识其面,恐不得读其书,然后乃出",这种傲视王侯的精神在盛唐诗人中并不罕见,但在晚唐却是凤毛麟角。类似的表白在其他诗

---

① 《虎赋》、《恶马赋》,《文苑英华》、《唐文粹》、《全唐文》、《樊南文集详注》、《樊南文集补编》均未收,见刘克庄《后村诗话》续集卷二。

文中也时见，如《上李尚书状》云："自顷升名贡籍，厕足人流，未尝辄慕权豪，切求绍介，用胁肩诒笑，以竞媚取容……每虞三揖之轻，略以千钧自重。"《偶成转韵七十二句赠四同舍》也说："顷之失职辞南风，破帆坏桨荆江中。斩蛟破璧不无意，平生自许非匆匆……我生粗疏不足数，《梁父》哀吟《鸰鸰舞》。横行阔视倚公怜，狂来笔力如牛弩。"其高自标置的狂态和高自称许的豪情鲜明可触。《读任彦升碑》甚至借用任昉对萧衍的戏言，表达对现实中权贵的轻视："梁台初建应惆怅，不得萧公作骑兵。"姚培谦说："文人倔强如此，岂帝王所能夺耶？"这种自负自信和狂傲精神，也成为他一生的精神支柱之一，使他始终未被生活中的苦难所压倒。大中五年暮春，商隐的妻子王氏去世，这对他是极沉重的打击，但他在这年新秋作的《崇让宅东亭醉后沔然有作》中说：

俗态虽多累，仙标发近狂。
声名佳句在，身世玉琴张。
万古山空碧，无人鬓免黄。
骅骝忧老大，鹠鹑妒芬芳。

尽管身世沉沦困顿，交亲又多亡故，但他对自己的才能声名，却仍充满自负，神仙标格亦发而近狂。

商隐的正义感和刚直狂傲，一方面导致他对社会上种种丑恶和不公正的现象感到愤慨，表现为愤世嫉俗；另一方面，又表现为对丑恶腐朽现象的尖锐嘲讽。商隐的诗品，每被一些封建卫道气息较浓的评家讥为"大尖无品"、"刻薄尖酸，全无诗品"（纪昀评《富平少侯》、《华清宫》）、"太轻薄"（毛奇龄评《马嵬》）。实际上，这种对最高封建统治者荒淫昏聩的尖锐嘲讽，正是商隐思想性格中较少封建卫道观念的表现，是一种可贵的精神品格。值得注意的是，商隐这种尖锐的嘲讽往往跟他特有的幽默风趣结合，像"如何四纪为天子，不及卢家有莫愁"、"谁言琼树朝朝见,不及金莲步步来"、"玉玺不缘归日角,锦帆应是到天涯"、"地下若逢陈后主,岂宜重问《后庭花》"这些名联,就都表现出商隐既尖刻又幽默的个性。张戒《岁寒堂诗话》说:"义山多奇趣。"这"奇趣"中就包含有上面所说的幽默风趣。商隐的有些文章,也常表现出其幽默风趣的个性,如《齐鲁二生》程骧一则写程少良的妻子设宴款待党中少年的场面,刘叉一则写刘叉持韩愈撰墓志铭所得酬金而去时说的话,就表现出一种耐人寻味的幽默。他所撰的《杂纂》,可以说是用滑稽风趣的语言表现世风民俗的一部俗语类编,充分展现出商隐幽默风趣的个性。文学史上不少大作家,像陶潜、杜甫、韩愈、李商隐、苏轼都具有这种幽默风趣的个性。这既可使他们的内心苦闷郁愤得到一定程度的宣泄与化解,也构成了其诗美的一个方面。

但是,商隐性格中的上述侧面,在他所处的实际环境中却得不到充分的发展与展示,相反地,经常处于受压抑的地位。如果说在前期的一些文章中还得到较多展示的话,越到后来,就越少有表露的机会与条件,只是在某些特殊情况下才有激而发,如电光石火之闪现。这充分说明了客观环境对商隐性格中刚直一面的摧抑。这本身就是一种悲剧。

正如一开头就已指出的,商隐性格中给人留下印象最深刻的,还是与上述性格特征迥然不同的方面,这就是多愁善感,或者说感伤。在他人,多愁善感或感伤,可能只是在一定时间地点条件下的情绪;在商隐,却是一种贯穿弥漫性的情绪,一种深入骨髓的个性,是他悲剧性格与心态的突出表征。这种性格心态的形成,当然跟晚唐那样一个从辉煌的盛世跌落到衰颓没落境地的时代密切相关,但这是生活在那个时代的士人都同样面对的。商隐之所以对时代的悲凉之雾,呼吸领会得特别强烈深刻,更与他几代孤寡,带有悲剧色彩的家世,特别是他本人困顿坎坷、漂泊寄幕的身世密切相关。在中国文学史上,有一系列具有悲剧命运的作家,从屈原到曹雪芹,可以开列一串长长的名单。用李商隐的诗句来概括,那就是"古来才命两相妨"(《有感》)。但是,并不是所有遭遇悲剧命运的作家都具有悲剧性格与心态。比如说,陶渊明的命运可以说是带有悲剧性的(理想与现实的矛盾,质性自然与大伪斯兴的浊世的矛盾),但他用达观知命、委运任化的人生哲学排解了自己的苦闷,在大自然和真淳的农村生活中找到了心灵的归宿,达到了物我一体、心与道冥的人生境界。李白的命运当然更是悲剧性的,但终其一生,都没有形成悲剧性格与心态,那种飞扬跋扈之气和高度的自信自负至死未消。苏轼的命运也是悲剧性的,但他却用旷达的超然物外的人生哲学来求得解脱。遭到悲剧性命运,而又形成悲剧性格与心态,并且经常陷溺在悲剧心态中不能自拔,从而深刻地影响其文学创作的,在古代作家中,李商隐是最突出、最典型的一个。

如果我们对他的一些有代表性的编年诗作一番大致的巡礼,就可以发现李商隐的悲剧性格与心态萌芽得特别早,持续的时间特别长,而且处在一个不断深化的过程中。《无题》(八岁偷照镜)大约作于十五六岁的青少年过渡期,诗中所描绘的带有自况意味的少女形象,早熟、聪慧、勤奋,却又带着一种对前途命运莫名的忧伤:"十五泣春风,背面秋千下。"当别的少女都在春风中无忧无虑地玩耍时,她却背对秋千,独自为难以自主、难以预料的命运暗自哭泣。《初食笋呈座中》也作于刚踏入社会的青少年时代,当时他正如初出林的嫩笋,志在凌云,但即席赋诗言志抒怀时,想到的却首先是作为盘中餐的嫩笋惨遭剪伐的命运。这两首诗都表现了对将来的前途命运不祥的预感。《宿骆氏亭寄怀崔雍崔衮》也是早期未第时作,在水亭秋夜对朋友的悠长思念中所发现与欣赏的竟是"秋阴不散霜飞晚,留得枯荷听雨声"这样一种衰飒、凋残的诗意美,连感伤入骨的曹雪芹都不由得借林黛玉之口说它"太颓丧了"。作于大和九年(时商隐年二十四)的《夕阳楼》说:

花明柳暗绕天愁,上尽重城更上楼。

欲问孤鸿向何处,不知身世自悠悠。

三、四两句抒发的是一个同情别人的人忽然醒悟到自己同样是需要别人同情的人,却又根本无人同情自己的悲剧心理。这是一般年轻人很少有的心态。在爱情题材领域,大约作于同一年的《燕台诗四首》,词采虽极秾艳,感情却极凄惋、悲怨,充满了"幽忆怨断"的悲剧音调。总之,青少年时代的李商隐,在诗里已经弹奏出了浓重的人生悲音。"内无强近,外乏因依"(《祭徐氏姊文》)的家世、"沦贱艰虞多"(《安平公诗》)的身世和"夕阳无限好,只是近黄昏"的时世,正是形成他青少年时期感伤个性和悲剧性心态的重要原因。这种悲剧性的性格、心态,从少年、青年一直持续到他晚年。从《无题》(八岁偷照镜)到大体上可以推断作于晚年的《锦瑟》,李商隐在他的诗文中弹奏出了一曲曲持续不断的人生悲歌。在这个过程中,他的悲剧性格、心理不断深化。如对现实政治的看法,他十八岁时写的《隋师东》说"但须鸑鷟巢阿阁,岂假鸱鸮在泮林",认为只要有贤相主政,就不会让藩镇长期割据州郡。《行次西郊作一百韵》也说:"又闻理与乱,系人不系天。"并举出"昔闻举一会,群盗为之奔"作为典型的例证。但到开成五年文宗去世后写的《咏史》中,他已经慨叹"运去不逢青海马",而到晚年所作的《武侯庙古柏》和《筹笔驿》中,又进而发出"玉垒经纶远,金刀历数终"、"徒令上将挥神笔,终见降王走传车"的悲慨。从主明臣贤就能拯救危局到纵有求治之主和贤才也无法挽救气运已尽的王朝,反映出他对现实政治和时代悲剧感受的深化。他对人生的感受也是如此。前期写的《无题》(昨夜星辰),尽管也有相爱而不能会合的怅惘和身世飘蓬的叹息,但毕竟有"昨夜星辰昨夜风,画楼西畔桂堂东"的温馨回忆和宴席上酒暖灯红、心通目成的热烈场景,但到晚年写的《锦瑟》,却一切都成了梦幻泡影,回忆华年往事,只剩下了失落的迷惘、无穷的哀怨、无边的寂寥和缥缈如烟的感受。

　　除了感伤这一最突出的表征以外,李商隐的悲剧性格与心态还表现为以下两个主要特点:

一是特别敏感又特别执着。李商隐大约是古代作家中最多愁善感者之一，而且他对时代悲剧、人生悲剧命运的敏感具有明显的超前性。比如对时世的感受，他就比许多同时代的诗人（甚至包括杜牧这样杰出的诗人）要敏感得多。开成元年春写成的《曲江》，在对那场刚过去不久的"流血千门，僵尸万计"的甘露之变进行反思时，他已经像西晋的索靖一样预感到了大唐王朝荆棘铜驼的命运。商隐作这首诗时，离唐王朝的覆灭还有七十多年。这种超常的敏感正是由于诗人透过甘露之变这一标志性的政治事件，看到了唐王朝不可避免的衰亡命运。对人生遭遇，也是如此。开成三年，他参加博学宏辞考试落选，在泾原幕作《回中牡丹为雨所败二首》，用为雨所败的牡丹象征自己遭受摧抑、"先期零落"的悲剧命运，悲慨自己"一年生意属流尘"。甚至说"前溪舞罢君回顾，并觉今朝粉态新"，透过一层，设想将来的命运当比现在更为可悲。和将来化为尘泥、随水流逝的结局相比，今天为雨所败的"粉态"还算有几分新艳。一个青年人，仕途上刚遇上一点挫折，竟发出如此不祥的悲音，实在是过于敏感了。这种特别敏感的性格使他超前地感受到一般人还来不及感受到的悲剧性命运和趋势。但特别敏感的人如果是个清醒而洒脱的智者、达者，他可以想办法求得解脱，像前面提到的陶潜、苏轼那样。而商隐却缺乏这种清醒而洒脱的智者达人气质。他生性特别执着，尽管敏锐地感受到了时代的、人生的悲剧命运，却总是摆不开，放不下，化不掉。尽管他早就预感到了唐王朝的没落，但仍然对它的没落深情地加以哀挽。他对没落的美、美的没落有一种化解不开的情结："夕阳无限好，只是近黄昏。"对爱情，尽管间阻不通，会合无期，但"春蚕到死丝方尽，蜡炬成灰泪始干"，纵使无望，也要作苦苦不已的追求。这种既极端敏感又极端执着的性格，使他一生经常处在悲剧心态的旋涡之中，如春蚕作茧自缚，无法解脱，在感情的缠绕中走向生命的终结。

二是特别内向又特别缠绵甚至软弱。如上所述，商隐性格中本有刚直不阿、富于正义感、愤世嫉俗、狂傲不羁的一面，但由于时代、家世、身世的多重不幸,却造成了商隐非常内向的性格。他出身比较寒微,仕途上要找到出路,势必要有所依托。他一生历事戎幕,主要是为了解决仕进之路和生活出路。尽管他所事的幕主对他都相当器重、关顾,有些还对他有很深的知遇之恩,但从他自己这方面说,却时时需要注意自己的言行,小心侍奉,谨慎从事。这种特殊的长期依人作幕的处境,也使他的性格变得特别内向。他不能像出身高门的杜牧那样,可以狂言惊四座,可以在作幕期间出入倡楼,"以宴游为事"①,而只能小心翼翼。而他的本性,却对这种趋奉上司、没有多少个人意志与自由的幕僚生活很不习惯。从"却羡卞和双刖足,一生无复没阶趋"、"天官补吏府中趋,玉骨瘦来无一把"这些诗句中可以看出他对这种趋奉生活的厌恶。但为了仕途与生活,又常常只能忍受。这种内向的性格本身就是被环境压抑、扭曲的结果,是畸形的,带有悲剧性的;扭曲之后还不能随意发泄,就更加痛苦。他只能将这种心灵的痛苦寄之于诗,因此他的诗往往是痛苦心灵的自诉。以郑亚和商隐这样的幕主、幕僚关系,应当说是相当亲密的,但大中元年十月,商隐在李德裕政治集团面临十分不利的形势下奉郑亚之命出使江陵,与德裕当政时作过宰相的荆南节度使郑肃联络,尚且要在《奉使江陵途中感怀寄献尚书》这首寄献郑亚的诗中表示对郑亚知遇之恩的感激和"枫丹欲照心"的一片赤诚。在东川幕,柳仲郢出于对商隐丧妻后孤寂处境的同情,准备把乐营中的歌伎张懿仙赠给他,商隐得知后,写了一封情哀词恳的《上河东公启》加以婉辞,信中特意声明自己诗歌中虽有男女之情方面的内容,但自己跟"南国妖姬,丛台妙妓"们"实不接于风流",恳请柳仲郢收回成命,"使国人尽保展禽,酒肆不疑阮籍"。可见他即使在妻子去世后接受妾侍之赐这种合情合理的问题上,也总是小心翼翼,唯恐人们对他的人品有议论。在幕府中,还免不了有些人事关系上的摩擦,特别是商隐

---

① 杜牧在淮南节度使府为掌书记时,常出没驰逐倡楼间,节度使牛僧孺密教卒三十人,易服随后,潜护之。事见《太平广记》卷二七三引《阙史》。

因为才高而受到幕主器重,更易招致同僚的嫉忌。在天平幕时,因为令狐楚对商隐的青睐,而有"人潜公骂"之事(见《奠相国令狐公文》);在泾原幕期间,也有"不知腐鼠成滋味,猜意鹓雏竟未休"的感慨;在徐州幕,作《越燕二首》托物寓慨,有"来莫害王孙"的告诫;在东川幕,《北禽》有忧谗畏讥之意,《夜出西溪》有"松高莫出群"的自我告诫,都反映出幕府中人事关系上的摩擦。这种处境,自然也加深了他内心的苦闷与孤寂。一个性格内向的人,如果比较果决刚强,则虽内向也未必会形成悲剧性格。但商隐又偏偏十分重情,十分缠绵,甚至相当软弱。他和令狐绹之间,通过长期交往,应该说对其为人的势利、狭隘、猜忌是有较深了解的,但由于令狐楚对他的恩遇和令狐绹在他考进士时帮过忙,再加上在仕途上对令狐绹有所希求,因此总是不能割舍、决裂,甚至不得不向令狐绹写诗陈情告哀、表白解释。这对一个本质正直的人是最痛苦的折磨。从他的本性说,他憎恶胁肩谄笑、竞媚取容,但为了仕进却不得不多次向显贵者写信请求援手,希望他们垂怜。商隐诗文集中一系列这方面的篇章,便是他的正直品格受到扭曲,不得不强颜低意的证明。

总之,李商隐所处的时代、家世、身世境遇,造成了他的悲剧性格与心态。他对时代、人生、个人命运的悲剧包括爱情方面的悲剧都有极深的感受,但又无法摆脱,无法解脱。政治上明明连最起码的参政条件都没有(一生中只在朝做过九品的秘书省校书郎、正字和六品的冷官太学博士,都无缘参政,而且都为时极短),却死死抱定回转天地的匡国宏愿:"永忆江湖归白发,欲回天地入扁舟","如何匡国分,不与夙心期","人生岂得长无谓,怀古思乡共白头"。从青年、中年直到晚年,匡国之志不移。明明感到周围环境一片冰冷,却仍然怀着一片赤诚,一往情深:"五更疏欲断,一树碧无情","黄叶仍风雨,青楼自管弦"。对美好的事物十分挚爱、流连,却又只能眼睁睁地看着它沦没消逝:"夕阳无限好,只是近黄昏","肠断未忍扫,眼穿仍欲稀。芳心向春尽,所得是沾衣"。在他一生中,迷惘、失落、变幻不定、缥缈难即,无边的永恒的寂寞、绝望和幻灭的悲哀,这种种心理状态总是时时萦绕在心头。但尽管如此，他却还是要在近乎绝望中抱着微茫的希望（"蓬山此去无多路，青鸟殷勤为探看"），在仿佛无可慰藉的情况下寻求一丝慰藉（"何当共剪西窗烛，却话巴山夜雨时"），甚至在绝望的悲哀中仍作执着的追求（"春蚕到死丝方尽，蜡炬成灰泪始干"），在屡经幻灭后仍作幻灭后的追求（"春心莫共花争发，一寸相思一寸灰"，"浮生尽恋人间乐，只有襄王忆梦中"），在彻骨、弥漫的悲哀中咀嚼悲哀中的美（"红楼隔雨相望冷，珠箔飘灯独自归"）。这一切，构成了李商隐最有特色的诗歌中最常见的感情内容，也构成了其诗歌特有的美感、特有的魅力。

第三章　李商隐与牛李党争

李商隐和晚唐长达数十年的牛李党争的关系,一直是李商隐研究中有争论的问题,也是李商隐研究中的难点和焦点之一。在上册有关章节中,已结合商隐生平的某些阶段分别作过一些叙述和分析,这里列专章作一综合讨论。

第一节　有关这一问题的各种不同观点概述

这个问题的提出,首先要溯源于两《唐书》商隐本传的有关记载。《旧唐书·文苑传·李商隐》载:

> 商隐幼能为文。令狐楚镇河阳①,以所业文干之,年才及弱冠。楚以其少俊,深礼之,令与诸子游。楚镇天平、汴州②,从为巡官,岁给资装,令随计上都。开成二年,方登进士第……王茂元镇河阳③,辟为掌书记……茂元爱其才,以子妻之。茂元虽读书为儒,然本将家子,李德裕素厚遇之。时德裕秉政,用为河阳帅。德裕与李宗闵、杨嗣复、令狐楚大相仇怨。商隐既为茂元从事,宗闵党大薄之。时令狐楚已卒,子绹为员外郎,以商隐背恩,尤恶

---

① 此误,当为东都洛阳,时在大和三年。《新唐书》亦误。
② 此误,楚镇汴早在长庆四年至大和二年。《新唐书》作"宣武",亦误。
③ 此误,当为泾原。《新唐书》亦误。

其无行。俄而茂元卒,来游京师,久之不调。会给事中郑亚廉察桂州,请为观察判官、检校水部员外郎①。大中初,白敏中执政,令狐绹在内署,共排李德裕,逐之。亚坐德裕党,亦贬循州刺史。商隐随亚在岭表累载。三年入朝,京兆尹卢弘正(止)②奏署掾曹,令典笺奏。明年,令狐绹作相,商隐屡启陈情,绹不之省。弘正(止)镇徐州,又从为掌书记③。府罢入朝,复以文章干绹,乃补太学博士。

《新唐书·文艺传·李商隐》载:

> 令狐楚帅河阳,奇其文,使与诸子游。楚徙天平、宣武,皆表署巡官,岁具资装使随计。开成二年,高锴知贡举,令狐绹雅善锴,奖誉甚力,故擢进士第……王茂元镇河阳,爱其才,表掌书记,以子妻之……茂元善李德裕,而牛李④党人蚩摘商隐,以为诡薄无行,共排笮之。茂元死,来游京师,久不调。更依桂管观察使郑亚府为判官……亚亦德裕所善。绹以为忘家恩,放利偷合,谢不通……绹当国,商隐归穷自解,绹憾不置。(卢)弘止镇徐州,表为掌书记。久之,还朝,复干绹,乃补太学博士。

除了少数仕历及时间先后记载的错误外,两《唐书》本传的基本内容是一致的。即李商隐先受到令狐楚的赏爱与厚遇,楚卒后入为李德裕所善的王茂元幕,并娶茂元女为妻,由此受到李宗闵党的"蚩摘"、"大薄",令狐绹尤恶其"背恩"与"无行"。大中年间,商隐又随李德裕所善的郑亚去桂管为幕僚,更

---

① 据《樊南甲集序》及《为荥阳公上荆南李相公状》,当是观察支使,当表记。《新唐书》亦误。
② 时京兆尹非卢,可能是郑涓。
③ 当为节度判官。《新唐书》亦误。
④ 指牛僧孺、李宗闵。

遭到令狐绹的忌恨,认为他"放利偷合"。绹作相,商隐屡启陈情,绹不省。徐幕罢归,复以文章干绹,乃补太学博士。两《唐书》本传用了一半以上的篇幅来叙述李商隐与牛李两党的关系,把它看做商隐"名宦不进,坎壈终身"(《旧唐书·李商隐传》)的重要原因,可见两书编著者都认为这是商隐一生仕历交游的大事。

但是,清代以来,随着对李商隐及其诗文研究的逐步深入,许多学者对两《唐书》的这些记载和议论提出了不同看法。归纳起来,主要有以下三说:

党李说 这一说为朱鹤龄所主张。他在《笺注李义山诗集序》中说:"夫令狐绹之恶义山,以其就王茂元、郑亚之辟也;其恶茂元、郑亚,以其为赞皇(即李德裕)所善也。赞皇入朝,荐自晋公,功流社稷,史家之论,每曲牛而直李。茂元诸人,皆一时翘楚。绹安得以私恩之故,牢笼义山,使终身不为之用乎?绹特以仇怨赞皇,恶及其党,因并恶其党赞皇之党者,非真有憾于义山也。太牢(即牛僧孺)与正士为仇,绹父楚比太牢而深结李宗闵、杨嗣复。绹之继父,深险尤甚。会昌中,赞皇擢绹台阁,一旦失势,绹与不逞之徒竭力排陷之,此其人可附离为死党乎?义山之就王、郑,未必非择木之智、涣丘之公。此而目为放利偷合、诡薄无行,则必将朋比奸邪、擅朝乱政,如'八关十六子'之所为,而后谓之非偷合、非无行乎?"总之,他认为李商隐后来追随王茂元、郑亚是"择木之智",而非"放利偷合",因为李德裕是"功流社稷"的贤臣。这种观点建立在两个前提下:其一,王茂元、郑亚都是李德裕党;其二,李商隐追随王、郑,是自觉的政治选择,而非偶然的行动。但这两个前提实际上都存在一些问题,特别是王茂元是否李党,李商隐入王茂元幕是否意味着"去牛就李"。这一说的合理部分为岑仲勉、傅璇琮所发挥,并对其有所修正。岑仲勉认为李德裕无党,傅璇琮认为商隐后期倾向李党,分见岑氏所著《隋唐史》、傅氏论文《关于李商隐研究中的一些问题》(载《文学评论》1982年第3期)。

党牛说 这一说为徐逢源所主张。① 徐氏谓："唐之朋党，二李（即德裕、宗闵）为大。牛僧孺为李宗闵之党魁，故又曰'牛李'。杨嗣复、李宗闵与李德裕大相仇怨。义山为楚门下士，是始乎党牛之党者也。适从郑亚辟，令狐绹以为忘家恩，憾之不置。义山归穷自解，绹不之省。徐州归后，复以文章干绹，乃补太学博士，则终乎党牛之党矣。论者以为王茂元婿，又从事桂林，遂谓党赞皇之党。不知茂元自有王涯为之道地，又得中人之助，所恃不独一卫公也。惟郑亚始终为卫公所引。然从亚非义山本怀，又不过一年。观其《酬令狐郎中》诗云：'补羸贪紫桂，负气托青萍。'则心事和盘托出，不过为贫而仕耳，非有心负绹者，《传》所云'放利偷合'，则不诬也。他如杨虞卿、萧浣、杜悰、卢钧，无一非牛党。虽柳仲郢，史亦称其与僧孺善。而谓党赞皇之党者，吾不信也。集中刺卫公诗，不一而足，若《李卫公》一绝，尤其显然者。"总之，他认为李商隐"始乎党牛之党"，"终乎党牛之党"，从郑亚只是"为贫而仕"。这一说由于三个主要论断都过于表面化，不能推求商隐行动的实质，存在显然的漏洞，因此几乎没有学者赞同这一主张。

无与党局说 这一说为冯浩所主张，纪昀的观点亦与之接近。冯浩《玉谿生年谱》云："朱长孺序，过褒义山；徐氏尽翻朱说，尤偏执矣。夫李、牛之党，实繁有徒。然岂人人必入党中，不此即彼，无可解免者哉！既同时矣，同仕矣，势不能不与之款接。要惟为党魁者，方足以持局而树帜，下此小臣文士，绝无与于轻重之数者也……义山少为令狐楚所赏，此适然之遇，原非为入党局而然。惟是开成时既以绹力得第，而乃心怀躁进，遽托泾原，此《旧·传》所云绹以背恩，尤恶其无行也。绹之恶义山实始于此……其后以郑亚为李卫公所善，逐李并及郑，而绹之恶义山，尤不能释矣。然则赴郑幕者，所以重绹之怒。其实早怒其得

---

① 据冯浩《玉谿生年谱》所引。徐氏曾笺注义山诗，今佚。冯浩在《玉谿生诗笺注》中曾引用徐氏稿本中之笺解。

第而背恩，固非从卫国而迁及之也。最后在卢幕，在柳幕，皆属卫公所赏识。夫义山之历就诸幕，皆聊谋禄仕，既并非党李之党，更乌得以补太学博士之一节，而谓终于党牛之党也哉！（补博士乃绚之情不可恝，非美迁也，岂可以论党局？）集中叹卫公诗，吾详味之矣，刺卫公诗绝鲜。其《李卫公》一绝，伤之，非幸之也。惟上杜惊诗'恶草虽当路'，乃实斥卫公者。以投赠之故，冀耸尊听，不惜违心而弄舌耳。要而论之，义山不幸而生于朋党倾轧之日，所遇皆此辈，未免为其波染，若其踪迹名位，绝无与于党局。即绚之恶其背恩，仅一家之私事耳，安得过信史书，各徇偏见，而必谓其党李之党，或谓其党牛之党也哉……义山既不足与论党局矣，而统观全集，其无行诚不能解免：当得第而未仕，则遽背恩而赴泾原；茂元卒，又欲修好于令狐；令狐出刺吴兴，又即膺桂管之辟，泰然有'不惮牵牛妒'之句。桂府遽罢，卫公叠贬，令狐入居禁近，则又哀词祈请，如醉如迷。迨至令狐宿憾终不可释，乃始真绝望而以《漫成五章》揭生平之大略，窃隐附于卫公，以冀取重于千载后也。一人之笔，矛盾互持，植品论交，两无定夺。"纪昀则云："'诡薄无行'，固当时已甚之词；而以为'择木之智，涣丘之公'，亦后人张大其事而涉于袒护者。义山盖自行其志而于朝廷党派无所容心于其间。感王茂元一时知己，故从而依之；不幸值绚之谿刻，遂成莫解之怨，固迫于势之不得不然耳。倘以为有意于去就，则后之屡启陈情又何说以处之。"（《笺注李义山诗集序》纪批）严格地说，冯氏是"小臣文士无与于党局"说，纪氏才是真正的无党（"于朝廷党派无所容心于其间"）说。但他们的说法都会碰到同样的对立面：李商隐是否在主观上始终不偏向牛、李两党中的任何一方？因为小臣文士客观地位无与于党局不等于其在主观上没有偏向某一党的倾向，这是两个不同的概念。而一旦事实证明在某一阶段李商隐有偏向某一党的倾向，冯、纪之说都难以成立。至于冯氏对商隐人品的批评，有的近于苛责，如说商隐作《漫成五章》是"窃隐附于卫公，以冀取重于千载后"，可谓莫须有的加罪。

自朱、徐、冯三说发表后，近人有关这一问题的论述，又有一些新的变化发展。

主观上无党，客观上受害或卷入论　吴调公认为：李商隐决无意于参加任何一党。正因为他能超越党争之外，所以他的政治态度比较公正，政治诗的观点也能超出集团私利之争。他在青少年时代为令狐楚所赏识，固然谈不上党局；他的择婚王氏，也还是无可非议的。值得提出的是，王茂元的政治派系似不应列为李党。义山对牛党和李党，都不曾有过狎狎结纳的现象，对党人的态度也无偏袒。出入牛、李之间是事实，不过恐怕不全是为了仕进。在政治上同情李德裕（但也不必说是"择木之智"）和为了解决生活问题等种种因素都可能存在。从商隐主观方面说，无关乎牛李党局；就客观方面说，他先后追随的幕主，确是包括两党人物，无怪乎他徘徊两党之间而饱受白眼了。周建国的看法与之相近而稍异，他认为："李商隐主观上虽无意于投入某党从党争中渔利，但在客观上是卷入党争的。就婚王氏支持泽潞之役是其涉足党争的开始，而从郑桂管后参与吴湘讼案更使其卷入党争的旋涡中心。这些过程正是他始受党争之害进而到深受党争之害的历史。李商隐在就婚王氏与从郑桂管两个时期中支持和同情较为进步的李党，表现了他的进步性和正义感。但同时又屡屡向令狐绹告哀乞怜，也暴露出他思想中庸俗的一面。"周说不同于吴说之处在于将商隐入王茂元幕和支持泽潞之役也看成支持李党。

主观上倾向李党　这种主张提得最明确而且论证得很充分的，主要是傅璇琮。他认为："王茂元既不是李党①，也不是牛党……李商隐入王茂元幕，也根本不存在卷入党争的问题……李德裕一派在中晚唐是一个要求改革、要求有所作为的政治集团……李商隐正是在李党面临失败的无可挽回的情况下同情于李党，并用自己的一支笔为李党辩诬申冤，因而受到牛党的打击。"（《李商隐研究中的一些问题》）他在《李德裕年谱》中对牛李党争始末及两党主要人物的评价

---

① 岑仲勉已提出此说。

有更充分的论述。

牛李党争并非李商隐悲剧的真正根源　董乃斌在《李商隐悲剧初探》中说："义山悲剧与牛李党争有关，但牛李党争并非义山悲剧的真正根源。真正的根源是晚唐时代统治阶级内部矛盾的激化和官僚制度的极端腐朽。""晚唐时代有一大批下层知识分子在政治上找不到出路，其中绝大多数与牛李党争毫无关系……论义山悲剧，自然不能不谈牛李党争。但如果仅停留在他与牛李两党个别人物的关系上，势必有碍于对悲剧实质的深入探讨。"

通过长时期的讨论，学界对有些问题的看法逐渐趋于一致（如认为李商隐并非牛党，认为李商隐最初依托令狐楚，与党局无关；认为李商隐大中年间对李德裕一派有所同情），但还存在不少需要进一步探讨的问题。我认为，要弄清李商隐与牛李党争的关系，必须解决以下几个问题。兹分节论述。

第二节　牛李党争的性质问题

这个问题之所以首先要明确，是因为如果李商隐至少在客观上卷入了党争，甚至在主观上对其中的某一党有同情、支持的倾向，那么就必须弄清牛李两党的斗争究竟属于什么性质。是统治集团内部纯粹为了争权夺利而进行的毫无是非可言的矛盾斗争呢，还是虽属统治阶级内部矛盾，但就总体而言，仍有是非或进步保守之分呢？陈寅恪在《唐代政治史述论稿》中主张，牛党代表新兴进士集团势力，李党代表士族门阀势力，认为"牛、李两党的对立，其根本在两晋南北朝以来山东士族与唐高宗武后之后由进士词科进用之新兴阶级，两者互不相容"。岑仲勉在《隋唐史》中则认为"牛僧孺、李宗闵结党蠹国，贿赂公行"，而"李德裕攘外安内，政绩彰彰"、"无党"，"牛党对德裕，只是同一士族阶级内结党营私者与较为持正者之相互间斗争，并非'科举'与'门第'之斗争，因为争取科第出身，旧族与寒族并无二致"。傅璇琮赞成并发挥岑说，在《李德裕年谱》中指出李德裕的"一些在重大政治问题上的主张和行动,在历史上是属于进步的,他是一个要求改革,要求有所作为的政治家","如果我们把他的政见放在历史的联系上来看,可以说,会昌政治是永贞革新的继续",并指出了中晚唐时期党争的不同发展阶段,认为穆宗、敬宗时,主要是裴度与李逢吉的斗争,文宗大和后则主要是李德裕和牛僧孺、李宗闵之间的斗争;认为牛党政治上"因循保守,反对一切改革,依附于腐朽势力","牛李两党,对当时一些重大的政治问题,都是针锋相对的"。

我们判断一个政治集团、派别,一个政治人物究竟是进步或保守,最根本的标准只能是看其政治主张、措施对生产的发展、社会的进步是否有利,而不应根据别的什么原则(比如政治集团成员的出身、门第)。如果用这个根本标准来考察,那么在文、武、宣三朝的政坛上,以李德裕为首的政治集团显然比以李宗闵为首的政治集团要进步,至少是一个政治上有作为、有业绩的集团;而以李宗闵为首的政治集团则或者政治上趋向保守、无所作为,或者结党营私、争权夺利。具体地可以从以下五个方面来比较。

第一,在对待藩镇割据叛乱的问题上,李德裕政治集团坚决主张讨伐,牛党则主张姑息牵就。会昌三年四月,泽潞节度使刘从谏卒,其侄刘稹擅自立为留后,企图迫使朝廷承认既成事实,抗拒护送从谏灵柩回洛的朝旨。李德裕坚决主张讨伐。五月初二,德裕上《论昭义三军请刘稹勾当军务状》云:"(从谏)及寝疾弥留,罔思臣节。又令纪纲旧校,诱动军情,树置骇童,再图兵柄……此而可容,孰不可忍!"而《新唐书·李德裕传》载:"始议用兵,中外交章固争,皆曰:'(刘)悟功高,不可绝其嗣。又从谏蓄兵十万,粟支十年,未可以破也。'它宰相亦婉娩趋和。"《旧唐书·武宗纪》会昌三年五月载集议情况云:"宰臣百僚进议状,以'昆戎未殄,塞上用兵,不宜中原生事,潞府请以亲王遥领,令稹权知兵马事,以俟边上罢兵'。独李德裕以为泽潞内地,前时从谏许袭,已是失断,自后跋扈难制,规胁朝廷。以稹竖小,不可复践前车,讨之必殄。武宗性雄俊,曰:'吾与德裕同之,保无后悔。'自是谏官上疏言不可用兵者相继。"其时宰相有李德裕、李绅、李让夷,其中李让夷非李党(岑仲勉《隋唐史》)。《通鉴·会昌三年》:"五月,李德裕言太子宾客、分司李宗闵与刘从谏交通,不宜置之东都,戊戌,以宗闵为湖州刺史。"《新唐书·李宗闵传》亦云:"会昌中,刘稹以泽潞叛,德裕建言宗闵素厚从谏,会上党近东都,乃拜宗闵湖州刺史。稹败,得交通状,贬漳州长史。"其时牛党首领牛僧孺、李宗闵均已失势投闲置散,未必有直接反对讨伐刘稹的言论行为。但牛僧孺在对待藩镇割据叛乱问题上的姑息妥协态度是有案可查的。《通鉴·大和五年》载,正月,卢龙副兵马使杨志诚作乱,节度使李载义奔易州;志诚又杀莫州刺史。"上召宰相谋之,牛僧孺曰:'范阳自安史以来,非国所有……今日志诚得之,犹前日载义得之也。因而抚之,使捍北狄,不必计其逆顺。'……以杨志诚为卢龙留后。"连政治上保守的司马光也认为牛僧孺的这套理论和所采取的措施是"姑息偷安之术"。

第二,在对待回鹘、吐蕃的政策上。李德裕会昌朝任宰相期间,对回鹘残部嗢没斯逼近边塞,先是遣使镇抚,运粮食以赐之,不使边将邀功生事;回鹘乌介可汗向唐朝求粮食,并提出欲借振武城居住,李德裕则答应借粮,而不允借城;及至乌介可汗侵扰不已,乃集中力量一举击溃之。会昌二年八月二十七日,德裕奏请召开公卿会议,商讨对付乌介入侵事宜,以牛僧孺为首的一部分朝臣畏敌避战,德裕于奏论中一一加以辩驳(详《李德裕年谱》)。《旧唐书·武宗纪》会昌二年八月载:"诏以回鹘犯边,渐侵内地,或攻或守,于理何要?令少师牛僧孺、陈夷行与公卿集议可否以闻。僧孺曰:'今百僚议状,以固守关防,伺其可击则用兵。'宰相李德裕议:'以回鹘所恃者嗢没斯、赤心耳,今已离散,其强弱之势可见。戎人犷悍,不顾成败,以失二将,乘忿入侵,出师急击,破之必矣。守隘示弱,虏无由退。击之为便。'天子以为然。"会昌三年正月,石雄奇袭乌介可汗牙帐,大败之,迎太和公主以归。可见李德裕在对待回鹘侵扰的问题上,措置得当,态度坚决。在对待吐蕃的问题上,更可看出牛、李二人完全对立的态度。

第三章　李商隐与牛李党争　49

《通鉴·大和五年》:"九月,吐蕃维州副使悉怛谋请降,尽帅其众奔成都。(西川节度使)李德裕遣行维州刺史虞藏俭将其兵入据其城。庚申,具奏其状,且言'欲遣生羌三千,烧十三桥,捣西戎腹心,可洗久耻,是韦皋没身不能致者也!'事下尚书省,集百官议,皆请如德裕策。牛僧孺曰:'吐蕃之境,四面各万里,失一维州,未能损其势。比来修好,约罢戍兵。中国御戎,守信为上……徒弃诚信,有害无利,此匹夫所不为,况天子乎?'上以为然。诏德裕以其城归吐蕃,执悉怛谋及所与偕来者悉归之。吐蕃悉戮之于境上,极其惨酷。德裕于是怨僧孺益深。"维州是战略要地,牛僧孺的沮议及归还维州、遣还悉怛谋之举使唐王朝坐失收复没蕃土地的良机。① 对李德裕抗击回鹘侵扰一事,大中十年宣宗下诏加以否定,谓"会昌中奸臣当轴,遽加殄灭";对李德裕接受悉怛谋之降一事,宣宗在大中元年改元大赦制文中即予否定,称"国家与吐蕃甥舅之好,自今后边上不得受纳降人"(但宣宗自己却在大中三年接纳三州七关及维州之降),而整个大中时期,正是牛党专政之时。

第三,在对待宦官专权的问题上。李德裕会昌年间当政时,在抗击回鹘、讨伐刘稹的战争中奏请取消沿袭已久的宦官监军的权力,以保证朝廷及将帅对军队的统一指挥权。《通鉴·会昌四年八月》叙李德裕加太尉时论云:"初,李德裕以韩全义以来(胡注:德宗遣韩全义讨吴少诚,败于溵水)将帅出征屡败,其弊有三……二者,监军各以意见指挥军事,将帅不得专进退;三者,每军各有宦者为监使,悉选军中骁勇者数百为牙队,其在阵战斗者,皆怯弱之士。每战,监使自有信旗,乘高立马,以牙队自卫,视军势少却,辄引旗先走,阵从而溃。德裕乃与枢密使杨钦义、刘行深议,约敕监军不得预军政,每兵千人听监军取十人自卫,有功随例沾赏。二枢密皆以为然,白上行之。自御回鹘至泽潞罢兵,皆守此制。自非中书进诏意,更无他诏自中出者,号令既简,将帅得以施其谋略,故所向有

---

① 对此事的是非,胡寅、陆游、王夫之及岑仲勉均有详明的论析,见《李德裕年谱》引文。

功。"这虽是对宦官权力在有限时间与范围内有所抑制,但收到的成效很大。此外,对宦官头子仇士良阳示尊宠,阴削其权力,且进一步使其致仕。士良死后,又藉没其家赀。任命崔铉为相时,宦官头子没有参与,"时枢密使刘行深、杨钦义皆愿悫,不敢预事"(《通鉴·会昌三年五月》),这正是因为李德裕执政,提高了南司(朝廷)威望的结果。王夫之说:"唐自肃宗以来,内竖之不得专政者,仅见于会昌。德裕之翼赞密勿,曲施衔勒,不为无力。"(《读通鉴论》卷十六)而牛党的李宗闵,则是以交结宦官而臭名昭著的。《旧唐书·李宗闵传》:"(大和)三年八月,以本官同平章事。时裴度荐李德裕,将大用。德裕自浙西入朝,为中人助宗闵者所阻,复出镇。""宗闵为吏部侍郎时,因驸马都尉沈䕫结托女学士宋若宪及知枢密杨承和,二人数称于上前,故获征用。"《新唐书·李宗闵传》亦载李训、郑注"劾宗闵异时阴结驸马都尉沈䕫、内人宋若宪、宦者韦元素、王践言等求宰相"。

第四,在对待佛教僧侣势力的问题上。佛教势力膨胀,是中唐以来最大的弊政和社会问题之一。李德裕反佛甚力。会昌五年七八月间,敕并省佛寺,令僧尼还俗,计拆公私大小寺院四万六千余所。李德裕《贺废毁诸寺德音表》云:"土木兴妖,山林增构。一岩之秀,必极雕镌;一川之腴,已布高刹。鬼功不可,人力宁堪。"指出佛寺豪华,广占良田,耗费大量人力物力。僧尼还俗四十一万人,收良田数千万顷,足证德裕此言不虚。晚唐古文家孙樵以会昌时禁佛、讨回鹘、平泽潞、定杨弁之乱并提,作为武宗业绩,实际上这一系列业绩都是李德裕当政期间取得的。而牛党白敏中等当政的宣宗朝,却重新修复佛寺,兴复佛教,致使"僧尼之弊皆复其旧"(《通鉴·大中元年闰月》),"三年之间,斤斧之声不绝"(孙樵《与李谏议行方书》)。

第五,在对待冗官冗吏的问题上。《通鉴·会昌四年》:"李德裕以州县佐吏太冗,奏令吏部郎中柳仲郢裁减。六月,仲郢裁减一千二百一十四员。"《旧唐书·柳仲郢传》:"会昌中,三迁吏部郎中,李德裕颇知之。武宗有诏减冗官,吏部条疏,欲牒天下州府取额外官员。仲郢曰:'州县每冬申阙,何烦牒耶?'幸门顿塞。仲郢条理旬日,减一千二百员,时议称惬。"《新唐书·李德裕传》:"又尝谓:'省事不如省官,省官不如省吏。能简冗官,诚治本也。'乃请罢郡吏凡二千余员。"而大中初,牛党执政,又增设冗员,《通鉴·大中元年》,十二月,"吏部奏:会昌四年所减州县官内复增三百八十三员"。

第六,在用人政策上。牛党表现出强烈的排他性,凡是本党的,多加重用,凡属李党的,尽力排斥,结党营私的现象十分突出。如大和三年八月,征浙西观察使李德裕为兵部侍郎,裴度欲荐以为相,李宗闵依靠宦官的帮助,得以为相,将德裕排挤出朝,任义成节度使。大和四年正月,牛僧孺因李宗闵荐引,由武昌军节度使入朝为相。牛、李相结,共同排挤裴度、元稹及与李德裕相知者,同时又引进杨虞卿等人。大和六年七月,李、牛以其党杨汉公充史馆修撰、李汉为御史中丞,分据要职。而李德裕在会昌朝当政时,用牛党崔铉为相、白敏中为翰林学士、周墀为江西观察使、柳仲郢为京兆尹。仲郢素与牛僧孺友善,僧孺镇鄂岳时,曾辟仲郢为从事。因谢德裕曰:"不意太尉恩奖及此,仰报恩德,敢不如奇章公(即牛僧孺)门馆!"德裕不以为嫌。可见其任人非党,胸怀坦荡。尤能说明问题的是,武宗初立,恶牛党的两个宰相杨嗣复、李珏欲立安王、陈王,贬杨为湖南观察使、李为桂管观察使(时李德裕尚未入朝为相),后来又要派宦官去杀掉二人。德裕与其他几位宰相(崔珙、崔郸、陈夷行)联名三次上奏,劝阻武宗,说:"陛下宜重慎此举,毋致后悔!"最后武宗终于免二人死罪。如果从狭隘党派私利出发,这正是落井下石的大好时机。相比之下,大中初年牛党白敏中、崔铉、令狐绹等人当政时,利用所谓吴湘冤案(事已详上册第十一章)兴起大狱,罗织罪名,来打击整个李德裕政治集团,且必欲致之死地而后快,其手段之卑劣、凶狠可谓无以复加。晚唐人对李德裕有比较公正的评价。裴庭裕《东观奏记》云:"武宗朝任宰相李德裕,虽丞相子,文学过人,性孤峭,疾朋党如仇雠。"无名氏《玉泉子》云:"李德裕抑退浮薄,奖拔孤寒。于时朝贵朋党,德裕破之,由是结怨,而绝于附会,门无宾客。"宋孙甫《唐史论断》云:"德裕所与者多才德之人,几于不党。"

从以上六个方面看,在一系列重大政治问题上,牛、李两党的言论、主张和实际政治活动是有是非曲直之分的。应该实事求是地承认,李德裕政治集团是一个在政治上比较有作为、有业绩的政治集团。就两党主要首领看,李党的首领李德裕无论品质、才能、业绩,在古代政治家中,都是佼佼者。叶梦得《避暑录话》卷二云:"李德裕是唐中世第一等人物,其才远过裴晋公。错综万务,应变开阖,可与姚崇比并。"其主要助手李回、郑亚也都是一时能吏。反观牛党,牛僧孺为政惟务苟且,不思进取,但还算只是一个庸人,李宗闵则完全是个佞人,且毫无政绩可言。其主要党羽,也多为"八关十六子"一类招权纳贿之徒。两相对照,正邪之分显然。即使是把李党看成士族代表的陈寅恪,也对李德裕有很高评价,而对牛党颇多批评(详陈氏《李德裕贬死年月及归葬传说辨证》)。总之,从政治主张与实践看,牛、李两党的是非曲直是不难判别的。

第三节　李商隐在牛李党争中的倾向性[①]

可能有的研究者从根本上反对这样提出问题,因为他们认为李商隐主观上并不想介入党争,因此也就谈不上倾向哪一党的问题。但在这个问题上,我们同样应当尊重事实。而事实就是李商隐本人的言论(主要是诗文)和行动。同时应该注意到,李商隐在这个问题上,其言论、行动有一个发展的过程。

从现有材料考察,李商隐在文宗、武宗两朝,对牛、李两党在政治上并没有表现出明显的倾向。他最初受到牛党令狐楚的赏识,先后依楚于天平、太原、山

[①]　这里只是在习惯上沿用"牛李党争"这一提法。实际上,孙甫的"德裕几于不党"、岑仲勉的"李德裕无党"说并不是没有道理。因为德裕周围,并没有形成一个固定的政治团体,即使会昌年间提拔李回,也非长期以来一直追随李德裕者。

南幕，从在楚指导下写作骈文章奏，到岁给资装赴京应进士试，再到开成二年因令狐绹之荐而登进士第，近十年中一直得到令狐父子的提携和帮助。但这只是幕主与幕僚、长辈显贵与后辈寒士间的深厚情谊，双方都未必有超出这种关系之外的党派利益的考虑。就令狐楚方面说，他在元和、长庆、宝历年间与李逢吉关系密切，与裴度等人主张对藩镇用兵者意见相左，可视为李逢吉的党羽。但在大和年间，除短期在朝担任户部尚书（大和二年十月至三年三月）、吏部尚书、太常卿、尚书右仆射（大和七年六月至开成元年四月）外，他大部分时间在外任宣武、天平、河东、山南节度使和东都留守，基本上已退出朝廷权力中枢，与李德裕之间并无直接冲突。从李商隐方面说，父亲死后，家境贫寒，多年苦读后步入社会，正迫切需要找一个能够依托的显宦。令狐楚的知遇与提携，自然使他感激不尽，这从他上令狐楚的七篇状及《奠相国令狐公文》中可以明显看出。但这只是对前辈显贵知遇之恩的感激，和他大和年间对崔戎、萧浣等人的感激在性质上是类似的，只是在程度上更深一些，但并没有包含党派倾向。从大和三年初谒令狐楚于洛阳开始，到开成二年令狐楚去世为止，在长达九年的时间里，他所结识、依托的虽多为牛党中人（令狐楚、萧浣、杨虞卿、崔戎），但却并不意味着他在政治上倾向牛党。萧浣远贬遂州后，他在《夕阳楼》诗中对这位"所知者"的远贬表示过同情，开成二年写的《哭遂州萧侍郎二十四韵》《哭虔州杨侍郎》及《代李玄为崔京兆祭萧侍郎文》更淋漓尽致地抒发了对萧、杨被冤贬至死的深切同情，但这主要是出于对萧、杨知遇之恩的感激和对李训、郑注排斥异己的愤慨，并非从牛李党争的立场出发，因为当时李德裕同样也被训、注之党王璠等诬告其曾阴结漳王、图为不轨，先改为太子宾客分司，大和九年四月又贬为袁州刺史。当时的政局是牛、李两党都遭贬逐。

开成三年春，李商隐在参加宏博试落选后入泾原节度使王茂元幕，后来又做了茂元的女婿。两《唐书》本传都说王茂元是李党，岑仲勉反对此说，其《玉谿生年谱会笺平质·导言》云："抑开成前王茂元四领方镇（邕、容、岭南及泾原），均非德裕当国时所除。《会昌一品集·请授王宰攻讨状》云：'王茂元虽是将家，久习吏事，深入攻讨，非其所长。'德裕又非曲护茂元如党人所为者。若曰德裕厚遇，则白敏中与令狐绹何尝不为德裕所厚，是不特商隐非党，茂元亦非党。"傅璇琮《李商隐研究中的一些问题》对岑说加以论证发挥，认为："王茂元从他父亲起，王家两代都长期担任地方节镇，并没有与中央政局的变动有什么牵涉，说王茂元是李党，从这方面是找不到什么证据的。"岑、傅关于茂元非李党的分析，确实有相当依据。两《唐书》本传说茂元是李党，实际上正建立在"德裕秉政，用为河阳帅"这件事上；两书又都将商隐为茂元从事、娶其女之事误系于茂元镇河阳时，故谓商隐因此遭"宗闵党大薄之"。既然在任用王茂元为河阳帅的问题上德裕没有什么偏私，则王茂元是李党的说法便失去主要依据。即使退一步说，在任用王茂元为河阳帅的问题上表现了德裕对茂元的倚重，那也是会昌三年的事，而李商隐入茂元泾原幕、娶其女早在开成三年，这时的茂元无论如何不能说是李党。因此商隐因入泾原幕娶茂元女而遭到牛党忌恨的说法是不能成立的。冯浩因商隐应宏博试为吏部取中后铨曹注拟官职上之中书，被某"中书长者"抹去一事而推断"中书长者，必令狐辈相厚之人"（《玉谿生年谱》），张氏《会笺》从其说，谓"义山以婚于王氏，致触朋党之忌……当时党人中必有以诡薄无行，排笮于中书者"。按：冯、张的推断乃是建立在商隐先入泾原幕、娶王氏女，再应宏博试这一考证和茂元乃李党的基础上的，但事实是商隐先于开成三年春应宏博试，落选后于暮春入泾原王茂元幕，娶其女更在其后。① 可见，宏博之落选与"朋党之忌"、"党人之排笮"无关，更与发生在此后的入泾幕娶王氏女无关。

商隐入王茂元幕，主要是由于宏博试落选后选官不成，必须寻求一个新的依托和仕进途径（通过幕官而获得官职），同时也可能有婚姻上某种实际考虑乃至爱情上的某种追求。商隐本有元配，但开成元年冬所作《令狐八拾遗绹见招

---

① 详拙文《李商隐生平若干问题考辨》，刊《安徽师大学报》1983年4期。

送裴十四归华州》已有"嗟余久抱临邛渴,便欲因君问钓矶"之语,说明其时鳏居已久。开成二年登进士第后,同年韩瞻先娶茂元女,商隐有《寄恼韩同年时韩住萧洞二首》(其二)云:"龙山晴雪凤楼霞,洞里迷人有几家?我为伤春心自醉,不劳君劝石榴花。"同年秋所作《韩同年新居饯韩西迎家室戏赠》又云:"一名我漫居先甲,千骑君翻在上头……南朝禁脔无人近,瘦尽琼枝咏《四愁》。"又作《病中早访招国李十将军遇挈家游曲江》①:"家近红蕖曲水滨,全家罗袜起秋尘。莫将越客千丝网,网得西施别赠人。"这些诗句都透露出商隐对茂元的这位爱女有所属意。因此,商隐入王茂元幕及后来娶其女,无论是主观上或客观上,都不存在"去牛就李"的问题。但商隐的这一举动,却存在一个"去令狐而就王氏"的问题。因为从大和三年到开成二年,在长达九年的时间里,商隐一直是令狐家的幕下士、门下客,与令狐家两代人的关系非常密切,又确实受过令狐父子的恩遇与帮助。在令狐楚去世不到半年时,商隐又入王茂元幕,不久又成了茂元之婿,这在器量狭小、恩门观念很重的令狐绹看来,不能不是一种更换门庭、投靠别家的"忘家恩"行动,因此,令狐绹"恶其无行",以为"诡薄无行",原是非常自然的事。两《唐书》的编撰者认为王茂元是李党,说商隐因入茂元幕、就婚王氏而使"宗闵党大薄之"固然乏据,但此举引起令狐绹对商隐的不满恐是事实。这从开成五年秋商隐写的《酬别令狐补阙》诗和《与陶进士书》中可以看出。《酬别令狐补阙》云:"锦段知无报,青萍肯见疑……弹冠如不问,又到扫门时。""青萍"句用邹阳《狱中上书自明》:"明月之珠,夜光之璧,以暗投人于道,众莫不按剑相眄者,何则?无因而至前也。"青萍,古宝剑名。《文选·陈琳〈答东阿王笺〉》:"君侯体高世之才,秉青萍、干将之器。"此以"青萍"指令狐绹。"锦段"二句意为:令狐补阙对自己的恩惠情意,自己是无法报答的(字面意思是

---

① 此首原题《寄成都高苗二从事》,诗与题脱节,且集中已另有《寄成都高苗二从事》(红莲幕下),此从冯浩校勘考证改题。

说令狐有诗赠行,自己的酬别诗不能相称),难道您会对我按剑相疑吗?"弹冠"二句是说,彼此相知,如王吉、贡禹,如果令狐不相顾怜,那自己只好效魏勃之扫门了。说"青萍肯见疑",正透露出此时令狐绹对商隐已有所疑忌。冯浩说:"缠绵之中,半含剖白,与令狐交谊之乖,大可见矣。"他对诗意的体会是符合实际的。《与陶进士书》中叙及开成二年进士登第事有云:"时独令狐补阙最相厚,岁岁为写出旧文纳贡院。既得引试,会故人夏口主举人,时素重令狐贤明,一日见之于朝,揖曰:'八郎之友谁最善?'绹直进曰'李商隐'者三道而退,亦不为荐托之辞,故夏口与及第。然此时实于文章懈退,不复细意经营述作,乃命合为夏口门人之一数耳!"冯浩说:"味此数句,其感令狐浅矣,时必已渐乖也。"用如此不经意的口吻和漠视登第的态度来谈论此事,不仅透露他对科举考试标榜以文章取士的怀疑,而且透露出他与令狐绹之间的关系已经比较冷淡,感情上产生了隔阂。但这时令狐绹对商隐的猜疑,主要还是出于狭隘的恩门观念,虽有隔阂不满,但彼此间仍有较多交往,只要商隐有所请求,也仍会帮忙。开成五年九十月间,令狐绹曾分别替商隐与中书舍人柳璟、刘某联系,商隐文集中有《献舍人河东公启》、《献舍人彭城公启》,其中分别提到:"前月十日,辄以旧文一轴上献,即日补阙令狐子直至,伏知猥赐披阅。今日重于令狐君处伏奉二十三日荣示,特迁尊严,曲加褒饰","即日补阙令狐子直顾及,伏话恩怜,猥加庸陋"。其时商隐正辞弘农尉从调,令狐绹当是为从调事帮忙。总之,我们既要看到商隐入王茂元幕、娶王氏女一事引起恩门观念很深的令狐绹对商隐的疑忌不满,又要看到这种隔阂并不很深,两人旧谊仍在,还有较正常的往来。开成四年商隐刚任秘书省校书郎不久,便调补弘农尉,由清职降为俗吏,可能另有原因,未必与令狐绹有关(详上册第七章第二节)。

  武宗在位期间,李德裕始终当政,牛党失势。这段时间,李商隐对李德裕主持的伐叛战争(包括击回鹘、讨泽潞、平杨弁)都公开表示支持,写过《灞岸》、《赠别前蔚州契苾使君》、《行次昭应县道上送户部李郎中充昭义攻讨》、《登霍山驿楼》、《为李怀州祭太行山神文》、《为怀州李使君祭城隍神文》等诗文,旗帜鲜明地表达对回鹘侵扰、泽潞反叛的态度。而且在会昌三年五月,替王茂元草拟过敦促刘稹束身归朝的书信。这一切,当然都表现了李商隐进步的政治倾向和反对外族侵扰、维护国家统一的立场。但这还不能算是政治上倾向李党,更不等于介入党争,因为这是两党之外的进步人士都可以做到的。即以政治上、人事关系上比较倾向牛党的杜牧来说,他也曾作《早雁》诗反映在回鹘侵扰下边地人民流离失所的情况,并上书李德裕论泽潞用兵方略,但我们不能据此说杜牧在这段时间政治上倾向于李党。有的研究者认为因商隐支持泽潞伐叛之役而导致令狐绹对商隐的不满,这实际上是将支持泽潞伐叛作为依附李党的主要依据,可能把问题简单化了。总的来说,武宗在位期间,商隐与令狐绹之间的关系仍然维持着较为正常的交往,并未出现较以前更深的隔阂。当时牛党失势,令狐绹的官位虽有升迁,但未跻显贵(会昌末仍为右司郎中),他的党派意识无形中有所抑制。从商隐方面说,这段时间,他先是为调官事奔忙,会昌二年试拔萃中选后,重入秘省为正字,同年冬即因母丧守制闲居,往来于京郊樊南、永乐、郑州、洛阳等地,过了四年闲居生活,其处境与行为都不足以引起人们认为他依附李党的怀疑。作为旧交,他和令狐绹之间不仅有交游和书信往来,如前所述,商隐求调期间还得到过令狐绹的一些帮助;直到会昌六年初春,令狐绹还曾替商隐捎信给中书舍人韦琮[①]。会昌二年,商隐任秘省正字,令狐绹任户部员外郎,商隐有《赠子直花下》云:"官书推小吏,侍史从清郎。并马更吟去,寻思有底忙。"张采田云:"言外颇有平视意。"甚是。会昌五年秋,商隐卧病闲居东洛,有《寄令狐郎中》诗云:"嵩云秦树久离居,双鲤迢迢一纸书。休问梁园旧宾客,茂陵秋雨病相如。"诗有感念故交旧谊之意,而无卑屈趋奉之态;有感慨身世落寞

---

① 商隐《上韦舍人状》作于会昌六年三月宣宗即位以后,状内称:"去冬专使家僮起居,今春亦凭令狐郎中附状。"

之情,而无乞援望荐之念。纪昀谓"一唱三叹,格韵俱高"(《玉谿生诗说》)。二诗反映出这段时间两人关系大体上比较平等、正常。但过去因商隐转依茂元幕、娶王氏女引起的感情隔阂和疑忌并没有消除,这在一首托闺怨以寓怀的《独居有怀》诗中有所透露:

> 麝重愁风逼,罗疏畏月侵。
> 怨魂迷恐断,娇喘细疑沉。
> 数急芙蓉带,频抽翡翠簪。
> 柔情终不远,遥妒已先深。
> 浦冷鸳鸯去,园空蛱蝶寻。
> 蜡花长递泪,筝柱镇移心。
> 觅使嵩云暮,回头灞岸阴。
> 只闻凉叶院,露井近寒砧。

此诗借独居女子的怨怀抒写对令狐绹的复杂感情。"柔情"二句、"觅使"二句暗露寓托消息。与《寄令狐郎中》合参,寄意尤明。"嵩云秦树久离居"一句,即可概括"独居有怀"之背景,且与本篇"嵩云"、"灞岸"之语正合,谓己居嵩洛,彼在长安。"柔情"二句,寓言己虽系心令狐,柔情脉脉,而彼则心存隔阂而遥妒已深。"已先深",正暗透此种遥妒早已深潜对方内心,由来已非一日。将此二诗合观,则其时双方关系虽较正常,而往日造成的隔阂终难消弭。如果整个政治局势不起大的变化,他们之间的交谊虽不大可能恢复到大和三年至开成二年期间那样亲密,但也许比较平稳。但随着武宗去世,宣宗即位,牛党执政,情况却起了明显的变化。

变化的一个方面,是李德裕政治集团遭到宣宗和牛党有预谋、有计划的罢斥打击。会昌六年三月,武宗去世,宣宗即位。四月,李德裕罢相,出为荆南节度使，贬属于李德裕政治集团的工部尚书判盐铁转运使薛元赏为忠州刺史、其弟京兆少尹权知府事薛元龟为崖州司户。五月，牛党白敏中任宰相。八月，武宗朝所贬牛党旧相牛僧孺、李宗闵、崔珙、杨嗣复同日北迁（另一牛党旧相李珏会昌五年已内迁郴州刺史）。九月，以李德裕为东都留守，解平章事，从方镇降为无实权的职位。这一连串事件，清楚地显示了宣宗即位后的政治走势是全面起用牛党和对李德裕政治集团实行有计划、有步骤的罢斥打击。李党面临的厄运已经相当明显了。

变化的另一方面，是李商隐在牛党正紧锣密鼓地准备并实施对李德裕政治集团作进一步罢斥打击的时候，反而在行动上靠拢已经失势的李德裕政治集团。大中元年二月，白敏中指使其党羽李咸讼李德裕的"阴事"（无具体罪状），李德裕又由东都留守进一步降为太子少保分司。① 这时，德裕已是一个待罪的闲官。与此同时，李德裕当政时最得力的助手之一郑亚从给事中的要职外调为桂管观察使，虽然名义上是调任坐镇一方的大员，但实际上是将他从机要的位置上调开，带有明显的明升暗降性质。而李商隐恰恰就在牛党愈益得势、李德裕连遭罢斥贬降的情况下毅然应郑亚之辟，赴桂管幕任观察支使，担当起草幕中章表书启的重任。如果说，商隐在开成三年入茂元泾原幕、娶王氏女时并没有预料到这一行动将会招致什么样的后果（令狐绹认为此举"背家恩"），那么，这一次，在牛李党争如此激烈、李党明显面临厄运的政治形势下，他作出这样的举动，它的政治含义，它所会招致的严重后果，是完全可以料想得到的。《海客》一诗，程梦星、冯浩都认为是商隐赴桂管辟时表明心迹的寓言，是很有眼力的，诗云：

---

① 《通鉴·大中元年二月》记其事云："初，李德裕执政，引白敏中为翰林学士（事在会昌二年）。及武宗崩，德裕失势，敏中乘上下之怒，竭力排之，使其党李咸讼德裕罪，德裕由是自东都留守以太子少保分司。"

> 海客乘槎上紫氛,星娥罢织一相闻。
>
> 只应不惮牵牛妒,聊用支机石赠君。

诗中把奉命出使桂管的郑亚比做乘槎出使的海客,把自己比做感激相知的星娥(织女),表明要不畏"牵牛"(暗喻令狐绹及其一党)之妒,而以"支机石"(暗喻自己的文采)相赠,为郑亚效力,以报答其知遇。联系前举《独居有怀》诗"遥妒已先深"之句,可证这里的"牵牛"首先当指令狐绹。商隐原为令狐楚门下客,屡佐楚幕,即所谓"梁园旧宾客",少与令狐绹同游,又得绹之助而登进士第,因此把自己与令狐绹分别比做织女与牵牛,以示原为亲密的旧侣。现在却要像织女以支机石赠海客那样"罢织一相闻"了,自必引起"牵牛妒"。当然,他是否真能做到"不惮牵牛妒",那是另一回事。但这首诗可以说明,他丢下秘省正字的京职,追随郑亚远赴桂林,虽不排除在京郁郁不得志,久不得迁,以及生活困难、为贫而赴幕(幕府僚属待遇较京官要高)等因素,但主要是一种政治上、人事上的选择,是在意识到这一行为可能招致的后果的情况下作出的决定,是一种自觉的行动。而导致商隐作出这种决定的原因,则是他在会昌年间目睹了李德裕政治集团的政绩,对李德裕政治集团(特别是李德裕本人)有了比较全面的认识。会昌四年五月,当讨伐刘稹的战争行将胜利结束时,他为李贻孙写了一封上李德裕的书启(《为李贻孙上李相公启》),启中对李德裕会昌当政以来的"庙战之功"作了全面的赞颂。冯浩说此启是商隐"全力以赴之作",确乎如此。"孤寇行静,万方率同。将荡海腾区,夷山拓宇,高待泥金之礼,雄专瘗玉之辞。烟阁传形,革车就国。尽人臣之极分,焕今古之高名",对于为人臣者的赞颂,可谓臻于极致。这封书启是商隐对李德裕全面认识的里程碑。大中元年商隐随郑亚赴桂林以及其后的一系列行动,正是这种认识的自然结果。郑亚赴桂林前,商隐代其拟《上李太尉状》,中有"伏惟慎保起居,俯镇风俗,俟金縢之有见,俾玉铉之重光"之语,把德裕比做为流言中伤的周公,可见商隐完全知道德裕当时的处境。

此后，政治局势朝着已经形成的方向继续发展。大中元年八月，李德裕政治集团在朝的最后一个重要人物李回罢相出为西川节度使，从此李党完全被赶出了政治中枢。九月，吴汝纳讼其弟吴湘罪不至死，谓李绅与李德裕相表里，欺罔武宗，枉杀其弟。敕御史台鞠实以闻。十二月戊午，贬李德裕为潮州司马。白敏中一伙本年初让党羽李咸讼德裕罪没有抓到把柄，这时以所谓"吴湘冤案"为借口兴起了大狱，终于把李德裕贬到了蛮荒之地。紧接着，大中二年正月，右补阙丁柔立上书讼德裕之冤，贬南阳尉。西川节度使李回、桂管观察使郑亚坐前不能直吴湘冤，李回左迁湖南观察使，郑亚贬循州刺史，李绅追夺三任告身（李绅会昌六年已卒），中书舍人崔嘏坐草李德裕制不尽言其罪，贬端州刺史。与此同时，二月，令狐绹从湖州刺史内召为考功郎中，旋知制诰、充翰林学士，直线迁升，成为牛党新贵的重要成员。九月，再贬李德裕为崖州司户，李回为贺州刺史。大中三年十二月，德裕卒于贬所。郑亚、李回亦相继卒于贬所。李德裕政治集团三位主要人物在牛党和宣宗的一再阴谋打击下，终于全军覆没。而另一方面，令狐绹则继续升迁，先后任中书舍人、御史中丞、充翰林学士承旨，大中四年十一月拜相。牛党势力登峰造极。

就在李德裕贬潮前几个月，大中元年八九月间，时任太子少保分司的李德裕从东都将自己在会昌年间所撰的重要朝廷文件和奏章编为一集，共十五卷，寄给桂管观察使郑亚，并请郑亚作序。郑亚把作序的任务交给了李商隐。李德裕的这个举动，其政治含义是很明显的。因为当时他已经清楚地意识到了即将降临的厄运，故将足以反映他在会昌一朝相业的重要文件汇辑起来，编为一集，以便保存流传，以作日后天下人公论的凭借。郑亚作为他的主要助手，自然完全领会这一意图。他把撰拟序文的任务交给李商隐，不仅因为商隐职掌表记，又擅长这类文章的写作，更主要的是他认为商隐在政治倾向上和自己是一致的（从他修改商隐撰拟的序中赞颂李德裕过于显眼的地方可以看出这一点）。如果他对商隐政治上不信任,完全可以由自己来撰序,而不会把这种政治上很敏感的任务交给他不放心的人。而李商隐也确实没有辜负郑亚的信任。他接受撰序的任务后,精心构思,先立大纲,再正式撰序。在序中他把李德裕自淮南奉诏入相称为"六合快望",颂德裕为"九流之华盖"、"百度之司南",借武宗之口,称扬其"居第一功"。对德裕在击回鹘、平杨弁、讨泽潞之役中决策运筹之功作了热情赞颂。最后,用"万古之良相,一代之高士"对其功业人品作总结性的评赞。这篇序可以说是一篇李德裕的会昌功德颂。这样的赞颂,连郑亚都格于当时的政治局势,而不得不作了一些修改,注意分寸,以免遭忌。① 但这正说明李商隐对李德裕政治、道德、文章的评价已经达到登峰造极的程度。如果说,在应郑亚之辟入桂幕这件事上还不排斥可能含有为贫而仕的动机,那么,这一次,在面临这样明显的政治形势下写这样的文章(特别是在此稍前,令狐绹从湖州写信给他,对他从郑亚表示震怒,他在酬诗中不得不以"补羸贪紫桂"自解),可以说,是一种明显的政治表态。不仅如此,这年十月,他还奉郑亚之命出使江陵,去跟郑亚的同宗荆南节度使郑肃联络。郑肃在会昌五年七月由山南西道节度使入相,其时李德裕正处于政治上的巅峰期。会昌六年九月,李德裕由荆南节度使改东都留守,郑肃亦罢相,充荆南节度使。故郑肃是被牛党看成与李德裕一党的,其进退亦与德裕相关。商隐这次奉使江陵,当与李德裕政治集团的命运有关,带有郑亚私人特使的身份。在奉使江陵途次寄献郑亚的诗中除一再对郑亚的知遇之恩表示感激外,还向郑亚表示自己的一片赤诚之心。商隐奉使归桂林后不久,贬郑亚为循州刺史的制书到达桂林。因属严谴,郑亚奉制后数日即须启程赴循州贬所。在这种危殆而紧急的情况下,商隐又为郑亚草拟了《为荥阳公上马侍郎启》、《为荥阳公与三司使大理卢卿启》,向直接审理吴湘案件的

---

① 郑亚修改后的序保留在流传至今的《会昌一品集》卷首,又见于《唐文粹》及清编《全唐文》,可与商隐所撰原序对照。

当权人物刑部侍郎马植、大理寺卿卢言申辩郑亚无罪,说崔元藻是"不知何怨,乃尔相穷,容易操心,加诬唱首",是"背惠加诬"、"文致"。这不仅是为郑亚辩白申冤,而且是为已贬为潮州司马的李德裕翻案。这两封启等于公开表明郑亚对牛党制造所谓吴湘冤案的不服罪态度,而且间接表明了李商隐自己的政治态度。这样的启送到马植、卢言手中,包括令狐绹在内的整个牛党新贵对郑亚和商隐感到震怒是不言而喻的。

大中元年十二月李德裕贬潮州司马,这在牛李党争的过程中是一个分界标志。如果说,在此之前,李德裕虽已失势,但还不是完全没有重新起用的可能,那么,在这以后,李党的全军覆没已成定局,李德裕及其主要助手郑亚、李回再也没有卷土重来的可能了。因此,在这以后李商隐对李德裕等人的态度,更足以证明其真实的政治倾向。上面讲到的商隐为郑亚撰写的给马植、卢言的信件,清楚不过地说明在李党贬逐遐荒、面临全军覆没厄运之际商隐所持的政治态度。这种政治态度所引起的直接后果,就是罢幕北归长安后,参加官吏的调选,结果只给了他一个卑微的盩厔尉职位。开成四年商隐释褐为秘书省校书郎(正九品上阶),旋调补弘农尉(从九品上阶),十年以后,仍然是一个县尉(京县尉从八品下),其中显然包含着当权的牛党势力对他的压制排挤。但李商隐对李德裕政治集团的态度却一如既往。大中二年五六月间商隐北归途经潭州时写的《潭州》诗,于"今古无端"的感慨中,融入对李德裕等会昌有功将相流落迁贬遭遇的同情。《旧将军》诗则借汉代名将李广投闲置散的境遇表达对会昌有功将相遭遇的不平。特别是大中三年春写的《李卫公》诗,慨叹李德裕贬弃遐荒,与昔日政治上关系密切的人物音书断绝,重会无期,于今昔之感中深致伤怜之意。《唐大诏令集》卷五十八载《李德裕崖州司户制》(大中二年九月)[①],称德

[①] 《南部新书》丁载:"大中,李太尉三贬至朱崖,时在两制者皆为拟制,用者乃令狐绹之词。"按:令狐绹本年自湖州内召,先以考功郎中知制诰,旋充翰林学士。

裕"深苞祸心,盗弄国柄","惟以奸倾为业","专权生事,妒贤害忠,动多诡异之谋,潜怀僭越之志","诬贞良造朋党之名,肆谗构生加诸之衅,计有逾于指鹿,罪实见于欺天",甚至说"擢尔之发,数罪未穷",简直是十恶不赦的权奸。而商隐却在诗题中尊称之为"李卫公",并在《漫成五章》中为其辩诬,为其评功(说他拔石雄于草莱,任人唯贤;说他对回鹘、吐蕃采取的政策"素心非黩武"、"本意在和戎"),简直是公然与制书唱反调。商隐集中,有一首题为《丹丘》的诗,更借对丹山凤的思念表达他对远贬朱崖的李德裕的思念:

青女丁宁结夜霜,羲和辛苦送朝阳。
丹丘万里无消息,几对梧桐忆凤凰。

冯浩说:"上二句,夜复夜日复日也;下二句,远无消息,徒劳忆念。"日夜思念远隔万里杳无消息的丹山凤,即此诗意。丹丘,即朱崖之异称;凤凰,即指李德裕,《昭肃皇帝挽歌辞三首》之二已称李德裕为"阿阁凤",此诗曰"几对梧桐忆凤凰",凤凰显指贤臣才士。此诗当作于大中三年秋。此时商隐在长安,李德裕在崖州贬所,"物情所弃,无复音书。平生旧知,无复吊问"(《与姚谏议勖书》),与外界几乎断绝了联系,故有"丹丘万里无消息"之句。如果这个解释可以成立,则商隐对远贬朱崖的李德裕的同情和思念更显得深挚。不但对李德裕是如此,对于郑亚,他也一再写诗对其蒙冤遭贬表示同情,如大中四年写的《献寄旧府开封公》:

幕府三年远,《春秋》一字褒。
书论秦《逐客》,赋续楚《离骚》。
地里南溟阔,天文北极高。
酬恩抚身世,未觉胜鸿毛。

既伤郑亚之无罪冤贬,又抒己之酬恩知遇之感,而怨愤朝廷之意亦寓其中。诗中所流露的,实为同命运之感,不特幕主僚属之谊而已。大中五年,郑亚卒于循州贬所。这年秋天,其灵柩运回京师,商隐有《故驿迎吊故桂府常侍有感》:

饥乌翻树晚鸡啼,泣过秋原没马泥。
二纪征南恩与旧,此时丹旐玉山西。

"二纪"句指李德裕与郑亚的旧谊。亚因与德裕有恩与之谊而贬死遐方绝域,自己又因从亚桂林而如饥乌失栖无托。党局辗转相牵,致使寒士抑塞穷途,沉沦困顿,这正是商隐因迎吊故府郑亚而深有感慨的缘故。在这里,他把自己的命运和李德裕、郑亚的命运连到了一起。

李商隐在大中年间所追随的三位幕主,除郑亚是李德裕的主要助手外,卢弘止和柳仲郢也都是李德裕会昌当政时期所倚重的人物。卢弘止曾被李德裕奏请任命为邢、洺、磁三州留后,以防刘稹平后河北藩镇王元逵、何弘敬乘机请占三州之地。柳仲郢曾在任吏部郎中期间,根据德裕奏请之令,裁减州县冗吏一千二百十四员,后又被任命为京兆尹。卢、柳辟奏商隐为幕僚和商隐追随卢、柳,都包含有卢、柳与李德裕的关系的因素。在东川幕期间,商隐所作的《武侯庙古柏》、《筹笔驿》、《无题》(万里风波)等诗,仍借咏物、咏史、怀古曲折地表达自己对李德裕业绩的赞颂和对其遭逢末世、功业不成的惋惜与感慨。可以说,整个大中时期,他对李德裕政治集团的真实态度始终是一贯的。

因此,可以肯定地说,在大中期间,特别是大中前期(元年至五年)李德裕政治集团从遭受罢黜直至贬窜遐荒的时期,李商隐不但在政治上表现出对李党领袖业绩的赞颂和遭遇的同情,而且表现出对李党主要成员行动上的追随;不但有政治倾向的一致,而且有密切的人事联系。简言之,这一时期李商隐是李德裕政治集团的同情者和追随者。

　　李商隐在大中时期的这种政治倾向势必会引起以白敏中、令狐绹为代表的牛党首领人物的强烈不满乃至愤怒。如果说，先前在商隐入王茂元幕、娶王氏女这件事上，还主要是引起令狐绹个人对他"忘家恩"的不满，社会上即或对他的人品有议论，也是由"忘家恩"而产生的，并未涉及党争（因为王茂元很难说是李党），那么，李商隐在大中时期的这些表现，就不再局限于他与令狐一家两代人之间的亲疏恩怨，而是涉及了党争的焦点（对待已经失势的李党首领及主要人物的态度），从而必然招致当权的牛党首领白敏中、令狐绹对他政治上的不满和愤怒。在他们眼里，李商隐已不仅仅是"忘家恩"的小人，而且是政治上的异己分子。牛党对他的不满和愤怒，主要是通过令狐绹这位新贵体现出来的。李商隐与令狐绹之间矛盾的性质，这时已由个人间的恩怨发展成为具有党派斗争性质的矛盾。这既与令狐绹从一般的牛党成员上升为牛党主要头目之一的地位变化有关，更与这一时期李商隐政治上的明显倾向、人事上追随李德裕政治集团有关。大中元年六月商隐的《酬令狐郎中见寄》诗，有"土宜悲坎井，天怒识雷霆"之句，表面上是写岭南的土宜气候，实际上是暗寓令狐绹对他追随郑亚于桂管感到震怒，曾在来信中加以切责；而"补羸贪紫桂"之句，明显是用"为贫而仕"来解释从亚桂管的原因。其实，为贫而仕是无法解释为什么不追随别人而一定要追随郑亚的。特别是他到桂林后，既为李德裕的《会昌一品集》撰序，又奉郑亚之命出使江陵与郑肃联络，郑亚贬循时又为其代撰辩诬申枉的书启，更不能不使令狐绹感到愤怒。因此，尽管李商隐在大中二年、三年中写了一系列给令狐绹的诗（按时间先后，有《寄令狐学士》、《离思》、《梦令狐学士》、《子直晋昌李花》、《令狐舍人说昨夜西掖玩月因戏赠》、《九日》），但令狐绹对他的屡次陈情均不加理睬，"憾不置"。由于陈情干求无效，《九日》诗在追怀令狐楚恩遇的同时，对令狐绹的冷遇颇露怨望之情。葛立方《韵语阳秋》说："绹之忘商隐，是不能念亲；商隐之望绹，是不能揆己也。"这"不能揆己"的评论，从商隐大中时期的政治倾向看,不无道理。商隐归京后只选为盩厔尉,如上所说,不能排斥有牛党当权人物排抑的因素。当然,即使在这种情况下,商隐还是有书启呈献令狐绹;令狐方面,也依然保持着与商隐的交往。特别是大中五年商隐汴幕罢归后,妻子王氏已故,令狐绹可能是为了免遭物议,还给了商隐一个太学博士的冷官,但这并不能改变牛党对商隐政治上排抑的基本事实。

第四节　党争中暴露出的人格缺陷

李商隐有正直、坚持正义的一面,也有软弱、卑微、庸俗的一面。他对牛、李两党的某些首领人物,尽管内心有自己的看法,但有时由于自身处境的艰困,对牛党的某些显贵有所干求,又不得不违心地说一些与内心真实想法完全相反的话。这突出地表现在他对李德裕、令狐绹两人的看法和态度表里不一、相互矛盾上。

李商隐和令狐绹从青年时代就已结识同游,在较长时间(大和三年至开成二年)内关系亲密。商隐入王茂元幕、娶王氏女以后,两人关系虽已产生隔阂,但一直还保持着联系和往来。会昌年间,两人关系虽较正常,但令狐对他的疑忌并未消除。大中元年商隐入郑亚幕,政治上表现出同情李德裕政治集团的倾向,遭到令狐绹及牛党其他首领人物的忌恨,仕途上遭受排抑。应当说,在长期交往中,商隐对令狐绹为人的量狭多疑、忌刻势利和平庸无能是有深切了解的。《九日》诗"郎君官贵施行马,东阁无因得再窥"一联,就含有对令狐绹势利的不满。《钧天》一诗,更以寓言的方式,对令狐绹的庸才贵仕、排抑才士进行讥讽:

上帝钧天会众灵,昔人因梦到青冥。

伶伦吹裂孤生竹,却为知音不得听。

诗以不知音的赵简子病中梦至天帝之所，平步青云，得听钧天广乐，而真正知音的伶伦反倒因为知音（精通音律）而不得听天上之乐作鲜明对照，揭示了庸才贵仕、才士沦弃的不合理现实。"却为知音不得听"一句，熔铸了"才命两相妨"的痛切感受。诗作于大中二年由桂林返长安后。这年二月，令狐绹自湖州刺史内召，拜考功郎中、知制诰，旋充翰林学士，骤居内职，正像是"因梦到青冥"的赵简子。而商隐自己，虽然"平生自许非匆匆"，却是"归来寂寞灵台下，著破蓝衫出无马"，沉沦困顿，有如欲闻钧天广乐而不得的知音者伶伦。诗明说"昔人"，实则所指正是今日的"因梦到青冥"者。裴庭裕《东观奏记》的一段记载，正可见令狐绹"因梦到青冥"的情形：

> 上（唐宣宗）延英听政，问宰相白敏中曰："宪宗迁坐景陵，龙輴行次，忽值风雨，六宫、百官尽避去，惟有一山陵使，胡而长，攀灵驾不动。其人姓氏为谁，为我言之。"敏中奏："景陵山陵使令狐楚。"上曰："有儿否？"敏中曰："绪小患风痹，不任大用，次子绹见任湖州刺史，有台辅之器。"上曰："追来。"翌日，授考功郎中、知制诰。到阙，诏充翰林学士。间岁，遂立为相。

可见，商隐不仅对令狐绹仅因君相一言即平步青云心存讥讽，而且清楚地意识到自己正是因为"知音"（即有才）反而遭到排斥。而在同年稍早所作的《寄令狐学士》中却又是另一副口吻：

> 秘殿崔嵬拂彩霓，曹司今在殿东西。
> 赓歌太液翻黄鹄，从猎陈仓获碧鸡。
> 晓饮岂知金掌迥，夜吟应讶玉绳低。
> 钧天虽许人间听，阊阖门多梦自迷。

前六句极写令狐绹之贵显得宠,颇露称羡之情。尾联与前引《钧天》诗同用赵简子梦至帝所典,却明显流露出希求令狐绹汲引的意图。一则讥绹庸才贵仕,梦到青冥,慨己才而不遇,反遭排抑;一则羡绹之贵显得宠,希其汲引垂怜。两相对照,直似两种人格。两首诗都作于令狐绹充翰林学士时,对绹的态度却截然相反,其表里不一的表现至为明显。这也许还可作如下解释:《寄令狐学士》之作在前,乍闻绹充翰学,欣羡之余而希其汲引;《钧天》作于归京选尉之后,既遭排抑而生怨望,故讥绹之庸才贵仕,慨己之才而遭斥。但在《钧天》之后,商隐又有《令狐舍人说昨夜西掖玩月因戏赠》:

昨夜玉轮明,传闻近太清。
凉波冲碧瓦,晓晕落金茎。
露索秦宫井,风弦汉殿筝。
几时《绵竹颂》,拟荐《子虚》名?

诗作于大中三年令狐绹任中书舍人时。秦宫汉殿、碧瓦金茎,均极形容宫殿之高华,以衬托令狐地位的贵显。尾联以"戏"语露骨地企求令狐绹的荐引。在这里,连一丝一毫讥讽庸才贵仕的意思也没有了,有的只是赞颂、称羡和企求。除诗以外,大中五年暮春商隐有《上时相启》,也是上令狐绹的书启,中有"繁阴初合,则傅说为霖;媚景将开,则赵衰呈日。获依恩养,定见升平"等语,对令狐绹为相亦极尽赞颂之能事。稍后又有《上兵部相公启》,中云:"况惟菲陋,早预生徒,仰夫子之文章,曾无具体①;辱郎君之谦下,尚遭濡翰。"说绹"谦下",也显属违心之言。总之,在对令狐绹的态度上,一方面,商隐内心对其庸才贵仕、势利

---

① 谓令狐楚之文章,己虽仰之而未得其具体而微。

猜忌很看不起或心存怨望,另一方面为了求得他的汲引,又不得不在表面上与其敷衍交往,甚至陈情告哀,解释表白,两方面形成很大反差。这种表里不一的矛盾现象显示出商隐性格中庸俗、卑微的一面。

在对待李德裕的看法与态度上,一方面,商隐内心一直认为李德裕有功于国,是"万古之良相"、"一代之高士",对其遭贬深表同情,对其遭逢衰世而功业难成深致悲慨;另一方面,有时为了希求李德裕对立面人物的帮助,却不惜违心弄舌,诋毁李德裕。大中六年正月初,他两次献诗给西川节度使杜悰(牛党)。为了求得杜悰的汲引,在《五言述德抒情诗一首四十韵》一诗中竟违心地将李德裕说成是"当路"的"恶草":

> 率身期济世,叩额虑兴兵。
> 感念殽尸露,咨嗟赵卒坑。
> 傥令安隐忍,何以赞贞明?
> 恶草虽当路,寒松实挺生。
> 人言真可畏,公意本无争。

冯浩笺曰:"此段暗伏(杜悰)罢相之由。按《唐书》、《通鉴》:昭义叛时,破科斗寨,焚掠小寨一十七。明年正月,杨弁又乱,朝议鼎沸,言宜罢兵。七月悰为相,八月郭谊杀刘稹。李德裕言宜并诛谊等,悰以馈运不继,谊等可赦。帝专倚德裕,故不听。既斩谊等,又悉斩昭义将士之同恶者,死者甚众。卢钧疑其枉滥,奏请宽之,亦不听。王元逵杀昭义属城二十余人,众惧,复闭城自守。盖当时皆以杀降为非。潞之役,惟李卫公一心佐理,此外皆异议之人也。'叩额虑兴兵',正指馈运不继,惧更激乱。'殽尸'句指官军之被焚杀者①,'赵卒坑'指杀诸降

---

① 此解非,当与下句同意。

人,皆实切晋地。'恶草'指李卫公。《旧书·毕諴传》云:'武宗朝,李德裕专政,出杜悰节度东蜀……'固已明书其事,可与本传互参矣。"又曰:"'恶草虽当路',乃实斥卫公者。以投赠之故,冀耸尊听,不惜违心而弄舌耳。"杀郭谊一事,应该说李德裕当时的处置还是正确的。因为郭谊不是一般的胁从者,而是昭义大将、刘稹的谋主。他是在邢、洺、磁三州已降、潞州即将攻破的情况下不得已卖主求荣的,正如李德裕所说:"刘稹呆孺子耳,阻兵拒命,皆谊为之谋主;及势孤力屈,又卖稹以求赏。此而不诛,何以惩恶!宜及诸军在境,并谊等诛之。"这是符合首恶必诛的原则的。杜悰以"馈运不继"为由,谓郭谊可赦,必然会养虎遗患,给垂成之功留下莫大隐患,特别是给后来类似郭谊的野心家以鼓励。至于入潞州后杀戮过滥,是李德裕与昭义节度使卢钧在宽严处置上的矛盾,与杜悰无关。李商隐为了讨好杜悰,违心地将他一直尊崇的李德裕说成是恶草,充分暴露了他在品格上的缺陷。

总体来看,从李商隐与牛李党争的关系中可以得出如下结论:

其一,在文宗、武宗两朝,李商隐在政治上并未表露出明显地倾向于某一党的意向。他先依令狐楚,得到令狐父子的恩遇或帮助,并不意味着在政治上依附牛党;后来入王茂元泾原幕、娶其女,也不意味着去牛就李。令狐绹对他有不满和疑忌,是出于狭隘的恩门观念,是个人之间的恩怨,不涉及党派斗争,不包含政治意义。

其二,从宣宗即位,牛党得势、李党失势以后,李商隐在政治上、人事关系上都明显地倾向于连续遭到罢黜贬斥的李德裕、郑亚等人,因此遭到令狐绹等牛党首领人物的忌恨与排抑。在牛李党争的这一阶段,李商隐表现出政治上的正义感与进步倾向。但在与令狐绹的关系上,仍表现出他的软弱、庸俗和卑微的一面。

因此,不应笼统地说李商隐受牛李党争之害,而应该说,前期遭到有狭隘恩门观念的令狐绹的疑忌,后期则由于倾向政治上有作为、有业绩的李德裕政治集团而遭到当权的牛党势力的排抑。这当然都是悲剧。

与牛李党争及与令狐绹个人之间的这种关系,在相当长的时间中造成了李商隐在新故去就之间的矛盾和心理上的苦闷、压抑,加深了他的内心与表面的矛盾,从而使他陷于长时间的精神痛苦之中。他的悲剧性格、心理的形成与此有很深的关系。

第四章　李商隐创作的分期

研究作家创作的分期,是为了更细致、准确地反映其创作的变化发展过程,揭示其不同阶段创作风貌的具体特征。时代、生平遭际、思想感情、性格心态的发展变化与作家创作的发展变化既密切相关,又未必完全同步。因此,研究创作分期,既要充分注意时代、生平遭际、思想感情等变化对其创作的重大影响,又要从其创作本身实际出发。具体到研究李商隐的创作分期,还遇到一个比较特殊的困难。这就是他的诗歌创作中最能体现其艺术个性、代表其艺术成就的几大类诗,包括绝大多数咏史诗、咏物诗、无题诗、爱情诗,都无法准确编年。[①]要在这种情况下探讨其创作的分期,其全面性和准确性就要受到很大的影响。但创作分期又是作家研究无法回避的问题。我们只能以现有能够系年或可大致推定为某一时期所作的这部分作品为主要依据,结合时代、生平遭际等方面的情况作初步的探讨。

吴调公先生在其所著《李商隐研究》中,将李商隐诗歌风格的形成与发展分为"创作《嫩笋》时代的早期风格"、"创作《流莺》时代的中期风格"、"创作《锦瑟》时代的晚期风格"三期,时间断限分别为文宗大和二年至开成二年、文宗开成三年至武宗会昌六年、宣宗大中元年至十二年。这种三阶段的分期及时间断

[①] 冯浩将绝大部分无题诗都系了年。但所谓寓意令狐说,缺乏可靠的证据,难以征信。无题诗中大体写作年代可考的只有"八岁偷照镜"、"昨夜星辰"、"闻道阊门"等数首。张采田将许多咏史诗系于晚年游江东时,不少学者亦认为无确证。其他咏物诗、爱情诗的情况与上述类似。

限,与我们在《李商隐诗选》(人民文学出版社 1986 年增订再版)前言中对商隐诗的分期大体相当。董乃斌先生在《李商隐诗风格论纲》(载《西北大学学报》1982 年 4 期)及《李商隐的心灵世界·玉谿生诗歌风格演变轨迹》中则将商隐诗风演变分为四期:一是模拟期或习作期(时间断限为大和九年以前),二是悲愤期或青春期(大和九年至会昌二年),三是成熟期或感伤期(会昌三年至大中十二年前),四是颓废期或衰老期(大中十二年病废居郑州时)。其中最后一期时间极短,因此也可以说是三期。这里面据以划分悲愤期下限的商隐代表作《赠刘司户蕡》及哭吊刘蕡四诗在系年上存在问题,不免影响到分期及时间断限的准确性。将最后不足一年的时间划为一个时期,而可以定编的诗却很少,这样划分是否有必要,似亦可以商酌。

探讨李商隐创作的分期,我认为应该注意一个基本点,这就是商隐的独特风格究竟是什么,这种风格是什么时候开始萌芽,又经历了哪些发展变化最后臻于稳定成熟的。从一定意义上说,研究一个作家的创作分期,实际上也是研究其主导的独特的艺术风格形成和发展变化的历史。从这一点出发,我认为探讨李商隐的创作分期,应牢牢把握其感伤诗风的形成与发展这条主线。李商隐一生的各个不同时期,诗风有不少发展变化,但万变不离其宗,这就是贯串其整个诗歌创作历程的基调、主调——感伤情调。把握住了这个基本点,对许多问题便比较容易处理。比如关于学习和模仿前人,这是任何一个诗人在其创作的起始阶段都必然会存在的,不管他是自觉还是不自觉、承认还是不承认。拿李商隐来说,他学杜甫,学李贺,学宋玉,学徐陵、庾信,学韩愈,都是显而易见的事实,特别是学杜甫、学李贺、学宋玉,更贯串其整个创作历程,而不局限于某一特定阶段。问题的关键在于他如何在学习前人的基础上有自己的创造,形成自己独特的诗风。是单纯的模仿,还是在学习的基础上融会贯通形成自己独特的诗风,这是划分创作不同时期的一个重要依据。又如创作历程中某个特定阶段,由于多方面的原因,可能出现与基调、主调不同的变调,这并不影响我们对其主导风格的把握与认识,因为在变调之中往往会出现基调、主调,且因此更丰富了我们对其诗歌主调的认识。

研究李商隐创作的分期,还应该注意到构成其整个创作重要组成部分的文(包括骈文、散文和赋)。现存的三百五十二篇商隐文,除了艺术成就最高的哀吊祭奠之文和一部分与生平悲剧遭遇密切相关的启状同样贯串着商隐特有的感伤情调外,其他的不少作品(尤其是古文和赋)在风格上往往有更丰富的表现。这种风格上的多样性同样有助于我们更全面深入地把握李商隐的创作风貌,认识到李商隐性格气质中的不同侧面。例如他的一部分散文和赋中对世态人情的尖锐嘲讽和深刻揭露,以及所抒发的愤世嫉俗之情和不同流俗的见解,就有助于我们深入了解其全人,进一步理解其感伤情调的内涵与实质。有的时期,其文与诗的创作风貌可能很不相同,如居母丧及永乐闲居时期,其诗呈现出一种前所未有、后亦无继的闲适情调,而在此期间所作的一系列哀祭之文却渗透了极为浓重的感伤情调。从这种鲜明的反差中正可把握其创作的真正基调和其创作的长处与短处。

根据上述原则,商隐一生的创作大体上可以划分为以下三期。

第一节　于学习模仿中初露风格个性的时期

这一时期大体上始于敬宗宝历年间而终于文宗开成二年末。

商隐《上崔华州书》说:"五年读经书,七年弄笔砚。"其开蒙读书及试笔的时间很早,但未必有正式的诗文创作。父丧回郑州后,商隐开始接受其从叔李某的正式教育。这位堂叔善为古诗、古文,"自弱冠至于梦奠,未尝一为今体诗",他教给商隐的,主要是"味醇道正,词古义奥"的儒家经典和古文。《上令狐相公状一》说:"攻文当就傅之岁。"说明他正式开始为文在从堂叔求学时。在堂叔的悉心指教下,商隐的古文进步很快。《樊南甲集序》说:"樊南生十六能著

《才论》《圣论》，以古文出诸公间。"大和元年，商隐十六岁，其时他的古文已崭露头角。《才论》《圣论》今佚，但现存的《断非圣人事》《让非贤人事》这两篇短论很可能就是与《才论》《圣论》大体同时的少作，从中已可窥见少年商隐喜欢发表不同流俗见解的独立个性。尽管商隐的古文创作活动后来被骈文表状启牒所代替，未能成为其文章写作的主要方面，但这种敢于标新立异的独立思考精神对他整个诗文创作的潜在影响却不能低估。

文宗大和三年，商隐初谒令狐楚于东都洛阳，并向楚献上自己作的文章（《上令狐相公状一》"献赋近加冠之年"）。"商隐能为古文，不喜偶对。从事令狐楚幕，楚能章奏，遂以其道授商隐，自是始为今体章奏"（《旧唐书·李商隐传》），从此开始了长达数十年的骈文写作生涯，与其历佐戎幕相终始。商隐在天平幕期间写的骈文，可能属于习作，今天没有流传下来。但骈文写作却对他的诗歌创作产生了深远影响，尤其是在属对的精切、用典的繁富和辞采的华美等方面，影响更为显著。

这一时期保存下来的编年诗约五十首，编年文二十八篇。有些可以大体推断为登第之前所作但不能确考为何年所作的诗文，实际上也应包括在这一时期的创作中。在五十首编年诗中，按体裁分，计五古三首，七古六首，五律八首，七律十二首，五排五首，五绝五首，七绝十一首，以七律最多，七绝次之。可以说，一开始就显示出了李商隐对这两种诗歌体裁的偏爱与擅长。特别是七律中的《富平少侯》《隋师东》《重有感》《曲江》，无论在思想性或艺术性方面都相当突出，七绝中的《初食笋呈座中》《东还》《夕阳楼》《宿骆氏亭寄怀崔雍崔衮》，也是艺术上的佳作。这说明李商隐在这两种诗体的创作上，一开始就显示出了相当强的实力和相当高的水准，起点很高。此外，七古中的《燕台诗四首》，五排中的《有感二首》《哭遂州萧侍郎二十四韵》，五古中的《无题》（八岁偷照镜）《行次西郊作一百韵》，也都是可以传世之作。诸体中稍弱的只有五绝、五律两种。以上这个粗略的体裁分类统计，说明一个基本事实：青少年时代的李商隐在登第前后,对各种诗歌体裁的掌握与运用,已经显示出了相当突出的实绩和兼擅众体的才能,同时又显示出对七律、七绝二体的偏好。

从题材领域看,五十首编年诗中,政治诗和咏史诗共十四首,其中反映甘露之变前后政治局势的占了九首,包含了《有感二首》、《重有感》、《曲江》、《行次西郊作一百韵》等政治诗中的名篇乃至长篇巨制,足见这一时期他在政治诗创作方面的用力。爱情诗或与爱情有关的诗十七首,占总数的三分之一,其中有《燕台诗四首》、《柳枝五首》这样的组诗,也可以看出这位极重情的年轻诗人对这一题材领域的偏重。以上两类诗占了总数的五分之三。无题诗、咏物诗各有一首,数量虽少,但起点不低。特别是无题诗的创制,无论是在诗人自己的创作历程上或是中国古代抒情诗体制的发展历程上都是一件有深远意义的事。此外,在登临、酬寄之作中也出现了《夕阳楼》、《宿骆氏亭寄怀崔雍崔衮》这样的艺术精品。从以上这个粗略分析中可以看出,这一时期李商隐诗歌创作的题材领域相当广泛,而政治诗(包括有现实指向的咏史诗)、爱情诗则是其用力的重点。而且各种题材的诗作中都出现了艺术水平相当高的作品,说明他步入诗坛不久,就已居于领先地位。

再从这一时期学习继承的对象来看,五十首诗中,明显学杜甫的诗有《隋师东》、《赠赵协律晳》①、《过故崔兖海宅与崔明秀才话旧因寄杜赵李三掾》②、《有感二首》、《重有感》、《曲江》、《故番禺侯以赃罪致不辜事觉母者他日过其门》、《送从翁从东川弘农尚书幕》、《哭遂州萧侍郎二十四韵》、《哭虔州杨侍郎》、《自南山北归经分水岭》、《行次西郊作一百韵》,体裁遍及七律、五律、五排、五古诸体,可见义山学杜是全面的。既继承其忧国伤时的精神,又学习其沉郁顿挫的风格乃至句格、用字和某些具体的艺术手法,成绩亦极可观。学杜之外,又以李

---

① 姚培谦《李义山诗集笺注》评此诗云:"章法一片,无迹可寻,而情事表里本末俱透,此妙惟杜公有之。"

② 程梦星《重订李义山诗集笺注》评此诗云:"诗八句皆对,老杜多有此格,义山效之耳。"

贺为主要学习对象，《无愁果有愁曲北齐歌》、《柳枝五首》、《燕台诗四首》，均为学长吉体。值得注意的是，商隐学长吉，一出手便身手不凡。《燕台诗四首》应被视为学李贺七古最成功的作品，即使李商隐本人，以后也没有超出于此的长吉体佳作。此外，学韩愈的有《安平公诗》、《李肱所遗画松诗书两纸得四十韵》[①]，学汉魏乐府古诗的有《无题》（八岁偷照镜）[②]。

将以上从不同角度所作的分析综合起来，对这一时期商隐的诗歌创作可以得出以下几点结论：

一是这一时期商隐诗歌题材相当广泛，而政治诗与爱情诗则是其主要题材领域。这一点，跟这一时期李商隐刚踏入社会，求仕从政热情很高有关，也跟政局的变化有关。特别是大和九年到开成二年这几年中，朝廷政局的变化很大。李训、郑注的专权，李宗闵、杨虞卿、萧浣及李德裕等大臣的被贬逐，甘露之变的发生，以及此后相当长一段时间内宦官气焰嚣张、皇帝失去权力等状况，给他思想感情上以强烈的震撼，使他对唐王朝面临的深重危机有了相当深切的体验。强烈的忧患感、危机感促成了他的政治诗创作的高潮。而作于开成二年末的《行次西郊作一百韵》则是这一时期政治诗创作的高峰，也是对这一时期政治诗创作的全面总结。爱情诗的创作在这一时期也显示出了夺目的光彩，其巅峰之作就是《燕台诗四首》。这组诗的本事虽不能确考，但可以看出是建立在铭心刻骨的悲剧性爱情体验基础之上的。

二是李商隐诗特有的浓重感伤情调在这一时期已经显露。本册第二章在论及其悲剧性心理形成得特别早时，曾列举其前期创作从《无题》（八岁偷照

---

① 田兰芳评《安平公诗》："诗在韩、苏之间。"（冯浩笺引）王鸣盛云："毕竟到古诗学杜、韩处，便如木兰从军，虽着兜鍪，非其本色。"（冯注初刊本王氏手批）纪昀评《李肱所遗画松诗书两纸得四十韵》云："前一段规仿昌黎，斧痕不化。"（《玉谿生诗说》）
② 冯班评此诗云："只学得《焦仲卿妻》一段，然此道已非他人所解。"（何焯引）何焯云："高题摩空，如古乐府。"（见《李义山诗集辑评》）张谦宜《絸斋诗谈》："乐府高手，直作起结，更无枝语，所以为妙。"

镜)、《初食笋呈座中》、《宿骆氏亭寄怀崔雍崔衮》到《夕阳楼》、《燕台诗四首》等一系列诗作,说明这些作品中所贯串的伤感情调为一般年轻人所少有。而开成元年春所作的《曲江》,则在追慨刚过去不久的"天荒地变"式的劫难——甘露之变时,对唐王朝的衰亡命运表现了深沉的"伤春"意绪。《燕台诗四首》与《曲江》,一写爱情,一写政治,一学李贺,一学杜甫,但又都特具商隐诗的浓重感伤情调。这说明商隐的诗歌创作已经越出了单纯模仿学习前人的范围而有了新的创造,开始形成自己的艺术个性。杜甫诗阔大沉雄、沉郁顿挫,李贺诗奇诡冷艳,充满强烈苦闷,二者虽均含有感伤质素,但并不突出。商隐在学杜甫、李贺的同时将自己特有的感伤气质、个性、情调渗入诗中,化阔大沉雄为深沉的忧伤,化奇诡冷艳为朦胧哀艳,遂形成自己特有的风格。《燕台诗四首》和《曲江》,正是其独特风格形成的标志性作品,也是我们划分商隐前期诗时间下限的依据。不过,总的来说,这一时期像这种在学习前人基础上变化出之,建立了自己独特风格的诗毕竟不多(除《燕台诗四首》和《曲江》外,《夕阳楼》、《宿骆氏亭寄怀崔雍崔衮》虽非学习前人,却是有义山艺术个性之作),像学杜的《隋师东》、《有感二首》、《重有感》、《行次西郊作一百韵》,虽然在思想内容上继承了杜甫的忧国伤时精神,艺术上却无明显的创造,未出杜甫《诸将五首》及《北征》的范围。因此,既要看到这一时期的最后几年,商隐在学习前人的基础上已经显露出自己的艺术个性和风格,又要看到从整体上说,其独特诗风并未完全形成,达到稳定成熟。

这一时期二十八篇编年文中,表七篇、状十五篇、牒一篇、祭文二篇、箴一篇、书二篇。除书二篇为散体外,其余均为应用性的骈体文。骈文中的《代安平公遗表》、《代彭阳公遗表》是代崔戎、令狐楚在临终前上皇帝的遗表,写得既郑重而又富于感情与文采,可见当时他写这类文章已相当得心应手。《代李玄为崔京兆祭萧侍郎文》也写得很有情采,可与《哭遂州萧侍郎二十四韵》并读。从这些遗表与祭文可以看出,商隐擅长抒写悲情和哀祭之文的特点在这一时期已开始显露。《上令狐相公状》七篇不但对研究义山生平以及他和令狐楚之间的关系有重要价值,其中一些篇章(如状一、状六)的文辞也清丽可诵。特别值得注意的是两封散体书信《别令狐拾遗书》和《上崔华州书》。前者集中抒发了他对当时社会上人与人之间关系的看法,充满了愤世嫉俗之情,使我们看到了商隐在诗中较少流露的感情,是他真性情的重要侧面。后者则突出表现了他不受儒家传统思想拘束的特立独行的思想观念,文章本身也写得气横力健。从这里可以看出,商隐虽然在模仿前人风格方面可以达到乱真的程度,但他的思想本质是重独创、重抒发真性情的。

将李商隐的前期创作时间下限划到开成二年末,除了充分考虑其创作从学习模仿到初步建立起具有浓重感伤情调的独特风格这个主要因素外,还由于发生在大和九年十一月的甘露之变对商隐诗歌创作的重大影响。甘露之变是唐代后期重大的政治历史事件,它对当时文人行为心态及诗歌创作的影响巨大而深远。这种影响对多数文人来说,主要是负面的,即因此而对政治局势的改善感到绝望,对政治斗争的残酷感到恐惧,从而由关注现实转为关注个人命运和内心世界,由锐意改革转为全身避害。[①] 但对李商隐来说,这种影响却有其积极的一面,即诗人由此而更激起了对宦官势力的义愤和对国家命运的忧虑与思考,从而创作出了一批质量很高的超越同时代诗人的政治诗。这个政治诗的创作高潮止于开成二年末的《行次西郊作一百韵》。尽管甘露之变对商隐诗歌创作的积极影响只是近期的,但就李商隐创作的发展来看,甘露之变正是使其前期创作达到高峰的社会政治原因。

---

① 胡可先《中唐政治与文学——以永贞革新为研究中心》说:"甘露之变后的晚唐文人,对于变幻莫测的政治风云深感忧虑,中唐时期那种积极用世改革社会的革新精神,被全身远祸、冷眼旁观的漠然心态所代替。甘露之变是中晚唐政治与文学的交会点。"即认为甘露之变的影响主要是负面的。

第二节　由关注现实政治向抒写个人情感的转变

　　从开成三年到会昌六年,是李商隐政治上不断谋求在朝廷中立足,又不断遭到种种挫折的时期,也是他的诗歌创作由前期着重抒写对现实政治的感受,逐步向着重抒写个人身世和人生感慨的转变期。这九年中,他先是在开成三年初参加博学宏辞科考试落选。由于这次落选是在初审合格,送中书复审时被某"中书长者"说"此人不堪"而抹去名字的,其中包含着对他道德品质和才能的评价,因而必然对他的声誉产生较大影响。这从他事隔两年后写的《与陶进士书》提及此事仍然十分愤激不平可以看出。这是商隐在进士登第后政治道路上遇到的第一次挫折。紧接着,又因入王茂元幕、娶其女而遭到恩门观念很重的令狐绹的疑忌,认为他"忘家恩"。开成四年,商隐应吏部拔萃科考试入选,授秘书省校书郎,但不久即被调补为弘农尉,由清职降为俗吏,这中间不能排除中书长者"此人不堪"的评价所起的作用。这是商隐在仕途上遭受的第二次挫折。在弘农尉任上,又因"活狱"忤陕虢观察使孙简,差一点罢去尉职,这是第三次挫折。会昌二年,商隐再次参加吏部拔萃科考试入选,重入秘书省任正字,但不久又因母丧而离职闲居,其间还发生了会昌三年九月岳父王茂元病卒于河阳前线军中的变故。等到服丧期满,再回到秘省,已是会昌六年春,不久武宗就去世了,整个政局和商隐的处境又一次发生变化。这可以说是第四次挫折。这样一种再试吏部、两入秘省、屡遭挫折的境遇对李商隐这一时期的诗歌创作产生了深刻影响,最明显的就是他的诗歌题材和内容,由先前的较多关注现实政治逐步转向关注个人身世遭遇,抒写人生感慨。

　　这一时期的编年诗共九十二首。其中抒写个人身世遭遇、个人生活情怀和人生感慨的占了五十五首,为总数的一半以上。而有关政治的篇章(包括有现实指向的咏史诗)为二十四首,不及前者的一半,其中直接涉及时事的诗仅《灞岸》、《赠别前蔚州契苾使君》、《行次昭应县道上送户部李郎中充昭义攻讨》、《登霍山驿楼》等有限的几首,像《赠别前蔚州契苾使君》的主要内容还不在直接写契苾通征讨回鹘。这和前一时期,围绕甘露之变,连续写《有感二首》、《重有感》、《曲江》、《故番禺侯以赃罪致不幸事觉母者他日过其门》、《哭遂州萧侍郎二十四韵》、《哭虔州杨侍郎》、《行次西郊作一百韵》等诗相比,对现实政治关注的程度显然有所衰减。而在抒写个人生活境遇、身世遭逢、人生感慨方面,则出现了一系列名篇佳作,如《安定城楼》、《回中牡丹为雨所败二首》、《十一月中旬至扶风界见梅花》、《出关宿盘豆馆对丛芦有感》、《戏赠张书记》、《任弘农尉献州刺史乞假归京》、《无题二首》(昨夜星辰)、《大卤平后移家到永乐县居书怀十韵寄刘韦二前辈二公尝于此县寄居》、《春宵自遣》、《幽居冬暮》、《落花》、《寒食行次冷泉驿》、《寄令狐郎中》等。这两方面的消长变化,清楚地显示出这一时期诗人关注的重点已经由外而内,由社会现实而个人境遇、内心世界。特别是从会昌三年到六年这几年中,商隐由于母丧离职闲居,先在京郊樊南,后又移家永乐,在闲居期间所写的表现闲适生活的诗和酬赠之作,多数在思想内容、艺术表现上都显得比较浅薄平庸,成为商隐诗歌创作历程中一个低谷。张采田说:"玉谿诗境,盘郁沉着,长于哀艳,短于闲适。摹山范水,皆非所擅场。集中永乐诸诗,一无出色处。盖其时母丧未久,闲居自遣,别无感触故耳。其后屡经失意,嘉篇始多,此盖境遇使然,阅者宜分别观之。"(《李义山诗辨正》在《喜雪》诗后所下评语)这个分析是符合实际的。闲适诗本不一定浅薄平庸,陶渊明、孟浩然、王维、韦应物都写过许多闲适诗佳篇甚至精品。但义山的气质个性天然地与闲适异趣。居永乐期间,他虽被迫过一种表面上闲适的生活,但内心对此并不习惯,并不惬意,而是时时想到"平生有游旧,一一在烟霄"(《秋日晚思》),想到"愿泛金鹦鹉,升君白玉堂"(《菊》),慨叹"如何匡国分,不与夙心期"(《幽居冬暮》)。因此,即使在《春宵自遣》这种表面上看来完全沉浸在闲情野趣的诗中,仍然透露出内心深处不安于闲适生活的感情,冯浩评此诗说:"'念岁华',是

第四章　李商隐创作的分期　83

不能忘也。'陶然'、'忘却',是自遣耳。"可谓善探诗人心曲。正因为这样,他的写闲适生活的诗就缺乏一种真正的闲适情趣,不能与陶、孟、王、韦的同类诗相比。

这一时期商隐写了一系列讽慨帝王求仙好色的诗,创作时间集中在会昌五年至六年间,体裁多为七绝,计有《汉宫词》、《汉宫》、《华岳下题西王母庙》、《华山题王母祠》、《过景陵》、《瑶池》、《海上》、《北齐二首》等,七律《茂陵》、五律《昭肃皇帝挽歌辞三首》也有这方面的内容。以《茂陵》、《昭肃皇帝挽歌辞三首》与前举九首七绝对照,联系武宗好神仙、宠王才人等情事,可以推断这些咏史七绝多为讽慨武宗而作。这成为本期商隐诗歌创作的一个亮点。这些诗在运用讽刺艺术方面相当出色。七绝这种短小的体裁,在商隐手里充分发挥了匕首投枪式的尖锐批判作用。《马嵬二首》讽玄宗之色荒祸国,也可能作于这一时期。

从诗歌体裁上看,这一时期九十二首编年诗中计有五律二十六首、七律二十一首、五排十五首、五绝一首、七绝二十九首。以七绝最多,五律、七律次之。五排虽只十五首,但绝对量超过前期有十来首之多。古体诗则一首也没有。这样一种体裁分布可以看出以下几点:其一,这一时期商隐的诗歌体裁已完全移到了近体律绝。其二,五古、七古在前期诗中多用来反映现实政治或表现比较强烈的个人情感(如五古中的《行次西郊作一百韵》、七古中的《燕台诗四首》)。这两种体裁退出这一时期的创作与他这期间政治诗、爱情诗较少是相应的。其三,五律、七绝中相当大的部分是用来抒写个人闲适生活情感的。这与这两种体裁篇幅比较短小,适宜于抒写触景即事而发的日常情感也是相应的。其四,七律在这一时期不但数量增多,而且出现了《安定城楼》、《回中牡丹为雨所败二首》、《马嵬》、《出关宿盘豆馆对丛芦有感》、《无题》(昨夜星辰)、《茂陵》等艺术精品,量与质较之前期有了明显进展。在上举这些艺术精品中,有的被誉为"虽老杜无以过"(王安石评《安定城楼》腹联),有的"纯乎唱叹"、"有神无迹"(纪昀评《回中牡丹》），有的"讽意至深，用笔至细"（黄侃评《马嵬》），有的"用笔甚轻，而情思殊深"（纪昀评《出关宿盘豆馆对丛芦有感》），有的"衬贴流丽圆美，西昆一世所效"（冯舒评《无题》"昨夜星辰"），有的"一气鼓荡，神力完足"（纪昀评《茂陵》），都称得上是七律中的上乘甚至传世之作。它们与前期七律多为学杜而得其仿佛者不同，已经明显具有义山的独特情采个性和艺术风貌。可以说，到这一时期，商隐七律在艺术上已经完全成熟。至于这一时期七律中也有一些应酬的平庸之作，那是诗人在熟练地掌握了这一体裁的写作技巧后容易出现的情况，不必以此否定其艺术上的成熟。这和这一时期七绝既有许多佳作，又有不少率而成咏的篇章情况类似。其五，五言排律在这一时期不仅数量增加了三倍，而且在短篇五排的创作上有了显著进展，出现了像《戏赠张书记》、《大卤平后移家到永乐县居书怀十韵》这种写得非常清丽流美的佳篇。前篇纯用白描，情韵悠长；后篇虽用了一些典故，但通体妍丽流转。这种五排是义山的独擅。长篇五排如《送千牛李将军赴阙五十韵》"跳动激发，笔驱风云"（冯笺引田兰芳评），"气格高壮"、"起伏转折有力"（纪昀评），也是上乘之作。

由于这一时期生活境遇等方面的原因，商隐诗歌中的感伤情调，如果单纯从诗作数量上看，似乎并不很突出，特别是居母丧的三四年间写的诗，感伤情调更显得比较淡薄。但如果从典型诗例看，那么这一时期所作的《回中牡丹为雨所败二首》、《出关宿盘豆馆对丛芦有感》、《咏史》（历览前贤）、《落花》、《寄令狐郎中》等篇，无论是感情的涵量、深度都较前期有所加强，表现感伤情绪的艺术技巧也比前期更为纯熟。另外，还应注意到这一时期表现感伤情调最突出的主要不是诗而是文，可以说他把表现自己感伤气质和情绪的载体从诗大部分移到了文里。因此，就整个诗文创作而言，其感伤情调不但没有减弱，反而是大大加重了。

这一时期商隐的编年文共一百三十九篇，其中表十四篇，状七十五篇，启十四篇，牒六篇，祭文十九篇，行状三篇，书二篇，祷雨文、赛城隍文、黄箓斋文共六篇。泾幕所作各体文三十一篇,数量仅次于此后之桂幕。这一时期商隐文中的重要作品有《奠相国令狐公文》、《为张周封上杨相公启》、《为濮阳公陈情表》、《为濮阳公上淮南李相公状三》、《与陶进士书》、《上河阳李大夫状一》、《上李尚书状》、《祭张书记文》、《为濮阳公与刘稹书》、《为李怀州祭太行山神文》、《祭处士房叔父文》、《祭裴氏姊文》、《祭小侄女寄寄文》、《为李贻孙上李相公启》、《祭外舅赠司徒公文》、《重祭外舅司徒公文》等。可以明显看出,这一时期写得最多且好的主要是祭奠亲故的哀吊之文,特别是开成三年写的祭令狐楚的文章和会昌四年写的祭从叔、小侄女、裴氏姊和岳父王茂元的文章尤为出色。其次是上亲故的书启,其中自叙身世遭遇,感激对方恩顾,感情真挚哀惋,与哀祭之文的情调风格有近似之处。两封书信,一封用散体(《与陶进士书》),一封用骈体(《为濮阳公与刘稹书》),前者见商隐的思想个性、人生体验和愤世嫉俗之情,后者见商隐反对藩镇世袭割据的政治立场和分析事理的细密,是两篇很见功力的文章。为王茂元、李贻孙代撰的两篇上李德裕的启状,表现出对李德裕担任地方长官和宰相时政绩的由衷赞颂,对研究李商隐后期的政治倾向有重要参考价值。总的来看,这一时期商隐文的数量与质量较前期都有较明显的提高,尤其是哀祭之文更达到艺术的高峰,在古代哀祭文的发展史上占有重要地位。

第三节　感伤诗风的成熟期

从宣宗大中元年到大中十二年商隐在郑州去世,是诗人在政治上穷途抑塞、生活上漂泊天涯的时期,也是他深婉精丽、富于感伤情调和象征暗示色彩的诗风最后成熟的时期。

唐宣宗统治时期,先后任用迎合己意、恃宠保位的白敏中、令狐绹为相,对武宗朝抗击回鹘、打击佛教、裁汰冗吏等有积极意义的措施概加否定,对李德裕、李回、郑亚等会昌有功旧臣,从狭隘党派私利出发,一再加以贬抑迫害,政治上的弊端较前朝更多。前期因叨会昌余威及吐蕃衰弱、三州七关归附,政局尚较稳定;大中五年以后,各地小规模的起义此起彼伏,镇将逐帅事件时有发生,史称"唐亡诸盗皆生于大中之朝……贤臣斥死,庸懦在位,厚赋深刑,天下愁苦"(《新唐书·逆臣传》),说明会昌时声威稍振的唐王朝到大中后期已显现出某些分崩离析迹象。这种每况愈下的政治环境,对于心怀"欲回天地"之志而匡国无分的商隐来说,本来就是沉重的压抑。再加上这一时期他因追随李党主要成员郑亚赴桂管作幕僚,在为李德裕的《会昌一品集》作序、为郑亚撰写辩诬申柱的书启等事情上表现出明显同情李党的政治倾向,致使本就与他有隔阂的令狐绹对他更加恼怒。随着令狐绹在朝中日益得势,商隐的处境变得更加困窘。从大中元年到九年,他除短期暂代京兆府参军、任太学博士的冷官外,绝大部分时间远幕桂州、徐州、汴州、梓州。大中五年,他追随的两位幕主郑亚、卢弘止先后去世。妻子王氏又不幸于同年亡故,更给他精神上极沉重的打击。梓幕期间,他经常卧病,心情抑郁不舒。梓幕罢归,商隐虽因柳仲郢之辟担任过短期的盐铁推官,但不久即病废还郑州,在郁郁中去世。这种时代政治环境和个人遭遇,大大加深了他作品中的感伤情调,其感伤诗风在这一时期达到完全成熟的境地。

这一时期,商隐的编年诗共有二百三十八首,是可以编年的诗最多的一个时期。尽管时间较上一时期只多了三年(四分之一),但诗的数量却是上一时期的约两倍半。因此可以说这是商隐诗歌创作的丰收期。在二百三十八首编年诗中,五古七首、七古六首、五律六十三首、七律五十一首、五排二十首、五绝十三首、七绝七十八首。在诸体中,仍以七绝居首,这自然与七绝比较灵便易于掌握有关,也可看出商隐对此体的偏爱是一贯的。其中有不少精品,如《梦泽》、《端居》、《过楚宫》、《楚吟》、《杜司勋》、《李卫公》、《柳》(曾逐东风)、《柳》(为有桥边)、《板桥晓别》、《西南行却寄相送者》、《望喜驿别嘉陵江水二绝》、《初起》、《夜雨寄北》、《柳》(柳映江潭)、《韩冬郎即席为诗相送一座尽惊他日余方追吟连宵侍坐徘徊久之句有老成之风因成二绝寄酬兼呈畏之员外》、《齐宫词》、《咏史》(北湖南埭)、《吴宫》等。这些佳作,或以构思立意胜,或以风调胜,或以情韵胜,各有所至,或兼而有之。而咏史、咏物七绝的成功创作,则成为本期七绝创作的一个特点。

商隐的五律在桂幕期间掀起了一个创作高潮。从大中元年三月赴桂到二年九月返抵长安,他在一年半中创作了三十二首,光是在桂林,就写了近二十首,其中有一系列艺术上很成功的作品,如《桂林》、《晚晴》、《寓目》、《城上》、《高松》、《访秋》、《桂林道中作》、《即日》(桂林闻旧说)、《北楼》、《异俗二首》、《昭州》等。值得注意的是,他用五律这种形式将思乡念亲的感情与南中异俗风物的描绘融为一体,取得了成功,艺术上也越出了老杜的樊篱而形成自己的特色,像《晚晴》、《高松》、《访秋》等诗都能在清词丽句中寓含深挚浓郁的情思,有的还深寓人生感慨。桂幕以后的五律,虽仍有《哭刘司户蕡》、《蝉》、《夜饮》、《鄠杜马上念汉书》等佳作,但可以明显看出,五律的写作已比较零星分散。因此,桂幕是商隐五律创作的高峰期,越过这个高峰后,这一体的创作遂相对沉寂。

比较起来,商隐的七律在这一时期则始终处于旺盛的高峰期,其中流传后世的名篇佳作颇多,如《宋玉》、《哭刘司户蕡》、《潭州》、《水天闲话旧事》、《流莺》、《九日》、《野菊》、《过伊仆射旧宅》、《哭刘蕡》、《辛未七夕》、《七月二十九日崇让宅宴作》、《临发崇让宅紫薇》、《王十二兄与畏之员外相访见招小饮时余以悼亡日近不去因寄》、《赴职梓潼留别畏之员外同年》、《利州江潭作》、《井络》、《杜工部蜀中离席》、《二月二日》、《写意》、《即日》(一岁林花)、《无题》(万里风波)、《梓州罢吟寄同舍》、《筹笔驿》、《重过圣女祠》、《正月崇让宅》、《过故府武威公交城旧庄感事》、《南朝》(玄武湖中)、《隋宫》(紫泉宫殿)、《锦瑟》等。这些优秀之作占了此期七律的一半以上。从时间分布上看,是各时段都有名篇,而大中五年以后无论数量、质量都较前更多、更高,说明越到晚年,其七律艺术愈臻于运掉自如、炉火纯青的化境。这一时期的某些七律,虽仍有学杜的痕迹,但都已融入商隐特有的感伤情调和秾艳色彩,变化出之。像《重过圣女祠》、《锦瑟》、《七月二十九日崇让宅宴作》这类作品,更纯然是商隐的独特风貌,根本找不到学杜的痕迹了。

五言排律,本期创作的数量,如考虑时间较长的因素,与上期大体持平。其中上杜惊、卢钧的三首长篇排律,虽极力铺排,但内容庸俗,殊不足取。倒是短篇如《念远》、《摇落》、《西溪》(怅望西溪水)等作,清词丽句,情韵深长,颇堪讽咏。《武侯庙古柏》颇有寄寓,亦为佳构。五绝在这一时期也较前增多,尤其是赴蜀途中及梓幕期间,颇有佳咏,如《饯席重送从叔余之梓州》、《悼伤后赴东蜀辟至散关遇雪》、《忆梅》、《天涯》诸篇,均能用白描手法抒写曲折层深的情感,而又一气浑成,最为五绝胜境,可以说是商隐五绝的高峰期。七古则出现了《韩碑》和《偶成转韵七十二句赠四同舍》这两首带有很强叙事性的长诗,堪称商隐七古之双璧,亦为晚唐七古之冠冕。前诗学韩,"生硬中饶有古意,而清新过之"(屈复《玉谿生诗意》);后诗既豪放健举又鲜妍明丽,挥洒自如,艺术上均臻成熟境界。有此二诗,商隐自可立于七古作者之林。诸体中五古稍弱,但《骄儿诗》学左思、杜甫而能自出机杼,抒写人生感慨;《井泥》学《天问》及杜牧《杜秋娘》而别具一格。总体上看,此期商隐各体都已达到成熟境界而又具有鲜明艺术个性。

从诗歌题材及内容看,这一时期直接反映现实政治的诗显著减少,但有两类诗是别的诗人很少涉及的,这就是赠、哭刘蕡的系列诗和同情赞颂李德裕、郑亚的诗(参看本册第五章第四节)。赠、哭刘蕡的诗共五首,分别作于大中二年、三年,感情沉痛愤激,风格沉郁顿挫,而又一气鼓荡,篇篇均为佳作,当属商隐政治诗中最优秀的作品。有关李德裕政治集团的诗,有《海客》、《五松驿》、《四皓庙》(羽翼殊勋)、《旧将军》、《韩碑》、《李卫公》、《丹丘》、《漫成五章》之四之五、《献寄旧府开封公》、《故驿迎吊故桂府常侍有感》、《武侯庙古柏》、《无题》(万里风波)、《筹笔驿》等,数量相当可观,可见他对这一问题的关注。但除《李卫公》明标德裕封号,《故驿迎吊故桂府常侍有感》明标郑亚赠官外,其他均为借题托寓、借端寄慨之作,写得比较隐晦。这是因为,在当时的政治局势下,在诗文中明显表露对李德裕政治集团的同情,是犯忌的。这也反过来说明这类政治诗表现了商隐的正义感。这类诗中,有的还和商隐对唐王朝衰亡趋势的忧伤融合在一起,如《武侯庙古柏》和《筹笔驿》。

从总体上看,这一时期商隐歌咏的重心显然已经转移到了抒写个人困顿遭遇、沉沦漂泊身世和人生悲慨方面。写景、纪行、酬赠、咏物、怀古,都贯串或渗透了上述内容。本期内一些最成功的作品,大都属于此类。据初步统计,这类作品共有一百二十多首,占本期编年诗总数的一半。特别是像下列诸篇:《荆门西下》、《晚晴》、《高松》、《寓目》、《城上》、《席上作》、《念远》、《宋玉》、《北楼》、《思归》、《木兰》、《灯》、《乱石》、《木兰花》、《离思》、《摇落》、《过楚宫》、《楚吟》、《听鼓》、《陆发荆南始至商洛》、《肠》、《钧天》、《骄儿诗》、《杜司勋》、《流莺》、《蝉》、《柳》(为有桥边)、《漫成五章》(之一、之二、之三)、《九日》、《野菊》、《白云夫旧居》、《偶成转韵七十二句赠四同舍》、《戏题枢言草阁三十二韵》、《读任彦升碑》、《青陵台》、《咏怀寄秘阁旧僚二十六韵》、《七月二十八日夜与王郑二秀才听雨后梦作》、《七月二十九日崇让宅宴作》、《崇让宅东亭醉后沔然有作》、《临发崇让宅紫薇》、《宿晋昌亭闻惊禽》、《赴职梓潼留别畏之员外同年》、《西溪》(怅望西溪水)、《北禽》、《二月二日》、《初起》、《夜饮》、《写意》、《杨本胜说于长安见小男阿衮》、《夜雨寄北》、《属疾》、《即日》(一岁林花)、《柳》(曾逐东风)、《柳》(柳映江潭)、《忆梅》、《天涯》、《无题》(万里风波)、《梓州罢吟寄同舍》、《重过圣女祠》、《风雨》、《井泥》、《锦瑟》,几乎每一篇都与商隐的悲剧性身世遭遇有或显或隐的联系,成为他后期诗歌创作中最富感染力的篇章。李商隐诗歌的独特风貌,至此才真正稳定地形成,其感伤情调作为一种艺术化了的诗美也达到了最高境界。另外,本期中表现其个人生活、感情的诗中,忆内诗和悼亡诗占有相当重要的地位。关于他的这两类诗,在第十章中将作专门论述。

李商隐本期的编年文共一百六十八篇,其中表六篇,状六十二篇,启六十篇,牒四篇,祝文二十二篇,祭文二篇,碑铭五篇,书一篇,序三篇,黄箓斋文三篇。按所居幕府计,以桂州幕期间最多,共一百零八篇,几占现存商隐文的近三分之一,徐州幕仅七篇,梓州幕首尾五年,亦仅三十八篇。之所以有这样大的数量差别,原因很明显:在桂幕时,他任观察支使,当表记,故所为亦多;在徐幕时任判官,掌书记另有其人,故所为特少;在梓幕期间,除大中六年因掌书记张黯至京师,商隐曾兼代其职外,其他时间均任判官,故除大中六年所作书启较多外,五年中所作应用之文亦较少。

整个桂幕期间,从大中元年二月任命郑亚为桂管观察使,辟商隐入幕,到大中二年二月郑亚贬循,时间不过一年整,而保留下来的各体文竟如此之多。从这些文章的文题推断,桂幕期间的文章可能基本上都保存下来了,从中可见担任记室的幕僚工作之繁剧。在这样繁忙的本职工作之余,商隐还写了五十首诗(如果加上自桂返京的归途诗,则达七十六首),可见整个桂幕期间创作力之旺盛。从文的写作看,桂幕所作固然多为表状启牒一类公私应用文翰,但也有非常重要的文章,如大中元年九月为郑亚撰拟的《太尉卫公会昌一品集序》就是一篇皇皇大文。《樊南甲集序》自述从写作古文到写作骈文的经过、编定《甲集》的情况以及"十年京师寒且饿"的穷困潦倒生活,为后世了解商隐的文章写作历程提供了重要的第一手资料。《为荥阳公上马侍郎启》、《为荥阳公上三司使大理卢卿启》、《为荥阳公上前浙东杨大夫启》,写于郑亚因吴湘案受到严谴之际,商隐敢于在启中讼冤辩诬,表现出强烈的正义感。而《为荥阳公上宣州裴尚书启》、《为荥阳公与浙东杨大夫启》则宛如六朝人骈文小品,写得洒脱自如,富于诗情。此外,徐幕、梓幕所作文中,也有较有价值者,如《上尚书范阳公谢辟启》、《谢河东公和诗启》、《上河东公启》、《樊南乙集序》等。碑铭中如《刑部尚书致仕赠尚书右仆射太原白公墓碑铭》、《梓州道兴观碑铭并序》、《唐梓州慧义精舍南禅院四证堂碑铭并序》、《道士胡君新井碣铭并序》等长篇，都是全力以赴的作品，显示了作者散体、骈体碑铭的深厚功力。但梓幕后期所作的《为举人献翰林萧侍郎启》、《为某先辈献集贤相公启》，不仅内容空洞，文章本身也显得非常浅陋平庸，这可能与所呈献的对象无善可陈可赞有关，也在一定程度上透露了他对这类纯粹应酬之文的厌倦。

第五章　李商隐的政治诗

这一章论述的对象,是李商隐那些反映时事政治的诗(不论其表现方式或显或隐),而不包括他那些以古鉴今、借古喻今的咏史诗。就其现实指向来说,李商隐的绝大部分咏史诗也不妨说是一种政治诗,但它在反映现实政治时,无论是题材内容或表现手段都有其特殊性,其艺术成就又高于他的一般政治诗,因此将政治诗与咏史诗各列专章加以论述。李商隐有极少数题为《咏史》,或题目像咏史,而实际反映的内容全为时事政治者,如《咏史》(历览前贤)、《隋师东》、《无愁果有愁曲北齐歌》,从内容着眼,这一章也将论及。①

在释道源、朱鹤龄之前,绝大多数评家都没有充分注意李商隐的政治诗,只是把他作为艺术上有特色、有成就的诗人看待,与同时代的温庭筠并提,而且多半只注意到他的一部分咏物、抒怀之作和一部分无题诗、爱情诗。直到明末清初,释道源和朱鹤龄相继为义山诗集作注撰序,朱注并吸收了钱龙惕《玉谿生诗笺》的有关成果,大力宣扬其诗关注国运、感时伤事的精神,这才引起人们对李商隐的进步政治倾向及其反映时事的政治诗的重视。一种传统的偏见(比如单纯以"才人"、"浪子"看待李商隐,甚至认为他"放利偷合"、"诡薄无行")往往会埋没一个诗人和他一大批有思想艺术价值的诗;反过来,一种学术上的新见

---

① 这类作品,在本册第六章中亦有所涉及。但论述角度不同,是将它们作为咏史诗的一种类型提出来讨论。

解(比如释道源论义山,认为"推原其志义,可以鼓吹少陵";朱鹤龄进一步发挥其说,认为其"指事怀忠,郁纡激切,直可与曲江老人相视而笑"),则往往可以发现一大批有价值的诗。道源和朱鹤龄的新见解,正是在发现李商隐一大批政治诗价值的同时,揭示了李商隐作为一个大诗人的本质性方面。从朱注以来,李商隐大量政治诗的内容与价值不断地为研究者所瞩目,并不断得到更深刻的阐论,对李商隐的认识与评价也越来越全面、深刻。从这一点看,朱氏确是义山的功臣。

李商隐反映时事政治的诗约五十首(加上有现实政治指向的咏史诗则达一百一十首)。这个数字告诉我们一个基本事实:李商隐是一个关心现实政治与国家命运的诗人。中国古代绝大部分作家都属于"士"这个社会阶层,而士的一个主要特征就是关心政治,其中的优秀者更以天下为己任。一个诗人,写了大量政治诗,当然不一定就能成为伟大的或杰出的诗人,但是,真正称得上是伟大的或杰出的诗人,却几乎没有例外,都写过不少出色的政治诗,包括像陶渊明这样的千古隐逸诗人之宗在内①。一个诗人,胸中有没有现实政治、国家命运、民生疾苦,他的襟怀、气质,他的诗歌境界、气象是大不相同的。温庭筠与李商隐,同属晚唐绮艳诗风的代表,他们的分界与区别,正在于一个是比较典型的封建文人中的才人浪子,而另一个则密切关注时事政治、国家命运。② 商隐自称"深怀殷浩当世之心机",从他的全部诗作看,那种关注现实政治、国家命运的精神和渴望为国建功立业的抱负确实是一贯的。从他刚步入社会时所写的《隋师东》中所表现的对军政窳败现象的思考,到甘露之变前后对唐王朝整体危机的焦虑,从《安定城楼》诗中所抒发的"欲回天地入扁舟"的功成身退抱负,到闲居永乐期间深慨"如何匡国分,不与夙心期",再到徐幕从军时高唱"爱君忧国"的

---

① 见其《饮酒》、《拟古》等组诗及《述酒》诗。
② 温庭筠也不是没有反映时事政治的诗,但数量较少,有的诗虽被研究者解为隐指时事,却并不一定可靠。

昂扬之音，可以看出，即使历经坎坷，其忧国之情始终不渝。直到晚年所作的《无题》（万里风波）、《筹笔驿》等诗中，仍然坚持"人生岂得长无谓，怀古思乡共白头"的信念，并深为遭逢衰世、难展抱负而感到遗憾。这种对现实政治、国家命运执着的关注，不仅使他在各个不同时期创作了一批有相当高质量的政治诗，而且还深刻影响到他的整个诗歌创作风貌。李商隐在咏史诗、咏物诗、无题诗等领域所取得的成就，特别是这些诗中所蕴含的他对历史人物事件、对个人命运、对人生的思考与感慨，可以说都离不开他这种执着关注现实政治、国家命运，渴望有所作为的精神。

从思想内容方面看，李商隐的政治诗有以下几个显著特点。

第一节 广泛性

李商隐政治诗对现实政治的反映相当广泛全面，具有同时代其他诗人所不及的广度。从纵的方面看，唐代开国以来一系列重大的政治历史事件，诸如：唐玄宗的荒淫失政和安史之乱；唐德宗时期的朱泚之乱和李晟、浑瑊平定叛乱的战争；唐宪宗时期讨伐强藩吴元济的淮西之战；唐敬宗的荒淫奢侈及为宦官所杀的事件；唐文宗大和初年讨伐叛镇李同捷的战争，大和二年刘蕡对策指斥宦官专权被黜直至贬死的事件，大和九年的甘露之变；武宗会昌年间回鹘的侵扰及讨伐回鹘的战争，平定泽潞叛镇刘稹的战争；宣宗大中前期李德裕政治集团被贬黜迫害的事件，讨伐党项的战争等。这些在李商隐的政治诗中都有不同程度的反映，有的还是相当集中的反映（如玄宗荒淫失政与甘露之变）。从横的方面看，举凡藩镇的割据叛乱，宦官的擅权乱政，皇帝的荒淫奢侈、求仙媚道，官僚集团内部的矛盾斗争，异族的侵扰，人民的困苦流离，都在他的诗中有所反映。其中藩镇的割据叛乱和皇帝的荒淫腐朽尤其是他注意的中心和焦点。在整个晚唐时期，对现实政治反映得如此广泛全面的，还没有第二人。杜牧在晚唐诗人中,以注意研究"治乱兴亡之迹,财赋兵甲之事,地形之险易远近,古人之长短得失"著称,但他的政治诗反映社会政治问题的广泛性和对重大政治历史事件的反映都逊于李商隐。例如,对宦官擅权乱政这一唐代后期政治生活中的毒瘤,杜牧诗中根本没有涉及。对甘露之变,杜牧由于过分注重主事者李训、郑注个人的政治品质和他们排斥异己的行为,而不去考虑谋诛宦官之举本身反映了当时朝野上下的普遍愿望,因此对甘露之变这一重大政治事件竟毫无反映,而是把笔墨用在反对皇帝重用李、郑而遭贬的李甘、李中敏等人身上。而李商隐则在一系列政治诗中对这场"天荒地变"式的政治变乱作了集中的反映。刘蕡因对策指斥宦官遭黜不取的事件,在朝野上下引起强烈反响;其后宦官诬以罪,冤贬柳州,也是"路有论冤谪"。但对此事,在杜牧及同时代其他诗人诗中,亦寂无反响,而李商隐则写了一系列感情沉痛愤激的诗篇,对包括皇帝、宦官在内的统治集团进行抨击。对大中前期李德裕政治集团遭受打击直至贬死的事件,杜牧由于对李德裕抱有成见,在人事关系上接近李德裕的对立面牛僧孺、周墀,因此在诗中对这一事件也毫无反映,在为周墀所写的墓志铭中甚至对李德裕进行攻击。而李商隐则写了一系列同情乃至赞颂李德裕的诗,成为其后期政治诗的重要组成部分。

李商隐政治诗对现实政治反映的广泛性,显示出作为一个有政治抱负的诗人,他所关注的现象与问题相当广泛,政治视野相当广阔,既不为个人的见闻所拘限,更不因狭隘的人事关系而影响到他对政治事件、人物的看法。这一点,在晚唐诗人中是相当突出的。

第二节 深刻性

政治诗的价值,在更大程度上还取决于对现实政治反映的深刻性。单纯描述政治现象和事件过程,当然也有一定价值与意义,但只有透过现象揭示本质,才能具有较高的认识价值和思想意义。李商隐的不少政治诗,反映出他对现实政治问题的认识相当深刻。例如对于藩镇割据叛乱的长期延续,他往往能从政治方面对这一现象进行思考,揭示出朝政的腐败,特别是中枢不得其人乃是藩镇跋扈叛乱的政治根源,正像一个毒瘤,植根于腐朽的肌体之上。"巍巍政事堂,宰相厌八珍。敢问下执事,今谁掌其权?疮痏几十载,不敢抉其根"(《行次西郊作一百韵》),这正是他对藩镇割据叛乱这个"疮痏"长期不能抉除的原因所作的思考。这种认识,早在他刚踏入社会所作的《隋师东》诗中已露端倪①,到长诗《行次西郊作一百韵》中更明确揭示出藩镇割据叛乱长期延续的根源是掌权宰相的无能与腐朽。

如果说,《隋师东》和《行次西郊作一百韵》是用反面的事例和现象揭示问题的症结,那么长诗《韩碑》则是通过正面事例,说明君相贤明善断,齐心协力,坚持伐叛,必能战胜凶悍的藩镇。安史乱后,淮西藩镇割据叛乱近五十年,成为唐王朝的心腹之患。宪宗元和十年,宰相裴度坚决主张讨伐,得到宪宗的信任支持,于元和十二年亲往前线督师,讨平了淮西镇,活捉了吴元济,使其他藩镇受到极大震慑,裴度也因平叛首功受到封赏。韩愈在平叛战争中担任裴度的行军司马,乱平后奉宪宗之命撰写《平淮西碑》,歌颂淮西之战的辉煌胜利和裴度的决策统帅之功。当时有人为雪夜袭破蔡州的大将李愬鸣不平,认为韩愈的碑文未突出李愬之功,结果宪宗听信谗言,下令推倒韩碑,另让翰林学士段文昌重撰碑文刻石。李商隐针对此事,写了《韩碑》这首着意经营的长诗。诗中极力推崇韩碑的不朽价值,实际上是借此推重裴度在平叛战争中的首功,强调朝廷中枢的战略决策与坚定方针对平叛战争的胜利所起的决定作用,以及君相协力、坚持伐叛的极端重要性。这种见解,比起那些单纯从战术上、军事上看问题的人显然要高出一等。强调这一点,在李商隐所处的时代有直接的现实政治意

---

① 参看上册第四章第二节对此诗的评述。

义。会昌三至四年间,宰相李德裕在武宗的专任与支持下,力排众议,终于取得了讨伐泽潞叛镇的胜利。这几乎是元和年间淮西之战的重演。① 从这种认识出发,他在《寿安公主出降》中,对怀着妥协苟安心理极力笼络讨好强藩的皇帝也深致讽慨:

> 妫水闻贞媛,常山索锐师。
> 昔忧迷帝力,今分送王姬。
> 事等和强虏,恩殊睦本枝。
> 四郊多垒在,此礼恐无时。

唐文宗大和八年,成德节度使王庭凑卒,子元逵继任。王庭凑是一个凶悍阴狡的割据者,曾多次用武力对抗朝廷。王元逵虽仍世袭割据,但对朝廷的态度比较恭谨,岁时贡献,维持表面的臣属关系。文宗深感满意,遂于开成二年六月以绛王李悟女嫁元逵。商隐此诗,透过藩镇恭谨、皇帝施恩的表象,一针见血地揭穿了此举的本质——"事等和强虏"。名为"出降"公主,实际上不过是古代屈辱性质的"和亲"政策的重演。而朝廷之所以采取这种笼络讨好强藩的做法,骨子里是出于对强藩的畏惧:"昔忧迷帝力,今分送王姬。"过去王庭凑骄横跋扈,根本不把朝廷放在眼里,朝廷也只能心存忧惧而无可奈何;今天王元逵稍稍改变态度,理所当然要把王姬奉送给他了。"分"字、"送"字,既沉痛愤激,又尖刻辛辣,可以说是对朝廷畏惧强藩的诛心之笔。商隐之所以这样毫不留情面地加以揭露,正由于他思深虑远:"四郊多垒在,此礼恐无时。"当前藩镇林立,四郊多垒,这种讨好笼络强藩的"礼"恐怕不合时宜。在《淮阳路》中,他甚至尖锐地指

---

① 《韩碑》作年难以确考。从诗末对"圣皇圣相"作追思口吻看,诗当作于开成四年裴度卒后。而据诗中表露的思想,联系会昌、大中时事,此诗很可能有某种现实针对性,即李德裕受到宣宗、白敏中罢黜、贬抑以后所作,详《李商隐诗歌集解》对此诗作年的推断。

出唐德宗的猜忌,是激成藩镇叛乱的一个原因。这虽非藩镇割据叛乱的根本原因,但就某一君主的性格对某一藩镇叛乱的影响而言,却有其特有的洞察力和具体的针对性。

　　李商隐对政治事件认识的深刻,还突出地表现在他对甘露之变这一重大事件的看法上。他的一系列有关事变的诗篇,不仅表现了他的政治义愤和可贵的"诗胆",而且表现了他的政治识见。《有感二首》既愤恨宦官的大肆株连,肆行杀戮,又痛愤文宗的暗于知人,误任李训、郑注。对李、郑,既指斥他们抱有个人政治野心,谋事不周,反而贻误国家,又对诛灭宦官这一行动本身仍持肯定态度:"素心虽未易,此举太无名!"对主谋者的个人政治品质、才能和谋诛宦官行动本身的正义性采取区别对待的态度。对照一下刘禹锡和李商隐为甘露之变而作的表章,当能更清楚地看出他们在认识上的区别。甘露之变发生时,禹锡正任同州刺史,李、郑被诛后,他上《贺枭斩郑注表》,后又上《贺德音表》,称"李训、郑注等,敢有逆心,兼连凶党……重臣毕力,禁旅尽忠"。他将宦官头子仇士良称为"重臣",将杀戮大批朝臣由宦官统率的禁军称为"尽忠"的禁旅。而大和九年冬商隐为郑州刺史权璩所作的《为郑州天水公言甘露事表》则称:"宰臣王涯等,或久服显荣,或久蒙委任,徒思改作,未可与权。敷奏之时,已彰虚伪;伏藏之际,又涉震惊。"[①]虽对谋诛宦官的手段、方式加以否定,但肯定谋诛宦官之事本身是一种"改作"。这在当时,不但需要勇气,也需要明确坚定的识见。

　　李商隐政治诗的深刻性,还突出地表现在对现实政治形势感受的深刻上。如本册第一章所概括的,李商隐所处的时代,唐王朝的衰亡之势已经形成,但大规模的农民起义尚未酝酿成熟;地主阶级内部各种政治集团和各派政治力量的矛盾斗争空前尖锐复杂,但还没有达到彻底分裂的程度;上层统治集团日趋腐

---

① 此据邵博《邵氏闻见后录》所引。邵氏云:"当北司愤怒不平,至诬杀宰相,势犹未已,文宗但为涯等流涕而不敢辩。义山之表,谓'徒思改作,未可与权',独明其无反状,亦难矣。"

朽，但还有一定的统治力量。一直到李商隐逝世之前，全国还大体上保持着暴风雨到来之前的表面平静（宣宗后期，一向比较平静的南方地区时有地方军将叛乱，但规模较小）。在这样一种时代氛围下，一些政治感受力比较迟钝的诗人，很可能对现实的危机很少察觉，甚至有时会被某些表面现象所迷惑，陶醉在表面的承平气象当中。但在李商隐的政治诗中，却始终充满了一种深重的危机感。《曲江》诗作于甘露之变后几个月的开成元年春，诗中不仅透露出这场流血事变中大臣惨遭宦官杀戮、"空闻子夜鬼悲歌"的阴暗恐怖的时代气氛，而且透过这一事变深刻感受到大唐王朝升平不返、荆棘铜驼的没落趋势："死忆华亭闻唳鹤，老忧王室泣铜驼。天荒地变心虽折，若比伤春意未多。"这种敏锐而深刻的感受充分显示出其超前性、预见性。在他的感受中，唐王朝的衰亡之势已成，无法逆转，"运去不逢青海马，力穷难拔蜀山蛇"（《咏史》），像藩镇、宦官这类盘结的势力已经不可能根除。发展到后来，他甚至说"玉垒经纶远，金刀历数终"（《武侯庙古柏》），即使有雄才大略如诸葛亮这样的杰出人物，也难以挽救历数已终的衰颓王朝。正像鲁迅在谈到《红楼梦》里的贾宝玉时所说的那样，"悲凉之雾，遍被华林，然呼吸而领会之者，独宝玉而已"（《中国小说史略》第二十四篇），我们也不妨说，晚唐时代的悲凉之雾，是被具有敏锐而深刻的政治感受力的李商隐最充分地"呼吸而领会"到了，而且是非常出色地表现出来了。他的诗歌中弥漫着的那一层浓重的悲凉之雾，那种深入骨髓的感伤情调，那种涵容深广的"伤春"意绪，正是晚唐那个衰颓时代的投影和深刻反映。从《曲江》、《咏史》（历览前贤）这类诗中可以看出，商隐在感受现实政治形势时，是带着一种历史感的，是从整个发展趋势上着眼的。因此他的感受与认识往往带有一种深远的宏观色彩，而不局限于眼前的一时一事。这就自然涉及其政治诗的另一特点。

第三节 整体性

李商隐的政治诗对现实政治的各种问题和矛盾,对唐王朝各个不同阶段的重大政治事件都分别有所反映。但除了这些局部性的、阶段性的反映外,他还有意识地对唐王朝开国以来二百余年的历史与社会矛盾的各个方面作综合性的、整体性的反映,或者说是全景式的、全方位的反映。尽管这样的作品在其全部诗作中只有一首——开成二年十二月所作的《行次西郊作一百韵》,但仅此一首,就足以使李商隐在唐代政治诗的发展史上占有突出地位。长诗从诗人目击的长安西部郊畿地区农村荒凉残破的景象着笔,借与村民的问答引出对唐王朝由盛而乱而衰的历史过程和诸方面矛盾的展示。诗中反映的历史时代,上起唐初开国和贞观盛世,下迄开成二年末,包括二百二十年的历史过程。其中如贞观之治、玄宗失政、安史之乱、藩镇割据和朱泚之乱、甘露之变等都有或简或详的叙写,重点放在玄宗失政、安史乱起以来的这八十余年。所反映的社会政治问题,如藩镇的跋扈叛乱、宦官的擅权乱政、统治者的骄奢淫逸、赋役剥削的苛重、财政危机的深化、边防力量的削弱和边境民族的侵扰、人民的困苦流离等,都在诗人的视野之中,而藩镇的长期割据叛乱和百姓生活的穷困尤为诗人注意的中心。

长诗不仅揭示出历史过程及事件的前因后果即纵向联系,而且注意揭示各种社会问题之间的相互影响和横向联系,以突出问题的症结。如因藩镇的长期割据与叛乱,导致财政的严重困难和赋税的加重,导致边防的削弱和边境民族的入侵,最后又导致人民生活的穷困。通过昔盛今衰的对照,诗人推求盛衰治乱之本,认为中央与地方官吏的贤否,是国家治乱的根本,而中枢是否得人,尤为问题的关键。由此又进一步对信用奸邪、酿成变乱的最高统治者进行指责:叙安史之乱,深咎玄宗酿乱之责;叙甘露之变,婉讽文宗的暗于知人。最后归结到"又闻理与乱,系人不系天"这个根本观点上来。全诗纲举目张,纵横交织,反映了唐王朝两百多年的政治历史和它在由盛而乱而衰的过程中出现的各种矛盾以及不可避免地走向衰亡的历史趋势。其视野之广阔、内容之丰富、格局之宏大、政治色彩之浓厚,都超过了杜甫的《自京赴奉先县咏怀五百字》与《北征》,是名副其实的一代史诗。

诗中充满了强烈的危机感,鲜明地体现出商隐的政治敏感和长诗的时代特征。诗一开始就展现出京西农村"高田长檞枥,下田长荆榛。农具弃道旁,饥牛死空墩。依依过村落,十室无一存。存者皆面啼,无衣可迎宾"这种宛如劫后的残破景象,一下子就造成了一种充满危机感的氛围。以下一大段借村民之口对唐王朝衰乱历史的回顾,危机感随着国势的衰颓而不断加深。从李林甫专权、安禄山跋扈,到天宝末年的"因失生惠养,渐见征求频",显示出一场巨大的变乱即将爆发。安史之乱,不但造成战乱地区"城空鸟雀死,人去豺狼喧"这种悲惨恐怖景象,而且形成了"逆者问鼎大,存者要高官"、"中间遂作梗,狼藉用戈铤"这种藩镇长期跋扈叛乱的局面。乱后的唐王朝,"筋体半痿痹,肘腋生臊膻"、"国蹙赋更重,人稀役弥繁",已经半身不遂,陷于恶性循环,难以自救。而近年来发生的甘露之变和天灾兵祸,更使京西一带的"穷民"濒于绝境,不得不起而为"盗贼",官兵又借机趁火打劫。讲到"郿坞抵陈仓,此地忌黄昏",一种末世的阴暗恐怖氛围笼罩了一切,大唐王朝的没落命运已经昭然可见。商隐这种强烈的危机感,不仅渗透在上述的叙述描写中,而且贯注于痛心疾首的抒情和议论中,像"诚知开辟久,遘此云雷屯(指巨大的祸乱)"、"巍巍政事堂,宰相厌八珍。敢问下执事,今谁掌其权?疮痏几十载,不敢抉其根"、"我愿为此事,君前剖心肝。叩头出鲜血,滂沱污紫宸。九重黯已隔,涕泗空沾唇"这些诗句,或沉痛愤激,或忧心如焚,都透露出危机的极端深重。总之,对唐王朝整体危机的全面揭示和强烈的危机感,是这首长诗所给予人的最突出的感受。在离唐王朝的覆亡还有七十年的时候,就能如此鲜明尖锐地将唐王朝的深重危机揭示出来,足见商隐的政治敏感与胆识。在唐代政治诗中,还没有第二篇这样的一代史诗。郑嵎的《津阳门诗》长达一千四百字,但局限于叙写玄宗、杨妃之事,且兴趣集中在记叙一代掌故,政治内容贫乏,识见更属平平;韦庄的《秦妇吟》长达一千六百六十六字,但所反映的仅为一个时期(黄巢起义)的史事,与商隐此诗作整体性、全景式的反映有明显区别。

全篇叙议相兼,具有史诗与政论的特色。叙事既有细致的描写,更有宏观的概括。议论既时见卓识,更挟带强烈感情。语言朴质苍劲,自然生动。纪昀说:"亦是长庆体,而气格苍劲则胎息少陵。"(《玉谿生诗说》)其实不仅是气格,其基本构思亦规模《自京赴奉先县咏怀五百字》和《北征》,尽管它在艺术上不如此二诗那样沉郁顿挫、波澜起伏、有高度的艺术概括力和强烈的感染力。归根结底,是因为作者主要出于政治责任感和忧患感,而不是像杜甫那样对百姓苦难有感同身受的切肤之痛。但作为从整体上反映一个朝代兴衰的史诗,它确实具有不可替代的成就与价值,是碧海掣鲸之作。

这首诗反映出自大和九年甘露之变以来,商隐在一系列忧国伤时的政治诗创作的基础上,进一步深入思考唐王朝衰乱的原因,总结历史的经验教训。它是商隐创作历程尤其是政治诗创作历程中带有里程碑性质的作品。

第四节　独特性

李商隐的政治诗中,有三个方面的内容是其他诗人很少触及或没有触及的。前两方面是刘蕡因对策指斥宦官被黜不取、后又遭诬冤贬、终致客死异乡的事件,以及大中前期李德裕政治集团被罢黜、远贬直至死于贬所的事件。[①] 这

[①] 对后一事件的反映,第一节在与杜牧作比较时已有所涉及,但主要是从反映面之广泛着眼。这一节角度不同,论述的详略也有别。

两件事在文、武、宣三朝是震动朝野的大事。但现存唐诗中,反映这两件事的却很少。另外,还应特别指出的是,李商隐政治诗对甘露之变的反映和对宦官势力的抨击,也是同时代诗人的诗作中很少涉及的。关于这三方面内容的有关诗作,已分别在上册第十二章第三节、本册第三章第三节、上册第五章第三节中作过论析,这里只从李商隐政治诗的独特性这一角度作一些分析。

宦官擅权、藩镇割据、牛李党争,是晚唐政治的三大痼疾。当时的诗人,对藩镇割据叛乱的态度相当鲜明坚定,表现出高度的一致。但对宦官擅权,尽管绝大多数士人在实际上也是持反对态度的,但在诗歌中正面反映并予以有力抨击的却极为罕见。原因可能是多方面的。其中的一个重要原因,是割据一方的藩镇虽对唐王朝的统一和财赋收入构成很大威胁,但一般对朝廷政治的影响并不直接,更少直接影响到士人的政治前途,因此士人从《春秋》大一统的思想出发,对割据叛乱的藩镇予以谴责是比较少所忌讳的。而宦官擅权,往往直接控制影响朝廷政局,甚至直接影响到士人的科第与仕途①,宦官与朝官之间又有千丝万缕的联系,因此士人在反对宦官擅权乱政的问题上往往多所顾忌。李商隐反对宦官擅权的政治诗,主要是甘露之变后写的《有感二首》、《重有感》、《曲江》、《故番禺侯以赃罪致不辜事觉母者他日过其门》及大中二年至三年写的赠、哭刘蕡的五首诗这两个系列。在这两组诗中,他不仅直接揭露宦官劫持皇帝、杀戮朝臣、大肆株连、劫夺财货的行径和打击冤贬正直士人的罪行,表现出强烈的政治义愤和可贵的诗胆,而且显示出他对宦官的揭露抨击,乃是出于对国家命运的关切,是出于公愤而主要不是出于私谊,从而和许浑伤悼贾𬭚的诗《甘露寺感事贻同志》主要出于座主门生的私谊有明显的区别,而这些诗所体现的直面现实的批判精神更与白居易《九年十一月二十一日感事而作》、《咏史》所表

---

① 《唐摭言》九:"高锴侍郎第一榜,裴思谦以仇中尉(指宦官头目仇士良)关节取状头,锴庭遣之……明年……思谦自怀士良一缄入贡院……白锴曰:'军容有状,荐裴思谦秀才。'锴不得已,遂接之。"

现的全身远祸的思想有本质的不同。

　　对李德裕政治集团被罢黜、冤贬的同情,对李德裕功绩的肯定与赞颂,表现了商隐大中年间进步的政治倾向,有关这一主题的诗篇,因而也具有政治内涵和政治诗的性质。由于宣宗、白敏中、令狐绹等人对李德裕政治集团的排斥打击不遗余力,采取的手段又十分卑劣(利用所谓吴湘冤案行一网打尽之计),当时朝官中尽管也有个别正直之士如丁柔立者为李德裕之贬讼冤(事见《通鉴·宣宗大中二年》),但多数人则噤若寒蝉,当时诗人的诗作中也少有涉及此事者。[①] 而李商隐则围绕这一事件,先后写了《海客》、《五松驿》、《潭州》、《旧将军》、《韩碑》、《李卫公》、《漫成五章》(之四、之五)、《丹丘》、《献寄旧府开封公》、《武侯庙古柏》、《无题》(万里风波)、《筹笔驿》等诗,或显或隐地抒发对李德裕被贬的同情、思念,表达对李德裕政绩的赞颂,成为他后期政治诗的重要内容和组成部分。对这类诗,必须摒弃传统的对朋党倾轧的成见,实事求是地分析牛、李两党的所作所为和实际业绩,才能看清其进步的政治倾向和思想艺术价值。

　　以上四个方面,充分显示出李商隐政治诗反映现实政治的广度、深度、整体性和独特性。这一切,使他在唐代政治诗的发展史上占有突出的地位。从艺术上看,除《韩碑》明显学韩外,其他古近体政治诗,主要是学习杜甫。《隋师东》、《重有感》固然明显可见学习杜甫《诸将五首》的痕迹,《行次西郊作一百韵》也有意模仿《北征》、《自京赴奉先县咏怀五百字》,甚至连《漫成五章》也可以看出杜甫七绝的影响。[②] 从每一首具体的作品看,它们中的多数在艺术上都达到了相当高的水平,特别是赠、哭刘蕡诸作及《筹笔驿》等,更完全称得上是第一流的作品。从总体上看,这类诗虽可谓学杜而得其神情格调,但除少数作品如《曲

---

① 温庭筠诗集中有《题李相公敕赐锦屏风》云:"丰沛曾为社稷臣,赐书名画墨犹新。几人同保山河誓,独自栖栖九陌尘。"对德裕有大功而被新朝皇帝所贬流露出同情与感慨。此外竟寂无反响。
② 冯浩谓"其体格全仿老杜",纪昀则谓"较少陵诸绝仍多婉态",二评都承认杜甫七绝对他的影响,可以合参。

江》外,并没有明显的创新。从为诗歌艺术提供新的东西这个角度来衡量,对它们的评价不能过高。李商隐诗歌中最富独创性的,主要还是他的咏史诗、咏物诗、无题诗、爱情诗,特别是像《锦瑟》、《重过圣女祠》、《春雨》一类诗,这些正是以下各章要分别加以论述的。

第六章　李商隐的咏史诗

咏史诗在李商隐的诗歌创作中占有重要地位。朱鹤龄阐发释道源对商隐诗"推原其志义,可以鼓吹少陵"(钱谦益《牧斋有学集》卷十五《李义山诗集序》引道源语)的评价,这样写道:

  且吾观其活狱弘农,则忤廉察;题诗九日,则忤政府;于刘蕡之斥,则抱痛巫咸;于乙卯之变,则衔冤晋石;太和东讨,怀积骸成莽之悲;党项兴师,有穷兵祸胎之戒。以至《汉宫》、《瑶池》、《华清》、《马嵬》诸作,无非讽方士为不经,警色荒之覆国。此其指事怀忠,郁纡激切,直可与曲江老人相视而笑,断不得以放利偷合、诡薄无行嗤摘之也。(《李义山诗集笺注》卷首朱鹤龄《序》)

朱氏用来论证其观点、驳斥传统偏见的诗例,咏史诗竟占半数,可见它对评价商隐诗品与人品的重要性。本章不准备对李商隐咏史诗思想与艺术的诸方面作具体论列,只着重从总体上揭示其主要特征,说明它对古代咏史诗有哪些重要发展。而要说明这一点,先要对李商隐之前的咏史诗作一简要回顾。

第一节　李商隐以前咏史诗的发展

中国是一个历史悠久的国家,又是一个诗的国度。人们在缅怀历史、追慕前贤、评论前代的成败得失、褒贬前人的善恶美丑、总结历史的经验教训时,都会很自然地运用诗歌加以表现,咏史诗因而在古代诗歌史上有悠长传统。《诗·大雅》中关于周部族的系列史诗《生民》、《公刘》、《绵》等篇,不妨视为赞颂先民业绩的咏史诗;而《荡》诗假托周文王指斥殷纣,以寓讽周厉王之无道,则开托古讽今一类咏史诗之先声;荀况《成相》篇引述古帝王贤愚明暗之事为鉴,不妨视为以古鉴今一类咏史诗之滥觞。正式以"咏史"命题,始于班固赞颂缇萦救父的五言诗。此后,历魏晋南北朝,咏史诗代有制作,大体上有三种类型。一类以歌咏历史人物的品行事迹为主,其中又有偏于抒情议论与偏于叙述两种。前者如王粲、阮瑀咏三良殉死的《咏史诗》及颜延之的《五君咏》,后者如左延年、傅玄的《秦女休行》和陶渊明的《咏荆轲》。一类以歌咏历史事件为主,如阮籍《咏怀·驾言发魏都》、卢谌《览古诗》(叙蔺相如完璧归赵事)、虞羲《咏霍将军北伐》等。一类系借咏史以抒怀,左思《咏史八首》是其代表。以上三类,也不妨简括为咏人、咏事、咏怀。这种划分自然是相对的,各类之间常有交叉乃至交融。

从先秦到南北朝,咏史一体经长期发展虽已确立(萧统编《文选》列"咏史"诗为一类,即反映了这一事实),但作品数量很少,题材较窄(咏三良、二疏、荆轲、秦女休、秋胡等人的占很大比重),像陶渊明的《咏荆轲》这种艺术上高水平之作更属凤毛麟角,无论量与质都不能跟其他主要题材的诗作相提并论。

入唐以后,制作渐多,佳篇间出。陈子昂、王维、李白、杜甫、柳宗元、刘禹锡、吕温、白居易等,是初、盛、中唐时期写作咏史诗较多的诗人。子昂《感遇》、太白《古风》,多借史寓讽现实之作。而陈作每有对宇宙人生历史的哲理思索,李诗则常借赞颂古人以寄托人格理想,体制虽同,个性有别。王维咏史诸诗,多为前期所作,《夷门歌》颂侯嬴、朱亥之侠义,诗人的慷慨意气溢于言表。杜甫《蜀相》、《八阵图》等咏史名篇,则将对历史上英雄人物的悲慨与忧时、自慨融为一体,沉郁悲凉,为咏史一体别开生面。刘、柳咏史,每多隐射现实之意,吕温则好作翻案之语。白居易咏史,好发议论,常陷理障。总的看来,纵向比较,成就自高于唐以前;横向比较,成就显然不能与其他热门题材(如边塞、山水田园)、传统题材(行旅、送别)、重要题材(政治、社会)相比,甚至不能与咏物、怀古相比。在初、盛、中唐诗坛上,咏史诗所占的地位并不突出。有的研究者认为咏史诗在中唐已呈繁荣,并把刘禹锡作为工于此体的杰出代表,这恐怕是没有注意到咏史与怀古的区别,把怀古诗也划入咏史诗范畴的缘故。尽管它们都以"古"为吟咏对象,在发展过程中时有交叉,甚至有题为"怀古"实系咏史的情形,如陈子昂《蓟丘览古七首》,李德裕《东郡怀古二首》,李涉《怀古》(尼父未适鲁),贾岛《易水怀古》,皮日休《馆娃宫怀古五绝》、《汴河怀古二首》等均属其例,但咏史与怀古毕竟是两类诗。一般地说,怀古诗多因景生情,抚迹寄慨,所抒者多为今昔盛衰、人事沧桑之慨;而咏史诗多因事兴感,抚事寄慨,所寓者多为对历史人事的见解态度或历史鉴戒。如李益的《汴河曲》与李商隐的《隋宫》七绝,都咏隋亡与隋堤,而一咏春色常在而隋宫成尘以抒今昔盛衰之感慨,一写南游之靡费以寓奢淫覆国之教训,着眼点显然有别。刘禹锡《金陵五题》、《西塞山怀古》、《金陵怀古》诸诗中"淮水东边旧时月,夜深还过女墙来"、"人世几回伤往事,山形依旧枕寒流",正是典型的怀古诗音调。以歌咏历史人事为内容的咏史诗,其繁荣期在晚唐。"小李杜"和温庭筠都是咏史名家,李商隐的咏史诗更达到这一体的艺术高峰,而且是后人从总体上未能逾越的高度。

从班固正式创体到中唐,咏史诗的创作尽管代不乏人,而且出现了一些优秀之作,但并未在某一时期形成创作风尚,艺术上也没有全面的突破性进展。这是因为,咏史诗的繁荣,既需要特定的时代和社会心理背景,又需要杰出的诗人在大量创作咏史诗的艺术实践中比较妥善地处理和解决咏史诗发展过程中所遇到的一系列关键问题，诸如歌咏史事与面对现实、历史真实与艺术真实、议论讽刺与情韵意境等关系。晚唐时代统治者的荒淫腐败和深重的政治危机，以及由此引起的对统治者极端失望的情绪与强烈的危机感，促使诗人们观古知今，在历史与现实对照中触发诗思与感慨，引出鉴戒与教训，一种讽慨衰世末世的咏史诗遂应运而生。李商隐适逢其会，以其对现实政治的关注和高超的诗艺大力创作咏史诗，在实践中较好地解决了上述关键问题，遂有力地推进了咏史诗的发展。

第二节　讽时性

李商隐的咏史诗有六十余首，无论数量或比重均超过同时代以咏史诗著称的杜牧。"小李杜"的咏史诗艺术上各有千秋，但论总体成就，李商隐的咏史诗显然高于杜牧。

李商隐咏史诗的显著特征之一，是强烈的讽时性。咏史诗所歌咏的历史人事，并不一定都与政治有关；即使有关，诗人也完全可以泛泛咏古，不涉时政。但商隐的咏史诗绝大部分都是借咏史以讽时的政治诗，前引朱鹤龄的一段话就明白揭示出《隋师东》、《汉宫》、《瑶池》、《华清宫》、《马嵬》等均属寓讽时政之作。他的六十来首咏史诗，按其与现实政治联系的方式来划分，约有三类：

第一类是以古鉴今之作。重在借历史上荒淫奢侈而招致祸乱败亡之君昭示历史教训，寓含对当代封建统治者的警戒讽慨，像《齐宫词》、《隋宫》二首、《马嵬二首》等均为显例。

第二类是借古喻今之作。诗面虽咏古人古事，实则借喻具体的今人今事。《陈后宫》二首、《北齐二首》，表面上讽陈后主、北齐后主，实为寓讽唐敬宗、唐武宗。《瑶池》、《汉宫词》、《汉宫》、《茂陵》等，虽咏周穆王、汉武帝，实亦对武宗之好神仙、宠女色有所讽慨。这一类与上一类的区别,在于一为间接的鉴戒,一为直接的借喻;前者并不针对具体人事,后者则意有专属。

第三类是借题托讽之作。第二类诗面所咏确系古人古事,这一类则仅在题目中假托古人古事,实际所咏与古人毫不相干,完全是今人今事。如《无愁果有愁曲北齐歌》,看题目像是要讽刺号称"无愁天子"的北齐后主高纬,但诗的内容与高纬生平行事及北齐时事全然无涉,仅借"北齐歌"这个题目作掩饰,用很隐晦的笔法暗讽当代的"无愁天子"唐敬宗之被杀(见拙著《李商隐诗歌集解》第一册关于此诗的笺语)。《隋师东》题面是隋师东征高丽,实际写的是唐廷东征李同捷的战争。有的注家不明此类诗借题托讽的特点,用北齐、隋朝史事去注解,结果越注越糊涂。如果说借古喻今之作还给今人以全副古人装扮,那么借题托讽之作便只给今人戴上一顶古人的帽子。

以上三类,或鉴戒,或借喻,或托讽,方式不同,指向均在于"今"。因此可以认为都是政治诗,或者说是在晚唐特定时代条件下以咏史形式出现的政治讽刺诗。值得注意的是,就内容与表现形式的鲜明性来看,以上三类依次递减,第三类最为隐晦;但就它们与现实政治的关系看,则第三类最直接,第二类次之,第一类最间接。这说明,越是跟现实政治关系密切的假托影射之作,就越趋隐晦,正如沈德潜所说:"义山近体,襞绩重重,长于讽喻,中多借题摅抱。遭时之变,不得不隐也。"(《说诗晬语》卷上)不过,从艺术上看,最成功的往往是第一类和第二类中所咏人事本身具有一定典型性者。因为以古鉴今之作与现实政治的联系着眼于以史为鉴。这种鉴戒意义是从历史现象的相似重复中感悟抽绎出来的,体现了一定的历史规律性,因而它的现实指向相当宽泛。一方面,诗人在构思时有较大自由,不必为了搞古与今之间的人事对应比附而使诗思受到拘牵。读者在阅读鉴赏时也可以有较大的联想空间。作者不求跟现实中某人某事对号,读者反而可以跟过去当前一系列类似的人事对号。历史鉴戒所包含的规律性是跟诗歌内容的典型性、普遍性相联系的。另一方面,以古鉴今之作所咏之古既是真正的古人古事，它的表层内容便与现实拉开了一定的距离，诗人在创作时便不致单纯从功利着眼，只注意政治目的，而能较多地从审美角度去感受、审视对象，力图艺术地再现历史人事的场景或片断，因而它的审美价值也往往比较高。不仅以古鉴今之作是这样，实际上借古喻今之作中审美价值较高的也主要是凭借它所描写的古人古事本身的典型性与生动性。以《北齐二首》为例，它虽可能有某种现实针对性，但它的主要价值却在于入木三分地表现了北齐后主和冯小怜这一对末代帝妃不顾一切地荒淫享乐的行为、性格与心态。一个对唐代历史缺乏具体知识的读者可能根本想不到诗中的高纬与冯小怜跟喜畋猎、宠女色的唐武宗与"袍而骑"的王才人有什么联系，但却可从高纬与冯小怜联想起许多淫昏至极的"无愁天子"与宠妃。相比之下，那首句句影射唐敬宗被杀的《无愁果有愁曲北齐歌》反倒缺乏典型性而难以引发联想了。

但不论显明隐晦、直接间接、成功与否，李商隐的咏史诗大都具有强烈的讽慨现实政治的色彩，则是很明显的。这一突出特征使他的咏史诗具有鲜明的现实感、时代感。咏史诗所歌咏的是已经逝去的历史人事，如果诗人在创作过程中没有注入当代人对历史人事的感受与认识，没有渗透诗人对自己所处时代政治风云、社会生活或自身遭际的感受，历史人事便是冰凉的躯壳，引不起人们对它的兴趣。因此，如何使咏史诗具有现实感、时代感，乃是咏史诗艺术生命与魅力的重要保证，也是咏史诗发展过程中必须解决的关键问题。在李商隐之前，诗人们在这方面已作过一些有益的尝试，像左思借咏史以抒己怀，便反映出当时寒门庶族与门阀世族的对立，具有强烈的时代感。但这种咏怀之变体从另一方面说也是咏史之变体；它可以成为咏史之一体，却不能成为咏史的主体。此外，借咏史以讽时，亦由来已久，但在李商隐之前，还比较零星，形不成一种自觉的创作倾向。此外，在咏史诗的创作中，历来就存在单纯咏古的倾向，题材的蹈袭、命意的相因屡见不鲜。如果让这种倾向发展下去，咏史诗势必失去鲜活的时代气息而逐渐停滞、死亡。从这个意义上说，李商隐大量创作具有强烈讽时色彩的咏史诗,确实标志着加强咏史诗现实性与时代感的一种自觉努力。特别是他把讽刺的矛头集中指向当代荒淫昏聩的封建统治者,更触及时代政治的焦点和热点,其成功实践为咏史诗的发展注入了强大的生命活力。像贾谊、商山四皓这类题材,咏史诗中屡见歌咏,如泛泛咏古,便毫无新意。李商隐的《贾生》却借歌咏宣室夜召、前席问鬼之事翻出新意,将讽刺的矛头指向"不问苍生问鬼神"的唐代统治者;《四皓庙》(本为留侯)则借对"萧何功第一"的异议,表达了对武宗、李德裕君臣未能定储的遗憾。陈旧的题材由于注入了现实政治内涵而获得了新鲜感与时代气息。对比之下,胡曾《咏史诗》中的《四皓庙》便显得非常浮泛,可以不作了。

　　咏史诗一向以正面赞颂、评论与抒发感慨为主,很少与讽刺结缘;即使咏荒淫之主,也常出之以严肃的指摘批判。商隐咏史诗除极少数带有自况意味之作(如《宋玉》、《王昭君》)以外,大都具有强烈的讽刺性。对于他笔下的荒淫昏顽之君,商隐的基本感情倾向是辛辣尖刻而冷峻的讽刺和揶揄挖苦,而不是充满感情的劝诫讽喻或惋惜遗憾。像"莫恨名姬中夜没,君王犹自不长生"、"休夸此地分天下,只得徐妃半面妆"这类尖刻的讥嘲固不必说,就是"谁言琼树朝朝见,不及金莲步步来"、"玉玺不缘归日角,锦帆应是到天涯"这类极圆转流美的诗句,也同样渗透了对荒淫亡国之君的揶揄鄙视之情,反映出身处末世怀着深重危机感的诗人特有的感情倾向。这同样构成了李商隐咏史诗鲜明的时代风貌和艺术个性。

第三节　典型性

　　李商隐咏史诗另一重要特征,是具有较高的概括性与典型性。

　　咏史诗所歌咏的题材,多为历史上著名的人物与事件,史实为读者所熟知,自不能离开基本史实任意增添虚构,否则就会失去咏史诗的基本品格。但如全按史实的原样写作,又势必成为韵语的历史实录,达不到更高、更集中、更强烈、更典型、更具普遍性的境界。咏史诗要成为真正的艺术,必须正确处理历史真实与艺术真实的关系。围绕这个关键问题,李商隐作了多方面的成功尝试。他不是简单地"隐括本传",撮述史事,而是根据主题表达的需要进行提炼加工(包括一定程度的想象虚构),使诗中的人物、事件、场景既不脱离历史的基本面貌,又不拘限于历史事实,熔铸成具有典型性的诗歌境界。下面择要举例阐说。

一是用假想推设之辞突破史实拘限,更深刻地揭示讽刺对象的本质与灵魂。《隋宫》七律颔、尾两联分别用"不缘……应是"、"若逢……岂宜"这种推设之辞,深一层地揭示了炀帝这个淫侈昏顽之君肆意纵欲、死不悔悟的本性。尽管他生前并未乘舟游至天涯,死后重逢陈后主更属虚幻,但根据他已经充分暴露的无穷享乐欲和生前已打通八百里江南运河,准备南游会稽的事实,上述推想便完全符合人物的思想性格与行为逻辑。何焯说此诗"前半展拓得开,后半发挥得足,真大手笔"(《义门读书记·李商隐诗集》卷上),实际上已触及它运用典型化手段进行"展拓"、"发挥"的问题。这颇有些类似小说创作根据人物性格逻辑来写人物行动,从已然推想未然,事属虚拟,情出必然,是更高的艺术真实。

二是将两件本不相接之事,略去时间距离,将其紧相组接,以突出历史现象的前因后果。《北齐二首》之一:"小怜玉体横陈夜,已报周师入晋阳。"冯小怜的进御与北周攻占北齐军事重镇晋阳,时间上本有相当长距离,这里将它们说成同夕发生之事,虽与史实有出入,却更有力地表达了"一笑相倾国便亡"的主旨。如解为进御之夕已预告亡兆,反失诗味与诗人用心。这很像电影中的蒙太奇。现象间的因果联系借此集中体现,获得明快警动的效果。

三是抓住具有典型意义的细节或微物来表达深刻的政治主题。《齐宫词》通过九子铃这一微物,不但讽慨南齐后主荒淫昏聩,自取灭亡,而且串连齐、梁两代统治者荒淫相继的情景,深寓无视前代亡国教训,必将重蹈覆辙的意旨,诚如屈复所评："荒淫亡国,安能一一写尽,只就微物点出,令人思而得之。"(《玉谿生诗意》)小中见大,故微物不微,成为齐亡之见证、梁亡之预兆和亡国败君相继的象征。《隋宫》七绝不去铺写炀帝南游江都的巨大靡费,仅就制作锦帆一事作突出描写,"得水陆绎骚,民不堪命之状如在目前"(《义门读书记·李商隐诗集》卷上)。这种举一端以概其余的写法也是一种典型化的手段。

四是在史实或传说的基础上加以生发,创造出带有虚构色彩的场景。如《龙池》根据玄宗、杨妃、寿王间的乱伦关系构想出龙池宴罢归寝,"薛王沉醉寿王醒"的情景,《瑶池》根据《穆天子传》中西王母宴穆王于瑶池及临别相约重见的情节,构想出西王母在瑶池等候穆王重来而徒闻哀歌动地的情景,都颇具小说中虚构之场景的意味。

五是深入开掘历史现象的某一本质方面,熔铸多方面的生活内容,使之具有更高的概括性与典型性。楚灵王好细腰,而宫人多饿死,这一历史现象,如泛泛叙写,不过揭露统治者之荒淫与宫女命运之可悲,其意义局限于宫廷。商隐在《梦泽》中以其独特的视角,将讽慨的重点放在为邀宠而"虚减宫厨为细腰"的宫女身上,深刻揭示了为某种世风所左右、迎合趋时者的悲剧,从而使这首诗具有超越广远时空的典型意义。

归结到一点,上述典型化手段都是为了解决历史真实与艺术真实、史与诗的关系问题。在中国古代史官文化与崇实思想特别发达的文化思想背景下,咏史诗天然地与"史"有着密不可分的联系。它的开创者班固就是大史学家,他的《咏史诗》实际上就是对缇萦救父这一史实的撮述加上自己的论赞。此后很长时期,咏史诗的写作基本上不离这一固定模式,即对史实的叙述和对历史人物、事件的议论褒贬。只是由于写作时有所侧重,从而形成以叙述为主的"传体"和以议论为主的"论体"(《艺概·诗概》)。这两种写法和体制,究其实质都未脱离传统的"史学"范围。有些作者为了避免将咏史诗写成人物本传的隐括和论赞的模仿,曾从以下几方面努力。一是根据诗的主旨剪裁史实,安排叙述的主次详略,避免雷同本传;二是加强文采,避免班固《咏史诗》式的"质木无文"(钟嵘《诗品序》);三是在立意上出新,力求表达对历史人事的独特见解,甚至作翻案文章,避免与正史论赞及传统看法雷同。这些努力,应该说都收到了效果,特别是"在作史者不到处别生耳目"(《唐音癸签》卷三),反传统,翻旧案,在中晚唐咏史诗创作中形成一种风气,产生了一批像李益的《过马嵬》,吕温的《刘郎浦口号》、《题石勒城二首》,杜牧的《赤壁》、《题乌江亭》、《题商山四皓庙》,皮日休的《汴河怀古二首》(其二),陆龟蒙的《吴宫怀古》,章碣的《焚书坑》等颇有新意之作,有的还表现了卓越的政治识见。但从根本上说,这种独出己意之作除了在构思立意不落熟套方面有一定创造性外,对咏史诗艺术上的提高发展意义不大。因为它仍属于"史识"范畴。《题乌江亭》、《汴河怀古》、《焚书坑》给人的新鲜感,主要是由于对历史人事的独特见解,而不是艺术上有多少创新。沈德潜讥评《焚书坑》是"品不高"的"粗派"(《说诗晬语》卷上),确实说中了这类诗艺术上粗糙鄙陋的病痛。如果咏史诗一味在翻案上找出路,是很难从根本上提高艺术品位的,弄得不好还会陷于"好异而畔于理"。至于对史实的剪裁安排,也基本上属于"史才"的范畴。只有加强文采这个方面,对咏史诗的艺术多少有些促进作用,但这主要是量的提高,而非质的变化发展。要从根本上提高其艺术品位,必须进行艺术的典型化,使历史真实上升为艺术真实,变对历史人事的单纯逻辑思考为艺术思维和审美的感受与表现。实现这种变化的关键,就是要将艺术的想象和一定程度范围内的虚构引入咏史诗的创作,使它不再是述论史事加诗的形式,而是包含了想象虚构的咏史的诗。李商隐一系列优秀的咏史诗正是在这个根本点上取得了突破性成就。上举典型化手段诸例,便无一不包含着想象与虚构,而非传统的史才、史识、史笔所能奏效,正像唐代传奇因富于文采与想象而跨入真正的小说领域,咏史诗也是借助于文采与想象虚构才由"史"跨入"诗"的领域。

"史"是崇实征信的,"诗"却是最重想象虚构的,二者似乎天然对立。要想让咏史诗既保持其"咏史"的基本性质，又是包含了想象虚构的"诗"，则想象和虚构便必须有一定范围与量度。这就是不能脱离基本史实和主要情节。像李贺的《还自会稽歌》、《金铜仙人辞汉歌》、《秦王饮酒》一类只有一点历史事实影子，绝大部分内容是凭空结撰之作，人们一般便不把它们看成咏史诗。《秦王饮酒》中的秦王，由于诗中对其生平行事缺乏必要的叙写交代，连所指究竟是秦始皇或秦王李世民或唐德宗也众说纷纭，说明这种一实九虚式的写法已经超越了咏史诗所能允许的想象虚构的量度。商隐咏史诗中的想象虚构，则多属"七实三虚"式的。以《齐宫词》为例，诗中涉及的永寿殿、步步生莲、玉九子铃、萧衍兵至宫门未闭等均属史实，但"梁台歌管三更罢，犹自风摇九子铃"这一点睛之笔，却出自诗人的想象，它对全诗意境的典型化与意蕴的深刻化有重要作用。

中晚唐以前，咏史诗多为五七言古体，篇幅较长，便于展开叙事、议论，相对而言，对情节、意蕴的提炼熔铸和对典型化的要求不很突出。中晚唐的咏史诗，体裁由古体转为以近体为主，尤以七绝居多（李商隐咏史诗中，七绝占三分之二）。由于篇幅短小，难以展衍叙写，淋漓抒慨。但咏史诗因事兴感、抚事寄慨的特点又使它不能离开必要的叙事描写和抒情议论。为克服这一矛盾，集中概括和典型化便成为咏史短章艺术上成败的关键。上面提到的"夜半宴归宫漏永，薛王沉醉寿王醒"、"梁台歌管三更罢，犹自风摇九子铃"、"晋阳已陷休回顾，更请君王猎一围"、"可怜夜半虚前席，不问苍生问鬼神"、"春风举国裁宫锦，半作障泥半作帆"等，都是经过集中提炼而成的最富包蕴的情节场景。这也是他的许多咏史诗篇幅虽短而内涵深永丰厚的重要原因。

第四节　抒情性

浓郁的抒情色彩和深长的情韵，是李商隐咏史诗的又一重要特征。咏史诗要表达对历史人事的见解，容易向议论方向倾斜，"论体"咏史诗固然以议论为主,即使是"传体",议论也常常是不可或缺的部分。特别是中、晚唐的七绝咏史诗,由于篇幅短小,难以展开叙事,不少作者更以议论为主要表现手段,以之贯串全篇,这就极易流入论宗,缺乏情韵。另一方面,晚唐以来,随着国运的衰颓、统治者的腐败,咏史诗中讽刺之风渐盛。而这类作品常犯的毛病之一,就是因强烈感情的驱使,只图讽刺得尖刻痛快,淋漓尽致,而忽视艺术的涵蕴,往往意尽言内,经不起咀嚼回味。李商隐优秀的咏史诗则既能避免单纯议论造成的质木无文、缺乏情韵,又能避免刻露的讽刺所造成的缺乏余蕴,达到深刻的思致、尖锐的讽刺与涵蕴微婉的抒情唱叹完美结合。主要有两种类型。

一种是寓议论讽刺于经过精心提炼熔铸的典型场景、情节之中,不着议论,不下针砭,有案无断,具文见意。这是李商隐运用得最得心应手的一种手段。其少作《富平少侯》即已显露出这方面的才能。诗假托富平少侯暗讽少帝唐敬宗,结联"当关不报侵晨客,新得佳人字莫愁",用"莫愁"巧妙地关合荒唐天子之"无愁",刺其明有"七国三边"之内忧外患而早朝不起,淫乐无愁,势必招致更大祸患。妙在只摆事实,不加议论,轻点即止,讽意弥深。《龙池》后幅一"醉"一"醒"的对照包蕴极丰,寿王复杂的内心痛苦固可意会,诗人的鄙夷谴责亦隐见言外,无一语正面议论,而讽刺力透纸背。《齐宫词》在"金莲无复印中庭"与"犹自风摇九子铃"的映照中透出对荒淫相继、覆辙重寻的深长讽慨,使读者仿佛在夜半风铃声中品味出亡国的苍凉与历史的深沉回声。《吴宫》在"吴王宴罢满宫醉"之后拈出"日暮水漂花出城"的细节,不仅使"荒淫之状,言外见之",而且微寓"流水落花春去也"的讽慨。以上诸例,都极饶情韵。胡震亨说:"诗人咏史最难,妙在不增一语,而情感自深,若在作史者不到处别生耳目,固自好,然尚是第二义也。"(《唐音癸签》卷三)王夫之也说:"咏史诗以史为咏,正当于唱叹写神理,听闻者之生其哀乐,一加论赞则不复有诗用。"(《唐诗评选》卷二)吴乔以商隐《龙池》为例,强调诗"贵有含蓄不尽之意,尤以不着声色故事议论者为上"(《围炉诗话》)。他们一概排斥咏史诗中的议论,可能过于绝对化,但强调抒情唱叹和涵蕴不尽，确实抓住了咏史诗所必具的诗的抒情性这一基本品格。它是"咏"史，而不是单纯"论"史；诗人对他所歌咏的历史人事不是纯理性的评判，而是充满诗情的咏叹。李商隐是一位"深情绵邈"的主情型诗人，这种特质也同时表现在他对历史人事的感受体验上。他那些优秀的咏史诗，无不在辛辣严冷的讽刺中透露出深刻的"伤春"之情，即对唐王朝衰亡命运的哀伤和感慨。像《马嵬》、《隋宫》两首七律，对玄宗、炀帝的讽刺固极尖锐，但在"空闻虎旅传宵柝，无复鸡人报晓筹"、"于今腐草无萤火，终古垂杨有暮鸦"这类诗句中，却又流露了无穷的盛衰兴亡之感。后一联将聚萤作乐、开河巡游二事与隋朝的衰亡联系起来，让读者透过饱含历史沧桑感的物象与图景去品味其内在意蕴，深刻的讽刺与深沉的感慨融合无迹，极沉郁苍凉之致。冯班说："腹联慷慨。专以巧句为义山，非知义山者也。"（《李义山诗集辑评》卷上《隋宫》诗引）一个曾经是昌盛富强的大一统王朝，因为君主的荒淫无度而迅速倾覆，面对荒宫腐草、垂杨暮鸦，对照历史与现实，诗人心中充溢着的不正是"天荒地变心虽折，若比伤春意未多"式的悲慨吗？

但丝毫不着议论的写法在义山咏史诗中毕竟只是一部分，在比较多的情况下，他还是将议论和抒情融合起来，即所谓"议论……而以唱叹出之"（《玉谿生诗说》卷上）。《贾生》在这方面表现得最为典型。诗借讽汉文帝以刺时主之不能识贤任贤，不顾苍生，但信鬼神；借悯贾生而慨才士之被视同巫祝，虽貌似尊重，实不能发挥其治国安民之才。如此超卓的大议论，却以抑扬有致、唱叹有情之笔出之。前两句似叙似议似赞，欲抑先扬；第三句以"可怜"、"虚"轻点蓄势，末句方以"问"与"不问"作强烈对照，引满而发，直中鹄的。鞭辟入里的议论、犀利辛辣的讽刺、深沉强烈的感慨在贯串全诗的抒情唱叹中融为一体。宋人严有翼赞赏其"识学素高，超越寻常拘挛之见"（《苕溪渔隐丛话》后集卷十九引《艺苑雌黄》），明代许学夷则说它"全入议论"（《诗源辩体》卷三十），或褒或贬，均从议论着眼，其实都未领会到它那种"于唱叹写神理"的艺术妙谛。实际上,被评家经常并提的《贾生》和杜牧《赤壁》,其艺术魅力都主要不在作翻案文章,发表不同流俗的议论,而在于融会在议论中的深沉的政治感慨与人生感慨,在于它的深长情韵。如果只看到表层的诗意,而体味不到深层的诗心、诗情、诗韵,无异买椟还珠。叶燮说:"宋人七绝,大概学杜者什六七,学李商隐者什三四。"(《原诗·外编下》)所谓学李商隐者,首先包括学其七绝咏史诗中新警的议论。其实被清人认为"多用翻案法,深得玉谿生笔意"的"王半山咏史绝句"(顾嗣立《寒厅诗话》),只学得了李商隐的"翻案法",却丢掉了它的深长情韵。这正是喜言理而不善言情的宋人对李商隐这位主情的诗人在学习继承上的重大失误。

为了加强咏史诗的咏叹情调,李商隐还往往借助抒慨、设问、反问等方式在篇末将全诗意蕴凝聚起来,显得既奇警遒劲而又韵味深长,如:"未知歌舞能多少,虚减宫厨为细腰"(《梦泽》),"三百年间同晓梦,钟山何处有龙盘"(《咏史》),"八骏日行三万里,穆王何事不重来"(《瑶池》),"地下若逢陈后主,岂宜重问《后庭花》"(《隋宫》),"如何四纪为天子,不及卢家有莫愁"(《马嵬》)。议论以感慨语、疑问语出之,不仅增摇曳之致、跌宕之姿,而且正意内含,藏锋不露,平添了耐人涵泳的情韵。《梦泽》后联,以感慨语写趋时者的悲剧命运,似慨似讽,亦悲亦悯,讽刺入骨,亦悲凉彻骨。《马嵬》结联,尖锐的讽刺借问语表达,引而不发,启人深思,不仅是诗意的凝聚,而且是诗意的深化。

咏史诗要从"史"进入"诗"的领域,加强抒情性决非锦上添花,而是涉及其是否具有诗的基本特质的关键。一首理正意足而缺乏情韵的咏史诗未必能讨人喜欢;相反,一首意虽平常而唱叹有情的咏史诗却能引起读者的浓厚兴味。即使同属见解卓异之作,杜牧的《赤壁》与《题乌江亭》,李商隐的《贾生》与《四皓庙》(本为留侯),其艺术成就相距却不能以道里计。原因之一,就在于后者缺乏诗的气质、情韵。

讽时性、典型性、抒情性,是义山咏史诗的三个主要特征。如果说,讽时性赋予咏史诗以鲜活的生命灵魂,典型性赋予它丰满充实的血肉肌体,则抒情性便赋予它动人的情韵风神。这三者,对于咏史诗的思想艺术价值,都是至关重要的。尽管其他诗人也有过某一方面的成功实践,但最全面集中地体现上述特征的无疑是李商隐的咏史诗。这也正是他对古代咏史诗的发展作出的重要贡献。

第七章　李商隐的咏物诗

李商隐是唐代写作咏物诗数量达百首以上的少数几位诗人之一。[①]在他的整个诗歌创作中,咏物诗是和咏史诗、无题诗鼎足而三,最富艺术独创性的一大类作品。这百余首咏物诗类型多样,成就各异,其中尤以托物寓怀之作最具个性特色,且对古代咏物诗的传统有明显发展。

第一节　李商隐以前咏物诗的发展

在李商隐之前,咏物诗大体上经历了以下几个发展阶段。

从先秦到南朝初期,是古代咏物诗的第一个发展阶段。《诗经》中虽无完整的咏物诗,但其描摹物态、托物起兴、借物喻人等艺术手段,实已孕育着后世各种不同类型的咏物诗的萌芽。屈原的《橘颂》,是古代第一篇完整而臻于成熟的咏物诗,它所开创的托物寓志的传统,历汉魏晋宋,一直不绝如缕地得到继承,成为这一阶段咏物诗的主要体式,其中如班婕妤的《怨歌行》、刘桢的《赠从弟三首》、曹植的《吁嗟篇》、陶潜的《饮酒》(青松在东园)、鲍照的《梅花落》等,都是艺术上相当成功之作。这一阶段,咏物诗的数量不多(现存约五十首),但大多有所托寓,诗人咏物只是手段,目的在于言志、喻人、讽世。对物本身,一般不作

[①]　咏物诗达百首以上的,唐代有李峤、白居易、李商隐、陆龟蒙四人。杜甫亦近百首。

具体细致的描绘刻画,仅就所要寓托的内容对物的相应特征作大体勾画与形容。可以说,它们是一种略貌取神、因物喻志的比体咏物诗。

从齐梁到唐初,是古代咏物诗的第二个发展阶段。咏物诗数量猛增,成为诗歌中占重要地位的题材品种,其性质与特点也起了明显变化。尽管仍有少量借物托寓之作,但绝大部分都是单纯体物,别无寄寓。其共同特点是对所咏之物的外在形貌作比较具体细致的描绘刻画,而不注重传达物的精神气韵,表现诗人的情志。这种单纯体物之风的兴盛与长期延续,与宫廷贵族、上层文人狭隘空虚的生活及追求雕饰华靡的审美趣向有密切联系。他们所咏之物,多为宫廷日常生活中习见的事物,而且往往君臣上下多人同赋一物,甚至有咏领边绣、脚下履、袙複(女人贴身小衣)的。这种咏物诗实际上是宫体诗的一个重要组成部分。南齐贵族文人谢朓,首开大力写作此类作品的风气。梁代诸帝,更以宫廷文学集团首领的身份倡导咏物诗的写作,其中简文帝萧纲,现存咏物诗五十余首,成为南朝写咏物诗最多的诗人。此外,南朝的许多著名诗人,如王融、范云、沈约、何逊、吴均、庾肩吾、阴铿以及王褒、庾信等无不染指于此,甚至为咏物之大家。历隋代初唐,此风不衰。李峤写了一百二十首杂咏诗,犹如一组规模巨大的咏物诗谜,可谓齐、梁以来这类咏物诗的回光返照。从总体上说,这一阶段的咏物诗思想与艺术价值都不高,但在体物的工细方面较上一阶段却有进展。可以说,它们是一种以图形写貌为主要特征的赋体咏物诗。

从初唐后期开始,咏物诗进入一个新的发展阶段。陈子昂对"彩丽竞繁,而兴寄都绝"(《与东方左史虬修竹篇序》)的齐、梁以来绮靡诗风的批评,就是首先针对咏物诗而发的。在新的时代条件和这种理论批评的推动下,咏物诗又向第一阶段重比兴托寓的传统回归,而且出现了一批优秀之作,像骆宾王的《在狱咏蝉》、陈子昂的《感遇》(兰若生春夏)、郭震的《古剑篇》以及稍后张九龄的《感遇》(兰叶春葳蕤)等。它们不但有兴寄,有风骨,蕴含着慷慨贞刚的情思,艺术上也较前人更加成熟。同时,还出现了像贺知章的《柳》这种虽无寄寓却具巧思与诗情的佳作。这意味着咏物并不一定都要有寓托,单纯咏物,甚至巧为形似之言照样可以极富艺术魅力,关键在于诗人对所咏之物是否有新鲜独特的诗意感受。但紧接着到来的盛唐诗人,或醉心于雄奇的塞漠风光,或流连于幽静明秀的山水田园景色,似乎对身边显得琐细平常的"物"缺乏浓厚兴趣,因此咏物诗数量不多。迄至杜甫,咏物诗的创作方掀起一个高潮。杜甫咏物诗近百首,颇多寄托遥深之作。除早期所作《房兵曹胡马》、《画鹰》、《高都护骢马行》等表现盛唐人慷慨壮大的情思外,大都取材于病残枯萎或弱小细微事物,如病柏、病橘、枯棕、枯楠、病马、苦竹、孤雁、萤火、鸂鶒、花鸭、白小、丁香、栀子等,借以寄托他对那个苦难社会中许多受摧残的、病态的、微弱的人物的悲悯怜惜或劝喻嘲讽,"皆以自己意思,体贴出物理情态,故题小而神全,局大而味长"(张谦宜《絸斋诗谈》卷四)。只是由于杜甫其他题材的诗作艺术成就更高,咏物诗的成就不免为其所掩。杜甫以后,中唐咏物诗呈多样化发展态势:刘、柳的寓言讽政,元、白的托物寓理,韩愈之极态穷形,李贺之借物抒慨,都各有所至。但总的来说,并没有突破性进展。

从上面对李商隐之前历代咏物诗发展的简单描述中可以看出,尽管已经出现了不少优秀的咏物诗,并形成了借物托寓和单纯体物这两种传统,但在内容和艺术表现方面都还存在相当大的发展余地,留待后起者作进一步的探索创造。

第二节 从类型化向个性化的转变

李商隐的咏物诗,在继承前人传统的基础上兼具多种类型,其中既有托物寓志、喻人、讽世之作,也有单纯咏物之作,其艺术质量亦精粗高下杂陈。但最能体现其咏物诗艺术特征、代表其艺术成就的,则是托物寓怀之作。从发展传统的角度来考察,他的这类诗最主要的特色与贡献,是实现了从类型化到个性化的转变。

从题材上看,他的这类作品所咏之物多属自然界与日常生活中一些细小纤柔的事物,如动物中的蝉、蜂、蝶、莺、燕、鸳鸯,植物中的柳、樱桃、槿花、杏花、李花等弱质易凋之花,自然现象中的细雨、微雨,日常生活中的泪、肠、灯等,其中咏柳诗多达十五首。很少咏及巨大而具有壮美崇高感的事物,诗集中咏松、柏的仅三首,其中一首还是小松。即使是高松这种在传统的咏物诗中多象征崇高贞刚品性的事物,在他笔下也显得闲静幽雅:"客散初晴后,僧来不语时。有风传雅韵,无雪试幽姿。"(《高松》)这相当典型地表现了其审美个性。

如果进一步对他这类咏物诗所寄寓的内容作一番考察,就能更清楚地看出其个性化特征。

借咏物寄慨个人身世境遇,是李商隐咏物诗内容的主要方面。这类作品约占其全部咏物诗的一半,可见他是有意识地大量创作而非偶有所感而涉笔。他少年时期写的《初食笋呈座中》,把自己比做初出林的嫩笋,在表露凌云壮心的同时,着意抒写了遭受剪伐的忧虑。开成三年因遭忌毁致使宏博不中选,他在《回中牡丹为雨所败二首》中借牡丹遭雨凋败象征自己受摧抑而"先期零落"的命运。中年时期所作的《蝉》,则寓托着自身贫困梗泛的境遇和对冷漠无情的环境的感受。晚年所写的《锦瑟》,更借锦瑟弦弦柱柱所奏出的悲声象征一生的悲剧境遇,曲传悲剧心声。可见借咏物寄慨身世,贯串着他的整个创作历程,在嫩笋、牡丹、秋蝉、锦瑟等"物"身上,不但映现出商隐不同人生阶段的面影,而且凝聚着商隐这样一个"内无强近,外乏因依"(《祭徐氏姊文》),"沦贱艰虞多"(《安平公诗》)的寒士特有的感情、心态与气质。此外,如"已带斜阳又带蝉"的衰柳,"可怜荣落在朝昏"的秋槿,"不待作年芳"的早梅,"自明无月夜,强笑欲风天"的李花,"援少风多力"、"失路入烟村"的杏花,"为恋巴江暖,无辞瘴雾蒸"的北禽,"只知防浩露,不觉逆尖风"的蝶,"红壁寂寥崖蜜尽,碧檐迢递雾巢空"的蜂,"皎洁终无倦,煎熬亦自求"的灯等一系列物象身上,无不寄寓着商隐种种不幸境遇和对环境的独特感受。清人吴乔说:"诗中亦有人也。人之境遇有穷通,而心之哀乐生焉……诗而有境有情,则自有人在其中。"(《围炉诗话》)陈仅更强调咏物诗"必因物以见我,方有佳咏"(《竹林答问》)。李商隐这类借物寄慨身世之作正是诗中有人、因物见我的典型。

借咏物寄寓人生感慨,是李商隐咏物诗内容的又一重要方面。这跟寄慨个人身世境遇既有联系,又有区别。因为商隐所寄寓的已不限于一己之遭际,而是在此基础上延伸和深化了的内涵更为深广的人生体验和带有某种普遍性的人生感慨。下举三首咏柳诗,就寓含着内容不同的人生感慨。先看《柳》:

曾逐东风拂舞筵,乐游春苑断肠天。
如何肯到清秋日,已带斜阳又带蝉!

曾在融怡明媚的春天随春风轻拂舞筵,而今映带斜阳暮蝉的秋柳身上,固有商隐短暂的春风得意的往昔与憔悴困顿的当前的面影,但又寓含着"先荣者不堪后悴"这种更广泛的人生体验与感慨。柳的形象甚至可以使人联想起白居易笔下的琵琶女、杜牧笔下的杜秋娘一类人物。又如《关门柳》:

永定河边一行柳,依依长发故年春。
东来西去人情薄,不为清阴减路尘。

则又在感慨"人情薄"之中透出生活之无情。因为生活总是迫使人们离乡背井,仆仆道途,扬尘蒙柳。这里自然也含有商隐平生驱驰东西南北的生活体验,但又不局限于自身的奔波漂荡之苦。他的《离亭赋得折杨柳二首》,借歌咏离亭杨柳,抒发了"人世死前惟有别"这种深沉的感慨;在这里,个人的别离之悲已经完全融入普遍的人生感慨之中,不见痕迹了。此外,如《题鹅》有慨于"眠沙卧水"

的鹅不懂得同情孔雀"羁雌长共故雄分"的处境,《鸳鸯》因"雌去雄飞"、"云罗满眼"而发出"锁向金笼始两全"的感慨,《泪》强调"青袍送玉珂"之泪比人世间许多悲痛之泪更为伤心彻骨,都在融合着个人身世之感的同时寄寓着更深一层的人生感慨。他的《乐游原》五绝和《晚晴》虽非咏物之作,但其中的警句"夕阳无限好,只是近黄昏"、"天意怜幽草,人间重晚晴"所蕴含的带有人生哲理意味的感慨,却是由"夕阳"、"幽草"等物触发的,从中正可见其触物兴怀又托物寓怀的创作特征。管世铭谓"夕阳"二句"消息甚大"(《读雪山房唐诗序例》),田兰芳谓"天意"一联"于闲处用大笔"(冯浩《玉谿生诗笺注·晚晴》笺引),都道出其托寓内容之深广。这与其咏物诗因物兴感、借物寄慨的特点是声息相通的。

借咏物寄寓某种深微的精神意绪,表现某种感情境界,是李商隐这类托物寓怀之作更深层的内容。较之人生感慨,它的内涵更为虚泛,是一种在切身境遇和人生体验基础上进一步升华了的"高情远意"。如《霜月》:

初闻征雁已无蝉,百尺楼南水接天。
青女素娥俱耐冷,月中霜里斗婵娟。

诗人将秋夜霜月交辉之景想象成霜、月之神在清冷高寒的环境中"斗婵娟",从而象征性地表现了一种"耐冷"的精神。这是一种与清冷而高远的环境相称的超凡脱俗的风神意态之美,一种环境越清冷就越富有神采的精神之美。诗人虽身或未能至,而心向往之。在对霜、月的歌咏中,寄寓的正是这样一种高远的精神追求。又如《落花》:

高阁客竟去,小园花乱飞。
参差连曲陌,迢递送斜晖。

> 肠断未忍扫,眼穿仍欲稀。
>
> 芳心向春尽,所得是沾衣。

在花的飘零与人之肠断中所蕴含的,不仅有诗人的身世飘零之感和年华消逝之慨,更有内涵深广得多的"伤春"意绪。落花,不妨看做"伤春"的诗魂之象征。试参较"莺啼如有泪,为湿最高花"(《天涯》)、"夕阳无限好,只是近黄昏"(《乐游原》)等诗句,更不难体味出"芳心"二句所集中抒写的正是由时代、人生悲剧酿就的"伤春"之情。

正像一石击水漾起的三个同心波纹一样,以上揭示的三个方面尽管内容越来越虚化泛化,但都或显或隐地与商隐特殊的身世境遇、独特的人生体验及精神意绪分不开。即使是"伤春"这种包蕴深广的抽象意绪,也完全是义山式的,其内容是个性化的。

李商隐托物寓怀诗内容的个性化,与他常常用特有的悲剧眼光、心态去体察、感受事物,从而赋予物以浓郁的悲剧色彩密切相关。在他以前的托物寓志之作,大都侧重于正面歌咏"物"的品性,借以象喻志士才人的人格节操之美,前举屈原、刘桢、陶潜、鲍照、郭震、张九龄诸作,大率如此。像班婕妤《怨歌行》、曹植《吁嗟篇》一类寓托悲剧境遇的为数不多。而商隐托物寓怀之作,则每专注于物的悲剧命运。颜色鲜艳而朝开暮萎的槿花,因其适与商隐的才情命运相似而成为他经常赋咏之物,或写其"荣落在朝昏"的命运,或状其殷鲜相杂、啼笑难分的神情(《槿花二首》),或传其"回头问残照,残照更空虚"(《槿花二首》)的神态,可以说诗人在槿花身上发现了自己,也可以说是诗人将自己的悲剧气质、心态赋予了槿花,从而使它成为最具商隐个性色彩之花,成为诗人的化身。更能说明问题的是,许多在一般人印象中并不具悲剧色彩的事物,在商隐笔下,也染上了浓重的悲剧色调。菊花,常常是高士节操品格的象征,商隐笔下的野菊,却身处辛苦之地,"微香冉冉泪涓涓";牡丹,本是国色天香、极为富艳之花,商隐却倾注感情于为雨所败的牡丹"一年生意属流尘"的悲剧命运;春风杨柳,原是美好春光的标志,商隐却用它来反衬清秋衰柳之可悲;乃至文采艳丽的孔雀,旧思新愁牵绕;鸣声圆转的流莺,漂荡无枝可栖。正如王国维所说:"以我观物,故物皆着我之色彩。"(《人间词话》)

这类诗中所表现的诗人个性,当然不可能像叙事性文学如小说、戏剧中具有鲜明突出个性的人物形象那样丰富、生动、细致,但在表现诗人特有的气质心态方面,却也可以达到传神阿堵的程度。清人施补华在比较虞世南、骆宾王、李商隐三首内容各异的咏蝉诗时分别指出其为"清华人语"、"患难人语"、"牢骚人语"(《岘佣说诗》),已初步接触到不同境遇、个性、气质的诗人,即使同咏一物,也会各具个性的问题。这里不妨将商隐的《蝉》与《流莺》作一简要比较,以进一步说明同一诗人在吟咏相近事物、表达类似思想内容时所显示的诗人境遇、情感、气质的不同侧面。二诗都分别写到"梗泛"、"漂荡"的境遇,和它们的"费声"、"巧啭",但《蝉》诗突出"高"与"饱"、"费声"与"无情"的矛盾,《流莺》突出的却是"巧啭"之"本意"不被理解的苦闷,和希冀"佳期"却无枝可栖的哀伤。《蝉》所描绘的形象更多清高无助的寒士特征,《流莺》描绘的形象则更多苦闷伤感的诗人气质。商隐性格气质中不同的侧面,通过蝉与流莺这两个各具个性特征的形象,被成功地表现出来了。

传统的托物寓志之作,所寄托的"志"往往是类型化的。无论是"独立不迁"、"深固难徙"(屈原《橘颂》)的橘树,"冰霜正惨凄,终岁常端正"(刘桢《赠从弟三首》之二)的松树,还是"草木有本心,何求美人折"(张九龄《感遇·兰叶春葳蕤》)的幽兰芳桂,象喻的都是类型品格,其中很难看到诗人的独特个性。而李商隐的咏物诗,所托寓的主要是诗人独特的境遇命运、人生感受和精神意绪,也就是说,寄寓的不是"这一群"而是"这一个"的心志情怀。这一从类型化到个性化的转变,是李商隐对古代咏物诗托物寓志传统的重要发展。中国古代知识分子具有较强的群体意识,而较少个性的觉醒与追求。他们往往以"士君子"的代表身份赋诗言志、托物寓志,而这种"志"又大多以儒家的政治伦理观念为准则,因而托物寓志诗所寓之"志"便常是合乎儒家政治伦理观念的一般志向品格,而不是由个人独特境遇、气质、个性所形成的特殊感情与心态。杜甫的咏物诗对物理人情世态虽有独特感受,但所谓"有赞羡者,有悲悯者,有痛惜者,有怀思者,有慰藉者,有嗔怪者,有嘲笑者,有赏玩者,有劝戒者,有指点者,有计议者"(钟惺《唐诗归》卷二十一),明显侧重于以"物"象喻他人,而非重在表现自我,故在体现诗人个性方面终隔一层。李商隐思想性格中本就具有不受儒家传统局限的一面,他公然宣称"道"非周、孔所独能,反对"学道必求古,为文必有师法",主张"直挥笔为文"(《上崔华州书》),"咏叹以通性灵"(《献相国京兆公启》),抒写真思想、真感情。这些带有离经叛道色彩的言论,显示出他对文学作品表现真实个性的重视。这正是他的托物寓怀诗能表现鲜明个性,实现从类型化到个性化转变的内在原因。

第三节　托物寓怀诗的特征

与题材、内容的个性化相联系,李商隐的托物寓怀诗在艺术上也具有鲜明的特色。咏物诗(特别是托物寓志之作)的创作离不开对物与人、形与神、情与理等关系的处理,李商隐托物寓怀诗在上述诸方面对传统都有明显发展。

从物与人的关系看,商隐的托物寓怀诗从先前二者比较简单的比附发展为注重整体神合的较高层次的象征。《诗经》中的《硕鼠》、《鸱鸮》、《螽斯》诸篇,以物喻人,是单纯的比。屈原的《橘颂》,以"精色内白"、"绿叶素荣"等象征诗人自己的内质外美,第一次将象征手法引入咏物诗。但这种象征还带有比较明显的物我比附痕迹,过分注重象征对象和象征物之间每一局部的一一对应,显得比较着实拘泥,是象征手法在发展初期与比喻尚未完全区分时一种比较简单的形式。它的优点(明朗)与缺点(过于显露)往往共生。但这个传统一经形成,即表现出一种惰性,此后长时期中,这种带有简单比附痕迹的象征便常成为托物寓志的程式化表现手段。商隐的托物寓怀之作尽管也有少量被评家讥为比附捏凑、苦乏姿媚,但体现其艺术个性的则是那种注重物与人的整体神合而不斤斤计较局部比附的更加空灵超脱的象征。这是和他此类作品所寄寓的内容本身比较抽象,多为悲剧命运、人生感慨乃至更虚泛的精神意绪分不开的。它们虽往往以触物兴感发端,物我并提,但随即情随物化,物我浑然一体。《回中牡丹为雨所败二首》不拘滞于从牡丹的花、叶、香、色等局部进行牵合比附,而是从整体着眼,抒写雨败的牡丹种种感觉、联想、追忆,在展现当前心伤泪迸,不胜暮雨清寒、重阴笼罩的环境之同时,追溯往昔下苑"罗荐春香"之繁华,预想将来零落成尘的凄凉,构成了牡丹命运的三部曲,从而使诗人遭受摧抑后的情绪、心理得到层深而完整的表现,牡丹与诗人浑融神合。《高松》一反传统咏松诗之着意描写枝干苍劲端正、岁寒青翠不凋的特质,于轻描淡写中显示其幽雅的气韵风神,象征手法运用得洒脱自如,不黏不滞。《霜月》与《落花》,更是通体超忽缥缈的象征。前篇既不着力刻画霜月,更不分别生硬比附,而是在展现霜月交辉的空明澄澈之境的基础上,象征性地表现一种高远的精神追求,着眼于物境与心境的整体神合。后篇则着眼于落花与惜花的诗人"芳心"的感应契合,以曲传"伤春"意绪。这种物我浑融神合、妙绝言诠的象征,正是李商隐对咏物诗运用比兴象征手法的一种发展。

从形与神的关系看,商隐托物寓怀诗的显著特征是离形取神,传神空际。齐梁至初唐的单纯体物之作,往往"裁剪整齐而生意索然"(王夫之《姜斋诗话》),属有形无神一类;传统的托物寓志之作,属略貌取神一类;杜甫的借物托寓之作和唐代其他诗人一些优秀的咏物诗,则往往形神兼备。商隐的托物寓怀诗与上述三类都不相同。它不是不写物的特征,而是往往撇开其外在形貌特征,从虚处着笔,直接传出内在的精神气韵;而诗人对物的内在特质的感受,又总是带着自己特殊的印记,因而在传物之神的同时也传出了诗人自己的精神气质。他的咏柳名句"堤远意相随",虽从《诗经》"杨柳依依"化出,但"依依"写柳之情态,形神俱出;而"堤远"句则离形得似,直取其神,故被袁枚誉为"真写柳之魂魄"(《随园诗话》卷一)。"秋池不自冷,风叶共成喧"(《雨》),传出了秋雨的凄其寒意,同样是离形入神的化工之笔。《蝉》在这方面尤为典型。起手即撇开蝉的外在形貌特征,将它人格化,赋予它"高难饱"的清高寒士气质,直传其悲鸣寄恨而"徒劳"的悲慨。颔联更将蝉鸣稀疏欲断的神韵与所栖之树油然自碧相对照,把人格化的蝉对冷漠无情的环境悲苦无告之感传神地表现出来。这种描写,纯然是把蝉当做有知觉、有感情的人来写,而且表达的是商隐这样一个有着清高品质、梗泛身世而又承受着冷漠环境压抑的士人的心态。评家谓此诗"取题之神"(沈德潜《重订唐诗别裁集》卷十二),"意在笔先"(纪昀《玉谿生诗说》卷上),正道出其离形取神、传神空际的特点。在这方面,它比虞世南的《蝉》、骆宾王的《在狱咏蝉》更加脱略形迹,因为虞、骆二作都分别写到了"垂緌"、"玄鬓影"等外在特征。商隐的《十一月中旬至扶风界见梅花》同样不对梅的外在形貌作具体描绘刻画,而是取题之神,从"早"字生意,专写它非时早秀、不与年芳的悲剧命运,"素娥、青女一联……用意稍深,着色稍丽,然下联即放缓一步,以淡语空际写情"(朱庭珍《筱园诗话》卷四)。试比较张谓、许浑、齐己等人的早梅诗,或写其"一树寒梅白玉条",或状其"素艳雪凝树"、"禽窥素艳来",都离不开对其颜色的形容刻画,与商隐之作空际写情、离形取神有别。《柳》(曾逐东风)对柳枝、柳叶等概不作正面描写,只将"拂舞筵"的春风杨柳与映带斜阳暮蝉的清秋衰柳作对照,于虚处烘染,而无限昔荣今悴之慨皆寓其中。这种传神空际的咏物诗,正像写意画一样,是咏物诗在形神关系处理上的一种新发展。《槿花二首》(其二)写斜阳映照下的槿花:"回头问残照,残照更空虚。"槿花暮萎,适与一抹残照的命运相类。诗人由此生出槿花"回头问残照"的奇想,又进而幻设出槿花感觉中"残照更空虚"的神情。单看此联,几疑所写的不是槿花,而是满怀生命枯萎之空虚失落感的诗人自己。诗人盖非以目接而以神遇,方能直摄暮萎的槿花之神,写出如此空灵缥缈的咏物警句来。

从物与情或理的关系看,商隐托物寓怀诗的显著特征是不涉理路,极饶情韵。齐梁至初唐的单纯体物之作,"虽极镂绘之工,皆匠气也"(王夫之《姜斋诗话》),全乏情韵。传统的托物寓志之作,固不乏抒情唱叹之致的优秀作品,但由于儒家诗教所谓"言志",多指抒写诗人的政治抱负和政治伦理观念,理性的成分往往超过感情的成分;加以托物寓志诗所寓者又多为某一类人共同的志向品格,缺乏诗人的独特个性和感情血肉,因此这类诗创作时常有从理念出发,寻找某种现成的象喻物来加以说明甚至图解的倾向。而某些偏于理性的诗人又往往习惯于从对"物"的观察中领悟人生哲理,并在诗中托物寓理,这也加重了它的理性色彩,末流甚至流于论宗。商隐的个性气质本属溺于情的缠绵型,因此他对"物",较少理性的憬悟,而更多感情的兴发。他的托物寓怀诗,所寓者也主要不是偏于理性的"志",而是由悲剧境遇酿就的"情"。他的《回中牡丹为雨所败二首》,不是"细推物理",而是细体物情,被评家誉为"纯乎唱叹,无一滞笔"(纪昀《玉谿生诗说》卷上),"悲凉婉转,无限愁酸"(王鸣盛批语,见冯浩《玉谿生诗笺注》初刊本国图藏本)。《离亭赋得折杨柳二首》也极富情韵:

> 暂凭尊酒送无憀,莫损愁眉与细腰。
> 人世死前惟有别,春风争拟惜长条?
>
> 含烟惹雾每依依,万绪千条拂落晖。
> 为报行人休尽折,半留相送半迎归。

两首为联章体,均从"折"字生意。先因柳的眉愁腰瘦而嘱以"莫损","人世"句突作转折,评家赞为"惊心动魄,一字千金"(何焯《义门读书记》),正着眼于这饱含深刻痛苦的人生体验的抒情性议论所造成的强烈美感效应。末句就势翻转,从"莫损"转为"争惜",体验的深化带来结构的转折和境界的提高,抒情的深度、强度也更增加了。次首又由柳在斜阳暮霭中轻轻飘拂的多情形象进一步生出"休尽折",由依依惜别转出"迎归"。这一新的转折,不仅突破了折柳送别的传统构思,而且将"柳"的多情更深一层地表现出来了。这样的咏物诗,实际上也是最深刻而纯粹的抒情诗。同样是咏柳,"曾逐东风"一首则"只用三四虚字转折,冷呼热唤,悠然弦外之音,不必更著一语也"(纪昀《玉谿生诗说》卷上)。而另一首《柳》诗:

柳映江潭底有情,望中频遣客心惊。
巴雷隐隐千山外,更作章台走马声。

联想曲折,感情沉挚。三、四句由"望"而"闻",由柳而联及章台,遂忽觉巴山之雷,偏类章台走马之声。身世摇落之感、怀想京华之意,均寓言外。诚如纪昀所评"深情忽触,不复在迹象之间"(《玉谿生诗说》卷上)。商隐咏槿花、李花、杏花、野菊、紫薇、木兰、梅花,咏蝉、蜂、蝶、莺,无不渗透一片感同身受的深情,可以明显感受到商隐对所咏之物的全力感情投注。

最后,要特别提到那首著名的《锦瑟》。无论从题目或内容看,它都不妨看做一首咏物诗,一首借歌咏锦瑟所奏的音乐境界象喻诗人华年所历的种种人生境界、人生感受,曲传诗人悲剧心声的托物寓怀诗。如果说,它是诗人晚年对一生悲剧身世境遇所作的一个总结,那么,作为一首托物寓怀诗,它又是其内容与艺术特征的集中体现。从内容方面看,它通过颔、腹两联所描绘的迷惘、哀怨、凄寥、虚缈诸境对诗人的悲剧性身世境遇和人生感受作了象征性的表现。这是一片"惘然"的心绪和感情境界,似极抽象,却又完全是独特的、义山式的。从艺术方面看,它绝去比附黏着之痕,象征性图景的寓意特别朦胧而多义,只要不离"思华年"与"惘然"这一主意,可以任人自领;它不去具体描绘锦瑟的形状,独取锦瑟之神魂——弦弦柱柱所发的悲声,而诗人之心灵境界亦曲曲传出;它不涉理路,不对人生作哲理性的反思,而是在惘然的追忆中一任哀怨凄迷的感情流注。它是一曲借锦瑟奏出的人生哀歌。

　　无论是从感情的产生(触物起情)或感情的表达(多用有神无迹的象征)来看,李商隐的托物寓怀诗都更接近于"兴"体,而与传统的因物喻志的比体咏物诗,齐梁到唐初以图形写貌为主要特征的赋体咏物诗有明显区别。从简单的比附到注重整体神合的高层次象征,从有形无神或略貌取神到离形入神、传神空际,从有景(物)无情或理胜乎情到深刻抒情,正是这种"兴"体咏物诗对古代咏物诗在艺术上的重要发展。这些发展,连同内容方面由类型化向个性化的发展,都标志着咏物诗向更新阶段的进展。这正是李商隐在咏物一体中作出的重要贡献。尽管表现类型化之"志"的咏物诗,有不少思想、艺术价值很高的佳作,但内容的个性化从总体上看毕竟是一种进展。按照咏物诗的正宗理论和美学原则——"不即不离"、"不黏不脱"来衡量,李商隐的一部分托物寓怀诗可能过于脱略形迹,虽然"不黏",却未必"不脱";象征手法的运用也间或使寓意过于朦胧。但毕竟应该承认,它们在物与我、形与神、情与理等关系的处理上有新的发展,尽管这种发展多少带有一些旁枝侧出的性质。

第八章　李商隐的无题诗

第一节　无题诗界说

　　无题诗是李商隐的艺术独创。在咏史诗、咏物诗的领域，李商隐的主要贡献是在前人的基础上有重大突破与超越，而无题诗这一领域，则前无古人，一空依傍，完全是他个人的创辟。现存唐诗中，在李商隐之前，以"无题"为题的，只有卢纶的一首七律：

耻将名利托交亲，只向尊前乐此身。
才大不应成滞客，时危且喜是闲人。
高歌犹爱思归引，醉语惟夸漉酒巾。
□□□□□□□，岂能偏遣老风尘！

　　诗写才士留滞赋闲的牢骚，辞意显豁。究竟是原题如此，还是因佚去题目后编录者署以"无题"，似难定论。与商隐大体同时而年辈稍早的李德裕也有一首五绝《无题》：

松倚苍崖老，兰临碧涧衰。

不劳邻舍笛,吹起旧时悲。

诗用山阳闻笛典抒伤旧之情,作年不详。考商隐无题诸诗,"八岁偷照镜"篇一般以为少作,《无题二首》(昨夜星辰;闻道阊门)作于任职秘省期间,则德裕此诗创作时间未必早于商隐无题诗。

商隐集中以"无题"为题的诗,可以认定的有十四首。它们是《无题》(八岁偷照镜)、《无题》(照梁初有情)、《无题二首》(昨夜星辰;闻道阊门)、《无题四首》(来是空言;飒飒东南;含情春晼晚;何处哀筝)、《无题》(相见时难)、《无题》(紫府仙人)、《无题二首》(凤尾香罗;重帏深下)、《无题》(近知名阿侯)、《无题》(白道萦回)。另有六首,虽亦题为"无题",但都不可靠,研究者对它们亦有辨析。如原与五古"八岁偷照镜"合题为《无题二首》的五律"幽人不倦赏",冯浩谓"必有题而失之",纪昀亦谓其系与《无题》诗相连,失去本题,误合为一,此说可从。与五律《蝶》(初来小苑中)合题为《蝶三首》的另两首七绝(长眉画了;寿阳公主),内容与蝶无涉,《唐音统签》将此二首七绝改题《无题》,但并无任何版本依据。此二首当是如集中《赠歌妓》一类冶游赠伎之作,失去原题后与《蝶》(初来小苑中)相连,遂统题为《蝶三首》,当改题为"失题"。《留赠畏之》今本共三首(席本即题《留赠畏之三首》),后二首七绝(待得郎来;户外重阴)与留赠畏之题意毫不相干,冯浩云"赵氏刊《万首绝句》作《无题二首》"[①]。实则此二首亦当为原有题而失之,遂与前题《留赠畏之》合为三首。这种因失题而与前题误合为一的情况,在商隐诗集中屡见。如《咏史二首》之第二首(十二楼前)原题当为《赠白道者》,失去原题后与前题《咏史》(历览前贤)相连,遂误合为《咏史二首》;《楚宫二首》之第二首(月姊曾逢)原题当为《水天闲话旧事》,失去原题后遂与前题《楚宫》(十二峰前)误合为《楚宫二首》。这些均可作为旁

---

① 指明赵宧光、黄习远删正订补《宋洪魏公进万首绝句》四十卷。

证，证明以上四首均为失题诗而非无题诗。此外，《无题》(万里风波)，内容为怀古思乡之情，与其他十四首无题写男女之情者迥然有别，又置于集外诗，纪昀认为此篇系"佚去本题而编录者署曰无题"，说亦有理。

可以认定的十四首《无题》，从诗体上看，五古、七古、五言六句小律各一首，五律二首，七律六首，七绝三首，覆盖了除五绝、五排以外的古近诸体。这一情况似乎透露出，作者在进行试验，看哪种形式最适合他所要表现的思想感情内涵。其中七律占了将近一半，从艺术上看，写得最好而且历代传诵的也正是这六首七律。可以认为，通过艺术实践，他为其所要表现的内容找到了最适合的形式。

从表现的内容上看，十四首无题诗多写离别相思，而且多数是抒写爱情的失意、幽怨、感伤、幻灭等带有悲剧性的情感内容。而引起这种种情感的原因则是爱情的间阻。不但像"刘郎已恨蓬山远，更隔蓬山一万重"、"曾是寂寥金烬暗，断无消息石榴红"、"春心莫共花争发，一寸相思一寸灰"、"直道相思了无益，未妨惆怅是清狂"、"如何雪月交光夜，更在瑶台十二层"、"锦长书郑重，眉细恨分明"、"蓬山此去无多路，青鸟殷勤为探看"，是直接或间接写阻隔；就是像"十五泣春风"式的少女伤春，也是青春萌动的天性受到"藏六亲"的阻隔而引起的；甚至连无题诸诗中色调最为明朗欢快的"昨夜星辰昨夜风"，也充满了"身无彩凤双飞翼，心有灵犀一点通"这种阻隔引起的怅惘。因此，可以说表现因爱情间阻而引起的种种情绪，是十四首无题诗的总主题，至少其表层内容是这样。

除十四首以"无题"为题的诗以外，还有相当数量的诗，被不少研究者称为类似无题、准无题或广义无题。但究竟哪些诗可称之为类似无题，研究者的看法并不一致。有一种说法，把所有"以开始二字(或三四字)为题者"，"取诗篇中间或结尾数字为题者"，乃至像《漫成五首》、《偶题二首》以及《鸾凤》等诗，都归入无题诗的范畴，总计达九十九首之多(见杨柳《李商隐评传》)，显然是过于宽泛了，因为这里面绝大部分是有题诗。即使清代以来就被一些注家与《无题》

相提并论的《锦瑟》、《玉山》、《碧城三首》，实际上也都是有题诗。玉山、碧城固各有其象喻对象（前者喻秘书省，后者喻女道士观），即便是锦瑟，无论取何种解释，也都有其象征寓意，至少是诗人抒写心灵境界的一种缘由或触发物。真正称得上是类似无题的诗，只有极少数取诗中数字为题，但题目与诗的内容毫无关涉，或题目本身毫无意义者，如《一片》（一片琼英）、《一片》（一片非烟）、《为有》、《如有》、《日射》、《银河吹笙》、《人欲》、《池边》、《相思》（一作《相思树上》），一共不过九首。但这些诗虽实际上等于没有题目，但其内容与写法与《无题》诸诗并不相类。它们本身的内容也多种多样，与《无题》之均以爱情为题材有别。把这两类性质不同的诗放在一起讨论，反而会掩盖问题的实质。因此，这里讨论的仅限于十四首可以认定的标题为《无题》的诗。

第二节　无题诗寄托问题辨析

李商隐的无题诗，在表现爱情间阻的总主题下，有没有更深层的内涵呢？这就涉及长期以来无题诗研究的争论焦点，即无题诗有无寄托和寄托什么的问题。由于李商隐本人对其无题诗的创作背景、意图、动机并无具体说明交代，《有感》诗之"一自《高唐》赋成后，楚天云雨尽堪疑"，究竟是"为无题作解"（冯浩笺引杨守智语），还是"为似有寓托而实不然者作解，非解无题"（纪昀《玉谿生诗说》），甚至与无题诗的写作根本无关，也很难定论。因此，无题诗有无寄托的问题，从创作动机上可能永远找不到有力的实证来证明其有或无。但这并不意味着无题诗有无寄托的问题无须或无法再进行探讨。这是因为它是无数读者、研究者在长期的阅读、诠释过程中反复提出并要求作出回答的客观存在的问题。至少从明初开始，许多注家和评家就一直认为无题诗的全体或部分是有寓托的，其中主要有以杨基为代表的君臣遇合寄托说和以吴乔为代表的朋友遇合寄托说，后说在寄托说中尤占优势，为许多对商隐生平与创作下过很深研究功夫的注家所坚持。尽管他们对具体诗篇的诠释往往流于穿凿附会、索隐猜谜，但他们之所以坚持这种看法，除了受传统的以比兴寄托论诗解诗的理论、方法影响以外，主要还是由于李商隐的诗歌创作中确实存在大量具有比兴寄托的诗，特别是他的托物寓怀之作，同时也因为无题诗中确有一部分作品存在较为明显的寓托痕迹。而且，无题诗的整体阅读感受，又往往容易令人产生似乎不仅仅是写爱情体验的联想。这里面，不仅有深谙商隐生平交游、身世遭遇和诗歌创作的研究者，而且有从研究方法来说并不赞成索隐比附，但艺术感觉非常敏锐的作家、诗人。如王蒙就认为李商隐"无益无效的政治关注与政治进取愿望，拓宽了、加深了、熔铸了他的诗的精神，甚至连他的爱情诗里似乎也充满了与政治相通的体验"①，并提出"通境与通情"说②。这说明，从读者的感受与理解这个角度看，无题诗有无寄托问题的提出，自有其客观依据，而且迟早要求得到比较合理的解决和比较符合实际的解释。

从文本阅读的实际感受看，十四首无题诗中至少有两首，是几乎所有研究者（包括主张无题诗是单纯爱情诗的研究者）都认为有寄托的。首先是五古《无题》：

> 八岁偷照镜，长眉已能画。
> 十岁去踏青，芙蓉作裙衩。
> 十二学弹筝，银甲不曾卸。
> 十四藏六亲，悬知犹未嫁。
> 十五泣春风，背面秋千下。

---

① 《对李商隐及其诗作的一些理解》，载《文学遗产》1991年1期。
② 《通境与通情——也谈李商隐的〈无题〉七律》，载《中外文学》1990年4期。

以带程式化意味的年龄序数法,作大跨度的概略叙述,使笔下的人物带有虚拟假托色彩。"芙蓉作裙衩"、"银甲不曾卸"的描写,又和"制芰荷以为衣兮,集芙蓉以为裳"的传统象喻、"悬头曾苦学"的勤奋容易产生由此及彼的联想。联系作者"五年读经书,七年弄笔砚"(《上崔华州书》),"十六能著《才论》、《圣论》,以古文出诸公间"(《樊南甲集序》)的自述,不难看出诗中这位伤春的少女身上有诗人自己的影子。清代许多注家都认为它有寓托,包括像屈复这样反对强解、主张就诗论义的注家也明确地说:"'十五'二句写聪明女郎省事太早,而幽怨随之。才士之少年不遇亦可叹也。"(《玉谿生诗意》)结尾或关键处点醒一篇寓意,正是商隐有寓托的无题诗惯用的手法。另一首是《无题四首》其四:

> 何处哀筝随急管,樱花永巷垂杨岸。
> 东家老女嫁不售,白日当天三月半。
> 溧阳公主年十四,清明暖后同墙看。
> 归来展转到五更,梁间燕子闻长叹。

用美女的无媒难售、婚嫁后时托寓才士不遇,屡见于历代诗家篇什。这首无题从内容到写法都让人容易联想起曹植《美女篇》的后段:

> 容华耀朝日,谁不希令颜。
> 媒氏何所营,玉帛不时安。
> 佳人慕高义,求贤良独难。
> 众人徒嗷嗷,安知彼所观。
> 盛年处房室,中夜起长叹。

李诗"东家老女"二句对曹诗"媒氏"二句,"归来展转"二句对曹诗"盛年"二句,更有明显模仿痕迹。所不同的是，曹诗中的美女，生长于贵显之家，而这首《无题》中的"东家老女"与"溧阳公主"对映，是一位贫家女子。这是因为曹植与李商隐的出身不同的缘故。诗中的"溧阳公主"用历史上曾有过的梁公主封号而丝毫不及其行事，显然是一个虚拟假托的人物，反映出与之对应的"东家老女"同样是个寓托人物。如与商隐《戏题枢言草阁三十二韵》末段对照，其寓托痕迹更显：

>榆荚乱不整，杨花飞相随。
>上有白日照，下有东风吹。
>青楼有美人，颜色如玫瑰。
>歌声入青云，所痛无良媒。
>少年苦不久，顾慕良难哉！

"无良媒"的美人和这首《无题》中"嫁不售"的"东家老女"，正是同一类型的假托人物。薛雪《一瓢诗话》说："此是一副不遇血泪，双手掬出，何尝是艳作！"

另一首五律《无题》可视为"八岁偷照镜"的续篇：

>照梁初有情，出水旧知名。
>裙衩芙蓉小，钗茸翡翠轻。
>锦长书郑重，眉细恨分明。
>莫近弹棋局，中心最不平。

冯浩因何逊《看伏郎新婚诗》有"雾夕莲出水，霞朝日照梁"之句而谓"此寄内诗。盖初婚后应鸿（当作宏）博不中选，闺中人为之不平，有书寄慰也"。按："照梁"、"出水"，出《神女》、《洛神》二赋，不过状女子之光艳，与新婚本无关涉。

此篇女主人公与"八岁"篇实属同一形象系列。前两联与"八岁"篇前四句不仅内容相近，用语亦相似，都是用美好的容饰托喻品格才能，"旧知名"谓才名早著。腹联以爱情失意之幽怨寓政治上失意之怅恨。"八岁"篇犹是预忧将来命运，此篇则伤已然失意之遭遇。末句"中心最不平"尤为全篇寄寓点睛。冯浩将比兴寓言体误认为赋体，虽非，但将诗的写作背景定为宏博不中选，则大致不差。《无题二首》其二寓托之迹亦较明显：

  重帏深下莫愁堂，卧后清宵细细长。
  神女生涯元是梦，小姑居处本无郎。
  风波不信菱枝弱，月露谁教桂叶香？
  直道相思了无益，未妨惆怅是清狂。

写女子静夜自思身世境遇和无望的相思，笔意虚涵浑括。首联颇似"归来展转到五更，梁间燕子闻长叹"。颔联概述身世，生涯如梦，居处无郎，尤为点睛之笔。商隐先依令狐楚、崔戎，而二人相继去世；转依王茂元，茂元又不幸病故；再依郑亚、卢弘止，而郑贬卢卒。辗转相依，到头来仍无依托。清宵追思，遇合浑如一梦。"风波"一联，与显有托寓的《深宫》对照，寓意益显：

  金殿销香闭绮栊，玉壶传点咽铜龙。
  狂飙不惜萝阴薄，清露偏知桂叶浓。
  斑竹岭边无限泪，景阳宫里及时钟。
  岂知为雨为云处，只有高唐十二峰。

此诗以深宫怨旷托寓政治失意，颔、腹二联以一枯一腴两两相形。"狂飙"一联，用来设喻的事物与《无题》"风波"一联相似，仅前者以枯腴对照，后者专喻自身而已。商隐地位寒微,"内无强近,外乏因依"(《祭徐氏姊文》),屡遭朋党势力摧抑,而未遇有力援助,故以菱枝弱质偏遭风波摧折,桂叶美质终乏月露滋润为喻。何焯说"义山《无题》,不过自伤不遇,无聊怨题,此篇乃直露本意"(《义门读书记》),亦切合此篇实际。

下面这首七绝《无题》亦为有托之作:

白道萦回入暮霞,班骓嘶断七香车。
春风自共何人笑?枉破阳城十万家。

诗从宋玉《登徒子好色赋》谓东家女"嫣然一笑,惑阳城,迷下蔡"生发,点睛处在一"枉"字。这位在薄暮时分乘七香车沿萦回的道路驰去的女子,于春风中嫣然含笑,容华绝世,但却不知笑向何人。不管是诗人虚拟了这样一个场景,还是真的在路上遇到这样一位女子而心有所触,其中都寓含着枉生颜色、世无知音的感慨,才而不遇之意自寓其中。

以上五首,尽管体裁、具体内容不同,但都有一些共同特点:一是诗中主人公全为女性,且虚拟假托意味比较明显;二是关键处往往逗漏别有寓托的痕迹;三是这些逗漏痕迹处往往与诗人身世境遇神合,有些还能从作者其他诗文中找到旁证。

另一类无题,是明显的别无寄寓之作。《无题二首》:

昨夜星辰昨夜风,画楼西畔桂堂东。
身无彩凤双飞翼,心有灵犀一点通。
隔座送钩春酒暖,分曹射覆蜡灯红。
嗟余听鼓应官去,走马兰台类转蓬。

闻道阊门萼绿华，昔年相望抵天涯。

　　岂知一夜秦楼客，偷看吴王苑内花。

两诗同编，内容有明显联系，第二首"明道破矣"（冯浩语）。第二首中的"秦楼客"即第一首中的"余"，亦即诗人自己；第二首中的"吴王苑内花"即第一首中"余"所怀想的女子，其身份当为贵家姬妾或歌伎①。两首明为"席上有所遇追忆之作"（胡以梅《唐诗贯珠串释》）。前首写爱情心理与体验，艺术成就之高，历代交誉。但既有"走马兰台"（羁官秘阁）的"余"直接出场，所写情事自为赋实而非寓言。尽管尾联也流露一点"类转蓬"的感慨，但那是在赋实中直接抒慨，而非比兴寄托。又《无题》（近知名阿侯）三韵小律，纪昀认为是"戏作艳体"，说可从。

　　还有一类是寄托痕迹似有若无，处于疑似之间的无题诗。包括《无题四首》的前三首、《无题二首》其一（凤尾香罗）、《无题》（相见时难）、《无题》（紫府仙人），共六首。除五律"含情春晼晚"艺术平平以外，其他五首都是艺术精品，尤其是四首七律。这类无题的突出特点是对爱情生活的场景或心理的描写非常生动传神，如写邂逅，未通言语：

　　扇裁月魄羞难掩，车走雷声语未通。

写梦醒后迷离恍惚，疑幻疑真：

　　蜡照半笼金翡翠，麝熏微度绣芙蓉。

---

① 商隐《南山赵行军新诗盛称游宴之洽因寄一绝》、《和郑愚赠汝阳王孙家筝妓二十韵》均将贵家歌伎喻为吴宫美人、西施。此处"吴王苑内花"即指西施一类歌舞伎人或姬妾。

写前去会见所爱时胆怯而举步趑趄:

<blockquote>楼响将登怯,帘烘欲过难。</blockquote>

都宛如生活中实有的情境而无虚拟假托之作那种概略浮泛的叙写,很难让人从这些描写中产生另有寓托的联想。如果一定要从中去钩沉索隐,只能流于穿凿附会。但如果不是抓住片言只语作生硬比附,而是着眼于整体感受,则这些诗由于其抒情的集中、深刻与概括,又往往使人感到,除了抒写爱情体验以外,似乎还包蕴着更广泛的人生感受与体验。它们所写的都是爱情的间阻以及由此引起的种种带有浓厚悲剧色彩的情绪、心理,像间阻中的沉重叹息:

<blockquote>刘郎已恨蓬山远,更隔蓬山一万重!</blockquote>

寂寞中的深情期待:

<blockquote>曾是寂寥金烬暗,断无消息石榴红。</blockquote>

无望中的执着追求:

<blockquote>春蚕到死丝方尽,蜡炬成灰泪始干。</blockquote>

屡次追求终归幻灭的悲愤:

<blockquote>春心莫共花争发,一寸相思一寸灰!</blockquote>

可望而不可即的怅惘：

> 如何雪月交光夜，更在瑶台十二层？

这些都不止是李商隐在爱情生活中的特殊体验，而且贯串在其生活的各个方面（详本册第十二章第三节）。因此，在这类无题诗的写作过程中，尽管诗人主观上未必有意识地要另有寓托，但郁积于胸的涵容深广的普泛性人生体验，却使他在抒写爱情体验时也不由自主地触类旁通，将广泛的人生体验渗透融合在上述诗句中。况周颐《蕙风词话》关于"身世之感，通于性灵，即性灵，即寄托，非二物相比附也"的一段论述，最能揭示商隐此类无题诗"流露于不自知"的特点（详本册第二十五章第二节）。以间阻感为例：政治上、友谊上、爱情上乃至一切自然的、社会的间阻，使诗人胸中弥漫、郁积了深广的间阻之慨，因而时时事事处处都会引发触动："人间路有潼江险，天外山惟玉垒深。"（《写意》）面对具体的潼江险阻，引发的却是普泛的人间充满险阻的感慨。同样，面对的是爱情的间阻，引发的也完全可以是内涵更深广的间阻之慨："刘郎已恨蓬山远，更隔蓬山一万重。"当诗人胸中充满间阻感，以至成为其性灵的一部分时，特殊的情事就往往通向普泛的感慨，或者说普泛的感慨就自然融入特殊的情事。正因为是一种不自觉的旁通和融入，诗人就不会在作品中有意识地透露寄托的意图与痕迹，读者也就无迹可循；但也正因为是不自觉的自然流露，往往更真实深刻，更耐咀味。这种"身世之感，通于性灵，即性灵，即寄托"的特殊类型的寄托，在读者方面说，往往会出现"指事类情，仁者见仁，智者见智"的情况（周济《介存斋论词杂著》）。这类无题诠释之纷纭，原因正在于此。

如果对十四首无题诗三种类型的划分大体接近实际（具体到某首诗归于哪一类，可能会因研究者感受的差异而有不同的归类），那么它们除了都以爱情为题材、都以爱情间阻为总主题是统一的以外，其他方面都是不统一的。不但从总体上看，有寄托、无寄托、寄托在疑似之间的性质不统一、体裁不统一，而且一组诗的内部也存在性质、体裁不统一的现象（《无题四首》最典型）。这种错综复杂的现象，比较合理的一种解释是作者在创作无题诗的过程中，除题材和基本内容外，并无统一的策划和表现模式，而是进行一种艺术创作试验。试验的结果，六首七律成为艺术精品，并获得历代公众的承认。但这六首七律，在上述分类中，却分属有寄托、无寄托、寄托在疑似之间三种不同类型。这又说明，不管有无寄托，首先它们必须是高艺术品位的爱情诗。如果作为爱情诗艺术上很成功，即使别无寓托，也丝毫无损于其价值，如"昨夜星辰"；反之，如果作为爱情诗艺术上不见特别出色，即使寄托意图明显，也并不能因寄托而提高其价值，如"照梁初有情"和"何处哀筝"。因此，通过对无题诗三种类型的分析，问题转了一个圈，最后仍回到它的起点：无题诗作为爱情诗，其中的优秀者究竟有什么样的思想和艺术价值。

第三节　无题诗的特征

李商隐的无题诗，就其所表现的爱情思想内容、感情内容来看，是具有一定民主性的。唐成玄英疏《庄子·德充符》"与为人妻宁为夫子妾"云："妻者，齐也，言其位齐于夫也。"这反映出唐代妇女有较高的社会地位，男女较为平等。受这种时代风气影响，李商隐的爱情婚姻观念比较开放和进步。在《别令狐拾遗书》中，他旗帜鲜明地反对父母包办的买卖婚姻：

> 生女子，贮之幽房密寝，四邻不得识，兄弟以时见。欲其好，不顾性命。即一日可嫁去，是宜择何如男子者属之耶？今山东大姓家，非能违摘天性而不如此。至其羔鹜在门，有不问贤不肖健病，而但论财货、恣求取为事。当其为女子时，谁不恨？及为母妇，则亦然。

他反对父母"不问贤不肖健病,而但论财货、恣求取为事"的呼声多少透露出能由女子自己决定命运、选择合意男子的思想。从这种思想来看他的《无题》(八岁偷照镜)中"十四藏六亲,悬知犹未嫁。十五泣春风,背面秋千下"的描写,就会感到这里所表现的并不仅仅是少女的怀春伤春心理,而且透露了对自主爱情婚姻的朦胧希望。无题诗写爱情,特别强调双方心灵的契合与感通:

身无彩凤双飞翼,心有灵犀一点通。

即使身受阻隔,心却能超越一切自然的、人事的间阻而相感相通。情之为物,是根本无法抑制的,《无题四首》其二:

飒飒东南细雨来,芙蓉塘外有轻雷。
金蟾啮锁烧香入,玉虎牵丝汲井回。
贾氏窥帘韩掾少,宓妃留枕魏王才。
春心莫共花争发,一寸相思一寸灰!

在细雨春雷中萌发的强烈春心,既不能深闭固藏,也无法阻止摧抑。无论是像韩寿贾女生遂眷属,还是如曹植甄女死荐枕席,相思之情总如春花争发。即使屡经灰灭,也不能自已。无题诗中的主人公,无论为男为女(有时因读者感受角度的不同,对诗中主人公的性别可能有不同理解),其感情总是深挚痴顽、炽热缠绵。即使在因离别间阻引起的苦闷、怅惘、伤感、痛苦乃至幻灭中,也总是有温馨的追忆,深情的期待,坚韧的追求,像"春蚕到死丝方尽,蜡炬成灰泪始干",甚至带有一点爱情至上的意味和强烈的殉情色彩。诗中的男女主人公在爱情上地位是平等的,不是单方面的施爱或施恩,更不是一方对另一方的乞求(因此把这些诗解释为向令狐绹陈情就未必符合诗的实际情况)。特别可贵的是,这些诗中经常流露出对女性处境和命运的同情,对女性心情的细意体贴,对女性青春的珍惜。像"十五泣春风,背面秋千下"、"神女生涯元是梦,小姑居处本无郎"、"风波不信菱枝弱,月露谁教桂叶香",像"曾是寂寥金烬暗,断无消息石榴红"、"晓镜但愁云鬓改,夜吟应觉月光寒"等诗句,都以一种感同身受的细意体贴与关切,表露出对女性的挚爱与尊重。这是一种在以男性为中心的封建社会中一般男性作家(甚至包括女性作家)也少有的女性意识。正是在这一点上,集中表现了它的民主性。

中国古代诗歌中,除民歌和学习民歌而得其神的作品外,真正具有爱情诗品位的情诗很少。封建婚姻,义务往往多于爱情。婚前的爱情既被视为非礼,婚后的爱情又很少诉诸笔端,因此文人诗中写夫妇爱情的很少,如果写到爱情,多半是夫妇之外的所谓韵事。这类情诗,流品颇杂。齐、梁、陈、隋、初唐的宫廷艳诗,由于帝王、贵族文人生活与思想感情的影响,往往流于对女性外在姿容体态的赏玩乃至不时流露出对女性的狎亵。初、盛、中唐文人的爱情诗中,艺术品位较高的,主要还是那些胎息于乐府民歌并在此基础上加工提高的作品,如张若虚、崔国辅、崔颢、王维、李白、刘禹锡等人之作。但中唐元、白(特别是元稹)的艳诗,则带有比较明显的封建文人夸示艳遇的感情,甚至有时流露出某些市井庸俗气。他们对爱情的描写,往往更津津乐道于女子的容貌、体态、衣着,甚至男女的调情欢会,像元稹的《会真诗》就有大段比宫体诗要露骨得多的描写,甚至连白居易的《长恨歌》这种从整体上说艺术品位很高的杰作也有"春寒赐浴华清池,温泉水滑洗凝脂。侍儿扶起娇无力,始是新承恩泽时"一类描写。与李商隐同时的温庭筠,后于李商隐的韩偓、吴融,其艳诗(包括《无题》)也往往流于轻艳甚至冶荡。李商隐的其他赋艳之作中,也不是没有这种轻艳的倾向,如《拟意》、《碧瓦》、《镜槛》诸作。但在他的无题诗中,却将这一切非爱情的杂质淘洗干净。十四首无题诗中,不仅没有任何艳亵的描写,甚至连女性的姿容体态也很少涉笔。它所注重的是灵而不是肉,是真挚的爱情而不是单纯的欲念,是双方心灵的契合而不是对外在形貌体态的欣赏。在无题诗中,李商隐把古代文人的爱情诗真正提升到纯粹感情的领域,实现了由欲到情的升华超越。无题诗作为爱情诗,是一种严格意义上的高品位的纯情诗。这种纯情化的特征,在他的无题诗以外的爱情诗中也有出色的表现,像《春雨》、《代赠二首》其一(楼上黄昏欲望休)、《暮秋独游曲江》、《离亭赋得折杨柳二首》等,但表现得最集中的则是他的无题诗。

　　与内容的纯情化特征相联系,李商隐的无题诗还有另一个突出特点,即它的主观性与抒情性。这一点,如和元稹的爱情诗略加对照,便看得更加清楚。元稹的爱情诗,无论是长篇如《梦游春》七十韵、《会真诗》三十韵,还是短篇如《离思》六首、《杂忆》五首、《春晓》、《白衣裳》二首,或叙写一次完整的爱情经历,或回忆爱情生活的某一片断,都有明显突出的叙事性与写实性。它们注重对爱情具体过程、情事的线型叙述描写,有比较完整的情节或情节片断,对爱情生活中一些具体场景、细节常有细致的描绘,甚至不避猥亵。它们也都有具体的本事。尽管在叙事描绘中也融入抒情成分,但作者的着重点显然在事件、情节本身。李商隐的无题诗写爱情,则主要是写对爱情的深刻感受与体验,写爱情主人公的种种复杂微妙心理,写心灵的沉思叹息,总之是写主观的心灵境界,基本上没有叙事成分。即使偶尔出现某些场景或片断,也是主人公在追思回忆中浮现的,缺乏事件的连贯性,像"扇裁月魄羞难掩,车走雷声语未通"、"隔座送钩春酒暖,分曹射覆蜡灯红",与其说是写事,不如说是抒情,抒写对上述场景的感受。即使有些完全可以写成叙事诗的生活素材,在无题诗中也被抽掉了一切事的成分,提炼为最纯粹的抒情诗。像《无题》(昨夜星辰)的背后,便显然有一个昨夜席上相遇、两情暗通而旋成间隔的爱情故事,但诗人所注意的并不是事件本身,而是在昨夜星辰好风的温馨氛围和酒暖灯红的热闹宴席上心灵契合的欣喜和心通身隔的怅惘,是对这样一次难忘的爱情遇合的深切体验。又如《无题》(相见时难),把双方历经磨难曲折的一连串悲剧性爱情经历全部隐到幕后,提炼出来的只是高浓度的感情琼浆,一种在历经艰难间阻的情况下愈益深挚忠贞的感情,一种殉情精神。劈头一句"相见时难别亦难",仿佛一声沉重的心灵叹息,什么具体的事也没有说,也可以说什么事都包含在里面了。无题诗所写的爱情,可能也有它的本事,但经过诗人的提炼,已成为高纯度的感情结晶体,它的本事已不可逆向考索。这样的诗,不仅是纯情化的,而且是纯诗的,即排除了一切叙事的散文成分,即非诗因素的"纯诗"。这也是李商隐在爱情诗领域的一种创造。无题诗以外的某些爱情诗,也有这种纯情、纯诗的特点。如《燕台诗四首》的生活素材,如果在元、白手里,当会敷演出比《长恨歌》还要哀惋动人的生离永别的爱情悲剧故事诗,但一到李商隐手中,一切相见相爱相离的事件情节全部隐去,只在抒写刻骨铭心的思念中偶露"双珰丁丁联尺素,内记湘川相识处"这种一鳞半爪,而整个爱情悲剧事件则不见身首。可见,把爱情诗写成主观性、抒情性极强的纯诗,是李商隐一种独特的美学追求。

  李商隐的无题诗在抒写爱情心理、爱情体验方面有一个突出特点,即将相互对立的感情的交融与渗透表现得非常深刻细致,善于表达非常复杂微妙的心理状态。他的一些流传众口的写情名联大都属于这种类型。人们不一定记得全篇,但对这些名联几乎是过目成诵,历久难忘,原因就在于它们"包蕴密致,演绎平畅,味有穷而炙愈出,钻弥坚而酌不竭"(宋江少虞《宋朝事实类苑》卷三四)。《无题》(昨夜星辰)"身无彩凤双飞翼,心有灵犀一点通"一联,"身无"与"心有"相互映照、生发,组成一个富于包蕴的矛盾统一体。相爱的双方不能会合,本是极大的痛苦,但身虽不能相接,心却可以相通,又是莫大的慰藉。诗人所表现的并不是单纯的爱情间隔的苦闷和单纯的心灵契合的欣喜的相加,而是间隔中的契合、苦闷中的欣喜、寂寞中的慰藉,尽管这种契合的欣喜与慰藉中又不免带一点苦涩,但却因为身受阻隔而弥感珍贵。由身隔与心通这一矛盾派生出如此丰富复杂深刻微妙的感情,却又表现得如此明畅而隽永,如此主次分明而富典型性,确实可见诗人抒写心灵感受的才力,也充分体现了诗人利用律诗对仗的形式营造艺术空间的功力。又如《无题》(相见时难)的颔联:"春蚕到死丝方尽,蜡炬成灰泪始干。"到死、成灰、丝尽、泪干,充满了悲剧情调,甚至带有悲观绝望的色彩,但正是在这种仿佛是绝望的悲哀痛苦中透露出感情的坚韧执着,既悲观又坚定,既痛苦又缠绵。明知思念之徒劳与追求之无望,却仍然要作无穷无尽的无望追求;明知思念与追求只能使自己终生与痛苦为伴,但却心甘情愿背负终生的痛苦去作无望的追求。把殉情主义精神表现得如此深刻而富于悲剧美,在诗歌史上亦不多见。《无题》(飒飒东南)的尾联:"春心莫共花争发,一寸相思一寸灰。"一方面,是爱情幻灭的强烈悲愤,是屡经挫折后近乎绝望的叹息,但在幻灭、绝望中透露的却是任何阻抑也无法泯灭的春心。另一方面,"一寸相思一寸灰"的结果不是心如冷却的死灰,而是导致新一轮的春心萌发和更强烈的追求。"春心莫共花争发"的自我告诫所透露的正是"春心又共花争发"的现实心境。

由于抒写深刻细致复杂微妙的心理,李商隐的无题诗在表现方式上多用有神无迹的象征。它们的共同特点有二:一是语言明白如话,没有任何奥涩难解之弊;二是象征与比喻、写实结合,往往让人感觉不到其中含有象征。象征与比喻结合,如"春蚕"一联中的春蚕、蜡炬,都是喻意显明的比喻,但绵绵不绝、至死方尽的蚕丝,又是悠长不绝、至死不渝的相思之情的象征,在无望情况下仍然执着追求的精神的象征;燃成灰烬才停止流溢的蜡泪,又是绵绵不绝的别恨与痛苦的象征、殉情精神的象征。由于与比喻融为一体,不但使象征含意毫不晦涩,而且使读者浑然不觉。"春心"一联,以春花之发喻春心之发,以"成灰"喻心灰,都是明显的比喻,而其中即寓含象征,整个一联,正是追求—幻灭—再追求—再幻灭的精神历程的绝妙象征。"身无"一联,以彩凤双飞翼与灵犀一点通分喻爱情的追求与心灵的契合,是比喻又是象征。"神女"一联,以巫山神女之梦幻生涯与清溪小姑之独居身世喻诗人自身的生涯身世,而诗人的幻灭感、孤子无依感亦得到象征性的表现。这一系列名联比喻与象征的巧妙融合,对诗的流传众口起了很大作用。无题诗尽管在整体内涵意蕴的把握上、联与联的关系上有难于求索之处,但在比喻与象征的融合上却绝无晦涩隐僻之弊。不过,李商隐无题诗最出色的象征,却是另一种与写实融合的更加有神无迹的象征,如:

> 相见时难别亦难,东风无力百花残。

前一句概括了丰富深刻的人生体验,直抒人生悲慨;后一句却似接非接,突然端出一幅春风无力、百花凋残的暮春图景。它既像是交代双方别离的时节正值暮春,是写实;但同时又像是刻意为这场难堪的别离设置一个黯然销魂的带有象征意味的背景与氛围。它像是象征青春、爱情的消逝,又像是象征别离双方既难堪又无奈的心绪;甚至不妨认为它象征着一个春尽花残的大时代环境。写实中寓含如此丰富深永的象征,所以评家击节叹赏,"第二句毕世接不出"(何焯《义门读书记》引冯舒评)。又如:

> 曾是寂寥金烬暗,断无消息石榴红。

表面上看,这一联似乎纯粹是叙事绘景,是赋实,交代女主人公自与对方邂逅以后,已经守着慢慢黯淡下去的残烛在寂寥中度过许多默默期待的长夜,而对方却杳无音讯,转眼间石榴花又红了。但那在寂寥的长夜、在默默的期待中逐渐黯淡下去的蜡炬,又正是无望的相思与期待的象征(本是守着蜡烛在默默期待,而无形中蜡烛仿佛被心灵化了,成了默默期待的象征)。石榴花开得十分红艳耀眼,但它开时春花已全部凋谢,在一片丛绿中红艳的榴花反显出了寂寞。因此"石榴红"在这里就不仅是时序迁移、别来经年的一种显示,也不仅仅透露出女主人公抬头瞥见石榴花红时内心的怅触,它同时还是青春在寂寥中消逝的象

征。这一联的特殊韵味,主要由于这种有神无迹的象征。再如:

> 飒飒东南细雨来,芙蓉塘外有轻雷。

细雨轻雷,似亦仲春季候的写实。但细雨暗用"梦雨"典,轻雷暗用《长门赋》"雷殷殷而响起兮,声象君之车音"。芙蓉塘即莲塘,在南朝乐府中常用为男女相悦传情之所。这一系列与爱情相关的意象,已给读者丰富的暗示与联想。而细雨轻雷,既隐隐传出生命萌动的讯息,暗逗末联春心与春花争发的内在意蕴,凄迷黯淡的色调,又透露出女主人公的怅惘忧伤与寂寞期待。这一联的象征比较隐微,但也更有神无迹。纪昀说:"起二句妙有远神,可以意会。"(《玉谿生诗说》)象征手段的巧妙运用,是构成远神的主要因素。他如:

> 来是空言去绝踪,月斜楼上五更钟。

如果说出句是梦醒后的主人公一声长长的叹息,那么对句便是梦醒后一片空寂孤清的氛围。朦胧斜月空照楼阁,远处传来悠长凄清的晓钟声,这本来是写景,是赋实,但紧接在那一声"来是空言去绝踪"的长叹之后,它似乎成了主人公空幻感、失落感和凄清孤寂情绪的象征。联系商隐其他一系列诗句:

> 君问归期未有期,巴山夜雨涨秋池。

> 一春梦雨常飘瓦,尽日灵风不满旗。

> 芭蕉不展丁香结,同向春风各自愁。

可以看出,这种亦赋亦比亦兴,又像写景叙事,又像比兴象征,表面上明白如话,实际上诗外有诗、境外有境的象征,在李商隐手里,确实已运用到出神入化的地步。

以上四个方面的特征,包括了作为爱情诗的无题诗,其思想内涵与艺术表现的一些主要特征,使无题诗具有纯情化、纯诗化、深微化和象征化的艺术风貌。在古代文人爱情诗的发展史上,李商隐的无题诗以上述独特风貌而具有不朽的价值。

第四节 《锦瑟》:佳人锦瑟忆华年[①]

锦瑟,绘有锦绣般花纹的瑟。瑟是古代一种弦乐器。诗咏锦瑟所奏的音乐意境及因此引起的联想和感受,即"思华年"。此诗大约作于诗人暮年。这可能是中国古代诗歌史上解说最为纷纭的一首名作。它以含意的隐晦、意境的朦胧著称,也以特有的朦胧美和丰富的暗示性,吸引着历代的诗评家、注家和诗人一次又一次地试图撩开它神秘的面纱。从北宋的刘攽、苏轼到现在,解者不下百人,重要的异说也近十来种。面对珠圆玉润而又扑朔迷离的诗歌境界和一大堆纷纭的异说,开始时不免令人眼花缭乱,但细加寻绎,却可发现在迷离中自有线索可循,在纷纭中也不无相通之处。不少异说,实际上是诗歌本身的丰富蕴含和暗示在不同读者中引起的不同感受与联想。它们往往各得其一体而未窥全豹,但不必互相排斥。如果我们根据诗人自己提供的线索按迹循踪,找到它的主意和基调,融会各种原可相通、相包或相并行的异说(包括最占优势的自伤身世说和悼亡说,以及古老的"适怨清和"说和后起而别开生面的自述诗歌创作说

[①] 无题诗与《锦瑟》诗的性质本不相同,但历代读者在谈及义山诗的难以索解时,往往将它与无题诗并提。这里为安排章节的需要,把它们归为一章来阐释。

等),也许可以做到比较接近这首诗的本来面目,而不致阉割其丰富的内涵,对它的艺术特点也会有比较切实的体察认识。

律诗的首、尾二联,在一般情况下较多叙事和直接抒情成分,全篇的主意也往往寓含在这两联里,有时甚至明白点出。颔、腹二联则往往敷演主意,意象密度较大。李商隐的这首《锦瑟》,首联以"五十弦"的形制和"一弦一柱"(即弦弦柱柱)所发的悲声引出"思华年",尾联以"成追忆"回应"思"字,以"惘然"点醒华年之思的感受,已经明白告诉我们:这首诗是诗人追忆华年往事、不胜惘然之作。这种惘然的华年身世之感,内涵非常宽泛,既可以兼包诗人的悼亡之痛乃至悼亡之外的爱情生活悲剧,也和抒写诗人不幸身世、充满感伤情调的诗歌创作密切相关。伤身世、咏悼亡、述创作,对于李商隐这样一位身世凄凉、处境孤羁、"刻意伤春复伤别"的诗人来说,原不妨是三位一体的。锦瑟,既可以是诗人凄凉身世的一种象征,也不妨看做感伤身世的诗歌创作的一种形象化比喻,正像他在《崇让宅东亭醉后沔然有作》诗中所说的:"声名佳句在,身世玉琴张①。"当然,根据作者"新知他日好,锦瑟傍朱栊"(《寓目》)、"归来已不见,锦瑟长于人"(《房中曲》)、"凤女弹瑶瑟"(《西溪》)等诗句,认为锦瑟和怀念王氏妻有关,也自可与上述理解并存,因为锦瑟的弦弦柱柱所奏的悲音中原就包括了悼亡之音。

"锦瑟无端五十弦,一弦一柱思华年。"五十弦,《史记·封禅书》:"太帝使素女鼓五十弦瑟,悲,帝禁不止,故破其瑟为二十五弦。"锦瑟而言"五十弦",本属作者诗中通例(如《七月二十八日夜与王郑二秀才听雨后梦作》有"雨打湘灵五十弦"),但这里将"五十弦"与回顾华年往事联系在一起,可能和诗人当时大致年岁不无关系(张采田《玉谿生年谱会笺》认为这首诗作于诗人病废居郑州

---

① 张是张设的意思。"身世玉琴张",就是说自己的身世正如丝弦已张的玉琴,这和本篇首联是一个意思。而用玉琴或锦瑟象征身世,本身就暗喻自己是一位诗人。

时,这一年他四十七岁)。"无端",是没来由、平白无故的意思,这里含有睹物心惊、怨怅和无可奈何等多种感情。诗人触物兴感,本来是由于内心感情的郁积,反而觉得是物之有意逗恨,所以不禁怨之而曰"无端"。或说"无端"即"无心",虽也可通,情味不免大减。"一弦一柱思华年",与白居易《琵琶行》"弦弦掩抑声声思,似诉平生不得意"之句意蕴相近,意思是说,听到这锦瑟弦弦柱柱上所弹奏出的悲声,不禁触动自己的身世之感而沉浸在对华年逝岁的回忆中。这对颔、腹二联的内容和表现手法是一种概括的提示,说明它们所描绘的既是锦瑟的弦弦柱柱所奏出的音乐境界,又是诗人华年所历的人生境界;既是瑟声,又是诗人思华年时流露的心声。苏轼认为颔、腹二联分咏瑟声的适、怨、清、和(见《苕溪渔隐丛话·前集》卷二十二引《缃素杂记》),虽不尽切合各句所写情景,但他看出中间四句直接描绘音乐意境,还是很有鉴赏力的。

  颔联出句用《庄子·齐物论》:"昔者庄周梦为蝴蝶,栩栩然蝴蝶也,自喻适志与?不知周也。俄而觉,则蘧蘧然周也。不知周之梦为蝴蝶与?蝴蝶之梦为周与?"庄周梦蝶故事本身就充满变幻迷离色彩,诗人在运用这一故事时,又突出一个"迷"字。"庄生晓梦迷蝴蝶",即庄生迷蝴蝶之晓梦,"迷"字既形况梦境的迷离恍惚、梦中的如痴如迷,也写出梦醒后的空虚幻灭、惘然若迷。这迷离之境、迷惘之情,从描绘音乐境界来说,是形况瑟声的如梦似幻,令人迷惘;从表现诗人的华年所历与身世之感来说,则正是梦幻般的身世和追求、幻灭、迷惘历程的一种象征。作者在其他诗篇中多次用梦幻来形容身世的变幻、理想的幻灭,有的还直接用梦蝶的典故,如"神女生涯原是梦"(《无题二首》)、"顾我有怀如大梦"(《十字水期韦潘侍御同年不至》)、"怜我秋斋梦蝴蝶"(《偶成转韵七十二句赠四同舍》)、"枕寒庄蝶去"(《秋日晚思》)等句,都可和"庄生"句互参。说"晓梦",正是极言其幻灭之迅速。主张悼亡说的注家因为庄周梦蝶的典故中提到"物化",便牵扯庄子鼓盆的故事,以证明这句寓丧妻之痛,未免胶柱鼓瑟。其实,短促而美好的幻梦的破灭本就可以包括悼亡之痛,因为后者正是诗人梦幻般的悲剧身世的组成部分。

额联对句用望帝魂化杜鹃的典故。《文选·蜀都赋》"鸟生杜宇之魄"注引《蜀记》说："杜宇王蜀,号曰望帝。宇死,俗说云:宇化为子规。蜀人闻子规鸣,皆曰望帝也。"《华阳国志》等书还有望帝让国委位的传说。杜鹃鸣声悲凄,俗有杜鹃啼血之说。春心,一般指对爱情的向往追求,也可借喻对美好事物的追求。但这里的"春心"既和杜鹃的悲啼联结在一起,则实际上已包含了伤春、春恨的意蕴。而伤春,在李商隐的诗歌中,多指忧国伤时、感伤身世,所谓"天荒地变心虽折,若比伤春意未多"(《曲江》)、"刻意伤春复伤别"(《杜司勋》)、"年华无一事,只是自伤春"(《清河》),都可作为明证。"望帝春心托杜鹃",这里所展示的正是一幅笼罩着哀怨凄迷气氛的图画:象征着望帝冤魂的杜鹃,在泣血般的悲鸣中寄托着不泯的春心春恨。这幅图画,一方面是表现瑟声的哀怨凄迷,如杜鹃啼血;另一方面又是象喻自己的春心春恨(美好的愿望和忧时忧国、感伤身世之情)都托之于如杜鹃啼血般的哀怨凄断的诗歌。用禽鸟的鸣啭来比喻自己的诗歌,作者诗中多有其例,像"巧啭岂能无本意,良辰未必有佳期"的流莺伤春之啼和"五更凄欲断,一树碧无情"的寒蝉凄断之鸣,都是显例。句中的"托"字,即"寄托"之意,乃是全句的句眼,它暗示用来寄托"春心"者的性质。倾诉春心春恨的杜鹃,正不妨视为作者的诗魂。杜牧《寄浙东韩乂评事》说:"梦寐几回迷蛱蝶,文章应广畔牢愁。"上句与"庄生晓梦迷蝴蝶"意略同;下句则正可作为"望帝春心托杜鹃"的注脚,只不过小杜诗用直抒写法,小李诗用象征而已。

腹联上句"沧海月明珠有泪"包含一系列与珠有关的典故。古代认为海中蚌珠的圆缺和月亮的盈亏相应,月满则珠圆,月亏则珠缺,所以这里把圆润的明珠置于"沧海月明"的背景之下。古代又有南海鲛人哭泣时眼泪化为珍珠的传说(见《博物志》、左思《吴都赋》注),所以这里又把"珠"和"泪"连在一起。而全句则又暗用"沧海遗珠"典故。《新唐书·狄仁杰传》:"举明经,调汴州参军。为吏诬诉。黜陟使阎立本召讯,异其才,谢曰:'仲尼称观过知仁,君可谓沧海遗珠矣。'"沧海中的明珠,本是稀世之珍,为人所重,现在却被采集者所遗,独处明月映照的苍茫大海中,成为盈盈的"泪"珠。这幅沧海月明、遗珠如泪的图画,在辽阔清朗的背景下,透露出一种无言的寂寞和伤感。它既是对锦瑟清寥悲苦音乐意境的描摹,又是诗人沉沦废弃、才能不为世用的寂寞身世的一种象征。"珠有泪",仿佛无理,却正可见这人格化的沧海遗珠内心的悲苦寂寞。这句与"望帝"句虽同属哀怨悲苦之境,但"望帝"句因杜鹃啼血而近乎凄厉,"沧海"句则因沧海月明而透出寂寥,意境仍自有别,寓意更不相重。苏轼分别用"怨"和"清"来概括四、五句所描绘的音乐意境,大体上符合实际。

腹联下句"蓝田日暖玉生烟",描绘的是这样一幅图景:蓝田山中沉埋的美玉,在暖日晴晖的映照下,升起丝丝缕缕的轻烟。蓝田山在陕西蓝田县,是著名的产玉地。晚唐司空图《与极浦书》说:"戴容州(即中唐诗人戴叔伦)云:'诗家之景,如蓝田日暖,良玉生烟,可望而不可置于眉睫之前也。'"从司空图所引戴氏语和李商隐诗语完全一致可以推知:"蓝田日暖,良玉生烟"是当时流行的一种比兴象征说法,它的象征性含义就是"可望而不可置于眉睫之前"。只不过戴叔伦是借它来形况"诗家之景",而李商隐则是借以形况锦瑟所奏出的音乐意境缥缈朦胧,像暖日映照下蓝田玉山上升起的丝丝轻烟,远望若有,近之则杳;也用来象征自己平生所向往、追求的境界,正像"蓝田日暖玉生烟"一样,可望而不可即,属于缥缈虚无之域。类似的境界与感受,在李商隐的其他诗作中是经常出现的。像"浦外传光远,烟中结响微"(《如有》)、"如何雪月交光夜,更在瑶台十二层"(《无题》)、"恍惚无倪明又暗,低迷不已断还连"(《七月二十八日夜与王郑二秀才听雨后梦作》)等句,都与"蓝田"句声息暗通。或以为这句是说美玉沉埋土中,不为人所知,但光彩终不能掩,以比喻自己虽沉沦不遇,但词华文采却显露于世。这种解说虽然与诗人身世文章也相吻合,但既和颔、腹二联借乐境寓身世的通例不符,又和"可望而不可置于眉睫之前"的象征含义脱节,疑非诗人本意。

末联是对"一弦一柱思华年"的总括。"此情"统指颔、腹二联所概括抒写的情事,即自己的悲剧身世的各种境界。"可待",即何待、岂待。两句意谓:华年所历的这种情境何待今日闻乐追思时才不胜怅惘呢,就是在当时即已使人惘然若失、惆怅不已了。"惘然"二字,概括"思华年"的全部感受,举凡迷惘、哀伤、寂寥、虚幻之情,统于这二字中包括。而何待追忆、当时已然的感喟则不但强调了华年往事的可悲,而且以昔衬今,加倍渲染了今日追忆时难以禁受的怅惘悲凉。如果说颔、腹二联是听到锦瑟弹奏时涌现于脑海的对华年情境的联翩浮想和发自心底的与瑟声相应的悲凉心声,那么,末联就是弹奏结束后如梦初醒的怅惘与沉思。锦瑟的悲声终止了,在静默中却依然笼罩着一片无边的怅惘,回荡着悠长的凄清余韵,正所谓"繁丝何似绝言语,惆怅人间万古情"。

这是一位富于抱负和才华的诗人在追忆悲剧性的华年逝岁时所奏出的一曲人生哀歌。全篇笼罩着一层浓重的哀伤低回、凄迷朦胧的情调氛围,反映出一个衰颓的时代中正直而不免软弱的知识分子典型的悲剧心理:既不满于环境的压抑,又无力反抗环境;既有所追求向往,又时感空虚幻灭;既为自己的悲剧命运而深沉哀伤,又对造成悲剧的原因感到惘然。透过这种悲剧心理,可以看出那个趋于没落的时代对人才志士的压抑摧残。诗中的哀伤迷惘令人同情,但毕竟是属于已经过去的时代了。

从总体看,这首诗和商隐许多托物自寓的篇章性质是相近的。但由于他在回顾华年逝岁时并没有采用通常的历叙平生的方式,而是将自己的悲剧身世境遇和悲剧心理幻化为一幅幅各自独立的象征性图景,这些图景既具有形象的鲜明性、丰富性,又具有内涵的虚泛、抽象和朦胧的特点。这就使得它们既缺乏通常抒情方式所具有的明确性,又具有较之通常的抒情方式更为丰富的暗示性,能引起读者多方面的联想。但这些含义朦胧虚泛的象征性图景,又是被约束在"思华年"和"惘然"这个总范围里,因而读者在感受和理解上的某些具体差异并不影响从总体上去把握诗人的悲剧身世境遇和悲剧心理。这种总体含义的明确和局部含义的朦胧,象征性图景的鲜明和象征含义的朦胧,构成了这首古代朦胧诗意境创造上一个突出的特点,而它的优点和缺点也同时寓于其中。

诗的颔、腹二联展示的象征性图景在形象的构成和意蕴的暗示方面,具有诗、画、乐三位一体的特点。它们都是借助诗歌的语言和意象,将锦瑟的各种艺术意境(迷幻、哀怨、清寥、缥缈)化为一幅幅形象鲜明的图画(庄生之梦迷蝴蝶、望帝之魂化杜鹃、沧海月明而遗珠如泪、蓝田日暖而良玉生烟),以概括抒写其华年所历的种种人生境界和人生感受,传达他在思华年时迷惘、哀伤、寂寞、惆怅的心声。因此,它们同时兼有音乐意境、画面形象和诗歌意象的三重暗示性。这多重暗示的融会统一,一方面使得它们的意蕴显得特别丰富复杂,另一方面又使它们兼有画面形象美、音乐意境美和诗歌意象美。实际上,这种诗、画、乐三位一体的象征暗示,正是《锦瑟》诗整体构思的一个根本特点。由于未能把握这一特点,单纯从诗歌语言方面去探寻颔、腹二联的含义,往往造成某些误解。

颔、腹二联所展示的象征性图景在时间、空间、感情方面尽管没有固定的次序和逻辑联系,但它们都带有悲怆、迷惘的情调,再加上工整的对仗、凄清的声韵和相关的意象等多种因素的映带联系,全诗仍具明显的整体感。而悲怆的情思和声韵,与珠圆玉润、精丽典雅的诗歌语言的和谐结合,更使这首诗成功地表现出一种哀惋美好事物幻灭的悲剧意境。这种片断的独立性与整体的统一性的结合,也是这首诗的一个特点。

金代诗人元好问《论诗三十首》之十二说:"望帝春心托杜鹃,佳人锦瑟怨华年。诗家总爱西昆好,独恨无人作郑笺。"解《锦瑟》者往往以为前两句只是复述《锦瑟》诗语,后两句则慨叹无人作解。实际上,元好问已经用貌似复述的方式钩玄提要,为《锦瑟》作了"郑笺"——李商隐这位才人(即所谓"佳人")正是要借咏锦瑟来寄托华年身世之悲,他的一腔春心春恨都寄寓在这杜鹃啼血般的诗歌中了。可惜他言之未详,以致这位李商隐的真知音、解开《锦瑟》诗秘密的第一人的发现被历史尘封了七百多年。

第九章 《锦瑟》阐释史

在中国古典文学作品的阐释史上,对李商隐《锦瑟》纷纭多歧、层出不穷的解读无疑是最引人注目的现象之一。如果从北宋刘攽的《中山诗话》算起,对这篇诗谜式作品的解读已经延续了近千年。一篇只有八句五十六个字的作品,竟引起历代读者如此执着的关注,这种现象本身就很值得探讨。本章不打算在纷纭的歧说之外再另添新说,而是企图通过对历代纷纭歧说的梳理,发现其中所显示的总趋势,从而自阐释史的角度说明:融通各有依据、各有优长的主要歧说,可能是使《锦瑟》的解读更接近作品的实际,更能显示其丰富内涵,因而也更能为多数读者所接受的一种解读方式。

第一节 宋、元、明三代对《锦瑟》的阐释

据现存文献材料,最早记述对《锦瑟》的阐释,是著于熙宁、元祐间的刘攽《中山诗话》:

> 李商隐有《锦瑟》诗,人莫晓其意。或谓是令狐楚家青衣也。

义山诗集编定于真宗景德至仁宗庆历间,第一首就是《锦瑟》,人们注意到它并力图解读原很自然。但《锦瑟》却一开始便显出了它的难解性。从"或谓是令狐

楚家青衣也"的记述口吻看,这可能只是转述当时人对题意的一种理解,未必就是刘攽自己的看法,也未必真有事实或文献依据。实际上,锦瑟是令狐楚家青衣之说,与其说是依据某种记载或传闻,不如说是读者的一种猜想。因为诗的首联很容易让人认为"锦瑟"是人名,诗即因见五十弦之锦瑟而联想到锦瑟其人的华年而作。而"锦瑟"作为人名,又颇似女子甚至侍女之名,因此"锦瑟是令狐楚家青衣"之说就这样产生了。它既是对题目含义的说明,也是对诗的内涵意蕴的解读。从考据学的观点看,这个"或谓"很可能查无实据甚至毫无依据,但从阐释学的观点看,却自有一定的文本依据。这正是此说虽乏实据却长期流传而且日后以"悼亡说"改头换面出现的原因所在。

稍后于刘攽,北宋末年成书的黄朝英《靖康缃素杂记》则记述了从另一思路出发而同样具有合理性的阐释:

> 义山《锦瑟》诗……山谷道人读此诗,殊不晓其意,后以问东坡,东坡云:"此出《古今乐志》,云:'锦瑟之为器也,其弦五十,其柱如之,其声也,适、怨、清、和。'"案李诗,"庄生晓梦迷蝴蝶",适也;"望帝春心托杜鹃",怨也;"沧海月明珠有泪",清也;"蓝田日暖玉生烟",和也。一篇之中,曲尽其意,史称其"瑰迈奇古",信然。刘贡父《诗话》(即刘攽《中山诗话》)以谓锦瑟乃当时贵人爱姬之名,义山因以寓意,非也。

后世诗评家对"适怨清和"之说是否出于东坡颇有怀疑。很有可能是此论的发明者(也有可能是黄朝英本人)为了加强这一阐释的权威性而故意抬出两位当朝诗坛巨擘来撑门面。从阐释史的角度说,东坡是否发表过这一意见并不重要,重要的是它提供了一种从咏音乐的角度对《锦瑟》进行解读的新说。唐代有许多咏乐诗,其中著称者如李贺《李凭箜篌引》、韩愈《听颖师弹琴》、白居易《琵琶行》均以各种形象化的比喻描摹乐声和乐境。"适怨清和"说正是将《锦瑟》

看成一首咏瑟声与瑟境的诗。如果不过分追究中间二联所展示的境界是否完全切合"适怨清和"四境，那么这一解读无论就切合诗题、首句及颔腹二联看，都有其文本依据与显然的合理性。但这一解读也有明显缺陷，即无法解释"一弦一柱思华年"和"此情可待成追忆，只是当时已惘然"。因为次句已明确显示听奏瑟而思忆人之华年，不管这人是诗人自己或他人。如果只是单纯咏瑟声瑟境，"思华年"及"追忆"、"惘然"都无所取义。正如胡应麟所批评的："宋人认作咏物，以适怨清和字面附会穿凿，遂令本意懵然。且至'此情可待成追忆'处，更说不通。"（《诗薮·内编》卷四）

但托名苏轼的"适怨清和"说在南宋却有很大影响。其具体表现是这一时期对《锦瑟》的阐释，几乎都离不开咏瑟声瑟境这一话题，如张邦基《墨庄漫录》将"适怨清和"说成《瑟谱》中的四曲，邵博的《邵氏闻见后录》甚至说"庄生"、"望帝"皆瑟中古曲名。胡仔《苕溪渔隐丛话》虽认为《锦瑟》以景物故实状瑟声"不中的"，但却反映出他也认为《锦瑟》是咏乐诗。更有将托名苏轼解《锦瑟》之法加以活学活用，反过来解读苏轼《水龙吟》咏笛之妙的（见张侃《张氏拙轩集》"孙仲益说《水龙吟》"条），可谓即以其人之道，还释其人之词，认为东坡不但用此法解读义山《锦瑟》，且用之自创咏笛词。

由于"适怨清和"说在阐释"思华年"及尾联时存在明显缺陷，因而有的诗评家企图对它加以改进。成书稍后于《靖康缃素杂记》的《许彦周诗话》说：

《古今乐志》云："锦瑟之为器也，其柱如其弦数，其声有适、怨、清、和。"又云："感、怨、清、和，昔令狐楚侍人能弹此四曲。诗中四句，状此四曲也。章子厚曾疑此诗，而赵推官深为说如此。"

在"适怨清和"之外又添出"感怨清和"的或说，并将它和"能弹此四曲"的"令狐楚侍人"联系起来，"诗中四句，状此四曲也"。很明显，这是企图将"适怨清和"

说与"咏令狐楚青衣"说融合起来，既补"适怨清和"说之脱离"思华年"与"惘然"，又补"咏令狐青衣"说之脱离中间二联。许氏的记述中未及苏、黄，而是拉出了章子厚与赵推官，这正反映出此说的假托或传闻性质。许氏所引此说在《锦瑟》阐释史上的意义，主要表现在它在纷歧阐释出现后不久，即显示出融通歧说的努力与趋势。而之所以出现这种趋势，根本原因在于两种说法既各有其文本依据与合理性，又各有其缺陷，客观上需要互补。

金代元好问《论诗三十首》之十二是直接对《锦瑟》作出新阐释的：

望帝春心托杜鹃，佳人锦瑟怨华年。
诗家总爱西昆好，独恨无人作郑笺。

此诗乃是首创《锦瑟》为义山自伤身世之作的一篇诗论。"佳人锦瑟怨华年"一句实即元氏对《锦瑟》主旨的诗意阐述：李商隐这位"佳人"正是借《锦瑟》这首诗来寄托他的华年之思、身世之悲。他的一生心事，都寄寓在如杜鹃泣血般哀怨悲惋的诗作中了。由于诗写得很概括，又有"独恨无人作郑笺"之语，历代论者多以为它仅仅是慨叹义山诗寄兴深微，无人能解其意，殊不知元好问已借点化义山诗语对《锦瑟》乃至义山一大批性质类似的诗作出了笺释。元氏对义山诗的真谛深有体悟，故对《锦瑟》的阐释也独具手眼。

至此，除自叙诗歌创作说及悼亡说以外，《锦瑟》阐释史上三种主要的解读（怀人说、咏瑟说、自伤说）均已先后出现（怀人说与悼亡说只是对象有别，后者实为前者的变异）。至明代，虽有好几位著名的诗论家都谈到过《锦瑟》，但基本上是沿袭旧说，很少新的发明。如王世贞虽认为中二联"作适、怨、清、和解甚通。然不解则涉无谓，既解则意味都尽"（《艺苑卮言》），虽赞同咏瑟说，又指出了它的缺陷。胡应麟则坚持"咏令狐青衣"说，指出咏瑟说之不可通之处。他列举诗中一系列用语，认为《锦瑟》的性质类似无题，只不过"首句略用锦瑟引起耳",并将"咏令狐青衣"说简括为"题面作青衣,诗意作追忆"(《诗薮》),但他对中间四句的具体含义却避而不谈,而这正是"令狐青衣"说难以解释的要害。胡震亨则对"令狐青衣"说、"适怨清和"说均加否定,认为《锦瑟》是商隐之情诗,系借诗中两字为题者,但他对诗的具体的内涵却无任何解释(见《唐音癸签》)。周珽认为《锦瑟》是闺情诗,不泥在锦瑟,看法似与胡震亨接近。但他所引屠长卿(屠隆)之说则基本上沿袭许彦周之说,即将"令狐青衣"说与"适怨清和"说融合起来。饶有趣味的是,屠氏将"锦瑟"二字分属"令狐楚之妾名锦"及"善弹(瑟)",谓其所弹有适、怨、清、和之妙(见《唐诗选脉会通评林》),从而将题面与诗面完全统一起来。这算得上是对"令狐青衣"说与"适怨清和"说最巧妙的结合了。

第二节 清人对《锦瑟》的阐释

清代《锦瑟》阐释史上最引人注目的现象是悼亡说、自伤说的双峰并峙和自叙诗歌创作说的异军突起,从而改变了宋、元、明三代"令狐楚青衣"说与"适怨清和"说长期主宰《锦瑟》阐释的局面。

悼亡说的发明者,一般都认为是清初的朱彝尊。其实,最早启示悼亡说的应是明末清初的钱龙惕。他在《玉谿生诗笺》卷上笺《锦瑟》时分别引《缃素杂记》、《刘贡父诗话》及《唐诗纪事》之说,并加按语云:

> 义山《房中曲》有"归来已不见,锦瑟长于人"之句,此诗落句云:"此情可待成追忆,只是当时已惘然。"或有所指,未可知也。唯彭阳公青衣则无所据。

钱氏引《房中曲》"归来已不见,锦瑟长于人"来类证《锦瑟》,是以义山诗证义山诗的典型例证。尽管钱氏未对《房中曲》作笺释，但《房中曲》的悼亡内容非常明显，故钱氏之笺释离悼亡说的正式提出实仅一步之遥。朱鹤龄的《李义山诗集笺注》采录钱氏笺而又有所前进：

> 按义山《房中曲》："归来已不见，锦瑟长于人。"此诗寓意略同。是以锦瑟起兴，非专赋锦瑟也。

指出"此诗寓意略同"于《房中曲》，悼亡说实已呼之欲出。果然，朱氏的《补注》中就明确指出："此悼亡诗也。"

但朱鹤龄只下了判断，并未对《锦瑟》作具体阐释。朱彝尊乃进一步对全诗作了解读：

> 此悼亡诗也。意亡者善弹此，故睹物思人，因而托物起兴也。瑟本二十五弦，一断而为五十弦矣，故曰"无端"也，取断弦之意也。"一弦一柱"而接"思华年"三字，意其人年二十五而殁也。胡蝶、杜鹃，言已化去也；珠有泪，哭之也；玉生烟，葬之也，犹言埋香瘗玉也。此情岂待今日追忆乎？只是在当时生存之日，已常忧其如此而预为之悯然，意其人必婉弱而多病，故云然也。

这是自宋以来对《锦瑟》全诗作出详细解读的第一篇。它的主要发明是将题目"锦瑟"与所悼亡妻平日"善弹此"结合起来，从而比较顺理成章地得出首联是"睹物思人，因而托物起兴"的结论。如果说许彦周、屠隆谓令狐楚侍人善弹适、怨、清、和四曲仅仅是一种猜测，别无依据，那么朱彝尊的"亡者善弹此"却是有义山的诗作有力依据的。除钱龙惕、朱鹤龄已引的《房中曲》"归来已不见，锦瑟长于人"二句外，在桂幕期间作的《寓目》（系忆内诗）有"新知他日好，锦瑟傍朱椸"之句同样可以作为其妻善弹瑟的证明。悼亡说之所以自清初以来长期不衰,主要原因就在于义山诗中有这样两个有力的旁证。朱彝尊的其他解说,问题自然很多。如解"五十弦"为二十五弦之"断弦",以附会悼亡,便显属臆解。商隐开成三年与王氏结婚至大中五年王氏去世,夫妇共同生活的时间首尾十四年。如果按朱氏所说王氏年二十五岁而殁推算,开成三年结婚时王氏才十二岁,这是根本不可能的。开成三年义山年二十七,王氏为其续弦,年龄可能较商隐小一些,但至少亦当在十六七岁。说"无端"取"断弦"之意,更属望文生义。以下六句的解说,也多有牵强支离之处(尤其是第六句与尾联)。尽管如此,朱彝尊的阐释仍值得充分重视,原因就在于他抓住王氏善弹瑟这一中心环节,将生活素材、情思触发与诗的构思、制题连成了一条线。从钱龙惕到朱鹤龄再到朱彝尊,悼亡说从萌芽到正式提出再到具体阐释的进展过程可以看得非常清晰。

悼亡说在清代前期的《锦瑟》阐释史上占据主导地位。其时除个别论者仍沿袭"令狐青衣"说(如施闰章《蠖斋诗话》)或"适怨清和"说(如冯班评《瀛奎律髓》)外,多数学者(包括对《锦瑟》持否定态度的学者)大都认为它是悼亡之作。其中较有影响的是何焯《义门读书记》:

> 此悼亡之诗也。首特借素女鼓五十弦瑟而悲,泰帝禁不可止以发端,言悲思之情,有不可得而止者。次联则悲其遽化为异物。腹联又悲其不能复起之九原也。曰"思华年",曰"追忆",旨趣晓然,何事纷纷附会乎?钱饮光(澄之)亦以为悼亡之诗,与吾意合。"庄生"句,取义于鼓盆也。但云"生平不喜义山诗,意为词掩",却所未喻。

何氏悼亡说与朱彝尊说不同之处有二:一是对诗的首联结合用典(五十弦)作了新的解释(悲思之情不可得而止);二是紧扣"思华年"与"追忆"来证明此诗悼

亡之"指趣晓然"，较之朱彝尊拐弯抹角解读尾联更为直截。

此外，如陆昆曾、杨守智、姚培谦、程梦星、冯浩、许昂霄等注家均主悼亡说。其中，如陆氏解"蓝田"句，引戴叔伦"蓝田日暖，良玉生烟，可望而不可置于眉睫之间（前）"之语，姚氏解首联，谓"夫妇琴瑟之喻，经史历有陈言，以此发端，元非假借……怀人睹物，触绪兴思。'无端'者，致怨之词"，均各有所得。相反，专攻义山诗文的冯浩对此诗的笺解却时涉牵强，谓"五句美其明眸，六句美其容色"，更显得不伦不类。比较之下，许昂霄的诠释则较少穿凿拘实之弊：

> 三、四庄生、望帝，皆谓生者也。往事难寻，竟同蝶梦；哀心莫寄，唯学鹃啼。五、六珠、玉，以喻亡者也。月明日暖，岂非昔人所谓美景良辰，今则泉路深沉，徒有鲛人之泪；形容缥缈，已如吴女之烟矣。（张载华辑《初白庵诗评》附识引许氏《笺注玉谿生诗·锦瑟诗解》）

综观清代《锦瑟》阐释史上的悼亡说，尽管它具有《房中曲》这样有力的旁证，但在具体解读中却始终存在一个误区、一个盲区。误区就是将"五十弦"解作"断弦"，从而导致王氏"年二十五而殁"这种显然不符实际的推论，且使对此诗的阐释一开始就陷于混乱。盲区就是很难将"悼亡"与中间二联所用的典故、所构成的象征境界很好地契合。尽管许多学者作出了一系列各不相同或同中有异的具体诠释，但真正切合文本的不多，即使像许昂霄的笺解，也只能较贴切地解说额联。这说明悼亡说虽有明显的优长与有力的依据，但要想用它贯通全诗，却相当困难，尤其是腹、尾二联的解读，更往往显得有些无能为力。

与悼亡说双峰并峙而时间稍后的是自伤身世说。持此说较早的是《李义山诗集辑评》所录某氏朱批：

> 此篇乃自伤之词，骚人所谓美人迟暮也。"庄生"句言付之梦寐，"望

帝"句言待之来世。"沧海"、"蓝田",言埋而不得自见。"月明"、"日暖",则清时而独为不遇之人,尤可悲也。

《义山集》三卷,犹是宋本相传旧次,始之以《锦瑟》,终之以《井泥》。合二诗观之,则吾谓自伤者更无可疑矣。

感年华之易逝,借锦瑟以发端。"思华年"三字,一篇之骨。三、四赋"思"也;五、六赋"华年"也。末仍结归"思"字。

"庄生"句,言其情历乱;"望帝"句,诉其情哀苦。"珠泪"、"玉烟",以自喻其文采。

《辑评》朱批系何焯批,故学者多以为上述各条即为何氏批。但何氏《义门读书记》明言《锦瑟》为"悼亡之诗",并作了具体解读。而此朱批却说是"自伤之词",且谓"诸家皆以为悼亡之作",这"诸家"中当然也包括了《义门读书记》的《锦瑟》批。二者显有矛盾。同一评家,对某首诗的解读固然常有前后不一致的现象,但朱批中并未提及先主悼亡,后改自伤之事,故朱批是否何氏批确实不能不打上问号。当然,从义山诗阐释史的角度看,朱批的作者是谁并不太重要,重要的是自伤说本身的合理性和价值。从《辑评》所录的这几条朱批看,尽管对每一句的具体解释未必尽妥,第一条与末条亦有歧异,但就整体而言,显然比悼亡说更能切合诗的文本。特别是"感年华之易逝,借锦瑟以发端。'思华年'三字,一篇之骨"数语,确实提纲挈领式地揭示了全诗的主要内容。谓"庄生"句"言付之梦寐"或"言其情历乱","望帝"句"言待之来世"或"诉其情哀苦",虽有歧异,但都较符合典故原意,不像悼亡说解"庄生"句旁扯庄子鼓盆,离开典故本意。谓"珠泪"、"玉烟"系自喻文采,更与自叙创作说相合。故《辑评》朱批在自伤说的形成过程中带有里程碑性质。此前元好问《论诗三十首》(其十二)"佳人锦瑟怨华年"之句,虽已喻示《锦瑟》系自伤华年不遇之作,但语焉不详,后世阐释《锦瑟》者亦未注意及此。《辑评》朱批很可能就是从元诗得到启发,演为美人自伤迟暮的具体阐释。

自伤说一经明确提出，因其与诗的文本较为切合，且具有较大的包容性，遂迅速流传开来，为许多注家评家所接受。王清臣、陆贻典等人的《唐诗鼓吹评注》、徐夔的《李义山诗集笺注》（见王欣夫《唐集书录》十四种）、杜诏的《唐诗叩弹集》、汪师韩的《诗学纂闻》、薛雪的《一瓢诗话》、宋翔凤的《过庭录》、姜炳璋的《选玉谿生诗补说》等均主自伤身世说。兹录较有代表性的汪师韩、姜炳璋二家之说于下。汪云：

> 《锦瑟》乃是以古瑟自况……世所用者，二十五弦之瑟，而此乃五十弦之古制，不为时尚。成此才学，有此文章，即己亦不解其故，故曰"无端"，犹言无谓也。自顾头颅老大，一弦一柱，盖已半百之年矣。晓梦，喻少年时事。义山早负才名，登第入仕，都如一梦。春心者，壮心也。壮志消歇，如望帝之化杜鹃，已成隔世。珠、玉皆宝货。珠在沧海，则有遗珠之叹，唯见月照而泪；生烟者，玉之精气。玉虽不为人采，而日中之精气，自在蓝田。追忆，谓后世之人追忆也；可待者，犹云必传于后无疑也。当时，指现在言。惘然，无所适从也。言后世之传，虽自可信，而即今沦落为可叹耳。

除首尾二联之解，或稍牵强，或属误解外，其他均不乏精彩。解中间四句，或结合其身世遭遇，或结合其文章才情，均能紧贴诗句本身。特别是解第五句为"珠在沧海，则有遗珠之叹，唯见月照而泪"，既发前人之所未发，又紧扣诗句，是相当精彩切当的解读。姜氏云：

> 此义山行年五十，而以锦瑟自况也。和雅中存，文章早著，故取锦瑟。瑟五十弦，一弦一柱而思华年，盖无端已五十岁矣。此五十年中，其乐也，如庄生之梦为蝴蝶，而极其乐也；其哀也，如望帝之化为杜鹃，而极其哀也。

哀乐之情,发之于诗,往往以艳冶之辞,寓凄绝之意。正如珠生沧海,一珠一泪,暗投于世,谁见之者？然而光气腾上,自不可掩,又如蓝田美玉,必有发越之气,《记》所谓精神见于山川是也。则望气者亦或相赏于形声之外矣。四句一气旋折,莫可端倪。末二言诗之所见,皆吾情之所钟,不历历堪忆乎？然在当时,用情而不知情之何以如此深,作诗而不知思之何以如此苦,有惘然相忘于语言文字之外者,又岂能追忆乎？此义山之自评其诗,故以为全集之冠也。

同样是以锦瑟自况,姜氏之解较汪氏更为直截。以哀乐分属颔联出句与对句,亦一新解。以蝴蝶梦为乐境,着眼点在原典中之"栩栩然"、"适志",即所谓"适",其中实已融入咏瑟说之成分。腹联从"哀乐之情,发之于诗"着眼进行阐释,则又融进自叙诗歌创作说(此说发自程湘衡,见下文)。尾联亦贴紧作诗之情解说,虽稍迂执,但其整体思路是着眼于作为诗人之义山的自况,而非一般自伤说之着眼于身世遭遇之不幸。故姜说实可视为自伤说之变体,盖其已在内核上吸收了自叙诗歌创作说,并融入了咏瑟说的成分。"哀乐之情,发之于诗",与后来主自叙诗歌创作说的钱锺书所说的"平生欢戚……开卷历历"几乎没有多少区别。从姜说正可看出自伤说与自叙诗歌创作说原可相通与兼融。姜氏时代后于主自叙诗歌创作说的程湘衡,"此义山之自评其诗,故以为全集之冠也"之语,便明显源于程氏之说。

与自伤说同时产生的自叙诗歌创作说,据何焯《义门读书记》,其发明者应是程湘衡。何氏在上引"此悼亡之诗也……却所未喻"一段阐释后附述云:

> 亡友程湘衡谓此义山自题其诗以开集首者。次联言其作诗之旨趣,中联又自明其匠巧也。余初亦颇喜其说之新,然义山诗三卷出于后人掇拾,非自定,则程说固无据也。

但王应奎《柳南随笔》则谓：

> 玉溪《锦瑟》诗，从来解者纷纷，迄无定说。而何太史义门(焯)以为此义山自题其诗以开集首者。首联(略)言平时述作，遽以成集，而一言一咏，俱足追忆生平也。次联(略)言集中诸诗，或自伤其出处，或托讽于君亲，盖作诗之旨趣尽在于此也。中联(略)言清词丽句，珠辉玉润，而语多激映，又有根柢，则又自明其匠巧也。末联(略)言诗之所陈，虽不堪追忆，庶几后之读者知其人而论其世，犹可得其大凡耳。

从情理推断，何氏既已在《义门读书记》中明确记述此系"亡友程湘衡"之说，且在作出思考后认定"程说固无据"，则其剽袭已被自己否定的亡友之说殆无可能。王应奎当是将何氏转述程说当成何氏自己的阐释。但由于王氏的记述，使后世得以了解程氏阐说《锦瑟》的具体内容。

自题其诗以开集首之说固无据，但自叙诗歌创作说却有其明显的优长与合理性。程氏将"一弦一柱思华年"解为"一言一咏，俱足追忆生平"，将一部义山诗集视为"锦瑟"之弦弦柱柱所奏出之曲调，应该说是紧扣题目与诗句本身的。将颔联解为"作诗之旨趣"，将"庄生"句解为"自伤其出处"，也较为贴切。将"望帝"句解为"或托讽于君亲"，虽稍嫌拘凿，亦自有典故方面的依据。谓腹联以清词丽句、珠辉玉润来形况义山诗之匠巧，也大体符合其创作实际。惜尾联之解泛而不切，特别是未贴紧"只是当时已惘然"来解说。但此说在总体上的合理性是显而易见的。尽管在整个清代，持此说的除程氏外仅宋翔凤(见《过庭录》卷一六)、邹弢(见《三借庐笔谈》)数家，但其阐释既贴紧题目与诗面，又较切合义山创作实际，值得充分重视。

值得注意的是，宋、元、明三代相当流行的"适怨清和"说在清代基本上销声匿迹。这说明,清代学者普遍认为,这首题为"锦瑟"的诗,与瑟的声音意境无关,根本不具有咏瑟诗的性质。他们或以为锦瑟为亡妻喜弹之乐器,或以为乃义山自身或者诗歌创作之象喻,故不再从瑟声瑟境上着想,因而在解读颔、腹二联时不再与瑟之声与瑟之境挂钩。这可能是清代学者在《锦瑟》阐释中最大的失误,即在阐述各自的说法时将前代一项理应充分重视的阐释成果轻易抛掉了。

除以上三种主要说法外,清代还出现了一系列其他新说,如叶矫然的"自悔"说(见其《龙性堂诗话》),方文辀(见梁章钜《退庵随笔》引)、吴汝纶(见其《评点唐诗鼓吹》)的"伤国祚兴衰"说,屈复的"就诗论诗"说等。其中屈氏之说颇为论者所称引,略云:"此诗解者纷纷……不可悉数。凡诗无自序,后之读者,就诗论诗而已。其寄托或在君臣朋友夫妇昆弟间,或实有其事,俱不可知。自《三百篇》、汉魏三唐,男女慕悦之词,皆寄托也,若必强牵其人其事以解之,作者固未尝语人,解者其谁起九原而问之哉!"他并不否认历代男女慕悦之词有寄托,但认为如无作者自序,则只能就诗论诗,不能强牵其人其事为解。在反对无依据的任意牵合穿凿这一点上,屈氏的看法是正确的,足以矫义山诗阐释中的积弊。但他对《锦瑟》的"就诗论诗"之解却不免令人大失所望。《锦瑟》与《无题》诸诗,常被相提并论,实际上它们的性质并不相同。《无题》诸诗即使不探求其是否另有寄托,也能感受到它是深情绵邈的爱情诗,本身有独立的欣赏价值。而《锦瑟》,如果不明白它的寄托,本身就是一个只具形式美的谜团。梁启超说:"义山的《锦瑟》、《碧城》、《圣女祠》等诗,讲的什么事,我理会不着……但我觉得它美,读起来令我精神上得一种新鲜的愉快。须知美是多方面的,美是含有神秘性的。我们若还承认美的价值,对于此种文字,便不容轻轻抹煞。"(《中国韵文内所表现的情感》)这段话亦每为论者称引。其实他所说的含有神秘性的美,既包含《锦瑟》等诗在语言文字、声律、对偶等形式方面的因素所构成的美感,也包含情思意境的朦胧缥缈所形成的美感。但这不意味着,"理会不着"就可以"不加理会",只是这种"理会"必须是诗性的,不能"既解则意味都尽"(王世贞语),破坏了诗歌本身的美感。总之,对屈复的"就诗论诗"和梁启超的"理会不着",应有正确的理解。

最后,要特别提出来加以评述的是徐德泓、陆鸣皋在其合著《李义山诗疏》中提出的"就瑟写情"说。徐解云:

> 此就瑟而写情也。弦多则哀乐杂出矣。中二联,分状其声,或迷离,或哀怨,或凄凉,或和畅,而俱有华年之思在内也。故结联以"此情"二字紧接。追维往昔,不禁百端交感,又不知从何而起,故曰"可待",曰"惘然",与"无端"两字合照,惝恍之情,流连不尽。

陆解云:

> "无端"二字,便含兴感意,而以"思华年"接之。物象人情,两意交注,首尾拍合,情境始佳。若仅谓写瑟之工,便成死煞。

徐的"就瑟而写情",即陆的"物象人情,两意交注";徐的"曰'可待',曰'惘然',与'无端'两字合照",即陆的"首尾拍合"。简言之,徐、陆认为《锦瑟》是一首借瑟声抒写华年之思的诗,其根本特点是"物象"(指瑟声所显现的音乐境界)与"人情"两意交注。无论迷离、哀怨、凄苦、和畅之境,均有华年之思在内。他们解《锦瑟》,主要是抓住"思华年"这个中心和"无端"、"惘然"等关键性词语,将声象与人情融合无间地联在一起,来揭示诗的丰富内涵(百端交感)。这样既避免执着一端(单纯咏瑟、怀人、悼亡、自伤、自叙诗歌创作),又不排斥每一种有一定依据的具体解说。引导读者沿着"无端五十弦"、"思华年"、"惘然"这条因瑟声而兴感的主线,在物象与心象、声情与心境的交融中多方面地体味诗的丰富内涵,从而使诗的蕴涵在不同读者的参与和再创造中得到最大限度的发掘。可以说,这是自宋以来对《锦瑟》的各种解说中最不执着穿凿、最通达而少窒碍的解说,也是最富包容性而能为持各种不同看法的读者所接受的一种解说。如果不是真正把握了《锦瑟》百端交感,意蕴虚涵的特点,不可能作出如此切当而富包容性的解说。清代注家评家普遍摒弃不取的"适怨清和"说,经徐、陆的吸取与改造,使之与"思华年"的"人情"紧密结合,遂使《锦瑟》的阐释在融通众说的基础上出现一个质的飞跃。

第三节 二十世纪学者对《锦瑟》的阐释

二十世纪的前八十年,对《锦瑟》的解读基本上是沿袭前人成说而加以推衍发挥,但在有的解说中已显示出以一种说法为主,兼综诸说的趋向。间或出现某种新说,但影响不大。

张采田、汪辟疆都主自伤说。但张氏《玉谿生年谱会笺》不仅谓"一弦一柱思华年"句"隐然为一部诗集作解",谓"望帝"句系"叹文章之空托",明显融合了自叙诗歌创作说,且谓颔联"悼亡斥外之痛,皆于言外包之",又糅合了悼亡说。解腹联附会李德裕之贬珠崖与令狐绹之秉钧赫赫,则融合了寓托政治的成分。汪辟疆《玉谿诗笺举例》所解较张氏更为贴切,而谓"望帝句,喻己抱一腔忠愤,既不得语,而又不甘抑郁,只可以掩饰之词出之",谓"蓝田日暖喻抱负,然玉韫土中,不为人知,而光彩终不可掩,则文章之事也",也明显融合了自叙诗歌创作说。

禹苍(周汝昌)的《说〈锦瑟〉篇》(《光明日报》1961年11月26日)则将此诗看成一首听瑟曲而引起对华年的追忆,抒写"春心"之苦情的诗。其融通咏瑟、自伤、自序诗歌创作说的趋向也相当明显。

二十世纪后二十年,发表了一大批专门阐释讨论《锦瑟》的文章。其中影响最大的当属钱锺书的自叙诗歌创作说与王蒙的"无端说"。

钱锺书对《锦瑟》之笺解，首见于周振甫《诗词例话》引钱氏《冯注玉谿生诠评未刊稿》，再见于其《谈艺录补订》，后者长达五千余字，洵为其晚年精心结撰之作，节引如下：

> "锦瑟"喻诗，犹"玉琴"喻诗……借此物发兴，亦正睹物触绪，偶由瑟之五十弦而感"头颅老大"，亦行将半百。"无端"者，不意相值，所谓"没来由"……首两句……言景光虽逝，篇什犹留，毕世心力，平生欢戚，"清和适怨"，开卷历历。所谓"夫君自有恨，聊借此中传"。三、四句……言作诗之法也。心之所思，情之所藏，寓言假物，譬喻拟象；如庄生逸兴之见形于飞蝶，望帝沉哀之结体为杜鹃，均词出比方，无取质言。举事寄意，故曰"托"；深文隐旨，故曰"迷"。李仲蒙谓"索物以托兴"，西方旧说谓"以迹显本"、"以形示神"，近说谓"情思须事物当对"，即其法耳。五、六句……言诗成之风格或境界，犹司空表圣之形容词品也……曰"珠有泪"，以见虽凝珠圆，仍含泪热，已成珍稀，尚带酸辛，具宝质而不失人气……"日暖玉生烟"与"月明珠有泪"，此物此志，言不同常玉之冷、常珠之凝。喻诗虽琢磨光致，而须真情流露，生气蓬勃，异于雕绘汨性灵，工巧伤气韵之作……七、八句……乃与首二句呼应作结。言前尘回首，怅触万端，顾当年行乐之时，既已觉世事无常，抟沙转烛，黯然于好梦易醒，盛筵必散，登场而预为下场之感，热闹中早含萧索矣。

钱氏博通古今中外，文中详征博引，相互参证，对发源于程湘衡之自叙诗歌创作说作了最详尽而具现代性之阐释。其中最有说服力者有二：一为论述以"锦瑟"喻诗，引杜甫、刘禹锡诗为旁证，将题目与对诗意的理解统一起来，这一点是程氏之说中所无的。二是据司空图《与极浦书》引戴叔伦"诗家之景"语，谓"沧海"、"蓝田"一联乃言诗成后之风格或境界,亦犹司空图之以韵语形容诗品。此解有一系列唐人诗文中以形象描绘喻示诗文风格之例可证。由于有以上二"硬件",再加以博引旁征的论证、细密的分析和对诗语的妙悟,此说遂成为二十世纪八九十年代《锦瑟》阐释史上一大显说。尤可注意者,钱氏虽主自叙诗歌创作说,但在实际阐释中已经融合吸收了"适怨清和"说与自伤说。如释首联云:"言景光虽逝,篇什犹留,毕世心力,平生欢戚,'清和适怨',开卷历历";释"珠有泪"、"玉生烟"云:"虽凝珠圆,仍含泪热,已成珍稀,尚带酸辛。"这些阐释中就或显或隐含有自伤及"适怨清和"说的成分。

王蒙的"无端说"则在更高的层面上显示了兼融众说的趋势。20世纪90年代以来,他先后撰写了一系列关于《锦瑟》及《无题》的文章。其中反复论证并一再强调的一个基本观点是:《锦瑟》的创作缘起(或动机)与内容是"无端"的。下面是论述这一基本观点的一些重要段落:

> 一种浅层次的喜怒哀乐是很好回答为什么的,是"有端"可讲的:为某人某事某景某地某时某物而愉快或不愉快,这是很容易弄清的。但是经过了丧妻之痛、漂泊之苦、仕途之艰、诗家的呕心沥血与收获的喜悦及种种别人无法知晓的个人的感情经验内心体验之后的李商隐,当他深入再深入到自己内心深处再深处之后,他的感受是混沌的、一体的、概括的、莫名的,只可意会不可言传,因而是略带神秘的。这样一种感受是惘然的与"无端"的。这种惘然之情惘然之感是多次和早就出现在他的内心生活里,如今以锦瑟之兴或因锦瑟之触动而追忆之抒写么?(《一篇〈锦瑟〉解人难》)
>
> 我们还可以设想,知乐者认为此是义山欣赏一曲锦瑟独奏时的感受——如醉如痴,若有若无,似烟似泪,或得或失……李商隐的《锦瑟》为读者,为古今中外后人留下了极自由的艺术空间。(同上)
>
> 盖此诗一切意象情感意境,无不具有一种朦胧、弥漫,干脆讲就是"无

端"的特色……此诗实际题名应是"无端"。"无端的惘然",就是这一首诗的情绪。这就是这一首诗的意蕴。(《〈锦瑟〉的野狐禅》)

含蓄与隐晦……其实质是对于感情的深度与弥漫的追求。爱和恨都不是无缘无故的,当然,深到一定的程度,爱和恨又都不是一缘一故那样有端的了……它们的费解不是由于诗的艰深晦涩,而是由于解人们执着地用解常诗的办法去测判诗人的写作意图……而没有适应这些诗超常的深度与泛度。(《对李商隐及其诗作的一些理解》)

王蒙的这一系列论述,从创作缘起到诗的内容意蕴、艺术手段、篇章结构、语言表达对《锦瑟》及与之类似的诗作了极富创意的理论阐释。类似"无端"这种提法,在前人对义山诗的评论中并不是没有出现过。如杨守智评《乐游原》五绝:"迟暮之感,沉沦之痛,触绪纷来。"纪昀评同诗:"百感茫茫,一时交集,谓之悲身世可,谓之忧时世亦可。"所谓"触绪纷来"、"百感茫茫,一时交集",即可视为对"无端"的另一种表述,但他们都没有将它扩展为对商隐某一类诗特别是对《锦瑟》创作缘起及内容意蕴特征的概括。对《锦瑟》,纪昀不仅不认为它"百感茫茫",而且认为它内容本很简单:"盖始有所欢,中有所恨,故追忆之而作。中四句迷离惝恍,所谓'惘然'也。"以为它不过是一首普通的情诗。徐德泓解《锦瑟》,虽说过"追维往昔,不禁百端交感,又不知从何而起"这样的话,但像王蒙这样从理论上深刻阐述"无端"的,却前所未见。经王蒙阐释,遂使《锦瑟》及同类作品的创作特征得到精到简括的揭示。他表面上似乎没有对诗的内容意蕴给出一个明确的答案,实际上"无端"即涵盖了"多端",使古往今来一切有一定文本依据的纷歧阐释在更高层面上得到统摄与融通,不但解开了《锦瑟》本身创作缘起与内容意蕴的谜团,而且为正确解读这种非常态的诗提供了新的方法与思维。就这一点说,王蒙的"无端说"具有超越解读《锦瑟》诗的意义。

自宋至今,一千余年的《锦瑟》阐释史,概括地说,就是从纷歧走向融通的历史。而纷歧与融通，又都与《锦瑟》本身的性质与特点密切相关。

歧解迭出，既由于其创作缘起、内容意蕴的不明与"无端"，也由于其表现手段的非常态。颔、腹二联所展示的四幅意境朦胧缥缈、不相联属的象征性图景，为持有各种不同看法的读者提供了多种解读可能。

自宋至今，对《锦瑟》的阐释最主要的异说有令狐青衣说、适怨清和说、悼亡说、自伤说、自叙诗歌创作说。这五种异说既各有其文本依据或旁证，有其各自的优长与合理性，又各有其自身的缺陷。这就在客观上提出了互补与融通的要求。

五种主要异说虽貌似互不相干，但实际上却是一体连枝，异派同源。这个"源"和"体"就是具有悲剧身世，在政治生活、爱情生活和婚姻生活上遭遇过种种不幸的感伤诗人李商隐。他的诗，就是上述种种不幸的表现与寄托。从这个意义上说，每一种异说实际上都是同一"体"、"源"上的"枝"、"派"。各种异说之产生，是由于不同的读者，站在不同的角度去感受，根据不同的内外证据去理解这首内容虚泛、表现"无端"的"惘然"之情的诗的结果。它们可以说都是对《锦瑟》这一艺术整体某一方面的真实反映与把握。因而对各种主要的异说加以融通，便有了合理的依据和基础。不妨说，纷歧的异说是分别认识其一枝一节，而融通则是将它们还原为一个有机的整体。那些牵强附会政治的异说之所以难以被融通，原因也在于它们既脱离文本，又脱离这个"体"与"源"。

融通的方式，基本上有两种。一种是以某一说为主，吸收融合它说的合理成分。这种方式比较常见，如上举许彦周之说即是以适怨清和说为主而兼融令狐青衣说，屠隆之说则是以令狐青衣说为主而兼融适怨清和说。汪师韩、姜炳璋、张采田、汪辟疆虽主自伤说，而又吸收了自叙诗歌创作说，张氏还包含了悼亡说的成分。钱锺书虽主自叙诗歌创作说，但又兼融了自伤说与适怨清和说。兼融的情况，主要视为主之说内涵的可容度。一般地说，像自伤说、自叙诗歌创作说由于有较大的可容度，吸收融化异说便比较容易。适怨清和说也有较大变通余地。而悼亡说与令狐青衣说由于所指过于具体，便很难兼融其他异说。从《锦瑟》阐释史看，可容度大的阐说往往比较通达，而可容度小的则往往牢守阃域而少旁通。

另一种融通方式是在主要异说的基础上概括提升，从更高层面加以统摄。清代徐、陆的"就瑟写情"说与当代王蒙的"无端"说便属于这种方式。徐、陆之说既有适怨清和的成分，又有自伤的成分，但不是二者的简单融合，而是从更高层面兼融众说，他们所说的"情"，内涵可以很广。王蒙的"无端"说更将《锦瑟》所抒的惘然之情视为一种综合了许多情感基因的形态混沌的既深又泛的情。两种不同的融通方式实际上反映了对《锦瑟》所抒之情的性质、内容、形态的不同看法，都各有其合理性。

人们对一个复杂对象的认识往往先从某一局部、某一方面开始，然后再整合概括，形成对它的整体认识。《锦瑟》阐释史上从纷歧到融通的总趋势正反映了人们认识复杂事物的历程。

至此，我们或许可以对《锦瑟》的主要异说作这样的融通：这是一首借咏瑟声瑟境以抒因"思华年"而引起的"惘然"之情的诗。颔、腹二联所写的迷离、哀怨、清寥、虚缈之境，既是锦瑟的弦弦柱柱奏出的悲声，也是诗人在听奏锦瑟时引起对华年的思忆，与瑟声共振的心声心境，自然也不妨将它视为表现华年之思的诗歌中展现的种种境界。而诗人的怀人、悼亡之情也统包于上述诸境之中了。

第十章　李商隐的爱情诗

这一章所研究的对象,是李商隐无题诗以外所有以爱情为主要内容的诗,商隐的无题诗,尽管也是写爱情的,但由于对它的性质、对它是否另有寄托历来有不同的看法,因此已另立专章讨论。商隐的女冠诗也往往抒写其爱情追求与苦闷,由于题材本身的特点,将另设专章讨论。

在商隐现存的五百九十多首诗中,爱情诗共约百首[①],占总数六分之一强,相当于政治诗和咏史诗的总和,可以看出这是他诗歌的重要题材。中唐以来,诗歌写男女情爱的风气渐盛,至晚唐而更炽。五代韦縠编《才调集》,所选多为绮艳之作,其中又以元稹、白居易、温庭筠、李商隐、杜牧、韦庄等人之作为多。李商隐尤为晚唐写爱情诗的大家。研究李商隐,当然应该把他的爱情诗作为创作的重要方面来加以探讨。

从以往的研究情况看,对李商隐的爱情诗,大部分集中在对其恋爱本事的考证上。这主要是因为,在李商隐的诗中,最为隐晦难解的就是一部分爱情诗,特别是像《燕台诗四首》、《河阳诗》、《河内诗》、《碧城三首》、《中元作》、《碧瓦》、《拟意》、《镜槛》、《日高》、《代魏宫私赠》、《代元城吴令暗为答》、《如有》、《昨日》、《明日》、《水天闲话旧事》、《魏侯第东北楼堂郢叔言别聊用书所见成

---

① 有的诗写得相当隐晦,注家对它们的理解也很不一致,如《景阳宫井双桐》,有的注家认为它是"为杜秋娘归金陵作"(程梦星),有的更认为是"因孝明(即宪宗孝明皇后郑氏)而追感杜秋"(张采田),有的则认为是咏张、孔二美人(姚培谦),性质颇难确定。

篇》等,都是义山诗中出名的难解之作。只有《柳枝五首》,因为有一篇序具体地叙写了这场刚刚开头就匆匆结束了的没有结果的爱情,因而诗的本事倒是非常清楚,但诗的文本仍然相当晦涩费解。由于商隐将这些诗写得扑朔迷离,这就越发引起人们对它的本事进行探寻考索的浓厚兴趣。从冯浩、张采田到苏雪林、朱偰,一直到今天的学者,用了相当大的精力来考证商隐爱情诗的本事。这种考证,尽管也取得了一定的成绩,发现了一些线索,但由于缺乏确凿的材料依据,多数只是据这些本身就写得很隐晦的诗中某些诗句作种种推想假设,因此考证结论的可靠性、可信度不是很高。即使有时将一系列爱情诗串联起来,也能编织成一个相对完整的爱情故事,但很难说事实果真如此。更何况,李商隐有些爱情诗未必是他本人爱情经历的实录,有的可能是写别人或某一种人的情事;有的虽然可能和自己的爱情生活经历及体验有关,但已经在此基础上作了集中概括与典型化,与生活原型距离已相当远;有的也许根本就没有任何实事,只是写内心的朦胧向往与追求,写青春心灵的萌动。因此,在现有的文献材料条件下,即使花费更大的气力进行本事的考索,也未必能得到明确可靠的结论。这方面的工作当然不妨继续去做,但目前更重要的是加强对李商隐爱情诗的文本分析与研究,特别是对那些最能代表商隐爱情诗艺术特色与成就的作品作细致的文本分析。如果能确凿考知某首爱情诗的本事,当然有助于对它的阅读、鉴赏与分析,但一首真正成功的爱情诗,它本身就是自足的,即使并不了解它的本事,也能使读者领略它的艺术魅力。① 实际情况正是这样:商隐的优秀爱情诗在读者并不了解其本事的情况下,就已经被它的艺术魅力所征服了。

李商隐的爱情诗中有两大类最值得研究:一类是那些极富情采、象征色彩

---

① 冯班认为《燕台诗四首》等"不解亦佳,如见西施,不必识姓名而后知其美"(朱彝尊评引),比喻虽未必切当,但其意可会。

很浓的一般爱情诗;另一类是他对妻子王氏深情思念和伤悼的诗,即忆内诗与悼亡诗。忆内诗与悼亡诗并不一定都具有爱情内涵和爱情诗的品格,但李商隐的忆内诗与悼亡诗是具有爱情内涵和爱情诗品格的。下面分别讨论。

第一节 一般爱情诗

在这类爱情诗中,有相当一部分是刻意模仿李贺象征诗风之作,体裁多为古体,像《燕台诗四首》、《河阳诗》、《河内诗》、《日高》等都是其中特出的代表。这些诗都是著名的难解之作,但由于它们具有华艳芬芳的辞藻、缠绵悱恻的情采和很强的艺术感染力,因而并不因难解而使读者却步,相反地还正因为它们既哀感顽艳而又笼罩着一层朦胧神秘的面纱变得更加吸引人。这类诗中的佳篇,只要一接触,便会被它的惊采绝艳所倾倒,而无暇顾及它所写的究竟是何人何事。这当中最为光艳夺目的自然首推《燕台诗四首》。关于这组诗的写作年代以及它所表现的一段悲剧性爱情,上册第五章第五节已作过考述。这里仅就这组诗的文本作一些解析。为了便于对照,将四首诗全录于下:

> 风光冉冉东西陌,几日娇魂寻不得。
> 蜜房羽客类芳心,冶叶倡条遍相识。
> 暖蔼辉迟桃树西,高鬟立共桃鬟齐。
> 雄龙雌凤杳何许?絮乱丝繁天亦迷。
> 醉起微阳若初曙,映帘梦断闻残语。
> 愁将铁网罥珊瑚,海阔天翻迷处所。
> 衣带无情有宽窄,春烟自碧秋霜白。
> 研丹擘石天不知,愿得天牢锁冤魄。
> 夹罗委箧单绡起,香肌冷衬琤琤佩。

今日东风自不胜,化作幽光入西海。

——《春》

前阁雨帘愁不卷,后堂芳树阴阴见。
石城景物类黄泉,夜半行郎空柘弹。
绫扇唤风阊阖天,轻帏翠幕波洄旋。
蜀魂寂寞有伴未?几夜瘴花开木棉。
桂宫流影光难取,嫣薰兰破轻轻语。
直教银汉堕怀中,未遣星妃镇来去。
浊水清波何异源?济河水清黄河浑。
安得薄雾起缃裙,手接云軿呼太君?

——《夏》

月浪衡天天宇湿,凉蟾落尽疏星入。
云屏不动掩孤嚬,西楼一夜风筝急。
欲织相思花寄远,终日相思却相怨。
但闻北斗声回环,不见长河水清浅。
金鱼锁断红桂春,古时尘满鸳鸯茵。
堪悲小苑作长道,玉树未怜亡国人。
瑶瑟愔愔藏楚弄,越罗冷薄金泥重。
帘钩鹦鹉夜惊霜,唤起南云绕云梦。
双珰丁丁联尺素,内记湘川相识处。
歌唇一世衔雨看,可惜馨香手中故。

——《秋》

> 天东日出天西下，雄凤孤飞女龙寡。
>
> 青溪白石不相望，堂上远甚苍梧野。
>
> 冻壁霜华交隐起，芳根中断香心死。
>
> 浪乘画舸忆蟾蜍，月娥未必婵娟子。
>
> 楚管蛮弦愁一概，空城罢舞腰支在。
>
> 当时欢向掌中销，桃叶桃根双姊妹。
>
> 破鬟倭堕凌朝寒，白玉燕钗黄金蝉。
>
> 风车雨马不持去，蜡烛啼红怨天曙。
>
> ——《冬》

由于这组诗所咏的当下时间跨越春、夏、秋、冬四季，每首诗中的时空又常有很大跳跃性，所咏情事或是对过去所历的回忆，或是对对方现时境况的想象，或是抒情主人公眼前面对的景物，或是抒情主人公的心灵独白，非常错综复杂。要想大体读懂它，必须首先明确一个基点，这就是四首诗究竟是男子思念女子还是女子的自我抒情？我曾在《李商隐诗歌集解》和《李商隐诗选》（增订本）中就这一问题作过一次试验，前者处理成男思女，后者处理成女子自我抒情，结果似乎都可以解释得通。这种人称不明晰的特点和商隐某些无题诗非常类似。不过，通过反复比较，我认为还是以解为男思女比较妥当。下面便以此为基点对这四首诗作初步的解析。

首章开头四句写男主人公在春光遍布陌头时像采蜜寻芳的蜜蜂那样，到处寻觅对方的芳踪而不可得。"娇魂"及此首下面的"冤魄"均指所思念的女子的精魂。所谓"几日娇魂寻不得"，实际上是精神上一种寻觅不已的反复追寻，不必拘实以为对方即居其地。寻觅不得，乃转而追忆初见伊人的情景：在春天的迟晖暖霭中，对方梳着高高的发髻，伫立在桃树的西边，桃鬟云髻，两相辉映，颇似"去年今日此门中，人面桃花相映红"的情境，却写得迷离惝恍，亦幻亦真。而今,"人面不知何处去",故接下来又回到当前独处的现境,发出雄龙雌凤杳远相隔的呼喊。面对暮春时节柳絮漫天飘荡、柳丝历乱纷繁的景象,主人公内心一片迷茫,感到整个天宇也是一片迷蒙。"醉起"二句,写男主人公在这种迷茫失落的心境中,午间酒醉初醒,斜日映帘,迷迷糊糊中将"一场愁梦酒醒时,斜阳却照深深院"的情景错当成了清晨阳光初熹时的情景。酒醒梦断之际,耳畔似乎还依稀听到对方最后几句细语(暗示酒醉后入梦,梦见对方,双方细语切切,故梦醒时似乎还听到对方的残语)。这种亦真亦幻、似真似幻的感觉,正传神地表现了男主人公痴迷恍惚的情态。梦醒后的恍然若失又导致了新的一轮追寻。"愁将"二句,是说自己满怀愁绪,想用铁网挂取珊瑚那样寻觅到对方的踪影,但海阔浪高天翻,终迷处所。"衣带"四句,谓自己因刻骨思念而瘦损,春烟自碧,秋霜自白,大自然的景物如此韶丽,自己的内心却只是悲凉与无奈。自己虽如研丹擘石,一片赤诚,但天公似乎并不了解,惟愿有一座天牢紧紧锁住对方那迷失的冤魂。最后四句,想象值此暮春时节,对方当已委夹罗而着单绡,香肌上衬贴着仍带有一点寒意的玉佩。伊人远去,春光亦逝。自己的一片幽情苦思也随着逝去的春光入于西海。

第二章开头四句写夏天雨暮之景。雨帘不卷,芳树阴阴,石城景物,幽暗阴霾,有类黄泉或夜半时分。少年郎君虽然像潘岳那样丰姿秀逸,挟弹行游,却无人欣赏。①"石城"当是男主人公现居之地。处此凄黯孤寂之境,自然又想到远去的伊人。"绫扇"四句,是想象所思女子现时的情况,谓值此夏夜,对方想亦寂寥独处,绫扇轻摇,呼唤西南风至,轻帷翠幕,如漩波荡漾回旋。而今流落异乡,如同泣血啼红的蜀魂,寂寞之中有无女伴相慰相怜?南中荒远之地,近日来木棉花想又夜开数树吧?瘴花木棉,点明时令及所思女子现居之地,且以木棉花

---

① 《晋书·潘岳传》:"岳美姿仪……少时常挟弹出洛阳道,妇人遇之者皆连手萦绕,投之以果,遂满载以归。""夜半行郎空柘弹"句用此典,谓石城景物凄黯如黄泉,故美少年虽挟弹行游而无人欣赏。

之红艳反衬女子处境之孤寂。下四句由双方现时处境之孤寂转忆昔日双方的欢会:月华流转,清光四射,如此良夜,双方窃窃私语,对方的气息如香熏兰绽,沁人心脾。当时真想让银河堕我怀中,免得这天孙织女常苦于来来去去。"浊水"二句是用浊河清济之异源比喻两人之清浊异途,不能相偕。最后二句,又转而企盼对方像天降仙女那样乘着云车、穿着缃裙倏然降临。

第三章起四句想象对方在清寥明净的秋夜独坐含愁的情景:月华满天,似乎整个天宇都被月光的凉波所浸湿。伊人夜深不寐,凉月既落,疏星入户,云屏不动,颦眉独坐。只听到檐前铁马,一夜丁当作响。"欲织"四句,说对方想殷勤寄信以达相思之意,但终日相思反而化作满腔的怨思(因思极而不得见故生怨怀)。只仿佛听到北斗酌浆之声回环不绝,而清浅的银河已隐没不见。"不见长河水清浅"即"长河渐落"之意。暗示斗转河隐,时间流逝,而会合无期。这八句的意境颇类《嫦娥》诗:"云母屏风烛影深,长河渐落晓星沉。嫦娥应悔偷灵药,碧海青天夜夜心。""金鱼"四句,是写所怀女子旧居荒凉冷寂的景象:鱼钥深锁重门,院中芬芳的丹桂已经不再含蕊流香,旧时华美的茵褥上已经布满了灰尘。小苑荒废,已经变成了人行的道路,当年玉树歌舞之人,又有谁怜惜她的不幸命运呢?"金鱼锁断红桂春",兼寓金屋贮娇、断送其人青春芳华之意,"玉树"点明其人身份。"瑶瑟"四句,转而想象所思女子秋夜弹瑟寄情的情景,谓瑶瑟愔愔,深含悲怨的楚声;越罗冷薄,难禁秋夜之清寒,似乎连罗衣上的泥金之饰的一分沉重都感觉到了(用"金泥重"反衬"越罗冷薄")。帘钩金笼中的鹦鹉,因为惊霜而夜啼,惊醒了伊人萦绕的绮梦("南云"用陆机《思亲赋》"指南云以寄钦"、陆云《九愍》"眷南云以兴悲",用作怀想思念之情的代称)。"双珰"四句,谓昔日双珰尺素,寄情殷殷,内记湘川相识时的情景。料想对方将终生含泪,珍藏珰札。可惜双方杳远隔绝,会合无期,珰札上被对方反复摩挲把玩而留下的馨香也将随着时间的流逝而逐渐消失。末句正象征着这一段充满温馨记忆的情缘已成过去。

第四章首四句写双方永隔之恨。首句点冬令,"雌凤"、"女龙"喻所思女子;"孤飞"、"寡"似谓其人现已寡居。青溪小姑与白石郎分喻对方与自己,谓双方远隔,对方所居之画堂比苍梧之野还要遥远,盖用舜葬苍梧之典,极言生离甚于死别①。"冻壁"二句,谓冬日严寒,壁间霜华隐结,遥想其人,恐亦正如芳树根断,其芳心亦枯死矣。自己空乘画舸,追忆当年如同莫愁之伊人,想历此磨难,其时美如嫦娥的对方如今也未必再是美婵娟了。"楚管"四句,想象其人在南方的生活及姊妹欢销之恨,谓当日歌舞堂前,楚管蛮弦,纷然杂奏,而今此管弦均成供愁添恨之具。寂寞空城,欢销舞罢,惟剩瘦损的腰肢。昔日曾作掌上舞的桃叶、桃根姊妹,均已舞歇香销,无复当年的欢情了。最后四句,想象对方孤冷憔悴之态与伤离怨断之情。谓其人如今破鬟蓬鬓,倭堕髻斜,燕钗金蝉,独自瑟缩于冬晨寒气的侵凌中,夜来风雨亦未能化作风车雨马持之而去,惟独对啼红的蜡烛,彻夜不寐,和泪直至天明。

根据上面的疏解,可以看出这组诗有以下几个鲜明特征:

其一,强烈的主观抒情性。《燕台诗四首》显然包含着一个悲剧性的爱情故事。上册第五章第五节曾就诗中透露的一鳞半爪对这一爱情悲剧作过某些推测。这样一种生活素材,如果让元稹、白居易等善于叙事的诗人来处理,肯定会敷演成一篇《长恨歌》式的爱情悲剧故事诗。但在李商隐手里,却把生活素材中事的成分几乎全部抽掉,完全只写抒情主人公对这场悲剧性爱情的心灵感受和对所爱女子刻骨铭心的思念。诗的绝大部分都是通过回忆或想象,来抒写与对方过去相遇、相识、欢会时的情景,或对方在不同季节、时地的处境和心情。而且这种抒写,主要不是交代事件的发生、发展与结局,而是化事为情、借事写情。像《春》诗中的"暖蔼辉迟桃树西,高鬟立共桃鬟齐",《夏》诗中的"桂宫流影光难取,嫣薰兰破轻轻语",《秋》诗中的"双珰丁丁联尺素,内记湘川相识处",

---

① 商隐《和郑愚赠汝阳王孙家筝妓二十韵》有"远别长于死"之句。

《冬》诗中的"当时欢向掌中销,桃叶桃根双姊妹"这些片断情景的叙写,其目的并不在交代事件,而是为了表现抒情主人公对这些情景难以消磨的鲜明印象和深刻记忆。至于对女子现时处境、心情的想象,更明显是为了表现刻骨铭心的思念和同情体贴对方的感情。

其二,跳跃性的章法结构。这一点和强烈的主观抒情性密切相关。由于诗不是以事件的发生、发展和结局来组织,即按时间顺序作线性叙述,而是以诗人强烈而时刻流动变化的感情为线索,因此诗的章法结构就必然是随着诗人的感情流程,忽而回忆,忽而想象;忽而昔境,忽而现境;忽而此地,忽而彼地;忽而闪现某一场景片断,忽而直抒心灵感受这样一种断续无端、来去无迹的章法结构。如《春》诗从一开头的"几日娇魂寻不得"的茫然自失,到转忆初见时"暖蔼辉迟桃树西,高鬟立共桃鬟齐"的融怡明媚情景,再折回当前"雄龙雌凤杳何许?絮乱丝繁天亦迷"的一片迷茫,从叙事角度看,似极为错综变幻,从感情变化发展的流程看,却又极为自然。这说明这种章法结构对抒写强烈多变的感情流程来说,是非常适合的,可以说这是一种心灵诗、意识流诗的章法结构。

其三,着意表现一种悲剧美。这可能是这组诗具有强烈艺术感染力的重要原因。约而言之,有以下两个方面:一是诗中描绘的女主人公形象具有悲剧美。像《秋》诗的结尾:"双珰丁丁联尺素,内记湘川相识处。歌唇一世衔雨看,可惜馨香手中故。"寄寓着美好爱情的尺素双珰,被女主人公在永无休止的思念中反复摩挲、把玩、阅读,那上面不仅渗透了她的点点泪痕,也留下了手泽的芳香,但这一切都将随着时间的流逝而逐渐消失。这个想象中浓缩了长久时间的情景,将一段美好情缘的消逝和女主人公一世含悲回忆往事的形象表现得极具悲剧美。《冬》诗结尾出现的那个"破鬟倭堕凌朝寒,白玉燕钗黄金蝉"的伊人,尽管风鬟雨鬓,难以禁受冬晨的朝寒,但那室外风雨凄寒、室内蜡烛流红的境界,却将这位独自伴着蜡烛默默流泪的女子衬托得极具悲剧性美感。不妨说这"蜡烛啼红怨天曙"的形象既是女主人公悲剧形象的传神描写,也是整组诗悲剧意境的象征性表现。二是诗中所表现的情境往往在丽景哀情的映衬中显示出动人的悲剧美。如"衣带无情有宽窄,春烟自碧秋霜白"所显示的韶丽春光秋色和背负着沉重哀情的男主人公之间的映衬对照,"蜀魂寂寞有伴未?几夜瘴花开木棉"所展现的南中鲜丽景物和女主人公寂寞哀伤情境之间的映衬对照,都是显例。

诗分春、夏、秋、冬四题,分别抒写抒情主人公的四季相思。程梦星认为系取《子夜四时歌》之义而变其格调者,可参。随着时间的流逝和四季景物的变化,抒情主人公的感情也由一开始的反复寻觅、怀想、企盼重会,到悲慨相思无望、情缘已逝,最后到"芳根中断香心死",爱情终归幻灭。《冬》诗中出现在凄风苦雨和朝寒侵袭下破鬟蓬鬓、对烛悲泣的女主人公形象,从外形到内心,都与《春》诗、《夏》诗乃至《秋》诗中大不相同。徐德泓借《柳枝诗序》"幽忆怨断"四字概括四首大意,谓"春之困近乎幽,夏之泄近于忆,秋之悲邻于怨,冬之闭邻于断"(《李义山诗疏》),虽未必尽切各首之意,但却启示我们,各首所表现的情感不但各有特点,而且整组诗的悲剧气氛是在不断加强、深化的。感情和人物的心理都是有变化发展的。

在这组诗中,通过回忆、想象所展现的昔境与现境的交错,实境与虚境、幻境的交融,几乎随处可见,加上结构章法的跳跃性,遂使全诗呈现出一种朦胧迷幻的色调。它在学习李贺诗的想象新奇、造语华艳方面,可谓深得其神髓,但它又具自己的独特面目。它不像长吉诗那样奇而入怪,艳中显冷,而是将奇幻的想象用于创造迷离朦胧的境界,用华艳的辞采来表达炽热痴迷、执着缠绵的感情。使人读后,既深为诗中所抒写的生离甚于死别的悲剧性爱情而悲叹,但同时又感到其中荡漾着一种悲剧性的诗情,一种执着追求的深情,一种令人心田滋润的诗意。哀感缠绵中流露的正是对生活中美好事物的无限流连,故虽极悲惋,却不颓废。

比较之下,《河阳诗》尽管也是长吉体,所写的情事可能与《燕台诗》同属一事①,但无论情感、意境、语言的悲剧性美感,都不及《燕台诗四首》,其中还有比较多的生硬模仿长吉体语言风格的生涩诗句,诗的意蕴也更为晦涩费解。从艺术创作由模仿到独创的自然进程来看,《河阳诗》的写作应在《燕台诗》之前。前者犹墨痕未化,后者则融化而独具一格。

学长吉体的短篇七古中,《日高》一首颇有特色:

> 镀镮故锦縻轻拖,玉笟不动便门锁。
> 水精眠梦是何人?栏药日高红髲鬔。
> 飞香上云春诉天,云梯十二门九关。
> 轻身灭影何可望?粉蛾帖死屏风上。

诗写贵家一位娇艳女子,日高尚娇卧未起,而水精帘外窥窃之人,则徒怀想望而不能亲近,所谓"偷看吴王苑内花"是也。这本是艳情诗中常见的内容,很容易写得轻佻庸俗。但作者写来却情感炽热而执着,艺术表现又很富象征暗示色彩。第三句设问,点出水精帘内眠梦之人,接下第四句却不作正面回答,而是宕开写景,将镜头摇向帘外,推出花栏中的芍药花在丽日春风中摇荡呈艳的画面,令人自然联想到水精帘内眠梦之人的情态姿容,象征手法运用得不露痕迹,又给人以美感,比起直接描写水精帘内眠梦之人的情态姿容要更富蕴涵和启发。结尾二句,用"粉蛾帖死屏风上"象征执着的追求和绝望的相思,象征意象、手法都很有独创性。如果借用李白《清平调》来概括,则前幅四句即所谓"一枝红艳露凝香",后幅四句即所谓"云雨巫山枉断肠",虽华艳而不淫亵,关键在于有炽

---

① 《河阳诗》中有"南浦老鱼腥古涎,真珠密字芙蓉篇。湘中寄到梦不到,衰容自去抛凉天"等句,与《燕台诗·秋》"双珰丁丁联尺素,内记湘川相识处"之句,显然有关。

热执着的情感作支撑,意象、意境又很富美感。像这样的纯情化艳诗,旧日有些注家竟往政治上去附会,说这是讽唐敬宗早朝晏起,大臣们长时间候朝站立而致僵仆①,真是匪夷所思。

如果说,仿长吉体的古体爱情诗是以感情的炽热、辞采的华艳、象征色彩的浓郁为显著特色,那么他用近体律绝写的爱情诗则以情韵的深长、语言的圆融清丽为主要特色。《春雨》是其中的杰出代表:

> 怅卧新春白袷衣,白门寥落意多违。
> 红楼隔雨相望冷,珠箔飘灯独自归。
> 远路应悲春晼晚,残宵犹得梦依稀。
> 玉珰缄札何由达,万里云罗一雁飞。

诗写一个春天的雨夜,诗人在重访所爱女子居住的旧地,不见后归来,独自和衣怅卧时寂寥、怅惘、迷茫的情思。首联说过去双方欢会之地(白门)现在已经显得寂寥冷落,自己的意绪非常萧索,只能独自穿着白色的夹衣在春雨飘萧的晚上和衣怅卧。颔联写怅卧时回想独自重访所爱女子旧居的情景:隔着迷蒙的细雨,遥望对方住过的红楼,因为人去楼空,只感到一片凄冷的气氛;独自归来的路上,细雨飘洒在手提的灯笼前面,丝丝雨帘,随风摇曳,犹如珠帘在飘荡。腹联是想象身处远路的对方,在这春雨飘萧之夜,想必也会和自己一样,产生青春易逝的悲感,看来只有在残宵的迷梦中才能依稀见到对方的容颜了。尾联说自己虽想寄信和耳珠给对方,以表相思之情,但万里云天,一片迷蒙,即使有鸿雁传书,恐怕也难以冲破层层云罗,将信送达对方手中。全诗弥漫着梦一般的氛围,弥漫着一种寂寥、怅惘、失落、迷茫之感。这种氛围和感觉,跟迷蒙的春雨有

---

① 见程梦星《重订李义山诗集笺注》、冯浩《玉谿生诗笺注》对此诗的笺释。

密切的关系。全诗虽只有第三句一句正面写到雨,但却通篇笼罩着雨意。它在凄冷寂寞中带有一点温馨,在怅惘失落中又有对过去的甜美追忆。"红楼"一联,不用典故,纯用白描,却借助春雨创造出涵蕴丰富、情景浑融的艺术境界。"红楼"之"红",本来属于热烈欢快的色彩,可现在却因为人去楼空、春雨飘萧而感觉到它的"冷"。色彩与感觉的反常对应中正透露出诗人心情的凄冷孤寂。下句形容雨丝在风中灯前摇曳有如珠帘飘荡。这雨帘—珠帘的联想本身就透露了诗人潜在的意念活动,即由眼前的雨帘联想到昔日红楼中珠帘灯影、温馨旖旎的生活。而这一切,现在都已成为过去,眼前跟自己相伴的,只有凄冷的雨丝了。意象和境界极美,涵蕴的情思则非常凄惋。全诗显示出一种典型的凄艳感伤之美。情韵深长,语言珠圆玉润,清丽流转,与长吉体显然有别。

七绝《代赠二首》也写得极饶情韵,富于风调之美,尤其是第一首:

楼上黄昏欲望休,玉梯横绝月如钩。
芭蕉不展丁香结,同向春风各自愁。

这是代人拟的赠人之作,抒写伤离的女子黄昏独上高楼时的愁绪。首句写高楼远望。望而不见,反添愁绪,故欲望而还休。次句转笔点染暮景。玉梯横度,楼空寂寂,新月如钩,团圆尚迟,透露出黄昏时分女子所居楼院寂寞清冷的气氛。妙在三、四两句,融比兴与象征为一体,"芭蕉不展丁香结",是即景所见的赋实,但"同向春风各自愁"却是思念情人的女子独特的主观感受,是怀有固结不展的愁绪的这位女子以我观物、移情于景的结果。由于诗人用特具情态的物象——不展的芭蕉、固结的丁香来比况抽象的愁绪,不但使抽象的愁绪得到形象的表现,而且使这种比况具有象征意味。那不展的芭蕉与缄结的丁香,作为庭院中的客观物象,是女主人公愁绪的一种触发物;作为诗歌意象,则成了女主人公愁绪的载体与象征。这两句音情摇曳,意致流走,极富风调之美。上句句中自对而字数不等,显得整齐中有错落,下句"同向春风"与"各自愁"又形成鲜明对照。一"同"一"各",将男女双方异地同愁的意蕴也暗透出来了。后两句对后来一系列诗词名作的构思、意境都产生了深远影响,像钱珝的《未展芭蕉》、李璟的《摊破浣溪沙》(手卷珠帘上玉钩)乃至现代诗人戴望舒的《雨巷》都从中汲取过灵感。

七绝《板桥晓别》则以奇幻绚丽的色彩开辟了情人言别的新境界:

回望高城落晓河,长亭窗户压微波。
水仙欲上鲤鱼去,一夜芙蓉红泪多。

诗所叙写的情事本很平常:一对情侣,昨晚在汴州城西板桥店的长亭住宿,今天清晨双方就在这里离别。男方乘舟离去,女方挥泪送别。但却写得像个五彩缤纷的童话。破晓时分,回望高城,银河已经西斜垂地,昨夜双方住宿的长亭,窗户正紧挨着汴河荡漾的水波。由于首句用"晓河",使双方的别离像是牛女短暂相聚后的长别,而朦胧曙色中隐现于粼粼波光之上的长亭,也宛如仙境亭阁,给平常的离别涂上了一层奇幻神秘的色彩。第三句又把即将乘舟离去的男主人公比做神话传说中乘赤鲤鱼而去的仙人琴高,可以说是将现实境界幻化成了神仙境界,带有童话式的天真意趣。最后一句"红泪"用魏文帝妃薛灵芸离家入宫时流泪变成血的哀艳故事,表面上是写送别之处水中红艳艳的荷花上漾着泪珠似的水珠,实际上是暗示伤别的女子,昨夜因为悲伤而流下了斑斑红泪,天明送别时仍然泪光盈盈。这样平常的题材,经诗人妙手点染,竟写得如此绚丽多彩,境界奇幻而又感情深挚,确实可见其言情造境手段之高超。

在商隐爱情诗中,有的写得清新明快,有的则写得华美秾艳。前者如《昨日》:

> 昨日紫姑神去也，今朝青鸟使来赊。
> 未容言语还分散，少得团圆足怨嗟。
> 二八月轮蟾影破，十三弦柱雁行斜。
> 平明钟后更何事？笑倚墙匡梅树花。

诗咏昨日遽别和今夕相思。前三联一气流注，末联却从今夕宕开，转想明日清晨对方笑倚墙边梅花的情景，悠然神往，益见相思之殷。而所爱女子的清丽风神和若有所思的情态也隐见言外。淡语宕出远神，最富风致。后者如《明日》：

> 天上参旗过，人间烛焰消。
> 谁言整双履，便是隔三桥？
> 知处黄金锁，曾来碧绮寮。
> 凭栏明日意，池阔雨萧萧。

前幅追忆昨夜幽会后旋即离别，"隔三桥"犹言相隔银汉。五、六句追叙昨夜对方从所居之碧窗锁阁前来相会。"黄金锁"、"碧绮寮"，色彩秾艳。尾联想象明日凭栏对雨，池阔而雨声萧萧，不胜寂寥。这一首写法、构思与上一首相近，尾联宕出远神的写法尤为神似，而风格则有浓淡之别。

受南朝宫体和李贺艳诗的影响，商隐也有一些风格靡艳的言情篇什，如《镜槛》、《碧瓦》、《拟意》等。这些诗不仅内容比较浮薄淫靡，且常用隐晦的表现手法写男女欢会，《拟意》就像是诗体的《游仙窟》。这些当然不是其爱情诗的主流，严格地说，它们只能说是艳情诗，而不能称为真正的爱情诗。

第二节　忆内诗和悼亡诗

表现夫妇之间生活与感情的诗，并不一定就是爱情诗。特别是在封建社会，婚姻出于父母之命、媒妁之言，婚前一般很少有爱情基础，婚后的关系也有不少是义务多于爱情。但李商隐的情况有些特殊。从现存商隐有关诗篇可以看出，他在婚前已闻王氏之美名，且有所向往追求。《寄恼韩同年时韩住萧洞二首》其二说：

龙山晴雪凤楼霞，洞里迷人有几家？
我为伤春心自醉，不劳君劝石榴花。

商隐与韩瞻同登开成二年进士第，而韩瞻先娶茂元第六女。冯浩据《韩同年新居饯韩西迎家室戏赠》"一名我漫居先甲，千骑君翻在上头"之句，认为韩、李"同时议婚，而韩先娶"，可参。此诗题内"萧洞"用萧史弄玉典，指岳丈王茂元家。起二句用"龙山晴雪"与"凤楼霞"分喻王氏姊妹，表明自己想像阮肇、刘晨同入天台一样，和韩瞻同入此神仙洞府，娶王氏姊妹。三句"伤春"即指自己爱情方面的追求尚未实现的苦闷。《韩同年新居饯韩西迎家室戏赠》在欣羡韩瞻先娶茂元女的同时，戏言自己是"南朝禁脔无人近，瘦尽琼枝咏《四愁》"，正表明商隐对茂元季女是有所思慕的①。如果将这两首诗中透露的情事和《病中早访招国李十将军遇挈家游曲江》（家近红蕖）、《过招国李家南园二首》联系起来考察，商隐于婚前即属意王氏便更加明显。前诗题内之"李十将军"，当即《送千

---

① 张衡《四愁诗》每章均以"我之所思在××"开头，商隐所谓"咏《四愁》"即取此义以喻指对茂元女的思慕。

牛李将军赴阙五十韵》中之"李将军",系茂元之婿,"挈家游曲江"之家人中当有李十将军之妻妹为义山所属意者,故次句"全家罗袜起秋尘"即借《洛神赋》语形容王氏姊妹之美,三、四句进而明白道出属意王氏女之意:"莫将越客千丝网,网得西施别赠人。"而《过招国李家南园二首》其一有"潘岳无妻客为愁,新人来坐旧妆楼"之语,也透露出李十将军可能在义山娶王氏女一事上帮忙作合。总之,据上述各篇可以看出,义山在与王氏成婚之前,不但早已闻其美名,而且颇有渴慕追求之意。这说明他们两人的结合是有一定爱情基础的。王氏不但美丽贤惠,而且能诗(商隐诗文中多次提及)①,因此商隐对娶王氏是非常满意的。新婚之后不久,他思念王氏,有《东南》诗云:

东南一望日中乌,欲逐羲和去得无?
且向秦楼棠树下,每朝先觅照罗敷。

诗从《陌上桑》"日出东南隅,照我秦氏楼。秦氏有好女,自名为罗敷"化出。其时商隐与王氏分居两地,早晨望见东南隅初出的朝阳,遂生"逐羲和"而望见秦楼罗敷(指其妻王氏)之遐想。此念既切,不觉已身化阳光照临秦楼之罗敷矣。此诗想象新奇浪漫,富于美感,不言王氏之美,而已暗含于所用罗敷之典中。

桂幕期间,商隐远离家室,写了不少忆内诗。如《夜意》:

帘垂幕半卷,枕冷被仍香。
如何为相忆,魂梦过潇湘?

---

① 《李夫人三首》系悼亡诗,其中"独自有波光,彩囊盛不得"之句,冯浩谓指王氏之"明眸"。《房中曲》亦云:"枕是龙宫石,割得秋波色。"至其与义山甘守贫贱,如同梁孟,则屡见于文。又,诗中数次提到与王氏联句赋诗事,如《喜雪》:"联辞虽许谢。"《过招国李家南园二首》其一:"春风犹自疑联句,雪絮相和飞不休。"

夜深梦醒，枕冷人杳，依稀犹闻被上余香，暗示梦中与妻子欢聚。故三、四句发为感念之辞，谓对方奈何因相思之故，梦魂竟不惮万里，远涉潇湘，与我相会于梦中？冯浩说："忆内之作，殊有古风。"（《玉谿生诗笺注》）明是自己思念妻子，却从对面写妻子远涉潇湘入己梦中，古朴中有巧致。《念远》则采取双方夹写手法：

　　　　　　日月淹秦甸，江湖动越吟。
　　　　　　苍梧应露下，白阁自云深。
　　　　　　皎皎非鸾扇，翘翘失凤簪。
　　　　　　床空鄂君被，杵冷女嬃砧。
　　　　　　北思惊沙雁，南情属海禽。
　　　　　　关山已摇落，天地共登临。

以阔远之境写缠绵之情，别具一格。冯浩说："结处明点南北，而言两地含愁，互相远忆，忽觉雄壮排宕，健笔固不可测。"（《玉谿生诗笺注》）《凤》则借咏物写夫妻双方：

　　　　　　万里峰峦归路迷，未判容彩借山鸡。
　　　　　　新春定有将雏乐，阿阁华池两处栖。

诗中的凤兼指分栖桂林、长安的夫妻双方。首句谓己身居岭外，遥望京华，峰峦万重，归路亦迷。次句谓己文采华美，岂甘与山鸡等价，冯浩谓"自负才华，兼寓幕僚之慨"（同上），甚是，意与"越鸟夸香荔，齐名亦未甘"（《深树见一颗樱桃尚在》）相近。三句遥想妻子新春抱雏之乐，四句乃益叹两地分栖，不得享家室天伦之乐。桂幕期间写得最出色的忆内诗是《端居》：

> 远书归梦两悠悠，只有空床敌素秋。
> 阶下青苔与红树，雨中寥落月中愁。

首句为一篇之根。远书久疏，归梦难成，益感客居秋夜的寂寥冷落。次句"敌"有"对"义，但"对"只表现"空床"与"素秋"默默相对的寂寥冷落之状，偏于客观描写；而"敌"则兼传出空床独寝者不堪忍受清冷凄寒环境之重压而又不得不忍受的心理状态，虽下字较硬较险，但抒情更加深刻。三、四句的"雨中"、"月中"非一夕之景，将眼前实景与曾历之景交织描写，无形中使时间内涵扩展延伸，暗示如此中宵不寐、思念远人已非一夕。"青苔"与"红树"、"雨中"与"月中"、"寥落"与"愁"，互文对举，不但具有回环流动、圆转如珠的美感，而且大大丰富了诗句的内涵。"雨中寥落月中愁"的青苔红树，似为离人的愁绪所浸染而人化了，使读者不禁联想起各在天一涯的夫妻双方相对含愁的情状。

商隐诗集中时间最晚的忆内诗是大中二年桂幕罢归途中柱道夔峡时所作的《摇落》。诗有"念远"、"结爱"语，为怀念王氏之作无疑。该诗写得深情绵邈，缠绵宕往，是五排中的佳作。

以上这些忆内诗，都有实实在在的爱情内涵。诗中出现的妻子，不仅仅是家庭成员，而且是爱情对象。像"且向秦楼棠树下，每朝先觅照罗敷"、"如何为相忆，魂梦过潇湘"、"床空鄂君被，杵冷女嫛砧"、"远书归梦两悠悠，只有空床敌素秋"、"结爱曾伤晚，端忧复至今"这些诗句，或赞妻子之美丽多情，或写双方的魂梦相思，都有明显的夫妇情爱内容。至于像《对雪二首》那样，将妻子王氏比做洁白多情的雪，写出"龙山万里无多远，留待行人二月归"这样深情的诗句，更非有挚爱之情者所不能道。

就在写《对雪二首》后一年多，大中五年春暮，王氏不幸病故。当商隐罢汴幕赶回长安时,已再也感受不到她的音容笑貌了。从春暮到秋深,从回京到赴梓幕,商隐写了一系列深情悼念王氏的悼亡诗。《房中曲》是这一系列中的第一首。关于这首诗的写作时间和王氏亡故的时间,上册第十三章中已作过详细考证,这里只就诗的本身作一些分析。诗的前四句从帘外泣露的蔷薇写到帘内失母痴睡的娇儿,"泣幽素"三字为全篇定下凄冷的色调。次四句写物在人亡,枕簟在目而王氏的明眸柔肤已不复存。"忆得"四句将"前年春"的情景与"归来"后的情景作对照,进一步抒写物在人亡的哀思。末四句慨叹身世沉沦苦辛,设想将来天地翻覆之时,或能相见,然亦恐"相看不相识"了。钱良择说:"设必无之想,作必无之虑,哀悼之情,于此为极。"(冯浩笺引)诗的前半由室外而室内,从空间着笔;后半由昔而今,又由今而想象到将来,从时间方面着笔。写出物在人亡、千古永诀的深悲。诗仿长吉体,此体比较生涩,表达深挚哀惋的情思有不利的一面。但商隐却能化不利为有利,用生涩之笔表达一种痴顽深刻的情思。"蔷薇泣幽素"、"割得秋波色",用"泣"字、"割"字都是典型的长吉体字法,但用在这里,却表现了一种触目神伤的情景,"割"字更有一种心灵的锐痛感。诗中用了两个富于表现力的细节。一是"娇郎痴若云,抱日西帘晓",用幼子衮师失母痴睡来衬托自己的深悲;二是用"忆得前年春,未语含悲辛"的细节来加重"归来已不见,锦瑟长于人"的悲慨。王氏体弱多病,《重祭外舅司徒公文》(作于会昌四年八月)已有"昔公爱女,今愚病妻"之语。"前年春"(大中三年春)王氏可能对自己的身体已有不祥的预感,故"未语含悲辛",当时并未十分在意,谁知今日竟成可悲的事实,"昔日戏言身后意,今朝都到眼前来",对照之下,愈感悲痛。后来商隐在东川幕所作《李夫人三首》也是用长吉体作悼亡诗,其中第三首尤为调苦情悲:

蛮丝系条脱,妍眼和香屑。

寿宫不惜铸南人,柔肠早被秋眸割。

> 清澄有余幽素香,鳏鱼渴凤真珠房。
> 不知瘦骨类冰井,更许夜帘通晓霜。
> 土花漠碧云茫茫,黄河欲尽天苍苍。

连用语"幽素"、"秋眸割"都与《房中曲》类似。从诗中看,商隐卧室中似供奉着王氏之神像,故有前四语。"清澄"二句谓独处幽室,似仍闻余香,真如鳏鱼渴凤之思念旧侣。"不知"二句,谓己形容枯槁、瘦骨冰冷,夜夜思念以至晓霜透帘而不觉,末二句乃遥想荥阳坛山故茔王氏之坟墓,颇有"天长地久有时尽,此恨绵绵无绝期"之慨。

商隐悼亡诗多数仍用近体,特别是七律。在他之前,元稹的《遣悲怀三首》,已经树立了用七律写悼亡诗的成功范例。其成功的秘诀之一便是用琐事写哀情,如"顾我无衣搜荩箧,泥他沽酒拔金钗"、"衣裳已施行看尽,针线犹存未忍开"以及前面引到的"昔日戏言身后意,今朝都到眼前来"等,都是显例,因为亲密的夫妇之间总是有许多看似琐屑平常却值得追思回味的生活细节。但商隐的七律悼亡诗却很少用这种因事见情的写法,而是纯粹抒情,像《王十二兄与畏之员外相访见招小饮时余以悼亡日近不去因寄》:

> 谢傅门前旧末行,今朝歌管属檀郎。
> 更无人处帘垂地,欲拂尘时簟竟床。
> 嵇氏幼男犹可悯,左家娇女岂能忘?
> 秋霖腹疾俱难遣,万里西风夜正长。

首联于今昔对照中透露出无限伤感。昔日翁婿夫妇间温馨的家庭气氛都已与自己绝缘,如今家庭宴饮之乐只能属于韩瞻了,"属"字透出惨然之情。颔联化用潘岳《悼亡诗》语，两句的上四字与下三字之间有一顿折，传神地表现了诗人目睹帘垂空房、簟积灰尘时神惊心摧的情景和恍惚怅惘的情状。腹联将悼念亡妻、怜念儿女和自伤孤子之情在貌似合掌的对仗中融为一体。尾联情景相生，在长夜秋风秋雨的背景下进一步抒写因悼念亡妻而引起的身世之悲。钱良择说："平平写法，凄断欲绝，唐以后无此风格矣。"（冯浩笺引）这是一种纯粹抒情，看似平易却情韵深长的风格。大中五年丧妻后的一段时间内，他的许多诗都渗透了悼亡的感情内容，像《崇让宅东亭醉后沔然有作》：

摇落真何遽，交亲或未亡。

《七月二十九日崇让宅宴作》：

浮世本来多聚散，红蕖何事亦离披？
悠扬归梦惟灯见，濩落生涯独酒知。

《昨夜》：

不辞鶗鴂妒年芳，但惜流尘暗烛房。

《西亭》：

梧桐莫更翻清露，孤鹤从来不得眠。

《夜冷》：

西亭翠被余香薄，一夜将愁向败荷。

《赴职梓潼留别畏之员外同年》：

> 桂花香处同高第，柿叶翻时独悼亡。
> 乌鹊失栖常不定，鸳鸯何事自相将？

《悼伤后赴东蜀辟至散关遇雪》：

> 剑外从军远，无家与寄衣。
> 散关三尺雪，回梦旧鸳机。

无论是宴饮、平居、离别、行旅，悼亡之情几乎时时刻刻都会被触发。足见在这段时间和此后相当长的时间内（梓幕前期），这是商隐一种带有渗透性、贯串性的情绪。它的渗透辐射作用，鲜明地体现在他的三首以七夕为题的诗中。《辛未七夕》：

> 恐是仙家好别离，故教迢递作佳期。
> 由来碧落银河畔，可要金风玉露时？
> 清漏渐移相望久，微云未接过来迟。
> 岂能无意酬乌鹊，惟与蜘蛛乞巧丝？

《壬申闰秋题赠乌鹊》：

> 绕树无依月正高，邺城新泪溅云袍。
> 几年始得逢秋闰，两度填河莫告劳。

《七夕》：

> 鸾扇斜分凤幄开，星桥横过鹊飞回。
> 争将世上无期别，换得年年一度来？

商隐与妻子王氏，一生一死，永作无期之别，因此对于牛女一年一度的相会便格外欣羡珍重。这三首七夕诗，或对仙家之好别离表示不解，或祈盼乌鹊两度填河，以促成牛女之一年再会，或直抒"争将世上无期别，换得年年一度来"的愿望，其根源全在诗人悼念亡妻、伤痛永别的感情。离开这个感情基础与生活基础，上述诸诗就不易得到正确合理的解释。

悼亡与自伤的结合，是李商隐悼亡诗的一个显著特点，也是其悼亡诗具有强烈艺术感染力的重要原因。商隐一生的悲剧遭遇，和他与王氏的婚姻密切相关。不管王茂元是否李党，有一点是可以肯定的，这就是他在令狐楚去世后不久就入王茂元幕并且娶了他的女儿，因此遭到恩门观念很深的令狐绹的疑忌，认为他"背家恩"，成为他此后仕途上遭受排抑的一个重要原因。这种遭遇使商隐在心理上长期笼罩着一层阴影。《王十二兄与畏之员外相访见招小饮时余以悼亡日近不去因寄》诗的尾联所展示的绵绵秋霖、漫漫长夜、万里西风的氛围，使人联想到包围着他的是无边无际、无穷无尽的凄冷和黑暗。由于在悼亡中融入了对环境和畸零身世的感受，它就比一般单纯的悼亡诗更加丰富深刻。《悼伤后赴东蜀辟至散关遇雪》将悼伤之情与远行的辛苦、处境的孤单、环境的寒冷、身世的飘零融为一体，使这首小诗显得内涵丰厚，情味隽永。《正月崇让宅》作于大中十年正月，其时离王氏之卒已经整整五年，但诗仍写得一往情深：

密锁重关掩绿苔,廊深阁迥此徘徊。

先知风起月含晕,尚自露寒花未开。

蝙拂帘旌终展转,鼠翻窗网小惊猜。

背灯独共余香语,不觉犹歌《起夜来》。

重门深闭,青苔遍地,往日充满热闹气氛与温馨情意的崇让宅,如今荒凉萧森,一片空寂。只见蝙拂帘旌,鼠翻窗网,诗人则惊疑辗转,夜不能寐。这里所表现的,已经不仅仅是怀念亡妻的感情,而是织进了对更大范围的人事变化的感怆。而尾联所写的"独共余香语"的痴情寻觅和"不觉犹歌《起夜来》"的幻觉式感受与下意识行动,则表现了诗人对亡妻的深挚感情,极端凄凉冷寂的感情和绮罗香泽的寻觅在这里有机地融合在一起了。

第十一章　李商隐的女冠诗

表现女道士的生活境遇与感情世界,是李商隐诗歌的重要题材和内容之一。据初步统计,现存李商隐诗中,与女冠生活、感情有关的诗近三十首。[①] 这个数目虽然仅占现存商隐诗的二十分之一,但由于其中包含了一批李商隐最著名的诗作,如《嫦娥》、《圣女祠》(松篁台殿)、《重过圣女祠》、《碧城三首》、《月夜重寄宋华阳姊妹》、《银河吹笙》、《河内诗》等,因此仍值得充分重视。

第一节　湘瑟秦箫自有情

女冠诗从某一方面来说,是和作为宗教信仰之一的道教信仰密切关联的。但李商隐的女冠诗,就其基本思想感情倾向来说,本质上是反宗教的。如果说,他的一系列讽刺帝王求仙媚道的诗,其思想感情倾向是反对宗教迷信,斥神仙之事为虚妄,那么,他的一系列以女冠生活与感情为表现对象的诗,其思想感情倾向就是对人的正常感情、欲望的肯定,对宗教清规桎梏人的正常感情、欲望的否定。这两种类型与道教有关的诗作都体现了李商隐思想的民主性、进步性。

李商隐早岁曾在济源王屋山的分支东玉阳山学道(约在宝历、大和初年,详

[①] 这是指据诗题、诗的内容可知其所咏为女冠者。商隐集中还有一些处于疑似之间、诸家说法不一的疑为女冠诗者,未统计在内。

上册第三章第四节)。从《送从翁从东川弘农尚书幕》"早忝诸孙末,俱从小隐招。心悬紫云阁,梦断赤城标。素女悲清瑟,秦娥弄碧箫。山连悬圃近,水接绛河遥"等语看,他在玉阳学道期间,当接触过玉阳王屋山中学道的女冠。当时商隐的年龄十六七岁,虽有可能萌发对男女之情的向往,但未必与女冠有真正的恋情。离开玉阳踏入社会不久,即应令狐楚之辟,为天平节度巡官。居幕期间写的《天平公座中呈令狐令[相]公》诗,即是咏一位曾为女冠的侍姬之美艳的。① 其中像"更深欲诉蛾眉敛,衣薄临醒玉艳寒"这种情态装饰的描写,和"白足禅僧思败道,青袍御史拟休官"这种夸张渲染,都表现出这位刚从玉阳山学道下来的青年对曾为女冠的这位美丽女子完全世俗的感情与态度,即完全将对方作为一位美艳动人的女性看待,而根本不考虑她原来的身份。如果说这是因为咏已经还俗的女冠,故戏作艳语,那么作于开成三年的《和韩录事送宫人入道》则清楚地显示出对女冠生活、命运的真实感情与态度:

星使追还不自由,双童捧上绿琼辀。
九枝灯下朝金殿,三素云中侍玉楼。
凤女颠狂成久别,月娥孀独好同游。
当时若爱韩公子,埋骨成灰恨未休!

送宫人入道诗,中晚唐诗人多有之。② 商隐此诗可贵之处,在于表现出对入道宫女处境命运的明显同情。"送宫人入道",起联用"不自由"三字揭出一篇主意。次联分写宫中、道观生活,谓昔日曾在九枝灯下,朝金殿之君主;今后又将于三

---

① 周振甫认为所咏即为女冠,但从首句"罢执霓旌上醮坛"及尾联用刘桢平视甄后典,其人当下的身份应是侍姬一流。
② 《全唐诗》中,戴叔伦、王建、于鹄、张籍、张萧远均有《送宫人入道》诗,可参看。据此诗,韩录事(韩琮)当有《送宫人入道》诗。

素云中,侍玉楼之元君。腹联分承三、四句,谓今日一去,与宫中之女伴已成久别,此后惟日与道观中孀独之女冠同游而已。尾联谓当日如爱此风流倜傥之韩公子(指韩录事),而如今入道,清规甚严,恐两情相隔,此恨绵绵也。语虽带谑,实深表同情于入道宫女之"孀独"处境。"月娥孀独",亦即《嫦娥》诗中"碧海青天夜夜心"之嫦娥,这是商隐诗中常用以指称女冠的一个词语。这种同情态度,在他的《月夜重寄宋华阳姊妹》中也有明显流露:

偷桃窃药事难兼,十二城中锁彩蟾。
应共三英同夜赏,玉楼仍是水晶帘。

偷桃,犹偷桃的东方朔,是男道士的代称;窃药,犹窃药的嫦娥,是女道士的代称。首句谓求仙学道之事,男女不得同观。冯浩谓"偷桃是男,窃药是女",得其解。正因为"事难兼",故男女道侣相互隔绝,美丽的宋华阳姊妹深锁道观,不得相见。三、四句谓值此月夜良宵,本当与宋氏姊妹同赏明月,奈玉楼深锁,水晶帘隔,徒劳思念而无缘相见。次句"锁"字,透露了女冠形同幽囚的生活;而那一道"水晶帘",则成了隔绝不通的象征。商隐另有一首《同学彭道士参寥》,反映的虽是男道士的生活,但诗中表现的思想感情,正可与《月夜重寄宋华阳姊妹》合参:

莫羡仙家有上真,仙家暂谪亦千春。
月中桂树高多少? 试问西河斫树人。

西河斫树人,即神话传说中月中伐桂的吴刚。前二句谓仙家之上真(即上仙)固不必羡,盖仙家暂谪亦达千年之久,其岁月之寂寞难度可想。"仙家暂谪"指道观学道,《赠华阳宋真人兼寄清都刘先生》"沦谪千年别帝宸,至今犹谢蕊珠人"

可证。三、四句即就"暂谪亦千春"而申言之。月桂既高，树创随合，吴刚伐树，永无已时。如此仙家，又有何乐趣可言！诗盖抒写学道求仙生活之寂寞无聊，与"嫦娥应悔偷灵药，碧海青天夜夜心"之意趣相类，特一直一曲，一借吴刚喻男道士，一借嫦娥喻女道士而已。

正因为商隐对求仙学道生活违反人的自然本性、束缚人的正常欲望有深切体验，因此他对道观中女冠寂寞无聊的生活和清冷心境常有所表现。《月夕》云：

　　草下阴虫叶上霜，朱栏迢递压湖光。
　　兔寒蟾冷桂花白，此夜姮娥应断肠。

首句写秋夜之景。次句遥望其人所居，朱栏高峻，下临湖面。三、四句以姮娥喻女冠，谓值此秋夜凄寒，独居寂寞之姮娥想必为之肠断也。"应"字正透露出诗人设身处地对女冠孀独生活的同情体贴。

由于同情女冠的寂寞清冷生活和苦闷无聊的心绪，商隐对她们冲破宗教清规约束，追求正常人的爱情生活持肯定、赞赏的态度。《碧城三首》可以说是一组歌咏女冠恋情的赞歌：

　　碧城十二曲栏干，犀辟尘埃玉辟寒。
　　阆苑有书多附鹤，女床无树不栖鸾。
　　星沉海底当窗见，雨过河源隔座看。
　　若是晓珠明又定，一生长对水晶盘。

　　对影闻声已可怜，玉池荷叶正田田。
　　不逢萧史休回首，莫见洪崖又拍肩。

紫凤放娇衔楚佩,赤鳞狂舞拨湘弦。
鄂君怅望舟中夜,绣被焚香独自眠。

七夕来时先有期,洞房帘箔至今垂。
玉轮顾兔初生魄,铁网珊瑚未有枝。
检与神方教驻景,收将凤纸写相思。
《武皇内传》分明在,莫道人间总不知。

胡震亨、程梦星、冯浩均谓此三首系咏女冠恋情。如果撇开他们从封建观念出发的所谓"劝惩"、"致警"之说不论,那么他们对这组诗的笺解大体上是符合实际的。题称"碧城",即道观之别称,以天上碧城喻指道观,商隐诗中常见。首章起联形况道观之华美、洁净、温煦。道观每以幽寂为言,此言"玉辟寒",自是暗示其为男女欢爱温馨之所。冯氏谓"入道为辟尘,寻欢为辟寒",似嫌过于拘泥。诗描绘其境界,渲染其氛围,非刻意设喻。次联谓此仙宫阆苑,幽期密约,多传鹤书;女床山上,男欢女爱,无不双栖。"女床"双关,"鸾"单举时指男性。曰"多"、曰"无不",可见所指非一,"碧城"中皆如是。五、六句承"女床栖鸾",写幽欢既毕,分手前彼此当窗隔座默然相对情状。碧城乃天上宫阙,故晓星沉海,当窗可见;雨过河源,隔座可望。"雨"似兼取"云雨"之意。冯浩谓此联写"夜合晓离",极是。七、八句即因夜合晓离不能朝夕相聚而生"一生长对"的幻想。谓对方如能化作"明"而又"定"的宝珠,则可将其贮于水晶盘中一生长对矣。陈贻焮谓"晓珠"指早晨的露珠,"露珠易干,虽明而不(固)定,所以希望它既明又定"。释"晓珠"亦切当。次章前六句追叙昔日双方欢会情景。首联云睹其身影、闻其声音已觉可爱,何况亲与欢会相接乎?"玉池荷叶正田田",隐含"鱼戏莲叶间"之意,暗寓男女欢会。次联系叮嘱之词,谓今后不逢萧史(指所欢男道士)休顾盼生情,莫见其他道侣如洪崖者又拍肩而生念也。腹联描绘欢爱恣情之状,紫凤喻女,赤鳞喻男。七、八句收归男方目前之独宿。"怅望舟中夜",即遥忆当日欢会之意,"绣被焚香独自眠"者承上句指鄂君,谓男方。三章首联谓双方如牛女相会,本有幽期密约,然彼洞房帘箔,至今深垂,何其寂然而深秘也!次联明所以然之故,谓女方已有身孕,但尚未生产,故帘箔深垂,隔绝不通。腹联谓检寻神方给对方,令其驻美好容颜而不老;且收起凤纸,暂停抒写刻骨相思以寄之,免得他人知此隐情。尾联承第六句,谓《汉武内传》借仙写艳,其事历历分明,此碧城中男女欢爱之内幕,人间又岂能不知?

这组诗写道观中男女道士间的恋情。因男女道士不同观,故虽"女床无树不栖鸾",却只能夜合晓离。恣情欢爱的结果,女方有怀孕而待产者。从诗中所写的情况看,并非专写某一对鸳侣之事,也不像是写自己的恋情(这从第三首尾联用旁观者口吻说话可见),而是写道观中一种普遍现象。作者对这种现象的态度,并不是把它看做一种淫佚之行加以揭露、讽刺和否定,而是怀着一种同情、欣赏乃至欣羡的感情对它进行描写。诗人把这种恋情放在高洁、温煦的环境中加以展现,将基于人的正常欲望的男女情爱表现得热烈而欢畅,并用美好的喻象表达他们一生长对的愿望。即使偶有戏谑(如"不逢"二句、"武皇"二句),也绝非恶意的嘲讽。如果我们撇开传统的世俗偏见,用读薄伽丘《十日谈》的态度去读它,就会感到诗中表现的思想感情在客观上是与宗教清规对立的。特别是像"若是晓珠明又定,一生长对水晶盘"这种诗句,表明诗人不但肯定女冠的爱情生活,而且正面表现了她们对爱情理想的追求。

唐代社会风气尽管比较开放,但女冠追求爱情毕竟是不合宗教清规和社会道德的。因而仍有许多女冠入道后便黄卷青灯,在孤子无偶、寂寥苦闷中度过一生。李商隐对她们这种生活与命运抱深切同情的态度,《银河吹笙》是写女冠生活、命运的诗中相当出色的篇章:

怅望银河吹玉笙,楼寒院冷接平明。

> 重衾幽梦他年断,别树羁雌昨夜惊。
> 月榭故香因雨发,风帘残烛隔霜清。
> 不须浪作缑山意,湘瑟秦箫自有情。

由于诗中一些词语(如"楼寒院冷"、"幽梦他年断"、"月榭故香"、"风帘残烛")和整首诗的意境都透露出浓重的凄冷意味,颇像是悼亡诗,因此清代不少学者如吴乔、程梦星及近人张采田多主悼亡说。但这首诗的第四句明言"羁雌"(单栖无偶的雌鸟),透露这位被树上的雌鸟惊醒的主人公乃是一位孤栖的女子。再联系尾联用"缑山"仙去之典及"湘瑟"、"秦箫"之语(商隐诗中常以指男女道侣),此诗乃咏学道孤栖的女冠便可断定。前四句系倒叙,谓重衾幽梦之欢乐早已断绝于当年而无可追寻,昨夜树上单栖的雌鸟悲鸣惊梦,梦醒后更感到一身的孤孑凄清,因而独自怅望银河,吹玉笙以寄情。天上牛女犹有一年一度的欢会,而自己则一世单栖,故说"怅望银河"。"接平明",谓临近清晨。腹联谓梦醒之后,似乎闻到月榭中的残花因为经雨而散发出缕缕余香,只见风吹帘幕,残烛荧荧,隔清霜而余光凄寒。这一联渲染氛围,写景寓含象征意味。女主人公也曾有过青春芳华岁月,如今却犹如月榭中的残花,惟余一缕故香而已。长期孤栖,身心憔悴,已如余光凄寒的残烛了。尾联揭出主旨,作劝喻语:不要空自立下缑山成仙的意愿,要知道女冠原不妨与男道士结为佳偶,实现世俗的情缘啊。"湘瑟",用湘灵鼓瑟典,喻指女冠;"秦箫",用萧史吹箫典,喻指男道士。图穷而匕首见,诗人的意思非常清楚:与其死死抱定学道成仙的幻想而无法实现,使自己终生陷于寂寥苦闷,不如就地取材,与男道士共结情缘。这"不须浪作缑山意,湘瑟秦箫自有情",简直就是对神仙迷信和宗教清规的彻底否定,对人的正常感情欲望的大胆肯定。作为一个曾经"学仙玉阳东"的士人,这种思想和言论确实有些惊世骇俗。尽管当时现实生活中原不乏"湘瑟秦箫自有情"的现象(如《碧城三首》中所写的"阆苑有书多附鹤,女床无树不栖鸾"),但要公然宣称它的合情,而斥"缑山意"为"浪作",还是需要相当大的勇气。回过头来再看《碧城三首》,越发感到它就是正面歌咏"湘瑟秦箫自有情"的。

第二节　境类心通

商隐女冠诗中所流露的对女道士孤孑无侣处境和寂寞苦闷心情的体贴同情,由于自身境遇的影响,在一些诗中进一步发展为在歌咏女冠生活与感情的同时,渗透或融入自己的身世境遇之感。这种创作现象,或可称之为"境类心通"。

商隐诗集中有三首圣女祠诗,它们虽然都以圣女祠命题,但每首诗的内容意蕴却并不相同,其创作机制也显然有别。它们相当典型地反映出,对同一题材或对象,由于创作时有不同的感受与联想,从而具有了不同的内容意蕴。先看《圣女祠》七律:

> 松篁台殿蕙香帏,龙护瑶窗凤掩扉。
> 无质易迷三里雾,不寒长著五铢衣。
> 人间定有崔罗什,天上应无刘武威。
> 寄问钗头双白燕,每朝珠馆几时归?

关于圣女祠,朱鹤龄注引《水经注》,武都秦冈山悬崖之侧,列壁之上,有神像状妇人之容,其形上赤下白,世名之曰圣女神。冯浩进一步据《水经注》"故道水合广香川水,又西南入秦冈山,尚婆水注之,山高入云"之文,按云:"合《水经注》、《通典》、《元和郡县志》诸书,两当水源出于陈仓县之大散岭,西南流入故道川,谓之故道水……其云'西南入秦冈山'者,在唐凤州之境,州西五十里则两当县也……此为自兴元至凤州,出扶风郡之陈仓县大散关时经之无疑也。"认为祠在陈仓、大散关间。但也有一些学者认为圣女祠即女道观的别称。这两种说法并不一定矛盾,其地既有圣女神像,至唐时可能有圣女神祠,而祠中有女冠。陈贻焮则认为"圣女"就是公主,圣女祠指的就是玉阳山玉真公主的灵都观。① 按:唐代确有圣女祠,与商隐同时的晚唐诗人许浑有《圣女祠》云:

停车一卮酒,凉叶下阴风。
龙气石床湿,鸟声山庙空。
长眉留桂绿,丹脸寄莲红。
莫学阳台伴,朝云暮雨中。

张祜有《题圣女庙》云:

古庙无人入,苍皮涩老桐。
蚁行蝉壳上,蛇宿雀巢中。
浅水孤舟泊,轻尘一座蒙。
晚来云雨去,荒草是残风。

稍后之储嗣宗亦有《圣女祠》诗云:

石屏苔色凉,流水绕祠堂。
巢鹊疑天汉,潭花似镜妆。
神来云雨合,神去蕙兰香。
不复闻双佩,山门空夕阳。

---

① 《李义山恋爱事迹考辨》,载中华书局《文史》第 6 辑,1979 年出版。

这几首圣女祠诗都提到祠在山间,与商隐《圣女祠》五排"寡鹄迷苍壑"者合;许浑诗又提到"停车",可见祠在大路旁,与商隐诗"苍茫滞客途"、"此路向皇都"者合。可见冯浩考此祠在陈仓、大散关间当可信,其非玉阳山之灵都观甚明。从这首七律看,写的确实是一所供有圣女神像的祠庙。首联写圣女神祠的台殿在松竹环绕之中,殿内则以蕙香帷帐笼罩着圣女神像,华美的窗扉上刻镂着龙凤之形,极状圣女祠环境清幽,建筑华丽。颔联写神像披裹着轻纱雾縠一类薄而透明的衣裳,看上去像是迷茫的三里雾笼罩着宛若无质的形体,大概是仙人不怕寒冷,故而穿着极轻薄的仙衣吧?贺裳《载酒园诗话》评此联云:"可望而不可亲,有是耶非耶之致。"腹联谓天上恐无刘武威那样的风流才俊之士,而人间却有崔罗什一样的才郎。尾联谓借问圣女神像头上的钗头白燕,圣女神何时从天上珠馆朝见回来呢?系想望之辞。诗的前幅由圣女神祠写到神龛内的神像。后幅则是瞻仰神像时产生的联翩浮想。这首诗的写作,很像是神话剧《宝莲灯》中书生刘彦昌之题诗于华山圣母庙。诗人风流才俊,入圣女祠,望见神帏内圣女神像,身披轻纱雾縠,宛若人间佳丽,遂生人神恋爱一类非非之想,而有人间胜于天上之调谑和珠馆何时归来之期盼。把它作为圣女祠题壁诗来读,意自豁然贯通。此诗颔联描绘圣女神像,极富想象,又具人间生活气息;既飘忽朦胧,又鲜明如画,传出圣女神幽洁动人而迷离惝恍的风神意态。圣女祠可能同时是女道观,圣女神身上也似有女冠的影子。但从这首诗的诗面看,的确是实写圣女神祠、圣女神像和诗人的联翩浮想。

另一首五言排律《圣女祠》却明显与上首有别:

杳霭逢仙迹,苍茫滞客途。

何年归碧落?此路向皇都。

消息期青雀,逢迎异紫姑。

> 肠回楚国梦，心断汉宫巫。
>
> 从骑裁寒竹，行车荫白榆。
>
> 星娥一去后，月姊更来无？
>
> 寡鹄迷苍壑，羁凰怨翠梧。
>
> 惟应碧桃下，方朔是狂夫。

这一首是怀想一位曾在此修道现已离去的女冠。起二句说在杳霭苍茫的客途中经过此圣女神祠而有所滞留。三、四句说对方究竟是哪一年回归天上（与下句"皇都"对文同义）的呢？眼前这条路正是通向皇都长安的（商隐所经之路正是梁秦间的主要通道），暗示对方目前正在长安。"消息"二句，谓对方已离此而去，但望有青鸟使者时通消息，可惜自己不能像民俗迎接紫姑神那样定期迎到对方。"肠回"二句，说回想当年与对方的欢会，宛如不可追寻的旧梦，不禁为之肠回；虽然像想望汉宫神巫（女巫）那样想望对方，却不可得见，故曰"心断"。"从骑"二句，似是想象当年"圣女"归皇都时从骑车马仪仗之盛，谓其裁竹而成龙马，行车于榆荫之下（白榆本指天上列星，此用白榆之本义），看来这位"圣女"当是一位地位比较显贵的人物（贵主）。"星娥"指织女星，传为天孙，此指"圣女"。月姊，谓月中嫦娥，指自己所思念的女冠。味此二句，当是所思念的女冠陪侍"圣女"回归长安，故说天孙圣女去后，月中嫦娥般的对方还能再回到这里来吗？"寡鹄"二句，似是想象将来对方回到此地后，当意凄神迷于此青苍山壑之间，怨恨翠梧之无凤与自己结为伴侣。结联谓对方恐只能在碧桃树下觅东方朔（喻指男道士）为狂夫，来安慰自己的寂寞了。这首诗用了很多典故，写得相当隐晦，但主要内容（想念一位离此而去的女冠）还是可以看得出来的。朱彝尊说："此首竟似言情矣。人虽好道，未有渎及鬼神者……或止因'圣女'二字，故借以比所思之人耳。"（见《李义山诗集辑评》）朱氏的这一理解，还是比较符合实际的。自从徐逢源提出"为令狐（楚）作"（冯浩笺引）之说以后，冯浩、张采田又益加附会，其本意遂湮埋而不可见。从诗中所写的情况看，诗人所怀者当是"圣女"的侍女一类人物。如果"圣女"是指入道公主，则诗人所怀者殆为入道公主之陪侍宫人。

而《重过圣女祠》却在描绘圣女祠环境气氛、抒写圣女沦谪遭遇的同时渗透了诗人自己的身世之感：

> 白石岩扉碧藓滋，上清沦谪得归迟。
> 一春梦雨常飘瓦，尽日灵风不满旗。
> 萼绿华来无定所，杜兰香去未移时。
> 玉郎会此通仙籍，忆向天阶问紫芝。

此诗张采田《玉谿生年谱会笺》系于大中十年春梓幕罢归随柳仲郢返京途次，可从。诗围绕"沦谪得归迟"这一主意，抒写重过圣女祠时所见所思所盼。明赋"圣女"，实咏女冠，而诗人自己的"沦谪得归迟"之慨也自然隐寓其中。首联由圣女祠的白石门扉边已长满碧绿的苔藓暗示其沦谪凡尘已久，引出"上清沦谪得归迟"的感慨。颔联着意渲染圣女祠的环境气氛。如梦似幻的细雨轻轻飘洒在屋瓦上，境界既带有朦胧的希望，又透出虚无缥缈的气息，令人想见圣女爱情上的期待、追求和遇合正像这飘忽迷蒙、似有若无的梦雨，而轻柔得吹不满神旗的灵风又暗透好风不来的遗憾，同时诗人自己遇合如梦、无所依托的感慨也自然融合在这飘忽迷蒙的意境之中。施补华《岘佣说诗》评道："作缥缈幽冥之语，而气息自沉，故非鬼派。"正因为其中融有诗人的人生感受与体验，故在缥缈中露出沉郁的意味。腹联以女仙萼绿华之来无定所和杜兰香之去未移时反衬圣女沦谪得归迟的遭遇。尾联则由沦谪归迟生发出重登仙籍的企盼。希望能有掌管学仙簿箓的玉郎与之相会，助其重登仙籍，以实现其在天阶求取紫芝的愿望。"忆"，思；"问"，求。其时幕主柳仲郢以在东蜀五年，美绩流闻，内征为吏部侍郎,职掌官吏铨选,而"玉郎"是天上掌学仙簿箓的仙官,因而这里可能以玉郎隐指柳仲郢,企盼他帮助自己重登朝籍。诗咏"圣女"沦谪遭遇,除次句直接点明外,其他各句均用旁笔,以白石苔藓、梦雨灵风的环境气氛作渲染烘托,以萼绿华、杜兰香之来去飘忽作反衬,以重登仙籍之企盼反透当下之沦谪。全诗意境缥缈,"梦雨"一联,托寓在有无之间,尤富象外之致,历来被誉为"有不尽之致"的名句。

三首圣女祠诗,内容各不相同。七律《圣女祠》着重写瞻仰神像引起的感受与想象,贴题较紧,近于赋;五排《圣女祠》着重抒写对昔曾居此今已离去的女冠的怀想,圣女祠成为道观的代称,"月姊"指所怀女冠,近于比;而七律《重过圣女祠》则因圣女之沦谪触发自己的身世之感,近于兴。这说明,对于圣女祠这一题目,诗人并无统一的策划,三首诗也并无主题的连续性。每次路过访谒,都有不同的感受与联想,从而写出不同内容、不同主题的诗。如果要找出它们的联系,那就是三首诗中的圣女祠和圣女都有道观和女冠的影子。《重过圣女祠》写得最虚(通篇写圣女沦谪归迟之慨),因此也就有可能融入或渗透诗人自己的身世之慨。

从咏女冠境遇到寓慨身世,这实际上体现了一个由同情到同心的发展过程。《重过圣女祠》的前两联,是诗人面对圣女祠的环境气氛而心中恍惚若有所感,不知不觉中自己已化身为圣女,故后两联实际上已变成了圣女的自我抒情。这种由圣女而自身的角色转换,与咏物诗由咏物而身化为物的情形非常相似。

在商隐女冠诗中,寄寓自己的身世境遇之感最为深微的典型诗例莫过于《嫦娥》:

> 云母屏风烛影深,长河渐落晓星沉。
> 嫦娥应悔偷灵药,碧海青天夜夜心。

从宋代以来,对这首诗的诠解,一直极为纷纭。谢枋得说:"嫦娥有长生之福,无夫妻之乐,岂不自悔,前人未道破。"(《谢叠山先生评注四种合刻·叠山先生注解章泉涧泉二先生选唐诗》)胡次焱说:"羿妻窃药奔月中,自视梦出尘世之表,而入海升天,夜夜奔驰,曾无片暇时,然而何取乎身居月宫哉!此所以悔也。按商隐擢进士第,又中拔萃科,亦既得灵药入宫矣。既而以忤旨(当指触忤孙简)罢,以牛李党斥,令狐绹以忘恩谢不通,偃蹇蹭蹬,河落星沉,夜夜此心,宁无悔乎!此诗盖自道也。"(《唐诗选脉会通评林》引)唐汝询云:"此疑有桑中之思,借嫦娥以指其人。"(《唐诗解》)何焯说:"自比有才调,翻致流落不遇也。"(《李义山诗集辑评》引)沈德潜说:"孤寂之慨,以'夜夜心'三字尽之。士有争先得路而自悔者,亦作如是观。"(《唐诗别裁集》)程梦星说:"此亦刺女道士。首四句言其洞房曲室之景,次句言其夜会晓离之情。下二句言其不为女冠,尽堪求偶,无端入道,何日上升也。盖孤处既所不能,而放诞又恐获谤,然则心如悬旌,未免悔恨于天长海阔矣。"(《重订李义山诗集笺注》)冯浩亦云:"或为入道而不耐孤子者致诮也。"(《玉谿生诗笺注》)纪昀说:"意思藏在上二句,却从嫦娥对面写来,十分蕴藉。非咏嫦娥也。"(《玉谿生诗说》)又说:"此悼亡之诗。"(《李义山诗集辑评》引)张采田说:"义山依违党局,放利偷合,此自忏之词,作他解者非。"(《玉谿生年谱会笺》)以上选引了宋代以来九家有代表性的解说,归纳起来,大抵有五种解说:一是咏嫦娥有长生之福,无夫妻之乐说(谢枋得);二是刺女道士不耐孤子说(程梦星、冯浩);三是嫦娥指所思之人说(唐汝询);四是自伤或自忏说(胡次焱、何焯、沈德潜、张采田);五是悼亡说(纪昀)。这五说之中,悼亡说最不可通,因为嫦娥窃药,本求飞升,不料反因此而孤处月宫,寂寞难堪,故云"应悔偷灵药",而亡妻之弃人间,诚非所愿,如解作悼亡,则诗中关键语"应悔偷灵药"便全无着落。嫦娥指所思之人说,如所思者为一般女子,则"应悔偷灵药"亦无着落;如所思者为女冠,则此说与咏女冠说原可相通。剩下的三种说法,实际上是对诗的表层、内层、深层意蕴的理解。它们是可以相通的。从最表层的内容看,诗咏嫦娥窃灵药而入月宫,虽高处琼楼玉宇之中,却十分寂寞。确如谢枋得所说,是写"嫦娥有长生之福,无夫妻之乐,岂不自悔"的。顺着这个表层意蕴去推求,它的内层意蕴便已呼之欲出。商隐《和韩录事送宫人入道》诗以"月娥孀独"喻女冠之孤子无侣,《月夜重寄宋华阳姊妹》又以"窃药"喻女冠修道,因此说这首诗是借嫦娥咏女冠慕仙学道生活之孤寂,当属可信,不过其感情倾向不是讽刺讥诮,而是同情。但这首诗和单纯怀想"嫦娥"、同情其孤寂清冷的《月夕》诗仍有区别,因为它还有一层更深的意蕴。诗的前二句写一独处孤室、彻夜不眠之人,后二句设身处地,推想嫦娥心理,其中实已暗透诗人自身的处境与心境。嫦娥窃药奔月,远离尘嚣,高居琼楼玉宇,虽极高洁清净,但夜夜随月而历青天入碧海,清冷孤寂之情固难排遣,这与女冠的慕仙学道、追求清真而难耐孤子,与诗人之蔑弃庸俗、宅心高远而又陷于身心孤寂之境均有相似之处,在创作过程中由此及彼、连类而及,原很自然。故嫦娥、女冠、诗人,实三位而一体,境类而心通。咏嫦娥即所以咏女冠,而诗人因追求高远而陷于孤寂之境的复杂矛盾心理也就自然寓含其中。从最虚括的意义上说,这首诗就是咏高天寂寞心的。嫦娥的、女冠的、诗人的"寂寞心"都包含在这"应悔偷灵药"的"碧海青天夜夜心"之中。在这三层意蕴当中,从表层到内层,是有意识的托寓,即用嫦娥喻女冠;而从内层到深层,则是在咏女冠寂寞心的同时自然触发了自身的人生感受与体验,从而在诗中融入或渗透了自己的寂寞心。故前者近比,而后者近兴。后者乃是一种未必有明确寄托意图的自然而然的融合。商隐优秀抒情诗的特点之一,即在歌咏某一类特定题材时,往往连类而及,自然融入身世之感和人生体验,故感情内容往往浑融虚括,似此似彼,亦此亦彼。解者往往就己之所感,各执一端,以致歧见杂出,实则许多歧解原可相通,不必执定一端而排斥其他诸解。如本篇,女冠之生活、心境可视为其生活基础的一个方面,亦可视为其内容的一方面,但不必拘限于此,因为诗人在创作过程中因同心相应已融入了自身的境遇与心情,诗意亦因此而获得深化与升华。解者当知人论世,发掘体会艺术意境丰富多层的内涵,而不应将高度概括的艺术意境还原为局部的生活依据。

第十二章　李商隐诗歌中的人生感慨

抒写人生感慨,是李商隐诗的一个基本特征。它既纵贯他的整个创作历程,又弥漫渗透在各种题材、体裁的诗作之中。何焯说"义山佳处在议论感慨"(《义门读书记》),商隐自己也以"生多感"的庾信自况(见《送千牛李将军赴阙五十韵》)。这都反映出他对人生颇多感慨的生活个性与创作特征。他的诗"秾丽之中,时带沉郁"、"意多沉至,语不纤佻"(施补华《岘佣说诗》)的艺术风貌,"诗外有诗,寓意深而托兴远"(林昌彝《射鹰楼诗话》)的艺术境界,以及虽咏个人身世却能引起广泛共鸣的艺术效应,都与其深寓人生感慨密切相关。本章拟结合古代诗歌抒写人生感慨的发展轨迹,对商隐诗的这一特征作初步考察。

第一节　李商隐以前诗歌中的人生感慨

所谓人生感慨,通常是指对人生的诸方面(如生死寿夭的人生历程、穷通得失的人生际遇、离合盛衰的人事变化乃至形形色色的人情世态等)带有总体性的感受或认识。由于人是社会的一员,人生感慨因而往往与社会相连,甚至在人生感慨中就寓含对社会的感慨。同时它虽基于诗人的自我体验,但又往往熔铸或反映了更广泛人群的普遍体验。人生感慨的社会性与普遍性可以说是它的基本特性。

诗歌中抒写人生感慨,源远流长。《诗经》中"我生之后,逢此百罹","鼹有葆楚，猗傩其枝。夭之沃沃，乐子之无知"这种沉重的悲慨显然是有感于乱世现实深重的人生忧患；而《楚辞·远游》"惟天地之无穷兮，哀人生之长勤。往者余弗及兮，来者吾不闻"的感叹，却将有限而长勤的人生置于无限的时空中来思考，表现出宏阔深远的哲理思辨色彩。两汉壮盛，这种带有忧悲情调的人生感慨相对沉寂。汉武帝《秋风辞》虽有"少壮几时兮奈老何"的感慨，毕竟是"欢乐极兮"而生的哀情。及至东汉末造，世乱飘荡，人命危浅，《古诗十九首》中才一再弹奏出"人生天地间，忽如远行客"、"人生寄一世，奄忽若飙尘"、"所遇无故物，焉得不速老"、"人生不满百，常怀千岁忧"这种万绪悲凉的主旋律。建安诗人普遍具有强烈的事功追求，人生苦短的悲慨在他们的诗中往往转化为慷慨激壮之音。以阮籍《咏怀》为代表的正始之音，每多忧生之嗟。政局的纷乱更迭和士人处境的艰危，使得人生无常的感慨、朝不保夕的忧惧成为这组诗最突出的音调。整个魏晋时期，时局与士人心态虽历经种种变化，但人生苦短的忧叹则随着对个体生命意义价值的重视而始终萦绕在他们心头，成为这一时期诗歌的基本主题之一。一代诗宗陶渊明，其诗作的一个基本主题便是对人生特别是对生死问题的思考与感慨。他一方面慨叹"人生无根蒂，飘如陌上尘"，"一旦百岁后，相与还北邙"；另一方面又宣称"得欢当作乐，斗酒聚比邻"，"感彼柏下人，安得不为欢"。与西晋士人往往由慨叹生命短促走向颓废纵欲不同，他用委运乘化、乐天知命的思想化解忧生之嗟，达到一种超脱境界。由于体认到"寒暑有代谢，人道每如兹"，他对生死问题有清醒的超脱态度："有生必有死，早终非命促。死去何所道，托体同山阿。"陶渊明是古代诗史上第一个集中抒写人生感慨的诗人，也是把这种感慨与对人生的哲理思考融合，兼具哲人风范与普通人挚爱生活感情的大诗人，人生感慨由悲转达，是陶诗的一大特点。陶氏以后，南北朝诗歌中虽亦有抒写人生感慨之作，如谢灵运《岁暮》、鲍照《拟行路难》、沈约《别范安成》、庾信《拟咏怀》等，但从总体上看，这一时期的诗人无疑更醉心于日常生活的琐屑情事。他们似乎在对风云月露、花草树木、闺阁兰房、山水胜景的流连徜徉中便得到了感官与心理的满足,很少有兴味去思考咀味整个人生。诗歌内容境界的浅俗与人生感慨的沉寂恰好同步。

进入唐代,由于诗人眼界的开阔与阅历的丰富,对人生的体验随之加深,诗歌中抒写人生感慨亦日益增多,但主要内容已由此前集中在生死寿夭问题上转为对盛衰离合、穷通得失等问题的感慨。卢照邻《长安古意》、骆宾王《帝京篇》、刘希夷《代悲白头翁》、张说《邺都引》、李峤《汾阴行》等著名七言歌行都有慨叹富贵繁华难以久长的内容,且多出现于全篇关节处,反映出其时诗人们对这种现象的关注。陈子昂《登幽州台歌》、《感遇》(兰若生春夏)则又将慨叹人生短促、芳华易逝,与良时难遇、志业难成相联结,在俯仰今古、慨叹时序中表现出强烈的人生追求与阔远的宇宙意识。张若虚的《春江花月夜》将代代无穷的人生与年年相似的江月相对待,展现出充满诗情与哲理的明朗阔远之境,一扫前此许多抒写人生感慨之作的那种浓重的感伤气息。陈、张之作在这类作品中是引人注目的别调,也是对传统的发展。

盛唐时期,诗歌中对人生感慨的抒写大体上有以下三种趋向。第一种是与诗人自身遭际结合,往往在抒写人生感慨时挟带着对社会与世情的愤激不平,如高适的"未知肝胆向谁是,令人却忆平原君",李白的"吟诗作赋北窗里,万言不值一杯水"。这可以说是人生感慨与社会感慨的交融。第二种是与登临怀古结合,如孟浩然的"人事有代谢,往来成古今",李白的"宫女如花满宫殿,只今惟有鹧鸪飞"。这种人生感慨蕴含着历史沧桑感,可以说是与历史感慨的融合。第三种是比较单纯的人生感慨,如贺知章的《回乡偶书》、王维的《辛夷坞》,尽管其中也含有人事沧桑或者身世寂寞之感,但并不包含更大范围的历史、社会感慨。由于时代精神的影响,盛唐诗中的人生感慨,往往带有一种壮盛慷慨之气或明朗乐观情调,与前此抒写人生感慨每与悲、忧结缘明显不同。且不论像岑参的"花门楼前见秋草,岂能贫贱相看老。一生大笑能几回,斗酒相逢须醉倒"一类豪放洒脱的诗句,即使像前引李白吊古之作,也没有多少伤今之慨,倒像是跟历史愉快地告别。而贺知章的"儿童相见不相识,笑问客从何处来",甚至还带有一种喜剧性的幽默情感,显示出历尽人事沧桑的老人仍然保持一份童真。这正是典型的慨而不悲的盛唐音调。比较起来,在盛唐诗人中,杜甫诗的人生感慨便显得苍凉沉郁得多。无论是"纨袴不饿死,儒冠多误身"式的愤激不平,"人生有情泪沾臆,江草江花岂终极"式的深沉感伤,"人生不相见,动如参与商"式的深长喟叹,"世乱遭飘荡,生还偶然遂"式的强烈悲慨,还是"万方声一概,吾道竟何之"式的苍凉百感,"百年歌自苦,未见有知音"式的深深寂寞,都带有那个衰乱时世和杜甫困顿流离生活特有的印记,历史的、社会的、个人的感慨融为一体。杜甫晚年流落江湘所作的《江南逢李龟年》将社会巨变、人事沧桑概括在与李龟年的见逢离合之中,苍凉沉郁,达于极致,可以说是对他的诗歌抒写人生感慨的出色总结,也是对传统的重大发展。

中唐前期,大历十才子与刘禹锡、韦应物、李益等这方面的诗作仍带有时代衰乱色彩,且多抒离合聚散之慨,但缺乏杜诗同类之作的厚重沉郁而显得有些轻浅。中唐后期元白、韩孟两大派诗人,多为热衷事功政治者。他们似乎少有从容咀味反思人生的心境,因而这类诗作不多。李贺满怀哀愤孤激之思,诗中颇多因不得志的牢愁而加重的人生悲慨,像"不须浪饮丁都护,世上英雄本无主。买丝绣作平原君,有酒惟浇赵州土"、"况是青春日将暮,桃花乱落如红雨。劝君终日酩酊醉,酒不到刘伶坟上土"等诗句,与高适的《邯郸少年行》、李白的《将进酒》对照,失去了豪纵与乐观,充满了苦闷与颓放。刘禹锡诗颇多蕴含人生哲理的感慨,像"沉舟侧畔千帆过,病树前头万木春"、"芳林新叶催陈叶,流水前波让后波"、"莫道桑榆晚,为霞尚满天"等名句,都表现出这位具有哲人气质与达人风范的诗人对人生的体悟。

从上面这个粗线条的叙述中可以看出,诗歌中抒写人生感慨,唐以前较多人生苦短的喟叹,唐以后较多人生困顿与离合聚散、盛衰变化的感慨。历代诗人围绕这两个基本方面,写出了不少优秀之作。陶潜、杜甫正是其中的杰出代表。但从另一角度看,感慨的内容复多变少,人生苦短与人生困顿的主题一再重复,易入陈套。客观上要求诗人对人生的咀味思考有更深广细致的体验与发现。在艺术表现上,过去多采取直抒手段。这在体验深刻、感情浓烈、语言精练的情况下,确能造成惊心动魄的效果。但也有不少作品,体验浮浅,又一味直抒,不免浅直乏味,像白居易后期闲适诗中一些抒写人生感慨之诗作,便不免此弊。因而在内容上需要更新深化的同时,在艺术表现上也提出了新的要求。李商隐正是以其主客观条件使诗歌中对人生感慨的抒写朝着更深细隐微方向发展的大诗人。

第二节　李商隐诗中的命运感慨与世情感慨

在通常情况下,人生感慨多为人们经历了相当长时间,特别是坎坷曲折的人生历程后才产生的。因为它不同于生活中偶尔触发的感受,而是一种在深刻体验基础上形成的强烈持久、带有整体性的人生感受。生活道路一帆风顺、平淡无奇者,长期沉溺于个人琐屑欲望者,乃至人生态度积极进取却生活得过于紧张匆忙者,都不易产生人生感慨。它往往是人生多艰而又富于敏锐情感、有思索咀味习惯与时间者的产物。从这些主观条件看,李商隐无疑是一个最易产生人生感慨的诗人。他累世孤子,家世带有悲剧色彩;幼年丧父,佣书贩舂,艰难度日;仕途坎坷,试宏博而被黜不取,入秘省而旋尉弘农;一生十寄戎幕,羁泊飘零;党争的牵累、令狐绹的疑忌和妻子王氏的去世;等等。这些不幸,使他一生绝大部分时间都笼罩在悲剧氛围中。这种"沦贱艰虞多"的身世境遇,再加上敏锐而纤细、内向而缠绵、多愁而善感的性格气质,使他对人生的悲剧有极为丰富深刻细腻的感受。而他屡寄戎幕,远离家室,在独居异乡的漫漫长夜中,又正有充裕的时间来细细品味思考人生。另一方面,晚唐这个特定的时代,也促使士人由外向的事功追求转向内心自省。国运的衰颓、社会的危机,使才智之士沉沦废弃。他们在失意怨怅之余，往往由个人身世遭遇之不偶引起对命运的思索与感慨。这种普遍的时代影响与商隐个人特殊的境遇、性格、气质的结合，遂使他成为晚唐抒写人生悲慨的代表。

比起一般诗人，商隐的人生感慨形成得特别早，持续的时间特别长，几乎贯串了整个创作历程。在初涉世途的青少年时代，他的诗中已不时流露对人生命运的忧虑感伤。到大和九年写的《安平公诗》《夕阳楼》等诗作，那种沦贱艰虞、感恩知己之慨和人生茫无着落的孤子无依之慨便已表现得非常强烈。开成三年宏博试落选，他写下《回中牡丹为雨所败二首》，发出"先期零落"的悲慨以后，这类作品便日益增多，遍及各种题材、体裁，直至他的晚年。因此，抒写人生感慨，是商隐诗的基本内容与主题，也是它的基本特征。

商隐诗对人生感慨的抒写，颇具个性特点的有三种类型，即命运感慨、世情感慨和情绪感慨。它们分别体现了诗人对人生体验的深广和细微。三者之中又以第三种最具独创性。

对人生悲剧命运的深刻体认与深沉感伤，是商隐诗的一个显著特点。这跟时代社会的悲剧，诗人自身的悲剧境遇、性格、心理密切相关。从文学史上看，抒写人生感慨之作固然多因有感于人生的种种缺憾不幸而与忧悲结缘，但如上所述，也有建安之梗概多气、陶诗之委运达观、盛唐之慨而不悲、刘禹锡之豁达爽朗、白居易之安恬自足等多种别调。商隐这类诗不仅与上述别调异趣，而且也有别于传统的抒写人生悲慨之作。在他的这类诗中，贯注着一种深刻的悲剧意识，一种身处衰世者对人生命运深沉的忧伤与哀感。他的《有感》说："古来才命两相妨。"才命相妨，固然是封建社会常见的现象，但尤以衰世末世为甚。他在《武侯庙古柏》《筹笔驿》二诗中慨叹诸葛亮才命相妨的悲剧："玉垒经纶远，金刀历数终""徒令上将挥神笔，终见降王走传车"，就明显蕴含着"生于末世运偏消"的悲剧命运意识。而"天荒地变心虽折，若比伤春意未多"的慨叹中，也同样含有对衰颓时世中个人命运的哀伤。在他看来，"茫茫此群品，不定轮与蹄","大钧运群有,难以一理推"(《井泥四十韵》),人生命运变幻莫测,不由自主,只能悒怏悲歌而已。这种悲剧命运感支配着他,使他对人生的许多方面都怀着很深的悲慨。例如,聚散离合,本是人生常事,他自己也曾说"人生何处不离群",但当他用特有的悲剧心态去感受时,却发出了"人世死前惟有别"、"远别长于死"这样深沉的悲慨。如果不是对人生命运抱有很深的悲剧意识,是不会如此竭情而沉痛的。对人世的许多情事,他往往透过一层,深刻体认到一般人不易感悟到的人生悲剧底蕴。一般人总是希望月圆,因而在它初生或将缺时每感惆怅,商隐却透过一层,说"初生欲缺虚惆怅,未必圆时即有情",从而彻底揭示出希望之虚幻。在更多的情况下,诗人将悲剧命运感融入一系列托物寓慨的诗歌中。《回中牡丹为雨所败二首》这样慨叹:榴花开不及春,诚为可悲。牡丹未及盛开就已先期零落,命运更为可悲。今日遭雨凋败,诚为可悲;他日零落成尘,更为可悲。用他日对照今天,犹感雨中陨败的牡丹尚为新艳。通过层层推设比较,将诗人遭受挫折后对自身悲剧命运的伤感淋漓尽致地表达出来。在他笔下,早秀而遭严霜摧抑的梅花,"援少"、"风多"、"失路入烟村"的杏花,"荣落在朝昏"的槿花,"自明无月夜,强笑欲风天"的李花,悲鸣寄恨而"一树碧无情"的秋蝉,飘荡巧啭而无枝可栖的流莺,无一不成为其悲剧命运的象征和人生悲剧命运感慨的载体。将人生的种种不幸与悲哀提高到悲剧命运的层次上来表现,这就把人生悲慨进一步深化了。

　　对人间世情的独特感受与深长讽慨,是商隐抒写人生感慨之作的另一显著特点。感慨世情,诗中早已有之。但商隐之前的这类作品,往往更多向社会感慨方面倾斜,像上举高适"未知肝胆向谁是,令人却忆平原君"、李白"吟诗作赋北窗里,万言不值一杯水"之句即表现出对社会的愤激不平。商隐这类诗却主要是将某种世情作为一种典型的人生相来讽慨。它的主要目的不是宣泄对社会的不满,而是表达对人生的警悟,与高适、李白之作相比显然有向外、向内之别。如他的《梦泽》:

> 梦泽悲风动白茅,楚王葬尽满城娇。
> 未知歌舞能多少,虚减宫厨为细腰!

这是由"楚王好细腰,而宫中多饿死"的历史事实引发的人生感慨。诗人对这种悲剧现象有独特的视角与感受。他没有把注意力局限在楚王荒淫好色葬送宫女生命这一点上,而是从悲剧的主角宫女一边着眼,深刻揭示出她们为了迎合在上者的爱好,竞相节食减膳,最后成为牺牲品的悲剧命运。由于在构思过程中融合了广泛的与此类似的悲剧性人生相(甚至可能包括某些切身的体验),因而这首以宫廷生活为题材的诗就具有讽慨一切趋时邀宠者自己制造悲剧结局的典型意义。另一首《宫妓》取材于奇巧人偃师献假倡于周穆王几遭杀身之祸的故事:

> 珠箔轻明拂玉墀,披香新殿斗腰支。
> 不须看尽鱼龙戏,终遣君王怒偃师。

这种玩弄机巧于君前以取悦,到头来反因此而招祸的人物,不但宫廷中有,古往今来的政治生活乃至更广泛的社会生活中同样不乏其人。诗人的主要目的不是为了揭露政治现实,而是从讽慨世态人情的角度立意。与此类似的还有一首《宫辞》:

> 君恩如水向东流,得宠忧移失宠愁。
> 莫向尊前奏《花落》,凉风只在殿西头。

这首诗的视角也很独特,既不像一般宫怨那样怨恨君王之宠衰爱移,亦非同情失宠者的不幸命运,而是讽慨得宠者之恃宠得意,不知失宠的命运近在咫尺。这显然是借"宫辞"为题,将恃宠得意者作为一种值得警诫省悟的人生相来讽咏。以上三首诗所讽慨的对象,无论是趋时邀宠者、弄巧取悦者,还是恃宠得意者,都有共同的特点,即缺乏独立的人格与价值,将命运系于在上者,对自己的悲剧命运茫无所知。诗人揭示这些人的悲剧,寓含着很深的人生感慨,其中既有深长的讽慨,亦有冷峻的悲悯。

第三节 李商隐诗中的情绪型感慨

比起在他之前的诗歌,商隐诗中所抒写的人生感慨无论在内容或形态上都具有比较虚括、比较意绪化的特点。他的诗中较少先前那种内容具体明确、理性色彩较浓、能用简明的语言加以揭示的人生感慨,而往往是一种内涵相当虚括广泛的情绪性体验。这和他那种善感的主情型性格、沉潜于心灵感受的气质有密切关系。这种情绪型的人生感慨,比起上面所论的命运感慨、世情感慨更具商隐个性特征。下面略举数端析而论之。

间阻之慨 李商隐是一个在政治上、爱情上和精神生活的其他方面有着高远而执着追求的诗人。"永忆江湖归白发,欲回天地入扁舟"、"春蚕到死丝方尽,蜡炬成灰泪始干"、"微生尽恋人间乐,只有襄王忆梦中",便是这种追求的自白。但种种追求,都遇到重重间阻。他想为国事"君前剖心肝",但"九重黯已隔";想追求深挚的友谊,却"新知遭薄俗,旧好隔良缘";想追求美好的爱情,也是"刘郎已恨蓬山远,更隔蓬山一万重"。在他的诗中,表现间阻之慨的句子不胜枚举,诸如"凤巢西隔九重门"、"相思迢递隔重城"、"倾城消息隔重帷"、"来时西馆阻佳期,去后漳河隔梦思"、"临水当山又隔城"、"红楼隔雨相望冷"、"分隔休灯灭烛时",等等。至于字面上虽无"阻"、"隔",意蕴上却有阻隔之感的就更多了,可谓无"隔"不成诗。他的无题诗、爱情诗,主要就是写阻隔中的相思与执着追求的。这纷繁复叠的种种阻隔之恨,凝聚成为弥漫虚括的人生间阻重重的感慨,使他在表现某种特定题材时,也往往自觉或不自觉地融合渗透了更大范围的间阻之慨。像"刘郎已恨蓬山远,更隔蓬山一万重"这种诗句,所包蕴的便不单纯是爱情方面的间阻感,而是能引起多方面的联想与共鸣的。

迟暮之慨 李商隐身处唐王朝日趋衰颓的季世,整个时代环境呈现出衰暮萧飒的氛围。商隐自身的遭际又非常不幸,青年时代即有先期零落之慨,随着年事渐增,迟暮之慨日益加深。他的诗中枯荷落花、寒蝉孤鸿、夕阳黄昏、冷灰残烛、秋池黄叶等带有衰飒迟暮色彩的意象也成为最富个性特征的意象。他的一系列名句,像"夕阳无限好,只是近黄昏"、"秋阴不散霜飞晚,留得枯荷听雨声"、"万里重阴非旧圃,一年生意属流尘"、"芳心向春尽,所得是沾衣"、"楚天长短黄昏雨,宋玉无愁亦自愁"、"四海秋风阔,千岩暮景迟"、"日向花间留返照,云从城上结层阴"、"如何肯到清秋日,已带斜阳又带蝉"、"回头问残照,残照更空虚"等,无不蕴含着深沉的迟暮衰飒之感。在古代诗史上,李商隐可以说是表现迟暮衰飒之慨最集中的诗人,也是表现迟暮衰飒之美最成功的诗人。值得注意的是,他并非怀着病态心理去欣赏迟暮衰残的事物,而是怀着对生命、青春、时间的无限珍惜依恋去歌咏上述事物,因而读者从诗人的迟暮衰飒之慨中感受到的正是对人生的珍惜流连,是对美的事物消逝衰减的哀挽伤感。

孤寂之慨 商隐出身在一个"内无强近,外乏因依"的寒素之家,早岁丧父,在沦贱艰虞的处境中挣扎奋斗,时时感到一身之孤孑。早在大和九年所作的《夕阳楼》中,就已发出"欲问孤鸿向何处,不知身世自悠悠"这种充满悠悠无着落之感的悲慨。随着各方面间阻的不断出现、相知幕主的相继去世、旧友故交的日益疏离,加上环境的冷漠、远幕依人的孤单,特别是高情远意的不被理解,这种人生孤寂无依之慨便越来越浓重。而他那种内向性格,又使这种感慨无法向外宣泄,只能在内心凝聚,从而无时不在咀味着人生的孤寂。"五更疏欲断,一树碧无情"、"黄叶仍风雨,青楼自管弦",在对周围冷漠环境的描写中透露出一身的孤子凄凉；"神女生涯元是梦,小姑居处本无郎"、"一春梦雨常飘瓦,尽日灵风不满旗",在比兴象征的诗境中传出身心的寂寞无托。诗人把长期积淀的种种孤子感熔铸为一种更为虚括的意绪,并在一些诗中集中地加以表现。他的《嫦娥》、《霜月》等诗便是抒写永恒的人生孤寂之慨的艺术结晶。

迷惘幻灭之慨　商隐一生的遭际,如梦似幻,扑朔迷离。政治上的挫折,使他"欲回天地"之志成虚；爱情上的追求,又总是"一寸相思一寸灰"；昔日的昵交密友,旋成摧抑自己的势力；相濡以沫的妻子,又在盛年奄然去世。人生的迷惘失落幻灭之感,经常萦绕心头。而"梦"正是表现这种感慨最适合的形式。他的诗中,像"顾我有怀如大梦"、"怜我秋斋梦蝴蝶"、"神女生涯元是梦"、"一春梦雨常飘瓦"等句,或以梦象征美好的抱负与追求,或以梦象喻变幻不定的生涯身世,其中都渗透着人生的迷惘幻灭之慨。《七月二十八日与王郑二秀才听雨后梦作》这首诗将自己梦幻般的一生用纪梦的形式加以表现。从开始阶段梦境的明丽热烈,到中间阶段的恍惚迷离,再到后来的离奇变幻,虽难指实(也不必指实)所象喻的生平情事,但从总体看,这"低迷不已断还连"的梦境无疑是诗人一生不同阶段人生境遇的变形反映。"觉来正是平阶雨,独背寒灯枕手眠",这个意味深长的结尾正蕴含着"生涯元是梦"的深沉感慨。与先前许多诗人慨叹人生如梦每着眼于人生之短促不同,商隐这种人生如梦的感慨每因有感于美好理想与追求的幻灭而产生。因此他尽管深慨追求的屡次幻灭(所谓"一寸相思一寸灰"),却仍要坚持幻灭中的追求："微生尽恋人间乐,只有襄王忆梦中。"美好的梦境尽管破灭,仍值得追思回味。与幻灭感密切联系的,是一种弥漫的迷惘感。梦境本身便是扑朔迷离、令人迷惘的；梦的幻灭更令人惘然若失,惆怅不已。他常用"无端"这个词语来表达自己的迷惘感。"锦瑟无端五十弦"、"云鬓无端怨别离"、"秋蝶无端丽"、"无端嫁得金龟婿"、"今古无端入望中",这些"无端"尽管在各自的诗中都有其特定的内涵意味,但又都透露出对人事、景物与人生命运感到迷惘不解的情绪。这种迷惘幻灭之慨,在商隐诗中同样构成一种经常出现的情绪基调。

由上面论列的几种人生感慨可以看出,它们都是比较虚括的内心情绪体验,而不是具体明确的关于人生的观念与认识。本身在内涵与形态上都带有一定的朦胧性,因而在表现手段上也不能不引起相应变化,这就是由过去的直抒感慨转为借境(或物)象征。如《嫦娥》:

> 云母屏风烛影深,长河渐落晓星沉。
> 嫦娥应悔偷灵药,碧海青天夜夜心。

诗情的触发可能与嫦娥窃药、孤守月宫的神话传说乃至现实生活中女冠慕仙、寂处道观一类情事有关,但当诗人在构思过程中融合了更广泛的人生体验后,诗中所抒写的感慨便带有虚泛性和概括性。全诗展现的既高远澄洁又孤独寂寞的象征性境界,隐隐传出一个追求高远的理想之境,而使自己处于永恒孤寂之中的苦闷灵魂的深长感慨,其中既有自悔自怅,又有自赏自怜。这种略可意会、难以言传的情绪型感慨,很难用直截明白的方式直抒,只有借助这种涵蕴极丰的象征境界方能得到隐微而隽永的表达。再如《落花》,表面上是写春残日暮之时落花乱飞的情态和诗人的惋惜伤感,实际上是借此种象征境界表达内涵极为虚括深广的人生感慨——"伤春"之慨。联系诗人一系列"伤春"的诗句,诸如"天荒地变心虽折,若比伤春意未多"、"刻意伤春复伤别"、"曾苦伤春不忍听,凤城何处有花枝"、"年华无一事,只是自伤春"、"我为伤春心自醉"、"地下伤春亦白头"等,可以体味出其中蕴含的不仅有时代没落的哀感、身世飘零的悲慨,而且有青春消逝的伤嗟和一切美好事物消陨之无奈。他的《乐游原》五绝所抒写的因古原黄昏落日之境所触发的感慨,用管世铭的话来说,乃是一种"消息甚大"的人生感慨。迟暮之感、沉沦之痛、时世之悲,固然可以包容,扩大了看,也不妨说是对行将消逝的美好事物的深情流连和无可奈何的悲慨。上举数例,无论是孤寂之感、伤春之慨、迟暮之叹,其中蕴涵都深广虚括,感情也复杂微妙,但借助嫦娥孤月、小园落花、古原落日诸境却能得到完美的象征性表现。

由于所抒的人生感慨内涵虚括,又多用象征境界表现,因此他这类诗的艺术风貌每呈朦胧模糊的特征,这是跟传统的抒写人生感慨之作明朗劲直的风貌大不相同的。内涵的虚括,从另一方面看亦即内涵之不确定与多义,似此似彼,亦此亦彼。这实际上就是意蕴的朦胧,像《嫦娥》、《乐游原》、《落花》一类诗,尽管字面上很明白易懂,但其内蕴却朦胧多义,可以引起多方面的联想。还有一种情况,是诗中创造的象征境界本身就具有朦胧隐约的特征,如《重过圣女祠》的颔联:

一春梦雨常飘瓦,尽日灵风不满旗。

着意渲染圣女祠幽缈迷蒙的环境气氛:如梦似幻的细雨悄然飘洒在屋瓦上,境界既幽寂虚缈,又透出一种若有若无的朦胧期望;而轻柔得扬不起神旗的灵风则又暗暗传出好风不满的遗憾。联系诗的点睛之句,可以体味出这由细雨灵风构成的朦胧隐约之境寓有"沦谪得归迟"的诗人渺茫的期待与失落的惆怅。由于境界缥缈,读者只能于虚处约略感受到诗人的心灵叹息,却很难明确揭示这种感慨的具体内涵。再如《无题》:

紫府仙人号宝灯,云浆未饮结成冰。
如何雪月交光夜,更在瑶台十二层?

借游仙题材抒写人生感慨,更增迷离恍惚之致。想望中的仙姝,可望难即。方欲就彼宴饮,云浆忽已成冰;方欲觅其踪影,对方已高处瑶台之上。撇开触发诗思的具体情事不论,此诗所描绘的虚幻飘忽、邈不可攀之境,乃是表现人生的追求向往虚缈难即之感。这种感慨,其生活基础可能是多方面的(政治、友谊、爱情上的种种追求与渺茫失落均可包括在内),但一经铸成如此空灵虚幻、朦胧迷离之境时,就不宜以一事一情来局限它。而在商隐所有抒写人生感慨之作中,内涵最虚括、意境最朦胧的无疑是那首千古诗谜《锦瑟》。从首、尾二联只能约略得知这是一首听奏锦瑟而追忆华年、不胜惘然之作,但颔、腹二联所展示的四幅各自独立的象征性图景,却很难确指其象征含义。读者只能从它们分别展示的迷惘变幻、哀怨凄苦、清寥寂寞、虚缈飘忽诸境中揣摹诗人思华年时充满感慨的心声,想象诗人华年所历的人生境界与心灵境界。它超越一切具体情事,又涵盖一切具体情事。在这里,情思是一片惘然,境界则是一片朦胧。朦胧的境界为表现最虚括的感情内涵、引起读者最丰富的联想创造了最充分的条件。

从先秦到晚唐,诗歌中对人生感慨的抒写大体上有两条并行的发展轨迹。一是由主要感慨人生之短促到感慨人生之坎坷,再到感慨人生的悲剧命运以及人生的孤寂、间阻、迷惘、幻灭,呈现出由自然到社会再到内心的发展趋势,亦即由外向内、由表层到深层的过程。从自然与人生的对照中抒写人生苦短之慨,注目于生命的修短,这是人的生存欲望的反映,也是较低层次的人生追求。从社会与个人的矛盾中抒写人生困顿坎坷之慨,着眼于志业事功的追求,这是人的发展欲望的反映,是进一层的人生追求。从环境与自我,特别是内心的关系上抒写悲剧命运的感慨,以及间阻、孤寂、迷惘、幻灭之慨,标志着对人生的思考体验更加深入,对人生的追求也进入更高的精神领域。与此相应的另一条发展轨迹,则是人生感慨的内涵由具体逐渐走向虚括,表现手法由直抒转为象征。李商隐诗对人生感慨的抒写正同时反映出这两方面的发展趋势。

诗歌中抒写人生感慨,是诗人对生活、对人生的感受体验趋于整体化、深刻化的标志之一,也是诗歌内涵深化的一种表现。在古代诗歌史上,抒写人生感慨虽有悠长传统,但在李商隐的诗歌创作中,这一传统却有很大发展。它不但成为其诗歌的基本主题,而且在内容、手法和艺术风貌上都有明显的开拓、深化与新变,特别是在运用象征境界表现内心深处隐微深曲的人生感慨方面更达到很高成就。后世如李煜、苏轼、龚自珍等在抒写人生感慨方面也各有独特成就,但艺术风貌与商隐这类作品明显有别。总之,这种内涵虚括、充满伤感情调、具有象征色彩和朦胧意境的抒写人生感慨之作,在古代诗史上是独特的存在,它相当全面地体现了李商隐诗歌的基本特征。

第十三章　李商隐的七言律诗

李商隐最擅长的诗歌体裁是七律与七绝，七律一百一十七首，七绝一百九十二首，合计三百零九首。两种体裁的诗加在一起，占了其诗作的近三分之二。对他的七言律诗，前人早有定评。明陆时雍《诗镜总论》说："李商隐七言律气韵香甘，唐季得此，所谓枇杷晚翠。"清钱良择《唐音审体·七言律诗总论》云："义山继起，入少陵之室，而运之以秾丽，尽态极妍，故昔人谓七言律诗莫工于晚唐。"清舒位《瓶水斋诗话》云："尝论七律至杜少陵而始盛且备，为一变；李义山瓣香于杜而易其面目，为一变；至宋陆放翁专工此体而集其成，为一变。凡三变，而他家为是体者不能出此范围也。"陆氏仅揭示出商隐七言律"气韵香甘"的艺术风貌，钱氏则进一步指出其学杜而"运之以秾丽"，已注意到商隐对七律的发展；舒氏更把商隐七律放在七律发展的整个过程中来考察。从中可以看出论者对商隐七律认识的深化。舒位的论断是否完全切合七律发展的实际，是否"为是体者不能出此范围"，尚可讨论，但他为七律发展变化阶段划出的大体轮廓，特别是指出杜甫、李商隐、陆游在七律发展过程中里程碑式的重要地位，却对我们研究李商隐的七律有重要启示。商隐七律，从具体的每一细部看，当然还有不少值得深入细致地加以研究的地方，但如果要从总体上去把握它，则必须从大处着眼，着重揭示商隐对七言律诗的发展所提供的新东西，所作出的新贡献。一般来说，一个作家在某种文学样式、体裁范围内作出带有里程碑性质的贡献，往往是在内容与形式两方面都有明显创新的结果；同时，也和一个作家是不是将主要精力放在某种体裁的写作上,专精独诣,竭尽才智去试验、去创造分不开。这两方面是相联系的、统一的。

第一节　对七律内容的开拓

　　为了说明这一点,需要回顾一下自杜甫以来七律发展的情况。杜甫七律内容方面最大的拓新,是把重大的时代政治主题引入这样一个传统上以奉和应制酬赠为主要内容及功能的诗歌体裁之中,创作出了一大批具有浓郁时代悲剧色彩、风格沉郁悲壮的政治抒情诗,特别是入蜀以后和在夔州期间的七律,更达到这一体的思想与艺术的高峰。但是杜甫以后,七律在内容方面,却在一个时期内走着回头路。中唐前期大历十才子的七律,就多为宫廷唱和及友朋酬赠之作。单看其代表人物钱起一些著名七律的题目,如《和李员外扈驾幸温泉宫》、《赠阙下裴舍人》、《和王员外晴雪早朝》、《汉武出猎》、《乐游原晴望上中书李侍郎》,就可见其内容之一斑。中唐后期的元、白、韩、柳,都把主要精力用在古体诗的写作上,李贺更是一首七律也不写。元、白的七律,像他们的古体,走的是坦易流畅一途,有自己的风格,但内容上并没有多少拓新。这个时期,七律内容方面多少有些开拓的,当推刘禹锡、柳宗元、韩愈等人贬谪远郡及描写边徼风土人情之作,如柳宗元的《登柳州城楼寄漳汀封连四州刺史》、《别舍弟宗一》、《岭南江行》、《柳州峒氓》,刘禹锡的《感吕衡州时予方谪居》、《再授连州至衡阳酬柳柳州赠别》、《酬乐天扬州初逢席上见赠》,韩愈的《左迁至蓝关示侄孙湘》、《赠张十一》等,可以说是开辟了七律内容上的新境界,而为前此诗家所少涉及。① 元稹用七律写悼亡诗《遣悲怀三首》,刘禹锡用七律写怀古诗《西塞山怀

---

① 初唐沈佺期、宋之问、杜审言的五律、五古有不少写贬谪生活、心情的,七律则仅宋之问有一首。中唐刘长卿七律中有一些写贬谪生活的诗,但像刘禹锡、柳宗元、韩愈那样形成一种风会,且与边徼风土人情结合起来写,则为数很少。

第十三章　李商隐的七言律诗

古》，虽均为传世佳作，但究属个别事例，在七律创作中未能形成一种风气。到了晚唐，杜牧亦擅七律，且具有既拗峭劲健又俊逸明快的独特风格，但总的来看，他的七律绝大部分是啸志歌怀、抒写牢骚感慨之作，除《早雁》、《河湟》少数几首外，缺乏重大的题材和积极的思想内容。许浑的怀古七律数量较多，艺术上也有相当成就，但作品意境每多雷同相似。因此，杜甫以后，七律在内容方面可以说没有多少新的拓展，没有开辟出多少新的题材领域和新的境界。但李商隐的七律，却打破了这样一种长期以来相对停滞的局面。

李商隐七律思想内容方面一个显著的特点，是恢复并发展了杜甫七律关注国运、感伤时事的传统。这是他学杜最主要的方面和成就。从青年时代的《隋师东》、《重有感》、《曲江》、《安定城楼》、《咏史》(历览前贤)，到中年时期的《赠别前蔚州契苾使君》、《行次昭应县道上遇户部李郎中充昭义攻讨》、《赠刘司户蕡》、《哭刘蕡》，再到晚年的《井络》、《杜工部蜀中离席》，杜甫的忧国伤时精神一直在深刻地影响着李商隐七律的创作。王安石谓"唐人知学老杜而得其藩篱者，惟义山一人而已"(《苕溪渔隐丛话》前集卷二二引《蔡宽夫诗话》)，其所举诗例，一半即为七律(《安定城楼》、《杜工部蜀中离席》二诗中的"永忆江湖归白发，欲回天地入扁舟"、"雪岭未归天外使，松州犹驻殿前军"二联)。这些七律，不但神似老杜，而且确有发展，如《曲江》：

望断平时翠辇过，空闻子夜鬼悲歌。
金舆不返倾城色，玉殿犹分下苑波。
死忆华亭闻唳鹤，老忧王室泣铜驼。
天荒地变心虽折，若比伤春意未多。

杜甫《哀江头》借曲江今昔，抒写盛衰之感，深寓国家残破之痛。商隐此诗在构思方面明显受到杜诗影响。诗的次句"子夜鬼悲歌"，隐寓不久前发生的甘露之变中大批朝臣惨遭宦官杀戮之事。五句用陆机为宦官孟玖所谗害,临死前叹息"华亭鹤唳,岂可得闻乎"的故实,六句用西晋索靖预感天下将乱,指洛阳宫门前铜驼叹息"会见汝在荆棘中耳"的典故,其政治内涵、政治色彩都非常突出,但比杜诗写得更加深隐。诗以丽句写荒凉、以绮语抒感慨的手法,也显然可见杜甫《秋兴八首》等七律的影响。但杜甫感伤时事的七律境界雄浑壮阔,声情沉雄悲壮,而商隐此诗则思深意远。诗人并没有将思绪停留在不久前发生的这场事变上,而是从这里生发开去,想得更深更远。尾联说,这场天荒地变式的大变故、大劫难固然使人心摧,但它所预示的唐王朝的荆棘铜驼命运却更使人忧伤。这种深沉的忧思和感伤(即所谓"伤春")正是商隐特有的,既反映了他所处的唐王朝衰世的特点,也反映了他对时事深层次的思考。如果说,在此之前写的《隋师东》只是学杜而肖其貌、得其神,基本上未越出杜甫《诸将五首》的范围,那么到了《曲江》,就显出了商隐伤时感事七律的独特面目。

不过,像《曲江》这样学杜而又具有自己独特面目的诗,在商隐伤时感事的七律中毕竟不多,多数还是属于学杜而肖貌得神的一类。而商隐如果只有这一类学杜的七律,即使学得再像,也是在重复杜甫。李商隐的可贵之处,在于他能适应时代的要求和自己的艺术个性,创造了用咏史的形式反映时事政治的新体式,为七律开拓了新的内容和意境。七律咏史诗,晚唐之前少有制作。刘禹锡的怀古诗很出名(其中包括了《西塞山怀古》这样的七律名篇),对晚唐许浑、刘沧等人也有影响,但它与咏史诗是两种各有特点的诗[①]。李商隐的咏史之作,遍及古近体各种体裁,但写得多而且好的,除七绝以外,主要是七律。像《隋师东》、《咏史》(历览前贤)、《览古》、《富平少侯》、《马嵬》(海外徒闻)、《茂陵》、《隋宫守岁》、《宋玉》、《楚宫》(湘波如泪)、《利州江潭作》、《筹笔驿》、《南朝》

[①] 参看本册第六章第一节论咏史诗与怀古诗的区别一段。

（玄武湖中）、《隋宫》（紫泉宫殿）诸作①，几乎绝大部分是七律中的上乘之作，特别是像《马嵬》、《隋宫》、《筹笔驿》等，更被评家奉为七律的圭臬。这一系列优秀的咏史七律的创作，为七律这种体裁提供了在晚唐那种特殊时代条件下用咏史的方式反映时事政治、抒写对现实政治感受的成功范例，为七律在杜甫直接抒写时事的传统之外提供了以咏史方式反映时事的新手段、新经验。沈德潜说："义山近体，襞绩重重，长于讽喻，中多借题摅抱。遭时之变，不得不隐也。咏史十数章，得杜陵一体。"（《说诗晬语》卷上）"遭时之变，不得不隐"，正说明李商隐咏史七律是适应时代需要、发扬杜甫七律忧国伤时传统的新创造。这种新创造对扩大和提高七律反映现实政治的功能所起的作用不能低估，因为它等于提供了一种新的揭露批判现实政治的有效手段，使诗人得以在"咏史"形式的掩盖下，可以较少顾忌，较多创作自由度。唐代文网较疏，但像《隋师东》、《咏史》（历览前贤）这种直接针对当时平叛战争中所暴露的窳败现象而归咎于朝廷中枢，针对当朝君主勤俭图治无成而悲慨"运去"的诗，如果采取直接抒写的方式，其自由度不免受到较大影响；而采取咏史的方式，则可较少顾忌。至于以古鉴今一类的咏史诗，其反映现实政治虽较间接，写作的自由度则更大。整个晚唐时期咏史诗的繁荣，自然有更深刻的时代社会原因，但李商隐在这方面提供的创作范例和经验的启示作用，也是不能低估的。李商隐以后，咏史诗数量大增，而且出现了像罗隐这种擅长七律咏史诗的诗家，可以看出李商隐七律咏史诗的影响。

李商隐七律内容和体制方面的另一拓新，是创造了无题这样一种特殊形式的抒情诗。关于无题诗的性质、内容和艺术特征，已另有专章讨论，这里只就七律无题诗对七律内容、体制的拓新这一角度来谈。李商隐在写作无题诗的过程

---

① 其中《隋师东》、《咏史》（历览前贤），内容是直接反映时事的，却用咏史诗的题目，兼跨两类。故上文及此处都提及，但论述角度不同。

中,虽曾运用除五绝以外的所有诗体来进行过试验,但实践的结果,写得最多最好的无疑是那六首七律无题。只要提到李商隐的无题诗,人们首先想到的就是那六首最能代表其无题诗艺术特征与成就的七律,在某种意义上说,它们也是李商隐诗的代表。在李商隐之前,爱情诗一般多用五、七言古诗或五言排律,间用五、七言绝,而用七律写爱情的则较少。以"无题"为题,以七律为主要形式,将政治失意、身世沉沦、年华消逝和种种纷繁复杂的人生体验与感受,自觉或不自觉地融入伤离恨别的爱情歌咏之中,使它成为一种幽怨微茫、测之无端、玩之无尽的具有多重意蕴的纯粹抒情诗,不能不说是李商隐对七律内容和体制的重要拓新和创造。它所表现的是一种以悲剧性的爱情心理为表层内容,又渗透了更广泛的人生体验、人生感受,具有复杂深层内蕴的感情境界。七律一体,从它诞生之日开始,无论是初、盛唐的高华典丽,还是中唐白派的坦易流畅,在内容意境方面一直是比较单纯明朗的。只有杜甫晚年的一部分七律(如《秋兴八首》),由于思想感情的深沉复杂,风格偏于深微。但是像李商隐的七律无题这样,既具有内容意蕴的多重性,表现又特别微婉的抒写内心幽隐情绪的诗,可以说还从未有过。在七律这种格律精严、形式整饬的诗歌体裁中寓含深微多重的感情内涵,对提高七律的抒情功能,无疑是很大的贡献。

总之,无论是在反映现实的功能或抒写内心深微情绪的功能上,李商隐对七律的发展都作出了卓越的贡献。如果说前一方面主要是拓展,后一方面则主要是深化,它们都是对七律内容、体制的一种拓新。

第二节 对七律艺术的创新

与内容的拓展、深化相应,李商隐的七律在艺术上的创新主要表现在以下两个方面。

一是显著提高了七言律诗的讽刺艺术。七律从它诞生之日起,就和歌颂赞美结下了不解之缘。从初唐沈佺期等人的奉和应制,到盛唐王维、岑参、贾至、杜甫的早朝大明宫唱和,再到大历十才子的朝廷酬唱,长久地在这上面兜圈子。这正说明,七律在许多诗人心目中,就是用来颂圣或应酬的,它似乎天然地与讽刺不搭界。杜甫的《诸将五首》,是对当时四方诸将进行指责、批评或赞美的,那是严肃的政治议论,而不是讽刺。《咏怀古迹》和《秋兴八首》更是和讽刺不沾边。连刘禹锡那么爱在诗中寓讽的诗人,他的著名七律中也没有讽刺诗。与李商隐同时的杜牧,七绝咏史、伤时之作中颇多讽刺(如《过华清宫三首》、《泊秦淮》),但七律中寓讽的却极少。可以说,在李商隐之前,七律与讽刺基本上是绝缘的。① 可能多数诗人已经形成了一种思维定式,觉得这种出身于庙堂、风格典雅华赡的诗体不宜于用来讽刺。但李商隐的咏史七律,却以擅长讽刺为其显著特色。他的讽刺,不是那种刻露缺乏涵蕴、经不起咀嚼回味的讽刺,而是一种既讽刺到骨而又感慨深沉、耐人涵泳的讽刺,一种深婉含蓄的讽刺。《隋宫》在这方面表现得最出色。颔、尾二联,对炀帝的贪侈昏顽、肆意纵欲、至死不悟的本性进行了辛辣的嘲讽,但用"不缘"、"应是"、"若逢"、"岂宜"等假设推想之语摇曳出之,便觉深婉耐味。腹联将放萤取乐与开河佚游二事与隋朝的兴亡联系起来。两句中的"无"与"有"正是集中表现讽慨的句眼。"腐草无萤火",既是辛辣嘲讽萤火虫被炀帝搜尽,至今连腐草亦不复生萤,又是感慨荒宫腐草,满目凄凉。今日之"无",正透露昔日之"有",也正暗示往昔隋宫繁华何以变为一片空无。"垂杨有暮鸦",不只是着意渲染昏暗凄凉的景象,更寓有无限今昔盛衰的感慨。昔日龙舟游幸,锦帆蔽日,何等烜赫,而今惟余隋堤衰柳、暮鸦聒噪。这样的"有",比什么都没有的"无"更令人感慨欷歔。诗人对隋炀帝的讽刺,正是通过这种俯仰今昔的历史感慨更深刻也更含蓄地表达出来。再如《马嵬》:

---

① 以选诗较多的沈德潜《唐诗别裁集》为例,李商隐以前的七律中,无一是讽刺诗。

> 海外徒闻更九州,他生未卜此生休。
> 空闻虎旅传宵柝,无复鸡人报晓筹。
> 此日六军同驻马,当时七夕笑牵牛。
> 如何四纪为天子,不及卢家有莫愁?

不少评家都认为此诗尾联"轻薄"①,实际上都只看到了其讥刺尖锐辛辣的一面,而对全诗的深层意蕴缺乏深入体味。诗的每一联都包含着鲜明的对照:方士招魂的虚妄与杨妃已死的现实的对照、承平年代的鸡人报晓和奔亡道中虎旅宵柝的对照、长生殿的七夕盟誓与马嵬坡六军驻马的对照,以及贵为四纪天子反不如民间夫妇白头相守的对照,再辅之以一系列虚字的抑扬(徒、未;空、无;如何、不及),既尖锐地讽刺唐玄宗沉迷不悟,又留下一连串引人深思的问题。特别是尾联引而不发的设问,更寓含带有民主精神和哲理意味的思考,在冷讽中寓有深沉的感慨。不同的读者对这个问题会有各种不同角度的思考与答案,而这些思考与答案又都是值得为人君者认真记取的。以上两首七律的讽刺艺术,可以说已经达到前人很少达到的高度,而与那种浅薄发露、略无余蕴的讽刺大相径庭。七律《南朝》的讽刺也具有意余言外的特点:

> 玄武湖中玉漏催,鸡鸣埭口绣襦回。
> 谁言琼树朝朝见,不及金莲步步来?
> 敌国军营漂木柿,前朝神庙锁烟煤。
> 满宫学士皆颜色,江令当年只费才。

---

① 如屈复谓"七、八轻薄甚"(《玉谿生诗意》),毛奇龄谓"落句则以本朝列祖皇帝而调笑如此……虽轻薄,不至此矣"(《唐七律选》),施补华谓"义山'如何四纪为天子,不及卢家有莫愁',尤为轻薄坏心术"(《岘佣说诗》)。

第十三章 李商隐的七言律诗

"谁言"一联,表面上看纯粹是对陈后主奢淫享乐生活超越齐后主的一种调侃和嘲讽,但如果结合这首诗的整体构思来体味,就会发现其中寓含深意。诗人将南朝作为一个整体,着重咏陈事而兼顾前此各朝。首联点地纪游,不但兼写宋、齐,实亦包举梁、陈,即所谓"玄武开新苑,龙舟宴幸频"(《陈后宫》)之意。次联从字面看,是说陈后主之荒淫有过于齐后主,然其真意则在讽慨南朝君主荒淫相继,变本加厉,特举一端以概其余。后幅乃专咏陈事,以见南朝之末政与必然覆亡的趋势,咏陈之亡,即所以咏南朝之亡。末联又似对江总等狎客大臣的调侃,但调侃中仍寓深慨,慨叹末世才士不能自持,以致其才不用于匡国济民而用于歌咏宫中女学士之颜色。商隐这种七律,在艺术上与杜甫的一些运古于律的七律相比,具有更加精纯的特点。尽管有议论,但富于情韵;有辛辣讽刺,但又感慨深沉,耐人讽咏。

二是极大地提高了七律抒写心灵的艺术。这主要体现在他的七律无题和风格近似的《春雨》、《重过圣女祠》等诗中。传统七律首、尾二联多叙事,中间二联分写情、景,商隐的七律无题和《春雨》等诗却打破了这种传统的写法,把它完全变成抒写心灵的诗。尽管有时首、尾二联仍有叙事的痕迹,每首七律无题后面都可能隐藏着一个爱情故事、一段爱情经历,诗中也偶尔有某一联闪现过爱情经历中的某一片断,但这一切,在商隐的上述七律中都被心灵化了,成了抒写心灵的凭借或心灵的象征。例如他那首流传极为广远的《无题》:

> 昨夜星辰昨夜风,画楼西畔桂堂东。
> 身无彩凤双飞翼,心有灵犀一点通。
> 隔座送钩春酒暖,分曹射覆蜡灯红。
> 嗟余听鼓应官去,走马兰台类转蓬。

首联初看似乎是叙写昨夜情事,实际上对此只是虚点,并未涉及发生在"画楼西畔桂堂东"的任何具体情事。诗人在这里只是用咏叹的笔调抒写对昨夜星辰好风、画楼桂堂温馨旖旎氛围的深情回忆。在回忆中既有甜美与陶醉,也有怅惘与遗憾。颔联由追忆回到现境,抒写今夕的相隔和由此引起的复杂微妙心理(参看本册第八章第三节),不用说是直接抒写心灵活动的。腹联似是描绘夜间宴席上灯红酒暖、送钩射覆的热闹场景,实际上仍是借此抒写内心感受。无论是把它理解为对昨夜曾历情境的追忆,或是对今夜意中人处境的遥想,其中都渗透了诗人的无限追恋或强烈向往。直到尾联,仍然不是听鼓应官、走马兰台的写实,而是抒写良会不再、身如飘蓬的心灵叹息。整首诗可以说都是在写抒情主人公的心理活动,断续无端,跳跃多变,宛若意识流之作。这种抒情方式,在其他七律无题中同样表现得非常突出,如《无题二首》:

> 凤尾香罗薄几重?碧文圆顶夜深缝。
> 扇裁月魄羞难掩,车走雷声语未通。
> 曾是寂寥金烬暗,断无消息石榴红。
> 班骓只系垂杨岸,何处西南待好风?
>
> 重帏深下莫愁堂,卧后清宵细细长。
> 神女生涯元是梦,小姑居处本无郎。
> 风波不信菱枝弱,月露谁教桂叶香?
> 直道相思了无益,未妨惆怅是清狂。

两首诗都采取女主人公静夜追思的抒情方式,都可视为女主人公的心理独白。前一首是女主人公在寂寥的长夜默默缝制罗帐时展开对往事的追忆和对意中人的深情期盼。颔联孤立地看像是叙事——叙写与对方邂逅的情景:对方驱车匆匆走过,自己因为羞怯,以团扇掩面,虽相遇而未及通一语。但由于这是夜深缝罗帐时的追思,这一闪现于女主人公脑际的场景就转化成了情思,曲折地表达了她在追思往事时那种既感温馨甜蜜,又感惆怅遗憾的复杂微妙心理。腹联像是叙写匆匆路遇后长期的等待与思念,但那在寂寥的等待中慢慢暗淡下去的灯烬和青春过后的石榴花红,却被心灵化了,成了无望的相思与期待的象征、青春在寂寞的等待中暗自消逝的象征。尾联更是直接抒写心灵的期盼。后一首同样是"卧后清宵"对自己生涯身世的追思叹息和明知相思无益而终抱痴情的心灵独白。我们不妨再从抒写心灵的角度来品味《春雨》中的名联:

红楼隔雨相望冷,珠箔飘灯独自归。

通过对重访旧地,不见伊人,独自提灯在雨中踽踽归来这段惆怅经历的描写,传达出了一种氛围与心境。红楼作为所爱者曾经居住过的地方,本应唤起许多温馨美好、热烈欢快的记忆,而此刻却因人去楼空,隔雨相望,只觉得它仿佛透出一股寂寥冷落的气氛。这是雨浸冷了抒情主人公的心,还是抒情主人公的心浸冷了雨中的红楼?是雨"隔"断了近在咫尺的红楼,还是心灵中的阻隔感使眼前的红楼变得遥远了?景象与心理感受之间这种微妙的关系正透露了抒情主人公心境的孤寂凄冷和心灵深处的阻隔感。用珠箔飘灯来形容丝丝雨帘在提灯前摇曳飘荡,这本身就包含了一种联想:由雨帘映灯联想到往昔红楼高阁之中、珠帘灯影之间的温馨旖旎生活,而这一切都已随着伊人的远去而成为遥远的过去。这里有温馨的追忆,更有失落的怅惘。再如《重过圣女祠》中的名联:

一春梦雨常飘瓦,尽日灵风不满旗。

这是写圣女祠的幽渺迷蒙的环境气氛,又是心灵景观的象征性展现。那如梦似幻、似有若无的春天细雨悄悄地持续不断地漂洒在屋瓦上,既朦胧而又飘忽,似乎带有某种朦胧的希望,又似乎透出虚缈的气息;那轻柔得吹扬不起祠前神旗的灵风更传达出一种"东风无力"的气息和心灵深处的"不满"与遗憾。而在展现心灵境界方面最突出的当属《锦瑟》。诗人追忆华年往事而深感心绪一片惘然。这种"惘然"心绪,借助颔、腹二联的四幅象征性图景得到最富于含蕴的多方面展现。音乐境界与人生境界、心灵境界,瑟声与心声借助朦胧而多义的象征性图景融为一体。这种纯粹写心的七律,在中国诗歌史上是非常独特的存在,不但在李商隐之前之后很少出现,即或在商隐其他诗体中也很少出现。即以无题诗而论,五古"八岁偷照镜"篇,尽管也借少女伤春寄寓了少年诗人忧虑遇合和命运不由自主的心理,但从写法上看,从八岁次第写来,迤逦而下,一直写到"十五泣春风",明显是用传统的叙事手法表现少女的生活历程与行为历程。虽也写到她的盼嫁、伤春心理,但主要不是写心灵而是写成长与命运。七古"何处哀筝"、五律"照梁初有情"、七绝"白道萦回",也都或以写具体场景为主,或以写人物为主,不像七律无题和《春雨》、《重过圣女祠》那样,以写心灵感受为主,以意境的朦胧为显著特色。总之,这些七律艺术上最突出的特征与成就,可以说是使对人的心灵境界的抒写达到了从未有过的深度。本册第八章第三节指出其无题诗有纯情化、纯诗化、深微化、象征化的特征,可以参看。

第三节 七律的两种类型:典丽精工与清空流美

这一节主要想通过对商隐七律两种主要类型的分析,来讨论其七律风格的多样性与统一性。

商隐七律中最为人们熟知的一种类型,可以称之为典丽精工型。这类七律的显著特点是词藻华美,色彩秾艳,意象繁密,典故众多,有的具有浓郁的象征暗示色彩。像《锦瑟》、《曲江》、《重有感》、《隋宫》、《南朝》、《茂陵》、《泪》、《闻歌》、《牡丹》(锦帏初卷)、《马嵬》、《筹笔驿》、《井络》诸篇,即是这种类型的突出代表,一部分七律无题如"来是空言"、"飒飒东南"以及《重过圣女祠》、《碧城三首》等,也属于这种类型。后世学李商隐的西昆派作家,主要仿效的就是这种类型。由于这类诗中有不少代表了李商隐七律的主要艺术特征与成就,因此也不妨说这是李商隐七律的主流类型。

但商隐七律中还有一种明显与此相对应的类型,即很少用典故和华丽的词藻,多用白描和直接抒情,通体清空疏朗的类型,不妨称之为清空流美型。像《二月二日》、《即日》(一岁林花)、《写意》、《七月二十九日崇让宅宴作》、《王十二与畏之员外相访见招小饮时余以悼亡日近不去因寄》、《无题》(相见时难)、《春雨》、《九日》等诗即是这种类型的突出代表。尽管这种类型的诗中同样有许多流传广远的精品,但由于人们对商隐典丽精工型的七律印象特深,无形中将主要当成了唯一,因此很少注意到这是和前一种类型明显不同但同样有很高艺术成就的风格类型。像他的《二月二日》:

> 二月二日江上行,东风日暖闻吹笙。
> 花须柳眼各无赖,紫蝶黄蜂俱有情。
> 万里忆归元亮井,三年从事亚夫营。
> 新滩莫悟游人意,更作风檐夜雨声。

全篇除用"元亮井"、"亚夫营"两个熟典和"紫"、"黄"两个色彩字外,可以说是清空流走,一片神行,但所抒发的感情却深挚浓至,一点也不轻飘浮薄。它以乐境写哀思,以美好的春色反衬深长的羁愁,以轻快流畅的笔调抒写抑郁不舒的情怀,以清空如话的语言表现深浓的情思,收到了相反相成的艺术效果。又如作于同年秋的《写意》:

> 燕雁迢迢隔上林,高秋望断正长吟。

> 人间路有潼江险，天外山惟玉垒深。
> 日向花间留返照，云从城上结层阴。
> 三年已制思乡泪，更入新年恐不禁。

除首句用上林雁典故的字面略加点缀外，全篇也都是白描和直抒。开阔的境界、浏亮的声调中蕴含的是凄惋抑郁的情思。颔联因江险山深而发世路崎岖险阻之慨，腹联于景物描写中寓时世阴霾衰颓之悲，说明诗中所写之意并不止于"思乡"一端，思乡只是感情的结穴。以上两例，说明这种清空流美型的七律内容和思想感情并不浅薄单纯，而是深挚浓至、丰富复杂的。而《七月二十九日崇让宅宴作》又说明这类诗的清空流美并非滑易流靡：

> 露如微霰下前池，风过回塘万竹悲。
> 浮世本来多聚散，红蕖何事亦离披？
> 悠扬归梦惟灯见，濩落生涯独酒知。
> 岂到白头长只尔？嵩阳松雪有心期。

全篇不用一个典故，全用白描手法，清词丽句，情深于言，但它却是用轻快流利中含顿宕曲折的笔调来抒写身世濩落之悲和悼亡伤逝之痛。赵臣瑗评曰："华筵既收，嘉宾尽去，触景伤情，不胜惆怅。浮世之聚散，红蕖之离披，其理一也。今乃故作低昂之笔，以聚散为固然，以离披为意外，何为者乎？此盖先生托喻以悼王夫人耳。"（《山满楼笺注唐诗七言律》）由于在流走中有顿宕，不仅使整首诗不致流于滑易，而且很好地表现了诗人于人世聚散不能自已的深悲。《即日》也属于这种流走中有曲折顿宕的类型：

> 一岁林花即日休，江间亭下怅淹留。

第十三章　李商隐的七言律诗

> 重吟细把真无奈,已落犹开未放愁。
> 山色正来衔小苑,春阴只欲傍高楼。
> 金鞍忽散银壶滴,更醉谁家白玉钩?

笔笔唱叹而又层层转进,故虽笔致流走,声调悠扬,却能传达出一种歌与泣俱的无奈意绪。胡以梅《唐诗贯珠串释》云:"因落花而怅恨留连于花间亭下,把玩重吟,真出无奈。落者落,开者犹开,愁愈难放。此联实写而曲折,故佳。"所评切实。比较起来,他的《子初郊墅》、《曲池》等作,虽亦清空流美,风致甚佳,却缺乏顿宕曲折而显得有些滑易。举前者为例:

> 看山对酒君思我,听鼓离城我访君。
> 腊雪已添墙下水,斋钟不散槛前云。
> 阴移竹柏浓还淡,歌杂渔樵断更闻。
> 亦拟村南买烟舍,子孙相约事耕耘。

子初系令狐绹之兄令狐绪之字①,这首诗是商隐往访令狐绪在长安南郊的别墅而作。何焯评:"起联中便笼罩得子孙世世相好在。买舍、耕耘,恰从腹联生下,更无起承转合之迹……中四句一片烟波。"所谓"无起承转合之迹"、"一片烟波",正说明此诗虽意致流走,但不免少顿宕而流于滑易。

值得注意的是,典丽精工与清空流美这两种风格类型,不但在商隐的七律中存在,而且在他的五言排律、五言律诗、七言绝句乃至某些骈体文中也都存在。后者如五言排律中的《戏赠张书记》、《西溪》(怅望西溪水)、《摇落》,五言律诗中的《春宵自遣》、《落花》、《高松》、《晚晴》、《凉思》,七言绝句中的《夜雨

---

① 见王达津《李商隐诗杂考》(之一),刊于陕西人民出版社出版的《古典文学论丛》(第一辑)。

寄北》、《离亭赋得折杨柳二首》,骈文中的《祭小侄女寄寄文》、《奠相国令狐公文》等,都是典型的例证。这两种风格看似殊异的诗文,实际上有其内在的统一性。刘熙载在《艺概·诗概》中说:"诗有借色而无真色,虽藻缋实死灰耳。李义山却是绚中有素。敖器之谓其'绮密瑰妍,要非适用',岂尽然哉?"这是很有见地的。商隐典丽精工型的近体诗之所以不同于晚唐一般的绮艳诗,正因为其中蕴含着作者深挚浓至的思想感情、深刻的人生体验、深沉的人生感慨。这一点,无论是咏史、咏物、无题七律乃至《锦瑟》等诗都是如此。如果商隐典丽精工型的七律和其他近体诗没有这种"真色"、"本色",那就确实成了玩弄典故词藻的形式主义、唯美主义的东西。同样,他的清空流美型的七律和其他近体诗中的优秀之作,也内含深挚浓至的情感。刘熙载说"李樊南深情绵邈"(《艺概·诗概》),正准确概括了商隐两种风格类型的作品共同的本质特征。如果对这两类诗的共同本质即内在统一性缺乏认识,在评论时便容易产生种种偏差或误解。如认为《锦瑟》"体涩而味薄"、"非真有深味可寻"、"大抵《无题》是义山偶然一种,本非一生精神所注";认为《无题》(相见时难)"三、四(即'春蚕'一联)太纤近鄙,不足存",《无题》(昨夜星辰)"了无可取"(以上均纪昀《玉谿生诗说》中评语),除了艺术上的偏嗜外,还由于对诗中寓含的深慨真情缺乏感受与理解。有的诗,评家对它的评价反差极大,究其原因,也往往缘于对藻缋中所含的"真色"缺乏认识,如《牡丹》:

> 锦帏初卷卫夫人,绣被犹堆越鄂君。
> 垂手乱翻雕玉佩,折腰争舞郁金裙。
> 石家蜡烛何曾剪,荀令香炉可待熏?
> 我是梦中传彩笔,欲书花片寄朝云。

朱彝尊评曰:"堆而无味,拙而无法,咏物之最下者。"(《李义山诗集辑评》引)而何焯则谓:"起联生气涌出,无复用事之迹。"(何焯《义门读书记》)纪昀亦谓:"八句八事,却一气鼓荡,不见用事之迹,绝大神力。所恶乎《碧瓦》诸作,为其雕琢支凑,无复神味,非以用事也。如此诗,神力完足,岂复以纤靡繁碎为病哉?"(《玉谿生诗说》)但何、纪二氏并没有说出他们这种评价的依据。这实际上是一首借咏物以抒风怀之作。从写法说,是借艳色(卫夫人南子、越人、贵家舞伎、巫山神女)以写牡丹之华贵富艳;从寓意说,是借牡丹以喻艳姝。牡丹与艳姝,实二而一,构思巧妙,不露痕迹。前三联分咏牡丹的花叶、情态、色香,均借富贵家艳色或富贵家带有香艳色彩的故事比拟,固然由于牡丹是富贵华艳之花,须如此用笔方见本色,也暗透诗人意念中自有此如花之女子。尾联由赏而思,将牡丹比做高唐神女,更透露出有所思慕、欲寄相思的消息。作单纯咏物诗读,确有堆砌繁碎之弊;从寓托着眼,则牡丹的容色情态,都宛若有人,密实处也变得空灵了,尾联用艳事丽语,却全不用雕镂刻画,而是以想象与风致取胜,更使全篇都因此点睛式的一结而灵动起来,变得富于情韵了。此诗的好处,正在于它不仅是对牡丹的单纯刻画与形容,而更注入了对人化的牡丹的一片深情。

从另一方面说,无论是典丽精工型的,还是清空流美型的,如果缺乏"深情绵邈"这一内在本质,则都不可能成为真正的好诗。我们可以把它作为一种衡量的标准,来判别其诗歌的高下精粗。尽管这不是唯一的标准,但对商隐诗来说,却无疑是重要的标准。商隐七律绝非都是佳品,其中也有相当一部分平庸浅率之作,像在永乐闲居期间写的一部分七律如《题道靖院》、《奉同诸公题河中任中丞新创河亭四韵之作》、《和马郎中移白菊见示》、《题小柏》等都不免此弊。关键在于这些应酬气味很重的题赠唱和之作缺乏真感受、真感情,虽也清疏流畅,却没有"深情绵邈"的内质。又如《人日即事》:

文王喻复今朝是,子晋吹笙此日同。
舜格有苗旬太远,周称流火月难穷。

镂金作胜传荆俗,剪彩为人起晋风。

独想道衡诗思苦,离家恨得二年中。

范晞文《对床夜话》评曰:"前辈云,诗家病使事太多,盖皆取其与题合者类之,如此乃是编事,虽工何益也。李商隐《人日》诗……正如前语。"这首诗把堆砌典故和浅率鄙俗两种弊病结合在一起,正好将两种类型的流弊占全了,怪不得屈复说:"此首乃獭祭之最下者。"(《玉谿生诗意》)

商隐七律的类型自然不止这两种,但这两种风格殊异而又有内在统一性的七律却可以帮助我们进一步认识商隐优秀七律的真精神和内在本质。

第十四章　李商隐的七言绝句

在唐诗大家中,李商隐是七绝在全部诗歌创作中所占比例最高的诗人。现存义山诗五百九十余首,七绝竟达一百九十二首,占总数的三分之一,七绝诗的总量在唐诗大家中也仅次于白居易。对于像他这样一个"刻意"为诗、很少率笔成咏的诗人来说,这个数字和比例无疑能说明他对七绝一体的重视和偏爱。但历代诗评家普遍给予很高评价的主要是他的七律,公认他是杜甫以后最工此体的诗人。对他的七绝,除个别诗评家如叶燮、管世铭外,一般只将他列为晚唐擅长七绝的诗人之一,与杜牧、许浑、温庭筠、郑谷等并提,认为他的七绝有自己的特色,如说"小杜飘萧,义山刻至"(方世举《兰丛诗话》)、"樊川之风调,义山之笔力"(乔亿《剑溪说诗》)、"使事尖新,设色浓至"(毛先舒《诗辩坻》)等。有时甚至颇有贬辞(这种贬辞,有的是不满其七绝的思想内容有违封建礼教和传统诗教;有的是出于只尚盛唐、鄙薄中晚唐的偏见)。实际上,李商隐七绝的成就和他对七绝发展所作出的贡献并没有得到足够的重视。

在唐代七绝发展过程中,存在着一种值得注意的现象:有的诗人,在七绝内容的拓展和艺术风貌的新变上作出过明显努力,但其创作的艺术水平和成就总的来说并不很高,如杜甫的七绝。有的诗人,其七绝的艺术水准完全可以列入一流,但从七绝发展的角度看,无论内容与艺术,都缺乏明显创新,如李益。这种不平衡、不统一的现象,说明七绝既需要拓新变化,同时这种新变又必须保持和发扬这一体制本身的优长,而不是以削弱甚至牺牲其优长为代价。李商隐的七绝,既在内容和艺术上都有明显的拓新,又保持和发扬了七绝富于情韵风神的优长,因而在七绝发展史上有着不可忽视的地位与影响。

第一节 运重入轻

自唐末迄今,对商隐七绝评价最高也最有识的首推叶燮,他说:

> 七言绝句古今推李白、王昌龄。李俊爽,王含蓄。两人词调意俱不同,各有至处。李商隐七绝,寄托深而措辞婉,实可空百代无其匹也。(《原诗》外编下)

如果不过分拘执"空百代无其匹"这种似乎过当的赞辞,那么"寄托深而措辞婉"确实是对商隐七绝特点与成就的准确概括。

管世铭的评论与叶燮类似而不尽相同:

> 李义山用意深微,使事稳惬,直欲于前贤之外,另辟一奇。绝句秘藏,至是尽泄,后人更无可以拓展处也。(《读雪山房唐诗序例》)

"用意深微"之评可与叶氏"寄托深而措辞婉"之论相发明;而"后人更无可以拓展处"的赞誉虽与"空百代无其匹"的说法类似,或有绝对化之嫌,但强调其对七绝拓新的贡献,亦颇有识。

"寄托深"、"用意深微",既是商隐七绝内容方面拓新的体现,又是其艺术表现与风貌的重要特征。七绝这种体裁,比较轻巧灵便,适宜于抒写日常生活中即景即事触发的感情或瞬间景象,而不大适宜于表现重大的历史、政治题材和深重的政治、人生感慨。盛唐时期那些兴象玲珑、风神摇曳、情韵悠长的七绝佳制,绝大部分是一般的抒情写景之作,像王昌龄的《出塞》(秦时明月)、杜甫的《江南逢李龟年》那种包蕴广远时空、浓缩时世沧桑、感慨深沉的作品为数甚少,因为七绝短小的篇幅很难容纳承载如此深广的生活内容和感情内涵。但李商隐却运重入轻,用七绝这种轻巧灵便的体裁来抒写重大的政治、历史题材和深重的政治、人生感慨,仿佛要使轻武器发挥重武器的作用,这是对七绝内容的拓新,也是对其功能的改进。

商隐七绝,直接反映时事的仅《灞岸》、《李卫公》等少数几首,但却写了大量借咏史寄寓现实政治感慨的作品。如《瑶池》、《华岳下题西王母庙》、《海上》、《贾生》、《汉宫词》、《汉宫》、《过景陵》等借咏周穆、秦皇、汉文、汉武等寓讽当代帝王之求仙;《吴宫》、《齐宫词》、《北齐二首》、《景阳井》、《隋宫》(乘兴南游)、《马嵬》(冀马燕犀)、《华清宫》二首、《龙池》、《骊山有感》之借咏吴王夫差、南齐后主、北齐后主、陈后主、隋炀帝、唐玄宗鉴戒当代统治者的荒淫奢侈;《南朝》(地险悠悠)、《咏史》(北湖南埭)、《题汉祖庙》之借咏南朝、刘邦、项羽讽当代帝王之不修政治、缺乏远图;《五松驿》借咏秦亡寓讽当代统治集团内部之倾轧;《旧将军》之借咏李广被弃暗寓会昌有功将相之被斥;《天津西望》、《过华清内厩门》、《旧顿》之借咏旧苑、旧厩、旧顿深寓今昔盛衰、承平不再之慨;《复京》、《浑河中》之"借往日之名将,叹今日之无人"(程梦星笺语,见《重订李义山诗集笺注》卷上);乃至《咸阳》、《人欲》、《明神》诸绝,虽写得相当隐晦,也无不在咏史中寓有深沉的现实政治感慨。上述七绝,讽刺的对象集中指向最高封建统治者,触及当时政治腐败的焦点,心系国家兴衰命运,其现实性、时代感相当鲜明突出。这和稍后胡曾、汪遵、孙元晏、周昙等人单纯咏古的大型七绝咏史组诗固有明显区别,即与同时以擅长七绝咏史诗的杜牧相比,其讽慨现实的色彩也更为突出。小杜咏史七绝,每好对历史人事发表独异的见解议论,常作翻案之语,如《赤壁》、《题乌江亭》、《题商山四皓庙》等均为显例,但未必有针对现实的政治感慨。如同咏商山四皓,小杜之"南军不袒左边袖,四老安刘是灭刘"便只是单纯作翻案之论(当时现实中并不存在类似情事),而商隐的"本为留侯慕赤松,汉廷方识紫芝翁。萧何只解追韩信,岂得虚当第一功",则借翻"萧何功第一"的旧案,抒发对李德裕能任用大将破回鹘、平泽潞却不能为武宗定储的现实政治感慨。可见,大量写作咏史七绝并普遍寄寓现实政治感慨,是李商隐七绝在题材领域的一种开拓。

商隐七绝"运重入轻"的另一重要表现,是大量写作抒发深沉人生感慨的作品。其中,抒发"才命相妨"之慨,是一个重要方面。无论是"却羡卞和双刖足,一生无复没阶趋"的卑趋之痛(《任弘农尉献州刺史乞假归京》)、"杨仆移关三百里,可能全是为荆山"的斥外之慨(《荆山》),还是"伶伦吹裂孤生竹,却为知音不得听"的贤愚倒置之愤(《钧天》)、"梁台初建应惆怅,不得萧公作骑兵"的命运弄人之悲(《读任彦升碑》),都不是泛泛的议论,而是在切身痛苦体验基础上的沉痛愤郁之语。像这种质量沉重的感慨,一般较少用七绝来表现,而在商隐七绝中,抒写人生感慨的诗达五十余首,七绝成为其表达人生感慨的主要形式,这在唐代诗人中是独一无二的。一般他很少用直接抒慨的方式,而是通过咏史、用典、登临、游赏、寄酬等方式婉曲地加以表现,尤以托物寓慨的方式最为常见,也最为成功。本册第七章第二节曾从寄寓个人身世之感、普泛的人生感慨及某种抽象的精神意绪三个方面,列举一系列咏物诗进行分析,其中即包括许多七绝,此处不赘。叶燮谓商隐七绝"寄托深而措辞婉",这应该是其中重要的方面。

以上两个方面,都体现出商隐七绝"运重入轻"的特点和对七绝题材的拓新。但题材的拓新与艺术的成功是不同的两回事,真正的困难不是前者而是后者。这就必然涉及问题的另一面。

第二节　化重为轻

　　将重大的政治历史题材和深重的政治、人生感慨纳入七绝这种轻巧灵便的体裁,内容与形式势必产生矛盾。这种矛盾主要表现为两个方面:一是轻而小的形式,难以容纳重而大的内容;二是因重大题材、内容的引入而多取概略叙述或单纯议论的表现方式,导致七绝固有的优长——情韵与风神的削弱乃至消失。杜甫入蜀以后一系列反映时事的七绝在艺术上未获成功,关键就在引进重大现实政治题材后,未能根据七绝本身的特点对它进行艺术的改造和处理,像《江南逢李龟年》这种成功的范例在杜甫七绝中是个别的特例。李商隐的七绝在"运重入轻"之后,也同样面临这一矛盾,也不是都解决得很好。但他一系列优秀七绝,则在"运重入轻"的同时"化重为轻",在艺术上获得较大成功。这主要表现在两个方面。

　　一是将重大的政治历史题材典型化,将沉重的人生感慨意绪化,使之成为与七绝的形式相适应的艺术内容。前者主要是精心选择提炼最富包蕴的具体情节、场景、事物,加以集中表现,以收到小中见大、以少总多的效果。如《齐宫词》之以九子铃这一微物,贯串齐、梁两代荒淫相继的情事,深寓覆辙重寻的意旨;《吴宫》借宴罢满宫醉后"日暮花漂水出城"的细节,不仅烘托出吴宫的醉生梦死、狂欢极乐,而且微寓"流水落花春去也"的讽慨;《龙池》通过龙池宴归"薛王沉醉寿王醒"的情景,对玄宗的荒淫秽行作了冷峻的讽刺;《隋宫》(乘兴南游)"借锦帆事点化,得水陆绎骚、民不堪命之状如在目前"(何焯《义门读书记》卷五十七);《北齐二首》(其二)拈出"晋阳已陷休回顾,更请君王猎一围"的情节,将北齐后主和冯小怜这对末代帝妃不顾一切地荒淫享乐的本性刻画得入木三分;《贾生》借前席问鬼的场景对"不问苍生问鬼神"的当代统治者进行尖锐的嘲讽。上举诸例,都是商隐咏史七绝中的精品,可见他运用这种典型化手段之自觉与得心应手。另一种情况，是以独特的视角来观照、处理题材，表达诗人新颖独特的感受。这在《梦泽》《宫妓》等诗中表现得最为明显。"楚王好细腰，宫中多饿死"这一历史现象，包含"上有所好"与"下必趋之"两个方面。按照一般的惯性思维，多将着重点放在"上有所好"这一主导方面，借以揭露统治者的荒淫如何葬送宫女的性命，虽有意义，但不免落套。商隐却取独特视角，将讽慨的重点放在"下必趋之"方面，从而揭示出为某种在上者所好之风所左右，迎合趋附者的悲剧，使《梦泽》这首取材于楚国宫廷生活的咏史诗具有远超于宫廷生活的典型意义。《宫妓》取材于奇巧人偃师献假倡于周穆王，假倡歌舞应节合律，惟意所适，"瞬其目而招王之左右侍妾"，遭穆王之怒，几致杀身的故事，商隐亦独从玩弄机巧终遭君怒这一角度立意，以警示现实生活中类似的人物。这种取独特视角揭示历史现象蕴含的某一方面本质的写法，本身就是一种典型化手段。它所给予读者的思想艺术启示都很突出。总之，由于视点的集中与独特，重大的历史政治题材在提炼熔铸过程中化为具有丰富包蕴的典型性情节、场景，亦即化重为轻，而这样的轻，又是能反映重和大的。

"化重为轻"的另一种方式，是将深沉的人生感慨意绪化，使之适宜于七绝这种轻巧灵便而又含蓄蕴藉的形式表现。商隐胸中郁积的诸多人生感慨，多由悲剧性的时世、身世遭遇铸成，其质量之沉重自不待言，但商隐却将生活中得来的感受虚泛化、意绪化，酿成某种内蕴深广而形态抽象虚泛的意绪，如孤寂感、间阻感、迟暮感、幻灭感等。由于作者多借象征性境界加以表现，从而使这类七绝含蓄深永，意蕴多重，达到"寄托深而措辞婉"的极致。《嫦娥》在这方面表现得最为典型。诗中所抒写的是一种高远澄洁而又孤独寂寞的境界，一种永恒的"寂寞心"。由于借助碧海青天、嫦娥孤月之境作象征性表现，而这种"寂寞心"又为神话传说中的嫦娥、寂处道观的女冠、追求高远而身心孤寂的诗人所共同具有，因而解者往往各有所会、各执一端，其实明白此诗所表现的乃是一种虚泛的意绪，则上述表面上歧异的解说本可相通。蕴含深广的孤寂感在这里化为一种测之无端、玩之无尽的虚泛意绪和缥缈意境,与七绝的形式遂能达到高度的和谐。《霜月》所表现的境界与《嫦娥》类似而侧重于表现一种"耐冷"的精神意绪,一种与清冷高寒的环境相称的意态风神之美,一种环境越清冷就越富于生气神采的精神之美:

> 初闻征雁已无蝉,百尺楼南水接天。
> 青女素娥俱耐冷,月中霜里斗婵娟。

霜华月光似水一色的空明澄澈之境与这种高远的精神追求、空灵的意境与虚泛的意绪在七绝的形式中得到完美结合。《无题》(紫府仙人)则把意绪化的人生感慨表现得更加虚缈迷离:

> 紫府仙人号宝灯,云浆未饮结成冰。
> 如何雪月交光夜,更在瑶台十二层?

诗中着意表现一种向往追求之对象变幻迅疾、邈远不可即之感。这种人生感受,来源于政治、友谊、爱情经历的诸多方面,如据实抒写,七绝的形式绝难容纳。作者将它们虚泛化为一种近乎抽象的意绪,并借迷离变幻之境加以表现,形式与内容方能适应。从这里可以看出,人生感慨的虚泛化、意绪化,实际上也是一种典型化。如果说,将重大的政治、历史题材典型化是对"事"的典型化,那么将深沉的人生感慨意绪化,则是对"情"的典型化。

"化重为轻"的另一方面,是用多种艺术手段,使七绝在表现重大题材和深沉感慨的同时保持七绝的情韵与风神。这方面的难度并不比上一方面小。像《灞岸》这种伤时感事,直接涉及当时抗击回鹘侵扰的重大军事行动的诗,用七绝来表现,本极易流于一般化的叙述议论,商隐写来,却既感慨深沉,又具远神:

山东今岁点行频,几处冤魂哭虏尘。
灞水桥边倚华表,平时二月有东巡。

妙在末句淡淡收住,化重为轻,而无限今昔盛衰之感,均寓于"灞水桥边倚华表"的沉思默想之中。《李卫公》、《旧顿》、《天津西望》、《过华清内厩门》诸篇,用的是同一笔法。

商隐不少咏史七绝,寓深刻的讽慨于经过精心提炼熔铸的典型场景之中,已如上述。由于不着议论,有案无断,往往写得颇富情韵风神。但这种写法,原是七绝的传统表现手段,商隐的贡献是用它来表现重大的政治、历史题材,使之富有情韵风神。更能显示其艺术独创性的是像《贾生》这类议论而以唱叹出之的篇什:

宣室求贤访逐臣,贾生才调更无伦。
可怜夜半虚前席,不问苍生问鬼神!

此诗借端托讽寓慨,揭露当代统治者表面上敬贤重贤,实际上不能识贤任贤,迷信鬼神,不问苍生的腐朽本质;慨叹才士空有治国安民之术而被视同巫祝,虚受礼遇,实同沦弃的悲剧命运;透露出诗人不以个人荣辱得失而以是否有利于国家苍生衡量遇合的思想。确如评家所说,"绝大议论,得未曾有"(姜炳璋《选玉谿生诗补说》)。诗人却以抑扬有致、唱叹有情的笔调贯串渗透议论,将警策透辟的议论与深沉含蓄的讽慨融为一体。田雯说:"义山佳处不可思议……一唱三弄,余音袅袅,绝句之神境也。"(《古欢堂杂著》)施补华说:"义山七绝以议论驱驾书卷,而神韵不乏,此体于咏史最宜。"(《岘佣说诗》)均为确评。他的《咏史》(北湖南埭)、《梦泽》、《隋宫》、《瑶池》诸篇,在将议论与抒情有机融合方面也很成功。寓深刻的议论于抒情唱叹之中,方能化重为轻,使之既具深刻思致,又具深永情韵。

商隐抒写人生悲慨的七绝,在运用多种艺术手段化重为轻方面,尤多成功范例。他年轻时写的《夕阳楼》抒写的是一种沉重的人生悲感:

> 花明柳暗绕天愁,上尽重城更上楼。
> 欲问孤鸿向何处,不知身世自悠悠。

知己远贬,国事堪忧。在同情别人不幸遭遇的同时,猛然醒悟自己的命运亦复如孤鸿之悠悠无着落,而竟无人怜悯。这种触绪而来的深沉人生感喟在诗中被表现得极富情致。谢枋得说:"若只道身世悠悠,与孤鸿相似,意思便浅。'欲问'、'不知'四字,无限精神。"(《谢叠山先生评注四种合刻》卷四)深得此诗于纵收转跌中见情致风神的特点。《寄令狐郎中》:

> 嵩云秦树久离居,双鲤迢迢一纸书。
> 休问梁园旧宾客,茂陵秋雨病相如。

第三句用"休问"提起,末句跌落,用貌似客观描述当前处境的笔调缓缓收住,感慨身世落寞之意,全寓言外,"一唱三叹,格韵俱高"(纪昀《玉谿生诗说》卷上)。《暮秋独游曲江》:

> 荷叶生时春恨起,荷叶枯时秋恨成。
> 深知身在情长在,怅望江头江水声。

前两句作大跨度的概略叙述,第三句"深知身在情长在"是极沉挚的至情语,末句若再接以议论或直抒,全篇便不免平直重拙,以不尽语作收,传出怅然惘然情态,遂宕出远神。

运用当句有对及重言复辞的句式,造成整齐中有错落、往复回环中有转进,极具风调声情之美的审美效应,是李商隐运用得很成功的重要艺术手段。关于这一点,钱锺书先生与黄世中先生在他们的论著中均分别有所论及。钱先生所举当句有对诗例,多为七律(《谈艺录》),黄先生则兼七律、七绝而言(《古代诗人情感心态研究》,浙江大学出版社1990年版)。黄文对所举七绝诸例均有具体分析,此处仅指出这正是商隐七绝"化重为轻"的有效方式,不再赘述。钟秀谓"七绝须有气有神,而其入妙尤在于声"(《观我生斋诗话》卷二),洵为有得之言。

第三节　推进一层

商隐咏《柳》七绝云:

柳映江潭底有情,望中频遣客心惊。
巴雷隐隐千山外,更作章台走马声。

姜炳璋评曰:"言旅况难堪也。巴山重叠,柳映江潭,客心伤矣。而雷声隐隐,更作从前走马章台之声,不益难堪耶?义山绝句,多用推进一层法。"

《赠白道者》云:

十二楼前再拜辞,灵风正满碧桃枝。
壶中若是有天地,又向壶中伤别离。

姜氏评曰："义山善用进一步语，长吉诗'天若有情天亦老'是此诗蓝本。"（以上均见《选玉谿生诗补说》）姜氏解义山诗，每伤穿凿，但评以上二首七绝，指出其善用推进一层法，则切合实际。商隐用此法自不限于七绝，但七绝运用得较多而且成功，则是事实。又如《宫辞》：

> 君恩如水向东流，得宠忧移失宠愁。
> 莫向尊前奏《花落》，凉风只在殿西头。

失宠固然可悲，暂时得宠者又焉知明日不为新的失宠者？透过一层，得宠与失宠者均属同悲。再如《梦泽》：

> 梦泽悲风动白茅，楚王葬尽满城娇。
> 未知歌舞能多少，虚减宫厨为细腰！

即令减食苦熬成细腰，又能在君前歌舞承宠几时？透过一层，"减宫厨为细腰"之举实属徒劳自戕之悲剧。又如《海上》：

> 石桥东望海连天，徐福东来不得仙。
> 直遣麻姑与搔背，可能留命待桑田？

姚培谦云："此又是唤醒痴人透一层意：莫说不遇仙，便遇仙人何益？"（《李义山诗集笺注》卷十六）《瑶池》、《过景陵》、《华岳下题西王母庙》等讽慨皇帝求仙的七绝亦同用此透过一层之法。

商隐七绝屡用此法，并不单纯是一种艺术表现手法，仅仅起强调、加深某种意蕴的作用，这里实际上蕴含着商隐对人生的悲剧体认。如《月》：

> 过水穿楼触处明,藏人带树远含清。
>
> 初生欲缺虚惆怅,未必圆时即有情。

月初生、欲缺之时,人每望其盈、惜其亏,为之惆怅不已,殊不知其圆时亦未必于人有情。失意人每苦于人生已历之缺憾而寄希望于圆满之将来,商隐则透过一层,揭示人生之悲剧底蕴——即令希望实现,仍不免于失望。人生之不能避免缺憾,希望之虚幻,于透过一层中得到有力表现。前面提到的《赠白道者》"壶中若是有天地,又向壶中伤别离",翻进一层的奇想中所表现的正是人生伤别之不可避免的悲剧意蕴。《梦泽》的"未知歌舞能多少,虚减宫厨为细腰",写趋附世风者自戕其身的悲剧,讽刺入骨,亦悲凉彻骨。《宫辞》之讽慨得宠者"莫向尊前奏《花落》,凉风只在殿西头",得宠失宠,都是悲剧流水线上的人物,不过时间有先后而已。总之,透过一层感悟到人生悲剧的底蕴,正是商隐七绝常用透过一层写法的内在原因,也是这种写法具有艺术力量的内在原因。在常人所不能感悟、所不能忍受处揭出更深一层的悲剧,才能给人以思想的启示和艺术的震撼。

但商隐七绝的推进一层写法,并不全然是表现人生的悲剧底蕴,它还包含着另一种相反方向的作用,或可称之为悲剧情感的缓解或化解。《夜雨寄北》在这方面具有典型性:

> 君问归期未有期,巴山夜雨涨秋池。
>
> 何当共剪西窗烛,却话巴山夜雨时。

三、四句从眼前巴山夜雨的凄寂萧瑟之境,转出异日重逢,西窗剪烛,回溯今宵巴山夜雨情景的遥想。纪昀说:"探过一步作结,不言当下云何,而当下意境可想。"(《玉谿生诗说》卷上)纪氏之意,盖谓探过一步之遥想更见今夕巴山夜雨之境凄寂难堪。但实际上它所显示的主要是凄寂情绪的缓解。在重逢的欢愉中回首往夕之凄清，不仅使重逢显得更为珍贵而富于诗意，而且那遥想中的重逢也多少给眼前凄冷的异乡雨夜带来一丝温暖，给寂寞的心灵带来几许慰藉。因此，诗给予人的感受并不是阴冷凄暗与绝望，而是在凄寂幽冷中闪现温煦与希望之光圈。这说明，作为一个感伤诗人，商隐不仅能将感伤化为诗美，而且具有一种排解感伤的诗心。他的《宿骆氏亭寄怀崔雍崔衮》写相思不寐，寂寥之情难遣，但"秋阴不散霜飞晚，留得枯荷听雨声"之句，却从似乎无可排遣之中推开一层，发现在深宵不寐时"枯荷听雨"竟另有一番韵致，从而得以在不知不觉中稍慰寂寥。美的意外发现与欣赏的过程，也是凄寂情怀化解的过程，"留"、"听"二字，写情入微。《花下醉》：

寻芳不觉醉流霞，倚树沉眠日已斜。
客散酒醒深夜后，更持红烛赏残花。

客散酒醒，夜深花残，本意兴萧索阑珊之时，诗人却转进一层："更持红烛赏残花。"客散夜深，正可静中细赏；酒醒神清，与日间醉赏又自有别；所赏者为"残花"，"方是爱花极致"（姚培谦《李义山诗集笺注》卷十六）。把本来萧索凋残的景象写得如此兴会淋漓，富于美感，正可见诗人"推进一层"观照事物时，往往会发现常人所不能发现的美。这本身即是对悲剧情绪另一种形式的化解。李商隐的诗，包括他的一些七绝在内，尽管有时凄惋入神，感伤入骨，但并不阴暗绝望，相反，在凄惋感伤中自有一种滋润心田的美在缓缓流注，原因或正在此。

第十五章　李商隐的其他各体诗歌

除了擅长七律和七绝以外,李商隐的其他各体诗歌也有不少佳作并有相当成就。唐代著名诗人中,诸体兼擅者除王维最为突出外,白居易和李商隐也是比较突出的两人,尽管不像王维那样均衡全面发展。这种现象,说明李商隐对诗歌各种体裁及其技巧的熟练掌握程度。而这,也正是他成为一个大诗人的重要条件或标志(尽管不是每一个大诗人必备的条件)。以下按古近体的次序分别论述。

第一节　五言古诗

李商隐的五言古诗总共只有十二首,是各体中现存作品数量最少的一种体裁,但却包含了一系列重要作品,如堪称一代史诗杰构的《行次西郊作一百韵》,反映其生平经历、思想性格的《戏题枢言草阁三十二韵》,表现其爱子衮师天真活泼情态和人生感慨的《骄儿诗》,对世事人生种种变化发抒深沉感慨的《井泥四十韵》,以及《无题》(八岁偷照镜)、悼亡诗《房中曲》等。若论重要作品所占比例,则五古一体已达二分之一。从上述作品看,商隐是用五古这种体裁来表现重大题材、抒写深沉感慨的。关于这些诗的思想内容与艺术特点,有的在上下册有关章节中,已分别有所论述。这里,主要从体裁角度,侧重论述其对前人的继承与发展。

先看《行次西郊作一百韵》。这首诗学习杜诗《自京赴奉先县咏怀五百字》、《北征》，将纪行与叙述、议论结合。所不同的是，杜诗紧密结合行程，叙所见所闻、抒所感所忧，反映的是一个动乱时代的横断面；而李诗中纪行仅仅是一个缘起，除开头一节写行程中目击西郊农村残破景象及结尾处稍点行程外，诗的主体部分全是借村民之口叙说自贞观至开成年间二百年唐王朝盛衰治乱，反映的是一代兴衰。杜诗是对特定阶段社会矛盾的集中反映，而李诗则具有史诗性质。前者的概括性、亲历性突出，相比之下后者则不免稍逊。杜甫是作为丧乱时代中受劫难的一员来感受时代苦难的，因此写来特别痛切而富感染力；而李商隐当时正处于登进士第后不久的顺境，尽管目击京郊残破景象，听到村民叙说近年这一带深受天灾人祸之害时，也忧心如焚，但那种亲受其祸的痛切感显然远逊于杜甫。全篇叙议较为平衍，正反映出诗人心中的波澜不像杜甫那样"忧端齐终南，澒洞不可掇"。从写法看，这种较为平衍的铺叙倒更多地继承了元白长庆体的路数。但不管怎么说，变杜甫式的诗史为反映一代兴衰的史诗，仍是商隐学杜的一种创造，也是对五古表现重大题材、扩大内容含量的一种成功尝试。

商隐五古，继承汉魏古乐府风貌比较明显的是《无题》（八岁偷照镜）和《戏题枢言草阁三十二韵》。前诗前八句仿《古诗为焦仲卿妻作》开头，用年龄序数法从女主人公八岁一直写到十四岁，但不像《古诗为焦仲卿妻作》那样，平面罗列，一句一意，而是两句一层，通过不同年龄段的行为与心理描写，着重表现她的早熟和"伤春"心理的逐步形成，展现的是一个有明显性格特征的成长中的少女形象。无论是八岁时的偷照镜和画长眉，十岁时的"芙蓉作裙衩"，在踏青中展现自己的少女风采，或是"十二学弹筝，银甲不曾卸"式的勤苦习艺，乃至"十四藏六亲，悬知犹未嫁"所表现的待嫁心理，都透露出和年龄不相称的早熟。尤为出色的是，在前八句粗线条的叙述之后，末二句点眼处用了一个生动的细节："十五泣春风，背面秋千下。"这幅蕴涵丰富的少女伤春的诗意素描，象征性地表现了她与无忧无虑的少女时代的告别,也集中透露了全篇的寓托。早熟而伤春的少女、早慧而忧虑遇合的少年文士,被不露痕迹地融合在"十五泣春风,背面秋千下"的画面中。张谦宜《絸斋诗谈》评此诗云:"乐府高手,直作起结,更无枝语,所以为妙。"对此诗学古乐府而得其神情说得很到位。《戏题枢言草阁三十二韵》是大中四年春居徐州卢弘止幕时题同幕友人李枢言草阁的一首篇幅较长的五古。诗中通过对彼此身世交谊的叙述和幕府宴游生活的描写,展现了诗人卢幕生活的一个侧面,抒发了有才能、有抱负的文士落拓不遇的感情。诗人对自己的境遇虽有不满和牢骚,也有忧虑与感愤,但并不消沉与颓丧,而是在宴游酬酢场景的描写中时时流露出对自然与生活的热爱,表现出俊迈爽朗的胸襟气度。诗中"我有苦寒调"以下一大段,尽管在写到弹琴时出现了"哀"、"怨"、"泣"一类字眼,但抒情主人公的形象却显得神情洒落,顾盼神飞。即便篇末一段写才而不遇之感,也无颓唐气息。冯浩说:"义山在徐幕,心事稍乐,故有此种之作。音节古雅,情景潇洒,神味绵渺,离合牵引,极细极自然,五古中上乘也。"(《玉谿生诗笺注》)何焯说:"气味逼古,后幅纯乎汉魏乐府。"(《义门读书记》)纪昀说:"中一段淋漓飞动,乃一篇之警策……'杨花'一段夹入比体,极有情致。"(《玉谿生诗说》)都各有所见。

《骄儿诗》则显示了商隐五古在继承前人的基础上创新的另一种表现形式。这首诗从题材到对骄儿的具体描写,都显然受到左思《娇女诗》的影响。但左思之作止于描绘幼女的娇憨情态,商隐此诗则别有寄慨。程梦星说:"诗中叙事全从左思《娇女诗》来,但参之杜子美《北征》中段,较左思更为扩而充之耳。"(《重订李义山诗集笺注》)程氏所云《北征》中段,指该篇"况我堕胡尘"以下一段。在这段对归家后所见骄儿、两女情态的生动描写中,渗透了诗人对战乱年代贫寒之士生活遭际的深沉悲慨,却又以幽默笔调出之。因此,商隐的《骄儿诗》实际上是仿左之形迹而得杜之神情。篇中"欲慰衰朽质"、"憔悴欲四十"二语,最宜重看。从表面看,似乎末段之前均仿《娇女诗》笔意,实则笔端流露的感情已自有别。盖左思纯以寻常父母爱怜儿女的心情观察、描绘娇女,而商隐则以饱经忧患、沉沦憔悴者的眼光注视骄儿。首段写衮师之美秀与朋辈的夸奖,着"安得此相谓,欲慰衰朽质"二语,即已透露身世沉沦之悲。己身既感无望,遂寄全部人生希望于骄儿。而骄儿之美秀,又适足为饱经忧患的诗人心灵的安慰。中段写骄儿天真烂漫、聪明活泼的情态,正与诗人之憔悴形成鲜明对照。今日的骄儿,透出自己昔日的面影;而自己的现状,安知不预示着骄儿的将来?故末段因此而发"儿慎勿学爷,读书求甲乙"的感慨。正是这种饱经忧患的沉沦文士特有的心态,形成了这首诗熔铸左思、杜甫之作而自出机杼的创作思路和含泪微笑的艺术风格。轻怜爱惜、幽默风趣中自寓有诗人的沉沦不遇之泪。

除上述各首外,如《房中曲》、《宫中曲》之学长吉体,《李肱所遗画松诗书两纸得四十韵》之学韩诗,《井泥四十韵》之学屈原《天问》及杜牧《杜秋娘诗》,都不是单纯的模仿,而是程度不同地有自己的创新。这一切,说明五古虽不是商隐最擅长的体裁,但他在这一体的创作中转益多师、为我所用的学习态度,继承中有创新的精神,以及其中一些优秀篇章所达到的思想艺术水平,仍然值得重视。

第二节　七言古诗

李商隐的七言古诗,总数仅二十篇,但同样应该引起足够的重视。这里面,不仅包括了《燕台诗四首》、《韩碑》这种商隐最负盛名且影响深远的篇章,而且包括了《偶成转韵七十二句赠四同舍》、《安平公诗》这种带有自叙传性质,对于了解商隐生平与思想性格、诗歌风格有重要价值的诗篇。此外,如《无题》(何处哀筝)、《七月二十八日与王郑二秀才听雨后梦作》、《河阳诗》、《河内诗二首》、《日高》等作,也是商隐七古中很有特色的作品。值得注意的是,这二十首七古中,仿长吉体的竟有十五首①。这种集中仿效长吉体诗风的情况,在商隐其他各体诗中是没有的。学韩愈的也有两首,即《安平公诗》和《韩碑》。

《韩碑》的思想内容和现实意义,在本册第五章《李商隐的政治诗》中已作过论述,这里专谈它的艺术。此诗叙议相兼,以叙事为主体,以议论为结穴。叙事部分,歌咏了讨叛和撰碑、推碑这两件事。开头一段八句是讨叛的缘起,结尾一段是对韩碑的热烈赞颂,可以看做上述两件事的前伸后延。从题目《韩碑》看,撰碑前占了三分之一篇幅,似有头重之嫌;但从主题表达的需要看,如无对淮西之战的缘起及过程的必要叙写,后面对韩碑的热烈赞颂便失去了事理依据。这说明作者在构思和叙述详略安排上的匠心。

这首诗的一个突出特点,是笔力气势的雄健。一开头就以健举挺拔之势,大笔渲染宪宗的"神武"与平叛的决心,显出堂堂正正之气。"誓将上雪列圣耻"一句将眼前的平叛战争与安史之乱以来国家多难的历史联系起来,显出此役关系到国家的中兴事业,是高占地步之笔。接下来掉笔写淮西镇长期对抗朝廷,有意突出其嚣张跋扈,以反衬下文裴度平淮西之功不同寻常,正如纪昀所评:"入手八句两段,字字争先,不是寻常铺叙之法。"(《玉谿生诗说》)

第二段开头四句,遥承篇首,用古文笔法,郑重其事地推出裴度,明示"上雪列圣耻"的关键在得此"圣相"。随即直入本题,叙到裴度奉命挂帅出征,毫不拖泥带水。叙出师,只用"阴风惨澹天王旗"稍作点染,便将森严肃穆气氛传出,空际传神,笔意超妙,气势豪健。接下"愬武"四句,从麾下武将文僚一直铺叙到士兵,以突出裴度的统帅身份和精兵猛将如云的盛大声势。其中"行军司马"(韩愈时任裴度行军司马,为高级幕僚)单提,为下文奉命撰碑伏笔。写到这里,已充分显示出大军压境、蔡州必破之势,故下面写战争便用"入蔡缚贼"一笔带过。

---

① 十五首分别是:《无愁果有愁曲北齐歌》、《燕台诗四首》、《河阳诗》、《河内诗二首》、《射鱼曲》、《七月二十八日与王郑二秀才听雨后梦作》、《李夫人三首》(其三)、《日高》、《烧香曲》、《景阳宫井双桐》、《海上谣》。

整个一段,无论写皇帝、部将、幕僚、士兵,写出师、作战、功赏,笔笔不离裴度,故末句"功无与让恩不訾"的重笔概括便极有分量。

第三段开头"帝曰"二句,束上起下,从平叛过渡到撰碑,是全篇的主峰和枢纽。何焯说:"提明晋公功第一,以明其辞之非私也。"(《李义山诗集辑评》引)奉命撰碑,特用详笔铺陈渲染,不但写宪宗的明确指示、韩愈的当仁不让,连宪宗的颔首称许、韩愈的稽首拜舞也一并写出,令人宛见当日彤庭隆重热烈的气氛,以极恣肆的笔墨写极郑重的场面,别具奇趣。受命后,再用详笔铺写撰碑、献碑、树碑的过程。"点窜"二句,用奇警的语言道出韩碑高古典重的风格。"句奇语重"四字,言简意赅,揭示韩碑用意之深刻,唯其如此,故"喻者少",说得兴起,无形中将听信谗言下令推碑的宪宗也包括到不喻其深意的行列中去了。紧接着又写推碑和对此事的感慨。写推碑,直言"谗之天子言其私",不稍假借;抒感慨,盛赞韩碑如元气入人肝脾,推碑磨字也磨灭不了它在人们心中留下的深刻影响。气盛言壮,仿佛连皇帝的权威也不在话下。整个这一段,可谓"濡染大笔何淋漓",波澜起伏,酣畅淋漓。纪昀说:"'公之斯文'四句,真撑得起,非此坚柱,如何撺挂一段大文。凡大篇须有几处精神团聚,方不平衍散缓。"(《玉谿生诗说》)

最后一段,紧承上段末尾,从韩碑与国家中兴事业的关系着笔,进一步盛赞其不朽价值,是全诗意旨的深化与升华,大气磅礴、兴会淋漓,特具笼罩一切的气势。诚如纪昀所评:"有此起,合有此结,章法乃称。"(《李义山诗集辑评》引)

这首诗既保持和发扬了不入律的七古笔力雄健、气象峥嵘的特点,又吸取了韩诗以文为诗、多用赋法铺叙的经验,而避免了韩诗过分追求奇崛拗险的弊病,形成一种既具健举气势,又能步骤井然地叙事议论的体制。全篇多用拗调拗句,多用散文化句法和文章中的虚字,像"誓将上雪列圣耻"句用六个仄声字,"帝得圣相相曰度"、"入蔡缚贼献太庙"、"愈拜稽首蹈且舞"等句连用七个仄声字,"封狼生貙貙生羆"句连用七个平声字,都刻意造成一种高古奇峭的风格。

但由于不像韩诗那样多用古字僻字和佶屈聱牙的句法,整体的语言风格仍显得既高古雄健又清新明快,诚如屈复所评:"生硬中饶有古意,而清新过之。"(《玉谿生诗意》)在晚唐七古普遍流于纤秾婉媚的时风下,《韩碑》堪称迥拔流俗之作。

如果说《韩碑》属于阳刚型的七古,那么《安平公诗》和《偶成转韵七十二句赠四同舍》则更多地体现了阳刚与阴柔的结合,呈现出一种既豪放健举又鲜妍明媚的风格。《安平公诗》详叙与崔戎交往始末,全篇贯注着对崔戎知遇之恩的感激,并抒发了对失去这样一位知己的悲恸。"古人常叹知己少,况我沦贱艰虞多"二句,为一篇之眼目。诗中既有比较朴素健朗的叙述议论,又有相当明丽鲜妍的形容描绘。但也可以看出,这两种不同的风格在诗中尚未得到有机的交融。而到了《偶成转韵七十二句赠四同舍》,这两种风格就得到了很和谐的调匀交融。这首带有自叙传性质的长篇七古,着重叙写了诗人从会昌末到入徐州卢弘止幕前后这段时间的生活经历与思想感情,成功地塑造了诗人的自我形象。宣宗即位后,废弃否定会昌朝一些有积极意义的政治措施,打击李德裕政治集团,"贤臣斥死,庸懦在位",政治上明显走下坡路,商隐的境遇也愈加困窘。诗一开始就慨叹"我来不见隆准人",透露出对时君的失望。诗中更以主要篇幅叙写这一时期自己困顿失意的境遇——从"憔悴在书阁"到"赴辟下昭桂",从"失职辞南风"到"补吏府中趋"。从中可以看出一个有才能、有抱负的文士在当时每况愈下的政治局势中所遭到的困厄境遇和他对现实的不满与怨愤。但尽管境遇坎坷,诗人的"爱君忧国"之志、"斩蛟破璧"之概并不因之而少衰。"此时闻有燕昭台,挺身东望心眼开。且吟王粲《从军乐》,不赋渊明《归去来》",报国从戎之情溢于言表;"我生粗疏不足数,《梁父》哀吟《鸲鹆》舞。横行阔视倚公怜,狂来笔力如牛弩",豪纵不羁之概如在目前。诗中塑造的诗人自我形象,与史传中所诬称的"放利偷合"、"诡薄无行"的李商隐其人固大异其趣,也和通常印象中多愁善感、软弱消沉的诗人形象显然有别。田兰芳评道"傲岸激昂,儒酸一洗"(冯浩笺引),倒是相当准确地揭示了这首诗中诗人自我形象的主要特征。

和一般抒情诗主要是凭借感情的抒发来塑造诗人形象有所不同,这首带有自叙传性质的诗主要是结合生平经历遭遇的叙述,不断地展示自己的胸襟抱负和思想性格。像"顷之失职辞南风,破帆坏桨荆江中。斩蛟破璧不无意,平生自许非匆匆"四句,叙述桂幕罢归途经荆江时舟行遇风、帆破桨坏的一段惊心动魄经历,同时也象征性地表现了诗人不畏人生道路上的险风恶浪,敢于同命运搏斗的胸襟气魄。接下来"归来寂寞灵台下"一节,先极写回到长安后仕途的蹭蹬、生活的困顿、心境的寂寞,就在遥思旧山、萌发出世之想时,忽又异军突起,转出"爱君忧国去未能"的夙志和"且吟王粲《从军乐》,不赋渊明《归去来》"的高唱,从而将诗人虽处困境,却能面对现实、热情对待生活的思想性格凸现出来。特别是"且吟"二句,既是巧妙的叙事,又是成功的抒情,读来有一种豪纵之气流注于字里行间。末段写幕中生活,也有对自己性格气质的生动描写,"我生"四句,在自谦中流露出风流自赏之情,在感激知遇中表现出狂放不羁之态,是塑造诗人自我形象的传神之笔。

这首诗在构思方面以自叙生平经历、性格抱负为经线,以记述与幕主卢弘止及同舍的交谊为纬线。二者交错分合,相互映衬引发,不但使全篇叙事错综而富变化,而且使知己者的温暖情谊成为暗淡寂寞的时代氛围中弥足珍贵的亮色,成为诗人在困顿境遇中积极对待生活的精神支撑。因此这种构思不仅是题目本身的要求,更是主题表达和诗人自我形象塑造的需要。

这首诗的语言风格与《韩碑》显然不同。《韩碑》的语言具有明显的散文化特点,高古雄健中时带清新。而本篇由于采用受近体影响较深的歌行体,语言明显偏于鲜妍秾丽,富于文采,但又非单纯的华美婉媚,而是将华采与诗人那种豪纵不羁的情怀、深沉凝重的感慨融为一体。诗的中间一大段历叙初谒弘止、憔悴书阁、南赴昭桂、北返长安、任职京兆、东望徐府等生活经历,其中纪行写景,颇多文辞华美、色彩秾艳之句,但由于在叙述描绘中贯注着诗人的不羁情怀和深沉感慨,读来丝毫没有柔弱华靡之感。它把"碧沼红莲颠倒开"式的鲜妍明丽与"狂来笔力如牛弩"式的豪放健举有机地融合在一起,于叙次分明流畅中时见波澜顿挫,于挥洒自如、一气流转中时露深沉凝重,艺术上较其早期的《安平公诗》更臻成熟。

值得注意的是,《韩碑》和《偶成转韵》这两首七古尽管风格迥异,但又都具有明显的叙事性。不过,它们不是那种从头到尾叙述一个完整故事或事件的叙事诗,跟《陌上桑》、《古诗为焦仲卿妻作》、《木兰辞》、《长恨歌》、《琵琶行》等显然有别。《韩碑》虽以叙事为主,但其中包含着由淮西割据、裴度出征、韩愈撰碑、信谗推碑等相互关联而时间上并不连贯的事件。《偶成转韵》虽以叙述诗人生平交游经历为主,但并非叙述其整个经历,而是仅截取其中一段。前者是叙事而夹以议论,后者是叙事而兼抒情。如果我们不把叙事诗的品种看得过于单一的话,不妨认为这也是两种叙事诗的类型。因为这两首诗中所叙之事,都不仅仅是为了议论或抒情的需要,更不是互不关联的片断。至于诗中的议论或抒情,它们并不是判断其是否是叙事诗的依据,那种典型的叙事诗乃至故事诗也是常有这两种成分的。

在商隐七古中,《七月二十八日夜与王郑二秀才听雨后梦作》是比较特殊的篇章。《李义山诗集辑评》所辑墨批云[①]:"律诗而无对偶,古诗而叶今调,此格仅见。"何焯则云:"诗是七古而声调合律,此格仅见。"(《李义山诗集辑评》引)冯浩笺引钱良择又云:"此系律诗,唐人律诗不对偶者颇多。"而汪师韩《诗学纂闻》则云:"唐人五言四韵之律多不对者,七言无之。乃有七言长律而不对者,如李义山《七月二十八日夜与王郑二秀才听雨后梦作》(诗略)。此诗调谐响协,若编入古体,则凡笔力孱弱者皆得援以藉口矣,故断其为长律而无疑也。"钱锺书亦从汪氏之说认为这是七言排律散体(见《谈艺录》及《补订》)。执声律或对

[①] 《辑评》墨批本当为朱彝尊批,但据黄永年先生过录朱氏批语,无此条,故存疑,只标《辑评》墨批。

偶之某一端,谓其为律为古,诚各有所据,但未可定论;而无论为律为古,都是商隐在诗歌体制上的一种新创造,才是问题的实质。这里只是根据一般分体将它归入七古,并不表明赞成某一说。这首诗通篇纪梦,前十二句包含六个片断。"初梦"二句,写龙宫见宝;"旋成"二句,写蓬莱遇仙。以上四句,均惬意称心境界。"少顷"二句,写隔飞烟而闻细管;"逡巡"二句,写听夜雨打湘弦。以上四句,均写梦中闻乐,恍忽迷离,可闻而不可即。"瞥见"二句,写冯夷怅望,沧海为田;"亦逢"二句,写毛女无憀,华莲为龙伯所取。以上四句,为失意怅惘境界。此三种不同境界,或即诗人所历三种人生境界的变形反映。"恍忽"二句,是对整个梦境变幻不定、断续无端的形容。末二句点梦醒。陆鸣皋对这首诗有很精到的评论:"写得迷离恍忽,宛然梦境。一气嘘成,随手起灭,太白得意笔也。"(《李义山诗疏》)不但准确揭示出此诗纪梦似梦之"迷离恍忽"、"随手起灭"的特点,而且指出商隐诗继承李白浪漫主义诗风这一很少为人注意的侧面。李白诗"一气嘘成,随手起灭"的特点,不仅体现在其纪梦诗如《梦游天姥吟留别》诗中,而且体现在他的一系列七言长篇乐府歌行中。沈德潜谓其七古"想落天外,局自变生。大江无风,波浪自涌;白云从空,随风变灭"(《唐诗别裁集》卷六),赵翼谓其诗"飘然而来,忽然而去"(《瓯北诗话》卷一),与商隐此诗"一气嘘成,随手起灭"的特征正一脉相通。

  商隐仿长吉体的七言古诗,占了其总数的四分之三,说明在七古一体中李贺是他醉心学习的对象。其中如《燕台诗四首》、《日高》已在本册第十章论及,这里提一下它们与词的关系。明许学夷《诗源辩体》云:"商隐七言古,声调婉媚,大半入诗余矣。与温庭筠上源于李贺七言古,下流至韩偓诸体。"所指即商隐七古之学长吉体者。尤其是《燕台诗四首》,其内容、情调、意象、意境、章法、语言都已接近于词,宋人词中也常提到"《燕台》句",或化用《燕台诗》,可见其对词的影响。如果说,《韩碑》、《偶成转韵》接近叙事诗,那么《燕台诗四首》便是最纯粹的抒情诗。

第三节 五言律诗

李商隐的五言律诗共一百五十多首,数量上仅次于七绝而超过了他的七律,可见他对这一体的用力。其中颇多历代传诵的名篇佳作,下面分别扼要论述。

五律中思想意义最高的当推一系列反映时事的作品,其中有《寿安公主出降》、《淮阳路》、《登霍山驿楼》、《即日》(小苑试春衣)、《哭刘司户蕡》、《哭刘司户二首》等。这些诗多数明显受到杜甫忧国伤时精神和沉郁顿挫诗风的影响。《淮阳路》,纪昀评:"气脉既大,意境亦深,沉着流走,居然老杜之遗。"(《玉谿生诗说》)《哭刘司户蕡》,姚鼐评:"义山此等诗殆得少陵之神,不仅形貌。"(《今体诗钞·五言律诗》)《哭刘司户二首》,何焯评:"二诗格调甚高,一气写成,极似少陵。"(《李义山诗集辑评》引)王鸣盛评:"沉郁之句,谁能锤炼到此?惟少陵有之。"(冯注初刊本王氏手批)从上引诸家评中可以看出这类反映时事的五律,义山直承少陵而能深得其神。但这类诗中真正具有义山独特艺术个性的不多。《即日》诗在遣词设色方面脱胎于齐梁体,而借闺怨来反映时事的写法则是对齐梁体的一种改造;《寿安公主出降》将尖锐的讽刺与深沉的忧愤感慨融合起来。这两首诗倒颇见义山诗的艺术个性。

五律中真正能体现义山个性的是抒怀之作,其中著名者如《落花》、《城上》、《高松》、《北楼》、《晚晴》、《陆发荆南始至商洛》、《夜饮》、《杨本胜说于长安见小男阿衮》、《风雨》等作,或抒惜花伤春意绪,或写珍重晚晴之情,或言僻处天涯之感,或发江海远客之悲,或表怀念子女之情,或兴羁泊穷年之悲,大多与其悲剧性的身世遭遇有关,也可以说是抒写人生悲慨之作。这类作品虽仍有学杜痕迹,但从内容情调看,已明显具有商隐的个性特色,特别是像《落花》、《北楼》、《晚晴》、《风雨》等作更是如此。《落花》抒写因落花引起的伤春意绪:

> 高阁客竟去,小园花乱飞。
> 参差连曲陌,迢递送斜晖。
> 肠断未忍扫,眼穿仍欲稀。
> 芳心向春尽,所得是沾衣。

首联倒跌而入,写出客去高阁,满目所见唯有落花乱飞时心境的迷惘纷乱。颔联写落花纷飞,势连曲陌、遥送斜晖的动态,诗人惜花的心情和目送落花的黯然神伤亦一齐传出。腹联以写惜花的情绪为主,而落花委地、残花依枝的情状仿佛可见。尾联"芳心"双绾,将落花和具有落花般身世境遇与心情的诗人融为一体。诗所表现的感情虽可能和杜甫《曲江二首》(其一)"一片花飞减却春,风飘万点正愁人"有些关联,但杜甫在"细推物理"之后得出的结论是需及时行乐,"传语风光共流转,暂时相赏莫相违",而商隐则是"芳心向春尽,所得是沾衣",一偏于理性的憬悟,一陷于深刻的感伤。诗中表现的"伤春"意绪,包蕴甚广,是义山特有的对美好事物消逝的惋惜流连和深刻感伤。《风雨》也是学杜而自具独特面目之作:

> 凄凉《宝剑篇》,羁泊欲穷年。
> 黄叶仍风雨,青楼自管弦。
> 新知遭薄俗,旧好隔良缘。
> 心断新丰酒,销愁斗几千?

颔联绝似老杜。薛雪《一瓢诗话》说:"老杜善用'自'字……李义山'青楼自管弦'……未始非无穷感慨之情,所以直登老杜之堂,亦有由矣。"但全诗所抒发的穷年羁泊飘零之感,旧好隔绝、新知浇薄之慨,却是典型的义山音调。

还有一类是咏物五律。著名的有《十一月中旬至扶风界见梅花》、《李花》、《蝉》、《细雨》(潇洒傍回汀)、《雨》(撼撼度瓜园)等,抒怀之作中有一部分如《高松》、《落花》也同时可以归入咏物诗。《蝉》诗自是意在笔先、取题之神的五律咏物精品,其他各首也多有名联佳句。

商隐五律在大中元年、二年居桂幕期间,无论数量、质量都达到了高峰。这一时期,他似乎有意用这种体裁来抒写羁旅情怀和异域风物。关于这方面的情况,在本册第四章已有论述。

商隐五律,既有继承徐陵、庾信诗风,以绮丽精工见长者,又有继承杜甫诗风,以锤炼凝重见长者,此外还有以清新流畅见长者[①]。后者如《春宵自遣》、《高松》、《访秋》、《思归》、《归墅》、《杨本胜说于长安见小男阿衮》、《凉思》等。举《凉思》为例:

> 客去波平槛,蝉休露满枝。
> 永怀当此节,倚立自移时。
> 北斗兼春远,南陵寓使迟。
> 天涯占梦数,疑误有新知。

这是诗人奉使南陵、留滞思家之作。首联写客去夜深的清寥境界,从仿佛意外发现江阔波平、蝉休露盈的视听感受中显示出时间的悄然流逝和凉夜的寂寞,暗逗"思"字。颔联正写思念之悠长,语淡情深,笔意空灵,似对非对,特具隽永的情味。腹联分写怀远之情与留滞之感,对映中益见怀远之情之深切。出句将

[①] 宋范晞文《对床夜语》卷三:"'虹收青嶂雨,鸟没夕阳天','月澄新涨水,星见欲销云','池光不受月,野气欲沉山','城窄山将压,江宽地共浮','秋应为红叶,雨不厌苍苔',皆商隐诗也,何以事为哉!又《落花》云'落时犹自舞,扫后更闻香',《梅花》云'素娥惟与月,青女不饶霜',尤妙。"所举均清新流畅的白描佳句。

空间的悬隔与时间的远隔在意念中融为一体,用一"远"字绾结,使时间之远同时具有空间的视觉形象,似无理而真切新颖。末联转从对面(妻室方面)着笔,从遥揣对方的"疑误"中进一步表现自己的深切思念与深情体贴。这类在清畅平淡中见深情绵邈的作品往往更见商隐的情感本色。

但总的来说,商隐五律数量多、佳作多,但艺术独创性则较七律逊色。单篇作品水准相当高,而整体的特色不够突出,故不能像七律那样成为大家。

第四节　五言绝句

李商隐的五言绝句共三十七首。其中《柳枝五首》、《漫成三首》(之二、之三)、《李夫人三首》(之一、之二),仿长吉体,有的是押仄韵的古绝,风格比较生涩,缺乏韵味。《嘲桃》、《百果嘲樱桃》、《樱桃答》、《嘲樱桃》、《妓席》、《代应二首》(之二)近游戏之作。此外,还有一部分率意而为之作,如《歌舞》、《房君珊瑚散》、《追代卢家人嘲堂内》等。但在这为数不多的五绝中,却有一系列精品佳作,它们是《乐游原》(向晚意不适)、《天涯》、《悼伤后赴东蜀辟至散关遇雪》、《忆梅》、《滞雨》、《细雨》(帷飘白玉堂)、《微雨》、《听鼓》、《饯席重送从叔余之梓州》等。这些作品有以下几种类型,各有特点。

一是篇幅短小而内涵深广。这类作品可以《乐游原》、《天涯》为代表。《乐游原》所抒发的感情,从表面上看似乎仅仅是因为目接古原落日黄昏之景而触发的"不适"之感,但实际上举凡时世衰飒之慨、身世沉沦之悲、年华消逝之感,乃至对一切美好事物消逝之惋惜流连与无奈,均可包蕴。故管世铭谓其"消息甚大,为绝句中所未有"(《读雪山房唐诗序例》)。《天涯》所写,表面上似亦仅为春残日暮之伤感,实则伤时之痛、迟暮之感、沉沦漂泊之情,均可于虚处领之。此可谓之小篇幅而大容量、大概括,盖缘所感不主一端。

二是运思甚曲而能一气浑成。《滞雨》、《悼伤后赴东蜀辟至散关遇雪》、

《忆梅》可以作为代表。《滞雨》云：

> 滞雨长安夜，残灯独客愁。
> 故乡云水地，归梦不宜秋。

诗由滞雨长安而生独对残灯的客愁，由思归不得而转生梦归故乡的痴想。但又转想值此秋霖苦雨之际，故乡恐亦为层云叠雾、凄风苦雨所笼罩，故又生"归梦不宜秋"的感慨。是则秋霖苦雨不但滞客之归，酿客之愁，而且阻客之归梦，甚至阻梦归之想。诗思之曲折幽缈，至此为极。而题目"滞雨"的"滞"字，也在连透数层中被写足了。但这层层曲折，在诗人笔下，却如行云流水，运掉自如，毫无炉锤之迹与做作之态。正如纪昀所评："运思甚曲，而出以自然，故为高唱。"（《李义山诗集辑评》引）《悼伤后赴东蜀辟至散关遇雪》：

> 剑外从军远，无家与寄衣。
> 散关三尺雪，回梦旧鸳机。

诗以"从军"起"无衣"，以"无衣"起"三尺雪"，又再由"三尺雪"的现境转出"回梦旧鸳机"的温馨梦境。虽已无家，犹做有家之梦。层层转进加深，却又一气浑成，至"回梦旧鸳机"而陡然收束，梦醒后的凄寒孤寂全寓言外。三、四句之间的转折，看似突然，实有深刻的心理依据。在朴素平淡的叙说中蕴含层层曲折和丰富的感情。处境的孤子、远行的辛苦、身世的漂泊，以及对亡妻的怀念均自然流露于笔端。纪昀谓此诗"气格高远，犹存开、宝之遗"（《玉谿生诗说》），当是着眼其浑融无迹的风貌，而"'回梦旧鸳机'犹作有家想也。缩退一步，正是加一倍法"（同上），则揭示出其运思曲折的特点。《忆梅》：

> 定定住天涯，依依向物华。
> 寒梅最堪恨，长作去年花。

寒梅先春而开，春前而谢，不能与三春百花同享春光。诗人自己也正像寒梅一样，是"早秀"而"不待作年芳"的沉沦漂泊者。故因春时"向物华"而转忆寒梅，从而触发早秀先凋、开不逢时之悲。四句中由过去而现在，又由现在而过去，内含层层曲折，而又一气浑成。

三是咏物或体物细致，感受入微，或韵味深长，富于想象。前者如《微雨》：

> 初随林霭动，稍共夜凉分。
> 窗迥侵灯冷，庭虚近水闻。

写微雨，避免直接的描摹刻画，主要从周围环境和有关事物着笔，写出静夜中变得锐敏的触觉、听觉感受，以传微雨之神。一、二句写薄暮时视觉上与林霭之浑然莫辨，到入夜后触觉上与夜凉之由不辨到辨，"初"、"稍"二字透露出体物的过程。三句写触觉的细微感受，因窗迥灯冷而得；四句写听觉之细微感受，因庭空人静而闻。这都表现出诗人体物的细致入微。

后者可以《细雨》为代表：

> 帷飘白玉堂，簟卷碧牙床。
> 楚女当时意，萧萧发彩凉。

作单纯咏物诗读，用"帷飘"、"簟卷"来形况细雨，已生动地表现出其细密与随风飘荡翻卷的态势。三、四句又进而将廉纤雨丝想象成巫山神女新沐后润泽而散发着凉意的发丝，更是极富诗意。但这首诗还可以有另一种解读法，其中或许隐含着一段美好的爱情记忆:抒情主人公在细雨飘帷、秋凉簟卷之时,曾对"楚女"披散着新沐秀发的意态留下了美好而难以磨灭的印象。今日重睹细雨,其人已杳,这段情缘也成了旧梦。故触景兴感,借写细雨来抒写对往昔美好情事的追忆。"雨之至细若有若无者,谓之梦。"(王若虚《滹南诗话》引萧闲语)然则,这篇《细雨》所抒写的不正是心灵中深藏的一段美好记忆,一个遥远而幽缈的旧梦吗?

从以上列举的这些五绝可以看出,商隐五绝的共同特点是多用白描。商隐其他各体诗常多用典故,多施藻采,而五绝绝少用典,不事彩绘。无论构思如何婉曲,其表现手段基本上都是白描。其五绝曲折而浑成的风貌与此密切相关。

第五节 五言排律

李商隐的五言排律共有五十首,无论是数量或艺术质量他都可称得上是杜甫以后工于此体的诗人之一。这当中,有一些很见艺术功力的长篇排律,如《送从翁从东川弘农尚书幕》、《哭遂州萧侍郎二十四韵》、《送千牛李将军赴阙五十韵》、《五言述德抒情诗一首四十韵献上杜七兄仆射相公》、《今月二日不自量度辄以诗一首四十韵干渎尊严伏蒙仁恩俯赐披览奖逾其实情溢于辞顾惟疏芜曷用酬戴辄复五言四十韵诗一章献上亦诗人咏叹不足之义也》等。尽管其中有的篇章(如献杜悰的两首长律)今天看来,其思想内容毫无可取,但它们在艺术上确如评家所说,"典雅重大"(杨万里),"工丽典切"(姚鼐),"壮丽典雅,不减少陵"(朱彝尊),显示出其博大的才力,很能体现其"以骈文为诗"的特点。纪昀评《五言述德抒情诗一首四十韵献上杜七兄仆射相公》云:"起四句气脉自大。'自昔'四句声华宏壮……'感念'一段,沉郁顿挫,大笔淋漓,化尽排偶之迹。他人作古诗尚不能如此委曲沉着,真晚唐第一作手,得杜藩篱不虚也。"(《玉谿生诗说》)其中提到的"感念"一段,就是将李德裕诋为"当路"的"恶草",将杜悰美化为挺生的"寒松"一节。诗艺与诗品之间形成巨大反差,这是典型的例证。但也有思想内容与艺术统一得比较好的,如集中篇幅最长的五言排律《送千牛李将军赴阙五十韵》,将主要篇幅用于叙赞李晟平定朱泚之乱的功绩,"送李千牛"(千牛将军李某系李晟之孙)仅于篇末一点,实可作为平定朱泚之乱的政治诗来读。录其中数段:

> 别馆兰薰酷,深宫蜡焰明。
> 黄山遮舞态,黑水断歌声。
> 纵未移周鼎,何辞免赵坑?
> 空拳转斗地,数板不沉城。
> 且欲凭神算,无因计力争。
> 幽囚苏武节,弃市仲由缨。
> 下殿言终验,增埤事早萌。
> 蒸鸡殊减膳,屑曲异和羹。

> 否极时还泰,屯余运果亨。
> 流离几南渡,仓卒得西平。
> 神鬼收昏黑,奸凶首满盈。
> 官非督护贵,师以丈人贞。
> 覆载还高下,寒暄急改更。
> 马前烹莽卓,坛上抱韩彭。
> 扈跸三才正,回军六合晴。
> 此时惟短剑,仍世尽双旌。

此诗"叙西平功,精彩横溢,当接少陵之席"(张谦宜《絸斋诗谈》),"跳动激发,

笔驱风云,人拟义山少陵,于此信之"(冯浩笺引田兰芳评)。纪昀也盛赞此诗:
"'在昔'四句,总领前半篇,声光阔大。'否极'四句,转轴亦字字筋节,精神震动……结乃声情勃发,淋漓尽致。"(《玉谿生诗说》)。《哭遂州萧侍郎二十四韵》也有不少精彩的段落:

> 苦雾三辰没,穷阴四塞昏。
> 虎威狐更假,隼击鸟逾喧。
> 徒欲心存阙,终遭耳属垣。
> 遗音和蜀魄,易箦对巴猿。
>
> 有女悲初寡,无儿泣过门。
> 朝争屈原草,庙馁若敖魂。
> 迴阁伤神峻,长江极望翻。
> 青云宁寄意?白骨始沾恩。

纪昀认为长篇排律既须有次第,又要有筋节语支拄其间,举此诗作为范例云:"起手说得与世运相关,高占地步……起四句提纲,次四句叙其立官本末,次六句叙时事之非,次十句叙放逐而死,次十二句叙从前情好,次四句自写己意,次八句总收,层层清楚,是其次第处也……七句、八句、十三句、十四句、二十七句、三十八句、三十九句、四十句皆筋节处也。'苦雾'四句极悲壮,'白骨'句沉痛之至,而出以蕴藉。"(《玉谿生诗说》)总的来看,商隐这些长篇五排在格调声律方面学杜深得其神,但艺术个性却不够鲜明突出。

  商隐五排的精华主要不是长篇,而是篇幅较短的反映时事、抒写怀抱之作。反映时事的五排,当推《有感二首》。这两首反映甘露之变的力作,不仅有胆有识,忠愤激烈之气、关注国运之情,盘郁流注于字里行间,而且开合顿挫,曲折如意,笔力沉雄,感慨入骨。这种抒情性议论,杜甫最为擅长,义山可谓得其真传。他晚年所作的《武侯庙古柏》借慨武侯之"玉垒经纶远,金刀历数终"寄寓有才能的政治家遭逢末世、志业不成的悲慨,不但有现实政治内涵,而且"风格老重,五、六尤警切"(纪昀《瀛奎律髓刊误》)。

抒写身世怀抱的短篇五排,更见商隐个性。像《大卤平后移家到永乐县居书怀十韵寄刘韦二前辈》、《念远》、《摇落》、《崇让宅东亭醉后沔然有作》诸诗,都写得感情深挚,词采清丽,很富情调韵味。《大卤平后移家到永乐县居书怀十韵寄刘韦二前辈》,田兰芳评:"有怀皆苦,无句不妍。"(《玉谿生诗笺注》引)以风致胜。《摇落》何焯评:"蕴藉之至。"纪昀评:"语极浓至,佳在不靡。"(《李义山诗集辑评》引)以情调胜。它们都鲜明地体现了商隐诗深情绵邈的艺术个性。

值得注意的是,商隐短篇五排中有一类诗,纯用白描,而情韵双绝。《戏赠张书记》、《西溪》(怅望西溪水)是其代表。这类诗与《有感二首》、《送千牛李将军赴阙五十韵》等正分别代表了其五排的两种类型,与七律的情况类似。

商隐五排中也有一部分写得比较靡艳的作品,如《碧瓦》、《镜槛》、《拟意》等;有的则写得比较隐晦,如《魏侯第东北楼堂郢叔言别聊用书所见成篇》;更有写得堆垛乏味者,如《喜雪》、《四年冬以退居蒲之永乐渴然有农夫望岁之志遂作忆雪又作残雪诗各一百言以寄情于游旧》。但从总体看,其五排在唐代诗人中是成就较高的。

第十六章 李商隐的白描诗境

第一节 历代对李商隐诗的主导看法

在诗歌接受史上,某些有影响的"第一读者"对被接受对象的看法和评价,由于在一代又一代的接受之链上被充实和丰富,往往成为对被接受对象的主导看法乃至定论,但任何读者对前人创作的理解与接受都不可避免地有其时代和自身的局限性、片面性。因此,当某些"第一读者"的看法在代代相承的接受过程中成为主导意见乃至定论后,就有可能掩盖被接受对象客观存在的另一些特征乃至重要特征。这种情况,在李商隐诗歌接受史上表现得相当典型。这一章拟在历代对李商隐诗的主导看法之外,揭示出李诗的另一重要特征——白描,以期对李诗有比较全面的认识。

历代对李商隐诗的主导看法,概略地说,有以下三个方面:一是风格绮艳,二是用典繁僻,三是善学杜诗。其中前两个方面都和西昆派对商隐诗的接受有密切关系。

西昆派之前,晚唐五代时期受商隐诗风影响的唐彦谦、韩偓、吴融等人的创作中,已经透露出其时诗坛对商隐诗的看法和选择趋向主要着眼于其诗风的绮艳。但他们对后世的影响都不如西昆派。在李商隐诗接受史上,西昆派是作为一个风靡宋初诗坛数十年、有相当规模的诗人群体而存在的,因此其影响相当巨大深远。他们对商隐诗的接受,主要体现在其诗歌创作对商隐诗的学习模拟上。西昆体的主要特点,一是词藻华美,二是用典繁富,三是对仗工切,音韵铿锵。他们标榜学李商隐诗,主要着眼于这几方面。这实际上反映了他们对商隐诗的看法与取舍。尽管杨亿《谈苑》论及玉谿生诗时,曾谓其"富于才调,兼极雅丽,包蕴密致,演绎平畅"(宋江少虞《宋朝事实类苑》卷三四"玉谿生"条),赞赏义山《宫妓》诗措辞寓意之"深妙"(宋胡仔《苕溪渔隐丛话》后集卷一四引《杨文公谈苑》),并不只赏其词藻典故之华赡。但在实际创作中,西昆派对李诗的接受主要是挹其芳润,侧重于雕章琢句,堆砌词藻典故。西昆派对商隐诗的这种片面接受,对后世评家对李商隐诗的看法影响很大。不但有人干脆将商隐诗也称作西昆体,而且在西昆体遭到严厉批评之后人们对商隐诗的看法仍受到西昆派的影响。从这个意义上说,西昆派是李商隐诗接受史上的最有影响力的"第一读者"群体。

西昆派之后,认为商隐诗风格绮艳的有代表性的评论如:

范晞文《对床夜语》:"商隐诗:'斗鸡回玉勒,融麝暖金釭。玳瑁明珠阁,琉璃冰酒缸。'七言云:'不收金弹抛林外,却惜银床在井头。彩树转灯珠错落,绣檀回枕玉雕锼。'金玉锦绣,排比成句,乃知号至宝丹者,不独王禹玉也。"(丁福保辑《历代诗话续编》上册)

敖陶孙《诗评》:"李义山如百宝流苏,千丝铁网,绮密瑰妍,要非适用。"(《臞翁诗评》)

方回《秋晚杂书三十首》(其二十):"人言太白豪,其诗丽以富……余编细读之,要自有朴处……何至昌谷生,一一雕丽句……亦焉用玉谿,纂组失天趣。"(方回《桐江续集》卷二)

杨基《无题和李义山商隐序》:"尝读李义山无题诗,爱其音调清婉,虽极其秾丽,然皆托于臣不忘君之意,而深惜乎才之不遇也。"(杨基《眉庵

集》卷九)

　　许学夷《诗源辩体》:"商隐七言律,语虽秾丽,而中多诡僻。"又:"商隐七言绝,如《代赠》……《鸳鸯》……《春日》……全篇较古律艳情尤丽。"(《诗源辩体》卷三〇)

　　陆时雍《诗镜总论》:"李商隐丽色闲情,雅道虽漓,亦一时之胜。"(丁福保辑《历代诗话续编》下册)

　　钱谦益《题冯子永日草》:"又尝谓李义山之诗,其心肝腑脏窍穴筋脉,一一皆绮组缛绣排纂而成,泣而成珠,吐而成碧,此义山之艳也。"(钱谦益《牧斋有学集》卷四八)又朱鹤龄引钱氏语云:"玉谿生诗,沉博绝丽。"(朱鹤龄《李义山诗集笺注》卷首朱氏自序引钱氏语)

除杨基、钱谦益外,多数评家对商隐诗的绮艳持批评甚至否定态度。

认为李商隐诗用典繁僻的代表性评论如:

　　惠洪《冷斋夜话》:"诗到李义山,谓之文章一厄,以其用事僻涩,时称西昆体。"(《冷斋夜话》)

　　吴炯《五总志》:"唐李商隐为文,多检阅书史,鳞次堆积左右,时谓为獭祭鱼。"(《五总志》)

　　黄彻《碧溪诗话》:"李商隐诗好积故实,如《喜雪》……一篇中用事者十七八……以是知凡作者,须饱材料。"(《历代诗话续编》上册)

　　范晞文《对床夜语》:"诗用古人名,前辈谓之点鬼簿,盖恶其为事所使也……李商隐诗半是古人名,不过因事造对,何益于诗?至有一篇而叠用者。"(《历代诗话续编》上册)

　　胡应麟《诗薮》:"李商隐……填塞故实。"(《诗薮·内编》卷五)

除黄彻从商隐诗好积故实得出"作者,须饱材料"的结论外,多数论者认为用事繁僻是诗家一病。

第三个方面是认为商隐善学杜诗。此说首倡者为王安石。《蔡宽夫诗话》云:"王荆公晚年亦喜称义山诗,以为唐人知学老杜而得其藩篱者,惟义山一人而已。每诵其'雪岭未归天外使,松州犹驻殿前军'、'永忆江湖归白发,欲回天地入扁舟'与'池光不受月,暮气欲沉山'、'江海三年客,乾坤百战场'之类,虽老杜无以过。"(胡仔《苕溪渔隐丛话》前集卷二二"王荆公爱义山诗"条)王氏于唐代诗人中最推尊杜甫,此论一出,对后代影响深远,成为商隐诗接受史上除西昆派之外另一著名的"第一读者"。后来阐发商隐学杜之说的评论很多,如:

朱弁《风月堂诗话》:"李义山拟老杜诗云:'岁月行如此,江湖坐渺然。'真是老杜语也。其他句'苍梧应露下,白阁自云深'、'天意怜幽草,人间重晚晴'之类,置杜集中亦无愧矣。然未似老杜沉涵汪洋,笔力有余也。义山亦自觉,故别立门户成一家。"(《风月堂诗话》)

袁桷《书郑潜庵〈李商隐诗选〉》:"李商隐诗号为中唐警丽之作,其源出于杜拾遗。晚自以不及,故别为一体。"(《清容居士集》卷四八)

释道源云:"吾以为义山之诗,推原其志义,可以鼓吹少陵。"(钱谦益《牧斋有学集》卷一五《注李义山诗集序》引道源语)

钱龙惕《玉谿生诗笺叙》:"至如高廷礼、李空同之流,欲为杜诗而黜义山为晚唐卑近,是登山而不由径,泛海而断之港也。"(钱龙惕《玉谿生诗笺》卷首)

朱鹤龄《笺注李义山诗集序》:"且吾观其活狱弘农,则忤廉察;题诗九日,则忤政府;于刘蕡之斥,则抱痛巫咸;于乙卯之变,则衔冤晋石;大和东讨,怀'积骸成莽'之悲;党项兴师,有'穷兵祸胎'之戒。以至《汉宫》、《瑶池》、《华清》、《马嵬》诸作,无非讽方士为不经,警色荒之覆国。此其指事怀忠,郁纡激切,直可与曲江老人相视而笑,断不得以'放利偷合'、'诡薄无行'嗤摘之也……义山之诗,乃风人之绪音,屈宋之遗响,盖得子美之深而变出之也。"(朱鹤龄《李义山诗集笺注》卷首)

宋、元、明三代,除王安石之论内容形式并重外,论义山学杜者多从风貌句格与杜诗相似着眼。至清初则侧重从继承杜诗忧国伤时的精神着眼,但都认为义山善学杜诗。

以上列举的历代对李商隐诗的几种主导看法,归结到一点,即认为义山诗离朴素、自然、本色很远,是着意雕饰、锤炼的典丽精工型。辞采的华美绮艳、用事的繁富深僻,以及杜诗式的锤炼精工都是和朴素、自然、本色相对立的。但是,商隐诗是否只有绮艳、锤炼和用事繁富这一面呢?回答是否定的。

第二节 义山诗自有白描佳境

如果我们既充分尊重历代对商隐诗的主导看法,又不为其所囿,对商隐诗作更全面的考察,就不难发现,商隐许多写得相当出色的诗其实并不属于典丽精工型(或如钱谦益所说的"沉博绝丽"型),而是白描型的。它们往往采用直接描写、抒情的手段,不用秾艳的词藻,不用或少用典故,以清新流美的笔触创造出别具一格的白描诗境。

为了说明白描诗境在义山诗中所占的比重,便于与典丽精工型的作品作比较,不妨按诗体列出一个两种类型的诗选目对照表:

五古

  白描型　5首

    无题(八岁偷照镜)　行次西郊作一百韵　戏题枢言草阁三十二韵

井泥四十韵　骄儿诗

典丽精工型　0首

无

七古

白描型　2首

无题四首（其四）　韩碑

典丽精工型　12首

七月二十八日夜与王郑二秀才听雨后梦作　无愁果有愁曲北齐歌　日高　海上谣　燕台诗四首　河内诗二首　河阳诗　偶成转韵七十二句赠四同舍

五律

白描型　37首

十一月中旬至扶风界见梅花　淮阳路　春宵自遣　幽居冬暮　落花　寒食行次冷泉驿　桂林　晚晴　高松　访秋　桂林道中作　江村题壁　即日（桂林闻旧说）　北楼　思归　寓目　昭州　风　江上　楚泽　归墅　九月於东逢雪　哭刘司户蕡　哭刘司户二首　蝉　夜出西溪　杨本胜说于长安见小男阿衮　因书　风雨　赠柳　李花　秋月　北青萝　寄裴衡　河清与赵氏昆季宴集得拟杜工部　凉思

典丽精工型　5首

鄠杜马上念汉书　明日　即日（小苑试春衣）　夜饮　如有

七律

白描型　15首

及第东归次灞上却寄同年　出关宿盘豆馆对丛芦有感　流莺　九日　野菊　辛未七夕　七月二十九日崇让宅宴作　王十二兄与畏之员外相访见招　杜工部蜀中离席　二月二日　写意　即日（一岁林花）

柳(江南江北)　子初郊墅　复至裴明府所居

典丽精工型　49首

锦瑟　圣女祠　重过圣女祠　潭州　赠刘司户蕡　南朝　寄令狐学士　哭刘蕡　药转　隋宫　筹笔驿　九成宫　无题二首(其一昨夜星辰)　无题四首(其一来是空言、其二飒飒东南)　曲池　留赠畏之(清时无事)　碧城三首　对雪二首　玉山　牡丹(锦帏初卷)　促漏　一片(一片非烟)　马嵬(海外徒闻)　富平少侯　临发崇让宅紫薇　过伊仆射旧宅　银河吹笙　闻歌　水天闲话旧事　重有感　中元作　楚宫(湘波如泪)　利州江潭作　茂陵　泪　无题二首(凤尾香罗、重帏深下)　当句有对　隋师东　宋玉　正月崇让宅　曲江　天平公座中呈令狐相公　回中牡丹为雨所败二首

五排

白描型　6首

戏赠张书记　大卤平后移家到永乐县居书怀十韵　念远　摇落　商於　西溪(怅望西溪水)

典丽精工型　12首

碧瓦　武侯庙古柏　有感二首　肠　灯　镜槛　哭遂州萧侍郎二十四韵　送千牛李将军赴阙五十韵　送从翁从东川弘农尚书幕　五言述德抒情诗一首四十韵献上杜七兄仆射相公　拟意

五绝

白描型　8首

夜意　钱席重送从叔余之梓州　悼伤后赴东蜀辟至散关遇雪　巴江柳　忆梅　天涯　滞雨　乐游原(向晚意不适)

典丽精工型　0首

无

七绝

 白描型　36首

  初食笋呈座中　宿骆氏亭寄怀崔雍崔衮　东还　夕阳楼　灞岸　寄令狐郎中　代秘书赠弘文馆诸校书　端居　过楚宫　楚吟　梦令狐学士　白云夫旧居　夜冷　西亭　七夕　夜雨寄北　过招国李家南园二首　旧顿　天津西望　离亭赋得折杨柳二首　关门柳　霜月　嫦娥　暮秋独游曲江　代赠二首　为有　宫辞　访隐者不遇成二绝　忆匡一师　春光（一作日日）　夜半　花下醉

 典丽精工型　25首

  屏风　春日　汉宫词　隋宫（乘兴南游）　明神　齐宫词　青陵台　闺情　宫妓　瑶池　骊山有感　北齐二首　月夜重寄宋华阳姊妹　贾生　漫成五章　寄怀书蟾　偶题二首　无题（紫府仙人）　无题（白道萦回）

  以上共计白描型各体诗一百零九首，典丽精工型各体诗一百零三首①，数量大体相当。从体裁看，白描型的诗主要分布在五律、七绝、五绝、五古这几种诗体中，而典丽精工型的诗则主要分布在七律、七古、五排这几种诗体中，二者正好互补。从题材看，白描型的诗多为一般即景即事抒情之作，而咏史、咏物、无题、爱情等题材的诗多为典丽精工型。从创作时期看，虽两种类型的诗均贯串了各个创作阶段，但从总的趋向看，后期创作（包括桂幕、梓幕）中白描型的作品明显增多。以上几个方面的对照，说明商隐的白描型作品跟特定的生活与感情内容、跟某些体裁的体性、跟特定时期的心境及诗艺发展由绚返素的一般规律等密切相关。

---

① 这个对照选目中的具体诗篇未必尽当，但大体情况不差。

为了进一步说明商隐以白描为主要特征的诗艺术上的特点与成就,下面再按体裁结合有代表性的作品进行一些分析。

五绝 商隐三十七首五绝中以白描为主要特征的有两种类型:一种是以《乐游原》为代表的直抒感慨而意境浑融的类型,另一种是以《悼伤后赴东蜀辟至散关遇雪》为代表的思致婉曲而一气浑成的类型。《乐游原》所抒发的感慨,触绪多端,内涵深广,形态浑沌,难以指实。诗人用白描手法浑沦抒慨,而举凡时世衰颓、身世沉沦、年华消逝之慨,乃至对一切美好事物消逝之惋惜怅惘,均可在"向晚意不适"的情感基因与"夕阳无限好,只是近黄昏"的浩叹中包蕴,故管世铭谓其"消息甚大,为绝句中所未有"(管世铭《读雪山房唐诗序例》)。浑沦抒慨的白描手段为大容量大概括提供了成功的艺术创造凭借。《天涯》在感情的抒发与意境的创造方面与《乐游原》有相似之处。《悼伤后赴东蜀辟至散关遇雪》由"从军"转出"无衣",又由"无衣"转到眼前的"三尺雪",再转出梦中的"旧鸳机"。虽辗转相生,却始终不离"悼伤后"这个总背景,一气旋折而又一气浑成。《滞雨》由滞雨长安而生独对残灯的羁愁,由思归不得转生梦归故乡的痴想。但又转思值此秋霖苦雨之时,故乡恐亦为层云叠雾、凄风苦雨所笼罩,故又生"归梦不宜秋"的感慨。是则秋霖苦雨不但滞客之归,而且阻客之归梦,甚至阻归梦之想。思致之婉曲,于此为极,题中的"滞"字,也在连透数层中被写透了。但这层层曲折,在诗人笔下,却像行云流水,运转自如,毫无刻意求深求曲之迹,正如纪昀所评:"运思甚曲,而出以自然,故为高唱。"(沈厚塽辑《李义山诗集辑评》卷下引纪评)

七绝 商隐一百九十二首七绝中,咏史七绝达四十余首,这类七绝虽"以议论驱驾书卷,而神韵不乏"(施补华《岘佣说诗》),但因题材的关系,其基本手段是隶事用典,与白描自有明显区别。其以白描见长者,多为一般即景抒情之作。这些七绝,不事藻采,不用典故,以情韵风调取胜。历代传诵的《夜雨寄北》便是白描胜境的典型。评家虽可从"巴山夜雨"之境的虚实与时空转换中分析出此诗构思之精致,但实际上诗人在创作时或许只是在巴山夜雨之际,适逢友人来书询问归期,不禁触动绵长的羁愁,而生出"何当共剪西窗烛,却话巴山夜雨时"的期盼。诗的佳处,在诗心诗情,而非缘刻意构思所致。屈复评道:"即景见情,清空微妙,玉谿集中第一流也。"(屈复《玉谿生诗意》卷六)纪昀评道:"作不尽语每不免有做作态,此诗含蓄不露,却只似一气说完,故为高唱。"(纪昀《玉谿生诗说》卷上)都揭示出此诗的自然本色之美。《宿骆氏亭寄怀崔雍崔衮》也有类似特点。秋阴、枯荷、夜雨,对于相思的旅人,本是难以为怀之境,但枯荷听雨的清韵,又别有一番情致,可以稍慰寂寥。这里包含了对衰飒凄清之美的发现与欣赏。这种诗境,并非刻意施巧而成,而是商隐审美个性与情趣的自然流露。但这种自然触发又出之自然的诗境有时却不免遭到评家的误解。如《夕阳楼》:

花明柳暗绕天愁,上尽重城更上楼。
欲问孤鸿向何处,不知身世自悠悠。

纪昀评曰:"借孤鸿对写,映出自己,吞吐有致,但不免有做作态,觉不十分深厚耳。"(纪昀《玉谿生诗说》卷下)纪氏将"欲问"、"不知"看成故作抑扬吞吐之致,又把"孤鸿"与诗人"身世"之间的关系看成有意的对映,自然觉得有做作态。实则三、四两句抒写的是一种即景触发的人生感慨:方将同情孤鸿之孑然南征,忽悟自己的身世正复如彼,是怜人者正须被怜,而竟无人怜之。言情之凄惋入神,正在"欲问"、"不知"的忽然悟到与自然转换间。还是谢枋得说得好:"若只道身世悠悠,与孤鸿相似,意思便浅。'欲问'、'不知'四字,无限精神。"(《谢叠山先生评注四种合刻·叠山先生注解章泉涧泉二先生选唐诗》)只说身世与孤鸿相似,是有意拉孤鸿作比,自不免呆相;而"欲问"、"不知"则是瞬间触发的自然联想,故显得"无限精神"。商隐许多七绝佳作,其深长的情韵每蕴含于此种情与景适然相触所构成的白描诗境中。如《代赠二首》其一:

> 楼上黄昏欲望休，玉梯横绝月如钩。
> 芭蕉不展丁香结，同向春风各自愁。

三、四句移情入景，那不展的芭蕉与缄结的丁香，似乎成了女主人公愁绪的外化与象征。但这种象征意味正是由于作为客观物象的"芭蕉不展丁香结"，乃是女主人公愁绪的触发物的缘故。加上对称而错落的句式，一气流走而回环的格调，使这首诗情致宛转，极具自然流畅的风调之美。《端居》的写法与此类似而更含蓄：

> 远书归梦两悠悠，只有空床敌素秋。
> 阶下青苔与红树，雨中寥落月中愁。

《离亭赋得折杨柳二首》与《暮秋独游曲江》则以直抒至深至挚之情创造白描胜境。前诗云：

> 暂凭尊酒送无憀，莫损愁眉与细腰。
> 人世死前惟有别，春风争拟惜长条。

> 含烟惹雾每依依，万绪千条拂落晖。
> 为报行人休尽折，半留相送半迎归。

两首为联章体，均从题内"折"字展转生发。首章先因柳之眉愁腰瘦而嘱以"莫损"。"人世"句突作转折，由"莫损"变为"争惜"，评家誉为"惊心动魄，一字千金"（何焯《义门读书记·李商隐诗集笺记》），柳之不惜以身殉情的品格也因此而凸现。次首又由柳在斜日暮霭中依依飘拂的多情形象进一步生出"为报行人休尽折,半留相送半迎归"的妙想,不仅突破折柳送别的传统,而且创造出具有乐观情调的新境界。两首中的关键句,都是直接抒情的白描佳句。《暮秋独游曲江》:

荷叶生时春恨生,荷叶枯时秋恨成。
深知身在情长在,怅望江头江水声。

"深知"句直抒至情,末句复以"怅望江头江水声"的不尽语作收,遂觉此恨绵绵永无绝期。

五律 商隐五律一百五十余首,数量仅次于他的七绝而超过了七律。其中颇多学杜之作。反映时事的《淮阳路》、《哭刘司户蕡》等作既能得杜之沉着,又能得其流走,且均能创白描佳境。前诗云:

荒村倚废营,投宿旅魂惊。
断雁高仍急,寒溪晓更清。
昔年尝聚盗,此日颇分兵。
猜贰谁先致,三朝事始平。

前二联是荒村夜宿晓行的素描,描绘出淮西一带经历长期战乱后荒凉残破景象,笔致流走。后二联推原祸始,感慨深沉。纪昀评曰:"气脉既大,意境亦深。沉着流走,居然老杜之遗。"(《玉谿生诗说》卷上)《哭刘司户蕡》前三联一气直下,"天高"句感愤激烈,感情达到高潮。尾联"去年相送地,春雪满黄陵"缓笔收转,逆挽去年黄陵雪中送别,于今昔对映中寓含无限怀想与感怆,是很富抒情色彩的白描佳境。

五律中最能体现义山个性的是抒情书慨之作，其中以白描见长的佳篇名联在义山诸体诗中最多。《落花》、《晚晴》、《高松》、《北楼》、《蝉》、《杨本胜说于长安见小男阿衮》、《风雨》诸作，或抒惜花伤春意绪，或写珍重晚晴之情，或抒僻处天涯之感，或写怀想中原之意，或抒系念儿女之怀，或发梗泛羁泊之慨，大都与其悲剧性身世遭遇密切相关。《落花》：

> 高阁客竟去，小园花乱飞。
> 参差连曲陌，迢递送斜晖。
> 肠断未忍扫，眼穿仍欲稀。
> 芳心向春尽，所得是沾衣。

全篇不用一个典故，没有秾艳词藻，不施细致刻画，纯用白描。首联倒跌而入，客去高阁，满目所见唯有落花乱飞，透露出心绪的迷惘纷乱。颔联写落花纷飞，势连曲径，遥送斜晖的弥漫态势，诗人惜花的心情和目送落花的黯然神伤也一齐传出。腹联侧重从人的主观感受角度写惜花心情，而落花委积、残花依枝的情状仿佛可见。尾联"芳心"、"沾衣"双关，将落花与具有落花般身世境遇与心境的诗人融为一体。诗中表现的"伤春"意绪，包蕴深广，诗人在表现这种意绪时，用笔也空灵超妙，毫不粘腻，正如吴乔所说，"通篇无实语"（吴乔《围炉诗话》卷一）。《蝉》诗"绝不描写用古"（吴乔《围炉诗话》卷一），更是以白描著称的五律佳作。评家谓其"取题之神"（沈德潜《唐诗别裁集》卷一二），正说明此诗写蝉，不重外在形状的描摹刻画，而是致力于表现人化的蝉的感情与心理。"一树"句奇想入幻，将清晨时分静寂不动的一树绿荫想象成对哀嘶欲绝的蝉冷漠无情的反应，显示出蝉对冷酷环境绝望的怨愤，这样的白描佳句，确实达到了离形得似的境界。《高松》同样以白描传神写意取胜，颔联"客散初晴后，僧来不语时"于侧面烘托中自见高松幽雅清高的气韵。《晚晴》的颔联"天意怜幽草，人间重晚晴",境与情适然相值,于天意人情间恍若有悟,脱口道出,遂成诗情哲理与晚晴之景交融的境界。

写景抒情的白描佳作中,《凉思》、《杨本胜说于长安见小男阿衮》在朴素平淡、清新流畅中蕴含绵邈深情。前诗云:

> 客去波平槛,蝉休露满枝。
> 永怀当此节,倚立自移时。
> 北斗兼春远,南陵寓使迟。
> 天涯占梦数,疑误有新知。

这是诗人奉使南陵、留滞思家之作。首联写客去夜深的清寥境界,从仿佛意外发现江阔波平、蝉休露盈的视听感受中显示出时间的悄然流逝和凉夜的寂寞,暗逗"思"字。颔联正写思念之悠长,语淡情深,笔意空灵,似对非对,情味隽永。腹联分写怀远之情与留滞之感。出句将空间的悬隔与时间的远隔在意念中融合,用一"远"字绾结,使时间之远仿佛具有空间的形象。尾联转从对面着笔,从遥揣妻子"疑误有新知"中进一步表现自己的深切思念与深情体贴。后诗是寄幕东川期间思念娇儿衮师之作:

> 闻君来日下,见我最娇儿。
> 渐大啼应数,长贫学恐迟。
> 寄人龙种瘦,失母凤雏痴。
> 语罢休边角,青灯两鬓丝。

前三联一气直下,朴素如叙家常,尾联顿住,宕开写景,于青灯丝鬓的剪影和画角声停的旷寂中渗透无限悲凉。语淡情深,意余言外,最是白描佳境。

范晞文《对床夜语》云:"'虹收青嶂雨,鸟没夕阳天','月澄新涨水,星见欲销云','池光不受月,野气欲沉山','城窄山将压,江宽地共浮','秋应为红叶,雨不厌苍苔',皆商隐诗也,何以事为哉!又《落花》云'落时犹自舞,扫后更闻香',《梅花》云'素娥惟与月,青女不饶霜',尤妙。"(《对床夜语》卷三)所举各联,除"池光"一联为五排中名联外,其他均为五律中白描佳联,说明范氏似已注意到商隐五律中颇多白描胜境。其实在商隐五律中,像这样的白描秀句还有不少。如:"晚晴风过竹,深夜月当花"(《春宵自遣》),"独夜三更月,空庭一树花"(《寒食行次冷泉驿》),"江皋当落日,帆席见归风"(《访秋》),"异域东风湿,中华上象宽"(《北楼》),"虎当官路斗,猿上驿楼啼"(《昭州》),"四海秋风阔,千岩暮景迟"(《陆发荆南始至商洛》),"石梁高泻月,樵路细侵云"(《题郑大有隐居》),"桥回行欲断,堤远意相随"(《赠柳》),"自明无月夜,强笑欲风天"(《李花》),"秋池不自冷,风叶共成喧"(《雨》),"凭栏明日意,池阔雨萧萧"(《明日》),"落叶人何在,寒云路几层"(《北青萝》)。其中"桥回"一联,纪昀评曰:"空外传神,极为得髓。"(《玉谿生诗说》卷下)袁枚更赞"堤远"句"真写柳之魂魄"(袁枚《随园诗话》卷一)。"秋池"一联虽未描绘雨容雨声,却传出了秋雨的凄其寒意和诗人的凄寒心境,同样是离形取神的化工之笔。

七律 商隐七律一百一十七首,在诸体中艺术成就最高,也是用典繁富、词藻丽密、色彩秾艳的篇章最多的。西昆派刻意模仿的便主要是这类典丽精工型的七律和一部分同类型的五排。由于这一类型的七律被历代各种选本反复选录评赏,对后世的影响越来越大,不但被看成商隐七律的主流类型,甚至造成商隐七律唯有此种类型的错觉。实际上,商隐七律同样存在与典丽精工型相对的另一类型,即很少用典故和华丽的词藻,多用白描和直抒,通体清空疏朗的清空流美型。本册第十三章第三节对后一种类型作过具体论述,并对两种七律的内在联系作过初步探讨,读者可以参看,这里不再重复。

五排 商隐五排共五十首,多数属于典丽精工型,这和排律一向重典实藻采,重铺排对偶的传统有密切关系,长篇五排尤其如此。但商隐五排中一些抒情短章如《戏赠张书记》、《大卤平后移家到永乐县居书怀十韵》、《念远》、《摇落》、《崇让宅东亭醉后沔然有作》、《西溪》等却很少用典,词采清丽,具有清畅流动的格调和深长的情韵。《戏赠张书记》:

> 别馆君孤枕,空庭我闭关。
> 池光不受月,野气欲沉山。
> 星汉秋方会,关河梦几还。
> 危弦伤远道,明镜惜红颜。
> 古木含风久,平芜尽日闲。
> 心知两愁绝,不断若寻环。

结合眼前景写离思羁愁,戏张之想念妻室(张与商隐为连襟),妙不伤雅。"池光"一联,用白描手法写秋郊暮景,鲜明如画,且传出伤离者的索寞暗淡情思。"古木"一联,写秋郊萧瑟闲寂之景,寓兴在有无之间。《西溪》:

> 怅望西溪水,潺湲奈尔何。
> 不惊春物少,只觉夕阳多。
> 色染妖韶柳,光含窈窕萝。
> 人间从到海,天上莫为河。
> 凤女弹瑶瑟,龙孙撼玉珂。
> 京华他夜梦,好好寄云波。

西溪在诗中是兴起迟暮之感、隔离之悲的触媒,诗亦如潺湲流水,自然流转,清空如话,情韵深长,堪称排律中之化境。

五古 商隐五古仅十二首,各体中数量最少,但却包含了一系列重要作品,如堪称一代史诗的长篇政治诗《行次西郊作一百韵》,反映其生平经历与思想性格的《戏题枢言草阁三十二韵》,表现骄儿衮师天真活泼情态,抒发人生感慨的《骄儿诗》,对世事变化莫测深表感慨的《井泥》,以及《无题》(八岁偷照镜)、悼亡诗《房中曲》等。这些诗大都写得比较质朴,其中有不少堪称白描妙境的段落,如《行次西郊》开头对京郊农村荒凉残破景象的素描,《骄儿诗》中间一大段对骄儿嬉戏情况的描摹,《戏题枢言草阁三十二韵》末段的即景抒怀等。贺裳说:"义山绮才艳骨,作古诗乃学少陵,如《井泥》、《骄儿》、《行次西郊》、《戏题枢言草阁》、《李肱所遗画松》,颇能质朴。然已有'镜好鸾空舞,帘疏燕误飞'、'十五泣春风,背面秋千下'诸篇,正如木兰虽兜牟衲裆,驰逐金戈铁马间,神魂固犹在铅黛间也。"(贺裳《载酒园诗话又编·李商隐》)其实,被贺氏指为不离绮艳本色的《无题》(八岁偷照镜)恰恰是义山无题诗中少见的白描佳作。前八句用乐府民歌中常用的年龄序数法叙事,迤逦写来,意注末二句:"十五泣春风,背面秋千下。"这幅少女伤春的简洁素描正是全篇寓意的点眼。

七古 商隐二十首七古中,仿长吉体的占了十五首。它们大都辞采华美、色泽秾艳、意象繁密、意蕴隐晦,用典也比较多。但即使是以华艳隐晦为主要特征的商隐七古,也仍有别调。被誉为大手笔的《韩碑》既有高古奇崛的一面,又有清新明畅的一面,其中也不乏白描妙笔如"阴风惨澹天王旗"和受命撰碑、献碑的生动传神描写。短篇七古《无题四首》(其四)则颇有民歌风味,冯浩甚至极赞"东家老女嫁不售,白日当天三月半"为"神来奇句"(冯浩《玉谿生诗笺注》卷二),说明这首诗深得乐府民歌擅长白描的神理。

第三节 白描诗境在义山创作中的意义

从以上论列的义山白描佳作中可以看出,白描诗境并非义山偶然一格,而是遍布于各种体裁,有相当大数量和相当高艺术质量的一大类作品的共同特点。指出这一点,丝毫不意味着要否认或贬低商隐诗风的另一面,即那些辞采华美、色泽秾艳、用典繁富、意象密集的典丽精工型之作。在某些诗体(七古、七律、五排)中,这还是一种主导诗风。问题在于,如何看待这两种表面上相对立的诗风在同一诗人的创作中并存,它们之间有无内在联系,以及白描诗境在商隐诗歌创作中究竟具有什么意义。

刘熙载《艺概·诗概》中论义山诗的两段话对我们思考这一问题很有启发,他说:

> 诗有借色而无真色,虽藻缋实死灰耳。李义山却是绚中有素。敖器之谓其"绮密瑰妍,要非适用",岂尽然哉?

所谓"借色",联系上下文,即所谓"藻缋"、"绚",亦即敖陶孙所说的"绮密瑰妍",指义山诗绮艳华美的外表;而与之相对的"真色",即"绚中有素"的"素",究竟指义山诗中的什么东西呢? 从刘氏的另一段话中可以得到回答:

> 杜樊川雄姿英发,李樊南深情绵邈。

"深情绵邈"是义山诗的内在本质。在刘氏看来,义山许多绮艳之作之所以能流传广远,关键在于其绮艳的外表下蕴含着绵邈的深情,这是义山的"真色"。这一点,完全可以从义山一系列绮艳中寓含真挚感情和深长感慨的咏史、咏物、无题及爱情诗中得到有力证明。刘氏虽未论及"绚中有素"之外的另一类以白描见长的诗,但他的上述评论却给我们以启示:义山一系列以白描见长的诗,其内在本质同样是"深情绵邈"。这一点,同样可以从上节论列的白描佳作中得到证实。这就是说,商隐两类表面上风格相对立的诗都具有共同的"真色"或本质——深情绵邈。这正是两类诗之间的内在联系,它们之间是对立的统一。如果说,前者是以"借色"显"真色",那么后者就是以朴素的白描手段直露本色。从更直接地显露义山诗"深情绵邈"的真色的角度看,后者对义山诗的本质更有认识意义、指示意义。把义山诗说成是唯美的,不如把它说成是唯情的。强调这一点,并不意味着贬低义山"绚中有素"这类诗的美学价值。两类不同特征的诗各有艺术表现的难度,也各有独特的美学价值。

既然商隐这类以白描见长的诗并非偶然一格,而是数量多、质量高且又直露深情绵邈本色的一大类作品,为什么自晚唐以来,一直得不到应有的重视呢?这和商隐诗在历代被接受的情况密切相关。晚唐五代,总体上说,是绮艳诗风盛行的时代,除了前面提到的唐彦谦、韩偓、吴融等人注目于商隐诗风绮艳的一面外,韦庄、韦縠的选本中也明显体现出这种倾向。韦庄《又玄集》选李诗四首(《碧城三首》之一、《对雪》、《玉山》、《饮席代官妓赠两从事》),多为绮艳之作。韦縠《才调集》选李诗多达四十首,艳情之作占半数,其他咏史、咏物、宫怨等作,风格也偏于绮艳。当时严厉批评李商隐诗文的李涪也是从"词藻奇丽"、"纤巧万状,光辉耀日"而"无一言经国,无纤意奖善"的角度来全盘否定的(李涪《刊误·释怪》)。这些都反映了晚唐五代对商隐诗的基本看法。

宋初西昆派标榜学李商隐,更主要是从形式的整饬典丽、用事的繁密深僻等方面着眼,诚如范温所说,"盖俗学只见其皮肤,其高情远意皆不识也"(胡仔《苕溪渔隐丛话》前集卷二二"李义山诗"条引)。但李商隐诗接受史上第一次大规模地集中地学习仿效义山诗的群体性行动,无疑对后人认识、评价李诗产生了极深远的影响。后人批评西昆派,连及李商隐,也多从风格绮艳、用事深僻方面着眼。虽也有像王安石那样独具卓识的评论,但在当时并未成为共识。明代诗歌批评长期推尊盛唐,鄙弃中晚,李诗往往被批评为用事深僻,气韵衰飒。义山诗真正得到较高思想艺术评价是在清代,但钱谦益的"沉博绝丽"之评实际上一直影响着对商隐诗风的认识。因此尽管清代对义山诗的总体评价较此前有了很大提高,但李诗的白描胜境却一直很少有人注意到。从整个李商隐诗接受史看,真正注意及此的,除了前面引述的范晞文《对床夜语》的一段议论外,只有清代吴仰贤的这段话:

> 余初学诗,从玉谿生入手,每一握管,不离词藻,童而习之至老,未能摆脱也。然义山实有白描胜境,如咏蝉云:"五更疏欲断,一树碧无情。"咏柳云:"桥回行欲断,堤远意相随。"《李花》云:"自明无月夜,强笑欲风天。"《落花》云:"高阁客竟去,小园花乱飞。"《乐游原》云:"夕阳无限好,只是近黄昏。"《即日》云:"重吟细把真无奈,已落犹开未放愁。"《复至裴明府所居》云:"求之流辈岂易得,行矣关山方独吟。"数联皆不着一字,尽得风流。(吴仰贤《小匏庵诗话》卷一)

不仅明确指出义山诗实有白描胜境,而且结合自己的创作实践交代了对此的认识过程。说明只有全面考察,才能摆脱传统看法的束缚,注意到义山诗实有白描胜境这一面。可惜范晞文、吴仰贤两人在诗歌批评史上基本上没有什么影响,他们的评论也没有引起人们的注意。其实,对义山白描佳作中一些具体诗篇,像《夜雨寄北》、《落花》、《乐游原》等,不少选家评家都是交口称誉,且有精到评点的。但却很少有人由此出发,对义山诗集中同一类型的作品进行一次普查,从而发现这原是义山诗中一大类型,并进而对它在义山诗歌创作中的地位、意义,它与另一"绚中有素"类型的诗的内在联系等问题作进一步思考。因此,白描胜境的佳作始终只作为孤立的特例存在,没有作为一种重要类型进入研究者的视野。这就导致传统看法成为固定的难以突破的樊篱。这种长期积累加深的传统看法影响到对一个诗人的创作做出全面客观的认识与评价的情形,在李商隐身上表现得相当典型。

第十七章　李商隐的骈文

第一节　李商隐骈文概述

李商隐为骈文大家。《旧唐书·文苑传·李商隐》云:"商隐能为古文,不喜偶对。从事令狐楚幕,楚能章奏,遂以其道授商隐,自是始为今体章奏。博学强记,下笔不能自休,尤善为诔奠之辞。与太原温庭筠、南郡段成式齐名,时号'三十六'。"《新唐书·文艺传·李商隐》亦云:"商隐初为文,瑰迈奇古。及在令狐楚府,楚本工章奏,因授其学。商隐俪偶长短,而繁缛过之。时温庭筠、段成式俱用是相夸,号'三十六体'。"①按两《唐书》本传此节实主要本商隐《樊南甲集序》:"樊南生十六能著《才论》、《圣论》,以古文出诸公间。后联为郓相国(即令狐楚)、华太守(即崔戎)所怜,居门下时,敕定奏记,始通今体。后又两为秘省房中官,恣展古集,往往咽噱于任、范、徐、庾之间。有请作文,或时得好对切事,声势物景,哀上浮壮,能感动人。"明确交代了他从最初善古文到后来成为骈文能手的过程。商隐一生十居戎幕,除最早在令狐楚郓州幕期间没有骈文表状启牒流传下来以外,从太原、华州、兖州、兴元、泾原、陈许到桂州、徐州、梓州幕,都有

---

① 李、温、段三人在家族中的排行均为十六,故称"三十六"。"三十六体"则是对他们骈文共同风格的称谓。或有谓"三十六"系"三才子"之讹者。

数量不等的骈文作品传世。此外，应亲友、地方官或他人所请，也代拟了不少骈体的公私文翰。为自己写作的骈体状启祭文等作品仅占其现存骈体文的一部分。据商隐《樊南甲集序》及《樊南乙集序》，二集四十卷共收骈文八百三十余篇（《甲集》四百三十二篇，《乙集》四百篇）。但这并非商隐骈文的全部，因为从大中元年十月编定《甲集》至大中七年十一月编定《乙集》，六年间"所为已五六百篇"，而《乙集》仅收"其间可取者，四百而已"。再加上大中七年十一月以后所作，其骈文总数当在千篇以上。而现在流传下来的古今体文章总数（包括新辑的佚赋《虎赋》、《恶马赋》）仅三百五十二篇（已除去经考证认定非义山所作的文章四篇），再将其中二十三篇古文及赋除外，则现存商隐骈文仅三百二十九篇，仅为其实际创作数量的三分之一。许多商隐诗文中已经提到的骈文，如令狐楚的墓志、奠牛僧孺的祭文、为李褒写的《紫极宫铭》、为京兆尹代拟的一系列贺表等，现均已不存。对于一个并未在朝廷担任词臣的文士来说，三十年间（从大和三年入令狐楚幕到大中十二年去世）写了上千篇骈文，数量已很可观；流传下来三百二十九篇骈文，在唐代文人中也属少见。

李商隐虽然在唐代就以骈文名家，但直到清代才对他的骈体文给以高度评价。孙梅《四六丛话·作家》云："自有四六以来，辞致纵横，风调高骞，至徐、庾极矣，笔力古劲，气韵沉雄，至燕公极矣；驱使卷轴，词华绚烂，至四杰极矣；意思精密，情文婉转，至义山极矣。"又云："徐、庾以来，声偶未备，王、杨之作，才力大肆。沿及五代，不免靡弱。宋代作者，不无疏拙。惟《樊南甲乙》，则今体之金绳，章奏之玉律也。"从骈文发展史的角度对商隐骈文的成就作了高度评价。

现存的三百二十九篇商隐骈文中，表二十七篇，状一百五十一篇，启七十六篇，牒十二篇，祝文二十七篇，祭文二十四篇，箴一篇，骈体碑铭三篇，骈体书一篇，骈体序一篇，黄箓斋文六篇。以居幕计，桂幕期间所作最多，共一百零六篇（不包括桂幕罢归途次所作）。梓州幕次之，共三十六篇。泾原幕又次之，三十二篇。兖海幕十二篇，陈许幕十二篇，兴元幕三篇，徐州幕七篇。其他则华州周墀幕、太原令狐楚幕以及为郑州刺史李褒、怀州刺史李璟所作。从这个分幕统计中可以看出，所作骈体表状启牒的多寡，主要取决于所担任的幕职，而不是时间的长短。桂幕时间仅一年，但表状启牒竟超百篇；而梓幕整四年，所作却仅三十六篇（且多数集中在大中六年），为桂幕总数的约三分之一。兖海幕首尾仅两个多月（从三月末崔戎受命到六月上旬崔戎去世），但所作亦达十二篇。原因就在于桂幕期间，商隐为观察支使，当表记；兖幕时亦担任"草奏"之事；而梓幕期间，仅大中六年曾代张黯任书记之事，其他时间均任节度判官。因此，对商隐来说，其骈文的主要部分是他担任幕职，特别是幕府书记的产品。

在三百二十九篇骈文中，代人撰拟的各体文章为二百五十二篇，占骈文总数的约四分之三，为自己作的仅七十七篇。这从另一角度说明商隐骈文基本上是代人撰拟的表状启牒书序等公私文翰，即应用文字。从主要方面看，这类文章是代人立言，文章的内容、观点乃至措辞都不大可能按自己的意志行事。章学诚《文史通义外编·李义山文集书后》云："观义山自序《樊南甲集》曰：'四六之名，六博、格五、四数、六甲之取，未足矜。'序《乙集》曰：'此事非平生所尊尚，应求备卒，不足以为名。'是盖有志古人，穷移其业，亦可慨也。四六之文，如《宣公奏议》、《会昌一品》，俱是经纬古今，敷张治道，岂可以六博小技轻相诋诃者哉！义山佐幕，止是应求备猝，辞命之才，其中初无独立不挠、自具经纶之识，则其进于古人不为四六之时，亦是陈琳、阮瑀俦耳。欲如徐幹成一家言，不亦难乎！"章氏的这番议论，应该说大体上是符合实际的。对于这类为人撰拟的表状启牒四六文，不可能也不应该用"具经纶之识"、"成一家之言"的标准去衡量，因为商隐的身份地位规定了这类文章的代言乃至应酬性质。但这并不等于说这类文章的内容就毫无可取之处。这里有一种情况值得注意。即某些文章所涉及的人或事本身比较重要，而商隐对其人、其事又有比较正确的看法和评价，这种看法与评价又正好体现了幕主或他人的看法，则这类文章中所表达的观点也可以视为商隐本人的观点。如商隐为王茂元代拟的《与刘稹书》、《上淮南李相公状三》,为李贻孙代拟的《上李相公启》,为郑亚代拟的《会昌一品集序》,就分别代表了商隐对刘稹抗命割据事件的鲜明态度和对李德裕功业人品的一贯看法。在这些文章中,代人立言和抒写己意基本上是统一的。

下面,分文体对商隐骈文加以评述。

第二节 表、状、启、牒

表

商隐现存表二十七篇,其中代崔戎拟的四篇,代令狐楚父子拟的三篇,代王茂元父子拟的七篇(泾原四、陈许一、河阳二),代周墀拟的四篇,代韦温拟的一篇,代李璟拟的一篇,代卢贞拟的一篇,代郑亚拟的六篇。徐州卢弘止幕、梓州柳仲郢幕,均无表奏存世,这是因为徐、梓二幕,商隐均不任掌书记,故谢上表及其他贺表之类均不由商隐代笔。这二十七篇表中,各种贺表就占了十篇(还不包括大中三年为京兆尹代拟的已佚表章上贺嫖姚收贼州),其内容大都无甚可取。稍值得注意的有以下几类表奏。

第一类是代崔戎、令狐楚、王茂元所拟的遗表、陈情表。这三人对商隐都有知遇之恩,崔戎、王茂元与商隐还有戚谊,令狐楚对商隐的恩遇更不同寻常。故商隐对他们都怀有很深的感情,对他们的去世尤感悲痛。而商隐又善于抒写悲情,因此代拟的三篇遗表,笔端都渗透了浓厚的感情。如《代安平公遗表》:

> 臣精神危促,言词爽错,行当穷尘埋骨,枯木容身,蝼蚁卜邻,乌鸢食祭。黄河两曲,长安几千。生入旧关,望绝班超之请;力封遗奏,痛深来歙之辞。

《代彭阳公遗表》：

> 臣之年亦极矣，臣之荣亦足矣。以祖以父，皆蒙褒宠；有弟有子，并列班行。全腰领以从前人，归体魄以事先帝。此不自达，诚为甚愚。但以将掩泉扃，不得重辞云陛，更陈尸谏，犹进瞽言。虽叫呼而不能，岂诚明之敢忘！伏惟皇帝陛下，春秋鼎盛，华夏镜清，是修教化之初，当复理安之始。然自前年夏秋以来，贬谴者至多，诛僇者不少。伏望普加鸿造，稍霁皇威，殁者昭洗以云雷，存者沾濡以雨露。使五稼嘉熟，兆人安康。用臣将尽之苦言，慰臣永蛰之幽魄。

如果说前表还只是"鸟之将死，其鸣也哀"，那么后表则是"人之将死，其言也善"。后表的这一节触及当时政治上一个相当敏感的问题：对大和九年夏秋以来一大批被贬谴乃至被诛戮的"罪臣"的"昭洗"问题，其中不但有被李训、郑注当权时贬谴的朝臣，更有甘露之变中无辜被杀的王涯、贾𫗦、舒元舆等人，而宦官正是杀害王涯等人的罪魁祸首。开成二年十一月撰此表时，离甘露之变虽已两年，但宦官气焰仍很嚣张。《通鉴·开成三年》：正月甲子，"宰相李石入朝，中途有盗射之，微伤，左右奔散。石马惊，驰归第。又有盗邀击于坊门，断其马尾，仅而得免。上闻之大惊，命神策六军遣兵防卫，敕中外捕盗甚急，竟无所获。乙丑，百官入朝者九人而已，京城数日方安"。其实，刺李石的盗贼就是宦官头子仇士良指使的①。从这件事可以看出，当时以仇士良为首的宦官势力骄横凶暴、目无法纪的气焰。在这种政治气候下，提出"昭洗"甘露之变中被宦官诛戮的朝臣，无疑要遭到宦官的忌恨。令狐楚之所以在临终前才以尸谏的方式在遗表中

---

① 《通鉴》又载："中书侍郎同平章事李石，承甘露之乱，人情危惧，宦官恣横，忘身徇国，故纪纲粗立。仇士良深恶之，潜使盗杀之，不果。石惧，累表称疾辞位，上深知其故而无如之何，丙子，以石同平章事，充荆南节度使。"

提出这个敏感的政治问题,正是由于宦官气焰嚣张的缘故。此事在当时自然无法实行,但却表明了令狐楚的政治倾向。联系商隐甘露之变后写的一系列诗文(如《有感二首》、《重有感》、《曲江》、《故番禺侯以赃罪致不辜事觉母者他日过其门》等),可以看出表中表达的观点和商隐的思想是合拍的。《代仆射濮阳公遗表》也有一段哀感动人的抒情文字:

> 燕颔有相,曾无定远之期;马革裹尸,实负伏波之愿。而精诚靡著,志望见违。援桴之意方坚,就木之期俄及……药剂之攻击逾深,神祇之祷祠无益。固已腾名鬼箓,收气人寰,复然无望于死灰,更起难同于仆树。然臣素窥长者,曾慕达人,省知变化之端,粗识死生之理,岂其有贪富贵,敢冀长延?但以未报国恩,未诛贼党,视胾长免,对弓莫弯,思犬马以自悲,悼钟漏之先迫。志有所在,伤如之何!抚节而乏泪以流,伏弢而无血可洒。

用工整华赡而又一气旋折的骈偶文字将"出师未捷身先死,长使英雄泪满襟"的情怀表达得淋漓尽致。

第二类是对朝廷上发生的大事发表看法的表章。如《为濮阳公论皇太子表》。这种表章,不仅反映出当时政治斗争的局势,也在一定程度上反映了朝廷内外的重臣大吏对政治斗争的态度。关于《论皇太子表》,上册第六章第五节已作过具体评价,此处不赘。已佚仅存残句的《为郑州天水公论甘露事表》也属于这类表章。它的内容、提法和擅权的宦官势力可以说是完全对立的,因为它实际上肯定了"改作"(实即谋诛宦官)的正义性。这篇表章在相当程度上代表了李商隐对甘露事变的态度。关于此表,上册第五章第三节一开头也有具体的评介,可以参看。

第三类是为幕主或地方长官作的谢上表。如为崔戎、王茂元、郑亚、李璟撰拟的谢上表。这种表章因为往往要比较具体地叙及当事人的宦历及到任日期,对考证其人生平仕历有较高的资料价值。

状

商隐现存状一百五十一篇,是骈文各种体裁中存量最多的一种。其中大部分是代幕主或他人撰拟的公私文翰,小部分是商隐呈献尊贵者或他人的私人书信。从文章的思想艺术价值看,由于后者往往较真实地叙写了自己的遭遇和情感,比起前一类来显然要高。但前一类状中也有一部分具有一定的思想艺术价值或史料价值。例如开成五年商隐代王茂元拟的三篇上李德裕的状,不但在一定程度上反映了王茂元与李德裕之间的关系,相对于与牛僧孺、李宗闵的关系,要较为密切一些,而且反映了茂元对牛、李两党首领人物的事功持有不同的评价。《为濮阳公上淮南李相公状三》论及李吉甫、李德裕父子的事功时说:

> 某窃思章武皇帝(即宪宗)之朝,元和六年之事:镇南建议,初召羊公;征北求人,先咨谢傅。故得齐刳封豕,蔡别长鲸。伏惟相公,清白传资,馨香袭庆……淮王堂构,既高大壮之规;汉相家声,复有急征之诏……且广陵奥壤,江都巨邦,爰在顷时,亦经芜政。风移厌劾,俗变侵凌,家多纷若之巫,户绝娈兮之女。相公必置于理,大为其防。邺中隳河伯之祠,蜀郡破水灵之庙。然后教之厚俗,喻以有行,用榛栗枣修,远父母兄弟。隐形吐火,知非鬼不祭之文;抱布贸丝,识为嫁曰归之旨。

这里讲到李德裕镇淮南期间破除迷信、改变陋俗的政绩,是其镇浙西、西川等地一贯奉行的施政方针的继续,但两《唐书》对此均阙载,此节正可补史传之不足。这篇状和会昌年间写的《为李贻孙上李相公启》、大中元年写的《太尉卫公会昌一品集序》,正构成对李德裕在开成、会昌年间政绩的全面赞颂。

大中元年在桂管郑亚幕,曾撰《为荥阳公论安南行营将士月粮状》、《为荥阳公奏请不叙录将士状》、《为荥阳公请不叙将士上中书状》。三状反映了桂管士兵远戍安南、将士月粮运输困难、地方财政拮据等方面的情况，亦可补史书之阙载。《为荥阳公论安南行营将士月粮状》对上述情况讲得相当具体：

使当道先准诏发遣行安南行营将士五百人，其月粮钱米，并当道自般运供送者。右臣当道系敕额兵，数只一千五百人。内一千人散于西原防遏，三百人扛在邕管行营，入界内分捉津桥，专知镇戍，计其抽用，略无孑遗。至于坚守城池，备御仓库，供承职掌，传递文书，并是当道方圆衣粮，招收驱使。其安南行营将士，皆是敕额外人。

又当管去安南三千余里，去年五月十五日发遣，八月二十日至海门，遭恶风漂溺官健一十三人，沉失器械一千五百余事。其年十二月六日，差纲某等般送酱菜钱米，今年五月八日至乌雷，又遭飓风，打损船三只，沉失米五百余石，见钱九十贯。其月十八日至昆仑滩，又遭飓风，损船一只，沉失米一百五十石。至今姜士赟等，尚未报到安南。臣到任已来，为日虽浅，悬军在远，经费为虞。窃检寻见在行营将士等，从去年六月已后，至今年六月已前，从发赴安南，用夫船程粮及船米赏设，并每月酱菜等，一年约用钱六千二百六十余贯，米面等七千四百三十余石，大数虽破上供，余用悉资当府。不惟褊匮，且以迢遥，有搬滩过海之劳，多巨浪飓风之患，须资便信，动失程期。臣忝守戎行，不胜忧结。

伏以裴元裕既开边隙，又乏武经。抽三道之见兵，备一方之致寇。曾无戎捷，徒曜军容。昔者淮阴驱市井之人，尚能破敌；晋阳假纪纲之仆，亦不常留。苟元裕能均食散金，绝甘分少，便可收功于故校，岂资别立于新家？侧闻容、广守臣，亦欲飞章上请。臣缘乍到，未敢抗论。已牒韦廑、李批，并牒元裕，请详物理，续具奏闻……伏乞特诏元裕，使广布仁声，远扬朝旨，无邀功以生事，勿耗国以进兵。庶令此境之人，无拥思乡之念。

状中所反映的边帅邀功生事，耗国进兵，致使邻道悬军远征，不堪沉重负担的情况，是有关当时西南边徼军事、政治、财政情况的珍贵史料。文章骈散兼行，叙述多用散体，议论则用骈体，风格朴素畅达，与其他表状多用典、重藻饰显有区别。这是因为这种向朝廷反映问题的奏状必须明晰准确。将这三篇状和《城上》"边邀稽天讨，军须竭地征"之句联系起来看，可见商隐对当时边疆地区局势的关注和对边事处置的看法。"无邀功以生事，勿耗国以进兵"的主张在大中二年作的《汉南书事》诗中也有明显体现，可见这是他的一贯思想。

商隐自己呈献显贵或其他人的状中，有一类是献给对自己有知遇之恩的显贵的，如《上令狐相公状》七篇、《上崔大夫状》、《上郑州萧给事状》、《上华州周侍郎状》、《上河阳李大夫状》二篇、《上李尚书状》、《上易定李尚书状》二篇、《上许昌李尚书状》二篇、《上座主李相公状》、《上汉南卢尚书状》等，呈献的对象有令狐楚、崔戎、萧浣、周墀、李执方、李回、卢简辞等。这些显贵与商隐关系的深浅、交往时间的长短各有不同，但文中往往叙及自己困顿潦倒的境遇，表达对对方的感激或企望，情辞恳恻动人。上令狐楚的七篇状，时间跨度从大和六年春到开成二年夏，前后长达六年，其中叙及两人的交往则始自大和三年，终于开成二年，可以说记录了商隐与令狐楚的全部交往过程，不但对了解商隐的前期经历交游有重要价值，而且反映出商隐对令狐楚感情的深挚。像《上令狐相公状五》中的这一段：

某材非秀异，文谢清华，幸忝科名，皆由奖饰。昔马融立学，不闻荐彼门人；孔光当权，讵肯言其弟子？岂若四丈屈于公道，申以私恩，培树孤株，骞腾短羽。自卵而翼，皆出于生成；碎首糜躯，莫知其报效。

了解了商隐与令狐楚关系的始末，就不难理解状中所表达的这种感激之情的深挚程度。除令狐楚之外，商隐与之有长期交往的戚属显宦是李执方。上文所引状中，河阳李大夫、李尚书、易定李尚书、许昌李尚书均指李执方。执方为王茂元妻李氏之兄弟，商隐为其甥女婿。商隐与执方的交往，自开成年间一直贯串到会昌末年。执方对商隐也多加照拂。开成五年秋自济源移家关中时，曾得到执方的资助。比起对恩师令狐楚来，商隐对这位长辈亲戚似乎更能进行感情上的沟通交流。因此在上李执方的诸状中，往往倾诚诉说自己的性格怀抱、身世经历，有很浓的自我抒情色彩。如《上李尚书状》：

某始在弱龄，志惟绝俗，每北窗风至，东皋暮归，彭泽无弦，不从繁手；汉阴抱瓮，宁取机心？岩桂长寒，岭云镇在，誓将适此，实欲终焉。其后以婚嫁相萦，兄弟未立，阳货有迷邦之诮，王华生处世之心。靡顾《移文》，言从初服。幸李公之阍者，不拒孔融；读蔡氏之家书，未归王粲。粗闻六蔽，聊玩九流。行与时违，言将俗背。方朔虽强于自举，匡衡竟中于丙科。驾鼓未休，抢榆而止。然窃观古昔之事，遐听上下之交，有合自一言，奖因片善，不以齿序，不以位骄，想见其人，可与为友。近古以降，斯风顿微。处贵有隔品之严，于道绝忘形之契……自顷升名贡籍，厕足人流，未尝辄慕权豪，切求绍介，用胁肩谄笑，以竞媚取容。袁生之门，但闻有雪；墨子之突，曾是无烟。每虞三揖之轻，略以千钧自重。

这段文字中，商隐对自己从弱龄时期起就怀有的志趣性格作了充分的表述，表明自己平素向往高洁，厌恶机巧，只是因为家累而不得不求仕应试，但命运多舛，遭遇不偶。尽管如此，自应进士试以来，他从未向权豪谄媚取容，求人介绍，保持自尊自重的品格。从中可以窥见商隐思想性格中反庸俗、求平等的一面，文字也很清新优美。不但对令狐楚、李执方这种长期受其恩遇的显贵在呈献给他们的状中表达了真挚的感情，即使像萧浣这样交往时间并不太长的显贵，在

《上郑州萧给事状》中也抒写了恳挚深厚的感激之情：

> 某簪组末流，丘樊贱品。倏忽三载，遭回一名。岂于此生，望有知己。兖海大夫，时因中外，尝赐知怜；给事又曲赐褒称，便垂延纳。朱门才入，欢席几陪……生死之寄皆深，去住之诚并切。

大和五年至七年，商隐三次应进士试，均落第。在这种困顿处境中得到崔戎、萧浣的知遇，内心特别感激。"生死之寄皆深，去住之诚并切"二语，表达了对去世的崔戎和健在的萧浣的一片深情。这类呈献恩知的状，最能见商隐文深情绵邈的特点。

启

商隐现存启七十六篇，数量仅次于状而居骈文各体中的第二位。其中为人代作的启五十三篇，商隐自己上他人的启二十三篇。比起状来，启的私人信件性质较为明显，不像状那样多为呈献上级的公文（特别是代人拟的状）。总的来说，无论是代人作的启或自己给别人的启，其内容的应酬成分相对较少，真实的思想感情也就往往可以得到较好的表达。在代人作的启当中，《为张周封上杨相公启》、《为李贻孙上李相公启》、《为崔从事福寄尚书彭城公启》都写得相当出色。《为张周封上杨相公启》将在下一章具体论述。《为李贻孙上李相公启》用主要篇幅述赞李德裕任武宗宰相以来的三大"庙战之功"（击回鹘、平杨弁、讨泽潞），冯浩称此文是商隐"以全力赴之者"，其中讨泽潞一段写得尤富气势：

> 而潞寇不惩两竖之凶，徒恃三军之力，干我王略，据其父封。袁熙因累叶之资，卫朔拒大君之诏。人将自弃，鬼得而诛。蛙觉井宽，蚁言树大。招延轻险，曾微吴国之钱；藏匿罪亡，又乏江陵之粟，所谋者河朔遗事，所恃者

岩险偷生。今则赵魏俱攻，燕齐并入，奉规于帷幄，遵命于指踪。亚夫拒吴，惊东南而备西北；韩信击魏，叙临晋而渡夏阳。百道无飞走之虞，一缕见倾危之势，计其反接，当不逾时。是则陈曲逆之六奇，翻成屑屑；葛武侯之八阵，更觉区区。

句式整齐中有错落，用典时如己出（"人将自弃"，"鬼得而诛"），甚至用当代之典（"蚁言树大"用《南柯太守传》），体现出一种创新精神。《为崔从事福寄尚书彭城公启》中一段抒情写景文字则具有优美的意境：

何言违阻，复积光阴。潼水千波，巴山万嶂。接漏天之雾雨，隔嶓冢之烟霜，皓月圆时，树有何依之鹊；悲风起处，岩无不断之猿。

在代人拟的启中，大中二年二月郑亚被贬时写的《为荥阳公上马侍郎启》、《为荥阳公与三司使大理卢卿启》、《为荥阳公与前浙东杨大夫启》都直接申述了郑亚被贬的冤枉，是表现作者正义感与政治倾向的重要文章。有关章节已对此作过评述，此不复赘。作于同年二月初的《为荥阳公上宣州裴尚书启》、《为荥阳公与浙东杨大夫启》则是富于诗情诗趣的骈体书启小品，另在下章讨论。

商隐自己呈献别人的启中，《献侍郎钜鹿公启》、《献相国京兆公启》（人禀五行之秀）、《上河东公启》、《谢河东公和诗启》等叙及对诗文创作的观点或自己的诗文创作，是了解其文艺思想的重要资料，已在有关章节论述。《上尚书范阳公谢辟启》、《上河东公谢辟启》、《贺相国汝南公启》、《献襄阳卢尚书启》、《献相国京兆公启》（昔师旷荐音）等，则叙述自己的沉沦困顿境遇，感谢或企望对方的恩遇援引，情辞凄恻感人。如《上河东公谢辟启》云：

某少而孱薾，长则艰屯。有志为文，无资就学。虽杂赋八首，或庶于马迁；而读书五车，远惭于惠子。契阔湖岭，凄凉路歧。罕遇心知，多逢皮相。昔鲁人以仲尼为佞，淮阴以韩信为怯，圣哲且犹如此，寻常安能免乎！是以艮背却行，求心自处。罗含兰菊，仲蔚蓬蒿，见芳草则怨王孙之不归，抚高松则叹大夫之虚位。

从中不但可见商隐"契阔湖岭，凄凉路歧"的羁泊飘零生活，而且可以窥见其时人们对他品行的贬损和商隐"罕遇心知"的孤独感。《贺相国汝南公启》中也有一段与此类似的文字：

某早奉辉光，常蒙咳唾。牛心致誉，麈尾交谈。而契阔十年，流离万里。《扶风歌》则刘琨抱膝，《白头吟》则鲍昭抚膺。重至门阑，空余皮骨。方从初服，无补大钧。穿履敝衣，正同东郭；槁项黄馘，乃类曹商。

商隐的外在形象和内心感受就是靠这一类哀感缠绵的自诉在读者中不断累积，造成深刻印象的。

牒

商隐现存牒十二篇，但其中《为荥阳公桂州署防御等官牒》包括十九篇牒文，《为荥阳公桂管补逐要等官牒》包括十一篇牒文，故实际上有四十篇牒。牒是官府公文的一种。《旧唐书·职官志》："凡京师诸司，有符、移、关、牒下诸州者，必由于都省而遣之。"商隐的这十二篇牒，全是代幕主拟的任命属下官吏的公文。按通常情况，这类文章是毫无文学价值的。但商隐所拟的这些牒中，经常有幕主与被任命者个人关系的叙述，从而使它具有比较浓的人情味。如《为濮阳公泾原署营田副使宾牒》：

第十七章　李商隐的骈文

犹以有感一言,来从三揖。卑栖岭表,远蹈海隅。绵历四周,往还万里。泊节旄移所,省闼将归,永怀求旧之诚,尚郁图南之势……既见君子,窃慕古人。幸当屈以求伸,无惜翔而后集。

《为濮阳公陈许补王琛衙前兵马使牒》:

我之偏裨,琛最夙旧。且思往岁,尝从孤军,衣偏絮之衣,靡求尽饰;掌维娄之事,未始告劳。晚节弥坚,壮心不改。土田渐广,士卒逾多。念此老成,无令新间。

《为濮阳公补仇坦牒》:

昔坦绮纨,主吾笔札,二纪相失,一朝来归。惜其平生,老在书计。今重之侯国,亦有私朝。岂无他人,不可同日。

《为荥阳公桂州署防御等官牒·段协律》云:

且忆菲才,尝分曩顾,梁园辱召,淮馆陪游。今者获守小藩,适经旧第。滋川之上,方顾慕于廉台;谷水之旁,亦徘徊于阮曲。

同上《吕佋》云:

前件官,吏道长材,故人令弟(按:吕佋之兄吕述,为郑亚之故人)。一言相托,万里爰来。未及解巾,俄悲断手(按:吕述被任命为商州刺史,到任不久卒)。牙弦载绝,徐剑宁欺?

《为荥阳公桂管补逐要等官牒·王公衡》云：

> 右件官，素乐从军，少来归我。劲勇而敢探雏虎，诚明而可涉吕梁……是焉求旧，以壮中权。

《为潼关镇使张瑄补后院都知兵马使兼押衙牒》云：

> 况又秦中共事，海内相从。酬知能誓于始终，于役不辞其暴露。脂车秣马，昔尝为我以前驱；被甲执兵，今合抚予之后劲。

节度使、观察使辟署任命幕僚部属，录用故旧，固是常例，但在牒文中将求旧录故之意公开宣扬，并具体叙及幕主与僚属之间的各种老关系，来说明任用的缘由，却使这种本是公事公办的刻板文章披上了一层温情脉脉的面纱，变得亲切有味了。

第三节　祝文与祭文

祝文

商隐现存祝文二十七篇，绝大部分是在桂管幕时为郑亚代拟的祭祝城隍神和其他山川神祇的文章（二十一篇为祈雨报神而作，一篇为刚抵桂林不久祭城隍神的祝文），其他五篇分别为崔戎、李璟、李褒镇兖、刺怀、刺郑期间所作。为祈雨而作的祝文多少表现了地方官忧念民瘼的感情，如《为舍人绛郡公郑州祷雨文》：

> 伏以旱魃为虐，应龙不兴，困杲日于诗人，苦密雨于《易》象。生物斯瘁，民食攸艰。某叨此分忧，俯惭无政，爰求真侣，虔祷阴灵，缄哺表勤，褰帷引咎。

在这些祝文中，写得最有气势且具有进步思想的当属《为李怀州祭太行山神文》：

> 谨按《礼经》云：诸侯祭名山大川之在其地者。今刺史乃古之诸侯，太行实介我藩部。险虽天设，灵则神依。岂可步武之间，便容孽竖；磅礴之内，久贮妖氛？今忠武全师，河桥锐卒，指贼庭而将扫，望寇垒以争先。神其辅以阴兵，资之勇气，使旌旗电耀，桴鼓雷奔。一麾开天井之关，再举复金桥之地。然后气通作限，云出降祥，长崇望日之标，永作倚天之柱。酒肴在列，蔬果惟时，敢洁虑以献诚，冀通幽而写抱。

虽是短篇，却充溢着一种横扫叛乱割据势力的雄强磅礴之气和强烈义愤。《为怀州李使君祭城隍神文》虽也有类似的内容，而气势不免稍逊。在桂幕期间作的《祭全义县伏波神文》也写得相当出色：

> 越城旧疆，汉将遗庙。一派湘水，万重楚山……鸢泊启行，蛮溪请往。铜留铸柱，革誓裹尸。男儿已立边功，壮士犹羞病死。漓、湘之浒，祠宇依然。岂独文宣之陵，不生刺草；更若武侯之垅，仍有深松。向我来思，停车展敬，一樽有莫，五马忘归。及申望岁之祈，又辱有秋之泽……属以时非行县，不获躬诣灵坛。词托烟波，意传天壤。既谢三时之降，兼论千载之交。

不但热烈赞颂马援为国尽瘁的忠烈精神和英雄业绩,而且深情抒发了对马援的崇敬追思和千载论交的心灵共鸣,情辞并茂,堪称佳篇。

祭文

商隐现存祭文二十四篇,其中祭处士叔、裴氏姊、徐氏姊、徐姊夫、小侄女寄寄、张审礼(商隐连襟)、张氏女(商隐妻姊)、韩氏老姑等亲戚的八篇,祭王茂元的四篇(包括代人作的二篇),祭令狐楚的一篇,其他代人作的十一篇。从所祭对象看,亲戚及幕主占了一半以上。这些人中的绝大部分都是与商隐有密切关系的,商隐对他们相当熟悉。其中不少人与他的身世遭遇密切相关,或对他有抚育教养及知遇之恩,因此写来特别富于感情。史称商隐"尤善为诔奠之辞",信然。商隐重情的气质个性和善于抒写哀情的特长,使他的祭文成为其骈文诸体中最富于情采个性的一种体式。

商隐集中现存写作时间最早的一篇祭文是开成二年写的《代李玄为崔京兆祭萧侍郎文》。这虽是一篇代人作的祭文(而且是辗转相代),但由于被祭者萧浣对商隐有过礼遇,因此商隐对萧浣有很深的感激怀念之情。《哭遂州萧侍郎二十四韵》云:"早岁思东阁,为邦属故园。登舟惭郭泰,解榻愧陈蕃。分以忘年契,情犹锡类敦。公先真帝子,我系本王孙。啸傲张高盖,从容接短辕。秋吟小山桂,春醉后堂萱。自叹离通籍,何尝忘叫阍?不成穿圹入,终拟上书论。"对萧浣受党祸牵连冤贬客死的遭遇表示了强烈的义愤,说自己虽未能效田横之客穿圹相从于地下,但终拟上书极论。在这篇代李玄拟的祭文中,也自然而然地将自己的这种强烈怨愤渗透进去了,其中有这样一段:

不谓疏网犹漏,斯民未康。作砺为盐,正俟理平之运;依城凭社,深怀剪灭之虞。上蔽聪明,内求媒近。故鸿猷不得而协赞,睿化莫可以辅成。蕆是流离,有窨阴雨。呜呼!令惟逐客,谁复上书?狱以党人,但求俱死。

衔冤遽往，吞恨孤居。目断而不见长安，形留而远托异国。屈平忠而获罪，贾谊寿之不长。才易炎凉，遂分今昔。粤自东蜀，言旋上京。郭泰墓边，空多会葬；邓攸身后，不见遗孤。信阴骘之莫知，亦生人之极痛。

拿这段文字和《哭遂州萧侍郎二十四韵》对照，可以明显看出商隐是将自己的一腔义愤与感怀从哭诗中移到了代人作的祭文中。可以说是借他人之酒杯，浇自己之块垒。祭文中有些话的激烈程度令人吃惊，像"上蔽聪明，内求媒近"、"令惟逐客，谁复上书"等句，不仅直斥郑注、李训的奸邪，而且对文宗的昏暗也进行了指责。可见他在《上崔华州书》中所声称的"直挥笔为文，不爱攘取经史，讳忌时世"并非虚语。这篇祭文的文字也挺拔清劲，挟带着强烈的感情。

开成三年六月末，商隐写了著名的《奠相国令狐公文》。因为此前已写过令狐楚的墓志铭（诗集有《撰彭阳公志文毕有感》，墓志今佚），故这篇祭文略去令狐的生平宦历，只从自己与令狐的关系，即所受的恩遇着笔。关于此文，下章另有评述。需要指出的是，从《代李玄为崔京兆祭萧侍郎文》和《奠相国令狐公文》来看，商隐在祭文写作方面，可以说一开始就显示出非凡的才能。这两篇祭文不仅感情真挚而强烈，文字表达功夫也完全臻于成熟，许多句子，虽是骈文，却几乎不见排偶之迹。

商隐吊祭幕主兼恩知岳父王茂元的祭文有两篇。作于会昌四年春的《祭外舅赠司徒公文》，详叙茂元之"世胄勋华，职官扬历"，从德宗时上书自荐，擢试秘书省校书郎，一直叙到会昌三年九月卒于讨刘稹的河阳军中，为考证茂元生平仕历提供了最翔实的第一手资料，是一篇着意经营之作。但其中叙及茂元任岭南节度使时，有意强调其为官清廉，谓其"疮痏金宝，粪土犀渠，跨马将军有双标之柱，酌泉太守无去骨之鱼。已乏断牙之笔，兼无汗简之书。江革船轻，空险西陵之渡；邢公宅湫，曾无正寝可居"，不免与史籍所载"南中多异货，茂元积聚家财巨万计。李训之败，中官利其财，掎摭其事，言茂元因王涯、郑注见用。茂元惧,罄家财以赂两军"等情事不符,其为有意掩盖相当明显。叙茂元在河阳讨刘稹,亦有意掩盖其败绩,说成是"示羸策密,诱敌谋深"。这些地方,其实完全可以避开不写,但没有必要故意美化讳饰。篇末提及自己与茂元的关系时则说:

> 某早辱徽音,凤当采异。晋霸可托,齐大宁畏?持匡衡乙科之选,杂梁竦徒劳之地。虽饷田以甚恭,念贩春而增愧。京西昔日,辇下当时,中堂评赋,后榭言诗。品流曲借,富贵虚期。诚非国宝之倾险,终无卫玠之风姿。

对自己未能跻身通显,有负于茂元的称誉与厚望,深感愧疚。《重祭外舅司徒公文》作于会昌四年八月,由于"公之世胄勋华,职官扬历……备在前文",故"今所以重具酒牢,载形翰墨,盖意有所未尽,痛有所难忘"。这里所说的"意有所未尽,痛有所难忘",当即文中所抒写的"以公之平生恩知,曩昔顾盼,属纩之夕,不得闻启手之言;祖庭之时,不得在执绋之列"这种临终未在茂元身边的遗憾和恩知未报的痛疚。如果说,前一篇以典重胜,那么这一篇则具有浓郁的抒情色彩。祭文一开头就是一段从《庄子》中翻出的抒情性议论:

> 呜呼哀哉!人之生也,变而往耶?人之逝也,变而来耶?冥窦之间,杳忽之内,虚变而有气,气变而有形,形变而有生。今将还生于形,归形于气,漠然其不识,浩然其无端。则虽有忧喜悲欢,而亦勿能措于其间矣。苟或以变而之有,变而之无,若朝昏之相交,若春夏之相易,则四时见代,尚动于情,岂百生莫追,遂可无恨?倘或去此,亦孰贵于最灵哉!

《庄子·至乐》这段话的本意是人之由生而死,乃是一个如春夏秋冬四时更迭一样的自然变化的过程,不必因此而生忧喜悲欢。商隐却反其意,谓四时迭代,人尚为之动情,难道人死百生莫追,可以无恨?如果连生死都漠然置之,那还算是万物之灵吗？从这里可以看出商隐诗文惟情倾向的根源。一开头就用如此突如其来、夭矫多变的笔法抒写对生死问题的看法，正是为下文重笔抒写悲慨奠定基础。文中叙及茂元在泾原期间对自己的恩知奖誉，充满怀念感激之情。最后讲到自己与妻子清贫淡泊的生活，却颇有感慨：

  愚方遁迹丘园，游心坟素，前耕后馌，并食易衣。不忮不求，道诚有在；自媒自炫，病或未能。虽吕范以久贫，幸冶长之无罪。昔公爱女，今愚病妻。内动肝肺，外挥血泪。

茂元原来对商隐期望甚高，这从祭文中"语皇王致理之文，考圣哲行藏之旨"等语可以看出。但商隐自开成四年释褐为秘书省校书郎后，到会昌二年重入秘省为正字，旋又居母丧在家闲居。如果从开成二年登第算起，到作这篇祭文时，七年的时间过去了，仍然当一个九品的秘省正字，故说"吕范久贫"。想起这些年的坎坷经历，感到自己像欠了一笔债。但这一切并不是自己的过错，故又说"幸冶长之无罪"。看来，当时包括王氏家族在内的亲友中很可能有人对商隐的久贫不显有议论，故祭文提及自己处境时，感慨良多。

  会昌三至四年间因迁葬亲属而写的一组祭文，是商隐祭文中的精品。除《祭小侄女寄寄文》将在下一章另述外，其他各篇，在这里略作评述。

  善于根据对象特点，突出揭示其悲剧命运，营造浓郁的悲剧气氛，是商隐这一系列祭文的突出特点。《祭徐姊夫文》在运用叠加、集中手法表现悲剧命运方面颇具代表性。文章一开头就揭示出徐某既长于文学，又长于政术，但却"不即清途，不阶贵仕"的悲剧命运，接着又重笔抒写他身后的凄凉：

  呜呼！今来古往，人谁不亡？于君之亡，其酷斯甚。藐然一女，才已数龄。乞后旁宗，又未能立。贤弟扶服东路，遇疾洛师，徘徊十旬，淹不得进。

> 浮泛水陆,厥途四千。建旐云归,旷然无主。

身后无子,在当时社会中已是人生的大不幸。孤女年幼,过继旁宗的侄子亦未成人。连赶往浙东料理丧事的弟弟也因病滞留洛阳百日。一切不幸,仿佛都集中在徐某一个人身上。通过这重叠悲剧情事的反复渲染,将天不佑仁人、才命相妨的意蕴有力地表现出来。成功的悲剧作者往往在读者已经深感悲痛的情况下,再重重地在带血的心灵伤口上划上一刀乃至数刀,使悲剧气氛达于极致。这首祭文正有这样的悲剧效果。

将祭奠对象的悲剧命运与作者自身的坎坷困顿境遇、与家庭的境况联系起来抒写,是商隐祭奠亲人的祭文营造悲剧气氛的常用手法。《祭裴氏姊文》在交代了裴氏姊遇人不淑的婚姻悲剧及"奄忽凋违"的悲剧结局后,便结合着三十余年来家庭所遭的种种变故,一层深于一层地揭示"归祔之礼,阙然未修"的原因。先是父亲客死异乡:

> 时先君子以交辟员来,南辕已辖。接旧阴于桃李,寄暂殡之松楸。此际兄弟,尚皆乳抱。空惊啼于不见,未识会于沉冤。浙水东西,半纪漂泊。某年方就傅,家难旋臻。躬奉板舆,以引丹旐。四海无可归之地,九族无可倚之亲。既祔故丘,便同逋骇。生人穷困,闻见所无。及衣裳外除,旨甘是急,乃占数东甸,佣书贩舂。

在家境如此艰困的条件下自然谈不到将裴氏姊的灵柩迁回荥阳坛山安葬的问题。等到商隐登第入仕、条件稍好时却又遇上母亲的亡故:

> 荣养之志才通,启动之期有渐。而天神降罚,艰棘再丁。弱弟幼妹,未笄未冠,胤绪犹阙,家徒屡空。载惟家长之寄,偷存晷刻之命,号天叫地,五

内崩摧。

不仅家难再臻,而且又遇上战乱:

> 属刘孽叛换,逼近怀城,惧雁焚发之灾,永抱幽明之累。

动乱的时局迫使商隐不得不赶紧办理裴氏姊迁祔之事,但当他亲自到获嘉东郊去寻找裴氏姊的寓殡之地时,却因年深日久,几乎找不到葬地了:

> 遂以前月初吉,摄缞告灵。号步东郊,访诸耆旧。孤魂何托?旅榇奚依?垂兴欲堕之悲,几有将平之恨。断手解体,何痛如之!洒血荒墟,飞走同感。

通过对这迁葬过程的层层叙写和反复渲染,将悲剧气氛推向顶端,而裴氏姊的悲剧命运由于有家庭乃至国家的命运作为背景,其内涵也就更为深刻。《祭小侄女寄寄文》、《祭徐氏姊文》中也有类似的叙写。前文谓:

> 时吾赴调京下,移家关中。事故纷纶,光阴迁贸。寄瘗尔骨,五年于兹。

因为移家赴调,使幼小的寄寄旅魂在异乡的荒郊古陌中孤独地漂泊了五年。每一念及,便有一种强烈的负疚感。

值得注意的是,商隐为家族亲人写的祭文中,祭奠对象有一半以上是女性(裴氏姊、徐氏姊、小侄女寄寄),这也许是一种巧合。但为这么多女性亲属迁葬,并郑重地撰写祭文(甚至为四岁而夭的小侄女写祭文),这件事本身就表现了商隐对女性命运的关切和同情。商隐的曾祖母卢氏,在丈夫不到而立之年就去世的情况下,勇敢地承担起抚育儿子的重任;不幸儿子又以疾早逝,她又继续抚视孤孙。这种在家庭极端艰困的条件下坚韧的负重精神给商隐留下了深刻印象,并对他身上那种强烈的家族责任感产生了潜移默化的影响。《祭徐氏姊文》中对徐氏姊在遭受家难的情况下抚育弟妹的品行也有深情的追怀:

> 始某兄弟,初遭家难,内无强近,外乏因依。祗奉慈颜,被蒙训勉。及除常制,方志人曹。以顽陋之姿,辱师友之义。

祭奠亲戚的祭文中,《祭张书记文》和《为外姑陇西郡君祭张氏女文》各有特色。前文突出张审礼的才而不遇和"瞭眸巨鼻,方口疏髭"、"论极悬河,文酬散绮"这种颇带粗豪气概的形象,后者突出家人骨肉之间的深挚感情。两文又都有天道难究的感愤。前文云:

> 陈尸重来而何望?楚魂一散而难招。呜呼!神道甚微,天理难究。桂蠹兰败,龟年鹤寿。在长短而且然,于妍丑而何有!

后文末段云:

> 呜呼!曩昔容华,平生淑婉,漠然不见,永矣何归?将籍挂诸天,遥归真路?将福兴静域,须赴上生?将为衅累所招,遂沦幽界?将是疗治不至,枉丧韶年?千感萦怀,万疑叠虑,触途气结,举目心摧。天实为之,复将何诉!

一则直抒愤郁,一则以叠问摇曳出之,而各具强烈感染力。这也是商隐吊祭之

第十七章　李商隐的骈文

文常用的一种抒情手段。

大中元年在桂管幕,为幕主郑亚代拟的两篇祭文《祭吕商州文》、《祭长安杨郎中文》也写得相当成功。吕商州即吕述,政治上属于李德裕集团。郑亚与吕述元和十五年同登进士第,后又同幕。大中元年,因党局牵连,郑亚由给事中出为桂管观察使,吕述亦出为商州刺史,卒于任。亚与述交契既深,又同命运,商隐代拟的祭文中正突出了这种同命相怜的悲感:

呜呼! 昔也风尘投分,平生少年。雕龙竞巧,倚马争妍……终以世务纷纶,物情推斥。抚事伤年,减欢加戚。路泣杨朱,丝悲墨翟。纵风至而音来,竟月同而地隔。逮予廉部,及子颁条……虽论金而契在,终照玉而颜凋……诚知舌在,不觉魂消。

《祭长安杨郎中文》中也有精彩的抒情段落:

呜呼,平生世路,缱绻交期。孙金卢米,百赋千诗。桂林昆峤,一片一枝。终以浮沉,因兼险夷。对皋壤之摇落,成老大之伤悲。尚冀他年,或陶良夜,酒筵琴席,灯闹月榭,俱开怨别之襟,并息分歧之驾。短愿未果,良辰不借,竟郁结于深衷,俟淹沦于大化……三十年之间,难追往事;五千里之外,正恨殊乡。

长安杨郎中,指杨鲁士,系杨虞卿从兄杨汝士之弟,与郑亚分属于李宗闵、李德裕两个不同的政治集团,但这并不妨碍彼此之间的交情。所引的这一段中,从过去的交情说到现在,又从现在设想将来良夜重逢的欢愉,再跌落到双方的死别,抒情曲折有致。

总观商隐祭文,可以说将他工于言情、善于抒悲的长处发挥到了极致。

第四节 箴、铭、书、序及黄箓斋文

商隐现存箴仅一篇,即《太仓箴》,大和七年十月撰,是他留存下来较早有确切年代可考的文章。这篇箴一开头就明确揭出主旨:"险哉太仓,险若太行。"原因在于钱谷之地,乃是贪夫徇财之所,"此祸胎怨府,起自斗量,无小无大,不可不防"。文中讲到对待下人的"谀吾"、"夸我",要心存警惕,指出"众人之言,有讹有真。如彼五味,有甘有辛。口自尝取,无信他人",提出要"心为准概",公平公正,这样才能"何忧乎不直不平"。最后归结到"身可杀道不可渝",这个"道"指的就是"心为准概"的公平公正的直道。此箴虽为太仓而发,但实际上带有借题发挥的成分,其中渗透了作者的人生体验。文中多用比喻,有的比喻颇有新鲜感,如说太仓之险,险若太行,说"仓中役夫,千径万途,桀黠为炭,睢盱为炉"等。

商隐现存骈体碑铭三篇,均作于梓州幕。一为《梓州道兴观碑铭并序》,历叙道兴观兴废;一为《唐梓州慧义精舍南禅院四证堂碑铭并序》,分叙静众无相大师、保唐无住大师、洪州道一大师、西堂智藏大师的事迹及四证堂建造的形制;一为《道士胡君新井碣铭并序》,叙述道士胡宗一的事迹和治井的经过。这三篇长篇碑铭,都是精心结撰之作,是商隐在梓幕期间笃信佛道的产物。内容方面可取的东西不多,但文中提供的有关记载,对考证商隐赴东川幕的具体年代至关重要。张采田《玉谿生年谱会笺》即据《四证堂碑铭并序》"(大中)五年夏,以梁山蚁聚,充国鸱张,命马援以南征,委钟繇以西事,大张邻援,寻覆贼巢"之文,考定柳仲郢自河南尹迁镇东川在大中五年,从而纠正冯谱考商隐赴东川幕在大中六年之误。又,《道兴观碑铭并序》"谢文学之官之日,歧路东西;陆平原壮室(当作强仕)之年,交亲零落"之文,对考证商隐出生之年,也是一个有力的证据。三文对了解商隐在梓幕期间的生活与思想感情也有一定价值。

商隐现存骈体书一篇，即著名的《为濮阳公与刘稹书》。这封敦促刘稹束身归朝的书信写于朝廷即将发布征讨刘稹制书的前夕。① 文章的绝大部分篇幅都是"告谕以利病祸福之宜"。先从茂元自己与刘从谏的关系说明致书"再陈祸福，用释危疑"的缘由，再从刘稹"秘丧"、"拒诏"之行责其不忠不孝。以下便针对刘稹的实际思想条分缕析，一一加以批驳。其一，针对刘稹以"赵氏传子，魏氏袭侯"为成例，"欲以逡巡希恩，顾望谋立"的思想，指出"事殊势别"，"施之于足下，则为自立擅命之尤"。其二，针对刘稹自恃财富充足、人才众多的思想，指出其身不正而德薄，必然导致"勇者不为斗"、"贤者不为谋"。其三，针对刘稹"恃太行九折之险，部内数州之饶，兵士尚强，仓储且足，谓得支久"的思想，以实例指出反叛者必然是"兵众已离"、"下不为用"。其四，针对刘稹"今兹追改，惧有后艰"的顾虑，指出这是"左右者不明而咨询之未尽"，说明朝廷不会因"一日之稽延"而"致足下于不测"。在详尽剖析祸福利害、破除侥幸自恃心理和顾虑之后，又进一步针对刘稹仍想拖延的思想、行为发出义正辞严的警告：

倘尚淹归款，未整来轩，戎臣鼓勇以争先，天子赫斯而降怒。金玦一受，牙璋四驰。魏、卫压其东南，晋、赵出其西北。拔距投石者数逾万计，科头戟手者动以千群。兼驱扼虎之材官，仍率射雕之都督。感义则日月能驻，揎愤则沙石可吞。使兵用火焚，城将水灌。魏趣邢郡，赵出洺州，介二大都之间，是古平原之地。车甲尽输于此境，糗粮反聚于他人。恃河北而河北无储，倚山东而山东不守。以两州之残孚，抗百道之奇兵。比累卵而未危，寄孤根于何所！则老夫不佞，亦有志焉。愿驱敢死之徒，以从诸侯之末，下飞狐之口，入天井之关。巨浪难防，长飙易扇。此际必当惊地底之鼓角，骇楼上之梯冲。丧贝跻陵，飞走之期既绝；投戈散地，灰钉之望斯穷。

---

① 关于这封书信的写作背景和具体写作时间，上册第八章已作了考证与说明。

自然麾下平生，尽忘旧爱；帐中亲信，即起他谋。辱先祖之神灵，为明时之戮笑。静言其渐，良以惊魂。

这一段气势磅礴，笔墨淋漓，虽用骈偶，却一气流转，毫不板滞，显得既雄健有力，又疏朗畅达。全篇将情与理、说理与实例、细致的分析与遒劲的笔力结合得非常好，足见作者不但对骈文的形式驾轻就熟，而且对所论析的事情有相当透彻的了解，对当时的形势有切实的认识，并非只是书生式的议论。

商隐现存骈体书序一篇，即著名的《太尉卫公会昌一品集序》。在上册第十章第三节中已对这篇序的写作背景、政治意义作过论析，这里主要从文章本身着眼作一些评述。

尽管在会昌四年夏，商隐已为李贻孙写过全面述赞李德裕"庙战之功"的书启——《为李贻孙上李相公启》，但那毕竟是为人代撰的私人书信，而且是在李德裕处于政治巅峰期间写的。而这一次却是在李德裕政治集团处于十分不利的政治形势下，由李德裕本人直接授命于郑亚，由郑亚将撰序的任务交给商隐的。因此，商隐在撰序过程中那种政治上的自觉性和使命感都是相当强烈的。从序的文字中可以感受到，商隐是怀着一种崇敬的心情来写这篇序的。

和《为李贻孙上李相公启》直接以"庙战之功"结构全篇不同，由于是为《会昌一品集》作序，因此不能不结合《会昌一品集》中的文章来写，即以文集中文章的类别为纲来结构全篇。具体地说，即将文集内的文章分为几组（"宣懿祔庙之制"、"圣容之赞"、"幽州纪圣功之碑"、"讨北狄之诏、伐上党之制、喻回鹘之命五、慰坚昆之书四"），结合文章歌颂其相业。显而易见，无论是篇幅上或用笔上，其述赞的重点都是放在讨回鹘、平泽潞（包括平定杨弁之乱）上，因为这是李德裕会昌相业的主要方面。兹录伐泽潞一段如下：

及晋城赤狄，丧师归珪，有阏伯之弟兄，诞景升之儿子。将凭蜀阁，欲恃吴钱,姑务连鸡,靡思缚虎。既垂文诰,尚有群疑。公乃挺身而进曰:"重耳在丧,不闻利父;卫朔受贬,祇以拒君。今天井雄藩,金桥故地,跨摇河北,胁倚山东,岂可使明皇旧宫,坐为污俗;文宗外相,行有匪人?"忠谋既陈,上意旋定。俄又埃昏晋水,雾塞唐郊,殊懿公之东徙渡河,若纪侯之大去其国。稽于时议,惮在宿兵。公又扬笏而言曰:"彼地则义师,帅惟宗室。乃玄王勤商之邑,后稷造周之邦。瓜瓞具存,堂构斯在。苟亏策划,不袭仇雠,则是奖凤沙缚主之风,长冒顿射亲之俗。昔武安君用钺,坑卒四十一万;齐桓公受胙,立功一十二国。今真将军为时而出,贤诸侯代不乏人。况其俗产代地之名驹,富管涔之良璞,有抱树辞荣之节,有漆身报德之风邪!"蹑足以谋,屈指而定。谢安之围棋尚劫,曹参之饮酒正酣。适有军书,果闻戎捷。邯午谢众,丕豹出奔;乐毅不归,邹阳已去。砥磨周钺,水淬郑刀,万里来袁尚之头颅,二冢葬蚩尤之肩髀。何其纂立大效,树建嘉绩,若是之速与!

其中特别强调李德裕在群情疑虑甚至反对的情况下建言决策之功,以突出其在伐叛的方针大计上的主导作用;对伐叛战争过程不作正面叙述,而是突出其运筹帷幄、胜券在握的政治家风貌。将进言对策也写进如此庄重的骈文,尤为一种创造。下面一段,还写进武宗的话:

> 每牙管既拔,芝泥将干,上辄曰:"尔有独断,朕无疑谋,固俟沃心,不可假手。"公亦分阴可就,落简如飞。故每有急宣,关于密画,内庭外制,皆不与闻。

这正说明李德裕《会昌一品集》中的许多有关军国大事的文章,并非一般的词臣之文,而是集"第一功"与"大手笔"于一体的反映记录大功业的宏文。这实际上也是整篇序的基本构思。这一点,实际上在文章的开头一段记述武宗的话"我将俾尔以大手笔,居第一功"中已经透露出来了。而对李德裕功业、制作、人品(亦即立功、立言、立德)的极赞,则集中体现在篇末的两句话中:"成万古之良相,为一代之高士。"郑亚改本删去了这两句,主要是出于对当时政治形势的考虑,担心这种过于褒扬的文字会遭到当权者的忌恨。但就商隐本人来说,这确是由衷之言。郑亚改本除了出于政治上的考虑而改动商隐原稿中对德裕褒扬较重的地方以外,还对用词造句和段落结构作了某些改动与调整,周振甫《李商隐选集》此文的说明中,对商隐原稿与郑亚改本作了详细的对照分析,可以参看。应该说,这是商隐现存骈文中可与《为濮阳公与刘稹书》相媲美的文章,无论从反映作者的政治倾向或文章本身的艺术水平看,都是如此。

最后提一下黄箓斋文。这是专为道教黄箓斋作的文章。《通鉴·唐僖宗光启三年》"邀高骈至其第建黄箓斋"胡三省注:"黄箓大斋者,普召天神、地祇、人鬼而设醮焉。追忏罪根,冀开仙界,以为功德不可思议,皆诞说也。"商隐现存黄箓斋文六篇,分别为马总夫人、李回、郑亚、李尚书夫人而作。这些文章无论思想内容或艺术均无可取,纯粹是宗教迷信的产物。

第十八章　樊南文的诗情诗境

玉谿诗与樊南文,是李商隐倾其毕生精力与心血铸成的艺术珍品。自钱锺书先生提出"樊南四六与玉谿诗消息相通"(引自周振甫《李商隐选集·前言》)之说以来,先有周振甫先生对"商隐以骈文为诗"这一面作过精切的阐发①,继有董乃斌先生在其所著《李商隐的心灵世界》"浓缩的符号——典故"、"非诗之诗"等有关章节中对之作了进一步的发挥。周、董两位先生的阐论,大抵侧重于商隐骈文对其诗歌创作的影响。但玉谿诗与樊南文的关系,还有另一重要侧面,即玉谿诗对樊南文的渗透与影响,或可称之为"以诗为骈文"。作为一个在诗歌创作上卓有成就、极富个性特色的大家,他的骈体文不可能不受到其诗歌创作或明显或潜在的影响。这种影响,体现在樊南文中的诗语、诗情、诗境等诸多方面,而又集中表现为樊南文所特有的诗心——李商隐的诗人心灵与个性。钱先生所说的"樊南四六与玉谿诗消息相通",当兼该"以骈文为诗"与"以诗为骈文"这两个方面。优秀的玉谿诗和富于诗情诗境的樊南文正是同一心源所生的珍奇硕果。

需要说明的是,本章所论,主要是樊南文中富于抒情色彩(特别是个人抒情色彩)的文艺性文章。商隐一生,辗转寄幕,为幕主或他人撰拟了大量表状书启

---

① 何焯《义门读书记·李商隐〈镜槛〉诗评》云:"陈无己谓昌黎以文为诗,妄也。吾独谓义山是以文为诗。观其使事,全得徐孝穆、庾子山笔法。"此实即最早提出商隐以骈文为诗之说者。

及其他应用文。这些文章尽管在隶事用典、敷采摛藻、声切对偶等方面都达到很高的水平，堪称"今体之金绳，章奏之玉律"（孙梅《四六丛话》卷三十二），但从整体上看，仍属应用文而非文艺性文章。樊南文中，真正具有文艺性的，是哀祭诔奠之文和一部分抒情书启。这部分文章尽管只占现存樊南文的三分之一左右，却是最能代表樊南文的特色与文学成就的。由于玉溪诗对樊南文的渗透，有时一些非文艺性文章中也会出现文艺性的段落或句子，论述中也间或旁及这类文章。

第一节 诗语

在中国古代各种文章体裁中，骈体文是形式上最考究的一种美文。它以隶事用典、追求华藻、讲究声律为主要特点。这些特点，与诗歌语言的精炼含蓄、富于音乐美、色彩美密切相关，有的就是在发展过程中吸收了诗歌语言的特点而形成的。特别是初唐四杰的骈文，其平仄更加谐调、属对更加精切，就与当时近体诗的发展定型有明显关系。但是，并非具有上述特点的语言就能成为诗语。作为诗语，还必须有诗歌语言特具的形象性与韵味，像王勃《秋日登洪府滕王阁饯别序》中的名句"落霞与孤鹜齐飞，秋水共长天一色"就是典型的例证。樊南文中的诗语，大体上有以下两种类型。

一类是在前代诗文隽语基础上熔铸而成的。如《为张周封上杨相公启》中的一段文字：

> 皋壤摇落，老大伤悲……心惊于急弦劲矢，目断于高足要津。而又永念敝庐，空余乔木。山中桂树，远愧于幽人；日暮柴车，莫追于傲吏。将须理鬓，霜雪呈姿；吊影飚音，烟霞绝想。

这是代长期寄幕、落拓不偶的文士张周封向当朝宰相杨嗣复陈情告哀、祈求荐引的书信。节引的这一段融化了谢朓、古乐府、陆机、《古诗十九首》、《楚辞·招隐士》、江淹、陶潜、曹植等一系列清新俊逸，富于形象感、画面美而又诗味隽永的清词丽句。作者以"老大伤悲"的不遇之感为中心，将它们累累如贯珠似的串连成一个整体，不仅表现了张周封进不能仕、退不能隐的悲苦处境，而且活现出一个须鬓霜雪、形影相吊的失意沉沦之士的凄苦形象。由于这一连串诗语的巧妙组织与配合，便酿造出了非常浓郁的诗味。这种集合诗文隽语的方式，并非简单的数量叠加，而是在吸纳原诗语内涵、意味、色调的基础上，经作者的妙手点染，产生新的诗味。"心惊"一联，化用陆机诗句"年往迅劲矢，时来亮急弦"及古诗"何不策高足，先据要路津"，而分别冠以"心惊"、"目断"，就在强烈的对照中，更加突出了面对急弦劲矢般逝去的时光和自身仕宦无路的处境时那种既急切惊心，又无望无奈的心情。因要津之渺茫难即而益感时光流逝之迅疾，又因时光流逝、头颅老大而益感仕途之无望。这种集合式的诗语，在樊南文中随处可见，如：

  今春华以煦，时服初成，竹洞松冈，兰塘蕙苑，聚星卜会，望月舒吟。羊侃接宾，共其醒醉；谢安诸子，例有风流。(《上李舍人状五》)

  久乘亭障，长奉鼓鼙。猿臂渐衰，燕颔相误。弊庐仍在，白首未归。(《为濮阳公与丁学士状》)

  某始在弱龄，志惟绝俗。每北窗风至，东皋暮归，彭泽无弦，不从繁手；汉阴抱瓮，宁取机心？岩桂长寒，岭云镇在，誓将适此，实欲终焉。(《上李尚书状》)

有时,用一两个典故也能熔铸成情味隽永、形象鲜明的诗语,如《上河东公启》:

> 某悼伤以来,光阴未几。梧桐半死,才有述哀;灵光独存,且兼多病。

分用枚乘《七发》"龙门之桐,高百尺而无枝,其根半死半生"与王延寿《鲁灵光殿赋序》"西京未央建章之殿,皆见隳坏,而灵光岿然独存"。以"梧桐半死"喻丧偶,不仅形象地显示了与妻子王氏同根共体的亲密关系,而且将自己遭到这场变故后形销骨立、生意凋丧的情状描摹得鲜明如画,其内心的创痛亦不言而喻。以"灵光独存"喻己身独存,其孑然孤立、形影相吊之状固如在目前,且于言外透露出一种人世沧桑之慨。

另一类是不用任何典故、藻饰,自出机杼铸成的诗语。如:

> 清秋一鹗,碧海孤峰。(《为濮阳公与度支周侍郎状》)
> 每水槛花朝,菊亭雪夜,篇什率征于继和,杯觞曲赐其尽欢。(《上令狐相公状一》)
> 万里衔诚,一身奉役。湖岭重复,骨肉支离。(《上度支卢侍郎状》)
> 白露初凝,朱门渐远。(《上河阳李大夫状一》)
> 去岁陪游,颇淹樽俎;今兹违奉,实间山川。曲水冰开,章台柳动。(《上李舍人状五》)
> 今者冰消雪薄,江丽山春。(《为荥阳公与浙东杨大夫启》)

除首例是用秋鹗、孤峰象喻对方的品格风神外,其余诸例均为抒情写景的句子。或写对前辈知遇的感念,或抒亲故零落的悲痛,或叙羁旅漂泊的苦辛,或状两地相隔的怀想,无不清词丽句,诗味浓郁。末例遥想会稽春天风物,纯用白描,而名山胜景春日的盎然生机与明丽色彩宛然在目。从上举诸例可以看出,商隐并非纯以獭祭数典取胜,而是同样擅长白描。没有典故的骈句,照样可以成为清新俊逸的诗语,关键在于其中所蕴含的对所写人事景物的诗意感受。从另一方面说,它们之成为诗语,也并非由于其语言比较通俗,不用藻饰典故。陆贽的奏议也很少用典,语言朴质明快,但它们仍是标准的文章语而绝非诗语,关键亦在于作者对所论的内容并没有诗的感受而纯出于理性的思考与剖析。这里已涉及诗语所蕴含的诗情问题。实际上,诗语与诗情是互为表里的,很难截然分开。

第二节　诗情

李商隐是一位主情型的诗人,其诗以"深情绵邈"著称。这一本质特点也同样体现在樊南文中,特别是抒情色彩比较浓的文章中。樊南文中的诗情,最集中地表现在两个方面:一是对自己身世遭遇的感怆,二是对亲朋故旧的感念及不幸遭际的伤悼。并以此为基点,辐射到其他人事上。

感伤身世,原是玉谿诗中一个贯串始终、弥漫于各种题材的基本主题。可以看出李商隐作为一个诗人,这方面的体验特别深刻,情感也特别浓挚。这种沉凝郁积的诗情,在他一系列陈情告哀或感念知己的书启中表现得最为充分,如大中三年十月他应武宁节度使卢弘止之辟后所写的《上尚书范阳公启》中这样写道:

> 时亨命屯,道泰身否。成名逾于一纪,旅宦过于十年。恩旧凋零,路歧凄怆。荐祢衡之表,空出人间;嘲扬子之书,仅盈天下。去年远从桂海,来返玉京,无文通半顷之田,乏元亮数间之屋。隘佣蜗舍,危托燕巢。春畹将游,则蕙兰绝径;秋庭欲扫,则霜露沾衣。勉调天官,获升甸壤。归惟却扫,出则卑趋。仰燕路以长怀,望梁园而结虑。

李商隐开成二年登进士第,四年释褐任秘书省校书郎,旋调补弘农尉。到大中三年,"获升甸壤",仍然是一个畿县的县尉。其间经历了恩知令狐楚、王茂元的去世,老母的亡故,府主郑亚的被贬,以及自己辗转寄幕、南北驱驰漂泊的生活。十三年中,他绕了一个大圈,最后仍然回到原来的起点。明乎此,才能感受到这段倾诉十余年来坎坷经历的文字所蕴含的感伤身世之情的浓度,才能感受到诸如"时亨命屯,道泰身否"、"恩旧凋零,路歧凄怆"、"归惟却扫,出则卑趋"一类句子所包含的痛切的人生体验和"仰燕路以长怀,望梁园而结虑"中所流露的急切期盼和感念。将此启与《偶成转韵七十二句赠四同舍》对读,当会更明显感受到其中所凝结的诗情。与此类似的,还有《上李尚书状》、《献舍人彭城公启》、《献相国京兆公启》(昔师旷荐音)、《上河东公谢辟启》、《上河东公启》等。这些启状所投献的对象,与商隐的关系虽有较亲较疏之别,但作者在抒写自己流离困顿的身世时,都毫无例外地充溢着感伤的诗的情愫。在诗歌中,他往往通过咏物、咏史甚至歌咏爱情的方式寄寓身世之感,表现得比较曲折深隐,在文中则表现得相当明显直接,甚至淋漓尽致。这当然与这些书信有明显的投献目的,不如此不足以引起对方的注意同情密切相关,但也可见其身世之悲蕴积之深。《上河东公启》是大中五年到东川幕后不久,辞谢柳仲郢赠歌伎张懿仙而作,是一篇工于言情的诗体式书信。启中自述妻亡子幼一段,写得最为哀恻动人:

> 某悼伤以来,光阴未几。梧桐半死,才有述哀;灵光独存,且兼多病;眷言息胤,不暇提携。或小于叔夜之男,或幼于伯喈之女。检庾信荀娘之启,常有酸辛;咏陶潜通子之诗,每嗟漂泊。

悼伤之情方浓,又复抛下年幼的儿女,只身远幕东川。一路写来,似乎只是在渲染丧妻后自己的孤凄衰病和骨肉分离、无暇提携的痛苦歉疚,实则处处都在暗示:自己既深念亡妻,更怜念子女,根本不可能移情他顾。虽未明言,对方自能从这充满哀感的自述中揣知商隐因丧妻别子衰病而风怀已淡的隐衷。虽用了一连串典故，却挟情韵以行，如同信手拈来，曲折如意，表现出驾驭骈文这种形式的高超功夫。

商隐祭奠之文，写得最富诗情的是祭奠与他关系最亲密的恩旧戚属的文章。令狐楚是他正式踏入社会以后对他有指点提携之恩的第一位显宦，他的骈文章奏技巧和登进士第的荣耀，都与令狐楚的拂拭照顾密切相关。开成三年，他在《奠相国令狐公文》中这样写道：

呜呼！昔梦飞尘，从公车轮；今梦山阿，送公哀歌。古有从死，今无奈何！天平之年，大刀长戟，将军樽旁，一人衣白。十年忽然，蜩宣甲化。人誉公怜，人谮公骂……愚调京下，公病梁山，绝崖飞梁，山行一千。草奏天子，镌辞墓门。临绝丁宁，托尔而存……故山巍巍，玉谿在中。送公而归，一世蒿蓬！

从大和三年初谒令狐于洛阳，得其垂拂，到开成二年令狐临终托其代草遗表撰写墓志，前后将近十年，可叙之事本多。但这篇祭文却撇开许多具体情事，以抒情的诗笔集中写令狐的知遇。十年的交契始末，只用"昔梦"十六字高度概括，一生一死，一始一终，略去中间无数情事，亦包蕴无数情事。这种浓缩虚括的诗笔，最宜于表达浓郁深挚难以用具体情事表达的诗情。"天平"四句，似涉叙事，实为抒情，从"将军樽旁，一人衣白"正可见自己以白衣未仕之身受到令狐的特殊恩遇。包括下面的"临绝丁宁，托尔而存"，亦均从知遇之恩着笔，说明令狐直到生命终结之日，所信任倚重的仍是自己这样一个尚未正式入仕的小人物。结尾因令狐之逝而发"一世蒿蓬"的悲慨，其时义山已经登第，这种"预言"初读似有过情之嫌，但只要联系义山的身世境遇，便不难发现这实在是他的真情流露。令狐楚是他在"内无强近，外乏因依"、"沦贱艰虞"的处境中首先予以有力援助的知己,因此对令狐楚的去世,他不但倍感悲痛,而且有一种"一世蒿蓬"的不祥预感。而这种预感竟不幸而言中。冯浩说:"楚爵高望重,义山受知最深,铺叙恐难见工,故抛弃一切,出以短章,情味乃无涯矣。是极惨淡经营之作。"(《樊南文集详注》)所言诚是。

从《奠相国令狐公文》可以看出,商隐这类吊祭恩知亲戚之文之所以哀恻动人,富于诗情,是和其中融入了身世沦贱之感密切相关的。现存商隐祭奠文中,《祭外舅赠司徒公文》、《重祭外舅司徒公文》、《祭裴氏姊文》、《祭徐氏姊文》、《祭处士房叔父文》、《祭小侄女寄寄文》无不具有这一突出特点。在这些祭文中,对恩知戚属的感念哀悼和对自身遭际的伤感往往水乳交融:

呜呼! 往在泾川,始受殊遇。绸缪之迹,岂无他人? 樽空花朝,灯尽夜室,忘名器于贵贱,去形迹于尊卑。语皇王致理之文,考圣哲行藏之旨,每有论次,必蒙褒称。(《重祭外舅司徒公文》)

祷祠无冀,奄忽凋违……此际兄弟,尚皆乳抱,空惊啼于不见,未识会于沉冤。浙水东西,半纪漂泊。某年方就傅,家难旋臻,躬奉板舆,以引丹旐。四海无可归之地,九族无可倚之亲。既祔故丘,便同逋骇。生人穷困,闻见所无。(《祭裴氏姊文》)

前者写在泾原时所受于王茂元的"殊遇"。在对当时情景充满诗情的追忆中所流露的正是茂元以尊显之位对他这样一个出身寒素的年轻人"忘名器"、"去形迹"的厚谊。后者写仲姊死后自己随父漂泊异乡,继又因父亲去世孤儿寡母扶柩回乡的情景,透露出商隐一家当时几乎跌落到社会下层的穷困处境。其中所蕴含的感情既深挚强烈,语言亦精练而涵蕴,具有诗的气质。

值得注意的是,商隐有些代人写作的这类文章,也无形中渗透了作者由自

身不幸遭遇形成的人生体验,如《为司徒濮阳公祭忠武都押衙张士隐文》:

> 举无遗算,仕匪遭时。何兹皓首,不识丹墀!剑折而空留玉匣,马死而犹挂金羁……泉惊夜壑,草变寒原,荒陌是永归之里,老松无重启之门。

《为荥阳公祭吕商州文》:

> 参差觏闵,菶斐成冤。汉庭毁谊,楚国谗原……书断三湘,哀闻五岭。天涯地末,高秋落景。重叠忧端,纵横泪缠。

或因怀才不遇而白首不识丹墀,或因党局反复而遭谗外贬。这种遭遇触动商隐自身的沉沦之悲,形成共振,故笔端饱含诗情。相反,对有些生平经历并无明显悲忧情事的祭奠对象,则笔下每较平淡。商隐胸中郁积的深沉强烈的身世之悲,可以说是其诗文创作一个极其重要的动力源,也是其骈文诗情的泉源。

第三节　诗境

这里所说的诗境,是指一篇文章或文中某一相对独立的段落,由诗语、诗情或诗景所构成的比较完整的具有诗的意蕴的境界。一般习惯于用意境之有无高下评诗,而较少以之衡文。但樊南文中一些出色的抒情文是具有诗的境界的,这正是它高出一般文章的地方。大中二年春,他在桂林为郑亚代拟的几封书启,就在似不经意中渲染出一片诗境。《为荥阳公与浙东杨大夫启》:

> 不审近日诸趣何如?越水稽峰,乃天下之胜概;桂林孔穴,成梦中之旧游。遐想风姿,无不畅惬。一分襟袖,三变寒暄。虽思逸少之兰亭,敢厌桓

公之竹马。况去思遗爱,遐布歌谣;酒兴诗情,深留景物。庾楼吟望,谢墅游娱,方知继组之难,不止颂条之事。今者冰消雪薄,江丽山春,访古迹于暨罗,探异书于禹穴,不知两乐,何者为先?幸谢故人,勉自遵摄,未期展豁,惟望音符。其他并附乔可方口述。

这封仅一百五十字的短简,撇开一切浮文俗套,入手便问"诸趣何如"。以下便从杨汉公曾任官的桂林和现居官的越州分别落笔,写两地风物之胜与对方风姿之畅,写两地相隔的思念和汉公观察桂管留下的"去思遗爱"、"酒兴诗情"。于"方知"二句作一小束后,转又写遥想中会稽的春日丽景与汉公的寻春访古之趣,回应开篇。全篇以如诗似画之笔、行云流水之势,渲染出一片由明丽自然的诗语诗景、萧散自得的诗情诗趣构成的优美诗境。作于同时的《为荥阳公上宣州裴尚书书》与此可谓异曲同工:

> 待诏汉廷,但成老大;留欢湘浦,暂复清狂。思如昨辰,又已改岁。以公美之才之望,固合早还廊庙,速泰寰区。而辜负明时,优游外地,岂是徐公多风亭月观之好?为复孟守专生天成佛之求?幸当审君子之行藏,同丈夫之忧乐,乃故人之深望也。

裴休字公美,穆宗长庆中登进士第,历五朝尚居外郡,时郑亚亦以给事中出为桂管观察使,处境堪忧,故于裴之屈居外郡,实有同命相怜之感,故云"待诏汉廷,但成老大"。但文中并不直言屈居外郡之牢骚,而是用"待诏"二语微露消息,不满之意,寓于言外。以下转笔回忆去年"留欢湘浦"的情景,亦于"暂复"二字中略透本意。随即再转写时光流逝之迅疾,其中既寓思念,亦寓感慨。且将裴休"辜负明时,优游外地"的原因归结为"多风亭月观之好"、"专生天成佛之求",语带谐谑,意含牢骚。表现上的轻松风趣与内里的不满牢愁形成对照,蕴含了耐人寻味的诗情。这段文字,可以说是在相反相成中构成了诗的意境。

王国维说:"境非独谓景物也,喜怒哀乐亦人心中之一境界,故能写真景物真感情者,谓之有境界。"(《人间词话》)此论实可移之评义山抒情文。《祭小侄女寄寄文》便是一篇写真感情而具有优美境界的文章。韩愈的《祭十二郎文》是祭文中的名作,商隐此文完全可与之方驾,而写作的难度却比《祭十二郎文》要大得多。因为韩文所祭的侄子老成,年岁与韩愈相近,自幼一起生活,有许多共同的经历,包括生活琐事作为叙事、抒情的凭借,而商隐所祭的小侄女,却是生下后就寄养于外姓,四岁方归本族,旋即夭折的幼女,跟作者接触很少,缺乏具体的生活情事作为抒写的材料。同时,骈文这种形式,比较板滞,不像散文那样可以自由舒展地叙事抒情。但文体与材料的限制没有难住李商隐。相反还对传统的骈文多用典、重藻饰的特点进行了改造,使之成为抒写真感情的有效形式。全篇纯用白描,纯以情胜,清空如话,在回环往复的抒情中不断将感情推向高潮。文章在抒写生未尽鞠育之恩的悲伤后,紧接着是一段抒写死未能及时迁葬之痛的文字:

时吾赴调京下,移家关中。事故纷纶,光阴迁贸。寄瘗尔骨,五年于兹。白草枯荄,荒途古陌,朝饥谁抱,夜渴谁怜?尔之栖栖,吾有罪矣!

自寄寄夭伤到迁葬这五年中,商隐经历了移家、入幕、试判、秘省任职、丧母家居一系列事情与变故。作者化叙事为抒情,化实为虚,以"事故纷纶,光阴迁贸"八字概括许多难以尽言的人生经历与人生感慨。"白草"四句,纯用白描,将一个幼小的灵魂置身于异乡荒郊古陌的孤单凄凉渲染得十分动人,具有诗的意境与情韵。"尔之栖栖,吾有罪矣",仿佛是过情之语,但正如商隐所说:"明知过礼之文,何忍深情所属!"这篇祭文所抒写的,正是"发乎情"而不大考虑是否"过礼"的至情。下面一段,又换另一副笔墨:

自尔殁后,侄辈数人,竹马玉环,绣襜文褓,堂前阶下,日里风中,弄药争花,纷吾左右,独尔精诚,不知所之。

以丽景衬哀情,以侄辈的天真嬉戏反托寄寄精诚不知所之的哀感与凄凉,同样写得极富诗情与诗境,"堂前"二句,几乎让人感觉不到这是骈文。

　　呜呼! 荥水之上,坛山之侧,汝乃曾乃祖,松槚森行;伯姑仲姑,冢坟相接。汝来往于此,勿怖勿惊。华彩衣裳,甘香饮食,汝来受此,无少无多。汝伯祭汝,汝父哭汝,哀哀寄寄,汝知之邪?

写到这里,不但完全撤去了幽明的界限,而且撤去了尊卑长幼的界限,一片深挚的柔情溢出于字里行间。骈俪之文,运用得如此纯熟自如,不假雕饰,确实令人惊叹。全篇在反复抒情中所展示的,正是由至情至性所构成的诗境,是作者的心灵世界。

第四节　诗心

　　樊南文中的诗语、诗情、诗境,从根本上说,皆源于商隐特有的"诗心"。这种"诗心",主要表现为互有关联的两个方面。

　　一是对人生悲剧特有的关注和深刻体验。商隐骈文中最具抒情色彩和浓郁诗意的,除个别篇章外(如前举《为荥阳公与浙东杨大夫启》)几乎都是抒悲写痛、陈情告哀之作;即使代人撰拟的书启,写得最富诗情的也多为与人生坎坷经历、悲剧遭遇有关的内容(如《为张周封上杨相公启》)。这说明商隐具有异于一般作者的感受人生悲剧的诗心与个性。张采田说:"义山诗境,长于哀感,短于闲适,此亦性情境遇使然,非尽关才藻也。"(《李义山诗辨正·喜雪》评)其文境亦然。诗、文俱长于哀感之境,正缘其同出一诗心。前已论及,商隐一生的悲剧身世境遇及以此为基础形成的悲剧性人生体验,乃是他诗文创作最重要的动力源。创作中只要一遇到这类题材或内容,其敏感的诗心便会引起强烈共振而发为悲吟。像《为裴懿无私祭薛郎中衮文》中的薛衮,与商隐未必有很深的交情,只因他的死带有悲剧性(其兄弟薛茂卿系泽潞叛镇大将,因此忧惧而死),故商隐在代写祭文时感情投注,写出极富哀感的文字。

二是与此相关的商隐独具的感伤气质与个性。对于人生悲剧的关注与体验,在商隐心中凝成的主要不是愤激,而是深刻的感伤。由于悲剧性的身世之感、人生体验深入性灵,致使这种感伤情绪已内化为一种气质个性,发而为诗为文,则特具一种感伤的诗美。关于这一点,学界论之已详,不赘。

骈文既是典型的美文,也是最易犯雕琢伤真、堆砌窒情之病的一种文体。商隐这类以抒悲见长的骈文却以情之深挚取胜,而且具有诗的情韵意境。这说明商隐这类文章有一种极可贵的本质与底色。刘熙载《艺概·诗概》说:"诗有借色而无真色,虽藻缋实死灰耳。李义山却是绚中有素。"此论完全可移之评商隐抒情文。上举诸文之所以哀挚动人,具有"沁人心脾"之诗境,关键在于其中蕴含了对人生悲剧的深刻体验,在于作者的感伤气质与个性是深入骨髓的,而不是浮浅表面甚至虚矫做作的。从这一点出发,也可看出,作者那些以白描见长的抒情文,之所以往往更加感人,根本原因也在于其中所蕴含的感情更为真挚深厚。商隐诗文的魅力,根本原因在此,他学杜甫,得其神髓者亦在此。

中国古代骈文的发展,与诗歌有密切关系。二者相互为用,是在各自发展过程中自然会产生的现象。诗之骈化与骈之诗化差不多是同步进行的。六朝和初唐骈文中,都有颇富诗意的篇章,特别是像庾信的《思旧铭》、《哀江南赋序》,王绩的《答刺史杜之松书》,骆宾王的《与博昌父老书》,王勃的《滕王阁序》等,都有浓郁的诗情。但统观唐代,诗歌号称极盛,骈文却在一段相当长的时间里朝着越来越实用化的方向发展,很少出现具有诗情诗境的名文。直到李商隐,才以其特有的诗心诗才,在一部分骈文中恢复并发展了抒情和诗化的传统。由于商隐骈文的诗化,是在经历了唐诗的高度繁荣,包括作为传统五七言诗诗艺的总结者李商隐自己的创作实践基础上进行的,因此其诗化的程度较前更有所提高,艺术上也更加纯熟。这是李商隐对骈文发展的一种贡献。与此同时,他对骈文多用典、重藻饰的传统形式也作了改造的成功尝试,这就是像《祭小侄女寄寄文》那样,在抒情化、诗化的基础上使骈文语言通俗化。初唐魏征、中唐陆贽的表疏奏议也很少用典,语言比较朴质通俗,这也是对骈文的一种改造,但这是在突出其实用性基础上的改造,改造的目的是使骈文更切实用,其结果是使骈文离文学、离抒情、离诗更远。这和商隐的骈文通俗化尝试走的是两条不同的路。尽管现存商隐骈文中,像《祭小侄女寄寄文》这种诗化、通俗化的文章数量很少,只能看做是一种未必自觉的试验。但这个成功的试验本身却说明:传统的骈文,是可以改造成既具对仗声律之美、诗情诗境之美,又无堆砌典故辞藻之弊的美文的。只是由于商隐并没有将这种试验的范围扩大到形成一种明显的趋向与风格,因而后代的骈文家也未注意到这一偶发的成功尝试,以致对后代并未产生明显的影响。其间原因自然很多,但人们对骈文的传统观念(认为骈文必须大量用典铺藻)的思维定式应该是一个重要原因。

第十九章　李商隐的赋和古文

李商隐不仅是大诗人、大骈文家,他的赋和古文也颇有艺术个性,对我们了解李商隐的全人及其创作的全貌,有很重要的意义。

《崇文总目》除著录商隐《樊南甲集》、《乙集》各二十卷外,另著录《玉谿生赋》一卷。《新唐书·艺文志》则于《甲》、《乙》集外,另著录《赋》一卷、《文》一卷。《郡斋读书志》于《甲》、《乙》集外,又著录《文集》八卷。《直斋书录解题·别集类上》:"《李义山集》八卷,《樊南甲乙集》四十卷。又《玉谿生集》三卷,李商隐自号,此集即前卷中赋及杂著也。"《文献通考·集》:"李商隐《樊南甲集》二十卷、《乙集》二十卷,又《文集》八卷。"《宋史·艺文志七》:"(李商隐)《赋》一卷,又《杂文》一卷,《文集》八卷,又《四六甲乙集》四十卷,《别集》二十卷。"诸书著录各有同异,但有一点是共同的,即商隐除《樊南甲集》、《乙集》各二十卷外,另有《赋》一卷。至于文,则或著录为一卷,或著录为八卷,或单列《杂文》一卷,其间分合增减情况,今已难以详考。

第一节　赋

商隐的赋现存者仅四篇。《虱赋》、《蝎赋》见于《唐文粹》卷七。《虎赋》、《恶马赋》见于刘克庄《后村诗话》卷二,此二赋《全唐文》、《全唐文拾遗》、《全唐文续拾》及《樊南文集详注》、《樊南文集补编》均失收。按:《后村诗话》卷二共录载李商隐赋三篇,即《蝎赋》、《虎赋》、《恶马赋》,并于《恶马赋》之末注云:"已上三赋见《玉谿集》。"此《玉谿集》当即陈氏《直斋书录解题》所著录之《玉谿生集》三卷,包括赋及杂著。由此可见《玉谿生集》三卷(非《玉谿生诗》三卷)乃南宋人常见之书。刘氏录载之《蝎赋》与《唐文粹》、《全唐文》所载者虽有个别异文(如"尔兮何功",《后村诗话》作"尔今何功",似以《后村诗话》所录为优),但系全篇,故可推断《后村诗话》所录之《虎赋》、《恶马赋》亦为全璧。

以上四篇赋全为咏物短赋。其中《虱赋》、《蝎赋》、《虎赋》各八句,平仄韵交押,四句一韵;《恶马赋》十二句,亦四句一韵,平仄韵交押。四赋均为刺世疾邪之作。《虱赋》云:

亦气而孕,亦卵而成。晨凫露鹄,不如其生。
汝职惟啮,而不善啮。回臭而多,跖香而绝。

徐树谷笺云:"义山《虱赋》,刺朝士也。《商君书》以仁义礼乐为虱,曰:'六虱成俗,兵必大败。'《御览》:庾峻曰:'今山林之士,利出一官,商君谓之六虱,韩非谓之五蠹。'故义山托以兴刺。回贤而贫,贫故臭;跖暴而富,富故香。虱惟回之啮,而不恤其贤;惟跖之避,而莫敢撄其暴,是以不善啮矣。世之虐茕独而畏高明,侮鳏寡而畏强御者,何以异于此!义山殆深知虱者。"按商隐《骄儿诗》有"爷昔好读书,恳苦自著述。憔悴欲四十,无肉畏蚤虱"之语,"蚤虱"亦有所托喻。此赋当是讽刺那些欺贫怕富、凌弱畏暴的邪恶小人,愤慨道德高尚的贫贱之士反遭小人攻击,而横暴富有的恶人则为小人所惧避。徐氏谓讽朝士,可能将讽刺对象看得太窄了一点。后陆龟蒙作《后虱赋》,有序云:"余读玉谿生《虱赋》,有就颜避跖之叹,作《后虱赋》以矫之。"赋云:

衣缁守白,发华守黑。不为物迁,是有恒德。

> 小人趋时,必变颜色。弃瘠逐腴,乃虱之贼。

故意与商隐唱反调,认为虱不趋时、不变色,是有恒德者。但这种故意立异的构思,由于与虱的形象给人的厌恶感完全异趋,其艺术效果并不好。不过由陆龟蒙这篇唱反调的《后虱赋》,倒可看出商隐这类咏物刺邪的小赋在当时是有读者、有影响的。

《蝎赋》云:

> 夜风索索,缘隙凭壁。弗声弗鸣,潜此毒螫。
> 厥虎不翅,厥牛不齿。尔今何功,既角而尾?

这一篇将蝎作为阴毒小人的喻体,说它们专门在黑暗的夜间出来活动,"弗声弗鸣",悄悄潜伏,使人在无防备、没觉察的情况下受到它的毒害。但赋的旨意不止于此,而是推进一层,责问造物者助恶为虐。老虎虽有利齿而无翅膀,牛虽有角而无利齿,而蝎却既有毒钳又有毒钩,老天爷为什么如此偏爱凶残阴毒之物呢?这与《张恶子庙》"如何铁如意,独自与姚苌"、《井泥》"猛虎与双翅,更以角副之"同一意蕴。在商隐看来,恶人之所以能行恶,是因为造物者赋予它行恶的手段。矛头所指,正是现实中赋予恶人以权柄的封建统治者,锋芒甚锐,意殊愤愤。

《虎赋》云:

> 西白而金,其兽惟虎。何彼列辰,自虎而鼠?
> 善人瘠,谗人肥。汝不食谗,畏汝之饥。

虎的职责是吃谗人。当时现实中的情况是"善人瘠,谗人肥",可是老虎却偏偏不吃肥腴的谗人，这样下去，老虎恐怕要挨饿了。这是讽刺那些职司除谗去邪的官吏不去攻击谗邪，而是专挑善良之辈来残害。

《恶马赋》云：

> 彼骑而啮，孰为其主？彼刍而蹄，孰为其圉？
> 五里之堠，十里之亭。癣燥饥渴，不择重轻。
> 亭有馋吏，暴之为腊。又毒其吏，立死于枥。

恶马乱咬骑它的主人，乱踢喂它的马夫。因为患癣而焦燥饥渴，又咬又踢，不管轻重。亭中的馋吏杀了它，把马肉晾干制成干肉，又毒死了吃马肉干的亭吏。这篇寓言式的赋把恶马的"恶"写得淋漓尽致，不但活着的时候连主人和喂养它的人都乱咬乱踢，连死后也毒害人。

从这四篇赋中可以看出商隐对现实中那些凌弱畏强、邪恶阴毒、畏谗欺善、横暴凶毒的邪恶势力怀着强烈愤恨，并由此产生对造物者的愤激。这种情绪，在他的诗文中虽也有所流露，但都不像他的这四篇赋表现得如此集中强烈。它们的总主题不妨说就是"刺世疾邪"。

传为苏轼所撰的《渔樵闲话录》中引了李商隐赋三怪物的一段文字，与上述四赋同为刺世疾邪之作，但文体不像是赋，附此略述。文曰：

> 其一物曰：臣姓搢狐氏，帝名臣曰巧彰，字臣曰九尾，而官臣为佞魑焉。佞魑之状，领佩丰，手贯风轮，其能以乌为鹤，以鼠为虎，以蚩尤为诚臣，以共工为贤王，以夏姬为廉，以祝鲐为鲁，诵节义于寒浞，赞韶曼于嫫姆。其一物曰：臣姓潜弩氏，帝名臣曰携人，字臣曰衔骨，而官臣曰谗魖。谗魖之状，能使亲为疏，同为殊，使父脍其子，妻羹其夫。又持一物，状若丰石，得人一恶，乃镵乃刻；又持一物，大如长箒，得人一善，扫掠盖蔽。谄啼伪泣，

以就其事。其一物曰：臣姓狼贪氏，帝名臣曰欲得，字臣曰善覆，而官臣为贪魃，贪魃之状，顶有千眼，亦有千口，鼠牙蚕喙，通臂众手，常居于仓，亦居于囊。颊钩骨箕，环联琅珰，或时败累，囚于牢狴。拳梏屦校，丛棘死灰。侥幸得释，他日复为。

对奸猾贪婪、颠倒是非、邪诐诡伪之徒作了淋漓尽致的形容刻画和尖锐的揭露。由于篇幅较长，这种揭露较前几篇短赋更加充分，其中有不少漫画式的描绘和铺排式的渲染，虽非赋体，用的却都是赋法。

但是，商隐的赋并非只有刺世疾邪、冷嘲热讽这一格，而是有多种题材与类型。如《漫叟诗话》引玉溪生《江之嫣赋》云："岂如河畔牛星，隔岁只闻一过；不比苑中人柳，终朝剩得三眠（注云：汉苑中有柳，状如人形，一日三起三眠）。"杨伯嵒《臆乘》引李义山《雪赋》云："云市飘荡，当从于月；月窟渐沥，合随于云。"史容《黄山谷外集诗注·次韵答柳通舍求田问舍之诗》"蛾眉见妒且障羞"注引李义山《美人赋》："枕有光而照泪，屏无影而障羞。"晏殊《类要》卷十二引《美人赋》："桂旗则左日右月，棠舟则鹢首燕尾。"卷十三引《小园愁思赋》："宝鞭玉勒班骓灭没以飞来，翠幰白帘青雀龙邛而遥渡。"卷二九引《杏花赋》："沈持进书读二万卷，郑康成酒饮三百杯。"卷三〇引《孝赋》："陈焦食而更思，死六日而重起；令威坑而未足（按：疑有误），法（去）千年而复归。"（按：此引作义山录《孝赋》曰，故是否义山作，当存疑）卷三四引《闲赋》："我夸力以搏虎兮，彼区区于祝侧究蛮。"以上诸赋，无论是题目或内容，均与前面引述的四篇刺世疾邪之赋不同，题材相当广泛。但今天都只能看到零星的佚句，其全貌已不可见。

第二节　古　文

商隐的古文，现存序三篇、书四篇、碑铭二篇、杂记六篇、传一篇、行状三篇，共十九篇,仅占现存义山文总数的约十八分之一。但这存量不多的古文,除极个别应用之文(如《为河东公上西川相国京兆公书》)外,几乎全是有内容、见个性的作品,是能表现作者真思想、真感情、真性情的作品。从这一点来说,李商隐的古文有着不可替代的价值。以下分体作简要评介。

商隐的三篇序,都是书序。《樊南甲集序》和《樊南乙集序》虽然是为自己的骈文集写的序,但都是用散文写的,而且都讲到自己对骈文这种文体的轻视。《甲集序》说:"四六之名,六博、格五、四数、六甲之取也,未足矜。"认为骈文近乎博弈、数方位甲子一类小道,根本不值得夸耀。《乙集序》也说:"此事非平生所尊尚,应求备卒,不足以为名。"认为这是应他人之所请或备一时之急需的应用文,不足以为名。相反,他对于古文,则是另一种态度。《甲集序》云:"樊南生十六能著《才论》、《圣论》,以古文出诸公间。"对自己年少能为古文颇为自负。在谈到其弟时,则云:"仲弟圣仆(即羲叟),特善古文,居会昌中进士为第一二,常以今体规我,而未焉能休。"对羲叟的"特善古文"也持赞赏态度。这种对古文和今体文两种不同的态度,显然缘于两个方面的认识。一是认为只有古文才是传道之文。《请卢尚书撰故处士姑臧李某志文状》说其堂叔李某"注撰之暇,联为赋论歌诗,合数百首,莫不鼓吹经实,根本化源,味醇道正,词古义奥。自弱冠至于梦奠,未尝一为今体诗"。所谓"味醇道正,词古义奥"的"赋论",当指其赋和古文。从"未尝一为今体诗"的话中也可看出"味醇道正"之文当是古文。二是认为只有古文才是能自由抒写思想感情的文体。《上崔华州书》说:"以是有行道不系今古,直挥笔为文,不爱攘取经史,讳忌时世。"这里说的"直挥笔为文"之文,当亦指古文。这两篇序中对今体文的看法,似乎与他早年在《谢书》中所说的"自蒙半夜传衣后,不羡王祥得佩刀"相矛盾。实则他早年之所以重视今体文,是因为写得一手好骈文乃是仕进的阶梯。等到他在仕进之路上连遭挫折,感到骈文并未使他致身通显,而仅仅借其在幕府中操笔事人、为人作嫁时,便发出了"当时自谓宗师妙,今日惟观对属能"的感慨。实际上,对自己骈文的艺术技巧，商隐始终没有否定。相反，在提到时还相当自负，如《甲集序》云："有请作文，或时得好对切事，声势物景，哀上浮壮，能感动人。十年京师寒且饿，人或目曰：韩文、杜诗、彭阳章檄，樊南穷冻人或知之。"他不仅对自己骈文的"好对切事"等颇为自赏，而且自命为彭阳章檄的传人。《乙集序》亦云："吾太尉之麾，有杜司勋之志，与子之奠文（按：今佚），二事为不朽。"可见，即使在仕途坎坷，深感骈文于己之致身通显无用的情况下，他对自己的骈文技巧仍高自称许。这两篇文集自序的语言朴素简约，时有隽语，如上引"韩文、杜诗、彭阳章檄，樊南穷冻人或知之"，用自我调侃的口吻表达一种既自负又自伤的复杂感情；《樊南乙集序》"三年已来，丧失家道，平居忽忽不乐，始克意事佛，方愿打钟扫地，为清凉山行者"，写丧妻以来的生活、感情，简洁而传神。结尾云："是夕大中七年十一月十日夜，火尽灯暗，前无鬼鸟，一如大中元年十月十二日夜时（按：此为编定《樊南甲集》并作序之夜）。书罢，永明不成寐。"在对照中传达出隽永的情味。可以看出这时他的古文已达随意挥洒之境。

《容州经略使元结文集后序》通过对元结古文的赞赏，在一定程度上表现了自己的思想观点，特别是文艺思想。周振甫先生对此文有精彩的分析评论，兹摘引如下：

> 他的推崇元结古文，先要破除"次山不师孔氏为非"这种思想。他认为孔子不过提倡道德仁义，元结所提倡的三皇用真，已经超过道德仁义。这实际上是《老子》"失道而后德，失德而后仁，失仁而后义，失义而后礼"的思想。"三皇用真"即得道，"五帝用圣"即"失道而后德"，"三王用明"即"失德而后义，而后礼"。"耻察"，以察察为明为耻，即以法家用法为耻，老子这种思想，其实是不正确的，商隐推崇了元结的这种思想，它的意义不在这种思想本身，在于他敢于破除孔子思想的束缚上。

> 商隐这篇序从多方面来赞美元结的古文……"其绵远长大"，指出元结

的文章是按照自然变化来写的,它不追求形状和色彩……"其疾怒急击",指出元结文章的坚劲严密……"其详缓柔润",指出元结文章的柔婉含蓄……"其正听严毅",指出他立论的严正,判断的不可动摇……"其碎细分擘",讲他剖析的细致……"其总旨会源",指他文章主旨纲要,纲举目张。

从这篇序中可以看出,商隐肯定元结文章"绵远长大,以自然为祖,元气为根……太虚无状,大贲无色"的自然朴素本色之美,反对以不师孔氏为非的是非标准,具有不受儒家传统思想所囿的色彩。文末"孔氏固圣矣,次山安在其必师之邪"一语,集中表达了带有离经叛道色彩的思想。序中用了一系列比喻分别形容元结文章某一方面的特点与风格,固然是唐人论文评诗的风气,但在这篇文章中已成为其核心部分的一种基本结构和表现手段。与元结古文古朴奇奥的风格相应,这篇序的文字风格也显得既古朴又奇奥。元结的思想和文风未必全如商隐所论述,通观全文,似有借端寄慨的成分。

商隐的四篇书,除《为河东公上西川相国京兆公书》系官府公牍外,其余三篇均为商隐文中的力作。《上崔华州书》作于开成二年正月二十四日进士试放榜前。此文实为向华州刺史崔龟从行卷的书信,但却高自标置,标榜自己对学道为文的独特看法:

> 始闻长老言:学道必求古,为文必有师法。常悒悒不快。退自思曰:夫所谓道,岂古所谓周公、孔子者独能邪?盖愚与周、孔俱身之耳。以是有行道不系今古,直挥笔为文,不爱攘取经史,讳忌时世。百经万书,异品殊流,又岂能意分出其下哉!

他认为"道"并非古圣人周公、孔子所独能,他自己也和周、孔一样,都在身体力行着道。① 这就说明,周、孔并不是"道"的发明者、始创者或化身,"道"是独立于每个人之外,而能为每一个人所体验、所实行的。这就把自己与周、孔置于"俱身之"的平等地位。从这一点出发,他认为学道不一定要求古,为文也不一定要有所师法,而是只要亲身体验并实践道就可以,从而进一步得出"行道不系今古,直挥笔为文"的结论,即每个人都可以直接挥笔为文,抒写对道的认识与体验,不必攘取经史,引经据典,也不必讳忌时世。正因为这样,他对古往今来异品殊流的百经万书,并不顶礼膜拜,而是认为自己的文章并不比它们低。从中可以看出,商隐高自标置,是以他对行道为文的独特看法为基础的。这实质上是一种不承认有思想上的偶像和绝对权威的观点,一种在文章写作上主张尊重个人体验和追求创新、追求自由发挥独立见解的观点。因而他虽连续四次在进士试中失利,却丝毫不减自信,"必待其恐不得识其面,恐不得读其书,然后乃出"。文章写得势横力健,正因为有建立在上述思想基础上的高度自信。

《别令狐拾遗书》作于开成元年商隐尚未登进士第时,信中集中表达了他对"近世交道几丧欲尽"的愤激之情。作者用有些人标榜为他们所恶的"市道"来与"近世交道"作对比,认为这些人的"交道"还不如"市道":

> 今日赤肝脑相怜,明日众相唾辱,皆自其时之与势耳。时之不在,势之移去,虽百仁义我,百忠信我,我尚不顾矣。岂不顾已,而又唾之。足下果谓市道何如哉!

又举父母与子女间的关系作对比,说明即使亲如父母,对子女的婚姻尚且把"财货"放在首位,而不管儿女的幸福,何况是"他舍外人,燕生越养"呢?他把人与人之间这种连"市道"都不如的纯以势利为转移的"交道"产生的原因归之于争

---

① 《孟子·尽心上》:"尧舜,性之也;汤武,身之也;五霸,假之也。"赵岐注:"身之,体之行仁。"

权夺利的斗争和自私的欲望：

> 不幸天能恣物之生而不能与物慨然量其欲，牙齿者恨不得翅羽，角者又恨不得牙齿，此意人与物略同耳。有所趋故不能无争，有所争故不能不于同中而有各异耳。

应该说，他对"近世交道"的揭露抨击是相当深刻尖锐的。和《上崔华州书》之势横力健、充满自信不同，这篇文章充满了强烈的愤世嫉俗的情绪，篇末甚至说到"紬而绎之，真令人不爱此世而欲狂走远飏耳"，表现出一种对现实社会深恶痛绝的愤激之情。文中对自己与令狐绹的关系虽一再赞颂，但似已有不祥预感："尔来足下仕益达，仆固不动，固不能有常合而有常离。"而这竟不幸言中了。

《与陶进士书》作于开成五年九月三日。信中以自己应举贡文、登进士第、应宏博试落选、南场试判及出尉弘农等经历遭遇为依据，对当时的社会风气、官场腐朽作了尖锐的嘲讽。为应举而向显达者贡文行卷，"出其书，乃复有置之而不暇读者，又有默而识之不暇朗读者，又有始朗读而中有失字坏句不见本义者"，充分揭露了显达官僚们的冷漠和愚蠢无知。而受挫于博学宏辞试，原因仅仅是某中书长者的一句话"此人不堪"，遂抹去之。商隐在这里用反语尽情发了一通牢骚，最后甚至说："此后不能知东西左右，亦不畏矣。"后来作尉弘农，又"以活狱不合人意，辄退去"，这使商隐更加愤激，"尝自咒愿得时人曰：此物不识字，此物不知书。是吾生获'忠肃'之谥也"。社会、官场如此腐朽黑暗，读书为文又有何用！士人的命运完全取决于显贵们的一言一行和喜好憎恶。这一切遭遇使作者早年所持的信念"是非系于褒贬，不系于赏罚；礼乐系于有道，不系于有司"成为虚语。故全篇"愤懑殊深"（冯浩语），对世情和官场的讥诮也十分辛辣。和《别令狐拾遗书》之多直抒愤激不同，本篇多用反讽、自嘲的方式来表达，而愤郁更深。篇末总结"爱华山之为山而有三得：始得其卑者朝高者，复得其揭然无附著,而又得其近而能远"。这"三得"反映了他和显贵者关系的三个阶段:先是希图依托;然后是不求依附,特立独行;最后是形迹似近而实际关系疏远。这中间可能包含了他和令狐绹之间关系发展变化的过程。以上三封书信,虽然风格各异,有的劲健,有的愤激,有的辛辣,但都贯串着商隐独立的思想性格和愤世嫉俗的精神。《别令狐拾遗书》说:"千百年下,生人之权不在富贵而在直笔者。"《上崔华州书》说:"行道不系今古,直挥笔为文。不爱攘取经史,讳忌时世。"《与陶进士书》说:"是非系于褒贬,不系于赏罚;礼乐系于有道,不系于有司。"可以明显看出其思想的一贯性。

李商隐写的《刑部尚书致仕赠尚书右仆射太原白公墓碑铭并序》也很有特色。白居易卒于会昌六年,当年十一月葬洛阳之龙门。而墓碑铭则迟至大中三年闰十一月方由李商隐撰写,可见白居易家人对此事的郑重。白居易的堂弟白敏中时任宰相,正是炙手可热之时,墓碑铭的撰写,与白敏中的旨意有直接关系。商隐《与白秀才状》云:"杜秀才翱至,奉传旨意,以远追先德,思耀来昆,欲俾虚芜,用备刊勒。承命揣己,悲惶莫任。伏思大和之初,便获通刺,升堂辱顾,前席交谈。陈、蔡及门,功称文学;江、黄预会,寻列《春秋》。虽迹有合离,时多迁易,而永怀高唱,尝托余晖。遂积分阴,俄逾一纪。令弟克承堂构,允绍家声,将欲署道表阡,继志述事,必在博求雄笔,□□鸿生。岂谓爱忘,忽兹谋及!"所谓"奉传旨意",即奉传白敏中旨意。白居易是中外驰名的前辈大作家,卒时宣宗亲自写诗吊唁,其堂弟身居宰辅,商隐早年又曾受白居易的接见礼待。按一般情理,商隐当在墓志铭中对白居易的为人及其诗文创作大加赞颂,甚至对白敏中的功业大加张扬。但这篇墓碑铭对白居易生平及创作的叙述,却用极为朴素无华的方式作尽可能低调的处理。一些原可大肆张扬的事迹均用客观、朴实、简约的文字来表述,如:

(元和)元年,对宪宗诏策,语切不得为谏官,补盩厔尉……时上受襄阳、荆州入疏献物在约束外,公密诋二帅,且曰非善良。后虽与宰相,不厌祸。其后礼官竟以多杀不辜,谥于顿为厉……武相遇盗殊绝,贼弃刃天街,日比午,长安中尽知。公以次纸为疏,言元衡死状,不得报,即贬江州……受旨起田孝公代恒阳,孝公行,赠钱五百万,拒不内。

在谈到白居易诗文创作时,亦仅云:

姓名过海,流入鸡林、日南有文字国。

对白敏中,也仅在以下的叙述中顺便交代其为相事:

他日,景受尝跪曰:"大人居翰林,六同列五具为相,独白氏亡有。"公笑曰:"汝少以待。"其曾祖弟,今右仆射平章事敏中,果相天子,复宪宗所欲得开七关,城守四州,以集巨伐。

无论是白居易本人的宦历政绩、文学创作成就,或白敏中的功业,都尽可能用这种客观叙述的笔调,力求简约,不事铺张渲染。同样是大诗人的墓志铭,元稹的《唐故工部员外郎杜君墓系铭》对杜甫的诗歌创作成就却作了极高的赞誉:"至于子美,盖所谓上薄《风》、《骚》,下该沈、宋,言夺苏、李,气吞曹、刘,掩颜、谢之孤高,杂徐、庾之流丽,尽得古今之体势,而兼昔人之所独专矣。"比较之下,商隐之刻意作低调处理便显得格外突出。联系商隐《齐鲁二生·刘叉》中刘叉讥韩愈"谀墓"之事,可以推测李商隐写一代文豪白居易的墓志铭时,极力避免有"谀墓"之嫌,力求使它成为良史直笔之文。他是在实践自己早年信奉的思想:"千百年下,生人之权,不在富贵,而在直笔者。"当然,不排斥商隐对白氏文学创作可能有自己的看法,否则,不至于对白氏文学创作本身不置一词,只讲到其流传邻国海外。

写于大中八年九月一日的《剑州重阳亭铭并序》,文字古朴矫健,起尤突兀奇横:

> 陪臣未尝屡睹天子宫阙,矧得舞殿陛下耶?然下国伏地读甲乙丙丁诏书,亦有以识天子理意,尺度尧舜,不差毫撮,于绝远人意尤在。不然者,安得用江陵令,使上水六千里,挽大小虎牙、滟滪、黄牛险,以治普安?

此文冯浩疑"碑文久漫漶,而杨用修为补全之",实无据。

李商隐为自己亲属所撰的行状共三篇,即曾祖妣卢氏、从叔李某、裴氏姊的行状。这三篇行状除了提供其家世、亲属及自己生平的第一手信实材料,具有很高的资料价值外,本身又带有人物传记的性质,具有较高的文学价值。特别是其中有些叙述颇能见人物的品格和风采个性,如《请卢尚书撰故处士姑臧李某志文状》中有两段这样的文字:

> 自弱冠至于梦奠,未尝一为今体诗。小学通石鼓篆与钟、蔡八分,正楷散隶,咸造其妙。然与人书疏往复,未尝下笔,悉皆口占。惟曾为郊社君追福,于墅南书佛经一通,勒于贞石。后摹写稍盛,且非本意,遂以鹿车一乘,载至于香谷佛寺之中,藏诸古篆众经之内。其晦迹隐德,率多此类。
>
> 长庆中,来由淮海,途出徐州,时有人谓徐帅王侍中曰:"李某,真处士也。"遂以宾礼延于逆旅,愿枉上介,与为是邦。处士谓徐帅曰:"从公非难,但事人匪易。"长揖不拜,拂衣而归。

将一位不慕荣利、不屈己事人、带有复古色彩乃至晦迹之癖的"真处士"形象生动地展现出来。特别是却王智兴之辟一节,对话颇具小说意味,很见人物个性。

藏碑的细节也颇见个性。比较之下,曾祖妣、裴氏姊的行状叙事中更多地渗透了抒情成分,与处士叔的行状有别。

商隐古文中真正在人物描写方面见神采个性的是列入"杂记"的几篇文字。其中尤以《齐鲁二生》写得最为出色。《程骧》一则,写其父少良,本为郓地的强盗,以"发冢抄道"致赀万数。后少良老,其妻遂预为之谋后事:

> 后少良老,前所置食有大胾连骨,以牙齿稍脱落,不能食。其妻辄起,请党中少年曰:"公子与此老父椎埋剽夺十数年,竟不计天下有活人。今其尚不能食,况能在公子叔行耶?公子此去,必杀之草间,毋为铁门外老捕盗所狙快。"少良默悼之,出百余万谢其党曰:"老妪真解事,敢以此为诸君别。"众许之,与盟曰:"事后败出,终不相引。"

少良妻用反激法使少良懂得继续盗掠必然招致的后果,迫使其不得不洗手不干,并用数百万钱买得少年盗党日后事发决不牵引少良的许诺。其老谋深算和冷静得近乎冷酷的性格,通过精心设计的场面和个性化的语言得到传神的展现,给读者留下极深刻的印象。而少良放下屠刀之后,竟能"若大君子能追悔前恶者"。接着,写其子程骧得知父亲之事后,"号泣数日,不食,乃悉散其财","读书日数千言……后渐通五经、历代史、诸子杂家"。并记述其不爱钱财,不受藩镇之聘,淡泊名利。父子两代的生活道路、行为品格完全相反。通过这反差极大的对照,作者的褒贬之意已自寓其中。另一则《刘叉》,则写了一位传奇式的人物。

> 任气重义,大躯,有声力,常出入市井,杀牛击犬豕,罗网鸟雀。亦或时因酒杀人,变姓名遁去,会赦得出。后流入齐鲁,始读书,能为歌诗。然恃其故时所为,辄不能俯仰贵人。穿屦破衣,从寻常人乞丐酒食为活。闻韩

>　　愈善接天下士，步行归之……后以争语不能下诸公，因持愈金数斤去，曰："此谀墓中人所得耳，不若与刘君为寿！"

虽是粗线条的寥寥几笔，却将一位集狂人、奇士、侠客、诗人为一体的人物写得栩栩如生，其行为、声口极富个性色彩。此则被《新唐书·韩愈附刘叉传》全部采入。《宜都内人》记宜都内人与武后的一段对话，谏武后勿宠男妾（即"作明堂者"，指薛怀义），其中所表露的思想颇不同于传统观念：

>　　内人曰："古有女娲，亦不正是天子，佐伏羲理九州耳。后世娘姥，有越出房阁断天下事者，皆不得其正，多是辅昏主，不然抱小儿。独大家革天姓，改去钗钏，袭服冠冕，符瑞日至，大臣不敢动，真天子也……今狎弄日至，处大家夫宫尊位，其势阴求阳也。阳胜而阴亦微，不可久也。大家始今日能屏去男妾，独立天下，则阳之刚亢明烈可有矣。如是过万万岁，男子益削，女子益专，妾之愿在此。"后虽不能尽用，然即日下令诛作明堂者。

将封建传统观念视为篡位和"牝鸡司晨"的武则天视为"真天子"，而且希望她在屏除男妾以后"过万万岁，男子益削，女子益专"，这是对长期以来男尊女卑观念的强烈反拨，在阴阳迷信外衣包裹下宣扬的是女权主义的思想。这在封建社会中是一种石破天惊之论。而作者却用肯定的态度来叙述，从侧面反映了他的思想观念与传统思想颇不相同。

　　商隐的传记作品仅《李贺小传》一篇，但却写得很有特色。它不像一般传记那样全面地叙述其一生的行事经历，而是用自己的诗心去体察李贺在诗歌创作方面的奇异卓特：

>　　每旦日出与诸公游，未尝得题然后为诗，如他人思量牵合以及程限为

意。恒从小奚奴骑驴骡,背一破古锦囊,遇有所得,即书投囊中。及暮归,太夫人使婢受囊出之,见所书多,辄曰:"是儿要当呕出心始已耳。"上灯与食。长吉从婢取书,研墨叠纸足成之,投他囊中。

活现出一个将诗歌创作视为生命,呕心沥血,觅诗于郊野的苦吟诗人形象。"未尝得题然后为诗,如他人思量牵合以及程限为意"的创作方式,揭示出李贺的诗歌创作完全从自己的心灵感受出发,而不去考虑任何现成的程式规范以及预先设定的题目的约束。李贺集中没有一首律诗,也没有纯粹的应酬诗,跟他的这种创作原则有密切联系。篇末又记述了李贺死前的幻觉(天帝召他去作《白玉楼记》),并就此发了一通"才而奇者"不遇不寿的感慨:

呜呼!天苍苍而高也,上果有帝耶?帝果有苑囿宫室观阁之玩耶?苟信然,则天之高邈,帝之尊严,亦宜有人物文彩愈此世者,何独眷眷于长吉而使其不寿耶?噫!又岂世所谓才而奇者,不独地上少,天上亦不多耶?长吉生二十四年,位不过奉礼太常,当世人亦多排摈毁斥之,又岂才而奇者,帝独重之,而人反不重耶?又岂人见会胜帝耶?

商隐借题发挥,将自己一肚子"才命两相妨"的牢骚与愤郁,通过层层似认真似戏谑的设问、推论,淋漓尽致地表达了出来。这篇小传虽写李贺,亦借寓感慨。商隐不但诗学李贺,其遭遇命运也与李贺相似,故在写李贺的同时将自己的人生感慨也融合进去了。

商隐的两篇短论《断非圣人事》、《让非贤人事》,可能是青少年时期的习作,但其中所蕴含的不为传统思想所囿的精神却值得重视。在《断非圣人事》中,他针对"尧去子,舜亦去子,周公去弟,后世人以为能断"的传统看法,认为这是"绝不知圣人事者"。理由是:"断之为义,疑而后定者也。圣人所行无疑,又安用断!"如果说这种从"断"的概念上作简单推理的论述方式还不免显得有些稚气和故意立异,那么下面一段用来证明圣人所行无疑的话却颇富民主精神:

> 害去其身,未仁也;害去其家,未仁也;害去其国,亦未仁也;害去其天下,亦未仁也;害去其后世,然后仁也。宜而行之谓之义。子不肖去子,弟不顺去弟,家国天下后世,皆蒙利去害矣。

虽未免将圣人绝对化、偶像化,但把"家国天下后世,皆蒙利去害"作为"仁"的最高、最根本的标准,作为考虑问题的出发点与归宿,却表明作者的仁政理想相当高远。

《让非贤人事》则是针对"世以为能让其国、能让其天下者为贤"这一传统观念而发的,认为这是"绝不知贤人事者"。在他看来,吕望、伊尹这些开国贤臣,生当需要他们出来辅佐兴王、成就兴邦立国大业的时代,理应当仁不让。这里考虑问题的出发点不是抽象的道德教条或个人的道德评价,而是时代的需要,是舍我其谁的政治责任感。这说明,作者的看法不但很大胆,而且站得比较高。

第二十章 李商隐与宋玉

李商隐是善于多方面向前人学习的作家。在探讨其诗歌创作的渊源时,研究者大都注意到他对屈原、杜甫、李贺乃至徐(陵)、庾(信)的学习继承,而对他受宋玉的全面、深刻而明显的影响,却一直很少有人提及。其实,在楚骚的两大作家中,宋玉对他的影响远比屈原更为重要而直接。这一点,李商隐自己的作品便是最有力的证明。他在诗中多次提到宋玉,并处处以宋玉自况。举一些显著的例证。《席上作》:

淡云轻雨拂高唐,玉殿秋来夜正长。
料得也应怜宋玉,一生惟事楚襄王。

题注云:"予为桂州从事,故府郑公出家妓,令赋高唐诗。"这是以宋玉"一生惟事楚襄王"的身世遭际,托寓自己栖身幕府、操笔事人的境遇,言外与家妓有"同是天涯沦落人"之慨。

《有感》:

非关宋玉有微辞,却是襄王梦觉迟。
一自《高唐》赋成后,楚天云雨尽堪疑。

这是借宋玉之赋《高唐》自喻其诗歌创作,涉及微辞托讽与借艳寓慨的特色。

《楚吟》:

> 山上离宫宫上楼,楼前宫畔暮江流。
> 楚天长短黄昏雨,宋玉无愁亦自愁。

这是以多愁善感的宋玉自况,表现出对昏暗时代氛围的感受。

其他如:《哭刘蕡》之以宋玉师事屈原喻自己尊刘蕡为师友,深表痛悼之情;《过郑广文旧居》之以宋玉"三楚"之游暗喻自己大中元年、二年的湘桂之游;《咏云》之以熟谙"神女"式人物的宋玉自况;《高花》之以宋玉"墙低"自况;《宋玉》之以文采才华冠绝当时、沾溉后世的宋玉式人物自许,隐寓才同遇异之慨,都是显例。

一个作家在自己的作品中一再以推尊的口吻提到前代作家的名字与篇什,这是常有的,如李白之于谢朓。但像李商隐这样,从生活经历、境遇遭际、思想感情到文学创作,都公然以宋玉式的人物自命,却属罕见。这已经超出了通常的向前代作家学习的范围,而表现为一种异代同心式的精神气质上的高度契合。

那么,李商隐和他所倾心的前辈宋玉之间,在"人"与"文"两方面究竟有哪些基本相似点呢?这些相似点,从文学发展的传承关系方面来考察,又反映了什么样的历史现象与规律呢?对上述问题进行归纳比较、联系思考,对具体作家研究的深入和对文学传统的发展线索的探寻,都是有益的。

第一节 李商隐与宋玉身世境遇、思想性格的相似点

作为文人,李商隐与宋玉有着明显的相似之处。

首先,他们都是生当衰世、遭遇不偶的失意文人。宋玉生平,难以详考。刘向《新序》说他"事楚襄王而不见察",习凿齿《襄阳耆旧记》说他"求事楚友景差",作过楚王的"小臣"。后来连这也"失职"了,尝尽羁旅的孤寂凄凉。李商隐生当唐代末叶,与宋玉之身处楚国末世相似。他"内无强近,外乏因依",由于政局的昏暗与党争的牵累,一生落拓不偶,辗转寄幕,羁泊穷年,其不幸似更甚于宋玉。他们都是衰颓时世失意贫士的典型。

其次,他们又基本上都是专业的文人。古代文学史上不少大作家,实际上并不以文学为专业或主业。第一位伟大诗人屈原,便首先是政治家、外交家。而宋玉,"一生惟事楚襄王",除了充当文学侍从之臣,写作辞赋以外,几乎没有从事其他活动,可以说是中国文学史上第一位专业文人。李商隐更是毕生从事文字之役,无论是"刻意伤春复伤别"的诗歌创作,还是幕府记室的专业——骈文章表书启的大量写作,都说明他是以诗文为业的。这种专业文人,往往更具灵心慧感,也更醉心于艺术上的精雕细琢,呕心沥血,视文学创作为生命。

再次,他们又都是正直而不免软弱、关心国运却又常沉溺于个人命运的文人。从《九辩》中可以看出,宋玉对混浊的时世和没落的国运是怀着忧愤的,但更多的时候,是在诉说个人的穷愁落拓。《史记·屈原贾生列传》说宋玉等人"终莫敢直谏",正揭示出其正直而不免软弱的思想性格。这一点,在李商隐身上表现得更为明显而典型。他一方面为国运的衰颓深感忧伤,另一方面却常沉溺于个人的哀愁而不能自拔;一方面对统治者的荒淫深为愤慨,另一方面又只能出之以微婉的讽刺;一方面对令狐绹这种庸懦忌贤的显贵深感不满,另一方面却不免希图汲引,陈情告哀。封建时代知识分子的正直与软弱,在他身上矛盾地统一在一起,表现得相当突出。

最后,他们又都是多愁善感型的文人。宋玉"悲秋",历来被视为文人多愁善感的典型表现。读《九辩》,会突出地感到作者对萧瑟的秋色秋气的感受是何等敏锐、深刻和细致,其中融会的对时代、社会、人生的凄凉感受又何等强烈!

李商隐在多愁善感这一点上则又超过了他的前辈宋玉。他的许多优秀诗篇，都渗透了缠绵悱恻的哀感和不能自已的悲慨。评家说"情深于言，义山所独"（清钱良择评李商隐《七月二十九日崇让宅宴作》，冯浩《玉谿生诗笺注》引），正揭示出他的多情善感的个性，而"春蚕到死丝方尽，蜡炬成灰泪始干"，则正可视为这位主情型诗人的心灵象征。古代文人中，有超旷型的，也有缠绵型的，李商隐与宋玉，便是纯粹主情的缠绵型文人代表。

上述几个方面的相似点，使他们在创作倾向与风貌上也呈现出共同的特征。下面，就进而对他们在文学创作上的相似之点进行归纳比较，以揭示他们之间实际存在的传承关系。

第二节　贫士失职而志不平的思想主题和悲秋伤春的意蕴

宋玉的作品，《汉书·艺文志》著录为十六篇。目前为研究者所公认的，仅《九辩》一篇，此外，如与《九辩》一起收入王逸《楚辞章句》，题为宋玉作的《招魂》，以及收入《文选》的宋玉《风赋》、《高唐赋》、《神女赋》、《登徒子好色赋》、《对楚王问》等，研究者对它们的归属与真伪，尚有争议。但王逸《楚辞章句》与萧统《文选》，久已流传士林，后者更是唐代士人家弦户诵的书籍。在辨伪观念尚不发达的当时，一般人都认为两书所载的七篇均为宋玉之作。从上引李商隐以宋玉自况的诸诗中也可明显看出，他是把《招魂》、《风赋》、《高唐赋》、《神女赋》、《登徒子好色赋》等都视为宋玉所创作的。因此，我们今天探讨李商隐与宋玉的承传关系时，理当根据当时的实际情况，将上述七篇都列为宋玉之作。

现在，我们来比较李商隐与宋玉创作特征的一个主要方面。这就是他们都以"贫士失职而志不平"为作品的基本主题。

由于身世的落拓与境遇的坎壈，宋玉在他的代表作《九辩》一开头，就触景兴感，发出了"贫士失职而志不平"的悲叹。这也是整个《九辩》的主题。作者有时采取直抒的方式，但更多的是通过对深秋萧瑟景象的描绘渲染，来抒写失职的悲怨、羁旅的孤寂，表达对现实环境的凄凉感受。杜甫说："摇落深知宋玉悲。"（《咏怀古迹五首》之二）摇落之悲，亦即所谓悲秋，是贯串《九辩》的主旋律，其中蕴含了对时代环境、政治局面、人生境遇的悲感，而其核心，则是对个人境遇的悲怨。这种以个人身世之感为核心的摇落之悲，更深深地渗透在李商隐各个时期、各种题材和体裁的作品中，成为他诗歌创作以及一部分与身世有关的骈文书启、祭文的基调。我们不但可以从他的《摇落》这种从题目、内容到语言都直接渊源于《九辩》的诗中看出二者的亲缘关系，更可以从贯串渗透在李商隐许多诗作中那股萧瑟的秋意和悲秋意蕴，看出他们之间一脉相承的关系。像下面这些最明显的例证："秋阴不散霜飞晚，留得枯荷听雨声"（《宿骆氏亭寄怀崔雍崔衮》），"秋风动地黄云暮，归去嵩阳寻旧师"（《东还》），"露如微霰下前池，风过回塘万竹悲。浮世本来多聚散，红蕖何事亦离披"（《七月二十九日崇让宅宴作》），"黄陵别后春涛隔，湓浦书来秋雨翻"（《哭刘蕡》），"四海秋风阔，千岩暮景迟"（《陆发荆南始至商洛》），"君问归期未有期，巴山夜雨涨秋池"（《夜雨寄北》），"秋霖腹疾俱难遣，万里西风夜正长"（《王十二兄与畏之员外相访见招》），"黄叶仍风雨，青楼自管弦"（《风雨》），"阶下青苔与红树，雨中寥落月中愁"（《端居》），无论是伤悼故交、怀念亲友，还是行旅羁泊、平居宴饮，几乎随时随地都会触发悲秋的意绪。可以说，这种意绪已经深入骨髓，成为一种性情，使他习惯于用悲秋的眼光、心态去感受社会、感受人生、感受一切，因而感到无往而不含秋意，甚至连盛夏的丛芦之声在他听来也是"清声不逐行人去，一世荒城伴夜砧"（《出关宿盘豆馆对丛芦有感》）。总之，李商隐与宋玉的悲秋，都是衰颓时世失职贫士凄寒伤感心态的一种典型表现。

传为宋玉所作的《招魂》结尾有一段点明全篇主旨的感慨深长的话："朱明承夜兮，时不可淹，皋兰被径兮，斯路渐。湛湛江水兮，上有枫，目极千里兮伤春心。魂兮归来哀江南！"屈复说："顷襄忘不共戴天之仇，而犹夜猎荒游……所以极目而伤春心也。"(《楚辞新注》)① 这是深得赋旨及"伤春"意蕴的诠解。这个结尾,集中表达了作者对国家前途的忧念感伤。李商隐对《招魂》的"伤春"特具神会,在诗中一再使用这个带有象征色彩的词语,并赋予它更为丰富的内涵,如"天荒地变心虽折,若比伤春意未多"(《曲江》)、"曾苦伤春不忍听,凤城何处有花枝"(《流莺》)、"年华无一事,只是自伤春"(《清河》)、"我为伤春心自醉,不劳君劝石榴花"(《戏恼韩同年》)、"君问伤春句,千辞不可删"(《朱槿花》)。以上诸例,"伤春"或指对国家命运的忧伤,或指遭遇不偶的悲慨,或指年华虚度的伤感,或指爱情追求的苦闷,具体内容虽不相同,但都贯串着对美的消逝的感伤。这种伤春之情,也像一条贯串的感情主线,展现在他的许多作品中,成为其诗歌创作中与悲秋相并行的又一基调——对美的哀挽,"刻意伤春复伤别,人间惟有杜司勋"(《杜司勋》),这是赞小杜,也是自道。他的《天涯》说:"春日在天涯,天涯日又斜。莺啼如有泪,为湿最高花。"这流泪的啼莺正是伤春之情的绝妙象征。

贫士失职而志不平的思想主题,可以表现为强烈的怨愤与牢骚,甚至激烈的反抗,也可以表现为愤世嫉俗乃至玩世不恭。李商隐与宋玉,则以悲秋与伤春的特殊方式,表现了失职贫士的哀怨与感伤,以及他们对时代、社会、人生的悲慨。这种感情基调与诗歌意境,构成了他们创作的一个基本特征——感伤主义,也体现出他们之间明显的承传关系。

第三节 微辞托讽

微辞托讽,是李商隐与宋玉另一重要的共同创作特征,也是他们之间承传关系的另一显著体现。

---

① 屈复认为《招魂》系屈原所作,这里取其对这几句的理解。

宋玉《登徒子好色赋序》说："大夫登徒子侍于楚王,短宋玉曰:'玉为人体貌闲丽,口多微辞,又性好色,愿王勿与出入后宫。'"这里所谓"微辞",指用隐含不露的委婉言辞进行的讽喻,《史记·屈原贾生列传》说宋玉等人"终莫敢直谏",正可与"微辞"相印证。《文选》所载宋玉诸赋,确实程度不同地具有微辞谲谏、婉而多讽的特点。像《风赋》将风分成"大王之雄风"与"庶人之雌风",前者"乘凌高城,入于深宫……徜徉中庭,北上玉堂,跻于罗帷,经于洞房",而后者"塕然起于穷巷之间,堀堁扬尘,勃郁烦冤,冲孔袭门,动沙堁,吹死灰,骇溷浊,扬腐余",一贵一贱,界限分明。表面上像是颂扬"大王之雄风",骨子里却是揭露上层统治者与下层穷民间生活境遇的悬殊,暗讽上层的富贵尊荣、奢侈淫逸。这正是微辞婉讽的典型表现。《高唐赋》等,前人也多认为有所托讽。《文选·高唐赋》题注云:"此赋盖假设其事,风谏淫惑也。"对赋旨的这种理解,似为唐人所普遍接受,杜甫就说"云雨荒台岂梦思"(《咏怀古迹五首》之二),认为高唐云雨,不过借梦托讽而已。李商隐说得更明白:"非关宋玉有微辞,却是襄王梦觉迟。"直接点破《高唐赋》乃是微辞讽喻之作。《文选·登徒子好色赋》题注也说:"此赋假以为辞,讽于淫也。"不论这种理解是否符合赋的本旨,但至少在李商隐,是根据这种理解来继承发扬宋玉微辞谲谏、婉而多讽的传统的。

  李商隐这方面的突出表现,是一系列托古讽今、以古鉴今的咏史政治讽刺诗的成功创作。从早期写的《富平少侯》、《陈后宫》起,李商隐就已显露出讽刺荒淫失政的统治者的特出才能,到后期其讽刺艺术更达到炉火纯青的境界,像《齐宫词》的微物寄慨,《隋宫》(七律)的兴在象外,《贾生》的议论以唱叹出之,都臻于微辞托讽的极致。他在这方面的突出特点,是能把尖锐深刻的讽刺与含婉不露的表现方式很好地结合起来,既避免了宋玉这类作品中倾向不够鲜明的缺点,又极富涵蕴,使人玩之无尽。他的一些针对当时政治现实中某种世情风习而发的讽刺诗,也具有这种婉而多讽的特点,像《宫妓》之讽玩弄机巧、终招其祸的偃师式人物,《宫辞》之讽得宠者志满意得而不知失宠命运近在咫尺,《梦泽》之讽饿损腰肢以邀宠者的麻木与愚蠢,都讽刺入骨而又极含蓄蕴藉,难怪学李商隐的西昆派主要作家杨亿对《宫妓》"措辞寓意"之"深妙"(杨亿《谈苑》,冯浩注引)要赞叹不已了。沈德潜在谈到李商隐的咏史诗时说:"襞绩重重,长于讽喻,中多借题撼抱。遭时之变,不得不隐也。"(《说诗晬语》卷上)正道出他的这类诗讽刺深隐的特点。

第四节 抒写艳情绮思

抒写艳情绮思,是李商隐与宋玉又一共同的创作特征。在这方面,他们之间也存在明显的承传关系。

《诗经》中的风诗,颇多男女相悦之作;屈原的《九歌》,更多涉及神人、神灵间的恋爱。但那是民歌或加工提高的民歌。真正的文人独立创作的赋艳之作,应该说始于宋玉。他的《高唐赋序》记述了楚怀王游云梦之台,宿高唐之馆,梦见巫山神女自荐枕席的情事,自此"云雨高唐"便成为艳情的代称。《神女赋并序》又记述了襄王梦遇神女的情节,并对神女的"瑰姿玮态"作了出色的描绘。《登徒子好色赋》对东家女的妖姿媚态的描写同样绘形传神。这三篇赋可以说是文人艳情文学的百代之祖。后世如《美人赋》、《洛神赋》等固然从此胎息,就是南朝的艳诗宫体也莫不与此一脉相承。晚唐写艳体诗的风气转炽,李商隐尤为赋艳之大宗。他的艳诗,近师李贺,中效徐(陵)、庾(信),远绍宋玉,融会各家之长而成自己独特面目。他不仅频繁地运用宋玉《高唐》诸赋的故事情节、人物形象、语言词汇,而且吸取了其华美奇幻的意境,创造出像《燕台诗四首》、《圣女祠》、《重过圣女祠》一类极富情采意境之美的艳诗。他笔下许多"神女"式的人物,明显从《高唐》、《神女》等赋得到启发,所谓"神女生涯元是梦"、"一春梦雨常飘瓦"、"我是梦中传彩笔,欲书花片寄朝云",说明他的诗思与联想常受到宋玉赋艳之作的影响。

《高唐》诸赋,除了传统的"假设其事,风谏淫惑"这种理解以外,是否更有隐微的托寓,难以确定。作者虽未必然,但后世的读者却不妨从它们的某些情节、人物乃至诗句中产生某些联想。如巫山神女自荐枕席于楚王的情节,就容易引发才士自献于君王方面的联想。李商隐《代元城吴令暗为答》所谓"荆王枕上原无梦,莫枉阳台一片云",可能就包含了这方面的联想;而上引"料得也应怜宋玉,一生惟事楚襄王"的诗句,则更清楚地显示了诗人由"神女生涯"联想到自己身世的轨迹。《神女赋》中"怀贞亮之洁清兮"一段,也颇似有托而言。曹植的《洛神赋》仿《神女赋》而作,则是明显有所托寓的。李商隐的《无题》诸篇,绝大部分写男女之情,其中有的明显自寓身世,有的寓托似有若无,有的直赋艳情。这几类《无题》都或隐或显地受到宋玉《高唐》诸赋的影响。我们从"照梁初有情,出水旧知名"、"神女生涯元是梦"、"东家老女嫁不售"这些诗句中分明可见宋玉赋中女主人公的身姿面影。作者正是通过抒写她们的离别相思、身世境遇,自觉或不自觉地表现了自己的身世之感。

第五节 李商隐与宋玉的异同

李商隐论诗,标举怨刺与绮靡二端,其《献侍郎钜鹿公启》说:"我朝以来,此道尤盛,皆陷于偏巧,罕或兼材……推李、杜则怨刺居多,效沈、宋则绮靡为甚。"他既不满于诗歌只有怨刺的内容而乏文采,又反对一味追求形式文辞的华美绮艳而无怨刺的内容。他所赞美与追求的,乃是怨刺的内容与绮美的形式的统一。而宋玉,正是他理想中合怨刺与绮靡为一体的诗人。如果说,"贫士失职而志不平"是"怨",微辞托讽是"刺",那么,以华美的文辞抒写艳情绮思正是所谓"绮靡"了。这就无怪乎李商隐那样推尊宋玉了。

鲁迅在论及宋玉时指出:"虽学屈原之文辞,终莫敢直谏。盖掇其哀愁,猎其华艳,而'九死未悔'之慨失矣……《九辩》虽驰神逞想,不如《离骚》,而凄怨之情,实为独绝。"(《汉文学史纲要》)这里不仅揭示出屈、宋的异同,也揭示了宋玉创作的几个主要特征。所谓"哀愁"、"凄怨",即贫士失职的不平与感伤;"莫敢直谏",即微辞托讽的另一种表述。以上两方面,亦即"怨刺"。所谓"华艳",即以华美的文辞抒写艳情绮思,亦即"绮靡"。李商隐与宋玉之间的承传关系,不也正可借用"掇其哀愁"、"猎其华艳"来概括吗?

当然,两位相隔千余载的作家,处于不同的时代社会条件,有着不同的具体生活经历,他们之间在创作特征上的共同点,毕竟只是某种类似,而且在类似之中仍然包含着重要的差异与区别。例如宋玉的哀愁感伤,主要是感慨个人境遇的困顿和由此引起的对昏暗政局的怨愤,内容比较单纯具体;而在李商隐的作品中,其哀愁感伤已在具体的经历遭际的基础上,扩展深化为一种包蕴着对整个现实人生的带哲理性的思索与感喟,内涵更为虚泛抽象。试比较以下两例:

白日晼晚其将入兮,明月销铄而减毁。

岁忽忽而遒尽兮,老冉冉而愈驰。

——宋玉《九辩》

向晚意不适,驱车登古原。

夕阳无限好,只是近黄昏。

——李商隐《乐游原》

同是因日落而兴感,在宋玉那里便只是叹老嗟卑的哀感,内容比较单纯;而在李商隐心中,则"迟暮之感,沉沦之痛,触绪纷来,悲凉无限","百感茫茫,一时交集,谓之伤时世可,谓之悲身世亦可"(《李义山诗集辑评》录杨守智、纪昀评语)。这种包蕴深广的感伤,在李商隐诗中成为一种常调,而在宋玉的作品中却是未曾出现过的。李诗中深刻的感伤,不但与晚唐衰颓的国运密切关联,而且和整个封建社会越过繁荣昌盛的顶峰,逐步向后期转变所呈现的时代氛围有着内在联系。由于本章的重点不在揭示李商隐与宋玉的同中之异,而是指出他们的承传关系与共同的创作特点,因此对前一方面便不多涉及了。

第六节　中国文学史上的感伤主义传统

由宋玉所开创,而为李商隐所突出地加以继承发展的,是中国文学史上一个源远流长的传统——感伤主义传统。

在考察文学史上不同时代作家作品间的传承关系和某种文学流派的形成发展时,人们往往习惯于把目光专注在少数文学巨擘身上,而对一些看来比较次要,实际上对后世文学起过不容低估的影响的作家往往有所忽略。例如,屈、宋并称,其来有自。但文学史家在谈到楚骚对后世的影响时,往往只强调屈原的精神与作品衣被后世而忽视宋玉。尽管宋玉的人格、思想与文学成就远不能与屈原比肩,在文学上也受到屈原的明显影响,但宋玉其人其文,却代表了中国古代文人中一种具有相当广泛性的类型,一种在文学史上悠长的传统。屈原与宋玉,是两种不同类型的人物。屈原有理想、有操守、有伟大的人格。但后代文人中真正具有他那种理想与品格的并不多。许多虽比较正直却不免软弱、出身寒微而遭遇不偶的文人往往与宋玉的精神气质更为合拍。宋玉的"悲秋"、"伤春",他的"风流儒雅"与"多情"的气质(分见杜甫《咏怀古迹五首》之二、韦庄《天仙子》词),也往往更易引起他们的共鸣,并引为同调。

宋玉作品的上述几个特征对后世都有深远影响,但其中最主要的、影响最大的是感伤主义。他的《九辩》,是文人诗中感伤主义的最早源头和集中表现。屈原作品中,虽也有缠绵悱恻、哀怨感伤的一面,但其主要特征则是雄伟瑰奇、富于阳刚之美。只有到了宋玉的《九辩》,感伤主义才成为一种贯串的基调,并形成作家独特的风格特征。从此以后,每逢适宜的时代社会土壤(一般是封建王朝的衰颓期),这种感伤主义便往往出现在一部分失意的中下层文人作品中,成为一个时期文学上的一股潮流。

东汉末年,社会动乱,中下层文士政治上失意彷徨,生活上困顿流离,颇多人生哀感,这种情绪,集中表现在无名氏的《古诗十九首》中。建安文学,固以"梗概而多气"(《文心雕龙·时序》)为主要特色,但由于世积乱离,风衰俗怨,在曹丕《燕歌行》、曹植《七哀诗》等作中也流露出感伤的情绪;正始时期的阮籍,其《咏怀》每有忧生之嗟;太康时期的潘岳,其《悼亡》哀凄深挚,也各具伤感色彩。南朝文学中,像江淹的《恨赋》、《别赋》,将历史上和现实中一系列饮恨伤别的典型事例联结在一起,刻意渲染,透露出失意文人在更广泛地思考历史与人生的基础上产生的深沉感伤。而由南入北的庾信,因其特殊的身世经历,在《哀江南赋》、《拟咏怀》等作品中,更将对国家命运和个人身世的悲慨融为一体,上承宋玉《招魂》、《九辩》,下启李商隐的感伤国运、身世之作,是感伤主义发展过程中一个承先启后的重要作家。

入唐之初,刘希夷的《代悲白头翁》感叹人生无常,充满哀伤情调;张若虚的《春江花月夜》却在美好的自然背景中展开对宇宙、人生的悠远遐想和对美好生活的深情期待。刘、张二作,正体现了由初入盛的演化,也透露出明朗乐观、充满青春气息的盛唐之音离感伤主义已经相当遥远。但安史乱起,时世维艰,中下层文人遭遇坎坷,感伤主义重新抬头。刘长卿、李益等人感时伤乱与边塞征戍之作中,已渗透了萧瑟悲凉的秋意,白居易的《琵琶行》更在"枫叶荻花秋瑟瑟"的环境中展开对琵琶女与自身天涯沦落遭际的叙写,创造了具有浓重感伤气息的叙事文学新品种。同时期的李贺,以冷艳的风格表现深刻的感伤,被杜牧称为"骚之苗裔"(《李长吉歌诗叙》),其实本质上是抒发贫士失职的孤愤。到了晚唐,由于国运的进一步衰颓和士人境遇更加艰困,感伤主义传统得到了新的发展。"伤春"、"伤别"成为以杜牧、温庭筠、李商隐为代表的诗歌主流派的共同倾向。而李商隐的诗歌,融时世身世之悲感于"沉博绝丽"之中(朱鹤龄

《李义山诗集笺注序》引钱谦益语),贯感伤情调于咏史、咏物、无题等各种题材体制之内,将宋玉、庾信、杜甫、李贺诸家的感伤质素与文采华艳都加以融会吸收,成为感伤主义文学传统的集大成者。

李商隐以后,词这种新的文学样式已经成熟,而且一开始就奠定了一个抒写离愁别恨、伤春悲秋的传统。从此,古代文学中的感伤主义便在相当长的时期内几乎全部集中到婉约词中。在婉约词中,感伤情绪的内容变得狭小了,表现方式则更为深婉细腻。在五七言诗领域里,"言志"乃至"明道"的特征越来越突出,"缘情而绮靡"的特征越来越衰弱,感伤色彩也就显得很淡薄了。元、明、清三代,戏曲、小说取代了传统的诗、文、词在文学史上的主要地位,它们一般带有较浓的市民色彩,感伤气息并不浓重。但在封建社会行将解体的前夜,感伤主义却又大放异彩。洪昇的《长生殿》与孔尚任的《桃花扇》,在总结封建王朝兴亡的历史教训的同时,对整个封建社会的历史与封建地主阶级的统治流露了浓重的感伤情绪,充满了历史与人生的空幻悲凉感。曹雪芹悲金悼玉的《红楼梦》,更是一曲充满感伤情绪的封建社会的挽歌。如果要找一个感伤主义文学传统的总结者,曹雪芹就是这样的历史性人物。

以上所勾画的,是感伤主义文学传统一个极为简略的发展轮廓与线索。从总体上说,它反映了封建社会中失意知识分子对自身境遇、现实人生和时代社会的伤感情绪。其中含有对现实黑暗的怨愤不满,对美好事物的伤悼流连,也含有消沉悲观、沉溺于个人哀怨等消极质素。在整个发展过程的各个不同阶段,感伤主义的具体内涵与表现形式,是有发展变化的。如果把宋玉、李商隐、曹雪芹作为三个阶段的代表,我们可以看到感伤主义从主要是伤感个人境遇到整个人生,最后发展为对整个社会的感伤的大体轨迹。与此同时,则是其表现形式越来越虚泛抽象,带有人生哲理的意味和空泛悲凉的色彩。这大体上反映了封建社会失意知识分子对现实感受的深化和由此引起的心态变化。

儒家诗教提倡"哀而不伤"(《论语·八佾》),感伤主义按说似乎是不大符合这种美学原则和审美趣味的。但感伤美作为艺术美的一种类型,却在我们民族的审美发展史上长期占有相当重要的地位,并得到人们的广泛欣赏。这可能是因为,感伤主义的作品大都是以伤感、哀挽的形式肯定生活中的美,从而引起人们对它的珍惜流连;很少表现出对生活的阴暗绝望和厌弃逃避,相反地倒往往在缠绵悱恻中透露出对生活的执着,因此能在感伤中给人以诗意的滋润。同时,这类作品中的大部分,在表达方式上也不是淋漓恣肆的,而是比较含蓄蕴藉的。这也较为符合民族审美习惯与心理。从宋玉到李商隐再到曹雪芹,这个感伤主义的文学传统应当得到梳理与总结。

第二十一章　李商隐诗与唐宋婉约词

根据现存文献材料,晚唐大诗人李商隐并没有填过词,不像跟他同时齐名的杜牧,还留下一首慢词《八六子》(洞房深),更不像温庭筠之大力填词,成为花间派乃至整个婉约词风的鼻祖。因此,在很长的时间内,研究商隐诗或婉约词的人,往往忽略二者之间的联系。较早从总体上明确提出商隐诗与词体关系的,是缪钺先生二十世纪四十年代写的一篇《论李义山诗》的文章,他说:"词之特质,在乎取资于精美之事物,而造成要眇之意境。义山之诗,已有极近于词者……盖中国诗发展之趋势,至晚唐之时,应产生一种细美幽约之作,故李义山以诗表现之,温庭筠则以词表现之。体裁虽异,意味相同,盖有不知其然而然者。长短句之词体,对于表达此种细美幽约之意境尤为适宜,历五代、北宋,日臻发达,此种意境遂几为词体所专有。义山诗与词体意脉相通之一点,研治中国文学史者亦不可不致意也。"(《诗词散论·论李义山诗》)这段精辟的论述指出了探讨商隐诗与词体关系的重要门径,但由于它在文中属于"附论",未能展开详论。最近几十年来,一些研究商隐诗的论著虽也间或提及它对词的影响,亦多为片言数语。本章拟对这个问题进行初步探讨。一方面,从比较中说明商隐诗的词化特征[①];另一方面,论述商隐诗对唐宋婉约词的影响。这是一个问题

---

① 这里所说的"词化特征",特指词在艺术上成熟,并显示出自己特有的体性风格时所具有的那些特征。

的两个方面,它们之间既有密切的因果联系,又有区别。前者主要着眼于商隐诗与婉约词在诸方面的相似点,以说明商隐诗在由五七言诗向词递嬗演变过程中所处的重要地位,后者主要着眼于商隐诗的一些重要质素与特征对婉约词的深远影响。对这个问题的探讨,可能有助于从一个为人忽略的重要方面说明李商隐在文学史上的地位,也有助于说明由诗到词的递嬗过渡和它们之间的传承关系。

第一节　中晚唐绮艳诗风与诗的词化

个别诗篇出现词化特征,早在盛唐时期就已初露端倪。像刘方平的《夜月》:

> 更深月色半人家,北斗阑干南斗斜。
> 今夜偏知春气暖,虫声新透绿窗纱。

《春怨》:

> 纱窗日落渐黄昏,金屋无人见泪痕。
> 寂寞空庭春欲晚,梨花满地不开门。

无论意象、境界、写法,都逼近后来的闺情小令。但作为一种趋向,诗的词化是跟中晚唐绮艳诗风的发展密切联系的。不过,同属绮艳诗风的诗家,他们的诗在词化程度及对词的影响上却有区别。下面提出元稹、李贺、杜牧、温庭筠等诗人与李商隐进行比较讨论。

元稹写艳诗百余首,"其哀感缠绵,不仅在唐人诗中不可多见,而影响于后来之文学者尤巨"（陈寅恪《元白诗笺证稿·艳诗及悼亡诗》）。但他的艳诗，由于多为其青年时代的情人而作，内容不免受到具体对象及情事的拘限，其诗风又特长于铺叙繁详，因此往往注重叙写事件、情节乃至细节，刻画人物装束情态，带有较强的叙事性和写实性，而不大着重感情、心理的抒写，无论长篇如《梦游春》、《会真诗》，短章如《离思》、《杂忆》，都具有这种特点。这跟长于抒情而短于叙事，注重隐微婉曲、多用比兴象征的婉约词，是很不相同的。因此，元稹的绮艳之作词化迹象不很显著，其影响所及，也主要是后世的叙事文学（包括讲唱文学和戏曲小说）及五七言诗领域内的风怀之作，对词的影响仅限于《调笑转踏》及赵令畤的《商调·蝶恋花》一类变体。

　　李贺的绮艳之作则表现出不同的特征。它以抒写内心感受与渲染氛围为主，而不注重叙事；意象密度大而富于跳跃性，喜用象征暗示和借代，意境往往比较隐晦。这些都非常接近晚唐五代的香艳词风。像《残丝曲》、《湖中曲》、《屏风曲》、《难忘曲》、《夜饮朝眠曲》、《蝴蝶舞》、《美人梳头歌》、《将进酒》、《江楼曲》等作，在内容、情调上都不同程度地具有词化倾向。花间词"自南朝之宫体"（欧阳炯《花间集序》）的渊源及特征，也不妨直接说成"自长吉之艳体"。不过，李贺的绮艳之作，有时不免流于幽冷诡异、虚荒诞幻，像《苏小小墓》甚至描摹鬼境，这跟词始终抒写现实人间的情思自有显著区别。特别是他追求感官与心理的刺激，喜欢运用浓烈的色调和酸心刺骨的硬语奇字，以造成强烈的刺激性效果，其审美类型近于阴刚型而非阴柔型，近于刺激型而非滋润型。这跟柔媚婉丽的婉约词风更有明显不同。因此，李贺的诗虽对词有很大影响，但在审美类型上却与婉约词异趋。

　　晚唐绮艳诗风更盛。杜牧是被李商隐推许为"刻意伤春复伤别"的诗人，他的伤春伤别之作中固然有不少是感伤时世身世的，也有相当一部分是像《赠别》、《遣怀》一类的绮艳之作。不过，他的诗风，偏于豪宕拗峭、疏朗俊爽，与婉约词之偏于隐微含蕴、密丽柔婉者不同，即便是优美，也多表现为一种俊逸风流的男性美,而非婉约词所体现的柔腻婉媚的女性美。因此,他的诗歌意象与语言虽常为后世婉约词家所取资,"青楼"、"豆蔻"、"扬州梦"等甚至被用得熟滥,但整个来说,他的绮艳之作所表现的主要是诗境而非词境。

温庭筠是晚唐五代香艳词风乃至整个婉约词风的开拓者,又是晚唐绮艳诗风的代表人物之一。这样一位一身而二任的作家,其词风与诗风之间的联系很值得探讨。温诗中的绮艳之作绝大部分是五七言古体乐府(也有小部分近体律绝),篇幅一般较长,辞藻丽密,色泽秾艳,风格颇近其艳词。如他的《织锦词》、《夜宴谣》、《郭处士击瓯歌》、《锦城曲》、《舞衣曲》、《张静婉采莲曲》、《照影曲》、《吴苑行》、《晚归曲》、《春洲曲》、《钱唐曲》、《春愁曲》、《春晓曲》等,内容、情调与某些写法,都很接近词,举《春愁曲》为例:

红丝穿露珠帘冷,百尺哑哑下纤绠。
远翠愁山入卧屏,两重云屏空烘影。
凉簪坠发春眠重,玉兔熨香柳如梦。
锦叠空床委坠红,飔飔扫尾双金凤。
蜂喧蝶驻俱悠扬,柳拂赤阑纤草长。
觉后梨花委平绿,春风和雨吹池塘。

写闺中春愁,对女主人公的外貌、心理与行动均不作正面描绘刻画,完全借助于环境气氛的烘托渲染和自然景物的映衬暗示。写法细腻婉曲,俨然花间词境。其中有些诗句,使人自然联想起他的《菩萨蛮》词中的句子。如"远翠"三句之与"小山重叠金明灭,鬓云欲度香腮雪","玉兔"句之与"江上柳如烟,雁飞残月天","觉后"二句之与"雨后却斜阳,杏花零落香",取象造境,均极神似。但他的这类作品由于刻意追摹李贺,不仅意境比较隐晦,语言也时有生硬拗涩之处,像"脉脉新蟾如瞪目"、"碎佩丛铃满烟雨"、"玉晨冷磬破昏梦"、"藕肠纤缕抽轻春"、"蝉衫麟带压愁春"、"水极晴摇泛滟红"、"绿湿红鲜水容媚"等诗句,与他的"截取可以调和的诸印象而杂置一处,听其自然融合"(俞平伯《读词偶得》)的词句相比,就显然可见生涩与圆融之别。这种生硬拗涩的字面与句法,在五七言古体中完全可以允许,但如施之于歌唱的曲词,则不但歌者拗口,听者亦难以入耳。而且他的这类长吉体绮艳之作,表现手法也稍觉繁尽,不像他的词含蓄蕴藉。倒是他的某些近体律绝,无论意境、情调和语言都更接近于词。例如《碧磵驿晓思》:

香灯伴残梦,楚国在天涯。
月落子规啼,满庭山杏花。

《瑶瑟怨》:

冰簟银床梦不成,碧天如水夜云轻。
雁声远过潇湘去,十二楼中月自明。

前诗以景结情,意境颇似"花落子规啼,绿窗残梦迷"(《菩萨蛮》之六),后诗"作词境论,亦五代冯、韦之先河也"(俞陛云《诗境浅说续编》)。从以上的对照中可以看出,温诗绮艳的内容显然更适宜于用词的形式来表现,而词的语言与表现手法也跟近体诗更为接近。同样或类似的内容,在五七言古诗中语言不免生硬拗涩,表现未免繁尽,在词里却一变而为婉丽纤秾、含蓄蕴藉,这显然由于词是一种配乐歌唱的歌词,语言的圆润乃是自然的要求。这也是温庭筠的长吉体绮艳之作未见出色,而他用李贺作诗之法填词却取得很大成功的原因。

　　从元稹、李贺到杜牧、温庭筠,可以看出,内容风格的绮艳,仅仅是诗歌趋于词化的一个条件或方面。诗的词化程度还跟其他一系列因素(诸如题材、意象、意境、语言、表现手法及审美特点等）相联系。李贺、温庭筠的绮艳之作尽管在内容、情调上已经接近词，但由于感情内质、表现手法及语言风格等诸多因素的影响，在审美类型上与婉约软媚的词仍有区别。词坛鼻祖温庭筠的绮艳诗作未必比没有填过词的李商隐的同类作品更接近于词，因为后者在上述方面具有更突出的词化特征。

第二节　李商隐诗的词化特征

李商隐的绮艳之作约占其全部诗歌的四分之一。这即使在晚唐绮艳诗风炽盛的时期，也是非常突出的。在这些作品中，词化特征比较显著的大体上有三类。一类是经过改造的长吉体艳情诗，如《燕台诗四首》、《河内诗》等。一类是用近体律绝形式写的无题诗、准无题诗（如《重过圣女祠》、《嫦娥》等）、有题的爱情诗（如《春雨》）和风格绮艳的咏物诗。还有一类是吟咏日常生活情思的小诗。后两类作品数量远比第一类多，词化特征也更为显著。以下从几个主要方面对这些作品的词化特征加以说明。

题材的细小化　从盛唐、中唐的锐意功名进取、放眼江山塞漠、关注国计民生到晚唐的醉心男女情爱，这本身便是诗歌在题材领域内趋于词化的标志。李商隐除了大量创作爱情诗和无题诗以外，还写了许多所咏对象具有细小纤柔特点的咏物诗。盛唐人意气风发，咏物诗也以马、鹰、剑等最能体现刚健的时代精神的事物为主。这种特点，即使在李贺的咏物诗中也仍然有所体现（李贺有《马诗二十三首》、《春坊正字剑子歌》）。但到了李商隐，咏物诗的题材发生了显著的变化。在他百来首咏物诗中，绝大部分是柳、槿花、樱桃、燕、蝉、蜂、蝶、细雨、灯、泪、肠、袜这些细小而纤柔的事物，其中柳诗达十五首之多，蝶诗、雨诗也各有四首。这几种事物都是在婉约词中出现得很多的，对词的特殊情调、意境的形成起着重要作用。在晚唐著名诗人中，像他这样大量吟咏细小纤柔事物的，还找不到第二人。

内容的深微化 李商隐的绮艳之作,与元、白之偏于叙事与写实者不同,主要是抒写深细隐微的心灵感受和近乎抽象的精神意绪。李贺已经开始具有这种主观化的色彩,李商隐则进一步使之朝深细隐微的方向发展。像《燕台诗四首》,其中显然包含着一个悲剧性爱情故事,如果让元、白来写,极有可能写成《长恨歌》那样的叙事诗。但在李商隐手里,却以四季相思的抒情线索贯串全诗,通过抒情主人公的回忆、思念、怨叹来表现其内心深处那种热烈缠绵、执着痴顽而又迷幻历乱的幽忆怨断的情绪,叙事的成分被消融到几乎不见痕迹,只是在主人公的思忆中偶尔闪现若干难以连缀的片断。这种纯粹抒情,而且着重表现深微意绪的特点在他的无题诗中表现得更为突出。"身无彩凤双飞翼,心有灵犀一点通",不但写出心虽相通而身不能接的苦闷,而且写出间隔中的契合、苦闷中的欣喜和寂寞中的慰藉。"春蚕到死丝方尽,蜡炬成灰泪始干",也不仅仅是抒写思之悠长、恨之难已,而且透露出一种即使追求无望也仍然要作执着追求的殉情主义精神。诗人所注意的不是爱情事件本身,而是抒写他对爱情的痛苦而深刻的体验,有时甚至只是表现一种可望而不可即的更加抽象的意绪。他的咏物诗也同样具有这种特点。《霜月》的重点,不在描绘霜、月的外在形态,而是在展示霜天月夜一片空明澄澈的自然美的同时,象征性地表现了一种"耐(宜)冷"的精神美。《落花》所着意表现的,则是一种"伤春"的意绪。这种着重抒写深细隐微的内心感受和精神意绪的特点,恰恰是婉约词的特征。

意境的朦胧化 李商隐诗歌意境的重要特征是朦胧,即用象征性的朦胧境界来表现朦胧的情思。这种特点在他的无题诗、准无题诗和一系列艳情诗中表现得尤为突出。成为千古诗谜的《锦瑟》固不待言,就是像"一春梦雨常飘瓦,尽日灵风不满旗"、"红楼隔雨相望冷,珠箔飘灯独自归"、"飒飒东南细雨来,芙蓉塘外有轻雷"等诗句,也都以意境的缥缈朦胧、隐约凄迷著称。纪梦诗和梦的意象频繁出现,对朦胧意境的形成起着重要作用;即使不正面写梦,诗中也常充满朦胧色彩。像《燕台诗四首》通篇都是抒写一种迷幻历乱的情感,所谓"絮乱丝繁天亦迷",正可移作这组诗感情境界的形容。推而广之,他的一些抒写日常生活中一时感受、印象或情思之作,如《细雨》《屏风》《日日》等也都具有这种特点。李贺的诗境,是隐晦而不是朦胧。他的有些诗比较难懂主要是由于思路的奇幻和修辞手法的奇特,诗的内容意蕴倒比较实在,李商隐却是把朦胧意境作为一种美的诗歌境界来刻意追求,而且他那种缥缈朦胧的情思也确实适宜用这种意境来表现。而意境和情思的朦胧,也正是婉约词的一大特点。温庭筠的长吉体古诗近于李贺之隐晦,而他的《菩萨蛮》诸词却具有意境朦胧隐约的特点。这除了词着重表现深细隐微的内心感受这一内容的因素外,跟词作为一种音乐文学有密切关系。在所有艺术样式中,音乐作为一种"心情的艺术",它所表现的情感是概括、宽泛的,其形象具有很大的不确定性与朦胧性,可以使欣赏者引起广泛的联想与想象。作为配乐歌唱的词,由于受音乐在表现情感上这种特点的影响,也自然趋向于意境的朦胧隐约。而初期婉约词花间樽前娱宾遣兴的性质,也显然需要曲词本身具有一种与整个享乐氛围相谐调的梦幻式的情调气氛。

意象的纤柔化　　从诗到词,意象之趋于纤柔是一个显著标志,这跟题材的细小化有联系也有区别。贺裳说:"义山之诗妙于纤细。"(《载酒园诗话》)不仅指其吟咏的生活内容与感情内容趋于细小纤微,而且诗的构成部件——意象也趋于纤细轻柔。在他的绮艳之作中,迷蒙的细雨、飘忽的灵风、婀娜的柳枝、纠结的丁香、啼泪的流莺、凄断的秋蝉成为最富个性特征的意象;红楼珠箔、轻帷翠屏、阑干高阁、纱窗回廊、落花枯荷、夕阳斜照等婉约词中最常见的意象也大量出现在他的诗中,在这方面,他与李贺、温庭筠都有所不同。尤其是长吉体诗,其意象每多幽峭奇幻的色彩,动态性意象更显得峭硬而富有力度。

语言的圆润化　　语言和意象有密切关联,前者是后者的物质外壳和表现形式。商隐的绮丽之作,在语言上跟李贺、温庭筠一样,都具有"丽"的特点,但李贺的"丽"往往跟奇诡、峭硬、生涩联系在一起,有时甚至"奇而入怪",评家多谓长吉体生涩奇峭,"墨痕不化"(纪昀评语,见《李义山诗集辑评》),确实如此。温庭筠仿长吉体的古诗,其语言除了表现出其特有的侧艳、轻艳的个性特点外,如前所举,仍然保留了李贺式的生硬拗涩。只有他的一些近体律绝,语言比较自然流丽。李商隐的诗歌语言,则以精丽圆融为特点。他的某些长吉体诗,固然还残留着一些拗涩的诗句,但集中体现他诗歌主导风格的近体律绝,其语言则既典丽精工又珠圆玉润,一点没有不和谐、不调匀的痕迹。他的《无题》、《锦瑟》诸诗,意境虽朦胧隐约,语言却极清丽圆融,他如《夜雨寄北》、《端居》、《代赠》(楼上黄昏)、《离亭赋得折杨柳二首》等作,无不具有"水精如意玉连环"式的风格。这种珠圆玉润的诗歌语言与象征暗示的表现手法融合起来,造成了一种充分词化的语言风格。

　　以上所提到的这五个方面,归结到一点,就是李商隐的绮艳之作在审美类型上较李贺、温庭筠的同类作品更接近于词。无论是晚唐五代以温庭筠为代表的香艳词风,还是整个唐宋婉约词,从审美类型上看,都属于婉丽纤柔、温润妩媚的优美型、阴柔型,甚至可以说是一种最具女性美的类型。从读者方面来说,他们从婉约词中感受到的也是一种柔美温婉的诗意滋润,而不是尖锐强烈的刺激。这是跟婉约词的内容多表现离情别绪、春愁秋恨,意象纤柔轻细,语言圆融清丽等特点分不开的,也跟词由女声歌唱密切相关,所谓"非朱唇皓齿无以发要妙之音"(王炎《双溪诗余自序》)、"唱歌须是玉人,檀口皓齿冰肤"(李廌《品令》词),都说明了这一点。李贺的绮艳之作,由于往往寄寓其"哀愤孤激之思",又好用奇幻诡怪的想象和生硬拗涩的语言,因此给予读者的往往是一种带有强烈刺激性的美感,而不是柔美的诗意滋润。即使是那些写得非常华美秾艳的诗篇,也同样带有病态的刺激性。他的《将进酒》,写一个热烈的宴饮场面,这是后来词中常见的题材,但在他笔下,却显得极富刺激性效果。在一片以红色为基调的氛围中,透出了对生命行将消逝的深刻恐惧和极端感伤。那红色的酒、红色的杯、乱落如红雨的桃花，以及庖厨中"烹龙炮凤玉脂泣"的声音，罗帏绣幕中的阵阵香气，伴着龙笛鼍鼓的欢歌狂舞，处处都给人以感官上、心理上的强烈刺激，在目眩神迷中唤起一种及时行乐的亢奋与沉醉。这种强烈的刺激正是诗人内心深刻苦闷的一种宣泄与补偿。而色彩同样秾艳的李义山《燕台诗四首》，所表现的却是抒情主人公对悲剧性爱情的热烈追忆与深情哀挽。尽管情调非常伤感，但对已经消逝的美好人事情景却充满了向往依恋，尽管惘然，也要追忆，而在回味追思中自有一种滋润心田的悲剧性诗美在流动回旋。表面上，这仍然是长吉体，但实际上已经变李贺的刺激型美感为滋润型美感，作了脱胎换骨的改造。他的近体，则正如缪钺先生所指出的，是"用李贺古诗象征之法于律诗之中……去其奇诡而变为凄美芳悱"（《诗词散论·论李义山诗》），可以说是更成功地实现了上述转变。

总之，中晚唐诗坛上以李贺、温庭筠、李商隐为代表的绮艳一派，是五七言诗向成熟的词转化过程中的一座桥梁。如果说，李贺的绮艳诗从内容、情调及某些表现手法上成为由诗向词转化的开端，那么李商隐的绮艳诗则进一步变长吉体的意境晦涩为朦胧，变语言的拗涩为圆融，变刺激型美感为滋润型美感，使五七言诗向词靠近了一大步。可以说，李商隐是五七言诗词化过程中一个带终结性的人物。词在晚唐两宋，是按谱填词的歌词，这里仅就其作为歌词所表现的感情和内容与传统的五七言诗相比较，并探讨其影响。

第三节　李商隐诗对唐宋婉约词的影响

每一种新兴的文学体裁，在它的成长发展过程中，总是要继承在它以前的文学体裁，特别是性质相近或有亲缘关系的文学体裁的艺术经验。词，作为一种具有严格音乐形式的抒情诗，它的成熟，本来就跟汲取五七言诗，特别是李贺一派主观化特征突出、内容风格绮艳的诗歌创作的经验密切相关。词在成熟以后,仍然不断地从五七言诗中汲取营养。由于多种原因,在很长时期内,词的风格一直以婉约绮丽为主,因此,李贺、温庭筠、李商隐等中晚唐绮艳诗风的代表也一直成为婉约词的主要学习、继承对象。北宋后期著名词人贺铸说:"吾笔端驱使李商隐、温庭筠常奔命不暇。"(《宋史·文苑传》)南宋著名词论家沈义父《乐府指迷》也说:"要求字面,当看温飞卿、李长吉、李商隐及唐人诸家诗句中字面好而不俗者,采摘用之。"实际上,这种学习、继承远不限于采摘字面,而是涉及许多更重要的方面。在婉约词的发展过程中,作为五七言诗词化趋势的终结者,李商隐的诗歌有着特别重要的影响。在探讨这个问题时,有两点值得注意:一是后代词家向前代诗人学习时,一般都是把他的整个创作作为对象,在涵咏体味中受到潜移默化的影响,而不大可能像对待类书那样专门撷取其辞藻字面;二是这种汲取或借鉴,固然要适合词在成熟以后形成的特殊体性风格,但并不只局限于上面已经指出的那些词化特征。一个诗人的创作对词的影响,固然与其诗歌的词化特征及程度密切相关,但有时更深刻而内在的影响倒恰恰是其创作的特殊的诗的素质。从这个认识出发,可以看出商隐诗对唐宋婉约词的主要影响有以下几个方面。

一、在绮艳之中融入身世时世之感与人生感慨

这是商隐诗最突出的创作特征,所谓"寄托深而措辞婉"(《原诗》)、"沉博绝丽"(朱鹤龄《李义山诗集笺注序》引钱谦益语)、"意多沉至,语不纤佻"(《岘佣说诗》)等评语,都离不开这个特征。抒写身世之感与人生感慨,本来是诗的内容与素质,跟功能上单纯为了娱宾遣兴、内容上大都单纯表现艳情绮思的晚唐五代文人词是有显著区别的。因此,商隐这种绮艳中寓慨的诗风对花间词的影响并不明显。只有韦庄的某些词篇(如《菩萨蛮》五首)"似直而纡,似达而郁"(《白雨斋词话》),颇寓乱离时代的人生感慨,但由于韦词清疏的作风与义山诗之沉博绝丽迥然有别,人们一般不大注意到他们在抒情寓慨方面的相似

点。南唐词是词由"伶工之词"向"士大夫之词"、由单纯娱宾遣兴向个人抒情寓慨转变的时期,也是商隐诗于绮艳中寓慨的特征对词产生较明显影响的时期。冯延巳和李璟,处于风雨飘摇之危境,其词作虽仍抒写离情别绪,但其中已自然渗透对时世人生的悲凉感受。冯延巳的"河畔青芜堤上柳,为问新愁,何事年年有",便包蕴着一种由时代氛围所酿成的说不清、排不开的愁绪,而"楼上春山寒四面,过尽征鸿,暮景烟深浅"的景象,更使人联想起义山《夕阳楼》诗的意境。冯煦说冯延巳"俯仰身世,所怀万端……周师南侵,国势岌岌……危苦烦乱之中,郁郁不自达者,一于词发之"(《四印斋刻〈阳春集〉序》),虽或过当,但他有些词中流露出时世之感,则是事实。李璟的"菡萏香销翠叶残,西风愁起绿波间"之句,被王国维称为"大有'众芳芜秽,美人迟暮'之感"(《人间词话》),而另一首《摊破浣溪沙》(手卷珠帘上玉钩)则在"春恨"中寄寓着落花无主的身世家国之感,其造语取象明显受到商隐《无题》(相见时难)、《落花》、《代赠》(楼上黄昏)诸作的影响。李煜后期词,"眼界始大,感慨遂深,遂变伶工之词为士大夫之词"(《人间词话》),从"无限江山,别时容易见时难"、"自是人生长恨水长东"、"流水落花春去也,天上人间"的深沉感慨中,仿佛可以听到李商隐"相见时难别亦难"、"深知身在情长在"、"人世死前惟有别"、"天荒地变心虽折,若比伤春意未多"的声音在回响。从表面看,商隐诗与李煜词,一婉曲,一直抒;一彩绘,一白描;一密丽,一清疏;一朦胧,一明朗,风貌似乎迥异。但就感情的真挚与感慨的深沉而言,却有着本质的一致。他们的创作正分别代表了诗、词领域内抒写人生感慨的最高成就。词里本来没有抒写人生感慨的传统,李煜在这方面的成就,决定的因素当然是生活,但也是词在扩大抒情功能的过程中向诗歌学习、继承的结果。而且李煜在抒写人生感慨时,也并没有脱离"雕阑玉砌"、花月春风的绮艳生活和繁华旧梦,这与商隐诗于绮艳中寓慨的特征也是一致的。北宋前期承平日久,上层社会享乐之风甚盛,但词风却主要继承南唐的抒情遗风。刘熙载说:"冯延巳词,晏同叔得其俊,欧阳永叔得其深。"(《艺概·词曲概》)晏殊的诗歌,深受李商隐的影响,他的《无题》(油壁香车)风格清丽,极近词境;他的词也每于流连光景、伤感时序中寓有轻淡的人生感喟。"无可奈何花落去,似曾相识燕归来","昨夜西风凋碧树,独上高楼,望断天涯路",或因其涵蕴的丰厚,或因其境界的高远,每能给人以哲理的启迪与人生境界的联想。欧词亦每于时序风物的怅触中融入人生感慨,"人生自是有情痴,此恨不关风与月",更由眼前的离别扩展到对整个人生的悲慨。晏几道的落拓身世与缠绵感情都类似义山,其词每抒写其旧梦前尘、如幻如电之感。在吟咏歌伎境遇的词篇中,亦常寓有天涯沦落、同命相怜的身世之慨。在北宋前期的词家中,柳永特长铺叙,词风发露,但他那些最有代表性的羁旅行役之作,同样在凄清景色的描绘中渗透身世之悲。北宋后期的秦观,年少丧父,仕途抑塞,于新旧党迭为消长之际,一再受到排抑,身世遭遇颇似义山,前人说他的词"将身世之感,打并入艳情"(周济《宋四家词选》)、"寄慨身世……一往而深"(冯煦《宋六十一家词选例言》)。贺铸词用义山诗语最多,其词亦秾密深隐,有类商隐。《踏莎行》(杨柳回塘)隐然将荷花比做幽洁贞静、身世飘零的女子,借以寄寓骚人迟暮的感慨,设色秾丽,意蕴多重,与商隐寓托身世的咏物诗一脉相承。李商隐"借托物寄兴的手法披露政治上受打击和仕途不得意的心曲……直接影响了周邦彦的词作风格"(沈家庄《清真词风格论》)。叶嘉莹女士还详细分析论证了其《渡江云》(晴岚低楚甸)于绮丽春光的描绘中"分明漏泄了其中政治托喻之消息"(《论周邦彦词》)。陈廷焯也说:"美成词极其感慨,而无处不郁。"(《白雨斋词话》)此外,如李清照后期词融身世、家国之慨为一体,姜夔咏物词"寄意题外,包蕴无穷"(周济《介存斋论词杂著》),吴文英词于秾丽中时见沉郁之思,都或隐或显地可以看出商隐诗绮艳中寓慨特征的影响。《四库提要》甚至说:"词家之有吴文英,犹诗家之有李商隐。"从相提并论中正可见他们之间的承传关系。

比兴寄托,是中国古代诗歌的老传统。但李商隐诗歌的寄托,却与传统的托物寓志有着明显的区别。一是它所寄托的不是偏于理性的"志",而是融合着生命血肉的"情",是对悲剧性身世和人生的深沉悲慨。二是它并非从理念出发,为了表达某种概念化的"志"去刻意寻找一个托志之物,使物成为概念的图解,而是往往因事、因物甚至因情而起情,自然联及人生际遇,融入人生感慨。从创作过程来说,这种寓托往往是一种触着式的联想,而不是"志"与"物"的明确比附。正因为这样,李商隐诗的寄托往往带有不自觉的性质和寄兴深微的特点,他的一部分托寓似有若无的无题诗,以及《嫦娥》、《霜月》、《重过圣女祠》、《落花》、《梦泽》、《楚吟》诸篇,都具有这种"令人知其意而不敢指其事以实之"(《玉谿生诗笺注》卷五《楚吟》笺语)的共同点。而这种自然触发、自然流露的纯感性的寄托,对词的影响比传统的托物寓志方式要大得多。况周颐《蕙风词话》论词之寄托说:

> 词贵有寄托。所贵者流露于不自知,触发于弗克自已。身世之感,通于性灵,即性灵,即寄托,非二物相比附也。横亘一寄托于搦管之先,此物此志,千首一律,则是门面语耳,略无变化之陈言耳。

况氏所斥的"此物此志,千首一律"的寄托,实即托物寓志之末流,也就是那种根据教条化的理论、程式化的手法、类型化的喻物、公式化的语言所拼凑出来的主题先行的寄托。而"身世之感,通于性灵"的寄托,则无疑是一种更重视艺术创作规律和诗歌感发力量的更高级的寄托。商隐诗的深层意蕴多因触事(物、情)而兴慨,表现得比较隐微,词中成功的寄托也多是这种类型的。从这里可以看出商隐诗的寄托与词的寄托一脉相承的关系,也可以窥见由诗到词的演变中,寄托由志到情、由显到隐、由有意向无意转化的趋势。词的这种流露于不自知的寄托,跟词的自我抒情化的自然进程是一致的。尽管词在相当长的时间内,其创作的直接目的是娱宾遣兴,但一些优秀的词人在创作过程中总是"触发于弗克自已",在表现春愁秋恨、离情别绪时不同程度地融入个人的身世与人生感慨,在发展着个人抒情倾向的同时,也发展着这种无寄托的寄托。

二、表现感伤情调和感伤美

这是商隐诗贯串一切的审美特征,既纵贯其整个创作历程,又横贯其一切题材、体裁的诗歌。他虽以"刻意伤春复伤别"推许杜牧,实际上在晚唐主流派诗人中,最能体现"伤春复伤别"特征的正是他自己。杜牧生性豪迈俊爽,诗中每逸出一股豪宕奇峭之气,多少冲淡了因时代与身世而引起的感伤;有时他又以旷达来淡化伤感,像"尘世难逢开口笑,菊花须插满头归。但将酩酊酬佳节,不用登临恨落晖"(《九日齐山登高》)就是显例。而温庭筠的诗,却很少流露伤春悲秋意绪,相反倒往往充溢着一种春天的色彩与情调。像"裂管萦弦共繁曲,芳尊细浪倾春醑"(《夜宴谣》)、"晴碧烟滋重叠山,罗屏半掩桃花月"(《郭处士击瓯歌》)、"珂马珰珰度春陌,掌中无力舞衣轻"(《张静婉采莲曲》)、"参差绿蒲短,摇艳云塘满。红澂荡融融,鹦翁鸂鶒暖"(《黄昙子歌》)、"桥上衣多抱彩云,金鲜不动春塘满"(《照影曲》)、"锦雉双飞梅结子,平春远绿窗中起"(《吴苑行》),以浓墨重彩描绘春色之美、游冶之盛,与义山诗之充满伤春悲秋意绪显然异趣,前人多谓温诗侧艳,当与这类描写之多有关。温词与整个花间词,虽也有伤离的情绪,但基本上也是这种秾艳的风格。因此,义山诗的感伤情调对花间词的影响并不显著,它的影响主要是在南唐词及以后,与上一方面的影响基本同步。南唐词即使写到春天,也常常充满深刻的伤春情绪,像"绿树青苔半夕阳"、"砌下落花风起,罗衣特地春寒"、"青鸟不传云外信,丁香空结雨中愁"、"林花谢了春红,太匆匆"、"帘外雨潺潺,春意阑珊"等句,都与以秾艳色调渲染春色春意的花间作风迥异,更不用说"菡萏香销翠叶残,西风愁起绿波间"、"昨夜风兼雨,帘帏飒飒秋声"等充满悲秋意绪的词句了。可以说词的成熟虽在晚唐,但词的典型审美音调的形成却是在南唐。从此以后,伤春悲秋,不但成为婉约词的基本主题,也成为它的主调,一直贯串到南宋。柳永词在内容、体制、手法、语言等方面,对传统词风都有明显革新,但他词中所着意表现的悲秋意绪和羁旅凄凉况味,却是遥承宋玉,近祧玉谿,一脉相传。晏殊是所谓太平宰相,以善写富贵景象著称,但在安恬旷达的外表下仍然时露时序流逝的伤感与惆怅;欧阳修词风比较清疏明快,而《蝶恋花》(庭院深深深几许)、《玉楼春》(尊前拟把归期说)等阕,同样表现了深刻的伤春伤别之情。晏几道与秦观,被词论家称为"古之伤心人"(冯煦《宋六十一家词选例言》),他们的词也最具感伤主义特征。夏敬观说:"叔原以贵人暮子,落拓一生,华屋山丘,身亲经历,哀丝豪竹,寓其微痛纤悲。"(夏评《小山词》跋尾)秦观词亦特擅言愁,善于描绘凄惋的境界。贺铸词颇秾丽,且有壮词,但真正使他获得声誉的却是"江南断肠句",而这首秾丽中含有幽凄情绪的《青玉案》,无论遣词还是造境,都明显受到义山诗的影响。李清照也是工于言愁的作家,其词虽多白描与直抒,近李煜,但无论前期的《醉花阴》(薄雾浓云愁永昼),还是后期的《声声慢》、《永遇乐》、《武陵春》,其感伤情绪之深刻都超过前人,《声声慢》直是一篇悲秋赋。姜夔以健笔抒柔情,与香艳软媚的传统词风固然异趣,但其感伤的内质却无二致。《扬州慢》感时伤世,于清峭中寓无限感怆;《鹧鸪天》(肥水东流无尽期)感念旧情,于"人间别久不成悲"的淡语中含深沉的悲慨。逮及南宋末期,因国运日颓,王沂孙、周密、张炎等人的词作中,更充满了以秋蝉、斜阳、啼鹃等凄凉意象组成的秋声秋境。"病翼惊秋,枯形阅世,消得斜阳几度?余音更苦",正是这一时期的典型音调。

  文学作品中表现感伤情调源远流长,从宋玉《九辩》以来,历代诗赋中一直不绝如缕地在发展。但在李商隐之前,不但未能成为一个时代的文学主潮,也未能在一种文学体裁上成为一种主调。李商隐可以说是五七言诗领域内感伤主义的集中体现者。尤为重要的是,他把感伤情调作为一种美来自觉地加以追求。无论是"秋阴不散霜飞晚,留得枯荷听雨声",还是"何当共剪西窗烛,却话巴山夜雨时",都可以看出,表现感伤情绪,在他不只是感情的宣泄,更是自觉的审美追求。由于他的感伤气质和悲剧心态,他在表现感伤情调时完全是自写性灵,毫无造作,再加上绮艳的文采,遂使感伤情绪的内蕴成为一种诗美。经过他的自觉努力,这种感伤美终于在文学领域内取得了可与其他类型的诗美并驾齐驱的地位。由于这种感伤美相当典型地反映了封建社会向后期转变阶段许多失意知识分子的审美心理,因此它在词这种纯粹抒情的文学样式中,特别是在婉约词这种以抒写伤春悲秋、离愁别绪为主的作品中,便得到极大的发展。婉约词内部尽管还可以分出更细的派别(如花间、南唐、柳永、秦周、易安、白石、梦窗等体),但在情调感伤这一点上,几乎没有多少例外,只存在程度的差别和具体内涵的差异。婉约词最主要的审美特征就是内涵及情调的感伤;感伤,是婉约词最典型的审美音调。"少年不识愁滋味……为赋新词强说愁",正说明传统婉约词的特性就是"说愁"。从这一点上看,义山诗的感伤主义特征对伤春伤别的婉约词的影响是十分深远的。

三、时空交错与跳跃的章法结构

这一特点,在李贺诗中已表现得相当突出,"忽起忽结,忽转忽断,复出傍生"(钱锺书《谈艺录》)。但长吉诗这种兔起鹘突式的结构章法是跟他的"如崇岩峭壁,万仞崛起"(《旧唐书·文苑传》)的文思体势相联系的,给人一种峭急奇险的美感。商隐诗对此加以继承与改造,变峭急奇险为缥缈变幻、回环往复。他的长吉体古诗《燕台诗四首》、《河阳诗》等,在抒情过程中常常凭感情意念的活动将不同时间、空间的情景交错加以映现,而略去其间的过渡联系,使人眼花缭乱,难寻端绪;就是他的近体律绝,如《锦瑟》、《无题》、《夜雨寄北》等,也呈现出这种特点。词的章法结构,由于韵律的多变与音乐上的分片,较五七言诗更明显地呈现出时空交错跳跃的特点,特别是长调,更多采取这种抒情手段和章法结构。其中最有代表性的莫过于周邦彦与吴文英。周词的结构,"主要是今昔的回环和彼此的往复……今昔是纵向的,彼此是横向的。今昔与彼此的交错造成一种立体感"(袁行霈《中国诗歌艺术研究·清真词的艺术特色》)。他的一系列名作如《瑞龙吟》(章台路)、《兰陵王·柳》、《玉楼春》(桃溪不作从容住)等都普遍采用这种章法结构,《兰陵王·柳》更将现境与昔境融成一片,在同一空间融合不同时间的情事,甚至把将来的情事也融入现境之中。李商隐的《夜雨寄北》身在巴山夜雨之现境,而诗思飞到故国的西窗之下,剪烛夜话的内容又是今夕的巴山夜雨,时空跳跃,现境与将来之境交融,极富回环变化的结构之美,这种手段在周邦彦词中就常常运用。吴文英词在这方面有更进一步的发展。他之所以被称为"犹诗家之有李商隐",之所以被讥为"七宝楼台,拆碎下来不成片段",都跟运用这种结构手段的得失有密切关系。其实,这种手段在小令中也常有运用,晏几道的《临江仙》(梦后楼台高锁)便是典型的例证。

  此外,如象征暗示的手法和朦胧隐约的诗境、清丽柔婉的语言,对婉约词都产生过相当重要的影响,由于在商隐诗的词化特征中已分别提及,词在这些方面的特性又为人所习知,就不再一一展开论述了。

第二十二章　历代李商隐研究述略

李商隐是中国诗歌史上最富艺术独创性的大诗人之一,又是大骈文家。他代表晚唐,又超越晚唐。随着研究的逐步深入,他的诗文创作的特征、意义、价值及其在文学史上的地位,将越来越被人们所深刻认识。与此同时,随着改革开放与国际文化交流的进展,他的既古典而又颇具现代色彩的诗还必将进一步走向世界。

与中国文学史上其他一些第一流的作家作品相比,李商隐及其创作在相当长的时间内是比较受冷落的。屈原、司马迁、陶渊明、李白、杜甫、苏轼,都长期受到历代作家的推崇和研究者的关注,对他们的研究,早已成为显学。即使最晚出的曹雪芹的《红楼梦》,二百年来也一直是研究的热门。而李商隐研究,在整个唐诗学已经处于兴盛阶段的明代,尚未形成气候,显然滞后于整个唐诗研究。直到清代顺、康、雍、乾、嘉、道这二百年间,才陆续出现了一系列李商隐研究的著作,形成了李商隐研究史上的第一个高潮。而李商隐的艺术成就受到人们高度重视并获得较深认识,则是最近这几十年,随着思想解放浪潮与李商隐研究的第二个高潮到来之后才出现的。从唐末李涪对李商隐"无一言经国,无纤意奖善"(《刊误·释怪》)的恶评,到今天将他置于中国文学史上第一流大作家的行列,竟经历了十一个世纪。这个事实说明,像李商隐这样一位其文学创作的内容与艺术表现手段都非常独特的作家,不仅对其准确的把握需要一个较长的过程,而且还说明,它的被接受、被认识,需要一个充分重视文学创作本身艺术价值的学术文化环境和政治环境。

本章对唐末到清末的李商隐研究作一概述，重点是评介清代一些重要的李商隐研究著作。

第一节　从唐末至明末的李商隐研究概述

从李商隐逝世到明末这八百年，在李商隐研究史上是一个显得过长的发轫期。与杜诗、韩文的整理、注释从宋代起就成为热门不同，李商隐的诗文创作在很长的一段时间内，并没有得到足够的重视。宋代蔡絛《西清诗话》提到都人刘克曾注杜子美、李义山诗，元代袁桷《清容居士集》提到郑潜庵曾编《李商隐诗选》(袁曾为它作序，今存)，明代唐觐《延州笔记》载张文亮有《义山诗注》，今皆不传。此外，八百年中竟无一部流传至今的整理研究专著。值得注意的是，较早出现的对李商隐的诗品、人品的评论多倾向于否定。唐末李涪《刊误·释怪》中谓商隐诗文"无一言经国，无纤意奖善，惟逞章句……至于君臣长幼之义，举四隅莫返其一也"，《旧唐书·文苑传·李商隐》多次提到时人对商隐"背恩"、"无行"、"无持操"、"恃才诡激"的批评，就是突出的例证。而且这种否定倾向的评论一直有支持者，像南宋张戒《岁寒堂诗话》从"思无邪"的传统诗教出发，将商隐列入"邪思之尤者"，敖陶孙《诗评》谓李义山诗"如百宝流苏，千丝铁网，绮密瑰妍，要非适用"，范晞文《对床夜语》指责《龙池》、《马嵬》、《曼倩辞》、《东阿王》诸诗"发乎情，止乎礼义之意安在"，都是显例。大诗人陆游认为唐人《无题》"率皆杯酒狎邪之语"(《老学庵笔记》卷七)，虽未必即指或专指义山《无题》，而其"温李真自郐"(《示子遹》)的贬辞则明白表示了对温李诗风的鄙夷。这种认为商隐在人品上无持操、在诗品上流于绮艳的观点，成为长期以来带有普遍性的传统看法。但另一方面，这一阶段，也出现了一些对商隐人品、诗品持肯定、赞扬态度的观点。如宋代黄彻《䂬溪诗话》对义山正直品格和"扼腕不平之气"的肯定,王安石谓"唐人知学老杜而得其藩篱者,唯义山一人而已"(《苕溪渔隐丛话》引《蔡宽夫诗话》)的高度评价,范温《潜溪诗眼》对义山诗"高情远意"的标举,都是独到而对后世有影响的见解。

比较起来,这一阶段数量更多的是对商隐诗风格特征的评论。虽多为直观性的片言只语,且又多仅言及其某一方面,但综合起来,却可大体窥见其整体风貌。如杨亿说义山诗"包蕴密致,演绎平畅,味有穷而炙愈出,钻弥坚而酌不竭"(《韵语阳秋》卷二引),许𫖮谓熟读商隐诗可去"作诗浅易鄙陋之气"(《彦周诗话》),叶梦得谓其诗"精密华丽",得杜甫之仿佛(《石林诗话》),张戒谓"义山多奇趣"(《岁寒堂诗话》),刘克庄谓商隐诗"冶艳者类徐、庾","切近者类姚、贾"(《后村诗话》卷四),胡应麟谓其诗"精深"(《诗薮·外编》卷四),胡震亨谓其诗"深僻"(《唐音癸签》卷三十二),等等,都从不同侧面揭示出商隐诗风的某种特征。与此同时,一部分评论者已开始注意到李商隐在咏史诗、咏物诗、无题诗、七律、七绝以及在艺术表现手法等方面的成就与特点(包括其优缺点),如范温、张戒对其咏史诗的评论,王直方、吕本中、刘克庄等对其咏物诗的评论,陆时雍对其七律的评论,严有翼、范晞文、胡应麟对其用事数典的评论,均各有见地。而明初杨基《无题和李义山商隐序》谓商隐《无题》"虽极其秾丽,皆托于臣不忘君之意,而深惜乎才之不遇也",则成为《无题》有政治与个人身世寄托说的滥觞。对《锦瑟》诗,从宋代的刘攽、苏轼到明代的谢榛、胡应麟、胡震亨,也一直有不同的解说与评论。朱弁《风月堂诗话》谓黄庭坚"用昆体(按:此指义山诗)工夫,而造老杜浑成之地",以独到的眼光发现似乎相反的文学现象之间的内部联系,从深层揭示出商隐诗对江西诗派的影响,许学夷《诗源辩体》从诗、词递嬗演变方面指出"商隐七言古,声调婉媚,大半入诗余矣",均为不拘于表面形迹的深刻见解。特别是元好问的《论诗》,不仅对商隐《锦瑟》别有会心,且以"精纯"概括商隐诗之真精神,可谓独具只眼。这种概括已颇近今人谓商隐诗为"纯诗"的说法。

不过,从总的倾向看,宋人受江西诗派刻意锻炼的影响和作诗谈艺喜欢在小结裹上做文章的习气,往往对商隐诗的对仗、用典的实例表现出浓厚兴趣,而上升到理论探讨的较少,对商隐诗中某些偏离传统诗教的表现,更往往持严刻态度。严羽《沧浪诗话》是唐诗学的奠基之作(陈伯海《唐诗学引论》),但由于片面强调宗法盛唐,目光几乎没有注意到李商隐。明代前后七子亦普遍存在宗盛唐、鄙中晚的倾向,因而对晚唐翘楚李商隐诗的评论,无论数量或质量都远不如他们对盛唐诗的评论。而一代学风的空疏,又导致对商隐诗文的整理笺注均付阙如。胡震亨说,唐诗"有两种不可不注,如老杜用意深婉者,须发明;李贺之谲诡、李商隐之深僻……并须作注,细与笺释",并感叹"商隐一集迄无人能下手,始知实学之难"(《唐音癸签》卷三十二),这正是有惩于一代学风之空疏而引出的反思与呼唤,预示着下一阶段的李商隐研究将出现由虚到实、由局部到整体的重大变化。从根本上说,宋、元、明三代李商隐研究之所以未形成气候,与理学盛行的大思想文化背景密切关联。商隐诗不但主情,且颇有溺而不返、偏离礼教诗教的内容,在理学盛行的时代自难找到有利于认识、接受它的学术文化环境。

第二节 清代的李商隐研究

清代是传统学术文化的总结期。长期进展较慢的李商隐研究,到了顺、康、雍、乾、嘉、道年间,研究著作迭出,形成一个长达二百年的高峰期。这一阶段李商隐研究最主要的成就,是陆续出现了朱鹤龄、徐树谷、程梦星、姚培谦、屈复、冯浩、纪昀、钱振伦等人对玉谿诗和樊南文所撰的笺注考证评点著作,其中之优秀者,即使在朴学高峰期,也属上乘之作,而且直到现在仍然是研究李商隐非常重要的参考著作。在它们的前后左右,还出现了一大批选注、选评、选解的著作,如钱龙惕《玉谿生诗笺》,吴乔《西昆发微》,徐德泓、陆鸣皋《李义山诗疏》,

陆昆曾《李义山诗解》，姜炳璋《选玉谿生诗补说》等。此外，在清人诗话、文集、选本、笔记杂著中还有大量有关李商隐的评论，特别是如何焯《义门读书记》、钱良择《唐音审体》以及吴乔、叶燮、贺裳、沈德潜、管世铭、朱庭珍、林昌彝、施补华、刘熙载等人的诗话著作中，更有许多精到的见解与评论。以上三个层次，构成了清人李商隐研究的洋洋大观，研究的范围与深度远非前一阶段可比。樊南文长期以来少人问津，到清代，不但陆续有徐树谷、冯浩、钱振伦等人的笺注校补问世，而且在孙梅的《四六丛话》这种大型的评论骈体文的著作中，开始将李商隐作为大骈文家加以评论。岑仲勉说"唐集韩、柳、杜之外，后世治之最勤者，莫如李商隐"（《玉谿生年谱会笺平质·导言》），岑氏所说的后世，主要即指清代而言。

　　清代李商隐研究之盛，除了整个学术界总结传统文化的风气大盛，特别是考据之学兴盛这个大的学术文化背景外，就李商隐这一特殊对象而言，当与明代后期以来，思想界带有初步民主主义色彩思想的兴起，对于主情型的李商隐诗文创作持宽容甚至赞赏的态度有关，也跟对明代诗论家只宗盛唐、忽略中晚的做法不满有关。像清初冯舒、冯班、吴乔等人对晚唐诗特别是对商隐诗的推崇，就显然含有对明代诗学偏差进行反拨的意味。而商隐诗文本身的艺术魅力、价值在全面研究过程中的被发现，又反过来激起后来一系列研究者深入探寻的浓厚兴趣。

　　下面简要评述清代一些重要的李商隐研究著作。

一、朱鹤龄《李义山诗集笺注》

　　该书撰成于顺治十六年。系应钱谦益之命，有感于学者"类以才人浪子目义山"，以其诗为"帷房昵媟之词"，故论世知人，笺而发之。朱氏取明末释道源义山诗注（今佚），"删取其什一，补辑其什九"（《四库提要》），复采钱龙惕《玉谿生诗笺》（共笺义山诗四十余首，今传）及陈帆、潘畊诸人之笺解，撰成此书。

朱注的主要贡献有两方面。

一是为商隐诗提供了第一个完整的注释比较简明、释意大体稳妥的笺注本,成为以后一系列补注本、新注本的主要蓝本,开创之功不可泯没。其书"大旨在于通所可知,而阙所不知,绝不牵合新、旧《唐书》务为穿凿"(《四库提要》)。如被后来一些注家穿凿得很厉害的《无题》诸诗,朱注不作生硬比附,最多也只是说:"窥帘留枕,春心之摇荡极矣。迨乎香销梦断,丝尽泪干,情焰炽然,终归灰灭。不至此,不知有情之皆幻也……不得但以艳语目之。"实际上只说它表现了一种爱情上的幻灭感。至于是否还含其他内容,则引而不发,任人自领。

二是序言汲取道源论商隐诗"推原其志义,可以鼓吹少陵"(钱谦益《牧斋有学集》卷十五《李义山诗集序》引道源语)的精辟见解并加以发挥,驳斥历来对商隐人品诗品的曲解、攻击,列举商隐一系列寓讽时政的诗篇,指出其"指事怀忠,郁纡激切,直可与曲江老人相视而笑,断不得以'放利偷合'、'诡薄无行'嗤摘之也"。并联系商隐所处之时世及"厄塞当途,沉沦记室"之身世,指出其诗"楚雨含情皆有托"的特点,谓"义山之诗,乃风人之绪音,屈宋之遗响,盖得子美之深而变出之也"。这是李商隐研究史上第一篇从政治、道德、艺术诸方面对商隐其人其诗作肯定评价的论文。文中的观点可能有溢美或偏颇之处,但其拨乱反正、摧陷廓清之功是应予充分肯定的。在当时条件下,如无这样强有力的反拨,李商隐的艺术成就不可能得到更多研究者的注目与承认。从这个意义上说,朱氏这篇论文的价值不在其对商隐诗歌的笺注之下。序中所引钱氏对商隐诗风"沉博绝丽"之评,也对后来论商隐诗有重要影响。朱氏所撰《李义山诗谱》,对商隐生平及诗歌创作背景考证未精,疏舛颇多。

二、徐树谷、徐炯《李义山文集笺注》

朱鹤龄曾辑录《文苑英华》诸书,编成《李义山文集》,而漏辑状之一体。昆山徐树谷、徐炯采撷《文苑英华》所载商隐诸状补之,又补入《重阳亭铭》,由树谷与炯分任笺、注,是现存李商隐文集在未发现《全唐文》所收李商隐佚文之前第一个完整的注本。由于徐氏对李商隐生平及有关人事之考证远不及后来之冯浩,故其笺常有未当而为冯氏所纠者,然其注则什有五六为冯氏《樊南文集详注》所承,而冯氏大部分未标举出之。其书除康熙四十七年徐氏花豀草堂一刻及收入《四库全书》外,迄未刊印,冯注行世后,徐氏笺注遂不甚为人所引用。

三、程梦星《重订李义山诗集笺注》

此书系对朱注之补订,采录始于康熙五十二年,至乾隆八年始脱稿。程氏因朱注"只详征其隶事来历而句释字疏之;至于作者之精神意旨,不过间有一二发明处",故"以意逆志,或以彼诗证此诗,或以文集参诗集,兼复博稽史传,详考时事,谓某篇为某事而发,某什系某时所抒"(汪增宁序)。故是编之注实多从朱氏,而以笺释诗之意旨为主。今天看来,其笺释既有精到之处,也有明显失误。如《曲江》一诗,朱注谓"前四句追感玄宗与贵妃临幸时事,后四句则言王涯等被祸,忧在王室而不胜天荒地变之悲也",前后幅割裂。程氏联系时事,通观全诗,认定此诗专为文宗而发,说:"盖文宗时曲江之兴罢,与甘露之事相终始。曲江之修,因郑注厌灾一言始之;曲江之罢,因李训甘露一事终之。故但题曲江,而大和间时事足以概见矣。"这个看法不仅比朱氏合理,也比后出的冯说(伤杨贤妃赐死,弃骨水中)、张说(专咏明皇贵妃)切当得多,可以说是以知人论世、以意逆志之法解诗的成功例证(其句下笺仍有穿凿附会之弊,此不赘述)。《南朝》七律,诸家均以为主意在讽陈后主,程氏则谓"南朝偏安江左,历代皆事荒淫,宋齐梁陈,如出一辙……首举宋齐则梁陈可知,末举梁陈则宋齐概见,此行文参错交互之法也",可谓深得题意及整体构思之要。尤其值得注意的是,他把诗集中一系列题材相同或相近的诗联系起来,加以比较区别,如《柳》(动春何限叶)笺云:"义山柳诗凡十余首,各有寄托,其旨不同。有托之以喻人荣枯者,如'已带斜阳又带蝉'七绝是也;有托之以悲文宗者,如'先皇玉座空'五律是也;有托之以感叹跋涉者,如《关门柳》七绝'不为清阴减路尘'是也;有托之以自叹斥外者,如《巴江柳》'好向金銮殿,移影入绮窗'是也;有托之以自写平康北里之所遇者,如五律《柳》一首、《赠柳》一首、《谑柳》一首、七绝《柳》一首、《柳下暗记》一首、《离亭赋得折杨柳二首》是也。"这种方法,体现了具体问题具体分析的原则,所笺亦大体切合实际。在诗歌系年方面,认为《赠刘司户蕡》"乃随郑亚南迁以后之作",谓商隐大中元年自桂林奉使江陵,道遇刘蕡,赠之以诗,别来逾年,遂卒于贬所,又继之以哭也,亦属创见。尽管程对此说缺乏严密论证,谓蕡贬在大中元年亦误,但对此诗的系年确比所有旧笺更为切当。从上述例证看,程笺确是一部用力且有新见之作,但其穿凿拘实、索隐猜谜之弊也相当明显。这是刻意推求、务为深解造成的,也由于对诗的比兴寄托作了过分简单狭隘的理解,更缘于对商隐一部分意蕴虚泛、并不一定为某人某事而发的诗的特点缺乏理解。如《乐游原》五绝,程氏将其系于会昌四年、五年间,认为诗系"为武宗忧",谓"武宗英敏特达,略似汉宣,其任德裕为相,克泽潞,取太原,在唐季世,可谓有为,故曰'夕阳无限好'也。而内宠王才人,外筑望仙台,封道士刘玄静为学士,用其术以致身病不复自惜,识者知其不永,故义山忧之,以为'近黄昏'也"。句句比附、落实,远不如杨守智、纪昀之笺解通达。

四、姚培谦《李义山诗集笺注》

姚氏先有《义山七律会意》一刻,后乃拓展至笺李商隐全部诗歌。此书系分体笺注本,成于乾隆四年。注本朱氏而删繁就简,间有补正,以释意为主。笺解撮述各联(段)大意及全篇意旨,大体切实简要,较少穿凿臆会之弊,对诗之内蕴及艺术,亦往往能于关键处指点出之,如《无题》(八岁偷照镜)笺:"迤逦写来,意注末二句。"点出"十五泣春风,背面秋千下"乃全篇寄意所在,言简意赅,富于启示性。有的看似随意发挥,却侧面微挑,揭示出诗的典型意义的某一方面,如

《梦泽》笺:"普天下揣摩逢世才人,读此同声一哭矣!"有的笺语,对诗的构思、手法也有一针见血的分析,如《齐宫词》笺:"荆棘铜驼,妙从热闹中写出。"《隋宫》七绝笺:"用意在'举国'二字,半作障泥半作帆,寸丝不挂者可胜道邪?"这些笺语,都显示出姚氏对诗的妙悟。但亦有凭一时兴会直感,对诗意的参悟显得隔靴搔痒,甚至有些故弄玄虚,如《早起》笺:"毕竟是谁春?参禅人请下一转语,答曰:大家扯淡。"《细雨》笺:"发彩如云,定有一茎白起头的时节,请从细雨时细参。"要之,姚笺优点是解诗谈艺,要言不烦,关键处点拨,较少拘凿之弊;缺点是有时不得要领,流于玄虚。

五、屈复《玉谿生诗意》

此书成于乾隆四年,与姚笺一样,也是分体笺解本,但以排律殿后。顾名思义,此书专解商隐诗意,注则本朱氏而加以删削,较姚注更简,基本上不作补注。在解说方面,也以简要明了为特色。与姚笺不同的是,该书随感而发或随意发挥的成分很少,较为贴近诗的本意,显得更切实稳妥。其中不少解说,不仅能发明诗意,对艺术特色也有比较切实的分析。如《无题》(八岁偷照镜)笺:"'十五'二句写聪明女郎省事太早,而幽怨随之;才士之少年不遇亦可叹也。"结合解诗的末二句,水到渠成地点出全篇寓意,显得自然贴切。《韩碑》笺:"生硬中饶有古意,甚似昌黎而清新过之。"谈艺简而要,揭出此诗学韩而异于韩的艺术个性。《骄儿诗》笺针对胡震亨"惜结处迂缠不已"的看法,谓"胸中先有末一段感慨方作",可谓一语破的,揭示出此诗的深层创作动机。《齐宫词》笺:"荒淫亡国,安能一一写出,只就微物点出,令人思而得之。"亦抓住此诗构思的关键和以小寓大的艺术手段。对《无题》、《锦瑟》一类诗,屈氏的观点是:"凡诗无自序,后之读者,但就诗论诗而已,其寄托或在君臣朋友夫妇昆弟间,或实有其事,俱不可知……若必强牵其人其事以解之,作者固未尝语人,解者其谁曾起九原而问之哉!"反对穿凿臆会,反对牵合具体人事执实为解,态度比较实事求是。

屈笺比较注意诗的结构层次及起承呼应分合的关系,往往用简要语言点出,但多数比较程式化,类似用分析时文的方法来分析诗的章法结构,显得琐屑平浅。据屈氏自序,此书仅"两旬而毕",故不少诗未能深入体味钻研,流于一般串释。有些争论大、疑难多的诗也用这种方法笺解,虽免穿凿,却不免平浅。屈氏另有《唐诗成法》一书,其中选解商隐诗的部分,与此书相关诗的解说大同小异。

六、吴乔《西昆发微》

吴乔是清初著名诗论家,所著《围炉诗话》、《答万季埜诗问》中有不少关于义山诗的精到评论。吴氏论诗宗唐抑宋,尤嗜以李商隐为代表的晚唐诗,曾说:"唐人能自辟宇宙者,唯李、杜、昌黎、义山。"(《西昆发微序》)历史已证明这一论断的深刻与正确。《西昆发微》专解商隐无题诗及义山与令狐楚、令狐绹往返酬赠的诗篇,成于顺治十一年,较朱注稍早。吴氏认为:无题诗都有寄托,绝非艳情,而寄托的内容则是对令狐绹的希望、欣羡、怨思、绝望、愤怒之情,并将《无题》诸诗按上述对令狐绹感情的发展过程排成次序。另外还将《曲池》、《可叹》、《富平少侯》、《蜀桐》一类从题面到诗面都看不出与令狐有关的诗也解成为令狐而作。此书是首创李商隐无题诗寓托朋友遇合说的专著,也是首开商隐诗研究穿凿附会之风的著作,对后来冯浩、张采田直至今人均有深远的影响。但吴氏的看法并非毫无合理因素。因为与令狐二世的关系,确实是商隐一生经历中的大事,也是他诗歌中所抒写的种种人生体验、人生感慨的生活基础之一个方面,不能说对他的创作没有影响,问题是如何正确理解这种生活经历与其创作的关系。这是商隐研究中一个值得深入探讨的问题。下面略举吴氏笺诗二例以见一斑。《无题》(昨夜星辰)笺:"首联,述绹宴接之地;次联,言绹与己位地隔绝,不得同升,而已两心相照也;三联,极言情礼之欢洽;末联,结惟自恨,未怨令狐也。"《玉山》笺:"当时权宠未有如绹者,此诗疑为绹作。首联,极言叹美;次联,言其炙手;三联,言君相相得;末联,即'拟荐子虚名'之意。"《玉山》之笺解,直到今天,仍为不少学者所沿用,亦可见吴解确有一定合理性。

七、何焯《义门读书记·李商隐诗集》

此书笺解评点李商隐诗二百五十二题,几占商隐诗二分之一。有总评、句下评,也有通篇笺解,对诗的章法结构、艺术手法的评析也常穿插其间。每首诗评点的条目,字数不等,有仅数字者,亦有长达数百字或先后下数条笺评的,可以明显看出是读书时随手记下的札记。其中颇有能发明诗旨诗艺的。如《潭州》笺:"此随郑亚南迁而作。第三思武宗,第四刺宣宗。五、六则悲会昌将相名臣之流落也。《楚词》以兰比令尹子兰,盖指白敏中言之。"合之商隐大中二年五月在潭州李回幕逗留的行踪,此解显然较其他诸解切当。《杜司勋》笺:"'高楼'句,含下伤春;'短翼'句,含下伤别。高楼风雨,短翼差池,玉谿方自伤春伤别,乃弥有感于司勋之文也。"从诗思的触发、构思到全诗旨意都讲到了,而又要言不烦。《杜工部蜀中离席》评:"一则干戈满路,一则人丽酒浓。如此结构,真老杜正嫡也。诗至此,一切起承转合之法何足以绳之。然离席起,蜀中结,仍是一丝不走也。"《二月二日》评:"同一江上行也,耳目所接,万物皆春,不免引起归思;及忆归不得,则江上滩声,顿有凄其风雨之意。笔墨至此,字字化工。""其神似老杜处,在作用不在气调。"对这两首神似老杜的名诗构思上的特点确有会心。

八、陆昆曾《李义山诗解》

此书成于雍正二年,是一个专解商隐七律的疏解本。其凡例云:"余解义山诗,欲使后人知作者用意并篇法字法所在耳。至于驱使故实,朱长孺先生笺行世久矣,兹不赘采。""诗自六朝以来,多工赋体,义山犹存比兴……余遇诗中比兴处,特为一一拈出。"作者态度比较矜慎,很少凿空乱道之弊,其解说多本朱注及何焯之解，故一般较平实稳妥，但亦少发明独创。间亦有较精彩者，如《赠刘司户蕡》解："此云'万里相逢'，当在潭州时遇蕡作也。江风吹浪，而山为之动，日为之昏，只十四字，而当日北司专恣，威柄陵夷，已一齐写出。"将时代背景、诗句内涵及所用比兴手法融为一体，说得既切实又精要。有的解说，对朱注亦有所纠正，如《咏史》"运去不逢青海马"，朱注联系大中年间吐蕃以原、秦等州归唐事，谓文宗崩后数年"西戎遂有款关之事，故曰'运去不逢'"，陆解指出朱氏此解"未免牵合"，"青海马，乃任重致远之材也"。并联系文宗用李训、郑注谋诛宦官，事败酿成流血事变的情事，谓"运去不逢，惜文宗不得任重致远之人以托之耳"。

九、纪昀《玉谿生诗说》

此书成于乾隆十五年。上卷为入选之诗，下卷为不入选诗（题为"或问"）。"意主别裁，故词多吹索，亦复借以说诗。"（纪氏跋语）纪评的突出特点是艺术品鉴较为精严。他对李商隐不少诗艺术上的缺点多有指摘批评，有的还是写得不错的诗，如《夜半》评："此有意不肯说出，然不免有做作之态，盖意到神不到之作。夫径直非诗也，含蓄而有做作之态，亦非其至也，此辨甚微。"将此诗评与《夜雨寄北》评对照："作不尽语每不免有做作态。此诗含蓄不露。却只似一气说完，故为高唱。"更可明显看出纪氏辨析之细致入微和诗艺的高标准。从《玉谿生诗说》所欣赏、所批评的作品看，他对浅露、做作、粗俗、尖新涂泽之作是很不满的，批评起来往往非常严厉。但对"尖新涂泽"之作的批评，有时不免显示出艺术上的偏见，将一些颇能体现商隐艺术个性的诗排斥在好诗的行列之外，有时甚至与思想上保守、卫道的偏见结合，显得相当狭隘偏执。如他对《锦瑟》、《无题》、《燕台诗四首》一类诗，评价就很低，认为《锦瑟》"非真有深味可寻"，《无题二首》（昨夜星辰）"了无可取"，《无题》（相见时难）"三、四太纤近鄙，不足存"，并谓"大抵《无题》是义山偶然一种，本非一生精神所注"。对《富平少侯》、《寿安公主出降》、《马嵬》、《南朝》(地险悠悠)、《华清宫》一类语涉讥刺的诗,也多以"太尖无品,格亦卑卑"、"太粗太直,失讳尊之体"等加以否定。但《玉谿生诗说》的艺术品鉴从整体上说是品位较高的,以下略举数例:

> 起二句意在笔先。前四句写蝉即自喻,后四句自写仍归到蝉。隐显分合,章法可玩。(《蝉》评)
>
> 百感茫茫,一时交集。谓之怨身世可,谓之忧时事亦可。末二句向来所赏,妙在第一句倒装而入,此二句乃字字有根。(《乐游原》五绝评)
>
> 不言雨夜无眠,只言枯荷聒耳,意味乃深。直说则尽于言下矣。(《宿骆氏亭寄怀崔雍崔衮》评)

此外,对商隐长篇五七言古、长篇排律的品评,亦多见精彩。

十、钱良择《唐音审体》

本书选唐代各体诗千余首,其中选商隐各体诗五十一首,有题下总评,有句下评、解。书成于康熙四十三年之前。评语颇有可采者,如《韩碑》评:"义山诗多以好句见长,此独浑然元气,绝去雕饰,集中更无第二首。神物善变如此。"《王十二兄与畏之员外相访见招小饮》评:"平平写去,凄断欲绝,唐以后无此风格矣。"在评具体诗篇之前,有时冠以总论性质的评语,亦颇精切,如《鄠杜马上念汉书》眉批:"义山学杜,其严重者得杜之骨,其雄厚者得杜之气,其微妙者得杜之神。所稍异者,杜无所不有,义山自成一家;杜如天造地设,义山锻炼工胜。此时为之也,亦作者述者必然之势也。"

此外,冯浩之前的选评选解本,尚有徐德泓、陆鸣皋合解的《李义山诗疏》,姜炳璋的《选玉谿生诗补说》。唐诗选集中评笺商隐诗较多者,有胡以梅《唐诗贯珠串释》(选商隐七律七十二首)、赵臣瑗《山满楼笺注唐诗七言律》(选商隐七律二十八首）等，不一一评述。

十一、冯浩《玉谿生诗笺注》

这是清代李商隐诗集最完备精审的笺注本，也是李商隐研究史上一部里程碑式的重要著作。此书初刊于乾隆二十八年，至乾隆四十五年又加重校订正，并重新雕版刊行，其《重校发凡》云："初恐病废，急事开雕，既而检点谬误，渐次改修，积十五六年，多不可计。既欲重镌，通为校改，大半如出两手矣。"但乾隆四十五年重刊本仍非冯注定本，真正的定本是嘉庆元年重校本，"其注释订误之处更较笺注本为详备"（冯浩《嘉庆重校本跋》）。冯注的三个前后差别很大的本子，既显示出著者精益求精的精神，也说明商隐诗的不易把握与诠释。有时即使同一个诠释者对同一首诗，前后的感受与理解也会有很大差异。这是与商隐诗本身内涵的宽泛性以及表现形式的隐约朦胧分不开的。

冯注的主要特点与贡献是：

其一，根据翔实的材料和严密的考证，改订年谱，按年系诗，为李商隐诗文的注释、研究提供了坚实的知人论世的基础。朱、徐、程三家之谱，舛误甚多。冯浩在商隐二百零三篇佚文尚未发现的条件下，"征之文集，参之史书"，诗、文、史互证，不但考定了商隐比较确切的生卒年与家世，而且考证出其重要仕历交游及有关的时代政治背景。这是一个了不起的成绩。因为商隐诗不像杜诗那样与时事关系密切，可以史证诗，并在此基础上较为准确地加以系年，而是多数与时事疏离，难以系年。冯浩在这种困难条件下，将占商隐诗总数五分之三的诗一一加以系年，剩下来的未编年诗，对其大致的写作年代或时期也有所推断，提供了进一步考证的线索。尽管有些诗的系年有误或乏据，但从总体说，该书第一次为商隐生平仕历交游及诗文创作年代背景考证出了一个较为清晰的基本面貌。直到现在，李商隐的诗文系年与年谱，冯谱仍是重要的基础。

其二，汲取前此注释、评点李商隐诗的丰富成果，并在此基础上对商隐诗作了较以前更为详赡精切的注释,是一部兼有集成与创新优长的著作。除以朱注为主要依据外,还选录了程笺本、姚笺本、陆解本、徐逢源未刊笺本的笺注及二冯、何焯、田兰芳、钱良择、杨守智、袁彪、赵臣瑗诸家的评笺,嘉庆重校本还选录了徐、陆合解《李义山诗疏》的一些笺解。除屈复《玉谿生诗意》、纪昀《玉谿生诗说》未收外,凡是冯氏当时能见到的笺注评点成果,几乎全被搜罗到了。同时,对朱、程等注,又"存其是,补其阙,正其误",在解词、征事、数典、释意等方面都比朱、程注进了一大步。除笺解一部分疑难诗篇的意旨时因冯氏本人的观点、方法存在问题或因诗本身的困难而未能尽当外,具体的注释可以说大部分已经解决。

冯注的主要问题如下:

一是过分强调李商隐与令狐绹的关系对其诗歌创作的直接影响,将包括大部分《无题》在内的一系列作品都说成为令狐绹而作,甚至解释为与令狐绹某次具体交往的本事诗,不免拘凿。如笺《无题二首》(凤尾香罗)云:"将赴东川,往别令狐,留宿,而有悲歌之作。首作起二句衾帐之具。三句自惭。四句令狐乍归,尚未相见。五、六喻心迹不明,欢会绝望。七、八言将远行,'垂杨岸'喻柳姓,'西南'指蜀地。"几同猜谜拆字。又如《曲江》一诗,竟从中附会出"文宗崩后,杨贤妃赐死……弃骨水中"之情节,更纯属主观臆想。这种索隐猜谜之风,吴乔肇其端,冯浩张其势,至张采田而登峰造极。

二是用主观随意性很大的"参悟"之法进行生平游踪的考证,致使年谱中有关"江乡之游"与"巴蜀之游"的考证及与这两次游历有关的诗歌系年与笺释缺乏可靠证据,难以成立,并因此造成商隐生平系诗考证方面长期的混乱。这两次用"参悟"之法考出的游踪,后来也被张采田变本加厉地发展了。

十二、冯浩《樊南文集详注》

冯氏在徐树谷《李义山文集笺注》的基础上,加以删补辨正改订,撰成此书。

其注十之五六采自徐注,补正者仅十之四五,但均为疑难问题;笺则纠徐之失者颇多,盖因冯氏对商隐行年交游之考证远较徐氏为精。如《为京兆公陕州贺南郊赦表》,徐氏以京兆公为杜悰,冯氏据《旧唐书·韦温传》正为韦温;《为荥阳公贺幽州破奚寇表》,徐氏以为"荥阳"当作"濮阳",引会昌时破回鹘那颉啜事,冯氏正为大中元年五月张仲武破奚事,"荥阳"不误。其他徐氏缺考而冯氏考出者颇多。故冯氏详注行世后,徐注遂湮没不闻。然冯氏校勘,颇勇于改字。虽有说极精切者,亦有实无据而逞臆者。如《为怀州李中丞谢上表》"万里以遥,三时而复,副介不离于疾故,人从免叹于凋零",冯氏擅改"人从"为"少从",谓旧本皆非。实则此"人从"指随从,文本不误。《为李兵曹祭兄濠州刺史文》,冯氏因误考李兵曹之兄为李文举,竟在毫无依据的情况下改"竟陵山水,钟离控扼"二句中之"竟陵"为"严陵",以证明其文举"先刺睦,继刺濠"之臆说。而"竟陵"字本不误,乃指复州,李兵曹之兄乃李从简,曾刺复州、濠州。冯氏详注系年有误者,多因其年谱有误,如谱谓大中四年十月卢弘止奏义山入徐州幕为判官,故因之误系《上尚书范阳公启三首》于大中四年十月;谱谓大中六年义山辟为东川节度书记,故因之误系《献河东公启三首》、《为河东公上西川相公京兆公书》于六年,系《为河东公谢京兆公启》二首、《为柳珪谢京兆公启》三首于七年。此等张氏《会笺》已正之。

十三、钱振伦、钱振常《樊南文集补编》

钱振伦从《全唐文》卷七七一至七八二所收商隐文中辑出徐、冯注本所无的文章二百零三篇(其中三篇经考证非义山文),由振伦作笺,其弟振常作注,并用胡书农从《永乐大典》所录出义山文作校勘,于同治三年撰成《樊南文集补编》,与前此冯浩之《樊南文集详注》并行,成为商隐文笺注之双璧。钱笺颇精,根据史、文互证及商隐所历幕职,改正了不少文题中的错误,并使文章得以正确系年。如《为汝南公上淮南李相公状》三篇及《为汝南公与蕲州李郎中状》,钱氏考辨"汝南"当为"濮阳"之讹;《为荥阳公上仆射崔相公状二》,钱氏考崔相公为元式,"仆射"当作"弘文";《为荥阳公上弘文崔相公状三》,钱氏谓崔相公为崔郸,"弘文"当作"仆射"。该书注亦详赡。书末有振伦所撰《玉谿生年谱订误》,根据《补编》所辑商隐文提供的材料,订正了冯谱中的一些错误。如李氏实自怀迁郑,非如冯谱所云"旧居郑州,迁居怀州";义山移家关中之时间当在开成五年,而非如冯谱所云在四年;并提出了义山生于元和六年之新说。凡此,对义山生平考证均有参考价值。但《补编》所收商隐文提供的新材料,钱氏仅利用了一部分,后来张采田的《玉谿生年谱会笺》则进一步较充分地利用了《补编》提供的材料,作出了一系列新的考证结论,但这已经属于二十世纪李商隐研究的范围,当在下章评述。

附:一部国内失传多年的李商隐诗选评本
——徐、陆合解《李义山诗疏》评介

清雍正二年甲辰,杭州士人徐德泓(字武源,号清猷)、陆鸣皋(字士湄,号鹤亭)合著的《李义山诗疏》完稿付梓。这是李商隐诗一个较早的选解选评本。在它之前,顺治十六年己亥,朱鹤龄的《李义山诗集笺注》问世,商隐诗有了第一个完整的注本。但朱注主要是注释典故名物和词语出处,对诗意很少疏解,更少品鉴评点。稍早于朱注的钱龙惕《玉谿生诗笺》(顺治五年戊子写就)仅选取商隐有关时事及所交往人物者四十七首笺释之,数量仅及存世商隐诗的十三分之一。吴乔的《西昆发微》则仅取无题诗、与令狐父子及同时往还者之作加以解说,数量也很少。与《李义山诗疏》同年完稿的陆昆曾《李义山诗解》则是一个专解七律的疏解本。选取商隐各体诗加以疏解、评点而且选诗数量超过存世商

隐诗总数一半以上的,《李义山诗疏》是较早而且是唯一的一部(何焯的《义门读书记·李义山诗集笺记》选评商隐诗二百五十二题,但主要是评点,基本上无疏解)。

但这部书问世以后,流传却不广。乾隆年间问世的几部重要的商隐诗笺解本,如姚培谦《李义山诗集笺注》、屈复《玉谿生诗意》、程梦星《重订李义山诗集笺注》都没有提到此书。广泛吸取前人及同时人研究成果的冯浩《玉谿生诗笺注》乾隆二十八年初刊本、乾隆四十五年重校本,也都未提及此书,直到嘉庆重校本《发凡补》中,才提到"西泠徐德泓武源、陆鸣皋士湄(又号鹤亭)选李义山诗二百五十六首而疏之,名曰《徐陆合解》,雍正初年刊。虽非尽善之本,其中有先得我心及可互通者,今特补采,以资印证",并在书中摘引了十六条。但冯注以后有关义山诗文的整理研究论著(包括像张采田的《玉谿生年谱会笺》这样重要的论著)中却再也没有人引用过此书;连冯注以后的公私书目中,亦未见著录。1980年出版的万曼《唐集叙录·李义山集》中,只是照录冯注嘉庆重校本《发凡补》的原文,此外未置一词,实际上并未见过此书。直到《中国古籍善本书目》出版仍未见著录。笔者在整理、研究李商隐诗文的二十余年时间里,曾多次寻访此书。传辽宁省图书馆藏有此书,托人查询,亦云无有。看来,此书在中国失传已久。但日本怀德堂文库(今归大阪大学图书馆管理)却藏有徐、陆合解的《李义山诗疏》。承日本近畿大学森冈缘博士帮助,得到此书的复印件,方得睹其全貌。征得大阪大学图书馆的同意,已将此书的疏解及序跋全部收入笔者与余恕诚先生合编的《李商隐资料汇编》一书中,由中华书局出版。

此书框高17.8厘米,宽13.3厘米,每半页10行,行21字。版心上方题"义山诗选",下方题"徐陆合解"。看来,《义山诗选》亦即《李义山诗疏》的别名,而"徐陆合解"仅标明此书著者系徐、陆二人,并非书名。书分上下二卷。卷上开端有徐、陆二氏识语(相当于序),交代了撰著此书的缘起,兹迻录于下:

尝考义山生平,历宪、文、武、宣之朝。时多变故,且党祸倾轧,仕途委顿,宾主僚友间,亦多不偶。抑郁之志,发为诗歌,而又不可庄语,故托之于艳词,闺闼神仙,犹楚《骚》之香草美人,皆寓言耳。《无题》诸作,大半不离此意。若通以他解,便不相联属矣。其思深,其词婉,愤而不仇,讥而不露,怨而不流,确是风人遗旨,非《玉台》、《香奁》偶也。故以为帷房昵媟者固非,又有强作解事,而以为好色不淫者,仍属梦语。同年友陆子鹤亭,老于诗者也。因李迄今千载,尚无定解,志在校雠,偶出所见,与余恰合,乃共为成之。元遗山有曰:"诗家总爱西昆好,只恨无人作郑笺。"今亦未知有当作者意否也。清猷徐德泓识。

余少有诗好,自晋、魏以迄元、明,简编略备。其间有不尽注者,亦能通解。惟李义山《无题》等制,按之茫然。闻昔有刘、张两注①,早无传矣。今坊刻所笺,又仅载典故。时家间有别解,然只一二语可通,仍难首尾贯彻。夫李名重一时,流传脍炙,岂专以淫亵见称?王荆公谓唐人得老杜之藩篱者,惟义山一人。欲学少陵,当从此入,又岂指寸联片语言者?千年疑窦,意未释然。尝清夜徘徊,苦思力索,恍有微悟,曰:是殆屈、宋之音乎?清猷所见,不谋而合。因欣然出向时选本而增损之,录其词义之尤精者,相与论定疏释,始觉荆公之语非泛云也。其间眉目较然者,亦无事乎臆凿。而事实,惟删剪坊笺之丛杂者,以归于明简云。雍正甲辰五月鹤亭陆鸣皋书。

卷下之末,徐、陆又各有一段对义山诗的总论:

李诗之体制,则规摹子美,俊逸则仿佛太白,幽奥则出入长吉,艳丽则

---

① 指宋刘锴、明张文亮注义山诗。

凌铄飞卿,荟萃诸家之胜而有之。而其离合转换处,实又胚胎于《楚辞》。观其咏宋玉句云:"可怜庾信寻荒径,犹得三朝托后车。"又云:"可怜留着临江宅,异代应教庾信居。"长言不足,是隐然以子山自谓,而明所从来也。前寄令狐楚诗①有"续《骚》"之语,《转韵》篇内复云"《高唐》"、"屈宋",则又显然言之。介甫谓得老杜藩篱,亦但指其流而未及其源耳。心领神会者自能得之。而世或悦其香泽,或訾其导淫,群驱而纳诸巾帼之中,冤矣。巫云虚诞,既假代答以为词;云雨荒唐,复以是篇明其托②,分系上下卷之末,以明所以注李之意云尔。(徐德泓)

备观全集,其求仙之讽,不止《瑶池》、《海上》也;好色之规,不止《华清》、《北齐》也;穷兵之戒,不止《隋师》、《汉南》也;直道之悲,不止《将军》、《司户》也;忧王室而愤奸恶,又别有《明神》、《有感》诸什;感恩义而笃伉俪,又别有《安平》、《河阳》等篇,间有亵狎者,则题带"戏"字。读其诗,可想见其人,《传》谓其"诡激"而"无持操",似亦未可尽信。即人不可知,而就诗言诗,则固已无遗议矣。(陆鸣皋)

综合徐、陆的这些论述,可以看出他们对商隐诗的基本看法,大体不出朱鹤龄《笺注李义山诗集序》的范围,即认为商隐诗既多讽慨时政、警戒奢淫之作,又多比兴寄托,借艳寓慨之什,上承屈宋,近师杜甫,思深词婉,非《玉台》、《香奁》之偶。但在继承传统的问题上,徐、陆均特别强调《楚辞》的香草美人比兴寄托对商隐的影响,于屈、宋中又突出宋玉,以及后来庾信的影响,认为王安石"得老杜藩篱"之论"亦但指其流而未及其源",这和朱氏"风人之绪音,屈宋之遗响,盖

---

① 此指《献寄旧府开封公》诗,系寄旧日幕主郑亚者,徐氏沿朱注之误,故有此语。
② 指《代元城吴令暗为答》、《梓州罢吟寄同舍》。前首有句云:"襄王枕上元无梦,莫枉阳台一片云。"后首有句云:"楚雨含情俱有托。"

得子美之深而变化出之"的说法,其侧重点显然有别。这从此书上下卷分别以《代元城吴令暗为答》、《梓州罢吟寄同舍》殿后,可以明显看出其强调的重点在屈宋之音,比兴寄托之意这一方面,徐、陆撰此书的初衷即是有感于《无题》等作,尚无定解,故欲发明其托寓之意。今天看来,此书在《无题》等诗的疏解上,并没有比前人(如吴乔)增添更有说服力的依据与分析,但仍有它的特色与价值。下面,分别从选、笺、评三个方面对这部书的优长作一些评介,以便读者对它的特色与价值有一个初步的了解。

先说选。《李义山诗疏》从现存五百九十多首商隐诗中选了各体诗二百三十五题二百五十五首(冯浩谓二百五十六首,实误),约占存诗总数一半,历代传诵的名篇均已包括在内。其中,七律八十五首,七绝七十六首,五律五十六首,这三体占选诗总数的85%,正反映了商隐诗歌创作用力的重点及主要成就所在。这对一个选诗数量占存诗一半的选本,也许不是难事。这个选本的好处主要表现在编选者以其独到的眼光选入了一些一般评家选家不大注意但实际上很有特色的篇章,如五古中选入《戏题枢言草阁三十二韵》、《房中曲》,七古中选入《七月二十八日夜与王郑二秀才听雨后梦作》、《偶成转韵七十二句赠四同舍》,五言排律中选入《西溪》、《戏赠张书记》、《念远》、《摇落》等篇,都是显例。《戏题枢言草阁三十二韵》在商隐诗中虽是别调,但"音节古雅,情景潇洒,神味绵渺"(冯浩评语),是五古中的上乘之作,且能反映商隐学习继承汉魏古诗传统方面的成绩。七古长篇《偶成转韵七十二句赠四同舍》是商隐的诗体自叙传,不仅对了解其生平交游、思想性格有重要价值,而且显示了商隐诗风的一个重要侧面,但此前选家注意及此的很少,徐、陆选入此篇,是有眼力的。陆氏评曰:"俊快绝伦,不惟变尽艳体本色,且与《韩碑》各开生面,是足以见其才之未易量矣。"正可发明他们选此诗的用意。五言排律中的长篇,多为商隐用力之作,后来的评家如纪昀等也都盛赞这类长律,而对短篇排律则每加忽略,实际上这些短篇五排往往写得清空如话,一气流走而又情韵悠长,是很见商隐"情深于言"

本色的佳作。徐、陆选入多篇这类五排，表现了其艺术鉴别力之精。此外，值得一提的是，在这个选评本中，还选入了一部分开宋调的作品。商隐诗的主导风格是典丽精工，富于象征暗示色彩，但也有一部分清空疏放，开启宋人门径的，如七律中的《春日寄怀》、《子初郊墅》、《赠郑谠处士》、《复至裴明府所居》等。这些诗虽不代表商隐的主要成就，但却是不可忽视的一种风格。徐、陆二氏不但选入这些作品，且在评语中指出它们对宋人的影响。如《春日寄怀》徐评："清空如话，已为宋元人启径。"《复至裴明府所居》徐评："此种格调，已踞宋元首座。"五律《雨》（撼撼度瓜园）陆评："刻画居工，开宋人多人门径。"以上所举各例说明，徐、陆二氏在选诗时顾及诗人风格的各个方面，而且能从诗歌的承继递嬗着眼，这是比较难得的。总的来看，徐、陆对商隐诗的选录，标准较为通达，取径较为宽泛，不拘一格而又能突出主导风格，不像某些诗论家那样倡导某种风格而排斥另外的风格，也不像后来的纪昀那样，因受封建礼教、诗教影响，一味排斥所谓"尖新涂泽"之作，甚至连《锦瑟》、《无题》诸诗亦多有贬词。但由于选诗较多，徐、陆此书中也选入了一部分艺术上比较平庸的作品，如《行至金牛驿寄兴元渤海尚书》、《一片》（一片琼英）、《和韦潘前辈七月十二日夜泊池州城下先寄上李使君》等。五古中像《行次西郊作一百韵》这种史诗性的杰构未入选，也不免有遗珠之憾。

　　再说疏。此书一个突出的特点是对许多诗的意蕴把握得比较准确，因此疏解时每能要言不烦，切中肯綮，比较到位。尤其是对一些容易产生歧解甚至经常遭到误解的作品，其疏解更能显示出著者的艺术解悟与把握的水准。如《海上谣》诗，朱彝尊谓其与《射鱼曲》、《燕台诗四首》、《河阳诗》等长吉体诗"多不可解。疑是唐人习尚，故为隐语，当时之人自能知之，传之既久，遂莫晓所谓耳"（《李义山诗集辑评》引）。后来注家如冯浩附会时事，以为此诗"盖叹李卫公贬而郑亚渐危疑"，张采田又谓"此在桂管自伤一生遇合得失而作"，治丝愈棼。徐德泓疏云："此言入海求仙之虚诞也。水寒月冷，海景凄凉甚矣。所谓香桃，仙果也,已枯如瘦骨而不可食矣。紫鸾,仙驭也,亦遍身寒窘而不能飞矣。且并不见仙,但栖止于荒凉鳞族之区,以晓沐而已。夫汉武焚香而金母至,自谓见之矣,乃此身旋故,至于子孙亦皆物化,而所传秘笈神符,不过等于蚕书故纸已耳。见之尚无所益,况茫茫之海,更不可见耶!"紧扣题目、诗面、诗中用典,将朱氏认为"莫晓所谓"的诗疏解得如此明白晓畅、切实妥帖,令人信服。翻觉此后种种牵强附会的解说徒滋淆乱。《泪》诗陆疏云:"此寒士之悲也。前六句备极哀惨,而总未抵寒士之送高轩,贵贱相形,自伤穷困为尤感焉。"三言两语就把一首连用了一系列有关泪的典故,仿佛埋藏着许多意思的诗说清楚了,比起后来冯浩牵扯李德裕被贬作解,远为直截明快而又合理。《杜工部蜀中离席》诗,诸家常因不明题首"杜工部"乃"效杜工部体"之意而生出许多牵强附会的解释,陆鸣皋疏则单刀直入:"此总言聚散不常。远使未归,禁军尚驻,皆离群意也。五、六句正写合聚无常之态。所以境不可执,当随遇而安。风物佳处,即可娱老耳。"紧扣全诗主句"离群"二字,将诗疏解得妥帖明顺,一意贯通。而最典型的例证莫过于他们对众说纷纭的《锦瑟》一诗的疏解。

  "无端"二字,即含兴感意,而以"思华年"接之。物象、人情,两意交注,首尾拍合,情境始佳。若仅谓写瑟之工,便成死煞。(陆疏)
  此就瑟而写情也。弦多则哀乐杂出矣。中二联,分状其声,或迷离,或哀怨,或凄凉,或和畅,而俱有华年之思在内也。故结联以"此情"二字紧接。追维往昔,不禁百端交感,又不知从何而起,故曰"可待",曰"惘然",与"无端"两字合照,惝恍之情,流连不尽。(徐疏)

综合徐、陆的笺解,可以看出他们解《锦瑟》,主要是抓住"思华年"这条主线,和"无端"、"惘然"等关键性词语,将声象、物象和人情融合在一起,来揭示诗的丰富蕴含。既避免像许多注家那样泥定于一端(单纯咏瑟,单纯悼亡,单纯写身世

第二十二章 历代李商隐研究述略

经历,单纯序诗歌创作,如此等等),又不排斥每一种有一定依据的具体解说。引导读者沿着"无端"、"思华年"、"惘然"这条主线,在心象与物象、声象与心境的融通中多方面地体味诗的丰富内蕴,从而使这首诗的蕴含在不同读者的多方面积极参与和再创造中得到最大限度的发掘。可以说,这是自宋代以来数十种对《锦瑟》的解说中最不执着穿凿、最通达而少窒碍的解说,也是最富于包容性而能为持各种不同看法的读者接受的一种解说。如果不是真正把握了《锦瑟》诗百端交感、意蕴虚涵的特点,不可能作出如此切当而富于包容性的解说。

徐、陆对商隐不少诗往往别有会心,发人之所未发。如《和友人戏赠二首》徐笺:"此二首似赠置姬别室者……结谓扃闭宜深,消息不可外露,归到'戏'意。"联系第一首结联"殷勤莫使清香透,牢合金鱼锁桂丛",此解可谓一语中的,比其他各家的疏解都更直截明快。《碧瓦》诗冯浩、张采田附会令狐绹,疏解多支离穿凿,程梦星谓"似为宫女流落而作",解亦牵强。徐氏曰:"此赋歌妓也。纯是虚拟之词。"人物身份完全切合诗的实际叙写,"纯是虚拟"四字更为解此诗提供了一把锁钥。特别是著名的《燕台诗四首》,自周珽、何焯、朱彝尊以来,大都认为其"寄托深远"、"寻味不出"、"终难了然",冯班则云"此等语不解亦佳"。后来冯浩、姜炳璋、张采田等又附会杨嗣复或李德裕被贬之事以解之,离其本来面目更远。徐德泓别创新解,谓:"按其《柳枝诗序》,谓能为幽忆怨断之音,爱慕《燕台》之作。将无此四首,亦分幽、忆、怨、断乎?春之困近于幽,夏之泄近于忆,秋之悲邻于怨,冬之闭邻于断,题意或于此而分也。玩其词义,亦颇近似,虽其间字样,亦有彼此参杂者,而大旨不离乎是矣。"以幽、忆、怨、断分属《燕台诗》之春、夏、秋、冬四首,虽未必即商隐原意,但用"幽忆怨断之音"来概括全诗的悲剧情调和意境,却是非常吻合的。徐氏解诗的思路新颖独特,他对这组诗整体意境的把握也是相当准确的。有些脍炙人口的短章,徐、陆别有会心的妙悟往往更显示出其灵心慧感。如《宿骆氏亭寄怀崔雍崔衮》,一般评家往往因诗中"秋阴不散霜飞晚,留得枯荷听雨声"二句所描绘的萧瑟秋景,而强调此诗所表现的永夜不寐的怀人愁绪,甚至说"秋霜未降,荷叶先枯,多少身世之感"(姚培谦评)。但陆鸣皋却注意到了这两句诗所表现的另一面:"枯荷听雨,正是怀人清致,不专言愁也。"在清寥的秋夜枯荷听雨,怀想友人,本身就是一种美的情致与境界。这里正包含着对这种美的意外发现与欣赏,"不专言愁也"。《为有》诗陆评:"'无端'二字,带喜带恨,描写入神。"一般评者多半只注意到"无端嫁得金龟婿,辜负香衾事早朝"二句中所透露的怨悔之情,陆氏却从中品味出了"带喜带恨"的复杂感情。以上两例,可以说是深入到了诗人或诗中主人公深微的心灵世界。而有的诗,看似浅显直遂,徐、陆二氏却体味出其中的深意。如《华清宫》(华清恩幸)陆笺:"此言色荒未有不亡,杨妃尚有愧处,翻意发前人所未发。'褒女'句即从'古无伦'、'不胜人'字内引出,非忽然云者。"《咸阳》徐笺:"按其词气,'醉'字乃一着力吃紧字,是取醉意而翻用之。言天帝醉不知事,故秦得以兼并也。词旨始合,诗境亦深。"这种抓住诗中关键字揭示全诗意蕴的方法,在这部诗疏中运用得相当广泛而成功,如《旧将军》陆笺:"一'故'字增无限感慨。"《龙池》徐笺:"只一'醒'字,蕴含无际。"

最后说评。可以从两个主要方面来说。一是徐、陆对商隐诗的整体风貌意境特征往往有独到的发现与把握,这大都通过对具体作品的评点体现出来。如《离亭赋得折杨柳二首》徐评:"写得透心刺骨,而风致仍自嫣然。杨柳词中,此为绝唱。"对照诗中"人世死前惟有别,春风争拟惜长条"之句,当深感此评之一语中的。又《与同年李定言曲水闲话戏作》结联云:"莫惊五胜埋香骨,地下伤春亦白头。"陆评:"结句呕血追魂。此种尽头语,唯此君独擅。"商隐对人生的诸方面有深刻的悲剧性体悟,故诗中每有深至独到的"尽头语",但在表达时却每用轻婉流丽乃至绮艳之语,故虽极悲而"风致仍自嫣然",具有一种追魂夺魄的悲剧性诗美。联系他的《燕台诗四首》和一系列著名诗句,如"春蚕到死丝方尽,蜡炬成灰泪始干"、"天荒地变心虽折,若比伤春意未多"、"深知身在情长在,怅望江头江水声"、"浮世本来多聚散,红蕖何事亦离披"、"壶中若是有天地,又向壶中伤别离"等句,便可看出"透心刺骨,而风致仍自嫣然"确实抓住了商隐诗一个重要的抒情特征。

商隐诗的风格素称绮艳,但却艳而有骨。对此,徐德泓在评《韩碑》时借端生发了一段很有见地的议论:"其转捩佶屈生劲处,亦规仿韩体而为者,才力与之悉敌。具是气骨,作艳体始工。观此知其风格本自坚凝,即发为绮语,亦非'裙拖湘水,鬓挽巫云'之类所可同日论也。"作艳体是否一定要"气骨本自坚凝"方工,固可别论,但徐氏指出商隐诗艳而有骨却是独到之见。一般评家评《韩碑》往往就诗论诗,单纯称赞此诗之雄健,或只看到它与绮艳风格的对立,但徐氏却由此联系其艳体诗的创作,看到绮艳与气骨的统一,揭示出商隐诗艳而有骨的特征。徐氏此论,为从总体上把握商隐诗的特征提供了很有启发性的见解。

《李义山诗疏》对具体作品的意蕴、风貌、艺术构思亦每多独到体悟。如《滞雨》诗云:"滞雨长安夜,残灯独客愁。故乡云水地,归梦不宜秋。"此诗当是诗人早年未登第时羁客长安所作,意蕴与李贺《崇义里滞雨》相近,语则浑融含蓄,客游失意之情全寓言外。陆氏从"归梦不宜秋"悟入,评曰:"有羞见江东之意,非仅悲秋语也。"可谓善体诗心。又如《日射》陆评:"花、鸟相对间,有伤情人在内。"从"碧鹦鹉对红蔷薇"的艳丽景物中体味出女主人公寂锁深院的哀伤,亦表现出其艺术的妙悟。而《风》和《春雨》二诗的评语,更显示出其艺术体悟的造微。《风》诗云:"回拂来鸿急,斜催别燕高。已寒休惨淡,更远尚呼号。楚色分西塞,夷音接下牢。归舟天外有,一为戒波涛。"徐评:"此江风也。首二句言势,第三句言色,四句言声。五、六句不说风,而中有风象,移不到雨雪境界,正诗家写神处也。"初读"楚色"二句,似与风无涉,但细味则此自远而近的萧瑟楚地秋色和隐约传来的夷音中确寓有江上秋风之象。诗家写神处,评家亦体味入神。《春雨》徐评:"此即景而感怀也。首联先叙当春寥落之况。第三句始点入雨字,后俱有雨意在内,最得远神。"此诗虽只"红楼隔雨相望冷"一句正面写到雨,但自首至尾都笼罩在春雨所构成的迷蒙、怅惘、寂寥、凄清的氛围中。"珠箔飘灯"的描写中固有雨帘—珠帘—灯影的追思,"万里云罗"的描写中更有重阴笼罩的雨意,其他各句,无论怅卧、寻访、独归、思念中都离不开春雨飘萧的总背景,谓其"俱有雨意"、"最得远神",可谓深得此诗意境之神味。《七月二十八日夜与王郑二秀才听雨后梦作》是评家较少关注的诗,不少注家的疏解过于坐实,全失诗趣,陆氏却能抓住其纪梦的特点,几句话就点出了此诗的艺术风貌特征:"写得迷离恍忽,宛然梦境。一气嘘成,随手起灭,太白得意笔也。"不仅准确揭示出此诗纪梦似梦之"迷离恍忽"、"随手起灭"的特点,而且指出商隐继承李白浪漫主义诗风这一很少为人注意的侧面。李白诗"一气嘘成,随手起灭"的特点,不仅体现在其纪梦诗(如《梦游天姥吟留别》)中,而且体现在他的一系列长篇乐府歌行中。沈德潜评其七言古诗"想落天外,局自变生。大江无风,波浪自涌。白云从空,随风变灭"(《重订唐诗别裁集》卷六),赵翼谓其诗"飘然而来,忽然而去"(《瓯北诗话》卷一),与商隐此诗"一气嘘成,随手起灭"的特征正一脉相通。评家一般只注意于商隐学杜而得其神,而对其学李的飘逸变幻则多未留意,实际上商隐诗中有不少篇章都具有这一特点,如《燕台诗四首》、《河阳诗》就被冯浩评为"幽咽迷离,或彼或此,忽断忽续"。陆氏揭出商隐有"太白得意笔",徐氏谓其"俊逸则仿佛太白",说明他们都看到了李商隐对李白诗风的继承,这是很有启发性的独到之见。

此书对商隐诗的艺术构思和结构章法亦时有精到之论。《蝉》诗徐德泓评:"前写物,而曰高曰恨曰欲断、无情,不离乎人;后写人,而曰枝曰芜曰清,不离乎物。正诗家针法精密处。"试比较常被研究者征引的纪昀对此诗的评点"前半写蝉,即自喻;后半自写,仍归到蝉。隐显分合,章法可玩"(《玉谿生诗说》卷上),可以明显看出徐评早已探骊得珠。《江上》陆评:"第七句因上有'归途'句,故下一'更'字,两意一串矣。'烟水'二字仍带江景,正法之紧密处。"虽评点一句诗,而牵动全篇。《柳》诗:"柳映江潭底有情,望中频遣客心惊。巴雷隐隐千山外,更作章台走马声。"陆评:"此江岸之柳,从雷声写合,思入神奇。"这是对此诗"神奇"构思的精到点评。钱锺书《谈艺录补订》云:"《无题》云'车走雷声',此篇则云'雷转车声'。巴山羁客,怅念长安游冶,故闻雷而触类兴怀,听作章台作马。"可以帮助我们进一步加深对此诗"从雷声写合,思入神奇"的理解。

商隐诗每用曲折翻进的手法表现其深沉刻至的情思,《李义山诗疏》对此常加评论。如《过伊仆射旧宅》徐评:"结语("何能更涉泷江去,独立寒流吊楚宫")更进一层,又增无限感慨。诗家秘妙,无穷尽也。"《月》(过水穿楼)陆评:"(三、四句"未必明时胜蚌蛤,一生长与月亏盈")又一翻新,愈翻愈隽。"《望喜驿别嘉陵江水二绝》(其一):"嘉陵江水此东流,望喜楼中忆阆州。若到阆州还赴海,阆州应更有高楼。"徐评:"一曲一折,一折一深,窅然不尽,总是诗中进一层法。"后来姜炳璋的《选玉谿生诗补说》对此亦多有所论。徐、陆是较早揭出这一点的评家,此外,对商隐诗中虚字运用之妙,亦每多论及,如《隋宫》七律、《为有》、《辛未七夕》等均为其显例。

徐、陆在把握商隐具体诗篇的意蕴及艺术特征时,相当自觉地运用了比较方法,特别是对题材相近的诗,更多连类比并,揭示其不同特点。如同属讽刺皇帝迷信神仙、妄求长生的七绝咏史诗《华山题王母祠》、《瑶池》,徐氏评曰:"右二首,同题而各意。前首讥不恤民瘼,黄竹桑田,带引微妙;此首言求仙无益,神味轻圆。"同为讽刺玄宗荒淫的《华清宫》(华清恩幸)、《龙池》,徐氏评曰:"此与上章,一深警,一微婉。"又如《少年》、《公子》、《富平少侯》徐评:"(《少年》)次联言骄,三联言乐,四联言佚游。与《富平少侯》作异者,彼偏在豪也;与《公子》作异者,彼偏在粗也。"七律《深宫》与《促漏》,题材从表面看非常相似,徐氏通过比较,得出结论:"前《促漏》题的系宫词,此则虽写宫怨,而托意又在遇合间也。"《隋宫》七律、七绝均咏炀帝奢淫,徐评曰:"前律伤其衰废,言中著慨;此则形其侈乐,句外传神,并臻妙境。"这些比较,都要言不烦,相当精彩。亦有从比较中见其同者,如《无题》(来是空言)陆评:"来无踪影,有春从天上之意,与'昨夜星辰'等篇同法。"其实不单"昨夜星辰昨夜风"一首,像《马嵬》七律、《杜工部蜀中离席》的起句也均用此法。从以上诸例,可见徐、陆运用比较方法的纯熟。

　　从选、解、评几个方面看,徐、陆的选家眼光和对艺术作品的理解、鉴赏力还是有相当水准的。但当涉及对《无题》、《碧城三首》一类诗的意蕴的理解时,他们的眼光与能力却大失水准,穿凿附会、索隐猜谜之弊相当突出,特别是对《碧城三首》、《药转》、《当句有对》、《明日》、《蝶三首》等比较隐晦的诗的疏解,其穿凿的程度更令人吃惊,与前面所举的对许多作品的妙悟判若出于两手。这一矛盾现象说明,当徐、陆以平常心去阅读、鉴赏商隐诗时,凭借其固有的眼光和鉴赏力,可以有不少新鲜独特的感受与发现,尽管他们并不是对李商隐有很深研究的专家。但当他们为传统的比兴寄托说(特别是那种忽视艺术创作特征,比较狭隘机械的比兴寄托说)所拘限,把艳词都看成香草美人式的寓言时,便会障目塞聪,失去敏锐新鲜的艺术鉴赏力、识别力,变得迂执冬烘。这一经验教训,值得我们记取。

第二十三章　二十世纪中国大陆李商隐研究述略

二十世纪,是中国历史上发生天翻地覆变革的时代。以"五四"运动与新中国成立为两大转折标志,将二十世纪自然划分成为三个不同的历史阶段。新与旧的两次交替,不仅给李商隐研究带来了具有时代色彩的新变化,也造成了过程的曲折。大体上说,从世纪之初到"五四"运动前夕,是继承顺、康、雍、乾以来笺注考证之学并加以发展与总结的阶段。从"五四"运动到新中国成立前夕,是在现代域外新思潮和新文化运动的影响下,呈现出新变的阶段。从新中国成立到二十世纪末,是在经历了一段时期的曲折以后掀起李商隐研究的第二个高潮,总结与创新并重的阶段。由于时间跨度较大,不可能详细论列每一阶段的研究状况与具体成果,只能以重点评述有代表性的成果为主,借以体现某一阶段的特点。第三阶段的后二十余年,是李商隐研究史上一个重要的时期,也是二十世纪李商隐研究成果最丰富、集中的时期,将作为重点进行评述。

第一节　传统笺注考证成果的总结

清代是传统文化的总结期。清代的李商隐研究,其成果之丰硕,与同时期对其他古代作家的研究相比,可以说毫不逊色。其主要内容是对李商隐生平经历的考证和对李商隐诗文的系年考证、笺注、解说与评点。自朱鹤龄、徐树谷、吴乔、何焯、朱彝尊、姚培谦、程梦星、徐德泓、陆鸣皋、陆昆曾、屈复、冯浩、纪昀、钱振伦兄弟等人的诗文笺注及解说、评点著作陆续问世以来,既积累了许多极有价值的研究成果,又提出或留下了一系列需要进一步研究考证的问题,而《全唐文》中二百篇商隐佚文(钱氏兄弟据以收入《樊南文集补编》)的发现,又给进一步考证义山生平提供了极重要的资料,客观上需要对清人丰硕的研究成果进行一次清理与总结。长于史学的张采田所著的《玉谿生年谱会笺》(又有《李义山诗辨正》)便适应这一需要,对清人的笺注考证成果作了一次总结。书始创于1912年,削稿于1916年,正值"五四"运动前夕。

《会笺》以详考谱主之行年仕历及诗文之系年为主,同时又在系年诗文下对之作较具体的笺解,作为系年之依据。故此书实兼谱与笺的双重性质,有不少地方还涉及对玉谿生诗的总体评论与具体作品的艺术评价。它的主要贡献有以下几个方面。

一是对商隐所历各朝(特别是文、武、宣三朝)与其生平仕历及诗文创作有关的人事作了较冯、钱等谱更为详密的考订载录。举凡有关重要的内外官吏的除拜迁转去世、藩镇的叛服、外族的侵扰与唐廷的征讨,以及其他军政大事等,莫不条载备书,并根据各种记载参互考证,务求准确无误。不但纠正了冯、钱等谱考订上的失误,而且对史籍中相互矛盾的记载作出准确的是非正误判断。如杜悰由西川移镇淮南,系代在淮南任上去世之李珏,西川节度使则由白敏中接任。旧、新《唐书》纪、传、表所载歧异,冯谱系于大中七年。张笺据《樊川集·册赠李珏司空制书》所载年月日及商隐《为河东公复相国京兆公第二启》、《新唐书·宰相表》、《新唐书·白敏中传》、《唐会要·祥瑞门》等所载,考定杜悰大中六年五月由西川迁镇淮南,否定了大中七年李珏卒于淮南之错误记载及冯谱之误,表现出治丝理棼的深厚功夫。其中有些条目载录,甚至已逸出与谱主仕历、创作有关的人事范围(如大和五年载录西川节度使李德裕奏收复吐蕃所陷维州、接受吐蕃守将之降,以及宰相牛僧孺沮议之事)。岑仲勉谓"唐集人事之讨究,自今以前,无有若是之详尽,岂徒爱商隐诗文者须案置一册,亦读文、武、宣三朝史者必备之参考书也"(《玉谿生年谱会笺平质·导言》),洵为确评。从文学研究角度说,由于商隐生平仕历与诗文创作涉及文、武、宣三朝一系列政治、军事大事和众多政坛重要人物的进退迁贬,因而张笺的这些载录实际上为李商隐诗文创作提供了相当具体的时代政治背景与人事环境,比起这方面记载相对较为简略的冯谱有高得多的论世知人价值。

二是对商隐一生的经历作了较冯、钱等谱更为细密准确的考证,纠正了冯谱中不少较大的错误。其中最重要的,是将商隐应柳仲郢之辟,赴东川幕的时间定在大中五年,纠正了冯谱将商隐妻王氏之卒、赴东川幕分置于大中五年、六年的错误。冯谱泥于《旧唐书·卢弘止传》"镇徐四年"之文,认为卢卒于大中六年,商隐亦于是年方应仲郢之辟赴东川。张笺据《补编·四证堂碑铭》述仲郢事有"(大中)五年夏,以梁山蚁聚,充国鸱张,命马援以南征,委钟繇以西事"之文,定仲郢除东川在大中五年夏秋间,并据商隐诗文证明卢弘止卒于镇、商隐离卢幕还朝、妻亡、任国子博士、赴东川幕均在大中五年,证据确凿。不仅纠正了商隐经历中一件大事的时间误载,且纠正了冯谱中与此有关的一系列诗文的系年之误。张氏的这一重大纠正,固与《补编》提供的材料有关,但先他而见此材料的钱氏却未能利用它作出新的考订结论,可见主要取决于其史家的精密考证功夫。

三是在精密考证的基础上给一系列诗文作了正确的系年。《补编》中有为河东公上杨、李、陈、郑等相公状八篇,钱氏以为河东公为柳仲郢,而仲郢镇东川期间,宰相无姓杨、李、陈者,故于上杨、李、陈七状之诸相无考,而以上郑相公状为上郑朗。张氏根据以上诸篇所提供之内证,结合开成三年在位诸相之情况,考定此八篇题内之"河东公"均为"濮阳公"之讹,状系开成三年商隐居泾原幕期间代王茂元上杨嗣复、李珏、陈夷行、郑覃诸相所作,考订精密,证据确凿。又如《补编·为濮阳公上宾客李相公》二状,为茂元出镇陈许时所上,钱氏以为李相公指德裕,然德裕两为太子宾客均在此前,故钱氏于此实有所疑,然又谓"无他人可以当之"。张氏则据《旧唐书·李宗闵传》"(开成)四年冬,迁太子宾客分司东都"之文及二状提供之内证,考定此"宾客李相公"实为李宗闵,从而使此二状得以定编于茂元出镇陈许时。诗之系年较冯谱更为准确合理者,亦所在多有。

四是对商隐诗的总体特征及某些具体作品发表了一些比较精辟的见解。如说"玉谿诗境,盘郁沉着,长于哀艳,短于闲适。摹山范水,皆非所擅场。集中永乐诸诗,一无出色处,盖其时母丧未久,闲居自遣,别无感触故耳。其后屡经失意,嘉篇始多,此盖境遇使然"(《李义山诗辨正》),结合境遇论诗,既指出其所长,亦不护其所短。论《漫成五章》,谓"此五首者,不但义山一生吃紧之篇章,实亦为千载读史者之公论",较之杨守智、程梦星、冯浩仅从"自叙其一生之踪迹"、"即谓之义山小传可也"、"实义山一生沦落之叹"着眼,所见特大,显示出治史者之特有眼光。《武侯庙古柏》诗,前人评笺均从单纯咏古着眼,张笺则结合商隐后期政治倾向,指出此诗乃"因武侯而借慨赞皇",并谓"叶凋湘燕雨,枝坼海鹏风"二句分指德裕之主要助手李回湖南、郑亚桂海之贬,亦为有得之见,非生硬比附者可比。

张氏《会笺》也有明显缺点。首先是在商隐生平行踪考证上进一步坐实并发展了前人提出的"江乡之游"与"巴蜀之游"说。徐逢源笺《潭州》诗,疑杨嗣复镇潭,商隐曾至其幕。冯浩《玉谿生年谱》乃提出开成五年九月至会昌元年春商隐应嗣复之招南游江乡说,并谓是役兼有闲情牵引。其实本无实证,全从诗中参悟而得。张笺乃进一步张扬之,将明为早年所作之《燕台诗四首》及《代越公房妓嘲徐公主》、《代贵公主》、《石城》等一大批诗统系于所谓"江乡之游"中,且均附会为为杨嗣复作,造成了比冯谱更大的混乱。关于巴蜀之游,冯谱以为大中二年商隐桂幕罢归抵故乡与东都后,旋又出游江汉巴蜀。张笺虽辨冯说及系诗的某些错误,但仍坚持有巴蜀之游,并谓此行系为拜谒李回、杜悰。其实许多被冯、张系于此游的诗,均为大中五年至九年商隐在东川幕期间所作。至于拜谒李回、杜悰,更为荒唐。岑仲勉已指出其谬误。巴蜀之游系诗中虽尚有个别诗篇(如《过楚宫》、《摇落》)尚须推究,但像张氏所主张的为李回、杜悰而进行的巴蜀之游实为向壁虚构。

从吴乔的《西昆发微》开始,在解义山《无题》及其他一些诗时,往往牵扯与令狐绹的关系,认为均系为绹而作。程梦星、冯浩的笺注均有此特点。这种生硬比附、索隐猜谜式的解诗法,至张氏《会笺》而登峰造极。除毫无实据牵扯令狐作解的一大批诗以外,还有许多同样没有任何蛛丝马迹而任意牵扯其他人事作解的情况,这些诗解多为张氏的"首创"。如《代越公房妓嘲徐公主》、《代贵公主》、《楚宫》(复壁交青琐)、《河内诗》之牵扯杨嗣复,《河阳诗》之牵扯杨嗣复、李执方,《无题二首》(昨夜星辰、闻道阊门)之牵扯李德裕,《相思》之牵扯王茂元,《杏花》、《荆门西下》、《楚宫》(湘波如泪)、《无题》(万里风波)、《岳阳楼》、《妓席暗记送独孤云之武昌》之牵扯李回,《北禽》、《梓潼望长卿山至巴西复怀谯秀》之牵扯杜悰,《贾生》之牵扯牛党与李德裕,《席上作》之牵扯李党,《景阳井》之牵扯懿安太后,《景阳宫井双桐》之牵扯孝明太后与杜秋,《海上》、《天涯》之牵扯卢弘止,《当句有时》之牵扯初除博士,《壬申七夕》、《壬申闰秋题赠乌鹊》之牵扯杜悰与令狐,凡此等等,不一而足。商隐诗解中虽向有索隐之风,但像张氏这样生硬比附、逞臆为解的却不多见。

王国维在为张氏《会笺》所作的序中引孟子说《诗》"以意逆志"、"知人论世"之论,以为谱所以论世、笺所以逆古人之志。张氏《会笺》之指导思想,盖亦不出此二端。今天看来,此书在"知人论世"方面,虽亦有如上所述在江乡之游、巴蜀之游考证上沿袭前人而变本加厉之失误,但成绩是主要的。在年谱之体所允许的范围内已将商隐其世其人论列考证得相当充分、清楚,确实做到了总结前人而又有新的发现,也为今天进一步研究其世其人提供了重要的材料与参考,显示出治史者的优长。而在"以意逆志"方面,则问题较多,在某种意义上说,不妨视为对前人索隐比附之风的恶性发展。其中一个关键性的问题是对文艺创作特征,特别是对商隐不少诗意蕴虚涵的特征缺乏认识,过分强调以史证诗,务求实解;过分狭隘地理解诗歌的比兴寄托,把它等同于影射。这方面的教训,值得后来研究商隐诗者汲取。

第二节 在新思潮和新文化运动影响下李商隐研究的新变化

从"五四"运动到新中国成立前这三十年中,李商隐研究的成果不多,但这一时期出现的几部论著却都明显受到新思潮和新文化运动的影响,表现出与传统研究不同的特点。

1927年出版的苏雪林的《李义山恋爱事迹考》(又名《玉谿诗谜》),是一部专门考证李商隐恋爱事迹并对商隐爱情诗作出本事性诠释的专著(在此之前,于1922年出版的苏氏《唐诗概论》中已有《诗谜专家李商隐》一节,初步提出其基本观点)。考证李商隐诗爱情本事,并不自苏雪林始,冯浩、张采田都作过这方面的努力,冯浩还对商隐的艳情诗作过概括性的结论:"统观前后诸诗,似其艳情有二:一为柳枝而发,一为学仙玉阳时所欢而发。《谑柳》、《赠柳》、《石城》、《莫愁》,皆咏柳枝之入鄩中也;《燕台》、《河阳》、《河内》诸篇,多言湘江,又多引仙事,似昔学仙时所欢者今在湘潭之地,而后又不知何往也。"(《玉谿生诗笺注·河阳诗笺》)但所说的恋爱对象,仅限于像柳枝这样原为商人女后为使府后房姬妾者,以及女冠,且只涉及商隐少量诗篇。而苏雪林却认为商隐的恋爱对象有宫嫔飞鸾、轻凤,有原为宫女后入道观的女道士宋华阳,且将全部无题诗都看成爱情的本事诗。写《李义山恋爱事迹考》这样一本专著,本身就反映出受"五四"以来新思潮熏染的女性在思想观念上的变化,即认为李商隐的上述不符合封建道德规范的爱情行为以及表现这种行为的诗,不但是其生活与创作的重要组成部分,而且完全可以用肯定的态度去研究与评价。这跟传统诗学以风雅比兴与美刺论诗,以是否有政治寄托来评论一个诗人的诗品,特别是以男女之情为题材的作品,是完全不同的两种文艺价值观。如果说朱鹤龄的《李义山诗笺注序》"义山之诗,乃风人之绪音,屈宋之遗响"的评价表现出将李商隐说成一位政治诗人的努力,那么苏雪林的《李义山恋爱事迹考》则力图将李商隐塑造成一位深挚纯情的爱情诗人。

苏氏所考证的商隐爱情诗具体本事,由于缺乏可靠的证据,只是就商隐无题诸诗及其他一些诗中本身就很隐约朦胧的诗句进行推衍假设,其可信程度自然是比较低的。特别是与宫嫔飞鸾、轻凤恋爱之说,更是无论从事理上、从材料依据上都让人难以置信。但苏氏提出的商隐两类不同恋爱对象的诗分别用不同的典故词语,女道士用仙女、仙境、仙家事物,宫嫔则用帝王、妃后、宫廷建筑、宫廷器用以为区别,不能说毫无道理。苏氏认为商隐与某一女冠有恋情之说,也并非毫无依据。但苏氏这本书的主要价值并不在具体的考证结论和对具体诗篇本事的诠释上,而是它们显示的观念的更新、思想的解放以及由此带来的研究视角的变化对于以后研究者的启示与影响。董乃斌说"从要求把爱情诗只当作爱情诗(而不是政治诗)来读这一点看,苏雪林的观点显然是对前此种种阐释的超越,至少是这种超越的开始"(《李商隐的心灵世界》),这是非常客观而中肯的评价。苏氏直到1986年七至九期《东方杂志》上发表的长文《论一本风幡式的诗评书——〈李商隐诗研究论文集〉》中仍坚持她五十年前提出的基本观点,并作了许多新的论证,说明这确是她一贯坚持的看法,而非兴之所至的随意性放论。

朱偰发表在《武汉文哲季刊》六卷三至四期上的《李商隐诗新诠》,基本观点与苏氏相同(认为李商隐与宫娥、女道士宋华阳有恋爱关系),但据以论证的诗例及具体解释与苏氏有别。《新诠》"义山与宫女之情诗"、"李义山之情诗"两节之要点,周振甫先生《李商隐选集》的前言中已详加节引,此处不赘。周先生认为苏氏之商隐与宫嫔飞鸾、轻凤恋爱说乃是对朱偰之商隐与宫女相恋说的发展。朱氏之观点及论证虽亦与苏氏同样多属推衍假设,但其客观意义仍不容抹杀。它与苏氏之著作先后出现,更足以说明"五四"思想解放新潮流对古典文学研究的影响。尽管清代注家如吴乔、程梦星、冯浩及近人张采田等与苏、朱二氏在诠释商隐诗时都有索隐穿凿的倾向,但前者是索政治之隐、君臣朋友遇合寄托之隐,后者则是索爱情本事之隐。方法虽似,观念自别。

张振珮发表在1933年安徽省立图书馆《学风》杂志上的《李义山评传》则显示出,随着马克思主义在中国的传播,一部分学者试图用唯物史观来研究李商隐诗歌创作。著者在绪论中说:"中国现时还没有一部唯物史观的文化史或经济史,所以文学史的研究比较困难。"即透露出著者认为唯物史观应当成为文学史研究的指导。在具体分析晚唐诗风的成因时,著者试图从晚唐社会对文学的影响及文学本身发展演变的结合上来加以说明:"因乱后的晚唐社会,须要强烈的刺激,他(李贺)便以冷艳奇险确立了独异的旗帜。韩、白一派的粗阔原即是盛唐的强弩之末,由粗阔而复以纤丽,自是文学演变的必然趋势","李贺可以算发难的戍卒,义山却是开国的元勋"。在联系时世、身世比较杜甫、李商隐诗风时指出:"老杜和义山所处的环境虽然同属恶劣,但老杜身受暴风雨似的安史之祸,痛苦流离,较义山更甚。然其对于政治则尚希望其乱平后,而得治理。义山便不同了,他及身所受的痛苦虽不及老杜那样厉害,但因国家于大乱后悠久的未能治平,对政治已行绝望了。所以他们的思想内容,完全是两个不同的样式。杜是哀愁苦恼,而李则是伤感颓废;杜是抱有希望的注意他诗的思想内容,而李则是绝望的雕饰形式。"这些分析、比较虽失之简单,但确实从时代社会与诗风的联系上揭示出了商隐诗的一些特点。张著对苏雪林《李义山恋爱事迹考》将无题诗说成与宫嫔恋爱的实录,也结合商隐生平进行了批评。但张著本身在实证研究方面并没有新的发现。

真正在实证研究方面作出很大成绩,纠正了张采田《玉谿生年谱会笺》一系列失误的,是著名唐史专家岑仲勉的《玉谿生年谱会笺平质》(书稿成于1942年,发表于《历史语言所集刊》第十五本)及其《唐史余沈》中《李商隐南游江乡辨正》一文。《平质》分导言及创误、承讹、欠确、失鹄、错会、缺证六项。除导言集中讨论商隐无关党局及批评旧笺动辄牵扯令狐以解玉谿诗外，其他六项均以实证条举张氏笺证之失误。其中最重要亦最有价值者，首推对冯、张关于江乡之游、巴蜀之游考证的批评。岑氏对江乡之游的辨正，主要是从开成五年九月到会昌元年正月这段时间内，商隐正忙于移家、从调，以及正月在华州周墀幕为周墀、韦温草《贺赦表》来证明其不可能同时分身作江乡之游，辩驳极为有力。尽管还未能对冯、张真正持以为据的罗衮《请褒赠刘蕡疏》"沉沦绝世，六十余年"作出合理的解释，亦未从商隐诗本身找出内证，以证明商隐与刘蕡相遇的确切时地，因而难以彻底驳正冯、张之说，但所提出的否定理由确实动摇了开成末"南游江乡"说。对巴蜀之游的辨正，亦主要从驳论据着手，指出冯、张借以为据的一系列诗证，或为大中二年随郑亚赴桂途次所作，或为大中五年赴东川途次及梓幕期间所作，并对大中二年商隐北归行程及系诗按时间先后作了排比论列。尽管其中有的诗（如《过楚宫》、《摇落》）岑氏未曾涉及，致使此游的有无尚留下一些疑点，但其驳正冯、张大量误系诗证据确凿，可视为定论，驳正"巴蜀访杜悰"之说亦极有力。总之，在驳正这两次"游历"上，岑氏的澄清之功是很大的。此外，如对张笺李德裕入相在开成五年四月的驳正，对王茂元出为陈许节度使年月的驳正，对大中二年由桂归洛说的驳正，对《为濮阳公上陈相公第一状》作时的驳正，均证据确凿，且对考证商隐行年及诗文系年关系重大。《平质》中亦偶有小疏或难以定论的条目，但从总体看，其考证之精密确有超越冯、张之处。

由于商隐集中《过楚宫》、《摇落》二诗反映他确曾有过夔峡游程，坚持有大中二年巴蜀之游者固资以为证，否定此说者亦难以说明此二诗之写作时间。陈寅恪《李德裕贬死年月及归葬传说辨证》（刊于1935年《历史语言研究所集刊》五本二分）根据大中六年商隐曾奉东川节度使柳仲郢之命至渝州迎送西川节度使杜悰移镇淮南，及商隐代柳仲郢所拟祭李德裕文残句，提出商隐可能在"大中六年夏间……承命至江陵路祭李德裕归柩"的假设，认为冯、张指为二年往返巴蜀所作之诗,大抵为此次行程所作。这一假设由于该文主题的关系,在文中并未展开论证,是否能成立亦难确定,但至少提供了另一种考证的思路,即排除了冯、张所主张的大中二年巴蜀之游外,商隐可能还有过另一次途经或短期逗留夔峡的行旅。

黄侃《李义山诗偶评》、汪辟疆《玉谿诗笺举例》也是撰于这一时期的笺评类论著。前者笺评七律四十四首(附七绝一首),后者笺评七律十六首,其中均包括七律无题。黄评时有对某一类诗的总体看法,如谓:"义山《无题》,十九皆为寄意之作……必概目为艳语,其失则拘,一一求其时地,其失则凿。"虽未必概括得全面准确,但对读者仍有启发。对具体诗篇的笺解,亦时有新见(如对《临发崇让宅紫薇》、《宋玉》的笺解)。汪笺对《一片》、《锦瑟》、《重过圣女祠》、《流莺》、《回中牡丹为雨所败二首》的艺术品评,亦颇精到。

这一时期单篇论文之有价值者,首推缪钺的《论李义山诗》(作于1943年5月,收入著者《诗词散论》)。此文主要阐论商隐在文学史上的地位,对商隐其人其诗的特征提出了一系列很有见地的观点,如谓"义山盖灵心善感,一往情深,而不能自遣者,方诸曩昔,极似屈原","义山对于自然,亦观察精细,感觉锐敏……遗其形迹,得其神理,能于写物写景之中,融入人生之意味","义山诗之成就,不在其能学李贺,而在其能取李贺作古诗之法移于作律诗,且变奇瑰为凄美,又参以杜甫之沉郁,诗境遂超出李贺",均极惬当中肯。而文中论及商隐诗与词体之关系一节,尤具卓识,为明许学夷《诗源辩体》以来所未道,而其所体现之文学史之宏远眼光,尤具启发性。

第三节 总结与创新:新中国成立后的李商隐研究

新中国成立之后的半个世纪,李商隐研究经历了从大落到大起的曲折。以1978年为界,可以分为两个大的阶段。

前一阶段,包括1949至1978这三十年,是李商隐研究相当沉寂的时期。据不完全统计,三十年中,关于李商隐的专题研究论文(不包括对单篇作品的一般性赏析)仅三十余篇,平均每年仅一篇左右,诗文选注本及专著则均付阙如。对于像李商隐这样的大家,无疑极不相称。究其原因,主要是在"左"的思想路线和理论观念长期影响下,像李商隐这样一位艺术上极富独创性,风格偏于绮艳的作家,艺术上呕心沥血的追求反倒成了唯美主义的表现,甚至连《锦瑟》这样横绝古今的杰作,也被认为用典过多,隐晦难解,具有唯美主义倾向。这种在总体上贬低甚至有时带有否定色彩的评价,成为这一阶段李商隐研究的一种倾向。

但这一阶段仍然出现了一些态度较为客观,评价比较实事求是,且有一定深度的研究论文,如陈贻焮的《关于李商隐》《谈李商隐的咏史诗和咏物诗》,马茂元的《玉谿生诗中的用典》《李商隐和他的政治诗》,何其芳的《〈李凭箜篌引〉和〈无题〉》,刘开扬的《论李商隐的爱情诗》,吴调公的《流莺巧啭意深深——论李商隐的风格特色》等。这些论文,涉及义山诗各种题材领域与艺术风格、艺术手段。特别是陈、马、何、吴诸先生侧重谈艺的论文,在当时的思想、学术氛围中,尤为难能可贵,显示了学术上的勇气。刘盼遂、聂石樵的《李义山诗札记》,对李诗的笺解也多有新见。

从1978年到二十世纪末的这二十多年,随着思想、理论上的拨乱反正和改革开放带来的新思潮、新方法,随着整个学术界思想的趋于活跃与解放,李商隐研究出现了一个新的高潮。这是对前一阶段沉寂局面的有力反拨。据不完全统计,二十多年中,光是各种李商隐研究的专著(包括李商隐诗文的笺注疏解、选本、评传和研究著作),就多达三十余种,这在中国古代大家研究中也是少见的,可以说形成了"李商隐热"。在新时期的中国古典文学研究中,李商隐研究是比较有成绩的领域。这个高潮的主要标志有以下几个方面。

一是形成了全面推进的态势。二十余年的研究成果中,既有侧重于全面清理总结以往研究成果,对李商隐全部诗歌进行疏注、集解的著作,又有侧重于运用新方法进行新的尝试与探索的论著;既有对李商隐作全面研究的著作,又有大量从某一题材、体裁或就某一问题、某一名篇进行具体深入研究的论文;既有笺注考证方面的成果,又有以"义理"即理论研究为主的著作,更有大量对具体作品的艺术品鉴,形成了义理、考据、辞章并重的局面;既有不少具有较高质量的学术研究著作,又有许多以普及为主或兼有普及与提高性质的选注、选析、选译本。过去长期未被研究者注意的樊南文,这一阶段不但出版了新的校点本,而且陆续发表了一些有分量的论文。

二是对李商隐研究中一些难点、热点问题进行了比较深入的探讨,如无题诗有无寄托及其特点的探讨、《锦瑟》诗内涵及特点的探讨、李商隐与牛李党争关系的探讨、李商隐生平游踪中两大疑案(江乡之游与巴蜀之游)的考辨、李商隐诗歌朦胧情思与意境的探讨等。通过不同意见的讨论,有些问题逐步取得了比较一致的认识,有些问题由于不同意见的充分展开,使问题的讨论更加深入。

三是出现了一批有较高质量的学术成果,提出了一系列新的观点或新的考证结论。这是新时期李商隐研究的主要收获,也是研究高潮在"质"的方面的主要标志。关于这方面的具体成果或观点,下面将有重点地加以评介。

四是成立了全国性的专门研究组织——中国李商隐研究会,作为中国唐代文学学会下属的一个分会,有组织地开展李商隐研究工作。自1992年成立以来,短短八年内已经召开了五次年会。在研究队伍中,既有专门研究机构和高校中从事教学、科研,特别是从事李商隐研究的人员,又有著名的作家和诗人。后者参加到李商隐研究队伍中来,不仅使一向比较单一的古典文学研究成员组成发生变化,而且对活跃学术空气、改变纯学院派作风,特别是在将研究与创作、古代与当代沟通方面起着重要作用。

下面,围绕若干重要方面与专题对这一阶段的李商隐研究作重点评述。

在总体研究方面,钱锺书先生提出的"樊南四六与玉谿诗消息相通"及商隐

"以骈文为诗"说引人注目。它不但揭示了商隐律诗运用骈文手法这一重要特征,而且指出了樊南文与玉谿诗之间存在着某些共同特征以及它们的相互渗透与影响。周振甫先生的《李商隐选集·前言》对二者的共同特点作了精切的阐述,董乃斌的《李商隐的心灵世界》于"非诗之诗"一章中重点发挥了钱锺书的"以骈文为诗"说。其实,钱先生的"消息相通"说还可以包含另一方面,即玉谿诗对樊南文的影响,这同样是一个饶有新意的课题。

关于李商隐诗歌的创作倾向和基本特征,董乃斌在其论著《李商隐诗歌的主观化倾向》、《李商隐的心灵世界》中,将主观化作为其诗歌的主导创作倾向,认为它在李诗中是渗透性、弥漫性的,深潜于其诗的肌理血脉之中,表现在对题材的选择与处理、移情与全面象征、对客观时空限隔的突破与超越等诸多方面,成为商隐诗风格的基本特征,且为其诗所具其他多种特征之基础。这是从总体上探讨商隐诗风格特征的一种新见解。刘学锴的《古代诗歌中的人生感慨与李商隐诗的基本特征》则侧重于从诗歌所表现的内容方面着眼,认为抒写人生感慨,是李诗的基本特征。它既纵贯其整个创作历程,又弥漫渗透于各种题材、体裁的诗歌中;并指出其诗歌所抒写的人生感慨,多为内涵虚括广泛的情绪性体验,如间阻、迟暮、孤寂、迷惘、幻灭之慨等。故在表现手段上亦多取借境(或物)象征,境界亦因此呈现朦胧模糊而多义的特征。

在运用新方法进行研究方面,董乃斌的《李商隐诗的语象—符号系统分析》作了有意义的探索。著者通过对带有商隐个性特色的"梦蝶"、"化蝶"两个语象—符号系统的示例分析,力图用客观的分析、比较、归纳手段将略可意会、难以言诠,且意会亦因人而异的象征含义揭示出来。这种破译诗人心灵世界密码的工作,是将李商隐研究工作做得比较深入透彻的一项既基础又尖端的工作。张伯伟、曹虹的《李义山诗的心态》分别从取景的角度、空间的隔断、时间的迟暮、对自然的描写、自比的古人、词汇的色彩、句法结构以及"无端"二字来透视李商隐的心态,得出"义山是一个由理想主义经过幻想主义而最终归于悲观主义的人"的结论。这种从多种角度透视诗人的心态的方法,与董著可谓异曲同工。

包括《锦瑟》在内的无题诗的内涵意蕴与艺术特征,历来是李商隐研究中的难点与焦点。有关这方面的文章,占了这一阶段李商隐研究文章的一半左右。在讨论的初期,焦点集中在无题诗有无寄托及寄托什么内容上,大体上仍不出偏重于寄托与偏重于爱情两种观点。但各自的实际内容都有所变化发展,而且在相互渗透、交融、吸收的过程中呈现出你中有我、我中有你的面貌,在一定程度上显示出对立观点渐趋接近的态势。从总的趋势看,比附索隐式的寄托说越来越为研究者所摒弃,对爱情本事的考索也因缺乏足资征信的材料而渐趋减少。而对无题诸诗须"分别观之",进行具体分析的态度与方法得到越来越多学者的赞同。在寄托的内容方面,寓意令狐说虽仍有一些学者坚持,但更多的学者比较倾向于寄托作者的身世之感、人生体验,而且认为这种寄托未必全是有意识的,有的甚至只是"身世之感,深入性灵","即性灵,即寄托",是一种融会或渗透。这种看法,较之以前有些注家字比句附的寄托说,比较不拘泥,比较符合文学创作的实际。而王蒙的一系列文章则反复强调,这些诗未必专为某人某事某景某物而作,它所创造的乃是一种涵盖许多不同心境的"通境",所抒发的乃是一种与各种不同感情相通的"通情"。这可以说是对无题诗可能包蕴爱情以外感情内涵的观点所作的一种理论上的概括,值得充分重视。因为作为一位诗人,他对诗歌创作及无题诗有一种别有会心的感受。由此出发,他又以《混沌的心灵场》为题,对无题诗的结构作了饶有新意的探索,指出可简约性、跳跃性、可重组性、非线性乃是无题诗结构的特点,它靠情感、意象、事典、形式的统一将全诗连贯统一起来。它所表现的乃是诗人混沌的心灵,而这类心灵诗的结构,则可称为心灵场。从这里可以看出,对《无题》、《锦瑟》一类诗内涵意蕴的感受与理解,越到后来,越趋于虚化、泛化。王蒙的一系列文章,正是这种观点的突出代表。另一方面,认为无题诗是寓意令狐绚的周振甫先生在具体诠解时也摒弃了冯、张等人字比句附的方法,而注重从通篇所表现的缠绵悱恻、固结不解之情着眼。认为无题诗是表现商隐与女冠恋情的陈贻焮、葛晓音也另立新说,谓商隐所恋者系玉阳山灵都观的女冠,并分别作了详尽的考证,葛文还将这段恋情与江乡之游联系起来。《锦瑟》一诗的诠解仍众说纷纭,力主悼亡说的黄世中撰长篇专论,对宋以来的各种诠解详加爬梳整理,采取"以诗笺诗"之法,继承、扬弃、发展了清代以来的悼亡说,另出新解,认为诗中的"蝶"喻妻王氏,"珠"、"玉"亦似指妻与侍妾,"玉山"为妻之葬地。特别值得注意的是钱锺书先生用清人程湘衡"义山自题其诗以开集者"之说(王应奎《柳南随笔》以为系何焯说)而以己意发挥之,略谓《锦瑟》系义山自题其诗,开宗明义,略同编集之自序。首二句言华年已逝,篇什犹留,毕世心力,平生欢戚,清和适怨,开卷历历。"庄生"一联言作诗之法,"沧海"一联言诗成之风格与境界。钱说发表后,周振甫复加发挥解释。此说遂骎骎然成为《锦瑟》诸解中一种颇有影响的新解。

  商隐七律,为其诗歌创作中最有成就的诗体,在七律发展史上有重要地位。程千帆、张宏生《七言律诗中的政治内涵——从杜甫到李商隐、韩偓》在论述李商隐七律对杜甫全面学习与继承的同时,着重指出商隐"结合自己的创作个性去学习杜甫,秾丽之中时带沉郁,别创一境界"。陈伯海则指出以无题诗为代表的商隐七律,其创新意义"在于它最大限度扩展了诗篇的心理空间"。二文分别就其七律政治诗与无题诗揭示了商隐在这一体中所作出的贡献。

  牛李党争与商隐生平遭际及创作的关系,是李商隐研究中长期争论的焦点之一。这一阶段发表的论著涉及这一问题的,有一个比较明显的趋向,即认为商隐本人无意于参加党争,只是在客观上被卷入或受党争之累。傅璇琮的《李商隐研究中的一些问题》根据对大量材料的分析,认为王茂元既非李党,亦非牛党,商隐入茂元幕,根本不存在卷入党争的问题。李德裕一派在当时是要求改革、有所作为的政治集团,商隐在李党面临失败、无可挽回的情况下同情李党,表现了明确的是非观念,坚持了倾向进步、追求理想的气概与品质,因此对其政治态度应作出新的评价。这种看法,朱鹤龄、岑仲勉虽均分别有所论述,但如此明确而系统地论述的,这是第一篇。董乃斌的《李商隐悲剧初探》则从另一方面立论,认为商隐悲剧的根源是晚唐时代统治阶级内部矛盾的激化和官僚制度的极端腐朽。如果仅仅停留在他与牛、李两党个别人物的关系上,势必有碍于对悲剧实质的深入探讨。傅、董二文,代表了对这一问题的两种不同见解,却都有助于对问题讨论的拓展与深入。李商隐与郑亚的关系及郑亚的生平仕历,周建国的《郑亚考》、毛水清的《李商隐与郑亚》作了详密的考证。毛文并指出郑、李"不仅是幕主与下属的关系,而且是政治上的同道,这才是桂幕期间李商隐诗文丰收的根本原因"。

李商隐与道教的关系,是李商隐研究中相对薄弱的环节。对此,吴调公的《李商隐研究》、董乃斌的《李商隐的心灵世界》两本专著的有关章节都有较集中的论述。钟来茵的《唐朝道教与李商隐的爱情诗》、《李商隐玉阳山恋爱诗解》对其爱情诗与道教的关系作了集中的探讨。后文指出道藏中的秘诀隐文的表达方式给义山的爱情诗打上了深刻烙印,其无题诗制题艺术,爱情诗的隐比、象征手法,都从道藏中学来。葛兆光的《道教与唐诗》则谓"李商隐在头脑极清醒状态中借用道教意象,早年为写浪漫的幻想与爱情,后来多写自己的痛苦和失望"。

李商隐文学上的渊源、影响及其在文学史上的地位,吴、董的专著均有专章或专节论述,论列了商隐所受于屈原、六朝诗人、杜甫、李贺的影响及其对西昆、王安石、黄庭坚及元、明、清诗家的影响。刘学锴的论文《李商隐与宋玉——兼论中国文学史上的感伤主义传统》、《李义山诗与唐宋婉约词》则分别论述了宋玉对李商隐的深刻影响和中国文学史上自宋玉经庾信、李商隐直到曹雪芹的感伤主义传统,指出李商隐在这一源远流长的传统中的地位,论述了李商隐诗对唐宋婉约词的影响,指出他是诗、词嬗变过程中一位关键性诗人。陈伯海的《宏观世界论玉谿》则在全面考察晚唐诗歌六大流派的基础上,指出李商隐为首的一派是大宗,李的成就与影响超越了温李诗派的范围,成为晚唐诗坛的典型与高峰。李商隐及其所代表的晚唐诗,实质上是古典抒情诗发展到高潮后的余波,是文学创作主流由抒情写景向叙事说理转折过渡中的一卷水涡,亦构成了联系唐诗与宋诗、宋词之间的特殊纽结点,表现出宏远的文学史眼光。这在董著中亦有明显体现(下面介绍董著时一并评述)。

关于李商隐生平游踪中的两大疑案,自岑仲勉提出有力的质疑辨正以后,多数研究者仍倾向于冯、张的考证。刘学锴的《李商隐开成末南游江乡说再辨正》一文,根据商隐赠、吊刘蕡诸诗提供的内证,特别是赠蕡诗"更惊骚客后归魂"之句,结合其他方面的分析辨正,推断刘蕡于会昌元年被远贬柳州司户后,并非在翌年即卒于江乡(冯说),或卒于贬所(张说),而是迟至宣宗即位后方随牛党旧相的内迁而自柳州放还北归,并于大中二年正月初与奉使江陵归途的商隐晤别于洞庭湖畔的黄陵,赠蕡诗即作于其时,从而否定了冯、张之说。继又据刘蕡次子刘理的墓志关于刘蕡"贬官累迁澧州司户参军"的记载,进一步撰文证实了刘蕡自柳放还北归之说,并推断蕡卒于江州。关于巴蜀之游,周建国的《李商隐桂管罢归及三峡行役诗辨说》论证了陈寅恪提出的大中六年至江陵路祭李德裕的假设,并对有关诸诗加以排比系时。他还撰文对张采田提出的李商隐晚年游江东之说提出有力的质疑。

商隐骈文,这一阶段研究较少。董乃斌的《论樊南文》、吴在庆的《樊南四六刍议》是两篇专论樊南文的有分量的论文。董乃斌在《李商隐的心灵世界》"非诗之诗"一章中不仅对商隐四六文,而且对其散文也作了中肯的论述。

此外,如李商隐的政治诗、咏史诗、咏物诗、女冠诗,李商隐的七绝,这一阶段也都有较重要的有新见的论文发表,不一一缕述。

下面评介这一阶段的李集选本和专著。

商隐诗文选集,这一阶段纷纷出版,各具特色,有刘学锴、余恕诚的《李商隐诗选》、陈伯海的《李商隐诗选注》、陈永正的《李商隐诗选》、王汝弼、聂石樵的

《玉谿生诗醇》,周振甫的《李商隐选集》。其中周振甫诗文兼选,其前言长达五万言,全面论述商隐生平及其诗文创作,对钱锺书提出的商隐"以骈文为诗"说作了具体阐说,注、解详赡。聂石樵"文革"前即与刘盼遂先生合作研治商隐诗,多有新解,《玉谿生诗醇》的笺释也颇多作者深入探讨后得出的新见,征引详洽,评注结合,选目亦有自己特色,入选了一些开宋调的商隐诗。陈永正的诗选分体编排,便于研讨商隐各体诗的特色与成就,其注解文采纷披,颇能传原作之神韵意境。

叶葱奇的《李商隐诗集疏注》,是他继《李贺诗集》之后,倾多年之力完成的一部著作。此书虽以新注面目出现,而其主要价值,仍在博采与别择旧本、旧注、旧笺之长而时出己之新见。对冯注本有时逞臆轻易改字的弊病,亦每多指摘纠正,所引评语多切合中肯。总的来看,书中对许多意蕴较为具体的篇章疏解品评每多切实恰当,而对一些意蕴较虚的作品诠解有时不免流于穿凿。

刘学锴、余恕诚的《李商隐诗歌集解》是一部汇校、汇注、汇笺、汇评,带有总结性而又兼有著者考辨研究成果的著作。校勘以明汲古阁本为底本,参校明清多种抄本、刻本及唐宋元主要总集,采录诸家校改意见,广泛搜辑前人乃至近人笺注、考辨、疏解、评点成果,加以排比汇集,为研究者提供了较为全面系统的研究资料,而著者自己新的考证研究成果亦每从融通旧说或补充发挥、纠正旧说中产生。在诗歌系年考证与诗意笺解方面用力较多,时有新见。

这一阶段重要的研究专著有吴调公的《李商隐研究》、董乃斌的《李商隐的心灵世界》。吴著对李商隐的生平思想、审美观、政治诗、爱情诗、诗歌艺术特色、诗歌风格的形成与发展、诗歌渊源与影响及对李诗的评价作了全面探讨。其中如审美观、风格的形成与发展、渊源与影响都是前人未系统论述过的问题,有不少新的见解。艺术特色部分,在此书之前,也没有论述得这样充分的。由于著者长于诗论研究,故此书理论色彩较浓,对作品的感受与分析亦时见精彩。董著的主要特点是运用新的理论、方法进行尝试与探索。书中融会西方文论及相关科学成果,从理论高度将探索心灵世界作为作家研究的中心,抓住古代作家身心矛盾及其统一这个创作的动力源及外部环境折射于个人的聚焦点来进行考察。将李商隐放在中国文学发展史的纵轴和他所处时代的横断面所构成的立体坐标图系上,给以科学的定位,指出其主要贡献,在于充当了唐代诗艺乃至中国诗艺的总结者。通过横断面的剖析与横向联系比较,说明李商隐既代表晚唐,又高出晚唐,因为他更全面典型深刻地反映了时代精神面貌。书中对李诗语象—符号系统的分析、诗风演变的轨迹、李商隐文的研讨,亦饶有新意。

评传类著作,有杨柳《李商隐评传》,刘学锴、余恕诚《李商隐》,董乃斌《李商隐传》,郁贤皓、朱易安《李商隐》,钟铭均《李商隐诗传》,毕宝魁《李商隐传》,吴晶、黄世中《李商隐传》等。杨著成书最早,筚路蓝缕,功不可没。董著虽以传主的生平经历为经,却紧密结合每一时期诗人的经历遭遇、时代环境、人际关系、创作实践,揭示其思想发展变化历程与诗风演变轨迹,揭示诗人的精神风貌。同时在有关章节较为集中地论述某一题材诗歌的特色与成就,使"传"与"评"较好地结合起来。对诗人生平行事的叙写,在征实的前提下注重文学性的描写,亦使全书生色。其他几部传记,也各有特色。

第二十四章　李商隐诗集版本系统考略

李商隐诗集，《旧唐书·经籍志》及《文苑传·李商隐传》均阙载。《文苑传》仅载商隐有《表状集》四十卷，当即商隐于大中元年、七年先后编定之《樊南甲集》、《樊南乙集》之合称。《新唐书·艺文志》于著录《樊南甲集》二十卷、《乙集》二十卷之外，又著录《玉谿生诗》三卷。此三卷本之《玉谿生诗》至宋已不传。宋代刻本商隐诗集系由北宋人陆续搜求编次刊刻而成。宋江少虞《宋朝事实类苑》卷三十四"玉谿生"条云：

> 公（指杨文公亿）尝言至道中偶得玉谿生诗百余篇，意甚爱之，而未得其深趣。咸平、景德间，因演纶之暇，遍寻前代名公诗集，观其富于才调，兼极雅丽，包蕴密致，演绎平畅，味无穷而炙愈出，钻弥坚而酌不竭，曲尽万变之态，精索难言之要，使学者少窥其一斑，略得其余光，若涤肠而换骨矣。由是孜孜寻访，凡得五七言诗、长短韵歌行杂言共五百八十二首。唐末，浙右多得其本，故钱邓帅若水尝留意摭拾，才得四百余首。钱君举《贾谊》两句云："可怜夜半虚前席，不问苍生问鬼神。"钱云："其措意如此，后人何以企及！"余闻其所云，遂爱其诗弥笃，乃专缉缀。

据此可知，至真宗咸平、景德间，杨亿所搜求到的商隐诗有五百八十二首，已接近现存商隐诗总数，他以翰林学士的身份，遍寻馆阁藏书自然极方便。同时之钱若水所得四百余首,其中当与杨亿所得五百八十二首有重复。去其重者,杨、钱二氏所搜求之商隐诗总数当已与现存商隐诗总数五百九十余首相近。故杨、钱二氏所得商隐诗,实已构成宋本商隐诗集之基础。王尧臣于仁宗庆历元年十二月己丑上《崇文总目》,其中已著录"《李义山诗》三卷",可证商隐诗集之编定乃至刊刻至迟不晚于庆历元年。参以上引杨亿咸平、景德间尚在搜求寻访商隐诗之记载,可进而推断商隐诗集之编定当在真宗景德至仁宗庆历初这一段时间内。

除《崇文总目》著录之"《李义山诗》三卷"之外,据史志及私家书目著录,宋代流传之商隐诗集尚有下列数种名称:一为《宋史·艺文志》著录之"《李商隐诗集》三卷";一为尤袤《遂初堂书目》著录之"《李义山集》(无卷数)",陈振孙《直斋书录解题》诗集类著录之"《李义山集》三卷"(此二目所著录之《李义山集》是否同为一书,现尚难断定)。此外,郑樵《通志·艺文略》著录"《玉谿生诗》一卷",与《新唐书·艺文志》著录之名称同而卷数异,然后世各种公私书目及流传之抄本、刻本商隐诗集,无称《玉谿生诗》者(冯浩《玉谿生诗笺注》系从《新唐书·艺文志》"《玉谿生诗》三卷"之旧名,非其所据本称《玉谿生诗》)。故宋代之商隐诗集实仅《李义山诗》、《李商隐诗集》、《李义山集》三种不同名称之版本。

由于宋代三种不同名称的商隐诗集原刻今均不存,宋人编集刊刻及后世传抄、翻刻时又未留下有关版本的刊刻年代与版本系统源流的记载,这就给今天归纳研究商隐诗集的版本系统带来很大困难。研究者只能主要依靠对各种版本的详细比勘,结合书名及有关记载来确定。根据比勘,存世商隐诗集实为一个大系统之下四种不同的次版本系统。

第一节　《李商隐诗集》三卷本系统

　　此本自《宋史·艺文志》著录后，明杨士奇编《文渊阁书目》卷十、叶盛《菉竹堂书目》卷四均著录为"《李商隐诗》四册"（此四册当包括目录一册，卷上、中、下各一册）。清代尚存原刻，今存者惟清影宋抄本，国家图书馆有藏，每半页十行，行十七字，白口，左右双边。卷上、中、下首行下端有"吴兴刘氏嘉业堂藏书"长方印。此本避宋讳颇严。"敬"之嫌名"驚"、"警"、"檠"字中的"敬"字皆缺末笔，"镜"字或缺或不缺。"匡"字或改作"边"，"胤"字或改作"胄"。以下"恒"、"祯"、"贞"、"徵"字亦缺末笔，"贞"或改作"真"。而"曙"、"让"均不缺笔。可证影抄所据之原刻当为宋仁宗时之刻本。此本有刻误或明显的影抄之误。如目录《三月十日流杯亭》，"三"误"二"；《韩冬郎即席为诗相送一座尽惊他日余方追吟连宵侍坐徘徊久之句有老成之风因成二绝寄酬兼呈畏之员外》，"侍"误"待"，"久"误"文"；《题道静院院在中条山故王颜中丞所置虢州刺史舍官居此今写真存焉》，"写"误"焉"；《行次昭应县道上送户部李郎中充昭义攻讨》，"讨"误"计"；卷上《题僧壁》"若信贝多真实语"，"贝"误"具"；《寄令狐郎中》"嵩云秦树久离居"，"嵩"误"蒿"；等等。不备举。然无妄改痕迹。故就总体言，当属最接近北宋《李商隐诗集》三卷本原刻之善本。此本上、中、下三卷，共收诗五百六十七首（其中下卷《席上赠人》一首系上卷《席上作》之异文重出），起《锦瑟》，终《井泥》。《井泥》之后有"续新添二十六首"，起《夜思》，终《安平公诗》（其中《送从翁从东川弘农尚书幕》"昔帝回冲眷"五言长律，诸家考证多以为非商隐作）。合计收诗五百九十三首。属于《李商隐诗集》三卷本系统者，尚有清席启寓刻《唐诗百名家全集》本《李商隐诗集》三卷、钱谦益写校本《李商隐诗集》三卷（指钱氏据以改定之主要校本，非指其原写本）。席刻《唐诗百名家全集》卷首叶燮序称此集"百余家，皆系宋人原本，一一校雠而付之梓"，可见其虽据宋刻原本,但已作过校勘改正。第二十三册即《李商隐诗集》上、中、下三卷。每半页十行,行十八字,白口,左右双边。国图藏本有傅增湘据季沧苇抄本所校录之异文。席本校刻较精,改正了原刻中的一些明显错误。如卷上《归墅》"旗高杜酒香",席本改"杜"为"社";《咸阳》"自是当时秦帝醉,不关天地有山河","秦"、"天"二字互乙,席本加以改易;卷中《深树见一颗樱桃尚在》"惜堪充凤实",席改"实"为"食";《井络》"漫夸大设剑为峰",席改"大"为"天";等等。然亦有与诸本不同而意改者。如《重有感》"安危须共主君忧","君"字诸本均同,席本独作"分";《寄裴衡》"别地萧条极,如何更独来","更"字诸本皆同,而席本独作"笑";《槿花》"可怜荣落在朝昏","在"字诸本均同,席本独作"任"。其他亦偶有刻误者。如《离席》"细草翻惊雁","草"字席本误作"莫";《幽居冬暮》"急景倏云暮,颓年浸已衰","倏"字席本误作"岁";等等。钱谦益写校本为参校诸本而成,三卷,每半页九行,行十九字,白口,黑格,四周单边。宣统元年国光社据钱氏写校本原本影印。扉页正面题"东涧写校《李商隐诗集》三卷",背面题"《李义山诗集》旧抄本,绛云主人手书,东涧家旧钞善本,牧翁校宋本数过"。影印本卷末有吴县蒋斧(字无柯)跋,略云:"此为东涧老人手写,以朱、墨笔一再校勘。其标题初作《李义山诗》,嗣以朱笔改'诗'为'集',又以墨笔改为《李商隐诗集》。"知此写校本之原写本(即底本)称《李义山诗》,与《崇文总目》所著录者合;朱笔校所据本称《李义山集》,与《遂初堂书目》所著录者合;最后墨笔校定所据本称《李商隐诗集》,与《宋史·艺文志》所著录者合。将此本最后校定之文字与影宋抄比勘,明显可见其主要依据《李商隐诗集》三卷本改定,从他本者甚少(《绛云楼书目》卷三唐诗类有"《李商隐诗集》三册,诗三卷",可见钱谦益藏有此本原刻)。蒋斧称此写校本为"传世李集第一善本",虽失之太过(因其并未很好吸取另几个系统版本之优长),然在《李商隐诗集》三卷本系统中,亦属较善之本。

第二节 《李义山集》三卷本系统

此系统之版本现存者实仅明崇祯十二年毛氏汲古阁刊《唐人八家诗》本《李义山集》三卷本一种，国图藏本有清毛扆校，另一种有介庵校。清光绪元年神州国光社有石印本。每半页十二行，行二十字，细黑口，左右双边。以此本与影宋抄《李商隐诗集》三卷对勘，其编次明显不同处有二：一为卷下《天平公座中呈令狐令公时蔡京在坐京曾为僧徒故有第五句》之后，影宋抄、席本、钱校本均为《席上赠人》（即卷上《席上作》之异文重出诗），而汲古阁本《李义山集》则为《江上忆严五广休》；《江上忆严五广休》，影宋抄等在"续新添二十六首"《城上》之后，汲古阁本《李义山集》"新添集外诗"中无《江上忆严五广休》。二为卷下《井泥四十韵》之后，影宋抄等作"续新添二十六首"，至《安平公诗》为止；汲古阁本作"新添集外诗"，在《安平公诗》后多出《赤壁》、《垂柳》、《清夜怨》、《定子》四首，共二十九首。全编共收诗五百九十六首，较《李商隐诗集》三卷本系统之影宋抄、席本、钱校本溢出三首。其中《赤壁》、《定子》，当系杜牧诗误入，《垂柳》又作唐彦谦诗。冯浩《玉谿生诗笺注》引冯班云："《赤壁》至《定子》四首，北宋本不载，南宋本始有之。"冯班所称之北宋本，殆即《李商隐诗集》三卷本，而所谓"南宋本"，以有《赤壁》至《定子》四首证之，似当即指《李义山集》三卷。然细审之，此本并非翻刻南宋本。因此本刊刻时于宋讳字悉加保留，实为翻刻北宋本。除"玄"、"敬"、"弘"、"殷"及其嫌名字均缺笔外，"恒"字亦缺末笔（《安平公诗》"坐视世界如恒沙"），而"祯"、"曙"、"让"字不缺笔，可证汲古阁本系翻刻北宋真宗朝之刻本。然则《李义山集》三卷之编刻年代实更早于《李商隐诗集》三卷，其具体时间当在真宗咸平、景德之后，即大中祥符至乾兴间。阮阅《诗话总龟》卷十一评论门："杜牧《赤壁》诗云（略）。《李义山集》中亦载此诗，未知果何人作也。"是阮阅所见《李义山集》即有《赤壁》诗。又姚宽《西谿丛语》卷下有

"李义山《定子》诗"条目。阮、姚均南北宋之交人。据胡仔《苕溪渔隐丛话》后集卷三十六所录阮阅《诗总》（即《诗话总龟》）原序，知此书成于北宋宣和癸卯，则《李义山集》洵为北宋本无疑。尤袤《遂初堂书目》已著录《李义山集》，尤亦南宋初人，其所见《李义山集》当亦北宋本。综上数证，《李义山集》三卷本之编刻于北宋真宗朝后段可大体肯定。冯班所谓"《赤壁》至《定子》四首，北宋本不载，南宋本始有之"，盖亦未审之论，不足为凭。毛氏翻刻《李义山集》，其正文明显之误字及阙文均一仍其旧，未加改、补，仅于校语中标一作某，可见其翻刻时力求保持宋代原刻面貌。故此本虽有若干他本均无之明显误字，然亦颇有他本所无之有价值的异文，具有较高校勘价值。如卷中《忆匡一师》，影宋抄、钱校本、席本、蒋本、姜本、《统签》、季抄、朱注本及《全唐诗》均误作"住"，惟此本正作"匡"。证以《北梦琐言》卷三第二十八、三十三条小注"王屋匡一上人细话之"、"八座事，得之王屋僧匡一"之文，当作"匡一"无疑。盖因避太祖讳缺笔作"匡"，遂讹作"住"也。又《昨日》诗"笑倚墙匡梅树花"，"匡"字影宋抄、钱校本、席本、蒋本、姜本、《统签》、季抄、朱注本、《全唐诗》均作"边"。此亦因宋刻避太祖讳改"匡"为"边"。悟抄虽误作"厓"，然亦可证商隐诗原本作"匡"不作"边"。"墙匡"系唐诗常语。郑谷《再经南阳》："寥落墙匡春欲暮。"韦庄《长安旧里》："满目墙匡春草深。"皆其证。墙匡，即墙围。他如《寄罗劭兴》，"舆"字他本多误作"与"；《过故府中武威公交城旧庄感事》"风飘大树感熊罴"，"感"他本多误作"撼"；《喜雪》"联辞虽许谢，和曲本惭巴"，"虽"字他本多误作"追"。均其例。要之，此本初刻时间最早，异文亦富校勘价值。

第三节　季沧苇抄本、朱鹤龄注本及《全唐诗》的三卷本系统

季抄原本今不存，今所见者为傅增湘于1916年在席刻本上过录之季抄异文。通过比勘，知以上三本显为同一系统，第朱注本、《全唐诗》偶有校改。朱注

本据《李义山集》补入《赤壁》至《定子》四首,《全唐诗》又在此外再补入《木兰花》、《游灵伽寺》、《龙丘途中》(后二题据《统签》补)。此系统之本亦有他本均无之异文。如《赠刘司户蕡》"江风扬浪动云根","扬"字季抄、朱注、《全唐诗》均作"吹";《同崔八诣药山访融禅师》"未见高僧且见猿","且"字季抄等作"只";《属疾》"寒花更不香","更不"季抄等作"只暂";《西溪》"天涯长病意","长"字季抄等作"常";《北禽》"为恋巴江暖","暖"字季抄等作"好";《韩碑》"碑高三丈字如斗","斗"字他本多作"手",而季抄等作"斗";《令狐八拾遗绹见招送裴十四归华州》"二十中郎未足稀","稀"字季抄等作"希",又"汉苑风烟催客梦","催"字季抄等作"吹";等等。不细举。以上诸例,虽未必季抄等即是,然足可证其自成一系。由于季抄原本已不存,傅氏在校录时又未标其书名,故不知季氏所抄系何种版本。查《季沧苇藏书目》,延令宋版书目中有"《李商隐诗》三卷,三本",与《绛云楼书目》所著录同,即《李商隐诗集》三卷之北宋原刻,系绛云楼旧物;另于诗集部又著录"《李商隐诗》三卷,照宋抄",或即傅氏所过录之季抄欤?然朱鹤龄注本称《李义山诗集笺注》,似其所据原本当为"《李义山诗集》"。按前述钱谦益写校本封内第二页有"《李义山诗集》旧抄本,绛云主人手书,东涧家旧钞善本,牧翁校宋本数过"等语,其标题初作《李义山诗》,嗣以朱笔改"诗"为"集",又以墨笔改为"《李商隐诗集》",是钱氏原写本即称《李义山诗》,与《崇文总目》所称合。朱鹤龄之笺注义山诗,系应钱谦益之命而作,其笺注所用之底本即钱氏家藏之旧抄本《李义山诗》,固极自然,故其书即以《李义山诗集笺注》为名。至于清编《全唐诗》,固以季氏所编《全唐诗》为最主要依据(详参周勋初《叙〈全唐诗〉成书经过》,《文史探微》),季氏编《全唐诗》,其商隐诗三卷,即用自己之抄本,而清编《全唐诗》商隐诗三卷,则又袭取季编《全唐诗》商隐诗三卷而稍事校补。其间线索,固较明显。至于《季沧苇藏书目》所著录之"《李商隐诗》三卷,照宋抄"是否即傅氏过录之季抄,则尚难确定。但根据比勘,季抄、朱注本与《全唐诗》属于同一版本系统是可以确定的。

第四节 明代分体刊本系统

　　属于这一系统的刻本,有明嘉靖二十九年毗陵蒋孝刻《中唐人集十二家》本《李义山诗集》六卷本(四部丛刊本据此影印)、明姜道生刻《唐三家集》本《李商隐诗集》七卷本、明胡震亨辑《唐音统签·戊签》李商隐诗十卷本。此三种版本虽卷数多寡不同,编次亦有异,然从文字上看,显属同一系统,其中姜本间有他本均无之异文,《统签》间有胡氏所作的校改。蒋本六卷之次序为五古、七古、五律、五排、七律、五七绝,基本上按三卷本原次第分出。惟卷四五排之次序,先依次列《赠送前刘五经映三十四韵》至《垂柳》等原在三卷本卷下后半之五排二十二首,然后再续以原卷上、卷中及卷下前半之五排《和孙朴韦蟾孔雀咏》至《喜雪》,卷末又缀以原应编入卷二之七古《河阳诗》。此则从三卷本分出时误置颠倒所致,非其所据原本次序与今见三卷本不同。在现存刻本中,此本刊刻年代最早。姜道生刊本除各体次序与蒋本有较多差异外(不能细举),其文字亦偶有与诸本绝异者。如《夜雨寄北》,"北"字姜本独作"内";《韩碑》"入蔡缚贼献太庙","缚贼"姜本独作"斩馘";《无题四首》之三"含情春晼晚","晼"字姜本独作"院";《楚吟》"宋玉无愁亦自愁","自"字姜本独作"有";《无愁果有愁曲北齐歌》"日暮向风牵短丝","牵"字姜本独作"吹";《所居》"前贤无不谓","不"字姜本独作"所";《题李上謩壁》"饱闻南烛酒","烛"字姜本独作"邓"。以上所举,实多为姜本字误,故此本校勘价值不大。《统签》虽同属此一系统,但胡氏据他本及唐宋其他总集作了不少校改。有的虽无版本依据,但处理颇为得当。如三卷本卷上《寄成都高苗二从事》"家近红蕖"一首,题与诗不相合,且与卷中"红莲幕下"一首题重,显有误,《统签》改为"失题";《蝶三首》之二、之三(长眉画了;寿阳公主),内容与蝶无关,显误,《统签》改为"无题"。均其例。但亦有误字或误改者。如《华岳下题西王母庙》"莫恨名姬中夜没,君主犹自不长生",

"犹"字《统签》作"独";《无愁果有愁曲北齐歌》"凿天不到牵牛处","牵"字《统签》作"牢";《和郑愚赠汝阳王孙家筝妓二十韵》"秦人昔富家","家"字《统签》作"贵";《五言述德抒情诗一首四十韵献上杜七兄仆射相公》"清啸频疏俗","啸"字《统签》作"瘦"。胡氏对商隐诗的校注评点都作过一些工作,在他之前,还没有人作过较多的对商隐诗的校勘工作,其成绩仍应肯定。

以上三种分体本,其祖本是哪一种三卷本呢?蒋本的一行题注提供了考证的线索。蒋本在每卷卷首第一行顶格书"唐《李义山诗集》卷之×",次行下端书"太学博士李商隐义山"。这个题款与陈振孙《直斋书录解题》正合。《直斋书录解题》卷十九著录《李义山集》三卷,下题"唐太学博士李商隐义山撰"。现存各种版本系统的商隐诗集中,《李商隐诗集》三卷本的各本、毛氏汲古阁《李义山集》、季抄、朱注本及《全唐诗》,均无此题款。惟蒋本有此,且与《直斋书录解题》所著录合,可以推断蒋本即源于《直斋书录解题》所著录的《李义山集》。但陈氏所著录的《李义山集》已不可见,必须找到三卷本商隐诗集中既有上述题款,其文字、篇目又与蒋本、姜本、《统签》同属一系统者,方能理清这一系统版本之源流。现存三卷本中的明悟言堂抄本就是属于这一系统的三卷本。悟言堂系明代著名画家文征明堂名。文征明(1470—1559),其卒年与蒋孝刻《中唐人集十二家》的时间相近。悟抄上、中卷每半页十行,行二十字,下卷每半页十一行,行十八九字不等,用行草书写,版心下方有"悟言堂"三字。此本误字极多,是现存商隐诗集各本中最劣者。能有力证明此本与蒋本、姜本、《统签》同属一个系统者,有以下几方面:其一,悟抄在卷首目录下有"太学博士"四字,与蒋本合。其二,悟抄与蒋本、姜本、《统签》均有《垂柳》、《清夜怨》、《定子》而无《赤壁》。其三,最主要的是这四种本子都有四本全同而他本绝无的异文。如卷上《北楼》"北楼堪北望",四本均作"此楼堪北望";《青陵台》"莫讶韩凭为蛱蝶","讶"字四本均作"许";卷中《乐游原》(春梦乱不记),四本题内均无"原"字;《献寄旧府开封公》"地里南溟阔","里"字四本均作"理";卷下《河内诗二首》

其二"轻身奉君畏身轻",上"轻"字四本均作"倾";"此曲断肠惟北声","北"字四本均作"此";《河阳诗》"忆得鲛丝裁小棹","棹"字四本均作"卓";《戏题枢言草阁三十二韵》"徒令真珠肕","肕"字四本均作"胜";《行次西郊作一百韵》"抢攘互间谍","互"字四本均作"牙";《晋昌晚归马上赠》(当改作《朱槿花二首》其二)"坐来疑物外","来"字四本均作"忘";《寄太原卢司空三十韵》"孙谋复太庭","太"字四本均作"大"。以上诸例,四本有正有误,但不论正误,这种高度的与诸本不同的一致性却证明了四本的同一系统。我们虽不能说蒋本即从悟抄分出,但至少可以说,蒋本所依据的是一个与悟抄同属一个系统而错误较少的三卷本商隐诗集,而其更早的祖本可能就是《直斋书录解题》所著录的《李义山集》三卷本。

以上分述了现存商隐诗集四种不同的版本系统,它们分别与《宋史·艺文志》所著录的《李商隐诗集》三卷、尤袤《遂初堂书目》所著录的《李义山集》(包括阮阅《诗话总龟》所称《李义山集》)、《崇文总目》所著录的《李义山诗》三卷、《直斋书录解题》所著录的《李义山集》三卷相合,也就是说现存商隐诗各种版本,都来源于四种宋本(其中两种可确定刻于真宗朝、仁宗朝)。但总的来说,这四种不同系统的版本并无太大的差别,它们实际上都属于一个大系统——三卷本系统,而且在文字上、编次上、所收篇目上差别不大。即以表面上与其他三个系统差别较大的明代分体刊本而论,它的文字其实与《李商隐诗集》三卷本比较接近。因此,这四个系统可以说是在一个大的版本系统之下的四个次系统。

第二十五章　纷歧与融通：读懂商隐诗的锁钥

在中国古代诗歌史上，李商隐的一部分意蕴虚泛之作可能属于歧解最多的作品之列。《锦瑟》及《无题》诸篇自不必说，就是像《嫦娥》、《乐游原》五绝一类短章，也是众说纷纭。但如将自古迄今的众多歧说细加排比研究，却可发现它们往往可以相容并存并加以融通。这种融通，既包括同一平面上对各种异说的某些合理成分的择取与综合，但更主要的是在把握商隐这部分诗总体特征的基础上，从更高的层面来统摄、融合这些表面上歧异很大的解说。实际上，融通歧解的过程，往往就是对商隐这部分诗创作特征的认识与把握的过程。这里拟结合在编撰《李商隐诗歌集解》的过程中所获得的对这类诗特征的认识，来说明这些歧解何以产生以及为什么能够加以融通。此处论及的这类意蕴虚泛之作，虽不能代表商隐诗的全貌，却无疑是其中最富艺术独创性的，把它们的创作特征把握住了，也就在相当程度上把握了商隐诗。

第一节　创作起始阶段的触绪多端、百感交集

商隐的一些诗，在诗思的触发上往往具有触绪纷然、百感交集，并且不主一端、浑沦书感的特点。因此它的蕴涵往往非常丰富，纷歧的解说也由此而生。《乐游原》五绝在这方面表现得最为典型。诗写在"向晚意不适"的情况下登古原遥望夕阳而触发的感慨。由于诗中并未明言所感的对象与内容，注家便歧解

纷纷,各执一端,或以为"忧唐之衰",或以为"叹老",或以为"爱惜景光"。实则无论哪一种解说都不足以说明此诗所蕴含的深广内容。管世铭说"李义山《乐游原》诗消息甚大",确实感觉到了这一点。关键就在触景兴感时所感者本非一端。正如杨守智所说:"迟暮之感,沉沦之痛,触绪纷来。"纪昀亦云:"百感茫茫,一时交集。谓之悲身世可,谓之忧时世亦可。"尽管他们所列举的"悲身世"、"忧时世"或"迟暮之感,沉沦之痛"亦未必能包括此诗的全部内涵,但他们所揭示的"触绪纷来"、"百感茫茫,一时交集"的感物发兴特征,却是非常切合商隐这类诗创作实际的。这种纷至沓来的感触看似无端,实则仍有端绪可寻,纪氏已见及此:"得力处在以'向晚意不适'句倒装而入,下二句已含言下。"这"向晚意不适"既是三、四句的情感背景,又是其情感基因,它是一种包蕴丰富复杂而难以指言的浑沌弥漫的"黄昏情结"。对于商隐这样一位身处衰世、遭遇不偶的诗人来说,举凡国运之衰颓、身世之沉沦、岁月之蹉跎、好景之不常等平素经常萦绕于脑际、形之于歌咏的感情意绪均可成为酿造此种黄昏情结的因素。它适遇古原夕照之景,情与境会,遂使其中潜含的诸种感情纷至交集,而发为"夕阳无限好,只是近黄昏"的深沉感喟。诗人浑沦抒慨,正缘所感并非一端。把握住此诗发兴前情感基因之蕴涵丰富、形态浑沌与发兴之际触绪纷来、百感交集的特征,诸家纷歧之说自可在更高层面上加以融通。诗中的感慨不仅可以兼包时世、身世、人生诸多方面,而且表现出对美好而行将消逝的事物带有哲理性的沉思与浩叹。饶有意味的是,他的《晚晴》虽与《乐游原》同为触景兴感、深有寓慨之作,所触之景亦同为夕阳,但《晚晴》却几乎不存在歧解。这是因为诗中"天意怜幽草,人间重晚晴"、"越鸟巢干后,归飞体更轻"两联,从语言到意象都为读者的感受与联想规定了明确的指向,使人很容易由久遭霖雨、忽遇晚晴的幽草和体态轻捷的归巢越鸟联想到诗人的身世遭遇和珍重晚晴的态度、托身有所的欣喜;而原因又在于诗人于久雨逢晴之际所触发的感情仅为身世境遇这一端,与《乐游原》之触绪无端、百感交集有别。

《落花》、《天涯》、《楚吟》诸篇所引起的歧解虽不像《乐游原》那样纷繁,但其触绪多端的感物发兴特征与虚泛深广的蕴涵却与之神似。《落花》抒写因春残日暮花落而引起的浓重感伤。起联即透露出目接纷飞的落花时思绪之纷乱多端。面对飘洒弥漫、逐渐稀疏、与斜晖相映的落花,诗人所触发的不但有身世之飘零,更有青春年华之消逝、美好事物之陨落乃至国运之衰颓等无可奈何的哀感。解为"悼亡"(程梦星)、"身世之感"(姚培谦)、"寂寞之景"(纪昀)均未必能尽其意。诗中所抒写的乃是一种内涵极虚泛深广的"伤春"意绪。尾联"向春尽"而飘零"沾衣"的落花之"芳心",不妨说就是"刻意伤春"的诗魂。吴乔说此诗"通篇无实语",正接触到它的意蕴虚泛、难以指实的特征。《天涯》意极悲而想极奇。其意蕴固非单纯的羁泊天涯之慨或迟暮沉沦之悲,而是一种因春残日暮莺啼花阑而触发的对世间一切美好事物难以留驻的深悲。洒泪的啼莺,亦可视为对美的消逝深情哀挽的诗人之化身。屈复说:"不必有所指,不必无所指,言外只觉有一种深情。"破执一端指实为解,于虚处领其神情,可谓读此类诗妙法。这本身便是对诸多实解的融通。再如《楚吟》:

山上离宫宫上楼,楼前宫畔暮江流。

楚天长短黄昏雨,宋玉无愁亦自愁。

"愁"的内涵,注家或因楚天云雨而解为男女间的离愁(程梦星),或因楚王云雨荒淫而解为贤者不得近君之愁(何焯),或谓因暮雨而增客愁(姚培谦),均不免拘执。诗人触景兴感,所感者本非一端。这是一种像暮色那样黯淡而弥漫、细雨那样纷披而迷茫、江流那样浩渺而悠长的愁绪。诗人以宋玉自况,而宋玉之愁本就是多方面的,既有"贫士失职"的凄怨、羁旅无伴的惆怅,亦有遭遇昏世的哀感。与其执于一端,何如融通虚解?冯浩说:"吐词含珠,妙臻神境,令人知其意而不敢指其事以实之。"本非感于一事,自不宜指其事以实之。冯氏解诗,每伤于凿,对此诗却特具神会。

第二节 创作过程中于特定题材的歌咏中
融入多方面生活感受

商隐意蕴虚泛之作,往往在歌咏某一特定题材时融合渗透了更加广泛的人生体验,从而使它们具有远超出题材范围的普遍性与典型性。如《梦泽》:

梦泽悲风动白茅,楚王葬尽满城娇。
未知歌舞能多少,虚减宫厨为细腰!

诗的主意在讽慨迎合邀宠的宫女。表面上诗人之笔始终未离楚宫,实则在"未知歌舞能多少,虚减宫厨为细腰"的深长讽慨中已经融合了古往今来许多与此类似的情事。注家对此诗的诠释,看似歧解杂出,实际上往往是对熔铸了广泛人生体验、具有典型性的诗境从不同侧面感受与联想的结果。如姚培谦说:"普天下揣摩逢世才人,读此同声一哭矣!"屈复说:"制艺取士,何以异此!"陆鸣皋说:"从饿死生情,其意为因小而害大者也。"这些联想与感触,异途同趋,正可启发我们从更高的层面融通诸说,看出此诗所讽慨的乃是为私利而盲目趋时者的悲剧这一深广的内蕴。《宫妓》、《宫辞》二诗可以说是《梦泽》的姐妹篇。前篇因巧匠偃师献假倡于周穆王,假倡"瞬其目而招王之左右侍妾",遭王之怒几乎被诛一事发抒感慨,讽慨的对象自非传说中的偃师其人,而是一切弄巧者。杨亿称叹此诗寓意"深妙",但引而未发;唐汝询、屈复、冯浩、张采田等分别从"为仕宦者戒"、"小人之伎俩终至于败"、"讽宫禁近者不须日逞机变"、"为朋党辈效忠告"等方面发明其寓意。在此基础上融通众解,不难得出讽慨弄巧者机关算尽、反因弄巧而招祸的深层意旨。《宫辞》所讽慨者自亦不限于得宠的宫妃。

吴乔认为诗"有警绚意",固稍嫌拘凿,但已看出它有警世之意。徐增、姚培谦、屈复、冯浩诸家不拘实为解,仅言"慨荣宠之无常"、"被宠者自当猛省",反而得其神情。融通众解,诗所讽慨自明。将《梦泽》、《宫妓》、《宫辞》联系起来考察,则可进一步看出它们所讽慨的趋时而害己者、弄巧而招祸者、恃宠而旋败者,都是缺乏独立人格与价值,将命运系于统治者好恶的悲剧人物。诗人讽世之情可谓深矣!

《嫦娥》与《重过圣女祠》则是在特定题材的歌咏中叠合了意蕴相通的多重内容。《嫦娥》表层内容虽颇显明,但注家的解说却极纷纭,有以为咏"嫦娥贪长生之福,无夫妻之乐"者(谢枋得),有以为讽女道士"不耐孤子"者(冯浩、程梦星),有以为借指作者所思之人者(唐汝询、黄生、屈复),亦有以为借嫦娥以自慨者(胡次焱、何焯、沈德潜、姚培谦、张采田)。表面上看,以上诸说似乎相距遥远,根本无法融通。实则这些歧解都可以在一个基本点上统一起来,这就是诗中着意表现的高远清寂之境和永恒的寂寞感。以为咏"嫦娥贪长生之福,无夫妻之乐"的自悔固可,以为嫦娥借指慕道学仙而"不耐孤子"之女冠,或以为此即作者所思之人,亦非无根之谈(作者曾以"月娥孀独"喻指女冠之无侣,以"窃药"喻女冠慕仙学道)。但此诗还可能寓有更深微的感慨。诗中所描绘的既高远澄洁又孤独寂寞的境界,正透露出宅心高洁而身心孤寂的诗人在体贴同情"嫦娥"(或女冠)境遇的同时心灵的共鸣,流露出内心既自怜自赏又自伤自悔的复杂深微意绪。嫦娥、女冠、诗人,不妨说是三位而一体,境类而心通。咏嫦娥、咏女冠、咏自身境遇心情诸说也完全可以在"追求高远澄洁之境而陷于永恒的孤寂"这一基点上得到融通。《重过圣女祠》的情况与《嫦娥》类似。有以为实咏圣女神者,有以为借圣女以咏女道士者,有以为托圣女以寄慨身世者,亦有谓有所遇而托其词于圣女者。这些纷歧的解说又都可以在表现"沦谪得归迟"这一主旨上得到融通。明赋圣女之谪降归迟,孤栖无托,实咏女冠之寂守道观,孤子无侣(前此《圣女祠》五排即以圣女祠喻道观,故托圣女以咏女冠之说不为无据），而诗人长期沉沦漂泊、无所依托的境遇亦借此以传。此诗意境虽较《嫦娥》朦胧，而深层的托寓痕迹反倒明显。除首联明点"沦谪得归迟"的主意外，尾联又以掌管学仙簿箓的天官"玉郎"暗指内征为吏部侍郎（职掌铨选）的幕主柳仲郢，企盼其助己重登"仙籍"。其托圣女以自寓的意图固不难窥见。如果说，《梦泽》、《宫妓》、《宫辞》诸诗由此及彼的联想类似连环式，呈横向的扩展，那么《嫦娥》、《重过圣女祠》的联想则近乎同心圆式，呈由内向外的扩展。

　　咏特定题材而融合更广泛的人生体验，在商隐一部分寄托似有若无的无题诗中有特殊的表现形式。这主要是指歌咏爱情的特征相当显著突出，而有寄托的痕迹不很明显的"相见时难"、"来是空言"、"飒飒东南"、"凤尾香罗"、"紫府仙人"诸篇。不少论者认为它们只是单纯歌咏爱情之作，而另一些研究者如吴乔、徐德泓、冯浩、张采田等则认为它们寄托着诗人与令狐绹之间的关系或仕途失意之感。两派的解说相互对立，似乎不可调和。其实它们之间并无不可跨越的鸿沟。细味上述诸作一些集中抒慨的诗句，像"曾是寂寥金烬暗，断无消息石榴红"、"刘郎已恨蓬山远，更隔蓬山一万重"、"春心莫共花争发，一寸相思一寸灰"、"春蚕到死丝方尽，蜡炬成灰泪始干"，可以感受到其内涵并不单纯。那种寂寞中的无望期待，间隔中的沉重叹息，幻灭后的强烈悲愤和虽幻灭仍执着追求的精神，都不仅属于诗人的爱情生活领域，而是贯串渗透在他生活的各个方面。姚培谦笺"相见时难"篇云："此等诗，似寄情男女，而世间君臣朋友之间若无此意，便泛泛与陌路相似，此非粗心人可知。"已经触及此类诗的感情内涵可以旁通的特点。而况周颐《蕙风词话》论词之寄托时提出的"即性灵，即寄托"的观点更可借作这种旁通现象的理论说明：

　　　　词贵有寄托。所贵者流露于不自知，触发于弗克自已。身世之感，通于性灵，即性灵，即寄托，非二物相比附也。

况氏指出的这种流露于不自知的寄托,与商隐这类无题诗的创作机理颇相吻合。诗人某一方面的身世境遇之感越是深刻持久,就越会自然地沉潜累积、凝聚酝酿,内化为其性格、气质、心态的有机组成部分,此即所谓"身世之感,通于性灵"。当他歌咏某一特定题材(如爱情)时,这种感于外而蕴于内的"性灵"自然流露(商隐自己也明确说过"咏叹以通性灵"),其身世之感也就包蕴其中了。举例来说,商隐悲剧性的身世境遇,造就了缠绵执着、带有浓厚感伤气质的"性灵"。它往往在各类题材的诗作中不由自主地流露出来。当他歌咏生死不渝的爱情时,就写出了"春蚕到死丝方尽,蜡炬成灰泪始干"这样的至情至性之句。在主观上,诗人并不一定有意在爱情歌咏中寄寓身世之感,但由于它象征性地表现了这位主情的缠绵型诗人如春蚕作茧自缚般的感情个性与极端伤感而执着的气质,就自然将他的身世之感与更广泛的人生体验也不露痕迹地融化进去了。这样的诗是爱情诗,但又超越了单纯的爱情诗,成为诗人心灵特征的展现。对这类诗的对立解说之所以能够融通,说到底是由于诗中所抒的情感本身已经融合了更广泛的人生感受与体验。在这个意义上说,融通歧说,实际上是还诗中所抒之情以本来面目。

从上举诗例可以看出,融通歧解之所以可能,是因为诗中所表现的往往不是具体情事,而是形态与内容都相当虚泛的感情境界,例如间阻感、孤寂感、幻灭感、虚缈感等。这些感情境界的形成,本来就是熔铸了多方面人生体验的结果。以间阻感为例,商隐一生各方面的追求,几乎都遇到重重间阻。政治上,是"九重黯已隔","凤巢西隔九重门";友谊上,是"新知遭薄俗,旧好隔良缘";爱情上,更是"来时西馆阻佳期,去后漳河隔梦思","谁言整双履,便是隔三桥";甚至在观赏景物时也常有阻隔之感:"红楼隔雨相望冷","隔岸渐渐雨"。这无往不在的有形或无形的阻隔,形成了他心中弥漫虚泛的间阻感。因此当他在《无题》(来是空言)中沉重地叹息"刘郎已恨蓬山远,更隔蓬山一万重"时,熟悉商隐其人其诗的读者所感受到的便不单纯是爱情上的阻隔之恨,而是从这流露了深层心声的浩叹中联想到其他方面的间阻。推而论之,举凡上面提到的孤寂感、幻灭感、迷惘感等,也都由于他在各方面有类似的痛苦经历与体验,并因此积聚、泛化为种种具有抽象形态的感情境界。它们往往因景物人事而触发,并宣泄出来,铸为诗语。表面上看,似是单纯就某种具体情事景物而抒的情,实则其内涵已远远超越具体情事的拘限。尽管诗人执笔为诗时未必明确意识到这一点,但实际上在感情倾泄之时已经动用了酝酿已久的、凝聚泛化了的人生体验的丰富贮藏。这正是商隐意蕴虚泛之作无意于寄托而无所不托的原因,也是我们得以融通对它们的纷歧解说的根本依据。

第三节　创作完成后接受主体对同一作品的多方面感受与认识

　　文学作品内涵意蕴的理解与把握,是一个不断发掘、丰富、深化的动态过程。对于李商隐这样一位素称"隐僻"的诗人的意蕴虚泛之作,更是如此。不同时代,不同价值取向、学术观点、审美观念的读者对同一作品的不同理解,从表面看,确实众说纷纭,莫衷一是;但从总的趋势上看,这些歧解又往往是不同时代的人们对作品内涵与特征认识不断丰富与深化的反映。一篇作品的诠释史、研究史,实际上是其内涵意蕴与特征不断被逐步深入认识的历史。我们采用"集解"的方式来整理商隐诗集,就是为了在比较全面地展示前人对作品的不同理解的基础上,通过比较、分析、综合、融通,加上自己研习所得,以期达到比较全面、通达的认识。尽管由于主客观条件限制,这个工作可能做得很不理想,但真正的整理与研究必须充分吸收融会前人一切有价值的成果,则是无疑的。以千古诗谜《锦瑟》为例,自北宋迄今,解者不下百家,重要的异说也有十来种。面对这一大堆纷纭的异说,开始时固不免眼花缭乱,但细加寻绎,却发现不少异说乃是诗的丰富蕴涵和暗示在不同读者中引起的不同感受与联想。如果紧紧抓住诗人明白揭示的全诗主意——因闻瑟而追忆华年不胜惘然,便不难发现许多异说原可相容或相包,并在"思华年"而"惘然"这个基点上得到融通。历代对此诗的解说,有一个大体的发展趋向,即由单一、具体走向综合、抽象与虚泛。最早出现的如刘攽的咏令狐家青衣说,托名苏轼的咏瑟之"适怨清和"说,都是把它的内涵理解得比较具体单一的。这两种解说,基本上支配了宋、元、明三代。清代以来,随着对商隐诗研究的深入,悼亡、自伤身世、自述诗歌创作诸说纷起,对诗的内涵的理解逐渐扩大与虚化。到当代,一个明显的趋势是从象征性境界或象征性结构的角度将诗的内涵进一步虚化,有将颔、腹二联解为梦、幻、泡、影者,解为写困惑、失落、幻化等惘然之情者,解为幻梦、寄托、失意、无为者。随着对内涵理解的由实趋虚,是各种歧说的相互渗透与吸收。这一发展轨迹反映了人们对商隐这类意蕴虚泛的诗认识的全面与深化。我们正可从中得到启发,沿着上述发展趋向对纷歧的异说加以融通。这当然不是简单的捏合,而是抓住"思华年"与"惘然"这一中心,将颔、腹二联所展现的迷幻、哀怨、凄寥、虚缈诸种象征性境界,既看成锦瑟所奏出的音乐境界,又看成诗人华年所历的人生境界和思华年时不胜惘然的心灵境界。从最宽泛的意义上看,自伤身世说无疑最能兼融众说,华年身世之悲、迷幻哀怨凄寥虚缈诸境,既可包含悼亡之痛乃至其他爱情悲剧体验,又可包含其诗歌创作所着重表现的心灵境界、人生感受。以自伤身世为主轴,既可涵盖悼亡说,又可旁通自述诗歌创作说,而咏瑟声说亦包含其中了。总之,含悼亡之痛的惘然自伤身世之情,因锦瑟之悲声而起,借诗歌中展示的境界以传,这也许可以作为融通《锦瑟》众多歧解的简单概括。

一般地说,由于时代的进步与观念、方法的更新,今人的认识往往要比前人更全面、深刻一些。当我们站在今天的认识高度去融通纷歧的旧说时,可能很容易发现某些有影响的旧说在观念、方法上的缺陷。例如从吴乔、冯浩到张采田,他们对义山这类意蕴虚泛之作的诠解往往牵合具体人事(如李商隐与令狐绹的关系)进行比附,不少说法常流于穿凿附会。但他们这些对商隐的时代、生平与创作下了很大功夫的研究者为什么认定包括《无题》在内的一部分诗是咏与令狐绹的关系与交往的,却值得我们思考。这至少意味着,根据他们的艺术感觉和对商隐其人其诗的了解,这类诗中所表现的不单纯是爱情;同时启示我们,在研究《无题》这一类诗时,不能忽略商隐与令狐绹的关系这一生活基础。从这个意义上说,他们一些近乎穿凿的解说中仍有合理的值得融会吸收的成分。如下面这首《无题》:

紫府仙人号宝灯,云浆未饮结成冰。
如何雪月交光夜,更在瑶台十二层?

吴乔解为对令狐绹"极其叹羡",冯浩更牵合"绹为承旨,夜对禁中,烛尽,帝以乘舆金莲华炬送还"之事以类证首句,谓"时盖元夕在绹家,候其归而饮宴,故言候之久而酒已成冰",将极虚幻的象征性境界实解为日常生活情事,其穿凿附会固显而易见。但诗中着意描绘的可望而不可即的境界和时感对方变幻莫测、难以追攀的情绪,却不能说与诗人跟令狐绹之间的关系毫无瓜葛。这种意境极空灵虚幻之作,其生活基础可能是多方面的。商隐一生在政治、友谊、爱情等方面的追求向往与虚缈难即之情事,都是酿造这种艺术境界的生活基础。当诗人融合多方面人生感受铸成此种蕴涵极丰的典型性艺术境界后,当然不宜用部分生活基础去解释其丰富的内涵,但并不排斥在这蕴涵极丰的境界中包括了这方面的生活体验。只有细心辨析作品诠解史、接受史上的每一认识成果,并分别加以扬弃吸收,方能做到较为全面通达。

以上分别从创作起始阶段的触绪多端、百感交集,创作过程中在特定题材的歌咏中融入多方面的生活感受,创作完成后接受主体对同一作品的多侧面感受与认识这几个主要方面,论述了商隐的意蕴虚泛之作何以有许多歧解和为什么能够将它们融通。质言之,对这类融合了多方面生活感受,主要是表现某种感情境界的意蕴虚泛之作,应该按照作品的特征,虚解之或放空了看。作者酿米成酒,由丰富的生活原料提纯升华为艺术真实、典型境界,解诗者自不宜再将蕴涵丰富的典型境界指实为某一局部的生活依据。但每一种提供了局部生活依据的解说对把握典型境界的丰富蕴涵仍有一定的参考价值。

所谓融通,在某种意义上说,是用一般来概括个别。而任何一般又不可能完全涵盖个别,因而融通只能是求大同存小异,它但求兼该众说的合理成分,却不能也不必废弃众说。《集解》的编排形式就体现了这一意图。

第二十六章　古典文学研究中的李商隐现象

在中国文学史的大作家行列中,李商隐是非常特殊的存在。这不仅是指举凡杰出作家都具有的独特艺术内容、形式、风貌与个性,而且是指超乎其上的更加特殊的东西。例如他那种不以"不师孔氏为非"的思想(《容州经略使元结文集后序》),发乎至情而不大止乎礼义、极端感伤缠绵而执着的感情,都带有明显偏离封建礼教、诗教的倾向;特别是他那种既具古典诗的精纯又颇具现代色彩的象征诗风,和朦胧迷离、如梦似幻的诗境,更明显逸出中国古典诗发展的常轨,成为前无古人、后乏来者的独特的诗国景观。这种超常的特质,导致了长期以来人们对他的诗感受、理解、把握、评价的不一致、不确定,乃至相矛盾、相对立,形成了古典文学研究中少有的"李商隐现象"。这种现象在古典文学研究史上虽属特例,但其中却蕴含着耐人思考的东西,值得加以分析研究。

第一节　钟摆现象

和中国文学史上其他一些第一流的大作家相比,对李商隐及其创作的评价有一个突出的现象,即从这一端摆动到另一端,而且出现不止一次地来回摆动,不妨将之称为"钟摆现象"。

屈原、司马迁、陶渊明、李白、杜甫、苏轼、辛弃疾等第一流的大作家,历代研究者对他们的具体评价尽管不完全一致,但在肯定他们是第一流的大作家这一根本点上却无二致。而李商隐的评价,却经历了一个从否定到肯定的很长的钟摆周期。从唐末李涪对李商隐所持的"无一言经国,无纤意奖善"(《刊误·释怪》)的恶评开始,那种认为商隐在人品上"无持操"(《旧唐书·文苑传·李商隐》),在诗品上流于绮艳的观点,便成为长时期内带有普遍性的传统看法。直到二十世纪后二十年,才比较充分地认识到他的艺术成就,将他置于第一流大作家的行列,这中间竟经历了十一个世纪。这个事实说明,像李商隐这样一位文学创作内容与艺术表现方式都非常独特,甚至某些方面逸出常规的作家,不仅对其准确地把握需要一个较长的历史过程,而且对他的接受、认识需要一个充分重视文学创作本身艺术价值的学术文化环境和政治环境,需要接受者具有比较高的艺术眼光和开放包容的接受心态。

如果把李商隐研究史上从唐末李涪的否定到今天的高度评价看做钟摆现象的大周期,那么在这个大周期内还包含着两个钟摆现象的次周期。这就是李商隐研究史上两次低潮和高潮。宋、元、明三代,可以说是李商隐研究史上长达八百年的低谷。尽管其间也有北宋前期西昆体、明代王彦泓《疑雨集》的刻意模仿,但从研究角度看,除了一些零星片断的评论外,八百年中竟无一部整理研究专著传世,不但远远比不上所谓千家注杜、五百家注韩的盛大声势,而且明显滞后于整个唐诗研究。这种状况,只是到了清代,才有了根本性的改变。从朱鹤龄撰《李义山诗集笺注》,谓"义山之诗,乃风人之绪音,屈宋之遗响,盖得子美之深而变出之"(《笺注李义山诗集序》)开始,历顺、康、雍、乾、嘉、道六朝,各种笺解、考证、评点著作迭出,形成一个长达二百年的持续高潮期。岑仲勉说:"唐集韩、柳、杜外,后世治之最勤者,莫如李商隐。"(《玉谿生年谱会笺平质·导言》)岑氏所说的后世,主要即指清代而言。这种长时期的低谷和长时间的高峰期的转接交替,在整个中国古典文学研究史上是罕见的。另一个低谷、高潮的交替,则出现在二十世纪后半叶的前三十年与后二十年。前三十年(1949—1978),关于李商隐的研究论文年均仅一篇,且时有从总体上贬低甚至出现否定倾向的评价。而后二十年,则出现了"李商隐热",形成了全面推进的研究态势,对李商隐研究中的一些难点、热点问题进行了比较集中的探讨,出现了一批有较高质量的学术论著,提出了不少新的观点或新的考证结论,而且成立了全国性的专门研究组织——中国李商隐研究会。无论是在总结以往研究成果并加以融会发展或运用新的理论与方法进行尝试与探索方面都有显著成绩。这一次低潮与高潮的交替,时间虽不像上一次那样长,但钟摆运动的幅度却与上次相仿佛,同样是从一端摆动到另一端。

不仅对李商隐的总体研究与评价存在这种钟摆现象,而且对某一专题的研究也出现这种从一端到另一端的摆动。例如对李商隐无题诸诗的诠释研究,在整个清代乃至民初,寄托说占有优势,但当寄托说发展到顶点成为索隐猜谜时,就出现相反方面的摆动——爱情说的勃兴。从吴乔的《西昆发微》到冯浩的《玉谿生诗笺注》,再到民初张采田的《玉谿生年谱会笺》,寄托说发展到极致。随着"五四"新文化运动和反封建的思想大解放浪潮的兴起,出现了苏雪林的《李义山恋爱事迹考》和朱偰的《李商隐诗新诠》。尽管苏、朱二氏所用的也是一种近似索隐猜谜的方法,但索的是爱情本事之隐而非政治之隐。再如"文革"后期,评法批儒,李商隐无题诗的寄托说被用来作为政治斗争的工具,又一次将寄托说发挥到荒谬的极致。随着新时期的思想解放,无题诗研究中的爱情说又重新兴起。

上述种种钟摆现象的表现,在古典文学研究史上相当独特。如对它们进行分析,便可以发现其形成原因是多种多样的。而这不同的原因后面又都蕴含着令人深思的东西。例如对李商隐的总体评价从最初的否定到今天的肯定这个大钟摆周期,明显是由于文学观念的进步。无论是李涪的"无一言经国,无纤意奖善"的否定,《旧唐书·李商隐传》引述时人对商隐"背恩"、"无行"、"无持操"、"恃才诡激"的攻击,还是张戒《岁寒堂诗话》将商隐列为"邪思之尤者",敖陶孙《诗评》谓商隐诗"如百宝流苏,千丝铁网,绮密瑰妍,要非适用"的贬辞,范睎文《对床夜语》"发乎情,止乎礼义之意安在"的责难,实际上都是以政治、道德等功利的评价代替或压倒了艺术的评价。这种诗歌批评标准,在以儒家政治伦理观念及文艺思想为主导的中国古代文学批评史上,本就有悠久的传统,用来评价李商隐这种主情甚至有些唯情、唯美倾向的诗人,更显得批评起来十分严厉而得心应手。因此便形成了学者"类以才人浪子目义山",以其诗"为帷房昵媟之词"(朱鹤龄《笺注李义山诗集序》)这种长期固定的看法,而很少有人去考虑这种批评标准是否科学,更无论那些对商隐人品、诗品的指责是否符合实际了。从根本上说,宋、元、明三代李商隐研究之所以长期处于低谷,当与力主"尊天理,窒人欲"的理学的盛行这一大思想文化背景密切关联;而清代李商隐研究之所以长期兴盛,除了整个学术界总结传统文化之风大盛,特别是考据之学兴盛这个学术文化背景外,就李商隐这一特殊对象而言,当与明代后期以来,带有初步民主主义色彩思想的兴起,对于主情型的文学创作持宽容甚至赞赏的态度有关,也跟对明代许多诗论家但宗盛唐,忽略、贬低中晚的论调不满有关。

新中国成立以来前三十年与后二十年低谷与高潮的交替,其原因明显为"左"的思想路线、理论观念的长期影响,与新时期以来思想路线的拨乱反正及由此带来的文学观念的变化。前三十年出现的对李商隐的贬低甚至有时带有否定的倾向,所持的乃是一种纯政治的、非艺术性的标准。正是由于批评标准的非艺术化,导致了对艺术成就很高,而思想内容方面抒写个人内心世界较为突出的李商隐诗的贬抑。而后二十年的李商隐热,则是随着文学观念的更新,对表现心灵、抒写主观世界的诗歌的艺术价值有了新的认识的结果。

这种从一端到另一端、从低谷到高峰的大幅度摆动现象,无论是大周期还是两个次周期,都可明显看出政治、道德及与之相关的文学批评观念对文学史研究的深刻、强烈、持久的影响。文学批评和文学史研究自不可能脱离时代政治、道德特别是占主导地位的政治伦理观念的影响,但如果用政治、伦理的评价代替艺术评价,则必然导致评价的失准。

专题研究的钟摆现象要复杂一些。无题诗研究中的寄托说与爱情说本来各有其合理的依据,它们之间实际上也并不截然对立、互不相容。但如在一个时期内某一种观点从占主导地位发展到极致,则下一个阶段在某种外在条件的作用下,必然出现反弹,使钟摆朝相反方向摆动。这启示我们在研究中要避免片面性与绝对化,不要轻易地趋时或反趋时,力求全面与实事求是。李商隐研究史上从否定到肯定的大钟摆周期,固然是历史的进步,但如果在研究热中不注意客观与科学,将某一方面强调得太过分,那么也未必不会出现再次向相反方向的摆动。

第二节 纷歧现象

在作品诠释过程中,出现某些分歧,是完全正常的。这是因为不同的研究者对作品的感受程度有深浅、角度有不同,而且有自己的审美趣味、鉴赏习惯,还往往受到特定时代风尚的影响。但我们在李商隐作品的诠释中看到的却不是一般的分歧,而是让人眼花缭乱的"纷歧"。特别是对《锦瑟》、《无题》一类作品的诠释,其歧见纷出的程度,已远远超出诸如对《红楼梦》、《西游记》、《长恨歌》主题的不同看法。即使像《一片》(一片飞烟)、《碧城三首》、《圣女祠》三首、《燕台诗四首》这类被视为类似无题之作,乃至像《乐游原》五绝、《嫦娥》、《落花》、《梦泽》这类表面上非常易解的诗,也都众说纷纭,莫衷一是。有时同一诠释者对同一首诗,先后也有截然不同的解说(如张采田在《李义山诗辨正》中将《燕台诗四首》看成言情之作,到作《玉谿生年谱会笺》时却改从冯浩之说,以为"四诗为杨嗣复作"),同一书的不同时期刊本改易得"大半如出两手"(如冯浩《玉谿生诗笺注》乾隆二十八年初刊本与四十五年重刊本,到后来嘉庆元年重校本又有不少改动)。这确实是中外文学诠释史上少见的奇特现象。可以说,李商隐一部分最富艺术独创性的诗大都具有歧解迭出的现象,而且至今乃至今后,还在或还将不断产生新解。

　　造成这种现象的原因固然是多方面的,但主要还是由于商隐这类诗本身所具的特征使然。这些诗无论从诗题、诗面都看不出具体的人、事创作背景,难以考察它究竟因何人何事而作。同时,它们的意蕴也大都非常虚泛,多数只是抒发一种情绪,一种感触,一种内心体验,有的诗即使提到了某一具体地名(如乐游原),但由于其意蕴虚泛,表现浑括,读者同样可以作出各种各样的解释。而这些诗的艺术魅力又对研究者造成了强烈的诱惑。尽管冯班谓"此等语不解亦佳,如见西施不必识姓名而后知其美"(朱彝尊评《燕台诗四首》引冯班语,见《李义山诗集辑评》),屈复则主张"凡诗无自序,后之读者,但就诗论诗而已……若必强牵其人其事以解之,作者固未尝语人,解者其谁曾起九原而问之哉"(《玉谿生诗意·锦瑟笺》),但多数诠释者仍挡不住其诱惑,总想寻根究底,作出自认为最合理的诠释。于是歧解纷出现象的产生与持续便是必然的了。

　　问题恰恰在于这些诗所抒写的乃是一种概括面很广的"通情"、"通境"(王蒙《通境与通情——也谈李商隐的〈无题〉七律》)。虽写相思离别而情感内涵融会了诸多相类似的人生体验;表面上写锦瑟而表现的是极虚括的人生感受、心灵境界;表面上写小园落花、夕阳黄昏、嫦娥孤月、细腰歌舞,其中却包蕴深广的人生感慨。诗人在作诗发兴时本已"百感茫茫,一时交集"(纪昀《玉谿生诗说》),解者却每每执一端而求之,自然是以有涯随无涯,难以穷其底蕴了。

　　表现这种"通情"、"通境"的诗,特别是像《锦瑟》这种情与境都极虚泛、浑括的诗,不仅在李商隐之前极少(陈子昂的《登幽州台歌》庶几近之,但其主意明晰,不会引起歧解),而且在他之后也罕见。这种极其独特的诗情诗境,使习惯了明白无误为某人某事而作诗、对某人某事进行美刺、以某物象征某种人事的诠释者一方面感到困惑,另一方面又情不自禁地按照习惯的解诗思路去执实、执一为解。由于这种诠释最多也只能揭示出其深广虚括情境之某一端,因而别的诠释者从另一角度去感受,又会有另一种解说。因此,歧解的纷出,从根本上说,是诠释者对这种特殊的诗情、诗境缺乏认识造成的。而对这种独特的诗的创作过程、机制缺乏认真的探索,则是对它的特点缺乏认识的深层原因。

在古代诗歌批评史和诠释史上,反对对诗歌的意蕴拘执为解的言论并不少,说明人们对拘执之弊是有认识的。但不少人往往到此为止,得出的结论不是深入地去认识这类诗的特征,进而把握其深广蕴涵,而是往往消极地认为只能就诗论诗,甚至认为解者纷纷,不过徒增纷扰。纪昀评笺《锦瑟》的言论在这一点上很有代表性:"前六句托为隐语猝不可解,然末二句道明本旨,意亦止是,非真有深味可寻也。""以'思华年'领起,以'此情'二字总承。盖始有所欢,中有所限,故追忆之而作。中四句迷离惝恍,所谓'惘然'也。韩致光(当作尧)《五更》诗云:'光景旋消惆怅在,一生赢得是凄凉。'即是此意,别无深解。"甚至认为深解者正如"风幡不动,贤者心自动也"(《玉谿生诗说》)。用貌似简单便捷的方法来诠解包蕴深广的诗,虽免于凿,却不免乎浅。

第三节 索隐现象

诗歌诠释中的索隐比附,起源甚早。汉儒解《诗》,主美刺兴比,其中有许多指实为颂美、讽刺某一具体君主、后妃、臣僚者,往往任意比附,并无实据,其所使用的解诗法,即为索隐。由于倡比兴作诗,又以此解诗,故索隐之风在诗歌诠释史上源远流长。李善、五臣注《文选》,往往附会政治,穿凿为解,求索深义,其支离牵强的程度,令人吃惊。晚唐五代的诗格如齐己《风骚旨格》、虚中《流类手鉴》、徐衍《风骚要式》等亦多将诗中景物比附政教。可见有唐一代,诗歌批评与诠释中这种索隐比附之风始终存在。但在李商隐诗歌的诠释中,索隐之风却发展到登峰造极的程度。这种索隐,有两个主要方面:一是索诗歌意旨之隐,二是索诗歌本事之隐。由于商隐诗中确有相当数量的诗,特别是咏物诗,明显有比兴寄托,无题诗中也有一部分,托寓痕迹比较明显,这就使解读者连类而及,将那些不一定有寄托甚至明显无寄托的诗也视为有寄托,从而努力地探寻其言外之旨。同时又由于商隐诗中有一部分意蕴极虚极活,意境极为迷离朦胧,解读者不仅可以对它作种种猜测,而且越是难以索解,越激起索隐的浓厚兴趣。再加上商隐许多抒情诗,或通篇纯粹抒情,毫不及事;或偶露鳞爪,不见身首(如《燕台诗四首·秋》偶然提到"湘川相识处"这种隐约的情事),这就更增强了解读者探索其隐藏的本事的兴趣。以上种种原因的叠加,使商隐诗诠释中的索隐之风愈演愈烈。从清初吴乔在其《西昆发微》中首倡《无题》"托为男女怨慕之辞,而无一言直陈本意",以为均属寓意令狐之作以来(明初杨基虽最早倡《无题》皆寓臣不忘君之意说,然无具体诠释),中经程梦星、冯浩,至民初张采田《玉谿生年谱会笺》,索隐比附之风达于极致(详见本册第二十三章、第二十五章)。而且直到今天,诠释者对商隐这类难解的诗意旨与本事的索隐仍在继续。

由于人类天性中本就存在对客观事物、内心世界寻幽探隐的好奇心(这是人类认识世界的内驱力),商隐诗中又确实存在许多饶有兴趣的隐情、隐事、隐旨,因此索隐之风的绵延不绝,本身自有其客观的必然性与合理性一面。特别是对商隐诗的索隐,在方法上虽未必科学,其结论也不见得可信,但其中又或多或少含有合理的可资借鉴吸取的成分。如吴乔的《无题》寓意令狐说,单看其对具体诗篇意旨、句意的诠释,显然会觉得过于牵强附会(如说"'闻道阊门',幸绹之不念旧隙也;'白道萦回',讶绹舍我而擢人也"之类),但从总体看,寄意令狐说未必全无道理。因为商隐和令狐楚、令狐绹两代的恩怨,确是他一生经历中的大事,是他诗歌中所抒写的种种人生体验、人生感慨的生活基础之一个方面。因此在扬弃其穿凿附会的具体诠释之后,对此说的合理成分仍可加以吸取。

索隐式的解读,由于其方法的不科学,违背艺术创作规律和鉴赏规律,更由于其主观臆测的随意性与缺乏实证,往往造成对作品的误读。商隐许多意蕴虚泛、境界朦胧的诗,误读现象是相当多的,即使有些并不难懂的诗,也常有被误读得非常离奇的情形。但有两种性质不同的误读：一种是除了留作解读失败的教训之外毫无存在价值的误读，一种则是有意义的误读。例如有一种对《锦瑟》的新解认为：此诗中间两联不是要追忆的具体事实，而是构造象征性结构。四句诗按其抽象意义可以概括为幻梦、寄托、失意、无为四个象征性符号，很多人生现象均可纳入此结构来解释。可以是四种精神素质：幻想、意志、情感、无欲；可以是四种行为方式：梦想、追求、哀思、无为；可以是人生各个阶段：少年、青年、中年、老年；可以是艺术的四种境界：奇幻、热情、凄清、中和。如果将这一系列解释与中间四句一一对照，显然可以看出它们之间很难在形象及所透露的情感上吻合，如将"望帝"句释为四种精神素质中的"意志"，四种艺术境界中的"热情"，等等。但把中间四句视为四个象征性符号，认为由于符号的抽象性，产生了读者联想的丰富性，接受过程中体验的多面性，从而产生了诗的多义性这一总的论断，却是非常切合实际而启人心智的。如果我们撇开具体解释中的误读不论，那么这一阐释是颇有创造性的。

　　对诗歌本事的索隐，由于多数并无可靠的证据，只是就诗中偶露的一鳞半爪加以串联编织，其中想象的成分很大，可信的程度较低，误读的现象更是大量存在。这种误读从考据学的角度看，可能价值不大；但从阐释学的角度看，未必毫无参考价值。例如冯浩解《无题》（紫府仙人）一首，引《新唐书·令狐绹传》"帝以乘舆金莲华炬送还"之事以解首句，从考索本事的角度说，可谓全属臆测，但从阐释学角度看，其中所包含的商隐对令狐显贵地位可望不可即之感，却可能触及这首诗意蕴的某一方面。吴乔所谓"极其叹羡"，姚培谦所谓"所思之无路自通"，屈复所谓"远而更远"，纪昀所谓"求之不得"，均大体相近。相比之下，程梦星把这首诗解为与王氏合卺时的却扇诗，"起句比之如仙，次句待之合卺，三句叙其时景，四句欲引而近之矣"，却不免是大煞风景、毫无意义的误读了。

　　以上论列的三种李商隐研究中的突出现象——钟摆现象、纷歧现象、索隐现象,有一个共同的根源。这就是对李商隐的象征诗风缺乏深入的探讨和科学的评价。而这又和整个古典文学研究界对文学创作中象征方式的研究一向比较忽视、薄弱有关。钟摆现象一端的低谷期,固然与该时期的思想文化乃至政治背景密切相关,但对李商隐创作的大量政治诗、咏史诗,绝大多数论者仍是持肯定态度的。对他的贬低、否定或责难,除了人品方面外,从作品方面看,主要是对他那些表现心灵世界、幽隐情绪,极富象征暗示色彩的诗,从思想内容到艺术表现的成就、价值缺乏认识与应有的评价引起的。因为这部分作品,恰恰是李商隐最富艺术独创性的诗作,对它们的贬低或否定,自然影响到对李商隐的整体评价。像清代评家中最具艺术眼光的纪昀,对商隐的《锦瑟》、《无题》便颇有贬词,对《春雨》虽肯定其"宛转有味",却认为"格未高"。而钟摆现象另一端,则与该时期对文学中的比兴象征比较重视有关。如清代学者对李商隐诗总的评价之所以比较高,就是因为他们不但看到了其政治诗、咏史诗的创作"指事怀忠,郁纡激切,直可与曲江老人相视而笑"的思想艺术成就,而且特别注意到了其无题诗等"楚雨含情皆有托"的特点(朱鹤龄《笺注李义山诗集序》)。最近二十年,整个文学界,包括创作与批评,对文学的象征都比以前任何时期更加注意,因而对运用象征方式表现内心深隐情绪与体验的李商隐诗也形成研究的热潮。至于诠释中的纷歧现象,更明显是由于象征喻象与喻义联系的不确定性,以及商隐诗多个人独创的象征喻象所引起的。而象征寓意的朦胧性、抽象性则又导致象征作品的难以索解,从而激发了人们对其诗进行无穷无尽的索隐。诠释乃至索隐过程中的种种误读,则又由于违背了象征作品解读的一系列原则,特别是喻象与喻义之间相似性的原则,把象征的解读变成了随意的想象与联系。商隐直接反映时事的作品中也有写得相当隐晦的(如《有感二首》、《故番禺侯以赃罪致不辜事觉母者他日过其门》),但由于它们不是采取象征方式而是通过用典来暗示,因此只要弄清典故与时事之间的联系,阐释中就不会或很少产生误读。但如果将这种解读方式移之于《锦瑟》、《无题》(紫府仙人)这类象征色彩很浓的作品，就极易产生将它本事化的误读。

由于民族、地理、文化传统等多方面原因，中国文学史上写实的传统远远超过象征的传统，象征文学并不发达，对象征的研究也一直比较薄弱。"六义"中的比、兴虽很早就被提出并一直用来论诗评诗，但由于汉儒将比兴与美刺直接联系，历代诗论家往往更多从比兴的政治、道德功用着眼，而较少从艺术本身着眼。即使从诗艺方面着眼，也往往停留在一般的表现手法乃至修辞手段的范围，很少提高到艺术形象的基本创造方式这一层面来探讨。再加上比与兴本有区别，"比"更多作为一种表现手法或修辞手段，而"兴"则包含有象征的内容，笼统言比兴，极易掩盖"兴"所包含的象征实质与特征。由于上述原因，李商隐那些极富象征色彩的诗的特征、意义与价值之不被人们所认识与重视，就是十分自然的了。再加上产生在九世纪中国文化土壤和文学传统中的李商隐的象征诗风，与主要产生在近现代西方社会的象征文学，其特征本有区别。由于东西方民族、社会、传统文化不同的特点，在西方象征派作家的作品中，象征形象所暗示的往往是抽象的思想乃至某种哲理，而在李商隐的一系列象征色彩很浓的作品中，象征形象所表现的往往是一种朦胧的情思、意绪，其中感情的成分往往超过思想的成分。这就更增加了解读的困难与歧解的纷出。从这一点看，不但要加强对象征的研究，而且要结合中国文学的特点，加强对中国特色的象征的探讨。

古典文学研究中的"李商隐现象"虽然是带有研究对象独特性的一种现象，但它又多少具有一定的共性。钟摆现象中所反映出来的文学研究中的非文学标准，或者说用政治、道德的评价代替艺术评价，就不仅存在于李商隐研究中，而且是在一定时期中带有共同性的一种倾向；它所具有的两极摇摆的极端性，则更值得注意，并加以避免。作品诠释中的纷歧现象、索隐现象，也经常发生在其他一些著名文学作品的解读中，同样需要正确对待、科学分析。而引起这些现象的共同原因——对文学象征探讨之不足，则尤其值得治文学史者注意。像

《红楼梦》这样的巨著,如果没有注意到它在整体构思上的象征结构和象征寓意,而只是看到某些局部的象征甚至影射,那就很难说真正读懂了这部小说。可惜在《红楼梦》研究中,对局部的索隐(不管是正确还是误读)远远超出对其整体象征的探讨。

主要参考文献及引用书目

旧唐书　（五代）刘昫等撰　中华书局点校本，1975年

新唐书　（宋）欧阳修、宋祁撰　中华书局点校本，1975年

资治通鉴　（宋）司马光撰　中华书局点校本，1956年

唐会要　（宋）王溥撰　中华书局重印国学基本丛书本，1955年

通典　（唐）杜佑撰　中华书局点校本，1989年

唐大诏令集　（宋）宋敏求编　商务印书馆排印本，1959年

文苑英华　（宋）李昉等编　中华书局影印本，1990年

册府元龟　（宋）王钦若等编　中华书局影印本，1960年

太平广记　（宋）李昉等编　中华书局排印本，1961年

唐文粹　（宋）姚铉编　四部丛刊本

唐代墓志汇编　周绍良主编　上海古籍出版社排印本，1992年

隋唐五代墓志汇编　天津古籍出版社影印本，1992年

全唐诗　（清）曹寅等编　中华书局排印本，1979年

全唐诗补编　陈尚君辑校　中华书局，1992年

全唐文　（清）董诰等编　上海古籍出版社影印本，1990年

类要　（宋）晏殊编　四库存目丛书影印本

国史补　（唐）李肇撰　上海古籍出版社点校本，1978年

云溪友议　（唐）范摅撰　中华书局上海编辑所排印本，1959年

杜阳杂编　　（唐）苏鹗撰　中华书局上海编辑所排印本,1958年

酉阳杂俎　（唐）段成式撰　中华书局点校本,1981年

东观奏记　（唐）裴庭裕撰　中华书局点校本,1994年

唐阙史　（唐）高彦休撰　丛书集成初编本

唐摭言　（五代）王定保撰　上海古籍出版社,1978年

北梦琐言　（五代）孙光宪撰　上海古籍出版社点校本,1981年

玉泉子　（唐）无名氏撰　上海古籍出版社,1988年

唐语林　（宋）王谠撰　中华书局校证本,1987年

唐人佚事汇编　周勋初主编　上海古籍出版社,1995年

西溪丛语　（宋）姚宽撰　丛书集成初编本

邵氏闻见后录　（宋）邵博撰　丛书集成初编本

老学庵笔记　（宋）陆游撰　中华书局点校本,1979年

避暑录话　（宋）叶梦得撰　丛书集成初编本

鹤林玉露　（宋）罗大经撰　丛书集成初编本

云麓漫钞　（宋）赵彦卫撰　中华书局点校本,1996年

宋朝事实类苑　（宋）江少虞撰　上海古籍出版社,1981年

四友斋丛说　（明）何良俊撰　中华书局排印本,1959年

延州笔记　（明）唐觐撰　古今说部本

本事诗　（唐）孟棨撰　古典文学出版社,1957年

诗话总龟　（宋）阮阅编　人民文学出版社点校本,1987年

苕溪渔隐丛话　（宋）胡仔编撰　人民文学出版社点校本,1981年

诗人玉屑　（宋）魏庆之编　上海古籍出版社点校本,1982年

唐诗纪事　（宋）计有功撰　上海古籍出版社点校本,1986年

宋诗话辑佚　郭绍虞辑　中华书局,1980年

历代诗话　（清）何文焕编　中华书局点校本,1982年

历代诗话续编　丁福保编　中华书局点校本，1983年

后村诗话　（宋）刘克庄撰　中华书局点校本，1983年

风月堂诗话　（宋）朱弁撰　宝颜堂秘笈本

元好问论诗三十首小笺　（金）元好问撰　郭绍虞笺释　人民文学出版社，1978年

诗薮　（明）胡应麟撰　古典文学出版社排印本，1958年

唐音癸签　（明）胡震亨撰　古典文学出版社排印本，1958年

诗源辩体　（明）许学夷撰　人民文学出版社点校本，1987年

清诗话　丁福保编　上海古籍出版社，1978年

清诗话续编　郭绍虞编　上海古籍出版社，1983年

蕙风词话　人间词话　（清）况周颐撰、王国维撰　人民文学出版社，1984年

金石录　（宋）赵明诚撰　四库全书本

清容居士集　（元）袁桷撰　四部备要本

眉庵集　（明）杨基撰　四库全书本

又玄集　（唐）韦庄编　陕西人民教育出版社《唐人选唐诗新编》本，1996年

才调集　（五代）韦縠编　陕西人民教育出版社《唐人选唐诗新编》本，1996年

会稽掇英总集　（宋）孔延之编　四库全书本

古今岁时杂咏　（宋）蒲积中编　辽宁教育出版社点校本，1998年

万首唐人绝句　（宋）洪迈编　文学古籍刊行社影印本，1955年

注解章泉涧泉二先生选唐诗　（宋）赵蕃、韩淲编　谢枋得注解　宛委别藏本

瀛奎律髓汇评　（元）方回撰　李庆甲汇评　上海古籍出版社，1986年

唐诗鼓吹评注　（金）元好问撰　郝天挺注　（清）王清臣、陆贻典等评注　上海文明书局石印本,1919年

唐诗品汇　（明）高棅撰　上海古籍出版社影印本,1982年

唐诗选脉会通评林　（明）周敬编　周珽撰　明崇祯八年刻本

唐音审体　（清）钱良择撰　清光绪癸未知不足斋刻本

唐诗贯珠串释　（清）胡以梅编撰　清康熙乙未素心堂版

山满楼笺注唐诗七言律　（清）赵臣瑗选笺　清康熙间山满楼刻本

唐诗别裁集　（清）沈德潜撰　中华书局影印本,1981年

谈艺录　钱锺书撰　中华书局,1984年

管锥编　钱锺书撰　中华书局,1979年

四六丛话　（清）孙梅撰　清嘉庆三年刊本

宋史　（元）脱脱等撰　中华书局点校本,1977年

崇文总目　（宋）张观、王尧臣等撰　丛书集成初编本

遂初堂书目　（宋）尤袤撰　丛书集成初编本

通志　（宋）郑樵撰　四部丛刊本

郡斋读书志　（宋）晁公武撰　上海古籍出版社校证本,1990年

直斋书录解题　（宋）陈振孙撰　上海古籍出版社点校本,1987年

文渊阁书目　（明）杨士奇撰　丛书集成初编本

菉竹堂书目　（明）叶盛撰　丛书集成初编本

四库全书总目　（清）永瑢等撰　中华书局影印本,1981年

唐诗书录　陈伯海、朱易安编　齐鲁书社,1988年

元和郡县图志　（唐）李吉甫撰　中华书局点校本,1983年

嘉泰吴兴志　（宋）谈钥撰　中华书局影印宋元方志丛刊本,1990年

嘉泰会稽志　（宋）施宿等撰　中华书局影印宋元方志丛刊本,1990年

重修承旨学士壁记　（唐）丁居晦撰　知不足斋丛书《翰苑群书》本

登科记考　（清）徐松撰　中华书局点校本，1984年

唐尚书省郎官石柱题名考　（清）劳格、赵钺撰　中华书局点校本，1992年

唐才子传校笺　（元）辛文房撰　傅璇琮等校笺　中华书局，1987—1995年

全唐诗人名考证　陶敏撰　陕西人民教育出版社，1996年

中国文学家大辞典·隋唐五代卷　周祖譔主编　中华书局，1992年

唐方镇年表　吴廷燮撰　中华书局，1980年

唐刺史考全编　郁贤皓撰　安徽大学出版社，2000年

李义山诗集六卷　四部丛刊影印明嘉靖二十九年蒋氏刻《中唐人集十二家》本

李商隐诗集七卷　明姜道生刻《唐三家集》本，国图藏本

李商隐诗集三卷　明悟言堂抄本，国图藏本

李商隐诗集十卷　明胡震亨《唐音统签·戊签》本，清康熙二十四年刊

李商隐诗集三卷　清席启寓刊《唐诗百名家全集》本，清康熙四十一年刊，国图藏本

李义山集三卷　明汲古阁刊《唐人八家诗》本，明崇祯十二年刻，国图藏本

李商隐诗集三卷　清影宋抄本，国图藏本

李商隐诗集三卷　清钱谦益（东涧老人）写校本，清宣统元年国光社影印本

玉谿生诗笺　（明）钱龙惕撰　日本静嘉堂文库藏本

李义山诗集笺注　（清）朱鹤龄笺注　清怀德堂刻本

李义山诗集补注　（清）朱鹤龄补注　上海师范大学藏本

西昆发微　（清）吴乔撰　丛书集成初编本

李义山诗解　（清）陆昆曾撰　上海书店影印清雍正刻本

李义山诗疏　（清）徐德泓、陆鸣皋合解　清雍正二年刻本，日本怀德堂文库藏本

李义山诗集十六卷　（清）姚培谦笺　清乾隆四年松桂读书堂刻本

重订李义山诗集笺注三卷　（清）程梦星删补　清乾隆八年今有堂刻本

玉谿生诗意　（清）屈复撰　清乾隆四年扬州芝古堂刻本

玉谿生诗笺注　（清）冯浩撰　四部备要本（据清嘉庆元年增刻本排印）

义门读书记　（清）何焯撰　清乾隆三十一年蒋元益序刻本

选玉谿生诗补说　（清）姜炳璋撰　郝世峰辑　南开大学出版社，1985年

李义山诗集辑评　（清）沈厚塽辑　清同治九年广州倅署刻本

玉谿生诗说　（清）纪昀撰　清光绪十四年朱记荣校刻本

李义山文集笺注　（清）徐树谷笺　徐炯注　四库全书本

樊南文集详注　（清）冯浩笺注　四部备要本

樊南文集补编　（清）钱振伦笺　钱振常注　四部备要本

玉谿生年谱会笺　张采田撰　上海古籍出版社，1983年

李义山诗辨正　张采田撰　上海古籍出版社，1983年（附于《玉谿生年谱会笺》后）

李义山恋爱事迹考　苏雪林撰　上海北新书店铅印本，1927年

李商隐诗新诠　朱偰撰　《武汉文哲季刊》六卷三—四期

李商隐评传　张振珮撰　安徽省立图书馆《学风》杂志，1933年

李义山诗偶评　黄侃撰　《中华文史论丛》1981年第三辑

玉谿诗笺举例　汪辟疆撰　《中华文史论丛》第四辑，1963年

李义山诗说　刘盼遂、聂石樵撰　光明日报《文学遗产》1962年10月7日；1962年10月14日

李商隐研究论集（1949—1997）　王蒙、刘学锴主编　广西师范大学出版社，1998年

李商隐诗选　刘学锴、余恕诚选注　人民文学出版社，1978年初版，1986年增订再版

李商隐诗选　陈永正选注　三联书店香港分店,1980年

李商隐诗选注　陈伯海选注　上海古籍出版社,1982年

李商隐诗集疏注　叶葱奇疏注　人民文学出版社,1985年

李商隐选集　周振甫选注　上海古籍出版社,1986年

玉谿生诗醇　王汝弼、聂石樵选注　齐鲁书社,1987年

李商隐诗歌集解　刘学锴、余恕诚撰　中华书局,1988年初版,2004年增订重排本

李商隐资料汇编　刘学锴、余恕诚编　中华书局,2001年

李商隐文编年校注　刘学锴、余恕诚撰　中华书局,2002年

汇评本李商隐诗　刘学锴撰　上海社会科学院出版社,2002年

李商隐　刘学锴、余恕诚撰　中华书局,1980年

李商隐评传　杨柳撰　江苏人民出版社,1981年

李商隐研究　吴调公撰　上海古籍出版社,1982年初版,1986年增订再版

李商隐传　董乃斌撰　陕西人民出版社,1985年

李商隐　郁贤皓、朱易安撰　上海古籍出版社,1985年

李商隐无题诗校注笺评　黄世中撰　江西人民出版社,1987年

李商隐的心灵世界　董乃斌撰　上海古籍出版社,1992年

李商隐诗歌赏析集　周振甫主编　巴蜀书社,1993年

李商隐诗歌研究　刘学锴撰　安徽大学出版社,1998年

李商隐传　毕宝魁撰　辽海出版社,1998年

李商隐传　吴晶、黄世中撰　东方出版社,2000年

李商隐爱情诗解　钟来茵撰　学林出版社,1997年

李商隐绝句　杜定国撰　百花文艺出版社,1997年

双飞翼　王蒙撰　三联书店,1996年

杂纂七种　(唐)李商隐等撰　曲彦斌校注　上海古籍出版社,1988年

玉谿生年谱会笺平质　岑仲勉撰　《历史语言研究所集刊》第十五本

隋唐史　岑仲勉撰　高等教育出版社,1957年

唐史余沈　岑仲勉撰　上海古籍出版社,1979年

中国通史简编(第三编)　范文澜撰　人民出版社,1965年

唐代政治史述论稿　陈寅恪撰　上海古籍出版社,1980年

元白诗笺证稿　陈寅恪撰　上海古籍出版社,1978年

李德裕贬死年月及归葬传说辨证　陈寅恪撰　《历史语言研究所集刊》五本二分

论李义山诗　缪钺撰　收入著者的《诗词散论》,上海古籍出版社,1982年

唐代科举与文学　傅璇琮撰　陕西人民出版社,1995年

李德裕年谱　傅璇琮撰　齐鲁书社,1984年初版;河北教育出版社,2001年再版

唐五代文学编年史　傅璇琮主编　辽海出版社,1998年

唐诗综论　林庚撰　人民文学出版社,1987年

中国诗歌艺术研究　袁行霈撰　北京大学出版社,1987年

隋唐五代文学思想史　罗宗强撰　上海古籍出版社,1986年

唐诗学引论　陈伯海撰　知识出版社,1988年

唐诗风貌　余恕诚撰　安徽大学出版社,1997年

唐方镇文职僚佐考　戴伟华撰　天津古籍出版社,1994年

唐代使府与文学研究　戴伟华撰　广西师范大学出版社,1998年

中唐政治与文学　胡可先撰　安徽大学出版社,2000年

隋唐五代文学批评史　王运熙、杨明撰　上海古籍出版社,1994年

唐刺史考全编　郁贤皓撰　安徽大学出版社,2000年

三版后记

从 1975 年应人民文学出版社之约撰写《李商隐诗选》，到 2004 年《李商隐诗歌接受史》出版，前后正好三十年。在从事教学之余，好像就做了一件事：李商隐诗文的整理与研究。由于学力才力所限，这一件事也并没有真正做好，几部主要的李商隐整理研究著述每次重印再版，都会发现或多或少的缺失错误需要补正。一些理论研究方面的问题，也须深化，并有所思考。但八十岁以后，写字手抖，要写长篇论文，已有心无力。好在已发表的著述中，已多次论及对义山诗纷纭的解说应从更高的层面加以融通，避免泥于一说，反对任意穿凿附会，索隐猜谜。读者已可大致了解我的基本观点，并引发对义山某些最优秀而富蕴涵的诗独特创作机理和艺术成就的思考。其他更新的理论与方法的引进和运用，只能留待后贤了。

这部原名为《李商隐传论》（上下两册）的书稿，2002 年、2013 年曾分别在安徽大学出版社、黄山书社出版过初版和增订版，两社的领导和编校人员都为此付出了大量精力，这是我永远铭感的。

清代著名诗评家吴乔说："唐人能自辟宇宙者，唯李、杜、昌黎、义山。"（《西昆发微序》）从他始终关怀国家命运，创作出大量优秀政治诗，特别是《行次西郊作一百韵》这种长篇史诗，从艺术本位和义山诗的独创性及多方面艺术成就出发，李商隐完全可以跻身于中国文学史上第一流大作家的行列。他不仅是大诗人，而且是骈文大家。袁行霈教授主编的《中国文学史》为他单独设立专章加以论述,不但证明了吴乔论断的深刻正确,也反映了改革开放以来政治、学术环境对古典文学研究的积极推动作用。如果对他既古典又具现代性的诗风进行全方位的开拓性研究,那么他在世界文学史上的地位也将逐步彰显。这也正是我们这一代人所缺,而寄厚望于后贤的。

李商隐祖籍今河南沁阳,自祖父起一直家居荥阳。这次将此书转至中州古籍出版社出版,正象征着商隐的诗魂和精神结晶回归故山。当然,商隐不但出生于中州大地,其人其诗其文也属于中华大地,属于全世界。

为了让更多的读者了解义山其人其诗,应出版社的建议,书名也改为《刘学锴讲李商隐》这样一个比较通俗且透出几分亲切的名字。在我虽不无沾光之嫌,却也反映了三十年专攻义山的缘分和经历。

我是笨人用笨工夫,这部书就是三十年笨工夫的一个总结性"笨果"。主要基础不外三方面:一、中华书局出版的《李商隐诗歌集解》、《李商隐文编年校注》、《李商隐研究资料汇编》。二、上世纪七十年代以来陆续发表在《文学评论》、《文学遗产》、《文史》、《中华文史论丛》、《中国古籍研究》、《唐代文学研究》、《安徽师范大学学报》等学术刊物上的二十几篇考证及专题研究文章。对这部书也事先有一个总体设计,力求比较全面地反映其生平经历和主要艺术成就。三、应中央人民广播电台、上海辞书出版社及其他刊物之约撰写的李商隐诗文鉴赏文章八九十篇。尽管是"笨果",但不是"空果"。

这次再版,除了改正误字、根据新发现的材料撰文所作的补正以外,主要是增补了六篇考证、研究文章[①],主要目的是想证明学术研究对一个问题的认识不大可能都一次性完成,而是需要不断思考、不断修订补充。即使主要结论正确,次要问题亦须再思考、再修订,尽可能减少错误。

趁此机会,对中州古籍出版社热心出版此书的领导和所有参与此书编校的

---

① 2023年3月重印时新添了两篇附考文章,即附考九、附考十。

人员表示衷心的感谢,尤其要感谢副总编卢欣欣女士,她的敬业精神令我十分感佩。这次研究总目录时,由于她的提议,作了认真的调整,特别是去掉原来的"附编"二字,自然突出了最后两章的总论性质。

  此书上册系传体,其中有大量的考证、考订、考释、考述,因此在每章开头都有或长或短的导引文字,以便读者预知本章阅读的重点。下册则为论体,主要是对李商隐诗文创作的全面研究论述。总体结构是由总而分,分中有总。大体上是按题材、体裁、文体,接受史、影响史、研究史几大部分来论述。每一部分的最后,或总结提炼,另设新题、表达新见;或另立新角度,论述自己对商隐诗文创作另一面的新看法,兼顾全面与创新。最后两章可视为对下册的总结。希望此书的新老读者热心地批评指正。

刘学锴

2022 年 5 月